Managementwissen für Studium und Praxis

Herausgegeben von
Professor Dr. Dietmar Dorn und
Professor Dr. Rainer Fischbach

Bisher erschienene Werke:

Arrenberg · Kiy · Knobloch · Lange, Vorkurs in Mathematik, 2. Auflage
Baršauskas · Schafir, Internationales Management
Barth · Barth, Controlling
Behrens · Kirspel, Grundlagen der Volkswirtschaftslehre, 3. Auflage
Behrens · Hilligweg · Kirspel, Übungsbuch zur Volkswirtschaftslehre
Behrens, Makroökonomie – Wirtschaftspolitik, 2. Auflage
Bichler · Dörr, Personalwirtschaft – Einführung mit Beispielen aus SAP® R/3® HR®
Blum, Grundzüge anwendungsorientierter Organisationslehre
Bontrup, Volkswirtschaftslehre, 2. Auflage
Bontrup, Lohn und Gewinn
Bontrup · Pulte, Handbuch Ausbildung
Bradtke, Mathematische Grundlagen für Ökonomen, 2. Auflage
Bradtke, Übungen und Klausuren in Mathematik für Ökonomen
Bradtke, Statistische Grundlagen für Ökonomen, 2. Auflage
Bradtke, Grundlagen im Operations Research für Ökonomen
Breitschuh, Versandhandelsmarketing
Busse, Betriebliche Finanzwirtschaft, 5. A.
Camphausen, Strategisches Management
Clausius, Betriebswirtschaftslehre I
Clausius, Betriebswirtschaftslehre II
Dinauer, Allfinanz – Grundzüge des Finanzdienstleistungsmarkts
Dorn · Fischbach, Volkswirtschaftslehre II, 4. Auflage
Dorsch, Abenteuer Wirtschaft ·75 Fallstudien mit Lösungen
Drees-Behrens · Kirspel · Schmidt · Schwanke, Aufgaben und Lösungen zur Finanzmathematik, Investition und Finanzierung
Drees-Behrens · Schmidt, Aufgaben und Fälle zur Kostenrechnung, 2. Auflage
Ellinghaus, Werbewirkung und Markterfolg
Fank, Informationsmanagement, 2. Auflage
Fank · Schildhauer · Klotz, Informationsmanagement: Umfeld – Fallbeispiele
Fiedler, Einführung in das Controlling, 2. Auflage
Fischbach · Wollenberg, Volkswirtschaftslehre I, 12. Auflage
Fischer, Vom Wissenschaftler zum Unternehmer
Frodl, Dienstleistungslogistik
Götze, Techniken des Business-Forecasting
Götze, Mathematik für Wirtschaftsinformatiker
Götze · Deutschmann · Link, Statistik
Götze · van den Berg, Techniken des Business Mapping
Gohout, Operations Research, 2. Auflage
Haas, Kosten, Investition, Finanzierung – Planung und Kontrolle, 3. Auflage
Haas, Marketing mit EXCEL, 2. Auflage
Haas, Access und Excel im Betrieb
Hans, Grundlagen der Kostenrechnung
Hardt, Kostenmanagement, 2. Auflage
Heine · Herr, Volkswirtschaftslehre, 3. Aufl.
Hildebrand · Rebstock, Betriebswirtschaftliche Einführung in SAP® R/3®
Hofmann, Globale Informationswirtschaft
Hoppen, Vertriebsmanagement
Koch, Marketing
Koch, Marktforschung, 4. Auflage
Koch, Betriebswirtschaftliches Kosten- und Leistungscontrolling in Krankenhaus und Pflege, 2. Auflage
Krech, Grundriß der strategischen Unternehmensplanung
Kreis, Betriebswirtschaftslehre, Band I, 5. Auflage
Kreis, Betriebswirtschaftslehre, Band II, 5. Auflage
Kreis, Betriebswirtschaftslehre, Band III, 5. Auflage
Laser, Basiswissen Volkswirtschaftslehre
Lebefromm, Controlling – Einführung mit Beispielen aus SAP® R/3®, 2. Auflage
Lebefromm, Produktionsmanagement, 5. Auflage
Martens, Betriebswirtschaftslehre mit Excel
Martens, Statistische Datenanalyse mit SPSS für Windows, 2. Auflage
Martin · Bär, Grundzüge des Risikomanagements nach KonTraG
Mensch, Investition
Mensch, Finanz-Controlling
Mensch, Kosten-Controlling
Müller, Internationales Rechnungswesen
Olivier, Windows-C – Betriebswirtschaftliche Programmierung für Windows
Peto, Einführung in das volkswirtschaftliche Rechnungswesen, 5. Auflage
Peto, Grundlagen der Makroökonomik, 12. Auflage
Peto, Geldtheorie und Geldpolitik, 2. Auflage
Piontek, Controlling, 3. Auflage
Piontek, Beschaffungscontrolling, 3. Aufl.
Piontek, Global Sourcing
Plümer, Logistik und Produktion
Posluschny, Controlling für das Handwerk
Posluschny, Kostenrechnung für die Gastronomie, 2. Auflage
Posluschny · von Schorlemer, Erfolgreiche Existenzgründungen in der Praxis
Rau, Planung, Statistik und Entscheidung – Betriebswirtschaftliche Instrumente für die Kommunalverwaltung
Reiter · Matthäus, Marktforschung und Datenanalyse mit EXCEL, 2. Auflage
Reiter · Matthäus, Marketing-Management mit EXCEL
Reiter, Übungsbuch: Marketing-Management mit EXCEL
Rothlauf, Total Quality Management in Theorie und Praxis, 2. Auflage
Rudolph, Tourismus-Betriebswirtschaftslehre, 2. Auflage
Rüth, Kostenrechnung, Band I
Sauerbier, Statistik für Wirtschaftswissenschaftler, 2. Auflage
Schaal, Geldtheorie und Geldpolitik, 4. Auflage
Scharnbacher · Kiefer, Kundenzufriedenheit, 3. Auflage
Schuchmann · Sanns, Datenmanagement mit MS ACCESS
Schuster, Kommunale Kosten- und Leistungsrechnung, 2. Auflage
Schuster, Doppelte Buchführung für Städte, Kreise und Gemeinden
Specht · Schweer · Ceyp, Markt- und ergebnisorientierte Unternehmensführung für Ingenieure + Informatiker, 6. Auflage
Stahl, Internationaler Einsatz von Führungskräften
Steger, Kosten- und Leistungsrechnung, 3. Auflage
Stender-Monhemius, Marketing – Grundlagen mit Fallstudien
Stock, Informationswirtschaft
Strunz · Dorsch, Management
Strunz · Dorsch, Internationale Märkte
Weeber, Internationale Wirtschaft
Weindl · Woyke, Europäische Union, 4. Aufl.
Wilde, Plan- und Prozeßkostenrechnung
Wilhelm, Prozessorganisation
Wörner, Handels- und Steuerbilanz nach neuem Recht, 8. Auflage
Zwerenz, Statistik, 2. Auflage
Zwerenz, Statistik verstehen mit Excel – Buch mit CD-ROM

Markt- und ergebnisorientierte

Unternehmensführung

für Ingenieure + Informatiker

Von

Dr. Olaf Specht
ehem. Professor an der Fachhochschule Wedel
und der Universität Fort Hare Südafrika

Hartmut Schweer
Professor an der Fachhochschule Wilhelmshaven

Dr. Michael Ceyp
Professor an der Fachhochschule Wedel

6., völlig überarbeitete Auflage

R. Oldenbourg Verlag München Wien

Bibliografische Information Der Deutschen Bibliothek

Die Deutsche Bibliothek verzeichnet diese Publikation in der Deutschen Nationalbibliografie; detaillierte bibliografische Daten sind im Internet über <http://dnb.ddb.de> abrufbar.

© 2005 Oldenbourg Wissenschaftsverlag GmbH
Rosenheimer Straße 145, D-81671 München
Telefon: (089) 45051-0
www.oldenbourg.de

Das Werk einschließlich aller Abbildungen ist urheberrechtlich geschützt. Jede Verwertung außerhalb der Grenzen des Urheberrechtsgesetzes ist ohne Zustimmung des Verlages unzulässig und strafbar. Das gilt insbesondere für Vervielfältigungen, Übersetzungen, Mikroverfilmungen und die Einspeicherung und Bearbeitung in elektronischen Systemen.

Gedruckt auf säure- und chlorfreiem Papier
Gesamtherstellung: Druckhaus „Thomas Müntzer" GmbH, Bad Langensalza

ISBN 3-486-57831-6

> Führen heißt vor allem, andere für ein Ziel zu begeistern und den Weg dorthin zu ebnen, als Vorbild mit Fähigkeit und Verantwortung für den Einzelnen und die Gemeinschaft.

Vorwort zur 6. Auflage

Dieses Handbuch ist angesichts wachsender Herausforderungen auf globalen Märkten als „Werkzeugkasten" konzipiert für die aktive Mitwirkung von Ingenieuren und Informatikern an der Gestaltung des Wandels zur Existenzsicherung ihrer Unternehmen. Mit dieser Zielsetzung haben wir unsere bewährte Betriebswirtschaft für Ingenieure und Informatiker in dieser Auflage vollständig überarbeitet, einige Grundlagen drastisch gestrafft und die Schwerpunkte Marketing und Controlling als Hauptwerkzeuge der Zukunftssicherung des Unternehmens wesentlich vertieft. Basierend auf der internationalen Vertriebs-, Produktions- und Controllingerfahrung des Autorenteams werden die Themen Produktinnovation, Qualitätsmanagement und Prozessoptimierung als Bausteine eines Systems schlanker und flexibler Unternehmensführung nachvollziehbar praxisnah dargestellt.

Darüber hinaus enthält das Buch, der Philosophie des Benchmarking folgend, aktuelle Beiträge über „beste Praxis" von Kollegen aus Hochschulen, Consulting-, DV- und Industrieunternehmen. Dafür, dass sie, wie wir meinen, „das Salz zur Suppe" beigetragen haben, danken wir den Herren Oliver Ahnfeld, John Bicheno, Hartwig Fuhrmann, Wolfgang Gerken, John Ohlrau, Ulrich Raubach, Wolfgang Reher und Jörg Schwinning.

Auf diese Weise bietet unser Buch Studierenden eine fundierte Einführung und Praktikern einen klaren Überblick über die erfolgsbestimmenden Vorgehensweisen und Handlungsmöglichkeiten, mit denen Unternehmen im Markt zum Erfolg geführt werden.

Die meisten der dargestellten Methoden, und insbesondere das Controlling, sind der Musik vergleichbar. Sie können Teams aus sehr verschiedenen Musikern zu bestem Zusammenspiel anspornen, aber für wettbewerbsfähige Performance bedarf es der Einübung. Deshalb veröffentlichen wir einen Übungsband mit Lösungen zu diesem Buch bei BoD mit dem Titel Specht/Schweer/Ceyp, Übungen zur Unternehmensführung, ISBN 3-8334-2806-6.

Olaf Specht   Hartmut Schweer   Michael Ceyp

Qualifikation für den Erfolg

			Punkt
1.	Strategieentwicklung und -umsetzung	(SWOT-Analyse etc.)	2
2.	Geschäftsprozessoptimierung	(BPR, Benchmarking)	2.4.3
3.	Schlanke, agile Unternehmensführung		2.4.4
4.	Produktprogrammplanung	(mit Praxisfall)	2.5
5.	Ermittlung des Unternehmenswertes	(Bto-DCF-Verfahren)	2.6
6.	Kundenzufriedenheit	(mit MAIS, CRM, E-Commerce)	3.4
7.	Produktinnovation	(mit Marketing Index, WA, QFD, DFMA)	3.3.1 5.2, 5.5
8.	Prinzipien schlanker Produktion als Strategie		5.1.4
9.	Flexibel und fit	(mit JIT)	5.4.3
10.	Qualitätsmanagementsystem	(TQM, ISO 9000 neu)	5.5
11.	Personalentwicklung	(Aufgabe bis Erfolgskontrolle)	6.5
12.	Rating	(Basel II)	7.2.3
13.	Investitionsplan mit Vollständiger Finanzplanung	(VoFi)	7.5.4
14.	Controlling Grundlagen	(mit Data Warehouse)	9.4.4
15.	Operatives Controlling	(Praxisfall 3-Jahresplan, RoI-Kennzahlen)	10.1.4 10.5.1
16.	Partizipatives Produktivitätsmanagement System	(PPM)	10.5.2
17.	Bereichs-Controlling	(mit BI, ERP)	11
18.	Praxisfall: Schlanker Business Case	(mit abas ERP/business)	12.2

Inhaltsverzeichnis

Vorwort 5
Qualifikation für den Erfolg 6
Inhaltsverzeichnis 7

TEIL I: STRATEGISCHE UNTERNEHMENSFÜHRUNG

1 Gegenstand und Aufgaben der Unternehmensführung 13
    1.1 Zusammenhang Unternehmen und Betrieb 13
    1.2 Rechtsformen der Unternehmen 13
    1.3 Produktionsfaktoren, Teilaufgaben und Wertefluss des Betriebes 16
    1.4 Hauptaufgabe markt- und erfolgsorientierter Unternehmensführung,
         Zukunftssicherung durch Return on Investment (RoI) 18
    1.5 Teilaufgaben der Unternehmensführung 21
         1.5.1 Erfolgsvoraussetzung: die „Sieben S" 21
         1.5.2 Aufgabenteilung und Funktionen in Top- und Middlemanagement ... 22
         1.5.3 Praxis der Management-by-Konzeptionen 24
    1.6 Herausforderungen radikaler Veränderungen 26
         1.6.1 Ursachen des Erfolges 27
         1.6.2 Ursachen von Unternehmenskrisen 28
         1.6.3 Maßnahmen zur Erfolgssicherung, Krisenprävention und -überwindung ... 28
    1.7 Spezielle Probleme und Aufgaben kleiner und mittlerer Unternehmen (KMU) ... 32
Fragenkatalog zu Kapitel 1 34

2 Methoden zur Strategieentwicklung und -umsetzung 35
    2.1 Notwendigkeit und Phasen der strategischen Unternehmensführung 35
    2.2 Strategische Analyse und Prognose 36
         2.2.1 Vision, Mission, Unternehmensleitbild, generelle Zielplanung 37
         2.2.2 Umfeldanalyse und -prognose 38
         2.2.3 Unternehmensanalyse und -prognose 41
         2.2.4 Qualitative Prognose bei großer Ungewissheit 48
    2.3 Strategiefindung und -bewertung 49
         2.3.1 Segmentierung des Marktes 50
         2.3.2 Segmentierung des Unternehmens 51
         2.3.3 Wettbewerbsstrategien 52
         2.3.4 Unternehmensstrategien 62
         2.3.5 Strategiebewertung und -auswahl 68
    2.4 Organisation für die Strategie-Umsetzung 69
         2.4.1 Organisationsbegriffe und -aufgaben 70
         2.4.2 Strukturorganisation 72
         2.4.3 Prozessorganisation - Business Process Redesign (BPR) 76
         2.4.4 Schlanke und agile Unternehmensführung 98
    2.5 Synthese in der Produktprogrammplanung 103
         2.5.1 Planung von Deckungsbeiträgen und Betriebsergebnis 103
         2.5.2 Praxisbeispiel: Produktprogrammplanungsverfahren eines
               internationalen Großunternehmens der Investitionsgüterindustrie ... 106
    2.6 Ermittlung des Unternehmenswertes nach dem Brutto-DCF-Verfahren ... 113
Fragenkatalog zu Kapitel 2 116

TEIL II: GESTALTUNG DES LEISTUNGSPROZESSES

3 Marketing 117
- 3.1 Aufgaben und Organisation 117
- 3.2 Analyse der Ausgangslage 122
  - 3.2.1 Analyse der Marketingsituation 122
  - 3.2.2 Kaufverhalten von Konsumenten 123
  - 3.2.3 Kaufverhalten von Organisationen 126
  - 3.2.4 Grundlagen der Marktforschung 126
  - 3.2.5 Methoden der Marktforschung 130
- 3.3 Operatives Marketing - Marketing Mix (4 P) 140
  - 3.3.1 Produktpolitik 141
  - 3.3.2 Kommunikationspolitik 153
  - 3.3.3 Kontrahierungspolitik 163
  - 3.3.4 Distributionspolitik 169
- 3.4 Marketing Informations-/Kommunikations-Systeme (MAIS) 180
  - 3.4.1 Anforderungen an MAIS 180
  - 3.4.2 Enterprise Data Warehouse als Grundlage 183
  - 3.4.3 Customer Relationship Management-Systeme (CRM) 183
  - 3.4.4 E-Commerce-Systeme 185

Fragenkatalog zu Kapitel 3 188

4 Materialwirtschaft 189
- 4.1 Stellung der Materialwirtschaft im Gesamtunternehmen 189
  - 4.1.1 Begriffe, Aufgaben und Ziele 189
  - 4.1.2 Organisation, Arbeitsteilung und Arbeitsablauf der Materialwirtschaft 191
- 4.2 Auftragsunabhängige Grundlagen der Beschaffung 192
  - 4.2.1 Materialplanung mit Stücklistenaufbau als Teilaufgabe der Erzeugnisplanung und Beitrag der Arbeitsvorbereitung 192
  - 4.2.2 ABC-Analyse und XYZ-Analyse, Grundlage für eine effiziente Gestaltung der Bestellverfahren 193
  - 4.2.3 Beschaffungsmarktforschung zur langfristigen Sicherung von Kosten- und Leistungsvorteilen 194
- 4.3 Programm- oder auftragsabhängige Planung der Beschaffung 195
  - 4.3.1 Beschaffungsplanung 195
  - 4.3.2 Materialdisposition 197
- 4.4 Durchführung der Beschaffung 203
  - 4.4.1 Einkauf 203
  - 4.4.2 Wareneingang 205
  - 4.4.3 Qualitätskontrolle 205
  - 4.4.4 Rechnungsprüfung 205
- 4.5 Lager 206
  - 4.5.1 Begriff, Aufgaben, Arten 206
  - 4.5.2 Lagerplanung und -kosten 206
  - 4.5.3 Lagerfreiplatzverwaltung, Praxisbeispiel: Ablauforganisation eines Hochregallagers 208
  - 4.5.4 Material-(Lager-)Buchhaltung 209
- 4.6 Kennzahlen der Materialwirtschaft 210
- 4.7 DV-Unterstützung in der Materialwirtschaft 210
  - 4.7.1 Zielsetzung 210
  - 4.7.2 Voraussetzungen 211
  - 4.7.3 Einsatzgebiete 211
  - 4.7.4 DV-gestützte Materialdisposition 212

        4.7.5   Eingliederung der Materialwirtschaft in betriebliche Abläufe 213
Fragenkatalog zu Kapitel 4 214

5 Produktionswirtschaft 215
5.1 Ziele, Aufgaben, Prozesse und Strukturorganisation 215
5.1.1   Ziele im zeitlichen Wandel 215
5.1.2   Produktionsaufgaben in der Bundesrepublik 216
5.1.3   Prozessmerkmale der Produktion 217
5.1.4   Prinzipien des Produktionsmanagements als Strategie 220
5.1.5   Strukturorganisation der Produktion 221
5.2 Vertriebsabhängige Planungsaufgaben 224
5.2.1   Produktprogrammplanung 224
5.2.2   Vom Absatz- zum Produktionsprogramm 233
5.3 Fertigungsplanung - je Produkteinheit 234
5.3.1   Erzeugnisplanung 234
5.3.2   Zusammenhang zwischen Fertigungsplanung je Produkteinheit und vom Absatz bestimmter Fertigungssteuerung 250
5.4 Fertigungssteuerung - vom Absatz bestimmt 251
5.4.1   Auftragsvorbereitung und Terminplanung 251
5.4.2   Werkstattsteuerung (Auftragsvorbereitung, -veranlassung und Rückmeldung) 283
5.4.3   Flexibilität durch schlanke Prozesse (fit mit JIT) 294
5.5 Qualitäts-Management 301
5.5.1   Der Begriff „Qualität" 301
5.5.2   Total Quality Management, eine Unternehmens- und Führungsphilosophie 303
5.5.3   Umsetzung im Qualitäts-Management-System (QMS) 310
5.5.4   Zertifizierung von Qualitäts-Management-Systemen nach den neuen ISO 9000 Normen 326
5.5.5   Probleme der Produkthaftung 336
5.6 DV-Einsatz in der Produktion 339
5.6.1   Hauptaufgaben und Ziele 339
5.6.2   Integration betriebswirtschaftlicher und technischer Datenverarbeitung (CIM) 340
5.6.3   Wirtschaftlichkeit von CIM 351
Fragenkatalog zu Kapitel 5 354

6 Personalwirtschaft 355
6.1 Aufgaben und Organisation der Personalwirtschaft 355
6.1.1   Aufgaben der Personalwirtschaft 355
6.1.2   Organisation der Personalwirtschaft 356
6.2 Rechtsgrundlagen der Personalwirtschaft 357
6.2.1   Rechtsgrundlagen eines Arbeitsverhältnisses 357
6.2.2   Aufgaben und Rechte des Betriebsrates (Betriebsverfassungsgesetz (BetrVG)) 359
6.2.3   Mitbestimmung der Arbeitnehmer nach dem Mitbestimmungsgesetz 363
6.3 Personalbedarfsplanung und Personalbeschaffung 363
6.3.1   Planung des produktionsabhängigen Personalbedarfes 365
6.3.2   Budgetierung des nicht produktionsmengenabhängigen Personalbedarfes 365
6.3.3   Personalbeschaffung 366
6.4 Grundlagen anforderungs- und leistungsgerechter Entlohnung 367
6.4.1   Anforderungsgerechte Entlohnung 369

    6.4.2 Leistungsgerechte Entlohnung - Leistungslohnsysteme 374
    6.4.3 Ergänzende Kriterien gerechter Entlohnung 378
    6.4.4 Überwindung von Akzeptanzproblemen bei der Belegschaft 379
  6.5 Personalentwicklung 379
    6.5.1 Aufgabe und Bedeutung 379
    6.5.2 Bedarfsermittlung 380
    6.5.3 Planung von Maßnahmen und Teilnehmerkreis 380
    6.5.4 Kandidatenauswahl 381
    6.5.5 Erfolgskontrolle 382
  6.6 DV-Einsatz in der Personalwirtschaft 383
    6.6.1 Lohn- und Gehaltsabrechnung 383
    6.6.2 Personalplanungs- und -informationssysteme 384
Fragenkatalog zu Kapitel 6 384

7 Finanzwirtschaft und Investition 385
  7.1 Begriff, Aufgaben und Organisation der Finanzierung 385
    7.1.1 Investition und Liquidität als Optimierungsaufgabe 385
    7.1.2 Merkmale und Funktionen von Eigen- und Fremdkapital 385
  7.2 Finanzierungsinstrumente 386
    7.2.1 Eigenkapitalbeschaffung 386
    7.2.2 Fremdkapitalbeschaffung 387
    7.2.3 Rating 390
    7.2.4 Instrumente der Kreditsicherung 393
  7.3 Hauptkriterien finanzpolitischer Optimierung 394
  7.4 Finanzplanung 394
    7.4.1 Aufgaben, Elemente und Grundsätze 394
    7.4.2 Ermittlung des Kapitalbedarfs 397
    7.4.3 Ermittlung der Einnahmen und Ausgaben des Leistungsbereiches 400
    7.4.4 Synthese im Finanzplan 402
    7.4.5 Methoden zur Überwindung der Unsicherheit der Erwartungen in der
       Finanzplanung 405
  7.5 Planung und Steuerung des Investitionsprozesses 408
    7.5.1 Begriff und Zielsetzung der Investition 408
    7.5.2 Investitionsarten 409
    7.5.3 Übliche Schwächen im Investitionsprozess 410
    7.5.4 Verfahren der Investitionsrechnung 411
    7.5.5 Planung von Großinvestitionen im Rahmen der strategischen
       Unternehmensplanung 429
  7.6 DV-Unterstützung in der Finanzwirtschaft 433
    7.6.1 Ziele und Aufgaben 433
    7.6.2 Einsatzbereiche für DV 433
Fragenkatalog zu Kapitel 7 436

8 Industrielles Rechnungswesen 437
  8.1 Buchführung und Jahresabschluss 437
    8.1.1 Buchführungspflicht und -vorschriften 437
    8.1.2 Inventur 438
    8.1.3 Inventar 439
    8.1.4 Bilanz und Gewinn- und Verlustrechnung 439
    8.1.5 Der Industriekontenrahmen (IKR) 446
    8.1.6 Von der Eröffnungsbilanz zur Schlussbilanz Buchungsregeln und
       Buchungen ausgewählter Geschäftsvorfälle 447
  8.2 Kosten- und Leistungsrechnung 461

8.2.1 Aufgaben, Grundbegriffe und Zusammenhänge 461
8.2.2 Abgrenzungsrechnung 465
8.2.3 Kostenartenrechnung 467
8.2.4 Kostenstellenrechnung 474
8.2.5 Kostenträgerrechnung 481
8.3 DV-Einsatz im Rechnungswesen 486
8.3.1 Stand der Technik im Großunternehmen 486
8.3.2 Probleme mittlerer und kleiner Unternehmen 486
8.3.3 Beziehung zwischen wichtigen Programmen 487
Fragenkatalog zu Kapitel 8 490

TEIL III: CONTROLLING

9 Controlling-Grundlagen **491**
9.1 Begriff und Hauptaufgaben 491
9.2 Notwendigkeit des Controlling 492
9.3 Controlling-Funktionen 493
    9.3.1 Ableitung der Controlling-Funktionen 493
    9.3.2 Grundfunktionen des Controlling 494
    9.3.3 Entwicklung der Controlling-Funktion 496
    9.3.4 Controlling-Abgrenzung zu verwandten Bereichen 497
    9.3.5 Bestandteile eines Controlling-Systems 498
9.4 Controlling-Prozess 499
    9.4.1 Controlling als kybernetischer Prozess 499
    9.4.2 Generelle Zielplanung 501
    9.4.3 Planung 502
    9.4.4 Management-Information mit Data Warehouse 503
    9.4.5 Kontrolle und Steuerung 511
9.5 Controlling-Organisation 513
    9.5.1 Hierarchische Einordnung des Controlling-Bereiches 513
    9.5.2 Aufbauorganisation des Controlling-Bereiches 514
    9.5.3 Stellenbeschreibung Controlling 515
    9.5.4 Anforderungsprofil Controlling-Personal 516
9.6 Abgrenzung strategisches - operatives Controlling 516
9.7 Vorgehensmodell zur Implementierung eines Controlling-Systems ... 517
Fragenkatalog zu Kapitel 9 518

10 Operatives Controlling **519**
10.1 Budgetierung 519
    10.1.1 Notwendigkeit der Budgetierung 519
    10.1.2 Begriffe, Aufgaben und Arten der Budgetierung 520
    10.1.3 Budgetierungs-Prozess 521
    10.1.4 Fallstudie: 3-Jahres-Planung eines mittelständischen DV-Unternehmens ... 528
    10.1.5 Budgetkontrolle 546
10.2 Deckungsbeitragsrechnung 549
    10.2.1 Notwendigkeit der Deckungsbeitragsrechnung 549
    10.2.2 Grundlagen der Deckungsbeitragsrechnung 549
    10.2.3 Kostenspaltung 550
    10.2.4 Einstufige Deckungsbeitragsrechnung 551
    10.2.5 Mehrstufige Deckungsbeitragsrechnung 553
    10.2.6 Erfolgsorientierte Unternehmenssteuerung mithilfe der Deckungs-
            beitragsrechnung 557
10.3 Plankostenrechnung 563

      10.3.1 Grundlagen der Plankostenrechnung 563
      10.3.2 Leistungsplan als Planungsgrundlage 564
      10.3.3 Preisplanung 564
      10.3.4 Einzelkostenplanung und -kontrolle 565
      10.3.5 Kostenstellenplanung und -kontrolle im Fertigungsbereich 567
      10.3.6 Beurteilung der Grenzplan-Kostenrechnung 575
  10.4 Prozesskostenrechnung 575
      10.4.1 Grundlagen der Prozesskostenrechnung 575
      10.4.2 Methodik der Prozesskostenrechnung 577
      10.4.3 Prozessorientierte Kalkulation 579
      10.4.4 Controlling auf Basis des Prozesskosten-Ansatzes 580
      10.4.5 Beurteilung der Prozesskostenrechnung 583
      10.4.6 Beispiel einer Auftragsvorkalkulation 583
  10.5 Kennzahlen zur Unternehmenssteuerung 586
      10.5.1 Return-on-Investment-orientiertes Kennzahlensystem 586
      10.5.2 Partizipatives Produktivitätsmanagement (PPM)-System 591
Fragenkatalog zu Kapitel 10 598

11 Bereichs-Controlling 599
  11.1 ERP-Systeme als Datenbasis für Unternehmens-Controlling 599
  11.2 Vertriebs-Controlling 601
      11.2.1 Deckungsbeitragsrechnung 601
      11.2.2 Umsatzprognose mit Saisonkurve 604
      11.2.3 Umsatzprognose nach Auftragseingang 605
  11.3 Liquiditäts-Controlling 606
  11.4 Produktions-Controlling 607
      11.4.1 Kapazitätsstatistik 607
      11.4.2 Übergangszeiten 608
      11.4.3 Überwachung der Bearbeitungszeiten 608
      11.4.4 Überwachung der Durchlaufzeiten 609
  11.5 Logistik-Controlling 609
      11.5.1 Bestands-Controlling 610
      11.5.2 Controlling der Logistik-Leistungen und Logistik-Kosten 612
  11.6 ERP-gestützte Unternehmenssimulation 615
      11.6.1 Zielsetzung 615
      11.6.2 Vorgehensweise 615
      11.6.3 Inhalte der Unternehmenssimulation 617

12 Funktionen einer integrierten Datenverarbeitung
Praxisbeispiel mit abas Business Software (ERP, PPS, WWS, eBusiness) 619
  12.1 Merkmale der abas Business Software 619
  12.2 Praxisbeispiel: Business Case Auftragsabwicklung Weinmann GmbH
      Hamburg 623

Literaturverzeichnis 627

Sachregister 634

Übungsteil zu diesem Buch
Specht/Schweer/Ceyp
Übungen zur Unternehmensführung
mit Lösungen veröffentlicht bei BoD unter ISBN 3-8334-2806-6

Teil I: Strategische Unternehmensführung

1 Gegenstand und Aufgaben der Unternehmensführung

1.1 Zusammenhang Unternehmen und Betrieb

Der Begriff Unternehmensführung (UF) entspricht weitgehend dem herkömmlichen Begriff der Betriebswirtschaftslehre (BWL). Die BWL ist die Lehre von der Gestaltung und Steuerung der Betriebe und Unternehmen. Unternehmensführung soll sich, wie der Begriff sagt, auf die Führung bestehender Unternehmen konzentrieren und abweichend von der BWL die Themen Rechtsform[1], Standortwahl und Existenzgründung ausklammern zu Gunsten vertiefter Behandlung der Aufgaben und Instrumente der Markt- und Ergebnisorientierung. Dabei verstehen wir die Begriffe Unternehmen und Betrieb wie folgt:

Unternehmen
❑ Finanziell-juristische Einheit als Rechtsgebilde für einen oder mehrere Betriebe. Im Namen des Unternehmens werden Rechtsgeschäfte getätigt. Die Unternehmensleitung ist vorrangig verantwortlich für die mittel- und langfristige Koordination der Betriebe durch Planung und Kontrolle sowie die Sicherung der Unternehmenssubstanz durch Bestgestaltung von Marktposition, Finanzierung und Rechtsbeziehungen.

Betrieb
❑ Technisch-wirtschaftliche Einheit als Stätte der Leistungserstellung, also die gegenständliche Form des Unternehmens. Ein Unternehmen kann einen oder mehrere Betriebe haben. Die Betriebsleitung ist vorrangig für die Optimierung des technischen Prozesses der Leistungserstellung verantwortlich.

1.2 Rechtsformen der Unternehmen

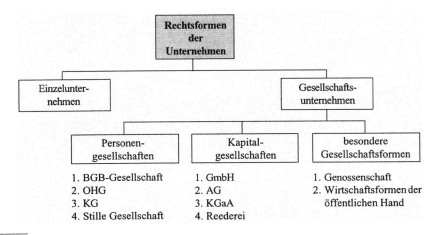

---
[1] Mit Ausnahme einer kurzen Übersicht unter 1.2 (1)

(1) Vergleichende Übersicht der wichtigsten Unternehmensformen

A. Einzelunternehmen und Personenhandelsgesellschaft

	Firma	Gründung	Leitung
Einzelunternehmen	• Personenfirma: (Familiennamen und mindestens einen ausgeschriebenen Vornamen) • Sachfirma • Phantasiefirma Die Firma muss die Bezeichnung „eingetragener Kaufmann", eingetragene Kauffrau" oder eine allgemein verständliche Abkürzung dieser Bezeichnung enthalten, insbesondere „eK".	Beginn des Gewerbebetriebes durch den Unternehmer. (Pflicht zur Anmeldung bei Gemeinde, Handelsregister, Finanzamt, Industrie- und Handelskammer bzw. Handwerkskammer).	Alleinige Geschäftsführung durch den Einzelunternehmer. (Erteilung von Vollmachten möglich, Prokura nur durch Vollkaufmann).
Offene Handelsgesellschaft	Personenfirma, Sachfirma, Phantasiefirma Die Firma muss die Bezeichnung „offene Handelsgesellschaft" oder eine allgemein verständliche Abkürzung dieser Bezeichnung enthalten.	Mindestens 2 Gründer, die Gesellschaftsvertrag schließen. (Anmeldepflichten wie bei Einzelunternehmen.) Eintragung aller Gesellschafter im Handelsregister.	Jeder Gesellschafter hat Recht zur Geschäftsführung. (Vertragliche Beschränkungen im Innenverhältnis zwischen den Gesellschaftern möglich, nach außen jedoch unwirksam.)
Kommanditgesellschaft	Personenfirma, Sachfirma, Phantasiefirma. Die Firma muss die Bezeichnung „Kommanditgesellschaft" oder eine allgemein verständliche Abkürzung dieser Bezeichnung enthalten.	Wie bei der OHG. (Besonderheiten: Mindestens ein Gründer muss Komplementär sein). Eintragung der Komplementäre und der Zahl der Kommanditisten (Teilhafter) ins Handelsregister.	Nur Komplementäre haben Befugnis zur Geschäftsführung. Kommanditisten haben nur Widerspruchsrecht bei außergewöhnlichen Geschäften (ferner Recht auf Kontrolle der Bilanz).
Stille Gesellschaft	Die Stille Gesellschaft tritt weder in der Firmenbezeichnung hervor noch wird sie ins Handelsregister eingetragen.	Ein stiller Gesellschafter beteiligt sich an einem Unternehmen durch Kapitaleinlage.	Die Geschäftsführung liegt beim Inhaber des Unternehmens. Der Stille Gesellschafter hat Kontrollrecht (ähnlich dem Kommanditisten, doch kein Widerspruchsrecht).

B. Kapitalgesellschaften und Genossenschaften

	Firma	Gründung	Leitung
Aktiengesellschaft	Die Firma muss die Bezeichnung „Aktiengesellschaft" oder eine allgemein verständliche Abkürzung dieser Bezeichnung enthalten.	Ein oder mehrere Gründer, Übernahme- oder Stufengründung. Grundkapital mindestens 50.000 €. (Beurkundung der Satzung. Eintragung ins Handelsregister.)	Geschäftsführung durch den Vorstand in eigener Verantwortung. Kontrolle durch den Aufsichtsrat.
Kommanditgesellschaft auf Aktien	Die Firma muss die Bezeichnung „Kommanditgesellschaft" oder eine allgemein verständliche Abkürzung dieser Bezeichnung enthalten.	Wie bei der AG, doch unter Beteiligung mindestens eines Vollhafters (Komplementärs).	Durch den oder die Vollhafter als gesetzlichen („geborenen") Vorstand.
Gesellschaft mit beschränkter Haftung	Die Firma muss die Bezeichnung „Gesellschaft mit beschränkter Haftung" oder eine allgemein verständliche Abkürzung dieser Bezeichnung enthalten.	Öffentliche Beurkundung des Gründungsvertrages von mindestens einem Gesellschafter. Stammkapital mindestens 25.000 €. (Eintragung ins Handelsregister).	Sie liegt bei einem oder mehreren Geschäftsführern.
Genossenschaft	Die Firma muss die Bezeichnung „eingetragene Genossenschaft" oder die Abkürzung „eG" enthalten.	Wenigstens 7 Gründer unterzeichnen Satzung. Wahl von Vorstand und Aufsichtsrat. Eintragung ins Genossenschaftsregister.	Die Geschäftsführung liegt beim Vorstand (mindestens 2 Genossen).

Nach *Doering, W., Schlepper, H.*, Rechts- und Sozialwesen, Würzburg

Fortsetzung des Vergleichs der Unternehmensformen

Finanzierung	Gewinn- u. Verlust	Haftung
Das Einzelunternehmen beruht auf dem Eigenkapital des Unternehmers. (Fremdfinanzierung nur insoweit, als Eigenkapital Garantiegrundlage bietet).	Gewinn steht allein dem Unternehmer zu. Verlust wird allein von ihm getragen. (Der Gewinn ermöglicht die Selbstfinanzierung und Investition).	Es besteht Vollhaftung: Der Unternehmer haftet allein und unbeschränkt mit seinem Geschäfts- und Privatvermögen.
Sie erfolgt nach Maßgabe der vertraglichen Einlagen der Gesellschafter (bei späteren Veränderungen durch Gesellschafterbeschluss).	a) Zunächst 4 % Zinsen auf die Einlagen. b) Überschüsse oder Verluste werden nach der Kopfzahl der Gesellschafter verteilt.	Jeder Gesellschafter haftet unbeschränkt, unmittelbar und gesamtschuldnerisch (auch für bei seinem Eintritt in die Gesellschaft bereits bestehende Schulden, bei Austritt noch 5 Jahre).
Durch die vertraglichen Einlagen der Komplementäre und Kommanditisten (Nur Einlagen der Kommanditisten sind übertragbar).	Nach Gesellschaftsvertrag, meist unter Bevorzugung des Komplementärs (mit Rücksicht auf seine Geschäftsführung und Vollhaftung.). Wenn nichts anderes im Gesellschaftsvertrag bestimmt, werden die ersten 4 % des Gewinns nach Einlage verteilt.	Komplementäre wie bei der OHG (Vollhaftung). Kommanditisten haften nur mit ihrer Einlage (Teilhaftung).
Darlehensähnliche Geldeinlage des Stillen Gesellschafters wird Eigenkapital des Unternehmensinhabers. (Bevorzugte Finanzierungsform, regelmäßig ohne Realsicherheiten für den Stillen).	Nach Vereinbarung, da keine gesetzlichen Vorschriften. Nichtbeteiligung am Verlust kann vereinbart werden.	Der Stille Gesellschafter haftet höchstens bis zur Aufzehrung seiner Einlage, der Unternehmensinhaber unbeschränkt.

Finanzierung	Gewinn- u. Verlust	Haftung
Sie erfolgt über den Börsenhandel mit Aktien im Nennwert von mindestens 5 GE (Gesetzliche Rücklagen von mindestens 10 % des Grundkapitals).	Nach Deckung eines etwaigen Verlustvorganges (Auffüllung der gesetzlichen Rücklagen). Dann Gewinnausschüttung an Aktionäre (Dividende).	Aktionäre haften Gesellschaftsgläubigern nicht unmittelbar. (Sie können bei Insolvenz bzw. Auflösung der AG nur ihre Einlage einbüßen).
Neben einem oder mehreren Vollhaftern (Komplementären) beteiligen sich (Gesellschafter durch Einlagen auf das in Aktien zerlegte Grundkapital) Kommanditaktionäre.	Wie bei der AG. Komplementäre erhalten wie Vorstand der AG Tantiemen.	Komplementäre haften unbeschränkt und gesamtschuldnerisch (wie bei der KG), Kommanditaktionäre beschränkt wie Aktionäre der AG.
Stammkapital von mindestens 25.000 GE. Stammeinlagen (Geschäftsanteil) der Gesellschafter von mindestens 250 GE.	Nach den Bestimmungen des Gesellschaftsvertrages (meist entsprechend den Geschäftsanteilen). Wenn nichts anderes im Gesellschaftsvertrag bestimmt ist, wird Gewinn nach Gesellschaftsanteilen verteilt.	Wie bei den Aktionären der AG (beschränkt auf die Geschäftsanteile). (Doch kann die Satzung eine beschränkte oder unbeschränkte Nachschusspflicht vorsehen).
Durch Einlagen der Genossen lt. Satzung.	Nach Zuführung zur gesetzlichen Rücklage werden Gewinne dem Geschäftsguthaben der Genossen zugeschrieben oder ausgeschüttet. Verluste werden abgesetzt.	Satzung kann Nachschusspflicht der Genossen in der Insolvenz der eG - beschränkt auf Haftungssumme oder unbeschränkt - vorsehen oder auch ausschließen.

(2) **Hauptunterschiede zwischen Kapital- und Personengesellschaften**[2]

Kapitalgesellschaften
a) eigene Rechtspersönlichkeit, Haftung auf Kapital der Gesellschaft begrenzt
b) keine Gesellschafter, die mit persönlichem Vermögen haften
c) Abstimmungen in der Gesellschafterversammlung erfolgen nach Kapitalanteilen.

Personengesellschaften
a) haben keine eigene Rechtspersönlichkeit,
   Konsequenz
   - jeder voll haftende Gesellschafter haftet gesamtschuldnerisch
   - Gewinn und Vermögen der Gesellschafter, nicht der Gesellschaft, steuerpflichtig
b) jede Personengesellschaft hat mindestens einen Gesellschafter, der persönlich mit seinem Privatvermögen haftet (Ausnahme: GmbH & Co KG, in der die GmbH der Vollhafter ist)
c) in Personengesellschaften sind nur Vollhafter zur Geschäftsführung befugt
d) Abstimmung in der Gesellschafterversammlung erfolgt nach Köpfen

1.3 Produktionsfaktoren, Teilaufgaben und Wertefluss des Betriebes

Im Gegensatz zu den klassischen Produktionsfaktoren der Volkswirtschaftslehre (Boden, Arbeit, Kapital) unterscheidet die BWL nach *Gutenberg*[3] elementare und dispositive Leistungsfaktoren:

Elementarfaktoren	1. Arbeitsleistungen (objektbezogene menschliche Arbeit)	originäre Faktoren
	2. Betriebsmittel	
	3. Werkstoffe	
dispositive Faktoren	4. Geschäfts- und Betriebsleitung (dispositive Arbeitsleistung)	derivative Faktoren
	5. Planung	
	6. Organisation	

Der Praktiker setzt vereinfachend die dispositiven Faktoren gleich mit der Aufgabe des Managements. Dazu gehört die systematische Wahrnehmung der folgenden Teilaufgaben:

Die Funktionen des Managements
- Zielsetzung
- Entscheidung
- Kontrolle
- Planung
- Anweisung
- Motivation
- Organisation

Die Vernachlässigung einer oder mehrerer dieser Management-Teilaufgaben ist vielfach die Ursache für unbefriedigende Erfolge und Unternehmenskrisen.

---
[2] Begriff Kapital und Vermögen vgl. Kapitel Finanzwirtschaft
[3] *Gutenberg, E.*, Grundlagen der Betriebswirtschaftslehre, Bd. 1, Die Produktion, Berlin, Göttingen, Heidelberg

Zu 1: Menschliche Arbeitsleistungen
Nach *Wöhe*[4]: **Determinanten der Arbeitsleistung**

Leistungsfähigkeit
- Körperliche Konstitution
- Begabung
- Ausbildung
- Alter
- Erfahrung

Leistungswille
- Arbeitsentgelt
- Freiwillige Sozialleistungen
- Arbeitsbedingungen
- Arbeitszeit
- Betriebsklima

Unter menschlicher Arbeitsleistung der **elementaren Leistungsfaktoren** versteht man die objektbezogene menschliche Arbeit, die lediglich ausführenden Charakter hat. Als Elemente der Leistung können das WOLLEN als Leistungsantrieb und das KÖNNEN als Leistungsfähigkeiten herangezogen werden. Die Bewegungsgeschwindigkeit (geistig wie körperlich) und die Intensität der Anstrengung bilden das WOLLEN, die Eignung, Übung, fachliche Erfahrung und Einarbeitung spezifizieren das KÖNNEN.

Aus einer Vielzahl von Messungen und Vergleichen lässt sich ein Mittelwert der Arbeitsleistung, die Normalleistung, ermitteln. Normalleistung nach *REFA*[5] ist definiert als die Leistung, die von jedem geeigneten Arbeitnehmer bei gegebener Arbeitsmethode nach normaler Einarbeitung und Übung ohne Gesundheitsschäden auf die Dauer im Durchschnitt erreichbar ist, wenn die in der Vorgabezeit enthaltenen Verteil- und Erholungszeiten eingehalten werden.

Zu 2: Betriebsmittel
Unter dem Sammelbegriff „Betriebsmittel" versteht man die Gesamtheit aller Grundstücke, Gebäude, Anlagen sowie Betriebs- und Geschäftsausstattung zur Erstellung von Gütern und Erbringung von Dienstleistungen.

Nach *Gutenberg* stellen Betriebsmittel „die Gesamtheit aller betrieblichen Anlagen, die zur Erfüllung der Betriebszwecke erforderlich sind",[6] dar. Betriebsmittel werden über einen längeren Zeitraum genutzt und unterliegen der Abnutzung. Bedenke: Abschreibung, im Steuerrecht AfA (Absetzung für Abnutzung). Vielseitige Einsetzbarkeit (Flexibilität) der Betriebsmittel ist in der Regel aufwendig. Hohe Spezialisierung schafft starke Abhängigkeit von bestimmten Produkten, Kunden und Marktentwicklungen. Die Eignung von Produktionsanlagen ist deshalb abhängig von den Anforderungen des Marktes.

Zu 3: Werkstoffe
Roh-, Hilfs-, Betriebsstoffe sowie Halb- und Zwischenfabrikate werden unter dem Begriff „Werkstoffe" zusammengefasst. Sie sind Ausgangs- und Grundstoffe für die Herstellung von Gütern und gehen durch Einbau, Umformung oder Substanzveränderung in die Fertigprodukte ein. Zur Optimierung der Materialkosten sind die folgenden Ziele anzustreben:
- Minimierung der Lagerbestände und der Lagerdauer
- Materialverluste gering halten
- Bearbeitungsfehler und Ausschuss vermeiden
- möglichst genormtes Material einsetzen
- Konstruktion frühzeitig mit der Arbeitsvorbereitung abstimmen, um fertigungsgerechte Konstruktion zu erreichen.

Zu 4: Unter dem **dispositiven Leistungsfaktor** versteht man die schöpferische Arbeit, die durch Planung, Organisation und Kontrolle bei der Zusammenführung von ausführender Arbeit, Betriebsmitteln und Werkstoffen leitend und lenkend wirkt, um die Unternehmensziele zu erreichen.

---

[4] *Wöhe, G.*, Einführung in die Allgemeine Betriebswirtschaftslehre, München
[5] REFA bedeutete 1924 „Reichsausschuss für Arbeitszeitermittlung", 1933-1945 „Reichsausschuss für Arbeitsstudien" und ist heute die allgemeine Kurzbezeichnung für „Verband für Arbeitsstudien *REFA e. V.*", Darmstadt
[6] *Gutenberg, E.*, Grundlagen für Betriebswirtschaftslehre, Band 1

Zu 5: Der **Planung** kommt die Aufgabe zu, die Ziele und Wege des Unternehmens in Gegenwart und Zukunft festzulegen und Maßnahmen zur Zielerreichung zu definieren sowie durch die Festlegung von „Etappen-Zielen" Messgrößen zu schaffen, so dass Periodenerfolge überprüft (kontrolliert) und ergänzende Steuerungsmaßnahmen veranlasst werden können. Planung muss einen geordneten, gegen Störungen abgesicherten oder bei Störungen zielgerichtet „nachjustierbaren" Gang für den betrieblichen Ablauf definieren.

Zu 6: Die **Organisation** hat die Aufgabe, die Erreichung der in der Planung fixierten Ziele zu ermöglichen. Organisation dient der Sicherung des zielorientierten erfolgreichen Zusammenwirkens von Systemen aus Menschen, Betriebsmitteln, Werkstoffen und Informationen. Aus dem Unternehmen wird zu diesem Zweck eine gegliederte Einheit geschaffen, die auf mehreren Ebenen zweckmäßig und möglichst reibungslos arbeitet. Dazu müssen Verantwortungsbereiche geschaffen (Pflichten definiert) und damit übereinstimmende Kompetenzen eingeräumt (Rechte gewährt) werden.

Eine effiziente Nutzung der Datenverarbeitung (DV) in den Bereichen der elementaren Produktionsfaktoren schafft für den Erfolg im dispositiven Bereich der Planung, Organisation und Kontrolle wichtige Grundlagen.

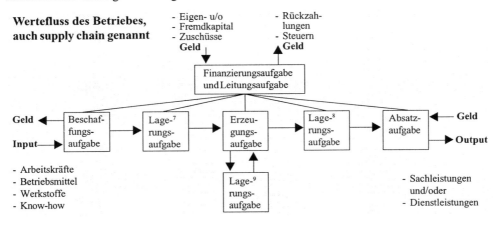

1.4 Hauptaufgabe markt- und erfolgsorientierter Unternehmensführung, Zukunftssicherung durch Return on Investment (RoI)

Existenzsicherung des Unternehmens erfordert die Entwicklung und den Einsatz eines Planungs- und Steuerungssystems, das geeignet ist, kurz-, mittel- und langfristig sicherzustellen, dass die Erträge des Unternehmens größer sind als die Aufwendungen. Dazu gehört einerseits die Sicherung der Marktposition des Unternehmens als nach außen gerichtete Hauptaufgabe und andererseits die Optimierung des Einsatzes der Produktionsfaktoren, als nach innen gerichtete Hauptaufgabe. Beide Aufgabenbereiche werden in diesem Buch - gegliedert nach Funktionsbereichen (Vertrieb, Materialwirtschaft, Produktion, Finanzierung etc.) - behandelt.

---

[7] Aufwands-, Roh-, Hilfs- und Betriebsstoffe
[8] Fertigfabrikate
[9] Unfertige Erzeugnisse

Ferner werden mit dem Schwerpunkt Controlling die Instrumente eines integrierten Managementsystems geklärt, die geeignet sind, durch kontinuierliche Verbesserung ein erfolgreiches Management zu ermöglichen.

Als Voraussetzung für zielgerichtetes Handeln benötigt jedes Management zunächst Klarheit darüber, aus welchen Elementen sich das Unternehmensergebnis zusammensetzt. Durch Planung von periodenbezogenen Werten und laufende Überwachung der Ist-Werte der Ergebniselemente erhält das Management die Möglichkeit permanenter, zielgerichteter und widerspruchsfreier Ergebnissteuerung.

Vereinfacht kann man sagen, dass das Unternehmensergebnis sich aus zwei Hauptrelationen zusammensetzt.

Der Gewinn des Unternehmens kann gesteigert werden durch:

(1) Umsatzgewinnrate = $\dfrac{\text{Gewinn} \cdot 100}{\text{Umsatz}}$ und (2) Kapitalumschlag = $\dfrac{\text{Umsatz}}{\text{Investiertes Kapital}}$

❑ Senkung der variablen und/oder fixen Kosten bei konstantem Umsatz und konstantem Kapitaleinsatz oder
❑ Verringerung des Kapitaleinsatzes durch Reduzierung des Anlage- und/oder Umlaufvermögens bei konstanter Umsatzgewinnrate oder
❑ Steigerung des Umsatzes bei gleichbleibender Umsatzgewinnrate und unverändertem investierten Kapital.

Diese Grundlagen der Gewinnplanung sind zusammengefasst in dem Begriff

Return on Investment = Umsatzgewinnrate x Kapitalumschlag.[10]

Aufgrund der Notwendigkeit, von diesem Grundzusammenhang der Gewinnentstehung zu den steuer- und messbaren Elementen vorzustoßen, sind verschiedene Kennzahlensysteme zur Planung und Überwachung des RoI entwickelt worden. Diese haben mit gewissen Differenzierungen folgende Struktur:[11]

Aufbau des Return-on-Investment

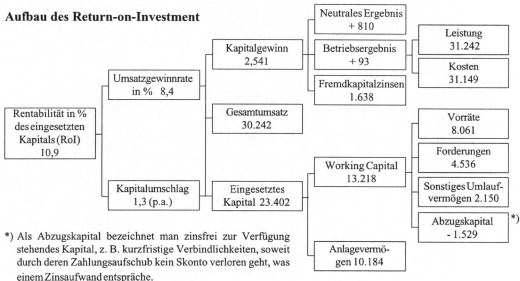

*) Als Abzugskapital bezeichnet man zinsfrei zur Verfügung stehendes Kapital, z. B. kurzfristige Verbindlichkeiten, soweit durch deren Zahlungsaufschub kein Skonto verloren geht, was einem Zinsaufwand entspräche.

---

[10] Vgl. *Welsch, G.A.*, Budgetierung, Profit-Planning and Control, Englewood Cliffs, N.J und *Viel, J.*, Betriebs- und Unternehmensanalyse, Köln, Opladen
[11] Entnommen aus: *Ziegenbein, K.*, Controlling, Ludwigshafen

Im TEIL III: Controlling zeigen wir unter Pkt. 10.5.1 ein **RoI-orientiertes Kennzahlensystem**. Der Du-Pont-Konzern verwendet sein RoI-Kennzahlensystem zur Kontrolle des gesamten Konzerngeschehens unter Einbeziehung aller Kostenträgergruppen und Betriebe. Der Zentralverband der Elektroindustrie ZVEI hat das umfangreichste deutsche RoI-Kennzahlensystem entwickelt. RoI-Kennzahlen sind wesentliche Ergänzung eines Planungs- und Kontroll-(Controlling)Systems, dessen Effektivität sie durch folgende Leistungsmerkmale wesentlich unterstützen:

- Sie zeigen Veränderungen von Produktivität und Wirtschaftlichkeit im Zeitablauf (**Zeitvergleich**).
- Sie ermöglichen den Vergleich von Betrieben (**Strukturvergleich**).
- Sie unterstützen die Analyse von Planabweichungen (**Soll/Ist-Vergleich**).
- Sie verbessern die Beurteilung der Erreichbarkeit von Zielen (**Feasibility**).
- Sie haben durch die EU-weit geregelte Verschärfung der Kreditwürdigkeitsprüfung erheblich an Bedeutung gewonnen (**Basel II**).

Folgende Probleme müssen bei der Anwendung RoI-orientierter Kennzahlen bedacht werden:

- Ein Kennzahlensystem kann seinen **vollen Nutzen** nur als Teil eines Controlling-Systems entfalten. Isolierte Kennzahlen sind vergleichbar mit der Tankanzeige eines Flugzeugs dessen Navigator das Ziel und den Standort nicht kennt.
- Die **Datenerfassung** und -auswertung für den Soll/Ist-Vergleich eines Kennzahlensystems kann erhebliche Kosten verursachen und darf den Nutzen, den die Kennzahlen stiften, nicht übersteigen.
- Kennzahlen, die von einem Mitarbeiter nicht beeinflusst werden können, aber als Leistungsmaßstab gegen ihn geltend gemacht werden, beschädigen seine Motivation.

Diese Schwierigkeiten vermeidet ein neues Kennzahlensystem zur Leistungssteigerung von Arbeitseinheiten, Teams oder einzelnen Mitarbeitern, das **Partizipative - Produktivitätsmanagement (PPM)- System,** das wir als wesentliches Werkzeug des Operativen Controlling unter Pkt. 10.5.2 ausführlich darstellen.

Vor der Konzipierung eines Kennzahlensystems muss klar sein, welche Informationen für die Unternehmensführung benötigt werden, wo sie entstehen und wie sie beschafft werden können. Dafür ist es notwendig, die erfolgsbestimmenden Faktoren inner- und außerhalb des Unternehmens zu systematisieren. Dazu kann das nebenstehende Schema von *Wiendahl* beitragen.[12]

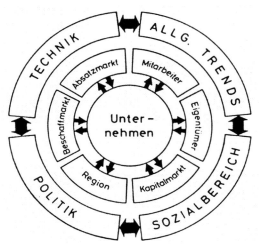

Das Unternehmen im engeren und weiteren Umfeld
(entnommen von *Wiendahl*)[13]

---

[12] Zur Vertiefung vgl. Pkt. 9.4.4, Management-Information mit Data Warehouse
[13] *Wiendahl, H.P.*, Betriebsorganisation für Ingenieure, München, Wien

1.5 Teilaufgaben der Unternehmensführung

1.5.1 Erfolgsvoraussetzung: die „Sieben S"

Unternehmensführung umfasst eine strategische Aufgabe (die langfristige Erfolgs- und Bestandssicherung) und eine operative Aufgabe (die kurzfristige Ergebnisoptimierung). Die wirtschaftlichen Hauptmerkmale der westlichen Industriegesellschaften bestimmen wesentlich die Aufgaben und Anforderungsmerkmale der Unternehmenssicherung. In der Regel heißt das konkret:

- **Marktsättigung**
- **Kostendruck**
- **Innovationsdruck** in Bezug auf neue Produkte und Produktionstechniken fordern
- **langfristige Deckungsbeitragssicherung** und
- **Fixkostenbegrenzung**.

Unter diesen Rahmenbedingungen unserer arbeitsteiligen Gesellschaft erfordert Führen, übereinstimmend mit einer Analyse japanischer und amerikanischer Managementtechniken von *Pascale* und *Athos*,[14]

- nicht nur Ordnen der Arbeitsteilung durch Schaffung von **Strukturorganisation (Structues)**,
- sondern gleichzeitig die Vermittlung einer allgemeinen im Unternehmen anerkannten **übereordneten Sinngebung (Superior Goals)**,
- die systematische, kooperative Erarbeitung von **Strategien (Strategies)**
- sowie die Sicherstellung von Kooperation und Kommunikation der geeigneten **Belegschaft (Staff)**
- mit den erforderlichen **Fähigkeiten (Skills)**
- durch die geeigneten **Systeme (Systems), insbesondere der Ablauforganisation** (bezüglich Entscheidung, Anweisungen und Kontrolle)
- sowie ferner ständige Motivation durch einen kooperativen **Führungsstil (Style)**, zu dem eine wahrheitsgemäße und stets faire Kommunikation und rechtzeitige zielstrebige Information unverzichtbar gehören.

Der Praktiker weiß, dass die obigen Grundsätze nur realisierbar sind
- auf der Grundlage frühestmöglich verfügbarer quantitativer Daten des Controllers aus Planung und Kontrolle und
- wenn die aufgaben- und persönlichkeitsbedingten Konflikte zwischen einzelnen Funktionsbereichen und Mitarbeitern schnell erkannt und korrekt geregelt werden.

Deshalb sind folgende Schwerpunkte der Unternehmensführung Gegenstand dieses Buches:
- Strategieentwicklung (Kapitel 2)
- Marketing mit der vorrangigen Aufgabe marktgerechter Produktinnovation zur langfristigen Sicherung von Marktposition, Marktanteilen und Erträgen (Kapitel 3) sowie
- effiziente Gestaltung des Leistungsprozesses (Kapitel 3 bis 7)
- Controlling (Planung + Kontrolle mit aussagefähigem Rechnungswesen) (Kapitel 8 bis 11)

---

[14] *Pascale, R.T., Athos, A.G.*, Geheimnis und Kunst des japanischen Managements, München

1.5.2 Aufgabenteilung und Funktionen in Top- und Middlemanagement

Führung bedeutet nach *Hahn*: „Willensbildung und Willensdurchsetzung mit und gegenüber anderen (weisungsgebundenen) Personen zur Erreichung eines Zieles oder mehrerer Ziele – unter Übernahme der hiermit verbundenen Verantwortung"[15]. Vgl. Pkt. 2.2.1 und 9.3.

Zur erfolgreichen Wahrnehmung der schon genannten Führungsaufgaben
- Ziele setzen
- Planung und Organisation
- Entscheidung
- Anweisung
- Kontrolle und
- Motivation

muss die Gesamtaufgabe nuancierter definiert und in Teilaufgaben differenziert werden. Dabei ist es zweckmäßig, verschiedene Management-Ebenen und deren Aufgabenmerkmale zu unterscheiden. Dazu folgende Übersicht:

(1) Top-Management (Vorstand, Geschäftsführung), unternehmerische Führungsaufgaben

Vorgabe[16] Unternehmensziele	Definition[16] der Unternehmenspolitik	Koordination[16] der betrieblichen Teilbereiche	Definition der Grundsätze der Personalpolitik	Präsentation, Public Relations etc.	Grundsatzaufgaben des Umweltschutzes

(2) Middle-Management (Funktionsbereichs- bis Abteilungsleitung), Leitungsaufgaben

In Beschaf-[17] fung und Lager	In der[17] Produktion	Im Ver-[17] trieb	Im Finanz-[17] bereich	Im Perso-[17] nalbereich	In der[17, 18] Verwaltung

Ausführungsaufgaben in den jeweiligen Funktionsbereichen

(3) Führungspraxis

Die Aussage, Management sei die Kunst zu erreichen, dass Dinge durch Menschen getan werden, ist richtig, aber zu ungenau. *Kotter* umreißt die Vorgehensweise des Managers wie folgt:[19]
a) Erstellung eines Vorgehensplans
b) Aufbau und ständige Aktivierung eines Netzwerks für die Umsetzung des Vorgehensplans.

Vorgehenspläne (Agendas) sind Listen von Dingen, die getan werden müssen (präzise oder allgemein; kurz- und/oder langfristig) auf der Grundlage recherchierter Informationen, Möglichkeiten, Vorschläge, Berechnungen etc. zur Verwirklichung von Politiken, Strategien, Plänen und Vereinbarungen.

---

[15] *Hahn, D.,* Controllingkonzepte...., 4. Aufl., Wiesbaden, S. 35
[16] Inkl. Koordination der Unternehmensplanung
[17] Planung und Steuerung des Funktionsbereiches und Mitwirkung an der Unternehmensplanung. Hauptaufgabe: Veranlassung und Kontrolle der Ausführungsaufgaben im jeweiligen Funktionsbereich
[18] Verwaltung steht für Abwicklungs- und Hilfsfunktionen, wie z. B. Registratur, Lohnabrechnung, Postversand; Rechnungswesen & Controlling sind meist dem Finanzbereich zugeordnet.
[19] *Torrington, D., Weightman, J., Johns, K.,* Management Methods, 50 action plans for better results, Institute of Personnel Management and Gower, London

Bei dieser Aufgabe unterliegt der Manager vielen kurzfristigen Herausforderungen und Unterbrechungen, die den Zeitrahmen für systematische Entscheidungsvorbereitung und Planung unter das erforderliche Minimum zu drücken drohen. Deshalb muss der Manager sich der Gesamtheit seiner Funktionen bewusst sein.

(3.1) Funktionen des Managers

Torrington/Weightman/Johns unterscheiden folgende 10 Hauptfunktionen:[20]

a) **Zwischenmenschliche Funktionen**
1. **Repräsentant** der Unternehmung mit formalen Pflichten
2. **Kontaktpfleger** zu Gleichrangigen zum Austausch von Informationen
3. **Leiter** für Aufbau und Motivation des Mitarbeiterstabes

b) **Informations-Funktionen**
4. **Informationsbeschaffer** mit dem Ziel, den Zufluss und die Bereitstellung erforderlicher Informationen zu sichern
5. **Informationsverteiler**, der sicherstellt, dass Mitarbeiter die notwendigen Informationen erhalten, die ihnen sonst nicht zur Verfügung stehen würden
6. **Sprecher**, der Informationen der Einheit nach außen gibt

c) **Entscheidungs-Funktionen**
7. **Unternehmer**, verantwortlich für die Veranlassung von Veränderung, Grundlage der Zukunftssicherung
8. **Problemlöser**, besonders wenn die Einheit durch Turbulenzen bedroht ist (Altbundeskanzler *Helmut Schmidt*: „Schwierige Zeiten sind Zeiten für Könner.").
9. **Entscheider** über Ressourcen-Allokation, darüber, wo die verfügbaren Mittel der Einheit eingesetzt werden
10. **Verhandlungsführer** mit Externen, deren Zustimmung und Kooperation für die Einheit erforderlich ist. Näheres vgl. (3.3).

(3.2) Der Problemlösungs-Prozess

In Anlehnung an *Torrington/Weightman/Johns*[21] gilt:

1. Definieren Sie Ihr Problem.
   Identifizieren Sie Ihr Ziel so präzise und messbar wie möglich mit Abwägung konkurrierender Ziele (z. B. Steigerung des Umsatzes aber Senkung der Werbungskosten) und leiten Sie daraus die Problemstellung so konkret ab, dass Lösungsansätze erkennbar werden. Unterscheiden und beachten Sie dabei folgende Komponenten des Problems:
   - Unbeeinflussbare Faktoren
   - Beeinflussbare Faktoren
   - Entscheidungsträger
   - Mögliche Ergebnisse.
2. Finden und beurteilen Sie alternative Lösungen (Werkzeuge, Methoden, Techniken oder Prozesse) unter Beachtung der Situation und der Konsequenzen. Bei Unsicherheit schätzen Sie die Konsequenzen ab unter wahrscheinlichen, ungünstigsten und günstigsten Annahmen bezüglich der zukünftigen Entwicklung.
3. Wählen Sie Ihre Lösung.
4. Veranlassen Sie die Einführung.
5. Überwachen und bewerten Sie den Grad der Zielerreichung und passen Sie die Lösung laufend den zukünftigen Erfordernissen an.

---
[20] Ebenda
[21] Ebenda

(3.3) **Verhandlungsführung**

Die folgenden Ausführungen können nur knappe Anregungen und Hinweise auf vertiefende Literatur bieten, nämlich *W.L.Ury*, Schwierige Verhandlungen, Frankfurt, New York (Weltbestseller über das Harvard-Konzept) und wiederum *Torrington/Weightman/Johns*. Diese strukturieren die Lösung der Aufgabe so:[22]

1. Grundlegende Fragen der Verhandlungsvorbereitung
   1.1 Handelt es sich um eine Verhandlung oder irgend etwas anderes?
   Eine Verhandlung liegt nur vor, wenn ein Interessenkonflikt zwischen Parteien gelöst weren muss, die sich gegenseitig benötigen, um eine Lösung für ein Problem zu finden.
   1.2 Wird es einen Kompromiss oder eine Einigung geben?
   Ein Kompromiss liegt vor, wenn sich die Kontrahenten auf halbem Wege treffen (Preisvorstellung von Kunde und Lieferant liegen € 100,- auseinander und man trifft sich bei € 50.-). Eine Einigung wird erzielt, wenn zunächst alle Spielräume ausgelotet und daraus beide Partner voll zufriedengestellt werden.
   1.3 Wird der Konflikt gelöst oder nur erträgbar gemacht?
   Konfliktlösung bedeutet, „Gegner werden Freunde" und aus einem Interessenkonflikt werden gemeinsame, übereinstimmende Interessen. Erträgbar wird ein Konflikt, der zwar fortbesteht, aber so geregelt wird, dass beiden Seiten eine Zusammenarbeit möglich wird, die beide Partner zufrieden stellt.
   1.4 Ist es die richtige Zeit für Verhandlungen?
   Für einen erfolgreichen Verhandlungsverlauf ist es wesentlich, dass beide Seiten in gleiher Intensität an einem Erfolg interessiert sind. Dies ist weitgehend abhängig von den zwei Faktoren Lösungsdruck und Verhandlungsmacht. Je größer der Zwang, eine Löung zu finden auf beiden Seiten ist und je gleichrangiger die Verhandlungsmacht empfunden wird, um so wahrscheinlicher ist ein Verhandlungserfolg. Aus diesen Gründen kann ein falscher Verhandlungszeitpunkt zur Hauptursache für einen Misserfolg werden.
2. Durchführung von Verhandlungen
   2.1 Verhandlungspartner müssen ihre Ziele kennen und gegenseitig anerkennen.
   2.2 Es muss eine Tagesordnung vorliegen, die beide Seiten kennen und anerkennen.
   2.3 Jede Seite sollte einen Verhandlungsführer/Sprecher haben, der die eigene Position und Fragen an die andere Seite vorträgt.
   2.4 Die Sitzordnung sollte den Teilnehmern erlauben, sich anzusehen, während des Bedenkens unterschiedlicher Interessen.
   2.5 Verhandlungsergebnisse müssen am Ende zusammengefasst und protokolliert werden. Zweckmäßigerweise benennt jede Seite (intern) vorab ihren Protokollführer, damit von Beginn an wichtige Zwischenergebnisse registriert werden.

1.5.3 Praxis der Management-by-Konzeptionen

Bei der Lektüre der folgenden systematischen Gegenüberstellung der wichtigsten Management-by-Konzeptionen ist zu bedenken, dass diese nicht gleichzeitig entwickelt wurden und gleichwertig nebeneinander stehen, sondern eher einen Entwicklungsprozess charakterisieren, der etwa in folgender Reihenfolge von einem zum nächsten Modell Verbesserungen berücksichtigte: Management by Exception (MbE), Management by Delegation (MbD), Management by Objectives (MbO) und Management by Systems (MbS).

---

[22] Ebenda

Wild[23], von dem die folgende vergleichende Gegenüberstellung und systematische Würdigung stammt, hat das zuletzt genannte Modell, Management by Systems, als „reale Utopie" bezeichnet. Für die praxisbezogene Nutzung der Erfahrungen kann deshalb zusammenfassend gefolgert werden: Management by Objectives ist die am höchsten entwickelte Management-Technik, bei deren Anwendung jedoch Erkenntnisse aus den vorgenannten einfließen und zugleich hoch leistungsfähige Informations-Systeme (in Regelkreisen) eingesetzt werden sollten. Dabei ist dafür zu sorgen, dass die Informationsverarbeitung nach strengen Regeln der Wirtschaftlichkeit erfolgt und dass jedes Controlling so wahrgenommen wird, dass durch loyale Kommunikation im Unternehmen Motivation, Effizienz und Kreativität des Einzelnen und von Teams wirksam und zielorientiert gefördert werden.

	Management by Exception: Führung durch Abweichungskontrolle und Eingriff im Ausnahmefall	**Management by Delegation:** Führung durch Aufgabendelegation (Harzburger Modell: Führung im Mitarbeiterverhältnis)	**Management by Objectives:** Führung durch Zielvereinbarung	**Management by Systems:** Führung durch Systemsteuerung bzw. Führung mit Delegation und weitergehender Selbstregelung auf der Grundlage computergestützter Informations- und Steuerungssysteme
Kurzdefinition:				
Hauptziele:	• Entlastung der Vorgesetzten von Routineaufgaben (Vermeidung von „Herzinfarktmanagement") • Systematisierung der Informationsflüsse und Regelung der Zuständigkeiten, so dass Störeinflüsse rasch behoben werden	• Abbau der Hierarchie und des autoritären Führungsstils, Ansatz zur partizipativen Führung • Entlastung der Vorgesetzten (wie bei MbE) • Förderung von Eigeninitiative, Leistungsmotivation u. Verantwortungsbereitschaft • Entscheidungen sollen auf der Führungsebene getroffen werden, wo sie vom Sachverstand her am ehesten hingehören • Mitarbeiter sollen lernen, wie man eigenverantwortlich Entscheidungen trifft	• Entlastung der Führungsspitze • Förderung der Leistungsmotivation, Eigeninitiative, Verantwortungsbereitschaft und Selbstregelungsfähigkeit der Mitarbeiter • partizipative Führung, Identifikation der Mitarbeiter mit Unternehmungszielen • Mitarbeiter sollten ihr Handeln an klaren Zielen ausrichten, objektiv beurteilt, leistungsgerecht bezahlt und nach Fähigkeiten gefördert werden • bessere Planung und Zielabstimmung, bessere Organisation • systematische Berücksichtigung von Verbesserungsmöglichkeiten	wie bei MbO, zusätzlich: • quasi-automatische Steuerung der Routine-Management-Prozesse durch Computereinsatz • bessere Informationsversorgung aller Führungsebenen • abteilungsübergreifende Wirkungen von Entscheidungen sollten schnell erkennbar sein • Beschleunigung aller Management-Prozesse
Wichtigste Bestandteile/ Instrumente:	• Festlegung von Sollergebnissen • Informationsrückkopplung • Abweichungskontrolle (-analyse) • Vorgesetzter greift nur bei Abweichungen und in Ausnahmefällen ein • Richtlinien für Normal- und Ausnahmefälle mit Kompetenzabgrenzung	• Delegation von Aufgaben (mit Kompetenzen und Handlungsverantwortung) • Verbot der Rückgabe und Rücknahme der Delegation • Stellenbeschreibung • Regelung für Ausnahmefälle • Regelung für die Dienstaufsicht und Erfolgskontrolle • Regeln für den Informationsverkehr	• organisatorisch institutionalisierter Zielbildungs- und Planungsprozess, Einzelziele werden durch „Herunterbrechen" aus Unternehmungszielen abgeleitet • periodische Wiederholung eines kybernetischen Management-Zyklus • Zielbilder, Stellenbeschreibungen (MbD) und Ausnahmeregelungen (MbE) • Präzisierung der vereinbarten Ziele durch Leistungsstandards und Kontrolldaten • regelmäßige Ziel-Ergebnis-Analyse (ZEA) • objektivere, zielorientierte Leistungs- bzw. Personalbeurteilung • leistungsorientierte Bezahlung • Förderungsinterview und Vereinbarung persönlicher Entwicklungsziele • Management-Development-System, das an die ZEA anknüpft und in den Management-Zyklus integriert ist • Führungsstil partizipativ, Delegation • regelmäßige Überprüfung der Kongruenz von Zielsystem und Organisation	wie bei MbO, zusätzlich: • Impics (Integriertes Management-Planungs-, Informations- und Control-System) • Integration der Management-Techniken, -Methoden u. -Instrumente in das Impics • weitestgehende Entscheidungsdezentralisation und Delegation

---

[23] Die folgende vergleichende Gegenüberstellung von „Management-by-Konzeptionen" ist entnommen aus: *Wild, J.*, Unterentwickeltes Management by..., in: Manager Magazin, zitiert nach: *Schierenbeck, H.*, Grundzüge der Betriebswirtschaftslehre, München und Wien

	M.byException (Forts.)	M.by Delegation (Forts.)	M.by Objectives (Forts.)	M.by Systems (Forts.)
Voraussetzungen:	• Anwendungsbereich auf programmierbare Entscheidungsprozesse beschränkt • alle Beteiligten müssen Ziele, Abweichungstoleranzen u. Definition der Ausnahmefälle kennen • entsprechendes Kontroll- und Berichtssystem • klare Regelung der Zuständigkeiten	• Delegationsbereitschaft der Vorgesetzten und Delegationsfähigkeit der Mitarbeiter (müssen eigenständig handeln können) • Klärung delegierbarer und nichtdelegierbarer Aufgaben, Kompetenzen und Verantwortung • entsprechendes Kontroll- und Berichtssystem • ausreichende Information der Mitarbeiter (auch Querschnittsinformation)	• Delegation wie bei MbD, Entscheidungsdezentralisierung • zielorientierte Organisation (Kongruenz von Zielsystem und Organisationsstruktur) • gut organisiertes, leistungsfähiges Planungs-, Informations- und Kontrollsystem • entsprechende Informationsversorgung und Ausbildung der Mitarbeiter • weitere Instrumente wie oben genannt	wie bei MbO, zusätzlich: • leistungsfähiges Impics (sehr problematisch) • Feststellbarkeit des wirklichen Informationsbedarfs der Manager
Kritik:	• einseitig (Beschränkung auf Abweichungsfälle) und fehlendes feed forward (Vorkopplung) • Tendenz zum „Management by Surprise" • über Ziele und Pläne als Grundlage für Sollgrößen und Kontrolle wird nichts gesagt • fördert nicht unbedingt Eigeninitiative und Verantwortungsfreude, Tendenz zur „Delegation nach oben" • unter Umständen negative Verhaltensmotivation (Frustration durch fehlende Erfolgserlebnisse) • Lerneffekte bei Mitarbeitern beschränkt, da interessante Probleme Vorgesetzten vorbehalten bleiben	• Hierarchie wird nicht abgebaut, sondern unter Umständen gefestigt • Prinzip beruht auf statischem Denkansatz, ist zu stark aufgabenorientiert und vernachlässigt dynamische Prozessaspekte und Zielorientierung • partizipative Führung wird hiermit allein kaum erreicht (gemeinsame Entscheidungen von Vorgesetzten und Mitarbeitern) • Motivationsaspekte ungenügend berücksichtigt • Vorgesetzte delegieren unter Umständen nur uninteressante Routineaufgaben • Prinzip berücksichtigt nur die vertikalen Hierarchiebeziehungen, vernachlässigt dagegen notwendige Querkoordination und übergreifende Zielabstimmungen	• bei unsachgemäßer Anwendung: Gefahr überhöhten Leistungsdrucks (Folge: Misserfolgsmotivierung, Frustration) • partizipativer Planungs- und Zielbildungsprozess ist zeitaufwendig • Zielidentifikation nicht ohne weiteres erreichbar • Tendenz zur Konzentration auf messbare Ziele (Leistungsstandards), obwohl qualitative Ziele unter Umständen wichtiger sind • relativ hohe Einführungskosten (kein echtes Argument: bei konsequenter Anwendung von MbE und MbD ähnlich) • Schwierigkeiten bei Zielabhängigkeiten über Abteilungsgrenzen hinweg (Zielpooling) nicht immer lösbar	• bisher nicht realisierbar wegen fehlender Impics (MIS) • hohe Kosten der Entwicklung und Einführung • stärkere Störanfälligkeit • unter Umständen negative Effekte auf menschliches Arbeitsverhalten und zwischenmenschliche Beziehungen (Enthumanisierung, Entfremdung) • psychologische Widerstände zu erwarten: Wollen Manager tatsächlich solche Systeme oder werden sie ihnen von Systemplanern und EDV-Herstellern „aufgezwängt".
Gesamturteil:	• kein eigenständiges Modell, lediglich einfaches generelles Prinzip • löst nur kleinen Teil der Management-Probleme, geht aber in andere Modelle ein	• als einfaches Prinzip allgemeingültig verwendbar, aber nur begrenzt wirksam • in Form des Harzburger Modells zwar leistungsfähiger, aber zu statisch und daher stark erweiterungsbedürftig • Im Vergleich zum MbO bleibt vieles offen	• mehr als nur Schlagwort oder Prinzip • modernste, umfassende und am weitesten entwickelte Management-Konzeption • berücksichtigt den Stand moderner Führungstheorie und die zentrale Rolle der Ziele für die Steuerung sozialer Systeme	• heute nur „reale Utopie", zeigt aber die Entwicklungsrichtung • so sollte im Prinzip die zukünftige Unternehmungsführung aussehen, wobei MbE, MbD und MbO hierin integriert sein müssten.

1.6 Herausforderungen radikaler Veränderungen

Toni Manning charakterisiert die Hauptherausforderungen und notwendigen Veränderungen wie folgt:[24]

Heutige Organisationen arbeiten in einem Klima wachsender Turbulenzen und Überraschungen. Viele von ihnen sind schlecht darauf vorbereitet, die vielfältigen Herausforderungen, zu bewältigen. Auch tüchtige Manager werden von den neuen Realitäten oft gelähmt.

---

[24] *Manning, T.*, Radical Strategy, Zebra Press, S. 51

Hier sind einige von ihnen:
- Die Anzahl, der Umfang und die Komplexität der Veränderungen wachsen
- Sozio-politische und wirtschaftliche Ungewissheit bedroht den Unbedachten
- Der Wettbewerb wächst schnell, mehr Mitspieler (häufig von außerhalb ihrer Branche), schnellere Innovationen und mehr Aggression
- Die Macht von vielen Interessenten (Konsumenten, Umweltschützern, Gesundheits- und Sicherheitsaktivisten, Mitarbeitern) wächst
- Die Technologie verwandelt die Art, wie Produkte und Dienstleistungen geschaffen, geliefert und gekauft werden und die Art, wie Organisationen arbeiten.

In dieser harten Umwelt müssen Sie:
- Den Wandel erkennen, provozieren, managen und aushalten
- Den (häufig konfliktreichen) Druck von Interessenten ausbalancieren
- Den Kunden „mehr für weniger" liefern
- Finanzierungsprobleme meistern
- Hauptstärken aus der Vergangenheit bewahren und gleichzeitig neue Vorteile für die Zukunft aufbauen
- Die Vielseitigkeit der Mitarbeiterschaft stärken und neue Kontakte knüpfen
- Zusammenarbeit und Teamarbeit verbessern
- Externe Allianzen (möglicherweise mit Konkurrenten) schaffen, um Zugang zu neuen Möglichkeiten zu erlangen
- Neue Technologien nutzen
- Und mit Profit wachsen.

1.6.1 Ursachen des Erfolges

Die wachsende Komplexität der Ursachen des Unternehmenserfolges, wie im folgenden Bild von *Manning* dargestellt, muss systematisch analysiert, verstanden und effizient genutzt werden für den Erfolg des Unternehmens.

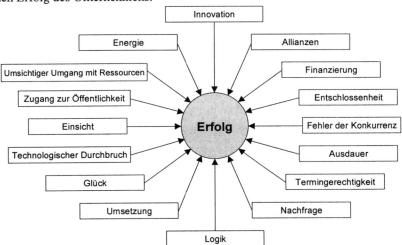

Ursachen des Unternehmenserfolges[25]

---
[25] *Manning, T.*, a.a.O., S. 128

Um diese Aufgaben zu bewältigen, wird ein Maßnahmenkatalog zur Umstrukturierung und grundlegenden Verbesserung der Effizienz des Unternehmens in Pkt. 1.6.3 angefügt.

1.6.2 Ursachen von Unternehmenskrisen

Im Interesse der Vorbeugung gegen Krisen müssen geeignete Methoden der Vorhersage und Früherkennung angewandt werden, um erste Anzeichen kritischer Entwicklungen zu erkennen und ihnen zu begegnen, weil das Versäumnis einer rechtzeitigen Krisenerkennung den Raum für Gegenmaßnahmen verringert, weil die möglichen Alternativen mit dem Zeitablauf abnehmen. Wenn dennoch eine bedrohende Krise übersehen wurde, muss diese durch den Einsatz geeigneter Maßnahmen überwunden werden.

Die Vorbeugung gegen und Überwindung von Unternehmenskrisen erfordert das <u>Vorgehen und die Werkzeuge des strategischen Managements</u> (vgl. Kap. 2). Darüberhinaus ist die Kenntnis eines individuell anzupassenden Maßnahmenkataloges hilfreich (vgl. nächsten Abschnitt).

Die Erfahrung lehrt Folgendes

Übliche Krisenursachen	
im Markt	**im Unternehmen**
(1) Veränderungen des Konsumentenverhaltens + Konjunktureinbruch (2) Angriff von Konkurrenten (3) Schneller Wandel von Produktionstechnologie (4) Beschaffungsengpässe (5) Finanzielle Risiken (z.B. Wechselkursschwankungen, Inflation, Kundenkonkurse)	(1) „Bilanzfrisur" als Grundlage von „Navigationsfehlern" (2) „Luft in der Planung" als Ursache von unnützen Schwierigkeiten und Konflikten (3) Mangelhafte Kontrolle mit der Folge schwacher Motivation und schlechter Performance, wenig „search for excellence" (4) Mangelhafte Qualifikation der Mitarbeiter (5) Führungs- und Kommunikationsfehler

(1) Die meisten Krisen sind vom Management verursacht.
(2) Große Unternehmen können mehr externe Faktoren beeinflussen als kleine Unternehmen.
(3) Kleine Unternehmen sind darauf angewiesen, rechtzeitig und flexibel strategisch richtig zu erkennen, zu entscheiden und zu handeln.

1.6.3 Maßnahmen zur Erfolgssicherung, Krisenprävention und -überwindung

(1) **Das Sanierungsteam**

Der **Leiter** eines Sanierungsteams muss nicht unbedingt der Branche entstammen aber wegen seiner Hauptaufgabe der richtigen Einschätzung von Krisenursachen und geeigneten Gegenmaßnahmen in der Lage sein, sich auf der Grundlage gründlicher Kenntnisse
❑ der relevanten Märkte und
❑ Technologien

zuverlässig einzuarbeiten. Darüber hinaus muss er voll mit dem Instrumentarium effizienter Menschenführung vertraut sein. Unter anderem muss er seinem Führungsteam vor allem bieten:
- eine interessante Aufgabe,
- gute Kommunikation mit dem Chef, mit ausgeprägter gegenseitiger Hilfsbereitschaft
- eine positive Entwicklung des Arbeitsmarktwerts und
- ein gerechtes, leistungsorientiertes Einkommen mit erfolgsabhängigem Anteil.

Das **Team von 5 bis 6 „Sanierungsteam-Mitgliedern"** muss neben einer hohen Motivation mit der Bereitschaft, regelmäßig über 12 Stunden pro Tag zu arbeiten, über zuverlässige Detailkenntnisse über die komplexen/technischen und psychologischen Funktionsmechanismen des Unternehmens verfügen und bereit und fähig sein, schnell und intensiv dazuzulernen.

Die genannten Anforderungsmerkmale sind nicht durch Computertechnik substituierbar.

(2) Planung und Kontrolle (Controlling)
Eine Sanierungsstrategie (und ebenso jede langfristige Strategie zur Unternehmenssicherung) muss in einer systematischen Unternehmensplanung überprüfbar und steuerbar gemacht werden. Zur Steuerbarkeit gehört die Zerlegung in Monatsvorgaben je Verantwortungsbereich mit anschließendem monatlichen Vergleich des Ists mit dem Soll. **Die Datenaufbereitung des Soll-Ist-Vergleichs übernimmt der Computer.** Einzelheiten zur Methodik vgl. Kap. 2 und 9 bis 11.

(3) Maßnahmenprogramm
Zur Durchsetzung eines Unternehmensplans (insbesondere in oder zur Vermeidung einer Krise) ist die Formulierung eines Maßnahmenplans erforderlich.

Der Maßnahmenplan ist bezüglich des **Ergebniseffektes** der wichtigsten Maßnahmen, z.B.
- Reduzierung der **Lagerbestände** um 15 %
- Senkung der durchschnittlichen **Forderungen** um 20 % oder
- **Einführung** eines neuen **Produktes** in 9 Monaten
- mit einer **Herstellungskostenreduzierung** um 35 % gegenüber dem Vorlaufprodukt bei
- 10 % **Absatzsteigerung**

zu **quantifizieren**.

Für die Einzelmaßnahmen sind
- **Verantwortliche** zu benennen,
- **Termine** vorzugeben,
- **Zwischenberichte über Fortschritte** in sinnvollen Zeitabständen sicherzustellen und
- bei Verzögerungen und Schwierigkeiten **Konsequenzen** zu ziehen in Form von
  - Zieländerung oder
  - Ergänzungsmaßnahmen.

Hier liegen in der Regel wenig Aufgaben für den Computer.
Aus langjähriger Sanierungserfahrung hat W. Baur folgenden Katalog von Sanierungsmaßnahmen zusammengestellt.[26]

---

[26] *Baur, W.,* Sanierungen, Wege aus Unternehmenskrisen, Wiesbaden

Maßnahmenkatalog zur Erfolgssicherung, Krisenprävention und Sanierung von Unternehmen

1. Allgemeines Management

- Mitarbeiter motivieren
- Effizienz der Mitarbeiter erhöhen
- Geeigneten Führungsstil einführen
- Geeignete Führungskräfte holen
- Gewinndenken einführen
- Profitcenter einrichten
- Aussagekraft von Informationen überprüfen
- Aufgeblähte Zahlen reduzieren
- Erfolgskontrolle einführen
- Straffe Organisation einführen
- Gezieltes Informationssystem einführen
- Projektsystematik einführen
- Terminüberwachung einführen
- Planungs- und Dispositionshilfen schaffen
- Disposition flexibel gestalten
- Prioritäten für alle Arbeiten festlegen
- Mechanisierung von Routinen durchführen
- Teambeziehungen verbessern
- Zielorientierung einführen
- Rationalisierung in allen Unternehmensbereichen
- Konferenzwesen verbessern
- Begeisterung dämpfen
- Katalog der tausend Kleinigkeiten
- Mach-es-besser-Programm
- Sensitivitätsanalyse durchführen
- Unternehmensfunktion streichen
- Unternehmensstrategie festlegen
- Unternehmenskonzeption überprüfen
- Unternehmensplanung verbessern
- Kooperation zwischen den Unternehmensbereichen verbessern
- Kybernetische Regelkreise einführen
- Lernprozesse beobachten
- Standortfragen stellen
- Innovation einführen

2. Entwicklung

- Entwicklungsprojekte durchleuchten
- Vorteile von Produktänderungen analysieren
- Sparversion kann zum Bumerang werden
- Produkte auf ausländische Spezifikationen ausrichten
- Zusammenarbeit in der Entwicklung mit Kunden + Lieferanten

3. Vertrieb

- Absatzmärkte analysieren (ABC-Analyse der Deckungsbeiträge)
- Preisgestaltung überprüfen
- Sonderverkaufsaktionen durchführen
- Kundenzufriedenheit steigern
- Exportchancen überprüfen
- Serviceleistungen analysieren
- Verkaufsleistung im Außendienst prüfen
- Prämien für Verkäufe ansetzen
- Zahlungsbedingungen beeinflussen
- Vertriebswege analysieren (nach Deckungsbeiträgen)
- Absatzseite unabhängiger machen
- Vertriebssortiment straffen zur Kostensenkung
- Angebotssortiment ausweiten zur Deckungsbeitragsverbesserung
- Lager und Auslieferungsfunktionen für andere Firmen übernehmen
- Werbeaktionen durchführen

4. Materialwesen

- Lagerbestände minimieren
- Versandzeiten minimieren
- Qualitätszertifikate vom Lieferanten fordern
- Lieferkonditionen der Zulieferanten verbessern
- Beschaffungsseite unabhängiger machen
- Kostenminimale Verpackung prüfen

5. Produktion

- Produktionsrückstände abbauen
- Qualitätsniveau prüfen
- Fertigungszeiten senken
- Fertigungsfluss verbessern
- Auf Eigenfertigung übergehen
- Füllaufträge beschaffen
- Flexibilität der Produktion erhöhen
- Fertigungssortiment straffen
- Wertanalysen durchführen
- Übergangszeiten minimieren

6. Finanzen

- Vermögenseinsatz optimieren
- Kapitalerhöhung
- Abgrenzung der Kosten prüfen
- Fixe Kosten senken
- Proportionale Kosten überprüfen
- Deckungsbeiträge der Produkte untersuchen
- Forderungen reduzieren
- Skonti besser ausnutzen
- Währungsrisiken absichern
- Genehmigte Investitionen überprüfen
- Risiken durch Versicherungen abdecken
- Verfahren zur Investitionsentscheidung überprüfen
- Kalkulation überprüfen
- Monatliche Soll-Ist-Vergleiche einführen
- Kostenvergleich in der Branche anstellen
- Deckungsbeitragsrechnung richtig praktizieren
- Leasing prüfen
- Finanzplanung verbessern
- Funktionsfähiges Controlling aufbauen

7. Personal

- Einstellungsstopp
- Kurzarbeit
- Mitarbeiter entlassen
- Keine außertariflichen Lohn- und Gehaltssteigerungen
- Außertarifliche Zulagen anrechnen
- Außertarifliche Gehälter überprüfen
- Vorzeitige Pensionierung
- Mitarbeiter schulen

Dem Leser wird auffallen, dass im obigen Maßnahmenprogramm auch einige anscheinend widersprüchliche Maßnahmen zusammengestellt wurden, wie Vertriebssortiment straffen und Angebotssortiment ausweiten. Die Eignung der einen oder der anderen Maßnahme muss sich aus der konkreten Situation und der systematischen Analyse der Situation ergeben.

(4) **Die Durchsetzung von Maßnahmenprogrammen** stößt im Unternehmen vielfach auf erhebliche Widerstände, die sich zum Teil aus meist hohen Anforderungen im Tagesgeschäft sowie aus gewissen Abneigungen gegen Veränderungen zu ergeben pflegen. Deshalb ist es meistens erforderlich, zur Durchsetzung von Maßnahmenprogrammen eine systematische Erfolgskontrolle einzuführen, die nach dem Muster eines Regelkreises aufgebaut sein sollte. Dazu macht *Baur* folgenden Vorschlag:[27]

Regelkreis: Maßnahmen-Kontrolle

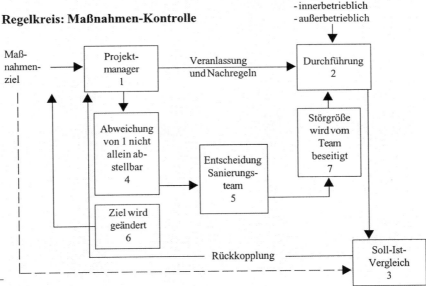

[27] *Baur, W.*, Sanierungen

1.7 Spezielle Probleme und Aufgaben kleiner und mittlerer Unternehmen (KMU)

(1) Die **Probleme der Erfolgssicherung** kleiner Unternehmen lassen sich auf folgende in der Regel dominierende Hauptmerkmale verdichten:
- **Der Tageserfolg** hat besonderes Gewicht
- **Der einzelne Auftrag** hat meist hohe Bedeutung
- **Spezial-Know-how** ist besonders knapp
- **Finanzielle Reserven** sind eng begrenzt
- Für **strategische Überlegungen, Analysen und Planungen** fehlt es an
  - Zeit
  - Spezialisten und
  - Geld
- Im Tagesgeschäft werden
  - **Ablaufoptimierung** und
  - **Bilanzgesichtspunkte**

  vielfach vernachlässigt.
- **Das Middle- und angestellte Top-Management** wird nicht selten über die wahre Finanz- und Ertragslage **im Unklaren gehalten**, was schwere Denk- und Motivationsfehler und damit Verhaltensmängel zu verursachen pflegt.

Die genannten Situationsmerkmale sind die Hauptursachen dafür, dass **Großunternehmen i.d.R. bessere Voraussetzungen** haben für die Erreichung der folgenden

Strategischen Hauptziele

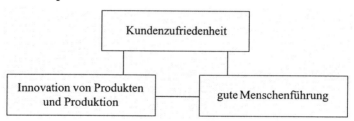

Bevor wir zu den Folgerungen aus diesen Sachverhalten kommen, müssen wir einen Blick auf die **Stärken**, Trümpfe **kleiner und mittlerer Unternehmen** werfen. Diese sind
- **Schnelle Entscheidung,**
- **Hohe Flexibilität** bei der Anpassung an veränderte Marktanforderungen zur Nutzung von Marktnischen, sofern Know-how und Finanzreserven schnelle Anpassung erlauben.

Instrumente zur Unternehmenssicherung müssen die genannten Probleme lösen und die herausgestellten Stärken nutzen und bewahren.

(2) **Spezielle Strategien für kleine und mittlere Unternehmen**
1. Die Verbesserung des **Return on Investment** ist Ausgangspunkt aller Teilstrategien.
2. Die **Deckungsbeiträge** jedes Produktes und jeder Produktgruppe müssen bekannt sein und überwacht werden.

Spezielle Probleme und Aufgaben kleiner und mittlerer Unternehmen (KMU)

3. Das erfordert Kenntnis der **Nettoerlöse und Herstellkosten** je Produkt und Produktgruppe.
4. Außerdem ist die **Kapitalbindung** je Produkt und Produktgruppe erfolgsbestimmend, d.h.
   - Bestände und
   - Forderungslaufzeiten sind zu überwachen.
5. Ferner sind **produktspezifische Kosten für Sonderaktionen** zu überwachen und ergebnisorientiert zu steuern. Dazu gehören:
   - Aktionskosten
   - Garantiekosten
   - Boni
   - Finanzierungskosten
   - Kosten für vertriebliche Sondermaßnahmen.
6. **Vorlaufkosten für Sondergeschäfte** bedürfen der Erfassung und sorgfältigen Steuerung.
7. **Fixkosten**, zu deren Deckung Teilkosten-Geschäfte hereingenommen werden, bleiben unvollkommen gedeckt und müssten besser abgebaut werden.
8. **Neue Produkte** beanspruchen den Fixkostenapparat oft überproportional, hier ist realistisch zu kalkulieren.
9. Produktlinien, die als problematisch erkannt sind, müssen einer **Vollkostennachkalkulation** - wenn nötig mit Schätzwerten - unterzogen werden.
10. Die **Gesamtheit der Aufgaben** 1 bis 9 muss von allen Verantwortlichen gemeinsam wahrgenommen werden. „Optimale" Information des Top- und Middle-Managements ist sicherzustellen. „**Jagen für die Firma**" kann über Erfolgsbeteiligung auf höchste Effizienz gebracht werden (z. B. 13. Gehalt abhängig von Erreichung des Planergebnisses).
11. Die **Einführung eines Controllingsystems** sollte mit einer Investition von ca. 10 T€, zuzüglich 4 bis 6 Wochen Beratung, eine Unternehmensplanung innerhalb von 2 - 6 Personenwochen und monatlichen Soll-Ist-Vergleich mit ca. 1 Personentag erlauben.

Fragenkatalog zu Kapitel 1

1. Wie werden die Begriffe Betrieb und Unternehmen üblicher Weise definiert?   1.1
2. Welche Hauptmerkmale (bezüglich Leitung, Finanzierung Gewinnverteilung und Haftung) sind für die Wahl der Unternehmensform bedeutsam?   1.2
3. Welches sind die wesentlichen Unterschiede von Personen- von Kapitalgesellschaften?   1.2
4. Erläutern Sie die Merkmale und Führungsrelevanz der Produktionsfaktoren nach *Gutenberg*.   1.3
5. Stellen Sie die Teilaufgaben und den Wertefluss des Betriebes dar.   1.3
6. Erläutern Sie Begriff, Entstehung und Teilaufgaben des Return on Investment.   1.4
7. Welche Vorstellungen verbinden Sie mit dem Begriff „Sieben S"?   1.5.1
8. Definieren Sie eine sinnvolle Aufgabenteilung zwischen Top- und Middlemanagement.   1.5.2
9. Welche Funktionen ordnen Sie dem Management zu?   1.5.2
10. Entwickeln Sie Ihre Vorstellungen zu erfolgversprechender Verhandlungsführung.   1.5.2
11. Geben sie einen Überblick mit Beurteilung der Management-by-Konzeptionen.   1.5.3
12. Welche Herausforderungen zu radikalen Veränderungen im Unternehmen sind Ihnen vertraut?   1.6
13. Welche Ursachen für den Unternehmenserfolg halten Sie für beachtenswert?   1.6.1
14. Geben Sie einen Überblick über übliche Ursachen von Unternehmenskrisen.   1.6.2
15. Entwickeln Sie einen Maßnahmenkatalog gegliedert nach Funktionsbereichen zur Erfolgssicherung, Vermeidung und Überwindung von Unternehmenskrisen.   1.6.3
16. Welche Qualitäten erwarten Sie von einem Sanierungsteam und seinem Leiter.   1.6.3
17. Wie überwachen Sie die Ausführung eines Maßnahmenprogramms?   1.6.3
18. Erläutern Sie die besonderen Probleme und Stärken kleiner und mittlerer Unternehmen und nennen Sie die daraus resultierenden Mangementaufgaben.   1.7

2 Methoden zur Strategieentwicklung und -umsetzung

2.1 Notwendigkeit und Phasen der strategischen Unternehmensführung

Der operative Erfolg eines Unternehmens ist abhängig von seiner Fähigkeit, vorhandene Erfolgspotenziale zu nutzen. Veränderungen im Unternehmensumfeld führen zur Erosion vorhandener Erfolgsfaktoren und erschweren eine erfolgsorientierte Unternehmensführung.
Ursachen der Veränderungen sind vier Haupteinflussfaktoren.

- Weltweite Mobilität des Kapitals; Kapital sucht weltweit Unternehmen mit dem attraktivsten Wertsteigerungspotenzial.
- Globalisierung der Wirtschaft führt zu zunehmendem Verdrängungswettbewerb mit Verkürzung der Produkt- und Marktlebenszyklen, zunehmender Variantenvielfalt, Auflösung langfristiger Kundenbindungen und zur Individualisierung des Konsums.
- rasante Entwicklung der Informations- und Kommunikationstechnologie mit sinkenden Transaktions- und Kommunikationskosten unterstützt und fördert die Globalisierung.
- Zunahme staatlicher Einflüsse (z.B. Kreislaufwirtschaftsgesetz, Umweltschutzvorschriften, Gesetz zur Kontrolle und Transparenz im Unternehmensbereich, etc.).

Eine alleinige operative Unternehmensführung scheitert in diesem Umfeld aus zwei Gründen.

(1) Durch die Beschränkung auf die Gewinnsteuerung des laufenden Jahres besteht die Gefahr, nicht genügend in Erhaltung und Schaffung von Erfolgspotenzialen zu investieren.
(2) Wertmaßstäbe der erfolgsorientierten operativen Unternehmenssteuerung sind Kosten und Leistungen. Alle Einflussgrößen, die nicht mit diesem Wertmaßstab quantifizierbar sind, werden nicht erfasst und nicht ausreichend bearbeitet.

Strategische Unternehmensführung muss sicherstellen, dass heute Maßnahmen eingeleitet werden, die zur künftigen Sicherung des Unternehmens beitragen. Eine Unternehmensstrategie gibt Leitlinien, indem sie die Vorgehensweise zur Erreichung von Unternehmenszielen mit strategischen Projekten und Maßnahmen näher beschreibt. Erfolgsvoraussetzungen für Strategiefindung und -entwicklung ist die Kenntnis der eigenen Fähigkeiten (gewonnen aus der Unternehmensanalyse) und die Kenntnis des Umfeldes (gewonnen aus der Umfeldanalyse).[1] Weiter muss das Unternehmen erarbeiten, welche Risiken und Chancen sie künftig erwartet. Mit diesem Wissen sind anschießend Erfolgspotenziale für die Zukunft aufzubauen.

Während in die operative Planung und Kontrolle des Unternehmens alle Managementebenen einbezogen sind und die Planung funktionsorientiert und netzplanartig erfolgt, ist bei der strategischen Planung vorwiegend die oberste Führungsebene beteiligt. Der strategische Planungsprozess sollte durch interdisziplinär besetzte Fachteams vorbereitet werden, die Grunddaten erarbeiten und dabei vom PAC-Team (Team für **P**lanung, **A**dministration und **C**ontrolling) gesteuert werden. Die Strategie wird von der Unternehmensleitung in drei Workshops erarbeitet: strategische Analyse, Strategiefindung/-bewertung und Strategieumsetzung. Die Strategie-Kontrolle nach Verabschiedung der Strategie erfolgt fortlaufend.

Strategie-Workshops sollten als Klausurtagungen organisiert und vom Leiter Controlling, der Geschäftsführung oder - im Ausnahmefall - einer Unternehmensberatung moderiert werden.

---

[1] *Baum/Coenenberg/Günther*: Strategisches Controlling, S. 2

Phase	Ziel/ Inhalte	Träger
Strategische Analyse und Prognose **Workshop 1** (Bestandsaufnahme)	• Bisherige Strategie und Ist-Leitbild darstellen und überprüfen • Bisherige Segmentierung / Teilsegmentierung überprüfen • Bisherige Erfolgsfaktoren und bisherige wettbewerbliche Positionierung prüfen • Vorhandene Schlüsseltechnologien und Schlüsselprogramme überprüfen • Einflussfaktoren des Unternehmensumfeldes darstellen und Tendenzen diskutieren • Strategische Engpassfaktoren ermitteln • Arbeitsaufträge an Fachteams zur Vorbereitung des 2. Workshops geben	Geschäftsführung Leiter der Funktionsbereiche PAC-Team
Strategiefindung und -bewertung **Workshop 2**	• Soll-Leitbild erstellen • Strategiesuche • Strategieformulierung • Strategieauswahl • Strategische Ziele quantifizieren durch Eckdaten • Kritische Prämissen / Beobachtungsbereiche festlegen (= Daten für das Früherkennungssystem) • Arbeitsaufträge an Fachteams zur Vorbereitung des 3. Workshops geben	Geschäftsführung Leiter der Funktionsbereiche PAC-Team
Strategieumsetzung **Workshop 3**	• Strategische Maßnahmen/Projekte definieren • Zuständige und Meilensteine festlegen • Nutzen aus Maßnahmen und Projekten abschätzen • Umsetzungsaufwand abschätzen • Ressourcen zuweisen • Meilensteine für die zeitliche Realisierung festlegen • Verzahnung mit Mittelfrist- und Budgetplanung	Geschäftsführung

Ablauf und Inhalte der Strategie-Workshops

Für die strategische Analyse und die Strategiefindung werden Instrumente und Verfahren eingesetzt, die z.T. phasenspezifisch, z.T. aber auch für beide Phasen verwendbar sind.

2.2 Strategische Analyse und Prognose

Ziel der strategischen Analyse und Prognose ist, zu verstehen, welche Faktoren den Unternehmenserfolg in der Vergangenheit maßgeblich beeinflusst haben und welche dies künftig tun werden. Dabei gilt es die maßgeblichen internen Faktoren und die relevanten externen Einflüsse zu identifizieren und zu bewerten. Dadurch sollen gegenwärtige und künftige Stärken und Schwächen des Unternehmens sowie Chancen und Risiken des Umfeldes erkannt werden.

Strategische Analyse und Prognose 37

2.2.1 Vision, Mission, Unternehmensleitbild, generelle Zielplanung

Die Geschäftsführung entwickelt zunächst als Vision das Bild einer fernen Zukunft des Unternehmens.[2] Die Vision soll die Belegschaft im Hinblick auf die Unternehmensziele motivieren und sinnvolle Arbeitsinhalte vorgeben. Nach außen gerichtet wird sie zur Mission, die zeigt, woraus das Unternehmen seine Daseinsberechtigung ableitet. Vision und Mission müssen prägnant sein, z.B. *ALDI*: „Wir bieten Qualität zu niedrigen Preisen".

Vision/Mission ergeben in Verbindung mit den Unternehmensgrundsätzen das Unternehmensleitbild. Unternehmensgrundsätze beschreiben die innere Einstellung des Unternehmens zur Umwelt, regeln das Verhalten innerhalb des Unternehmens und legen Normen, Werte und Ideale fest, an denen sich unternehmerisches Handeln und Denken ausrichten soll.[3] Leitbilder stellen die Unternehmensaufgabe dar. Sie sollen Unternehmensteilbereiche auf gemeinsame Ziele ausrichten.

- Erfolgreich Wirtschaften heißt: wir gewinnen durch Gewinn
- Der Kunde bestimmt unser Handeln
- Unsere Innovationen gestalten die Zukunft
- Spitzenleistungen erreichen wir durch exzellente Führung
- Durch Lernen werden wir immer besser
- Unsere Zusammenarbeit kennt keine Grenzen
- Wir tragen gesellschaftliche Verantwortung

Siemens-Leitbild - Ausdruck der Unternehmenskultur[4]

Die „generelle Zielsetzung" wird aus dem Leitbild abgeleitet und enthält detaillierende Angaben über Art und Richtung der Ziele (vgl. nachstehend „Unsere Ziele").

Wer wir sind
Wir sind ein weltweit tätiger Anbieter von Automobilen, Transportprodukten und Dienstleistungen. Wir schaffen hervorragenden Wert für unsere Kunden, unsere Mitarbeiter und unsere Aktionäre

Was wir wollen
Wir wollen zwei herausragende Unternehmen zu einem globalen Unternehmen zusammenführen - einem Unternehmen, das bis zum Jahr 2001 der erfolgreichste und angesehenste Anbieter von Automobilen, Transportprodukten und Dienstleistungen ist. Wir wollen unsere Kunden mit Produkten begeistern, die sich durch hohe Qualität und Innovation auszeichnen – aufgrund hervorragender Prozesse, fähiger und motivierter Mitarbeiterinnen und Mitarbeiter und der Stärke unseres Portfolios

Unsere Ziele
Kundenzufriedenheit   Profitabilität   Portfolio   Wachstum   Integration   Globalität

Unsere Werte und Maßstäbe
Kundenorientierung – Innovation – Teamwork – Leistung – Offenheit – Agilität
Qualität – Schnelligkeit – Professionalität – Profitabilität - Verantwortung

Konzern-Vison DaimlerChrysler 1998[5]

---

[2] Vgl. *Ziegenbein*, Controlling, S. 75
[3] Vgl. *Hahn/Hungenberg*, PuK Planung und Kontrolle, S. 49
[4] Vgl. *Hahn/Hungenberg*, PuK Planung und Kontrolle, S. 1076
[5] Vgl. *Hahn/Hungenberg*, PuK Planung und Kontrolle, S. 977

In der generellen Zielplanung werden die Ziele weiter detailliert und Wege zur Zielplanung näher beschrieben; siehe nachstehende Auszüge aus der o.a. Vision der DaimlerChrysler:

- „**Kundenzufriedenheit**: Die Erwartungen unserer Kunden sollen nicht nur erfüllt, sondern übertroffen werden, indem wir sie mit überlegenen Produkten und Dienstleistungen begeistern. Dazu gehört auch, dass wir unsere Leistungen ständig am Wettbewerb messen.
- **Profitabilität**: Die Steigerung der Profitabilität, gemessen als Return on Net Assets, ist neben dem profitablen Wachstum einer von zwei Wegen, den Unternehmenswert zu steigern. Wir erreichen dies durch ständige Optimierung unserer Kosten- und Leistungsstrukturen und Prozesse."[6]

2.2.2 Umfeldanalyse und -prognose

Bestandsaufnahme ist zwingende Grundlage jeder strategischen Planung, hier werden die Basisinformationen für den strategischen Planungsprozess erarbeitet. Zuständig für die Erarbeitung der Basisinformationen sind die Fachteams. Analysen sind systematische Untersuchungen vom Unternehmen beeinflussbarer und nicht beeinflussbarer Variablen von der Vergangenheit bis in die Gegenwart. Prognosen beinhalten demgegenüber eine Vorausschau dieser Variablen und deren Einflussfaktoren auf der Grundlage bestimmter Annahmen (Prämissen) möglichst unter Angabe von Eintrittswahrscheinlichkeiten.

Umfeldanalysen sollen Chancen und Risiken in der Unternehmensumwelt aufzeigen. Nach dem Detaillierungsgrad werden unterschieden
(1) Globale Umfeldanalysen
(2) Wettbewerbsanalysen der Branche
(3) Konkurrenzanalysen bestimmter Mitbewerber.

(1) **Globale Umfeldanalysen**
Das globale Umfeld kann unterteilt werden in fünf Segmente[7]
- Rechtliches Umfeld (Gesetze und Vorordnungen: international, national, kommunal)
- Gesellschaftliches Umfeld (Gesellschafts-/Wirtschaftsordnung, Bildungssystem, ...)
- Ökologisches Umfeld (Umweltschutzregelungen, Umweltstandards, ...)
- Makroökonomisches Umfeld (Bruttosozialprodukt, Bevölkerungsstruktur, Staatsquote)
- Technologisches Umfeld (Weiterentwicklungspotenziale/Anwendungsbreite wichtiger Technologien, Existenz/Entwicklung konkurrierender Technologien, ...).

Die zu untersuchenden Variablen können quantitativ sein (z.B. Bruttosozialprodukt, Bevölkerungszahl) oder qualitativ (z.B. Wirtschaftslage, Einstellung zur Umwelt). Jedes Umfeldsegment sollte folgendem systematischen und kontinuierlichen 4stufigen Analyseprozess unterzogen werden[8].

---

[6] Vgl. *Hahn/Hungenberg*, PuK Planung und Kontrolle, S. 976
[7] Vgl. *Baum/Coenenberg/Günther*: Strategisches Controlling, S. 57 ff.
[8] Vgl. *Baum/Coenenberg/Günther*: Strategisches Controlling, S. 59

Strategische Analyse und Prognose 39

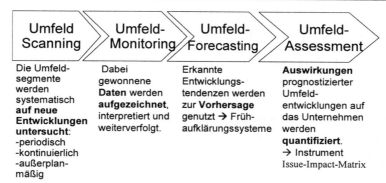

Umfeldanalyseprozess

(2) **Analyse des Wettbewerbsumfeldes**

Das **Branchenstrukturmodell von *Porter*** unterscheidet 5 die Wettbewerbsintensität einer Branche beeinflussende Wettbewerbskräfte.

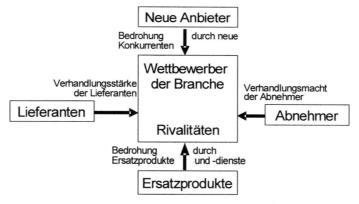

Branchenstrukturmodell nach *Porter*[9]

Der obige Ansatz von *Porter* schärft den Blick des Managements für strategische Bedrohungen, die insbesondere von außen zu maßgeblichen Strukturbrüchen innerhalb einer Branche und einer nachhaltigen Veränderung der Spielregeln des Wettbewerbs führen können.
Die 5 Wettbewerbskräfte sind[10]

(2.1) **Grad der Rivalität der existierenden Wettbewerber**

Mit zunehmender Rivalität unter den Wettbewerbern einer Branche steigt die Gefahr, dass Branchenrenditen sinken. Gradmesser sind z.B. Mitbewerberanzahl, Branchenwachstum, Überschusskapazitäten, Marktaustrittsbarrieren.

(2.2) **Bedrohung durch neue Konkurrenten**

Durch Markteintritt neuer Konkurrenten erhöhen sich die Branchenkapazitäten. Wenn der Markt nicht im vergleichbaren Umfang wächst, führt das Überangebot zu niedrigeren Preisen und diese zu einem Sinken der Rentabilitäten in der Branche. Die Wahrscheinlichkeit des

---

[9] *Porter*, Wettbewerbsstrategie: Methoden zur Analyse von Branchen und Konkurrenten, 9. Aufl., Frankfurt, S. 26
[10] Vgl. *Baum/Coenenberg/Günther*: Strategisches Controlling, S. 61 - ausführlich bei *Porter*, S. 25 ff.

Markteintritts neuer Anbieter ist abhängig von der Höhe der Markteintrittsbarrieren und der erwarteten Reaktion vorhandener Anbieter.

(2.3) **Bedrohung durch Ersatzprodukte**
Ersatzprodukte (Substitutionsprodukte) beeinträchtigen die Rentabilität, indem sie Preisobergrenzen für die vorhandenen Produkte festlegen.

(2.4) **Bedrohung durch Verhandlungsstärke der Abnehmer**
Kundenansprüche nach niedrigeren Preisen, besserer Qualität, höhere Lieferbereitschaft, längerem Service etc. beeinträchtigen die Rentabilität der Branche. Die Gefahr steigt mit zunehmender Verhandlungsstärke der Abnehmer.

(2.5) **Bedrohung durch Verhandlungsstärke der Lieferanten**
Lieferantenansprüche nach höheren Preisen, geringerer Qualität, geringerer Lieferbereitschaft, kürzerem Service etc. beeinträchtigen die Rentabilität der Branche. Die Gefahr steigt mit zunehmender Verhandlungsstärke der Lieferanten.

Die vorstehend aufgeführten Wettbewerbskräfte wirken nach *Porter* aber nicht auf alle Unternehmen in gleicher Weise sondern werden in ihrer Wirkintensität von der Zugehörigkeit zu einer strategischen Gruppe beeinflusst.[11] Unternehmen, die im Hinblick auf strategisch wichtige Dimensionen ähnliche Merkmale aufweisen gehören zur selben strategischen Gruppe (z.B. Unternehmen mit enger Produktpalette, hohen Verkaufspreisen, hochwertiger Technologie und hoher Qualität).

(3) **Konkurrenzanalysen bestimmter Mitbewerber**
Ziel von Konkurrenzanalysen ist, die Ressourcen und Potenziale aktueller und potentieller Wettbewerber möglichst präzise einzuschätzen und Anhaltspunkte über strategische Stoßrichtungen der Wettbewerber zu erhalten. Insbesondere in oligopolistischen Märkten mit schnellem technischen Fortschritt werden das Wettbewerberverhalten und der eigene technische Vorsprung erfolgsentscheidend.
Zur Selbsteinschätzung der eigenen Möglichkeiten auf dem Markt müssen Leistungsangebote und Aktivitäten vorhandener und potenzieller Konkurrenten bekannt sein. Die Branchenstrukturanalyse sollte deshalb um eine Konkurrenzanalyse erweitert werden. Dazu sind wichtige Mitbewerber auszuwählen und in ihrer allgemeinen Marktposition zu beschreiben.
Mögliche Analyseobjekte sind z.B. Anzahl und Standorte der Mitbewerber, Betriebsgrößen, erkennbare Strategien, Marktstellung, Absatzgebiete, Kundenstruktur, Sortiment, angewendetes Marketing-Instrumentarium, Absatz-, Umsatzvolumina, Ertragslage, Innovationskraft, etc. Zur Ermittlung der Daten werden Checklisten eingesetzt.[12] Wichtige Informationsquellen sind Geschäftsberichte, Messebesuche, Werksbesichtigungen, Fachveröffentlichungen, Patentschriften, Mitarbeiterkontakte, Außendienstberichte etc. Die regelmäßige Analyse der wichtigen Wettbewerber und die Einspeisung der Ergebnisse in ein zentrales Informationssystem ist empfehlenswert.

(4) **Chancen-Risiken-Katalog**
Der besseren Übersicht wegen sollten die Ergebnisse der Umfeldanalyse in einem Chancen-Risiken-Katalog zusammengefasst dargestellt werden.

---
[11] Vgl. *Porter*, Wettbewerbsstrategie, S. 177 ff.
[12] Vgl. *Baum/Coenenberg/Günther*: Strategisches Controlling, S. 64

Strategische Analyse und Prognose 41

		Priorität			Chancen	Risiken
		hoch	mittel	niedrig		
Globales Umfeld	Rechtlich	Neue Steuergesetze (1)		Neue Umweltgesetze (2)	(2)Marketingvorteil, da Normen bereits im Vorfeld erfüllt	(1)Höhere Steuern auf Energie
	Ökonomisch			Höherer Kapitalmarktzins		Teurere Fremdkapitalaufnahme
	Ökologisch	Ökologiebewusstsein wächst			Ökologische Produktionsverfahren bereits vorhanden	
	Gesellschaftlich			Regierungswechsel		Rücknahme von Deregulierungen auf dem Arbeitsmarkt
	Technologisch	Technologiewechsel	Mehr Features		Miniaturisierung	Hohe Entwicklungskosten
Wettbewerbs-Umfeld	Branche			Preisrückgang		Kein Risiko, da strat. Gruppe nicht betroffen
	Stratische Gruppe	Konzentrationstendenzen				Gefahr des Verlustes von Marktanteilen
	Konkurrenz		Freie Kapazitäten			Preisdruck

Risiken-Chancen-Katalog der Umfeldanalyse[13]

2.2.3 Unternehmensanalyse und -prognose

Zur Unternehmensanalyse wird in der Literatur eine Vielzahl unterschiedlichster Instrumente dargestellt und diskutiert. Die Instrumente unterscheiden sich in Methodik und Aufwand z.T. erheblich, obwohl sie versuchen, den gleichen Tatbestand zu erhellen. Nachstehend werden verschiedene Verfahren vorgestellt. Grund für deren Auswahl war insbesondere die Möglichkeit, sie mit vertretbarem Aufwand auch in mittelständischen Unternehmen anzuwenden.

Zunächst geht es um die Begründung der Notwendigkeit einer strategischen Planung. Diese kann eindeutig aus der **GAP-Analyse** abgeleitet werden.[14] Weiter ist die aktuelle strategische Position des Unternehmens darzustellen. Hierzu wird üblicherweise die **SWOT-Analyse** eingesetzt. Besser geeignet für KMU - weil weniger aufwendig - ist die **strategische Bilanz**.

(1) GAP-Analyse

GAP-Analysen gehören zu den klassischen Analyseinstrumenten der strategischen Planung. Sie werden vorwiegend für Umsatz- und Ergebnisanalysen eingesetzt und zwar sowohl im strategischen als auch im operativen Controlling.

---

[13] In Anlehnung an *Baum/Coenenberg/Günther*, S. 66
[14] Vgl. *Baum/Coenenberg/Günther*, S. 18

(1.1) Zielsetzung

GAP- oder Lückenanalysen sollen aufzeigen, wie groß die Lücke zwischen den angestrebten Zielen und der Extrapolation der bisherigen Geschäftsentwicklung unter Beibehaltung der bisherigen Aktivitäten ist.

(1.2) Grundannahme

Ausgehend vom heutigen Zeitpunkt und den mittelfristigen Zielplanungen erzwingen gegenwärtige und künftig erwartete Aktivitäten der Wettbewerber und das steigende Anspruchsniveau der Abnehmer Anpassungen im Unternehmen. Änderungen im Unternehmen und im Umfeld führen zu Veränderungen der Stärken/Schwächen des Unternehmens und der Chancen/Risiken im Umfeld. Hierdurch entsteht eine im Zeitablauf zunehmende Differenz (Gap = Ziellücke) zwischen der Extrapolation der bisherigen Geschäftsentwicklung und den strategischen Zielen.

(1.3) Voraussetzungen

Vorhandensein zumindest einer strategischen globalen Zielvorstellung (z.B. Umsatzrendite 4%) und möglichst auch einer Mittelfristplanung.

(1.4) Methodik

Schritt 1: Extrapolation des bisherigen Geschäftes (=**Ausgangsbasis → Basisgeschäft**).
Ausgehend vom Geschäftsverlauf des Basisjahres wird die künftige Unternehmensentwicklung bei Ansatz „normaler" Absatz-, Erlös- und Kostenänderungen fortgeschrieben. Dem **Basisgeschäft** liegt die Annahme zu Grunde, das Umsatz- und Deckungsbeitragsverlauf durch den Produktlebenszyklus beschrieben werden können.

Schritt 2: Einbeziehung bereits geplanter mittelfristiger Maßnahmen (**Neugeschäft**).
Die Differenz dieser Kurve zum Basisgeschäft stellt die gedeckte Lücke dar, auch als Leistungslücke oder **operative Lücke** bezeichnet. Diese ist durch mittelfristig geplante Projekte, in der F&E befindliche neue Produkte, verabschiedete Rationalisierungsprojekte, etc. abdeckbar.

Schritt 3: Darstellung der Strategischen Unternehmensziele.
Diese stellen die Entwicklungsgrenze bei derzeitiger Strategie dar. Die Differenz dieser Kurve zum Neugeschäft zeigt die ungedeckte oder **strategische Lücke**. Diese kann nur durch Änderung bisheriger Strategien und/oder neue Strategien geschlossen werden.

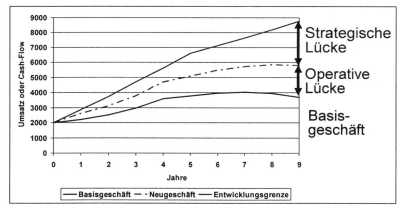

GAP-Analyse (Lückenanalyse)

Der Nutzen dieses Instrumentes wird erschlossen, wenn
- ❑ die für die Lücke verantwortlichen Ursachen identifiziert werden (Preisverfall, veraltete Produkte, Substitution, neue Konkurrenz),
- ❑ die Lücken zur Suche von Strategien genutzt werden (siehe (1.5)).

(1.5) Beurteilung

GAP-Analysen sind nützliche, relativ unkomplizierte Hilfsmittel zur Bestandsaufnahme in der Problemstellungsphase und zur Plausibilitätskontrolle der Realisierbarkeit geplanter mittel- und langfristiger Unternehmensziele. Ihr Hauptproblem liegt in der Extrapolation der Vergangenheit, was in gesättigten Märkten besonders problematisch ist. Nachteilig ist weiter, dass sie als globales Instrument keine Hinweise auf Strategien zur Schließung der Lücken geben.

(1.6) Produkt-Markt-Matrix als Instrument zur Schließung der strategischen Lücke

Die Produkt-Markt-Matrix nach *Ansoff*[15] liefert Ansatzpunkte zur Schließung der strategischen Lücke.

neue Produkte	• Produktinnovation • Produktdifferenzierung **Produktentwicklung 2**	• laterale • vertikale / horizontale **Diversifikation 4**
derzeitige Produkte	• Marktverdrängung • Marktbesetzung **Marktdurchdringung 1**	• Internationalisierung • Marktsegmentierung **Marktentwicklung 3**
	bestehende **Märkte**	neue **Märkte**

Produkt-Markt-Matrix

(2) SWOT-Analyse

SWOT-Analysen gibt es seit den 70er Jahren, in der Literatur auch als „Potentialanalyse" bezeichnet.[16] **Potentiale** sind Faktoren, die für die Wettbewerbsfähigkeit des Unternehmens von Bedeutung sind.[17] Die Beschaffung aller wichtigen Informationen des Unternehmens und der Unternehmensumwelt ist Basis für die Planung. Erst nach einer Analyse interner Stärken (**S**trength) und Schwächen (**W**eaknesses) des Unternehmens und externer Chancen (**O**pportunities) und Risiken (**T**hreats) im Umfeld lassen sich Strategien entwickeln, wie Erfolgspotentiale aufgebaut werden können. SWOT-Analysen basieren auf nutzwertanalytischen Überlegungen. Die Bewertung eines Tatbestandes als Stärke oder Schwäche bzw. Chance oder Risiko ist eine qualitative Beurteilung, die je nach Person unterschiedlich ausfällt. Vorteilhaft sind die Erfolgspotentiale, die den höchsten Nutzen für die Unternehmen bringen.

(2.1) Ziel

SWOT-Analysen wollen die Stärken und Schwächen des Unternehmens sowie die in seiner Umwelt liegenden Chancen und Risiken aufdecken und über die Bewertung der Erfolgsfaktoren die strategische Position des Gesamtunternehmens darstellen.[18]

(2.2) Methodik

<u>Schritt 1: Stärken/Schwächen identifizieren und Chancen/Risiken erarbeiten</u>
- ❑ Vergangene Erfolge und Misserfolge erfassen

---

[15] Vgl. *Ansoff, H.I.,* Management Strategie, München, S. 13 ff.
[16] Vgl. *Schröder*, Modernes Unternehmens-Controlling, S. 225 ff.; und *Schlegel*, Computergestützte Unternehmensplanung und -kontrolle, S. 258 ff.
[17] Vgl. *Ziegenbein*, Controlling, S. 83 f.
[18] Vgl. *Weber*, Einführung in das Controlling, Teil 2: Instrumente, S. 17

- Ursachen vergangener Erfolge / Misserfolge analysieren
- Interne zukünftige Stärken/Schwächen ermitteln
- Externe zukünftige Chancen/Risiken ermitteln
- SWOT-Analyse auswerten
- Ergebnisse zusammenfassen.

Für die Sammlung der Daten werden einerseits detaillierte Checklisten vorgeschlagen[19] andererseits wird eine spontane Erarbeitung im Planungsteam für sinnvoller gehalten[20], mit der Begründung, dass die Qualität einer Entscheidung nicht von der Menge an Informationen sondern von der Verwendung der verfügbaren Informationen abhängig sei.

Die Stärken-/Schwächen-Analyse kann funktionsorientiert nach Unternehmensfunktionen oder wertorientiert mit Hilfe der Wertkettenanalyse erfolgen. **Funktionsorientiert** sind unternehmensindividuell die Kenngrößen derjenigen Funktionen aus den Unternehmensbereichen auszuwählen, die gegenwärtig oder künftig wesentlich für das Unternehmen sind. Ein unternehmensspezifisches Checklistenbeispiel enthält *Horváth*.[21] Er weist auf die Schwierigkeit der Gewichtung der Einzelfaktoren hin und führt Prüffragen auf, die eine qualitative Beurteilung kritischer Erfolgsfaktoren ermöglichen sollen. **Wertorientierte** Ermittlung strategischer Potenziale setzt an bei der Wertkette. Die Wertkettenanalyse wird als Instrument zur Reduzierung von Prozesskosten etwas später behandelt.

Schritt 2: Schlüsselfaktoren ermitteln
Schlüsselfaktoren sind Fähigkeiten, die für die Erschließung eines bestimmten Marktes erforderlich sind. Nach *Mann*[22] hat die Erfahrung gezeigt, dass jeder Markt von fünf bis 10 Schlüsselfaktoren bestimmt wird. Unternehmen eines Marktsektors unterscheiden sich durch die Anzahl der Schlüsselfaktoren, die sie besitzen, welche sie besser beherrschen als der Mitbewerb und wie sie sich in den Schlüsselfaktoren vom Mitbewerb unterscheiden.

Schritt 3: Potenzialanalyse erstellen (Vorgehensweise wie bei der Nutzwertanalyse)
- Bewertungskriterien auswählen
- Den Bewertungskriterien Gewichtungsfaktoren zuordnen
- Jedem Kriterium Merkmalsausprägungen für die Bewertung zuordnen
- Potenzialsumme je Bewertungskriterium errechnen (Gewichtungsfaktor * Bewertung)
- Gesamtpotenzial aus der Summe der Potenziale je Bewertungskriterium errechnen.

Schritt 4: Ergebnis der SWOT-Analyse darstellen
Zur Bewertung eines Merkmals als Stärke oder Schwäche sind objektivierende Vergleichsmaßstäbe erforderlich. Als Vergleichmaßstab (Sollgröße) können dienen:
- Zeitvergleiche mit Daten des eigenen Unternehmens
- Vergleich mit Wettbewerbern (Konkurrenzanalyse, Benchmarking)
- Vergleich mit kritischen oder strategischen Erfolgsfaktoren (Basis z.B. PIMS-Studie, Erfahrungskurve, Produktlebenszyklus)
- Vergleich mit dem Produktlebenszyklus. Die Unternehmenspotentiale wechseln mit den Lebenszyklusphasen!

Ergebnisse der SWOT-Analysen werden i.d.R. in Form von Profilen dargestellt.
- Stärken/Schwächen-Profile ermitteln die Potenzialsumme eines Untersuchungsgegenstandes

---

[19] Vgl. *Horváth*, Controlling, S. 395 ff.
[20] Vgl. *Mann*, Praxis strategisches Controlling mit Checklists und Arbeitsformularen, Landsberg/Lech, S. 57
[21] Vgl. *Horváth*, Controlling, S. 395 ff.
[22] Vgl. *Mann*, a.a.O., Landsberg/Lech, S. 59

Strategische Analyse und Prognose

Bewertungs-faktoren	Gewich-tungs-faktor	Wir beurteilen uns im Vergleich zum stärksten Konkurrenzunternehmen mit					Potential-summe
		5	4	3	2	1	
Bewertung		1	2	3	4	5	
Absatzprogramm	10		2				20
Beschaffungssituation	5			3			15
Finanzstruktur	15					5	75
Führungsstil	10				4		40
Organisation	10				4		40
	50	Gesamtpotential					190

Gesamtpotential maximal   50 • 5 =   250

❏ Stärken/Schwächen-Analysen vergleichen das Stärken/Schwächen-Profil des Unternehmens mit dem wichtiger Mitbewerber.

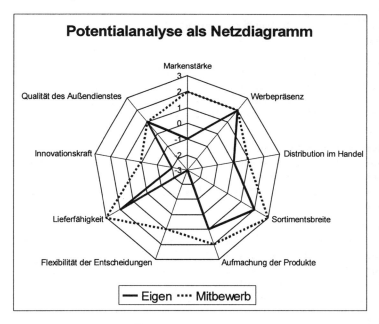

Schritt 5: SWOT-Analyse auswerten[23]

		Chancen Opportunities	Unternehmens-schwächen überwinden durch Nutzung von Umfeld-Chancen	Unternehmens-stärken einsetzen zur Nutzung von Umfeld-Chancen (**Wachstumsstrategie**)
Ergebnis der Umfeld-Analyse		Risiken Threats	Unternehmens-schwächen und Risiken im Unternehmens-umfeld minimieren (**Defensivstrategie**)	Unternehmens-stärken einsetzen zur Minimierung der Risiken im Untern.-Umfeld
			Schwächen (Weaknesses)	Stärken (Strengths)
			Ergebnis der Unternehmens-Analyse	

---

[23] Vgl. *Baum/Coenenberg/Günther*, strategisches Controlling, S. 75

(2.3) Beurteilung
SWOT-Analysen lassen sich einfach handhaben und bieten sehr gute grafische Darstellungen der Stärken und Schwächen. Es gelten jedoch alle Einwände, die auch gegen Nutzwertanalysen vorgebracht werden (subjektive Auswahl der Bewertungskriterien, der Gewichtungs- und Bewertungsfaktoren).

(3) Strategische Bilanz
(3.1) Zielsetzung
Strategische Bilanzen sollen die Hauptschwäche des Unternehmens - den die Weiterentwicklung maßgeblich beeinträchtigenden Engpass - ermitteln, um eine Basis für Strategieüberlegungen zu schaffen.[24] Sie sollen helfen, die Kräfte der Unternehmung ökonomisch auf die Beseitigung strategischer Engpassfaktoren zu konzentrieren.

(3.2) Methodik
Strategische Bilanzen stellen wie SWOT-Analysen die Stärken und Schwächen des Unternehmens dar.

Schritt 1: Faktorenanalyse
Das Unternehmen wird in fünf Untersuchungsbereiche aufgeteilt (Kapital, Personal, Material, Absatz, Know-how), die mit Hilfe von Checklisten (Bewertungsfaktoren) nach den wichtigsten bis zu fünf positiven Abhängigkeiten (z.B. Stärken, Chancen, Vorteile, Attraktivität, Erfolge) und negativen Abhängigkeiten (z.B. Schwächen, Risiken, Nachteile, Mangel, Misserfolge) untersucht werden.[25]

Schritt 2: Bewertung der Faktoren
Die Gegenüberstellung der Bewertungsfaktoren erfolgt in Form einer Bilanz,[26] die auf der Aktivseite die Positiv-Faktoren des Unternehmens (Stärken, Chancen, etc.) und auf der Passivseite die Negativ-Faktoren (Schwächen, Risiken, etc.) erfasst. Die nachstehende Darstellung zeigt ein Beispiel.

Schritt 3: Engpasssuche
Für jeden Untersuchungsbereich werden die Abstände der Skalenwerte der „Aktiva" und „Passiva" ermittelt, indem ausgehend von der T-Konten-Mittelachse die vom Pfeil überdeckten Felder der Aktiva und der Passiva addiert werden. Werte unter 100 stellen Engpässe dar. Die Summe der fünf Untersuchungsbereiche ist Indiz für die Lebensfähigkeit des Unternehmens. Werte unter 500 werden als kritisch angesehen, maximal sind 1000 erreichbar.[27]

Schritt 4: Engpassprüfung
Anschließend wird geprüft, ob der richtige Hauptengpassfaktor isoliert wurde.

Schritt 5: Maßnahmengenerierung
Dann werden Maßnahmen zur Reduzierung bzw. Beseitigung des dominierenden Engpasses im Aufriss nach Maßnahmen zur Verstärkung der Positiv-Faktoren (Aktiva) und zur Reduzierung der Negativ-Faktoren (Passiva) formuliert.

---

[24] *Weber, J.*, Einführung in das Controlling, Teil 2: Instrumente, Stuttgart, S. 21
[25] *Mann, R.*, Praxis strategisches Controlling mit Checklists und Arbeitsformularen, Landsberg/Lech, S. 48 ff.
[26] *Mann, R.*, a.a.O., S. 49
[27] *Mann, R.*, a.a.O., S. 51

Strategische Analyse und Prognose 47

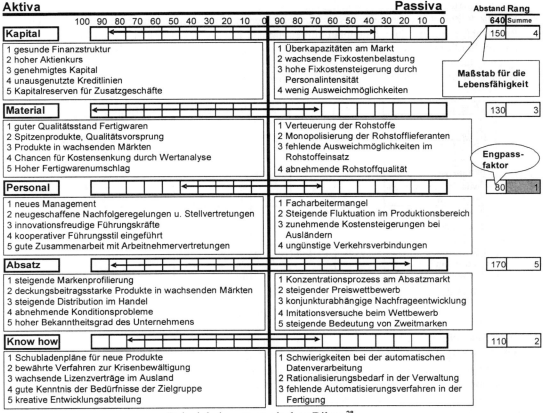

Beispiel einer strategischen Bilanz[28]

Schritt 6: Bewertung der Realisierbarkeit der Maßnahmen
Anschließend werden die Maßnahmen kategorisiert und gewichtet.[29]

Bewertungskriterien	Gewichtungsfaktoren
s = schnell wirksam	0 = nicht zutreffend
o = operational, sofort ausführbar	1 = zutreffend
e = effizient, hoher Wirkungsgrad in Bezug auf den Engpass	2 = stark zutreffend

Aktiva				Passiva			
Maßnahmen zur Verstärkung von Positiv-Faktoren	s	o	e	Maßnahmen zur Reduzierung von Negativ-Faktoren	s	o	e
Beschleunigte Einführung des neuen Führungssystems	1	2	1	Lehrlingsbetreuung verbessern	1	2	2
Verstärkung der internen Kooperationsbereitschaft	1	1	1	Facharbeiter ausbilden	1	2	2
Projekt-Management einführen	2	2	2	Treueprämien für Facharbeiter einführen	2	2	2
Einführung von regelmäßigen Abteilungsbesprechungen	2	2	1	Arbeitsbedingungen der Produktion verbessern	1	0	1
Tantiemesystem für Mittelmanagement einführen	2	2	2	Werksbusse einsetzen um Standortnachteile auszugleichen	2	2	2
Vorschlagswesen einführen	2	2	1	Interne Stellenausschreibung ausbauen	2	2	1
Akkordlohn durch Prämienlohn ersetzen	0	2	2	Interne Schulung forcieren	1	1	1

Maßnahmen-Bewertung für den Engpassfaktor Personal[30]

---

[28] Horváth, P., Controlling, München, S. 246
[29] Mann, R., a.a.O., S. 52
[30] Mann, R., a.a.O., S. 52

Schritt 7: Aufstellung eines Maßnahmenplans
Um die Kräfte des Unternehmens zu bündeln, werden nur die Maßnahmen mit der höchsten Punktzahl in einen Maßnahmenplan aufgenommen. Ein Durchführungs-Controlling begleitet die zeitlich/inhaltliche Realisierung. Ampelfarben zeigen den zeitlichen Realisierungsstand (grün = termingerecht, gelb = Risiko einer Terminabweichung, rot = Terminabweichung) - gefüllte Quadrate symbolisieren den inhaltlichen Realisierungsgrad.

Maßnahme					Bericht per	01. Apr	
Nr	Inhalt	zuständig	Start-Termin	End-Termin	Status	zeitliche Realisierung	inhaltliche Realisierung
1	Projekt-Management einführen	Meyer	01. Jan	30. Jun	Schulung durchgeführt	○ ● ○	◱
2	Tantiemesystem Middle-Management einführen	Schulze	20. Jan	28. Feb	Projekt abgeschlossen	● ● ●	■
3	Treueprämien für Facharbeiter einführen	Lehmann	01. Feb	01. Mai	Verhandlungen mit Betriebsrat laufen noch	○ ● ○	◰
4	Werksbusse einsetzen um Standortnachteile auszugleichen	Schmidt	10. Feb	10. Aug	15 von 20 Orten abgeschlossen, Rest bis Ende Dez. geplant	● ● ○	◨

Beispiel eines Maßnahmenplans

(3.3) **Beurteilung**

Alle Einwände gegen nutzwertanalytische Betrachtungen gelten auch für die strategische Bilanz (subjektive Auswahl der Untersuchungsbereiche/Bewertungsfaktoren, subjektive Bewertung, ungenaues Bewertungsverfahren). Infolgedessen muss der gefundene „dominierende Engpass" nicht zwingend richtig sein.

Positiv ist anzumerken, dass die strategische Bilanz ein einfaches, rationelles und variables Verfahren ist, das die Kräfte auf die Beseitigung maßgeblicher Engpassfaktoren konzentriert. Die strukturierte Vorgehensweise von der Engpassidentifikation bis zum Maßnahmenplan und dessen Realisierungskontrolle macht das Verfahren insbesondere für KMU interessant. Eine mögliche Verbesserung wäre, die Faktorenwerte der Aktiv- und der Passivseite mit unterschiedlichem Vorzeichen zu kumulieren. Dann ergäbe sich ein Saldo, der ein Übergewicht der gegenüberliegenden Seite d.h. an Chancen oder Risiken signalisieren würde.

2.2.4 Qualitative Prognose bei großer Ungewissheit

Der Blick nach vorn gewinnt angesichts z.T. rapider Veränderungen von Technologien und Märkten an Bedeutung. Häufig lassen sich die Entwicklungen in der Zukunft nicht oder nicht hinreichend sicher quantifizieren. Dann müssen qualitative Prognoseverfahren angewandt werden, von denen wir folgende zwei vorstellen
❏ Delphiprognose und
❏ Entwicklung von Szenarien.

Im Rahmen der **Delphiprognose** werden, ähnlich wie bei der Generierung von Produktideen, ausgewählte Experten nach ihrer persönlichen Einschätzung über die zukünftige Entwicklung eines Bereiches befragt. Eine Beschränkung der Teilnehmerzahl auf bis zu maximal ca. 15

Experten ist zweckmäßig. In mehreren Befragungsrunden (i.d.R. drei) wird den Experten die Einschätzung der anderen Experten mitgeteilt. So soll ein konvergierendes Ergebnis erreicht werden. Dabei entsteht die Gefahr, sich an Mehrheitsmeinungen anzuschließen, ohne diese wirklich zu teilen. Eine Delphiprognose ist i.d.R. zeitraubend und kostenintensiv.

Szenarien sind mehr oder weniger konkrete Vorstellungen über mögliche Entwicklungen in der Zukunft auf der Grundlage pessimistischer, realistischer oder optimistischer Annahmen. Ein Szenario kann auf Basis einer Scenarioanalyse eine Gesamtschau der Unternehmensumwelt oder einzelne gravierende Ereignisse betreffen, mit dem Ziel, von diesen nicht überrascht zu werden, weil frühzeitig die Frage, What if..?" gestellt wurde.

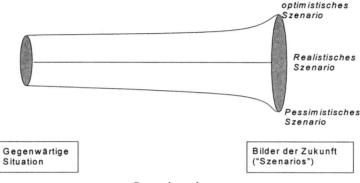

Szenarioanalyse

Der Verkauf von LKWs hängt u.a. von den Einflussfaktoren "gesamtes Transportvolumen", „durchschnittliche Nutzungsdauer eines LKWs", „Emissionsvorschriften" und dem „Verkehrsträger-Mix (Bahn, LKW, Flugzeug, Schiff)" ab, über deren Entwicklung jeweils für das Unternehmen optimistische, realistische und pessimistische Annahmen zu machen sind. Ein aus der Sicht des Unternehmens positives gravierendes Ereignis wäre z.B. der Konkurs des Hauptmitbewerbers, ein negatives der Übergang des größten Kunden auf Eigenfertigung. Noch wichtiger für Kosten und Umsatz ist die Frage: „Welche Chancen und Gefahren entstehen für uns, wenn der Wechselkurs des US$ auf 0,50 € fallen würde. Die Entwicklung alternativer Szenarien und die Beantwortung wichtiger „What if-Fragen" erlaubt es dem Unternehmen, sich bei großer Ungewissheit bestmöglich auf schwierige Zukunftsereignisse vorzubereiten, ohne über verlässliche Daten zu verfügen.

2.3 Strategiefindung und -bewertung

Ausgehend von einer strategischen Segmentierung beginnt die Strategiefindung mit der Festlegung der strategischen Stoßrichtung einer Geschäftseinheit (Geschäftsstrategie oder generelle Wettbewerbsstrategie). Im Anschluss daran wird die Strategie des Gesamtunternehmens entwickelt (Unternehmensstrategie). Voraussetzung einer strategischen Unternehmensführung ist eine sinnvolle strategische Unterteilung des Unternehmens (Segmentierung).

2.3.1 Segmentierung des Marktes

Voraussetzung der strategische Planung und Kontrolle ist eine sinnvolle strategische Segmentierung des Gesamtmarktes in Teilmärkte. Hierdurch sollen möglichst homogene Teilmärkte geschaffen werden, um einerseits alle Marktchancen für die kundengerechte Definition von Produkten und Dienstleistungen nutzen zu können und andererseits zu verhindern, dass knappe Ressourcen in Bereichen mit nur geringem Erfolgspotenzial „versickern".

(1) Ziel

Grundlage der Marktsegmentierung ist die Zerlegung des relevanten Marktes in einzelne Teilmärkte (Marktsegmente), um eine differenzierte Marktbearbeitung zu ermöglichen. Dabei kommt es darauf an, dass die Abnehmer innerhalb eines Marktsegments einander weitgehend ähnlich sind (z.B. in Bezug auf Denk- und Verhaltensweisen) und sich von den Mitgliedern anderer Segmente möglichst stark abheben[31]. So gelingt im Rahmen einer differenzierten Marktbearbeitung die Ausschöpfung der vorhandenen Potentiale deutlich besser, als bei einer undifferenzierten Bearbeitung des gesamten Marktes. Dieses Vorgehen hat sich im Business-to-Business, dem Business-to-Consumer und dem Dienstleistungsbereich hervorragend bewährt.

Vorteile einer Marktsegmentierung liegen vor allem in
- besserer Werbewirksamkeit durch spezifische Werbung und Zielkundenansprache
- Konzentration der Aktivitäten mit besserer Durchdringung bestehender Märkte
- Systematischer Identifikation neuer Käuferschichten bzw. Marktsegmente
- transparenter Analyse des Wettbewerbs mit Etablierung von Nischenstrategien
- differenzierter Grundlage für Planung, Umsetzung und Kontrolle
- eindeutigen organisatorischen und personellen Zuordnungen/Verantwortlichkeiten.

(2) Marktsegmentierungskriterien

(2.1) Marktsegmentierungskriterien im Konsumgüter- und Dienstleistungsbereich

Geographische Marktsegmentierung
- Makrogeographische Segmentierung nach Bundesländern, Landkreisen, Städten etc.
- Mikrogeographische Segmentierung nach Wohngebieten aufgrund der Annahme von „Nachbarschafts-Affinität"

Soziodemographische Marktsegmentierung
- Demographische Segmentierung (Geschlecht, Alter, Familienstand, Haushaltsgröße etc.)
- Sozioökonomische Segmentierung (Ausbildung, Beruf, Einkommen etc.)

Psychographische Marktsegmentierung
- Persönlichkeitssegmentierung nach Typologien, basierend auf Merkmalen wie Kontaktfähigkeit, Selbständigkeit, Ehrgeiz, Fortschrittlichkeit oder Risikofreude
- Life-Style-Segmentierung nach psychologischen Merkmalen (Einstellungen etc.) und beobachtbarem Verhalten (Freizeitverhalten, Gewohnheiten etc.)
- Benefit-Segmentierung nach gewünschtem Nutzen für den Käufer

Verhaltensorientierte Segmentierung
- Segmentierung nach Anlass, Preisverhalten, Verwenderstatus, Verwendungsrate etc.

---

[31] Vgl. *Bruhn, M.*, a.a.O., S., 58 f.

Strategiefindung und -bewertung 51

(2.2) Marktsegmentierungskriterien im Investitionsgüterbereich
Abell schlägt für die Auswahl von Segmentierungskriterien vor, ein Produkt als „physical manifestation of the application of a particular technology to the satisfaction of a particular function for a particular customer group" anzusehen[32]. Mögliche Kriterien sind
- Branchenbezogene Kriterien (z.B. Abgrenzung nach einem Branchen-Code)
- Größenkriterien (z.B. Mitarbeiterzahl, Umsatzzahlen, Größe des Fuhrparks)
- Geographische Kriterien.

(2.3) Marktsegmentierungsbeispiele
Die folgende Abbildung zeigt ausgehend von einem Gesamtmarkt mögliche Segmentierungen nach Einkommen und Alter sowie eine kombinierte Segmentierung aus diesen beiden Kriterien (mehrdimensionale Segmentierung).

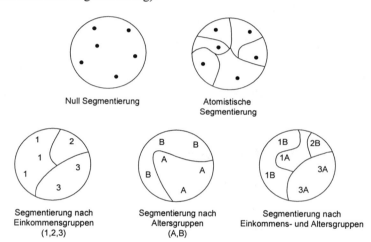

Beispiele für Marktsegmentierungen

(2.4) Anforderungen an Marktsegmentierungskriterien[33]
- Relevanz: Maßgebender Indikator für das zu erwartende Kaufverhalten
- Messbarkeit: Möglichkeit der Erhebung der Merkmale bei den Käufern
- Erreichbarkeit: Möglichkeit der gezielten Ansprache und Bearbeitung des Segments
- Wirtschaftlichkeit: Sinnvoll ist eine weitere Segmentierungsstufe nur, wenn der zusätzlich erreichte Deckungsbeitrag größer ist als die durch sie verursachten Kosten
- Zeitliche Stabilität: Bestand des Segmentes über den Zeitraum der Planung.

2.3.2 Segmentierung des Unternehmens

Strategische Geschäftsfeldsegmentierung dient dem Ziel, das Unternehmen auf die wettbewerbsrelevanten Produkt-Markt-Kombinationen auszurichten, so dass möglichst autonome Verantwortungsbereiche die Voraussetzung für die Formulierung relativ unabhängiger Teil-

---
[32] *Abell, D.*, Strategic Market Planning - Problems and Analytical Approaches, S. 170
[33] Vgl. *Freter, H.*, Marktsegmentierungsmerkmale, in *Diller, H.* (Hrsg.): Vahlens Großes Marketinglexikon, München, S. 739

strategien schaffen und einen modularen Aufbau der Unternehmensstrategie gewährleisten. Jede Einheit sollte einen charakteristischen Set von Marktattributen (z.B. Wettbewerber, Wachstumsraten, Marktanteile, Profitabilität, Eintrittsbarrieren) und möglichst eigenständige Erfolgsfaktoren aufweisen (z.B. Kosten- oder Kaufverhalten, Informationszugriff). „The segmentation process must identify a large enough number of significantly different combinations [of business attributes] to permit management to make meaningful competitive and strategic resource allocation decisions. On the other hand, the number of strategic business areas must be small enough to keep strategic decisions comprehensible and manageable"[34].

Unterschieden werden Innensegmentierung und Außensegmentierung. In der Innensegmentierung werden strategische Geschäftseinheiten (SGE) als kleinste organisatorische Einheiten erfasst, für die eigenständige Ziele und Strategien formuliert werden können (z.B. Omnibusse). Die Außensegmentierung enthält strategische Geschäftsfelder (SGF), die Verknüpfungen/Bündelungen von SGE beinhalten (z.B. Nutzfahrzeuge mit den SGE Omnibusse, Lkw, etc.). In Großunternehmen sind weitere Zusammenfassungen von SGF zu Konzerngeschäftsfeldern sinnvoll. Voraussetzungen für die Bildung strategischer Geschäftseinheiten sind[35]

❏ ausreichende Größe des Marktpotentials
❏ Vorhandensein klar abgrenzbarer externer Wettbewerber, mit denen die strategische Einheit am Markt konkurriert
❏ Unabhängigkeit der Marktaufgabe der Geschäftseinheit von anderen strategischen Geschäftseinheiten.

2.3.3 Wettbewerbsstrategien

Zunächst muss die strategische Stoßrichtung der Geschäftseinheit festgelegt werden. Strategische Stoßrichtungen im Kostenwettbewerb können mit dem Produktlebenszyklus-Konzept, dem Erfahrungskurvenkonzept, der Wertkettenanalyse, der Industriekostenkurve und der Kundenwertanalyse fundiert werden.

(1) Strategische Stoßrichtungen

Strategische Wettbewerbsvorteile resultieren nach *Porter* entweder aus einer überlegenen Kostenposition oder aus herausragenden Nutzenvorteilen gegenüber dem Mitbewerb. *Porter* unterscheidet 3 generische Wettbewerbsstrategien. Deren Begrenzung hat in neuerer Zeit zur Weiterentwicklung einer dynamischen Wettbewerbsstrategie nach *Gilbert* und *Strebel* (Outpacing-Strategie) geführt. Wettbewerbsstrategien sind langfristige, bedingte Verhaltenspläne zur Erreichung der Unternehmensziele[36]. Sie enthalten Rahmenvorgaben für die spätere instrumentelle Umsetzung mit Hilfe operativer Marketinginstrumente.

Die **Wettbewerbsstrategien** nach *Porter* setzen bei der Grundüberlegung an, dass eine Wettbewerbsprofilierung sowohl in der Nische als auch auf dem Gesamtmarkt jeweils entweder durch überlegene Qualitätsvorteile oder durch ausgeprägte Niedrigpreisstrategien möglich ist[37]. Nach *Porter* stehen Unternehmen, die erfolgreich im Wettbewerb bestehen wollen, lediglich drei **grundlegende Strategien** zur Verfügung

❏ **Kostenführerschaft** mit dem Ziel, zu den geringsten Kosten zu produzieren, wobei gleichzeitig eine durchschnittliche Produkt- und Servicequalität zu sichern ist

---

[34] *Ansoff, I.*, Implanting Strategic Management, S. 44
[35] Vgl. *Kreikebaum, H.*: Strategische Unternehmensplanung, Stuttgart, S. 112
[36] Vgl. *Bruhn, M.*, Marketing, Wiesbaden, S. 53 f.
[37] Vgl. *Porter, M.E.*, Wettbewerbsstrategie, Franfurt am Main, S. 62 ff.

Strategiefindung und -bewertung

- **Differenzierung** mit dem Ziel, Produkte/Dienstleistungen zu bieten, die industrieweit als einzigartig angesehen werden (z.B. Design, Technologie, Qualität, Innovation, Service)
- **Konzentration (Fokussierung) auf Marktnischen** mit dem Ziel spezifische Käuferschichten, Regionen oder Produktsegmente zu bedienen, anstatt industrieweit zu konkurrieren. Dadurch sollen entweder Kostenvorteile durch Spezialisierung aufgebaut werden oder Nutzenvorteile mit der Möglichkeit von Preisaufschlägen. Das Unternehmen muss die auf die Nische fokussierte Kostenführerschaftsstrategie bzw. Differenzierungsstrategie konsequent verfolgen! Die von *Porter* „stuck-in-the-middle" genannte Position ist strategisch fatal, da Nischenspezialisten und Großunternehmen den Kunden höheren Nutzen zu gleichen bzw. geringeren Kosten bieten.

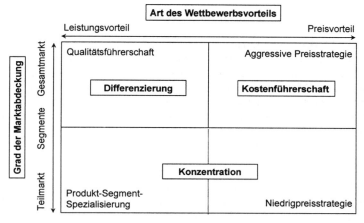

Porter Wettbewerbsstrategien

Kostenführerschafts- und Differenzierungsstrategie werden zunehmend als zu inflexibel kritisiert. Infolge des dynamischen globalen Wettbewerbs werden Wettbewerbsvorteile durch Nachahmung und/oder technischen Fortschritt schnell erodiert. Sie stellen heute häufig nur noch temporäre Vorteile dar. Unternehmen können deshalb nicht mehr auf den Erfolg nur eines Strategietyps bauen. In den heutigen dynamischen Märkten sind auf Preisen, Innovationen oder Qualität basierende Wettbewerbsvorteile oft nur von kurzer Dauer. Bei der Outpacing-Strategie wechselt das Unternehmen in Abhängigkeit von der Wettbewerbssituation zwischen Differenzierungsstrategie und Kostenführerschaft, um seinen Wettbewerbsvorsprung gegenüber dem Mitbewerb langfristig zu erhalten.[38]

---

[38] Vgl. *Gilbert/Strebel*, zitiert nach *Baum/Coenenberg/Günther*, a.a.O., S. 80

Outpacing-Ansatz von *Gilbert/Strebel*[39]

Der Pionier eines Marktes wird zunächst seine Produkte mit einem hohen Produktnutzen ausstatten und dafür einen aus Sicht vieler Abnehmer recht hohen Preis verlangen (z.B. DVD-Player, Digitalkameras). Insofern ermöglicht dieses Vorgehen Nachfolgeunternehmen, ihrerseits Produkte auf den Markt zu bringen, die zwar einen geringeren Leistungsumfang bieten, gleichzeitig jedoch einen deutlichen Preisabstand zum Innovator aufweisen. Im Zeitablauf wird der Marktpionier sein Leistungsangebot weiter verbessern, während die Nachfolger über hohe Absatzmengen ihre Kostenposition weiter verbessern können.

Beide Stoßrichtungen kommen jedoch ab einem gewissen Punkt an die Grenzen ihrer Leistungsfähigkeit, wenn Abnehmer nicht mehr bereit sind, den hohen Leistungsumfang zu honorieren und nicht nur günstige Preise, sondern auch einen höheren Leistungsumfang als den angebotenen Minimalumfang wünschen. An diesem Punkten findet dann ein Strategiewechsel zur jeweils anderen Strategieoption statt, d.h. der Innovator wird die Preise senken und der Nachfolger wird seine Produkte mit einem höheren Leistungsumfang ausstatten. Nach einiger Zeit treffen sich beide Wettbewerber im sog. „Outpacing-Quadranten" und bieten eine vergleichbare Produktqualität zu einem vergleichbaren Preis (vgl. Abb.). Dann eröffnen sich erneut die Strategiemöglichkeiten wie zu Beginn. Der Outpacing-Ansatz liefert wertvolle Einsichten in die grundlegende Dynamik von Wettbewerbsprozessen. Er liefert allerdings keine Informationen, zu welchem Zeitpunkt der Strategiewechsel vollzogen werden sollte. Darüber hinaus erfordern die Märkte heute vielfach einen hohen Produktnutzen bei niedrigen Preisen oder zumindest schnellem Preisverfall (z.B. Mobilfunk-Handys).

(2) Produktlebenszyklus-Konzept

(2.1) Zielsetzung

Lebenszykluskonzepte wollen die Entwicklung verschiedener monetärer Größen in Abhängigkeit von der Lebenszyklusphase bestimmen, um Hinweise für die Verfolgung bestimmter Strategien geben zu können. Sie stellen einen Zusammenhang her zwischen dem Lebensalter eines Produktes und dessen quantitativen/qualitativen Merkmalen wie z.B. Umsatz, Deckungsbeitrag, RoI bzw. Wettbewerbsintensität.

(2.2) Verbreitung

Lebenszykluskonzepte wurden in den 50er Jahren zunächst als Produktlebenszyklusmodelle entwickelt und später auf Technologien, Branchen, Kundenbeziehungen übertragen.[40]

---

[39] Vgl. *Gilbert, X., Strebel, P.*, Strategies to Outpace the Competition, in: The Journal of Business Strategy, No. 1, S. 32. Outpacing kann frei als "Überholen" übersetzt werden.
[40] Vgl. *Höft*, Lebenszykluskonzepte, Berlin, S. 16 f.

Strategiefindung und -bewertung

(2.3) Annahmen

Das Produktlebenszykluskonzept geht von der Annahme aus, dass Technologien wie natürliche Organismen nur eine beschränkte Lebensdauer haben und als Folge von Innovation von überlegenen Technologien abgelöst werden.[41] Der klassische Produktlebenszyklus besteht aus Entstehungs- und Marktzyklus mit folgenden Merkmalen (vgl. Abb.).

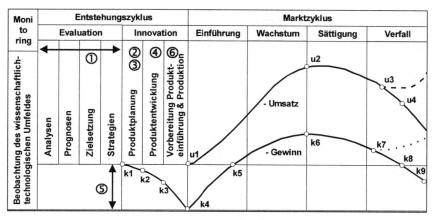

Die Kurve des Produktlebenszyklus (Product Life Cycle)[42]

①	Analyse- und Prognosephase, hier besonders
	- Unternehmenspolitik, Leitbild, Ziele, Strategien
	- Unternehmenspotential, Produktlebenskurve
	- Prognosen, wahrscheinliche Entwicklung
②	Produktplanung, besonders systematische Suche nach zukunftsträchtigen Produktideen
	- Suchwege, Ideenquellen, Kundenprobleme
	- Bewerten, Auswählen, Bewertungskriterien
	- Bewertungssystem, Ideenspeicher, Ausfallkurve
③	Produktplanung, Produktvorschläge erarbeiten
	- Definition des Produktes
	- Entwicklungs- und Konstruktionsauftrag
④	Produktentwicklung und Konstruktion
	- Aufgabenstellung, Konzeption, Entwurf
	- Alternativenbewertung, Wertanalyse
	- Versuche (Funktion, Prinzip), Prototyp, Muster
	- Betriebsmittelkonstruktion, Nullserie
⑤	Rentabilitätsberechnung
	- Produktkalkulation, Bestimmung Grenzstückzahl
	- Rentabilitätsberechnung (ROI)
⑥	Vorbereitung zur Produkteinführung, Produktion
	- Fertigungsplanung, Marketingplanung, Zeitplan
	- Lager-/Vorratsbildung, Organisation, Kontrolle
	- Vorbeugende und Eventualmaßnahme

---

[41] *Baum/Coenenberg/Günther*, a.a.O., S. 85
[42] Leicht verändert aus: *Kramer, F.*, Produktinnovation, in: Die Orientierung, Nr. 66, Schweizerische Volksbank

u1: Zeitpunkt der Produkteinführung
u2: Sättigungsphase: Umsatz beginnt abzufallen
u3: Erneuter Wiederanstieg des Produktumsatzes, z.B. durch Mode, neu aufkommender Bedarf
u4: Verlustzone, keine Gewinnerzielung mehr
k1: Beginn der Produktinnovation
k2: Abschluss der Produktplanung und Beginn der Produktentwicklung
k3: Abschluss der Produktentwicklung und Beginn der Vorbereitungsarbeiten zur Produkteinführung
k4: Abschluss der Innovationsphase mit Höhe der bisher angefallenen Kosten
k5: Zeitpunkt, bei dem die aufgelaufenen Kosten des Neuproduktes durch Umsätze gedeckt werden
k6: Zeitpunkt der maximalen Gewinne bei dem bisher höchsten Umsatz, Wendepunkt der Gewinnkurve
k7: Gewinnanstieg durch evtl. erneute Mehrumsätze
k8: Zeitpunkt, zu dem Produktgewinne ausbleiben
k9: Verluste durch zu kleine Umsätze / hohe Kosten.

Probleme bereitet in der Praxis die Erkennung der Phasen, in denen sich die Produkte befinden. Eine Einstufungshilfe bieten nachstehend aufgeführte Kriterien.

Phase Kriterium	Einführung	Wachstum	Reife	Sättigung/ Rückgang
Marktpotential	unklar	klarer	überschaubar	bekannt
Wachstumsrate	unbestimmt	hoch	gering	Null/negativ
Anzahl der Wettbewerber	klein	erreicht den Höchstwert	Konsolidierung, Grenzanbieter scheiden aus	weitere Verringerung
Verteilung der Marktanteile	nicht abschätzbar	Konzentration beginnt	Konzentration	Konzentration
Stabilität der Marktanteile	gering	höher	hoch	hoch
Kundentreue	gering	höher	abnehmend	höher
Rolle der Technologie	hoher Einfluss der Produkttechnologie	hoher Einfluss der Produkttechnologie	Schwerpunkt verschiebt sich von der Produkt- zur Verfahrenstechnologie	Technologie ist bekannt, verbreitet und stagnierend

Lebenszyklusphasen und ihre typische Phasenmerkmale[43]

Die Phasen des **Produkt-Lebenszyklusses** können durch spezifische Merkmale und Empfehlungen für die Gestaltung der Marketinginstrumente beschrieben werden.

Produktlebenszyklusphasen	Merkmale	Marketing-Mix-Politik
Einführungs-Phase	• Dauer Einführungs-Phase hängt ab von - technischer Erklärungsbedürftigkeit - Neuheitswert - Übereinstimmung mit Bedarfsstruktur - Konkurrenzangebot am Markt • als Abnehmer treten „Innovatoren" auf	• Werbung • Ausbau Distributionsnetz • Preisgestaltung - bei Massenkonsumartikeln oft niedrige Einführungspreise - bei hochwertigen technischen Produkten oft hohe Neuheitenpreise
Wachstums-Phase	• Phase reicht bis Wendepunkt der Umsatzkurve • Marktform Monopol geht in Oligopol über • immer mehr Konkurrenten treten auf mit Angeboten • als Abnehmer treten "Frühaufnehmer" auf	• anfänglich niedrige Preise werden abgelöst durch höhere und umgekehrt • als Gegenmaßnahme gegen wachsende Konkurrenz werden Produktvariationen vorgenommen sobald Kunden abwandern • Werbung wird intensiv fortgesetzt

---
[43] *Weber*, a.a.o., S. 14

Strategiefindung und -bewertung

Produktlebens-zyklusphasen	Merkmale	Marketing-Mix-Politik
Reife-Phase	• Umsatz wächst bis Zuwachs null • Markteintritt konservativer Anbieter ergibt polipolistische Angebotsstrukturen • auch auf der Nachfrageseite nimmt die Zahl der Teilnehmer zu. Es entsteht also Nachfragepolipol • als Abnehmer tritt "Frühe Mehrheit" auf	• da Umsatzmaximum erreicht ist, streben Anbieter Differenzierung des Produktprogramms an • Produktpolitik gewinnt an Bedeutung zur Schaffung von Präferenzen durch Produktmerkmale • da Nachfrage sehr elastisch auf Preisänderungen reagiert, werden Preissenkungen vorgenommen
Sättigungs-Phase	• Umsatz und Gewinn sinken • Pionier-Unternehmen der ersten und zweiten Phase verlagern ihre Aktivitäten auf andere Märkte • Preiselastizität der Nachfrage groß • als Abnehmer tritt "Späte Mehrheit" auf	• Unternehmen weichen zunehmend in Produktvariation und –differenzierung aus
Degenerations-Phase	• Umsatz sinkt stark • bei nunmehr meist oligopolistischem Angebot keine Gewinne mehr erzielbar • Deckungsbeiträge sinken, können anfänglich noch bedeutend sein (Vorsicht vor Verkäufen unter Grenzkosten!) • verbleibende Anbieter oft dynamisch behauptend bis zum Übergang auf neue Märkte und Produkte • als Abnehmer treten "Nachzügler" auf	• Werbung wird meist eingeschränkt • Preise konstant oder zur Programmbereinigung manchmal sogar angehoben

Merkmale und dominierende Marketing-Mix-Politiken in den Produktlebenszyklusphasen

Aus der nachstehenden Darstellung wird deutlich, dass Produktlebenszyklen eine erhebliche Bedeutung haben und Unternehmen zur Sicherung ihrer Existenz gezwungen sind, ständig neue Produkte und Leistungen zu entwickeln, zu produzieren und zu vermarkten. Eine ständige Beobachtung und Steuerung der Altersstruktur des Produktprogramms ist deshalb unerlässlich.

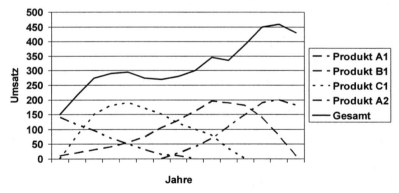

Umsatzplanung auf Basis von Produktlebenszykluskurven

(2.4) Beurteilung

Die Existenz von Produktlebenszyklen ist unbestritten, ihr idealtypischer Verlauf und die damit verbundene Normierung ist leider nicht nachweisbar. Produktlebenszykluskonzepte sind simplifizierende Denkmodelle für die Strategieformulierung.[44] Sie geben trotz ihrer Schwächen durch typisierende Aussagen über den Verlauf von Cash Flow und Erfolg wichtige Anregungen für die strategische Ausrichtung. Dadurch reduzieren sie die Komplexität und konzentrieren Strategieentscheidungen auf die wichtigen Bereiche. Normstrategien erlauben zumindest eine Plausibilitätsprüfung beabsichtigter Unternehmensstrategien.

(3) **Erfahrungskurven-Konzept**

Das Erfahrungskurvenkonzept beschreibt die Abhängigkeit der Stückkosten von der insgesamt produzierten Menge, gemessen als kumulierte Produktionsmenge seit Produktionsbeginn.[45] Erstmals 1925 als Lernkurveneffekt im montageintensiven Flugzeugbau beobachtet, in den 50er Jahren in vielen Branchen empirisch nachgewiesen, wies die Unternehmensberatung Boston Consulting Group den 60er Jahren nach, dass durch zunehmende Erfahrung nicht nur die Fertigungskosten bei Mengenverdoppelung sinken, sondern alle wertschöpfungsbezogenen Stückkosten.[46]

Die **Erfahrungskurvenanalyse** basiert auf der Beobachtung, dass die realen Stückkosten eines Produktes bei Verdoppelung der kumulierten Ausbringungsmenge um einen relativ konstanten Prozentsatz (i.d.R. 20 bis ca. 30 %) sinken.[47]

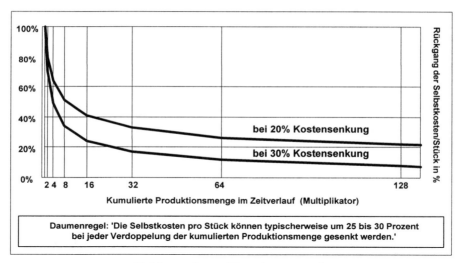

Erfahrungskurve (Experience curve)

Ursachen der Kostenreduktion sind einerseits Größendegressionseffekte infolge wachsender Jahresausbringungsmengen (Fixkostendegression, Economies of Scale) andererseits Erfahrungseffekte aus kumulierten Ausbringungsmengen (Rationalisierung, Lernkurveneffekte, technischer Fortschritt).[48] Die Erfahrungseffekte treten jedoch nicht automatisch ein sondern müssen durch gezielte Aktionen und Maßnahmen „hart und radikal gemanagt werden".[49]

---

[44] Vgl. *Baum/Coenenberg/Günther*, a.a.O., S. 90
[45] Vgl. *Baum/Coenenberg/Günther*, a.a.O., S. 92
[46] Vgl. *v. Oetinger*, a.a.O., S. 405
[47] Vgl. *v. Oetinger*, a.a.O., S. 405
[48] Vgl. *Baum/Coenenberg/Günther*, a.a.O., S. 94
[49] Vgl. *Oetinger*, a.a.O., S. 406

Kostensenkungspotenziale in Abhängigkeit eines (geplanten) jährlichen Mengenwachstums zeigt nachstehende Tabelle.

Kostensenkungspotential			
Mengenwachstum in % p.a. (Zuwachsrate)	Mengenverdopplungs- zeit in Jahren	Mögliche Kostensenkung in % p.a. bei einer Erfahrungskurve von	
		70 %	80 %
1	70,0	0,5	0,3
5	14,2	2,0	1,5
7	10,2	3,4	2,0
10	7,3	4,8	2,7
15	5,0	6,9	4,0
20	3,8	9,0	5,3
25	3,1	10,8	6,5
30	2,6	12,6	7,7
40	2,1	15,9	9,5
50	1,7	18,8	12,0

Kostensenkungspotenziale in Abhängigkeit vom jährlichen Mengenwachstum[50]

Neben der Prognose künftiger Herstellkosten des eigenen Unternehmens erlaubt die Erfahrungskurvenanalyse auch eine Abschätzung der Preissenkungsspielräume konkurrierender Unternehmen. Hierzu ist eine möglichst präzise Schätzung bisheriger Ausbringungsmengen der Konkurrenten, eine fundierte Kostenanalyse der Konkurrenzprodukte auf Basis von „product reverse engineering" und eine Schätzung künftiger Absatzmengen notwendig. Mit Hilfe des nachstehenden Funktionsgesetzes der Erfahrungskurve können dann die Stückkosten bestimmt werden.[51]

Funktionsgesetz der Erfahrungskurve	$k_x = k_1 * x^b$
in logarithmischer Schreibweise	$\log k_x = \log k_1 + b * \log x$

Legende	
k_1	Stückkosten für das erste Stück (Startkosten)
k_x	Stückkosten für das x-te Stück
x	Kumulierte Produktionsmenge
b	Degressionsfaktor (ist immer negativ!) Wenn die Kosten mit Verdopplung der kumulierten Stückzahl um p % (Erfahrungsrate) abnehmen, ergibt sich der Degressionsfaktor b als $b = \dfrac{\log q}{\log 2}$ wobei $q = \dfrac{100 - p}{100}$
p	Erfahrungsrate

Eine Kostenführerschaftsstrategie kann mit dem Erfahrungskurvenkonzept sinnvoll fundiert werden. Anwendungsprobleme ergeben sich daraus, dass die Stückkosten unklar definiert sind und dass keine eindeutige Definition der Produkteinheit existiert, die Basis der Verdoppelung sein soll. Das Erfahrungskurvenkonzept ist deshalb lediglich ein Beschreibungsmodell für grobe Kostenpositionierungen bzw. Kostenprognosen insbesondere auf jungen Märkten.[52]

---
[50] *Ziegenbein*, Controlling, S. 141
[51] *Ziegenbein*, Controlling, S. 232 f.
[52] Vgl. *Baum/Coenenberg/Günther*, a.a.O., S. 106

(4) Wertkettenanalyse

Mit seiner **Wertkettenanalyse** (Value Chain Analysis) stellt *Porter*[53] ein Instrument zur Verfügung, das die internen Faktoren und Prozesse von Unternehmen auf ihre Leistungs- und Wettbewerbsfähigkeit hin untersucht. Ausgehend vom Wert (Value)[54], den ein Kunde für ein Produkt oder einen Service bereit ist zu zahlen, werden alle zur Leistungserstellung notwendigen Aktivitäten auf ihre wertsteigernden Merkmale untersucht, damit nach Abzug aller entsprechenden Kosten eine ausreichende (Gewinn-)Spanne erzielt werden kann.

Die resultierende **Wertkette** (Value System) reflektiert dabei den Erfolg und Misserfolg der vergangenen Strategien und zeigt die heutigen und potentiellen Quellen auf, um sich gegenüber dem Wettbewerb erfolgreicher zu differenzieren. Somit ist die Wertkettenanalyse nicht nur ein Instrument zur internen Analyse, sondern auch zur externen Wettbewerberanalyse.

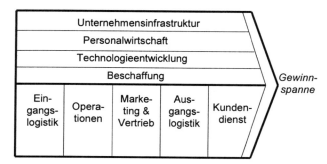

Wertkette (Value Chain) von *Porter*

Porter schlägt vor, die Wertkette des Unternehmens in Hinsicht auf primäre und unterstützende Aktivitäten zu segmentieren, die in weitere fünf bzw. vier generische Kategorien untergliedert sind (siehe Abbildung). <u>Primäre Aktivitäten</u> befassen sich mit der physischen Herstellung des Produktes und dessen Verkauf und Übermittlung an den Abnehmer sowie dem Kundendienst. <u>Unterstützende Aktivitäten</u> betreffen die Gestaltung der Beschaffung, der Technologie, menschlicher Ressourcen und verschiedener Funktionen. Wenn man verschiedene Wertketten von Konkurrenten vergleicht, werden die Unterschiede deutlich, die für Wettbewerbsvorteile entscheidend sind. Somit lenkt *Porter* erstmalig in der Literatur zur strategischen Unternehmensführung den Blick des Managements auf unterstützende Querschnittsaktivitäten zur Herausbildung konkreter Wettbewerbsvorteile. Durch Zuweisung der Betriebskosten und der Anlagen können die jeweiligen Aktivitäten nun wirtschaftlich bewertet und kontrolliert werden. Ziel ist die Analyse, wo und wie Wert für den Abnehmer geschaffen wird, wie sich der Wettbewerb von der eigenen Wertkette unterscheidet, welche konkreten Optimierungspotentiale bestehen und wo ein zusätzlicher, kommerziell lohnender Wert (Value added) entstehen könnte.

Dabei sind insbesondere die Verflechtungen (linkages) der Aktivitäten untereinander und mit den Aktivitäten von Lieferanten, Partnern, Absatzmittlern und Kunden zu untersuchen, um gegebenenfalls Kostensenkungs- und Leistungssteigerungspotentiale innerhalb der gesamten Wertkette von der Urproduktion bis hin zum Handel erschließen zu können (z.B. Verzicht auf Wareneingangslager und -kontrolle durch Just-in-Time-Lieferung). Für verschiedene Aktivitäten ist der Vergleich mit Markt- oder Qualitätsführern möglich, um im Sinne eines Bench-

---

[53] *Porter, M.*, a.a.O.
[54] „Wert" im porterschen Sinne ist nicht mit dem volkswirtschaftlichen Begriff „Wertschöpfung" gleichzusetzen!

marking Best-Practice-Potentiale zu identifizieren, und durch Business Process Redesign (BPR) zu optimieren.

(5) Industriekostenkurve

Die Industriekostenkurve ist ein weiteres Instrument zur kostenbezogenen Darstellung der Wettbewerbssituation. Sie bildet Kapazitäten und Stückkosten der Anbieter einer Branche ab, ermittelt eine Marktangebotsfunktion (Industriekostenkurve) und verbindet Anbieter und Nachfrageseite durch Einbeziehung der Preis-Absatz-Funktion,[55] wenn es gelingt, die erforderlichen Daten zu erfahren oder realistisch zu schätzen.

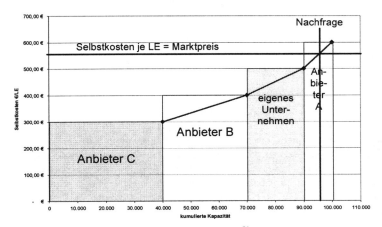

Industriekostenkurve[56]

Zu ihrer Erstellung sind folgende Arbeitsschritte erforderlich:
1. Kapazitäten aller Wettbewerber auflisten
2. Durchschnittliche Selbstkosten der Produkte aller Wettbewerber schätzen→ alternativ:
   ❑ mit Hilfe des Erfahrungskurvenkonzeptes
   ❑ auf Basis der Kosten- und Leistungsrechnung
3. Anbieter nach Selbstkosten je Stück in aufsteigender Reihenfolge sortieren und Kapazitäten kumulieren
4. Diagramm aus kumulierten Kapazitäten erstellen →Ergebnis: Industriekostenkurve
   ❑ X-Achse (Abszisse) = kumulierte Kapazität
   ❑ Y-Achse (Ordinate) = Stückkosten.

Die Stückkosten des Anbieters mit den höchsten Stückkosten, der gerade noch zur Deckung der Nachfrage benötigt wird (Grenzanbieter), bestimmen den Marktpreis (Gleichgewichtspreis). Grenzanbieter erzielen keinen Gewinn mehr und können ihre Kapazitäten nur teilweise auslasten.

Die Industriekostenkurve zeigt auf, welche Einflüsse Kapazitätsänderungen auf Marktpreise und die Gewinnsituation der Unternehmen in einem Markt haben. Sie unterstützt durch Verknüpfung von Kapazitätsangebot und -nachfrage Prognosen langfristiger Kosten- und Preisentwicklungen, deckt Kostensenkungspotenziale und Ansatzpunkte für Desinvestitionen auf und stellt die Wirkung von Investitionen auf das Marktgleichgewicht dar.

---
[55] Vgl. *Baum/Coenenberg/Günther*, a.a.O., S. 108 ff.
[56] *Baum/Coenenberg/Günther*, a.a.O., S. 110

(6) Kundenwertanalysen

In Kundenwertanalysen wird der Deckungsbeitrag eines Kunden (Custumer Lifetime Value)) über längere Zeit ermittelt, um attraktive Kunden im Customer Relationship Management (CRM)[57] mit besonderer Sorgfalt zu bedienen. Eine einfache Formel zur dynamischen Kundenwertberechnung im Ein-Produkt-Fall zeigt die folgende Abbildung.

> Der **Kundenwert (LIFETIME VALUE)** ergibt sich aus folgender Formel:
>
> $$\text{Kundenwert}: \sum_{t=0}^{n} \frac{x_t \cdot (p-k) - M_t}{(1+r)^t}$$
>
> n = Zahl der Jahre   t = Jahr   M = Marketingkosten
> x = Menge   p = Preis   k = var. Stückkosten
> r = Kalkulationszinsfuß

Die (ex ante) Ermittlung des Gegenwartswertes der mit einem Kunden über längere Zeit erzielbaren Ergebnisse ist eine mit Unsicherheiten belastete wesentliche Grundlage für eine vertriebliche Sonderbehandlung ergebnisstarker Großkunden (das sogenannte Key Account Management). Kleine und mittlere Unternehmen (KMU) können Nachkalkulationen von Großaufträgen und/oder ABC-Analysen der kumulierten Umsätze und Deckungsbeiträge (ex post) pragmatisch für die Steuerung des Key-Account-Managements nutzen (vgl. Vertriebscontrolling in Kap. 11).[58]

2.3.4 Unternehmensstrategien

Mit den bisher behandelten Instrumenten wurden Basisinformationen über die strategische Position des Unternehmens und für Strategien auf Geschäftsbereichsebene erarbeitet. Auf Unternehmensebene müssen die Risiken und Chancen des Unternehmensumfeldes mit den Stärken und Schwächen des Gesamtunternehmens abgestimmt werden. Im Mittelpunkt stehen jetzt Entscheidungen über die Ausrichtung der strategischen Geschäftseinheiten vor dem Hintergrund knapper finanzieller, materieller und personeller Ressourcen. Im Ergebnis muss festgelegt werden, auf welchen Märkten das Unternehmen mit welchen Geschäftseinheiten (erfolgreich) tätig sein kann und will.

Strategische Erfolgsfaktoren bestimmen den Unternehmenserfolg. Die empirische Ableitung von Erfolgsfaktoren wird im Rahmen des **PIMS-Programms** kurz besprochen. Ein von Beratungsunternehmen entwickeltes breit angelegtes Hauptinstrument zur Entwicklung von Unternehmensstrategien für Großunternehmen ist die **Portfolio-Analyse**. Mit Hilfe dieser Konzepte entwickelte Produkt-Markt-Strategien müssen durch **Ressourcen-Strategien** abgesichert werden.

---

[57] CRM kann als abteilungsübergreifende Ausrichtung des gesamten Unternehmens mit all seinen Prozessen auf den Kunden verstanden werden.
[58] Zur Vertiefung vgl. *Ebert, H.J.*, Die neue Generation der Key-Account-Manager, Bamberg

Strategiefindung und -bewertung

(1) Konzept der strategischen Erfolgsfaktoren (PIMS-Programm)

(1.1) Zielsetzung

Profit Impact of Market Strategies will anhand von empirischen Daten statistisch signifikante Gesetzmäßigkeiten zwischen Erfolgsfaktoren und strategischen Konsequenzen bestimmter Unternehmensstrategien nachweisen, um mit anschließenden Wenn-Dann-Hypothesen die Erfolgsfähigkeit von Strategien aufzuzeigen.[59]

(1.2) Methodik

Dazu übertragen mehr als 2000 Industrie- und Dienstleistungsunternehmen aus Amerika und Westeuropa rd. 200 Plan- und Ist-Daten von mehr als 3000 strategischen Geschäftseinheiten mit einheitlichen Fragebögen an das Strategic Planning Institute (SPI) in Cambridge, Mass./USA. Als Ergebnis der statistischen Analyse dieser Datenbank werden rd. 30 Erfolgsfaktoren isoliert, mit denen sich die Varianz des ROI der Mitgliedsunternehmen zu ca. 70 % erklären lässt.[60] Isoliert wurden insgesamt 30 Erfolgsfaktoren.

1. Marktattraktivität (Market Environment)	• Marktwachstum (kurz- und langfristig) • Exportanteil • Konzentrationsgrad auf der Anbieter- und Nachfragerseite
2. Relative Wettbewerbsposition (Competitive Position)	• Absoluter Marktanteil • Relativer Marktanteil • Relatives Gehaltsniveau • Relative Produktqualität
3. Investitionsattraktivität	• Investitionsintensität • vertikale Integration • Produktivität • Kapazitätsauslastung
4. Kostenattraktivität	• Marketingaufwand/Umsatz • Relativer F+E-Aufwand • Neuproduktrate
5. allgemeine Unternehmensmerkmale	• Herkunftsland des Unternehmens • Unternehmensgröße und -kultur • Diversifikationsgrad
6. Veränderungen vorgenannter Schlüsselgrößen	• Marktanteilsänderung • Vertikale Integrationsänderung • Relative Preisänderung • Produktqualitätsänderung • Kapazitätsänderung

Erfolgsfaktoren lt. PIMS-Programm[61]

(1.3) Beurteilung

Aus der Praxis liegen Berichte von Mitgliedsfirmen zur Nützlichkeit vor. Nachteilig - insbesondere für KMU - ist der erhebliche Aufwand für die permanente Datenaufbereitung und die nicht unproblematische Vorgehensweise bei der Gewinnung von Aussagen (behauptete Ursache-Wirkungs-Zusammenhänge, Verwendung bilanzieller Gewinngrößen, etc.). Das PIMS-Programm liefert kein in sich geschlossenes strategisches Konzept sondern bietet Mitglieds-

---

[59] Vgl. *Weber*, a.a.O., S. 6
[60] Vgl. *Weber*, a.a.O., S. 8
[61] *Ziegenbein*, a.a.O., S. 70

firmen die Möglichkeit, nach Eingabe entsprechender Parameter Aussagen zu Erfolgsaussichten eigener Strategiealternativen zu erhalten. Das Programm ist nützliches Hilfsmittel für die Bestandsaufnahme aber weniger gut geeignet für die Generierung von Strategiealternativen.

(2) Portfolio-Konzepte

Portfolio-Konzepte gehören zu den wichtigsten Instrumenten der strategischen Unternehmensführung zur Analyse der gegenwärtigen Wettbewerbsposition sowie für die Formulierung und Überarbeitung von Strategien. Sie sind genau genommen keine originären Modelle, sondern eine besondere Darstellungsform, in der Erkenntnisse aus dem PIMS-Programm zweckentsprechend verbunden werden mit Erkenntnissen aus Erfahrungskurven- und Lebenszykluskonzepten.

In der Finanzwirtschaft bezeichnet ein Portfolio die Gesamtheit verschiedener, risikodiversifizierter Investmentanlagen eines Investors. Im Kontext der strategischen Unternehmensführung entspricht ein Investment einem strategischen Geschäftsfeld[62], so dass das Portfolio aller strategischen Geschäftsfelder das Gesamtunternehmen repräsentiert.

(2.1) Zielsetzung

Portfolio-Konzepte sollen helfen, eine möglichst vorteilhafte Mischung von Produkt-Markt-Bereichen aufzubauen, damit die Unternehmensexistenz nachhaltig gesichert wird.[63] Im Detail sollen sie die strategischen Einheiten eines Unternehmens im Hinblick auf ihre strategische Bedeutung analysieren, frühzeitig auf Unausgewogenheiten hinweisen und Anhaltspunkte zu Strategien für eine ausgewogene Unternehmensentwicklung geben.

(2.2) Grundaufbau der Portfolio-Modelle

Basis der Portfolio-Technik ist die Beurteilung der strategischen Geschäftseinheiten im Hinblick auf ihre strategischen Erfolgsfaktoren. Die visuelle Darstellung der strategischen Geschäftseinheiten erfolgt in einem zweidimensionalen Koordinatensystem mit grober Skalierung der Achsen und unterschiedlicher Felderzahl. Vom Unternehmen nicht kontrollierbare Größen (Marktwachstum bzw. Marktattraktivität) werden auf der Ordinate erfasst, vom Unternehmen beeinflussbare Faktoren (Marktanteil bzw. Wettbewerbsstärke) auf der Abszisse. Die strategischen Geschäftseinheiten werden entsprechend ihrer Bewertungen in der Matrix positioniert. Sie werden durch Kreise dargestellt, wobei die Kreisgröße ihre Bedeutung hinsichtlich wichtiger Kenngrößen (Cash Flow, Deckungsbeitrag, Umsatz, etc.) widerspiegelt.

(2.3) Orientierung der Portfolio-Modelle

Heute gibt es Portfolio-Modelle für nahezu alle Funktionsbereiche des Unternehmens. Ursprünglich entwickelte die Unternehmensberatung Boston Consulting Group sie Mitte der 60er Jahre zur Analyse von Produkt-Markt-Kombinationen. Das Boston-Portfolio ist eine 4-Felder-Matrix mit 2 Faktoren (dem nicht beeinflussbaren Erfolgsfaktor „Marktwachstum" und beeinflussbaren Erfolgsfaktor „relativer Marktanteil"[64]. Die Unternehmensberatung McKinsey erweiterte dies später zu einer Mehrfaktorenbetrachtung in einer 9-Felder Matrix.

---

[62] Unter einem strategischen Geschäftsfeld wird in aller Regel eine Unternehmensaktivität verstanden, die eine eigene Marktaufgabe aufweist, eigenständig geführt wird und einen separaten Erfolgsbeitrag liefert. Vgl. *Meffert*, Marketing, S. 225 f.
[63] Vgl. *Baum/Coenenberg/Günther*, a.a.O., S. 181
[64] Relativer Marktanteil = „eigener Marktanteil dividiert durch den Marktanteil des Hauptwettbewerbers". In Polypolmärkten wird auch die Division durch den gemeinsamen Marktanteil der drei stärksten Wettbewerber angewendet.

Strategiefindung und -bewertung

(2.4) Arbeitsschritte zur Erstellung von Portfolio-Modellen

Schritt 1: strategische Geschäftseinheiten bzw. Produkt-Markt-Kombinationen festlegen
Schritt 2: geeignete Beurteilungskriterien für den zweidimensionalen Bewertungsrahmen festlegen
Schritt 3: Informationen zu Bewertungskriterien ermitteln
Schritt 4: Bewertungsmaßstäbe für die Dimensionierung der Achsen ermitteln
Schritt 5: Ressourcen (z.B. SGE, Produkte) bewerten
Schritt 6: Ressourcen in der Portfolio-Matrix positionieren.

(2.5) Boston-Portfolio

Das Boston-Portfolio ist eine 4-Felder-Matrix mit dem Aufbau des folgendes Bildes. Bei Betrachtung der Eigenschaften der 4 Felder zeigt sich die Übereinstimmung der Quadranten mit den Stadien der Produktlebenszyklusses. Jedem Quadranten werden sog. Normstrategien zugeordnet.

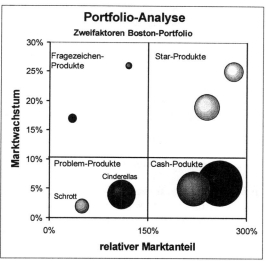

Boston - Portfolio

Den vier Quadranten werden folgende Eigenschaften zugeordnet[65]

Fragezeichen-Produkte	Star-Produkte
• hohes Marktwachstum • niedrige relative Marktanteile • bei noch geringem aber steigendem Umsatz • negativer Cash Flow • noch keine Rendite • **Einführungsphase** oft Nachwuchs-Produkte • hohe Investitionen zur Weiterentwicklung ihrer Position	• hohes Marktwachstum (> 10 %) • hohe relative Marktanteile • bei schnell steigendem Umsatz • Cash Flow oft noch negativ • bei positiver Umsatzrendite • **Wachstumsphase** • hohe Investitionen zur Stabilisierung des Wachstums

---

[65] Vgl. *Ehrmann*, Marketing-Controlling, S. 180

Problem-Produkte	Cash-Produkte
• niedriges Marktwachstum • niedrige relative Marktanteile • bei geringem stagnierendem Umsatz • Cash Flow gering • geringe Rendite • **Sättigungsphase** • geringer Investitionsbedarf	• konstantes bis abnehmendes Marktwachstum • hohe relative Marktanteile • hohes Umsatzvolumen • hoher Cash Flow • gute o. durchschnittliche Rendite • **Reifephase** • keine Investitionen für das Wachstum erforderlich

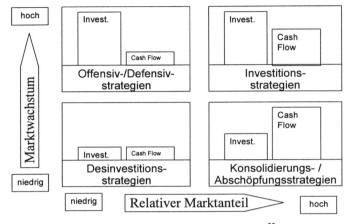

Normstrategien im Boston-Portfolio[66]

Idealerweise halten sich in einem ausgeglichenen Portofolio strategische Geschäftsfelder mit einem hohen Cash Flow-Bedarf und strategische Geschäftsfelder mit einem guten Rückfluss finanzieller Mittel die Waage. Der Investitionsbedarf bei Fragezeichen und Stars kann aus dem Mittelzufluss (Cash Flow) der Cash Cows finanziert werden.

(2.6) McKinsey-Portfolio

Mit Berufung auf die Ergebnisse der PIMS-Studie, die eine Vielzahl strategischer Erfolgsfaktoren empirisch nachgewiesen hat, wird die Beschränkung auf nur zwei strategische Erfolgsfaktoren im Boston-Portfolio kritisiert. Als problematisch wird auch die Polarisierung der Achsen in „niedrig" und „hoch" angesehen, die dazu führt, das für Geschäftsfelder, die eine Mittelposition einnehmen, keine ausreichend klaren Strategieempfehlungen ausgesprochen werden können.

Mit dem Ziel einer Erhöhung der Aussageschärfe im Hinblick auf Marktpositionierung und Strategieempfehlungen entwickelte die Unternehmensberatung McKinsey & Co. Anfang der 70er Jahre in Zusammenarbeit mit General Electric ein gemischt quantitatives und qualitatives Mehrfaktorensystem, mit dem Return-on-Investment (RoI) als abhängige Variable und 9 Feldern.

Nicht beeinflussbarer Faktor ist die Marktattraktivität (auch als Branchenattraktivität bezeichnet). Sie ergibt sich aus der Zusammenfassung der Teilscores Marktgröße/Marktwachstum,

---

[66] Vgl. *Baum/Coenenberg/Günther*, a.a.O., S. 79

Marktqualität, Rohstoff-/Energieversorgung und Umfeldsituation. Jeder dieser Teilscores wird über umfangreiche Kriterienkataloge nutzwertanalytisch ermittelt.[67]

Beeinflussbarer Faktor ist die relative Wettbewerbsposition. Sie wird aus der Zusammenfassung der Teilscores relative Marktposition, relatives Produktionspotenzial, relatives Forschungs- und Entwicklungspotenzial sowie relative Mitarbeiterqualifikation gebildet. Auch hier wird jeder dieser Teilscores über umfangreiche Kriterienkataloge nutzwertanalytisch ermittelt.[68]

Nach Verdichtung auf jeweils einen Wert für jede Achse ergibt sich folgende 9-Felder-Matrix

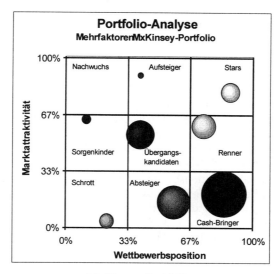

McKinsey-Portfolio

Auch in diesem Portfolio werden für jedes Feld Normstrategien formuliert und zwar[69]:
- Investition und Wachstum; Aufbau und Sicherung künftiger Ertragspotenziale zur Erschließung neuer Kundengruppen und neuer Anwendungsmöglichkeiten
  (für Aufsteiger, Stars und Renner)
- Selektion; Verteidigung, Konsolidierung oder Expansion der erreichten Position
  (für Nachwuchs, Übergangskandidaten und Cash-Bringer)
- Abschöpfung bzw. Desinvestition; Aufgabe bestehender Produkte auf bisherigen Märkten, wenn diese keine Erfolgschancen mehr bieten
  (für Sorgenkinder, Absteiger und Schrott).

(2.7) **Vergleich Boston-Portfolio mit dem McKinsey-Portfolio**

Die hohe Kriterienzahl des McKinsey-Portfolios verschärft das Problem inhaltlicher Abgrenzungen und beinhaltet alle Nachteile der Nutzwertanalyse im Hinblick auf mögliche Subjektivitäten. Außerdem kann die Multifaktoren-Gewichtung zu Nivellierungen führen, so dass viele strategische Geschäftsfelder in der Matrix-Mitte landen. Auf der anderen Seite kann das Boston-Portfolio als Einfaktoren-System die Streubreite der Ursachenkomplexe nicht reali-

---

[67] Vgl. *Ehrmann*, a.a.O., S. 183
[68] Vgl. *Ehrmann*, a.a.O., S. 184
[69] Vgl. *Ziegenbein*, a.a.O., S. 117

tätsgerecht abbilden. Am sinnvollsten erscheint deshalb die Verwendung eines Mehrfaktoren-Portfolios, wobei es gilt, sich bei der Auswahl der Kriterien auf das absolut erforderliche Maß zu beschränken.

(2.8) Beurteilung

Für Mehrproduktunternehmen sind Portfoliokonzepte eines der stärksten diagnostischen Instrumente. Sie erleichtern die Entwicklung von Marketingstrategien, geben Hinweise für die langfristige Investitionspolitik und stellen komplexe Sachverhalte vereinfacht dar. Kritisch anzumerken ist die Beschränkung auf wenige als wichtig angesehene Einflussgrößen sowie die vielen einschränkenden impliziten Annahmen (gleichlange Produktlebensdauer für alle SGE, statische Betrachtung, statische SGE-Abgrenzung, Unabhängigkeit der SGE voneinander, Handlungsautonomie, Risikoneutralität).[70]

(3) Ressourcen-Strategien[71]

Die vorstehend behandelten Produkt-Markt-Strategien (P/M-Strategien) beinhalten Strategien über Produktkonzepte für bestimmte Marktsegmente (Produktprogramm-Variationen). Ressourcen-Strategien haben die Aufgabe, die notwendigen Ressourcen für die Umsetzung von P/M-Strategien zu generieren. Ressourcen-Strategien beinhalten Potenzialvariationen und verändern Sachkapital (technisch-räumliche Kapazitäten), Humankapital (Personalkapazitäten) und Finanzkapital (liquide Mittel).

Ressourcen-Strategien sind Funktionsbereichsstrategien und beinhalten Vorgehensweisen grundsätzlicher Art zur Realisierung strategischer Teilziele in den Funktionsbereichen. Zielinhalt ist die Freisetzung nicht genutzter Ergebnispotenziale in den Gemeinkostenbereichen und die Beseitigung von Behinderungen für die Umsetzung von P/M-Strategien. Ressourcen-Strategien sollen innerhalb der Funktionsbereiche und darüber hinaus koordinierend wirken.

2.3.5 Strategiebewertung und -auswahl

Die Bewertung der Strategien erfolgt über mehrere Stufen, angefangen von theoretisch möglichen Strategien über zulässige, aussichtsreiche, rentable, wahrscheinliche Strategien bis hin zu Strategien, die zur Risikopräferenz des Unternehmens passen.[72]

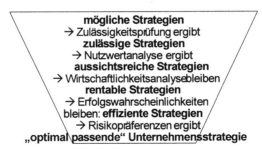

Zur **Bewertung der Strategien** werden qualitative Instrumente (Nutzwertanalysen) und quantitative Instrumente (Verfahren der dynamischen Investitionsrechnung) eingesetzt.

---

[70] Vgl. *Baum/Coenenberg/Günther*, a.a.O., S. 201 ff.
[71] Vgl. *Hahn*, PuK, S. 261
[72] Vgl. *Ehrmann*, Unternehmensplanung, S. 193

2.4 Organisation für die Strategie-Umsetzung

(1) Maßnahmenplanung

Strategien lassen sich nur umsetzen, wenn strategische Planung und operative Planung miteinander verzahnt werden. Dazu ist es erforderlich, die strategische Planung so zu operationalisieren, dass sie Steuerungsmöglichkeiten bietet, die mit denen der Budgetplanung vergleichbar sind. Die Strategie-Implementierung muss unmittelbar nach Auswahl der Strategien über folgende Stufen einsetzen:

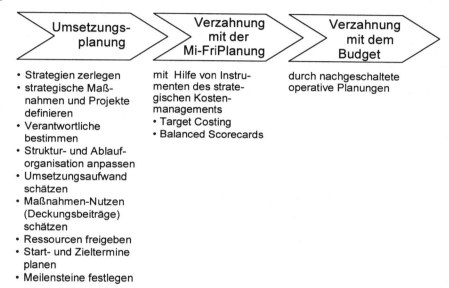

Hieran anschließen muss sich eine fortlaufende Kontrolle der internen und externen Rahmenbedingungen der verabschiedeten Strategien. Dies kann sowohl in regelmäßigen Zeitabständen als auch ereignisorientiert bei Erreichen bestimmter Meilensteine durchgeführt werden.

(2) Balanced Scorecard

Um die Erfüllung der angestrebten Ziele sicherzustellen, muss das Ergebnis der Aktivitäten überwacht und beurteilt werden. Die Analysen von Planerfüllungen und Abweichungen ermöglichen ein kontinuierliches **Feedback** und, falls notwendig, korrigierende organisatorische Maßnahmen. Reichen diese nicht aus, müssen die Erkenntnisse der **Lernprozesse** in neue Projektionen einfließen und die strategischen Pläne gegebenenfalls revidiert werden.

Zur wirksamen Kommunikation von Controlling-Informationen empfiehlt *Kaplan* eine **Balanced Scorecard**[73]. Die Struktur dieses Management-Reports besteht aus finanziellen und operativen Kennzahlen, die qualifizierte Signale für eine ständige Verbesserung liefern und eine umfassende Darstellung gewährleisten sollen, die Suboptimierungen vermeiden hilft. Der Ansatz verlangt die Bestimmung der wichtigsten strategischen Ziele sowie die Angabe kritischer Indikatoren zu deren Messung. Die aktuellen Zahlen dieser Indikatoren sind zeitnah und

---

[73] *Kaplan, R.*, 'The Balanced Scorecard', in: Harvard Business Review

periodisch zu berichten. *Kaplans* Ansatz umfasst vier grundlegende Perspektiven (mit Beispielen von Indikatoren).
- **Kunden**: mit Schwerpunkt auf Kosten, Zeit, Qualität, Leistung und Service (Laufzeiten, Reklamationen, Lieferzuverlässigkeit, Wartezeiten nach Ruf)
- **Organisation**: mit Schwerpunkt auf Prozesse, Kompetenzen und Technologie (Taktzeit, Stillstandzeiten, Bestellzeiten, Produktivität, Entwicklungszeiten)
- **Finanzen**: mit Schwerpunkt auf Rentabilität, Wachstum, Shareholder Value (Umsatzrentabilität/wachstum, Cash Flow, Marktanteil, Kapitalrentabilität)
- **Lernerfolge**: mit Schwerpunkt auf Innovation, Produkt und Prozesseffizienz (Produkteinführungen, Anteil der Neuprodukt-Umsätze, Ausschussraten).

Die hochaggregierten Daten der Scorecard sollten durch ein entsprechend detailliertes **Informationssystem** unterlegt sein. Mittels Drill-down-Techniken ist der Planer bzw. Manager so in der Lage, Problemquellen genauer zu lokalisieren und zu analysieren, um die jeweils geeigneten Korrekturmaßnahmen einzuleiten. Obwohl ein solches Instrument speziell auf die Strategie und seine damit verbundenen Visionen zugeschnitten ist, erinnert *Kaplan* daran, dass der Erfolg damit natürlich keineswegs schon garantiert ist: „Nicht alle langfristigen Strategien sind profitable Strategien. Falls sich eine verbesserte Leistungsfähigkeit, wie durch die Scorecard ausgewiesen, nicht auch in verbesserten Erträgen niederschlägt, sollte das Management die Strategie oder Umsetzungspläne kritisch überprüfen".[74] (Vgl. 10.5.2)

2.4.1 Organisationsbegriffe und -aufgaben

Der Begriff Organisation wird mit unterschiedlichen Inhalten benutzt. Nach *Gabler*[75] wird im wirtschaftswissenschaftlichen Bereich die Vorstellung des ordnenden Gestaltens und seiner Ergebnisse damit verbunden. Während im weitesten Sinne jede strukturierte Ordnung als Organisation bezeichnet werden kann, bedeutet Organisation eingegrenzt auf soziologisch wirtschaftswissenschaftliche Sachverhalte zielgerichtete Gestaltung von Struktur und Festlegung von Funktionsregeln.

In der Fachliteratur wird der Begriff Organisation nicht einheitlich verwandt. Unterschiedliche Auffassungen bestehen darüber, ob Organisation
- nur den Zustand, das Gewordene, oder auch die Tätigkeit des Gestaltens,
- nur generelle oder auch fallweise Regelungen,
- nur den äußeren Rahmen für das Betriebsgeschehen oder auch sachliche Inhalte

bezeichnen soll.

Hier definieren wir **Organisation** als zielgerichtet ordnende Gestaltung von Systemen aus Menschen, Aufgaben, Gegenständen und Informationen, um deren Zusammenwirken in Richtung auf eine dauerhafte Erreichung der gesetzten Ziele sicherzustellen.

Zu dieser Definition sind folgende Ergänzungen wesentlich:
- Die Organisation setzt keine Ziele, das ist Aufgabe der Unternehmensleitung, sondern stellt nur den Rahmen dar, in dem sich die auf die Zielerreichung gerichteten Handlungen vollziehen (organon, griechisch = Werkzeug).
- Das Zusammenwirken der Teile der Organisation soll „bestmöglich" sein. *Schnutenhaus* spricht entsprechend von Wirkzusammenhangssicherung.[76]

---
[74] Weiterführende Literatur: *Ackermann, K.F.*, (Hrsg.) Balanced Scorecard für Personalmanagement und Personalführung, Praxisansätze und Diskussion, Wiesbaden
[75] Vgl. *Gabler*, Wirtschaftslexikon, Wiesbaden, Stichwort: Organisation
[76] Vgl. *Schnutenhaus, O.*, Allgemeine Organisationslehre

- ❏ Man unterscheidet
  - **formale Organisation**, die Gegenstand von Organisationsanweisungen ist, und
  - **informale Organisation**, die sich neben der formalen als Ergebnis von individuellen sozialen Verhaltensweisen ergibt, bestimmt durch persönliche Autorität, gemeinsame Interessenlagen, Vertrauen und Misstrauen sowie Sympathie und Antipathie etc.
- ❏ Es entsteht höchstmögliche Effizienz der Organisation, wenn formale und informale Organisation im Einklang miteinander stehen. Das bedeutet für den Organisator, dass er zunächst nach rein objektiven Gesichtspunkten organisieren muss, aber im Interesse optimaler Effizienz individuelle Fähigkeiten, Neigungen und Interessen der Leistungsträger ergänzend berücksichtigen sollte.
- ❏ Man unterscheidet ferner
  - **Aufbauorganisation** regelt die Verknüpfung der Organisationseinheiten (Stelle, Instanz, Abteilung, Hauptabteilung, Bereich) zu einer mehr oder weniger dauerhaften Struktur, in der die Ordnung der Beziehungen mit Hilfe von Organisationsanweisungen und Stellenbeschreibungen so gestaltet wird, dass eindeutige Regelungen entstehen in Bezug auf Rechte und Pflichten der Stelleninhaber sowie Anweisungswege und Berichtswege.
  - **Ablauforganisation** regelt Arbeitsabläufe durch Arbeitsanweisungen bezüglich des zeitlichen und räumlichen Zusammenwirkens von Menschen, Informationen und Sachen (Maschinen und Material).

Die Organisationslehre unterscheidet ferner folgende Begriffe:

- ❏ **Stelle**
  Kleinste organisatorische Einheit, die durch Zuordnung von Aufgaben, Aufgabenträgern und Sachmitteln entsteht *(Beschorner)*, und deren Leiter neben der Verantwortung zur Erfüllung der übertragenen Aufgaben die zur Aufgabenerfüllung notwendigen Kompetenzen zu übertragen sind. Übereinstimmung von Verantwortung und Kompetenz (Pflichten und Rechten) gehört zu den wichtigsten Grundvoraussetzungen für das einwandfreie Funktionieren einer Organisation.
- ❏ **Abteilung**
  Organisationseinheit aus mehreren Stellen unter einheitlicher Leitung
- ❏ **Instanz**
  Eine Stelle mit Vorgesetztencharakter, d.h. Entscheidungs- und Anweisungsrechten für den zugeordneten Verantwortungsbereich. Dabei ist zu beachten, dass innerhalb der als Linienorganisation bezeichneten Über- und Unterordnung von Instanzen zwischen einer über- und einer untergeordneten (oder einer vorgesetzten und nachgeordneten) Instanz die Regelung gilt, dass die nachgeordnete Instanz von der vorgesetzten Anweisungen erhält, die die nachgeordnete ausführen muss, und dass die nachgeordnete Instanz ferner gegenüber der vorgesetzten berichtspflichtig ist in Bezug auf die Ausführung der erhaltenen Anweisung sowie über sonstige festgelegte Sachverhalte.
- ❏ **Kompetenz**
  (Lateinisch: Zuständigkeit) Zuständigkeiten und die, im Rahmen der Übertragung von Verantwortung für die erfolgreiche Wahrnehmung bestimmter Aufgaben, gewährten Befugnisse. Kompetenz und Verantwortung müssen - wie bereits erläutert - im Einklang stehen.
- ❏ **Stabsstelle**
  Instanzen und Linienabteilungen nebengeordnete Stelle mit Dienstleistungsfunktionen in Bereichen wie Entscheidungsvorbereitung, Planung, Kontrolle etc., ohne Weisungsrecht gegenüber der Linienorganisation.

2.4.2 Strukturorganisation

2.4.2.1 Grundformen der Aufbauorganisation

Die folgende Darstellung baut auf die im vorangehenden Abschnitt gegebenen Definitionen auf und gibt zunächst eine Einführung in die Grundformen und deren Merkmale nach *Wiendahl*.[77] **Linienabteilungen** planen, führen Aufgaben durch und kontrollieren das Arbeitsergebnis. Die Linie trägt damit Handlungs- und Entscheidungsverantwortung. Dazu müssen ihre Stelleninhaber mit den erforderlichen Rechten und Anordnungsbefugnissen ausgestattet sein.

Stabsabteilungen (in der Praxis häufig als Zentralabteilungen bezeichnet) haben eine beratende Funktion. Sie analysieren, planen, organisieren, bereiten Entscheidungen vor und informieren. Ihre Hauptaufgaben liegen in den Bereichen: Klärung komplexer Probleme, Erarbeitung von Lösungsvorschlägen und Maßnahmenprogrammen zur Durchsetzung von schwierigen Lösungen. Stäbe haben demgemäß Beratungs- und Informationskompetenz und -verantwortung. Für die ihnen übertragenen Aufgaben erarbeiten sie Verfahrens- und Kooperationsrichtlinien für die Zusammenarbeit zwischen Stab und Linie.

Grundformen der Aufbauorganisation (entnommen von *Wiendahl*)[77]

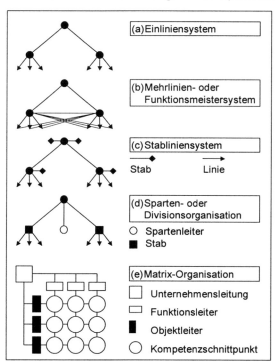

Zu a) Im **Einliniensystem** hat jede Stelle oder Abteilung nur eine vorgesetzte Instanz, von der sie sachbezogene und disziplinarische Anweisungen erhält, und der sie berichtspflichtig ist. Wegen der klaren Weisungsverhältnisse ist diese Organisationsform besonders für kleinere Unternehmen geeignet. In größeren Unternehmen entstehen mit zunehmender Arbeitsteilung unter Umständen zu viele Hierarchieebenen und damit zu lange, schwerfällige (vielfach durch Informationsverluste) wenig effiziente Befehls- und Berichtswege. Dieses System wird in der Regel konsequent verwirklicht in Verbindung mit dem **Verrichtungsprinzip oder Funktionsprinzip**, d.h. Bildung von Funktionsbereichen in denen gleiche Funktionen, Verrichtungen an unterschiedlichen Objekten ausgeführt werden (Beschaffung, Produktion, Vertrieb).

---

[77] *Wiendahl, H.-P.*, Betriebsorganisation für Ingenieure, München und Wien

Zu b) Mehrlinien- oder Funktionsmeistersystem

Zur Überwindung dieser Nachteile entwickelte *F.W. Taylor* in den USA das so genannte Funktionsmeistersystem, in dem jeweils ein bestimmter Meister allen zuständigen Arbeitern bestimmte Fachanweisungen gab. Dadurch kann ein Arbeiter mehrere Vorgesetzte haben. Es kann durch konkurrierende Auftragserteilung zu Interessenkonflikten kommen.

Zu c) Stabliniensystem

Mit zunehmender Komplexität der Unternehmen und Betriebe wurde die Einführung von Stabsabteilungen notwendig und deren Kombination mit dem eindeutigen Einliniensystem unverzichtbar.

Zu d) Die Spartenorganisation (auch Organisation nach „Product Divisions" genannt)

beruht auf dem sog. **Objektprinzip**, d.h. Bildung von Produktbereichen, in denen an gleichen Objekten unterschiedliche Funktionen ausgeübt werden. Mit zunehmendem Wandel vom Verkäufer- zum Käufermarkt wurde es notwendig, gleichartige Marktanforderungen und Produkt- und Produktionstechnologien im Interesse leistungsfähiger Innovation zu speziellen Unternehmenseinheiten in Form von Produktbereichen (Product Divisions) zusammenzufassen, in denen ergebnisverantwortlich die Hauptfunktionen Vertrieb, Entwicklung, Produktion und Beschaffung unter Nutzung des speziellen Know-how der Division wahrgenommen werden. Diese Organisationsform bewährte sich als besonders innovativ. Sie ist jedoch zugleich teuer durch die zusätzliche Führungsebene der Spartenleitung sowie u.U. zusätzliche Führungspositionen im Funktionsmanagement. Weitere nicht ganz einfache Organisationsaufgaben ergeben sich bei der Kombination der Divisionalisierung mit überregionalem, z.B. weltweitem Vertrieb. Im Rahmen der Divisionalisierung ist es i.d.R. zweckmäßig, die Linienfunktionen zu divisionalisieren, aber bestimmte Stabsfunktionen, wie Personalwesen, Datenverarbeitung und Controlling, für mehrere Sparten in Stabsabteilungen der Unternehmensleitung zusammenzufassen, die deshalb vielfach Zentralabteilungen genannt werden.

Zu e) Matrixorganisation

Die wesentlichen Unterschiede zwischen Linienorganisation und Spartenorganisation sind, dass die Linienorganisation nach dem **Verrichtungs- oder Funktionsprinzip** Funktionen wie Beschaffung, Fertigung, Vertrieb etc. zusammenfasst, während die Spartenorganisation nach dem **Objektprinzip** zunächst in der Technologie gleichartige Objekte zusammengefasst und innerhalb dieser Zusammenfassung, auf der nachgeordneten Ebene, Aufgaben nach dem Funktionsprinzip ordnet. In der Matrixorganisation wird der Vorrang von Funktions- oder Objektprinzip aufgehoben und werden sie gleichrangig mit einander kombiniert. Die Skizze auf der folgenden Seite veranschaulicht das Prinzip und das Problem von Prioritätskonflikten durch Unterstellung unter mehrere Vorgesetzte (Projektleiter und Funktionsleiter). Ein wichtiger Anwendungsfall der Matrixorganisation ist die internationale Entwicklung und Fertigung hochkomplexer Objekte wie Flugzeuge oder Rüstungsgüter. Sie erfordert multifunktionale Expertenteams unter verantwortlicher Objekt- oder Projektleitung in Zusammenarbeit mit wichtigen Funktionsbereichen wie Beschaffung und Qualitätsmanagement. Mögliche Prioritätenkonflikte und Nachteile temporärer Versetzungen erfordern klare Organisationsanweisungen, einen ausgeprägt partnerschaftlichen Führungsstil und faire informelle Kommunikation. Für das Controlling halten wir in diesem Kontext das Partizipative Produktivitäts-Managementsystem (PPM) (vgl. Pkt. 10.5.2) wegen seiner Motivationsstärke für vielversprechend.

Hinweise für die praktische Gestaltung nach den erläuterten Prinzipien geben folgende Organisationsmodelle entnommen aus *Gabler*.[78]

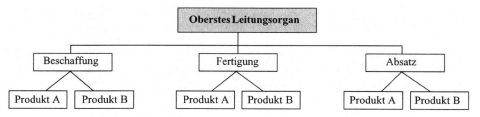

Grundschema einer Funktionalorganisation (nach Verrichtungsprinzip)

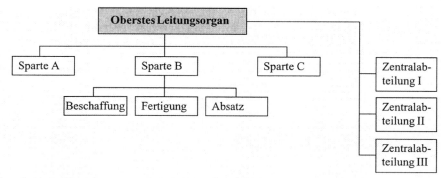

Grundschema einer divisionalisierten Organisation (nach Objektprinzip)

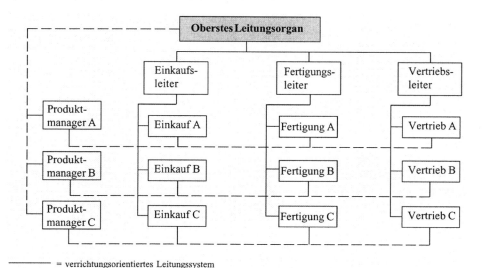

——— = verrichtungsorientiertes Leitungssystem
– – – = objektorientiertes Leitungssystem

Grundschema einer Matrixorganisation

---

[78] *Bleicher, K.*, Organisationsmodelle, in *Gabler*, Wirtschaftslexikon

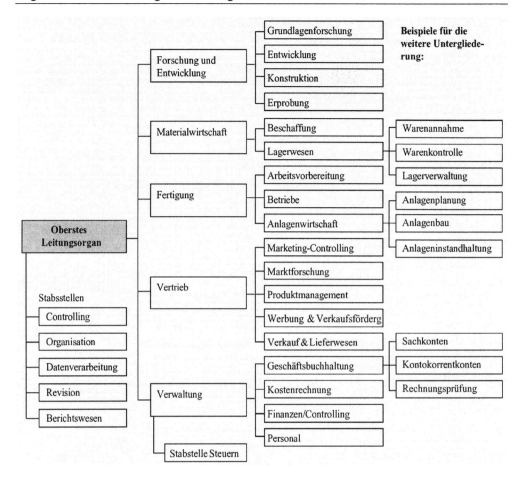

2.4.2.2 Gestaltungsregeln der Aufbauorganisation

Es gibt eine Reihe von Gestaltungsregeln zur Strukturorganisation, die allerdings keinen Anspruch auf Vollständigkeit und Allgemeingültigkeit erheben. Die wichtigsten von ihnen fassen wir wie folgt zusammen:

- Kompetenz und Verantwortung müssen übereinstimmen (**Kongruenzprinzip**).
- **Mehrfachunterstellungen**, im Sinne von „eine Stelle hat mehrere vorgesetzte Stellen", sind in der Regel Konfliktquellen und deshalb zu vermeiden.
- **Neben** den formal geordneten **Dienstwegen** von oben nach unten (Befehlsweg) und von unten nach oben (Berichtsweg) muss auch **informale Kommunikation**, insbesondere die zwischen den Funktionsbereichen auf der jeweils gleichen Ebene möglich sein und so weit von Nutzen gefördert werden.
- Eine sehr große Tiefe von über mehrere Ebenen nachgeordneten Instanzen führt zu einer deutlichen Entlastung der Leitungsspitze, verbessert die Trennung von Leitung und Ausführung, d.h. kann der Rationalisierung von Routinearbeiten dienen bei gleichzeitiger Konzentration der Leitung auf Führungsaufgaben. Aber es entstehen als Nachteil lange

schwerfällige Dienstwege, auf denen Informationsverluste zu verzeichnen sind, d.h. eine Hierarchie von fünf Ebenen wird in der Regel bereits problematisch (**Minimalebenenprinzip**).
- Eine große Breite von nebeneinander angeordneten Instanzen bietet die Vorteile dezentraler Organisationsformen. Bei zu geringer Breite entsteht die Gefahr von Überlastung, bei zu großer Breite können Arbeitsvolumen und die Auslastung unzureichend sein.
- Die sog. **Kontrollspanne**, das ist die Zahl der Mitarbeiter, die ein Vorgesetzter effizient führen kann, ohne dass eine weitere Führungsebene zwischengeschaltet werden müsste, wird vielfach mit fünf Personen angegeben. Sie kann in der Praxis, je nach den Anforderungen, die die Untergebenen zeitlich und fachlich an den Vorgesetzten stellen, auch auf bis zu zehn Untergebene ausgedehnt werden.
- Vorgesetzte sollten in der Lage sein, durch **Sachautorität** zu überzeugen, d.h. sie sollten die Mitarbeiter fachlich leiten können.
- Ein als **Peterprinzip** in die Organisationslehre eingegangener Erfahrungssatz besagt, dass in der Praxis eine Tendenz dazu besteht, bei Ausfall eines Vorgesetzten seinen besten Mitarbeiter als seinen Nachfolger einzusetzen. Das Prinzip werde solange angewandt, bis der Beförderte ein Niveau erreicht hat, für das er nicht hinreichend qualifiziert ist und/oder keine Neigung hat. Dort endet dann der Aufstieg mangels Leistung. Durch Anforderungsanalyse und Prüfung der Fähigkeiten möglicher Kandidaten muss dem Peterprinzip in der Praxis entgegengewirkt werden.[79]
- Zur **Entlastung der Leitungsebene** sollen so weit wie sinnvoll möglich, Routineentscheidungen an die Ausführungsebene delegiert werden. Für deren Entscheidung sind jedoch klare Richtlinien und Kriterien vorzugeben. Die Leitungsebene braucht dann nur entscheidend tätig zu werden, wenn Ausnahmen vom delegierten Normalfall eintreten (**Management by exception**).
- Durch Einführung der **Unternehmensplanung mit bereichsspezifischen Vorgaben** für bestimmte Teilperioden kennen untere Managementebenen und die Ausführungsebene ihre Ziele (**Management by objectives**).
- **Organisationsanweisungen** sichern eine widerspruchsfreie, allen Beteiligten bekannte Verteilung von Pflichten (Verantwortung) und Rechten (Kompetenz) als Voraussetzung für einen einwandfreien Wirkzusammenhang.

Eine optimale Strukturorganisation kann nicht aus der Anwendung einiger Leitsätze entwickelt werden.
Die Optimierung einer Aufbauorganisation erfordert vielmehr ein systemanalytisches Vorgehen, d.h. einen systematischen Organisationsprozess.
(Vgl. *Schmidt, G.*, Methode und Techniken der Organisation, Gießen und *Steinbuch, P. A.*, Organisation, Ludwigshafen)

2.4.3 Prozessorganisation - Business Process Redesign (BPR)

2.4.3.1 Die Idee von Business Process Redesign

Die grundsätzliche Idee von **Business Process Redesign** oder Business Process Reengineering ist, dass man alles, was das Unternehmen tut und wie es dies tut, von Grund auf überdenkt und in Frage stellt, **mit dem Ziel, grundlegende Verbesserungen** mit wesentlichen

---
[79] *Peter, L. J., Hull, R.*, Das Peter-Prinzip oder Die Hierarchie der Unfähigen, 6. Auflage, Hamburg

Leistungssteigerungen und/oder Kostensenkungen **zu erreichen**. Ein **Prozess** wird in diesem Zusammenhang als eine **Sequenz** von aufeinander aufbauenden **Aktivitäten** verstanden, die ein Resultat erzeugen, **aus dem jemand** einen **Nutzen zieht; dies ist der Kunde des Prozesses**. Der Kunde muss nicht notwendigerweise extern zum Unternehmen sein, er kann sich durchaus auch im Unternehmen befinden. Auch muss ein Prozess nicht unbedingt nur auf eine Organisation beschränkt sein, er kann auch andere Unternehmen berühren.

Der überwiegende Anteil heutiger Organisationen ist nach den Regeln und Prinzipien **strukturiert**, die **von** *Taylor* und seinen Nachfolgern am Anfang des vorigen Jahrhunderts entwickelt wurden. **Dabei werden ähnliche** oder gleiche **Tätigkeiten unter einheitlicher Leitung zusammengefasst** und die **Verantwortung** für die korrekte Ausführung der Aufgabe **dem Leitungsorgan übertragen**. Dies führt zu einer nach funktionalen Gesichtspunkten gegliederten Organisation (**Verrichtungsprinzip**). Die **Trennung von Ausführung und Kontrolle** wurde von *Taylor* entwickelt, um den damaligen Mangel an höherqualifizierten Fachkräften zu überwinden. **Der Preis**, den man dabei zahlen muss, **ist eine** relativ unflexible, **sich verändernden Umweltbedingungen nur langsam anpassende Organisation**. Dies hat sich im Laufe des zunehmend härter werdenden internationalen Wettbewerbs in letzter Zeit zu einem schwerwiegenden Nachteil entwickelt. Darüber hinaus wächst der Bedarf an Führungskräften mit wachsender Größe der Organisation überproportional an - für 10 Arbeiter benötigt man 1 Führungskraft, aber für 100 (mindestens) 11.

Die **Prozesse jedoch**, die von der Organisation ausgeführt werden (wozu sie in erster Linie geschaffen wurde), **erfordern die Ausführung von vielen unterschiedlichen Funktionen. Konsequenterweise durchläuft ein Prozess daher verschiedene Funktionsbereiche.** Ein Kundenauftrag wird beispielsweise zunächst vom Verkauf aufgenommen, die Arbeitsvorbereitung lastet ihn ein und löst beim Einkauf die Bestellung fehlender Teile aus. Aufgrund der vorherrschenden funktionalen Denk- und Sichtweise hat man die Prozesse häufig völlig aus den Augen verloren. Oft ist niemandem im Unternehmen der Ablauf eines Prozesses in seiner Gesamtheit bekannt; jeder sieht nur den Teil, der ihn selbst betrifft. Niemand ist für einen Prozess in seiner Gesamtheit verantwortlich.

Die einzelnen Funktionsbereiche werden daher isoliert voneinander analysiert und optimiert. Aufgrund dessen werden - aus prozessorientierter Sichtweise heraus betrachtet - bestenfalls nur Suboptima erzielt, wenn man nicht in nachgelagerten Stellen noch zusätzliche Probleme hervorruft. Die fehlende Koordination zwischen den verschiedenen Funktionsbereichen lässt Zyklen und Redundanzen im Prozessablauf entstehen. Der bestehende Prozess wird im Laufe der Zeit immer wieder an neu entstehende Anforderungen angepasst, ohne dass jemand auf die Idee kommt, nach einem ganz neuen Ansatz zu suchen, der vielleicht besser geeignet wäre, die Aufgabe zu lösen. Darüber hinaus werden die grundsätzlichen Annahmen, auf denen der Prozess basiert und die häufig niemals explizit niedergelegt wurden, nie einer kritischen Würdigung unterzogen. Diese werden meist erst nach einer Analyse nach prozessorientierten Gesichtspunkten offenbar.

Dies ist der Ansatzpunkt von Business Process Redesign (BPR). Der Begriff wurde von *Michael Hammer* in dem Artikel „Reengineering Work: Don't Automate, Obliterate" in der Ausgabe vom Juli und August des *Harvard Business Review* im Jahre 1990 geprägt. Dieser Artikel machte, zusammen mit einigen anderen, BPR weltweit bekannt. *Hammer* argumentiert darin unter anderem gegen das kritiklose Nachbilden von manuellen Abläufen bei der Einführung von DV-Systemen, ohne den Sinn dieser Abläufe zu hinterfragen. Er nannte dies plakativ „paving the cow paths" (pflastern der Trampelpfade). BPR zielt darauf ab, einen bestehenden Prozessablauf - also die Art, wie eine Aufgabe erfüllt wird - von Grund auf zu überdenken und durch radikale Umgestaltung dramatische Verbesserungen zu erzielen.[80]

2.4.3.2 Elemente und Wirkungen von Business Process Redesign

Um einen Prozess neu zu entwerfen, ist es erforderlich, den bestehenden Prozess zu beschreiben und zu analysieren, um herauszufinden, was dessen eigentliche Aufgabe ist. Dabei **betrachtet man den Prozess aus der Warte des Kunden und klassifiziert** die einzelnen **Aktivitäten als werterhöhend oder nicht werterhöhend**, z.B. ist es dem Kunden eines Produktionsprozesses gleichgültig, wie oft die Einzelteile des Endprodukts auf dem Betriebsgelände hin- und hertransportiert werden; der Transport ist also nicht werterhöhend. Es ist bei real existierenden Prozessen, die mehr oder weniger gewachsen sind, nicht ungewöhnlich, dass nur ein geringer Anteil aller Aktivitäten in diesem Sinne als werterhöhend eingestuft wird.

Basierend auf den Ergebnissen der Analyse wird der Prozess dann neu entwickelt. Dabei versucht man, die Möglichkeiten von Technologien und Methoden zu nutzen, die im Hinblick auf den Prozess oder dessen Ablauf relevant erscheinen. Oft ermöglicht erst der Einsatz von derartigen Innovationen einen bestimmten Ansatz. Beispielsweise kann man einen Prozess, der vorher rein sequentiell ablief, da nur einer zur Zeit die notwendigen Unterlagen (in Papierform) benutzen konnte, durch den Einsatz einer Datenbank parallelisieren, da nun alle gleichzeitig auf die Daten Zugriff haben. Im englischen Sprachgebrauch nennt man diese Technologien, die neue Ansätze erst möglich machen, **Enabler**. Die wichtigsten Enabler sind **DV** und **Telekommunikation** sowie deren Überschneidungsbereiche wie z.B. Netzwerke oder EDI (Electronic Data Interchange). Dennoch handelt es sich bei einem Redesign-Projekt niemals primär um eine Reorganisation der DV, sondern der Prozess wird im Lichte der durch die DV gebotenen Möglichkeiten neu gestaltet, und dies macht dann eine Anpassung der DV erforderlich. Je nach konkreter Problemstellung können auch ganz andere Techniken zu Durchbrüchen verhelfen.

Weiterhin versucht man, auf alle im obigen Sinne nicht werterhöhenden Aktivitäten zu verzichten, da der Kunde nur bereit ist, für den ihm erwachsenden Nutzen zu bezahlen. Bei der Suche nach neuen Lösungen setzt man sich bewusst **hochgesteckte Ziele**, denn dadurch entsteht ein Ansporn, nach völlig neuen Ideen und Lösungsansätzen zu suchen, um so die anvisierten drastischen Verbesserungen zu erreichen.

Es lohnt sich häufig, den Prozess so umzugestalten, dass man einen einzelnen Mitarbeiter oder ein kleines Team mit dessen Ausführung beauftragen kann. Allein dadurch werden die vielfachen **Übergaben** von einem Bearbeiter zum nächsten **eliminiert, die zu Verzögerungen führen** und es erlauben, dass sich Fehler einschleichen. Wie überall gilt auch für Prozesse das **Gesetz von** *Pareto*, das besagt, dass immer mehr als die Hälfte der insgesamt benötigten Ressourcen von weniger als der Hälfte aller bearbeiteten Fälle verbraucht wird, (auch bekannt als die **80 - 20 Regel**.) Anders ausgedrückt heißt das, dass der Hauptteil aller Fälle Routinefälle sind, die in ein Standardschema passen; im Sinne der ABC-Analyse fallen diese in die Klassen B bzw. C. Diese können von den Fallbearbeitern vollständig in Eigenregie bearbeitet werden, so dass kaum Overhead entsteht und der Kunde die gewünschten Resultate in kürzester Zeit erhält.

---

[80] Vgl. *Hammer, M., Champy, J.,* Reengineerung the Corporation, A Manifesto for Business Revolution, New York

Für die **problematischen Fälle** der Kategorie A werden den Fallbearbeitern **zusätzliche Hilfsmittel** zur Verfügung gestellt wie z.B. Expertensysteme oder die Beratung durch einen Spezialisten, auf die sie bei Bedarf zurückgreifen können. Dabei geben sie jedoch niemals die Verantwortung für den Fall auf. Der Kunde hat dadurch für seinen Auftrag nur einen Ansprechpartner im Unternehmen und kann sich jederzeit über den Stand der Dinge informieren oder kurzfristig Änderungen veranlassen.

Unter dem Strich lassen sich durch ein derartiges Prozessdesign oft deutliche **Verkürzungen der Durchlaufzeit, Verbesserungen der Flexibilität und** der Kundenbetreuung und damit der **Zufriedenheit der Kunden erreichen**. Die Grenzen des Machbaren werden dabei vom konkreten Problem definiert, und das Team, das mit dem Redesign des Prozesses beauftragt wurde, sollte immer versuchen, größtmögliche Kreativität und Ideenreichtum zu entwickeln.

2.4.3.3 Das Wichtigste: Change Management

Der schwierigste Teil eines Redesign ist **die Umsetzung in die Praxis**. Ein großer Teil aller Redesign-Projekte (die diesen Namen auch verdienen) scheitern hier. Das Problem dabei ist, dass eine größere Organisation von vielen Menschen dazu gebracht werden muss, sich von Grund auf zu verändern. Es sind z.T. erhebliche interne Widerstände zu überwinden, die meist nicht offen zutage treten. Sie resultieren zum einen aus dem allen Menschen eigenen Widerwillen gegen Veränderungen und der daraus resultierenden Unruhe und Unsicherheit, zum anderen kollidiert das Vorhaben fast zwangsläufig mit den persönlichen Interessen einiger oder auch vieler Betroffener.

Die Unternehmensleitung muss das Projekt daher mit Nachdruck unterstützen und deutlich werden lassen, dass es sich nicht nur um eine vorübergehende Modeerscheinung handelt. Der Verantwortliche der **Geschäftsführung** muss fast messianische Fähigkeiten entwickeln, um die Beteiligten davon zu überzeugen, dass es keinen anderen Weg gibt, dass **Veränderungen notwendig** sind. Jedem Mitarbeiter muss klargemacht werden, was das Ziel ist, warum man es erreichen will und wie dies geschehen soll.

Zu diesem Zweck sollte man nach Möglichkeit **frühe Teilerfolge**, die in den Anfangsphasen häufig auftauchen, dazu verwerten, die **Akzeptanz im Unternehmen** zu **erhöhen**. Man erkennt i.d.R. während der Redesign-Phase, dass man durch einige kleine Änderungen wesentliche Erfolge erzielen kann, und diese sollte man dazu benutzen, für das Projekt im Unternehmen zu werben.

Darüber hinaus wirft die Neugestaltung eines Prozesses andere Fragen auf. Für die neu entstandenen Aufgabenbereiche sind die alten Methoden der **Leistungsbeurteilung** häufig nicht mehr geeignet, so dass das bestehende Entlohnungssystem überdacht und angepasst werden muss.

Weiterhin ist für den längerfristigen Erfolg der Maßnahmen die **Überwindung des Peterprinzips** dringend **erforderlich**. (vgl. Pkt. 2.4.2.2). Es sollte strikt so sein, dass herausragende Leistungen durch Boni belohnt werden, Beförderungen jedoch aufgrund von Qualifikation für die neue Aufgabe vorgenommen werden.

Die im vorhergehenden Abschnitt skizzierten Ansätze erzeugen **für das mittlere Management große Unsicherheiten**, da es in der Regel viele Verantwortungsbereiche und Kompetenzen an Untergebene abgeben muss. Der einzelne **Manager muss sich** daher von einer kontrollierenden und dirigierenden Instanz mehr **zu einem Teamcoach hin entwickeln**, der unterstützt und anleitet. (vgl. Pkt. 6.5 Personalentwicklung)

Der neu gestaltete Prozess wird mit hoher Wahrscheinlichkeit weniger Personen beschäftigen als der alte, möglicherweise werden sogar **Entlassungen unumgänglich**. Es besteht daher für die betroffenen Mitarbeiter oft wenig Anlass, den Erfolg des Projekts zu fördern, weder in der Entwicklungs- noch in der Implementierungsphase. Daher ist von den Betroffenen kaum Kooperationsbereitschaft zu erwarten, gleichzeitig ist deren Kenntnis des Prozesses für das Projekt jedoch von wesentlicher Bedeutung. Aus diesem Grund dürfen die menschlichen Aspekte nicht vernachlässigt werden.

Es ist **von großer Bedeutung** für den Erfolg eines Redesign, dass diese Dinge mit **Fingerspitzengefühl** gehandhabt werden, sonst besteht die Gefahr, dass sich nichts Grundlegendes ändert und der alte Trott sich schnell wieder einstellt. Ein BPR-Projekt stellt einen drastischen Eingriff in die Struktur der Organisation dar. Nicht zuletzt durch drohende Entlassungen besteht ständig die Gefahr, dass das Betriebsklima und die Moral der Mitarbeiter leiden und das Ganze zu einem Misserfolg werden lassen.

2.4.3.4 Schritte der Prozessoptimierung (Steps in Process Improvement)

Business Process Redesign ist mehr als die Anwendung einer Technik, die bei exakter Ausführung zu einem besseren Ergebnis führt. Wie bereits erwähnt, ist BPR ein fundamentaler, revolutionärer Bruch mit den alten, auf *Taylor* basierenden Denkweisen. Dazu ist ein systematisches Vorgehen notwendig, das zu einer genauen Kenntnis des eigenen Unternehmens und der Unternehmensumwelt führt. Das ist eine Voraussetzung für den Erfolg eines Business Process Redesign Projektes. Als systematischer Ansatz für ein solches Redesign Projekt werden die folgenden „11 Schritte der Prozessoptimierung"[81], nach *Rummler, Brache*, dargestellt, die sowohl die genannte Voraussetzung erfüllen, als auch den Umstand berücksichtigen, dass der Kunde im Zentrum aller Überlegungen steht.

(1) **Identify Critical Business Issues**
In diesem ersten Schritt geht es darum, kritische Aspekte in den Tätigkeiten eines Unternehmens zu erkennen. Die Frage lautet also, wo im Unternehmen Probleme auftreten, die als kritisch in Bezug auf den Erfolg zu bewerten sind. Eine Technik, die die Suche nach diesen relevanten Problemen unterstützt, ist die Pareto-Analyse. (vgl. Pkt. 4.2.2)

(2) **Select Critical Processes**
Hier müssen zunächst die Gründe für die Probleme eines Unternehmens gefunden werden, um die Prozesse zu identifizieren und auszuwählen, die hierfür verantwortlich sind und danach ist das Redesign auf diese Schwachpunkte zu fokussieren. Unterstützt wird die Suche nach Gründen und den verantwortlichen Prozessen unter anderem durch das Ishikawa-Diagramm. (vgl. Pkt. 5.5.2.5 (2))

(3) **Select Process Team Leader and Members**
Nachdem die für die Probleme verantwortlichen Prozesse erkannt sind, muss entschieden und festgelegt werden, wer für den Prozess verantwortlich ist und welche Mitarbeiter an dem Prozess beteiligt sind.

---

[81] *Rummler, G., Brache, A.,* Improving Performance, Jossey Bass

Organisation für die Strategie-Umsetzung

(4) Train the Team

Sind die an einem Prozess beteiligten Personen identifiziert, dann kann dieses Team dahingehend trainiert werden, dass es zu einem sog. Enabler für einen neuen Prozess wird. Konkret bedeutet dies, dass das Team z.B. in der Lage sein sollte, sich selbst zu organisieren und die volle Verantwortung für seine Tätigkeiten zu übernehmen. Diese selbstorganisationsfähigen Teams, bekannt auch als sog. „selfdirected work teams", bilden eine wesentliche Basis für den Erfolg eines reorganisierten Prozesses.

Ausgeprägte Charakteristika der „selfdirected work teams" sind[82]
- Arbeitsfluss einer Tätigkeit ist vollständig und sinnvoll
- Verantwortung für einen klaren Input und Output
- Zugehörigkeit: alle Personen sind - jedoch nicht zwingend - in einer Räumlichkeit
- Entscheidungsfindung: alle wichtigen Entscheidungen darüber, wie die Arbeit gemacht wird, werden vom Team getroffen
- Umfangreiches technisches und interpersonelles Training
- Meetings sind häufig und regelmäßig
- Eventuell Aufsicht durch einen Koordinator, Trainer oder Mentor für die ersten zwei Jahre
- Belohnungen/Prämien sind im Allgemeinen an den Fähigkeiten/Beiträgen orientiert
- Teammitglieder sind Individuen, die komplexe Arbeit mit wechselnden Tätigkeiten wünschen.

(5) Develop a „What is Map"

In diesem Schritt werden die Prozesse, die Gegenstand des Redesigns sind, graphisch dargestellt, wobei insbesondere die Kenntnisse der ersten beiden Schritte, die einen Teil einer Ist-Analyse darstellen, diesen Vorgang unterstützen. Die zu wählende Darstellungsform ist ein Process Chart. Ziel eines Process Chart ist es, alle Teilschritte in einem Prozess zu erkennen und in ihrer Arbeitsfolge darzustellen. Es können hiermit sowohl Produktionsprozesse, Entwicklungsprozesse, als auch andere Prozesse dargestellt werden.

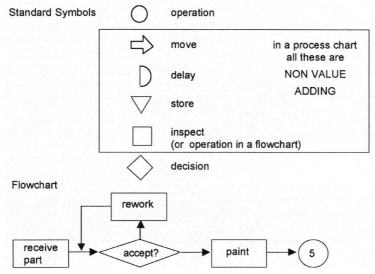

Standardsymbole und Flowchart (Quelle: *Bicheno, J.,* The Quality 50, Buckingham)

---
[82] *Lawler, E.,* The Ultimate Advantage, Jossey Bass

Um die Transparenz der Darstellung so hoch wie möglich zu gestalten, ist es ratsam, Standardsymbole zu verwenden und Charts, die zu komplex in ihrer Darstellung sind, in Teilcharts zu untergliedern. Die Unterteilung der Charts sollte so erfolgen, dass ein Teilchart jeweils einen im Unternehmen abgrenzbaren Verantwortungsbereich darstellt. Wenn, wie es z.B. in der Produktentwicklung der Fall ist, die Zeit ein kritischer Faktor ist, so ist das Process Chart mit einer Zeitskala zu versehen.

Der Prozess der Produktentwicklung würde allerdings, da in diesem Prozess Entscheidungen enthalten sind, als Flow Chart dargestellt werden, da die Raute, als Symbol für eine Entscheidung, erst hier integriert ist. Wesentlich ist, dass, gleichgültig um welches Chart es sich handelt, die Zusammenstellung des benötigten Datenmaterials durch ein Team erfolgt.

Der entscheidende Nutzen eines Charts liegt darin, dass durch die Prozessdarstellung Schwachpunkte aber auch Quellen der Qualität im Prozess identifiziert werden. Im Rahmen des Business Process Reengineering wird die Erstellung einer „What is Map" als erster Schritt zur Umgestaltung eines bestehenden Prozesses betrachtet, da das Verständnis für den Prozess seinen Output verbessert.

Zum Verständnis sei gesagt, dass im Rahmen der Produktentwicklung die Erstellung eines Charts nicht darauf hinausläuft, ein Produkt an sich zu optimieren, sondern den Prozess, der als Output ein Produkt hervorbringt. Ein verbesserter Prozess wird aber immer auch einen besseren Output hervorbringen, da er weniger Quellen für ungerichtetes Handeln und Fehlentwicklungen zulässt. (vgl. Pkt. 3.3.1.5)

(6) **Identify „Disconnects"**

In diesem sechsten Schritt geht es darum, basierend auf der „What is Map", fehlende, unlogische, redundante oder effizienzverschlechternde Verbindungen zwischen den einzelnen Schritten eines Prozesses und den an ihm beteiligten Abteilungen zu identifizieren.

Eine Technik, die diesen Vorgang unterstützt, ist „Time Charting and Analysis".[83] Hier wird dem Umstand Rechnung getragen, dass Zeit eine Waffe im Wettbewerb darstellt und in den Augen der Kunden eine wesentliche Ausprägung der Qualität darstellt, für die, wenn z.B. ein Produkt schneller am Markt ist, der Kunde bereit ist, mehr zu zahlen. Ziel ist es hierbei, einen Prozess in weniger Zeit aber mit den gleichen Kosten, oder sogar mit weniger Kosten, zu durchlaufen. Grundlage hierfür ist ein Process Chart mit detaillierten Zeitinformationen, welches im fünften Schritt bereits erstellt wurde. Ergänzend wird eine Reduzierung der benötigten Zeit und der Ressourcenverschwendung angestrebt, wozu zunächst das Process Chart untersucht wird und dessen Teilschritte in wertsteigernde oder nicht wertsteigernde eingeteilt werden. Als Resultat will man erreichen, dass die wertsteigernden Schritte in einer geschlossenen Kette angeordnet sind. *Stalk* nennt dies die **„wesentliche Sequenz"**. Hier gibt es unterstützende Leitfragen.

- ❏ Können die nicht wertsteigernden Schritte eliminiert, vereinfacht oder reduziert werden?
- ❏ Können Aktivitäten, die wertsteigernde verzögern, vereinfacht oder zeitlich neu gestaltet werden?
- ❏ Gibt es Aktivitäten, insbesondere nicht wertsteigernde, die parallel zu wertsteigernden ausgeführt werden können?
- ❏ Können Aktivitäten, die von Abteilung zu Abteilung gereicht werden, als Teamaktivität oder besser als Tätigkeit einer Person organisiert werden?

---

[83] Vgl. *Stalk, G., Hout, T.,* Competing Against Time, The Free Press

- Wo gibt es Engpässe? Kann deren Kapazität erweitert werden? Sind Engpassaktivitäten fließende Tätigkeiten oder werden sie durch geringfügige Gründe verzögert? Werden Engpassaktivitäten verzögert durch Nicht-Engpassaktivitäten, ob wertsteigernd oder nicht?
- Welche Vorbereitungen können getroffen werden, bevor die Sequenz der wertsteigernden Schritte beginnt, um Verzögerungen zu vermeiden?
- Können die für den Kunden notwendigen Varianten oder Anforderungen dem Produkt zu einem späteren Zeitpunkt hinzugefügt werden?
- Wenn Tätigkeiten in Stapeln ausgeführt werden, können diese Stapel geteilt werden und Teile hiervon an die nächste Bearbeitungsstation weitergegeben werden, bevor der ganze Stapel bearbeitet ist?
- Kann die Flexibilität des Personals derart verbessert werden, dass mehrere Tätigkeiten von einer Person ausgeübt werden und Verzögerungen durch die Weitergabe entfallen?
- Wie werden Entscheidungen getroffen? Können Entscheidungen dort getroffen werden, wo sie von Nöten sind?
- Wo ist, unter dem Gesichtspunkt Zeit, der beste Platz für jede Aktivität?
- Welche Verfügbarkeit der Informationen könnte die wertsteigernde Sequenz durchgängig gestalten?
- Kann die benötigte Zeit für wertsteigernde Aktivitäten reduziert werden?[84]

Werden die angeführten Fragen gestellt und beantwortet, so findet man in jedem Prozess Verbesserungspotentiale.

(7) Analyse „Disconnects"

Die in diesem Schritt geforderte Analyse der fehlenden, unlogischen, redundanten oder effizienzverschlechternden Verbindungen wurde bereits mit Schritt 6 im Zusammenhang „Time Charting and Analysis" mit den vertiefenden Fragen behandelt.

(8) Develop „Should be Map"

Wie bereits für die „What is Map" erklärt, so wird auch die „Should be Map" durch ein Process Chart dargestellt. Basis für dieses Chart sind die bisher gesammelten Erkenntnisse, die sich zusammen zu einer Vision, den zukünftigen Prozess betreffend, verdichten.

Unterstützt wird diese Verdichtung durch das sog. Benchmarking[85], welches zwar auch bereits im Rahmen der vorigen Schritte eingesetzt werden kann, aber gerade in dem Stadium, in dem der angestrebte Prozess präzisiert wird, eine wesentliche Unterstützung darstellt. Benchmarking wird vom Benchmarking Centre definiert als „die kontinuierliche, systematische Suche nach und Implementation von den besten Praktiken, die zu überlegener Performance führen". Benchmarking strebt den Vergleich einiger Performancekriterien mit dem an, was die Besten erreicht haben. Es führt zu der notwendigen gegenwärtigen Performance und zu zukünftigen Anforderungen, wenn die Organisation „world class" sein will. Kernpunkt des Benchmarking ist die genaue Kenntnis des eigenen Unternehmens und der Konkurrenz.

Benchmarking ist zunächst ein Prozess, der Ziele setzt. Man muss wissen, was man benchmarken will, und das führt zurück zum Kunden. Diese müssen identifiziert werden sowohl für die Gegenwart als auch für die Zukunft. Danach kann man ihre Bedürfnisse und die zugehörigen Prozesse sammeln. Dies sind die Punkte, in denen die Organisation und die Performance hervorragend sein muss. Die Idee ist, sich zunächst auf Prozesse zu konzentrieren und dann auf Erfolgskriterien. Weiß man, was man benchmarken will, so ist der nächste Schritt zu iden-

---

[84] *Bicheno, J.*, The Quality 50, Buckingham
[85] Vgl. *Bicheno, J.*, The Quality 50, Buckingham.; *Camp, R.*, Benchmarking, ASQC Quality Press

tifizieren, wen man benchmarken will. Ziel ist es hier, den Branchenbesten und wo möglich, den Weltbesten zu finden und aus dessen Performance zu lernen.

Benchmarking ist ein kontinuierlicher Prozess, den es immer gab, der aber durch *Xerox*[86] systematisiert und umfassender wurde, so dass Benchmarking eine wettbewerbsfähige Waffe und populär wurde.

Neben dem Benchmarking wird die Vision, die einer Erstellung einer „Should be Map" vorausgeht, auch gestützt durch genaue Kenntnis der Enabler und eine sog. „CATWOE"-Analyse nach *Smyth* und *Checkland*. Analysiert werden hierbei die folgenden Punkte:

- Customers : die Empfänger des Outputs der Transformation (T)
- Actors : diejenigen, die die T ausführen wollen
- Transformation : die Umwandlung eines Inputs in einen Output
- Weltanschauung : die Sicht der Welt, in deren Kontext die T sinnvoll ist
- Owners : diejenigen, die die T unterbinden könnten
- Environmental : natürliche Einschränkungen außerhalb des Systems.

(9) Establish Measures

Hier müssen Kriterien festgelegt werden, mit denen die Performance des neuen Prozesses messbar wird. Natürlich muss der neue Prozess zunächst an den eigenen Zielvorstellungen gemessen werden, aber auch an Aspekten wie Zeit, Qualität und Kosten. Hier bietet sich Benchmarking als Möglichkeit des Vergleichs an. Konkrete Kriterien sind zum Beispiel break even time, time to market, Geschwindigkeit der Entscheidungsfindung etc.

(10) Plan and present the Changes

Im vorletzten Schritt werden die Änderungen, die notwendig sind, um den neuen Prozess zu realisieren, geplant und präsentiert. Die Planung muss hierbei auf einer genauen Kenntnis über die Unternehmensorganisation und den Faktor Mensch basieren.

(11) Implement the Changes

Abschließend wird das Ergebnis der vorangegangenen Schritte unter genauer Beachtung der geplanten Änderungen implementiert, wobei dieser Schritt je nach Unternehmen in einem unterschiedlichen Zeitraum und unter mehr oder weniger großen Problemen stattfindet. Es bietet sich nach der Implementation an, erneut ein Chart zu erstellen, um zu überprüfen, ob die Implementation verlustfrei realisiert werden konnte.

2.4.3.5 „Schlüsselmethode" Benchmarking

Schon seit *Schmalenbach* verweist die Betriebswirtschaftslehre auf die Tatsache, dass betriebliche Verbesserungsschritte sich vernünftigerweise nicht allein auf innerbetriebliche Zeitvergleiche stützen dürfen, wegen der Gefahr, Schlendrian mit Schlendrian zu vergleichen, sondern des Strukturvergleichs mit der Konkurrenz bedürfen. Die modernste Weiterentwicklung dieser alten Weisheit ist das Benchmarking, der Vergleich mit dem Branchen- oder Weltbesten. Allein dieser bietet die Chance, durch Heranziehen „des Besten als Messlatte" (Benchmark) Ziele zu setzen, die als zugleich machbar und bisher unübertroffen angesehen werden dürfen. Darin liegt die Herausforderung und große Bedeutung des Benchmarking für die Sicherung der Wettbewerbsfähigkeit.

---

[86] Vgl. *Jacobson, G., Hillkirk, H., Xerox,* American Samurai, MacMillan

Nach *Gabler* ist „Benchmarking der kontinuierliche Vergleich von Produkten, Dienstleistungen sowie Prozessen und Methoden mit (mehreren) Unternehmen, um Leistungslücken zum sog. Klassenbesten (Unternehmen, das Prozesse, Methoden usw. hervorragend beherrscht) systematisch zu schließen." Die Grundidee ist, festzustellen, welche Unterschiede, welche Ursachen dafür und welche Verbesserungsmöglichkeiten bestehen.[87]

(1) Objekte, Ziele, Bezugsgrößen
Faßhauer strukturiert in Anlehnung an *Horvath* die zweckmäßigen Parameter für Benchmarking in folgender Tabelle. Damit sind die wichtigen Teilaufgaben der Untersuchung definiert, für die im folgenden Abschnitt geeignete Vorgehensschritte vorgestellt werden.[88]

Parameter	Art des Parameters			
Objekt	Produkte	Methoden		Prozesse
Zielgröße	Kundenzufriedenheit	Kosten	Fehler	Zeit
Vergleichsparameter	Intern	Extern		
	gleiche Funktion	gleiche Branche gleiche Funktion	generische Funktion (branchenunabhängig)	

Beim Benchmarking zu berücksichtigende Parameter

(2) Benchmarking-Prozessschritte nach *Camp*
Camp gliedert die Sequenz der Teilaufgaben des Benchmarking, nämlich Planung, Analyse, Integration und Aktion, in die folgenden **zehn Teilschritte** (siehe Abbildung nächste Seite).

Zu 1. **Bestimmen Sie, was einem Benchmarking-Prozess unterzogen werden soll.**
  Mit den Methoden des kontinuierlichen Controlling (vgl. Teil III) und der internen Revision, d.h. fallweiser Unternehmensanalyse (strategic auditing, operational auditing und financial auditing), müssen die Stärken und Schwächen des Unternehmens bezüglich der oben genannten Benchmarking-Parameter in einer ersten Näherung analysiert und erkannt werden, um die wesentlichen Bestimmungsfaktoren des Betriebsergebnisses zu benennen, für die ein Benchmarking Erfolgsverbesserungen verspricht.
Zu 2. **Identifizieren Sie vergleichbare Unternehmen.**
  Die Sicherung von Wettbewerbsvorteilen ist und bleibt ein dominierender Erfolgsfaktor in der Marktwirtschaft. Das macht das Finden von Benchmarking-Partnern zu einer fachlich und psychologisch delikaten Aufgabe.

---

[87] *Gabler* Wirtschaftslexikon, Wiesbaden, Stichwort: Benchmarking
[88] *Faßhauer, R.*, Die Bedeutung von Benchmarking - Analysen für die Gestaltung von Geschäftsprozessen, in: *Mertins, K., Siebert, G., Kempf, St.* (Hrsg.), Benchmarking, Praxis im deutschen Unternehmen, Berlin, Heidelberg, New York.

86 Methoden zur Strategieentwicklung und -umsetzung

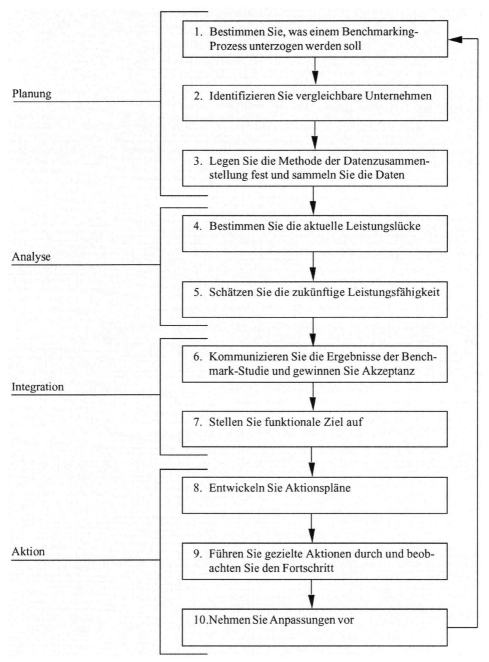

Der Benchmarking-Prozess nach *Camp*[89]

---

[89] *Camp, R., C.*, Benchmarking, München, Wien

Zur Lösung der psychologischen Problematik sollte folgendes Prinzip gelten: „faires Geben und Nehmen" unter sorgfältiger Beachtung möglicher Geheimhaltungsinteressen der Partner (z.B. im Bereich der Produktinnovation). Hierzu wurden von interessierten Industrieunternehmen die folgenden Verhaltensregeln für Benchmarking-Partner (bekannt als: Code of Conduct) entwickelt:[90]
- Keep it legal
- Be willing to give what you get
- Respect confidentiality
- Keep information internal
- Use benchmarking contacts
- Don't refer without permission
- Be prepared at initial contact.

Zur Lösung der fachlichen Aufgabe haben sich folgende Vorgehensweisen bewährt:[91]
- Studium von Sekundärmaterial (z.B. Verbands- und Geschäftsberichten), die im eigenen Haus vorliegen oder beschafft werden können
- Einsatz externer Berater, die über Benchmarkingerfahrung verfügen (Angesichts global sourcing ist internationaler Berater-Vergleich empfehlenswert)
- Direkte Benchmarkingvereinbarungen mit vergleichbaren Unternehmen, die Folgendes zum Gegenstand haben sollten:
  • Austausch von Fragebögen und/oder
  • Fachdiskussionen im Rahmen von gegenseitigen Besuchen
- Im Internet sind mit zunehmender Bedeutung vielfältige Informationen zum Thema Benchmarking verfügbar, z.B. vom Beraternetzwerk „The Global Benchmarking Network (GBN)".

Zu 3. **Legen Sie die Methode der Datenzusammenstellung fest und sammeln Sie die Daten.**
Als Methode der Datenerhebung ist zwischen dem Einsatz von
- Fragebögen und/oder
- Besuchen mit persönlichen Gesprächen zu wählen

Kriterien für die Methodenwahl zeigt folgende Tabelle.

Fragebögen	Unternehmensbesuche
- große Anzahl an Benchmarking-Partnern	- geringe Anzahl an Benchmarking-Partnern
- Fragen erfordern keine Erklärung	- erklärungsbedürftige Fragen
- umfassendes Problemverständnis ermöglicht Fernanalyse	
- Anonymität erfordert	

Ergänzend zur Berücksichtigung der genannten Kriterien ist im Einzelfall Folgendes zu bedenken:

---

[90] Server of The Benchmarking Exchange (tbe) (WWW benchnet com); Aptos, California U.S.A.
[91] Vgl. *Faßhauer, R.*, a.a.O.

- Fragebögen sind nicht nur isoliert einsetzbar, sie sollten auch als Vorlauf zu oder als Grundlage für Gespräche eingesetzt werden. Sie sind in der Regel Voraussetzung für strukturierte zielstrebige und sorgfältig vorbereitete Gespräche mit konkreten Ergebnissen.
- Die Vorzüge wohlvorbereiteter Gespräche mit Besuchen bei Benchmarking-Partnern sind vielfältig. Insbesondere ermöglicht nur die persönliche Kommunikation die spontane Vertiefung durch Einbeziehung von Zusatzfragen, Verständnis und Überzeugung durch Sehen und Nuancenreichtum sowie die individuelle Klärung von wichtigen Voraussetzungen für den eigenen Erfolg.
- Fragebögen und Gespräche können nur effizient ausgewertet und genutzt werden, wenn sie ziel- und auswertungsorientiert aufgebaut werden und die geeigneten Kennzahlen erheben (vgl. Pkt. 10.5).

Zu 4. **Bestimmen Sie die aktuelle Leistungslücke.**
Als Modellfall für einen systematischen Strukturvergleich einer Branche auf Basis strategie-bestimmender Kennzahlen überzeugen die in der folgenden Tabelle zusammengefassten Ergebnisse einer MIT-Untersuchung in amerikanischen, japanischen und europäischen Automobilwerken.

	Japanische Werke in Japan	Japanische Werke in Nordamerika	Amerikanische Werke in Nordamerika	Alle europäischen Werke
Leistung				
Produktivität (Std./Auto)	**16,8**	21,2	25,1	36,2
Qualität (Montagefehler/100 Autos)	**60,0**	65,0	82,3	97,0
Layout				
Fläche (qm/Auto/Jahr)	**0,5**	0,8	0,7	0,7
Lagerbestand (Tage für 8 ausgewählte Teile)	**0,2**	1,6	2,9	2,0
Arbeitskräfte				
% der Arbeitskräfte in Teams	69,3	**71,3**	17,3	0,6
Job Rotation (0 = keine, 4 = häufig)	**3,0**	2,7	0,9	1,9
Vorschläge/Beschäftigte	**61,6**	1,4	0,4	0,4
Anzahl Lohngruppen	11,9	**8,7**	67,1	14,8
Ausbildung neuer Produktionsarbeiter (Std.)	**380,3**	370,0	46,4	173,3
Abwesenheit (%)	5,0	**4,8**	11,7	12,1
Automation				
Schweißen (% der Arbeitsgänge)	**86,2**	85,0	76,2	76,6
Lackieren (% der Arbeitsgänge)	**54,6**	40,7	33,6	38,2
Montage (% der Arbeitsgänge)	1,7	1,1	1,2	3,1

Zusammenfassung von Merkmalen der Montagewerke in der Autoindustrie, Großserienhersteller[92]

---

[92] MIT-Studie zitiert in „Benchmarking" von *Mertins, Siebert, Kempf,* Heidelberg, New York

Das Beispiel macht zugleich deutlich, dass Kennzahlen zur Vermeidung von Trugschlüssen im Kontext technisch-wirtschaftlicher Unterschiede gewürdigt werden müssen. Beispielsweise ist bekannt und wichtig, dass die japanische Automobilindustrie durch eine sehr geringe Fertigungstiefe gekennzeichnet ist. Informationen über die Fertigungsstunden je Auto sind deshalb nur in Verbindung mit einem Vergleich der Vorleistungen (des Materialeinsatzes) als ergänzendem Herstellkostenelement aussagefähig. Unabhängig davon deuten Zahlen über Abwesenheit, Ausbildung und Lagerbestand auf erhebliche quantitativ belegte Leistungslücken amerikanischer und europäischer Werke. Alternativ oder ergänzend können sich Leistungslücken nicht nur in Zahlen, sondern auch im Markt manifestieren, durch Kunden- oder Expertenurteil (z.B. Auto des Jahres etc.). Dies allein, ohne Kennzahlenvergleich, ergäbe jedoch kein Benchmarking.

Nach dem Aufzeigen der Leistungslücken (Was ist hier und dort?) müssen folgende Teilaufgaben gelöst werden:
- Klärung der Ursachen der erkannten Leistungsdefizite im eigenen Unternehmen (Warum ist es hier schlechter?)
- Erkennung der Hintergründe für den Leistungsvorsprung des Benchmarkingpartners (Wie und warum funktioniert es dort?).

Zu 5. **Planen Sie die zukünftige Leistungsfähigkeit.**
Die Planung der zukünftigen eigenen Leistungsfähigkeit eines Unternehmens wird in der Regel unter zwei alternativen Bedingungen vorgenommen.
- Entweder soll der Leistungsprozess im bestehenden Betrieb nach entsprechender Anpassung der Benchmark-Ergebnisse an die eigenen Verhältnisse optimiert werden (z.B. Beibehaltung des Standortes Deutschland)
- Oder es soll konsequent und ohne Zugeständnisse an bestimmte Rahmenbedingungen der Weltbeststand erreicht werden. In diesem Fall muss für alle Produktionsfaktoren deren Einsatzmenge, Qualität und Preis auf Weltniveau gebracht werden. Dies wird oft die Ursache für gravierende Veränderungen von Unternehmensstrukturen sein.
- Es ist selbstverständlich, dass die Ergebnisse dieser Maßnahmen in einer strategischen Unternehmens-Strukturplanung über mehrere Jahre mit ihrem Gesamteffekt auf das Betriebsergebnis dargestellt werden müssen.

Zu 6. **Kommunizieren Sie die Ergebnisse der Benchmark-Studie und gewinnen Sie Akzeptanz.**
Erfolgreiches Benchmarking ist ohne Unterstützung der Beteiligten (Gesellschafter, Mitarbeiter, Kunden und Lieferanten) unmöglich.

Der Erfolg wird weitgehend durch die Akzeptanz der Ziele und Maßnahmen bei allen Beteiligten mitbestimmt. Diesbezüglich wesentliche Maßnahmen sind
- Frühzeitige Einbeziehung aller Beteiligten
- Hohe Mitwirkungsbereitschaft bei allen Beteiligten durch kreative Harmonisierung individueller Ziele mit den Unternehmenszielen gemäß Benchmarking
- Regelmäßige Berichterstattung an die Beteiligten
- Erfolgsbeispiele hervorheben
- Benchmarking-Erfolge in „fairem" Prämiensystem honorieren.

Zu 7. Stellen Sie funktionale Ziele auf.
Ausgehend von den Benchmarking-Erkenntnissen erfolgt eine Überarbeitung bestehender Ziele für die betroffenen Funktionsbereiche (z.B. Umschlagshäufigkeiten in der Materialwirtschaft, Marktanteile und Deckungsbeiträge im Vertrieb).

Zu 8. Entwickeln Sie Aktionspläne.
Bei der Entwicklung von Aktionsplänen sind in Anlehnung an *Camp* zwei Teilaufgaben wahrzunehmen.[93]
a) Spezifikation der erforderlichen Aktionen
   (Wer, was, wann und wie)
   ❑ Spezifikation der Teilaufgabe
   ❑ Reihenfolgeplanung
   ❑ Zuordnung der benötigten Ressourcen
   ❑ Aufstellung eines realistischen Zeitplans
   ❑ Bestimmung der Verantwortlichen
   ❑ Konkrete Definition der geplanten Ergebnisse
   ❑ Planung erfolgssichernder Zwischenkontrollen (Soll/Ist-Vergleiche)
b) Verabschiedung des Plans.

Zu 9. Führen Sie gezielte Aktionen durch und beobachten Sie den Fortschritt.
Dieser Prozessschritt erfordert, wiederum in Anlehnung an *Camp*, die Wahrnehmung der folgenden drei Teilaufgaben:
a) Schaffung einer für die Umsetzung der Aktionspläne (zur Prozessoptimierung) geeigneten Teamorganisation mit verantwortlicher Leitung. Dafür bietet *Camp* folgende vier Lösungsmöglichkeiten an.[94]
   ❑ Übertragung der Einführungsaufgabe an das Linien-Management: Es gibt häufig viele innerbetriebliche Details, die vom Linien-Management am besten verstanden werden und die für den Erfolg und die zeitliche Durchführung wichtig sind. Der Grad der Verantwortungsübernahme und Verpflichtung sollte hoch sein. Zu den Nachteilen gehören der Zeitmangel und der Zeitaufwand, der für die Kontrolle des normalen Betriebes verloren geht.
   ❑ Bildung eines verantwortlichen Projektteams: Dieser Ansatz gestattet es den Linien-Managern, sich weiter auf das Tagesgeschäft zu konzentrieren. Im Team müssen Fachkenntnisse zu jedem betroffenen Bereich vorhanden sein.
   ❑ Ernennung eines „Prozess-Zaren": In den Unternehmen herrscht eine produkt- oder funktionsbezogene Struktur vor. Prozesse gehen meistens über diese Grenzen hinweg. Die Aufteilung eines Prozesses auf mehrere Verantwortungsbereiche erschwert eine Modifikation des Prozesses und niemand fühlt sich für den Prozess verantwortlich. Ein Prozess-Verantwortlicher - Prozess-Zar - ist vertraut mit allen wesentlichen Prozesscharakteristiken, ist verantwortlich für die effektive Durchführung des Geschäftsprozesses. Der Prozess-Zar ermöglicht somit eine effiziente und effektive Gestaltung seiner Geschäftsprozesse.
   ❑ Einsatz eines Leistungsteams: Leistungsteams werden auch als Performance-Teams oder Qualitätszirkel bezeichnet, laut *Gabler*[95] Qualitätszirkel, quality circle, kleine Arbeitsgruppe von Mitarbeitern eines Unternehmens (i.d.R. 3 - 15), die gemeinsam in ihrem Arbeitsbereich auftretende Probleme lösen bzw. zu lösen

---
[93] *Camp, R., C.,* Benchmarking, a.a.O.
[94] Ebenda
[95] *Gabler,* Wirtschaftslexikon, Wiesbaden, Stichwort: Qualitätszirkel

versuchen. Der Qualitätszirkel ist kein Organ des Managements. Er trifft sich regelmäßig, ist weitgehend hierarchielos; der Leiter übernimmt die Moderatorenfunktion. Der einzigartige Vorteil von Leistungsteams ist, sie sind direkt in den Arbeitsprozess einbezogen.
b) Anweisung an die Prozessverantwortlichen, die Prozessoptimierung gemäß Aktionsplan umzusetzen.
c) Unterstützung der Verantwortlichen sowie aller Mitwirkenden bei der Realisierung.

Zu 10. **Nehmen Sie Anpassungen vor.**
Während der Planrealisierung wird sich auch das Leistungsniveau des „Klassenbesten" verändern. Deshalb muss der Benchmark-Prozess im Sinne eines Regelkreises kontinuierlich erneut durchlaufen werden, um zukünftige Leistungsrückstände zu vermeiden.

Außerdem können einzelne Aktionen hinter der geplanten Zielsetzung zurückbleiben und dadurch Zusatzmaßnahmen und/oder Neuplanungen notwendig werden. In dieser Abschlussphase des Benchmark-Prozesses mündet diese Methode „rigoroser Veränderung" zur Erreichung der „Branchen- oder Weltspitze" ein, in die Regeln und Optimierungsmethoden des „continous improvement" die im Kontext von „Total Quality Management" vorgestellt wurden (vgl. Pkt. 5.5.2).

Angesichts der Größe der Herausforderung ein Wort der Ermutigung von *F. la Rochefoucauld*: „In großen Dingen sollten wir uns weniger bemühen, Chancen zu schaffen, als darum, von denen zu profitieren, die sich bieten."

2.4.3.6 Business Process Reengineering mit Hilfe von Tools

Die Restrukturierung von Geschäftsabläufen sollte wegen ihrer Komplexität durch Tools unterstützt werden. Die Möglichkeiten der Unterstützung durch Tools (DV-Werkzeuge) soll am Beispiel des Tools ARIS (Architektur für integrierte Informationssysteme) erläutert werden.[96]
ARIS erlaubt die Darstellung und Dokumentation komplexer Geschäftsprozesse und unterstützt die systematische Veränderung von Arbeitsabläufen mit dem Ziel der Verbesserung. Zunächst müssen die Komponenten eines Geschäftsprozesses geklärt werden.
❑ Ein Geschäftsprozess wird durch ein Ereignis ausgelöst.
❑ Auf ein Ereignis wird mit der Ausführung einer **Funktion** reagiert.
❑ Eine Funktion wird von einer Abteilung oder Person der Organisation ausgeführt, gesteuert und eventuell verändert.
❑ Diese benötigt dafür **Daten**.

Aus dieser Betrachtung eines Geschäftsprozesses ergeben sich vier Beschreibungssichten.
❑ Datensicht
❑ Funktionssicht
❑ di Organisationssicht
❑ Steuerungssicht.

In der **Datensicht** werden die Beziehungen einzelner Datenobjekte mit Hilfe des Entity Relationship Modells dargestellt.
In der **Funktionssicht** können unter anderem Funktionen in Teilfunktionen zerlegt werden.

---
[96] Vgl. *Scheer, A. W.*, Wirtschaftsinformatik, Referenzmodelle für industrielle Geschäftsprozesse, Heidelberg, New York

In der **Organisationssicht** wird die Struktur eines Unternehmens hinterlegt, d.h. ein Unternehmen wird in Geschäftsbereiche, Abteilungen, Funktionsbereiche und Personen gegliedert, die für bestimmte Funktionsbereiche verantwortlich sind.

Mit der **Steuerungssicht** werden die drei anderen Sichten miteinander verbunden. In ihr wird modelliert, wann (Steuerungssicht), wer (Organisationssicht), was (Funktionssicht), womit (Datensicht) durchführt.

Durch dieses Konzept können die Beziehungen der einzelnen Objekte in jeder Sicht sowohl isoliert von der anderen Sicht als auch in Beziehung zu den anderen Sichten betrachtet werden. Durch dieses Konzept werden Geschäftsprozesse in ihre Bestandteile zerlegt und mit der Steuerungssicht wieder zusammengeführt.

Bei der Modellierung eines Geschäftsprozesses können innerhalb einer Sicht mehrere Modelle eines Modelltyps erstellt werden. Ein Geschäftsprozess lässt sich so strukturieren, dass man analog zum Top-Down-Verfahren vom Grobablauf bis zum Feinablauf eines Prozesses mehrere Modelle erstellt. Hinter jedes Objekt lässt sich eine Verfeinerung in Form eines Modells hinterlegen. So ist es möglich, dass man sich entlang dieser Verknüpfungen vom groben Ablauf bis zum Feinablauf eines Geschäftsprozesses bewegen kann. Diese Navigation kann sowohl innerhalb einer Sicht als auch zu anderen Sichten erfolgen. Objekten können Attribute zugeordnet werden, die das Objekt näher beschreiben. So lassen sich z.B. bei Funktionen Kosten und Zeiten für die Bearbeitungsdauer festlegen. Nachdem ein Geschäftsablauf modelliert ist, kann er analysiert werden. Dies kann zum einen aus der visuellen Betrachtung der einzelnen Modelle der einzelnen Sichten erfolgen, zum anderen kann man anhand der Zeit- und Kostenattribute der einzelnen Objekte eine Kennzahlenanalyse durchführen. Da ein Prozess nicht immer durchgehend sequentiell erfolgt, sondern Verzweigungen auftreten können, können diese mit Wahrscheinlichkeiten ihres Eintreffens belegt werden und somit in die Kennzahlenanalyse mit einbezogen werden. Durch die Auswahl eines Start- und Endpunkts wird eine Prozessteilfolge ausgewählt. Die Kennzahlenanalyse liefert Hinweise auf lange Durchlaufzeiten, hohe Kosten etc.

Nach der Analyse erfolgt die Generierung eines Soll-Modells, das analog zur Generierung des Ist-Modells erfolgt. Die Erstellung der Soll-Modelle kann mit Hilfe von Referenzmodellen durchgeführt werden, in denen die typischen Abläufe von Geschäftsprozessen für einzelne Branchen hinterlegt sind. Dabei werden aus dem Referenzmodell die für das Unternehmen relevanten Abläufe übernommen und um die für das Unternehmen zusätzlichen Vorgänge erweitert.

Die Unterschiede zwischen dem Ist- und dem Soll-Modell lassen sich mit Hilfe eines Vergleichs unter Angabe einer Vergleichsart (Existenz, Bearbeitungsart etc.) durchführen, so dass man aufgrund der graphischen Kennzeichnung der Unterschiede einen schnellen Überblick über die Veränderungen bekommt.

In allen vier Bereichen gibt es drei Beschreibungsebenen, die zunehmend softwareabhängiger werden. Aufgrund der kurzen Innovationszyklen im Softwarebereich wird der Ebene, die am

Organisation für die Strategie-Umsetzung 93

unabhängigsten von der Informationstechnik ist, die größte Aufmerksamkeit bei der Modellierung der Prozesse geschenkt. Diese Ebene wird als Fachkonzeptebene bezeichnet, hier ist das fachliche Unternehmensgeschehen dargestellt.

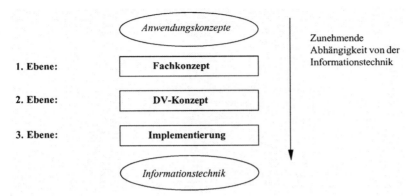

Das Angebot an Workflow Management Tools ist vielfältig. Lotus Notes (San José, CA) wird seit seiner Einführung in 1989 in 4.000 Unternehmen mit über 1 Million Benutzern eingesetzt und gilt als Marktführer. Über Stärken und Schwächen berichtete BYTE in der Ausgabe Januar 1995. Der Process Charter von Scitor (Taunusstein) erlaubt komfortable Prozesssimulation unter Windows, in der für alternative Prozessvarianten Engpässe und Überkapazitäten, also Optimierungsmöglichkeiten farblich aufgezeigt und hervorgehoben werden.

2.4.3.7 Praxisbeispiel: Darstellung von Teilprozessen auf Fachkonzeptebene[97]

Für die Erhebung der von Ereignissen ausgelösten Funktionen unter Beachtung von Organisation und Dateninput und -output kann ein Fragebogen, wie auf der folgenden Seite dargestellt, zweckmäßig eingesetzt werden.

Eine zweckmäßige Form der Dokumentation von Erhebungsergebnissen und/oder Sollvorstellungen zum Prozessablauf zeigen exemplarisch die folgenden Darstellungen zu den Funktionen Disposition und Fertigung im Produktionsunternehmen.

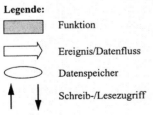

(1) Mit **Funktion** ist ein Arbeitsschritt innerhalb des grau markierten Funktionsbereiches gemeint.

(2) Ein **Ereignis/Datenfluss** ist ein Beleg, der eine Reaktion auslöst, ähnlich dem externen Ereignis der Strukturierten Analyse. Die Reaktion findet als Wahrnehmung einer Funktion statt.

(3) Ein **Datenspeicher** bezeichnet eine Datei, in der Stamm- oder Bewegungsdaten für die Bearbeitung bereitgestellt und nach Bearbeitung dauerhaft gespeichert werden.

(4) Ein **Schreib-/Lesezugriff** bedeutet, dass die Funktion die Daten des Datenspeichers benötigt oder erzeugt bzw. verändert.

---

[97] Darstellung von Sollprozessen vor Einführung von SAP.

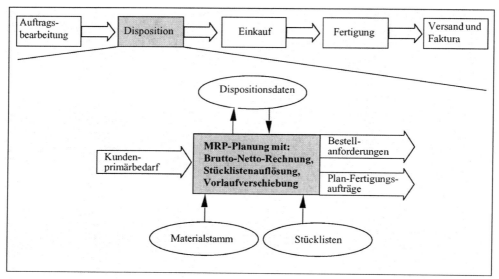

Disposition

1. Bereich

2. Sachbearbeiter

3. Haupttätigkeit

4. Anstoß / vorgelagerte Aktivitäten / Auslöser

	Auslöser	zwingend	nicht zwingend
1.			

Organisation für die Strategie-Umsetzung 95

5. Ablauf- / Tätigkeitskurzbeschreibung

Tätigkeitskurzbeschreibung (Bitte nummerieren)	Häufigkeit	Dauer	Anstoßziffer(n)
1.			

6. Arbeitsunterlagen

Tätigkeit (Nr.)	Datenträger (Bildschirmmaske, Beleg, Vordruck, Telefon, Fax...)	woher	wohin

7. Verbesserungsvorschläge / Wünsche

Die MRP-Planung (Material Requirement Planning) ermittelt mit Hilfe der Stücklisten den Sekundärbedarf und berücksichtigt über die Vorlaufverschiebung auf Basis der Durchlaufzeiten im Materialstamm die Bedarfstermine. Auf allen Ebenen wird eine Brutto-Netto-Rechnung durchgeführt.

In der Disposition müssen Schnittstellen zur Kundenauftragsverwaltung, zur Fertigung und zur Materialwirtschaft bzw. Bestandsführung bestehen. Wichtig für eine DV-gestützte Disposition ist die Zuordnung der Materialien zu den Verfahren der Bedarfsermittlung und Bestellrechnung.

Ergebnis der Disposition und damit Ereignis-Datenflüsse sind Planfertigungsaufträge für eigengefertigte Bauteile und Bestellanforderungen für fremdbeschaffte Teile. Die Planfertigungsaufträge stellen hier das Fertigungsprogramm für die nächste Periode dar.

Optimierungsmöglichkeiten liegen in der Durchlaufterminierung über die Arbeitspläne und in der Benutzung aller zur Verfügung stehender Dispositionsdaten wie Menge, Termine sowie fixe und variable Kosten, zur Ermittlung der wirtschaftlichen Losgröße für Fertigungsaufträge und Bestellanforderungen.

Fertigungsdurchlauf
Im ersten Teil des Fertigungsdurchlaufs wird für die Planfertigungsaufträge mit Eckterminen die Kapazitätsterminierung durchgeführt. Der Belegspeicher Kapazitätsdaten stellt hierbei die Arbeitspläne mit Kapazitätsbedarf, Arbeitsplätze mit Kapazitätsangebot und die schon vorhandene Kapazitätsauslastung für die betrachtete Periode in Form von eingeplanten Fertigungsaufträgen dar.

Zu den dadurch festgelegten Fertigungsterminen werden die JIT-Materialien fertigungssynchron bestellt. Nach der Materialverfügbarkeitsmeldung für die JIT-Materialien werden die Fertigungsaufträge freigegeben. Die Auftragspapiere wie Laufkarte, Materialentnahmescheine für die Nicht-JIT-Materialien und die Lohnscheine können gedruckt werden.

Über die Materialentnahmescheine werden die Materialreservierungen abgebucht.

Auf Basis der Laufkarte entsteht in einzelnen Arbeitsgängen die Baugruppe oder das Endprodukt. Diese Arbeitsgänge werden rückgemeldet, d.h. es werden die Ist-Kosten, Ist-Zeiten, der Ist-Materialverbrauch, der Arbeitsfortschritt und die Qualität über die Betriebsdatenerfassung (BDE) ermittelt. Diese Daten können für einen Vergleich der Soll- und Ist-Kosten zu Controllingzwecken benutzt werden. Auf jeden Fall sind diese Daten Grundlage der Brutto-Lohnabrechnung bei Akkord-Lohn.

Ergebnis der Rückmeldung ist zum einen die Buchung des Wareneingangs auf einen Fertigungsauftrag und zum anderen die Materialverfügbarkeitsmeldung entweder an die nächste Fertigungsstufe oder an den Versand.

Optimierungsmöglichkeiten liegen an dieser Stelle in der Möglichkeit, das ERP-System als Datenbasis für das Controlling zu verwenden und Schnittstellen zur Betriebs- und Finanzbuchhaltung für Logistikcontrolling und Vertriebscontrolling mit Kostenträgererfolgsrechnung zu schaffen.

Organisation für die Strategie-Umsetzung

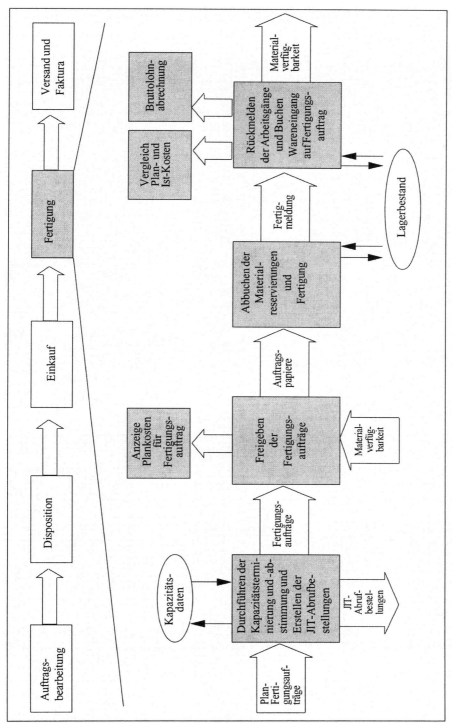

Fertigungsdurchlauf (Terminierung, Freigabe, Realisierung und Abrechnung)

2.4.3.8 Mögliche Gründe für ein Scheitern von Business Process Reengineering

In der Diskussion über Business Process Reengineering nennt *Whit Knox* im Internet, die obigen Gedanken zusammenfassend, folgende Hauptursachen des Widerstandes gegen BPR als „Roots of Resistance to Change":

Erstens kann die Anwesenheit von Reorganisationsberatern im Unternehmen als Kritik an den Mitarbeitern gesehen werden und kann deren Freiheit von Budget-, Infrastruktur- und Prozessrestriktionen Ressentiments auslösen.

Zweitens pflegen Mitarbeiter zu Recht für sich in Anspruch zu nehmen, dass sie nicht dumm seien und mehr wissen über die Aufgabe, Vorgesetzte, das Arbeitsumfeld etc. und deshalb gefragt und nicht trainiert werden möchten.

Drittens zielt Rationalisierung von Abläufen erfahrungsgemäß auf Personaleinsparung. Deshalb ist die Furcht, als Folge von BPR den Arbeitsplatz zu verlieren oder zumindest eine wesentliche Verschlechterung der persönlichen Arbeitsbedingungen hinnehmen zu müssen, sehr berechtigt.

Bedenkt man diese Problematik, dann wird abschließend deutlich, dass vertrauensvolle Zusammenarbeit der Unternehmensführung mit den Mitarbeitern eine notwendige Voraussetzung für den Erfolg ist. Dies schließt mit Sicherheit die Notwendigkeit ein, die Ziele und Interessen des Unternehmens bestmöglich in Einklang zu bringen mit Interessen und Zielen der einzelnen Mitarbeiter.

2.4.4 Schlanke und agile Unternehmensführung
von *John Bicheno*[98]

2.4.4.1 Das schlanke Denken

In ihrem Buch „Die Maschine, die die Welt verändert hat" haben *Womack*, *Jones* und *Ross* nicht nur die JIT-Botschaft, die eine Dekade lang im Westen in aller Munde war, erneuert, sondern auch in eleganter Prosa die Botschaft überbracht, dass westliche Produktionsverfahren zunehmend ins Hintertreffen gerieten und widerlegten überzeugend diejenigen, die sagten „wir haben das schon verwirklicht". Sechs Jahre später, in „Lean Thinking" erneuerten *Womack* und *Jones* noch einmal ihre Botschaft, aber erweiterten sie über die Automobilindustrie hinaus. Diese nachdenklichen Autoren haben Produzenten, aber in gewissem Maß auch Dienstleistern, eine Vision von einer Welt vermittelt, die von der Massenproduktion zum schlanken Unternehmen umgeformt wurde. Die fünf in Kraft gesetzten Prinzipien sind von größter fundamentaler Wichtigkeit. Die Lektüre der Einleitung zu Lean Thinking sollte für jeden Manager verbindlich sein; unglücklicherweise haben die letzten zwei Dekaden gezeigt, dass die Botschaft wahrscheinlich nur in einigen wenigen Fällen zu wirklichen Veränderungen geführt hat.

Ein zentrales Thema von schlankem Denken ist die Vermeidung von Verschwendung (Muda). *Womack* und *Jones* haben einige starke Beispiele dafür gegeben, wie sehr verbreitet diese immer noch ist, trotz zweier Jahrzehnte von JIT und zehn Jahren von Reengineering (Neuentwurf von Geschäftsprozessen). Ein Beispiel betrifft die Produktion von Coca Cola-Dosen aus Aluminium vom Bauxit bis zum Regal des Supermarktes. Dieser Prozess dauert 319 Ta-

---
[98] Mit freundlicher Genehmigung zitiert aus: *Bicheno, J.*, The Lean Toolbox, Picsie Books, Buckingham, S. 12 ff.

ge, in denen nur während 3 Stunden ein Wertzuwachs hinzugefügt wird. Behalten Sie im Gedächtnis, dass es eine Reihe komplexer „Weltklasse"-Gesellschaften auf dieser Strecke gibt.

2.4.4.2 Die fünf Prinzipien schlanker Unternehmensführung

In diesem Abschnitt gewähren wir uns bei der Darstellung von den 5 Prinzipien von *Womack* und *Jones* einige Freiheiten. Einige Manager sind ungehalten in Bezug auf die fünf Prinzipien, weil sie glauben, sie seien in ihrer Industrie nicht anwendbar. Aber das bedeutet, den wesentlichen Punkt zu verfehlen, der darin besteht, eine Vision zu haben: Es mag sein, dass Sie diese zeitlebens nicht verwirklichen, aber versuchen Sie es - andere werden das sicher tun.

Der Ausgangspunkt ist die Definition von Wert aus der Sicht des Kunden. Dies ist eine etablierte Marketingidee (dass Kunden Ergebnisse, nicht Produkte kaufen - ein sauberes Hemd, nicht eine Waschmaschine). Zu oft tendieren Hersteller allerdings dazu, Kunden das zu geben, was bequem für den Hersteller ist oder was sie für den Kunden für sinnvoll halten. *Womack* und *Jones* zitieren die Bündelung von Flugreisen, verbunden mit langen Anreisen zum Flughafen, um Flüge in großen Gruppen zu ermöglichen, die dort starten, wo sie nicht sind und sie dort hinnehmen, wo sie nicht hinzugehen wünschen. Mit Umstiegen und zahlreichen Verzögerungen sehr vergleichbar mit der Cola-Dose. Wie oft wird die Entwicklung neuer Produkte unternommen unter den Restriktionen bestehender Produktionseinrichtungen anstelle der Beachtung von Kundenanforderungen? Natürlich müssen wir wissen, wer der Kunde ist: Der Endverbraucher oder der nächste Prozess oder das nächste Unternehmen entlang der Wertschöpfungskette oder der Kunde unseres Kunden.

Als nächstes identifizieren Sie den Wertefluss. Dies ist die Folge von Prozessen auf dem Wege vom Rohmaterial zum Endkunden oder von der Produktidee zur Markteinführung. Die Lieferkette (oder wahrscheinlich exakter das „Nachfragenetzwerk") nochmals, eine atablierte Idee von TQM (Total Quality Management / *Juran* / Geschäftsprozessentwicklung). Sie sind nur so gut, wie das schwächste Glied; Werteketten konkurrieren miteinander, nicht Gesellschaften. Überdenken Sie Ihre Situation und eliminieren Sie Verschwendung: Der Wertschöpfungsprozess sollte dokumentiert werden, ein ganzer Abschnitt dieses Buches (Pkt. 2.4.3) ist dieser Aufgabe gewidmet.

Das dritte Prinzip heißt fließen. Sorgen Sie dafür, dass Werte fließen. Wenn möglich, nutzen Sie ein Teil im Fluss. Halten Sie es in Bewegung. Vermeiden Sie Stapel und Warteschlangen oder vermindern Sie diese zumindest laufend und reduzieren Sie die Hindernisse auf dem Weg. Versuchen Sie sich an die goldene Regel von *Stalk* und *Hout's* zu halten - erlauben Sie „nie", dass ein Schritt ohne Wertsteigerung eine werterhöhende Bearbeitung verzögert (obwohl dies zeitweise notwendig werden kann). Versuchen Sie zumindest solche Schritte parallel zu vollziehen. Fluss erfordert viele Vorbereitungsaktivitäten zu Just-in-Time.[99] Dazu gehören modulare Konstruktion, Produktplattformen, Fertigungszellen, kleine Maschinen, Reduzierung von Umstellungen, vielseitig einsetzbare Mitarbeiter, Lieferantenpartnerschaft und sog. „enablers", das sind Werkzeuge der Förderung, wie z.B. Total Productive Manufacturing TPM und Total Quality TQ. Aber das wichtige ist die Vision: Sie müssen eine Vorstellung von einer führenden Strategie haben, die Sie unerbittlich in Richtung Fluss voranbringt.

Dann kommt Anforderung (Pull). Nachdem Sie die Rahmenbedingungen für den Fluss geschaffen haben, stellen Sie nur her, was benötigt wird. Anfordern nach Kundenbedarf. Das Prinzip nach Anforderung reduziert Zeit und Verschwendung. Vermeiden Sie Überproduktion. Natürlich muss das Prinzip der Anforderung entlang des gesamten Flussnetzwerkes ver-

---

[99] Cf. *Bicheno, J.*, Cause and Effect JIT, Picsie Books, Buckingham, England

wirklicht werden, nicht nur innerhalb einer Gesellschaft. Deshalb erfordert dies letztlich, den Kundenanforderungen über die gesamte Kette Geltung zu verschaffen. Nun ist es sicher richtig, dass in einigen Industrien ein wirkliches Prinzip nach Anforderung im Sinne sofortiger Reaktion unmöglich ist - man kann nicht einen Orangenbaum über Nacht aufziehen, um einen geforderten Orangentrunk bereitzustellen - aber man kann das Anforderungsprinzip über verschiedene Stadien vom Kunden rückwärts verwirklichen und jede Erweiterung des Prinzips reduziert das Problem unsicherer Vorhersagen.

<u>Endlich kommt Perfektion</u>. Nach der Durcharbeitung der vorgenannten Prinzipien erscheint plötzlich „Perfektion" möglicher. Perfektion bedeutet nicht nur Qualität - es bedeutet, exakt zu produzieren, was der Kunde wünscht, exakt zum Termin (ohne Verzug) zu einem fairen Preis mit einem Minimum an Verschwendung. Seien Sie vorsichtig mit Benchmarking (Vergleich mit dem Besten) - das wirklich Beste ist null Verschwendung, nicht was die Konkurrenz tut.

Man erkennt schnell, dass diese fünf Prinzipien nicht nacheinander anzuwenden sind, sondern eine Reise kontinuierlicher Verbesserung darstellen. Starten Sie heute.[100]

2.4.4.3 Die 15 Merkmale von schlanker Unternehmensführung

Die Literatur über „JIT" und „Lean" enthält einige schöpferische Bücher. Dazu gehören die von *Womack* und *Jones, Schonberger, Hall, Goldratt* und *Imai*. Diese bauen auf den „großen" *Deming, Juran* und *Ohno* auf. Diese zusammenzufassen ist eine fast unmögliche Aufgabe, aber sicherlich gibt es einige gemeinsame Aussagen. Diese 15 scheinen im Kern die wesentlichen zu sein.

- **Kunde** - Der externe Kunde ist Start- und Endpunkt. Versuchen Sie, den Wert für den Kunden zu maximieren. Optimieren Sie für den Kunden, nicht für den eigenen Betrieb. Verstehen Sie die wirklichen Anforderungen des Kunden, was er wirklich schätzen würde, nicht was man ihm liefern könnte.
- **Einfachheit** - Lean ist nicht simpel sondern Einfachheit, die alles durchdringt. Einfachheit in der Fertigung, in Systemen, in der Technologie, in der Überwachung ist das Ziel. Einfachheit wird angewandt auf das Produkt durch Reduzierung der Teileanzahl. Einfachheit wird angewandt auf Lieferanten durch enge vertrauensvolle Zusammenarbeit mit wenigen Partnern. Einfachheit wird auf Werke angewandt, durch Schaffung von Fabriken in der Fabrik, denen besondere Aufmerksamkeit geschenkt wird. Hüten Sie sich vor komplexen Computersystemen, komplexer und großer Automation, komplexen Fertigungsstraßen, komplexen Vergütungssystemen. Wählen Sie die kleinste, die einfachstmögliche Maschine in Übereinstimmung mit den Qualitätsanforderungen.
- **Sichtbarmachung** - Trachten Sie danach, alle Fertigungsschritte so sichtbar und transparent wie möglich zu gestalten, Sichtkontrolle. Verwirklichen Sie die wahrnehmbare Fabrik.
- **Regelmäßigkeit** - Regelmäßigkeit sorgt für die Vermeidung von Überraschungen in der Fertigung. Wir leben unser Leben mit Regelmäßigkeit (Schlaf, Frühstück etc.); wir sollten unsere Fertigungen auf der gleichen Basis gestalten. Suchen Sie „Wiederholungsprodukte" und stellen Sie sie in gleichen Zeitabschnitten her, das reduziert Lager, verbessert Qualität und erlaubt Einfachheit in der Kontrolle. „Zeitdosierung" für die Einführung neuer Produkte verkürzt den Produktentwicklungszyklus und macht Innovation zur Normalität.

---

[100] Weiterführende Literatur: *Womack, J.*, Lean Thinking, Simon and Schuster, New York

- **Synchronisation** - Versuchen Sie die Fertigung „am Laufen zu halten". Sorgen Sie für Fluss, insbesondere der einzelnen Teile. Synchronisieren Sie Fertigungsabschnitte, so dass die Ströme zeitgerecht eintreffen.
- **Anforderung** - Versuchen Sie, Fertigungslose auf die Losgrößen der Kundennachfrage abzustimmen. Vermeiden Sie Überproduktion. Realisieren Sie anforderungsbasierte Nachfrageketten, nicht fertigungs-/angebotsbasierte Lieferketten. Die gesamte Anforderungskette sollte der Nachfragemenge des Kunden folgen. In Nachfrageketten sollte dies der Endkunde sein, nicht entstellt durch den Einfluss von „Kraftakten".
- **Verschwendung** - Verschwendung ist lokalisierbar. Erkennen Sie diese und versuchen Sie ihre Reduzierung. Jeder, vom Präsidenten bis zur Putzfrau, sollte ständig eine „Verschwendungsbrille" tragen.
- **Prozess** - Organisieren Sie und denken Sie in Prozessen, unter Lieferkettengesichtspunkten. Denken Sie horizontal nicht vertikal. Konzentrieren Sie sich auf den Weg, den das Produkt nimmt, nicht auf den Weg von Maschinen oder Menschen oder Dienstleistungen. Stellen Sie den Prozess graphisch dar, um ihn zu verstehen.
- **Vorsorge** - Suchen Sie Problemen vorzubeugen, anstatt sie zu inspizieren und zu fixieren. Verschieben Sie die Aufmerksamkeit vom Fehler und dessen Bewertung auf die Vorbeugung. Inspektion des Prozesses, nicht des Produktes ist Vorbeugung.
- **Zeit** - Versuchen Sie überall Zeit einzusparen, bei der Lieferung und bei der Einführung neuer Produkte. Nutzen Sie gleichzeitige parallele und überlappende Aktivitäten in der Produktion, in der Konstruktion und im Kundendienst. Versuchen Sie, dass nie ein Wertschöpfungsschritt durch einen Schritt ohne Wertschöpfung verzögert wird. Zeiteinsparung ist die beste überall notwendige Maßnahme.
- **Verbesserung** - Jedermann muss sich um Verbesserung bemühen, und zwar um ständige Verbesserung. Sorgen Sie dafür, dass Verbesserung „durchgesetzt" und ertragen wird, sowohl als Wertzuwachs wie als Durchbruch. Verbesserung ist mehr als Reduzierung von Verschwendung, sie trägt zur Innovation bei.
- **Partnerschaft** - Suchen Sie kooperatives Arbeiten, sowohl intern zwischen Funktionen wie extern mit Lieferanten und Kunden. Lieferketten konkurrieren, nicht Unternehmen. Auch die Mitarbeiter sind Partner, suchen Sie den Aufbau von Vertrauen.
- **Gemba** - Gehen Sie an den Arbeitsplatz und suchen die Tatsachen. Führen Sie durch Herumgehen. Durchsetzung erfolgt in der Fabrik, nicht im Büro. Ermutigen Sie überall zum Geist von Gemba.
- **Veränderung** - Veränderung erfolgt in jedem Prozess. Versuchen Sie diese zu verringern. Messen Sie diese, erkunden Sie die Grenzen und lernen Sie zwischen natürlicher Veränderung und speziellen Ereignissen zu unterscheiden. Managen Sie diese. Bauen Sie angemessene Flexibilität ein. Sichern Sie das System gegen Schocks.
- **Partizipation** - Geben Sie den Werkern als erste Gelegenheit, Probleme zu lösen. Alle Mitarbeiter sollten an der Verantwortung für Erfolg und Misserfolg teilhaben. Wahre Partizipation schließt volle Teilhabe an Information ein.

2.4.4.4 Agile Fertigung

Schlank wurde schlank genannt, weil dabei von allem weniger eingesetzt wird; weniger Platz, weniger Bestände, weniger Menschen, weniger Zeit. *Womack* und *Jones* zeigten dies souverän in ihren Büchern. Aber die Welt der Produktion ist nie statisch. Für die Produktion ist eine neue Zeit angebrochen.

- *Cusumano* und *Nobeoka* zeigten, dass die Japaner mehr Zeit, mehr Projektmanager, mehr gemeinsame Teile in 1990 als in 1980 einsetzten. Möglicherweise wird mehr Aufmerksamkeit den Kosten, der Vielfalt und den Dienstleistungen als der Zeiteinsparung gewidmet.
- Der Einsatz von Plattformen und Modularität wächst in allen Industrien. Sie werden anscheinend fundamentale Gebäude, die nicht nur größere Produktvielfalt und Flexibilität ermöglichen, sondern auch die Rolle der Lieferanten neu definieren.
- Vermeidung von Verschwendung steht immer noch im Zentrum, aber Verschwendung wurde weiter definiert und schließt heute den Produktlebenszyklus und den Ressourcenschutz ein. Toyota sagte kürzlich in einer Time-Beilage, dass ein Auto, wie eine Katze, neun Leben mit recycelten Materialien haben sollte.
- Benetton fertigt in einem Netzwerk von elektronisch verbundenen Partnern.
- VW nutzt die teilweise Ausgliederung der Montage in seinem Werk in Brasilien.
- Ford bewegt sich in Richtung einer Ausgliederung der Endmontage und das Unternehmen scheint sich selbst mehr als Hersteller globaler Konsumgüter und Lieferant von Dienstleistungen als als Autohersteller zu sehen. Ein Montagekontraktor stammt aus der Fiat-Gruppe, einem direkten Konkurrenten. Ford will sich konzentrieren auf die Entwicklung, Markenbildung, das Marketing und Dienstleistungen.
- Daimler-Chrysler benutzt ein eigenes ausgegliedertes System, um den Smart herzustellen. Verschiedene Lieferanten haben Kapazitäten im Werk.
- Der Einsatz von Lieferantenkonzepten vom Typ „JIT-II" ist schnell gewachsen, seit seiner Einführung bei Bose in 1990.
- Der gewaltige Anstieg von Herstellungsverfahren mit Recycling seit den 90er Jahren ist eine stille Revolution, ein Trend, der sich sicher beschleunigen wird. „Wieder-Herstellung" erfordert häufig extreme Flexibilität und völlig neue Methoden im Bereich von Stücklisten und Materialkontrolle. Gegenwärtig ist noch kein allgemeines Handbuch bekannt, das sich mit diesem signifikanten Trend befasst.
- Der Einsatz von Intranet und Internet. Zum Beispiel: General Motors Saturn-Fabriken nutzen Windows NT-basiertes Intranet zur Überwachung von 120.000 Kontrollpunkten und Honda verwirklichte einen 24-Stunden pro Tag weltweit verteilten Konstruktionsprozess.

Es gibt eine erhebliche Konfusion über den Begriff „Agil". *Kidd* stellt hilfreich fest, dass schlanke Fertigung notwendig, aber nicht hinreichend für agile Fertigung sei. *Ansari* dagegen sagt: „Schlanke Fertigung ist ein breites Konzept und umfasst Begriffe wie flexible Fertigung, Kundenanpassung in der Massenfertigung und sogar agile Fertigung". Ein herausragendes Beispiel von Agilität auf der Grundlage von Schlankheit zeigte sich im Falle des Feuers bei Aisin. Dieser alleinige Toyotalieferant für P-Ventile erlitt im Februar 1997 ein katastrophales Feuer. Innerhalb weniger Tage sandten zahlreiche Lieferanten aus dem Netzwerk von Toyota, von denen zahlreiche keinerlei Erfahrung mit der Herstellung dieser Teile hatten, Muster an Aisin zur Prüfung vor deren Versand an Toyota. Der Geist von Problemlösungsentschlossenheit und Partnerschaft, den Toyota gepflegt hatte, war wahrscheinlich der Hauptgrund, weshalb nur wenige Tage Produktion in der Endmontage verloren wurden. Der andere Grund war die Breite und Tiefe von Konstruktionsfähigkeiten, sowie der Wille, erst die Probleme zu lösen und dann die Entschädigung zu klären, sowie die Existenz einer Lieferantenvereinigung. Wenn es etwas gibt, dass die Verpflichtung zu Just-in-Time und Schlankheit verstärkte, dann war es diese Erfahrung.

Einige agile Hersteller nehmen für sich in Anspruch, dass ihre Ziele anders sind, als die von schlanken Herstellern. Aber es ist schwierig zu erkennen, auf welche Weise. So stellte beispielsweise das „Japanische Konsortium für Fertigung im 21. Jahrhundert" neun Herausforderungen heraus, die ein agiler Automobilhersteller erfüllen muss. Diese sind (1) seine Abhängigkeit von Vorteilen aus der Massenfertigung zu durchbrechen, z.B. durch Reduzierung von Rüstzeiten, (2) die Herstellung von Fahrzeugen in kleiner Zahl, z.B. durch den Einsatz von Produktplattformen, (3) einen „Dreitageswagen" anzustreben (3 Tage ist die Dauer von der Erteilung eines Auftrages bis zum Erhalt des Fahrzeuges mit der gewünschten Spezifikation), (4) viele kleine Montagestätten zu haben, die nah beim Kunden platziert sind, anstelle von Großfabriken, (5) den maximalen Gebrauch gemeinsamer Teile anzustreben, (6) Arbeit interessant und herausfordernd für die Werker zu gestalten, (7) Kunden in die Produktentwicklung einzubinden oder zumindest in die Produktspezifikation, (8) Lieferantenpartnerschaften aufzubauen, (9) schnelle und exakte Datenanalyse. Nach Auffassung des Autors überlappen diese Ziele erheblich mit denen der schlanken Fertigung.

Was ist also „agil"? Kurzgefasst kann man sagen, zu den Kosten-, Qualitäts- und Lieferzielen von schlank ist ein Flexibilitätsziel hinzugetreten: $A = (K + Q + L) + F$. Eine wahrscheinlich vernünftige Beschreibung ist, dass schlanke Fertigungen in der bestmöglichen Weise kombiniert werden mit der Nutzung von Computernetzwerken, kreativer Teamarbeit und angemessener Automation sowie bestem Umweltbewusstsein und dem besten Kundenservice.

Weiter gefasst schließt „Agilität" die Integration von Kerntüchtigkeiten und Kompetenzen aus verschiedenen Organisationen ein, um Überzeugungskraft, Flexibilität, Kosten- und Serviceziele zu erreichen. Eine agile Partnerschaft mag für einen kurzen Zeitraum oder für eine lange Periode bestehen und schließt Partner ein, die sich unabhängig von ihrer Größe häufig als Gleiche betrachten. Die wichtige Sache ist, dass jeder Partner in die Gruppe eine besondere Tüchtigkeit einbringt.

Mit der Ausweitung der Internetnutzung nimmt die Möglichkeit, agile Fertigungen aufzubauen und zu betreiben von Tag zu Tag zu. Kleine Unternehmen oder sogar Individuen sind schon Mitglieder von agilen oder virtuellen Fertigungsunternehmen. Auf dieses Weise kann ein agiler oder virtueller Hersteller in der Lage sein, Produkte kurzfristig auf den Markt zu bringen, zu niedrigen Kosten bei Minimierung des Risikos unter Zugang zu Märkten außerhalb der Reichweite der meisten Partner, wenn sie allein vorgehen würden.

Ein Erfordernis für agile Fertigung mit verschiedenen Partnern ist, dass alle kompatible DV-Systemen betreiben. So wird es möglich, dass ein Entwicklungshaus Zulieferern und Montagestätten ein System hinunterlädt, das diese zur elektronischen Synchronisierung ihrer Fertigungspläne nutzen. Damit dies Erfolg haben kann, müssten sich Mitglieder einer virtuellen oder agilen Gruppe vorqualifizieren.

Das System CALS (computer aided logistics system) der US-Regierung hat Standards zur Dokumentation aufgestellt, die im Begriff sind, weltweit angewandt zu werden.

2.5 Synthese in der Produktprogrammplanung

2.5.1 Planung von Deckungsbeiträgen und Betriebsergebnis

Der oben erläuterte Blick nach innen, außen und nach vorn muss in einer **Wirtschaftlichkeitsanalyse und -planung** zusammengefasst und quantifiziert werden. Grundlage bildet die Umsatzanalyse bzw. -prognose minus der variablen Kosten (= Deckungsbeiträge). Die erzielten bzw. geplanten Deckungsbeiträge werden den Fixkosten je Produktgruppe bzw. -division in der Vergangenheit, Gegenwart und überschaubaren Zukunft gegenübergestellt.

Die entwickelten Strategien müssen in einer quantitativen Gesamt-Ergebnisplanung mit Deckungsbeitragszielen je Produktgruppe zusammengefasst und quantifiziert werden.

Grundlage bildet die Umsatzplanung minus der variablen Kosten (= Deckungsbeiträge) je Produktgruppe. Von der Summe der je Produktgruppe geplanten Deckungsbeiträge ist die Gesamtheit der geplanten Fixkosten abzuziehen, das ergibt das Plan-Betriebsergebnis.

Nur so wird für alle verantwortlichen Beteiligten im Unternehmen deutlich, wie sich Abweichungen von geplanten Terminen, Mengen, Preisen und Kosten auf das Gesamtunternehmen auswirken und dass nicht erreichte Plan-Deckungsbeiträge, z.B. aufgrund von Innovationsverzögerungen, Absatzstockungen oder Preisverfall, Anpassungen im Fixkostenblock notwendig machen, die in der Regel einen Personalabbau nach sich ziehen. Positiv ausgedrückt: Das Gesamtunternehmen muss sich als ein gemeinsames Team zur Erreichung der Plandeckungsbeiträge in der Pflicht sehen, um im Markt zu bestehen.

Jeder Unternehmensplan, auch der **strategische Unternehmensplan**, erfordert deshalb für jedes Jahr über die Gesamtheit der Produkte (Planungseinheiten) eine klare Darstellung der Deckungsbeiträge (vgl. Abbildung), die zur Unterstreichung der Dringlichkeit (bei zahlreichen PGs) treffend als „Liegendes L" bezeichnet werden kann.

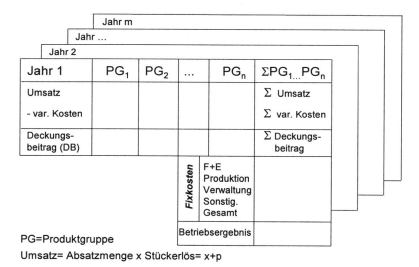

Darstellung der Deckungsbeiträge „Liegendes L"

Auf dem Weg zu dieser unverzichtbaren Synthese „seriöser" strategischer Unternehmensführung wird sich ein Mix der in diesem Kapitel erläuterten Methoden als sinnvoll erweisen. Darüber hinaus definiert das folgende Ablaufschema „Systemanalyse (Detailprogramm) zur Produktfindung und Programmplanung" die notwendigen Arbeitsschritte, die zunächst für die Analyse und Status-Quo-Prognose (ohne Maßnahmen) gelten und anschließend für ein optimistisches, wahrscheinliches und pessimistisches Szenario durchgearbeitet werden müssen. Nur so gewinnt das Management umfassende Klarheit über die Situation sowie Chancen und Risiken, die das Unternehmen nutzen und meistern muss.

Synthese in der Produktprogrammplanung

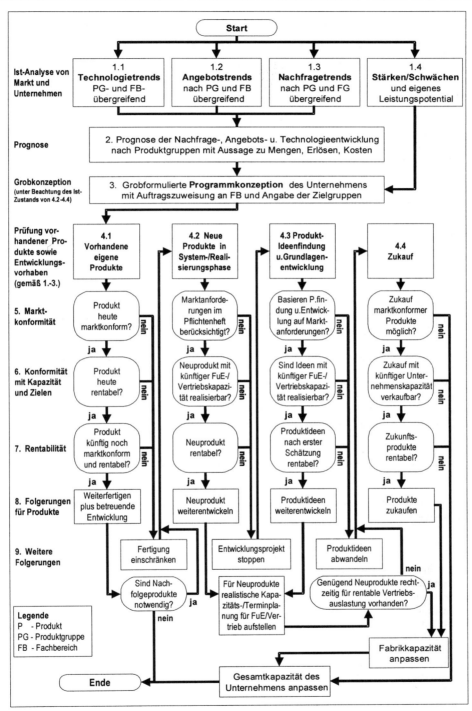

Systemanalyse (Detailprogramm) zur Produktfindung und Programmplanung

2.5.2 Praxisbeispiel: Produktprogrammplanungsverfahren eines internationalen Großunternehmens der Investitionsgüterindustrie

Das nachfolgende Praxisbeispiel entspricht dem Ablauf in der vorangegangenen Abbildung.

I. **Analyse der erfolgsbestimmenden Unternehmensmerkmale**
   (1) Bildung von Marktsegmenten unter Beachtung der Käufergruppen und Produkte mit entsprechenden Merkmalen
   (2) Analyse und Prognose der Markt-, Konkurrenz- und Produkttechnologie und Kostenentwicklung unter Beachtung von Wechselwirkungen und Konkurrenz zwischen benachbarten Marktsegmenten (Einzelheiten dazu vgl. Ziffer II)
   (3) Stärken und Schwächen des Vertriebes
      ❑ Inland
      ❑ Ausland
   (4) Stärken und Schwächen der Technik
      ❑ Entwicklung
      ❑ Fertigung
   (5) Sonstige Stärken und Schwächen, z.B.
      ❑ Kaufmännischer Bereich
      ❑ Struktur- und Ablauforganisation
   (6) Umsatz-, Deckungsbeitrags- und Kostenanalyse und -prognose je Produktgruppe und Marktregion mit dem Instrument der ABC-Analyse
   (7) Kapazitäts- und Kostenanalysen für alternative eigene Fertigungsstandorte und -verfahren
   (8) So weit möglich Vergleichsanalysen wie zu (6) und (7) für die wichtigsten Konkurrenten
   (9) Prüfung von Diversifikationsmöglichkeiten
   (10) Synthese-Bericht mit Hinweisen auf erforderliche und mögliche Verbesserungen und Alternativen.

Eine mangelhafte Erledigung der Ziffern (6) bis (8) führt in der Praxis vielfach dazu, dass die **Konkurrenzleistungen der Zukunft unterschätzt** werden und dass unsere Produkte von morgen erfolglos sind, weil sie zum Zeitpunkt der Markteinführung wieder nur besser sind als die Konkurrenzprodukte von gestern! Die Gefährlichkeit eines solchen Fehlers und Mangels macht es notwendig, die weitere Produktprogrammplanungsarbeit, die je Marktsegment und/oder Produktgruppe geleistet werden muss, näher zu spezifizieren.

II. **Verbindliche Untersuchungs- und Planungsschritte je Marktsegment und/oder Produktgruppe, Vorbemerkung**

Für jede Produktgruppe müssen für eine angemessene Mehrjahresperiode, in der Regel fünf Jahre, die Gesamtgrößen für Nettoerlös, variable Kosten (Herstellkosten) und Deckungsbeitrag ermittelt und den zugehörigen Fixkosten (insbesondere den Einmalkosten in Entwicklung, Fertigung und Vertrieb (inklusive Kundendienst und Lagerbereich) gegenübergestellt werden. Der Break-Even-Umsatz je Produktgruppe muss bekannt sein. Die im Folgenden genannten Daten kennzeichnen das zu erarbeitende Informationsminimum, das nach einheitlicher Form für jede Produktgruppe zu ermitteln und anschließend zur Unternehmensplanung zusammenzuführen ist.

1. **Analyse und Prognose**
   1.1 Marktprognose je Marktsegment in Menge (später ergänzt um Umsatzwert durch Multiplikation von Absatzmenge und erwarteten mittleren Marktpreisen), getrennt nach wichtigen Vertriebsregionen (Inland, Ausland ...)
   1.2 Definition der Marktsegmentscharakteristiken mit Technologieprognose
   1.3 Marktpreisprognose (getrennt für jeden Teilmarkt) unter Beachtung der Konkurrenzentwicklung und der erwarteten Herstellkostenentwicklung in Marktpreis-Bandbreiten (Maximum, Mittel, Minimum). Wichtiges Feld der Zusammenarbeit zwischen Vertrieb, Entwicklung und

Arbeitsvorbereitung inklusive weltweit „Ausschau haltender Beschaffungspreisanalyse". Achtung: Wie dramatisch kann die Wirkung werden, wenn wir nicht erkennen, dass die Konkurrenz fähig ist, die Preise aufgrund von Herstellkostenvorteilen oder wegen überlegener Produkttechnologie um beispielsweise 30 % zu senken. In einem solchen Fall droht Umsatzeinbruch bis zu Illiquidität.

  1.4 Prognose der Konkurrenzentwicklung unter besonderer Berücksichtigung der erwarteten Strategien und Herstellkosten der Konkurrenz (d.h. der wichtigsten zwei bis drei Konkurrenten).

  1.5 Ist-Analyse (Stärken, Schwächen, Ertragskraft) des gegenwärtigen Produktprogramms, so weit nicht bereits in I (6) erledigt, zur Berücksichtigung unter 2.3.

2. **Strategie**

  2.1 Marktanteilsziele und Absatzprognose in Stück auf Basis von 1.1 und 1.4.

  2.2 Produktprogramm-Laufzeittabelle mit Angabe von Marktsegment, Marktpreis Inland und Herstellkosten. Inlandpreis erlaubt in der Regel über einen Faktor die Ableitung der Exportpreise, nachdem Exportmärkte analysiert und deren Preise ebenfalls prognostiziert wurden. Diese Laufzeittabelle ist für kritische neue Produkte oder Produkte mit Engpässen in der Fertigung sowie bei auslaufenden Produkten für mehrere Jahre in Quartalen zu erstellen, um gravierende Fehlplanungen - Zeitdiskrepanzen - zwischen Vertrieb und Fertigung auszuschließen. Beispiel: Im ersten Quartal kann nicht verkauft werden, was im dritten Quartal erst hergestellt wird. Bedenke, die Konkurrenz füllt nicht wahrgenommene Verkaufsmöglichkeiten sofort auf, d.h. für Serienprodukte, was ein Quartal (oft sogar einen Monat) nicht verkauft wurde, das ist unwiederbringlich an die Konkurrenz verlorener Umsatz. Das muss der Planer der Technik sagen! Und Maßnahmenvorplanung (bis zur Netzplantechnik) hat hier vorbeugend vorzusorgen. Hier entscheidet die Kommunikation auf kurzen Wegen zwischen Fachkräften. Der Dienstweg ist notwendig für Entscheidungen, aber nicht allein maßgeblich für gute Lösung von Sachfragen.

  2.3 **Abgleich** der Strategie mit bisherigen Planungen oder mit einer besonders zu erstellenden **Status-Quo-Prognose**, d.h. einer Prognose, was das Unternehmen erreichen würde, wenn so weiter gearbeitet würde wie bisher. Dieser Arbeitsschritt ist systematisch und realistisch auszuführende Grundlagenarbeit für eine Beurteilung der Machbarkeit der Strategien gemäß Ziffer 2.1 und 2.2.
Dieser Abgleich hat insbesondere zu betreffen
- ❑ Marktanteilsziele
- ❑ Herstellkosten
- ❑ Erlöse
- ❑ Deckungsbeiträge und gegebenenfalls
- ❑ Verknüpfung der regionalen Liefermengen mit den Produktionsstandorten
- ❑ Vorsichtige Zeitschätzung für den Fertigungsanlauf und die Lieferbereitschaft (mit einwandfreier Qualität und realistischer Menge) für neue Produkte.

  2.4 Erforderliche wesentliche **Voraussetzungen und/oder Maßnahmen und deren Kosten zur Verwirklichung der Strategie.**

3. **Durchrechnung**

  3.1 Umsatz (= Absatz mal Erlös auf Basis mittlerer Marktpreis, Absatz = Marktvolumen mal Marktanteilsziel in %)

  3.2 - Herstellkosten

  3.3 = Deckungsbeitrag

  3.4 Einmalkosten
- ❑ Entwicklung (inklusive betreuende Weiterentwicklung)
- ❑ Fertigungsinvestition
- ❑ Sonstige (z.B. Vertrieb inkl. Kundendienst und Werbung)

  3.5 Wichtige Anmerkung zur Synthese im Unternehmensplan: bedenke, es gilt generell näherungsweise für Fob-Preis von Exoten: Fob-Preis = Durchschnittlicher Exportmarktpreis minus Kosten der ausländischen Vertriebsorganisation minus CIF-Kosten, das sind die Kosten für den Exportvorgang (Fracht und Versicherung).

4. **Risiko- und Chancenbeurteilung** sowie Verbesserungsvorschläge
   4.1 Prämissenverzeichnis mit Prämissenkritik mit Bewertung, d.h. Quantifizierung der Auswirkung möglicher Prämissenänderung in positiver und negativer Richtung
   4.2 Folgerung für mögliche Alternativen
   4.3 Empfehlung für Produktdiversifikation
5. **Pflichtenheft mit Target Costing**
Eine Systematisierung der erforderlichen Pflichtenhefte und deren Verdichtung zu Tabellenform hat Checklistencharakter und erweist sich als sehr effizientes Steuerungs- und Kontrollinstrument zur Durchsetzung frühzeitiger und systematischer Definition aller wichtigen Merkmale neuer Produkte und trägt dadurch wesentlich zum Erfolg der Produktprogrammplanung und -realisierung bei. Im Pflichtenheft sind je Produkt Zielkosten nach den Regeln des Target Costing festzulegen, wie unter Pkt. 3.3.1.6 dargestellt.

Zu 1.1 Marktprognose

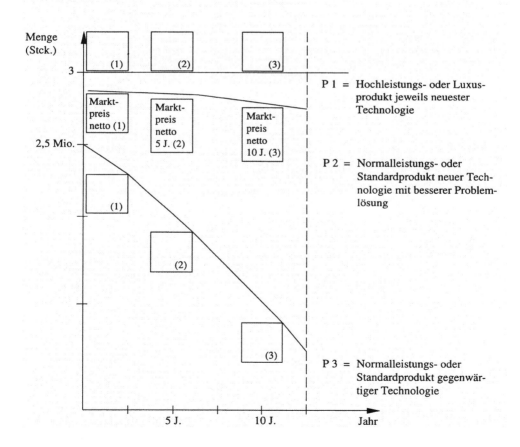

Synthese in der Produktprogrammplanung

zu 1.2 Marktsegmentcharakteristika

Je Segment	im Ist 20..	in 3 - Jahren 20..	in 8 - Jahren 20..
- Anwendungsbereich			
- Anwenderzielgruppen			
- Referenzbeispiel für Anwendung			
- Beratungsintensität			
- Vertriebsweg			
- Typische Produkte			
.. Eigene			
.. Konkurrenz			
- wesentliche Technologie-Merkmale nach Baugruppen			
- Vollkosten			
- Herstellkosten			
- Einstandspreis Zukauf *			
- Herstellkosten Bandbreite im Markt			
- Endverbraucherpreis / Inland			

* vergleichbar nach best. Zuschlägen mit Vollkosten

zu 1.3 Prognose der Endverbraucherpreise in Bandbreiten je Marktsegment (ohne MwSt., ohne Kursprognose)

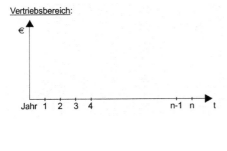

Pos.	Markt-segment		Jahr 1	Jahr 2	...	Jahr n-1	Jahr n	%-Veränd. n-1
		max. ø min.						
		max. ø min.						
		max. ø min.						

zu 1.4 Technologie-/Kosten- und Marktpreisprognose

Kostenvergleich möglicher Produkte		
preisniedrig	preishoch	
Merkmal	Merkmal	Mehrkosten
gesamt Kostendifferenz		
entspricht einer Marktpreisdifferenz		

zu 1.5 Veränderung der Umsatz- und Deckungsbeitragsstruktur (nach Division)

Division	vor 5 Jahren					vor 3 Jahren			vor 1 Jahr				
	Eigenfert.		Zukauf		Summe	E	Z	Σ	Eigenfert.		Zukauf		Summe
	€	%	€	%	€				€	%	€	%	€
1													
2													
3													
4													
Summe													

Divison	vor 5 Jahren				vor 3 Jahren				vor 1 Jahr			
	Umsatz		DB		Umsatz		DB		Umsatz		DB	
	€	%	€	%	€	%	€	%	€	%	€	%
1												
2												
3												
4												
.												
.												

zu 2.1 Absatzermittlung in Stück je Region

Markt-segment (1)	Vertriebs-bereich (2)	Marktprognose in Stck. (3)				Marktanteilsziel in % (4)				Absatzprognose in Stck. (5) = (3) x (4)			
		Jahr 1	Jahr 2	...	Jahr n	Jahr 1	Jahr 2	...	Jahr n	Jahr 1	Jahr 2	...	Jahr n

Entwicklung des Marktanteils für den Vertriebsbereich westeurop. Ausland (in %)

Pos.	Marktsegment	Jahr 1	Jahr 2	Jahr 3	- - -	Jahr n-1	Jahr n

Entwicklung des Absatzes für den Vertriebsbereich westeurop. Ausland (in Tsd. Stück)

Pos.	Marktsegment	Jahr 1	Jahr 2	Jahr 3	- - -	Jahr n-1	Jahr n

[x] Gesamtmarktvolumen auf Basis Marktforschung mit Technologieprognose

Synthese in der Produktprogrammplanung

zu 2.2 Laufzeitentabelle

Jahr / Prod.					1		2		3	...	n-1		n	
1.1														
1.2														
. . .														
3.3	400		100		0		0		0					
3.4	0		150		250		400		400					

- nur Striche mit Quartalsteilung
  z.B. wie 1.1 ab 2. Jahr 2. Quartal
- oder mit Jahresstückzahlen
  z.B. wie 3.3 und 3.4

zu 3.1 - 3.3

Marktsegment Gerät		Summe	Jahr 1	Jahr 2	- - -	Jahr n
1	Marktpreis				- - -	
2	ø Erlös je Stück					
3	Fracht/Verpackung					
4	Provision				- - -	
5	Herstellkosten/ Einstandskosten					
6	Werkzeugkosten					
7.1	DB 1 in € je Stück [2-(3+4+5+6)]					
7.2	DB 1 in % je Stück [7.1:2x100]				- - -	
8	Absatz in Stück				- - -	
9	Umsatz in € [2x8]				- - -	
10	Σ DB 1 [7.1x8]				- - -	

zu 3.2 Ermittlung der Herstellkosten und des Marktpreises/Inland je Stck.

Marktsegment	Gerät		Jahr 1	Jahr 2	...	Jahr n
		Marktpreis Inland				
		Herstellkosten				

zu 3.4.1 Entwicklungskosten je Gerät (einschl. betreuender Entwicklung, Gütesicherung und Umlagenplanung)

Markt-segment	Gerät		Einheit	Gesamt-summe	aufgelaufen bis Planjahr	Summe 1 - n	Planj. 1	Planj. 2	...	Planj. n
		- Neuentwicklung - betreuende Entwicklung - Gütesicherung	MJ MJ MJ							
		Zwischensumme - Entwicklungsplanung, ...	MJ MJ							
		Σ - Mannjahr (MJ) Σ - Entwicklungskosten	MJ €							

zu 3.4.2 Investitionskosten je Gerät

Markt-segment	Gerät		Gesamt-summe	aufgelaufen bis Planj. 1	Summe 1 - n	Planj. 1	Planj. 2	...	Planj. n
		- Investitionen für Maschinen, Prüfanlagen, etc. - Betriebsmittel-Investitionen inkl. aktivierte Änderungen, Zweit- und Ersatzanfertigung, sowie Werkzeugkasten für Einkaufsteile - Rationalisierungsinvestitionen - Klasse 4 Kosten: Änderungen, Reparaturen, etc.							

zu 4.1

Prämissen	Prämissenbedingte Ergebnisbandbreite	
	Chancen*	Risiken*
*Chancen und Risiken müssen quantifiziert werden		

2.6 Ermittlung des Unternehmenswertes nach dem Brutto-DCF-Verfahren
von *Oliver Ahnfeld*[101]

Der Wert eines Unternehmens ist auf vielfältige Weise bestimmbar und ist dabei von subjektiven Urteilen beeinflusst. Dabei muss man zwischen vergangenheits- und zukunftsorientierten Verfahren unterscheiden. Zu den vergangenheitsorientierten Verfahren zählt u.a. die Substanzwertmethode oder der Bilanzwert. Diese Verfahren basieren in der Regel auf den Jahresabschlüssen der letzten Jahre. Dabei unterliegt die Bewertung der verschiedenen Vermögenspositionen sehr unterschiedlich großen Unsicherheiten. Modernere Verfahren berücksichtigen in ihrer Wertermittlung die Zukunftsaussichten des Unternehmens. Dabei wird auf Basis eines strategischen Finanzplanes der zukünftige Erfolg gemessen. Zu diesen Verfahren zählen u.a. die Ertragswert- und die Discounted Cash Flow-Methode. Auf die Methode des Discounted Cash Flow in der Bruttoausprägung (DCF-Brutto) soll an dieser Stelle näher eingegangen werden.

Wie kann man also den Erfolg eines Unternehmens messbar machen? Wie kann man den Wert des Namens, des Images oder etwaiger Patente in Erfolg ausdrücken? Die Basis für die Messung des Erfolges stellt der strategische Finanzplan dar. Dieser sollte für 3-5 Jahre alle wichtigen Ein- und Ausgabeposition enthalten, denn der Name oder das Image eines Produktes spiegeln sich in seinem Verkaufserfolg wider. Die jährlichen Verkaufserlöse in der Zukunft müssen deshalb geschätzt werden. Damit diese Schätzungen möglichst glaubwürdig sind, sollten sie aus Erfahrungswerten der Vergangenheit ableitbar sein. Ein weiteres Mittel zur Abschätzung des Risikos der Verkaufszahlen ist die Anwendung von Szenarien sowie Alternativprognosen mit wahrscheinlichen, optimistischen und pessimistischen Annahmen. Die jährlichen Ausgaben sind, ausgehend von den Umsatzerlösen, einfacher bestimmbar.

Der sich daraus ergebende strategische Finanzplan sollte mit einer Gewinn- und Verlustrechnung und einer Bilanz- und Cash Flow-Planung verknüpft werden und damit geschlossen sein. Für die Bestimmung des Unternehmenswertes nach der DCF-Bruttomethode wird der so genannte Free Cash Flow (FCF) benötigt. Dieser ergibt sich aus der folgenden Grafik.

Der so ermittelte Free Cash Flow steht anteilig den Eigenkapitalgebern zu, da der FCF den Jahresüberschuss in abgewandelter Form enthält. Neben den Eigenkapitalgebern steht der Free Cash Flow anteilig auch den Fremdkapitalgebern zu, da die Zinsaufwendungen im FCF enthalten sind. Daher heißt diese Methode, im Unterschied zur DCF-Netto-Verfahren bei dem die Fremdkapitalzinsaufwendungen schon vorher abgezogen wurden, DCF-Brutto-Verfahren.

Warum ist der FCF ein Maß für den Unternehmenswert? Bei der Investitionsrechnung wird die durchschnittliche Verzinsung des eingelegten Kapitals als Güte für die Investition angesehen. Die Höhe der Überschüsse ist maßgeblich für die Verzinsung verantwortlich. Der Free Cash Flow stellt analog dazu das Äquivalent der Überschüsse bei einer Investitionsrechnung dar, denn die Einlage von Kapital (sowohl EK als auch FK) stellt eine Art der Investition dar, die verzinst werden soll.

Wenn der Free Cash Flow in der strategischen Finanzplanung vorliegt, wird dieser mit einem geeigneten Kalkulationszins auf den heutigen Tag diskontiert. Dabei wird der Finanzplan in eine Detail- und Pauschalperiode unterteilt. Die Detailperiode setzt sich aus den ersten 3 bis 5 Planjahren zusammen.

---

[101] *Ahnfeld, O.*, PLANCO CONSULTING GMBH, Hamburg

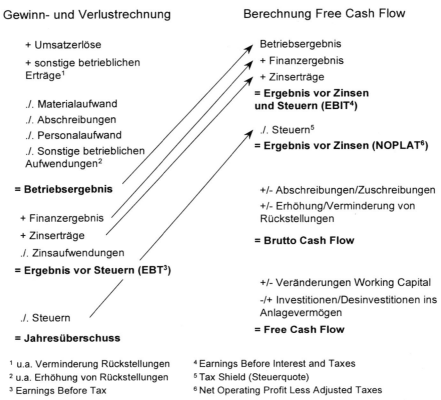

[1] u.a. Verminderung Rückstellungen
[2] u.a. Erhöhung von Rückstellungen
[3] Earnings Before Tax
[4] Earnings Before Interest and Taxes
[5] Tax Shield (Steuerquote)
[6] Net Operating Profit Less Adjusted Taxes

Für Zwecke der Unternehmensbewertung reicht eine zeitlich begrenzte Planungsrechnung üblicherweise nicht aus, da ansonsten die (theoretisch) unbegrenzt fließenden Ausschüttungen unberücksichtigt blieben. Deshalb ist nach Ende des letzten im Detail entwickelten Planjahrs für die Folgejahre die „Ewige Rente" bzw. der diese beeinflussende Prämissenkatalog zu schätzen. Bei der Pauschalperiode wird aus diesem Grunde das letzte Planjahr (3 oder 5) fortgeschrieben.

Ferner muss in der Ewigen Rente eine Vollausschüttung des Bilanzgewinns unterstellt werden, da alle von Investoren getätigten Beiträge langfristig eine maximale Ausschüttung als Ziel haben. In der Praxis übliche Thesaurierungen werden zur Stärkung der Eigenkapital-Finanzierungskraft und als Risikovorsorge vorgenommen. Da alle finanzierungsrelevanten Sachverhalte (wie z.B. Investitionen) aber bereits eingeplant sind, wäre eine Thesaurierung wirtschaftlich gleichbedeutend mit dem Aufbau liquider Mittel. Aus Eigenkapitalgebersicht sind nicht reinvestierte Mittel jedoch unternehmenswertmindernd, da deren Verzinsung üblicherweise unter den Renditeforderungen der Kapitalgeber liegt.

Für die Bestimmung eines geeigneten Kalkulationszinses der Eigenkapitalgeber wird das Capital Asset Pricing Model (CAPM) herangezogen. Dieser ergibt sich nach:

Kapitalisierungszins = risikoloser Zinssatz + Risiko (ß) x Marktrisikoprämie

Der risikolose Zinssatz wird üblicherweise von dem landesüblichen Zinssatz für risikoarme Kapitalanlagen (z.B. öffentliche Anleihen mit einer Laufzeit von 8-15 Jahren) abgeleitet. Da

Ermittlung des Unternehmenswertes nach dem Brutto-DCF-Verfahren

bei einer Unternehmensbewertung von einer unendlichen Laufzeit ausgegangen wird, erfolgt noch ein Zuschlag von 2,0 % für das Liquiditäts- und das Zinsänderungsrisiko.

Anhand verschiedener empirischer Untersuchungen konnte festgestellt werden, dass Renditen von Aktien die Renditen von öffentlichen Anleihen bei weitem übersteigen. Dieser Renditenunterschied kann als Marktrisikoprämie eines Investors verstanden werden, die er für die Anlage in risikobehaftete Wertpapiere erwartet. Empirische Studien haben gezeigt, dass dieser Renditeunterschied zwischen 5 % und 7 % liegt.

Die Marktrisikoprämie wird weiterhin durch das unternehmensspezifische Risiko beeinflusst. Dies wird durch den ß-Faktor beschrieben, der die Schwankungselastizität des Anteils im Vergleich zu Marktschwankungen ausdrückt. Ein ß von null bedeutet, dass ein Wertpapier nicht von Marktschwankungen berührt wird, ein β von eins, dass das Wertpapier genau die gleichen Schwankungen wie der zugrunde liegende Markt zeigt.

Folgende Beispielrechnung zeigt eine Renditeerwartung eines Eigenkapitalgebers in Höhe von 9%:

6% (Anleihe 4% + 2% Zinsänderungsrisiko) + 0,5 (ß) x 6% = 9%

Die Renditeerwartung der Fremdkapitalgeber ist die durchschnittliche Verzinsung des Fremdkapitals im betreffenden Jahr und kann leicht im strategischen Finanzplan abgelesen werden. Der Diskontierungsfaktor des Free Cash Flow ist nun eine Mischung der Renditeerwartungen der Eigen- und Fremdkapitalgeber. Diese Mischung errechnet sich nach den Weighted Average Cost of Capital (WACC), den gewichteten Kapitalkosten. Sie werden bestimmt nach

$$WACC = EK_{Quote} \times EK_{Rendite} + FK_{Quote} \times FK_{Zins} \times (1-s)$$

Beispiel

$$WACC = 0{,}25 \times 9\% + 0{,}75 \times 5\% \times (1-40\%) = 4{,}50\%$$

Die Eigenkapitalquote liegt in diesem Beispiel bei 25% und der Fremdkapitalzins bei 5%. Da Steuern abziehbare Aufwendungen darstellen, werden die Fremdkapitalzinsen um diesen Faktor gekürzt (es wurde eine Steuerquote von 40% unterstellt). Aufgrund der Geschlossenheit des Finanzplanes und der Variation der Fremdkapitalstruktur des Unternehmens ändert sich natürlich der anzuwendende Diskontierungsfaktor für den Free Cash Flow jedes Jahr.

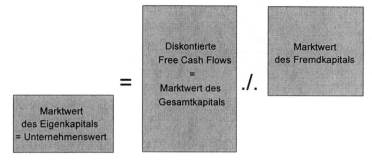

Die Free Cash Flows der Detail- und Pauschalperiode werden mit dem dazugehörigen Diskontierungsfaktor abgezinst. Die Summe der abdiskontierten Free Cash Flows spiegelt den Marktwert des Gesamtkapitals wider. Vom Marktwert des Gesamtkapitals wird der Marktwert des Fremdkapitals (im allgemeinen Höhe des Fremdkapitals in der Bilanz) abgezogen und man erhält der Marktwert des Eigenkapitals und damit den Unternehmenswert (siehe obige Grafik).

Fragenkatalog zu Kapitel 2

1. Stellen Sie Phasen, Ziel und Inhalt von Strategie Workshops dar. — 2.1
2. Strukturieren Sie die Aufgaben Strategischer Analyse und Prognose. — 2.2
3. Spezifizieren Sie Inhalt und Kontext von Vision, Mission u. genereller Zielplanung. — 2.2.1
4. Stellen Sie den Prozess der Umfeldanalyse dar. — 2.2.1
5. Erläutern und begründen Sie mit Skizze das Branchenstrukturmodell von *Porter*. — 2.2.2
6. Strukturieren Sie einen hypothetischen Risiken-Chancen-Katalog zur Umfeldanalyse. — 2.2.2
7. Formulieren Sie einen Auftrag zur GAP-Analyse mit Ziel, Schrittfolge u. Beurteilung. — 2.2.3
8. Welche Ansätze bietet die Produkt-Markt-Matrix nach *Ansoff* zur Schließung des GAP? — 2.2.3
9. Geben Sie eine SWOT-Analyse in Auftrag mit Schrittfolge und Erläuterung. — 2.2.3
10. Skizzieren Sie die möglichen Ergebnisse einer Potenzialanalyse zweier Unternehmen. — 2.2.3
11. Erläutern Sie Schritte u. Aufbau einer strategischen Bilanz mit Beurteilung der Methode. — 2.2.3
12. Erläutern u. beurteilen Sie Methoden der qualitativen Prognose bei großer Unsicherheit. — 2.2.4
13. Geben Sie einen kurzen Überblick über Methoden zur Strategiefindung und -bewertung. — 2.3
14. Erläutern Sie zur Marktsegmentierung einen Überblick über Ziel, Kriterien, Anforderungen, mit Beispielen und Unterscheidung zwischen Konsum- und Investitionsgütern. — 2.3.1
15. Erläutern Sie die Hauptrichtungen von *Porters* Wettbewerbsstrategien. — 2.3.2
16. Was besagt der Outpacing-Ansatz von *Gilbert/Strebel?* — 2.3.2
17. Entwickeln Sie das klassische Produktlebenszyklus-Konzept mit Details und Folgerungen. — 2.3.2
18. Was besagt die Erfahrungskurve und was ist ihr Funktionsgesetz? — 2.3.2
19. Skizzieren Sie *Porters* Wertkette und erläutern Sie Blickrichtung u. Einsatzmöglichkeiten. — 2.3.2
20. Wie definieren und beurteilen Sie die Erarbeitung einer Industriekostenkurve? — 2.3.2
21. Erstellen Sie Kundenwertformel; erläutern Sie die Eignung und mögliche Alternativen. — 2.3.2
22. Geben Sie einen Überblick über Erfolgsfaktoren lt. PIMS-Programm. — 2.3.3
23. Nennen Sie Portfolio-Modellen Ziel, Aufbau, Arbeitsschritte, Normstrategien u. Probleme. — 2.3.3
24. Nennen Sie die Stufen der Strategie-Bewertung und -Auswahl. — 2.3.3
25. Definieren Sie die Aufgaben und Instrumente zur Strategie-Umsetzung. — 2.4
26. Definieren Sie die wesentlichen Begriffe der Organisation. — 2.4.1
27. Skizzieren Sie die Grundformen der Struktur/Aufbauorganisation. — 2.4.2
28. Erläutern Sie die Gestaltungsregeln effizienter Aufbauorganisation. — 2.4.2.2
29. Erläutern Sie Notwendigkeit, Chancen u. Schritte des Business Process Redesign (BPR). — 2.4.3
30. Skizzieren Sie zu BPR eine „what is Map" u. erläutern Sie Tools u. Enabler. — 2.4.3
31. Skizzieren Sie den Benchmarking-Prozess. — 2.4.3.5
32. Stellen Sie einen Teilprozess (z.B. einen Fertigungsdurchlauf) grafisch dar. — 2.4.3.7
33. Nennen Sie Essentials für den Erfolg u. mögliche Gründe für das Scheitern von BPR. — 2.4.3.8
34. Erläutern Sie die fünf Prinzipien schlanker Unternehmensführung. — 2.4.4.2
35. Wie definieren Sie Agile Fertigung? — 2.4.4.4
36. Stellen Sie den Ablauf einer Systemanalyse zur Produktprogrammplanung dar. — 2.5
37. Wie ermitteln Sie die Synthese der strategischen Planung mit jährl. Betriebsergebnissen. — 2.5
38. Stellen Sie die Ermittlung des Unternehmenswertes nach dem Brutto-DCF-Verfahren dar. — 2.6

Teil II: Gestaltung des Leistungsprozesses

3 Marketing

3.1 Aufgaben und Organisation

Als Marketing bezeichnet man heute die Gesamtheit aller Aktivitäten, die darauf ausgerichtet sind, den nachhaltigen Erfolg des Unternehmens im Markt systematisch zu sichern. **Marketing** ist nach *Meffert*[1] die bewusst **marktorientierte Führung des gesamten Unternehmens**. Dies umfasst die Planung, Koordination und Kontrolle aller auf aktuelle und potentielle Märkte ausgerichteten Unternehmensaktivitäten. Dazu gehören nach *Hill*[2] die folgenden **Elemente**:

- Alle Aktivitäten und Prozesse, die mit Absatz oder Vermarktung von Gütern und Dienstleistungen sowie den Transaktionen zwischen Abnehmern und Herstellern zu tun haben
- Die gezielte und systematische Marktbearbeitung basierend auf Marktforschungsergebnissen über Markt, Konkurrenz, Konsumentenverhalten und Wirkung einsetzbarer Instrumente
- Eine absatzmarktorientierte Unternehmensführung, die alle Aktivitäten systematisch und wirksamer und effizienter als die Konkurrenz an Abnehmerbedürfnissen ausrichtet, um die Erreichung der Ziele zu gewährleisten.

Der Begriff **Customer Relationship Management (CRM)** konkretisiert diese Aufgabe übereinstimmend wie folgt:[3]

- **Customer**: Zu bestehenden und potentiellen Kunden müssen langfristige, belastbare Vertrauensbeziehungen aufgebaut werden. Das gilt besonders für diejenigen Kunden, mit denen der wesentliche Teil der Deckungsbeiträge erwirtschaftet wird. Die Notwendigkeit besonders intensiver Bearbeitung dieses Kundenkreises unterstreicht der üblich gewordene Begriff **Key Account Management**.
- **Relationship**: Dazu dient die individuelle Behandlung der bestehenden und potentiellen Kunden.
- **Management**: Es erfordert die Fähigkeit, alle Interaktion mit gegenwärtigen und potentiellen Kunden über organisatorische und räumliche Grenzen hinweg zielstrebig zu entwickeln.

Durch den Wandel vom **Verkäufermarkt**, auf dem angebotene Produkte aufgrund allgemeinen Mangels unschwer ihren Käufer finden, zum **Käufermarkt**, auf dem die Entwicklung eines relativ anspruchsvollen Bedarfes der Kunden über die Absatzchancen von Produkten entscheidet, ist in den Unternehmen ein **Prioritätenwechsel** notwendig geworden, von der Dominanz des Produktionsbereiches zum Vorrang des Marketingbereiches. Dabei ist zu beachten, dass die systematische Ausrichtung des Unternehmens auf die Anforderungen des Marktes mit einem hohen Maß von Einflussnahme des Marketing auf alle anderen Funktionsbereiche des Unternehmens verbunden ist, der durch zweckmäßige **Struktur- und Prozessorganisation** Rechnung getragen werden muss. Die Entwicklung von der Produktions-, zur Marketingorientierung der Unternehmen zeigt die folgende Tabelle von *Magyar*[4].

---

[1] *Meffert, H.*, Marketing, S. 7 f.; in vielen deutschen Unternehmen werden die Linienaufgaben des Marketingbereiches nach synonym als Vertrieb bezeichnet, dem die Analyse- und Planungsaufgaben als Stabstelle Marketing zugeordnet sind.
[2] *Hill, W.*, Marketing-Management, UTB, Bern, Stuttgart
[3] *Kohlert, H.*, Marketing für Ingenieure, München, S. 235
[4] *Magyar, K. M.*, Das Marketing-Puzzle, Landsberg/Lech

Orientierung Marketingauffassung Periode	Produktion Pré-Marketing bis ca. 1920	Verkauf angebotsorientiert ca. 1920-1950	Markt nachfrageorientiert ca. 1950-1970	Marketing Neo-Marketing ab ca. 1970
Merkmale des Umfeldes und Folgewirkung	• Industrielle Revolution • Billige Energiequellen • Ergiebige Rohstoffvorkommen • Massen- statt Einzelfertigung • Steigende Anlagenproduktivität durch technischen Fortschritt	• Landflucht, Entstehung von Ballungszentren • Weltwirtschaftskrise und Rezession • Verbessertes Verkehrs- und Transportwesen • Leistungsfähigere Kommunikationstechnologie	• Technologische Wissensexplosion (2. Weltkrieg), bessere Materialien, Werkstoffe, Verfahren • Wachstum, Steigerung Bruttosozialprodukt, Lebensstandard • Computerzeitalter, Multinationalisierung • Verwissentschaftlichung des Managements	• Generelle Konjunkturwende, Staatsverschuldung • Struktur- und Wertewandel, steigendes Umweltbewusstsein • Konsumentenorganisationen, Verbraucherschutz • Konzentrationsprozesse, Wettbewerb auf regionaler, nationaler und internationaler Ebene
Merkmale der Anbieter	• Produktions- und arbeitstechnische Probleme • Konzentration auf Scientific Management (Taylorismus) • Dominanz von Technikern, Ingenieuren, Finanzfachleuten • zumeist regionale Markträume • Absatzfunktion zumeist der Produktion unterstellt • Fokus des Managements auf Finanzwirtschaft, Rentabilität	• Produktivitätssteigerungen • Unausgelastete Kapazitäten • Pumpen von Produkten in Handelskanäle für Neukunden • Agressive Werbung • Neue Distributionsformen mit wachsender Vermarktungs- und Distributionskomplexität • Aufwertung der Verkäufer (direkt der Leitung unterstellt)	• Nachahmungseffekte, Verkürzung der Produktlebensdauer • Wahl der richtigen Produkte, um Fehlplanung zu verhindern • Kampf um Spitzenpositionen der Innovativität • Fokus auf Probleme und Erwartungen der Nachfrager • Zunehmende Differenzierung • Breite Auffächerung des Marketingspektrums, einschließlich Koordination und Integration	• Sättigung der Märkte in den westlichen Industrienationen • Wachstum nur auf Kosten und gegen die Konkurrenten • Konzentration auf eigene Stärken und Kompetenzen • Schaffung von Nachfrage durch clevere Lösungen/Konzepte • Differenzierung für genau definierte Segmente • Ziel: Gute Position auf interessanten rentablen Märkten
Merkmale der Kunden	• Massen- statt Klassenmärkte aufgrund der Güterknappheit • Niedrige Einkommen breiter Bevölkerungsschichten • Preis ist entscheidendes Auswahlkriterium für Konsum	• Kundenknappheit • intensive koordinierte Verkaufsanstrengungen zum Absatz nichtlebensnotwendiger Güter	• Zunehmendes Anspruchsniveau breiter Schichten • Hohe Kaufkraft und Nachfrage • Wegwerfmentalität	• Wohlstandsgesellschaft mit hohem Lebensstandard • Im Überfluss lebende Regionen

Die Entwicklungsstufen des Marketing

Die **Mitwirkung des Ingenieurs und Informatikers** ist insbesondere in folgenden Teilaufgaben als Beitrag zur Wettbewerbsfähigkeit notwendig und erfolgsbestimmend:
- **Marktforschung** als Voraussetzung eines marktgerechten Produktprogramms und der termingerechten flexiblen Bereitstellung der Absatz- und Produktionsmengen
- **Produktplanung**, d.h. Sicherung hinreichender Deckungsbeiträge durch marktgerechte Weiter- und Neuentwicklung von Produkten und deren kostenoptimale Herstellung
- **Angebotserarbeitung** für technische Produkte in konkreter Zusammenarbeit mit den Kunden
- Praktische Abwicklung von Kundenaufträgen mit **Qualitätsmanagement und Kundendienst** im Rahmen technischer Serien- und Einzelfertigung
- Minimierung der Anzahl der Ebenen und **Überwindung von Kommunikationsmängeln** in der Strukturorganisation durch **Teambildung** und kundenfreundliche **Beschleunigung der Geschäftsprozesse.**

Dieses Kapitel behandelt die Werkzeuge für effiziente Mitarbeit an diesen Aufgaben mit Hinweisen auf andere dazu relevante Abschnitte.

Die **Marketingorganisation** ist ein für den Gesamterfolg besonders wichtiger und zugleich schwieriger Teilbereich der Unternehmensorganisation. Die Schwierigkeit liegt darin begründet, dass das Marketing eine Vielzahl von Stabs- und Linienaufgaben umfassen kann, die sich im Tagesgeschäft u.U. behindern können. Darüber hinaus ist mit allen anderen Unternehmensbereichen, besonders Forschung und Entwicklung, der Produktion und dem Servicebereich, der Logistik, der DV-Abteilung, aber auch Finanzen und Personal, eine enge Zusammenarbeit und Abstimmung zu pflegen.

Eine **erfolgreiche Marketingorganisation** kann demgemäss nur konzipiert werden, wenn der Organisator das Zusammenspiel zwischen Stab und Linie[5] und mit den anderen Unternehmensbereichen gut abgestimmt ordnet. Ausgehend von den branchenspezifischen Anforderungen des jeweiligen Marktes und der Strukturorganisation des Unternehmens ist die Marketingorganisation so zu regeln, dass folgende Teilaufgaben erfolgreich wahrgenommen werden:

a) Kompetenzen (Handlungsrechte) und Verantwortung (Pflichten) müssen übereinstimmend und zugleich so verteilt sein, dass schnelle und effiziente Kommunikation zwischen den Funktionsbereichen gewährleistet ist.
b) Zukunftsmärkte müssen durch kreative und rentable Produktinnovation erkannt und erschlossen werden.
c) Auf bereits erschlossenen Märkten müssen mit bestehenden Produkten Marktanteil, Absatz, Umsatz, Deckungsbeitrag und Rentabilität planmäßig gesichert werden.
d) Das erfordert eine zügige und wirksame Erfüllung aller Marketingfunktionen, d.h. effiziente und effektive Handhabung der Marketing-Instrumente.
e) Reduktion der Abstimmungsverluste mit anderen Unternehmensabteilungen durch die Schaffung leistungsfähiger und hochmotivierter interdisziplinärer Teams.
f) Das erfordert selbstverständlich auch die Ausschaltung von Misstrauen und Egoismus durch Motivation für gemeinsame Ziele, Offenheit im Umgang mit relevanten Informationen und Fairness in der Führung.

---

[5] Linienabteilungen sind mit Weisungsbefugnissen ausgestattet und erreichen Effizienzvorteile in der Abwicklung von Tagesaufgaben. Stabs- oder Zentral-Abteilung erarbeiten z.B. Richtlinien oder Planungsvorgaben, jedoch ohne Weisungsrechte, aber zumeist ausgestattet mit speziellen Forschungs-, Entwicklungs- oder Planungskapazitäten.

Die folgende Abbildung fasst die unter Pkt. 2.4.2 behandelten Regeln der Strukturorganisation zusammen.

Eindimensionale Gliederung der Organisation				Mehrdimensionale Gliederung	
Linienorganisation				Stab-Linien-Organisation	Matrix-organisation
Funktions-Orientierung	Objektorientierung			Ergänzung des Liniensystems durch Stabsstellen	reine Matrix-organisation (gegliedert nach 2 Dimensionen) / Tensor-organisation (gegliedert nach 3 Dimensionen)
	Produkt-/ Produktgruppen-orientierung	Kunden-/ Kundengruppen-orientierung	Regionen-orientierung		

Grundmodelle der Marketing-Organisation[6]

Die folgende Abbildung zeigt eine in der Praxis bewährte funktionale Organisation eines mittelständischen Unternehmens.

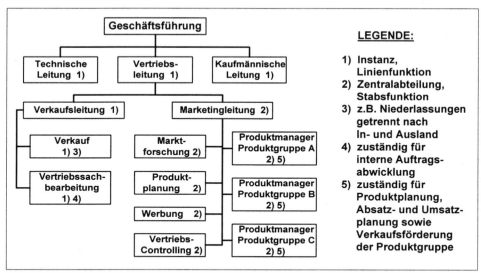

Modell einer Marketing-Organisation für ein mittleres Unternehmen

Das Unternehmen ist funktional in die Bereiche Technik, Vertrieb und kaufmännische Angelegenheiten gegliedert. Dabei unterstehen der Vertriebsleitung für den Verkauf und die Ver-

---

[6] *Meffert*, a.a.O., S. 981

kaufsabwicklung die entsprechenden Linienabteilungen sowie eine Stabsabteilung Marketing. Zum Marketingbereich sind Verantwortliche für die wichtigsten Teilaufgaben benannt.

Sieht man zunächst von den Produktmanagern A, B und C ab, so kann festgehalten werden, dass die vorgestellte Organisationsform geeignet ist, in kleinen Unternehmen mit nur einer Produktgruppe gute Erfolge im Marketing zu erzielen. Unzulänglich wird diese Organisation erst, wenn das Unternehmen wächst und in allen Funktionsbereichen Interessenkonflikte durch Entwicklung, Produktion und Vertrieb unterschiedlicher Produkte entstehen, die sich in ihrer Technologie und der Inanspruchnahme der Kapazitäten der Funktionsbereiche deutlich unterscheiden.

Durch Schaffung sogenannter **Produktmanager** als Mitglieder des Marketing-Stabes sollte dann versucht werden, das Ergebnis je Produktgruppe zu optimieren. Ihre Aufgabe ist, eine Vernachlässigung von Forschung, Entwicklung, Fertigung und Vertrieb in Bezug auf das Produkt, für das sie verantwortlich sind, durch systematische Planung, Beratung und Berichterstattung an die Geschäftsleitung zu vermeiden und durch gute Kooperation mit den Leitern der Funktionsbereiche den Erfolg ihres Produktbereiches zu sichern.

Sobald sich Technologie und Kapazitätsbedarf unterschiedlicher Produktbereiche sehr stark auseinanderentwickeln, erweist sich der Einsatz von Produktmanagern im Rahmen einer im übrigen funktionalen Organisation häufig als zu schwach. Systematische Innovation im Bereich komplexer Produkttechnologien erfordert starke Teams aus allen Funktionsbereichen. Mit wachsendem Markterfolg muss i.d.R. ergänzend auf eine Beschleunigung der Produktentwicklung, eine systematische, gleichzeitige Rationalisierung der Fertigung plus Optimierung von Logistik und Vertrieb geachtet werden. Der Gesamtheit dieser Forderungen kann ein Produktmanager i.d.R. nicht entsprechen, weil er keine disziplinarischen Befugnisse ausübt. Damit ist eine Situation definiert, in der sich die Frage stellt, ob von der funktionalen Strukturorganisation des Unternehmens auf eine **Divisionalisierung**, d.h. Gliederung nach Produktbereichen übergegangen werden muss.

Vor der Einführung einer Unternehmensorganisation nach Produktbereichen ist zu bedenken, dass diese die vorgenannten Schwächen, d.h. Unzulänglichkeiten in der Produktinnovation und Marktdurchsetzung, beheben kann. Das gilt allerdings nur, wenn gleichzeitig die geeigneten Führungskräfte verfügbar sind. Außerdem muss beachtet werden, dass die Schaffung von Divisions i.d.R. mit erheblichen Mehrkosten im Managementbereich verbunden ist. Diese Maßnahme muss also mit "durchschlagenden" Markterfolgen verbunden sein, um sich als rentabel zu erweisen. Anders ausgedrückt; zur Divisionalisierung eines Unternehmens gehört eine sinnvolle Mindestgröße. Die Zweckmäßigkeit kann im Rahmen einer mittelfristigen Unternehmensplanung überprüft werden.

Die Fähigkeit, flexibel auf wechselnde Kundenanforderungen zu reagieren, ist heute ein erfolgsbestimmendes Merkmal des Qualitätsmanagements (zu dokumentieren nach ISO 9000). Deshalb muss die Zuordnung und Festlegung von Rechten (Kompetenz) und Pflichten (Verantwortung) als wesentlicher Teil der Strukturorganisation **effiziente Prozessorganisation** ermöglichen. Die Reorganisation von Geschäftsprozessen (BPR) ist vielfach (durch drastische Lieferbeschleunigung und Kosteneinsparungen) für die Erhaltung der Wettbewerbsfähigkeit entscheidend. Zur Vertiefung vgl. Pkt. 2.4.3 BPR und Pkt. 5.4.2 JIT). Die folgende Abbildung zeigt die Aufgaben des Marketing als Managementprozess von der Analyse bis zur Kontrolle in Anlehnung an *Meffert*.[7]

---

[7] *Meffert, H.*, Marketing, a.a.O.

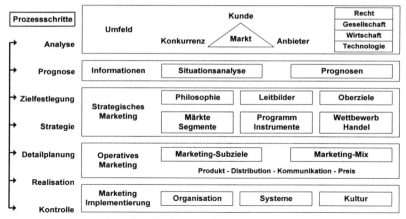

Aufgaben des Marketing als Managementprozess

Entscheidungsaufgaben der operativen Marketingplanung müssen aus konkreten kurz- und mittelfristigen Zielen für die Produkt-, Kontrahierungs-, Distributions- und Kommunikationspolitik[8] abgeleitet werden, wie z.B. Marktanteilsziel von x% und Markteinführungstermin für ein neues Produkt, Verbesserung des Deckungsbeitrages beim Fachhandel um y%, Werbebudget von z. Diese sog. Instrumentenziele sind der konkrete Rahmen für die Entwicklung operativer Marketingmaßnahmen und zugleich Vorgaben für die laufende Erfolgskontrolle (vgl. Kap. 10 Operatives Controlling und Kap. 11 Bereichscontrolling).

3.2 Analyse der Ausgangslage

3.2.1 Analyse der Marketingsituation

Die folgende Abbildung zeigt die üblichen marketingrelevanten Analyseaufgaben, die in der Praxis dem konkreten Fall angepasst werden müssen.

Umfeld-situation	Konkurrenz-situation	Lieferanten-situation	Handels-situation	Kunden-situation	Markt-situation	Unternehmens-situation
■ Politische Rahmen-bedingungen ■ Wettbewerbs-recht ■ Umweltschutz-Gesetzgebung ■ Gesellschaft-liche Normen ■ Gesamtwirt-schaftliches Wachstum	■ Anzahl und Größe der Konkurrenten ■ Wettbewerbs-intensität ■ Marktstellung der Konkur-renten ■ Machtverhält-nisse ■ Kooperations-möglichkeiten	■ Anzahl Lieferanten ■ Abhängigkeit von Liefer-anten ■ Lieferzuver-lässigkeit ■ Kooperations-bereitschaft ■ Technische Ausstattung	■ Einkaufs-entscheidungs-verhalten ■ Handels-bedürfnisse ■ Technologische Ausstattung ■ Machtausübung durch den Handel ■ Handelskonzen-tration ■ Kooperations-bereitschaft	■ Kundendemo-graphie/Kunden-struktur ■ Einstellungen ■ Qualitäts-/Serviceanfor-derungen ■ Wiederkauf-verhalten ■ Kaufkraft	■ Marktauf-teilung ■ Polarisierung ■ Technolo-gischer Wandel ■ Marktvolumen ■ Sättigungs-grad	■ Marktstellung ■ Leistungs-programm ■ Kapitalausstattung ■ Vertriebs-organisation ■ Innovationsstärke ■ Mitarbeiter-fluktuation ■ Kostenstruktur ■ Unternehmens-image ■ Zusammenarbeit mit externen Marketingstellen

Analyse der Marketingsituation[9]

---

[8] Zu einzelnen Entscheidungen der jeweiligen Marketing-Mix-Instrumente vgl. Pkt. 3.3
[9] *Bruhn*, a.a.O.

Analyse der Ausgangslage

Zur Ableitung erfolgversprechender Marketingstrategien und -maßnahmen ist eine verständnisreiche Kenntnis der Situation und Veränderungen der Unternehmensumwelt erforderlich. Dazu gehören (vgl. folgende Abbildung) die unmittelbare Aufgabenumwelt (Mikroumwelt) und die sogenannte Makroumwelt. Aktionen einflussreicher Umweltschutzgruppen (z.B. Boykottaufrufe) oder neue EU Richtlinien (z.B. Werbeverbote für Tabakwaren, Mindestprofiltiefe für Reifen, jährliche Sicherheitsprüfungen von PKWs älter 6 Jahren oder Abgasvorschriften für Hausheizungen) können gefährlich oder hilfreich für die Entwicklung ganzer Branchen werden.

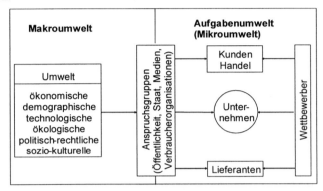

Unternehmensumwelt als Aktionsfeld des Marketing[10]

Die Entwicklung des Kundenverhaltens (unterschieden nach Konsumenten und Organisationen) und die Potentiale und Ziele der Hauptkonkurrenten verlangen hohe Aufmerksamkeit der für das Marketing Verantwortlichen.

3.2.2 Kaufverhalten von Konsumenten

Motive des Kaufverhaltens von Konsumenten bleiben einer direkten Beobachtung häufig schwer zugänglich. Um dennoch einen gewissen Erklärungsbeitrag zur Wirkungsweise und Beeinflussung von Konsumenten mittels Marketingmaßnahmen leisten zu können, wurden innerhalb der Konsumentenforschung der vergangenen 30 Jahre vielfältige Partial- und Totalmodelle des Käuferverhaltens entwickelt. Die Behandlung der diesbezüglichen Erklärungstheorien sprengt den Rahmen dieses Buches[11]. Für den Praktiker können folgende Erkenntnisse im konkreten Fall einen ersten Einstieg in die Theorie des Käuferverhaltens ermöglichen.

Erfahrungsgemäß wird Käuferverhalten weitgehend durch **Bedürfnisse** bestimmt.[12] Diese sind Gefühle des Mangels, begleitet von dem Wunsch, den Mangel zu beseitigen. Bedürfnisse werden in verschiedene Ebenen eingeordnet. Die Produktplanung muss deshalb darauf zielen, dass Kunden mit dem Wunsch, ein bestimmtes Bedürfnis bzw. Bedürfnisbündel zu befriedigen, die Vorstellung verbinden, das geplante Produkt sei dafür geeignet. So ist beispielsweise ein Mittelklassewagen geeignet, um

---
[10] In Anlehnung an *Meffert*, S. 28
[11] Vgl.: *Meffert, H.,* Marketing, a.a.O.
[12] Bedürfnisse, die auf Seiten der Käufer bzw. Interessenten mit Kaufkraft ausgestattet sind, werden als „Bedarf" bezeichnet. Der Bedarf kann sich durch Markttransaktionen dokumentieren.

- billig zur Arbeit zu fahren
- mit der ganzen Familie zu verreisen
- einen sportlichen Eindruck zu erzielen.

Die **Bedürfnispyramide nach *Maslow*** (vgl. Abbildung) basiert auf der These, dass Menschen zunächst ihre Grundbedürfnisse befriedigen müssen, um danach soziale, Ego- oder Selbstverwirklichungsbedürfnisse zu befriedigen. Deshalb kann z.B. ein Mittelklasse-PKW für 14.000 € ein großer Erfolg werden, obwohl wohlhabende Käuferschichten im Luxussegment auch PKWs gleicher Größe für 80.000 € kaufen. Deshalb sind Statistiken über Struktur, Einkommen und regionale Verteilung der Haushalte wichtige Informationsquellen für die Produktplaner von Konsumgütern.

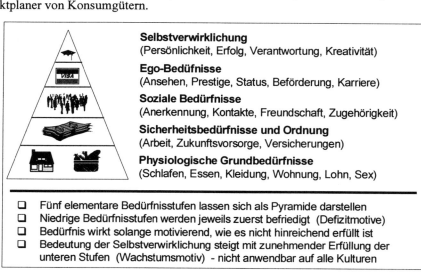

Maslow's Bedürfnishierarchie

Die oben besprochenen Bedürfnisse zählen zu den **psychologischen Faktoren** einer Käuferpersönlichkeit (vgl. obige Abbildung). Zu dieser Gruppe rechnen ferner individuelle Merkmale eines Konsumenten, wie z.B. seine persönliche Risikobereitschaft, innovative Produkte zu erwerben, oder auch seine Präferenzen[13] und Einstellungen. Einstellungen sind gelernte und relativ dauerhafte Bereitschaften, auf bestimmte Reizkonstellationen der Umwelt (z.B. Werbeaktivitäten) konsistent positiv oder negativ zu reagieren. Sie beruhen auf Einschätzungen und Bewertungen von Produkten, einer Marke oder eines Unternehmens bezüglich einzelner kaufrelevanter Kriterien. Einstellungen sind als bewertetes, differenziertes, ganzheitliches Bild von einem Einstellungsobjekt (Produkt, Marke, Person, Unternehmen etc.) zu verstehen und werden vielfach auch synonym zum Image-Begriff verwendet.

Neben den psychologischen Faktoren prägen ferner **persönliche, kulturelle** und **soziale Faktoren** eine Käuferpersönlichkeit (vgl. folgende Abbildung). Im Vergleich zu den psychologischen Faktoren ist eine wirksame Beeinflussung der persönlichen, kulturellen und sozialen Faktoren mittels Marketingmaßnahmen erheblich schwieriger, u.U. sogar unmöglich. Dennoch können diese Faktoren einen erheblichen Einfluss auf die Kaufgewohnheiten besitzen.

---

[13] Präferenz ist die konkrete Bevorzugung eines Produktes gegenüber anderen. Präferenzen sind in der Regel im Vergleich zu Einstellungen weniger stabil.

Analyse der Ausgangslage

Kulturelle und soziale Faktoren	Persönliche Faktoren	Psychologische Faktoren	Käuferpersönlichkeit
Kulturkreis	Alter und Lebensabschnitt	Bedürfnisse/Motive	
Subkultur	Beruf	Involvement	
Soziale Schicht	Wirtschaftliche Verhältnisse	Wahrnehmung und Speicherung	
Bezugsruppen	Lebensstil	Risikobereitschaft	
Familie	Charakter	Einstellungen	
Rolle und Status	Selbstbild	Präferenzen	

Hintergrundfaktoren des Käufers[14]

In der Praxis hat sich häufig auch die **Systematisierung des Käuferverhaltens nach bestimmten Kaufsituationen** als hilfreich erwiesen. Bei der Gegenüberstellung der beiden Dimensionen „Höhe des (persönlichen) Involvements" und „Ausmaß der Produktunterschiede alternativer Angebote" können insgesamt vier Situationen unterschieden werden, in denen Käufer regelmäßig unterschiedliche Kaufprozesse durchlaufen (vgl. folgende Abbildung). In Situationen, in denen die als relevant betrachteten Alternativen erhebliche Produktunterschiede aufweisen (z.B. Kauf einer Wohnimmobilie) und das persönliche Engagement bzw. Interesse, das eine Person dieser Sache entgegenbringt, hoch ist, finden sich Anzeichen für ein komplexes Kaufverhalten. Der Interessent wird sorgfältig alle verfügbaren Produktinformationen zusammenstellen und sich über seine Produktanforderungen Klarheit verschaffen, bevor er einen Kauf mit hohem Kaufrisiko tätigt („Komplexes Kaufverhalten"). Bei geringen Unterschieden und geringem Kundeninvolvement findet regelmäßig gewohnheitsmäßiges Kaufverhalten statt (habituelles Kaufverhalten z.B. bei TV-Zeitschriften). In den weiteren Anwendungsfällen ist der Käufer eher geneigt, zur Abwechselung häufiger auch die Marke zu wechseln oder entstehende Dissonanzen nach dem Kauf durch ergänzende Informationssuche abzubauen.

	Hohes Involvement	Geringes Involvement
Bedeutende Produktunterschiede	Komplexes Kaufverhalten	Abwechslung suchendes Kaufverhalten
Geringe Produktunterschiede	Dissonanzminderndes Kaufverhalten	Habituelles Kaufverhalten

Arten des Kaufverhaltens

---

[14] In Anlehnung an *Kotler, Bliemel*

3.2.3 Kaufverhalten von Organisationen

Das Kaufverhalten von Organisationen (inklusive demjenigen der öffentlichen Hand) auf dem Investitionsgütermarkt unterscheidet sich erheblich vom Kaufverhalten privater Personen. Folgende Merkmale beschreiben das Kaufverhalten von Organisationen:
- Weniger aber größere Käufer als im Konsumgütermarkt
- Häufig enge Beziehungen zwischen Lieferanten und Kunden
- Der Beschaffungswert der Güter ist regelmäßig deutlich höher
- Kollektiventscheidungen auf Käuferseite (im Rahmen eines sog. „Buying-Center") durch Einbindung mehrerer Personen in den jeweiligen Beschaffungsvorgang
- Professionelles Beschaffungsmanagement und hoher Formalisierungsgrad durch professionelle Einkäufer und Fachabteilungen
- Hohe Bedeutung von Ausschreibungen bei der Beschaffung
- I.d.R. werden Problemlösungen mit positiven Beiträgen zum Erfolg der Organisation erwartet und nach rationalen Kriterien (z.B. Rationalisierungseffekten) beurteilt.

Üblicherweise durchläuft der Beschaffungsprozess im Investitionsgüterbereich folgende Phasen:[15]
- Voranfragephase
- Angebotserstellungsphase
- Kundenverhandlungsphase
- Abwicklungsphase
- Gewährleistungsphase.

Wegen der hohen Bedeutung der rationalen Kriterien auf dem Investitionsgütermarkt sind dort emotionale Beeinflussungsansätze (z.B. durch Werbung) weit weniger relevant als auf dem Konsumgütermarkt. Wesentlich wichtiger ist die Schaffung von Vertrauen zwischen Anbieter und Kunde. Für Angebotsausarbeitung, Verkaufsverhandlungen und Angebotsvergleiche werden für größere Objekte auf beiden Seiten Expertenteams aus den beteiligten Funktionsbereichen gebildet, für die die Begriffe Selling- und Buying-Center üblich sind. Zur Erringung von Wettbewerbsvorteilen wird es immer wichtiger, dass Anbieter schon in der Entwicklungsphase neuer Produkte die Absichten ihrer Kunden und Möglichkeiten ihrer Lieferanten bestmöglich einbeziehen. Dabei müssen die Verhandlungsführer und ihre Teams frühzeitig Vertrauenswürdigkeit, Professionalität und Durchsetzungsvermögen bezogen auf bestimmte Leistungs- und Terminzusagen unter Beweis stellen.

3.2.4 Grundlagen der Marktforschung

Marketingforschung bezeichnet Projekte mit dem Ziel, Informationen zur Effizienzverbesserung bei der Lösung bestimmter Marketingaufgaben zu beschaffen und zu analysieren. Marktforschung[16] ist das spezielle Teilgebiet der Marketingforschung mit dem Ziel durch systematisches Vorgehen die Informationen über den Zustand und die zukünftige Entwicklung des Marktgeschehens zu erlangen, die zur Entdeckung von Marketingproblemen und -chancen sowie zur Durchführung von Marketingentscheidungen benötigt werden[17]. Prominente Beispiele zeigen allerdings, dass trotz sorgfältiger Methoden häufig erstaunliche Fehlprognosen auftreten können. In Bezug auf die Zukunft behält *Aristoteles* Recht mit seiner Feststellung: „Zur Wahrscheinlichkeit gehört auch, dass das Unwahrscheinliche eintritt!"

---

[15] Vgl. *Backhaus, K.*, Investitionsgütermarketing, S. 58
[16] Zu einer differenzierten Analyse dieser beiden Begriffe vgl. *Meffert*, S. 90
[17] *Kühn, R.*, Marktforschung, Bern

Eine der wichtigsten Aufgaben der Marktforschung besteht darin, alle Informationen[18] zu beschaffen, die für eine realistische (kurz-, mittel- und langfristige) Absatz- und Umsatzplanung erforderlich sind, um so - durch Begrenzung von Prognoseunsicherheiten - den Unternehmenserfolg zu unterstützen. Die dazu entwickelten Methoden finden aber auch zur Erforschung von Personal- und Beschaffungsmärkten ihre Anwendung, so dass die Relevanz der Marktforschung sich heute auf viele Unternehmensbereiche erstreckt.

So stellen sich dem Fertigungs-, Entwicklungs- und Vertriebsingenieur vor allem die Fragen, wie das Produktprogramm weiterentwickelt werden muss, um marktgerecht zu sein bzw. zu bleiben und wie man zu realistischen Absatz-, Umsatz- und Fertigungsplänen für die nächsten Perioden gelangt. Der Produktprogrammplaner erhofft sich z.B. Antworten über die Entwicklung des Marktes in den nächsten Jahren, die Marktchancen für ein neues Produkt, die Deckungsbeitragssituation bei den Marktpreisen, die Anforderungen und Erwartungen der verschiedenen Marktsegmente oder das Verhalten der Konkurrenz.

3.2.4.1 Informationssuche und -verarbeitung

Die Arbeit des Marktforschers bewegt sich damit in einem komplexen Feld, da vielfältige Ansichten und Strukturen, Historien und Erfahrungen, Erwartungen und Ziele zu vereinen sind. Eine unter Umständen wirre Informationsbasis gebietet, gezogene Schlussfolgerungen und ihre Auswirkungen mit anderen zu diskutieren, so dass Regelkreise entstehen können und sich durch erneutes Suchen, Lernen und Bewerten bessere Aussagen und Lösungen entwickeln lassen (vgl. auch Delphiprognose und Szenarioanalyse Pkt. 2.2.4).

In diesem Sinn bedarf die kontinuierliche Marktbeobachtung einer ständigen Überprüfung, Ergänzung, Korrektur ihrer Daten und Informationsquellen sowie einer zielgerichteten Anpassung ihrer Vorgehensweisen. Nur auf diese Weise kann das Risiko subjektiver Fehlschlüsse - stets unter Beachtung der Zuverlässigkeit der Quellen - minimiert werden. Zwar werden im Zuge der technologischen Entwicklung und der globalen Informationsvernetzung die Recherchemöglichkeiten immer besser, die Probleme sind und bleiben aber vielfältig.

- ❑ Redundanzen durch zunehmende Datenüberflutung
- ❑ Zumeist unsystematisch erfasste Daten mit hohen Widersprüchlichkeiten bzw. Redundanzen
- ❑ Keine verfügbare oder akzeptierte Struktur
- ❑ Viele Einflussfaktoren mit unendlichen Permutationen bzw. Varianten
- ❑ Unsichere Erwartungen oder Eintrittswahrscheinlichkeiten
- ❑ Hohe Umweltdynamik mit geringer Halbwertzeit von Informationen
- ❑ Änderung von Prioritäten oder Risikobereitschaft im Zeitablauf
- ❑ Verzerrung durch subjektive Erlebnisse und Zufälligkeiten
- ❑ Zufällige und subjektive Gewichtungen bei der Meinungsbildung
- ❑ Innovationen, d.h. unbekannte neue Aktivitäten, Technologien, Prozesse, Märkte
- ❑ Kein verfügbarer oder akzeptierter Maßstab.

Marktforschungsdaten sind zum großen Teil stark zukunftsorientiert, von qualitativer und quantitativer Natur, aus externen wie internen Quellen stammend und multidimensional. Um sinnvolle Aussagen ableiten zu können, sind die relevanten Daten aus der wahrnehmbaren Masse (**Noise**) herauszuarbeiten und so zu strukturieren, dass wesentliche Lücken identifi-

---

[18] Der Begriff "Information" unterscheidet sich von "Daten" in diesem Zusammenhang dadurch, dass Informationen zur zielgerichteten Entscheidungsfindung geeignet sind. *Naisbitt* stellt in diesem Kontext treffend fest: „Wir ertrinken in Daten und hungern nach Wissen!".

ziert, bereits bekannte Fakten einbezogen und vorgefasste Meinungen gestützt oder korrigiert werden können.

Durch die Erfassung, Filterung, Klassifizierung und Interpretation reift ein zunehmendes Verständnis, und **rohe Daten** werden schließlich zu **Informationen**. Um ihre Qualität und ihren Wert im Sinne des Entscheidungsprozesses besser beurteilen zu können, schlägt *Rowley*[19] zehn Kriterien vor.

- Relevanz — im Hinblick auf den Zweck und die anstehende Problemlösung
- Genauigkeit, — die eventuell mit höherem Aufwand verbessert werden kann
- Zuverlässigkeit — im Sinne von Wahrheit und Vertrauenswürdigkeit der Quelle
- Rechtzeitigkeit, — um Aktualität und Periodizität des Reportings zu garantieren
- Detaillierung — in Bezug auf Differenzierungs- und Aggregationsebenen
- Vollständigkeit, — um möglichst alle relevanten Faktoren einzubeziehen
- Konsistenz, — um auf der Basis solider Strukturen Zeitvergleiche vorzunehmen
- Zielbewusstsein, — um die Informationen den richtigen Empfängern zu liefern
- Kommunikation, — um geeignete Kanäle (Sender-Empfänger) zu nutzen
- Verständnis — bezüglich Präsentation und Visualisierung sowie Background und Prioritäten des Nutzers.

Daten und Informationen können in Massen erfasst und zu umfangreichen Berichten und Zahlenaufstellungen verarbeitet werden. Basierend auf ihren Informationsgehalt wird durch den Gebrauch intellektueller Fähigkeiten und Erfahrungen bei der Verarbeitung **Wissen** („Knowledge") geschaffen. Die effektive Wissensakquisition ist nicht nur Voraussetzung einer soliden Marktforschung, sondern auch für die Entwicklung von Lern- oder Expertensystemen für das Marketing. Dabei ist zu beachten, dass Informationen zur Entscheidungsvorbereitung dienen. Häufig ist in der Praxis allerdings zu beobachten, dass unsichere Manager mit Hinweis auf eine unklare Datenlage immer weiter Informationen generieren und aufbereiten und hierüber das Fällen einer Entscheidung über den Zeitpunkt hinauszögern, der noch eine erfolgreiche Realisierung eines Projektes ermöglicht hätte. Liegen dann aus Sicht des Managers „alle Informationen vor", so ist vielfach der geeignete Zeitkorridor für die Entscheidung verstrichen und aus einer anfänglich hervorragenden Idee wird ein teurer Flop.

Stufen der Daten- und Informationsverarbeitung

---

[19] *Rowley, J.*, Strategic Management Information Systems and Techniques

Neben schriftlich dokumentierten Quellen (z.B. Geschäftsberichte, Prospekte, Ziel- und Aufgabenbeschreibungen, Konzepte, Methoden, Heuristiken, Checklisten, Diagramme, Regeln) sind vor allem undokumentierte Quellen (Personen) zur Erfassung der verschiedenen Wissensarten heranzuziehen. Da undokumentiertes Wissen nicht direkt erfassbar ist, müssen strukturierte Interviewtechniken eingesetzt oder Handlungsweisen beobachtet werden. Seit ungefähr zehn Jahren bemühen sich Unternehmen das Wissen in den Köpfen ihrer Mitarbeiter in sog. DV-gestützten „Knowledge-Management-Systemen" langfristig verfügbar zu halten.

Das Ziel dieser Aktivitäten kann unter anderem auch sein, **Expertise** zu identifizieren und zu verstehen, die als die demonstrierte Anwendung von Wissen verstanden werden kann, ohne jedoch die Geheimnisse von Kreativität gelöst zu haben. Ein Zitat des französischen Philosophen *Michel de Montaigne* verdeutlicht die Grenzen: „We can be knowledgeable with other men's knowledge, but we cannot be wise with other men's wisdom."

3.2.4.2 Daten- und Informationsbasis

(1) **Interne Daten**

Die Mehrzahl der internen Daten sind in der Regel vorhanden und brauchen nicht gesondert erhoben werden. Sie haben ihren Ursprung innerhalb aller Unternehmungsbereiche.
- Controlling mit MIS
- Vertrieb und Rechnungswesen, z.B. Fakturierung, Umsätze, Deckungsbeiträge, Herstellkosten, Verkäuferberichte (regelmäßig oder auf Anforderung)
- Service, z.B. Berichte des Servicepersonals
- Customer Interaction Center mit MAIS
- Beschwerdeabteilung
- Sonstige Bereiche, wie Fertigung, Qualitätswesen, usw., z.B. Maschinenkapazitäten, Investitionserfordernisse, Fehlerstatistiken, Renner- und Pennerlisten.

(2) **Externe Daten**

Zu den externen Daten zählen alle Daten, die außerhalb des Unternehmens erhoben werden. Externe Daten betreffen u.a. die Bedarfsträger, die Absatzmittler und die Konkurrenten.

(2.1) **Bedarfsforschung**

Es interessiert die Zahl und Verteilung der Bedarfsträger in einem Gebiet und deren leistungsspezifisch relevante Struktur.

Strukturdaten des Bedarfes
- Bedarfsverteilung (i.d.R. keine teuren Luxusgüter in Discountgeschäften)
- Bedarfshäufigkeit (Christbaumschmuck nur einmal im Jahr)
- Bedarfsrhythmus (täglich Brot, 1/2 jährlicher Urlaub)
- Bedarfsbeziehung/-verbünde (Auto nur mit Lenkrad und Reifen, Golfschläger mit Bällen)
- Bedarfsrangordnung (satt zu essen vor weit verreisen)

(2.2) **Absatzmittlergerichtete Forschung**

Sie beschränkt sich häufig auf das Erfassen des Mittlerpotentials je Fläche und/oder je Konsument, Motivierbarkeit/Image bei den Konsumenten sowie der Handelsspanne und Vertriebskosten.

(2.3) Konkurrenzforschung

Sie soll Daten sowohl über die unmittelbare Konkurrenz als auch über die Substitutionskonkurrenz bringen (vgl. Pkt. 2.2.2). Die unmittelbare Konkurrenz liefert gleiche oder ähnliche Produkte oder Leistungen. Die Substitutionskonkurrenz liefert ein (neu entwickeltes) Substitutionsgut. Die Nachfrage nach solchen Gütern unterliegt stark dem modischen Wandel und dem Meinungsführermodell (Opinion Leader); z.B. Bekleidung von bekannten Popstars. Sind die Aktions- und Reaktionsmöglichkeiten der Konkurrenten nahezu bekannt und schätzt man seine eigenen Möglichkeiten richtig ein, so lassen sich Schlüsse bezüglich der Größenordnung des aus dem Marktpotential erreichbaren Marktanteils herleiten.

3.2.4.3 Systematische Strukturierung und Prämissen

Um unterschiedliche Märkte, gerade auch im Hinblick auf strategische Entscheidungen, zielgerichtet analysieren und vergleichen zu können, kommt der **Strukturierung, Interpretation und Präsentation** von Marktforschungsergebnissen eine wichtige Bedeutung zu. Dabei ist den differierenden Informationsbedürfnissen sowie der Zeitverfügbarkeit der Informationsnachfrager durch Summaries, Visualisierungen und sinnvolle Selektions- und Zugriffsmöglichkeiten Rechnung zu tragen. Gleichzeitig sind vom Marktforscher die Ergebnisse seiner Analysen hinsichtlich ihrer Qualität und Plausibilität möglichst zutreffend zu bewerten. Um die Akzeptanz der vorgeschlagenen Maßnahmen zu sichern, sind zudem Informationslücken, Widersprüche oder Risiken nachvollziehbar zu dokumentieren.

Die Komplexität der Umwelt oder des Untersuchungsgegenstandes kombiniert mit knappen Zeit- und Kostenbudgets macht es häufig notwendig, sich in Marktforschungsprojekten früh auf bestimmte Grundannahmen zu verständigen. Die auf dieser Basis abgeleiteten Ergebnisse können jeweils nur so gut sein, wie diese zu Grunde liegenden **Prämissen**. Um mögliche Fehleinschätzungen im Hinblick auf diagnostizierte oder prognostizierte Daten frühestmöglich zu erkennen, ist daher auch eine transparente Dokumentation der Annahmen notwendig.

3.2.5 Methoden der Marktforschung

3.2.5.1 Sekundärforschung (Desk Research)

Die Sekundärforschung besteht in der Neuauswertung von Datenmengen, die ursprünglich für andere als die nun verfolgten Marketingaufgaben erhoben bzw. zusammengestellt wurden[20], u.a. Unterlagen des statistischen Bundesamtes und anderer staatlicher Institutionen, Veröffentlichungen von Verbänden und Marktforschungsinstituten, Fachzeitschriften und Tagespresse, sowie Markt-, Geschäfts- und Forschungsberichte aus Industrie, Banken, Handel oder dem Hochschulbereich. Viele derartige Quellen sind über das Internet kostenlos zugänglich, wieder andere können gegen Gebühr bezogen werden.

Zu den Quellen der Sekundärforschung gehören auch innerbetriebliche Unterlagen aus dem Rechnungswesen oder Controlling, Planungsvorgaben und Budgets, Vertriebs- und Absatzstatistiken, frühere Marktforschungsberichte sowie Besuchsprotokolle der Außendienstmitarbeiter oder Kunden-, Kundenzufriedenheits- und Wettbewerbsanalysen.

---

[20] *Kühn, R.*, Marktforschung, Bern

Analyse der Ausgangslage 131

Ferner sollten neben den zahlreichen Internet-Angeboten und den diversen Datenbankanbietern vor allem existente Verzeichnisse über Sekundärdatenquellen (z.B. der IHK oder angesehenen Bibliotheken) herangezogen werden.

3.2.5.2 Primärforschung (Field Research)

Die Primärforschung umfasst die Gesamtheit der speziellen zur Erfüllung einer bestimmten Marketingaufgabe durchgeführten Datenerhebungen in Form von primär diesem Zweck gewidmeten Befragungen oder Beobachtungen[21].

Primärforschung im Konsumgüterbereich bezieht sich auf die Feststellung der Meinungen, Einstellungen, Absichten, Wünsche und Motive der Konsumenten. Grundlage dieser Marktforschungsmethoden sind die sozioökonomischen Verhaltensweisen der Bedarfsträger unterteilt z.B. in Altersgruppen und soziale Schichten. Ziel einer systematischen Befragung ist es, Erkenntnisse über das Kaufverhalten produktspezifischer Zielgruppen zu erhalten.

Im Investitionsgüter-Marketing sind andere Faktoren maßgeblich als im Konsumgüterbereich. Investitionsgüter sind Anlagegüter, die für die Produktion eingesetzt werden. Im Rahmen des Marketing sind diesem Bereich auch Roh-, Hilfs- und Betriebsstoffe sowie Zulieferteile zuzurechnen, weil sie wie die Anlagegüter nicht dem Konsum zugeführt, sondern im Produktionsprozess eingesetzt werden. Das Marktpotential wird daher durch die Zahl der Abnehmerbetriebe sowie deren Kaufkraft, Investitionspolitik etc. bestimmt. Generell gilt für Investitionsgüter, dass sie Problemlösungen bieten und vor allem ihr Preis/Leistungsverhältnis über ihre Wettbewerbsfähigkeit entscheidet. Wirtschaftlichkeitsvergleiche und Vergleiche mit Konkurrenzprodukten unter dem Gesichtspunkt unterschiedlicher Preis/Leistungsverhältnisse sind deshalb wesentlicher Bestandteil der Investitionsgütermarktforschung.

Erfolgsentscheidend sind vielfach die richtigen Prognosen über lukrative Diversifikationsfelder oder zukünftige Technologieentwicklungen (z.B. Einsatz von CAD-Systemen in der Bekleidungsindustrie)[22] sowie die rechtzeitige Erkennung neuer Produktionstechniken und Produktentwicklungen bei Konkurrenten und Abnehmern. Solide Branchen- und Technologiekenntnisse sind daher Voraussetzung für eine erfolgreiche Investitionsgüter-Marktforschung und das Experten-Interview dominiert als wichtigste Informationsquelle.

(1) **Befragungsmethoden** von *Ulrich Raubach*[23]

In der Primärforschung wird unterschieden zwischen quantitativer Forschung, die auf der Basis standardisierter Fragebögen und großer Stichproben zu statistisch repräsentativen Aussagen führt und damit möglichst objektive Daten (hard facts) zum Ziel hat sowie auf der anderen Seite qualitativer Forschung, die auf der Grundlage kleiner Stichproben, offener Fragen und halbstrukturierter Gesprächsleitfäden subjektive Informationen erhebt, um z.B. Wünsche, Zielvorstellungen oder Einstellungen zu ergründen. Die wichtigsten Befragungsformen mit ihren Merkmalen zeigt die nachfolgende Tabelle.

(1.1) **Effektive Fragebogen- und Untersuchungsgestaltung**

Praktische Primärforschung steht in einem mehrdimensionalen Spannungsfeld. Die Zielsetzung,

---

[21] *Kühn, R.*, Marktforschung, Bern
[22] Näheres hierzu vgl. Pkt. 10.1.4, Fallstudie
[23] *Raubach, U.*, Fachhochschule Wedel

❑ treffsichere Entscheidungsgrundlagen
❑ kurzfristig und kostengünstig
❑ für ein konkret zu lösendes Marketing-Problem zu erhalten,

führt häufig zu Konflikten zwischen der Erhebungsmethodik und den Auswertungsverfahren. Selbst bei Vorliegen eines einwandfreien Untersuchungsplans wird zwischen den divergierenden Einflüssen und Zielvorstellungen i.d.R. ein Kompromiss zu suchen sein, gerade auch im Hinblick auf die Höhe der anvisierten Rücklaufquoten oder Interviewtermine.

Befragungsformen	Quantitative Befragung			Qualitative Befragung	
Kriterien	schriftlich	telefonisch	persönlich	Gruppengespräch	Einzelgespräch
Anforderungen an Qualifikation der Befrager (QB)	keine	beschränkte QB	mittlere QB	hohe bis sehr hohe QB (Qualifikation als Fachexperte oder Sozialwissenschaftler)	
Interviewereinfluss (IE), Einfluss durch Dritte (DE), Kontrollmöglichkeit (KM)	unkontrollierbarer DE, keine KM	beschränkter IE, sehr gute KM	mittlerer bis hoher IE, mittlere KM	sehr hoher IE, schlechte bis gute KM in Abhängigkeit von Datenerfassung (Video, Tonband, Handprotokoll)	
Einschränkungen in der Fragestellung (FS) und Interviewlänge (IL)	nur einfache geschlossene FS, beschränkte IL	vorzugsweise geschlossene FS, kein Zeigematerial, beschränkte IL	alle FS möglich, geschlossene FS dominieren, längere IL („in home")	offene, nicht oder vorstrukturierte oder z.T. vorstrukturierte FS, beschränkte Zahl geschlossener FS (insbesondere Beurteilungsskalen) möglich	
Möglichkeiten zur Sicherung der Repräsentanz der Stichprobe (RS)	beschränkte RS (Rücklaufproblematik)	gute bis sehr gute RS möglich; gewisse Gruppen schwer erreichbar (Randgruppen, Jugendliche, Männer)		keine RS angestrebt, RS unmöglich	keine RS angestrebt, aber an sich möglich
„normale" Stichprobengröße	mittlere bis große Stichproben sind üblich			einige wenige Gruppen	kleine Stichproben dominieren
Kosten pro Befragung	eher gering	mittel	mittel (Straßenbefragung) bis hoch („in home")	hoch bis sehr hoch	sehr hoch
weitere Vorteile	wenig Prestige-/Gefälligkeitsantworten; durch Zeit zum Überlegen weniger hingeworfene Antworten; sonst schwer zu erreichende Berufskreise können erfasst werden	schnelle, kostengünstige Abwicklung; Kontrolle über den Befragungsablauf	der Interviewer kann sich auf die befragte Person einstellen	Frühes Aufnehmen „schwacher Signale", die sich in quantitativen Analysen noch lange nicht niederschlagen	Frühes Aufnehmen „schwacher Signale", die sich in quantitativen Analysen noch lange nicht niederschlagen
weitere Nachteile	geringe Antwortquote aus Bequemlichkeit; Gefahr zu sehr überlegter Antworten; Fehlinterpretation des Fragewortlauts möglich	am Telefon lässt sich leichter übertreiben, evtl. Ergebnisverzerrung	Befragter fühlt sich unter Zeitdruck gesetzt; aufwendig	Identifikation und Motivation zur Teilnahme	Identifikation und Motivation zur Teilnahme

Vor- und Nachteile der wichtigsten Befragungsformen[24] [25]

In einer durch Informationsüberflutung und Anfragebegehren gebeutelten Schar von Auskunftsfähigen, die es ohnehin jeweils zunächst zu identifizieren gilt, macht sich zunehmend die Fraktion der Auskunftsverweigerer bemerkbar, die nicht zuletzt aufgrund der eigenen be-

---
[24] *Kühn, R.*, Marktforschung, Bern
[25] Vgl. *Bänsch, A.*, a.a.O.

Analyse der Ausgangslage 133

ruflichen Belastung und Bedenken des Datenschutzes nicht mehr oder nur noch selektiv an Befragungsaktionen teilzunehmen bereit ist.

Eine Fragebogengestaltung darf sich nicht nur auf die inhaltlichen Anforderungen beschränken, wie z.B. auf bewährte Fragetechniken setzen, erfahrungsgestützte Formulierungsregeln berücksichtigen und auf einen logischen Aufbau achten. Vielmehr ist an den Zeiteinsatz zu denken, den ein Befragungsteilnehmer zu investieren bereit sein könnte, an die optische Gestaltung und etwaige „Belohnungen" der Teilnehmer, z.B. durch Spenden für gemeinnützige Zwecke pro zurückgesandten Fragebogen oder Kurzfassungen der ermittelten Resultate.

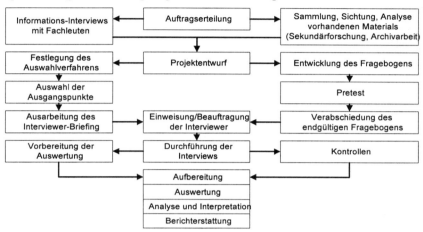

Untersuchungsplan für Marktforschung

Um eine hohe Rücklaufquote oder Interviewbereitschaft zu sichern, ist es, je nach Status, Funktions- oder Hierarchieebene der potentiellen Interviewpartner, ratsam oder notwendig, sich auch über begleitende Motivationsmaßnahmen Gedanken zu machen. Einbezogen werden sollten dabei neben den obigen fragebogen- oder interviewbezogenen Aspekten auch die Vorgehensweise im kommunikativen Umfeld, beispielsweise (in Klammern der jeweilige Zusatzaufwand).

❑ Anonyme oder persönliches Anschreiben an Funktionsinhaber (Identifizierung)
❑ Klären der Teilnahmebereitschaft vor Verschickung (telefonische Kontaktaufnahme)
❑ Sichern der Teilnahme nach Verschickung (telefonische Nachfass-Aktionen)
❑ „Charmante" Gesprächsterminabstimmung (Einsatz geschulter MitarbeiterInnen)
❑ Wissenstransfers anbieten (Ermittlung der individuellen Informationsbedarfe).

(1.2) **Skalenniveau und Aussageformen**

Jede Erhebungstechnik führt zur Informationsaufnahme, die auf einem bestimmten Skalenniveau abgebildet wird. Die folgende Tabelle fasst die Eigenschaften der vier **Skalentypen** mit ihren möglichen Aussageformen, ihrer rechnerischen Handhabbarkeit sowie einigen Anwendungsbeispielen für zu erhebende Merkmale zusammen[26]. Zu unterscheiden sind[27]

---

[26] Vgl. *Bortz, J.*, Statistik für Sozialwissenschaftler, Berlin, Heidelberg, New York, Tokyo, *Backhaus, K.* et al., Multivariate Analysemethoden, Eine anwendungsorientierte Einführung, Berlin
[27] Vgl. *Bleymüller, J., Gehlert, G., Gülicher, H.*, Statistik für Wirtschaftswissenschaftler, München

- **Nominalskala** findet Verwendung bei Erhebungen von Merkmalsausprägungen, die keine natürliche Reihenfolge bilden, sondern gleichberechtigt nebeneinander stehen.
- **Ordinalskala** gibt Rangordnungen zwischen den Merkmalsausprägungen der Erhebungseinheiten an sowie subjektive "größer/besser als"-Beziehungen der Befragten.
- **Intervallskala** ermöglicht zusätzlich zur Rangordnung die Angabe und Interpretation der Abstände zwischen den Merkmalsausprägungen; es existiert kein natürlicher Nullpunkt.
- **Verhältnisskala** beinhaltet die Eigenschaften der Intervallskala, ergänzt um einen absoluten Nullpunkt (Bezugspunkt). Damit werden Quotienten aus Abstandswerten von der gewählten Maßeinheit unabhängig.

Skalentyp	Merkmale	Aussagen	Handhabung	Beispiele
Nominalskala	Klassifizierung qualitativer Eigenschaften	Gleichheit, Verschiedenheit	Bildung von Häufigkeiten	Geschlecht, Religion, Familienstand
Ordinalskala	Rangwerte	größer-kleiner Relationen	Ermittlung des Medianes	Farben, Düfte, Anmutung
Intervallskala	Skala mit gleich großen Abschnitten ohne natürl. Nullpunkt	Gleichheit von Differenzen	Addition, Subtraktion	Kalenderzeit
Verhältnisskala	Skala mit gleich großen Abschnitten mit natürl. Nullpunkt	Gleichheit von Verhältnissen	Addition, Subtraktion, Multiplikation, Division	Gewichte, Längenmessung

Das gewählte Skalenniveau beeinflusst direkt den Detaillierungsgrad der zu gewinnenden Information und indirekt das für die Untersuchung notwendige Budget, denn

- die **statistische Sicherheit** der Information ist eine Funktion der Fallzahl (⇨ Stichprobe, Anzahl befragter Personen).
- der **Zeitbedarf** pro befragter Person ist vor allem eine Funktion des Fragebogenumfangs und der Differenziertheit der Antwortmöglichkeiten pro Frage (⇨ Skalenniveau).
- die in Frage kommenden **Auswertungsverfahren** werden durch das Skalenniveau begrenzt. So verbietet sich z.B. die Mittelwertbildung ordinal skalierter Merkmalsausprägungen; ein "Durchschnittsduft" zu testender Parfüms ist nicht sinnvoll ermittelbar.
- die statistische Sicherheit der zu gewinnenden Information im Hinblick auf treffsichere Entscheidungsgrundlagen einerseits, der Zeitbedarf pro befragter Person und der Zeitbedarf für die Gesamtauswertung andererseits, beeinflussen die **Kosten der Erhebung**.

Repräsentative Erhebungen erfordern eine **Mindestfallzahl**, die mit Hilfe der Stichprobentheorie[28] errechnet wird. Diese notwendige Fallzahl kann im Widerspruch zum verfügbaren Budget stehen. Sind überschlägig die Fixkosten und variablen Fallkosten der Studie kalkulierbar, kann die maximale Fallzahl X bei gegebenem Budget B wie folgt ermittelt werden; die Bestimmungsgleichung für ein Budget wird nach der unbekannten Fallzahl X aufgelöst.

K_F = Fixkosten für Planung der Erhebung und Vorbereitung
k_V = Variable Kosten pro Fall, z.B. für Interviewerlohn pro Befragtem, Kosten eines Fragebogens, Kosten der Auswertung pro Bogen (z.B. Rechnerzeit)
B = $K_F + k_V \cdot X$ und man erhält $X = (B - K_F) / k_V$

---

[28] Vgl. *Bleymüller, J., Gehlert, G., Gülicher, H.*, Statistik für Wirtschaftswissenschaftler, a.a.O.

Falls diese Fallzahl kleiner ist, als es für den geforderten Sicherheitsgrad der zu gewinnenden Information notwendig wäre, bieten sich verschiedene Auswege aus diesem Dilemma an.

- Senkung des Sicherheitsgrades, mit der Konsequenz von weniger präzisen Informationen, aber auch kleinerer Fallzahl
- Senkung des Skalenniveaus, mit der Konsequenz der Senkung der Befragungszeit pro zu Befragendem und der Senkung des Informationsgehaltes der zu erfragenden Antworten
- Erhöhung des Budgets.

(1.3) Rating-Skala und Polaritätsprofil

In der Praxis überwiegen Untersuchungen zu Markenartikeln. Durch zunehmend kürzere Produktlebenszyklen, schnelleren Wertewandel (Modeströmungen) sowie härteren nationalen und internationalen Wettbewerb müssen Produzenten ihre Artikel in immer kürzeren Zeitabschnitten konzipieren, zur Marktreife weiterentwickeln und in hohen Stückzahlen verkaufen, um ihre Vorlauf- und Selbstkosten zu decken. Aus Wettbewerbsgründen muss vielfach bereits der "erste Wurf" punktgenau positioniert werden (Zielgruppenbestimmung). Dafür ist es für den Produzenten wichtig zu wissen, welche Eigenschaften seines Produktes entweder den Verkauf fördern oder ihn hemmen. Dieses Informationsbedürfnis besteht sowohl für neue, noch nicht am Markt eingeführte Produkte, als auch für bereits vorhandene, die sich auf den schnell wandelnden Käufermärkten zu behaupten haben.

Kaufakte werden in hohem Maße von kulturellen, sozialen, persönlichen und psychologischen Faktoren beeinflusst (vgl. Pkt. 3.2.2). Das Zusammenspiel dieser Faktoren äußert sich im Verhalten der Konsumenten (Kauf oder Nichtkauf). Zur Messung der Wirkungszusammenhänge dieser Faktoren werden u.a. Fragebogenaktionen durchgeführt, die in der Regel soziodemographische Größen, wie z.B. Geschlecht, Familienstand, Beruf und Alter enthalten. Damit können entweder Zielgruppen bestimmt werden (Marktsegmentierung) oder, bei Kenntnis bestimmter Segmenteigenschaften, gezielt Personen aus diesem Personenkreis befragt werden. Das Produkt wird mit einem Bündel von Eigenschaften (Merkmalen) beschrieben, von denen der Produzent annimmt, dass sie wesentlich die Kaufentscheidung beeinflussen. Für das Messen der vom potentiellen Käufer subjektiv empfundenen Ausprägungen der Produkteigenschaften sind eine Vielzahl von Varianten entwickelt worden[29]. In der Marktforschungspraxis haben sich die Rating-Skala und das Polaritätsprofil durchgesetzt.

Mit der **Rating-Skala** wird einer Produkteigenschaft ein Ausprägungsspektrum zugeordnet, das dem Prinzip der Schulzensuren entspricht. Beispiel: Geschmack des Speiseeises XY ist

sehr gut (1)   gut (2)   befriedigend (3)   ausreichend (4)   mangelhaft (5)   ungenügend (6).

Der Befragte ist gehalten, die Wertigkeit der von ihm subjektiv empfundenen Eigenschaft anzugeben. Es erfolgt also eine Zuordnung numerischer Werte zu verbalen Umschreibungen dieser Intensitäts- oder Empfindungsgrade. Die äquidistante Einteilung (gleiche Abstände) der Skala setzt eine ähnlich strukturierte subjektive Differenzierung bei allen Befragten voraus. Die Skala ist ordinalskaliert, erlaubt also nur Aussagen über Rangfolgen. Es hat sich aber in der Praxis durchgesetzt, die Messwerte als intervallskaliert zu behandeln. Da bei der Beurteilung von Speiseeis eventuell nicht nur die Geschmackskomponente den Verkauf beeinflusst, sondern auch die Eisform, die Waffel- oder die Verpackungsart, werden häufig formal identische Rating-Skalen zu einer sogenannten Item-Batterie zusammengefasst.

---

[29] Vgl. *Nieschlag, R., Dichtl, E., Hörschgen, H.,* Marketing, Berlin

```
1. Motiv des Titelbildes      nicht ansprechend   1----2----3----4----5----6----7   ansprechend
2. Farbigkeit des Motivs      grell, unnatürlich  1----2----3----4----5----6----7   angenehm, natürlich
3. Redaktionelle Themen       uninteressant       1----2----3----4----5----6----7   interessant
4. Farbigkeit der Schrift     kontrastarm         1----2----3----4----5----6----7   auffällig
5. Größe der Schrift          zu extrem/klein/groß 1----2----3----4----5----6----7  genau richtig
6. Gestaltung Titelbild       durcheinander       1----2----3----4----5----6----7   klar, übersichtlich

Welche Eigenschaften eines Titelbildes sind für Sie von besonderer Bedeutung?
Bringen Sie bitte die oben angeführten Eigenschaften in eine Reihenfolge abnehmender Bedeutung.

Rangplatz: 1_____ 2_____ 3_____ 4_____ 5_____ 6_____   Ihr Alter:    ☐ < 40   ☐ > 40
Sonstige: _____    Geschlecht:   ☐ M      ☐ W
```

Beim **Polaritätsprofil**, einer Variante der mehrdimensionalen Einstellungsmessung, werden als relevant erachtete Produkteigenschaften durch adjektivische Gegenpole beschrieben. Obiger Beispielfragebogen zur Ermittlung der Bedeutung von Titelbildern bei Zeitschriften für den Einzelverkauf (Kiosk) soll den Testaufbau verdeutlichen.

Mit Hilfe der Merkmale Alter und Geschlecht kann eine grobe Segmentierung der potentiellen Käufer vorgenommen werden. Darüber hinaus können bei bestehenden Titeln die jährlich von der Arbeitsgemeinschaft Media-Analyse (MA) publizierten Anteilswerte dieser Merkmale zur Auswahl der Befragten im Sinne des Quotenauswahlverfahrens genutzt werden. Es werden sechs als relevant erachtete Titelbildeigenschaften jeweils durch adjektivische Gegenpole beschrieben. Sie sind - ähnlich der Rating-Skala - durch ein Ausprägungsspektrum verbunden. Die von der befragten Person subjektiv empfundene Wertigkeit wird auf der Skala eingetragen. Bezüglich der Eigenschaften der Skala gelten die Prämissen der Rating-Skala.

Da die Titelbildeigenschaften untereinander nicht "gleichgewichtig" sein müssen, werden die Befragten gebeten, eine Rangfolge der Eigenschaften anzugeben. Aus den Rangfolgen aller Befragten können hilfsweise Gewichtungsfaktoren ermittelt werden, die die Bedeutung der Eigenschaften untereinander vereinheitlichen.

(1.4) Auswertungsverfahren

Primärforschung ist durch die Verarbeitung großer Datenmengen gekennzeichnet. Die Fallzahlen - je nach Grundgesamtheit (Marktsegment) und geforderter statistischer Sicherheit - können bei Markenartikeln leicht 2000 und mehr Befragte betragen. Notwendige zeitnahe Auswertungen sind praktisch nur durch DV-Einsatz mit entsprechender Auswertungssoftware möglich.

Die Methoden zur Auswertung liefert die Statistik. In der Praxis weit verbreitet sind Auswertungen bezüglich eines Merkmals (**univariate Methoden**) mit den Maßen Mittelwert, Standardabweichung, Median sowie Häufigkeitsanalysen mit graphischer Aufbereitung. Ebenfalls haben sich **Zwei-Merkmalsbetrachtungen** durchgesetzt, etwa mit Kreuztabellen oder Regressions- und Korrelationsrechnungen.

In zunehmendem Maße setzen sich aber auch die Methoden der **multivariaten Datenanalyse** unter dem Oberbegriff „Data Mining" in der Praxis durch. Begünstigt wird diese Entwicklung durch die Verfügbarkeit leistungsfähiger Software, z.B. SPSS. Die Ziele multivariater Verfahren bestehen im

- ❑ Entdecken von in Daten vorhandenen Strukturen mit den Verfahren Faktorenanalyse, Clusteranalyse oder Multidimensionale Skalierung

Analyse der Ausgangslage 137

- Prüfen von in Daten vermuteten Strukturen mit den Verfahren multivariate Regressionsanalyse, Varianzanalyse, Diskriminanzanalyse, Conjoint-Analyse und LISREL-Ansatz zur Kausalanalyse.

Die Verfahren zeichnen sich durch die gemeinsame, gleichzeitige Analyse aller erhobenen Merkmale beziehungsweise deren Ausprägungen aus. Ihr Vorteil gegenüber den univariaten Verfahren besteht darin, dass die Abhängigkeiten aller erhobenen Daten simultan berücksichtigt werden[30].

(2) Beobachtungsmethoden

Die Beobachtung lässt sich nach *Kühn*[31] definieren als zielgerichtetes planmäßiges Erfassen von sinnlich wahrnehmbaren physischen Reaktionen oder Verhaltensweisen der Untersuchungspersonen sowie von Fakten, wobei das Erfassen direkt, d.h. durch die subjektive Wahrnehmung des Beobachters oder indirekt mit Hilfe von Messgeräten geschehen kann.

Sie wird zum einen bei geringer Auskunftsfähigkeit oder Auskunftswilligkeit der Informationsträger angewendet. In der Konkurrenzforschung erstreckt sie sich von der Feststellung der Besucherfrequenz beim Konkurrenten bis hin zu zweifelhaften Praktiken am Rande der Wirtschaftsspionage. Beobachtet werden auch die Einzelhändler (z.B. durch Testkäufe) oder das Käuferverhalten selbst (z.B. durch Videoaufnahmen in einem Supermarkt am Sonderstand, mit einseitigen Spiegeln oder mit Hilfe von Scannerkassen).

Die starke Ausweitung der Medien mit der einhergehenden Informationsüberflutung und dem zunehmendem Wettbewerb um Werbekunden hat zu einer intensiveren Analyse der Kauf- und Werbereize geführt. Die entsprechenden Untersuchungen können durch Messungen des Hautwiderstandes (Psychogalvanometer), der Wiedererkennungsleistungen von Werbebotschaften (Tachistokopen), der schnellen Erfassung von Produkt- und Firmennamen (Augenkamera) oder auch des Blutdrucks und der Gehirnströme unterstützt werden.

(3) Interviewmethoden

Nach dem Grad, in dem bei einer Befragung der Wortlaut und die Reihenfolge der Fragen im Voraus festgelegt sind, werden folgende drei Interviewformen unterschieden:

- **Vollstrukturiertes Interview**, durch genau festgelegten Fragenwortlaut und vorgeschriebene Reihenfolge der Fragen gekennzeichnet. Vorteil: minimaler Interviewereinfluss, dadurch unverzerrtes Ergebnis, leichte Auswertung. Nachteil: verfügbare oft wichtige Zusatzinformationen werden nicht erfasst
- **Halbstrukturiertes Interview**, Fragegerüst ist vorgegeben, Interviewer kann sich mehr auf den Befragten einstellen
- **Unstrukturiertes Interview**, relativ freies Gespräch, eignet sich nur zur Gewinnung von Ansätzen oder zur Erkundung von wichtigen Expertenurteilen z.B. in der Investitionsgütermarktforschung. Die Auswertung und Gewichtung der erhaltenen Expertenurteile ist allerdings aufgrund häufig abweichender Gesprächsinhalte z.T. ausgesprochen schwierig.

---

[30] Eine praxisorientierte Darstellung der Verfahren mit Beispielen bieten: *Backhaus, K.*, Multivariate Analysemethoden
[31] *Kühn, R.*, Marktforschung, Bern

(4) **Marktforschungsunternehmen**

Hohe Entwicklungs- und Durchführungskosten schrecken viele Unternehmen ab, selbst Primäruntersuchungen vorzunehmen. Wenn möglich werden die zur Entscheidungsfindung wichtigen Informationen von Marktforschungsunternehmen gekauft, z.B.

- ❑ Gesamtmarkt- oder quantitative Spezialstudien, d.h. Untersuchungen von Marktsektoren, Produktgruppen oder einzelner Produkte, z.B. zur Beurteilung der Nachfrageentwicklung
- ❑ Explorative Studien, z.B. zur Findung von Ideen oder innovativen Problemlösungen
- ❑ Pretests bzw. Posttests, z.B. zur Wirkungsprognose bzw. punktuellen Kontrolle
- ❑ Panelforschung zur regelmäßigen Untersuchung bestimmter Stichproben für zeitliche Entwicklungen, z.B. zur Analyse des Werbeerfolgs in Haushalten oder Handelsunternehmen
- ❑ Sog. „Omnibus-Umfragen" zur meist zeitlich befristeten Teilnahme an periodisch durchgeführten Befragungen bestimmter Kontaktpersonen (mehrere Auftraggeber mit jeweils eigenen spezifischen Fragestellungen).

3.2.5.3 Planung und Durchführung von Studien

Aufgabe der empirischen Primär-Marktforschung ist es, die für das strategische und operative Marketing notwendigen Daten systematisch zu erheben. Wie für viele Tätigkeiten der Forschung kann auch für die Marktforschung ein **forschungslogischer Ablauf**[32] definiert werden. Die Durchführung einer Studie als problemlösendes Handeln vollzieht sich in vier Phasen.

Phase I	Phase II	Phase III	Phase IV
Grobformulierung der Ziele und des Untersuchungsproblems; Definieren relevanter Begriffe der zu untersuchenden Hypothesen	Verknüpfen der theoretischen Überlegungen mit der beobachtbaren Realität; Beschaffen von quantitativen Daten in Form einer verarbeitbaren Datenbasis	Extrahieren wesentlicher Informationen aus der Datenbasis als Grundlage für möglichst nachvollziehbare, exakte, objektive Aussagen; Anwenden mathematisch-statistischer Modelle/Methoden	Erklären der verdichteten Daten und Bereitstellen der Ergebnisse für weitere Bearbeitungen in geeigneter Form (Dokumentation)

Die erste Phase ist dabei durch den Entscheid gekennzeichnet, ob die formulierte Aufgabenstellung durch die Durchführung einer Marktforschung einer sinnvollen Problemlösung näher gebracht werden kann. *Kühn* formuliert dazu vier **Überlegungsschritte**[33].

a) **Beurteilung des zu lösenden Problems**
   Welches Marketingproblem soll durch Marktforschung gelöst werden?
   Wie bedeutungsvoll ist dieses Problem?
   Wie groß sind die negativen Konsequenzen eines Fehlentscheides?
   Sind sie hoch genug, um grundsätzlich ein Marktforschungsprojekt zu rechtfertigen?

b) **Schätzung des zu erwartenden Nutzens**
   Welche Marktforschungsdaten werden zur Aufgabenlösung benötigt?
   Welche dieser Daten sind bereits vorhanden?

---

[32] Vgl. *Stadtler, K.*, a.a.O.
[33] *Kühn, R.*, Marktforschung, Bern

Analyse der Ausgangslage

Kann Marktforschung neue Erkenntnisse bringen?
Wie groß ist die Wahrscheinlichkeit dafür?
Benötigt man Marktforschung eventuell als Hilfe zur Überzeugung und Rechtfertigung gegenüber vorgesetzten Stellen oder anderen Personen?

c) **Schätzung der zu erwartenden Kosten**
Bestimmung der Marktforschungszielsetzung
(Studientyp, Untersuchungsgegenstand/-subjekte)
Grobe Bestimmung des Studiendesigns
(insbesondere der Marktforschungsmethode und des Stichprobenumfangs)
Welche Kosten sind auf dieser Basis realistischerweise zu erwarten?
- bei Einschaltung eines Marktforschungsinstituts (Normalfall)?
- bei unternehmenseigener Durchführung (Ausnahmefall)?
- Ist die benötigte Studie überhaupt realisierbar?

d) **Grundsatzentscheid**
Abwägung der Konsequenzen eines Fehlentscheides und der (gemäß Schritt 1)
Verringerung des Fehlentscheidrisikos durch Marktforschung (gemäß Schritt 2)
gegenüber den erwarteten Marktforschungskosten (gemäß Schritt 3).

3.2.5.4 Briefing, Arbeitsvorschlag und Bewertung

Die Durchführung einer Marktforschungsstudie macht zumeist die Einbeziehung interner und/oder externer Marktforscher notwendig. Die unten stehende Tabelle[34] bietet dem Auftraggeber wie dem Anbieter eine **Checkliste von Essentials**, die im Briefing besprochen bzw. im Angebotsvorschlag beschrieben sein müssen, um nicht den späteren Studienerfolg von vornherein durch schlechte Kommunikation der Erwartungshaltungen und Kompetenzgrenzen in Frage zu stellen.

	Inhalte eines Briefings	**Bestandteile eines Arbeitsvorschlages**
1.	Angaben zur Ausgangssituation <u>Unternehmen:</u> Produkte; Marken; wichtige Marketingmaßnahmen <u>Markt:</u> Marktabgrenzung; Konkurrenten; Absatzkanäle; Produktverwender	Kurze Rekapitulation der Problemstellung zu Grunde liegendes Marketingproblem und Zielsetzung
2.	Angaben zu den Zielen zu Grunde liegende Problematik; Studientyp; Gegenstand, Subjekte und Themen der Untersuchung	
3.	Angaben zum Design Methodik; Grundgesamtheit; Stichprobengröße	Detaillierte Darstellung des Studiendesigns Marktforschungsmethode; Universum, Stichprobenverfahren und -größe; Art der eingesetzten Interviewer, Organisation der Feldarbeit, Interviews pro Interviewer; Angaben zur Interviewerkontrolle
4.	Angaben zur Durchführung Besondere Anforderungen an: Interviewertyp und -information; Vergleichbarkeit mit früheren Studien; Datenauswertung (z.B. spez. statistische Analysen)	

---

[34] *Kühn, R.,* Marktforschung, Bern

	Inhalte eines Briefings	Bestandteile eines Arbeitsvorschlages
5.	Organisatorischer/zeitlicher Rahmen Anforderungen an Bericht (Tabellen/Grafiken/Interpretation); Terminliche Vorgaben für Angebotserstellung und Berichtsabgabe; Budget; Anforderungen an Arbeitsvorschlag (erwarteter Inhalt und Detaillierungsgrad); Kontaktperson auf Auftraggeberseite; Fixierung der Projektverantwortung auf Seiten des Instituts	Kosten- und Leistungsumfang Gesamtkosten und damit abgedeckte Leistungen; evtl. Einzelkosten für Teilleistungen (Forschungsplan inklusive Fragebogen, Feldarbeit, Datenauswertung, Interpretationsbericht); im Falle externer Marktforscher: Preise statt Kosten mit Zahlungsbedingungen
		Organisation und Durchführung der Studie Projektleitung; Vorgehen zur Fragebogenerstellung, Beteiligung des Kunden; Präsentation der Ergebnisse, Art der Berichterstattung; grober Zeitplan

Bei alternativen Arbeitsvorschlägen verschiedener Anbieter, ist auf Seiten des Auftraggebers mittels geeigneter Kriterien eine systematische Beurteilung und Auswahl zu treffen[35]

- **Institutsleitung/Projektleitung**, z.B. berufliche Qualifikation; persönliche Integrität; Erfahrung mit dem Typ der vorgesehenen Untersuchung, insbesondere mit Methode und Thematik; Einfühlungsvermögen in die Untersuchungsproblematik
- **Institut und Feldarbeit**, Organisation der Feldarbeit; Typ und Zahl der Interviewer; Zahl der Interviews pro Interviewer; Art der Interviewerinstruktion, -kontrolle und -führung
- **Methodik**, Einstellungen zur Interviewlänge; Art der Kalkulation; Einstellungen zur Verweigerungsquote; Eignung für Studientyp und Thematik sowie zur Sicherung repräsentativer bzw. (bei qualitativer Forschung) "typischer" Ergebnisse
- **Stichprobe**, Eindeutigkeit/Ergiebigkeit der Grundgesamtheit; Eignung von Stichprobenart und -größe im Hinblick auf die geforderte Genauigkeit und Sicherheit; Anwendbarkeit der Stichprobentheorie und statistischer Tests
- **Wirtschaftlichkeit und Preis/Leistungsverhältnis**.

3.3 Operatives Marketing - Marketing Mix (4 P)

Meffert definiert **Marketing-Mix**.[36] als jene Kombination von Marketinginstrumenten, mit deren Hilfe ein Unternehmen seine Beziehungen zu den Marktteilnehmern gestaltet und deren Verhalten im Sinne der Marketingziele beeinflusst. Dazu gehören

a) **Produktpolitik** (Product)[37]

Sie umfasst alle Maßnahmen der Produktprogrammplanung (Sortimentsgestaltung), Produktentwicklung und -gestaltung, die darauf abzielen, durch bestmögliche Bedarfsbefriedigung, bei Investitionsgütern in der Regel eine Problemlösung, einen bestmöglichen Marktanteil und Deckungsbeitrag auf lange Sicht zu sichern. Dazu gehören neben der Neu- und Weiterentwicklung von Produkten, die Gestaltung der Qualität und die Packungsgestaltung. Dabei gewinnen Pre- und After-Sales-Serviceleistungen, die einer Profilierung gegenüber dem Wettbewerber dienen, weiter an Bedeutung.

---

[35] *Kühn, R.,* Marktforschung, Bern
[36] *Meffert, H.,* Marketing, S. 881 ff.
[37] Hat auch strategische Bedeutung, vgl. Pkt. 2.5

b) **Kommunikationspolitik (Promotion)**
Sie beinhaltet die Instrumente der Markenpolitik, der Werbung, des persönlichen Verkaufs, der Verkaufsförderung, Produktpräsentation am POS (Point-of-Sale), der Dialogkommunikation (z.B. mittels Brief und E-Mail) und Public Relations (PR).

c) **Kontrahierungspolitik (Price)**
Sie regelt die Grundsätze und Einzelheiten der Gestaltung der Leistung und des Entgelts, die Gegenstand des Kaufvertrages werden. Dazu gehören neben der Preis- und Rabattpolitik die Liefer- und Zahlungsbedingungen (inklusive Lieferantenkreditbedingungen) sowie die Garantieleistungspolitik (letztere kann auch der Produktpolitik zugeordnet werden).

d) **Distributionspolitik (Place)**
Sie betrifft alle Maßnahmen im Zusammenhang mit dem Weg eines Produkts vom Hersteller zum Kunden, dazu gehören insbesondere alle Fragen der Lagerung, der Bestellorganisation, des Transports und der Absatzkanäle. Hier werden auch technische Anforderungen an die Packungsgestaltung definiert.

3.3.1 Produktpolitik

Angesichts der globalen Umwälzungen, wie Zusammenbruch des Sowjetblocks, Bevölkerungsexplosion in Übersee, Ressourcenverknappung und Umweltzerstörung, begleitet von weltweiter Devisenspekulation (im Volumen den Welthandel um Vielfaches übertreffend) und überhöhten Staatsverschuldungen sowie einer Überdehnung der sozialen Netze, sehen die Unternehmen sich im globalen Wettbewerb **mit wachsenden Risiken und schwerer abschätzbaren Chancen konfrontiert.**

Das systematische Aufspüren und Realisieren profitabler Produkte ist in den zurückliegenden Jahrzehnten ohne Zweifel zur zentralen Aufgabe des Marketing-Management geworden. Denn angesichts der weltweiten Konkurrenz mit gleichrangigem Know-how und wesentlichen Kostenvorteilen insbesondere in Fernost pflegen gravierende Fehleinschätzungen und Illusionen bezüglich der Absatz- und Erlösentwicklung drastische Ergebniseinbrüche und meist irreversiblen Personalabbau zu verursachen. Die Regel, dass die Börse wesentliche Personalreduzierungen in großen Unternehmen wegen Verbesserung des shareholder value mit Kurssteigerungen zu honorieren pflegt, entspricht der Logik des Kapitalmarktes. Vorstände der Aktiengesellschaften erhalten üblicherweise eine gewinnabhängige Erfolgsbeteiligung, sie ziehen also i.d.R. wesentlichen persönlichen Vorteil aus großangelegten Entlassungsaktionen, anstatt mitzuhaften für Krisen, die sie durch Managementfehler sehr oft mitverursacht haben. Hier zeigt sich ein skandalöser Defekt im System, der beginnt, die Marktwirtschaft als Erfolgsmodell zu diskreditieren und wachsende Ablehnung der Verlierer gegen das bestehende System verursacht. Einige Parallelen zu Entwicklungen, die *Karl Marx* in der Mitte des 19. Jahrhunderts kritisiert hat, sind unbestreitbar und erfordern eine neue Ausbalancierung des westlichen Wertesystems. Dazu gehört unseres Erachtens insbesondere eine neue Solidarität von Menschen mit sicheren und/oder relativ hohen Einkommen mit solchen Menschen mit unsicheren und/oder relativ niedrigen Einkommen.

Die Erfolge von Japan und Südkorea bei der Verdrängung zahlreicher europäischer Unternehmen der Branchen Optik, Unterhaltungselektronik, Bürotechnik und Schiffbau und die sich abzeichnende zunehmende Härte des Wettbewerbs auf dem Automobilmarkt belegen einen Zwang zu maximaler Performance und Schnelligkeit in der Produktpolitik. Dabei wird die Wichtigkeit des Global Sourcing als Instrument der Kostenminimierung und Schlüssel zu Partnerschaften auf neuen Exportmärkten an Wichtigkeit weiter zunehmen. Beschaffungs-

und Absatzmärkte müssen durch agile internationale Partnerschaften in der Produktpolitik (mit Auslandsinvestitionen und joint ventures) erschlossen und stabilisiert werden.

Von allen Führungskräften muss angesichts dieser Herausforderungen besondere Verantwortungsbereitschaft - für Mitarbeiter, Umwelt und Partnerländer - gefordert werden. Dabei wird eine der wichtigsten Verantwortungen diejenige für systematische und kreative Produktinnovation bleiben, denn international wettbewerbsfähige Produkte bleiben die unverzichtbare Grundlage für den Fortbestand weltoffener Demokratien als offene Volkswirtschaften mit konvertiblen Währungen.

Wegen der außerordentlichen Bedeutung der Produktpolitik für den Erfolg des Unternehmens präsentieren wir dem Leser im Folgenden einen nachvollziehbaren kompakten Überblick über die **Instrumente für eine wettbewerbsfähige Produktinnovation**, damit er diese an seinen konkreten Fall anpassen und mit Erfolg einsetzen kann.

3.3.1.1 Für den Produkterfolg entscheidende Aufgaben der Unternehmensführung

Eine klassische Kaufmannsregel, lautet: „Der Gewinn entsteht beim Einkauf". Sie muss noch heute mit Nachdruck und Umsicht beherzigt und weit gefasst werden, denn mit den Hauptlieferanten muss schon in der Produktentwicklung zusammengearbeitet werden und Global Sourcing d.h. **agile Gestaltung weltweiter Partnerschaften** ist unverzichtbar für zukunftssichere Produktinnovation. Dies sind erfolgsbestimmende Aufgaben der Unternehmensführung. Eine ergebnisorientierte Unternehmensführung ist ferner verantwortlich für

- Qualitätsmanagementsystem und die Anwendung effizienzbestimmender Management- und Fertigungsprinzipien als **Strategie** (vgl. Pkt. 5.1.4) und
- Partizipatives Produktivitätsmanagement (**PPM**) (vgl. Pkt. 10.5.2 und Pkt. 5.4.2.8 (5))
- Konsequente Umsetzung der Regeln schlanker Unternehmensführung (**Lean Management**) (vgl. Pkt. 2.4.4) mit
- Optimierung der Geschäftsprozesse, Business Process Reengineering (**BPR**) (vgl. Pkt. 2.4.3)
- Rechtzeitige richtige Entscheidungen über **Investitionen** (in Fertigungstechnik und DV-Systeme, als sogenannte **Enabler**), ohne die Wettbewerbsfähigkeit heute nicht mehr möglich ist (vgl. Pkt. 7.5.4 und Kap. 12).
- Betriebsergebnissichernde **Produktprogrammentscheidungen**.

Die überzeugende Wahrnehmung dieser Führungsaufgaben ist wesentliche Voraussetzung dafür, dass der Einsatz der im Folgenden behandelten Instrumente der Produktinnovation zu nachhaltigem Erfolg im Markt führen kann.

3.3.1.2 Produktprogrammplanung

Das Produktprogramm eines Unternehmens bezeichnet die Gesamtheit der vom Unternehmen angebotenen Produkte. Es besteht in der Regel aus Produktlinien oder -gruppen, deren Produkte in einer engen Beziehung zueinander stehen. Die Produktprogrammbreite kennzeichnet die Anzahl an Produktlinien vergleichbarer Nähe zum Endkunden (z.B. weiße Ware: Kühlschränke, Herde, Waschmaschinen). Produktprogrammtiefe kennzeichnet die Anzahl im Unternehmen integrierten Fertigungsstufen (z.B. Teilefertigung: Oberflächenveredelung, Baugruppenmontage, Endmontage).

Operatives Marketing - Marketing Mix (4 P)

Um ein marktgerechtes Produktprogramm zu erzielen, dürfen die Entscheidungen über Neuprodukteinführung, Produktvariation und -elimination nicht isoliert für einzelne Produkte getroffen werden, sondern müssen wegen zahlreicher gegenseitiger Abhängigkeiten im Rahmen des strategischen Marketing[38] mit Sorgfalt evaluiert und gefällt werden. Aufbauend auf einer systematischer **Analyse der Unternehmenssituation** möglicherweise mit dem Ergebnis einer strategischen Ergebnislücke (vgl. Pkt 2.2-2.3) erfordert die Produktprogrammplanung eine Planung der erzielbaren Deckungsbeiträge je Produktlinie/-gruppe und Jahr sowie deren **Kumulierung zum Gesamtdeckungsbeitrag** mit anschließender **Ermittlung des Betriebsergebnisses des Unternehmens** für mindestens 3 besser 5 Jahre (Tabellenentwurf vgl. Pkt. 2.5).

3.3.1.3 Für den Produkterfolg wesentliche Methoden des Entwicklungs- und Fertigungsbereichs

Die Marketingaktivitäten der Produktpolitik müssen unter Mitwirkung interdisziplinärer Teams im Entwicklungs- und Fertigungsbereich weitergeführt und systematisch umgesetzt werden. Folgende Methoden, die sich in der technischen Produktentwicklung (dem Engineering) bewährt haben werden in Kapitel 5 und 7 nachvollziehbar behandelt:
- Quality Function Deployment, (**QFD** House of Quality), Entwicklung von Produkten, die in allen wesentlichen Merkmalen (Features) die der Konkurrenz übertreffen (vgl. Pkt. 5.5.3.2 (2))
- Wertanalyse (**WA**), systematische Suche der einfachsten und damit kostengünstigsten Möglichkeit, einen bestimmten Nutzwert für den Kunden zu erzielen (vgl. Pkt. 5.2.1.3 (2))
- Design for Manufacture and Assembly (**DFMA**), Sicherung kostengünstiger Fertigung und Montage (vgl. Pkt. 5.2.1.3 (3))
- Beschleunigung des Konstruktionsprozesses durch Simultaneous Engineering (**SE**) (vgl. Pkt. 5.5.3.2 (2)) und Computer Aided Design (**CAD**) (vgl. Pkt. 5.6.2.2 f.)
- Total Quality Management und Normung (**TQM** und **ISO 9000** neu), (vgl. Pkt. 5.5.2)
- Typung und Standardisierung und Modularisierung zur **Herstellkostensenkung** (vgl. Pkt. 5.2.1.3)
- Flexibilität durch schlanke Prozesse (**JIT**) (vgl. Pkt. 5.4.3 und Pkt. 2.4.3 - 2.4.4)
- Planung und fristgerechte Realisierung erforderlicher **Investitionen** (vgl. Pkt. 7.5)

3.3.1.4 Generierung und Beurteilung von Produktideen und neuen Produkten

(1) Erfolgsaussichten von Produktideen

Die erwiesene Tatsache, dass von 100 Neuproduktideen lediglich zwei bis zur Markteinführung gelangen (vgl. folgende Abbildung), belegt, dass zum Markterfolg in der Regel mehr gehört als eine Gruppe kreativer Berater. Die Ausnahmen Swatch und Smart der Firma Hayek sprechen ebenfalls dafür, das es hoher interdisziplinärer industrieller Kompetenz und systematischer Entwicklungsarbeit bedarf, um von der Produktidee zum Markterfolg eines Produktes zu gelangen. Dabei muss mit Nachdruck auch Neues erdacht werden. Konsumentenbefragun-

---
[38] Im Handel häufig auch Sortimentsgestaltung genannt.

gen tendieren dazu, Wünsche als Verbesserung von Bekanntem zu artikulieren. So sind Normalpapierkopierer, Faxgerät, Polaroidkamera und CD nicht gefunden worden.

Entwicklungs-phase	Anzahl Produkt-ideen	Erfolgs-quote	Kosten pro Produktidee in US $	Gesamt-kosten in US-$
1. Ideenvorauswahl	64	25%	1000	64.000
2. Konzepterprobung	16	50%	20.000	320.000
3. Produktentwicklung	8	50%	200.000	1.600.000
4. Markterprobung	4	50%	500.000	2.000.000
5. Landesweite Markteinführung	2	50%	5.000.000	10.000.000
		1,56%	5.721.000	13.984.000

Erfolgswahrscheinlichkeit und Kosten von Produktinnovationen[39]

(2) Generierung von Produktideen

In der betrieblichen Praxis hat sich als Ausgangspunkt für die Gewinnung von Produktideen zunächst eine sorgfältige **Problemanalyse** bewährt. Hier steht das aus Abnehmersicht zu lösende Grundproblem im Mittelpunkt. Dabei ist darauf zu achten, dass dieses Problem zunächst losgelöst von jeglichem realen Produkt beschrieben wird. Nur so ist eine weitgehend kreative Ideensammlung zur innovativen Lösung bekannter Abnehmerprobleme möglich.

In der anschließenden **Phase der Ideenfindung** haben sich verschiedenartige Kreativitätsmethoden herausgebildet. Eine häufig angewandte ist das Brainstorming, vielfach in seiner Unterform des Brainwriting. Hierzu werden die Teilnehmer des Ideenworkshops beispielsweise gebeten, drei Lösungsansätze für das Kundenproblem aufzuschreiben und an ihren linken Nachbarn weiterzureichen. Dieser wiederum wird gebeten, die erhaltenen Ideen aufzugreifen und weiterzuentwickeln. Danach reicht er diese Zettel ebenfalls an seinen linken Nachbarn weiter, der ein weiteres Mal die Ansätze weiterentwickeln soll. Zentral für den Erfolg eines Ideenworkshops ist es, dass die Ideen nicht sofort zu bewerten sind, sondern erst in einer späteren Phase. Anderenfalls kann sich das Kreativitätspotenzial der Teilnehmer nicht voll entfalten.

Bei der Auswahl der Teilnehmer an Kreativitätsworkshops sollten folgende Gesichtspunkte berücksichtigt werden:
- Fachwissen und Fertigkeiten (Talent, Begabung, Können, Übung, Fachwissen)
- Kreativitätsrelevante Fähigkeiten (divergentes/bildhaftes Denken, Sensibilität, Intuition, Konzentrationsfähigkeit)
- Persönlichkeitsmerkmale (innere Motivation, Neugier, Fleiß, Zielstreben, Mut, äußerem Druck widerstehen)

Es hat sich - mit den unter (1) genannten Einschränkungen - bewährt, Kreativworkshops mit Teilnehmern aus verschiedenen Funktionen des Unternehmens zu besetzen. Dabei sollten die

---
[39] *Meffert*, a.a.O., S. 365

Kernkompetenzen des Unternehmens beachtet und eine Teilnehmerzahl von 12 nicht überschritten werden.

(3) Beurteilung neuer Produkte und Produktideen - Marketingindex[40]

Nach der Sammlung kreativer Neuproduktideen gilt es, diese hinsichtlich ihres potenziellen Erfolgsbeitrages zu bewerten. Da eine dezidierte Bewertung aller Ideen recht aufwendig und daher kostspielig ist, wird in der Praxis zunächst häufig eine **Grobbewertung** anhand von Punktbewertungsverfahren („Scoring-Modelle") durchgeführt. Mit derartigen Methoden lassen sich die subjektiven Erwartungen eines Gremiums oder Expertenteams zur Beurteilung neuer Produkte zu einer einfachen Maßgröße zusammenfassen. Die weniger aussichtsreichen Produktideen werden auf diese Weise ausgesondert. Lediglich die erfolgversprechendsten Ideen werden dann einer **Feinbewertung** zugeführt, die in ihrer detailliertesten Stufe sogar Investitionsrechenverfahren (z.B. Kapitalwertmethode) integrieren kann. Auch im Rahmen der Feinbewertung reduziert sich die Anzahl von Ideen gelegentlich recht deutlich.

Die nun verbleibenden Ideen werden dann vielfach bereits das erste Mal ausgewählten Kunden im Rahmen eines sog. **Konzepttestes** zur Beurteilung vorgelegt.[41] Hier sind noch kein Prototyp oder Teile eines Prototyps gefertigt, sondern die Idee ist lediglich im Rahmen eines schriftlichen Konzeptes weiter ausgearbeitet. Kann auch das Ergebnis in dieser Stufe überzeugen, so werden vielfach Prototypen (**Produkttests**) oder Bauteile (vgl. „car clinics") gefertigt und diese wiederum auf ihre Akzeptanz bei den Abnehmern überprüft. Schließlich kann der Erfolg einer marktweiten Einführung auf einem regionalen **Testmarkt** geprüft werden. Hierzu wird in einer möglichst für den Gesamtmarkt repräsentativen Region das neue Produkt angeboten und aus den erzielten Verkäufen der potenzielle marktweite Erfolg hochgerechnet.

Das beschriebene Vorgehen zur Identifikation und Beurteilung von Neuproduktideen kann im Investitionsgüterbereich durch die Integration sog. „Lead User" erweitert werden. Diese Lead User zeichnen sich durch Problembedarfe aus, die gegenwärtig weit vor den aktuellen Anforderungen des Gesamtmarktes liegen und die zukünftigen Anforderungen treffend abbilden. Um diese Problembedarfe zu befriedigen, arbeiten Lead User in der Produktentwicklung eng mit ihren Lieferanten zusammen.

Das als **Marketingindex** bekannt gewordene Scoringverfahren erlaubt einem Expertenteam, alternative Ausprägungen erfolgsrelevanter Einflussfaktoren (von „sehr gut" bis „sehr schlecht") frei zu definieren und deren Eintretenswahrscheinlichkeiten, die sich von sehr gut bis sehr schlecht für jedes Merkmal auf 1 oder 10 addieren, zu schätzen. Versieht man danach die Gesamtheit der Merkmale mit Gewichten, die sich ebenfalls auf 1 oder 10 addieren, so erkennt man, dass man für die Hauptmerkmale Marktfähigkeit, Lebensdauer, Produktionsmöglichkeit und Wachstumspotential gewichtete Merkmalswahrscheinlichkeiten erhält, die eine qualifizierte Expertendiskussion und systematische Beurteilung der Erfolgsaussichten neuer Produkte (und Produktideen) erlauben.

---

[40] Ein beispielhaftes Scoringverfahren ist der sog. „Marketing-Index". Vgl. *O'Meara*, Selecting profitable products, in: New decision making tools for manager, Cambridge, Mass., zitiert nach *Stern, M. E.*, Marketing-Planung, a.a.O.

[41] Statt Kunden kommen vielfach auch Vertriebsmitarbeiter oder Mitarbeiter kooperierender Handelsunternehmen als Beurteiler in Frage.

2) Marketing-index	7) Gewicht	4) Werturteile 3) Teilfaktoren	sehr gut	gut	durch-schnittl.	schlecht	sehr schlecht
I Marktfähigkeit	1	a Konkurrenzfähigkeit					
	1	b Preis- Qualitätsverhältnis	5) Merkmalsausprägungen und 6) Wahrscheinlichkeiten 8) gewichtete Wahrscheinlichkeiten (6) x (7)				
	2	c Beziehung zur bestehenden Produktgruppe					
	3	d Erforderliche Absatzwege	nur vorhandene 0 % 0	wenige neue 60 % 18	teils / teils 30 % 9	viele neue 10 % 3	nur neue 0 % 0
II Lebensdauer	1	...					
III Produktionsmöglichkeit	1	...					
IV Wachstumspotential	1	...					
		9) Spaltensummen	.. %	.. %	.. %	.. %	.. %

Beurteilung neuer Produkte und Produktideen - Marketingindex[42]

1) **Wahrscheinlichkeits- und Punktbewertungstechniken**: Gesamtproblem, neues Produkt in Teilprobleme durch Einführung von einfachen Wahrscheinlichkeits- und Punktbewertungstechniken (zusätzlich zur notwendigen Umsatz-, Investitions- und Wirtschaftlichkeitsprognose) auflösen.
2) **Faktoren**: Der Marketingindex besteht aus den vier Faktoren (I) Marktfähigkeit, (II) Lebensdauer, (III) Produktionsmöglichkeit und (IV) Wachstumspotential.
3) **Teilfaktoren**: Jeder dieser Faktoren wird in minimal 3, max. 5 Teilfaktoren aufgefächert.
4) **Werturteile**: Zu diesen Teilfaktoren werden Werturteile vergeben und tabellarisch sortiert.
5) **Merkmalsausprägungen**: Das erfolgt systematisch durch vorherige Zuordnung der Urteile von sehr gut bis sehr schlecht zu bestimmten signifikanten Merkmalsausprägungen, die für jeden Teilfaktor eintreten können.
6) **Wahrscheinlichkeiten**: Der Beurteilende könnte nun vor die Wahl gestellt werden, für jeden Teilfaktor nur ein Werturteil abzugeben, das er für wahrscheinlich hält. Dadurch würden wichtige Erwartungswerte geringerer Wahrscheinlichkeit unterdrückt! Deshalb hat der Beurteilende für jede der fünf möglichen Merkmalsausprägungen gemäß (4) und (5) eine Wahrscheinlichkeit zu schätzen. Je Teilfaktor, also je Zeile, muss eine der Merkmalsausprägungen eintreten, deshalb muss die Summe der vergebenen Wahrscheinlichkeiten 100% betragen.
7) **Gewichte**: Als nächster Schritt werden für jeden Teilfaktor Gewichte vergeben, um deren unterschiedliche Relevanz als Element des Gesamtfaktors zu berücksichtigen. Die Summe der Gewichte summiert sich auf 1 oder der Einfachheit halber auf 10.
8) **Gewichtete Wahrscheinlichkeiten**: (8) = (6) x (7): Teilfaktorausprägungswahrscheinlichkeiten werden durch Multiplikation mit den Gewichten zu gewichteten Wahrscheinlichkeiten.
9) **Spaltensummen**: Als nächster Schritt addiert man die gemäß (8) ermittelten Spaltensummen und erhält je Spalte die gewichtete Wahrscheinlichkeit je Faktor gemäß (2), also beispielsweise für die Marktfähigkeit usw.
10) **Gesamturteil**: Ergebnis ist eine systematisch erarbeitete Beurteilung der wesentlichen Marketingerfolgsfaktoren mit Angabe der Wahrscheinlichkeiten zu deren Ausprägung.

---

[42] *O'Meara*, Selecting profitable products, in: New decision making tools for manager, Cambridge, Mass., zitiert nach *Stern, M. E.*, Marketing-Planung, a.a.O.

Operatives Marketing - Marketing Mix (4 P)

	sehr gut	gut	durchschnittlich	schlecht	sehr schlecht
I Marktfähigkeit					
A. Erforderliche Absatzwege	Ausschließlich gegenwärtige	Überwiegend gegenwärtige	Zur Hälfte gegenwärtige	Überwiegend neue	Ausschließlich neue
B. Beziehung zur bestehenden Produktgruppe	Vervollständigung der zu schmalen Produktgruppe	Abrundung der Produktgruppe	Einfügbar in die Produktgruppe	Stofflich mit der Produktgruppe verträglich	Unverträglich mit der Produktgruppe
C. Preis-Qualitätsverhältnis	Preis liegt unter dem ähnlicher Produkte	Preis liegt z. T. unter dem ähnlicher Produkte	Preis entspricht dem ähnlicher Produkte	Preis liegt z. T. über dem ähnlicher Produkte	Preis liegt meist über dem ähnlicher Produkte
D. Konkurrenzfähigkeit	Produkteigenschaften werblich verwertbar und Konkurrenzprodukten überlegen	Mehrere werblich verwertbare Produkteigenschaften sind Konkurrenzprodukten überlegen	Werblich bedeutsame Produkteigenschaften entsprechen den Konkurrenzprodukten	Einige überlegene Produkteigenschaften	Keine überlegenen Produkteigenschaften
E. Einfluss auf den Umsatz der alten Produkte	Steigert Umsatz der alten Produkte	Unterstützt Umsatz der alten Produkte	Kein Einfluss	Behindert Umsatz der alten Produkte	Verringert Umsatz der alten Produkte
II Lebensdauer					
A. Haltbarkeit	Groß	Überdurchschnittlich	Durchschnittlich	Relativ gering	Schnelle Veraltung zu erwarten
B. Marktbreite	Inland und Export	Breiter Inlandsmarkt	Breiter Regionalmarkt	Enger Regionalmarkt	Enger Spezialmarkt
C. Saisoneinflüsse	Keine	Kaum	Geringe	Etliche	Starke
D. Exklusivität der Ausführung	Patentschutz	Zum Teil Patentschutz	Nachahmung schwierig	Nachahmung teuer	Nachahmung leicht und billig
III Produktionsmöglichkeit					
A. Benötigte Produktionsmittel	Produktion mit stillliegenden Anlagen	Produktion mit vorhandenen Anlagen	Vorhandene Anlagen können zum Teil verwendet werden	Teilweise neue Anlagen notwendig	Völlig neue Anlagen erforderlich
B. Benötigtes Personal u. technisches Wissen	Vorhanden	Im Wesentlichen vorhanden	Teilweise erst zu beschaffen	In erheblichem Umfang zu beschaffen	Gänzlich neu zu beschaffen
C. Benötigte Rohstoffe	Bei Exklusiv-Lieferanten erhältlich	Bei bisherigen Lieferanten erhältlich	Bei einem Neulieferanten zu beziehen	Von mehreren Neulieferanten zu beziehen	Von vielen Neulieferanten zu beziehen
IV Wachstumspotential					
A. Marktstellung	Befriedigung neuer Bedürfnisse	Erhebliche Produktverbesserung	Gewisse Produktverbesserung	Geringe Produktverbesserung	Keine Produktverbesserung
B. Markteintritt	Sehr hoher Investitionsbedarf	Hoher Investitionsbedarf	Durchschnittlicher Investitionsbedarf	Geringer Investitionsbedarf	Kein Investitionsbedarf
C. Erwartete Zahl an Endverbrauchern	Starke Zunahme	Geringe Zunahme	Konstanz	Geringe Abnahme	Erhebliche Abnahme

Marketing-Index für neue Produkte

3.3.1.5 5-Phasen-Modell des Innovationsprozesses

Das folgende Ablaufschema verknüpft die einzelnen Phasen der Produktentwicklung, -realisierung und Vermarktung mit den in Kapitel 5 dargestellten Methoden QFD, FMEA, WA, DFMA Lean Production, Just-in-Time SPC und MTM. Die Praxisrelevanz belegt das anschließende Ablaufschema der Produktplanung des Geräteherstellers HAKO.

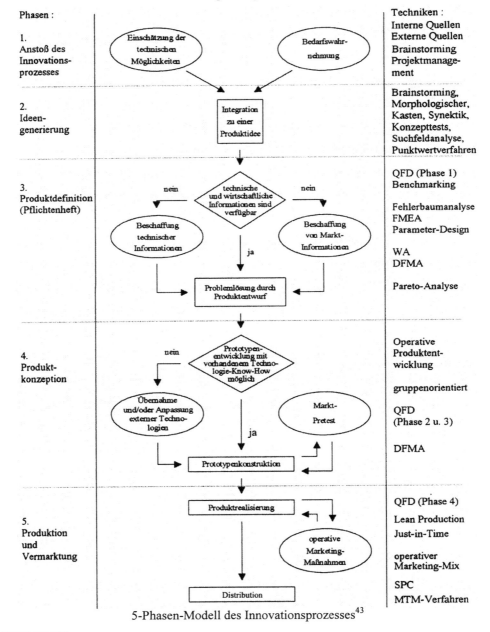

5-Phasen-Modell des Innovationsprozesses[43]

---

[43] Quelle: *Binke & Partner*, Unternehmensberatung, Heide

Operatives Marketing - Marketing Mix (4 P)

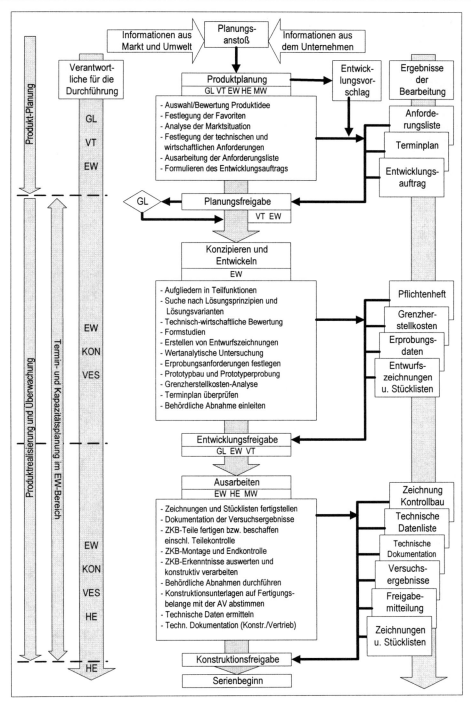

Ablauf der Produktplanung bei HAKO

3.3.1.6 Produktentwicklung mit marktbedingten Preis- und Kostenvorgaben (Target Costing)

Entwicklungstrends der Marktpreise und der Produkt- und Produktionstechnologie bestimmen für industrielle Serienprodukte den auf dem Markt erzielbaren Preis und damit die höchstens zulässigen Kosten. Den Prozess der Zielkostenfindung für ein neues Produkt veranschaulicht folgende Darstellung von Seidenschwarz. Die von uns in Pkt. 2.5 zur Produktprogrammplanung aufgestellte Zielgröße „notwendige Deckungsbeiträge" verfolgt das gleiche Prinzip, bei der Produktplanung die zulässigen Herstellkosten aus den erzielbaren Nettoerlösen abzuleiten. Dabei können bei der Gesamtplanung des Produktprogramms bessere und weniger gute Deckungsbeiträge einzelner Produktgruppen kumuliert einen zufriedenstellenden Gesamtdeckungsbeitrag ergeben.

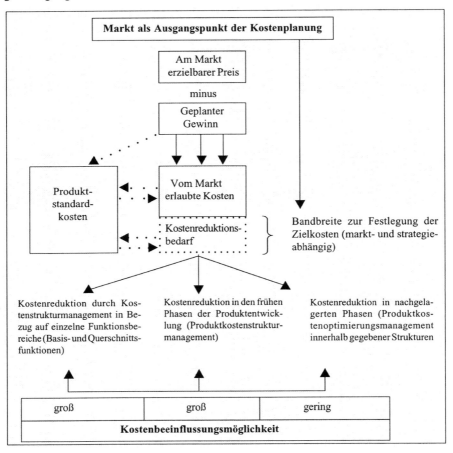

Zielfindungsprozess, Target Costing[44]

---

[44] Entnommen aus: *Seidenschwarz, W.*, Target Costing und Prozesskostenrechnung, in IFUA *Horvath & Partner*, Hrsg., Prozesskostenmanagement, München

3.3.1.7 Voraussetzungen für optimale Fertigungsan- und -hochläufe
(Praxisfall: Checkliste für technische Serienprodukte)

(1) **Produkteinführung**
- ❑ Fertigungsgerechte Konstruktion (abgestimmt auf Servicebelange)
- ❑ Gütegesicherter Konstruktionsstand (Funktion und Zuverlässigkeit)
- ❑ Termingerechte Bereitstellung aller erforderlichen Betriebsmittel, Vorrichtungen, Maschinen und insbesondere Prüfmittel
- ❑ Betriebsmittel müssen sicherstellen, dass zeichnungsgerechte Teile gefertigt werden können
- ❑ Termingerechte Bereitstellung aller Einkaufsteile, gütegesichert hinsichtlich Funktion, Qualität und Zuverlässigkeit
- ❑ Planung und Einrichtung einer arbeits- und materialflussgerechten Werkstatt
- ❑ Bereitstellung des erforderlichen Personals
- ❑ Schulung der Führungs- und Fachkräfte (Technologie, Funktionen, Abläufe)
- ❑ Schulung und Einarbeitung der produzierenden Mitarbeiter
- ❑ Qualitätskonzept hinsichtlich Prüfung, Kontrolle, Qualitätssicherung
- ❑ Fertigungs- und Konstruktionsabsicherung durch Nullserie und bei Bedarf Vorserie (ausreichende Gütesicherungsprüfung dieser Geräte)
- ❑ Ausreichende Felderprobung sowie Transportversuche
- ❑ Unter Umständen Testverkäufe auf einem möglichst isolierten Testmarkt
- ❑ Planung und Realisierung des Kundendienstkonzepts.

(2) **Serienproduktion und Hochlauf**
- ❑ Produktionsplanung für größeren Zeitraum (mindestens 1 Jahr)
- ❑ Darauf abgestimmter Arbeitsablauf (nicht zu oft umstellen)
- ❑ Maximal 4 - 5 Steigerungsstufen pro Jahr (zur Minimierung von Qualitätseinbrüchen beim Umtakten der Bänder und damit Ändern der Arbeitsplatzinhalte)
- ❑ Rechtzeitige Bereitstellung, Schulung und Einarbeitung des erforderlichen Mehrpersonals (eventuell Anlernwerkstatt)
- ❑ Absicherung und Beherrschung aller notwendigen Technologien und Prüfverfahren
- ❑ Rechtzeitige Bereitstellung aller zur Steigerung erforderlichen Betriebsmittel (insbesondere Prüfmittel)
- ❑ Sicherstellung der Materialversorgung, besonders bei Einkaufsteilen (hierzu ausreichender Lagersicherheitsbestand)
- ❑ In der Anfangsphase keine Änderungen von Teilen außer aus Funktions-, Qualitäts- oder Zuverlässigkeitsgründen.

3.3.1.8 Produktdifferenzierung und -variation

Produktdifferenzierung dient dazu, das angebotene Produktspektrum auch für mehrere Marktsegmente mit unterschiedlichen Abnehmerbedürfnissen attraktiv und aktuell zu halten. Hierzu werden gleichzeitig mehrerer Produktvarianten eines Produktes innerhalb einer Produktlinie angeboten. Allerdings ist zu beachten, dass durch ein zu großes Angebot an Produktvarianten die Kosten in der Produktion, dem Service, der Ersatzteilversorgung und des Marketing exorbitant steigen können (sog. Komplexitätskosten). Daher ist in der Praxis häufig zum Ende eines jeweiligen Produktlebenszyklus die Bündelung verschiedener Produktvarianten wieder zu einem Produkt zu beobachten (z.B. PKW-Angebote).

Die in jüngster Zeit ständig gestiegenen Flexibilitätsspielräume innerhalb der Produktion (z.B. mittels flexibler Fertigungszellen), haben eine spürbare Reduktion der Komplexitätskosten ermöglicht. Hierdurch ist es möglich, weitgehend individuelle Produkte in Massenfertigung zu produzieren. Dieses Phänomen wird im Marketing unter dem Begriff **Mass Customazition** diskutiert. Zur Nutzung der erhöhten Flexibilität spielt der Gebrauch des Internet eine zentrale Rolle. So fußen die Konzepte der Mass Customazition häufig auf der durch den Abnehmer vorzunehmenden Spezifizierung seines Wunschproduktes mittels sog. Produktkonfiguratoren im Internet.

Bei der Produktdifferenzierung im **internationalen Kontext** ist zu berücksichtigen, dass Produkte vielfach eine unterschiedliche Rolle spielen. So ist das Motorrad in Europa Ausdruck von Lifestyle und Luxus, während es in Asien vielfach die Rolle eines unerlässlichen Transportmittels übernimmt. Ebenso ist auf divergente Geschmacksrichtungen (nicht nur bei Absatz von Lebensmitteln) Rücksicht zu nehmen.

Unter der **Produktvariation** sind Veränderungen von am Markt bereits seit längerem eingeführten Produkten zu verstehen. Sie dient vielfach als Instrument zur Aufrechterhaltung der Produktaktualität und Verlängerung des Produktlebenszyklus. Je nach Intensität der Produktvariation ist zwischen einer Produktpflege (Facelifting) als kontinuierliche Verbesserung des Produktes und einer Produktmodifikation (Produktrelaunch) als umfassende Veränderung einer oder mehrerer zentraler Produkteigenschaften zu unterscheiden.

Produktvariationen sind hinsichtlich
❏ Zeitpunkt,
❏ Häufigkeit und
❏ Umfang

dezidiert zu planen, um einerseits nicht Abnehmer und Handel aufgrund zu schneller Produktvariationen zu verschrecken und anderseits nicht Umsatzeinbußen aufgrund sinkender Produktakzeptanz zu erleiden.

Im Bereich der Produktvariationen gewinnen **Serviceleistungen** (sog. „Added Values") zunehmend an Bedeutung. Hier gelingt es Unternehmen häufig recht kostengünstig, den Abnehmern Innovationsfähigkeit mittels konkreter zusätzlicher Serviceleistungen zu demonstrieren (vgl. Abbildung).

Grad der Affinität von Primär- und Sekundärleistungen / Erwartungshaltung auf Kundenseite	Hohe Affinität	Mittlere Affinität	Geringe Affinität	
Muss-Dienstleistungen	• Garantiearbeiten • technischer Kundendienst			Aus Kann-DL können im Zeitablauf Soll- bzw. Muss-DL werden
Soll-Dienstleistungen	• TÜV-Untersuchung • Leasing • Direktannahme	• Mietwagenvermitttlung	• Cafeteria	
Kann-Dienstleistungen	• Haftpflichtversicherung	• Mobiltitätsgarantie • Schutzbrief	• Kinderhort • Reisebüro	

Value Added Services im Zeitablauf (nach Laakmann)

Die obige Systematisierung eröffnet einen Suchraum für Value Added Services anhand der Dimensionen „Erwartungshaltung des Abnehmer" und „Affinität der Sekundärleistung zur Hauptleistung"[45]. Im Zeitablauf setzt aufgrund gestiegener Anforderungen der Abnehmer eine Wandlung von „Kann-Dienstleistungen" in „Soll-„ und später sogar „Muss-Dienstleistungen" ein. Deshalb ist die Suche nach profilierungsstarken Services eine unternehmerische Daueraufgabe.

3.3.1.9 Produktelimination

Die Entfernung von Produkten aus dem Angebot eines Unternehmens kann vielfältige interne und/oder externe Ursachen haben. Das Management hat bei der Eliminationsentscheidung sowohl quantitative als auch qualitative Faktoren zu berücksichtigen.[46]

Quantitative Faktoren
- Sinkender Umsatz
- Sinkender Marktanteil
- Geringer Umsatzanteil
- Deckungsbeiträge null
- Sinkender Kapitalumschlag
- Sinkende Rentabilität
- Hohe Beanspruchung knapper Ressourcen (z.B. Außendienst)
- Hoher Anteil an den Komplexitätskosten des Unternehmens.

Qualitative Faktoren (meistens mit Wirkung auf die quantitativen Faktoren)
- Einführung überlegener Konkurrenzprodukte
- Negativer Einfluss auf das Firmenimage
- Änderungen der Bedarfsstruktur der bisherigen Kunden
- Änderung gesetzlicher Vorgaben
- Technologische Veralterung.

Immer ist die Bedeutung eines Produktes im Produktprogramm und sein Gesamtdeckungsbeitrag zu den Fixkosten des Unternehmens dominierendes Entscheidungskriterium. Gleichzeitig sind die vom Produkt möglicherweise verursachten Fixkosten kritisch zu prüfen. Spätestens, wenn diese nicht mehr gedeckt sind, ist ein Produkt zu eliminieren.

3.3.2 Kommunikationspolitik

Zur Kommunikationspolitik werden folgende Aufgaben gezählt:
- Markenpolitik
- Klassische Werbung – Übermittlung von Informationen, die den Empfänger veranlassen sollen, zu tun, was der Sender der Informationen wünscht
- Direktkommunikation – Übermittlung von Informationen direkt an den individuellen Adressaten zur bewussten Einstellungs- bzw. Verhaltensänderung

---

[45] Mit dem Begriff „Hauptleistung" ist das zugrundeliegende Produktangebot ohne Added Value Services zu verstehen. Die Sekundärleistung soll die Value Added Services beschreiben.
[46] *Meffert, H.*, Marketing, S. 437 f.

❑ Verkaufsförderung (Sales Promotion) - Aktionen am Point of Sales, mit dem Ziel im Vergleich zum Mitbewerb bevorzugt zu werden
❑ Messen und Ausstellungen – zeitlich befristete und örtlich festgelegte Veranstaltungen mit Marktcharakter zur Anbahnung von Geschäftsabschlüssen
❑ Sponsoring als systematische Förderung von Personen, Organisationen oder Veranstaltungen im sportlichen, kulturellen, sozialen oder ökologischen Bereich durch Geld-, Sach- oder Dienstleistungen zur Erhöhung der Bekanntheit und Verbesserung des Unternehmensimages
❑ Event-Marketing als Inszenierung von Ereignissen - durch erlebnisorientierte firmen- oder produktbezogene Veranstaltungen sollen emotionale und physische Reize bei den Teilnehmern ausgelöst werden
❑ Öffentlichkeitsarbeit (Public Relation) - zum Zweck der Sicherung eines positiven Unternehmensimages.

Dabei ist zu beachten, dass in den letzten Jahren die Vielfalt von Kommunikationskanälen erheblich zugenommen hat. Hier ist z.B. an E-Mail-Marketing, SMS-Marketing, UMTS, Product Placement im TV und sogar in Computerspielen, aber auch an Kundenzeitschriften und erste Ansätze zum interaktiven Fernsehen zu denken. Die Vielfalt dieser Entwicklungen erfordert eine Integration der Kommunikationsaktivitäten. Darunter versteht man die Analyse, Planung, Organisation, Durchführung und Kontrolle sämtlicher Kommunikationsaktivitäten, um ein für die Zielgruppen der Unternehmenskommunikation konsistentes Erscheinungsbild über des Unternehmens zu vermitteln und eine Wirtschaftlichkeitskontrolle der Aktivitäten zu ermöglichen.[47]

3.3.2.1 Markenpolitik

In Märkten mit einer hohen Austauschbarkeit der technischen Produktleistung kommt der Markierung von Produkten eine zunehmende Bedeutung zu. Über die Markenpolitik soll im Bewusstsein des Kunden bzw. der Interessenten ein unverwechselbares Bild von einem Produkt oder einer Dienstleistung verankert werden.[48] Markenprodukte werden üblicherweise über einen möglichst großen Absatzraum, über einen längeren Zeitraum, in gleichartigem Auftritt und in gleichbleibender oder verbesserter Qualität angeboten. In Deutschland (Europa) lassen sich Marken durch Anmeldung beim Deutschen Patent- und Markenamt in München (Europäisches Patent- und Markenamt ebenfalls in München) schützen.
Unter strategischen Aspekten lassen sich nach dem Ausdehnungsbereich der jeweiligen Marke folgende Markenstrategien unterscheiden:
❑ Einzelmarkenstrategien
❑ Mehrmarkenstrategien
❑ Familienmarkenstrategien
❑ Dachmarkenstrategien.

Im Rahmen der Einzelmarkenstrategie wird jedes Produkt des Unternehmens nur unter einer Marke angeboten, damit jedes Marktsegment auch nur mit einer Marke bearbeitet wird. Bei Mehrmarkenstrategien werden mindestens zwei Marken parallel im selben Marktbereich geführt. Markenfamilien zeichnen sich dadurch aus, dass mehrere verwandte Produkte unter

---

[47] Vgl. *Bruhn, M.*, S. 96.
[48] Vgl. *Meffert, H.*, S. 785.

einer Marke geführt werden. Dachmarkenstrategien schließlich fassen alle Produkte eines Unternehmens unter einer Marke zusammen.

Bei der Entscheidung für eine konkrete Markenstrategie sollten u.a. folgende Kriterien berücksichtigt werden:
- Möglichkeiten zur verbesserten Marktausschöpfung
- Positive wie auch negative Ausstrahlungseffekte auf andere Produkte
- Einführungs- und Pflegekosten der Marken am Markt
- Zeit- und Ressourcenaufwand für den Aufbau einer neuen Marke
- Nutzungsmöglichkeiten eines positiven Markenimage auch für andere Produkte
- Möglichkeit zur juristischen Absicherung der Marke bzw. der Marken
- Koordinationsbedarfe zwischen den Marken
- Schaffung von Markteintrittsbarrieren für Wettbewerber
- Mögliche Kannibalisierungseffekte zwischen den Marken untereinander.

Ist die Entscheidung über eine konkrete Markenstrategie gefallen, so ist die Marke am Markt und in der Wahrnehmung der Abnehmer bekannt zu machen und zu verankern.[49] Hierzu soll im Folgenden auf die Klassische Werbung, die Direktwerbung, E-Mailwerbung, Messen und Ausstellungen sowie die Verkaufsförderung eingegangen werden.

3.3.2.2 Klassische Werbung

(1) Corporate Identity

Für jeden Ingenieur, der als Dienstleister und Problemlöser am Markt auftritt, ist es von erheblicher Bedeutung, dass sein Unternehmen am Markt überzeugt und Vertrauen erweckt. Dazu gehört ein unverwechselbares überzeugendes „Firmenbild", das Professionalität vermittelt und auf keinen Fall Experimente und Unzuverlässigkeit auf Kosten der Kunden vermuten lässt. Dieses unverwechselbare Bild eines Unternehmens wird häufig als „Corporate Identity" bezeichnet. Dazu gehört neben sachlichen Aussagen in der Werbung auch und vor allem ein einheitliches Layout/Design für alle Schriftstücke vom Briefkopf bis zur LKW-Planenbeschriftung, vom Internetauftritt bis zum Firmeneingang (Corporate Design). In intensiven Wettbewerbsumfeldern ist es gerade auch für kleine Firmen in der Startphase notwendig, eine erstklassige Corporate Identity zu entwickeln. Dabei sollte auf Wahrheit, Kontinuität und Konsequenz in Form und Aussage geachtet werden.

(2) Begriff und Aufgabe der Werbung

Wenn das Leistungsprogramm, das Produkt und die potentiellen Abnehmer definiert sind, müssen die Abnehmer auf das Produkt aufmerksam gemacht, interessiert und zum Kauf des Produkts veranlasst werden. Das sind die zentralen Aufgaben der Werbung. Der Weg zum Werbeerfolg erfordert üblicherweise, folgende Teilschritte zu vollziehen, bekannt als das sog. **AIDA-Schema**:
- **Attention**, Weckung von Aufmerksamkeit
- **Interest**, Erzielen von Interesse
- **Desire**, Hervorrufen von Wünschen und
- **Action**, das Bewirken der Kaufentscheidung.

---

[49] Aufbauend auf der Festlegung eines kommunikativen Versprechens (Unique Selling Proposition, abgekürzt: USP) sollte eine Unique Advertising Proposition (UAP) angestrebt werden, die eine kommunikative Unverwechselbarkeit der Marke sicherstellt.

Um AIDA über das Kommunikationssystem zum Erfolg zu führen, müssen folgende Fragen beantwortet werden:
- Welchen **Umsatz** plant das Unternehmen als **Werbeerfolg** zu erzielen?
- Welche **Werbebotschaft**, also Informationen und Argumente sollen an welche **Zielgruppen** übermittelt werden?
- Welche **Werbemittel**, real wahrnehmbare Erscheinungsformen, z.B. Anzeige, Radio- oder Fernsehspot, sollen gewählt werden?
- Welche **Werbeträger**, d.h. Informationskanäle, Medien, z.B. Tageszeitungen, Fachpresse, Rundfunk oder Fernsehen, sollen eingesetzt werden?
- Welches **Werbebudget** soll in welcher sachlichen und zeitlichen Zuordnung (zyklische versus antizyklische Werbung) bereitgestellt werden?
- Wie weit können **Werbeplan und Werbebudget** durch Einsatz von **Werbeerfolgskontrolle** objektiviert werden?

In der Praxis mittelständischer Unternehmen dominiert oft Unklarheit über den Erfolg bestimmter Werbemaßnahmen, da die Werbeerfolgskontrolle mit großer Unsicherheit und hohen Kosten behaftet ist. Der Erfolg von Werbemaßnahmen kann in Wirkungsanalysen vor (oder nach) einer Kampagne als Pretest (oder Posttest) in Labor- oder Feldexperimenten getestet werden. Erkenntnisse über den Verkaufserfolg bleiben jedoch meist unsicher wegen vielfältiger anderer Einflüsse auf den Umsatz (z.B. Konjunktur, Wettbewerb, Wetter).

(3) **Werbebudget, Werbeerfolg** und **Werbeerfolgskontrolle**

Ein häufig fälschlicherweise dem Unternehmer *Henry Ford* zugeschriebenes Zitat veranschaulicht die verbleibende Unsicherheit der Werbeerfolgskontrolle. Es lautet: „Die Hälfte unsere Werbeausgaben ist unnötig. Leider wissen wir nicht welche Hälfte." Die bestehenden Unsicherheiten verursachen folgende in der Praxis verbreitete **unbefriedigende** Verfahren der **Festlegung von Werbebudgets**:
- Veränderung der Werbeausgaben des Vorjahres proportional zur geplanten Veränderung des Umsatzes (erlaubt kein offensives Marketing)
- Werbeausgaben als (brachenüblicher) Prozentsatz vom Umsatz (entspricht dem oberen Verfahren; gefährlich bei Umsatzrückgang, wenn Werbung vielmehr gesteigert werden müsste)
- Orientierung an den Werbeaktivitäten der Konkurrenz (um den eigenen Marktanteil auch bei Erhöhung der Werbeausgaben der Wettbewerber zu halten)
- Werbeausgabenkürzung als Sparmaßnahme (kann den Marktanteil und die Existenz eines Unternehmens gefährden).

Um diese mangelhafte Bestimmung des Werbebudgets zu überwinden, muss man versuchen, die Auswahl der Werbemittel und Werbeträger zielstrebig auf den geplanten Verkaufserfolg (Absatz oder Umsatz) auszurichten, obwohl die Erfolgsprognose mit großer Unsicherheit behaftet ist und die systematische Erfolgskontrolle möglicherweise zu teuer bzw. unmöglich ist.

(4) **Tausender-Kontakt-Preis-Kriterium (TKP)**

Ein wesentliches Hilfsmittel zur Auswahl der Werbeträger (der Medienselektionsstrategie) im Rahmen der Werbeplanung ist der Tausender-Kontakt-Preis (TKP), der gezahlt werden muss, um mit einer einmaligen Schaltung bei einem bestimmten Werbeträger tausend Personenkontakte zu erzielen. Der TKP wird in den meisten Verkaufsunterlagen von Medien ausgewiesen[50] bzw. lässt sich einfach berechnen. Dabei bleibt ungeklärt, ob wenige Kontakte zu vielen Personen oder viele Kontakte zu wenigen Personen erzielt werden. Tausender-Kontakt-Preise werden inzwischen auch zum Vergleich von Kommunikationsmaßnahmen verschiedener Medien verwendet; allerdings sollte die lediglich ökonomische Betrachtung um qualitative Kriterien ergänzt werden, denn Radio-Spots, TV-Spots, Internet-Banner, Außenwerbung oder Anzeigen in einer Fachzeitschrift erreichen unterschiedliche Zielgruppen und Wirkungen.

(5) **Werbeträgerauswahl mit der High-Assay-Methode**
Young's und *Rubicam's* **High-Assay-Methode** ist ein Verfahren, mit dem jeder Werbeleiter zu einem Planabsatz das erforderliche Werbebudget und dessen bestmögliche Aufteilung auf die relevanten Werbeträger planen kann, wenn folgende Bedingungen erfüllt sind:
- Für jeden relevanten Werbeträger liegen die Preise für die erste Einschaltung sowie die Rabattstaffeln für möglicherweise sinnvolle mehrere Wiederholschaltungen vor.
- Über den Absatzeffekt der ersten Einschaltung jedes Mediums können realistische Schätzungen gemacht werden (aus vorangegangenen Schaltungen oder Pretests).
- Die Absatzeffekte von k Wiederholschaltungen folgen einer Gesetzmäßigkeit. Bei abnehmendem Effekt aus k Wiederholschaltungen könnte z.B. gelten, dass durch die k-te Schaltung ein Absatz erzielt wird, der sich ergibt als 1/k multipliziert mit dem Absatzeffekt der ersten Schaltung im jeweiligen Medium.

Der **Ablauf der Planung** sei am folgenden stark vereinfachten Beispiel verdeutlicht: es gelte die Medien Werbefernsehen, Werbefunk, ganzseitige Anzeige in einer Zeitschrift und halbseitige Anzeige in einer Tageszeitung zu vergleichen und so zu kombinieren, dass ein Planabsatz von 960 Einheiten erzielt werden kann.

Einschaltfrequenz	Werbefernsehen	Werbefunk	Zeitschrift	Tageszeitung
	Medien-/Werbeträger-Rabattstaffel			
	Grenzkosten der Einschaltung der Medien in EUR			
1	20.000	16.000	10.000	2.000
2	20.000	15.000	10.000	2.000
3	18.000	15.000	10.000	2.000
	Absatzeffekte der Einschaltungen der Medien in Einheiten			
1	200	400	100	40
2	100	200	50	20
3	60	133	33	13
	Werbekosten der Medien pro Absatzeinheit in EUR			
1	100	40	100	50
2	200	76	200	100
3	286	112	300	150

Auf Grundlage der so aufbereiteten Daten kann nun wie folgt mit dem kostengünstigsten Medium beginnend und jeweils mit dem nächstgünstigsten fortfahrend die Kombination von Medien gewählt werden bis der Planabsatz erreicht und damit zugleich das geschätzte erforderliche Gesamtbudget gefunden ist.

---

[50] Der Entscheider über die Werbemaßnahmen sollte allerdings den TKP auf Basis der zu bezahlenden Netto-Preise verwenden, da häufig stattliche Rabatte bei Mehrfachschaltungen durchgesetzt werden können.

Gruppierung der Werbeträger und ihrer Einschaltfrequenzen				
Werbeträger	Einschalt-frequenz	Werbekosten je Absatzeinheit	Werbekosten der Einschaltung in EUR (kumuliert)	Absatz in Einheiten (kumuliert)
Werbefunk	1	40	16.000 (16.000)	400 (400)
Tageszeitung	1	50	2.000 (18.000)	40 (440)
Werbefunk	2	76	15.000 (33.000)	200 (640)
Werbefernsehen	1	100	20.000 (53.000)	200 (840)
Zeitschrift	1	100	10.000 (63.000)	100 (940)
Tageszeitung	2	100	2.000 (65.000)	(960)

3.3.2.3 Direktwerbung

Hauptabsicht der Direktwerbung ist eine differenzierte Marktbearbeitung. Reichte es in den 70er/80er Jahren noch aus, Marketingstrategien und -instrumente an wenigen globalen Zielgruppen auszurichten, so zeigt sich heutzutage eine rapide Entwicklung zum one-to-one Marketing (Individualmarketing) mittels modernsten Methoden (z.B. Fragmentierung der Automobilbranche oder Telekommunikation). Dabei ist wichtig, über Kunden bzw. Interessenten möglichst viel an relevanter Information zu gewinnen und darauf aufbauend handlungsempfehlendes Wissen für erfolgreiche Werbeaktionen abzuleiten. Entscheidendes Ziel ist es, jedem Kunden/Interessenten zum richtigen Zeitpunkt über den richtigen Kanal ein individualisiertes und damit für seine Belange nutzenoptimiertes Angebot zu machen. Das entspricht den Grundsätzen des Customer Relationship Management (CRM).

(1) **Regelkreis im Database Marketing**

Die Konzeption einer Direktwerbung und Ablauf einer Direkt Marketing Aktion bilden einen Regelkreis (vgl. Abbildung). Ausgehend von einer fundierten Datenanalyse der bereits vorgehaltenen Daten (Database) erfolgt die gezielte Ansprache selektierter Kunden bzw. Interessenten. Diese Ansprache kann z.B. mittels Mailing, Outbound Call, E-Mail oder auf persönlichem Wege (z.B. Außendienst) erfolgen. Wichtig ist dabei die Herleitung einer fundierten Prognose, welche Response die geplante Aktion erzielen wird und welche Wirtschaftlichkeit erreichbar erscheint. Die personenindividuellen Reaktionen (z.B. Kauf, Nicht-Reaktion, Info-Abforderung, Beantwortung eines Fragebogens) fließen dann zur Verfeinerung der Daten („Qualifizierung") in die Database ein. Danach setzt die differenzierte (Aktions-)Erfolgsanalyse ein und aufbauend auf den ermittelten Kunden-/Interessentenreaktionen lassen sich weitere (Folge-)Aktionen ableiten (z.B. Wiederholung, Modifikation, spezielle Kündigerrückgewinnung).

Operatives Marketing - Marketing Mix (4 P) 159

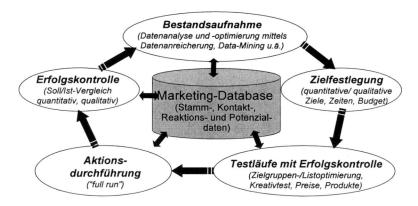

Regelkreis im Database Marketing

Wesentlich für die Direktwerbung ist eine zielgerichtete Erfolgskontrolle. Zu den grundlegenden Verfahren der Erfolgskontrolle zählen
- Berechnung der Responsequote
- Kostenvergleichsanalysen
- Umsatzvergleichsanalysen
- Break-Even-Analysen.

Unter der **Responsequote** wird im Direktmarketing allgemein der Quotient von erzielter, gewünschter Response zur Zahl der ausgesandten Nachrichten verstanden.

An dieser Stelle ist allerdings festzuhalten, dass andere positive Wirkungen einer Direktmarketingaktion (sog. nicht-ökonomische Erfolgsgrößen), z.B. Erhöhung von Markenbekanntheit, Festigung der Kundenbindung ohne Reaktion i.d.R. wegen Quantifizierungsproblemen nicht in die weiteren (Response)-Analysen einbezogen werden. Die häufig ermittelte Responsequote hat den Nachteil, dass sie keine Kostenunterschiede verschiedener Werbemittel (z.B. Werbemailings) berücksichtigt. Aufwendige Mailings ergeben üblicherweise auch eine bessere Response. Es bleibt jedoch unbeantwortet, ob sich der Zugewinn an Response im Vergleich zu den höheren Kosten lohnt.

Zur besseren Erfolgsbeurteilung bieten sich **Kostenvergleiche** an. Sie machen die Kosten von Mailingaktionen in Bezug auf die erreichte Wirkung transparent. Typische Kostenkennzahlen sind die Kosten pro Kontakt („CPC" Cost per Contact oder auch Cost per Customer), die Kosten pro Interessent „CPI" oder auch die Kosten pro Order „CPO". Diese Werte können je nach Branche und Mailinginhalt sehr stark schwanken (beginnend ab ca. 10 € bis hin zu mehreren hundert €). Ein Vorteil der Kostenvergleiche ist, dass die Kosten eines Direktwerbemittels relativ leicht erhoben werden können (z.B. Adressenbeschaffung, -aufbereitung, Lettershop, Porto, Werbemittel, Versandhülle, Reaktionsmedium, Agentur, Beigaben). Demgegenüber ist die Vernachlässigung kundenindividueller Unterschiede innerhalb der Response ein wesentlicher Nachteil.

Umsatzvergleiche analysieren die Erlösseite. Eine typische Größe ist der durchschnittliche Umsatz pro Bestellung.

Break-Even-Analysen analysieren die Kosten und die Umsätze. Sie prüfen, bei welcher Rücklaufquote/Bestellquote die Gewinnschwelle erreicht wird. (Vgl. Pkt. 3.3.3.1 (8)). Die Break-Even-Analyse arbeitet zum Teil mit recht groben Annahmen und Durchschnittswerten und erlaubt keine angemessene Einbeziehung positiver Wirkungen wie z.B. Erhöhung von Markenbekanntheit oder Festigung der Kundenbindung.

(2) E-Mail Werbung als spezielle Form der Direktwerbung

Vor dem Hintergrund einer sich ständig weiter verschärfenden Diskussion um die Effizienz von Marketingbudgets erwarten anerkannte Marktforschungsinstitute bereits kurzfristig eine Vervielfachung der Aufwendungen im E-Mail-Marketing (z.B. *Forrester, Jupiter, Prognos AG*). Der extreme Anstieg im E-Mail-Volumen ist neben den häufig rechtswidrigen „Spam-E-Mails"[51] maßgeblich auf einen rapiden Anstieg der Anzahl von E-Mail-Newsletter und deren Abonnenten zurückzuführen.

Als Vorzüge des E-Mail-Marketing wird regelmäßig auf geringe Kosten, schnelle und weltweite Verfügbarkeit, Dialogfähigkeit sowie automatisierte Datengenerierung hingewiesen. Ihr Nachteil ist, dass Empfänger unerwünschte Spam-E-Mails[52] und einen nicht gewissenhaften Umgang mit persönlichen Daten fürchten.

Man unterscheidet zweckmäßig aus Unternehmenssicht aktives und passives E-Mail-Marketing[53]. Beim aktiven E-Mail-Marketing („push") geht der initiale (Kommunikations-)Impuls ähnlich der outbound-Telefonie vom Unternehmen aus. Demgegenüber ist passives E-Mail-Marketing („pull") vergleichbar der inbound-Telefonie, wenn der Kunde via E-Mail eine Anfrage an das Unternehmen richtet. In der Regel zieht ein inbound-E-Mail-Kontakt in der Folge eine Reaktion des Unternehmens nach sich, beispielsweise eine Antwort-E-Mail oder die Auslieferung der vom Kunden per E-Mail bestellten Waren.[54] Übereinstimmendes Fazit entsprechender Studien ist, dass Unternehmen E-Mail-Anfragen i.d.R. nicht oder mit einer deutlichen zeitlichen Verzögerung und dann auch häufig unpräzise beantworten. Diese Tatsache führt zunehmend zu Kundenunzufriedenheit. Abhilfe versprechen zahlreich offerierte Softwarelösungen, z.B. E-Mail-Center Software oder Worterkennungssysteme[55].

Vielfach kämpfen die Unternehmen im Bereich des passiven E-Mail-Marketing zusätzlich mit sog. „Medienbrüchen", wenn die eingehende E-Mail nicht auf den gleichen Systemen weiterverarbeitet werden kann, sondern z.B. manuell bearbeitet werden muss, das kostet Zeit und Geld.

Beim aktiven E-Mail-Marketing ist ein entsprechender unternehmenseigener oder bei Adress-Brokern zugekaufter Pool von E-Mail-Adressen notwendige Startvoraussetzung.[56] Dabei sind die engen rechtlichen Auflagen zu beachten, um nicht unerwünschtes Spamming zu betreiben. Unter dem Stichwort „Permission Marketing" hat sich inzwischen als Standard der E-Mail-Adressen-Generierung das sog. „double-opt-in-Verfahren" durchgesetzt, d.h. der Kunde bzw. Interessent äußert zweimal seine ausdrückliche Einwilligung zum Bezug von E-Mails, bevor er tatsächlich registriert wird. Diese Anmeldevariante wird inzwischen auch von verschiede-

---

[51] Spam steht leicht scherzhaft als Abkürzung für „Spiced Pork And Meat" - Frühstücksfleisch in Dosen. Rechtliche Aspekte stehen in dieser Dokumentation nicht im Vordergrund und werden daher nicht weiter vertieft. Vgl. Deutscher Direktmarketing Verband (DDV), E-Mail-Marketing Best Practice Guide Nr. 4, Wiesbaden 2002, S. 17 ff.
[52] Spam E-Mails sind eine Hauptursache dafür, dass immer mehr Internetuser mehr als nur eine E-Mail-Adresse besitzen, wobei die Zweitadresse als Spam-E-Mail-Account dient.
[53] Vgl. *Ceyp, M.*, Vertriebsweg E-Mail-Newsletter - Benchmarks und Beispiele verkaufsorientierter E-Mail Newsletter deutscher Unternehmen, Waghäusel
[54] Vgl. stellvertretend *Kruse, J.P.*: Produktivität um 400 Prozent steigern, in: Call Center Profi 5/98, S. 10-13, S. 11
[55] Vgl. *Lux, H.*: Softwarelösungen für das E-Mail-Center, in: E-Mail-Management (Hrsg.: *Kruse, J.P., Lux, H.*), Wiesbaden, S. 187-197
[56] In der Regel wird der erwartete Response auf eine E-Mail-Aktion bei eigen generierten E-Mail-Adressen höher liegen als beim Einsatz angemieteter Adressen.

nen Interessenverbänden der Internetwirtschaft empfohlen (z.B. Deutscher Direktmarketing Verband 2002, eco Electronic Commerce Forum e.V. 2001).

Als weiteres Systematisierungskriterium im E-Mail-Marketing eignet sich die Unterscheidung in ad hoc- und Regelkommunikation. Dabei fasst die **Regelkommunikation** alle Kommunikationsvorgänge zusammen, die im Rahmen vorgegebener Regeln ex ante automatisierbar sind. Dafür ist ein hinreichendes Maß an Vorhersehbarkeit notwendig (z.B. Geburtstag eines Kunden). Dann lassen sich die ablaufenden Prozesse nahezu automatisch als Kommunikationsregeln in ausgefeilten Kampagnenmanagementsystemen vorab hinterlegen (E-Mail-Grußkarte zum Geburtstag des Kunden). Erreichen derartige Systeme eine hinreichende (Unterscheidungs-)Tiefe, dann erhält der Kommunikationspartner des Unternehmens tatsächlich den Eindruck einer hochgradig individualisierten one-to-one-Kommunikation. Ein Beispiel hierfür wäre der Kunde, der längere Zeit nichts eingekauft hat. In einem Reaktivierungs-E-Mail bietet das Unternehmen einen Sonderrabatt für einen ausgewählten Sortimentsbereich an. Reagiert der Kunde nicht, so wird er an seinem Geburtstag persönlich zu einem Marketing-Event in seiner Heimatstadt eingeladen usw.

Allerdings sind moderne Kampagnenmanagementsysteme sehr teuer und auch wenn sich aufgrund hardware- und softwaretechnischer Fortschritte immer mehr (Kommunikations-)Vorgänge im E-Mail-Marketing in Regeln fassen lassen, bleibt immer noch ein gewisser Bereich der **ad-hoc-Kommunikation** vorbehalten, die keine regelgebundene Kommunikationsstrategie zulässt. Hierzu zählen beispielsweise kurzfristig erforderliche Produktrückrufe oder eine Beschwerde eines Großkunden an die Geschäftsleitung.

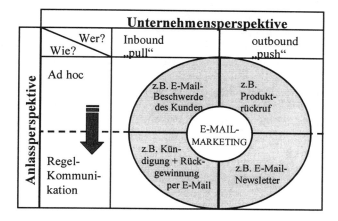

3.3.2.4 Messen und Ausstellungen

Messen und Ausstellungen sollen die verschiedenen Zielgruppen des Unternehmens über Aktivitäten, neue Produkte, Services und Angebote informieren und so den Dialog aufrechterhalten bzw. knüpfen. Dabei ist der Messe-Vorbereitung, -Durchführung und -Nachbereitung eine hohe Aufmerksamkeit zu widmen, wenn die oft beträchtlichen Aufwendungen eines Messeengagements (Messestand, Arbeitszeit und Hotelkosten der Mitarbeiter, Marketingaktionen etc.) ertragbringend sein sollen. Deshalb ist die sorgfältige Planung von Messekontakten und die Bekanntgabe des Messeengagements mit Einladung von Kunden und Interessenten notwendig. Erfolgversprechende Messegespräche sind in schriftlichen Berichten mit folgenden Angaben zu dokumentieren:

- Name (Branche und Kontaktdaten) der Besucher und des Ausstellers
- Kontaktart (z.B. Neukunde, Bestandskunde, Lieferant, Dienstleister, auf Empfehlung, über Anzeige/Zeitungsartikel etc.) und Datum des Besuches
- Gesprächsschwerpunkte und grobe Mitschrift der Inhalte
- Kurzbeschreibung des Gesprächsanlasses (Informationen, Bewerbung, Reklamation) und der -atmosphäre (gut, neutral, schlecht)
- Darlegung der Folgeaktionen (Nachfass, Zusendung Angebot, Vereinbarung persönlicher Besuch/Telefonat etc.)
- Subjektive Einschätzung der Erfolgsaussichten des Kontaktes (Verkaufschance).

Eine Messe dient gleichzeitig der systematischen Analyse neuer Produkte und Marketingmaßnahmen der Hauptwettbewerber. Die gesammelten Daten sollten ohne Verzug in der Marketing- bzw. Kundendatenbank (CRM-Datenbank) erfasst und für die notwendigen Folgeaktionen und eine Messeerfolgsanalyse eingesetzt werden.

3.3.2.5 Verkaufsförderung

Wer seine Produkte indirekt, also über den Handel vertreibt, steht beim Händler gegenüber dem Endkunden im Wettbewerb mit seiner Konkurrenz, es sei denn, der Händler wäre sein Generalvertreter und führe nur exklusiv die Erzeugnisse des einen Herstellers. Wer erklärungsbedürftige Produkte über den Handel vertreibt, muss die Effizienz der Erklärungen sicherstellen. Beide genannten Fälle unterstreichen die Notwendigkeit, bei indirektem Vertrieb beim Handel (und soweit möglich direkt beim Kunden) verkaufsfördernde Maßnahmen zu ergreifen, die Kaufentscheidungen für das eigene Produkt fördern und dieses im Vergleich zum Mitbewerb in den Vordergrund rücken.

Verkaufsförderung (Promotions) dienen einerseits zur Effizienzsteigerung der eigenen Absatzorgane (verkaufspersonalorientierte Verkaufsförderung) bzw. der Marketingaktivitäten des Handels (handelsorientierte Verkaufsförderung) sowie andererseits der konkreten Verhaltensbeeinflussung von Kunden (kundenorientierte Verkaufsförderung). Dabei können Verkaufsförderungsaktionen folgende Funktionen übernehmen:

- Informationsfunktion
- Motivationsfunktion
- Schulungs/Trainingsfunktion
- Verkaufsfunktion.

Ziel gruppe \ Funktion	Informations-funktion	Motivations-funktion	Schulungs-/ Trainingsfunktion	Verkaufs-funktion
Verkaufs-organisation	• Verkäuferbriefe • Verkäufer-informationen • Verkäufer-zeitungen	• Entlohnungs- und Prämien-systems	• Tonbildschauen • Filme/Video-bänder • Ausbildung zum Verkaufsberater	• Sales Folder • Argumenta-tionshilfen • Testergebnisse
Absatz-mittler	• Verkaufsbriefe • Anzeigen/Beilagen • Handelsmessen/ Fachausstellung • Info-Zentrale	• Wettbewerbe-/ Preisausschreib. • Beigaben • Sonderkondition. • Partneraktionen	• Handels-seminare	• Sonder-/Zweit-plazierungen • Displays • Sonder-aktionen
Kunden	• Handzettel • Prospekte • Vebraucher-zeitungen • Bedienungs-anleitungen • Werksbesichti-gungen • Verbraucher-ausstellungen	• Preisaus-schreiben • Gewinnspiel • Sonderaktionen (Shows) • Muster/ Warenproben	• Lehrveran-staltungen	• Rabatte/ Sonder-konditionen • Zugaben/ Gutscheine

Ansatzpunkte für Promotions[57]

Die zeitgleiche Kombination von Aktionen in verschiedenen Zielgruppen kann zu einer erheblichen Effizienzsteigerung führen. Ein Vorziehen für später geplanter Käufe, mit der Folge eines später sinkenden Absatzes kann nicht ausgeschlossen werden. Wettbewerber können mit Verkaufsförderungsaktionen einen Teil des Marktes kurz- und längerfristig blockieren.

3.3.3 Kontrahierungspolitik

Zur Kontrahierungspolitik zählen alle im Kaufvertrag fixierten Regelungen über den Kaufpreis (Preispolitik), über mögliche Rabatte und darüber hinausgehende Lieferungs-, Zahlungs- und Kreditbedingungen (Konditionenpolitik). Wesentlicher Vertragsinhalt sind bei technischen Erzeugnissen auch Garantieleistungen, für die die qualitativen Voraussetzungen in der Entwicklung und Herstellung geschaffen werden müssen, die für Lieferanten und Käufer die Kosten stark beeinflussen und vielfach hart verhandelt werden.
Die Kontrahierungspolitik ist besonders in Zeiten harten Wettbewerbs ein wesentliches Instrument des Marketing-Mix, da sie
❑ kurzfristig variierbar ist
❑ schnell sehr wirksam ist
❑ Mengen- und Wertkomponente des Umsatzes stark beeinflusst
❑ Preise häufig bei den Abnehmern als Indikator für Produktqualität fungieren
❑ langfristig den Produkterfolg stark beeinflussen.

---

[57] Nach *Meffert*, a.a.O.

3.3.3.1 Bestimmungsfaktoren der Preisbildung

Für die Preisbildung sind insbesondere folgende Faktoren von Bedeutung:
- Nachfrage
- Konkurrenzangebot
- Marktform
- Produktlebenszyklus
- sog. Carry-Over-Effekte (d.h. das aktuelle Absatzniveau beeinflusst die zukünftigen Absatzchancen)
- Selbstkosten (fixe und variable)
- Kapazitätsauslastung
- Rechtsvorschriften für öffentliche Aufträge

(1) **Nachfrage und Konkurrenz**

In der **Preis-Absatz-Funktion des vollkommenen Marktes** ist derjenige Preis als Gleichgewichtspreis definiert, zu dem die gleiche Menge eines Gutes nachgefragt und angeboten wird. Liegt der Angebotspreis (Nachfragepreis) über dem Gleichgewichtspreis, dann entsteht eine Nachfragelücke (Angebotslücke), die Nachfrage ist kleiner (größer) als das Angebot.

Umsatz und Ergebnis hängen ferner ab von der Preiselastizität der Nachfrage (η), die definiert ist als relative Änderung der Nachfragemenge bezogen auf die relative Änderung des Preises.

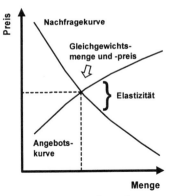

Ist $\eta < -1$, dann sinkt der Umsatz bei einer Preiserhöhung. Der Wertbereich von η liegt zwischen Null und Minus Unendlich, wenn ein reguläres Kaufverhalten bei Preissteigerungen unterstellt wird. Im Falle von η = Null ist die nachgefragte Menge vom Preis unabhängig.

$$\eta = \frac{(\Delta M / M)}{(\Delta P / P)}$$, wobei

- M = Nachfragemenge vor Preisänderung
- ΔM = Änderung der Nachfragemenge durch die Preisänderung
- P = Ausgangspreis vor Preisänderung
- ΔP = Preisänderung

Diese Erkenntnis hat *Cournot* zur Definition des Gewinnmaximums, des ***Cournot'schen Punktes***, geführt. Allerdings ist das Cournot-Modell in der Praxis lediglich von geringer Bedeutung, weil die Preiselastizität der Nachfrage und die Grenzkosten einer Fertigung nur näherungsweise bestimmbar sind und weil die dem Modell zu Grunde liegenden Annahmen des vollkommenen Marktes in der Realität nicht zutreffen.
- Nutzen- bzw. Gewinnmaximierung bei allen Marktteilnehmern
- Unendlich schnelle Reaktions- und Anpassungsgeschwindigkeit
- Freie Preisbildung am Markt ohne übergeordnete Eingriffe
- Vollkommene Markttransparenz für Anbieter und Nachfrager
- Keine sachlichen, zeitlichen, örtlichen, persönlichen Präferenzen der Marktteilnehmer.

In der Praxis sind häufig die Dringlichkeit des Bedarfs und die Kaufkraft der Nachfrager von durchschlagender Bedeutung. Während für Konsumgüter die Präferenzen und Einkommen der Abnehmer wichtige Beurteilungskriterien bilden, sind es bei Investitionsgütern die Ertragskraft und der Ertragseffekt für die Abnehmer.

Darüber hinaus bestimmen wesentlich die **Qualität** (mit allen Teilaspekten, wie Eignung, Markenimage, Schönheit, Zuverlässigkeit, Service) und der **Preis des Konkurrenzangebotes** den auf dem Markt für ein Gut erzielbaren Preis. Ein schlechtes **Preis/Leistungsverhältnis** beeinträchtigt die Wettbewerbsfähigkeit gegenüber den Konkurrenten.

(2) **Marktformen**

Die nachstehende Tabelle zeigt das bekannte **Marktformenschema** (nach *Eucken*). Der **vollkommene Markt** ist dabei durch die folgenden **Prämissen** gekennzeichnet:[58]

- **Polypol**, zahlreiche Marktteilnehmer auf beiden Seiten, jeweils nur **geringe Marktanteile**
- **Homogenes** Gut, d.h. Angebot aller Mitbewerber völlig gleichartig
- Beliebige **Teilbarkeit** des Gutes
- Vollkommene **Markttransparenz**
- **Fehlen von Präferenzen auf Seiten der Abnehmer**
- **Freier Marktzutritt und Rückzug vom Markt**
- **Fehlen von Wettbewerbsbeschränkungen**
- Völlige **Mobilität der Produktionsfaktoren** Boden, Arbeit und Kapital.

Nachfrager Anbieter	viele	Wenige	einer
viele	Polypol (atomistisch)	Nachfrage-Oligopol	Nachfrage-Monopol
wenige	Angebots-Oligopol	zweiseitiges Oligopol	beschränktes Nachfrage-Monopol
einer	Angebots-Monopol	beschränktes Angebots-Monopol	zweiseitiges Monopol

Zum **Marktverhalten von Polypolisten** gilt:
Der polypolistische Anbieter hat aufgrund seines geringen Marktanteils keinen Einfluss auf die Preisbildung am Markt. Er kann nur auf den Marktpreis durch Anpassung seiner Angebotsmenge reagieren. Er verhält sich daher als „Mengenanpasser", d.h. er wird die Produktion soweit ausweiten, bis der Grenzgewinn beim letzten abgesetzten Stück gleich Null ist.

Wird im Polypol von den Prämissen des vollkommenen Marktes abgerückt, so eröffnet sich in der Regel für das Unternehmen in bestimmten Grenzen ein monopolistischer Absatzbereich, innerhalb dessen das Unternehmen Preise relativ autonom festlegen kann. Innerhalb des monopolistischen Absatzbereiches muss bei verhaltenen Preissteigerungen keine wesentliche Abwanderung von Kunden befürchtet werden, da diese Präferenzen (z.B. aufgrund hoher Qualität, eines besseren Services oder auch guter Vertriebsbetreuung) gegenüber dem Unternehmen aufgebaut haben.

Der **Anbieter eines Angebotsoligopols** muss Folgendes bedenken:
Er muss damit rechnen, dass bei Anhebung seiner Preise die Kunden zur Konkurrenz abwandern, da die Wettbewerber diese Entwicklung begrüßen und ihre Preise nicht ändern werden. Bei einer Senkung seiner Preise muss der Oligopolist damit rechnen, dass die Konkurrenz eine Abwanderung ihrer Kunden befürchten und zur Vermeidung einer solchen Entwicklung die Preise ebenfalls senken wird.

---

[58] Auf den Monopolfall mit den Preisstrategien „Gewinnmaximierung", „Umsatzmaximierung" und „Rentabilitätsmaximierung" soll hier nicht eingegangen werden, da diese Marktform in der Realität höchst selten in Reinform anzutreffen ist.

D.h. im ersten Fall, bei einer Preisanhebung, hat der Oligopolist allein Nachteile, bei einer Preissenkung haben beide Konkurrenten Nachteile.[59] Diese Theorie findet man in der Praxis nicht selten bestätigt, z.B. bei Zulieferanten der Automobilindustrie sowie bei Systemanbietern im DV-Bereich. Es gibt allerdings auch Abweichungen von dieser Regel, z.B. auf dem Treibstoffmarkt.

Um die Blockierung der Preispolitik im Oligopol zu überwinden, versuchen viele Oligopolisten systematisch (zumindest vorübergehend) durch Produktentwicklung einen Leistungsvorsprung vor der Konkurrenz zu realisieren, der die Anhebung der Preise ohne Kundenabwanderung ermöglicht. Hier liegt ein weiterer Beweis dafür, dass Technik und Vertrieb gute Erfolge im Markt nur durch gute Zusammenarbeit erreichen können.

(3) **Erfordernisse der Kostendeckung**

Die Preisbildung orientiert sich in der Praxis an verschiedenartigen Größen. Es lassen sich folgende Vorgehensweisen unterscheiden:

- Preisbestimmung auf Grundlage der Kosten zuzüglich eines Gewinnaufschlages
- Leitpreisorientierte Preisbestimmung anhand eines durchschnittlichen Marktpreises oder Wettbewerberpreises
- Nachfrageorientierte Preisbestimmung auf Basis von Preisabsatzfunktion
- Nachfrageorientierte Preisbestimmung auf Basis von Preisabsatzfunktion unter Berücksichtigung von Konkurrenzreaktionen (vgl. Preispolitik im Angebotsoligopol).

Ein Kalkulationsschema zur Preisbestimmung auf Grundlage der Kosten zuzüglich eines Gewinnaufschlages ist Folgendes:

Materialeinsatz	+ Fertigungslöhne	+ Sonstige Proportionalkosten	+ Sondereinzelkosten	+ Rabatte	+ Fixkosten	+ Gewinn	= Bruttopreis

Kalkulation als Wegweiser in Preisverhandlungen[60]

Die Summe aus Materialeinsatz und Fertigungslöhnen kann als kurzfristiger Mindestpreis angesehen werden; die Summe von Fixkosten und Gewinn kann im Falle von zusätzlichen Umsätzen damit als Verhandlungsspanne angesehen werden. Die mittel- oder langfristige Preisbestimmung zu Grenzkosten ermöglicht keine Deckungsbeiträge für die Fixkosten. Unternehmen mit einer derartigen Kalkulation werden illiquide oder gehen in Konkurs.

Auf der anderen Seite ist gegenüber einer kostenorientierten Preisbestimmung kritisch anzumerken, dass die Gefahr droht, sich aus dem Markt „herauszukalkulieren". Unternehmen mit geringer Kostendisziplin (z.B. im öffentlichen Bereich oder in Monopolsituationen) treiben so ihre Preisforderungen immer höher, so dass die Abnehmer schließlich versuchen werden, ganz auf die Produkte dieser Unternehmen zu verzichten. Zur Vertiefung vgl. Pkt. 9.2.5 Kostenträgerrechnung.

Zusammenfassend ist festzuhalten, dass die moderne Preispolitik einen Ausgleich finden muss zwischen den Möglichkeiten des Marktes, d.h. den bei den Abnehmern erzielbaren Preisen (vgl. target costing), den Spielräumen, die Wettbewerber lassen, und der eigenen Kostensituation.

---

[59] Aus diesem Grunde tauchen immer wieder in der Wirtschaftspraxis Preis-Kartelle auf, die unerlaubte Preisabsprachen treffen und gemeinsam durchsetzen wollen (z.B. jüngst bei Beton oder Vitaminen).
[60] Handbuch des kaufmännischen Geschäftsführers, Bd. 1

(4) Preispolitik im Produktlebenszyklus

Hierzu vgl. Punkt 2.3.3

(5) Rechtsvorschriften für die Preisfindung bei öffentlichen Aufträgen

Da Einzelfirmen und Personengesellschaften keine Geschäftsführungsgehälter zu zahlen pflegen, sondern von den Gesellschaftern geführt werden, die aus dem Gewinn honoriert werden und da Eigenkapital nicht verzinst wird, erweisen sich die Finanzierungs- und Geschäftsführungskosten als abhängig von der Gesellschaftsform. Außerdem gibt es öffentliche Aufträge, für deren Vertragsgegenstände (z.B. Rüstungsgüter) keine Marktpreise bestehen. Aus diesen Gründen hat der Gesetzgeber Richtlinien für die Kalkulation öffentlicher Aufträge erlassen.

- Leitsätze für die Preisermittlung aufgrund von Selbstkosten (LSP).
- Für öffentliche Ausschreibungen gelten ergänzend
- die Verdingungsordnung für Leistungen - ausgenommen Bauleistungen - (VOL) sowie
- die Verdingungsordnung für Bauleistungen (VOB).

(6) Kalkulationsverfahren

Die Verfahren der Kalkulation werden unter Pkt. 8.2.5.2 Kostenträgerstückrechnung behandelt.

(7) Teilkostendeckung bei nicht voll ausgelasteten Kapazitäten

Unter der Bedingung, dass durch andere Aufträge die Liquidität gesichert und eine Deckung der Gesamtfixkosten sichergestellt wird, ist es zweckmäßig, bei nicht voll ausgelasteten Kapazitäten auch solche Aufträge hereinzunehmen, die nur einen Teilbeitrag zur Deckung der Fixkosten erbringen, also einen positiven Deckungsbeitrag haben. Und zwar ist jeweils zunächst der Auftrag mit dem relativ höchsten Deckungsbeitrag hereinzunehmen. Der Deckungsbeitrag ist definiert als Nettoerlös minus variable Kosten (in der Regel Herstellkosten). Dabei ist zu bedenken, dass die Herstellkosten in der Praxis für variable Kosten stehen, obwohl sie bereits anteilige Fixkosten (nämlich Materialgemeinkosten und Fertigungsgemeinkosten) enthalten.

(8) Break-Even-Analyse
Praxisbeispiel: Preisfindung für eine Kleinserie

Für einen Regionalmarkt soll ein technisches Serienprodukt modifiziert werden. Beispielsweise soll ein PKW für den englischen Markt mit einer Rechtssteuerung versehen werden. Dabei ist der Marktpreis vom Marktführer bestimmt. Es geht also um die Bestimmung einer Mindestmenge bei einem bestimmten Preis oder um die Bestimmung eines Mindestpreises bei Abnahme einer vorgegebenen Menge.

Den Rechengang zeigt folgende Tabelle. Dabei wird von pessimistischen, optimistischen und wahrscheinlichen Absatz-Erlösrelationen ausgegangen. Es wird angenommen, dass wahrscheinlicher und optimistischer Preis bei 10.000 € liegen, weil dieser Preis beispielsweise 10 % niedriger als der des Marktführers angenommen wurde und auch im optimistischen Fall kaum überschreitbar erscheint. Es sollen die nachstehenden Abkürzungen gelten.

M	NE	EK	DB	KM	KNE
Menge	Nettoerlös	Einmalkosten	Deckungs-beitrag	kritische Menge	kritischer Nettoerlös

I Verkauf	optimistisch	pessimistisch	wahrscheinlich
Absatzmenge in Stück (M)	75	40	50
Nettoerlös € (NE)	10.000	8.000	10.000
Umsatz €	750.000	320.000	500.000

II Kostenstelle	Vertrieb[61]	Entwicklung	Fertigung[61]	Gesamt
Einmalkosten € (EK)	€ 20.000	€ 70.000	€ 30.000	€ 120.000

III Herstellkosten €/Stück	
	€ 7.000

IV Gesamtergebnis €	optimistisch	pessimistisch	wahrscheinlich
Umsatz gesamt	750.000	320.000	500.000
- ∑ Herstellkosten €	525.000	280.000	350.000
= ∑ Deckungsbeitrag I	225.000	40.000	150.000
----------------> € pro Stück	3.000	1.000	3.000
- Einmalkosten €	120.000	120.000	120.000
= Deckungsbeitrag II [62]	105.000	- 80.000	30.000

V Preisfindung auf	Basis: wahrscheinliche Daten
Bei festem Preis	(NE = 10.000)
kritische Menge KM = Einmalkosten / DB I (St)	= 120.000 / 3.000 = 40 Stück
Bei fester Menge	(M = 50)
erforderlicher DB I (St) = Einmalkosten / Menge	= 120.000 / 50 = 2.400 €/Stück

erforderlicher DB I	= 2.400 € /Stück
zuzüglich Herstellkosten	= 7.000 € /Stück
ergibt kritischen Nettoerlös KNE	= 9.400 € /Stück

(9) **Dynamische Preisstrategien**

In einem dynamischen Wettbewerb müssen die Preise im Zeitablauf wechselnden Verhältnissen und Zielen angepasst werden. Bei der Einführung neuer Produkte besteht die Chance zukünftige Preisveränderungsspielräume zu berücksichtigen. Dabei sind zwei Preisstrategien zu unterscheiden (vgl. Abbildung).

❑ Penetrationspreisstrategie und
❑ Skimmingpreisstrategie.

---

[61] Inklusive Umlaufvermögen: z.B. Bestände an Forderungen
[62] Beiträge zu übrigen Fixkosten

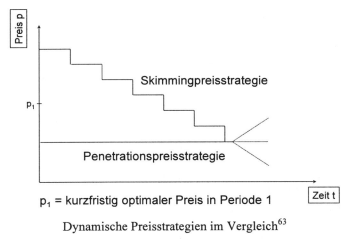

Dynamische Preisstrategien im Vergleich[63]

Die **Penetrationspreisstrategie** führt neue Produkte (z.B. Lebensmittel) zunächst mit niedrigen (aggressiven) Preisen in den Markt ein. Später wird über beabsichtigte Preisanhebungen entschieden. Ziel ist die schnelle Marktdurchdringung (Diffusion) des Produktes aufgrund des niedrigen Startpreises. In der Produktion können so möglicherweise schnell Kostensenkungen durch die sog. „Economies-of-Scale" erreicht werden. Gleichzeitig wird das Marktsegment aufgrund des niedrigen Produktpreises für potentielle Wettbewerber tendenziell unattraktiver. Voraussetzung für eine Penetrationspreisstrategie ist eine hohe Preiselastizität der Nachfrage. Der Markt sollte aufnahmefähig sein, anderenfalls kann Kommunikationsaufwand notwendig werden. Das Produktimage soll durch die Niedrigpreise nicht beeinträchtigt werden. Die Folge von Penetrationspreisstrategien sind geringe Deckungsbeiträge, lange Amortisationsdauer und knappe Mittel für andere Marketinginstrumente wie Werbung und Verkaufsförderung.

Die **Skimmingpreisstrategie** wählt einen hohen Produkteinführungspreis (z.B. bei technischen Gütern neuer Technologie). Zielsetzung ist die schnelle Amortisation der Investitionen durch Abschöpfung überdurchschnittlicher Preisbereitschaft in der Käufergruppe der Innovatoren. Aus dem hohen Preis in Verbindung mit niedrigen Absatzmengen resultieren relativ hohe Stückkosten. Im Zeitablauf erfolgen nach der Befriedigung der Innovatoren sukzessive Preissenkungen. Die Skimmingpreisstrategie empfiehlt sich bei beschränkten Produktions- und/oder Vertriebskapazitäten. Allerdings birgt sie die Gefahr der Attraktivität für Wettbewerber.

3.3.4 Distributionspolitik

Zur Distributionspolitik zählen alle Entscheidungen, die den Weg der Produkte (materiellen und/oder immateriellen) vom Hersteller zum Endkunden betreffen. Im wesentlichen beinhaltet die Distributionspolitik die konzeptionelle Gestaltung der Absatzwege sowie des logistischen Systems.[64]

---

[63] Nach *Diller*
[64] Vgl. *Meffert, H.*, Marketing, a.a.O., S. 582

3.3.4.1 Indirekter Vertrieb

Zum indirekten Vertrieb zählen alle Vertriebsformen, bei denen die Ware nicht unmittelbar vom Hersteller an den Verbraucher sondern über Dritte z.B. den Groß- und/oder Einzelhandel verkauft werden. Die vielfältigen Organisationsformen indirekten Vertriebs sind vielfach branchenspezifisch bedingt.

Der Handel übernimmt außer der Verkaufsfunktion vielfach weitere Aufgaben wie Lagerhaltung, Verteilung in kleineren Mengen, Finanzierung, Kundendienst, Know-how-Vermittlung. Daraus wird erkennbar, dass es für viele Produzenten notwendig sein kann, sich der Leistung des Handels zu bedienen, um einen überregionalen Vertrieb ohne eigene Vertriebsorganisation zu erreichen. Dabei darf aber nicht übersehen werden, dass der indirekte Vertrieb häufig mit folgenden Nachteilen verbunden ist:

❑ Angebot des Produktes zugleich und zusammen mit den Erzeugnissen des Mitbewerbs
❑ Bei intensiv erklärungsbedürftigen Produkten nicht selten unzureichende Qualifikation der Mitarbeiter bei kleineren Handelsbetrieben
❑ Unterschiedliche Zielsetzungen von Hersteller und Handel (z.B. Markenprofilierung versus Einkaufsstättenprofilierung)
❑ Mangelhafte Information des Herstellers über Kundeninteressen durch den Handel
❑ Gefahr von Macht-Asymetrien zugunsten des Handels aufgrund besonderer Konzentration.

Dem erstgenannten Nachteil ist durch gezielte Verkaufsförderung entgegenzuwirken. Dem zweiten Nachteil kann durch Schulung und im ungünstigsten Fall durch Übergang zum direkten Vertrieb begegnet werden. Den dritten und vierten Nachteil versuchen Hersteller durch „vertikales Marketing" zu überwinden. Es zielt auf weitgehende Koordination der Marketingaktivitäten, um beim Endkunden einen geschlossenen „Produktauftritt" zu erreichen.[65] Der fünfte Nachteil betrifft besonders die Funktions- und Vertriebsspannenaufteilung zwischen Handel und Hersteller. Macht-Asymetrien sind u.U. nur durch Direktvertrieb zu überwinden.

Bei der Entscheidung für den indirekten Vertrieb gilt es neben der Bewertung der strategischen und operativen Chancen und Risiken darum, geeignete Absatzmittler (Händler) auszuwählen. Hierfür kommen folgende Kriterien in Frage:[66]

❑ **Unternehmensbezogene Faktoren**
  • Ressourcen (finanzielle, personell)
  • Marktmacht im Vergleich zum Handel
  • Bedeutung der Endverbraucher (z.B. Umsatzanteil)
❑ **Handelsbezogene Faktoren**
  • Machtposition (Verkäufe, Marktstellung, Image)
  • Positionierung der Einkaufsstätte
  • Ressourcen (finanzielle, personell)
  • Einbindung in Verbundgruppen
❑ **Situationsbezogene Faktoren**
  • Andere Verkaufstätten/Handelsunternehmen
  • Wettbewerbslage auf Herstellerseite

---

[65] Vgl. *Meffert*, a.a.O., S. 284.
[66] Vgl. *Irrgang, W.*, Strategien im vertikalen Marketing, München, S. 72

- **Quantitative Kriterien**
  - Umsatz/Umsatzpotential
  - Betriebswirtschaftliche Leistungskennziffern
  - (Umsatz/qm, Umsatz/Verkäufer etc.)
  - Finanzwirtschaftliche Kriterien (EK, Bonität etc.)
- **Qualitative Kriterien**
  - Image bei den Endverbrauchern hinsichtlich Sortimentskompetenz und Service
  - Preis/Leistungsverhältnis
  - Struktur des Management
  - Anpassungsfähigkeit/Flexibilität.

3.3.4.2 Direkter Vertrieb

Zum direkten Vertrieb zählen alle Vertriebsformen ohne Zwischenschaltung von Groß- und/oder Einzelhandel. Der direkte Vertrieb ist tendenziell dann von Vorteil, wenn folgende Faktoren den Einsatz der damit verbundenen fixen Kosten rechtfertigen:
- Besonders erklärungsbedürftige Produkte
- Effizientere Betreuung von Großkunden
- Einsparung der an den Handel gewährten Rabatte erhöht den Bruttonutzen und deckt die zusätzlichen fixen und proportionalen Kosten der eigenen Vertriebsorganisation
- Direkter Kundenkontakt festigt die Marktposition und verbessert die Produktinnovation durch Zusammenarbeit mit den Endkunden.

Die Beantwortung der Frage, welche Vertriebsform (direkt oder indirekt) die vorteilhaftere ist, sollte im Rahmen einer realistischen Umsatz- und Kostenplanung geprüft und entschieden werden. Nicht wenige Hersteller technischer Produkte bedienen sich des Fachhandels und bearbeiten ihre Großkunden direkt. Bei dieser aggressiven Form des Marketing sind Dauerkonflikte mit dem Handel programmiert.

(1) **Persönlicher Verkauf**

Den Inhalt und die Zusammenhänge von persönlichem Verkauf in Bezug auf andere Marketingpolitiken zeigt das folgende Schema von *Stern*[67]. Für die Ingenieure ist ergänzend hervorzuheben, dass komplexe technische Problemlösungen durch überzeugende technische Gespräche über Konzeption und Details der Lösung verkauft werden. Das bedeutet, dass der Vertrieb nicht nur attraktive technische Aufgaben bietet, sondern dass der Vertrieb technischer Problemlösungen auf technische Kompetenz angewiesen ist. In kleineren Firmen kommt deshalb dem Entwicklungsleiter vielfach gleichzeitig eine wichtige Funktion im technischen Vertrieb zu. In größeren Unternehmen empfiehlt sich projektbezogen die Bildung sog. „Selling Center", die aus mehreren Personen bestehen, die jeweils sich ergänzende Fachprofile aufweisen. So kann dem berechtigten Informations- und Beratungsbedürfnis potenzieller Abnehmer am ehesten entsprochen werden.

Außerdem ist zu bedenken, dass der Verkauf von Problemlösungen, die speziell für einen Kunden entwickelt werden und deren "Herstellung" noch nicht abgeschlossen ist, i.d.R. nicht von Verkäufern ohne Durchsetzungsrechte in ihrem Unternehmen verkauft werden können. Für den Kunden ist in einer solchen Situation zweierlei wichtig.

---

[67] Entnommen aus: *Stern, M. E.*, Marketing Planung, a.a.O.

- ❑ Erstens braucht er verbindliche Zusagen über zugesicherte Leistungen und Termine von einem Gesprächspartner, dessen Wort die Lieferfirma in die Pflicht nimmt und
- ❑ Zweitens vertraut der Kunde vorzugsweise solchen Zusagen, die von einer Führungskraft gegeben werden, deren Durchsetzungsvermögen im eigenen Unternehmen offenkundig ist (z.B. aufgrund der hierarchischen Stellung).

Integration von persönlichem und unpersönlichem Verkauf im Rahmen des Marketingplans

(2) Perfektes Systemangebot

In allen Fällen, in denen die Lösung von Kundenproblemen Gegenstand des Verkaufs ist, muss der Anbieter in der Lage sein, den Kunden vor dem Kaufabschluss davon zu überzeugen, dass er das in ihn gesetzte Vertrauen verdient und das Problem auch tatsächlich lösen wird. Dies ist besonders delikat bei individuellen Einzelanfertigungen und der Gewinnung von Neukunden. Für den Erfolg eines Systemangebotes ist es deshalb notwendig, dass das Angebot zumindest die folgenden Kriterien erfüllt:

1) Nachweis, dass **Kundenproblem** erstklassig **erkannt** ist
2) **Fähigkeit** aufzeigen, **Problem zu** konkurrenzfähigem Preis zu **lösen**
3) Stufenweise Projektlösung und Zusammenarbeit anbieten, mit der **Möglichkeit für den Kunden**, bei unbefriedigender Lösung der Stufe 1, **mit minimalen Kosten** von weiteren Stufen **zurückzutreten**. Unter Umständen Stufe 1 als kostenminimale Voruntersuchung und Planung anbieten
4) Dem **Kunden** die Möglichkeit zur **Mitwirkung** bei Detailplanung der Stufen bieten
5) **Zuverlässigkeit** in Nutzung und Wartung **nachweisen**, dazu auf
6) **Referenzprojekte** hinweisen („meantime between failure" wichtig) und
7) **Garantiezeit und Wartung wettbewerbsfähig anbieten**, Arbeitsaufnahme bei Fehlermeldung innerhalb von 24 Stunden zusichern und notwendige Ersatzteilversorgung für zügige Fehlerbehebung sichern und anbieten
8) Sicherstellen, dass Angebot im **Preisleistungsvergleich mit** der **Konkurrenz wettbewerbsfähig**, dazu Leistungsvorsprung gegenüber der Konkurrenz deutlich herausarbeiten

9) **Interesse an langfristiger Zusammenarbeit wecken** durch Herausarbeiten von Zukunftsmöglichkeiten, die für den Kunden interessant sind oder werden können. Dieser Punkt wird am ehesten glaubwürdig, wenn er durch neuere technologische Spitzenleistungen des Anbieters untermauert wird, die nicht notwendig in direktem Zusammenhang mit dem Angebot stehen müssen, aber den Anbieter als technologisch führend oder zumindest erstklassig und zukunftssicher ausweisen.
10) **Gute**, d.h. klare und saubere **Präsentation** sowie **professionelles follow-up** sind schließlich für den Angebotserfolg entscheidend. Dazu gehört u.a., dass ein Angebot für den Empfänger alle obigen Punkte in kürzest möglicher Form (schnell lesbar) verständlich machen muss. In komplexen Fällen ist es wünschenswert, dass ein knapp formulierter Hauptteil durch einige Anlagen ergänzt wird.
11) Die **juristische Spezifikation** der **Lieferbedingungen** darf nicht fehlen (beispielsweise kann im Hauptteil auf die Gültigkeit der **allgemeinen Geschäftsbedingungen** hingewiesen werden, die dann als Anlage beigefügt werden müssen, eine Nachreichung ist juristisch unwirksam). **Dazu gehören** u.a. Preisstellung (z.B. ab Werk oder frei Haus inkl. Installation zuzüglich MwSt.), Zahlungsbedingungen (z.B. 1/3 bei Vertragsabschluss, 1/3 bei Lieferung, 1/3 bei Abnahme, netto ohne Abzug), Lieferzeit, Garantiezeit, Gerichtsstand, Haftung für Folgeschäden in der Regel ausgeschlossen, für Fahrlässigkeit und Vorsatz nicht ausschließbar.

(3) Kostenplanung von Vertriebsniederlassungen und -tochtergesellschaften

Bei der Kostenplanung von Vertriebsniederlassungen und Vertriebstochtergesellschaften sind nach *Stern* folgende Kostenarten und Zusammenhänge zu berücksichtigen[68]:

Vertriebseinzelkosten (VE)
- Verkäuferprovision
- Rabatte, Nachlässe und Sonderleistungen
- Repräsentationskosten
- Kosten für Werbung und Verkaufsförderung.

Reisekosten (R) (können Einzel- oder Gemeinkosten sein)
- Fahrtkosten (Bahn und PKW etc.)
- Übernachtungskosten und Tagegelder
- Bewirtungskosten
- Telefon- und Portokosten.

Vertriebsgemeinkosten (VG)
- Gehalt des Niederlassungsleiters (oder Leiters der Tochtergesellschaft)
- Verkäuferfixum
- Gehälter für Personal der Vertriebssachbearbeitung und des Lagers
- Miete und sonstige Betriebskosten wie Versicherungen etc.
- Verwaltungsbedarf
- Abschreibungen auf Anlagegüter wie Gebäude, Büro- und Geschäftsausstattung
- Zinsen auf Warenbestände sowie Forderungen.

---

[68] Vgl. *Stern, M. E.*, Marketing Planung, a.a.O.

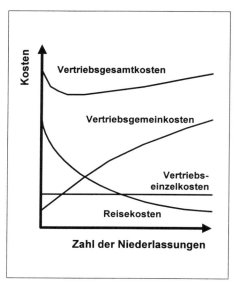

Bei der Planung der Anzahl der Niederlassungen oder Tochtergesellschaften sind folgende übliche Kostenverläufe zu bedenken:
- Die Vertriebsgemeinkosten steigen mit der Zahl der Niederlassungen
- Die Reisekosten sinken mit der Zahl der Niederlassungen
- Die Vertriebseinzelkosten sind abhängig von der Höhe des noch nicht genutzten Marktpotentials, d.h. mit zunehmender Ausschöpfung des Marktpotentials (der insgesamt maximal möglichen Verkäufe) steigen die Vertriebsgemeinkosten. Nimmt man realistischerweise an, dass die Vertriebseinzelkosten unabhängig von der Zahl der Niederlassungen sind, dann darf mit folgenden Kostenverläufen in Abhängigkeit von der Zahl der Niederlassungen gerechnet werden (vgl. Abbildung).

Das wirtschaftliche Ergebnis einer Niederlassung kann erst beurteilt werden, wenn zusätzlich zu den Kosten auch die Erlöse berücksichtigt werden. Dabei sollten der Bruttonutzen und mehrstufige Deckungsbeiträge für wichtige Produktgruppen differenziert geplant werden.

(4) Beispiel einer Vertriebsplanung für eine Vertriebstochtergesellschaft

Im Rahmen der Vertriebssteuerung und des -controlling eigener Absatzorgane lassen sich umfangreiche Planungen und Auswertungen vornehmen. Folgendes Schema hat sich für ein DV-gestütztes Planungs- und Steuerungskonzept im Vertrieb für eine Vertriebstochtergesellschaft bewährt.

1) Absatzmenge je Kostenträger, Nettoerlös je Stück minus Einstandswert je Stück gleich Bruttonutzen je Stück, für Bruttonutzen und Absatzmenge Angabe der Veränderung gegenüber Vorjahr
2) Absatzmenge in Stück je Kostenträger je Vertriebsweg mit Angabe der Veränderung gegenüber Vorjahr, die Absatzmengen von (1) und (2) sind abzustimmen
3) Ermittlung des Bruttonutzens je Kostenträger-Einheit (Stück) und je Vertriebsweg
   3.1 Nettoerlös je Kostenträger je Vertriebsweg
   3.2 minus Einstandswert je Kostenträger je Vertriebsweg
   3.3 gleich Bruttonutzen je Kostenträger je Vertriebsweg
4) Durch Multiplikation der Absatzmengen je Kostenträger aus (2) mit den Zeilen gemäß 3.1, 3.2, und 3.3 erhält man
   4.1 Gesamterlös je Kostenträger je Vertriebsweg
   4.2 Gesamteinstandswert je Kostenträger je Vertriebsweg
   4.3 Gesamtbruttonutzen je Kostenträger je Vertriebsweg
   Aus diesen Werten leitet man durch Addition die Werte für (5) und (6) ab
5) Durch Addition der Werte aus (4) je Kostenträger über alle Vertriebswege erhält man für jeden Kostenträger
   5.1 Gesamtnettoerlös über alle Vertriebswege
   5.2 Gesamteinstandswert über alle Vertriebswege

5.3 Gesamtbruttonutzen über alle Vertriebswege
Es kann zweckmäßig sein, diese Nettoerlöse aus der Rabattplanung in (6) auf Umsatz zu Listenpreisen zu ergänzen
6) Durch Addition der Werte aus (4) je Vertriebsweg über alle Kostenträger erhält man für jeden Vertriebsweg
   6.1 Gesamtnettoerlös aus allen Kostenträgern
   6.2 Gesamteinstandswert aus allen Kostenträgern
   6.3 Gesamtbruttonutzen aus allen Kostenträgern
   Durch Ergänzung des Gesamtnettoerlöses (aus Kostenträgern) um die vertriebswegspezifischen Rabatte kommt man zum Kostenträgerumsatz zu Listenpreisen je Vertriebsweg.
7) An die Ermittlung der Gesamtbruttonutzen je Vertriebsweg schließt sich eine mehrstufige Deckungsbeitragsermittlung (stets mit Vergleich von Vorjahreswerten) an. Der resultierende Deckungsbeitrag II ist dabei das häufig entscheidungsrelevante Vertriebsergebnis.

Die folgende Tabelle fasst die Berechnungen ausgehend von den Listenpreisen zum Deckungsbeitrag II zusammen.

```
Kostenträgerumsatz zu Listenpreisen
./. Rabatte (mit Angabe der Prozentsätze)          = Kostenträgerumsatz netto
./. Einstandswerte                                  = Bruttonutzen
./. proportionale Vertriebskosten (in der Regel Einzelkosten)
./. Erlösschmälerungen                              = Deckungsbeitrag I
./. fixe Vertriebskosten (in der Regel Gemeinkosten)
./. Werkstattkosten (oder -umlage)
± sonstiges Umsatzergebnis (z.B. Mieteinnahmen)     = Deckungsbeitrag II (absolut und in
                                                      Prozent vom Kostenträgerumsatz).
```

Berechnungsschema des Deckungsbeitrages II

(5) **Optimierung des Verkäufereinsatzes**

Für den wirtschaftlichen Erfolg ist es entscheidend, dass durch Planung (z.B. Wegeminimierung und gute Vorbereitung der Verkaufsunterlagen) eine gute Zahl von Kundenbesuchen pro Tag geplant und realisiert wird. Mängel in diesem Punkt schlagen über erhöhten Verkäuferbedarf direkt auf die Kosten durch. Mit einer überschlägigen Ermittlung (vgl. nachstehende Tabelle) des Bedarfs an Verkäufern ist jedoch deren Einsatz noch nicht optimiert. Dafür ist ergänzend zu berücksichtigen, dass die einzelnen Verkaufsgebiete und die einzelnen Verkäufer unterschiedliche Anforderungen bzw. Leistungsmerkmale aufweisen.

```
Die Zahl der erforderlichen Verkäufer errechnet sich näherungsweise wie folgt:

           Zahl der Verkäufer =

Zahl der zu besuchenden Kunden      x  geplante Zahl von Besuchen pro Periode und Kunde
Zahl der Besuche pro Verkäufer und Tag  x  Zahl der nutzbaren Arbeitstage pro Periode
```

Überschlägige Ermittlung des Bedarfes an Verkäufern

Die Kundendichte eines Gebiets geht in die Anzahl der Besuche pro Tag ein (Stadtregionen haben meist kürzere Wegezeiten als ländliche Gebiete). Dieser Sachverhalt ist in der obigen

Betrachtung berücksichtigt. Im Folgenden ist ergänzend zu ermitteln, wie die unterschiedlichen Anteile an großen, mittleren und kleinen Kunden in einer Region und die unterschiedlichen Verkaufsfähigkeiten von Vertriebsmitarbeitern in diesen Segmenten mit dem Ziel optimaler **Marktausschöpfung** kombiniert werden sollten. Voraussetzungen dafür sind.

❑ signifikante Unterschiede bezüglich der Kundengrößen in den einzelnen Regionen sowie
❑ signifikante und bekannte Leistungsunterschiede der einzelnen Verkäufer bezüglich ihrer Fähigkeiten, das Umsatzpotential bestimmter Kundengrößen auszuschöpfen.

Dann kann für jeden Verkäufer dessen Umsatz in jeder Region ermittelt werden und der Verkäufereinsatz so vorgenommen werden, dass insgesamt der maximal mögliche Umsatz erzielt wird. Die folgende Tabelle zeigt den Rechengang mit dem Ergebnis, dass der Verkäufer A in der Region I und der Verkäufer B in der Region II einzusetzen ist mit einem gemeinsamen Gesamtumsatz von 15.275 T€ (=11.700+3.575).

Beispiel:	Region I Umsatzpotential je Kunde T€	Region I Kundenanzahl	Region II Kundenanzahl	Region II Umsatzpotential je Kunde T€	Verkäufer A Potentialausschöpfung	Verkäufer B Potentialausschöpfung
Großkunden	500	30	15	400	75%	40%
Mittl. Kunden	100	10	10	100	30%	30%
Kleinkunden	75	10	35	50	20%	50%

Optimierung des Verkäufereinsatzes	Region I Umsatzpotential gesamt T€	Verkäufer A Umsatz in I	Verkäufer B Umsatz in I	Region II Umsatzpotential gesamt T€	Verkäufer A Umsatz in II	Verkäufer B Umsatz in II
Großkunden	15.000	11.250	6.000	6.000	4.500	2.400
Mittl. Kunden	1.000	300	300	1.000	300	300
Kleinkunden	750	150	375	1.750	350	875
Gesamt		**11.700**	**6.675**		**5.150**	**3.575**

Bei einer großen Zahl von Verkäufern kann eine Ermittlung des Optimums mit OR-Methoden in Frage kommen. In der Praxis wird jedoch eine größere Zahl von Nebenbedingungen zu beachten sein, d.h. mit Rücksicht auf erforderliche Kontinuität und zur Minimierung von Versetzungskosten wird von einem errechneten Optimum mit guten Gründen kreativ abgewichen werden. Im Interesse eines effizienten Verkäufereinsatzes ist ergänzend zu beachten:

❑ Die **Klassifizierung der Kunden** (z.B. in große, mittlere und kleine) ist wichtig, um zu vermeiden, dass Kleinkunden mit einem unvertretbaren Übermaß an Besuchen (und Reisekosten) ohne angemessenen Umsatz "gepflegt" werden (vgl. Kundenwertanalysen Pkt. 2.3.3. (6)).
❑ Eine **Festlegung von Kreditlimits** muss die Verkäufer daran hindern, mit Kunden Umsätze zu tätigen, die deren Zahlungsfähigkeit übersteigen.
❑ Die **Verkäufer** sind bei Bedarf in das **Inkasso** einzuschalten, dafür sind klar verständliche Kontoauszüge je Kunde als Gesprächsgrundlage bereitzustellen.
❑ **Sonderpreise** unter Vollkosten können in Einzelfällen sinnvoll sein, die Entscheidung darüber ist **Geschäftsführungs- und nicht Verkäuferaufgabe**, da nur so sichergestellt ist, dass trotzdem die gesamten Fixkosten gedeckt werden, also keine Verluste entstehen.

(6) Einsatz selbständiger Handelsvertreter

Der Handelsvertreter ist ein selbständiger Kaufmann, der damit betraut ist, einem oder i.d.R. mehreren von ihm vertretenen Unternehmen Geschäfte zu vermitteln und in deren Namen abzuschließen. Der Handelsvertreter erhält als Vergütung eine Provision auf die von ihm getätigten Abschlüsse. Die Zusammenarbeit mit Handelsvertretern erschließt produzierenden Unternehmen die Möglichkeit des überregionalen Vertriebs ohne vom Handel abhängig zu sein oder eine eigene Vertriebsorganisation aufbauen zu müssen. Außerdem fallen im Wesentlichen nur Vertriebskosten an, wenn Abschlüsse erzielt wurden. In einigen Fällen wird auch ein im Vergleich zu den Fixkosten einer eigenen Vertriebsorganisation geringes Fixum als Beitrag zu den Reise- und Bürokosten des Handelsvertreters vereinbart.

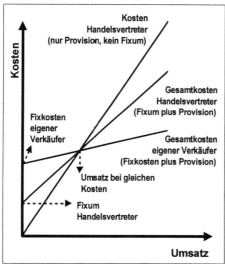

Für die Unternehmens- oder Produkteinführung bietet diese Zusammenarbeit neben dem Vorzug niedriger fixer Kosten zusätzlich den Vorteil, dass man einen Handelsvertreter wählen kann, der bei den wichtigen Zielgruppen als Vertreter anderer nicht konkurrierender Hersteller bereits gut eingeführt ist. Ab einem bestimmten Umsatz kann der Einsatz eigener Verkäufer kostengünstiger werden. Dieser Punkt kann durch gestaffelte Provisionssätze, die sich mit wachsendem Umsatz verringern, weiter hinausgeschoben werden. Falls ein Unternehmen sich von einem Handelsvertreter trennen möchte, hat der Gesetzgeber festgelegt, dass der Handelsvertreter einen Ausgleichsanspruch in Höhe von maximal einem Jahresdurchschnittsverdienst der letzten fünf Jahre hat (näheres vgl. § 89b HGB).

3.3.4.3 Marketinglogistik

Unter dem Begriff Marketinglogistik werden die Aufgaben der physischen Distribution zusammengefasst. Mit dem Ziel, die Kunden optimal zu bedienen, sind bei gleichzeitiger Kostenminimierung insbesondere folgende Entscheidungen zu treffen bzw. Teilaufgaben zu lösen:

- Zahl der Lagerstandorte
- Eigen- oder Fremdlager
- Eigen- oder Fremdtransport
- Mindestauftragsgrößen
- Packungsgestaltung.

(1) Zahl der Eigen- oder Fremdläger[69]

Ein Auslieferungslager hat die Aufgabe, vom Hersteller Waren in großen Mengen zu empfangen, zwischenzulagern und in kleineren Mengen an Kunden auszuliefern. Für die Entscheidung über die Anzahl der Läger und deren Standort sind folgende Gesichtspunkte relevant:

- Angestrebter Lieferservice
- Nachfragevolumen und Struktur des Absatzgebietes
- Nachfrageentwicklung
- Verkehrsanbindung
- Transport und Lagerkosten

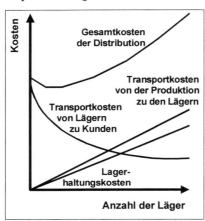
Anzahl an Lägern

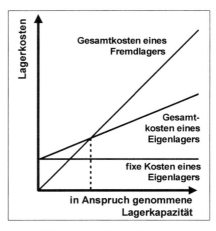
Eigen- oder Fremdläger

Die Entscheidung wird primär unter Kostengesichtspunkten zu fällen sein, da die Qualität der Leistung (z.B. Liefertreue, Lieferservice, Lagerschäden etc.) weitgehend unabhängig von der Frage Eigen- oder Fremdlager gestaltbar ist. Die üblichen und im konkreten Fall zu prüfenden Kostenverläufe zeigen die obigen Graphiken.

Die Entscheidung über die Anschaffung eines eigenen Fuhrparks muss ebenfalls nach Kostengesichtspunkten entschieden werden. Es ist zu bedenken, dass ein eigener Fuhrpark für längere Zeit irreversible Fixkosten verursacht, während Fremdtransporte bei großem Transportvolumen, das über längere Zeit anfällt, vielfach teurer werden. Allerdings verfügen Transportunternehmen vielfach über Rückfracht, während eigene Werksfahrzeuge meist leer zurückfahren würden, also eine geringere Produktivität aufweisen. Die Kostenverläufe können also in der Praxis sehr verschieden ausfallen.

(2) Mindestauftragsgröße

In schwierigen Zeiten, bei niedrigen Umsätzen und schlechter Beschäftigungslage neigen viele Einkäufer (in Industrie und Handel ebenso wie Endkunden) dazu, nur das erforderliche Minimum, also in kleinen Mengen einzukaufen. Dadurch nehmen Arbeit und Kosten der Auftragsabwicklung in % vom Umsatz zu. Oft stellt sich die Aufgabe, zu errechnen, welche Aufträge nicht mehr hereingenommen werden sollen, weil sie die fixen Kosten der Auftragsab-

---

[69] Die folgenden Ausführungen zu Lagerfragen und zu Auftragsgrößen basieren weitgehend auf Ausführungen von *Weis* zur Marketinglogistik. Vgl. *Weis, H. C.*, Marketing, a.a.O., S. 242 ff.

Operatives Marketing - Marketing Mix (4 P)

wicklung nicht decken. Für diesen Fall muss die Forderung aufgestellt werden, dass jeder Auftrag mindestens einen Deckungsbeitrag in Höhe der (fixen) Kosten der Auftragsabwicklung (Vertriebssachbearbeitung) erwirtschaften muss[70]. Diese Mindestauftragsgröße kann grob nach folgender Formel ermittelt werden:

$$\text{Mindestnettoerlös je Auftrag} = \frac{100 \times \text{Fixe Kosten der Auftragsabwicklung (in €)}}{\left[100 - \begin{array}{l}\text{proportionale Herstellkosten} \\ \text{in \% vom Nettoerlös}\end{array} - \begin{array}{l}\text{proportionale Vertriebskosten} \\ \text{in \% vom Nettoerlös}\end{array}\right]}$$

Bei einem so errechneten Mindestnettoerlös fällt kein Deckungsbeitrag zu den übrigen Fixkosten an. In der Praxis gestaltet sich die Lösung des Problems etwas komplizierter, wenn die Deckungsbeiträge der einzelnen Produkte verschieden sind und einzelne Kunden sowohl kleine als auch größere Aufträge erteilen. Dann sollte man eine ABC-Analyse über den Anteil jedes Produkts (oder von Produktgruppen) am Gesamtumsatz und am Gesamtdeckungsbeitrag machen und diese ergänzen und vergleichen mit einer ABC-Analyse der Kunden, um den Anteil jedes Kunden am Gesamtumsatz und Gesamtdeckungsbeitrag zu kennen. (Näheres zur ABC-Analyse vgl. Pkt. 4.2.2).

Auf der Grundlage solcher ABC-Analysen kann und sollte eine systematische Reduzierung aller Vertriebskosten bei der Bearbeitung von Kleinkunden erfolgen. Dazu kann ein Bündel von Rationalisierungsmaßnahmen gehören, wie keine Kundenbesuche, sondern nur Versand von Werbematerial an Kleinkunden, Abwicklung über ein Call Center, keine Sonderrabatte, keine Aufträge unter der Mindestgröße, keine Lieferantenkredite, Erhebung von Mindermengenzuschlägen. Es ist selbstverständlich möglich und sinnvoll, solche Analysen per DV im Rahmen des Vertriebs-Controlling im Anschluss an die Fakturierung durchzuführen.

(3) **Packungsgestaltung**

Avé-Lallemant hat als Leiter des Instituts für Packungsgestaltung darauf hingewiesen, dass Packungsgestaltung, ebenso der Markenpolitik wie der Marketinglogistik zuzurechnen ist und Kreativität und Systematik erfordert. Er erläutert einen bei diesem Institut üblichen Arbeitsablauf der Packungsgestaltung.[71] Die folgende Kurzfassung der wichtigsten Funktionen der Packung und der bei ihrer Entwicklung zu beachtenden Fragen gibt *Weis*[72].

(3.1) **Hauptfunktionen einer Markenartikelpackung**
- Schutz- und Bewahrungsfunktion
- Produktidentifizierung
- Wertausdruck des Produkts
- Verkaufsförderung
- Imagebildung
- Ermöglichung optimaler Distributionsfähigkeit
- Produktdifferenzierung
- Selbstpräsentation
- Information.

---
[70] Die fixen Kosten der Auftragsabwicklung lassen sich beispielsweise über eine Prozess-Kosten-Rechnung ermitteln.
[71] Vgl. *Avé-Lallemant, W.*, Packungsgestaltung, in: Marketing, Hrsg.: *Geisbüsch, H.-G., Weeser-Krell, L. M., Geml, R.*, Landsberg
[72] Vgl. *Weis, E.*, Marketing, a.a.O.

(3.2) **Hauptfragen zur Entwicklung einer Markenartikelpackung**

Verpackung kann als äußere Umhüllung einer Ware zum Schutz auf dem Transportwege vom Hersteller zum Verbraucher verstanden werden. Systematische Entwicklungsmethoden von Verpackungen erläutert *Avé-Lallemant*[73]. Es gilt insbesondere folgende Fragestellungen zu beantworten:

- Welchen technischen Vorschriften muss die Packung genügen?
- Welche versandtechnischen Vorschriften sind zu beachten?
- Welche rechtlichen Vorschriften sind bei der Gestaltung zu berücksichtigen?
- Wie lange und unter welchen Bedingungen muss die Packung lagerfähig sein?
- Welche Forderungen stellt der Handel an die Packung?
- Welche Wünsche haben die Abnehmer in Bezug auf die Packung?
- In welcher Weise soll sich die Packung von Konkurrenzprodukten unterscheiden?
- Welche Anforderungen in Bezug auf Display muss die Packung erfüllen?
- Soll die Packung getestet werden, und wenn ja, durch welche Tester?

3.4 Marketing Informations-/Kommunikations-Systeme (MAIS)

Marketing Informations-/Kommunikations-Systeme (MAIS) sind heute für das strategische und operative Marketing unverzichtbarer Teil Integrierter Management Informations Systeme, die in Pkt 9.4.4 vorgestellt werden. Angesichts nahezu unbegrenzter technischer Möglichkeiten der Datenhaltung und -verarbeitung ist die Zeit für eine Rückbesinnung auf die wesentlichen Anforderungen des Marketing gekommen.

3.4.1 Anforderungen an MAIS

Drei Hauptaufgaben hat MAIS zu erfüllen.
1. Entscheidungsunterstützung im Vertriebscontrolling, behandelt in Pkt 11.2
2. Unterstützung der Prozessoptimierung in der Vertriebs/Auftragsabwicklung, behandelt in Pkt. 12.2 Business Case
3. Unterstützung effizienter Kundenbetreuung Customer Relationship Management (CRM) durch integrierte Back-Office-Systeme und Front-Office-Systeme[74] inklusive Planung und Steuerung von Aktionen der Verkaufsförderung.

Im Einzelnen ergeben sich daraus folgende Anforderungen:
a) Die vom Controlling zu leistende Entscheidungsunterstützung erfordert für die verschiedenen /Entscheidungsebenen unterschiedliche **Verdichtungsstufen** der Daten nach Regionen und Produkten

---

[73] Vgl. *Avé-Lallemant*, W., Packungsgestaltung, in: Marketing, Hrsg.: *Geisbüsch, H.-G., Weeser-Krell, L. M., Geml, R.*
[74] Die Unterscheidung in Back-Office- und Front-Office-Systeme erfolgt aus Sichtweise der Kundeninteraktion. So stehen Front-Office-Systeme (z.B. CRM-System von Clarify) direkt mit dem Kunden in Kontakt und speisen die nachgelagerten Back-Office-Systeme (z.B: ERP-System auf SAP-Basis). Stellenweise sind diesen beiden Systemebenen noch Middleware oder Processware-Systeme zwischengelagert, deren einzige Aufgabe im Schnittstellenmanagement zwischen Back-Office- und Front-Office-Systemen besteht.

Marketing Informations-/Kommunikations-Systeme (MAIS)

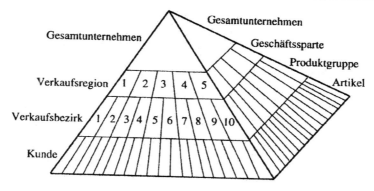

MAIS-Verdichtungsstufen[75]

Kunde Nr. Name Straße PLZ/Ort	Verkaufsbezirk: Einkäufer: Telefon: Branche Status Potential Umsatz VJ Umsatz LJ ...			Letzter AB-Besuch Letzter ID-Kontakt Letztes Angebot Letzter Auftrag Anzahl Aufträge VJ Anzahl Angebote VJ 	LJ LJ
Problem- Lösungsfeld	Bedarfsspiegel Top 1-10-Artikel				
	Artikel 1	Artikel 2	Artikel 3	Artikel 4	Artikel 5
1. Produktion	X	X		X	
2. Versand			X	X	
3. Lager		X	X		
4. Entsorgung	X				
5. Verwaltung					
6. ...					
7. ...					
8. ...					

Artikel-Nr. ...
Artikel-Bezeichnung ...
Produktbereich ...
Potential-Menge ...   Datum ...
Plan-Absatz LJ ...   Ist-Absatz LJ ...
Plan-Umsatz LJ ...   Ist-Umsatz LJ ...
Plan-Ertrag LJ ...   Ist-Ertrag LJ ....
                                   Plan-Ist-Abweichung
Ist-Absatz VJ ...   Absatz ...
Ist-Umsatz VN ....   Umsatz ...
Ist-Ertrag VJ ...   Ertrag ...

MAIS-Kundenspiegel[76]

---

[75] Entnommen aus: *Schwetz, W.*, Computerunterstützter Vertrieb, in Information Management, München
[76] Entnommen aus: ebenda

b) Ein **Kundenspiegel** als Grundlage effizienter Verkaufssteuerung und Auftragsabwicklung sollte mindestens die folgenden wichtigsten Fakten der Kundensituation tagfertig bereithalten (vgl. nachstehendes Schema). Sie sind (besonders im Investitionsgeschäft) durch wichtige Projektinformationen über Akquisitionsmaßnahmen zu ergänzen.
c) **Abweichungsinformationen** müssen absolut und in Prozent vom Plan unmittelbar deren Bedeutung in Bezug auf das Planziel von Umsatz und Deckungsbeitrag sowie Vorschläge zur Problemlösung enthalten.

Verteiler:	Herr A. Huber Herr E. Kraus		Verkaufs-Bezirk: Südwest	
betrifft:	Kunden-Nr. 358.700 Fa. Karl Müller GmbH		Periode: Quartal 1/98	
	Plan-Wert	Ist-Wert	Abweichung	Diff. in Prozent
Umsatz €	€ 80.000,00	€ 71.652,90	€ – 8.347,10	– 10,43
Deckungs- beitrag I	€ 12.000,00 in Prozent 15,00	€ 8.560,34 in Prozent 11,95	€ – 3.439,65	– 28,67
Vorschlag: Kundenbesuch mit Verkaufsleitung vereinbaren. Mailbox-Nachricht liegt bereit				

MAIS-Abweichungsinformation[77]

d) Ein **Außendienstunterstützungs-System** sollte die Leistungsreserven neuer Kommunikationstechniken für das Unternehmen erschließen (z.B. mittels Laptop oder PDA).
e) Eine **spezielle Marketing-Datenbank** sollte neben den operativen Marketingaufgaben auch, mit Schnittstellen zu wichtigen Host-Datenbanken, strategische Marketinganalysen und Entscheidungen unterstützen.
f) **Mitwirkung des Top- und Middle-Managements** bei der Festlegung der Ziele des MAIS ist Voraussetzung für Akzeptanz und Erreichbarkeit.
g) **Einbringung von Benutzerwünschen in die Systementwicklung** ist notwendig, um Befürchtungen der Benutzer zu reduzieren, ihre Wichtigkeit als Know-how-Träger und ihre Arbeitsunabhängigkeit könnten (durch DV-bedingte Disziplinierung) reduziert werden. Durch diesen Schritt müssen und können die Benutzer von den Vorzügen von MAIS überzeugt werden.
h) **Komfortable Benutzeroberfläche** ist notwendig für gute Akzeptanz durch die Benutzer.
i) **Integration von Data-Mining**: Unter dem Begriff Data Mining werden seit Anfang der 90er Jahre datengetriebenen Analyse-Tools zusammengefasst. Data Mining wird in der Regel als Prozess der nichttrivialen[78] und automatischen Wissenssuche innerhalb von Datenbanken definiert.[79] Hierunter fallen klassische Statistikverfahren der Cluster-, Diskriminanz-, Regressions- oder Faktorenanalyse sowie Assoziations- und Sequenzanalysen, Entscheidungsbäume oder Neuronale Netze. Verbreitete Anwendungsbereiche des Data Mining sind z.B. Klassifikation von Käufern, Ableitung von Responsewahrscheinlichkeiten, Kündigerfrüherkennung, Ableitung von Bestellwahrscheinlichkeiten, Bonitätsanalysen.

---

[77] Entnommen aus: *Schwetz, W.*, a.a.O.
[78] Als trivial wird z.B. die Bildung von Kennzahlen angesehen, was demnach nicht unter Data Mining fällt.
[79] Vgl. *Lusti, M.*, Data Warehousing und Data Mining, Berlin, S. 269.

3.4.2 Enterprise Data Warehouse als Grundlage

Grundlage eines MAIS ist die Marketing-Datenbank eines Unternehmens, die sämtliche marketingrelevanten Daten von aktiven und passiven Kunden sowie Interessenten abbildet. Zielsetzung ist die **Integration sämtlicher Datenpools** im Unternehmen (inkl. der Produktionsdatenbanken) zu einem leistungsfähigen und aussagekräftigem Enterprise Data Warehouse. Das ermöglicht, dass alle Mitarbeiter im Unternehmen zeitgleich auf sämtliche historischen und aktuellen (kundenbezogenen) Informationen - schreibend und/oder lesend - zugreifen können. Struktur, Funktion und Entwicklung eines Data Warehouse mit Data Mining werden in Pkt. 9.4.4 erläutert und im folgenden Bild zusammengefasst.

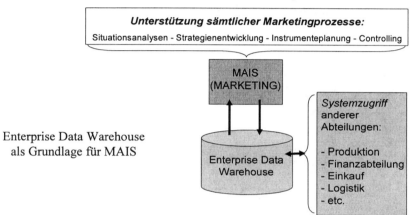

Enterprise Data Warehouse als Grundlage für MAIS

3.4.3 Customer Relationship Management-Systeme (CRM)

3.4.3.1 Grundlagen des CRM

Der Deutsche Direktmarketing Verband definiert Customer Relationship Management (CRM) als Philosophie der Unternehmensführung mit dem Ziel, durch Integration aller kundenrelevanten Prozesse, jedem Kunden/Interessenten zum richtigen Zeitpunkt, über den richtigen Kanal ein individuelles und für seine Belange optimiertes Angebot zu unterbreiten und gleichzeitig den Kundennutzen für das Unternehmen bestmöglich zu steigern.

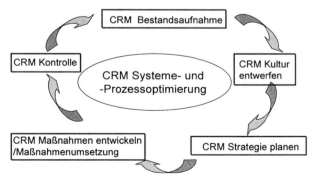

CRM-Planung und -Umsetzung

Der Customer Lifetime Value (Kundenrentabilität) wird wesentlich mitbestimmt von den Kosten für Neukundenakquise, Kundenbindung und -rückgewinnung. Die verschiedenen Wege der Ansprache und Betreuung (Customer-Touch-Points) verursachen sehr unterschiedliche Kosten von z.B. 10 Cent bis zu 10 € für einen Netto-Outbound-Call bis hin zu mehreren hundert € für den Besuch eines Außendienstmitarbeiters (vgl. folgende Abbildung). Die Vielzahl der Kommunikations- und Interaktionskanäle (z.B. Shopping Assistenten, Personalisierte Websites, interaktive (Produkt-)Konfiguratoren, Voice-Systeme E-Mail-/SMS-Newsletter) wird unter dem Begriff „electronic CRM" zusammengefasst.

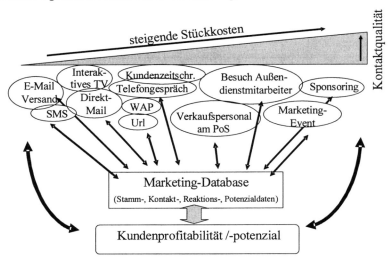

Customer Touch Points im CRM

Jeder Kontakt des Kunden/Interessenten mit dem Unternehmen über einen Customer-Touch-Point kann zur weiteren Datengewinnung über den Kunden (Qualifizierung) und als Ausgangsbasis für gezielte Marketingaktivitäten genutzt werden.

3.4.3.2 Bausteine eines CRM-Systems

Damit seine Planungs-, Steuerungs- und Kontrollaufgaben erfolgreich gelöst werden, können sollte ein CRM-System die folgenden Komponenten enthalten (vgl. Abbildung):

❑ **Operativer CRM-Baustein**
Hierunter fallen alle Lösungen, die eine automatisierte Abwicklung von kundenbezogenen Prozessen in Marketing, Vertrieb und Service ermöglichen. Hierzu zählen beispielsweise Systeme der Sales Force Automation (SFA), Marketing und Service Automation sowie Call Center-Systeme. Sie sind über die beiden folgenden Bausteine an das Enterprise Data Warehouse anzuschließen und mit den bereits im Unternehmen vorhandenen Geschäftsprozessen abzustimmen.

❑ **Kommunikativer CRM-Baustein**
Mit diesen Lösungen werden alle Kommunikationskanäle mit dem Kunden unterstützt (z.B. Mailings, E-Mails, Fax, Web, Telefon, persönlicher Kontakt). Eine beachtenswerte Eigenschaft ist häufig die Rückkanalfähigkeit, d.h. Kunden können ihrerseits über diese Kanäle das Unternehmen ansprechen.

❑ **Analytischer CRM-Baustein**
Dieser Baustein ermöglicht es den Verantwortlichen auf Daten des Data Warehouse im Zuge von ad-hoc Analysen (OLAP = Online Analytical Processing) oder im Rahmen des Data Mining zuzugreifen, diese zu analysieren und für die Justierung des operativen CRM-Bausteins sowie die Kommunikation mit dem Kunden zu nutzen.

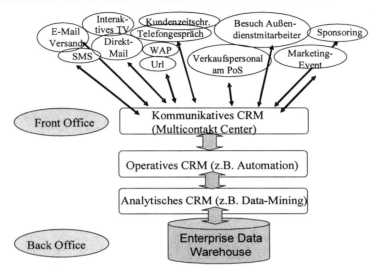

Bausteine eines CRM-Systems

3.4.4 E-Commerce-Systeme

Die rasche Entwicklung des Internet hat - trotz aller Rückschläge - E-Business und E-Commerce erheblich beflügelt. Während dabei unter „E-Business" vielfach die elektronische Abwicklung interner und externer Prozesse verstanden wird, betrifft „E-Commerce" den elektronischen Handel, der durch drei typisierte Entwicklungsstufen gekennzeichnet ist. (vgl. Abbildung). In der Anfangsphase der Entwicklung standen für Unternehmen bei der Entscheidung über einen eigenen Internetauftritt Imagegesichtspunkte im Vordergrund. Ab Mitte der 90er Jahre verbreiteten sich internetgestützte Verkaufskonzepte, deren zentrale Schwäche jedoch die mangelnde Integration in ein geschlossenes On- und Offline-Marketingkonzept war. Viele Betreiber von Internet-Shops klagten deshalb über außerordentlich hohe Kosten der Neukundengewinnung bei gleichzeitig marginaler Kundentreue. Erst in jüngster Zeit setzen Unternehmen auf eine sehr enge Vernetzung ihrer Internetaktivitäten mit den Offline-Bereichen des Marketing.

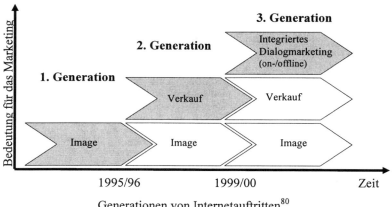

Generationen von Internetauftritten[80]

Erfolgskritisch ist im E-Commerce neben der ständigen Verfügbarkeit die Fähigkeit, sämtliche On- und Offline-Prozesse inhaltlich, zeitlich und IT-technisch zu integrieren. Dabei ergeben sich sehr enge Verbindungen zum CRM, zum Enterprise Data Warehouse und zu den operativen ERP-Systemen. Beispielsweise sollten moderne Internet-Shops in der Lage sein, bei einer Bestellung die Produktverfügbarkeit und Bonität des Anfragenden online direkt zu überprüfen.

Recommender Systeme sind computerbasierte Empfehlungssysteme, die einem individuellen Kunden - basierend auf seinen Präferenzen oder den Präferenzen anderer Benutzer - konkrete Produktempfehlungen (zum Kauf) vorschlagen. Sie entwickelten sich zu immer komplexer werdenden E-Commerce-Werkzeugen und sind heute integraler Bestandteil erfolgreicher Internetauftritte, z.B. Amazon oder eBay.

Recommender Systeme beinhalten in ihrem Kern ein Empfehlungsmodell. Dieses Empfehlungsmodell besteht aus vier Bestandteilen, dem Kunden bzw. Interessenten (Recommendation Seeker), dem algorithmusgestützten Empfehlungsmodul (Recommender), dem zur Ableitung der Empfehlung zu Grunde liegenden Datenpool (Preference Provider) und dem bisher unstrukturierten Universum der Alternativen (Universe of Alternatives) (vgl. Abbildung).

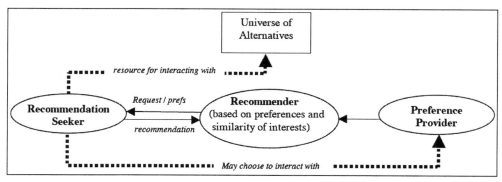

Bestandteile eines Empfehlungsmodells[81]

---

[80] Angelehnt an *Ceyp, M.*, Potenziale Web Mining, S. 110
[81] Entnommen aus: *Terveen, L. / Hill, W.* Beyond Recommender Systems, S. 4.

Ausgangspunkt ist der Besucher einer Website (Recommendation Seeker). Dieser Person soll aus Unternehmenssicht über das Recommender System eine Kaufempfehlung zugeleitet werden, die eine im Durchschnitt höhere Kaufwahrscheinlichkeit aufweist als die zufällige Alternative. Hierzu werden aus einem bisher vorliegenden Datenpool über die Anwendung von Entscheidungsregeln konkrete Alternativen aus dem Gesamtangebot eines Unternehmens vorgeschlagen. Diese Datenpools können z.B. die auf dieser Website bisher durchgeführten Clickstreams[82] (z.B. über die Eingabe eines Suchbegriffes) oder Transaktionen (z.B. historische Warenkörbe) sein, aus denen Präferenzen (z.B. Kaufverbünde) ableitbar sind. Weitere auch miteinander kombinierbare Datenpools entstammen dem Warenwirtschaftssystem (z.B. Warenverfügbarkeit und produktspezifischer Deckungsbeitrag im ERP, Vermarktung von Over-Stocks), dem Data-Mining (z.B. Web-Mining) und Kampagnenmanagement-Systemen.

Auf Grundlage bisheriger Projekterfahrungen mit Recommender Systemen können folgende Anwendungsempfehlungen gegeben werden. Die Einrichtung eines Recommender Systems sollte grundlegend im Rahmen eines Stufenprozesses erfolgen. Nach einer Problem- und Zieldefinition ist der Internetauftritt (z.B. Shop) zu analysieren. Danach gilt es, typische Anwendungsfälle der Kunden zu strukturieren (z.B. Kauf, Suchanfrage) und hinsichtlich des Einsatzes von Recommender Systemen zu überprüfen. Wenn sich der Einsatz als lohnend herausstellt, sind die Datenpools und die Algorithmen zu entwickeln und im Rahmen eines Testbetriebes hinsichtlich ihrer Leistungsfähigkeit umfassend und kritisch zu überprüfen. Ist diese gegeben, so kann das Recommender System „live" geschaltet werden. Die verwendeten Algorithmen sind regelmäßig zu überprüfen und ggf. an die veränderten Kundenbedürfnisse anzupassen.

Gefahren im Einsatz von Recommender Systemen liegen in erster Linie in der Akzeptanz von Recommender Systemen. So bestehen z.T. recht erhebliche Datenschutzbedenken aus Sicht der Kunden. Aus diesem Grund empfiehlt es sich für Unternehmen, offen im Rahmen einer Datenschutzerklärung auf die Verwendung von Recommender Systemen hinzuweisen. Ein weiterer Problembereich sind fehlerhafte oder sinnentfremdete Empfehlungen. Der Detaillierungsgrad des Empfehlungsalgorithmus muss daher einerseits so eng gezogen sein, dass er für den Kunden relevante Empfehlungen generiert, anderseits darf der Empfehlungsalgorithmus nicht so feinjustiert sein, dass de facto keine weiterführenden Empfehlungen ausgesprochen werden. Ein Beispiel für eine zu weit gefasste Justierung ist der Vorschlag von Buchtiteln gleichnamiger Autoren aus unterschiedlichen Genres.

---

[82] Dabei können sowohl die individuellen Clickpfade des Besuchers als auch die historischen Clickpfade anderer Besucher als Grundlage herangezogen werden. Dies gilt auch für die jeweilige Bezugsgrundlage der Warenkörbe.

Fragenkatalog zu Kapitel 3

1. Beschreiben Sie die Phasen der historischen Entwicklung des Marketing. 3.1
2. Skizzieren Sie für ein mittleres Unternehmen eine Strukturorganisation des Marketing. 3.1
3. Definieren Sie Rechte, Pflichten und Grenzen eines Produktmanagers. 3.1
4. Skizzieren Sie den Prozess Marketingmangement nach *Meffert*. 3.1
5. Wie definieren Sie „Marko-" und „Mikroumwelt"? 3.2.1
6. Erläutern Sie Maslowpyramide u. Hintergrundfaktoren u. deren Bedeutung im Marketing. 3.2.2
7. Charakterisieren Sie Kaufverhalten und Beschaffungsprozess von Organisationen. 3.2.3
8. Nennen Sie Probleme der Beschaffung u. Kriterien zur Qualifizierung von Informationen. 3.2.4.1
9. Nennen Sie getrennt die für das Marketing wesentlichen „internen" und „externe" Daten. 3.2.4.2
10. Erläutern Sie „Primär-" und „Sekundärforschung" und deren Einsatzunterschiede. 3.2.2
11. Strukturieren Sie quantitative und qualitative Befragung und geben Sie Beispiele. 3.2.5.2
12. Nennen Sie Merkmale u. Einsatzfelder der Skalentypen in der Marktforschung. 3.2.5.2
13. Unterscheiden Sie „Rating-Skala" und „Polaritätenprofil". 3.2.5.2
14. In welchen Phasen sollte ein Marktforschungsprojekt ablaufen? 3.2.5.3
15. Formulieren Sie Ihre Anforderungen an Briefing, Arbeitsvorschlag und Bewertung. 3.2.5.4
16. Nennen Sie die 4 Ps des Marketing-Mix und definieren Sie die jeweiligen Aufgaben. 3.3
17. Begründen Sie die hohe Priorität der Produktpolitik und nennen Sie die Hauptmethoden. 3.3.1
18. Erläutern Sie Erfolgsaussichten und Vorgehen der Generierung von Produktideen. 3.3.1.4
19. Erläutern und beurteilen Sie nachvollziehbar die Methode des Marketingindex. .3.1.4
20. Skizzieren Sie das 5-Phasen-Modell des Innovationsprozesses oder Praxisbeispiel HAKO. 3.3.1.5
21. Skizzieren Sie den Produktentwicklungsprozess mit Direct Costing. 3.3.1.6
22. Erstellen Sie eine Checkliste für erfolgreiche Produkteinführung und Serienproduktion. 3.3.1.7
23. Wie unterscheiden sich Produktdifferenzierung und Produktvariation? 3.3.1.8
24. Nach welchen Kriterien nehmen Sie ein Produkt aus dem Programm? 3.3.1.9
25. Worin unterscheiden sich die verschiedenen Markenstrategien? 3.3.2.1
26. In welchen Schritten geht das sog. „AIDA"-Schema vor? 3.3.2.2
27. Wie ist der Tausender-Kontakt-Preis definiert? 3.3.2.2
28. Erläutern Sie an einem Beispiel die Werbeträgerauswahl mit der High-Assay-Methode. 3.3.2.2
29. Skizzieren und erläutern Sie den Regelkreis im Database Marketing. 3.3.2.3
30. Verdeutlichen Sie Möglichkeiten u. Grenzen der Erfolgskontrolle von Direktwerbung. 3.3.2.3
31. Welche Informationen sollte ein Messekontaktbericht enthalten? 3.3.2.4
32. Erläutern Sie tabellarisch Funktionen, Zielgruppen und Aktivitäten der Verkaufsförderung. 3.3.2.5
33. Erläutern Sie Gegenstand und Bedeutung der Kontrahierungspolitik. 3.3.3
34. Nennen und erläutern Sie die Bestimmungsfaktoren der Preisbildung. 3.3.3.1
35. Wie ist die Preiselastizität definiert und welchen Wertebereich kann Sie annehmen? 3.3.3.1
36. Wie beeinflusst die Marktform (speziell ein Angebotsoligopol) die Preisbildung? 3.3.3.1
37. Geben Sie eine Kalkulationsanweisung für kritische Menge u. Stückzahl einer Kleinserie. 3.3.3.1
38. Definieren und diskutieren Sie die zwei Formen dynamischer Preisstrategien. 3.3.3.1
39. Erläutern Sie typischen Verlauf des Produktlebenszyklus und dessen Einfluss auf die Preise. 2.2.3
40. Welche Kriterien bestimmen die Entscheidung zwischen direktem u. indirektem Vertrieb? 3.3.4
41. Wie sollte die „optimale" Zahl von Verkaufsniederlassungen bestimmt werden? 3.3.4.2
42. Skizzieren Sie Aufgabenteilung von persönlichem und unpersönlichem Vertrieb. 3.3.4.2
43. Welche 11 Punkte sollte ein perfektes Systemangebot enthalten? 3.3.4.2
44. Nennen Sie die rechenbaren Kriterien zur Optimierung des Verkäufereinsatzes. 3.3.4.2
45. Entwerfen Sie die Zeilenfolge für die Planung/Kostenplanung einer Vertriebsniederlassung. 3.3.4.2
46. Skizzieren Sie den Break-Even-Punkt zwischen Handelsvertreter und eigenem Verkäufer. 3.3.4.2
47. Erläutern Sie Entscheidungshilfen für die Entscheidungen der Marketinglogistik. 3.3.4.3
48. Welches sind die Hauptaufgaben und entsprechenden Verdichtungsstufen eines MAIS? 3.4.1
49. Skizzieren Sie Ihre Anforderungen an einen für das Controlling geeigneten Kundenspiegel. 3.4.1
50. Skizzieren u. erläutern Sie Bausteine, Funktionen und Planung eines CRM. 3.4.3
51. Erläutern Sie historische Entwicklung und Funktion von E-Commerce-Systemen. 3.4.4

4 Materialwirtschaft

4.1 Stellung der Materialwirtschaft im Gesamtunternehmen

4.1.1 Begriffe, Aufgaben und Ziele

Unter dem Begriff Materialwirtschaft fasst man die Gesamtheit der Aufgaben der Materialbeschaffung und -bereitstellung zusammen.[1]

Die Materialwirtschaft umfasst im Einzelnen folgende Teilaufgaben:
- Materialplanung
- Disposition
- Einkauf
- Wareneingang
- Wareneingangskontrolle
- Rechnungsprüfung
- Lagerwirtschaft.

Jeder Betrieb ist in doppelter Weise mit anderen Wirtschaftseinheiten verbunden. Zum einen als Nachfrager nach Produktionsfaktoren (Arbeit, Betriebsmittel, Werkstoffe und Kapital) über den Beschaffungsmarkt, zum anderen als Anbieter von Sachgütern und Dienstleistungen über den Absatzmarkt.

Die Materialwirtschaft befasst sich in diesem Rahmen mit der Beschaffung und Bereitstellung folgender **Beschaffungsobjekte**:
- **Rohstoffe**, Ausgangs- und Grundstoffe, die im Fertigungsprozess in das Erzeugnis eingehen
- **Hilfsstoffe**, Stoffe, die im Fertigungsprozess in das Erzeugnis eingehen, ohne Rohstoff zu sein, die nur Hilfsfunktionen am fertigen Erzeugnis erfüllen (z.B. Leim bei Möbeln, Knöpfe an Kleidungsstücken)
- **Betriebsstoffe**, Stoffe, die ohne Roh- und Hilfsstoffe zu sein, zum Fertigungsprozess benötigt werden (z.B. Schmiermittel für Maschinen, Büromaterial etc.)
- **Fremdbezogene unfertige Erzeugnisse** (z.B. Baugruppen)
- **Fremdbezogene Fertigerzeugnisse** (Handelswaren).

I.d.R. werden die beschafften Güter nicht sofort im Produktionsprozess verbraucht bzw. als Handelswaren weiterveräußert, so dass eine Lagerung notwendig wird.

Aus der Tatsache, dass die Materialkosten in der Industrie oft über einer Größenordnung von 50 % von den Selbstkosten liegen, ergeben sich folgende zum Teil konkurrierende Ziele für die Materialwirtschaft:
- Erschließung und Ausnutzung optimaler Einkaufsmöglichkeiten in Bezug auf Preise, Mengen, Qualitäten und Termine, d.h. Optimierung des Preis/Leistungsverhältnisses des eingesetzten Materials, vielfach vereinfacht als Optimierung der Beschaffungs- oder Bereitstellungskosten
- Erreichung einer möglichst niedrigen Kapitalbindung in allen Lägern, zwecks Minimierung der Zinskosten durch Bestandsoptimierung, in den USA kurz als „Assetoptimization" bekannt

---

[1] Personal- und Kapitalbeschaffung erfolgen nach anderen Gesichtspunkten und Regeln und sind anderen Funktionsbereichen zugeordnet.

❏ Sicherung einer ständigen hohen Lieferbereitschaft als Grundlage für wettbewerbsfähige Versorgung der Absatzmärkte.

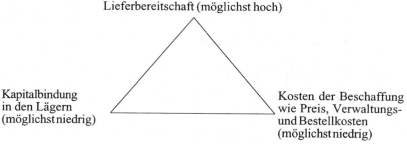

Wenn man bedenkt, dass bei Abnahme großer Mengen wesentliche Rabatte gewährt werden, dann wird deutlich, dass die Ziele niedriger Einkaufspreis und niedrige Kapitalbindung sich widersprechen. Ebenso konkurrieren hohe Lieferbereitschaft und niedrige Kapitalbindung. Die Materialwirtschaft muss also konkurrierende Ziele durch geeignete Optimierungsmethoden in Einklang bringen. Angesichts hoher Komplexität der Aufgabe und eines bedeutsamen Kostenvolumens im Materialbereich bietet die Materialwirtschaft in vielen Unternehmen große Rationalisierungsreserven und damit attraktive und lohnende Projekte für Wirtschaftsingenieure.

Um die Gesamtkosten der Beschaffung und Materialbereitstellung zu optimieren, müssen die einzelnen Kostenarten dieses Kostenblockes planmäßig unter Kontrolle gehalten werden. Die zugehörigen Kostenarten zeigt folgende Aufstellung.[2]

Beschaffungskosten im weiteren Sinne = Materialbereitstellungskosten = Kosten, die durch die Bereitstellung von Material ausgelöst werden

Beschaffungskosten im engeren Sinne	Lagerhaltungskosten	Fehlmengenkosten
- variable Bestellkosten in Bezug auf die Bestellmenge (Einstandspreis x Menge) - fixe Bestellkosten in Bezug auf die Bestellmenge, variabel in Bezug auf die Bestellanzahl - variable Anlieferungskosten in Bezug auf die Anlieferungsanzahl	- Kosten für die einzelnen gelagerten Güter, z.B. Zinsen für das gebundene Kapital - Kosten für die Verwaltung des Lagers, z.B. anteilige Personalkosten - Kosten für den Lagerraum, entstanden durch die Lagerung der Beschaffungsgüter - Kosten für Lagerschwund, Verderb von gelagerten Waren	- zusätzliche Kosten, z.B. für Eillieferungen - Konventionalstrafen - Opportunitätskosten, z.B. entgehende Deckungsbeiträge bei Einschränkung der Geschäftstätigkeit, abhängig davon, ob (1) Fehlmengen nachgeliefert werden können, (2) Fehlmengen "verloren" gehen, (3) Kombination aus (1) und (2) vorliegt.

---

[2] Etwas modifiziert nach *Blohm, Beer, Seidenberg, Silber,* Produktionswirtschaft, Herne, Berlin

Ergänzend zu den Kostenelementen der nachstehenden Systematik ist zu bedenken, dass ein reibungsloser Materialfluss - nicht nur im Betrieb, sondern insgesamt von den Lieferanten bis zu den Endkunden - Voraussetzung für eine Minimierung der Kapitalbindung in betrieblichen Bestände und Forderungen ist. Die Aufgabe der Materialflussoptimierung hat deshalb konkurrierend zur Kapazitätsoptimierung stark an Bedeutung für die Erreichung der Kapitalkostenoptimierung durch Bestandsoptimierung gewonnen.

Materialfluss gilt als Sammelbegriff für einen geordneten Ablauf sämtlicher Transport-, Förder- und Lagerungsvorgänge. Er ist definiert als Verkettung aller Vorgänge bei der Gewinnung, dem Be- und Verarbeiten sowie bei der Verteilung von stofflichen Gütern innerhalb festgelegter Bereiche. Wegen seiner starken Abhängigkeit von den Bedingungen des konkreten Falls und des hohen Anteils an komplexen technischen Aufgaben, kann das Thema Materialflussoptimierung in diesem Rahmen nicht vertieft werden.[3]

4.1.2 Organisation, Arbeitsteilung und Arbeitsablauf der Materialwirtschaft

Da im Industrieunternehmen mehrere Funktionsbereiche bei der Sicherstellung optimaler Materialversorgung zusammenwirken müssen, ist es notwendig, die Verantwortung für die verschiedenen Teilaufgaben eindeutig zu verteilen und durch klare organisatorische Anweisungen einen einwandfreien Arbeitsablauf und Informationsfluss sicherzustellen. Eine mangelhafte Materialversorgung zerstört die Produktivität und Wirtschaftlichkeit der Fertigung. Solche Mängel manifestieren sich beispielsweise in Maschinenbauunternehmen schlimmstenfalls in mehreren hundert Teilearten, die am Anfang einer Produktionsperiode (z.B. Woche) für die jeweilige Periode noch fehlen (Fehlteile).

Die Materialwirtschaft wird trotz ihrer engen datentechnischen Verzahnung mit dem Produktionsbereich klassisch i.d.R. dem kaufmännischen Bereich zugeordnet, um eine volle Ausschöpfung der Chancen der Beschaffungsmärkte und effiziente Beachtung von Zinsgesichtspunkten sicherzustellen. Angesichts wachsender Dynamik von Produkt- und Produktionstechnologien wird aber die enge technische Zusammenarbeit mit Kunden und Lieferanten auf dem Gebiet der Produktinnovation immer wichtiger. Dem muss durch erstklassige Kommunikation und Einbeziehung von Entwicklungs- und Produktionsingenieuren in die Beschaffung Rechnung getragen werden. (Bildung von multifunktionalen Teams wird bei hochtechnischen Produkten zur erfolgsbestimmenden Regel werden.)

Weitere Gesichtspunkte und Einzelheiten zur Strukturorganisation vgl. Pkt. 2.4.2.

Die folgende schematische Darstellung der Arbeitsteilung und des Arbeitsablaufs ist aufgrund ihrer klaren Struktur weitgehend allgemeingültig.

Zur Vertiefung vgl. Pkt. 4.7 DV-Unterstützung in der Materialwirtschaft.

---

[3] Näheres dazu vgl. *REFA* Methodenlehre der Planung und Steuerung, Bd. 5, München

Arbeitsteilung und Arbeitsablauf der Materialwirtschaft in einem Unternehmen, das technische Serienprodukte herstellt.

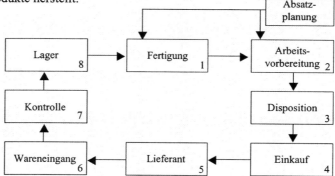

1. Die Fertigung hat Bedarf an bestimmten Waren.
2. Die Arbeitsvorbereitung ermittelt unter der Bezeichnung Materialplanung den Bedarf je Erzeugniseinheit und für das Fertigungsprogramm einer Periode und teilt diesen der Disposition mit.
3. Die Disposition ermittelt die Bestelltermine und Bestellmengen und meldet diese Daten mit einer Bedarfsmeldung an den Einkauf.
4. Der Einkauf ermittelt den günstigsten Lieferanten durch Würdigung von Preis, Qualität und Termintreue und gibt die Ware in Auftrag.
5. Der Lieferant stellt die Ware her und sendet sie an den Wareneingang.
6. Der Wareneingang nimmt die Ware an, prüft die Menge und gibt die Ware an die Qualitätskontrolle (Wareneingangskontrolle).
7. Die Wareneingangskontrolle überprüft die Qualität der Ware und gibt einwandfreie Ware mit Freigabe an das Lager zur späteren Verarbeitung und Bezahlung bzw. sperrt mangelhafte Ware, veranlasst ihre Einlagerung in ein Sperrlager und löst Reklamationsbearbeitung beim Einkauf aus.
8. Das Lager ergänzt nach Freigabe die vorhandenen Bestände und beliefert die Fertigung.
1. Die Fertigung verarbeitet die Ware und benötigt danach erneut Material.

4.2 Auftragsunabhängige Grundlagen der Beschaffung

4.2.1 Materialplanung mit Stücklistenaufbau als Teilaufgabe der Erzeugnisplanung und Beitrag der Arbeitsvorbereitung

Aufgabe der Materialplanung ist die Planung des auftragsunabhängigen Materialbedarfs nach Arten und Mengen je Erzeugniseinheit. Sie bildet die Grundlage (Stammdaten) für die Materialdisposition im Rahmen der programm- und auftragsbezogenen Beschaffungsplanung. Diese Definition entspricht einer engeren Auslegung, die in der Praxis verbreitet ist. Im weiteren Sinne kann der Begriff der Materialplanung nach *REFA* auch auf die Gesamtheit der Planungsaufgaben im Materialbereich ausgedehnt werden.[4]

Die Materialplanung im engeren Sinne, also die Erstellung der Grundlagen für die Materialdisposition, ist eine Teilaufgabe der Erzeugnisplanung und hat die Stücklisten (oder Rezepturen) als Ergebnis, deren Einsatz es erlaubt, die Erzeugnisse der Absatz- und Produktionsplanung in ihre Einzelteile und -stoffe aufzulösen und deren Bedarf zu ermitteln. Näheres vgl. Pkt. 5.3.1 Erzeugnisplanung.

---

[4] Vgl. *REFA*, Methodenlehre der Planung und Steuerung, Bd. 2, a.a.O.

4.2.2 ABC-Analyse und XYZ-Analyse, Grundlage für eine effiziente Gestaltung der Bestellverfahren

Aufgrund der Vielzahl und der unterschiedlichen Wertigkeit der zu bewirtschaftenden Artikel ergibt sich i.d.R. die Notwendigkeit, Schwerpunkte zu setzen und für die Materialarten mit dem höchsten Jahresverbrauchswert besonders wirksame Planungs- und Steuerungsverfahren einzusetzen, um durch Bestandsoptimierung Kapitalbedarf und Zinsaufwand zu optimieren. Der diesbezüglichen Klassifizierung der Lagerartikel dient die ABC-Analyse.[5]

Durchführungsschritte einer ABC-Analyse
(1) Errechnung des Jahresverbrauchswertes für jeden Artikel durch Multiplikation des Einstandspreises mit der Anzahl der jährlichen umgeschlagenen Mengeneinheiten
(2) Sortieren der Artikel in absteigender Folge nach ihrem Gesamtjahresverbrauchswert
(3) Für die so vorliegende Reihenfolge Kumulierung der Jahresverbrauchswerte
(4) Einteilung der Artikel nach ihrem kumulierten Gesamtjahresverbrauchswert in 3 Gruppen,
    z.B.   A-Artikel die ersten 75 % des Gesamtjahresverbrauchswertes
           B-Artikel die folgenden 20 % des Gesamtjahresverbrauchswertes
           C-Artikel die letzten 5 % des Gesamtjahresverbrauchswertes
(5) Vergabe des so bestimmten ABC-Kennzeichens im Artikelstamm.

Gesondert behandelt werden müssen hierbei An- und Auslaufgüter, sowie besonders sperrige oder beschränkt lagerfähige Artikel.

Aus der **ABC-Analyse** ergibt sich eine Verteilung, die etwa der folgenden Abbildung entspricht. Wenn auch der genaue Verlauf der ABC-Kurve unternehmensspezifisch bedingt ist, zeigt die Erfahrung, dass man in den überwiegenden Fällen eine ähnliche Verteilung findet.

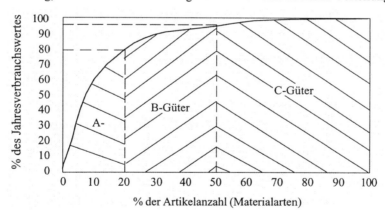

Die Grafik sagt Folgendes aus:
20 % der Artikel vereinigen 75 % des Jahresverbrauchswertes auf sich (A-Güter)
30 % der Artikel vereinigen 20 % des Jahresverbrauchswertes auf sich (B-Güter)
50 % der Artikel vereinigen 5 % des Jahresverbrauchswertes auf sich (C-Güter).

Aufgrund der ABC-Analyse kann über die Eignung bestimmter Planungsverfahren für die einzelnen Materialgruppen entschieden werden. Da A-Teile nur aus wenigen Positionen be-

---
[5] Die ABC-Analyse wird auch in anderen Bereichen, z.B. im Vertrieb zur Klassifizierung der Kunden in Umsatzgrößenklassen als Grundlage für Rationalisierungsüberlegungen mit Erfolg eingesetzt.

stehen, trotzdem aber den überwiegenden Teil des Jahresverbrauchswertes repräsentieren, beeinflussen sie die Wirtschaftlichkeit des Materialwesens maßgeblich. Deshalb ist eine genaue und zuverlässige Vorratsplanung sowie laufende Bestandsfortschreibung für A-Teile erforderlich. Man wird in kurzen Intervallen häufiger kleinere Bestellungen des genau ermittelten Bedarfes aufgeben. Für A- und C-Teile sind unterschiedliche Bestellverfahren zweckmäßig (vgl. Pkt. 4.3.2.2 Bedarfsermittlung).

Für die Optimierung des Materialflusses bei minimalen Beständen ist ferner die Kenntnis der Bedarfsschwankungen wesentlich. Eine entsprechende Klassifizierung erreicht man durch die XYZ-Analyse. Dabei werden folgende Material-Gruppen unterschieden:

X-Artikel: Konstanter Verbrauch mit nur gelegentlichen Schwankungen und hoher Vorhersagegenauigkeit (ca. 50 % der Artikel)

Y-Artikel: Verbrauch mit einem bestimmten Trend fallend oder steigend oder unterliegt saisonalen Schwankungen mit einer mittleren Vorhersagegenauigkeit (ca. 20 % der Artikel)

Z-Artikel: Verbrauch völlig unregelmäßig mit geringer oder ohne Vorhersagegenauigkeit (ca. 30 % der Artikel).

Die angegebenen Prozentsätze stellen nur grobe Orientierungshilfen dar, da die Merkmalscharakteristik von Branche zu Branche verschieden ausfällt. Ausgehend von der ABC- und der XYZ-Analyse können weitgehend generalisierbare Leitsätze für die Anwendung bestimmter Verfahren der Beschaffungsplanung formuliert werden.

Folgerungen aus der ABC-Analyse
- A-Güter sollten in sehr kurzen Intervallen bedarfsabhängig (gemessen am zukünftigen Bedarf) beschafft werden, um die Kapitalbindung und Zinskosten gering zu halten.
- C-Güter sollten i.d.R. in größeren Intervallen verbrauchsabhängig (gemessen am **Verbrauch der Vergangenheit**) beschafft werden, um ungerechtfertigten Arbeitsaufwand zu vermeiden.
- B-Güter sind nach den Anforderungen des jeweiligen Unternehmens einem der beiden vorgenannten Verfahren zuzuordnen.

Folgerungen aus der XYZ-Analyse
- X-Güter können fertigungssynchron beschafft werden.
- Y-Güter können zweckmäßig verbrauchsabhängig disponiert und auf Vorrat beschafft werden.
- Z-Güter sollten möglichst bedarfsabhängig beschafft werden.

Rigorose Strategien der Beschaffungsoptimierung bedürfen der systematischen Kombination von ABC- und XYZ-Analyse mit gleichzeitiger Schaffung wichtiger organisatorischer Voraussetzungen.

4.2.3 Beschaffungsmarktforschung zur langfristigen Sicherung von Kosten- und Leistungsvorteilen

Die Beschaffungsmarktforschung dient der systematischen Erkundung und langfristigen Sicherung optimaler Beschaffungsmöglichkeiten im Hinblick auf Qualität, Preis und Termintreue bei der Versorgung mit den erforderlichen Einsatzstoffen, Teilen und Baugruppen. Die dafür erforderlichen Beobachtungen und Analysen müssen sicherstellen, dass im Vergleich zum Mitbewerb in Gegenwart und Zukunft keine Beschaffungsnachteile entstehen. Mit dieser Zielsetzung sind folgende Hauptaufgaben wahrzunehmen und Methoden anzuwenden:

(1) **Aufgaben**
- Systematische Überwachung und Analyse der Beschaffungsmärkte in Bezug auf Veränderungen von Leistungsmerkmalen, Qualitäten, Technologien, Preisen und sonstigen Konditionen
- Mitwirkung an der Produktprogrammplanung durch Technologie- und Kostenprognosen im Beschaffungsbereich
- Vorbereitung von zukunftssichernden, langfristigen Rahmenvereinbarungen mit Hauptlieferanten, deren Zukunftsorientierung und erwarteter Leistungsfortschritt die eigene Wettbewerbsfähigkeit abstützen kann
- Früherkennung von Lieferantenschwächen z.B. durch Lieferantenbeurteilung in Zusammenarbeit mit Einkauf und Qualitätssicherung
- Vertrauensvolle Zusammenarbeit mit Hauptlieferanten in der Produktentwicklung und Qualitätssicherung.

In dieser Aufgabenstellung fließen Stabs- und Linienaufgaben zusammen. Dem ist durch geeignete Kooperation von Marktforschung und Einkauf Rechnung zu tragen.

(2) **Methoden zur Beschaffung von Informationen**
- Direkte (primäre) Marktforschung
  - Kontakte mit Lieferanten
  - Kontakte mit Verkäufern
  - Besuche von Messen und Ausstellungen
  - Einkaufsreisen und Betriebsbesichtigungen
- Indirekte (sekundäre) Marktforschung
  - Markt- und Börsenberichte
  - Internet, Zeitschriften, Tageszeitungen, Funk und Fernsehen
  - Hauszeitschriften der Lieferanten, IHK etc.
  - Angebote in Katalogen, Broschüren und Prospekten
  - Branchenadressbücher, Messekataloge, technische Handbücher.

4.3 Programm- oder auftragsabhängige Planung der Beschaffung

4.3.1 Beschaffungsplanung

4.3.1.1 Zusammenhang mit anderen Bereichsplänen

Der Beschaffungsplan ist Teil des Gesamtplanes des Unternehmens und muss mit den übrigen Teilplänen abgestimmt werden. Er baut auf dem Produktionsplan auf und beeinflusst den Finanzplan.

Bei der Beschaffungsplanung sind nicht nur die günstigsten Preise, Liefer- und Zahlungsbedingungen durch Auswahl geeigneter Lieferanten zu berücksichtigen, sondern auch die Lager- und Zinskosten müssen mit in die Planung einbezogen werden.

Die Beschaffung großer Mengen, die den Bedarf evtl. für mehrere Monate zu einem günstigen Preis (Mengenrabatte decken), ist nur dann sinnvoll, wenn der durch Großeinkauf erzielte Mengenrabatt größer ist als die Kosten der Lagerung und Verzinsung. Eine wichtige Aufgabe der Beschaffungsplanung ist daher die Ermittlung der optimalen Bestellmengen. Ausgangspunkt für eine Mengenplanung ist eine Bedarfsplanung, für die in Industriebetrieben der Produktionsplanung die Endleistung nach Art und Menge angibt. Zur Ermittlung des Materialbedarfs werden Stücklisten, Rezepturen und andere mehr herangezogen.

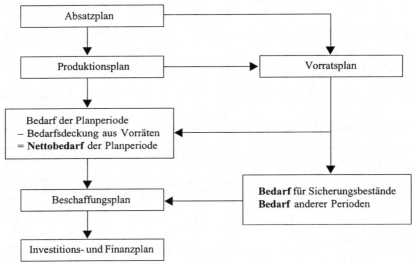

4.3.1.2 Ziele

❏ Erhaltung der Wettbewerbsfähigkeit in Qualität und Preis durch Kooperation mit innovativen Lieferanten
❏ **Sicherstellung der Versorgung** zu niedrigen Kosten und geplanten Terminen
❏ Verbesserung der Liquidität und Rentabilität
❏ **Erfassung von Abweichungen und Risiken** (Engpässen) im Beschaffungssektor zwecks rechtzeitiger konkreter Gegensteuerung
❏ **Wirksame und systematische Kontrolle** zwecks Soll/Ist-Vergleichs mit laufender Optimierung z.B. durch Lieferantenbeurteilung.

4.3.1.3 Aufgaben

❏ Mengen- und Terminplanung
 • Erstellung eines Bedarfsplans
 • Erstellung eines Lagervorratsplans
 • Feststellung der zeitlichen Verteilung des Bedarfs (Bereitstellungstermine)
❏ Jahresplanung (oft Budgetierung genannt) stellt einen messbaren Einblick zur Verbesserung und Sicherung der Leistungen innerhalb aller Materialwirtschaftsbereiche dar.
 Planziele
 • Auffangen von Preiserhöhungen

- Abbau von Überbeständen
- Reduzierung von Lagerkosten
- Reduzierung der Bestellkosten
❑ Planung des Beschaffungsvollzugs
  - Planung der Bereitstellung
    – Direkter Bezug vom Erzeuger
    – Indirekter Bezug über den Handel
    – Beschaffung aus dem Ausland
    – Beschaffung von verbundenen Unternehmen
  - Planung der Lieferantenauswahl mit Vorgabe von Kriterien für die Lieferantenauswahl
  - Planung der Beschaffungszeit unter Berücksichtigung von inner- und außerbetrieblichen Beschaffungszeiten
  - Wahl des Transportweges und der Transportmittel.

Damit sind die Aufgaben der Beschaffungsplanung umrissen. Nun geht es darum, die Verfahren zu erläutern, mit denen nicht nur aus dem Produktions- oder Fertigungsprogramm bzw. den Kundenaufträgen einer Periode der Periodenbedarf an Material ermittelt, sondern mit denen auch eine zeitgerechte und zinsoptimale Bereitstellung gesteuert werden kann. Die Gesamtheit dieses Instrumentariums fassen wir unter dem Begriff Materialdisposition zusammen.

4.3.2 Materialdisposition

Unter Materialdisposition versteht man alle Tätigkeiten mit dem Ziel, den Betrieb termin- und mengengerecht sowie zinsgünstig mit allen erforderlichen Einsatzstoffen oder Handelswaren zu versorgen.

Unter Berücksichtigung der Produktionsart und der Verbrauchsmerkmale gemäß ABC- und XYZ-Analyse sollten zur Optimierung der Beschaffungskosten bei gleichzeitiger Sicherstellung der Lieferbereitschaft unterschiedliche Bedarfsermittlungs- und Dispositionsverfahren eingesetzt werden. Dabei ist zwischen der **Ermittlung von Bedarfsmengen (Bedarfsermittlung) und Ermittlung von Bestellmengen und -terminen (Bestellrechnung)** zu unterscheiden.

Die Dispositionsfunktion ist abhängig von den Daten der Arbeitsvorbereitung (bezüglich Fertigungsprogramm (Primärbedarf) einer Periode und Umwandlung von Fertigungsmengen (Sekundärbedarf) in Bedarfsmengen über Stücklisten und/oder Rezepturen). Die Disposition liefert in erster Linie Daten für den Einkauf, der ergänzend Lieferantenmerkmale wie Preis, Qualität, Lieferzeit und Zuverlässigkeit beachten muss. Aus dieser Mittlerfunktion der Disposition ergibt sich die Notwendigkeit, die Dispositionsfunktionen zwischen Arbeitsvorbereitung und Einkauf sorgfältig definiert aufzuteilen oder nach den praktischen Anforderungen einem der beiden Bereiche zuzuordnen. In jedem Fall muss eine optimale Funktionserfüllung gewährleistet werden.

4.3.2.1 Bedarfsermittlung

(1) **Bedarfsarten**

Bei der Bedarfsermittlung sind folgende Bedarfsarten zu unterscheiden:
❑ **Primärbedarf**
  ist der Bedarf an Erzeugnissen und Ersatzteilen, die für den Verkauf bestimmt sind. Sie

können aus eigener Fertigung oder als Handelswaren aus Zukauf stammen. Für die Erzeugnisse, deren Primärbedarf aus eigener Fertigung gedeckt wird, liegen im Maschinenbau Stücklisten vor, die Grundlage zur Bestimmung des Sekundärbedarfs sind.

- **Sekundärbedarf**
  ist die Menge an Rohstoffen, Einzelteilen und Baugruppen, die zur Erzeugung des Primärbedarfs benötigt wird.
- **Tertiärbedarf**
  ist der zur Aufrechterhaltung der Produktion erforderliche Bedarf an Hilfs- und Betriebsstoffen sowie Verschleißwerkzeugen.
- **Bruttobedarf**
  ist der Bedarf vor Berücksichtigung von Lagerbeständen, bereits eingegangenen Lieferverpflichtungen und bereits erhaltenen Lieferzusagen. Er kann Primär-, Sekundär- oder Tertiärbedarf sein.
- **Nettobedarf**
  ergibt sich durch Berücksichtigung der Lagerbestände sowie der bereits eingegangenen Lieferverpflichtungen und der bereits erhaltenen Lieferzusagen aus dem Bruttobedarf.

Zur Ermittlung der Bedarfsmenge gibt es zwei dominierende Verfahren, die für unterschiedliche Gütergruppen vielfach parallel eingesetzt werden.

(2) Deterministische (bedarfsabhängige) Bedarfsermittlung

Diese Methode stützt sich nicht auf Vergangenheitswerte und statistische Verfahren, sondern sie leitet den Sekundärbedarf brutto aus dem Primärbedarf der gleichen Periode ab. Dazu dienen die Stücklisten oder Rezepturen. Einzelheiten dazu werden in Pkt. 5.3.1 Erzeugnisplanung behandelt. Dieses Verfahren findet nicht nur Anwendung bei der Abwicklung von Kundenaufträgen im Maschinenbau, sondern ist auch verbreitet im Einsatz für die Bedarfsermittlung von A-Gütern im Rahmen der Programmfertigung.

(3) Stochastische (verbrauchsabhängige) Bedarfsermittlung

Sie greift zur Ermittlung des Zukunftsbedarfs auf den Verbrauch der Vergangenheit zurück, unter Anwendung statistisch-mathematischer Verfahren.[6]

(3.1) Gleitendes arithmetisches Mittelwert-Verfahren

$$\text{Künftiger Periodenbedarf} = \frac{\text{Verbrauch Perioden 1 bis n}}{n}$$

Beispiel

$$\text{Periodenbedarf April} = \frac{\overset{\text{Verbrauch Oktober bis März}}{10 + 14 + 12 + 23 + 19 + 30}}{6} = 18$$

Um Trendentwicklungen zu berücksichtigen, können neuere Perioden stärker gewichtet werden (z.B. doppelt für Februar und März).

$$\text{Periodenbedarf April} = \frac{10 + 14 + 12 + 23 + 2 \cdot 19 + 2 \cdot 30}{8} = 19{,}6$$

---

[6] Vgl. *Hartmann, H.*, Materialwirtschaft, Gernsbach

(3.2) **Exponentielle Glättung ohne Trendberücksichtigung (= exp. Glättung 1. Ordnung)**

künftiger Periodenbedarf = alter Vorhersagewert + Faktor α · $\left[\begin{array}{l} \text{Verbrauch} \\ \text{letzte} \\ \text{Periode} \end{array} - \begin{array}{l} \text{alter} \\ \text{Vorhersa-} \\ \text{gewert} \end{array} \right]$

„Alter Vorhersagewert" ist das Ergebnis der Vorhersage der Vorperiode. Korrekturfaktor α, der in der praktischen Anwendung zwischen 0,1 und 0,3 liegt, legt fest, in welchem Maße der Vorhersagefehler (= Differenz zwischen Vorhersage und Verbrauch der letzten Periode) in der neuen Vorhersage berücksichtigt werden soll.

Beispiel   alte Vorhersage 100
Verbrauch der letzten Periode 110
α-Faktor 0,2
neue Vorhersage 100 + 0,2 · (110 - 100) = 102

Der Korrekturfaktor α legt dabei fest, in welchem Maße die Prognose an Bedarfsschwankungen der jüngsten Vergangenheit angepasst werden soll.

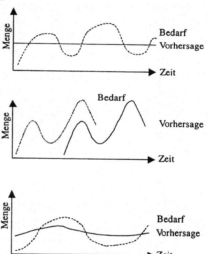

$\alpha = 0$
Vorhersage nimmt auf Bedarfsschwankungen keine Rücksicht

$\alpha = 1$
Vorhersage folgt voll den Bedarfsschwankungen, jeweils um 1 Periode verschoben

$\alpha = 0,3$
In diesem Fall folgt die Vorhersage nicht den vollen Bedarfsschwankungen, sondern „glättet" sie. Längerfristig macht die Vorhersagekurve den Bedarfsverlauf mit. Die Reaktionen auf Bedarfsschwankungen sind um so geringer, je kleiner der Faktor α gewählt wird.

Liegt eine starke Trendentwicklung oder starke Saisonschwankung vor, so lässt sich das Verfahren der exponentiellen Glättung in modifizierter Form anwenden. Eine gesonderte Behandlung wird notwendig z.B. bei
❑ einmaligen Großaufträgen
❑ Bedarfssprung durch Erschließung neuer Märkte.[7]

(4) **Anwendungsbereiche der Verfahren der Bedarfsermittlung**
Da die Auflösung von Primärbedarf in Sekundärbedarf mithilfe von Stücklisten (kurz: Stücklistenauflösung) aufwendig ist, wird die deterministische Bedarfsermittlung meistens für A-Artikel eingesetzt, während für C-Artikel verbrauchsabhängige (stochastische) Verfahren bevorzugt werden.
Tertiärbedarf wird i.d.R. stochastisch ermittelt.

---

[7] Zur Vertiefung vgl. *Oeldorf, G., Olfert, K.*, Materialwirtschaft, Ludwigshafen, S. 186 ff. und *Hansmann, K.-W.*, Kurzlehrbuch Prognoseverfahren, Wiesbaden

4.3.2.2 Bestellrechnung

In der Bedarfsermittlung werden Primär- und Sekundärbedarf als Bruttobedarf für eine Periode errechnet. Die Bestellrechnung berücksichtigt ergänzend Lagerbestände, bereits zugesagte Lieferverpflichtungen und bereits erhaltene Lieferzusagen und gelangt dadurch zum Nettobedarf.

  Bruttobedarf (sekundär)
+ ggf. Werkstattbedarf (bei Ersatzteilen)
+ Vormerkbestand (bereits eingegangene Lieferverpflichtungen)
+ Sicherheitsbestand (der nicht unterschritten werden soll)
− Lagerbestand (effektiv)
− Bestellbestand (bereits eingegangene Bestellobligen bzw. erhaltene Lieferzusagen)
− ggf. Werkstattbestand (bei Ersatzteilen)

= Nettobedarf (sekundär)

Unter Berücksichtigung der Lieferzeit sowie ergänzender Kriterien der Bestandsoptimierung sind aus dem Nettobedarf einer Periode die Bestellmengen und Bestellzeitpunkte abzuleiten.

(1) Bestellpunktverfahren

Der Lagerbestand wird bei jeder Entnahme fortgeschrieben. Bei Unterschreiten des Bestellpunktes Bp wird die Menge q zur Wiederauffüllung des Lagers auf Höchstbestand bestellt. Die Zeitintervalle t_i zwischen den Bestellungen variieren hierbei.

Diese Skizze stellt nur den Idealzustand dar. Im Normalfall muss der Disponent mit schwankenden Bedarfen und/oder Änderungen der Bestellzeit oder Veränderungen des Sicherheitsbestandes rechnen und sie berücksichtigen.

Bp   Bestellpunkt, Meldebestand
Be   Sicherheitsbestand, „eiserner" Bestand
q_i Bestellmenge
t_i Bestellperioden
t_B Wiederbeschaffungszeit
t_m Mindestbevorratungszeit

Der Bestellpunkt (Meldebestand) Bp ist die Menge in Einheiten, die erforderlich ist, um den Bedarf abzudecken, der zwischen Bestellauslösung und der Bereitstellung der neuen Lieferung im Lager voraussichtlich auftreten wird. Die neue Lieferung sollte am Lager verfügbar sein, wenn der eiserne oder Sicherheitsbestand Be gerade erreicht wird.

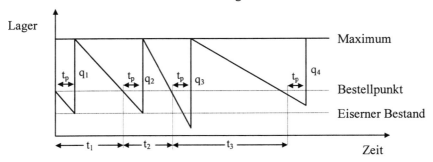

Der Bestellpunkt errechnet sich folgendermaßen:

$Bp = V_t \cdot t_B + Be$

wobei V_t = durchschnittlicher Bedarf je Zeiteinheit
t_B = Beschaffungszeit
Be = Sicherheitsbestand (eiserner Bestand) sind.

Die Intervalle zwischen zwei Bestellungen (t_1, t_2 etc.) sind je nach Verbrauch unterschiedlich. Die Bestellmengen sind etwa gleichbleibend, da Bestellpunkt und Höchstbestand festgelegt sind. Dieses Verfahren zielt auf minimale Bearbeitung und ist wenig flexibel in Bezug auf Veränderungen des Bedarfs, es ist deshalb geeignet für C-Güter.

(2) **Bestellrhythmusverfahren**

Der Lagerbestand wird hierbei fortgeschrieben und in konstanten Intervallen $t_0 = t_1 = t_2$ überprüft. Es wird jeweils die Menge q bestellt, die zur Deckung des deterministisch ermittelten Nettobedarfs erforderlich ist. Das Verfahren zielt auf minimale Zinskosten und ist für A-Güter geeignet.

(3) **Berechnung der Bestellmenge**

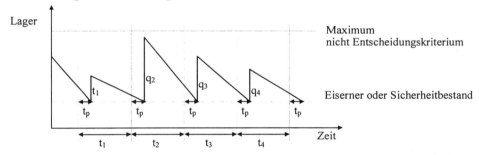

(4) **Berechnung der Bestellmenge bei Orientierung am geplanten Höchstbestand**

Die Mindestbestellmenge entspricht jeweils dem Bedarf zwischen dem verfügbaren Bestand und dem Lagerhöchstbestand. Sie ist also diejenige Menge, die zur Auffüllung des Lagers bestellt werden muss.

Vorteile
- Lager- und Bestellbestand sind nicht höher als zur Aufrechterhaltung der Lieferbereitschaft bei kontinuierlicher Bedarfsentwicklung unbedingt erforderlich
- Auf Bedarfsvorhersage kann verzichtet werden.

Nachteile
- Anfälligkeit gegen starke Bedarfsschwankungen
- Sehr viele evtl. kleine Bestellungen
  • Verzicht auf Kostenvorteile
  • Hohe Bestellkosten.

Voraussetzungen
- Fixe Bestellkosten sehr gering
- Keine Mengen- und Preisvorteile
- Zahl der jährlichen Lagerzugänge unterliegt keiner Restriktion.

(5) **Berechnung der optimalen Bestellmenge**

Bei diesem Verfahren wird auch das Kostenprinzip berücksichtigt. Die optimale Bestellmenge ist diejenige Menge, bei der die mit der Beschaffung und Lagerung zusammenhängenden Kosten je Einheit ein Minimum ergeben. Der Bestellzeitpunkt muss dabei so gewählt werden, dass die Dauer des Beschaffungsvorgangs und der Bedarfspunkt aufeinander abgestimmt werden.

In Abhängigkeit von der Bestellmenge ergeben sich folgende Kostenverläufe.[8]

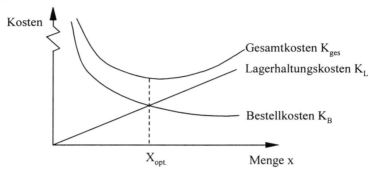

Gesamtkosten $K_{ges} = K_L + K_B$

Die optimale Bestellmenge kann nach der folgenden sogenannten *Andler'schen* Formel errechnet werden.

$$x_{opt} = \sqrt{\frac{2 \cdot \text{Periodenbedarfsmenge} \cdot \text{bestellfixe Kosten}}{\text{Einstandspreis pro Mengeneinheit} \cdot (\text{Zinssatz} + \text{Lagerkostensatz})}}$$

Die theoretische, optimale Bestellmenge nach der *Andler'schen* Formel basiert jedoch auf vereinfachenden, selten zutreffenden Annahmen.

1 Periodenbedarf ist konstant und bekannt
2 Lagerabgang ist gleichmäßig
3 Beschaffungsgeschwindigkeit unendlich groß
4 Eiserner oder Mindestbestand nicht erforderlich
5 Schwund und Verderb des Lagergutes ausgeschlossen
6 Keine Mengenrabatte
7 Keine Teillieferungen
8 Alle Kosten im Planungszeitraum konstant
9 Keine finanziellen und lagertechnischen Restriktionen.

Diese Gründe führen in der Praxis häufig dazu, dass die *Andler'sche* Formel vorwiegend für verbrauchsgesteuerte Verfahren (C-Teile) mit Berücksichtigung eines Trendwertes angewendet wird und im konkreten Fall unter Berücksichtigung der jeweiligen abweichenden Bestellkriterien modifiziert werden muss.

Eine andere weitaus bessere Möglichkeit der Bestellmengenbildung ist die Anwendung der gleitenden wirtschaftlichen Losgröße (WILO), die auch schwankende Bedarfswerte berücksichtigt. Eine Losgröße ist in Fertigungsbetrieben die Anzahl der in einer Serie oder einer Auflage hergestellten Leistungseinheiten (vgl. Pkt. 5.4.1.4 (3)).

---

[8] *Oeldorf, G., Olfert, K.*, Materialwirtschaft, a.a.O.

Hierbei werden die Wiederbeschaffungs- und sonstigen Einmalkosten den Lager- und Kapitalbindungskosten gegenübergestellt, unter der Voraussetzung, dass sich beide stetig verhalten.

Bei Gleichheit wird das Erreichen des Optimums angenommen, wobei schrittweise über die Zeit fortschreitend festgestellt wird, wann das Optimum erreicht wird.

Mithilfe der DV kann man durch Simulationsverfahren optimale Bestellmengen anstreben. Dabei werden auf der Grundlage vergangener bzw. prognostizierter Bedarfswerte verschiedene Lagerhaltungs- und Bestellpolitiken mit einem Simulationsprogramm durchgetestet. So können Entscheidungshilfen gefunden werden für

- ❑ die Aussage eines zweckmäßigen Bedarfsvorhersagemodells
- ❑ die Feststellung ausreichender Sicherheitsbestände bei vorgegebener Lieferbereitschaft (und umgekehrt)
- ❑ die Feststellung zweckmäßiger Steuergrößen für die Losgrößenrechnung
- ❑ die Auswirkung unterschiedlicher Lagerhaltungspolitiken bei der ABC-Klassifikation.

4.4 Durchführung der Beschaffung

4.4.1 Einkauf

Der Beschaffungsvorgang umfasst den gesamten Arbeitsablauf von der Angebotseinholung über die Angebotsbearbeitung (Lieferantenbewertung und Bestimmung des Lieferanten), die Bestellung und Bestellbestätigung bis hin zur Bestellüberwachung.

Die Hauptaufgabe des Einkaufs besteht darin, die betriebsnotwendigen Materialien und Dienstleistungen zum benötigten Termin in der vorgesehenen Menge und Qualität mit relativ geringem wirtschaftlichen Aufwand zu beschaffen und bereitzustellen.

4.4.1.1 Aufgaben des Einkaufs

1 Angebotseinholung über
  - Bezugsquellenverzeichnis
  - Anfrageregister
  - Lieferantenkartei
  - Anfragevordruck
  - Anfragesammelbogen
2 Angebotsvergleich
  - Kosten
  - Termine
  - Qualität
  - Zahlungs- und Lieferbedingungen
3 Lieferantenauswahl
  - Ermittlung des günstigsten Angebots unter Berücksichtigung von Preis, Qualität und Termintreue
  - Aushandeln von Rahmenbedingungen
4 Bestellvorgang
  - Bestellvorgang, Zusammenfassung von Bestellanforderungen zu einer Mehrpositionsbestellung
5 Bestellbestätigung
  - Überprüfung der Bestellbestätigung des Lieferanten anhand der Bestellung
6 Bestellüberwachung
  - Liefererinnerungen und Mahnungen
  - Termine verfolgen und sichern
7 Lieferantenbewertung
  - anhand von Preis, Liefertreue, Qualität, Mengen und Terminen in Zusammenarbeit mit Wareneingang und Qualitätskontrolle
8 Bearbeitung von Reklamationen
  - Waren, die nicht der vereinbarten Qualität entsprechen und/oder nicht termingerecht geliefert wurden.

4.4.1.2 Arbeitsablauf des Einkaufs im Zusammenhang mit Lager und Rechnungswesen

Warenbeschaffung						
Arbeitsvorgang			Lieferer	Betriebsabteilungen		
Nr.	Objekt	Verrichtung		Lager	Einkauf	Rechnungswesen
1	Bedarf	melden				
2	Bezugsquellen	analysieren				
3	Angebote	einholen				
4	Bezugspreise	kalkulieren				
5	Bestellung	durchführen				
6	Bestellungsdurchschläge	weiterleiten				
7	Ware	kontrollieren und lagern				
8	Wareneingangsmeldung	ausfüllen				
9	Wareneingangsmeldung	weiterleiten				
10	Lagerbestand	fortschreiben				
11	Eingangsrechnung	prüfen				
12	Eingangsrechnung	buchen				
13	Zahlung	durchführen				

Quelle: *Zschenderlein*, Wirtschaftslehre – Fachstufe Industrie[9]

Im obigen Schema ist unterstellt, dass Lager, Disposition und Wareneingangskontrolle mit dem Lager zu einer Funktion zusammengefasst sind.

4.4.1.3 Interne Organisation des Einkaufs

Zwei Hauptgesichtspunkte bestimmen die innere Organisation des Einkaufs
- Zentraler bzw. dezentraler Einkauf
- Gliederung nach Materialgruppen (Objektprinzip) oder nach Tätigkeiten (Funktionsprinzip).

Der zentrale Einkauf ist überwiegend bei kleineren Betrieben anzutreffen. Bei wachsender Betriebsgröße, insbesondere bei zunehmender Unternehmens- und Betriebsspaltung wächst häufig das Bedürfnis nach einem dezentralen Einkauf. Er ist näher am Ort des Geschehens, jedoch gehen dadurch Vorteile des zentralen Einkaufs, z.B. Mengenrabatte, optimale Bestellmengen, günstige Lieferbedingungen oft verloren. Für Unternehmen mit mehreren dezentralen Großbetrieben kommt deshalb vorwiegend der dezentrale Einkauf mit zentraler Führung und Überwachung in Frage.

---

[9] Nach *Kruse-Heun*, Allgemeine Betriebswirtschaftslehre, kurzgefasst, Wiesbaden

4.4.2 Wareneingang

Zum ausgehandelten Termin wird die Ware vom Wareneingang erwartet, angenommen, mengenmäßig geprüft, der Bestellung zugeordnet und dem Lager bzw. der Qualitätskontrolle übergeben.

Aufgaben
- Erfassung aller in das Unternehmen gelangten Lieferungen
- Unterrichtung des Einkaufs
- Weiterleitung an die Qualitätskontrolle, wenn die Teile geprüft werden sollen, sonst direkt an das Lager oder den Verwender.

4.4.3 Qualitätskontrolle

Die Qualitätskontrolle nimmt die Ware vom Wareneingang an und prüft sie anhand hinterlegter Prüfvorschriften auf die geforderte Qualität.

Aufgaben
- Stichprobenverfahren festlegen
- Geeignete Prüfmethoden vorbereiten
- Prüfarbeiten und Ergebnisse aufzeichnen (Prüfbericht) und Entscheidung treffen
- Freigabe einwandfreier Ware zur Einlagerung und anschließender Verarbeitung und Bezahlung
- Sperrung mangelhafter Ware mit Veranlassung der erforderlichen Maßnahmen, wie Einlagerung auf Sperrlager, Verständigung der Disposition, Auslösung der Reklamation beim Einkauf zwecks Erzielung von Preisnachlass oder Umtausch und Nachlieferung entsprechend des Ausmaßes der festgestellten Mängel.

4.4.4 Rechnungsprüfung

Aufgaben
- Alle eingehenden Rechnungen werden i.d.R. sequentiell erfasst.
- Die Rechnungen werden im Einkauf, der Fachabteilung oder in einer speziellen Abteilung Rechnungsprüfung mit der Bestellung verglichen, auf sachliche Richtigkeit geprüft und
- bei Vorliegen der Bestätigung von Wareneingang und Qualitätskontrolle über richtige Menge und einwandfreie Qualität zur fristgerechten Zahlung freigegeben und
- an die Kreditorenbuchhaltung zur Buchung und anschließenden Bezahlung weitergeleitet,
- dabei ist für eine richtige Berücksichtigung von Teil- und Nachlieferungen sowie Minderungen wegen Qualitätsbeanstandung zu sorgen.

4.5 Lager

4.5.1 Begriff, Aufgaben, Arten

Begriff
Der Begriff des Lagers kann drei Begriffsinhalte umfassen
(1) den Raum, in dem die Materialien bevorratet werden,
(2) die Gegenstände, die gelagert werden und
(3) die Lagerverwaltung, die für Lagerung und Abrechnung die Verantwortung trägt.

Funktionen
(1) Speicherfunktion
   Sie steht im Vordergrund der Lagerwirtschaft. Aufgabe des Lagers ist es, dafür Sorge zu tragen, dass die benötigten Waren im Bedarfsfall rechtzeitig zur Verfügung stehen. Die Speicherfunktion erlaubt
   ❑ die Überbrückung von Zeitunterschieden zwischen der Beschaffung und dem Materialverbrauch in der Produktion,
   ❑ eine fließende Fertigung in geeigneten Losgrößen und eine optimale Fertigungsorganisation,
   ❑ eine Überbrückung von Zeitdifferenzen zwischen dem Wareneingang im Verkaufslager und der Auslieferung an den Kunden.
(2) Umformfunktion
   Sie ermöglicht eine Anpassung der gelagerten Waren an die Anforderung der Produktion oder des Betriebes. Beispiele hierfür sind die Lagerung von Holz (Austrocknen) vor der Fertigung oder das Lagern von Wein und Sekt (Reifeprozess).
(3) Spekulationsfunktion
   Sie können als Folge unternehmerischer Dispositionen entstehen, die in bestimmten Preisentwicklungen ihre Ursache haben (Blei, Gold).
(4) Detaillierungsfunktion
   Einlagerung in großen Mengen, Abgabe in kleinen Mengen.

Arten
Das Lagerproblem stellt sich bei einem Industriebetrieb in mehrfacher Weise für folgende Güter:
❑ Roh-, Hilfs- und Betriebsstoffe sowie Fertigteile vor der Fertigung = Werkstofflager
❑ Halbfabrikate während der Fertigung = Zwischenlager
❑ Fertigfabrikate nach der Fertigung = Verkaufslager.

Beim Handelsbetrieb stellt sich das Lagerproblem nur einmal im Zusammenhang mit der Abstimmung von Beschaffung und Absatz.

4.5.2 Lagerplanung und -kosten

4.5.2.1 Lagerplanung

Die Wirtschaftlichkeit des Lagers hängt weitgehend von seiner funktionsgerechten Planung ab.

Hauptaufgabe der Lagerhaltung ist eine Optimierung der Lagerkosten und die übersichtlich funktionierende Lagerorganisation. Dazu gehört die Lösung folgender Planungsaufgaben:
- ❑ Planung des Lagerstandortes und der Lagerkapazität
  Die Standortwahl des Lagers hängt von den organisatorischen Abläufen und den Kosten alternativer Lösungen ab. Daraus ergeben sich ein zentrales oder mehrere dezentrale Läger (vgl. Pkt. Marketinglogistik).
- ❑ Planung der Lagergestaltung hinsichtlich (vgl. Praxisbeispiel Pkt. 4.5.3)
  - Bauart
  - Einrichtungen
  - Lagerordnung
- ❑ Innerbetrieblicher Transport.

4.5.2.2 Lagerkosten

Die wichtigsten Lagerkosten sind
- ❑ Zinsen für das im Lager gebundene Kapital
- ❑ Personalkosten des Lagers (Löhne, Gehälter usw.)
- ❑ Energiekosten (Strom, Gas, Treibstoffe usw.)
- ❑ Raumkosten (Miete oder Abschreibung)
- ❑ Kosten der Lagereinrichtung und der Transportmittel (Abschreibung und Instandhaltung)
- ❑ Kosten für Gemeinkostenmaterial
- ❑ Wagniskosten oder Versicherungsprämien.

Die räumliche Zuordnung der Lagerplätze für die einzelnen Artikel entscheidet wesentlich mit über die Optimierung der Lagerkosten. Eine höchst effektive Form der Platzausnutzung stellt das sog. „chaotische Lager" dar.

4.5.2.3 Lagerungsablauf und Bereitstellung

- ❑ Materialannahme und Identitätsprüfung von
  - Wareneingang
  - Qualitätsprüfung
  - Produktion
- ❑ Materialeinlagerung und -umlagerung
- ❑ Materialausgabe
  - Rohmaterial für die Einzelfertigung über Entnahmeschein
  - Bereitstellen und Komplettieren anhand von Fertigungsstücklisten für die Montage
- ❑ Materialfluss
  Der Materialfluss der Lagerartikel zu den verbrauchenden Stellen kann prinzipiell auf zwei Arten erfolgen.
  - Holsystem: Die Bedarfsstellen müssen das Material selbst vom Lager abholen.
  - Bringsystem: Die Materialausgabestelle des Lagers liefert das Material rechtzeitig der Bedarfsstelle an.

Die Vorteile des Bringsystems gegenüber dem Holsystem bestehen darin, dass bessere Möglichkeiten einer zeitlichen und räumlichen Abstimmung der Materiallieferungen zu den Verbrauchsorten und damit einer wirtschaftlichen Nutzung der vorhandenen Transportmittel und des Lagerpersonals gegeben sind.

Es ist jedoch nur dort anwendbar, wo die Lagerentnahmen vorausgeplant werden können. Zur Vermeidung von Irrtümern ist eine einheitliche Anwendung nur **eines** Prinzips empfehlenswert.

4.5.3 Lagerfreiplatzverwaltung, Praxisbeispiel: Ablauforganisation eines Hochregallagers

Alle einzulagernden Artikel können an jedem beliebigen freien Platz eingelagert werden, da - beispielsweise durch Palettierung - alle Artikel und alle Lagerplätze auf einheitliches Format gebracht wurden. Dadurch kann jeder freie Platz für jedes beliebige Gut genutzt werden. Es werden keine speziellen Lagerflächen für bestimmte Artikel reserviert.

Beispiel ist die Ablauforganisation eines Hochregallagers für palettierte technische Fertigerzeugnisse (Maschinen) mit Kommissionierung bei der Entnahme.

Ziele
- Hochregallager mit Kommissionierung
- Computerfakturierung
- Expressbedienung aus Hochregallager
- Einhaltung von FIFO (first in, first out).

Probleme
- Früher legte der Computer fest (nach FIFO)
  - zu Auftrag 4712
  - Maschine 4711
  - und fakturierte sofort simultan
- Bei Hochregallager führt das zu Warteschlangen für Expresslieferungen, da der Computer alle „parterre" - greifbaren Maschinen fakturiert hat.

Lösung
(1) Jedes Maschinen-Modell erhält einen Parterre-Paletten-Ausgangsplatz mit Adresse.
(2) Computer- und Expressservice werden immer zur Auslieferung an diese Adresse verwiesen.
(3) Alle eingehenden Modelle können beliebig eingelagert werden und nach FIFO zur Ausgangsadresse geschafft werden. Voraussetzung ist, dass
   a) Paletten zusammengestellt werden mit nur einem Modell,
   b) diese Paletten jeweils eine Plakette erhalten, die anzeigt, an welchem freien Lagerplatz einzulagern ist,
   c) nach Einlagerung diese Plakette am Platz der Auslieferadresse (sichtbar) so abgelegt wird, dass FIFO gewährleistet wird.
(4) Der Computer druckt heute je Auftrag (Kunde oder Filiale) eine Position (oder mehrere) mit Auslieferadresse des Lagers.
(5) Dort wird die Sendung geholt und im Rahmen der Ausgangskontrolle die Maschinennummer auf der Listenkopie notiert. Hier liegt ein neuer Arbeitsschwerpunkt. Die frühere Such- und Umschichtungsarbeit (um FIFO zu gewährleisten) ist durch Maschinennummer-Aufzeichnung und anschließende Datenerfassung abgelöst.
(6) Nun erfolgt die Datenerfassung
   - Auftragsnummer
   - Maschinennummer
(7) Fakturation und Maschinenkartenerstellung bei Kundenaufträgen, bei Lieferung an Filiale nur letzteres (inkl. automatischem Nummernabgleich als Zusatzkontrolle).

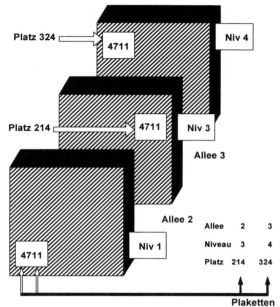

Lagerfreiplatzverwaltung, auch kurz: „**Chaotisches Lager**"

4.5.4 Material-(Lager-)Buchhaltung

Die Materialbuchhaltung dient der rechnerischen Erfassung der Materialzu- und -abgänge und des Materialbestandes im Lager. Sie ist eine Hilfsbuchhaltung, und innerhalb der Materialwirtschaft ist sie im Wesentlichen eine Kontrollrechnung. Mithilfe der Inventur (permanent oder Stichtag) ermöglicht sie einen mengenmäßigen Soll/Ist-Vergleich.

Die Bewertung des Lagerbestandes kann nach folgenden Methoden durchgeführt werden:

(1) Bewertung zu durchschnittlichen Anschaffungskosten
    Man rechnet einen Durchschnittspreis als gewogenes arithmetisches Mittel aus allen Einkäufen einer Waren- oder Rohstoffart, deren Einheiten im Wesentlichen gleichartig sind und ungefähr die gleiche Preislage haben.
(2) Bewertung zu gleitenden Durchschnittspreisen
    Die durchschnittlichen Anschaffungskosten werden laufend, d.h. nach jedem Zugang, neu ermittelt.
(3) Bewertung nach der FIFO-Methode (first in, first out)
    Die zuerst erworbenen Materialarten werden auch zuerst verbraucht.
    Endbestand wird mit den Anschaffungskosten der zuletzt beschafften Güter bewertet.
(4) Bewertung nach der LIFO-Methode (last in, first out)
    Die zuletzt beschafften Güter werden zuerst verbraucht.
    Endbestand wird mit den Anschaffungskosten der zuerst beschafften Güter bewertet
(5) Bewertung nach der HIFO-Methode (highest in, first out)
    Die teuersten Güter werden zuerst verbraucht.
    Endbestand wird mit den Niedrigst-Wertansätzen bewertet.

Die Ergebnisse werden der Finanzbuchhaltung übermittelt.

4.6 Kennzahlen der Materialwirtschaft

Die Kennzahlen der Materialwirtschaft sollen den Verantwortlichen Auskünfte und Hilfen (Kontrollen) für die Steuerung des Materialwirtschaftsbereichs geben. Für die unterschiedlichen Funktionen der Materialwirtschaft lassen sich folgende Kennzahlen bestimmen.

$$\text{Bedarfsservice (= Lieferbereitschaftsgrad)} = \frac{\text{Anzahl der sofort bedienten Anforderungen pro Jahr}}{\text{Gesamtzahl der Anforderungen pro Jahr}} \cdot 100\ (\%)$$

$$\text{durchschnittlicher Lagerbestand} = \frac{\text{Jahresanfangsbestand} + 12\ \text{Monatsendbestände}}{13}\ (\text{€})$$

gibt den durchschnittlichen Kapitalbindungsgrad der Lagerbestände an

$$\text{Umschlagshäufigkeit} = \frac{\text{Jahresverbrauch}}{\text{durchschnittlicher Lagerbestand}}$$

$$\text{Lagerdauer (in Tagen)} = \frac{\text{durchschnittlicher Lagerbestand}}{\text{Gesamtmaterialkosten €/Jahr}} \cdot 360$$

$$\text{Kennzahl für die Effizienz der Materialwirtschaft} = \frac{\text{durchschnittliche Gesamtkapitalbindung einer Periode in Materialbeständen inkl. Fertigerzeugnisse}}{\text{Einstandswerte des Periodenumsatzes}} \cdot 100\ (\%)$$

$$\text{Materialgemeinkostensatz} = \frac{\text{Materialgemeinkosten}}{\text{Fertigungsmaterialwert}} \cdot 100\ (\%) \quad \text{wichtig für die Vorkalkulation}$$

$$\text{Nutzungsgrad der Transportmittel} = \frac{\text{transportierte Menge}}{\text{Transportkapazität}} \cdot 100\ (\%)$$

$$\text{Termin-/Mengen-/Qualitätstreue des Lieferanten} = \frac{\text{Anzahl der beanstandeten Lieferungen (Termin / Qualität / Menge)}}{\text{Zahl der Lieferungen}} \quad \text{dient zur Lieferantenbewertung}$$

4.7 DV-Unterstützung in der Materialwirtschaft

4.7.1 Zielsetzung

Moderne Beschaffungs- und Fertigungsstrategien setzen kürzeste Lieferzeiten bei hoher Termin- und Qualitätstreue voraus. Die Kostenoptimierung fordert für die Beschaffung den günstigsten Preis. Für eine präzise Abwicklung der Beschaffung muss der Sachbearbeiter von allen Routinearbeiten entlastet bzw. befreit werden, die der Computer exakter und schneller erledigen kann. Diese Zielsetzung haben wir schon einleitend zu folgenden Hauptzielen zusammengefasst:

- Lieferbereitschaft erhöhen
- Kapitalbindung in den Lägern senken
- Beschaffungskosten senken.

Mithilfe eines gezielten DV-Einsatzes können folgende wichtige Teilziele erreicht werden:
- Senkung der Bestände durch
  - Minimierung der Durchlaufzeiten
  - optimale Bestellmengenbildung
  - schnellere Beschaffung durch DV-Integration mit Kunden und Lieferanten.
- Reduzierung von Dispositionsmängeln durch
  - exakte Datenermittlung
  - Abbau von Fehlmengenkosten
  - Anwendung optimaler Bestellverfahren.
- Reduzierung von Personalaufwand in Planung und Disposition durch
  - Vermeidung von Mehrfachdateien
  - ABC-Analyse
  - DV-generierte Bestellvorschläge.
- Optimierung von Arbeitsabläufen im Lager
  - Unterstützung der Einlagerung insbesondere durch Erfassung von Artikeln und Lagerorten mit automatischer Beleglesung
  - Unterstützung der Kommissionierung durch Entnahmelisten zur Komplettierung von Bereitstellungsaufträgen für die Fertigung bzw. Lieferaufträgen für Endkunden (mit Artikel, Menge und Lagerort)
  - Inventurunterstützung
  - einwandfreie Bewertung.

4.7.2 Voraussetzungen

Grundlegende Voraussetzungen müssen erfüllt werden, um die DV sinnvoll einsetzen zu können. Dazu gehören
- einheitliches Nummernsystem (Parallelverschlüsselung)
- Identifizierungs- und Klassifizierungsschlüssel für
  - Artikel
  - Lieferanten
- Anlegen von Stamm-, Kennzifferndateien und Stücklistenverknüpfungen
- Anlegen von Bewegungsdateien für
  - Bestellvorschläge
  - Bestellungen
  - Wareneingänge
  - Rahmenvereinbarungen usw.
- Vorkehrungen treffen für klare Abläufe und Minimierung des Datenerfassungsaufwandes
- Schulung des betroffenen Personals.

4.7.3 Einsatzgebiete

In Kapitel 12 finden Sie im Kontext eines Praxisfalls integrierter Informationsverarbeitung Details zu den einzelnen DV-Einsatzgebieten der Materialwirtschaft unter den Stichworten Einkauf, Materialwirtschaft (mit Lager), Disposition und Materialbewertung.

4.7.4 DV-gestützte Materialdisposition

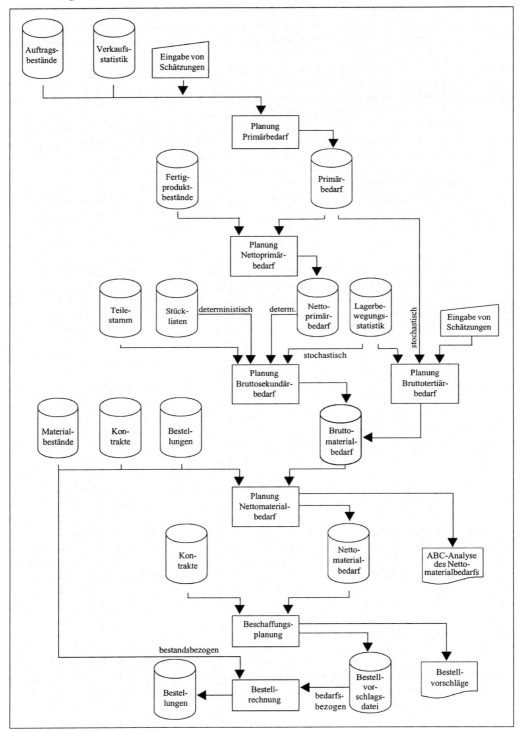

DV-Unterstützung in der Materialwirtschaft

4.7.5 Eingliederung der Materialwirtschaft in betriebliche Abläufe

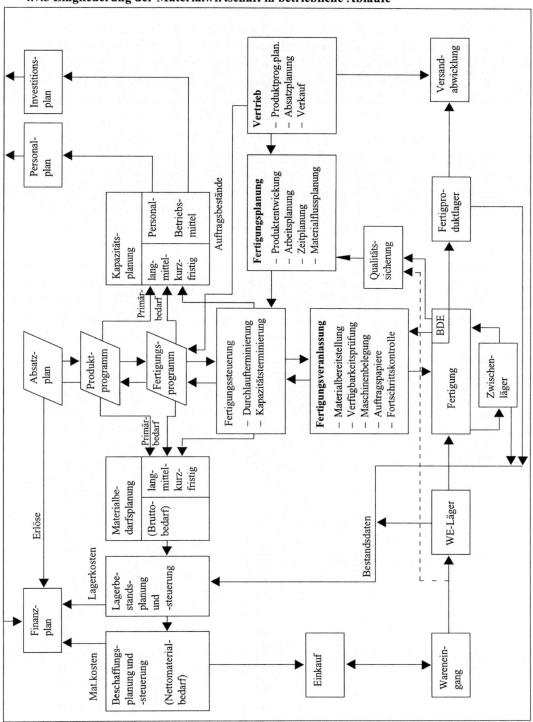

Fragenkatalog zu Kapitel 4

1. Erläutern Sie Ziele und Zielkonflikte der Materialwirtschaft. — 4.1.1
2. Definieren Sie die Teilaufgaben der Materialwirtschaft. — 4.1.1
3. Welche Beschaffungsobjekte sind Gegenstand der Materialwirtschaft? — 4.1.1
4. Definieren Sie Beschaffungskosten im engeren und im weiteren Sinne. — 4.1.1
5. Stellen Sie Arbeitsteilung, -inhalte u. -ablauf der Materialwirtschaft dar. — 4.1.2
6. Welche Aufgaben hat die Materialplanung? — 4.2.1
7. Erläutern Sie Bedeutung und Arbeitsschritte der ABC-Analyse mit Graphik. — 4.2.2
8. Was verstehen Sie unter XYZ-Analyse? — 4.3.2.1
9. Erläutern Sie Folgerungen aus ABC- und XYZ-Analyse für Bestellverfahren. — 4.2.2
10. Erläutern Sie die Aufgaben der Beschaffungsmarktforschung. — 4.2.3
11. Skizzieren Sie die Beziehungen des Beschaffungsplans zu anderen Teilplänen. — 4.3.1.1
12. Welches sind die Aufgaben der Materialdisposition? — 4.3.2
13. Wie definieren Sie stochastische und deterministische Bedarfsermittlung? — 4.3.2.1
14. Definieren Sie Primär-, Sekundär-, Tertiär-, Brutto- und Nettobedarf. — 4.3.2.1
15. Welches Instrument dient der Ableitung des Netto- aus dem Bruttobedarf? — 4.3.2
16. Nennen Sie die Zeilenfolge des Rechenganges, vom Brutto- zum Nettobedarf. — 4.3.2.2
17. Skizzieren und erläutern Sie Bestellrhythmusverfahren und Bestellpunktverfahren mit Empfehlungen zu kostenbewusstem Einsatz. — 4.3.2.2
18. Erläutern Sie die bestellmengenabhängigen Kostenverläufe und die Ermittlung der optimalen Bestellmenge nach von *Andler'scher* Formel mit Prämissen. — 4.3.2
19. Zeigen Sie Zusammenspiel von Einkauf, Lager, Disposition und Rechnungswesen. — 4.4.1.2
20. Welche Funktionen ordnet man dem Wareneingang zu? — 4.4.2
21. Definieren Sie die Aufgaben der Rechnungsprüfung in logischer Reihenfolge. — 4.4.4
22. Welche Lagerfunktionen kennen Sie? — 4.5.1
23. Erläutern Sie die Lagerfreiplatzverwaltung für ein Hochregallager. — 4.5.3.2
24. Welche Formen der Bestandsbewertung kennen Sie und was sind deren Merkmale? — 4.5.3.3
25. Nennen Sie wichtige Kennzahlen zur Überwachung der Materialwirtschaft. — 4.6
26. Erläutern Sie ihre Vorstellungen über den DV-Einsatz in der Materialwirtschaft im Detail und konkretisieren Sie Ziele, Voraussetzungen und Teilaufgaben. — 4.7
27. Stellen Sie den Ablauf einer DV-gestützten Materialdisposition graphisch dar. — 4.7.3.1
28. Nennen Sie Teilaufgaben der DV im Einkauf und Bestellwesen. — 4.7.3.2
29. Nennen Sie Teilaufgaben der DV im Lagerbereich. — 4.7.3.5
30. Stellen Sie die Eingliederung der Materialwirtschaft in die betrieblichen Planungs- und Arbeitsabläufe graphisch dar. — 4.7.3.6

5 Produktionswirtschaft

5.1 Ziele, Aufgaben, Prozesse und Strukturorganisation

Gutenberg definiert Produktion als „Leistungserstellung, die außer Arbeitsleistungen und Betriebsmitteln auch den Faktor Werkstoff enthält."[1]
Bezüglich produktionstheoretischer Überlegungen und der entsprechenden Begriffe sowie zur Vertiefung von Einzelfragen der Produktionsoptimierung verweisen wir auf die Speziallitteratur im Literaturverzeichnis zu diesem Kapitel. Im Folgenden werden dem Leser Denkanstöße für die Beurteilung der Produktionsprobleme im betrieblichen und volkswirtschaftlichen Gesamtzusammenhang vermittelt und die betriebswirtschaftlichen Hauptinstrumente zur praktischen Lösung der Produktionsaufgaben vorgestellt.

5.1.1 Ziele im zeitlichen Wandel

Im Zusammenhang mit dem **Wandel vom Verkäufermarkt zum Käufermarkt**, auf dem sich nur solche Produkte behaupten, die den Anforderungen der Kunden bestmöglich entsprechen, ist der **Umsatz** eines Unternehmens zunehmend von Leistungsmerkmalen wie erstklassiger **Qualität, Lieferbereitschaft und Termintreue** abhängig geworden. Diese Leistungsanforderungen an das Produkt haben deshalb im Zeitablauf für die Produktion zunehmend an Bedeutung gewonnen.
Durch die stetig **steigenden Löhne und Gehälter** in der Bundesrepublik hat die **Zielsetzung systematischer Lohnkosteneinsparung durch Fertigungszeitverkürzung** für viele Betriebe hohe Priorität und ist für einige Unternehmen im Wettbewerb mit Niedriglohnländern wie Japan seit vielen Jahren existenzentscheidend. In den sechziger und siebziger Jahren ergaben sich daraus i.d.R. noch keine Beschäftigungsprobleme, da es den meisten Unternehmen gelang - insbesondere im Export - ihren Absatz laufend zu steigern. Erst als Folge zunehmender Marktsättigung entstand das Problem, dass viele Unternehmen, um sich im Markt zu behaupten, Lohnerhöhungen bei konstanten Preisen und Kosten je Produkteinheit realisieren mussten. Das führte zunehmend zu Produktivitätssteigerungen durch Rationalisierungsmaßnahmen in Verbindung mit unvermeidbaren Personaleinsparungen.
Für zahlreiche Produktionsbetriebe besteht diese Zielsetzung unverändert fort. Im Bereich der Wirtschafts-, Sozial- und Tarifpolitik müssen kreativ und flexibel Wege gefunden werden, um durch sinnvollen Strukturwandel dieses gravierende Problem zu entschärfen.
Eine im internationalen Vergleich niedrige Eigenkapitalausstattung der deutschen Industrie hat zur Folge, dass die **Zinsen auf das Fremdkapital ein bedeutender Kostenfaktor** sind. Diese Aussage gilt auch, wenn man berücksichtigt, dass die in Deutschland überdurchschnittlich hohen Pensionsrückstellungen zwar Fremdkapital darstellen, das den Unternehmen jedoch langfristig zinsfrei zur Verfügung steht. Deshalb haben Maßnahmen zur **Optimierung der Aktivseite der Bilanz**, der Mittelverwendung, zwecks Verringerung des Bedarfs an Kapital stets in der Produktion eine große Rolle gespielt. Dabei standen **zunächst die Minimierung von Anlageinvestitionen durch deren optimale Nutzung** im Vordergrund. Erst auf der Suche nach weiteren Möglichkeiten zur Senkung der Zinskosten hat zusätzlich die **Mini-**

---

[1] *Gutenberg, E.,* Grundlagen der Betriebswirtschaftslehre, Bd. 1, a.a.O

mierung des Umlaufvermögens durch Optimierung von Materialdurchlauf und Materialbeständen** wachsende Beachtung gefunden.

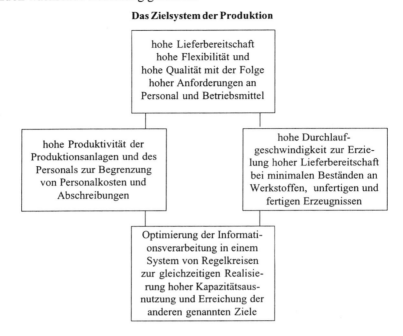

Das Zielsystem der Produktion

5.1.2 Produktionsaufgaben in der Bundesrepublik

Wir schließen uns der japanischen und vielfach auch in amerikanischen Unternehmen anzutreffenden Auffassung an, dass ein erfolgreiches Unternehmen übergeordnete Ziele haben sollte, die der Belegschaft die Überzeugung vermitteln, nicht nur für den Lebensunterhalt, sondern vor allem für eine wichtige gute Sache zu arbeiten. In diesem Sinne schreiben wir im Folgenden unsere persönliche Meinung darüber, wie die deutsche Industrie zur Lösung großer Aufgaben unserer Zeit beitragen sollte. Diese Meinung sollte als Denkanstoß für eine verantwortungsbewusste eigene Standort- und Zielbestimmung verstanden werden. Die deutsche Industrie sollte nach unserer Überzeugung zur Lösung der folgenden nationalen und internationalen Aufgaben beitragen und für die Produktion die entsprechenden Folgerungen ziehen.

(1) **Sicherung der internationalen Wettbewerbsfähigkeit** der deutschen Wirtschaft, da etwa jede dritte in Deutschland verdiente Mark durch Export erwirtschaftet und weitgehend wieder für Importe ausgegeben wird, die zu wesentlichen Teilen Rohstoffe enthalten, die in Deutschland nicht verfügbar sind.

Die Wichtigkeit dieser Aufgabe hat der ehemalige Vorstandsvorsitzende der Daimler-Benz AG *Edzard Reuter* mit folgenden Worten unterstrichen: „Die Weltwirtschaft ist unser Schicksal und zwar so radikal, also an die Wurzel gehend, dass jede allein innenpolitisch oder binnenwirtschaftlich kalkulierte Maßnahme von Grund auf falsch sein kann. Dies nicht nur zu wissen, sondern danach zu handeln, ist Führungsaufgabe, die den politisch Verantwortlichen niemand abnehmen kann."[2]

---

[2] *Reuter, E.*, Auf ein Wort, in „Die Welt" vom 17.03.1987

(2) Die Ermöglichung und Unterstützung einer verantwortungsbewussten Außenwirtschafts- und Zahlungsbilanzpolitik der Bundesrepublik und der Europäischen Union, die durch Abbau von Importrestriktionen und Abbau von Subventionen sowie teilweisen Schulden- und Zinserlass für die Schuldnerländer Auswege aus der Weltschuldenkrise eröffnet. Für die Industrie bedeutet das die Notwendigkeit zu **Strukturanpassungen** im eigenen Land und die Bereitschaft zur **Verstärkung der internationalen Kooperationen**.
Alfred Herrhausen, ehemaliger Sprecher der Deutschen Bank AG, hat schon im Oktober 1987 in Washington darauf hingewiesen, dass eine wirkliche Hilfe für die Schuldnerländer, die nicht nur auf Zeitgewinn setzt, notwendig ist.[3]

(3) **Deckung der Bedürfnisse der Bürger unseres Landes** bei gleichzeitiger Beachtung der nicht konfliktfreien Ziele
- Sicherung vertretbarer Individualeinkommen
- Sicherung von Arbeitsplätzen
- **Bekämpfung der Arbeitslosigkeit**
- Beitrag zur Lösung der Probleme, die sich aus der Veränderung des Altersaufbaus der Bevölkerung ergeben.

(4) **Minimierung der sozialen Kosten**, d.h. der privatwirtschaftlich nicht bezahlten Umweltschäden, bzw. deren systematische Beseitigung durch entsprechende Politik und wirtschaftliche Aktivitäten, z.B.
- Einführung des Verursacherprinzips wie in Japan
- Entwicklung und Durchsetzung angemessener umweltschonender Entsorgung
- Verbot von Technologien ohne umweltschonende Entsorgung
- Einschränkung von Gewohnheiten mit hoher Umwelt- und Gesundheitsschädigung.

(5) Sinnvolle **Begrenzung der Rüstungsausgaben**, nicht Rüstungsproduktion als Export- und Arbeitsmarktpolitik.

Einige der genannten Ziele konkurrieren miteinander, d.h. sind nicht erreichbar, ohne sich von anderen zu entfernen. Im konkreten Fall geht es deshalb meistens um eine verantwortungsbewusste Güterabwägung.

5.1.3 Prozessmerkmale der Produktion

(1) **Produktionsfaktoren**
Die Produktionsfaktoren wurden im Kapitel Aufbau des Unternehmens unter Pkt. 1.3 behandelt. Eine weiterführende Darstellung der Vielfalt der bei einer Einsatzoptimierung zu beachtenden Gesichtspunkte geben *Gutenberg* in seinem Standardwerk „Produktion"[4] und *Blohm* und andere in „Produktionswirtschaft".[5]

(2) **Prozessmerkmale**
Die Merkmale eines Produkts bzw. eines Produktprogramms und die Produktionsmengen bestimmen wesentlich die Produktionstechnologie und den Produktionsprozess, d.h. den Produktionsablauf und seine Merkmale bezüglich Organisation, Rationalisierungsmöglichkeiten und Kalkulationsverfahren.
Einen systematischen Überblick über die Zusammenhänge zeigt folgende Zusammenstellung von *Beer*:[6]

---
[3] Vgl. *Christ, P.*, Was schulden wir den Schuldnern, in „Die Zeit" vom 09.10.1987
[4] *Gutenberg, E.*, Grundlagen der Betriebswirtschaftslehre, Bd. 1, Die Produktion, a.a.O.
[5] *Blohm, H.* und andere, a.a.O.
[6] Entnommen aus: derselbe und andere, a.a.O.

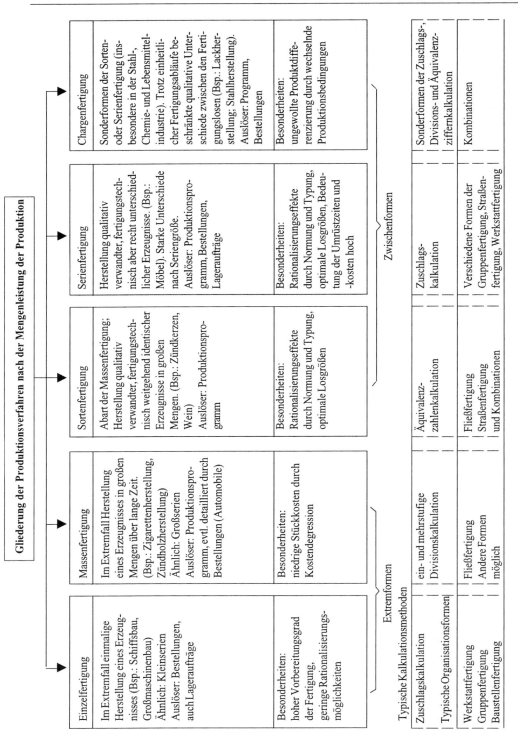

Leistungstypen der Produktion

Entnommen aus: *Blohm, H., Beer, T.*, und andere, Produktionswirtschaft, a.a.O., S. 208

Ziele, Aufgaben, Prozesse und Strukturorganisation

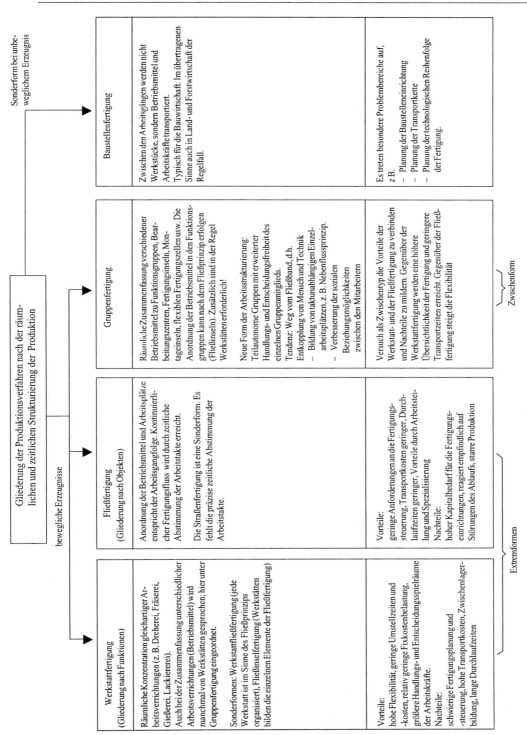

Organisationstypen der Produktion

Entnommen aus: *Blohm, H., Beer, T. und andere, Produktionswirtschaft, a.a.O.*

(3) **Organisationstypen**

In Abhängigkeit von den Merkmalen des Fertigungsprozesses bezüglich der Kombination von Werkstoffen und Betriebsmitteln nach Reihenfolge, Häufigkeit sowie Gleichartigkeit und Anzahl der auszuführenden Operationen erweisen sich unterschiedliche Organisationstypen der Produktion als zweckmäßig. Einen Überblick über die Zusammenhänge gibt die obige Abbildung von *Beer*:[7] Organisationstypen der Produktion.[8]

(4) **Hauptinformationsprozesse in der Produktion**

In Kapitel 4 Materialwirtschaft wurden bereits die Planungs- und Arbeitsabläufe der integrierten Materialwirtschaft und Fertigungssteuerung dargestellt.
Zur Vertiefung vgl. Fertigungssteuerung Pkt. 5.4.2 und einen Praxisfall in Kap. 12.

5.1.4 Prinzipien des Produktionsmanagements als Strategie[9]

Formulierung einer Produktionsstrategie
Kunden
1. Teile Know-how und bilde ein Team mit den „internen Kunden" und dem externen Endkunden.
2. Fühle dich mit Engagement zu ständiger, schneller Verbesserung von Qualität, Kosten, Lieferzeit, Flexibilität, Abweichungen und Service verpflichtet.

Unternehmen
3. Erreiche gemeinsame Zielsetzung durch Teilhabe an Informationen und Teameinbeziehung in Planung und Umsetzung von Veränderung.

Konkurrenten
4. Kenne mit Sorgfalt Deine Hauptkonkurrenten und den Weltmarktführer.

Umsetzung der Produktionsstrategie
Entwicklung und Organisation
5. Reduziere die Anzahl an Produkten oder Dienstleistungen, Komponenten sowie die Anzahl der Lieferanten zur Konzentration auf einige sehr gute und gute.
6. Organisiere Ressourcen als "vielfältige Ketten von Kunden", von denen jede sich auf ein Produkt, eine Dienstleistung oder eine Produktfamilie konzentriert, schaffe Arbeitsfluss-Teams, Zellen und "Fabriken in der Fabrik".

Kapazität
7. Investiere beständig in Personal durch Querschnittstraining (für die Beherrschung vielseitiger Fähigkeiten), Job- und Karrrierrotation, Gesundheitsverbesserung, Sicherheit und Vorsorge.
8. Warte und verbessere vorhandene Anlagen und menschliche Leistung vor der Erwägung von Neuinvestitionen; automatisiere in kleinen Schritten, wenn Abweichungen nicht anders behoben werden können.
9. Halte Ausschau nach einfachen, flexiblen, beweglichen und kostenniedrigen kleinen Anlagen, von denen jede zu Arbeitsfluss-Teams, spezialisierten Zellen und Fabriken in der Fabrik zugeordnet werden kann.

---

[7] Entnommen aus: *Blohm, H.*, und andere, Produktionswirtschaft, a.a.O.
[8] Einen Überblick über neue und zukünftige Entwicklungen in der Organisation der Produktionsprozesse gibt *Bicheno, J.*, The Lean Toolbox, *PICSIE BOOKS*, Buckingham
[9] Nach *Schonberger, R.J., Knod, E.M.*, Operations Management, New York

Produktionsprozess
10. Erleichtere es, Güter herzustellen oder zu liefern ohne Fehler oder Prozessabweichungen.
11. Reduziere drastisch Durchlauf-/Wartezeiten, Wege/Entfernungen, Bestände entlang der Kundenketten.
12. Reduziere drastisch Übergangszeiten, Rüstzeiten und Zeiten für Abschlussarbeiten.
13. Fertige in den Losgrößen der Kundenaufträge (oder geglättet daran angenähert), reduziere die Auftragsintervalle und Losgrößen.

Problemlösung und Kontrolle
14. Dokumentiere und beherzige Daten über Qualität, Prozess und Probleme in der Werkstatt. Stelle sicher, dass Front-Teams die erste Chance zur Umsetzung von Problemlösungen haben, vor Stabsexperten.
15. Reduziere Umsetzungen, Berichte und steuere Ursachen, nicht Symptome.

5.1.5 Strukturorganisation der Produktion

Die Gestaltungsprinzipien der Strukturorganisation sind Gegenstand eines speziellen Abschnitts (vgl. Pkt. 2.4.2).

An dieser Stelle wollen wir uns, wie im Fall der Marketing-Organisation, darauf beschränken, an einem Organisationsbeispiel, wie es in Mittelbetrieben vielfach anzutreffen ist, einige Überlegungen anzustellen, die dem Praktiker Gestaltungsmöglichkeiten zeigen und über den Mittelbetrieb hinaus von Nutzen sein können.

Bei mittlerer Unternehmensgröße herrscht die funktionsorientierte Stab-Linien-Organisation vor. Diese ist vielfach durch folgende Funktionsaufteilung gekennzeichnet:

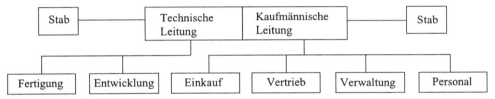

Eine solche Strukturorganisation ist vielfach durch folgende Aufgabenverteilungen gekennzeichnet:
- Die Aufgaben der **Arbeitsvorbereitung** (Fertigungsplanung und Fertigungssteuerung) können als Stabstelle der Technischen Leitung oder abweichend von der graphischen Darstellung der Fertigungsleitung zugeordnet sein.
- Die **Entwicklung**, vielfach auch Entwicklung und Konstruktion genannt, hat eine Kommunikationsschnittstelle zur Arbeitsvorbereitung, über die beide auf dem Gebiet der Erzeugnisplanung zusammenarbeiten müssen.
- Die Fertigungssteuerung kommuniziert mit dem **Einkauf** auf dem Gebiet der Materialdisposition. Die weitgehende Abhängigkeit des Einkaufs von technischen und dispositiven Daten aus dem Fertigungsbereich sind vielfach der Grund für die Zuordnung des Einkaufs zur Technik. Diese Organisationsform wird immer dann gewählt, wenn technisches Wissen auch weitgehend über den Erfolg von Einkaufsverhandlungen entscheidet. Häufiger ist jedoch die Zuordnung des Einkaufs zum kaufmännischen Bereich, da neben technischen Belangen im Einkauf auch eine Vielzahl von kaufmännischen Usancen (Branchenverhaltensregeln) zu beachten sind und deren Einhaltung gegenüber Lieferanten durchgesetzt werden muss.

- ❑ Ebenso wie der Einkauf ist auch der **Verkauf** technischer Erzeugnisse vielfach ohne die verantwortliche Mitwirkung des technischen Bereichs nicht mit Erfolg realisierbar. Das gilt insbesondere dann, wenn, wie beispielsweise von Zulieferanten der Automobilindustrie, mit den Konstruktionsabteilungen der Kunden die technischen Lösungen und Spezifikationen neuer Produkte verhandelt und vereinbart werden müssen.
- ❑ Die wohl wichtigste Stabstelle der technischen Geschäftsführung ist die Stabstelle für **Qualitätsplanung, -steuerung und -kontrolle**. Diese darf nicht auf einer niedrigeren Ebene als der Geschäftsführung angebunden sein, damit die direkte Berichterstattung an die Geschäftsführung sichergestellt ist und funktionsübergreifende Maßnahmen wirksam durchgesetzt werden können. Die Automobilindustrie fordert ebenso wie die neue ISO 9000 Norm verbindlich diese Regelung von ihren Lieferanten (vgl. Pkt. 5.5.4(5)).
- ❑ Die wichtigste kaufmännische Stabstelle ist das Controlling (deutsch vereinfacht: Planung und Kontrolle PuK). Auch diese Stelle arbeitet eng mit der Produktion zusammen, die Fertigungsergebnisse, Bestandsveränderungen, Verbrauchsmengen und Kosten an den Controller liefert und mit diesem die Jahres-, Mehrjahres- und **Investitionsplanung** für den Produktionsbereich erarbeitet.
- ❑ Die erforderliche Zusammenarbeit zwischen der Entwicklung und der Arbeitsvorbereitung einerseits und dem Einkauf und dem Vertrieb andererseits kann durch eine graphische Darstellung der Strukturorganisation nicht effizient geregelt werden. Es ist vielmehr erforderlich, in **Organisationsanweisungen und Stellenbeschreibungen** die verantwortlichen Leiter der verschiedenen Funktionsbereiche auf eine effiziente Zusammenarbeit zu verpflichten. Das geschieht dadurch, dass ausdrücklich Weisungsrechte, Berichts- und Informationspflichten sowie Mitwirkungsrechte und -pflichten schriftlich festgelegt und bekannt gemacht werden.
- ❑ Eine weitere Spezifikation der Aufgaben und der Arbeitsteilung im Produktionsbereich zeigt das folgende Organigramm für diesen Bereich in einem Großunternehmen[10]

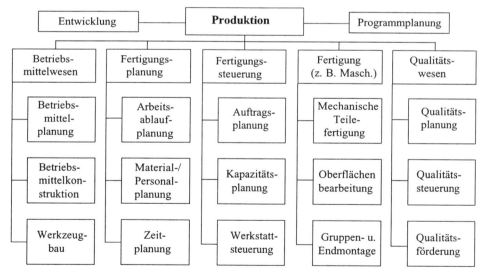

Für den üblichen Aufbau von Stellenbeschreibungen und als Anregung für eine selbständige Entwicklung entsprechender Aufgabenverteilungen fügen wir das Beispiel einer Stellenbe-

---

[10] Weiterführende Überlegungen vgl. *Steinbuch, P.A., Olfert, K.*, Fertigungswirtschaft, Ludwigshafen

schreibung eines Produktionsleiters eines mittelständischen Unternehmens der technischen Serienfertigung an.

Stellenbeschreibung
Stellenbezeichnung
- Produktionsleiter TP

Zielsetzung
- Sicherung der kostengünstigen Produktion mit hohem Qualitätsniveau sowie optimale Koordination der einzelnen Fertigungsbereiche.

Stellenbezeichnung des **direkten Vorgesetzten**
- Leiter Technik T

Stellenbezeichnung der direkt unterstellten **Mitarbeiter**
- Leiter Metallfertigung TPS
- Leiter Kunststofffertigung TPK
- Leiter Montage TPM
- Leiter Werkzeugbau TPW
- Leiter Betriebstechnik TPB
- Leiter Arbeitsvorbereitung TPA
- Leiter Betriebsmittelbau TPB-B

Der Stelleninhaber wird vertreten von
- Leiter Technik T

Der Stelleninhaber vertritt
- Leiter Technik T.

Aufgaben der Stelle
Zielsetzung, Planung, Kontrolle
- Er wirkt mit bei der Erarbeitung des Kostenplankonzeptes für den Betrieb.
- Er schlägt bei erheblich veränderten Voraussetzungen Plankorrekturen vor.
- Er wirkt mit bei Anlagen- und Personalplanung.
- Er sucht ständig neue Ideen zur Verbesserung der Leistungsfähigkeit des Betriebes und gibt entsprechende Impulse an die ihm direkt unterstellten Abteilungen.
- Er gibt den ihm direkt unterstellten Abteilungen und Stellen des Betriebes Planziele vor und berät sie bei der Realisierung der Pläne.
- Er erarbeitet Vorschläge zur Anpassung der Organisation des Betriebes an sich wandelnde Erfordernisse des Geschäftes zur Vorlage beim technischen Geschäftsführer.
- Er entscheidet über Arbeitsabläufe innerhalb seines Bereichs.
- Er wertet die Leistungs-, Qualitäts- und Kostenberichte aus und leitet erforderlichenfalls geeignete Maßnahmen ein. Schwerpunkt dieser Tätigkeit ist die Analyse des Soll/Ist-Vergleichs. Dazu gehört insbesondere
- Kontrolle der Einhaltung der Leistungs- und Kostenpläne.
- Er weist alle an ihn herangetragenen delegierbaren „Ad-Hoc-Aufgaben" mit Terminforderungen den zuständigen Abteilungen bzw. Stellen zu und überwacht die Durchführung. Gegebenenfalls bestimmt er einen Koordinator.

Produktion
- Er stellt die Planung und Durchführung bzw. Beschaffung der optimalen Arbeitsmethoden, Anlagen und Betriebsmittel sicher. Soweit Investitionen erforderlich sind, entscheidet er über die Realisierung, wenn die Investitionssumme den Betrag von 5.000 € und den genehmigten Investitionsplan nicht übersteigt. Darüber hinausgehende Investitionswünsche

legt er dem technischen Geschäftsführer zusammen mit einer Wirtschaftlichkeitsberechnung vor.
- Er hat die Federführung bei der Arbeitsbewertung im gewerblichen Bereich - Lohngruppenkatalog.
- Er überwacht die Ausbringung der geplanten qualitätsgerechten Fertigungsmengen zu den vorgegebenen Terminen. Dazu gehören insbesondere
- Stichprobenkontrollen der gefertigten Stückzahlen und
- tägliche Leistungskontrolle.
- Er hat die Federführung bei Rationalisierungsmaßnahmen zur Kostensenkung in seinem Bereich.

Instandhaltung / Unfallverhütung
- Er veranlasst und überwacht die Durchführung der vorbeugenden Instandhaltung.
- Er überwacht die Führung der gesetzlich vorgeschriebenen Nachweise.

5.2 Vertriebsabhängige Planungsaufgaben

5.2.1 Produktprogrammplanung

5.2.1.1 Hauptaufgabe des Marketing

Als eine Hauptaufgabe des Marketing ist Produktprogrammplanung unter Pkt. 2.5 und 3.3.1.2 bereits behandelt worden. Darauf aufbauend werden im Folgenden Methoden behandelt, die im technischen Bereich der effizienten Produktinnovation dienen. Dazu gehört die Beachtung von Umweltgesichtspunkten, die systematische Anwendung der Methoden der Herstellkostensenkung, Methoden des Qualitäts-Managements (vgl. Pkt. 5.5) und die kostensenkenden Verfahren des Business Process Reengineering (vgl. Pkt. 2.4.3).

5.2.1.2 Rahmenbedingungen und Einflussfaktoren

(1) **Klassische Vertriebsgesichtspunkte**
Die Notwendigkeit enger Zusammenarbeit zwischen Vertrieb, Konstruktion und Fertigungsplanung bei der Produktprogrammplanung wird nochmals unterstrichen durch den Hinweis, dass folgende Rahmenbedingungen und Einflussfaktoren sowie deren Wechselbeziehungen im Planungsprozess systematisch berücksichtigt werden müssen:
- Entwicklung der **Kundenanforderungen** an das Produkt sowie die Entwicklung der **Nachfragemengen**
- Relevante **Rechtsvorschriften**, wie Normen und Richtlinien
- Gegenwärtige und zukünftige **Aktivitäten der Konkurrenz** sowie deren Auswirkungen auf die Verteilung der Marktanteile
- Technische und wirtschaftliche Gegebenheiten, **Ziele und Möglichkeiten des eigenen Unternehmens**
- **Vertriebspolitik** des Unternehmens.

Zu jedem genannten Bereich sind die Stärken und Schwächen der gegenwärtigen Situation zu analysieren, zukünftige Entwicklungen zu prognostizieren, realisierbare Planziele zu definieren und in die Produktprogrammplanung zu integrieren.

(2) **Die sechs Dimensionen der „Öko-Effizienz"**
Die Umwelteffekte von Produkten sind für eine große Zahl von Kunden für deren Kaufentscheidung mitbestimmend. Dies gilt es in der Produktplanung und -entwicklung zu beachten. Die Arbeitsgruppe des World Business Council for Sustainable Development (WBCSD) in Conches Schweiz, ein Zusammenschluss namhafter Unternehmen (wie ABB, AT&T, BP, Ciba, DOW, DuPont, FIAT, Gerling, Procter & Gamble, Sulzer, 3M, Toshiba, Unilever, Volkswagen und viele andere mehr) hat für die Konferenz von Antwerpen über Öko-Effizienz einen Bericht vorbereitet, dessen Veröffentlichung neue diesbezügliche Impulse auslösen soll. Über die Ergebnisse der Arbeitsgruppe, in der Dow Chemical und 3M maßgeblich mitwirken, berichtet *Claude Fussler*, Vice President Environment, Health and Safety, von Dow Europe, in Tomorrow, Global Environment Business, wie folgt:[11]

Öko-Effizienz habe sechs Dimensionen, dabei sei der Ausgangspunkt eine Änderung der Betrachtungsweise über das Ende der Nutzungsdauer eines Produktes hinaus. Öko-Effizienz müsse bewertet und verbessert werden in Bezug auf den gesamten Lebenszyklus eines Systems. Dies impliziere, dass man vielmehr die Funktionen betrachte, die ein Produkt erfülle, als das Produkt selbst. Im Einzelnen werden folgende sechs Dimensionen der Öko-Effizienz vorgestellt:

1. **Materialreduzierung** (De-materialize)
   Es müsse der gesamte Einsatz von Rohmaterial, Rohöl und Gütern bewertet werden, den ein System während seines Lebenszyklus in Anspruch nehme, um die gewünschte Produktfunktion zu erbringen. Es müsse rechtzeitig der günstigste Zeitpunkt genutzt werden, um den „Verbrauch an Masse" deutlich zu reduzieren bei der Herstellung von Nutzen, den ein System für den Markt bereitstellt.
2. **Steigerung der Energie-Effizienz** (Increase energy efficiency)
   Die Forderung sparsamer Verwendung von Energie betreffe nicht nur die Energie, die bei der Stoffumwandlung und Montage der Produkte benötigt werde, sondern auch die Energie, die während der Nutzung und für die Entsorgung eines Produkts benötigt werde oder gespart werden könne. Es gehe darum, die Elemente des Systems zu identifizieren, die über dessen gesamten Lebenszyklus den höchsten Energieverbrauch aufweisen und die Chance zu nutzen, dort wesentliche Energieeinsparungen zu realisieren.
3. **Eliminierung negativer Umwelteinflüsse** (Eliminate negative environmental impacts)
   Jedes toxische Element, das in ein System eingeführt werde, werde verschiedene Stadien durchlaufen und dort negative Wirkungen auf Umwelt und Gesundheit haben, wo es eine Konzentration erreiche, die die kritische Dosis überschreite. Es gäbe die Möglichkeit, die Verbreitung toxischer Stoffe deutlich zu reduzieren.
4. **Recycling** (Close the loop)
   Materialverbrauch könne reduziert werden durch Wiederverwendung, Recycling, im gleichen oder einem anderen System. Recycling sei jedoch „Unfug", wenn der Energie- und Materialaufwand, der zum Recycling aufgewendet werden müsse, größer sei, als der der Neuherstellung des Materials.
5. **Anleihen aufnehmen in Prozessen der Natur** (Borrow from natural cycles)
   Eine weitere Möglichkeit bestehe darin, Systeme zu entwickeln, die in größere natürliche Prozesse integriert seien, aus denen Material entnommen und in die später Material wieder eingeleitet werde ohne negative Effekte. Erneuerbare Materialien könnten Vorteile während eines vollständigen Prozesses bieten.

---

[11] *Fussler, C.*, The six Dimensions of Eco-Efficiency, in: Tomorrow, Global Environment Business, Stockholm

6. **Verlängerung der Nutzungsdauer und Vermehrung der Funktionen** (Extend service, enhance function)
Die Vergrößerung der Haltbarkeit und der möglichen Nutzungsdauer beliebiger Teile eines Systems könne die Öko-Effizienz verbessern.

Fussler hebt hervor, die Erreichung von Öko-Effizienz erfordere, Systeme in jeder Hinsicht zu überprüfen und gegebenenfalls ein Redesign vorzunehmen. Dabei seien die obigen sechs Dimensionen/Sichtweisen nicht unabhängig voneinander, sondern beeinflussen sich gegenseitig. Die unterschiedlichen Dimensionen müssten deshalb sowohl einzeln als auch gemeinsam analysiert werden. Das Gewicht dieses Aufgabenfeldes für stark betroffene Unternehmen unterstreicht die Ernennung von *Allen H. Aspengren* zum Global Öko-Efficiency Manager von 3M.

(3) **Design for Disassembly**
Tomorrow[12] berichtet unter der Schlagzeile: „Built-in disassembly may be European industry's newest market requirement" über ein großes Projekt mit EU-Förderung (EUREKA), in dem Recyclingprozesse und Abfallmanagement der Automobilindustrie studiert werden. Schon heute werben Automobilfirmen, wie BMW, FIAT, Peugeot und VW im Vertrieb mit Recyclingkonzeptionen für ihre Altfahrzeuge. Zu den Anführern im Design for Disassembly in der Elektrik- und Elektronikindustrie zählen Digital, Hewlett-Packard, IBM-France und Siemens-Nixdorf. Eine Vernachlässigung dieses Strategiefeldes könnte für ein Unternehmen bald zu einem gravierenden Marketing-Handicap werden.

5.2.1.3 Methoden zur Senkung der Herstellkosten

Es ist eine wichtige Aufgabe der Arbeitsvorbereitung, auf der Grundlage von Ist-Daten aus der Fertigung sowie Lieferantenangeboten und eigenen Technologieprognosen - in Abstimmung mit der Konstruktionsabteilung - Herstellkostenprognosen für Teile, Baugruppen und die Gesamtheit neuer Produkte zu erarbeiten. In diese Arbeit müssen Vorstellungen über Verbesserungen der Produkte und der Produktionstechnik gleichermaßen eingehen. Grundlage für die Planung solcher Verbesserungen ist die Kenntnis der möglichen Verfahren zur Herstellkostensenkung. Die wichtigsten sind

- **Durchlaufoptimierung** auf der Grundlage von Zeitstudien (vgl. Pkt. 5.4.1.3) und BPR (vgl. Pkt. 2.4.3)
- **Standardisierung** von Produkten und Produktteilen
- Produktoptimierung durch **Wertanalyse**
- Investitionsplanung mit **Wirtschaftlichkeitsanalyse** (vgl. Pkt. 7.5).

(1) **Standardisierung von Produkten und Produktteilen**
Zu unterscheiden sind
- **Normung**, sie kann Produkte, Begriffe, Verfahren, Leistungen etc. betreffen.
- **Typung**, sie betrifft im Gegensatz zu Normung nur die Vereinheitlichung von marktfähigen Produkten.
- **Baukastensystembildung** ist ein bestimmtes Prinzip zur Standardisierung von Produktteilen und Produkten.

---
[12] Ebenda

(1.1) Normung

Bei jeder Aufstellung einer Norm geht es darum, aus einer Fülle von Realisierungsmöglichkeiten diejenige auszuwählen, die **fachgerecht** ist.
Man unterscheidet Geltungsbereich, Inhalt, Reichweite und Grad einer Norm.

- ❑ **Geltungsbereich**
  - **Internationale Normen** werden **von der ISO** (International Organization for Standardization) den Mitgliedern, d.h. nationalen Instituten **empfohlen**.
  - **Nationale Normen** werden für die Bundesrepublik **vom** deutschen Institut für Normung e.V. Berlin (**DIN**) als anerkannte Regeln der Technik **empfohlen**. Ihre **Anwendung kann** durch Rechtsvorschriften und Verträge **erzwungen werden**. 1980 gab es rund 20.000 Normen und Normenentwürfe.
  - **Werksnormen** werden von großen Industrieunternehmen aufgrund betrieblicher Erfordernisse entwickelt und unternehmensintern angewandt.
- ❑ **Inhalt von Normen** (ausgewählte Beispiele)
  - **Maßnorm**, Maße und Toleranzen von materiellen Gütern
  - **Dienstleistungsnorm**
  - **Liefernorm**, technische Grundlagen und Bedingungen für Lieferungen
  - **Qualitätsnorm** zu Eigenschaften und Beurteilungskriterien eines materiellen Gegenstandes
  - **Prüfnorm**, Untersuchungs-, Mess- und Prüfverfahren zum Nachweis beabsichtigter/ zugesicherter Eigenschaften
  - **Sicherheitsnorm**
  - **Verfahrensnorm**
  - **Verständigungsnorm**, Zeichen oder Systeme zur eindeutigen Verständigung.
- ❑ Unter **Reichweite der Normung** versteht man die Häufigkeit der Anwendungsmöglichkeit für viele oder wenige Gebiete
  - **Grundnormen** sind grundlegend und vielfach anwendbar (z.B. Formate und Gewinde)
  - **Fachnormen** sind speziell für engere Anwendungsgebiete (z.B. Schaltzeichen in der Elektroindustrie).
- ❑ Unter **Grad der Normung** versteht man den Umfang (z.B. Voll-, Teil- oder Rahmennormung).

Industriebetriebe können durch Verwendung von Normen **bedeutende Rationalisierungseffekte** in Form von Produktivitätssteigerungen und Kostensenkungen erzielen. Das gilt vor allem für die **Bereiche Konstruktion, Beschaffung, Lagerhaltung und Fertigung**. Bei der Produktplanung, -entwicklung und -**konstruktion** werden die Grundlagen für **systematische Nutzung von Rationalisierungsmöglichkeiten durch Normung** gelegt.

(1.2) Typung

Typung betrifft die **Vereinheitlichung von marktfähigen Erzeugnissen** (Halb- und Endfabrikaten). Durch **innerbetriebliche oder brancheninterne Begrenzung der Vielfalt** (Typenbildung bei Felgen- und Reifengrößen im Fahrrad- und Kraftfahrzeugbau) wird die **Reduzierung der innerbetrieblichen Vielfalt** von Vorgängen und zu bevorratenden Positionen erreicht (Reduzierung der Lagerhaltung und der Umrüstkosten sowie Erhöhung der Fertigungslosgrößen).
Dadurch werden wesentliche Rationalisierungsmöglichkeiten in der Fertigung erschlossen.
Vielfach besteht ein **Interessenkonflikt mit dem Vertrieb**, der die Produktprogramm-Vielfalt als Instrument der Werbung und Verkaufserleichterung einzusetzen pflegt.
Diesen Interessenkonflikt verringert die Baukastenbildung, auch modularer Produktaufbau genannt.

(1.3) Modulare Systeme

Die Bildung von modularen Systemen (Baukastensystemen) beruht auf dem Prinzip, aus einer möglichst **begrenzten Zahl vielseitig verwendbarer Bausteine** eine möglichst **große Zahl** unterschiedlicher **Produkte** herzustellen.

Durch geschickte Konzeption eines Baukastensystems ist es möglich gleichzeitig
- die **Fertigungsvielfalt zu reduzieren** und damit die Herstellkosten zu senken und
- die **Vielfalt des Verkaufsprogramms zu erhalten** und damit Wettbewerbsfähigkeit und Verkaufsargumentation zu stärken.

Diesen Vorteilen steht folgender Nachteil entgegen:
- Baukastensysteme verursachen **hohe Entwicklungskosten**,
- ihre **Entwicklung** ist **zeitaufwendig**.

(2) Produktoptimierung durch Wertanalyse

Wertanalyse ist eine Rationalisierungsmethode, die 1947 von *Larry Miles*, dem damaligen Einkaufsleiter von General Electric entwickelt wurde. Der *VDI*-Gemeinschaftsausschuss definiert Wertanalyse wie folgt:

„Wertanalyse ist eine **Methode zur Wertsteigerung**, bei der durch eine bestimmte, systematische Vorgehensweise, mit hoher Wahrscheinlichkeit, ohne Umwege, eine dem Stand des Wissens und den spezifischen Gegebenheiten entsprechende, optimale Lösung erzielt wird."[13]

Kurzgefasst kann man sagen, die Wertanalyse ermittelt systematisch
- die **Funktion eines Produkts**,
- den **Wert** dieser Funktion **für den Kunden** und
- **wie** diese **Funktion am kostengünstigsten erfüllt** werden kann.

Im Einzelnen hat die Methode folgende Merkmale:
- Sie ist **teamorientiert**, d.h., sie erschließt durch konsequente, interdisziplinäre Teamarbeit die größtmögliche Wissensbreite für gegenseitige Anregung und Motivation. Das wird durch Mitwirkung von Fachkräften aus allen Funktionsbereichen des Unternehmens erreicht.
- Sie ist **funktionsorientiert**, d.h., es werden für bestimmte Funktionen beste Lösungsmöglichkeiten ermittelt.
- Sie ist **wertorientiert**, d.h., es wird ermittelt,
  - welchen Höchstbetrag der Kunde für die Erfüllung der Funktion maximal auszugeben bereit ist und
  - mit welchem niedrigst möglichen Kostenbetrag die Funktion im Betrieb realisiert werden kann.
- Sie folgt einem **systematischen Vorgehensplan** für Information, Kritik und Verbesserung und betrachtet dabei ganzheitlich die Anforderungen, Material, Konstruktion, Fertigungsverfahren, Lagerhaltung, Vertriebsmethoden und deren gegenseitige Beeinflussung.
- Sie ist **universell einsetzbar** für die Entwicklung neuer Produkte und Dienstleistungen sowie für die Verbesserung bestehender Leistungen in Bezug auf deren Nutzwert, Kosten, Qualität und/oder Umweltverträglichkeit etc.

---

[13] *VDI*-Gemeinschaftsausschuss Wertanalyse, Wertanalyse, Idee - Methode - System, CDI-Taschenbuch T 35, Düsseldorf

Vertriebsabhängige Planungsaufgaben 229

In der Bundesrepublik besteht seit 1967 der *VDI*-Gemeinschaftsausschuss Wertanalyse, der den *VDI*-Bericht Nr. 163 sowie ein Taschenbuch zur Wertanalyse herausgegeben hat. Betriebliche Wertanalyse-Schulungen werden von *REFA*-Ingenieuren durchgeführt.[14]

(2.1) **Wertanalyseteam**

Die Arbeit der Wertanalyse muss von sachkundigen Fachkräften geleistet werden, die für diese Aufgabe vorübergehend in das Wertanalyseteam delegiert werden. Das bedeutet, dass das Team in Intervallen zusammentritt, die den Mitgliedern außerdem erlauben, weiterhin ihre sonstigen Aufgaben wahrzunehmen. Das nebenstehende Schaubild über eine mögliche Aufbauorganisation eines Wertanalyseteams und dessen Einbindung in die Unternehmensorganisation zeigt, dass das Team einerseits die Unterstützung der Unternehmensführung und andererseits Mitwirkung aus allen Funktions- und Produktionsbereichen benötigt.[14]

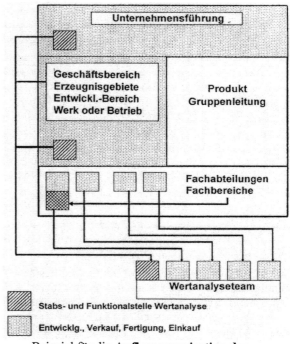

Beispiel für die **Aufbauorganisation der Wertanalyse** im Unternehmen, nach *VDI*[15]

(2.2) **Funktionsanalyse**

Nach DIN 69910: „sind unter Funktionen im Sinne der Wertanalyse alle Aufgaben (Tätigkeiten) zu verstehen, die von einem bestehenden oder noch zu entwickelnden Erzeugnis, einem Ablauf oder einer Büro- oder Verwaltungstätigkeit erfüllt werden bzw. erfüllt werden sollen."[16]

Ein Zuwachs an Funktionen steigert den Wert eines Erzeugnisses, sofern dieser Funktionszuwachs vom Käufer gewünscht wird.

Im Rahmen der Funktionsanalyse muss darauf geachtet werden, dass für den Benutzer zwischen Gebrauchs- und Geltungsfunktionen zu unterscheiden ist. Dabei ist zu bedenken, dass zwischen Investitions- und Konsumgütern unterschieden werden muss. Für die ersten ist die Gebrauchsfunktion i.d.R. höher als die Geltungsfunktion. Für Konsumgüter kann die relative Bedeutung von Gebrauchs- und Geltungsfunktion sehr verschieden sein. Bei Gütern des Grundbedarfs wird die erste, bei Gütern des Luxusbedarfs die zweite Funktion überwiegen.

Einen Einblick in Art und Struktur der Funktionsanalyse zeigt folgende Tabelle[17]

---

[14] Derselbe, Wertanalyse, a.a.O.
[15] Ebenda, a.a.O.
[16] *VDI*-Gemeinschaftsausschuss Wertanalyse, Wertanalyse, a.a.O.
[17] Entnommen aus: derselbe, Wertanalyse, a.a.O.

Funktionsbeschreibung, Funktionsarten, Funktionsklassen

Erzeugnis	Funktionsart		Funktionsklasse		Funktionsart		Funktionsklasse	
	Gebrauchs-Funktion	Geltungs-Funktion	Typische Hauptfunktionen		Gebrauchs-Funktion	Geltungs-Funktion	Typische Nebenfunktionen	
			Hauptwort	Tätigkeitswort			Hauptwort	Tätigkeitswort
Glüh-lampe	x		Licht	abgeben	x		Halterung	ermöglichen
					x		Kontakt	ermöglichen
Kfz.-Scheinwerfer	x		Licht	abgeben		x	Karosserie	zieren
	x		Lichtstrahlen	bündeln	x		Neigung	verstellen
					x		Fassung	zentrieren
						x	Zierring	vorsehen
					x		Zierring	halten
Schraube	x		Teile	verbinden	x		Demontage	ermöglichen
Krawatte	x	x	Träger	schmücken	x		Krawatte	befestigen
					x		Krawatte	lösen

(2.3) Vorgehensplan zur Wertanalyse[18]

Das Verfahren der Wertanalyse schließt mit einiger Wahrscheinlichkeit aus, dass einer Konkurrenz unter ähnlichen Kostenbedingungen die Realisierung und Markteinführung eines deutlich besseren Alternativprodukts gelingt. Das mehrfach zitierte *VDI*-Taschenbuch Wertanalyse bietet eine umfassende methodische Vertiefung.

Arbeitsplan der Wertanalyse nach DIN 69919 (*VDI*-Richtlinie 2801)

Grundschritt 1 Vorbereitende Maßnahmen	Teilschritt 1: Auswählen des WA-Objektes und Stellen der Aufgabe Teilschritt 2: Festlegen des qualifizierten Zieles Teilschritt 3: Plan des Ablaufes
Grundschritt 2 Ermitteln des IST-Zustandes	Teilschritt 1: Information beschaffen und Beschreiben des WA-Objektes Teilschritt 2: Beschreiben der Funktionen Teilschritt 3: Ermitteln der Funktionskosten
Grundschritt 3 Prüfen des IST-Zustandes	Teilschritt 1: Prüfen der Funktionserfüllung Teilschritt 2: Prüfen der Kosten
Grundschritt 4 Ermitteln von Lösungen	Suchen nach allen denkbaren Lösungen
Grundschritt 5 Prüfen der Lösungen	Teilschritt 1: Prüfen der sachlichen Durchführbarkeit Teilschritt 2: Prüfen der Wirtschaftlichkeit
Grundschritt 6 Vorschlag und Verwirklichung einer Lösung	Teilschritt 1: Auswählen der Lösung(en) Teilschritt 2: Empfehlen einer Lösung Teilschritt 3: Verwirklichung der Lösung

---

[18] Entnommen aus: derselbe, Wertanalyse, a.a.O.

(3) **Produktoptimierung durch DFMA** (Design for Manufacture and Assembly)

(3.1) **Grundlagen der DFMA** (registered trademark of Boothroyed Dewhurst, Inc.)

Prof. Geoffrey Boothroyed und *Prof. Peter Dewhurst* (beide Universität von Rhode Island/USA) haben Anfang der 80er Jahre die Methode DFMA, Design for Manufacture and Assembly, entwickelt, die in den USA einen großen Anwenderkreis gefunden hat und auch jetzt in Deutschland verstärkt zum Einsatz kommt. (Vgl. *Boothroyed, G., Dewhurst, P.,* Product Design for Manufacture and Assembly, New York)

DFMA ist eine **Systematik**, ein Produkt aus der Sichtweise der Konstruktion und der Produktion so zu konstruieren, dass in der Fertigung **minimale Herstell- und Montagekosten** realisiert werden.

Die DFMA-Methode folgt einer **systematisch** und logisch aufgebauten Arbeitsweise. Das Grundprinzip besteht darin, in genau bestimmten Arbeitsschritten Einzelteile/Baugruppen zu vereinfachen, so dass sie schneller und kostengünstiger (manuell oder automatisch) hergestellt und montiert werden können. Dabei zielt die DFMA darauf ab, die **Anzahl der Bauteile** zur Erfüllung einer Funktion zu **reduzieren** und die verbleibenden Bauteile **montagefreundlich** zu gestalten. DFMA ist für **Handmontage** und **automatische Montage** einsetzbar.

Die Technik findet ihre Anwendung in Bereichen, in denen **Einzelteile** oder **Baugruppen** hergestellt und montiert werden (z.B. Autoradios, Kaffeemaschinen, Magnete, Warenautomaten, Toaster, Autozulieferteile oder Computer).

DFMA ist einsetzbar

❑ in der Produktgestaltung für die überschlägige **Ermittlung der Herstellkosten** im Entwicklungsstadium und für die Berücksichtigung zeit- und kostensparender Demontage im Rahmen von Recycling-Projekten sowie

❑ zur Analyse und **Nachkalkulation** eines fertigen Produkts im Rahmen einer Konkurrenzanalyse.

DFMA ist wie die Wertanalyse **teamorientiert** und nutzt das breite Know-how-Potential von Entwicklung, Konstruktion, Fertigung, IE, QM und Marketing/Vertrieb.

(3.2) **Arbeitsweise der DFMA**

Die DFMA ist in drei Phasen eingeteilt

In der **Phase 1** muss die **Auswahl der Montagemethode** getroffen werden. Hier ist zwischen „Handmontage" und „Automatischer Montage" zu unterscheiden. Als Ergebnis kommt die entsprechende DFMA-Methode zum Einsatz.

Die **Phase 2** ist die „**Analysephase**". Frage: „Was kann möglicherweise verbessert werden?"

In der Phase 2 werden folgende Schritte durchlaufen:

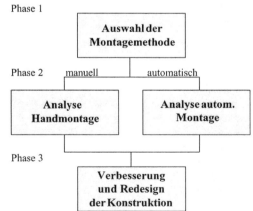

Schritt 1: Vorbereitung/Informationsbeschaffung
Schritt 2: Erstellung des Montage-/Strukturdiagramms
Schritt 3: Ausfüllen der Arbeitsblätter IST-Zustand
Schritt 4: Angabe der Probleme im Montagediagramm/Formulierung eines Idealzustands
Schritt 5: Zielsetzung/Vorschläge/Konkretisierung des Idealzustands

Die Phase 3 ist die „**Redesignphase**". Hier sollen die Fragen beantwortet werden: „Wie kann das Produkt verbessert werden?" und „Wo liegen Einsparungen?".

Die Phase 3 besteht aus folgenden Schritten:
Schritt 6: Verringern der Anzahl der Einzelteile
Schritt 7: Veränderung verbliebener Einzelteile
Schritt 8: Erneutes Erstellen des Montagediagramms
Schritt 9: Erneutes Ausfüllen der Arbeitsblätter
Schritt 10: Erneute Angabe der Probleme im Montagediagramm.

Die folgende Tabelle beschreibt die **Inhalte** der einzelnen Schrittfolgen der Phase 2 und 3:

Arbeitsschritt 1: Vorbereitung/ Informationsbeschaffung	Zusammenstellung des Arbeitsteams, Sammlung jeglicher Informationen, die über das Projekt erhältlich sind, z. B. technische Zeichnungen, 3-dimensionale Zeichnungen, Produktmuster, Modelle oder Prototypen. Zusätzliche Informationsquellen sind Baukasten- und Strukturstücklisten, ebenso Arbeitsplätze der Arbeitsvorbereitung.
Arbeitsschritt 2: Erstellen des Montage-/Strukturdiagrammes IST-Zustand	Eindeutige Festlegung der Montagereihenfolge durch Kennzeichnung von Einzelteilen, Vormontagen und Bearbeitungen.
Arbeitsschritt 3: Ausfüllen der Arbeitsblätter IST-Zustand	a) Ermittlung des Schwierigkeitsgrades für das Greifen, das Ausrichten und die Montage, daraus Bestimmung der notwendigen Zeiten für die einzelnen Tätigkeiten. b) Festlegung, ob Teile für eine Integration in andere Einzelteile in Frage kommen oder ob sie bei einer Neu-/Umkonstruktion weggelassen werden können.
Arbeitsschritt 4: Angabe der Probleme im Montage-/Strukturdiagramm/Formulierung eines IDEAL-Zustandes	Festlegung eines Grenzwertes für die Zeiten zum Greifen und Ausrichten und für die Montagezeit. Grenzwertüberschreitungen werden als Probleme im Montageplan und dem Arbeitsblatt gekennzeichnet.
Arbeitsschritt 5: Zielsetzung/Vorschläge/Konkretisierung eines IDEAL-Zustands	Für die gekennzeichneten Probleme werden in Gruppenarbeit Zielsetzungen und Vorschläge erarbeitet. Dabei sollten noch keine technischen Lösungen gesucht werden, jedoch sollte prinzipiell die praktische Möglichkeit der Realisierung der Vorschläge gegeben sein.
Arbeitsschritt 6: Verringerung der Anzahl der Einzelteile	Die im Montageplan angegebenen und eingekreisten Zahlen werden, beginnend mit der kleinsten Zahl, unter der Zielsetzung bearbeitet, Teile oder Arbeitsgänge entfallen zu lassen oder zu integrieren. Mögliche Hilfsmittel sind dabei u. a. die Ausarbeitung von Funktionsplänen und Wettbewerbsvergleichen sowie Gespräche mit Lieferanten.
Arbeitsschritt 7: Verbesserung der verbleibenden Einzelteile	Bei den in der überarbeiteten Konstruktion übrig gebliebenen Teilen muss eine optimale Formgebung in Hinblick auf die Operationen Greifen, Positionieren und Montieren erreicht werden, um die Montagezeiten auf ein Minimum zu reduzieren.
Arbeitsschritt 8: Erneutes Erstellen des Montage-/Strukturdiagramms REAL-Zustand	Für den geänderten bzw. umkonstruierten Entwurf wird erneut ein Montagediagramm erstellt, wobei der Ablauf und die Zielsetzung identisch mit Schritt 2 sind.
Arbeitsschritt 9: Erneutes Ausfüllen der Arbeitsblätter REAL-Zustand	Auf der Basis des neuen Montagediagramms werden die Arbeitsblätter ausgefüllt. Dabei wird wie in Schritt 3 "Ausfüllen der Arbeitsblätter" vorgegangen.
Arbeitsschritt 10: Erneute Angabe der Probleme im Montagediagramm REAL-Zustand	Um das neue Konzept im Hinblick auf die Montage optimieren zu können, werden wie in Schritt 4 erneut Grenzwerte festgelegt. Dies dient der Erkennung potentieller Problemfelder.

Zusammenfassend sind folgende Eigenschaften der DFMA zu nennen:

DFMA senkt Zeit und Kosten zur Fertigung und Montage eines Bauteiles durch eine **verringerte Teilevielfalt** und eine **höhere Qualität** im Produktdesign und Montageergebnis. Die

Verkürzung der Entwicklungszeit resultiert aus der frühzeitigen Teileminimierung. Die Teilereduktion erbringt eine **höhere Zuverlässigkeit**, eine **einfachere Logistik, geringere Investitionen, kürzere Durchlaufzeiten** und eine **geringere Kapitalbindung**. Die Systematik von DFMA bewirkt eine zielgerichtete, stark verkürzte Diskussion zur Form der Konstruktion. Der Design-Index der DFMA ist **Vergleichsmaßstab** für Konstruktionen. DFMA fördert **interdisziplinäre Teamarbeit**. DFMA-Ergebnisse bilden eine Grundlage für die Fertigungsvorbereitung. DFMA ist **rechnergestützt**.

(4) **Bestimmungsfaktoren der Produktprogrammbreite und -tiefe**

Ein Produktprogramm wird als **breit** bezeichnet, wenn es eine **größere Zahl unterschiedlicher Produkte vergleichbarer Ebene** umfasst (z.B. Werkzeugherstellung mit einer Vielzahl unterschiedlicher, fertiger Werkzeuge).

Ein Produktprogramm wird als **tief** bezeichnet, wenn es die **Herstellung eines oder mehrerer Erzeugnisse auf mehreren Ebenen** umfasst (z.B. Werkzeugfertigung mit Rohteilfertigung, Oberflächenveredelung und Endmontage).

Über die Breite und Tiefe eines Produktprogramms wird vorwiegend nach folgenden Kriterien entschieden:

- **Vertriebserfordernisse** bestimmen wesentlich die Breite des Vertriebsprogramms.
- **Kosten der Eigenfertigung und des Zukaufs** bestimmen die jeweiligen Deckungsbeiträge und damit auch wesentlich den Anteil des Produktprogramms, der eigengefertigt werden soll.
- **Fertigungskapazitäten und -Know-how** bestimmen die Tiefe des Produkt- und Fertigungsprogramms mit.
- Oft soll die Vergrößerung der Fertigungstiefe die **Wertschöpfung** erhöhen und die **Lieferantenabhängigkeit** verringern.

Der Einfluss einer Verbreiterung oder Vertiefung des Produktprogramms hängt wesentlich davon ab, ob in die Herstellkosten eingehende Material- und Teileeinkäufe zu höheren oder niedrigeren Kosten realisiert werden als bei deren Eigenfertigung.

Ein einfacher Planungsgedanke zu Gunsten der Fertigungsvertiefung zielt darauf ab, eigene Kapazitäten - soweit bereits vorhanden - besser auszulasten und sich Deckungsbeiträge „hereinzuholen", die bisher bei Lieferanten anfallen. Dieses Ziel ist grundsätzlich sinnvoll, es erweist sich jedoch dann als nicht erreichbar, wenn der Lieferant - z.B. aufgrund größerer Stückzahlen, überlegener Fertigungsanlagen oder durch besseres Know-how - mit deutlich höherer Produktivität und besseren Herstellkosten produziert und zu Preisen unter den eigenen Herstellkosten anbietet.

Für Teile und Baugruppen, die in Großserien in Niedriglohnländern hergestellt werden, kann dieser Fall häufig auftreten. Er darf in der Produktplanung nicht unberücksichtigt bleiben, da sonst die Gefahr unbemerkt bleibt, dass die Konkurrenz aus Einkaufsvorteilen maßgebliche Kostenvorteile und die Fähigkeit zu aggressiverer Preispolitik erreichen könnte.

5.2.2 Vom Absatz- zum Produktionsprogramm

Das Produktionsprogramm wird aus dem Absatzprogramm unter Berücksichtigung der Beschaffungsmöglichkeiten und der verfügbaren Produktionskapazitäten abgeleitet. Dabei können sich verschiedene Abweichungen zwischen Absatz- und Produktionsprogramm als notwendig oder sinnvoll erweisen.

Wegen seiner Abhängigkeit von den Absatzmengen wird die Erstellung des Produktionsplans (zumindest für kurze und mittelfristige Perioden) den Aufgaben der Fertigungssteuerung zugerechnet und unter Pkt. 5.4.1.1 näher behandelt.

5.3 Fertigungsplanung - je Produkteinheit

5.3.1 Erzeugnisplanung

Der Begriff der Erzeugnisplanung wird in einem weiten Sinn, z.B. von *REFA*[19] übereinstimmend mit dem Begriff der Produktplanung, wie er von uns im Kapitel Marketing in Pkt. 3.3.1 definiert wurde, als systematische Entwicklung neuer Produkte gebraucht. Konzentriert man sich auf die vorwiegend innerbetrieblichen Aufgaben der Arbeitsvorbereitung, dann begegnet man dem Begriff der Erzeugnisplanung in der Praxis in einem engeren Sinn, nämlich als Teilaufgabe der produktionsmengenunabhängigen Fertigungsplanung. Dort und in dem im Folgenden erläuterten engeren Sinne umfasst die Aufgabe der Erzeugnisplanung die Erarbeitung und Bereitstellung der für die produktionsmengenabhängige Fertigungssteuerung erforderlichen Stammdaten, soweit diese das Erzeugnis und seine Elemente betreffen.

Stammdaten sind Daten, die über einen längeren Zeitraum unverändert bleiben (z.B. Materialarten, Lieferanten, Kunden, Adressen). Sie müssen unterschieden werden von **Bestandsdaten** (z.B. Lager-, Auftrags- oder Forderungsbeständen), die sich ständig durch Ergänzung von **Bewegungsdaten** (z.B. Lager- oder Forderungszu- und -abgängen) verändern.[20]

Etwas vereinfachend kann man zusammenfassend sagen, die **Arbeitsvorbereitung** umfasst die Hauptaufgabenbereiche Fertigungsplanung und Fertigungssteuerung.
- ❑ Die **Fertigungsplanung** plant je Produkteinheit wie gefertigt werden soll und erarbeitet und pflegt die für Fertigungssteuerung und Fertigung erforderlichen Stammdaten.
- ❑ Die **Fertigungssteuerung** plant wie viel und wann gefertigt werden soll, dabei werden Bestandsdaten berücksichtigt. Außerdem übernimmt die Fertigungssteuerung die Fertigungsveranlassung und -vollzugsüberwachung. Als Fertigungsergebnis wird durch die Fertigungssteuerung die Fortschreibung von Bestandsdaten durch Ergänzung von Bewegungsdaten veranlasst.

Zur Erzeugnisplanung im engeren Sinne der Arbeitsvorbereitung gehören
- ❑ die Planung des Fertigungsablaufes,
- ❑ die Bedarfsermittlung je Erzeugniseinheit für die Produktionsfaktoren, vielfach unter der Aufgabenbezeichnung
  - • Arbeitsplanung,
  - • Materialplanung und
  - • Betriebsmittelplanung sowie
- ❑ die Darstellung der Erzeugnisstruktur durch Stücklisten
- ❑ unter Einsatz geeigneter Hilfsmittel wie Nummernsysteme.
- ❑ Dazu gehören ergänzend in geeigneter logischer Verknüpfung
  - • Daten über Arbeitsgänge/-folgen,
  - • Daten über Betriebsmittel und Kostenstellen sowie
  - • Daten über Materialeinsatz mit Hinweisen auf Lagerort, Lieferanten und Dispositionsart.

---
[19] Vgl. *REFA*, Methodenlehre der Planung und Steuerung, a.a.O., Bd. 1
[20] Vgl. *Gerken, W.,* Grundlagen systematischer Programmentwicklung, Mannheim

Wer sich gestaltend an der Vorbereitung und Durchführung rationeller Fertigung beteiligen will, muss die konkreten Inhalte dieser Begriffe sowie deren logische Verknüpfung aktivierbar verstanden haben. Der Schaffung dieser Grundlage dienen die folgenden Erläuterungen. Für weiterführende Vertiefungen wird an geeigneten Stellen auf spezielle Fachliteratur hingewiesen.

5.3.1.1 Planung des Fertigungsablaufes

Die Planung des Fertigungsablaufes hat im Rahmen der Erzeugnisplanung die Aufgabe, durch Klärung von Grundsatzfragen der Ablaufgestaltung die Wahl einer zweckmäßigen Fertigungstechnologie und Ablauforganisation sicherzustellen. Für den mittel- und langfristigen Unternehmenserfolg ist es sehr bedeutsam, dass die Wahl der Fertigungstechnologie und Fertigungsabläufe, wegen der damit verbundenen langfristigen Investitionen und Festlegungen, unter Berücksichtigung der konkurrierenden Zielsetzungen hoher Produktivität und hoher Anpassungsfähigkeit marktgerecht erfolgt. Dabei stehen technische Alternativen und deren Kosten im Vordergrund, deren Behandlung diesen Rahmen sprengen würde. Eine Erläuterung der wichtigsten Zusammenhänge erfolgte bereits unter dem Stichwort Bestimmungsfaktoren, die den Produktionsprozess definieren (vgl. Pkt. 5.1.3).

In der Literatur wird der Begriff der Planung des Fertigungsablaufes vielfach dem Bereich der Fertigungssteuerung zugeordnet. Dort geht es dann um die kurzfristige „Auftragsdurchlaufsteuerung" und die Bewältigung von Störeinflüssen. Dazu schreibt *REFA*:

„Die **Fertigungsablaufsteuerung** hat die Aufgabe, in einem kurzfristigen Zeitraum die Fertigungsabläufe an bestimmten Arbeitsplätzen zu optimieren. Störungen sollen zeitnah erfasst und dem System unmittelbar mitgeteilt werden, damit die neue Situation mit den Reihenfolgeänderungen durchgerechnet werden kann. Die **Reihenfolgeplanung** mit der kurzfristigen Belegungskontrolle wird wegen des Aufwands nur an besonders kritischen Betriebsmitteln vorgenommen"[21] (vgl. Pkt. 5.4.1.3 Kapazitätsterminierung).

5.3.1.2 Bedarfsermittlung je Erzeugniseinheit

In diesem Arbeitsschritt der Erzeugnisplanung wird in allen Einzelheiten und für alle Produktionsfaktoren geplant, wie gefertigt werden soll. Dieser Vorgang schließt mit den für die Ausführung erforderlichen Anweisungen ab. Diese enthalten auch die erforderlichen Bedarfsmengen je Produktionsfaktor und je Erzeugniseinheit. Angaben über die herzustellenden Erzeugnismengen werden erst durch die Fertigungssteuerung ergänzt. Das bedeutet, dass die Fertigungssteuerung die Mengenvorgaben je Erzeugniseinheit von der Fertigungsplanung übernimmt, sie mit den Produktionsmengen multipliziert, um Bestandsdaten ergänzt und dann die für den Betrieb erforderlichen Arbeitspapiere erzeugt und bei Erteilung der Arbeitsaufträge zur Veranlassung einsetzt.

(1) **Arbeits- bzw. Fertigungsplan - Basis der Personalbedarfsplanung**

Der **Arbeitsplan**, in vielen Betrieben auch Fertigungsplan genannt, ergänzt Zeichnung und Stückliste um diejenigen Aufgaben, die für die Ausführung der Fertigung erforderlich sind. Mit diesem Ziel werden in einem Arbeitsplan für die Fertigung eines Teils, einer Baugruppe oder eines Erzeugnisses mindestens folgende Angaben gemacht:

---
[21] *REFA*, Methodenlehre der Planung und Steuerung, a.a.O., Bd. 3

❑ Aufzählung der erforderlichen Arbeiten in logischer Reihenfolge, genannt Arbeitsgang und/oder Arbeitsfolge
❑ zu jedem Arbeitsgang, Arbeitsplatz und/oder Betriebsmittel sowie
❑ Vorgabe der Arbeitszeit und Lohngruppe und schließlich
❑ einzusetzendes Material (hier besteht eine Schnittstelle zur Materialplanung, in der die für die Materialbeschaffung erforderlichen Daten erarbeitet werden).

Einen Überblick über die betrieblichen Einsatzbereiche von Arbeitsplänen gibt das folgende Schema von *REFA*.[22]

Da der Arbeitsplan für jede Erzeugniseinheit festlegt, wie, also auch mit welchem Zeiteinsatz und mit welcher Qualifikation, Lohngruppe je Arbeitsgang, gefertigt werden soll, ist der Arbeitsplan ein Basisdokument für die Ermittlung des produktionsmengenabhängigen Personalbedarfs in der Fertigung. Weitere Erläuterungen zur Personalbedarfsplanung vgl. Kapitel 6.

Die Erstellung des Basis- oder Stamm-Arbeitsplans je Einheit erfolgt durch die Arbeitsplanung, ohne auftragsabhängige, d.h. produktionsmengenabhängige Daten. Diese werden erst im Rahmen des Einsatzes des Arbeitsplans anlässlich der Disposition und Terminplanung hinzugefügt. Die nebenstehende Skizze von *Wiendahl* erläutert den Ablauf einer **Arbeitsplanerstellung**.[23]

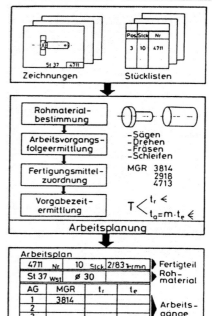

---

[22] Entnommen aus *REFA*, Methodenlehre der Planung und Steuerung, a.a.O., Bd. 3
[23] Entnommen aus: *Wiendahl, H.-P.*, Betriebsorganisation für Ingenieure, München und Wien

(2) Materialplanung

Im Rahmen der Fertigungsplanung umfasst die **Materialplanung** die Planung des produktionsmengenunabhängigen Materialbedarfs nach Art und Menge je Erzeugniseinheit. Als Grundlage für die Fertigungssteuerung sind mindestens folgende Stammdaten je Teil, Baugruppe oder Erzeugnis vorzugeben:
- Materialart mit Qualitätsvorgaben
- Materialmenge
- Lagerort sowie
- unter Umständen Qualitätsprüfvorschriften.

Für die **Materialdisposition** sind gleichzeitig oder später ergänzend erforderlich:
- Mindestbestand
- Dispositionskennzeichen
- Lieferantennachweis
- Beschaffungszeit und
- sonstige Angaben bezüglich optimaler Beschaffung, z.B. Vorgabe von optimalen Losgrößen für Eigenfertigung und/oder Einkauf.

Die hier genannten Stammdaten finden Eingang in die produktionsprogrammabhängige, also produktionsmengenabhängige Materialplanung. (vgl. Pkt. 5.4.1.4). Umfassende Systematiken zur Materialplanung für die Gesamtheit aller Teilaufgaben und Arbeitsschritte gibt *REFA*.[24]

(3) Betriebsmittelplanung

Die **Betriebsmittelplanung** hat die Aufgabe, folgende Festlegungen vorausschauend zu treffen:
- Bedarf einer oder mehrerer Perioden an Betriebsmitteln nach Art und Menge
- Räumliche Gestaltung und Optimierung des Fertigungsablaufs durch geeignete Gestaltung der Betriebsmittelanordnung
- Bedarfs- und Erstellungsplanung für Werkzeuge und gegebenenfalls
- Planung der Errichtung, Erweiterung und vielfach Umstellung von Fertigungsanlagen aus Anlass von Anforderungs- und/oder Verfahrensänderungen sowie
- Instandhaltungsplanung.

Für die Betriebsmittelplanung und zwar insbesondere die Erstellung von produktspezifischen und/oder kundenspezifischen Werkzeugen ist darauf zu achten, dass Prioritätenfestlegungen unter Berücksichtigung der mit dem jeweiligen Werkzeug erzielbaren Deckungsbeiträge erfolgen. Bei wichtigen Terminverzögerungen ist diese Prüfung erneut vorzunehmen und deckungsbeitragsoptimal zu disponieren.

Für die Aufgabe der **Instandhaltungsplanung** strukturiert die folgende Tabelle von *Warnecke* Strategien und Teilaufgaben.[25]

---

[24] *REFA*, Methodenlehre, a.a.O., Bd. 2
[25] Entnommen aus *Warnecke, H.-J.*, Instandhaltung, zitiert nach *Blohm, H.* und andere, a.a.O.

Instandhaltungsplanung		
Strategieplanung	Bereitstellungsplanung	Arbeitsablaufplanung
- Präventivstrategie (vorbeugender Teileaustausch) - Inspektionsstrategie - Ausfallbedingte Instandhaltungsstrategie	- Personalplanung - Planung der Betriebsmittel der Instandhaltung - Planung des Instandhaltungsmaterials	- Arbeitsplanerstellung - Zeitermittlung

(4) **Kostenplanung als Teil der Erzeugnisplanung**

Für den Betriebswirt ist es nicht immer eine Selbstverständlichkeit, dass als Ergebnis der technischen Erzeugnisplanung (mit den oben behandelten Schritten Arbeitsplanung, Materialplanung und Betriebsmittelplanung) in der Arbeitsvorbereitung das erforderliche Know-how für eine **Kostenträger-Vorkalkulation** unter Berücksichtigung aller wichtigen technologischen Veränderungen besteht oder entwickelt werden muss.

In diese Vorkalkulation gehen neben Daten der Betriebsabrechnung ergänzend Technologie- und Einkaufspreisprognosen bezüglich der einzusetzenden Materialien und Teile ein. Ferner sind Prognosen über die Entwicklung von Lohnkosten und Abschreibungserfordernissen einzubeziehen.

5.3.1.3 Elemente und Hilfsmittel der Erzeugnisplanung

(1) **Nummernsysteme**

In der industriellen Praxis wurden Ordnungssysteme für die Dokumentation von Erzeugnissen und Erzeugnisteilen sowie für die Beschreibung und Steuerung von Prozessabläufen entwickelt. Diese bedienen sich vielfältiger Nummernsysteme.

Nach DIN 6763 ist eine Nummer eine „festgelegte Folge von Zeichen", diese kann bestehen aus
- Ziffern   0, 1, 2, 3, ..., 9
- Buchstaben   a, b, c, ..., z
- Sonderzeichen   %, §, +, etc.

Der Begriff Nummerung schließt nach DIN 6763 das „Bilden, Erteilen, Verwalten und Anwenden von Nummern" ein.

(1.1) **Funktionsübergreifender Zusammenhang**

Die Bedeutung eines Nummernsystems für die Steuerung eines Betriebes kann vereinfacht am Beispiel der Abwicklung eines Kundenauftrags - bei Auftragsfertigung - veranschaulicht werden.
- Ein Kunde, der einen ersten Auftrag erteilt, erhält eine **Kundennummer**, unter der die ihn betreffenden Akquisitionsmaßnahmen in Zukunft registriert, sein Auftrag eingebucht und bei Lieferung und Fakturierung die Forderung gegen ihn gebucht und das Inkasso überwacht werden.

Fertigungsplanung - je Produkteinheit

- ❑ Der eingegangene Auftrag erhält eine **Auftragsnummer**. Er betrifft ein bestimmtes **Erzeugnis**, unter dessen Nummer die Informationen gesucht werden zur Auflösung des bestellten Erzeugnisses in seine Baugruppen, Teile und Materialien.
- ❑ Diese **Baugruppen und Teile** haben wiederum **Nummern** (die vielfach mit ihrer **Zeichnungsnummer** übereinstimmen). Die Baugruppen- und Teiledokumentation führt für Einkaufsteile direkt, für Eigenfertigungsteile indirekt über eine **Materialnummer** zum Einkaufsbedarf.
- ❑ Bestimmte Materialien sind üblicherweise zu Beschaffungsgruppen gleichartiger Technologie (wie Stahl, Kunststoff, Elektroteile etc.) zusammengefasst. Für das einzelne Einkaufsmaterial, Einkaufsteil oder die Materialgruppen bestehen Lieferantenverzeichnisse mit **Lieferantennummern**, die üblicherweise ergänzt werden durch **Lieferantenkennzeichen** (mit Hinweisen auf deren Leistungsfähigkeit wie Preis, Qualität, Lieferzeit etc.).
- ❑ Bei der Bestellung sind bestimmte Optimierungsregeln zu beachten, die durch **Dispositionskennzeichen** je Materialnummer oder Teilenummer festgelegt sind.
- ❑ Zur Vorbereitung des **Fertigungsauftrags** sind bestimmte Arbeitsplätze auszuwählen und Betriebsmittel in bestimmten **Kostenstellen/Abteilungen** zu reservieren, die **alle durch Nummern bezeichnet** werden.
- ❑ Bei Auslieferung des Auftrags erfolgt eine Fakturierung mit **Rechnungsnummer**.

(1.2) **Merkmale betrieblicher Nummernsysteme**
- ❑ **Auftragsabhängige Nummern**
  Diese kennzeichnen die nur für einen bestimmten Auftrag gültigen Merkmale. Dazu gehören Auftragsnummer, Auftragsart, Termin, Kunde etc.
- ❑ **Auftragsunabhängige Nummern**
  Diese kennzeichnen Erzeugnisse, Baugruppen, Teile, Materialien, Betriebsmittel, Kostenstellen etc. Die auftragsunabhängigen Nummern werden vielfach auch als **Sachnummern** und die ihnen zugeordneten Daten als Stammdaten bezeichnet. Sachnummern können identifizierend oder klassifizierend sein.
- ❑ **Klassifizierende Nummern**
  Klassifizierende Nummern ordnen nach DIN 6763 Nummernobjekte, Gegenstände oder Sachverhalte, bestimmten Gruppen (Klassen) zu, die durch bestimmte Merkmale eindeutig und unverwechselbar bezeichnet sind. Nummern mit diesen Merkmalen heißen **Klassifizierungsnummern**.
  Mit der Zugehörigkeit eines Sachverhaltes oder Gegenstands zu einer Gruppe oder Klasse ist das Nummerungsobjekt noch nicht identifiziert, denn die Objekte mit gleichen Gruppenmerkmalen sind nicht notwendig identisch.
- ❑ **Identifizierende Nummern**
  Identifizierende Nummern dienen (nach DIN 6763) dazu, bestimmte Gegenstände oder Sachverhalte eindeutig und unverwechselbar zu kennzeichnen und zu erkennen, beziehungsweise anzusprechen. Nummern mit diesen Merkmalen heißen **Ident- oder Identifizierungsnummern**. Diese Bedingung der Identifizierung ist in der industriellen Praxis auch erfüllt durch Nummerungsobjekte, die innerhalb bestimmter vorgegebener Toleranzen austauschbar sind. Das kann beispielsweise für bestimmte Baugruppen zutreffen, wie Getriebe, Vergaser, oder für Teile, wie Schrauben und Federn etc.

Die erläuterten Merkmale betrieblicher Nummernsysteme fasst *Wiendahl* in dem folgenden Schaubild mit Hinweis auf wichtige Beispiele zusammen.[26]

	Auftragsunabhängig	**Auftragsabhängig**
Identifi-zierend	Teilnummer Erzeugnisnummer Betriebsmittelnummer	Auftragsnummer Kundennummer
Klassifi-zierend	Teileart Erzeugnisgruppe Gruppenart	Auftragsart Bezugsart
	Informationssystem	

Die betrieblichen Sachnummernsysteme bestehen i.d.R. aus einem klassifizierenden und einem identifizierenden Teil. Je nachdem, ob beide Teile fest miteinander verknüpft oder unabhängig voneinander änderbar sind, spricht man von Verbund- oder Parallel-Nummernsystem.

(1.3) Verbund-Nummernsystem

In einem **Verbund-Nummernsystem** ist ein klassifizierender Nummernteil ergänzt um einen identifizierenden Nummernteil und beide sind fest verknüpft. Die Gesamtnummer erlaubt die Klassifizierung und Identifizierung.

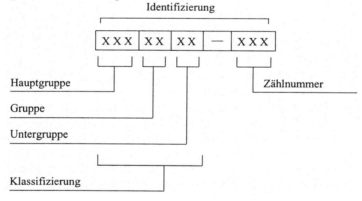

Verbund-Nummernsystem[27]

(1.4) Parallel-Nummernsystem

Parallel-Nummern bestehen aus zwei voneinander unabhängigen Teilen, nämlich einem Identifizierungsteil und einem Klassifizierungsteil.

---

[26] Entnommen aus: *Wiendahl, H.-P.*, Betriebsorganisation für Ingenieure, München und Wien
[27] Entnommen aus: *Jäger, F., Klein, A., Kuntze, W.*, Betriebliche Fertigungswirtschaft, Betriebswirtschaftliche Aspekte moderner industrieller Produktion, Stuttgart

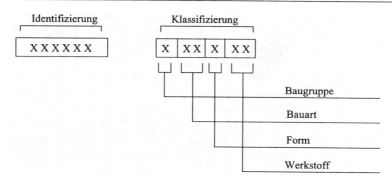

Parallel-Nummernsystem[28]

(1.5) Gesichtspunkte für die Gestaltung von Nummernsystemen

Für die Gestaltung von Nummernsystemen sind insbesondere folgende Fragen zu beantworten:
- Welche Sortier- und Suchaufgaben sind in den verschiedenen Funktionsbereichen wahrzunehmen?
- Welche Objekte sind nach welchen Merkmalen zu kennzeichnen und zu ordnen?
- Wie viele Positionen sind je Merkmal zu unterscheiden?
Mit Hilfe einer Stelle können bei Verwendung von Zahlen (0 bis 9) zehn und bei Verwendung von Buchstaben (a bis z) 26 Merkmale unterschieden werden. Ist eine größere Zahl von Merkmalen zu unterscheiden, dann sind dafür zusätzliche Stellen erforderlich.
- Sind Merkmale voneinander abhängig oder unabhängig?
- Welche Kenntnisse sind erforderlich für die Erteilung und die Anwendung von Nummern? Konstruktion und Fertigung sind durch andere Anforderungen und Kenntnisse gekennzeichnet als Vertrieb, Disposition und Einkauf.

Nach Klärung der Identifizierungs- und Klassifizierungsanforderungen muss eine Wahl über den Einsatz von Verbund- oder Parallel-Nummernsystemen getroffen werden. Dafür gibt es keine allgemeingültige Regel, sondern nur eine Reihe von Erfahrungen, die nicht ohne Überprüfung auf den konkreten Fall übertragen werden können. Die wichtigsten Erfahrungen sind:
- **Verbund-Nummernsysteme** sind in der klassischen Konstruktionsverwaltung des Maschinenbaus verbreitet. Sie erlauben dem eingearbeiteten Techniker eine tiefgegliederte Zuordnung von Nummerungsobjekten zu Konstruktionsmerkmalen, Baugruppen und Produkten. Diesem Vorteil stehen folgende wesentliche Nachteile gegenüber:
  - Die Vergabe von Nummern erfordert gründliche technische Detailkenntnisse und kann nur durch wenige Spezialisten vorgenommen werden. Das ist langwierig und schafft hohe Abhängigkeit des Systems von Einzelpersonen.
  - Ein Teil, das in verschiedene Produkte (Ordnungsgruppen) eingeht, hat entsprechend viele Teilnummern.
  - Produktänderungen erzwingen einen umfangreichen Nummernänderungsdienst.
- **Parallel-Nummernsysteme** gelten als änderungsfreundlich, da der klassifizierende und der identifizierende Teil unabhängig voneinander geändert werden können. Damit entspricht dieses System insbesondere der Anforderung hoher Flexibilität und erweist sich

---

[28] Entnommen aus: derselbe und andere, Betriebliche Fertigungswirtschaft, a.a.O.

i.d.R. als überlegen und zukunftssicher. Zu bedenken ist ferner, dass die Pflege des Systems auf verschiedene Anwender und Know-how-Träger übertragen werden kann.
Diesen Vorteilen steht der Nachteil gegenüber, dass ein Parallel-Nummernsystem für den gleichen Informationsumfang im Vergleich zum Verbund-Nummernsystem mehr Stellen erfordert. Dieser Nachteil kann bei DV-Einsatz i.d.R. vernachlässigt werden.

(1.6) Aspekte des DV-Einsatzes von Nummernsystemen

Nummernsysteme, in der DV auch Nummernschlüssel genannt, dienen in der DV zum Auffinden von Datensätzen in Dateien und Datenbanken. Dies bedingt, dass jede Datei mindestens einen identifizierenden Schlüssel besitzen muss. Dieser Schlüssel wird **Primärschlüssel** genannt und kann eine rein identifizierende Nummer oder eine Verbundnummer sein. Die Verwendung von Verbundnummern als Primärschlüssel sollte wohl überlegt werden, denn es besteht die Gefahr, dass der klassifizierende Teil des Schlüssels nach einiger Zeit geändert werden muss (bei Erzeugnisänderungen, Umzug des Kunden oder Lieferanten).

Zusätzlich zum Primärschlüssel können in Datenbanken und in Programmiersprachen zur kommerziellen Programmierung ein oder mehrere alternative Satzschlüssel definiert werden, die Parallelnummern darstellen. Durch sie können Sortierungen der Datenbank/Datei nach beliebigen in der Datei enthaltenen Datenfeldern erreicht werden.

Alternative Satzschlüssel werden in der DV zunehmend eingesetzt, um die Vielzahl an verschiedenen Auswertungsformen und Sortierfolgen erzeugen zu können. Dies ist eine Folge der immer komplexer werdenden Programmsysteme. Die Änderung von Datenfeldern, die in Alternativschlüsseln enthalten sind, macht im Gegensatz zur Änderung einer Verbundnummer, die Primärschlüssel ist, keine Probleme. Auch das nachträgliche Hinzufügen von Alternativschlüsseln ist möglich, wenn ein Programmsystem erweitert werden soll. Deshalb gilt das Parallel-Nummernsystem als das zukunftssicherste Nummernsystem.

(2) Darstellung der Erzeugnisstruktur durch Stücklisten

(2.1) Aufgaben, Informationsinhalte und Typen von Stücklisten

Eine Stückliste ist ein Verzeichnis, aus dem hervorgeht, aus welchen Baugruppen, Einzelteilen und Materialien ein Produkt hergestellt wird. Eine Stückliste kann ferner den strukturellen Aufbau eines Produktes oder einer Baugruppe definieren.

Stücklisten werden überall benötigt, wo Endprodukte aus mehreren Ausgangsmaterialien oder -teilen zusammengefügt werden. Dazu gehören in den verschiedenen Industriezweigen auch
- **Rezepturen** (in der Chemischen Industrie)
- **Zutatenlisten** (in der Lebensmittelindustrie)
- **Bauvorschriften** (im Hoch- und Tiefbau).

Für manuell verwaltete Kleinserienfertigung werden Stücklisten häufig neben der Zeichnung eines Teiles auf dem gleichen Blatt vermerkt und verweisen dort auf die anderen zugehörigen Teile. Bei DV-gestützter Großserienfertigung werden Teilezeichnung und Stückliste meist getrennt erstellt. Die Bedeutung der Stückliste für die Steuerung der Fertigung und der Materialwirtschaft ist mit dem technischen Fortschritt schnell gewachsen. Komplexe Produkte mit großer Teilevielfalt sowie harter Preis- und Kostenwettbewerb machen es heute unmöglich, Produktionsbereitschaft auf der Basis verbrauchsgesteuerter Teiledisposition, d.h. ohne Stücklisten, effizient sicherzustellen. Fast alle - auch kleinere - Betriebe sehen sich heute gezwungen, eine auftrags- bzw. programmgesteuerte Teiledisposition einzuführen, in der der Sekundärbedarf über Stücklisten aus dem Primärbedarf ermittelt wird.

Eine Stückliste enthält Teile bezogene und Struktur bezogene Angaben.
- **Teile bezogene Angaben** sind
  - Teilenummer und (oder besser identisch mit) Zeichnungsnummer
  - Bezeichnung
  - Preis
  - Lagerort
  - Materialnummer sowie unter Umständen
  - Lieferantennummer und
  - Dispositionsart.
- **Struktur bezogene Daten** betreffen die Einordnung des Teils in die Erzeugnisstruktur, dazu gehören
  - Kopf- und Positionsdaten, z.B. kenntlich durch
  - über- und/oder untergeordnete Teilenummern.

Einstufige Stücklisten kennzeichnen Produkte einfacher Struktur, die direkt aus Ursprungsmaterialien und Einkaufsteilen hergestellt werden. Von **mehrstufigen Stücklisten** spricht man, wenn mehrstufige Produkte dargestellt werden, in denen zumindest ein Anteil von Ausgangsmaterialien und -teilen nicht direkt in das Endprodukt eingeht sondern zunächst zu Baugruppen zusammengefügt wird, die dann ihrerseits in andere Baugruppen oder das Endprodukt eingehen (z.B. im Fahrzeugbau Anlasserwelle in die Baugruppe Anlasser, Anlasser zur Baugruppe Motor, Motor in das Endprodukt Fahrzeug).

Zur Darstellung mehrstufiger Produkte können unterschiedliche Typen von Stücklisten eingesetzt werden. Dabei unterscheidet man folgende Grundformen:
- Unstrukturierte Stücklisten, in diese Kategorie gehört die
  - Mengenübersichtsstückliste
- Strukturierte Stücklisten, dazu zählen die
  - Strukturstückliste und die
  - Baukastenstückliste.

Außerdem bestehen Mischformen. Am häufigsten findet man die Kombination von Struktur- und Baukastenstücklisten. In Bezug auf den DV-Einsatz ist zwischen Speicherungs- und Ausdrucksformen der verschiedenen Stücklistentypen zu unterscheiden.

Die Darstellungs- und Leistungsmerkmale der genannten Stücklisten-Grundformen werden am Beispiel der folgenden vereinfachten Produktstruktur erläutert.

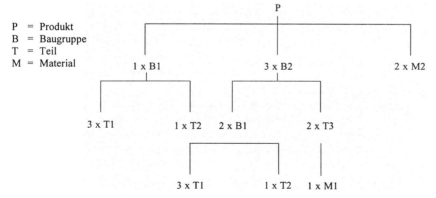

P = Produkt
B = Baugruppe
T = Teil
M = Material

Eine Stückliste kann wie oben graphisch oder wie in den folgenden Erläuterungen als Tabelle dargestellt werden. In dem obigen Beispiel wird deutlich, dass ein gleichartiges Teil in einem mehrstufigen Produkt auf mehreren Stufen für die Herstellung des Produkts benötigt werden kann. Die unterste Produktionsstufe, auf der ein bestimmtes Teil benötigt wird, nennt man seine **Dispositionsstufe**. Auf diese wird Bezug genommen bei der termin- und bedarfsorientierten Disposition, d.h. der Ermittlung des Nettosekundärbedarfs dieses Teils (vgl. Pkt. 5.4.1.4 (2) Dispositionsstufenverfahren).

(2.2) Mengenübersichtsstückliste

In einer Mengenübersichtsstückliste wird jede Sachnummer (untergeordnete Teilenummer) mit der Menge aufgeführt, mit der das zugehörige Teil insgesamt in das Enderzeugnis eingeht. Jede Teilenummer wird also pro Erzeugnis nur einmal mit der kumulierten Mengenangabe aufgeführt, auch wenn sie ein Wiederholteil betrifft, das an verschiedenen Stellen der Erzeugnisstruktur mehrfach auftritt. Eine Mengenübersichtsstückliste enthält alle Teilenummern eines Endproduktes. Eine Gliederung nach Montageablauf oder sonstige Berücksichtigung der Produktstruktur erfolgt nicht. Die Mengenübersichtsstückliste eignet sich deshalb besonders für einfache Fertigungen, in denen keine Zwischenlagerungen von Baugruppen erfolgen.

Vorteile
- Sie ist einfach, übersichtlich, der Material- und Teilebedarf lässt sich sehr schnell ermitteln.
- Der Speicherplatzbedarf ist relativ gering.

Nachteile
- Eine automatische Umwandlung in eine strukturierte Stückliste (mit Stücklistenprozessor) ist nicht möglich.

Das bedeutet, dass diese sehr einfache Form einer Stückliste wenig Ansatzpunkte für die Erschließung von Vorteilen bietet, die ein DV-Einsatz bieten kann.
Eine Mengenübersichtsstückliste für das gewählte Beispiel-Produkt enthält nebenstehende Angaben.

Produkt P	
Bezeichnung	Menge
B1	7
B2	3
T1	21
T2	7
T3	6
M1	6
M2	2

Mengenübersichtsstückliste des Produktes P

(2.3) Strukturstückliste

Eine Strukturstückliste ist ein Verzeichnis aller Baugruppen, Teile und Materialien eines Produkts, aus dem die Produktstruktur und der Produktionsablauf hervorgehen, also zu jedem Bestandteil die zugehörige Produktionsstufe erkannt werden kann. Die Mengenangaben zu jedem Material, jedem Teil und jeder Baugruppe geben jeweils an, dass dieses Element in dieser Menge in die nächst übergeordnete Produktionsstufe eingeht. Auf der Grundlage dieser Informationsstruktur wird eine zeitliche und mengenmäßige Differenzierung der Bedarfsrechnung bei Einsatz von Strukturstücklisten möglich.

Für die Positionsfolge innerhalb einer Strukturstückliste gibt es keine verbindlichen Regeln. Eine Aufzählung von links nach rechts herrscht vor. Dabei wird zunächst jeder begonnene Zweig der Baumstruktur ganz bis unten definiert, bevor nach rechts weitergegangen wird. Nach dieser Regel ergibt eine Strukturstückliste für das obige Beispielprodukt nebenstehendes Bild:

Im Hinblick auf den DV-gestützten, praktischen Einsatz ergeben sich folgende Gesichtspunkte:

Produkt P		
Bezeichnung	Stufe	Menge
B1	1	1
T1	2	3
T2	2	1
B2	1	3
B1	2	2
T1	3	3
T2	3	1
T3	2	2
M1	3	1
M2	1	2

Fertigungsplanung - je Produkteinheit

Vorteile
- Produktstruktur und Fertigungsablauf sind ohne Rückgriff auf andere Stücklisten erkennbar.
- Die Beachtung der zeitlichen Verschiebungen zwischen den verschiedenen Produktionsstufen kann dokumentiert und für die Bedarfsermittlung im Dispositionsstufenverfahren berücksichtigt werden.

Nachteile
- Der Speicherbedarf ist relativ hoch, da Wiederholteile auf jeder Stufe, auf der sie vorkommen aufgeführt und gespeichert werden müssen.
- Bei hoher Teilezahl und komplexer Produktstruktur wird die Stückliste unübersichtlich.
- Bei Auswertungen und Änderungen ergeben sich relativ hohe DV-Laufzeiten.
- Bei relativ komplexen, änderungsintensiven Produkten ergibt sich ein gegenüber dem Einsatz von Baukastenstücklisten deutlich höherer Änderungsaufwand.
- Bei Einsatz moderner DV-Programme zur Stücklistenorganisation können auch Strukturstücklisten erzeugt werden. Die Organisationsform der Strukturstückliste erlaubt aber keine optimale Stücklistenspeicherung und -änderung.

(2.4) **Baukastenstückliste**

In einer Baukastenstückliste sind zu jedem Erzeugnis oder zu jeder Baugruppe nur die Baugruppen oder Einzelteile der nächsttieferen Fertigungsstufe enthalten. In einer mehrstufigen Fertigungsstruktur zerfällt der Erzeugnisaufbau in mehrere einstufige Stücklisten. Besteht eine untere Stücklistenposition aus einer Baugruppe, dann besteht dafür wiederum eine einstufige Stückliste.

Jede Wiederholbaugruppe wird nur einmal als Stückliste dargestellt, obwohl die Baugruppe an mehreren Stellen des Erzeugnisses oder unter Umständen sogar in mehreren Erzeugnissen eines Produktprogramms auftritt.

Für das gewählte Beispiel-Produkt ergibt sich folgende Darstellung als Baukastenstückliste.

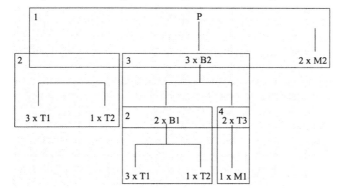

Baukastenstückliste für das Produkt P

Im Hinblick auf DV-gestützten Einsatz in der Praxis ergeben sich folgende Gesichtspunkte:

Vorteile
- Im Vergleich zu Strukturstücklisten sind Speicheraufwand und Änderungsaufwand niedriger, weil Wiederholbaugruppen nur einmal gespeichert werden.
- Je größer die Zahl der Wiederholbaugruppen ist, um so bedeutsamer wird dieser Vorteil.
- Baukastenstücklisten sind am besten geeignet für den DV-Einsatz und erlauben den Einsatz eines Stücklistenprozessors im Änderungsdienst.

Nachteile
❏ Der Gesamtzusammenhang einer Erzeugnisstruktur wird erst erkennbar, wenn zusammengehörige Baukastenstücklisten als Strukturstückliste ausgegeben werden. Da dieses bei DV-Einsatz i.d.R. möglich ist, wiegt dieser Nachteil gering, denn man kann die Speichervorteile der Baukastenstücklisten mit den Darstellungsvorteilen der Strukturstückliste ohne Schwierigkeit kombinieren.
Damit erweist sich die Baukastenstückliste in Verbindung mit einer Produktstrukturdarstellung als Strukturstückliste als i.d.R. optimales Organisationssystem für mehrstufige Produkte mit zahlreichen Wiederholbaugruppen.

(2.5) Gozintho-Graph

Graphen dienen der Darstellung von Strukturen in Form von Netzwerken mit Punkten und Verbindungslinien. Darin heißen die Punkte Knoten und die Verbindungsstrecken Kanten. Im Falle des Gozintho-Graphen erfolgt eine Ausrichtung der Kanten auf die jeweils übergeordnete Produktionsebene. Sie heißen dann Pfeile. Die Theorie der Graphen ist ein Teilgebiet der mathematischen Topologie und hat in der betrieblichen Planung in der jüngeren Vergangenheit zunehmend Bedeutung erlangt.

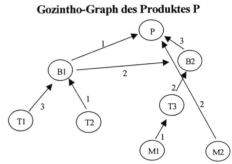

Gozintho-Graph des Produktes P

Die aus vorangegangenen Abschnitten bekannte Produktstruktur kann als Gozintho-Graph sowohl graphisch als auch als Gleichung dargestellt und zu einer Tabelle umgewandelt werden. Das zeigt die nebenstehende Darstellung.

(2.6) Betriebliche Funktionen von Stücklisten

Im Interesse einer funktionsorientierten und anforderungsgerechten Ausgestaltung der Stücklisten wird in der Praxis vielfach zwischen Stücklisten für bestimmte Funktionen unterschieden. In diesem Rahmen kann nur darauf hingewiesen werden, dass der Informationsbedarf von Konstruktion, Fertigung und Materialdisposition sehr unterschiedlich ist und im Rahmen des Aufbaus einer Stücklistenorganisation sehr sorgfältiger Abstimmung in der Planungs-Phase bedarf. Folgende Hauptunterscheidungen haben sich bewährt:
❏ Die **Konstruktionsstückliste** ist eine Stückliste, die im Konstruktionsbereich im Zusammenhang mit der zugehörigen Zeichnung erstellt wird (DIN 199, Teil 2). Sie gibt Auskunft über die in der Zeichnung dargestellten Gegenstände und umfasst mindestens deren Stückzahl und vollständige Bezeichnung (DIN 6789). Eine Konstruktionsstückliste dient in 1. Priorität der bestmöglichen Realisierung der Konstruktionsaufgabe, das bedeutet i.d.R., der Dokumentation, wie geforderte Funktions-, Qualitäts- und sonstige Merkmale eines Produktes realisiert werden können. Mit 2. Priorität dient die Dokumentation der Konstruktionsstückliste auch der Realisierung der Aufgabe mit möglichst günstigen Kosten. Dazu bedarf es wichtiger Informationsverknüpfungen mit Daten aus der Fertigung und dem Materialbereich. Diese sind in kleineren Unternehmen vielfach nicht realisiert, weil die erforderlichen Stammdaten fehlen oder nicht aktualisiert sind und weil die Zeit für die systematischen Vorplanungen zu fehlen scheint. Ein solcher Mangel kann nicht nur dazu führen, dass Rationalisierungsreserven im Fertigungs- und Materialbereich schon zum Zeitpunkt der Konstruktion nicht erkannt und „verbaut" werden. Dieser Mangel führt vielfach dazu, dass Konstruktionsstücklisten abweichend von der Struktur des Endprodukts und vom Ablauf der Fertigung fertigungsneutral erstellt werden. Solche Stücklisten

Fertigungsplanung - je Produkteinheit

sind für die Anforderungen der Fertigung ungeeignet. Um die genannten Mängel zu vermeiden, sollte angestrebt werden, dass bereits bei der Erarbeitung der Konstruktionsstückliste Baugruppenabgrenzungen vorgenommen werden, die dem Fertigungsablauf Rechnung tragen.

- Eine **Fertigungsstückliste** ist eine Stückliste, die in ihrem Aufbau und Inhalt Gesichtspunkten der Fertigung Rechnung trägt (DIN 199, Teil 2). Sie dient als Unterlage für die organisatorische Vorbereitung, Abwicklung und Abrechnung der Fertigung eines Erzeugnisses (DIN 6789). Dieses schließt die Ermittlung des Sekundärbedarfs i.d.R. ein. (Vgl. Bedarfsermittlungsstückliste)
- Eine **Variantenstückliste** ist eine Zusammenfassung mehrerer Stücklisten auf einem Vordruck, um verschiedene Gegenstände mit einem i.d.R. hohen Anteil identischer Bestandteile gemeinsam aufführen zu können (DIN 199, Teil 2). Falls für einzelne Teile oder Baugruppen eines Produkts Alternativen angeboten werden, z.B. bezüglich Material, Qualität oder Farbe etc., werden die diesbezüglichen Angaben entweder in entsprechende gleichrangige Unterstücklisten oder in besondere Spalten der Hauptstückliste aufgenommen.
- Eine **Bedarfsermittlungsstückliste** enthält alle Angaben über die Teile, Rohteile, Halbfertigerzeugnisse und sonstiges Material, die für die Sekundärbedarfsermittlung für ein Produkt oder eine Baugruppe, zu denen sie erstellt worden ist, erforderlich sind. Eine Fertigungsstückliste sollte so aufgebaut sein, dass aus ihren Daten die für die Bedarfsermittlung erforderlichen Dateien angesteuert werden können. Diesen Zusammenhang zeigt auch die folgende Darstellung über Entstehung und Einsatzmöglichkeiten einer Fertigungsstückliste.

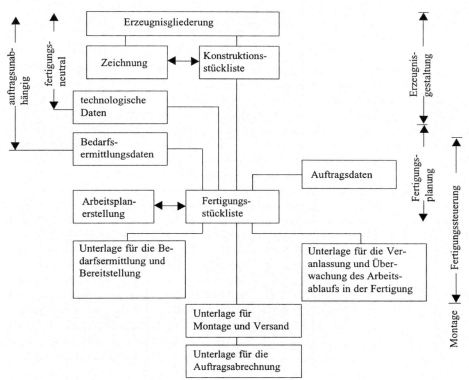

Entstehung und Einsatzmöglichkeiten der Fertigungsstückliste, entnommen aus: *REFA*, Methodenlehre.

Blohm, Beer, Seidenberg, Silber geben folgenden Überblick über einige wichtige **Stücklistenarten** mit Hinweisen auf deren **Merkmale und Einsatzbereiche**.[29]

Klassifizierung	Stücklistenart	Beschreibung	Einsatzbereich
Grundformen	Mengenübersichtsstückliste (Aufzählungsstückliste)	Die Aufzählungsstückliste gibt alle Bestandteile eines Erzeugnisses mit den jeweiligen Gesamtmengen ohne Berücksichtigung der Erzeugnisstruktur an. Die Mengenübersichtsstückliste enthält nur eigenerzeugte Einzel- und Zukaufteile.	Wird als Unterlage in der Materialdisposition eingesetzt, vor allem bei einfachen Fertigungs- oder Montagestrukturen. Außerdem zur Kalkulation.
	Strukturstückliste	Die Strukturstückliste bildet die Erzeugnisstruktur eines Produkts ab. Die enthält alle Einzelteile und Baugruppen des Produkts und gibt die jeweils eingehenden Mengen an.	Dient besonders konstruktiven und fertigungstechnischen Zwecken, weniger für die Disposition. Evtl. für Terminplanung eingesetzt.
	Baukastenstückliste	Die Baukastenstückliste enthält für eine Baugruppe nur die Teile und Baugruppen, die ihr jeweils direkt untergeordnet sind.	Baukastenstücklisten lassen sich redundanzarm auf DV-Anlagen abspeichern. Sie lässt sich sehr gut dort einsetzen, wo Erzeugnisse nach dem Baukastenprinzip gefertigt werden.
Mischformen	Baukastenstrukturstückliste	Die Baukastenstrukturstückliste gibt wie die Strukturstückliste die Erzeugnisstruktur an. Es werden aber nicht alle Baugruppen vollständig aufgelöst. Für häufig auftretende Baugruppen werden gesonderte Baukastenstücklisten aufgeführt.	Vereinigt die Vorteile der Struktur- und der Baukastenstückliste. Sehr gut für die Disposition von Baugruppen geeignet.
	Variantenstückliste	Variantenstücklisten ordnen mehrere ähnliche Erzeugnisse einem Grundtyp zu. Sie lassen sich in allen Stücklistengrundformen ausführen.	Wenn strukturell sehr ähnliche Erzeugnisse gefertigt werden, die eine große Zahl gleicher Teile besitzen.
Sonderformen	Gleichteilestückliste	Die Gleichteilestückliste enthält alle Teile und Baugruppen, die in den Varianten einer Erzeugnisgruppe in derselben Menge enthalten sind. Um ein vollständiges Produkt ableiten zu können, müssen noch Ergänzungsstücklisten eingeführt werden. Diese enthalten die übrigen Teile.	Wird in der Serienfertigung bei feststehenden Varianten eingesetzt.
	Plus-Minus-Stückliste	Plus-Minus-Stücklisten beziehen sich auf einen Grundtyp. Sie enthalten nur noch in der Variante zusätzlich vorkommende und die entfallenden Teile und Baugruppen.	In der Serienfertigung eingesetzt um spezielle Kundenwünsche aus der Grundausführung ableiten zu können.

---

[29] Entnommen aus: *Blohm, H., Beer, T., Seidenberg, U.* und *Silber, H.*, Produktionswirtschaft, a.a.O.

Fertigungsplanung - je Produkteinheit 249

(2.7) Teileverwendungsnachweise

Außer der Kenntnis, aus welchen Teilen und Materialien ein Produkt besteht, ist es für einen Fertigungsbetrieb zur Lösung einiger wichtiger Teilaufgaben auch wesentlich, feststellen zu können, in welche Baugruppen und Produkte bestimmte Teile und Materialien eingehen. Diese Frage stellt sich insbesondere in folgendem Zusammenhang:

- Wenn festgestellt werden soll, welche Kundenaufträge - angesichts von zu geringen Beständen (der Praktiker spricht von „Fehlteilen") erfüllt werden können und sollen,
- wenn aufgrund einer Änderung eines Teils oder Materials die entsprechenden Stücklisten geändert werden müssen und
- wenn konstruktive Verbesserungen geplant und entwickelt und deren Auswirkungen auf die verschiedenen Produkte bedacht werden müssen.

Zur Lösung dieser Aufgaben tragen Teileverwendungsnachweise bei. **Teileverwendungsnachweise** sind Aufzählungen, die für ein Teil mit einer bestimmten Teilenummer angeben, wie oft dieses Teil in bestimmten Baugruppen und Endprodukten enthalten ist.

Entsprechend zu den Stücklisten-Hauptformen lassen sich folgende Hauptformen von Teileverwendungsnachweisen bilden:

- Baukastenverwendungsnachweise
- Strukturverwendungsnachweise
- Mengenübersichtsverwendungsnachweise.

Die folgende Darstellung zeigt einen Baukastenverwendungsnachweis zu dem bereits bekannten Produktbeispiel.

Baukasten-Teileverwendungsnachweis T1	
Bezeichnung	Menge
B1	3

Baukasten-Teileverwendungsnachweis T2	
Bezeichnung	Menge
B1	1

Baukasten-Teileverwendungsnachweis B1	
Bezeichnung	Menge
P	1
B2	2

Baukasten-Teileverwendungsnachweis M1	
Bezeichnung	Menge
T3	1

Baukasten-Teileverwendungsnachweis T3	
Bezeichnung	Menge
B2	2

Baukasten-Teileverwendungsnachweis B2	
Bezeichnung	Menge
P	3

Baukasten-Teileverwendungsnachweis M2	
Bezeichnung	Menge
P	2

5.3.2 Zusammenhang zwischen Fertigungsplanung je Produkteinheit und vom Absatz bestimmter Fertigungssteuerung

Üblicherweise werden der Fertigungsplanung alle Aufgaben zugeordnet, die unabhängig von der Produktionsmenge geplant werden. Die Aussage, dass die Fertigungsplanung produktionsmengenunabhängig arbeitet, erfordert jedoch die folgende wichtige Einschränkung: Die Planung des Fertigungsablaufs und der Fertigungskapazitäten bedarf sehr konkreter längerfristiger Vorstellungen über die Produktionsmengen, denn die Marktanforderungen bestimmen weitgehend die Fertigungstechnologie. Genauer und einprägsam könnte man also sagen, die Fertigungsplanung plant unabhängig von kurzfristigen Produktionsmengen, unabhängig von Fertigungsaufträgen.

Die **Fertigungssteuerung** übernimmt daran anschließend die Aufgaben, die sich im Zusammenhang mit der Umwandlung von Kundenaufträgen beziehungsweise Absatzplänen in Fertigungsprogramme und Fertigungsaufträge ergeben. Insoweit ist die Fertigungssteuerung auch planend tätig. Darüber hinaus nimmt sie die Durchsetzung (Veranlassung und Überwachung) der Fertigungsaufträge wahr.

Entsprechend der vorgenannten Arbeitsteilung wird in der Praxis die Funktion „Arbeitsvorbereitung (AV)" i.d.R. in die Gruppen Fertigungsplanung und Fertigungssteuerung gegliedert. Das ist zugleich der Grund, weshalb wir an dieser Stelle die Begriffe Fertigungsplanung und Fertigungssteuerung eingeführt haben, während wir sonst den weiter gefassten Begriff Produktion bevorzugen.

Einen Überblick über die Teilaufgaben der Fertigungsplanung und Fertigungssteuerung gibt folgende Tabelle von *Beer*.[30]

Produktionsplanung und -steuerung		
Bestell- und Lagerwesen	Fertigungsplanung	Fertigungssteuerung
- Lieferantenauswahl - Bestellschreibung - Lagerbewegungsrechnung - Bestellüberwachung - Inventur - Wareneingang - Lagerung	Planung des Fertigungsablaufs - Planung der Fertigungsverfahren/ der Arbeitsgänge und -abläufe - Erstellung und Pflege der Arbeitspläne und der sonstigen Fertigungsunterlagen - Planung der Durchlaufzeiten und der Vorgabezeiten - Stücklistenerstellung und -pflege - Kostenplanung/Kalkulation Planung des Bedarfs - Personalplanung - Betriebsmittel- und Betriebsmittelinstandhaltungsplanung - Materialplanung Sonstiges - Fertigungsstatistiken erstellen - Maßnahmen der Fertigungsrationalisierung	- Materialbedarfsermittlung - Beschaffungsrechnung und Bereitstellung - Erstellung der Auftragsbegleitunterlagen - Auftragsfreigabe - Maschinenbelegung/Arbeitsverteilung - Durchlaufterminierung - Kapazitätsterminierung - Fertigungsüberwachung/Betriebsdatenerfassung

---

[30] *Beer, T.,* in: *Blohm, H.* und andere, Produktionswirtschaft, a.a.O.

5.4 Fertigungssteuerung - vom Absatz bestimmt

5.4.1 Auftragsvorbereitung und Terminplanung

5.4.1.1 Produktions- oder Produktionsprogrammplanung

Produktionsplanung hat die Erstellung eines Produktionsprogramms zum Ziel. Sie wird deshalb auch als Produktionsprogrammplanung (oder Fertigungsprogrammplanung) bezeichnet. Dabei ist es zweckmäßig, zwischen einem langfristigen und kurzfristigen Produktionsprogramm zu unterscheiden.

Das **langfristige Produktionsprogramm** umfasst alle aufgrund der Produktionsabsichten und Produktionsmöglichkeiten grundsätzlich herstellbaren Erzeugnisse eines Industriebetriebes.

Das **kurzfristige Produktionsprogramm** geht vom Absatzprogramm und/oder Kundenaufträgen einer bestimmten Periode aus und berücksichtigt ergänzend die Beschaffungsmöglichkeiten und Produktionskapazitäten. Es legt alle Arten und Mengen von Erzeugnissen fest, die zu bestimmten Terminen in einer bestimmten, kurzen Periode (Schicht, Tag, Woche, Monat oder Quartal) gefertigt werden sollen.

Produktionsprogramme werden nicht nur für Enderzeugnisse, sondern auch für vorgelagerte Fertigungsstufen erstellt.

(1) **Abweichungen zwischen Absatz- und Produktionsprogramm**

Es können sich wesentliche Abweichungen zwischen Absatz- und Produktionsprogramm ergeben. Diese können kurzfristig insbesondere folgende **Ursachen** haben:

- Das **Absatzprogramm enthält** auch nicht selbst gefertigte, zugekaufte Erzeugnisse, so genannte Handelswaren (z.B. in der Phonobranche)
- Fertigungstechnisch **einheitlich hergestellte Erzeugnisse** werden **im Vertrieb differenziert** (z.B. Benzin von Mobil Oil unter den Marken ARAL und Esso)
- **Herstellungs- und Absatzperiode stimmen nicht überein**, Erzeugnis wurde zwischenzeitlich gelagert (Holz, Treibstoffe ... EU-Butter).

(2) **Auftrags- und Programmfertigung**

Wenn ein Produktionsprogramm aufgrund von vorliegenden Kundenaufträgen aufgestellt wird, so spricht man von **Auftragsfertigung**. Sofern ein Produktionsprogramm nicht mit Kundenaufträgen hinterlegt ist, sondern die gefertigten Erzeugnisse zwar aufgrund eines Absatzprogramms jedoch im Voraus für später zu akquirierende Kundenaufträge auf Lager gefertigt werden, spricht man von **Programmfertigung**.

In der Praxis der Serienfertigung technischer Erzeugnisse müssen Auftrags- und Programmfertigung in vielen Fällen kombiniert werden, da zum Zeitpunkt der Fertigung nur für einen Teil des Produktionsprogramms Kundenaufträge vorliegen.

Um den Anteil an Programmfertigung möglichst gering und den Anteil an Auftragsfertigung möglichst hoch zu halten, erscheint es notwendig, das Fertigungsprogramm möglichst spät für kurze Zeiträume zu erstellen.

Diesem Ziel steht i.d.R. die Notwendigkeit entgegen, Material- und Personalbereitstellung nach dem Fertigungsprogramm deterministisch abzuleiten und zu steuern. Das erfordert Beachtung der Beschaffungsfristen.

Aus den vorgenannten Zielen muss ein Kompromiss gefunden werden, der um so besser ist, je schneller die Informationsverarbeitung erfolgt.

(3) **Ablauf und Informationsinhalte der Produktionsprogrammplanung**

Um eine grobe und eine feine Abstimmung zwischen Absatzprogramm und Produktionsprogramm zu erzielen, benötigen die meisten Industriebetriebe zumindest ein Jahresproduktionsprogramm, das durch monatliche Produktionsprogramme ergänzt wird. Die wichtigsten **Informationsinhalte** der Produktionsprogrammplanung sind
1) Erzeugnisgliederung des Absatzprogramms, soweit Eigenfertigung erfolgt
2) Absatzmenge der Planperiode je Erzeugnis, das produziert werden soll
3) Anfangsbestand der Planperiode je Erzeugnis
4) Planbedarf am Ende der Planperiode je Erzeugnis
5) Der Primärbedarf der Planperiode ergibt sich durch folgende Rechnung je Erzeugnis: Periodenabsatz minus Anfangsbestand plus Endbestand
6) Durch Ergänzung von Kapazitäts- und Beschaffungsdaten wird eine Zuordnung von Produktionsmengen zu Teilperioden erreicht.

Den Arbeitsablauf und einen groben Aufbau eines Produktionsprogramms zeigt das folgende Bild von *REFA*.[31]

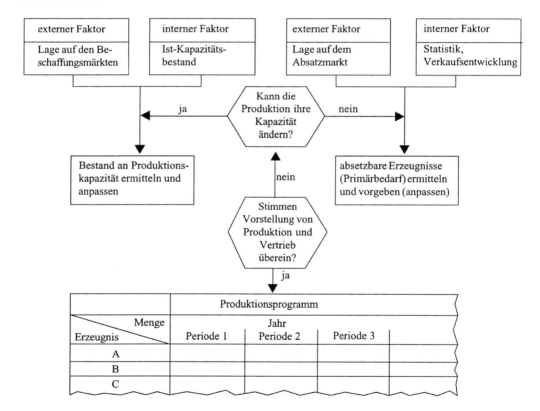

---

[31] Entnommen aus: *REFA*, Methodenlehre der Planung und Steuerung, a.a.O., Bd. 2

Fertigungssteuerung - vom Absatz bestimmt 253

(4) Erstellung von Fertigungsaufträgen
Als letzter Schritt der Auftragsvorbereitung vor der Veranlassung von Fertigungsaufträgen sind, unter Berücksichtigung der Ergebnisse der Kapazitätsterminierung und der Termine der Materialbereitstellung, Auftragspapiere zu erstellen, mit deren Hilfe die Fertigungsaufträge ausgelöst, kontrolliert und gesteuert werden. Dazu gehören insbesondere die Fertigungsaufträge an bestimmte Kostenstellen, mit Arbeitsplänen, Materialentnahmescheinen sowie Termin- und Transportanweisungen. Diese Auftragsunterlagen werden im Rahmen der Werkstattsteuerung eingesetzt. Näheres dazu vgl. Pkt. 5.4.2 Werkstattsteuerung.

5.4.1.2 Kapazitätsbedarfsermittlung und -abstimmung

Dieser Abschnitt gibt eine zusammenfassende Darstellung der Grundlagen der Kapazitätsplanung und -steuerung in weitgehender Übereinstimmung mit *REFA*. Wichtige weiterführende Erläuterungen sind dort nachzulesen.[32]

(1) Grundbegriffe der Kapazitätswirtschaft
REFA definiert Kapazität wie folgt:[33] „Die **Kapazitäten** eines Arbeitssystems dienen zur Durchführung bestimmter Aufgaben und werden qualitativ und quantitativ beschrieben."
Kapazitäten können sein
❑ Mensch
❑ Betriebsmittel
❑ Betriebsstätte.
„Die **qualitative Kapazität** des Menschen ist durch sein Leistungsangebot, die von Betriebsmitteln und Betriebsstätten durch ihr Leistungsvermögen" beschrieben. „Die **quantitative Kapazität** ist beschrieben durch die Anzahl von Menschen und Betriebsmitteln, durch den Zeitpunkt oder Termin und durch die Dauer und gegebenenfalls den Ort des Einsatzes."
Die weiteren Ausführungen dieses Kapitels beschränken sich auf die Erläuterungen von quantitativen Kapazitätsmerkmalen, da die qualitativen Merkmale durch die Zuordnung von Erzeugnis zu Betriebsmittel sowie die Zuordnung von Mensch zu Betriebsmittel hinreichend definiert und so für die Produktionsprogrammerstellung im Allgemeinen unproblematisch sind.
Ferner definiert *REFA*:[34] „Der **Kapazitätsbestand** ist die Kapazität, die für die Durchführung von Arbeitsaufgaben qualitativ und quantitativ zur Verfügung steht." Es gibt zwei Arten von Kapazitätsbestand.
a) „Der **theoretische Kapazitätsbestand** ergibt sich, wenn alle Menschen bzw. Betriebsmittel eines Arbeitssystems während der gesamten Arbeitszeit einer Periode ungestört für die Durchführung der vorgesehenen Arbeitsaufgaben zur Verfügung stehen.
b) Der **reale Kapazitätsbestand** ergibt sich aus der Zeit innerhalb einer Periode, in der die Menschen bzw. Betriebsmittel eines Arbeitssystems unter Berücksichtigung von Störgrößen für die Durchführung der vorgesehenen Aufgaben tatsächlich zur Verfügung stehen."

---
[32] *REFA*, Methodenlehre der Planung und Steuerung, a.a.O., Bd. 2
[33] Derselbe
[34] Derselbe

„Das Verhältnis von realem zu theoretischem Kapazitätsbestand wird als Planungsfaktor p bezeichnet".[35]

$$p = \frac{\text{realer Kapazitätsbestand}}{\text{theoretischer Kapazitätsbestand}}$$

„Der **Kapazitätsbedarf** ist die Kapazität, die zur Durchführung von Arbeitsaufgaben qualitativ und quantitativ erforderlich ist."[36]
Kapazitätsbestand und Kapazitätsbedarf sind i.d.R. unterschiedlich groß. Ist der Kapazitätsbestand größer als der -bedarf, so liegt eine **Überdeckung** vor. Sind Kapazitätsbestand und -bedarf gleich, so wird dies als **Deckung** bezeichnet. Ist der Kapazitätsbestand kleiner als der Bedarf, so spricht man von **Unterdeckung**.

Das Verhältnis von Kapazitätsbedarf (bzw. Kapazitätsinanspruchnahme) zu Kapazitätsbestand wird als Auslastungsgrad bezeichnet.[37]

$$\text{Auslastungsgrad} = \frac{\text{Kapazitätsbedarf}}{\text{Kapazitätsbestand}} \cdot 100\ \%$$

Je nachdem welches Arbeitssystem betrachtet wird, kann unterschieden werden in
- Betriebskapazität (Gesamtkapazität)
- Bereichskapazität (z.B. Fertigung)
- Teilbereichskapazität (z.B. Dreherei)
- Arbeitsplatzkapazität (Einzelkapazität).

(2) **Aufgaben der Kapazitätswirtschaft**

Die Kapazitätswirtschaft umfasst nach *REFA* „alle Planungs- und Steuerungsaufgaben, die notwendig sind, um die zur Durchführung der Arbeitsaufgaben benötigten Kapazitäten in der erforderlichen Qualität und Anzahl rechtzeitig und am richtigen Ort zur Verfügung zu haben".[38]

Kapazitätsplanung	**/ Kapazitätssteuerung**
❏ Kapazitätsbedarfsplanung	/ -ermittlung
❏ Kapazitätsbestandsplanung	/ -ermittlung
❏ Kapazitätsabstimmung in der Planung	/ in der Steuerung
❏ Kapazitätseinsatzplanung	/ -steuerung
❏ Kapazitätsbeschaffungsplanung	/ -steuerung
❏ Kapazitätsentwicklungsplanung	/ -steuerung
❏ Kapazitätserhaltungsplanung	/ -steuerung
❏ Kapazitätsfreistellungsplanung	/ -steuerung

---
[35] Derselbe
[36] Derselbe
[37] Derselbe
[38] Derselbe

(3) **Ablauf der Kapazitätsabstimmung**[39]

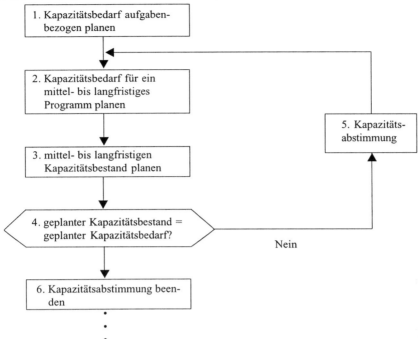

Die **Kapazitätsabstimmung** erfolgt in sechs Schritten.
1. Für einzelne Arbeitsaufgaben (z.B. je Erzeugnis) wird die Kapazitätsbedarfsplanung durchgeführt. Dazu ist nötig,
   ❑ die Aufgabe in einzelne Arbeitsgänge zu zerlegen,
   ❑ den Kapazitätsbedarf (z.B. Zeiten) je Arbeitsgang zu ermitteln,
   ❑ die zeitlichen Abhängigkeiten der Arbeitsgänge abzustimmen,
   ❑ den Produktionsbereich in Kapazitätseinheiten zu zerlegen,
   ❑ die Zuordnung von Arbeitsgängen und Kapazitätseinheiten durchzuführen,
   ❑ und eventuell mehrere Werte zu einem Wert zu verdichten.

Für ein Maschinenbauunternehmen können die erforderlichen Daten über Stücklistenauflösung (Stücklistendatei) und Vorlaufverschiebung (Arbeitsplandatei) gewonnen werden. Die Möglichkeiten der Kapazitätsdarstellung für eine Aufgabe sind in (4) erläutert.
2. Durch Addition des Kapazitätsbedarfs der Einzelaufträge eines kurz- bis mittelfristigen Programms erhält man den Kapazitätsbedarf je Kapazitätsgruppe und Periode.
3. Ausgehend vom benötigten Kapazitätsbedarf wird der Kapazitätsbestand - die Anzahl und Art von Personal und Betriebsmittel - geplant, der zur Erfüllung der betrieblichen Aufgaben vorgesehen ist.
4. Für jede Periode des Planungszeitraums wird der Kapazitätsbedarf mit dem geplanten Bestand verglichen. Sind deutliche Unterschiede in einzelnen Perioden und/oder über einen längeren Zeitraum zu erkennen, so muss eine Kapazitätsabstimmung (5.) durchgeführt werden. Ansonsten kann die Kapazitätsabstimmung beendet werden (6.).

---
[39] Vgl. derselbe

5. Maßnahmen zur Anpassung des Kapazitätsbestands an den -bedarf bezeichnet man als Kapazitätsanpassung, das Angleichen des Kapazitätsbestandes und Kapazitätsbedarfs durch Änderung des Bedarfs als Kapazitätsabgleich.
Diese Handlungsalternativen veranschaulicht die folgende Darstellung von *REFA*.[40]

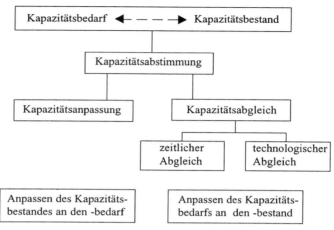

Möglichkeiten der Kapazitätsanpassung
Bei einer Kapazitätsunterdeckung in einzelnen Perioden oder bei kurzfristigen Störungen können Kapazitätsspielräume in Anspruch genommen werden.
- Überstunden
  - im Anschluss an die normale Arbeitszeit
  - an Samstagen und Feiertagen
- Zusätzliche Schichten
- Beschäftigung von Aushilfspersonal.

Die Inanspruchnahme von Kapazitätsspielräumen verursacht Zusatzkosten und sollte nur in Ausnahmefällen in Anspruch genommen werden. Bei längerfristigen Planungen sollte die Kapazitätsabstimmung durch Erhöhung bzw. Verminderung des Kapazitätsbestands erfolgen.

Möglichkeiten des Kapazitätsabgleichs
- Zeitlicher Abgleich, d.h.
  - zeitliches Verschieben von Aufträgen
  - Strecken oder Stauchen von Aufträgen (Durchlaufzeit verändert sich)
- Technologischer Abgleich, d.h. Verlagern von Aufträgen auf andere Arbeitssysteme
  - Auswärtsvergabe
  - Ausweichen - soweit technisch und kostenmäßig vertretbar - auf andere Betriebsmittel
- Mischformen (z.B. zeitliches Verschieben und Ausweichen auf andere Betriebsmittel).

6. Ist für jede Periode eine ausreichende Übereinstimmung zwischen Kapazitätsbestand und -bedarf erreicht, so wird die Kapazitätsabstimmung beendet.
Auf Basis des Vergleichs des vorhandenen mit dem geplanten Kapazitätsbestand werden Maßnahmen zur Sicherung und Bereitstellung von zukünftigen Kapazitäten festgelegt (Kapazitätsbeschaffung, Kapazitätserhaltung, Kapazitätsentwicklung, Kapazitätsfreistellung).

---

[40] Entnommen aus: derselbe

Fertigungssteuerung - vom Absatz bestimmt

(4) **Möglichkeiten** der Auftragsstrukturdarstellung
Einen Methodenüberblick gibt folgende Darstellung von *Pitra*.[41]

Bezeichnung	Darstellung	Bemerkung
Belastungsvektor	Grobkapazitätsstellen: E 20, D 10, C 15, B 5, A 25 — eine Periode	Betrachtung nur einer Periode ohne zeitlichen Verlauf
Belastungsprofil	Kapazitätsbedarf A, über Perioden von AT bis ET (Profilverlauf)	auf mehrere Perioden verteilte Belastung einer Grobkapazitätsstelle (ein Auftrag kann aus mehreren Profilen bestehen)
Belastungsmatrix	Grobkapazitätsstellen: E 5 10 20 5; D 4 10 10; C 20 20 10 10 5; B 5 5; A 10 20 25 — AT bis ET, Perioden	auf mehrere Perioden verteilte Belastung mehrerer Grobkapazitätsstellen (eine Matrix kann pro Auftrag oder Baugruppe erstellt werden)
Belastungsmatrix mit Vor- und Nachlaufzeit	D 5 10 15; C 10 5 5 10; B 5 10 10; A 20 10 10 — Vorlaufz. AT, Nachlaufz. ET, Perioden	zeitliche Betrachtung der vor- und nachgelagerten Bereiche
Netzplan	Netzplan mit Knoten D 30 (AT), B 15, A 20, A 20 (ET), C 10, C 20, B 10 über die Zeit	Gliederung in einzelne Vorgänge, die sich zeitlich begrenzt verschieben lassen. mögliche Erweiterung: – mehrere Start- und Endtermine – Belastung mehrerer Grobkapazitätsstellen pro Vorgang – verschiedene Anordnungsbeziehungen – Belastung als Profil

1) **Belastungsvektor**
Da einzelne Aufträge i.d.R. länger als eine Periode Kapazitätsstellen belegen, ist diese Form für die Gesamtauftragsdarstellung ungeeignet. Diese Darstellungsform ist nur für einen Unternehmensbereich sinnvoll, den der Auftrag nur kurzfristig belastet. Alle Kapazitätsbelastungen eines Auftrags werden derselben Periode zugeordnet.

2) **Belastungsprofil**
Diese Form ist zur visuellen Veranschaulichung als Zusatzdarstellung gut geeignet, zum Rechnen, Speichern und Planen jedoch unbrauchbar.

---

[41] Entnommen aus: *Pitra, L.*, Entwicklung und Erprobung eines Instrumentariums zur Auswahl von rechnergestützten Systemen zur Grobplanung der Produktion, Dissertation an der Rheinisch-Westfälischen Technischen Hochschule Aachen

3) **Belastungsmatrix**
Diese Darstellungsform ist für eine mittel- bis langfristige Planung gut geeignet. Die Planung ist periodengenau. Eine Veränderung der Durchlaufzeit ist nur sehr beschränkt für die Planung möglich, da die Belastungsmatrix nicht nach Arbeitsgängen organisiert sein muss und so Abhängigkeiten nicht erkennbar sind. Die untere Verlängerung der Durchlaufzeit um eine Periode ist z.B. nicht möglich, wenn die Kapazitätsstellen B und C parallel belegt werden müssen oder es sich nur um einen einzigen Auftrag handelt, der die Kapazitätsstelle C belastet.

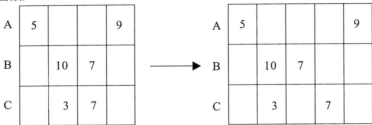

4) **Belastungsmatrix mit Vor- und Nachlaufzeiten**
Diese Erweiterung von 3) ermöglicht es, andere Unternehmensbereiche durch Angabe von Vorlaufzeit (z.B. für Einkauf) und Nachlaufzeit (z.B. für Fertigungskontrolle) in die Planung mit einzubeziehen.

5) **Netzplan**
Diese Darstellungsform ist für die Fertigungsfeinplanung geeignet, da sie in Arbeitsgänge gegliedert ist und die Abhängigkeiten definiert. Die Planung kann für jeden Arbeitsgang separat durchgeführt werden, wodurch Durchlaufzeiten und Belastungsprofile von Aufträgen variabel sind. Die Menge der zu verwaltenden Stamm- und Plandaten ist wesentlich höher als bei Belastungsmatrizen, der Aufwand für die Planung immens höher.
Durch die Netzplantechnik werden folgende drei Terminermittlungsarten ermöglicht:
- Vorwärtsterminierung
- Rückwärtsterminierung und
- deren Kombination.

Vgl. Pkt. 5.4.1.3 Verfahren der Kapazitätsterminierung.

(5) **Periodenbezogener Kapazitätsbestand**
Für den Fertigungsbereich kann für Kapazitätsberechnungen meist auf vorhandene Daten zurückgegriffen werden, wodurch sich dieser Unternehmensbereich deutlich von den übrigen unterscheidet. Die Aufgaben bezogenen Daten sind i.d.R. in Arbeitsplänen dokumentiert. Bei Kapazitätsbetrachtungen auf Endproduktebene muss darüber hinaus eine Stücklistenauflösung zur Gewinnung des Kapazitätsbedarfs je Erzeugnis und Periode durchgeführt werden. Die programmbezogenen Daten können dem Produktionsprogramm entnommen werden. Die durch die Verfügbarkeit und Zuverlässigkeit der benötigten Daten ermöglichten Methoden zur Errechnung von Kapazitätsbedarf und -bestand sind folgend kurz beschrieben.

Kapazitätsbedarf und -bestand können auf zwei Arten beschrieben werden.
- Zeitlich (Zeiteinheiten je Periode und Kapazitätseinheit)
- Mengenmäßig (Anzahl Kapazitätseinheiten).

Fertigungssteuerung - vom Absatz bestimmt 259

(5.1) Zeitlicher Kapazitätsbestand des Menschen[42]

Der theoretische Kapazitätsbestand eines Menschen q_{MT} ergibt sich aus der betrieblich festgelegten Arbeitszeit je Periode (z.B. 40 Stunden je Woche). Zur Berechnung des realen Kapazitätsbestands eines Menschen q_{MR} ist vom theoretischen Kapazitätsbestand q_{MT} der nicht einsetzbare Kapazitätsbestand q_{MN} zu subtrahieren.

$q_{MR} = q_{MT} - q_{MN}$

Der nicht einsetzbare Kapazitätsbestand eines Menschen q_{MN} setzt sich zusammen aus
- Summe Zeiten für Mensch außer Einsatz (T_{ML})
- Summe Zeiten für Betrieb ruht (T_{MR}).

Ein Mensch ist außer Einsatz, wenn er zur Erfüllung von Arbeitsaufgaben während der festgelegten Arbeitszeit nicht zur Verfügung steht oder vom Betrieb nicht beschäftigt werden kann. Zum Beispiel:
- Krankheit
- Urlaub
- Weiterbildung
- Auftragsmangel
- usw.

Unter Betriebsruhe fallen die gesetzlich, tariflich oder betrieblich geregelten Arbeitspausen und sonstige Anlässe, in denen im Gesamtbetrieb oder Teilen des Betriebes nicht gearbeitet wird (z.B. Betriebsversammlung). Die Zeiten für Betriebsruhe sind dem nicht einsetzbaren Kapazitätsbestand nur dann zuzurechnen, wenn sie im theoretischen Kapazitätsbestand enthalten sind, diesen also nicht von vornherein vermindert haben.

(5.2) Zeitlicher Kapazitätsbestand des Betriebsmittels[43]

Bei mehrschichtigen Betrieben sowie bei Gruppen- oder Mehrstellenarbeit unterscheidet sich der zeitliche Kapazitätsbestand eines Betriebsmittels vom Kapazitätsbestand eines Menschen. Der theoretische Kapazitätsbestand eines Betriebsmittels q_{BT} ergibt sich aus der Summe der theoretischen Einsatzzeiten aus den einzelnen Schichten einer Periode.
Zur Berechnung des realen Kapazitätsbestands q_{BR} ist vom theoretischen Kapazitätsbestand q_{BT} der nicht einsetzbare Kapazitätsbestand q_{BN} eines Betriebsmittels zu subtrahieren.

$q_{BR} = q_{BT} - q_{BN}$

Der nicht einsetzbare Kapazitätsbestand eines Betriebsmittels q_{BN} setzt sich zusammen aus
- Summe Zeiten für Betriebsmittel außer Einsatz (T_{BL})
- Summe Zeiten für Betrieb ruht (T_{BR}).

Ein Betriebsmittel ist außer Einsatz, wenn es längerfristig nicht zur Verfügung steht, oder durch Aufträge längerfristig nicht belegt werden kann. (Beispiele und Definition Betrieb ruht siehe Pkt. 5.4.1.3 Kapazitätsterminierung.)

(5.3) Zahlenmäßiger Kapazitätsbestand

Die Anzahl der in einer Periode zur Verfügung stehenden Menschen und Betriebsmittel wird als zahlenmäßiger Kapazitätsbestand z_M beziehungsweise z_B bezeichnet.

---
[42] Nach *REFA*, Methodenlehre der Planung und Steuerung, Bd. 2, a.a.O.
[43] Nach *REFA*, Methodenlehre der Planung und Steuerung, Bd. 2, a.a.O.

(6) Periodenbezogener Kapazitätsbedarf[44]

(6.1) Zeitlicher Kapazitätsbedarf an Menschen

Der zeitliche Einsatzbedarf an Menschen C_{ME} ergibt sich aus der Summe vom zeitlichen Auftragsbedarf an Menschen C_{MA} und zeitlichen Zusatzbedarf an Menschen C_{MZ}.

$C_{ME} = C_{MA} + C_{MZ}$

Der zeitliche Auftragsbedarf C_{MA} ist die Summe der erforderlichen Auftragszeiten T der einzelnen Aufträge für diese Periode.

Die Auftragszeit T lässt sich in Rüstzeit (mengenunabhängig) und die Ausführungszeit je Stück unterteilen (m = Menge).

$T = t_r + m \times t_e$

Der Zusatzbedarf an Menschen C_{MZ} wird meist prozentual zum Auftragsbedarf entweder je Auftrag oder gesamt angegeben.

(6.2) Zeitlicher Kapazitätsbedarf an Betriebsmitteln

Der zeitliche Einsatzbedarf an Betriebsmitteln C_{Be} ergibt sich aus der Summe vom zeitlichen Auftragsbedarf an Betriebsmitteln und Zusatzbedarf an Betriebsmitteln.

$C_{BE} = C_{BA} + C_{BZ}$

Der zeitliche Auftragsbedarf an Betriebsmitteln C_{BA} ist die Summe der in einer Periode vorgesehenen Belegungszeiten T_{bB}. Die Belegungszeit für einen Auftrag T_{bB} lässt sich dabei in Betriebsmittelrüstzeit t_{rB} (mengenunabhängig) und Betriebsmittelausführungszeit je Stück t_{eB} unterteilen.

Der Zusatzbedarf an Betriebsmitteln C_{BZ} wird wie der Zusatzbedarf an Menschen meist prozentual angegeben.

$T_{bB} = t_{rB} + m \times t_{eB}$

(6.3) Zahlenmäßiger Kapazitätsbedarf[45]

Da zwischen theoretischem und realem Kapazitätsbestand unterschieden wird, ergeben sich auch bei dem zahlenmäßigen Kapazitätsbedarf unterschiedliche Werte. Dem theoretischen Kapazitätsbestand steht der zahlenmäßige Brutto-Bedarf n_{BR} und dem realen Kapazitätsbestand der zahlenmäßige Einsatzbedarf n_E gegenüber.

Der zahlenmäßige Einsatzbedarf n_E ist die Anzahl an Menschen und Betriebsmitteln, die in einer Periode zur Durchführung der geplanten Aufgaben im Einsatz sein muss.

Demnach ergeben sich folgende Gleichungen:

- Zahlenmäßiger Brutto-Bedarf an Menschen

    $n_{MBR} = C_{ME} / q_{MR}$

- Zahlenmäßiger Brutto-Bedarf an Betriebsmitteln

    $n_{BBR} = C_{BE} / q_{BR}$

- Zahlenmäßiger Einsatzbedarf an Menschen

    $n_{MR} = C_{ME} / q_{MT}$

---

[44] Nach *REFA*, Methodenlehre der Planung und Steuerung, Bd. 2, a.a.O
[45] Ebenda

❑ Zahlenmäßiger Einsatzbedarf an Betriebsmitteln.
$n_{BE} = C_{BE} / q_{BT}$

5.4.1.3 Kapazitätsterminierung

Jedes Produktionsprogramm muss in Produktionsaufträge umgesetzt werden. Diese Aufträge müssen terminiert, d.h. zu bestimmten Terminen bestimmten Betriebsmitteln und Werkstätten oder Kostenstellen zur Fertigung vorgegeben werden. Dieser Vorgang wird als Auftrags- oder Kapazitätsterminierung bezeichnet.

(1) **Arbeitsablaufanalyse nach *REFA***

Grundlage für die Optimierung betrieblicher Abläufe ist deren systematische Zerlegung in ursachenorientierte, beeinflussbare Elemente. Dazu dient i.d.R. die folgende Systematik von *REFA*.

(1.1) **Auftragszeit**

REFA bezeichnet Vorgabezeiten für Betriebsmittel als Belegungszeit und Vorgabezeiten für Menschen als Auftragszeit. Beide Zeitvorgaben bilden die Grundlage für die Ermittlung von Durchlaufzeiten. Die Elemente der Auftragszeit zeigt die folgende Abbildung.[46]

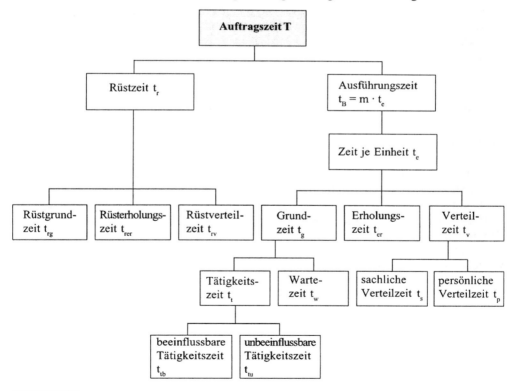

---

[46] *REFA*, Methodenlehre Teil 2, Datenermittlung, München

Erläuterungen zu einzelnen Zeitkomponenten.

- Rüstzeit t_r
  Zeit für die Vorbereitung der auftragsgemäß auszuführenden Arbeit, insbesondere der Betriebsmittel und deren Zurückversetzen in den ursprünglichen Zustand
- Ausführungszeit t_B
  Bezieht sich auf den gesamten Auftrag und ergibt sich als Produkt aus der Anzahl der Einheiten je Auftrag m und der Zeit je Einheit t_e
- Grundzeiten t_g, t_{rg}
  Bilden i.d.R. den Hauptbestandteil der Vorgabezeiten, werden für die planmäßige Ausführung der Arbeitsabläufe angesetzt
- Wartezeit t_w
  Durch den Arbeitsablauf bedingtes Unterbrechen der Tätigkeit
- Erholungszeiten t_{er}, t_{rer}
  Abhängig von der Belastung des Menschen durch die Arbeit
- Verteilzeiten t_v, t_{rv}
  Infolge von im Einzelnen nicht vorhersehbaren Umständen zusätzlich zur planmäßigen Ausführung benötigte Zeiten
- Sachliche Verteilzeit t_s
  Für die Behebung von Maschinenstörungen, für außerplanmäßigen Werkzeugwechsel, kurzfristige Wartezeiten infolge von Störungen in der Ablauforganisation (z.B. Materialmangel)
- Persönliche Verteilzeit t_p
  Steht nicht in direktem Zusammenhang mit der Arbeitsaufgabe, durch persönliche Bedürfnisse bedingt.

So strukturierte Bearbeitungszeiten dienen als Soll-Werte und als Ist-Werte aus der Betriebsdatenerfassung nicht nur als Grundlage der Durchlauf- und Kapazitätsplanung, sondern auch für Kalkulationszwecke und als Grundlage der Lohnermittlung.

(1.2) **Arbeitsablauf- und Zeitelemente nach *REFA*, bezogen auf die Produktionsfaktoren Mensch, Betriebsmittel und Arbeitsgegenstand (Werkstoff)**

Nach Auflösung eines Produktionsprogramms und/oder Kundenauftrags durch Stücklistenauflösung in die zu fertigenden Elemente (Teile und Baugruppen) werden zum Zweck der Fertigungsauftragseinplanung die entsprechenden Bearbeitungszeiten zu terminierten Fertigungsaufträgen zusammengefasst. Diesem Vorgang liegen Zeiten zu Grunde, die von *REFA* wie folgt systematisiert werden.[47]

---

[47] Entnommen aus *REFA*, Methodenlehre, a.a.O., Bd. 3

Fertigungssteuerung - vom Absatz bestimmt 263

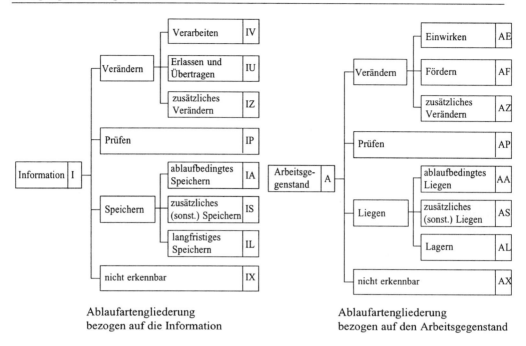

Ablaufartengliederung
bezogen auf die Information

Ablaufartengliederung
bezogen auf den Arbeitsgegenstand

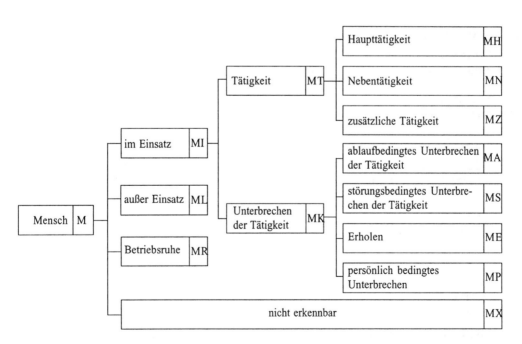

Ablaufartengliederung bezogen auf den Menschen

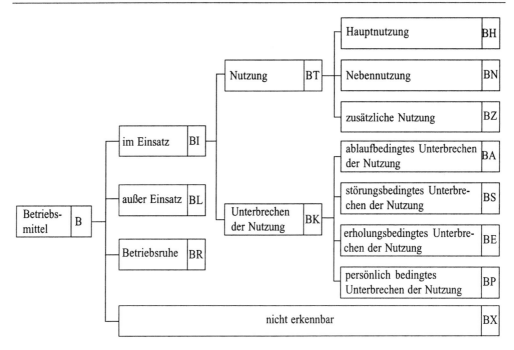

Ablaufartengliederung bezogen auf Betriebsmittel

(2) **MTM, Methode vorbestimmter Zeiten**

MTM **(Methods Time Measurement)** ist ein Verfahren um **Bewegungsabläufe in Grundbewegungen zu gliedern**. Jeder Grundbewegung sind **Normzeitwerte** zugeordnet, die in ihrer Höhe durch die erfassten Einflussgrößen (vor-) bestimmt sind. Im Rahmen der Techniken zur Zeitermittlung nehmen die Systeme vorbestimmter Zeiten heute neben der Zeitaufnahme eine führende Stellung ein.

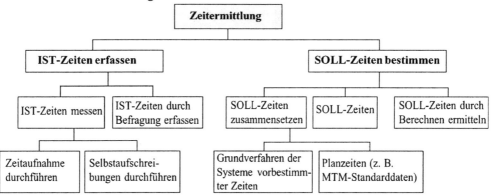

Die Basis der **MTM-Normzeitwerte** sind IST-Zeiten aus Auswertungen von Filmaufnahmen einer Vielzahl von Arbeitsabläufen und Zeitaufnahmen.

Die interpersonelle Streuung der IST-Zeiten wurde durch Leistungsgradbeurteilung ausgeglichen. Mit Hilfe statistischer Verfahren (insbesondere Einflussgrößenrechnung) wurde die den Messwerten anhaftende Streuung ausgeglichen. Hieraus entstand die **MTM-Normzeitwertkarte**, die alle Grundbewegungen mit zugeordneten Normzeitwerten in Abhängigkeit von Einflussgrößen enthält.

Die MTM-Verfahren haben sich in der betrieblichen Praxis bewährt und werden für die **Arbeitsplatzgestaltung**, für den **Aufbau von Planzeiten** und zur **Vorgabezeitermittlung** für Fertigung, Dienstleistung und Verwaltung verwendet.

Die besondere Eignung der Systeme vorbestimmter Zeiten für die **Arbeitsplatzgestaltung** resultiert aus der Art der **Arbeitsablaufbeschreibung in Form kodierter Bewegungselemente**, die Aufschluss über die „Zeitgewichtigkeit" der erfassten Bewegungselemente gibt. Die Anwendung der Systeme vorbestimmter Zeiten führt zu detaillierter, kritischer Betrachtung und zum Denken in Einflussgrößen.

MTM-Bewegungszyklus (Grundbewegungen)
Die **fünf Grundbewegungen**, ergänzt um die **weiteren Bewegungen** (Drücken, Trennen, Drehen), die **mentalen Funktionen** (Blickverschieben, Prüfen) sowie die **Körperbewegungen** (Fuß-, Beinbewegung, Seitenschritt, Körperdrehung, Beugen, Bücken, Knien, Setzen, Aufstehen) können **jeden Bewegungsablauf** beschreiben.

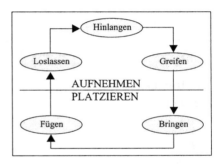

Übersicht über die Anwendung des MTM-Verfahrens

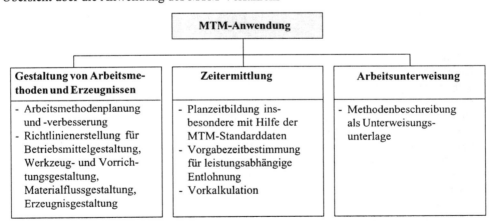

Anwendungen, entwickelt von der Deutschen MTM-Vereinigung, Frankfurt a. M.
- ❏ MTM-Datensysteme zur Bestimmung von Prozesszeiten
- ❏ MTM-Diagnosesysteme zur methodischen Arbeitsplatzgestaltungsdiagnose und Entlohnungsgrundsatzdiagnose
- ❏ MTM-Software: ANADATA zur Unterstützung von MTM-Analysen und ZEBADATA als DV-gestützte Zeitbausteinentwicklung und -verwendung.

Grenzen des MTM-Verfahrens
Die Definition macht die Beschränkung des MTM-Verfahrens auf voll beeinflussbare (manuelle) Abläufe deutlich. Zeiten für bedingt beeinflussbare und unbeeinflussbare Abläufe (Prozesse) werden im Allgemeinen durch Zeitaufnahmen ermittelt oder errechnet. Darum ist das MTM-Verfahren auf geistige (mentale) Abläufe nicht anwendbar. In den MTM-Normzeiten sind keine Verteil- und Erholzeiten enthalten.

Vorteile des MTM-Verfahrens gegenüber anderen Zeitermittlungsverfahren
- Arbeitsmethoden und Ausführungszeiten lassen sich vor Arbeitsbeginn detailliert festlegen
- MTM zwingt zur detaillierten und damit optimierten Festlegung der Arbeitsmethode bereits im Planungsstadium
- Anstelle Kostensenkung durch nachträgliche Arbeitsgestaltung tritt Kostenvermeidung durch vorherige Ablaufplanung
- Die reproduzierbare Beschreibung des Arbeitsablaufs führt zu einer objektiveren, sach- und problembezogeneren Diskussion im Beschwerdefall
- Einheitliches Niveau der Zeitdaten durch Fortfall des Leistungsgradbeurteilens
- Reduzierung von Anlernzeiten durch Arbeitsunterweisung nach MTM-Analysen
- Der Aufbau betriebsspezifischer Plandaten ist mit relativ geringem Aufwand möglich.

(3) Durchlaufterminierung mit Vorwärts- und Rückwärtsterminierung

Die Durchlaufterminierung und -optimierung von Aufträgen, auch **Einlastung** genannt, hat eine liefertermingerechte Fertigstellung sicherzustellen und außerdem die folgenden Kosten zu optimieren:
- **Kosten der Arbeitszeit** von Fertigungspersonal und Fertigungsanlagen, also Fertigungslohn und Fertigungsgemeinkosten inklusive Abschreibungen und kalkulatorische Zinsen auf die Fertigungsanlagen. In der betrieblichen Praxis sollte für diese Optimierungsaufgabe aus der Kosten- und Leistungsrechnung je Fertigungsanlage ein individueller Maschinenstundensatz bekannt sein. Im folgenden Beispiel wird vereinfachend angenommen, dass dieser Satz für alle Maschinenarbeitsplätze gleich sei und dass, unabhängig von der Zuordnung von Arbeitsfolgen zu Fertigungsanlagen, gleichbleibende Vorgabezeiten und Lohngruppen gültig bleiben, d.h. die Kosten der Arbeitszeit bleiben im Beispiel konstant. Die Optimierung bezieht sich dann (im Einklang mit häufig anzutreffenden Praxisbedingungen) nur noch auf die Verkürzung der Durchlaufzeit zwecks Minimierung der Kapitalbindungsdauer im Material bis zu dem Punkt, an dem weitere Durchlaufverkürzungen mit einem vergleichsweise höheren Anstieg von Rüstkosten verbunden wären.
- **Kosten der Rüstzeit** zur Herstellung der Fertigungsbereitschaft einer Anlage für die Fertigung eines bestimmten Fertigungsauftrags (z.B. Werkzeugmontage) sind in den Sondereinzelkosten der Fertigung enthalten. Im Folgenden wird vereinfachend angenommen, dass die Rüstzeit an allen Maschinen gleich sei.
- **Kalkulatorische Zinsen** auf die Materialkosten für die Dauer des Materialdurchlaufs. Bei der Ermittlung des Kapitalbedarfes für die Finanzierung des Umlaufvermögens in Kapitel 7 wird als „elektive Methode" ein Verfahren vorgestellt, das berücksichtigt, dass der Gesamtwert eines Produkts nicht zu Beginn des Fertigungsprozesses finanziert werden muss, sondern dass die Ausgaben einer Periode erst nach und nach anfallen. So wird mit zunehmender Produktreife der Materialwert von Fertigungsstufe zu Fertigungsstufe nicht nur um den Wert des hinzukommenden Materials, sondern auch um den Wert, der in jeder Stufe aufgewandten Fertigungskosten wertvoller. Im Folgenden wird vereinfachend und praxisnah angenommen, dass die Auftragsterminierung für Tage (innerhalb eines Monats)

erfolgt und dass Lohn- und Gehaltszahlungen nachträglich monatlich erfolgen, so dass die Verteilung der Arbeitszeit auf der Zeitachse nicht zinsrelevant wird.

Die Praxis bedient sich zur Lösung dieser Aufgabe folgender Verfahren, die beim Einsatz von PPS-Systemen DV-gestützt angewandt werden:

- **Vorwärtsterminierung**
  Alle Arbeitsgänge beginnen ausgehend von einem Starttermin so früh wie möglich. Die Folge ist, dass viele Teile bis zur Bearbeitung in der nächsten Stufe lange zwischengelagert werden müssen und so die Kapitalbindung erhöht wird. Diese Terminermittlungsmethode errechnet den frühesten Fertigungszeitpunkt und die kürzeste Durchlaufzeit.
- **Rückwärtsterminierung**
  Ausgehend vom Zieltermin beginnen alle Arbeitsgänge so spät wie möglich. Die Lagerkosten werden minimiert; die Gefahr, bei Störungen den Termin nicht halten zu können, steigt. Als Ergebnis liefert dieses Verfahren außerdem den spätesten Anfangszeitpunkt für jeden Arbeitsgang.
  Zusammen mit den Ergebnissen der Vorwärtsterminierung sind auch die Zeitpuffer für jeden Arbeitsgang ersichtlich und damit die kritischen Arbeitsgänge zu erkennen, d.h. die Arbeitsgänge, die nicht verzögert werden dürfen, wenn die kürzeste Durchlaufzeit erreicht werden soll.
- Als **ergänzende Maßnahmen zur weiteren Optimierung**, insbesondere zur Verkürzung von Durchlaufzeiten, wenn eine Vorwärtsterminierung eine Überschreitung des vorgegebenen Liefertermins ergeben hat, stehen folgende Verfahren zur Verfügung:
  - **Splittung**
    eines Fertigungsauftrags (Loses) einer Stufe von einer Maschine auf mehrere Maschinen. Durch die Simultanfertigung auf mehreren Maschinen lässt sich die Durchlaufzeit verkürzen. Dabei entstehen - wie im folgenden Beispiel als vielfach praxisnah angenommen - keine zusätzlichen Werkzeugkosten, sofern die erforderlichen Werkzeuge ohnehin aus Sicherheitsgründen in Reserve gehalten werden. Es entstehen jedoch zusätzliche Rüstkosten.
  - **Überlappung**
    bedeutet den Abtransport von Teilmengen vor Fertigstellung der Fertigungsgesamtmenge zwecks vorzeitiger Weiterbearbeitung in der anschließenden Fertigungsstufe. Dadurch können neben der Verkürzung der Durchlaufzeiten auch Stillstandszeiten verkürzt werden, die im folgenden Beispiel vereinfachend nicht berücksichtigt werden.
  - **Übergangszeitenverkürzung**
    Der größte Teil der Auftragsdurchlaufzeiten besteht aus Übergangszeiten für Liegen und Transportieren. Um diese Zeiten zu verkürzen, sind i.d.R. umfassende Maßnahmen zur Verbesserung der Arbeitsabläufe und der Planung von Auftragsfolgen notwendig. Auf die dafür geeigneten Verfahren wird vertiefend vier Punkte weiter unter Ziffer (7) „Grundlagen der just-in-time-production" eingegangen.

Unter Vernachlässigung von Transportzeiten, diese sollen vernachlässigbar klein sein, werden die genannten Verfahren am folgenden Beispiel, der Herstellung eines Stückes des Produkts P veranschaulicht. Dieses Produkt hat die in Pkt. 5.3.1.3 (2.1) definierte Struktur. Um die Relevanz der Zinskosten herauszuarbeiten, war es notwendig, mit hohen Materialwerten zu arbeiten. Man darf sich also die Herstellung einer hochwertigen Werkzeugmaschine vorstellen. Dabei wären dann B Baugruppen und T Unterbaugruppen. Die Elemente M1 und M2 sind definiert als Zukaufsmaterialien geringen Wertes. Sie können deshalb im folgenden Beispiel vernachlässigt werden. Das folgende Datenblatt enthält als Spalten (0) und (1) die Daten der Mengenübersichtsstückliste unseres bekannten Beispielprodukts P (jedoch ohne M1 und M2).

Datenblatt							
Der Optimierung seien folgende Ausgangsdaten zu Grunde gelegt:							
- Liefertermin heute plus			20 Tage				
- Gesamtarbeitsvolumen gemäß Normalzeitvorgabe			20 Arbeitstage				
- Kosten der Arbeitszeit (Fertigungskosten)			1.000 €/Tag und Maschine				
- Kosten der Rüstzeit (Rüstkosten)			500 €/Rüstvorgang				
- Dauer der Rüstzeit			1 Tag				
- Zinssatz 12 % p.a.			0,03333 % p. Tag				
Produkt und Produktelemente	Fertigungsmenge	Materialwert €/Stück	Fertigungszeit Tage/Stück	Materialgesamtwert in €	Fertigungsgesamtzeit in Tagen	Bemerkungen	
(0)	(1)	(2)	(3)	(4)=(1)x(2)	(5)=(1)x(3)		
T1	21	71.429	0,286	1.500.000	6		
T2	7	57.143	0,286	400.000	2		
T3	6	133.333	0,333	800.000	2	Summe der Teilwerte	
B1	7	271.430	0,429	1.898.540	3		
B2	3	809.106	1,000	2.427.318	3		
p	1	2.700.000	4,000	2.700.000	4		
alles ohne Werte für M1 und M2, da geringwertig							

In den folgenden Schaubildern sind auf der Abszisse Tage und auf der Ordinate Fertigungslose, jedes in Kombination mit einer bestimmten zugeordneten Fertigungsanlage, dargestellt. Die Fertigungsstufen verlaufen gemäß Produktstruktur

❑ von T1 und T2 nach B1
❑ sowie von B1 und T3 nach B2
❑ und B1 plus B2 nach P,
❑ die Zukaufsmaterialien M werden (als C-Material) ab Lager beigestellt und hier vernachlässigt.

Erläuterung der Planungsschritte

❑ 1. Schritt (Bild A)
   Vorwärtsterminierung, wie oben einleitend beschrieben. Das Ergebnis sind hohe Liegezeiten. Endtermin liegt vor dem Liefertermin. Ein positiver Effekt sind hohe zeitliche Sicherheiten, ein Nachteil liegt in relativ hohen Zinskosten. Das sollte behoben werden.

❑ 2. Schritt (Bild B)
   Rückwärtsterminierung, wie einleitend beschrieben, dient der Beseitigung der Liegezeiten und damit der Reduzierung der Zinskosten. Gleichzeitig gehen jedoch auch die Sicherheiten verloren.

❑ 3. Schritt (Bild C)
   Eine weitere Verkürzung der Auftragsdurchlaufzeit kann, wie oben beschrieben, durch **Splittung**, d.h. Simultanbearbeitung von einzelnen Teilaufträgen auf mehreren Maschinen erreicht werden. Dadurch sinken die Zinskosten weiter, jedoch ergeben sich zusätzliche Rüstkosten.

❑ 4. Schritt (Bild D)
   Eine maximale Durchlaufzeitverkürzung kann schließlich, wie oben beschrieben, durch **Überlappung** erreicht werden. Dabei wird für bestimmte Fertigungslose die Weiterbearbeitung auf der nächsten Stufe vor vollständigem Abschluss der Fertigung eines Loses be-

gonnen (Transporte erfolgen in Teilmengen). Als Vorteil entstehen weitere Zinseinsparungen. Als Nachteil können zusätzliche Transportkosten Bedeutung erlangen. Diese wurden hier vernachlässigt. Bild D zeigt die kostengünstigste Lösung.

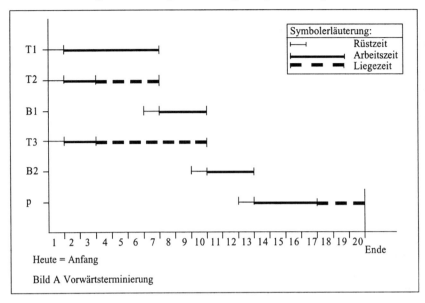

Bild A Vorwärtsterminierung

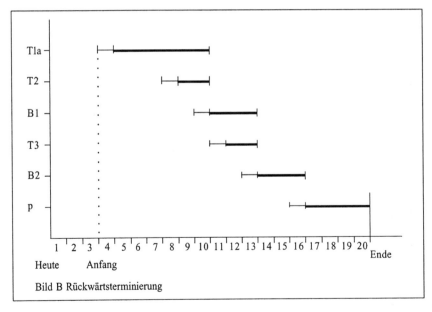

Bild B Rückwärtsterminierung

270 Produktionswirtschaft

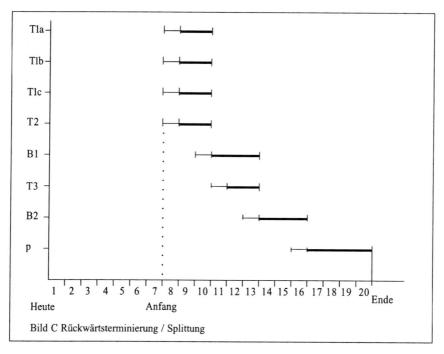

Bild C Rückwärtsterminierung / Splittung

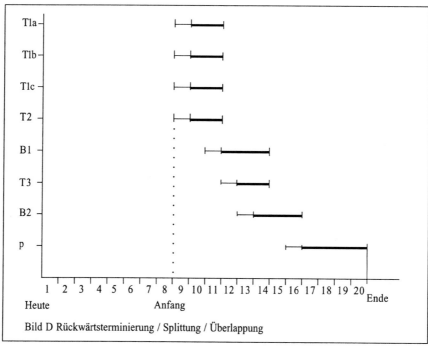

Bild D Rückwärtsterminierung / Splittung / Überlappung

Kostenvergleich bei Optimierung

	A	B	C	D
Arbeitszeit	20.000	20.000	20.000	20.000
Rüstzeit	3.000	3.000	4.000	4.000
Material T1	1.500.000	1.500.000	1.500.000	1.500.000
Material T2	400.000	400.000	400.000	400.000
Material T3	800.000	800.000	800.000	800.000
Zinsen T1	9.499	7.999	5.999	5.499
Zinsen T2	2.533	1.600	1.600	1.467
Zinsen T3	5.066	2.400	2.400	2.400
Summen	2.740.098	2.734.999	2.733.999	2.733.366

Zu berücksichtigende Tage

	A	B	C	D
Arbeitszeit	20	20	20	20
Rüstzeit	6	6	8	8
Zinsen T1	19	16	12	11
Zinsen T2	19	12	12	11
Zinsen T3	19	9	9	9

(4) Auftragsterminierung bei Werkstattfertigung

Johnson hat einen Algorithmus entwickelt, der für die Werkstattfertigung mit 2 oder 3 Maschinen oder Fertigungsstufen die Durchlaufzeit minimiert.[48] Wird der Algorithmus für 3 Maschinen angewandt, so darf im Arbeitsablauf der mittleren Maschine kein Engpass auftreten. Die Bearbeitungszeit auf dieser Maschine muss für jeden Auftrag kleiner als bei den anderen Maschinen sein. Die Grundlage des Algorithmus ist eine Tabelle, die die Bearbeitungszeiten in Zeiteinheiten (ZE) der einzelnen Aufträge (A) auf den Maschinen (M) darstellt.

Bearbeitungszeitenmatrix

	M1	M2	M3	$\sum_{i=1}^{2} M_i$	$\sum_{i=2}^{3} M_i$
A1	9	2	8	11	10
A2	8	3	5	11	8
A3	6	4	7	10	11
A4	6	3	7	9	10
A5	5	3	7	8	10

---

[48] Vgl. *Krycha, K.-T.*, Methoden der Ablaufplanung, Zürich

Würden die Aufträge nach ihrem zeitlichen Eingang abgearbeitet werden, dann ergäbe sich folgendes Schaubild der Durchlaufzeiten, mit einer Gesamtdurchlaufzeit von 48 ZE.

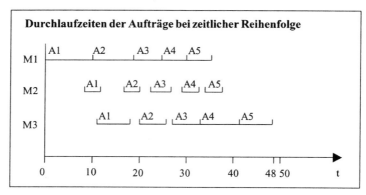

Nach dem Johnson Algorithmus wird eine neue Reihenfolge der Aufträge gefunden, bei der sich durch geringere Leerzeiten die Durchlaufzeit verkürzt. Aus der Bearbeitungszeitmatrix werden zuerst die Summen von M1, M2 und M2, M3 gebildet. Danach wird die geringste Summe ausgesucht. Kommt diese Summe aus der Spalte M1 plus M2, so bildet dieser Auftrag den ersten der neuen Reihenfolge, sonst ist er der letzte der neuen Reihenfolge. Dieser Auftrag wird nun gestrichen und die nächste niedrigste Summe ausgewählt und dieser Auftrag nach der gleichen Regel entweder auf den nächsten freien Platz von vorn, oder den nächsten freien Platz von hinten eingeordnet. Die gesamte Reihenfolge bildet sich aus den am Anfang nacheinander und am Ende voreinander eingeordneten Aufträgen.

Die neue Reihenfolge des Beispiels ist dann

A5 A4 A3 A1 A2

Jetzt ergibt sich im Schaubild eine Durchlaufzeit, die mit 42 Zeiteinheiten deutlich unter den 48 Zeiteinheiten der Ausgangssituation liegt.

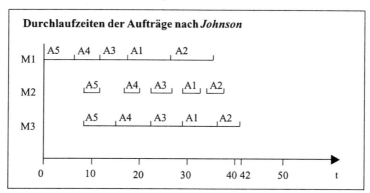

Der Leitgedanke des Johnson Algorithmus besteht darin, durch Zuordnung kurzer Bearbeitungszeiten am Anfang und Ende der Bearbeitungsperiode vermeidbare Wartezeiten zu Beginn und am Ende der Bearbeitungsperiode auszuschalten.

Fertigungssteuerung - vom Absatz bestimmt

(5) **Taktoptimierung bei Fließfertigung**

Hahn hat einen Algorithmus zur Taktoptimierung bei der Fließfertigung entwickelt. In diesem Verfahren werden bei vorgegebener Taktzeit, das ist die Zeit, die ein Werkstück in den Bearbeitungsstationen verweilt, für die Fließfertigung die Reihenfolge der Arbeitselemente und die Anzahl der Bearbeitungsstationen ermittelt.[49] Bei der Fließfertigung werden Maschinen nach dem Fertigungsablauf des Produkts angeordnet und durch ein Beförderungssystem miteinander verbunden. An jeder Bearbeitungsstation steht eine vorgegebene Zeit - die Taktzeit - für die Bearbeitung des Werkstücks zur Verfügung. Diese Zeit muss größer oder gleich groß sein als die Zeit, die es dauert, die längste unzerlegbare Tätigkeit, auch ein Arbeitselement genannt, auszuführen. Ist die Taktzeit an einer Bearbeitungsstation größer als ein Arbeitselement, so werden dieser Bearbeitungsstation weitere Arbeitselemente zugeordnet, damit nicht durch vermeidbare Leerzeiten unnötige Durchlaufzeitverlängerungen verursacht werden. Die Wahl der Taktzeit beeinflusst den Fertigungsprozess in einem wesentlichen Maß.

- Je kleiner die Taktzeit gewählt wird, desto höher ist die Ausbringungsmenge pro Zeiteinheit und umso mehr Bearbeitungsstationen und Bedienungspersonen sind erforderlich.
- Je größer die Taktzeit gewählt wird, umso niedriger ist die Ausbringung pro Zeiteinheit, desto weniger Bearbeitungsstationen und darausfolgend Arbeitnehmer werden benötigt.

Folglich kann man durch die Wahl der Taktzeit die Ausbringungsmenge der Nachfrage anpassen. I.d.R. werden bei Inbetriebnahme der Fließfertigung Taktzeiten für hohe, normale und geringe Nachfrage ermittelt. *Hahn* geht in seinem Algorithmus von der in ihre Arbeitselemente zerlegten Struktur des Produkts und den zugehörigen Verrichtungszeiten aus.

Struktur der Arbeitselemente

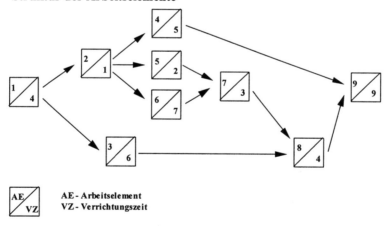

AE - Arbeitselement
VZ - Verrichtungszeit

Mit Hilfe von Rangwerten, die sich für jedes Arbeitselement als Summe aus seiner eigenen Verrichtungszeit plus der Rangwerte der ihm direkt nachfolgenden Arbeitselemente ergeben, wird eine Grundlage für die Reihenfolge der Arbeitselemente geschaffen.

---

[49] *Hahn, R.*, Produktionsplanung bei Linienfertigung, Berlin, New York

Unter der Voraussetzung, dass die vorgegebene Taktzeit größer oder gleich den Verrichtungszeiten der Arbeitselemente ist, wird das Arbeitselement mit dem höchsten Rangwert ausgesucht und der 1. Bearbeitungsstation zugewiesen. Nun wird das Arbeitselement mit dem zweithöchsten Rangwert ausgewählt. Falls die Restzeit der Bearbeitungsstation nicht ausreicht oder der Vorgänger dieses Arbeitselements noch nicht zugeordnet wurde, muss eine weitere Bearbeitungsstation eröffnet werden, sonst wird das Arbeitselement der Bearbeitungsstation zugewiesen. Entstehen so bei früheren Bearbeitungsstationen Leerzeiten, wird bei Zuweisung weiterer Arbeitselemente geprüft, ob man mit ihnen diese Leerzeiten ausfüllen kann.

Tabelle der Rangwerte

Arbeitselement	Rangwert
9	9
8	13
7	16
6	23
5	18
4	14
3	19
2	56
1	79

Nach diesem Algorithmus werden alle Arbeitselemente entsprechend ihrer Rangwerte zugeordnet. Der Algorithmus soll am Beispiel einer kleinen und einer großen Taktzeit dargestellt werden.

Taktoptimierung bei Taktzeiten von 21 min

AE	Rangwert	VZ	Station	Restzeit
1	79	4	1	17
2	56	1	1	16
6	23	7	1	9
3	19	6	1	3
5	18	2	1	1
7	16	3	2	18
4	14	5	2	13
8	13	4	2	9
9	9	9	2	0

Taktoptimierung bei Taktzeiten von 10 min

AE	Rangwert	VZ	Station	Restzeit
1	79	4	1	6
2	56	1	1	5
5	18	2	1	3
6	23	7	2	3
7	16	3	2	0
3	19	6	3	4
8	13	4	3	0
4	14	5	4	5
9	9	9	5	1

Zwischen Taktzeit, Anzahl der Stationen sowie Summe der Verrichtungszeiten und nach der Optimierung definitiv verbleibenden Restzeiten besteht folgender Zusammenhang.[50]

$$\text{Taktzeit} \times \text{Anzahl der Bearbeitungsstationen} = \text{Summe der Verrichtungszeiten} + \text{Summe der definitiven Restzeiten}$$

Je geringer die Summe der Restzeiten ist, umso besser ist der Wirkungsgrad eines Fließbandes. Dieser ist definiert als

$$\text{Fließband-Wirkungsgrad} = \frac{\text{Summe der Verrichtungszeiten}}{\text{Taktzeit} \times \text{Anzahl der Bearbeitungsstationen}} \cdot 100$$

---

[50] Vgl. *Jäger, F., Klein, A., Kuntze, W.*, Fertigungswirtschaft

Wirkungsgrade in einer Größenordnung von 80 % gelten in der Praxis als gutes Optimierungsergebnis.

Die effektive Restzeit von 1 ZE ist im obigen Beispiel bei einer Taktzeit von 21 ZE deutlich besser als bei einer Taktzeit von 10 ZE.

Bei der Taktzeit von 10 ZE ergibt sich eine Restzeit von 9 ZE. Damit ist auch der Wirkungsgrad bei einer Taktzeit von 21 ZE deutlich besser, nämlich 97 % gegenüber 82 %.

(6) **Terminplanung bei Baustellenfertigung mit Netzplantechnik**
Baustellenfertigung ist häufig gekennzeichnet durch eine technisch bedingte Vernetzung der Teilaufgaben, hohe Komplexität des Gesamtvorhabens sowie geringen Grad an Gleichartigkeit und Wiederholbarkeit der Teilaufgaben. Während für einfache Baustellenfertigung (z.B. die Erstellung von Einfamilienhäusern) noch Terminlisten und Stabdiagramme ein geeignetes Hilfsmittel darstellen, sind größere, komplexe Baustellenfertigungen (z.B. der Bau von Schiffen oder Flughafeneinrichtungen) Fertigungsaufgaben, deren effiziente und termingerechte Abwicklung den Einsatz der Netzplantechnik erfordert.

Als Netzplantechnik bezeichnet man alle Verfahren zur Planung und Steuerung von Abläufen auf der Grundlage der Graphentheorie. *Steinbuch/Olfert* geben die folgende Kurzdarstellung:[51]

Ein Vorgang wird durch zwei Ereignisse begrenzt. Ein Ergebnis ist nach DIN 69 900 das Eintreten eines definierten Zustandes im Ablauf.

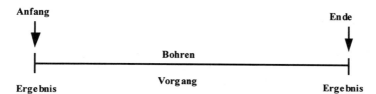

In einer der Netzplantechniken ergibt sich der graphische Ausweis (CPM-Critical Path Method) gemäß der folgenden Darstellung.

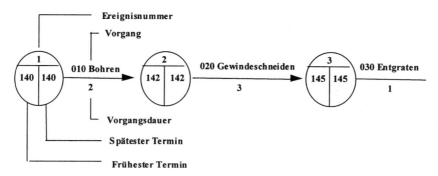

---

[51] Entnommen aus: *Steinbuch, P. A.* und *Olfert, K.,* Fertigungswirtschaft

Die Techniken der Netzplanung werden gegliedert in

- Vorgangspfeil-Netzpläne, welche die Vorgänge mit Pfeilen ausweisen. Die Ereignisse sind die Knoten. Beispiel dafür ist die CPM-Critical Path Method.
- Vorgangsknoten-Netzpläne, bei welchen die Vorgänge als Knoten dargestellt werden. Als Beispiel dient die MPM-Metra Potential Methode.
- Ereignisknoten-Netzpläne, die eine Mischform darstellen, beispielsweise die PERT-Program Evaluation and Review Technique.

In der Praxis hat sich die Anwendung der Netzplantechnik für Projekte bewährt, die durch eine Mehrzahl der folgenden Merkmale gekennzeichnet sind:

- Vernetzung zahlreicher untereinander abhängiger Vorgänge (Teilaufgaben)
- Komplexität der Gesamtaufgabe
- Hohe Anforderungen an exakte Termineinhaltung von 50 oder deutlich mehr Vorgängen
- Hohe Änderungshäufigkeit mit Rückwirkung auf zahlreiche Teilaufgaben
- Notwendigkeit exakter Terminüberwachung
- Hohes Maß an Arbeitsteilung zwischen verschiedenen Verantwortlichen (z.B. in einem joint venture oder einer Arbeitsgemeinschaft)
- Hohe Folgekosten (z.B. Konventionalstrafen) bei Nichteinhaltung von Terminen.

Netzpläne können manuell oder mit Hilfe von DV erstellt und modifiziert werden. Für größere Projekte erweist sich der DV-Einsatz als wirtschaftlich. Für eine Vertiefung zum Thema der Netzplantechnik wird auf die folgende Speziallitertur, z.B. die Autoren *Falkenhausen* und *Müller-Merbach* verwiesen.[52]

(7) **Belastungsorientierte Auftragsfreigabe (BOA),
Grundlage der „just-in-time-production"**

Forschungen und Entwicklungsarbeiten zum DV-Einsatz in der Optimierung der Fertigungssteuerung haben gezeigt, dass der Bestandsminderung eine vorrangige Bedeutung zukommt. Sie haben ferner gezeigt, dass ein alter in Deutschland verbreiteter Steuerungsgrundsatz falsch ist, der besagt, hohe Beaufschlagung einer Fertigungsstelle mit Auftragsvorlagen ergäbe erhöhte Leistung und eine Verkürzung der Durchlaufzeit durch wachsenden Leistungsdruck.

Die gleichen Untersuchungen haben ergeben, dass es primär darum geht, wesentliche Abweichungen von der statistisch nachweisbaren, durchschnittlichen Durchlaufzeit zu minimieren, damit Auftragsstaus vermieden und zuverlässige Terminplanungen möglich werden. Wegen ihrer Ausrichtung auf die statistisch ermittelte, durchschnittliche Durchlaufzeit heißen diese Verfahren **statistisch orientiert** oder auch **belastungsorientiert**.

Ferner haben die gleichen Untersuchungen gezeigt, dass zur Vermeidung von Auftragsstaus und zur Realisierung kurzer Durchlaufzeiten, abweichend von der oben genannten deutschen „Praktikerregel", die Auftragsvorlage in einer Fertigungswerkstatt 80 % (bis maximal 100 %) des Leistungsvolumens einer Planperiode nicht überschreiten soll. Deshalb gilt für die Auftragserteilung an die Fertigungswerkstätten eine „**Belastungsschranke**".[53] Entsprechende Erkenntnisse und Prinzipien gelten auch für die sog. „**just-in-time-production**" nach dem unter Pkt. 5.4.2.5 erläuterten KANBAN-Prinzip.

---

[52] *Falkenhausen, H.V.*, Prinzipien und Rechenverfahren der Netzplantechnik, Kiel, *Müller-Merbach, H.*, Operations Research, Berlin, Frankfurt, *Müller-Merbach, H.*, Netzplantechnik, Berlin, Heidelberg, New York
[53] Vgl. *Bechte, W.*, Produktionsplanung und -steuerung unter veränderten Fertigungs- und Marktbedingungen, IBM-Seminar, Bad Liebenzell

Trichtermodell der belastungsorientierten Auftragsfreigabe (BOA)

Die Freigabe von Fertigungsaufträgen für bestimmte, einem gegebenen Fertigungsablauf zuzuordnende Betriebsmittel kann nach *Bechte* zutreffend wie oben als Trichtermodell dargestellt werden.[54] Dazu veranschaulicht die obige rechte Abbildung den Sachverhalt, dass die mittlere Durchlaufzeit proportional dem mittleren Durchschnittsbestand an Aufträgen und umgekehrt proportional der mittleren Leistung ist.

Das folgende Bild zeigt ein Belastungsdiagramm für ein Arbeitssystem, für das die Auftragszugänge einer Periode den Abgängen erledigter Aufträge im Durchschnitt entsprechen, so dass Auftragsanfangsbestand und -endbestand - sieht man von kurzfristigen Schwankungen ab - gleich groß bleiben.

Es zeigt auch den Vorgang der belastungsorientierten Auftragseinplanung mit Belastungsschranke. Ausgehend von einer bestehenden Auslastung eines Arbeitssystems oder einer Werkstatt werden zusätzliche Aufträge in der Reihenfolge ihrer Priorität eingeplant, bis die Belastungsschranke (der höchste zulässige Einlastungsprozentsatz) für die Planperiode erreicht ist. Über die Höchsteinlastung hinausschießende Aufträge werden zur Neuterminierung, d.h. zur Zuordnung zu einer anderen Planperiode, zurückgewiesen.

Die Prioritäten der einzuplanenden Aufträge ergeben sich ausgehend von einem geplanten Endtermin (z.B. spätesten Liefertermin), durch Rückwärtsterminierung. Dabei erhalten alle Fertigungsaufträge mit einem spätesten Anfangstermin später als in der Planperiode eine Priorität kleiner als eins.

---

[54] Entnommen aus: *Erdlenbruch, B.*, Belastungsorientierte Auftragsfreigabe - Grundlagen, Verfahren, Weiterentwicklung, Voraussetzungen für den praktischen Einsatz, Fachseminar: Fertigungssteuerung, Hannover

Das geschilderte Verfahren kann auf der Grundlage entsprechenden DV-Einsatzes und der erforderlichen Betriebsdatenerfassungstechniken optimale Durchlaufzeiten sicherstellen. Die Methode erlaubt keine Leistungssteigerung bei Überschreiten der Belastungsschranke. Eine Überforderung der Kapazitäten kann logischerweise nur durch Maßnahmen wie verringerte Einlastung, Kapazitätserhöhung durch Arbeitszeitverlängerung (zusätzliche Schichten) oder Kapazitätsausbau (Investitionen) erreicht werden.

Dazu vgl. das folgende Schaubild.[55]

Prinzip der belastungsorientierten Auftragsfreigabe (BOA)

a) Durchlaufdiagramm   b) Belastungskonto

$$\text{Einlastungsprozentsatz EPS} = \frac{\text{Belastungsschranke BS}}{\text{Planabgang AB}} \cdot 100\,\%$$

5.4.1.4 Produktionsmengen- und produktionsterminabhängige Materialbedarfsermittlung und -bereitstellung

(1) Vorlaufverschiebung

Die Vorlaufverschiebung gewährleistet eine pünktliche Materialbeschaffung für die Fertigstellung des Produkts. Die Teile der niedrigen Fertigungsstufen müssen bestellt oder gefertigt werden, bevor die Bearbeitung auf der nächst höheren Fertigungsstufe begonnen werden kann. Aus diesem Grund muss ein entsprechender zeitlicher Vorlauf in der Materialdisposition berücksichtigt werden. Ein Schaubild der Vorlaufverschiebung unserer Erzeugnisstrukur mit 3 Fertigungsstufen könnte so aussehen.

---

[55] Vgl. *Specht, O., Wolter, B.*, Produktionslogistik mit PPS Systemen, Ludwigshafen und *Wiendahl, H.-P.*, Belastungsorientierte Fertigungssteuerung, München und Wien

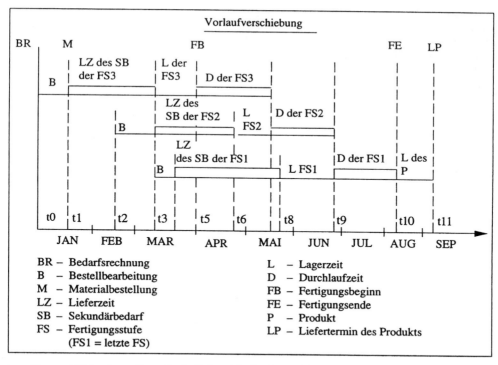

BR – Bedarfsrechnung
B – Bestellbearbeitung
M – Materialbestellung
LZ – Lieferzeit
SB – Sekundärbedarf
FS – Fertigungsstufe
(FS1 = letzte FS)
L – Lagerzeit
D – Durchlaufzeit
FB – Fertigungsbeginn
FE – Fertigungsende
P – Produkt
LP – Liefertermin des Produkts

Aus diesem Bild gehen die erforderlichen Vorlaufverschiebungen gegenüber dem Liefertermin des Produkts je Fertigungsstufe hervor. Für die Fertigungsstufe 3 (FS 3) ergeben sich beispielsweise folgende Vorlaufverschiebungen zur Ermittlung bestimmter Handlungstermine:

$t_{11} - t_0 = 8{,}25$ Monate Vorlaufverschiebung für den Beginn der Bedarfsrechnung

$t_{11} - t_1 = 7{,}75$ Monate Vorlaufverschiebung für die Bestellung des Sekundärbedarfs der FS 3

$t_{11} - t_3 = 6$ Monate Vorlaufverschiebung für die Materialeinlagerung zur FS 3

$t_{11} - t_5 = 5$ Monate Vorlaufverschiebung für den Fertigungsbeginn der FS 3.

(2) Dispositionsstufenverfahren

Das Dispositionsstufenverfahren ist eine Methode der Materialbedarfsermittlung, wobei der Sekundärbedarf jeder Planungsperiode mengenmäßig ermittelt wird. Dieses Verfahren soll hier anhand eines Beispiels veranschaulicht werden.
Das Ziel besteht darin, in den Perioden 4 u. 5 je 100 Einheiten des Produkts P zu fertigen. Gegeben sind Lager-, reservierter u. Bestellbestand.

Bestandsdaten des Beispiels zu (2):

Artikel	LB (Lagerbestand)	RB (reservierter Bestand)	BB (Bestellbestand)
P	80	-	-
B1	300	100	-
B2	100	50	-
T1	1000	480	-
T2	-	-	300
T3	-	-	-
M1	150	50	50
M2	-	-	50

Ausgehend vom Nettobedarf von P in den Planperioden 4 und 5 wird, anhand der Baukastenstückliste, P in seine Baugruppen, Teile und Materialien zerlegt und der benötigte Bruttobedarf der Teile mit der Formel Nettobedarf P · Produktionskoeffizient des Teils errechnet. Es wird ergänzend eine Vorlaufverschiebung für diese Teile berücksichtigt und ihr Bruttobedarf in den Planperioden 3 und 4 eingetragen. Wurde für eines dieser Teile die Dispositionsstufe erreicht (siehe Erzeugnisstruktur nach Dispositionsstufen), kann der Nettobedarf mit der Formel

Nettobedarf = Bruttobedarf - Lagerbestand + reservierter Bestand - Bestellbestand

errechnet werden.

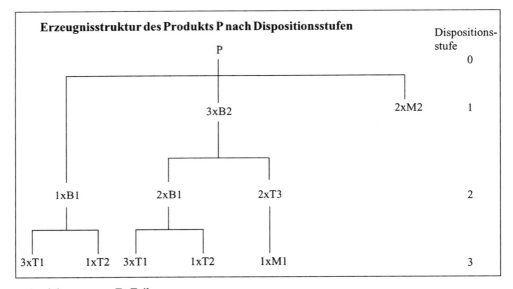

P Produkt   T Teil
B Baugruppe   M Material

Nach vollständiger Auflösung des Produkts (Stufe 0) wird auch die Stufe 1, d.h. die Elemente der Stufe 0, mit Hilfe der zugehörigen Baukastenstückliste aufgelöst. Hierbei muss berücksichtigt werden, dass Baugruppen deren Nettobedarf noch unbekannt ist, zurückgestellt werden, bis ihre Dispositionsstufe erreicht wurde. Der Bruttobedarf wird nach der Formel

Nettobedarf eines Elements der Stufe 0 · Produktionskoeffizient des Teils der Stufe 1

ermittelt. Beim Eintragen des Bruttobedarfs muss wieder eine Vorlaufverschiebung berücksichtigt werden (Eintrag in Periode 2 und 3!). Wurde für ein Teil die Dispositionsstufe erreicht, kann der Nettobedarf errechnet werden.

Nachdem alle Stufen der Erzeugnisstruktur erfasst worden sind, ist aus dem Dispositionsstufenverfahren der Nettobedarf aller Teile, Baugruppen und Materialien sowie der Zeitpunkt des Bedarfs ablesbar.

Fertigungssteuerung - vom Absatz bestimmt   281

Produkt P		Planperiode	1	2	3	4	5	6
Teil : P LB : 80 DS : 0		Bruttobedarf				100	100	
		Nettobedarf				20	100	
Auflösung der Stufe 0								
Teil : B1 LB : 300 RB : 100 DS : 1		Bruttobedarf			20			
Teil : BS LB : 100 RB : 50 DS : 1		Bruttobedarf			60	300		
		Nettobedarf			10	300		
Teil : M2 LB : 50 BB : 50 DS : 1		Bruttobedarf			40	200		
		Nettobedarf			–	190		
Teil : B1 DS : 1		Bruttobedarf		20	100			
Auflösung der Stufe 1								
LB : 300 RB : 100 DS : 2		Bruttobedarf		20	600			
		Nettobedarf		–	440	100		
Teil : T3 DS : 2		Bruttobedarf		20	600			
Teil : T1 LB :1000 RB : 480 DS : 3		Nettobedarf		1320	300			
Auflösung der Stufe 1								
Teil : T2 BB : 300 DS : 3		Bruttobedarf		800	300			
		Nettobedarf		440	100			
Teil : M1 LB : 150 RB : 50 BB : 50 DS : 3		Bruttobedarf		140	100			
		Bruttobedarf	20	600				
		Nettobedarf		470				

L B = Lagerbestand; DS = Dispositionsstufe; RB = reservierter Bestand; BB = Bestellbestand

Enderzeugnis	Periode 3	Periode 4	Periode 5
Bruttobedarf		100	100
% Lagerbestand		80	
= Nettobedarf		20	100

Übergang auf die Folgestufe
laut Stückliste
P = 1 x B1   (20x1) = 20   (100x1) = 100
    3 x B2   > 20   > 100
    2 x M2   (20x3) = 60   (100x3) = 300
                              > 300
                            300

Baugruppe 1:
Die Dispositionsstufe wurde noch
nicht erreicht => keine Umrechnung
in den Nettobedarf.

Baugruppe 2:   (20x2) = 40   (100x2) = 200
Die Dispositionsstufe wurde erreicht
=> der Nettobedarf wird ermittelt:
   Brutto   > 60   > 200
% Lagerbestand   – 100   – 10
+ reservierter Bestand + 50   ───
   Netto   ──   190
                       10

Material 2:
Die Dispositionsstufe wurde erreicht.
   Brutto   > 40
% Bestellbestand   – 50
   Netto   ──
                       – 10

, da in Periode 3 ein
negatives Netto besteht,
ist weiterer Lagerbestand
vorhanden, der beim
nächsten Zugriff auf das
Produkt verrechnet wird.

(3) **Die wirtschaftliche Losgröße**

Die wirtschaftliche Losgröße ist vor allem ein Problem der Serien- und Sortenfertigung, bei dem es darum geht, die Rüst- und Lagerkosten pro produzierte Einheit zu minimieren. Bei der Auftragsfertigung technischer Serienprodukte kann es sich als zweckmäßig erweisen, den Rohteilkreis nach wirtschaftlichen Losgrößen zu steuern. Beim Umrüsten der Maschinen entstehen durch den Stillstand der Maschine und den Rüstlohn erhebliche Kosten. Je größer die produzierte Menge nach dem Rüstvorgang ist, desto kleiner werden die Rüstkosten pro Einheit. Auf der anderen Seite nehmen die Lagerkosten ab einer bestimmten Chargengröße durch Verderb der Produkte, Kapitalbindung (Zinsen) und Kosten des Lagers (zum Beispiel Miete oder Abschreibung) zu. Für die Optimierung dieser gegenläufig fallenden beziehungsweise steigenden Kosten soll ein Algorithmus gefunden werden, der die optimale Menge errechnet, bei der Lager- und Rüstkosten ein Minimum erreichen.

An dieser Stelle sei anhand eines Beispiels ein praxisnaher Lösungsansatz dargestellt (dabei werden mögliche Preisnachlässe vernachlässigt).

Es soll die optimale Menge für folgende Ausgangsdaten angenähert werden:

Rüstkosten	300 €	
Stückkosten	25 €	
Lagerkosten p.a.	25	% von den Stückkosten
Lagerkosten pro Stück und Monat	0,52 €	

Die in diesem Zusammenhang relevanten Fertigungsgemeinkosten seien hier definiert als Summe aus Rüstkosten und Lagerkosten. Ihr Betrag pro gefertigtes Stück ist zu minimieren. Der Bedarf liegt für die Perioden P1 ... P4 bei

P1 - 100 Stück
P2 - 250 Stück
P3 - 150 Stück
P4 - 200 Stück

1. Berechnung der Fertigungsgemeinkosten pro Stück, falls in einer Charge der Bedarf für P1 produziert wird

   Rüstkosten   =   300,—
   Lagerkosten   = $0,5^{56}$ · P1 · Lagerkosten/Stück und Monat
                   = 0,5 · 100 · 0,52 =   26,—
   Gesamtkosten   =   326,—
   Fertigungsgemeinkosten/Stück   326,— : 100 = 3,26 €

2. Berechnung der Fertigungsgemeinkosten pro Stück, falls in einer Charge der Bedarf für P1 und P2 produziert wird

   Rüstkosten   =   300,—
   Lagerkosten   = 0,5 · 100 · 0,52 =   26,—
                   = $1,5^{57}$ · 250 · 0,52 =   195,—
   Gesamtkosten   =   521,—
   Fertigungsgemeinkosten/Stück   521,— : 350 = 1,49 €

---

[56] Produkte kommen/gehen schrittweise an/vom Lager, deshalb liegen sie nur die halbe Periode am Lager.
[57] Produkte für die 2. Periode liegen die gesamte 1. Periode und die Hälfte der 2. Periode am Lager.

3. Berechnung der Fertigungsgemeinkosten pro Stück, falls in einer Charge der Bedarf für P1, P2 und P3 produziert wird

Rüstkosten	=	300,—
Lagerkosten	= 0,5 · 100 · 0,52 =	26,—
	= 1,5 · 250 · 0,52 =	195,—
	= 2,5 · 150 · 0,52 =	195,—
Gesamtkosten	=	716,—
Fertigungsgemeinkosten/Stück		716,— : 500 = 1,43 €

4. Berechnung der Fertigungsgemeinkosten pro Stück, falls in einer Charge der Bedarf für P1, P2, P3 und P4 produziert wird

Rüstkosten	=	300,—
Lagerkosten	= 0,5 · 100 · 0,52 =	26,—
	= 1,5 · 250 · 0,52 =	195,—
	= 2,5 · 150 · 0,52 =	195,—
	= 3,5 · 200 · 0,52 =	364,—
Gesamtkosten	=	1080,—
Fertigungsgemeinkosten/Stück		1080,— : 700 = 1,54 €

Wie man sieht, sind die Fertigungsgemeinkosten/Stück im Rechenschritt 3 am geringsten, deshalb ist die optimale zu produzierende Menge der Bedarf der Perioden 1 bis 3. Die optimale Losgröße in unserem Beispiel beträgt 500 Stück.

5.4.2 Werkstattsteuerung (Auftragsvorbereitung, -veranlassung und Rückmeldung)

5.4.2.1 Ziele der Werkstattsteuerung

Eine Werkstattsteuerung umfasst Planung (Reihenfolge der Aufträge und Arbeitsgänge, mengen- und zeitmäßige Auslastung der Betriebsmittel, Termineinhaltung), Steuerung (Arbeitsverteilung, Transportsteuerung) und Kontrolle (Überwachung von Aufträgen und Betriebsmitteln, Qualitätssicherung). Die wichtigsten Entscheidungsparameter für die Disponenten sind (mit unterschiedlicher Gewichtung)

- Losgrößenbildung
- Splittung und Überlappung der Werkstattaufträge (zur Verringerung der Durchlaufzeiten)
- Prioritätensetzung
- flexibler Personal- und Betriebsmitteleinsatz.

Die angestrebten Ziele sind
- Verringerung der Durchlaufzeiten
- Minimierung der Werkstatt- und Lagerbestände
- hohe Flexibilität und Effizienz in der Auftragsabwicklung durch kurze Durchlaufzeiten
- Verkürzung der Lieferfristen
- Termineinhaltung
- Verringerung der Rüst- und Transportkosten
- gute Kapazitätsauslastung.

Um die Ziele kurzfristiger Termin- und Kapazitätsplanung zu erreichen, stehen Mittel wie Terminlisten, Optimierungsverfahren, Durchlaufdiagramme und Netzplantechniken zur Verfügung. Die in der Bundesrepublik Deutschland angewandten Strategien sind Entlastungs- und Auftragsauswahlstrategien. Dabei sollen Planungsabweichungen durch Eingriffe in den Produktionsablauf minimiert werden. Steuerungsprinzip ist vielfach noch die Funktionsoptimierung nach dem PUSH Prinzip, die oft hohe Bestände zur Folge hat (zentrales Steuerungssystem).

5.4.2.2 Aufgaben eines Leitstandes

Die Aufgaben der Werkstattsteuerung beginnen bei der Vorbereitung der Werkstattaufträge auf der Grundlage von produktionsmengenunabhängigen Erzeugnis- und Kapazitätsdaten aus der Fertigungsplanung, ergänzt um produktionsmengenabhängige Daten über Kundenaufträge oder das Absatzprogramm und den Auslastungsgrad der Fertigungskapazitäten sowie Daten über Personal- und Materialverfügbarkeit. Alle in diesem Zusammenhang relevanten Daten und Arbeitsmethoden sind in vorangehenden Kapiteln und Abschnitten behandelt worden.

An die Aufgaben der Auftragsvorbereitung schließt sich, sobald alle Voraussetzungen für eine Auftragserteilung an die Werkstätten erfüllt sind, die Auftragsveranlassung und nach der Durchführung die Rückmeldung über die Auftragserledigung mit allen wichtigen Details über die erzielten Fertigungsergebnisse an.

Für die Wahrnehmung der Aufgaben der Werkstattsteuerung kann in der Abteilung Fertigungssteuerung ein Leitstand eingesetzt werden. Dieser Leitstand kann sich herkömmlicher Organisationsmittel (mit Formularen und Sprechanlage oder Telefon) oder neuer Techniken (mit DV, interaktivem Bildschirmeinsatz und automatischer Betriebsdatenerfassung (BDE)) bedienen.

In Kap. 12 Pkt. 12.2 ist die Abwicklung von Kundenaufträgen mit Auftragssteuerung vom Angebot bis zur Fakturierung bei Einsatz der DV dargestellt. Zur Vertiefung wird im Folgenden der Arbeitsablauf an einem konventionellen Leitstand erläutert.

Die **Sequenz der Teilaufgaben eines Leitstandes** ist i.d.R.
1. Aufnahme von Fertigungsaufträgen aus Kundenaufträgen und/oder einem Absatzprogramm für eine Teilperiode
2. Sicherung der Materialbereitstellung mit Dispositionsrechnung und falls erforderlich Auslösung der erforderlichen Beschaffungsmaßnahmen beim Einkauf
3. Fertigungsterminierung auf Basis geplanter Bereitstellungstermine
4. Erstellen von Auftragsdokumenten, bestehend aus
   Werkstattaufträgen, Materialentnahmescheinen, Lohnscheinen sowie Termin- oder Begleitkarten (auch genannt Laufkarten) zur Transportsteuerung, bei Durchlauf durch mehrere Werkstätten
5. Sicherstellung einer Bestätigung über effektive Materialbereitstellung
6. Nach Vorliegen der Bestätigung gemäß 5., Fertigungsveranlassung durch Verteilung der Auftragsdokumente gemäß 4., in die bei Terminänderungen geänderte, endgültige Termine eingefügt werden müssen
7. Förderung und Überwachung der Auftragsdurchführung einschließlich Qualitätsprüfung bis zur Rückmeldung über Auftragsfertigstellung durch die Werkstatt oder die Qualitätskontrolle
8. Transportveranlassung zur Folgewerkstatt oder in das Fertigfabrikatelager

Fertigungssteuerung - vom Absatz bestimmt

9. Nach endgültiger Fertigstellung eines Werkstattauftrages Freigabe an den Vertrieb zur Auslieferung an den Kunden
10. Abrechnung des Auftrags, d.h. Datenerfassung und -bereitstellung für folgende Abrechnungsaufgaben:
    a) Fakturierung des Kundenauftrags
    b) Bruttolohnabrechnung für Akkordarbeit
    c) Materialverbrauchserfassung für die Disposition
    d) Betriebsabrechnung mit Kostenstellen- und Kostenträgernachrechnung.

Für jeden Kunden- bzw. Fertigungsauftrag wird üblicherweise eine Datei angelegt und bis zur Erledigung verfolgt. Zur Terminierung der Aufträge dient ein elektronisches Diagramm oder eine Plantafel, an der eingeplante Aufträge und deren zeitliche Inanspruchnahme bestimmter Werkstätten dargestellt und erledigte Aufträge wieder gelöscht werden. Zu DV-gestützten Methoden verbesserter Feinsteuerung vgl. Pkt. 5.6.2.1(8) Elektronischer Leitstand.

5.4.2.3 Informationsinhalte klassischer Auftragspapiere zur Fertigungsveranlassung

Bedenkt man, welche Informationen für eine optimale Erledigung von Fertigungsaufträgen erforderlich sind, so erweisen sich die folgenden Daten als wesentliche Informationsinhalte für die Abwicklung eines Fertigungsauftrages. Diese kann in Papierform oder bei Einsatz eines ERP/PPS-Systems auch elektronisch generiert und übermittelt werden.

(1) **Lohnschein** (für eine oder mehrere Arbeitsfolgen)
- Fertigungsauftragsnummer
- Teil-, Sach- oder Zeichnungsnummer der zu fertigenden Einheit
- Nummer und Bezeichnung der Arbeitsfolge(n)
- Zeitvorgabe je Arbeitsfolge
- Lohngruppe je Arbeitsfolge
- Betriebsmittel und Kostenstelle je Arbeitsfolge
- Zu fertigende Stückzahl mit Fertigungsdatum (Soll)
- Sonstige betriebsindividuelle erforderliche Daten
  z.B. Querverweis auf Fertigungsplan mit speziellen Erläuterungen zu Material und Arbeitsablauf: Kostenträger
- Gefertigte Stückzahl mit Personalnummer des/der ausführenden Mitarbeiters/erin.

(2) **Materialschein**
- Fertigungsauftragsnummer
- Teil-, Sach- oder Zeichnungsnummer der zu fertigenden Einheit
- Materialnummer des zu verwendenden Materials
- Lagerort
- Entnahmemenge mit Bereitstellungsdatum (Soll)
- Fertigende/verwendende Fertigungskostenstelle
- Weitere betriebsindividuelle Bearbeitungshinweise wie Dispositionsschlüssel, Lieferantenkennzahl, Kostenträger.

(3) **Laufkarte und Terminkarte**
- Fertigungsauftragsnummer
- Kundenauftragsnummer
- Anzahl und Reihenfolge der zu durchlaufenden Fertigungskostenstellen

❑ Diverse betriebsindividuelle Daten, z.B. Hinweise auf bestimmte Arbeitsfolgen, Kontrollen und Transportanforderungen
Kontrollen der Qualität und Transport werden oft in die Reihenfolgeplanung als Arbeitsfolgen aufgenommen und mit Zeitvorgaben versehen.

5.4.2.4 FZS - Fortschrittszahlen-Systeme

(1) **Philosophie**

Für die montageorientierte Serienfertigung, wie sie in der Automobilindustrie die Regel ist, wurde die Methode der Steuerung mit Fortschrittszahlen entwickelt. Ausgehend von der kumulierten Zahl der Kundenaufträge und zugeordneten Lieferterminen werden entlang der logistischen Kette Planvorgaben als Soll-Fortschrittszahlen ermittelt und vorgegeben. Fertigungsbegleitend werden die Ist-Fortschrittszahlen je Fertigungsstufe ermittelt und mit den Soll-Fortschrittszahlen je Fertigungsstufe verglichen. Dieser Soll/Ist-Vergleich bildet die Grundlage für rollende Planung und steuernde Maßnahmen.

(2) **Verfahren**

Nach *Cronjäger*[58] kann das Vorgehen wie folgt charakterisiert werden: Soll- und Ist-Fortschrittzahlen können für eine Vielzahl von Größen im Logistikprozess angegeben werden, z.B. für Produktion, Montage, Abruf und Versand. Die Ermittlung von Sollzahlen erfolgt mit den bekannten Methoden der deterministischen Bedarfsauflösung. Die Fortschrittszahlen beziehen sich als kumulierte Werte jeweils auf einen bestimmten Zeitpunkt. Liegt der Ist-Wert für die Fertigung eines bestimmten Bauteiles oberhalb des zugehörigen Soll-Wertes, dann befindet sich die Fertigung im Vorlauf. Die folgende Grafik veranschaulicht die Erkenntnismöglichkeiten des Systems für Disposition und Fertigungssteuerung.[59]

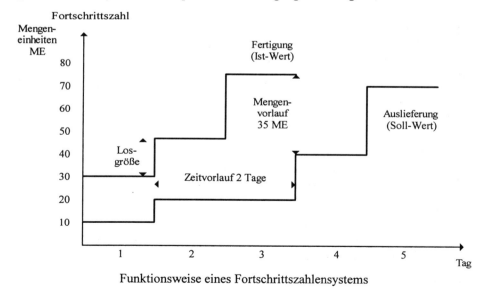

Funktionsweise eines Fortschrittszahlensystems

---
[58] *Cronjäger*, S.128 f.
[59] Vgl. *Cronjäger*, S.129

(3) Würdigung

Das Fortschrittszahlensystem befindet sich in der Automobilindustrie vielfach im Einsatz. Es entspricht den Anforderungen eines schnellen und intensiven Informationsaustausches zwischen Kunden und Lieferanten, die wie in der Automobilindustrie auf enge logistische Abstimmung angewiesen sind. Es gewinnt bei der überbetrieblichen Steuerung von Abrufaufträgen zunehmend an Bedeutung.

5.4.2.5 Ziele und Funktionsweise eines KANBAN-Systems zur Just-In-Time-Steuerung

(1) Philosophie

Wichtigste Ziele sind:
Ein KANBAN-System verfolgt die Durchlaufzeit und den Bestand minimierende Fertigungsablaufstrategien. Die mittleren Durchlaufzeiten sollen reduziert werden, d.h. eine kurzfristige Lieferfähigkeit bei wesentlich geringerer Kapitalbindung (Verlagerung des Kapitals vom Umlauf- zum Anlagevermögen) erreicht werden.

Die KANBAN-Methode wurde in Japan entwickelt und ist auch in Europa vielfach im Einsatz.

Wichtigste **Elemente** des KANBAN-Systems
- Einrichtung vermischter selbststeuernder Regelkreise
- Einführung des PULL-Prinzips für die jeweilige nachfolgende Verbrauchsstufe
- Flexibler Personal- und Betriebsmitteleinsatz
- Übertragung der kurzfristigen Steuerung an das ausführende Personal
- Einführung eines speziellen Informationsträgers (KANBAN-Karte).

Das benötigte Material wird jeweils von der verbrauchenden Stufe bei der vorgelagerten Stufe angefordert (PULL-Prinzip). Die KANBAN-Karten sind standardisierte Informationsträger mit unter anderem folgenden wesentlichen Informationen:
- Teilebezeichnung mit Identitätsnummer, Transportbehälterart und Anzahl der Teile
- Adressenangabe der Teile
- Kartenspezifikation mit laufender Kartennummer und Anzahl der im Umlauf befindlichen Karten
- Zeiten für Transport- oder Produktionszyklen.

Für den Einsatz des KANBAN-Systems werden Teile des Produktionsbereiches in Regelkreise aufgeteilt, die im inner- als auch im zwischenbetrieblichen Bereich die Verbindung zwischen erzeugender und verbrauchender Stelle herstellen.

(2) Verfahren

Der **Ablauf** ist im Allgemeinen wie folgt:
Die erzeugende Stelle (Quelle) stellt beim Eintreffen einer KANBAN-Karte das angegebene Material her bzw. bereit in einem standardisierten Behälter. Die Karte entspricht genau einem Behälterinhalt. Dann wird die Karte zusammen mit dem Behälter zur verbrauchenden Stelle (Senke) geschickt. Wird bei der Senke eine Unterschreitung des vorgegebenen Mindestbestands festgestellt, wird die Karte zur Quelle zurückgeschickt (Auftragserteilung) und ein neuer Zyklus wird ausgelöst.

Es sind folgende organisatorische Regelungen einzuhalten:
- ❑ Der Erzeuger darf nie Teile vor Bestelleingang oder mehr als gefordert bereitstellen; die Erzeugnisse müssen fehlerfrei sein.
- ❑ Der Verbraucher darf nie Material vorzeitig oder mehr als benötigt anfordern.
- ❑ Der Produktionssteuerer ist verantwortlich für eine gleichmäßige Aus- und Belastung der Fertigungsbereiche, für einen optimalen Materialfluss ohne Kapazitätspuffer und für eine möglichst geringe Anzahl KANBAN-Karten (da diese Umlaufbestand darstellen).
- ❑ Eine KANBAN-Karte darf nur innerhalb eines Regelkreises eingesetzt werden.
- ❑ Jeder Transportbehälter muss über eine Karte verfügen.
- ❑ Das jeweils benötigte Material wird innerhalb eines Toleranzbereiches bereitgestellt.

Eine KANBAN-Karte stellt eine unveränderte Anzahl von Teilen dar, d.h. dass der Materialbestand durch alle Karten repräsentiert wird. KANBAN-Karten sind Betriebsauftrag und Materialbegleitschein in einem. Sollen die Umläufe der Materialmengen variiert werden, verändert man nicht die Angabe der Losgröße, sondern die Anzahl der Durchläufe (Losfrequenz).

Zentral gesteuerte Aufgaben des KANBAN-Systems sind:
- ❑ Sicherstellung zuverlässiger Produktionsaktivitäten nach dem PULL-Prinzip durch erstklassiges Qualitätsmanagement, übergeordnete Termin- und Kapazitätsgrobplanung
- ❑ Festlegung des Mengenausstoßes pro Teil und Zeit durch Bestimmung des Produktmixes
- ❑ Erstellung, Aufgabe und Entnahme von KANBAN-Karten
- ❑ Einlastung und Stornierung von Aufträgen
- ❑ Auftragsfortschrittsüberwachung.

Durch sorgfältige Planung der KANBAN-Regelkreise, der Toleranzgrenzen und der Vorgabe von Kapazitätsbedarf kann der reibungslose Ablauf unterstützt werden.

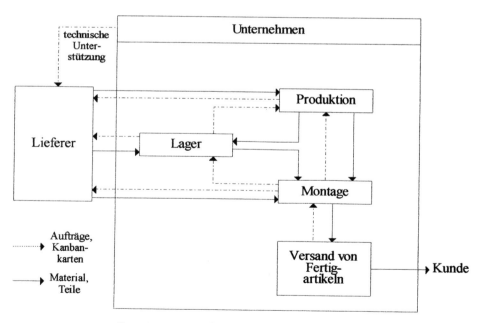

Systemzusammenhang möglicher Kanban-Regelkreise

Ursprung	Termin	Ziel	Teile-Nummer
Serien-Nummer von bis		Behälter	Menge
Bezeichnung		Auftrag	

Hauptdaten und grundsätzlicher Aufbau einer KANBAN-Karte

(3) Würdigung

Die KANBAN-Methode ist die wohl bekannteste bestandsorientierte Methode. Sie dient einer konsequenten Realisierung des Just-In-Time-Prinzips und zwar nicht nur extern zwischen Lieferanten und Kunden, sondern insbesondere auch in betriebsinternen Lieferbeziehungen, und dort wahrscheinlich mit zunehmender Bedeutung.

Die Hauptvoraussetzungen für eine erfolgreiche Anwendung der Methode sind nach *Schröder*[60]
- ❏ Verwirklichung von Qualitätsstandards
- ❏ Verstetigung der Absatz- und Produktionsmengen
- ❏ Ablauforientierte Betriebsmittelanordnung
- ❏ Harmonisierung der Kapazitätsquerschnitte.

Wenngleich nicht alle Marktbedingungen die Schaffung dieser Voraussetzungen erlauben werden, so gibt es doch Hinweise dafür, dass die Realisierung der genannten Bedingungen in Verbindung mit hoher Mitarbeitermotivation, erhöhter Betriebsmittelverfügbarkeit und Verringerung von Ausschuss, Steigerungen der Arbeitsproduktivität um 50% und eine Senkung der Bestände um 50% ermöglichen, also große Rationalisierungspotentiale erschließen kann. Dabei ist es wesentlich, die Chancen zu erkennen und zu nutzen, die in einer Kombination von PPS-Systemen (nach PUSH-Prinzip) mit Just-In-Time-Methoden (nach dem PULL-Prinzip) liegen.[61]

5.4.2.6 Zuordnung der Steuerungsmethoden zu Fertigungstypen

Busch[62] und *Aue-Uhlhausen*[63] haben den Versuch unternommen, die verschiedenen Steuerungsmethoden nach ihren Eignungsmerkmalen bestimmten Fertigungstechnologien zuzuordnen.

Wir halten eine solche Zuordnung nicht für zwingend begründbar. Außerdem geben wir zu bedenken, dass eine Steuerungsmethode sich in der Praxis häufig in heterogenen Fertigungslandschaften bewähren muss. Aber wir haben uns trotzdem zu dem Versuch einer näherungsweisen Zuordnung der behandelten Steuerungsmethoden zu Fertigungstypen (analog zu *Busch* und *Aue-Uhlhausen*, mit geringfügigen Abwandlungen) entschlossen, weil wir darin eine

---

[60] *Schröder, H.-H.,* Entwicklungsstand und -tendenzen bei Produktionsplanungs- und -steuerungssystemen, in IM Information Management 4/90, München, Wien, S. 71
[61] Vgl. *Specht, O., Wolter, B.,* Produktionslogistik, Ludwigshafen, S. 281 ff.
[62] Vgl. *Busch, U.,* Entwicklung eines PPS-Systems, Berlin, S. 53
[63] Vgl. *Aue-Uhlhausen, H.,* Von ABS bis OPT, PPS-Methoden im Vergleich, Böblingen, Abb. 32

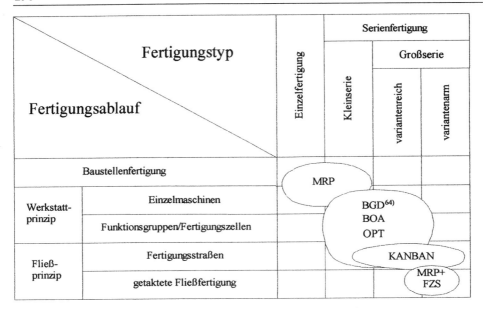

Zuordnung der Steuerungsmethoden zu Fertigungstypen[64]

5.4.2.7 Betriebsdatenerfassung (BDE)

(1) Begriff

Betriebsdatenerfassung (BDE) umfasst die Maßnahmen, die erforderlich sind, um Betriebsdaten eines Produktionsbetriebes in maschinell verarbeitungsfähiger Form am Ort ihrer Verarbeitung bereitzustellen. Damit können zum Erfassungsvorgang gehörige Verarbeitungsfunktionen verbunden sein.[65]

(2) Aufgabenstellung

Die Aufgaben der Betriebsdatenerfassung wechseln von Betrieb zu Betrieb. Unterschiedliche Anforderungen der Abteilungen an die Betriebsdaten haben unterschiedliche Organisationsformen der Betriebsdatenerfassung nach sich gezogen. Dabei wurden häufig nicht optimal aufeinander abgestimmte, konventionelle und DV-gestützte Systeme nebeneinander eingesetzt. Dieser Tatbestand führt häufig zur Mehrfacherfassung gleicher Daten, zu aufwendigen Quervergleichen, zu manuellen Kontrollen und zur schleppenden Weiterleitung der Daten. Eine effiziente Betriebsdatenerfassung muss aber dafür Sorge tragen, dass die Betriebsdaten nicht für jeden Aufgabenbereich getrennt erfasst werden, sondern mit möglichst geringem Aufwand nur einmal erhoben werden und den entsprechenden Aufgabenbereichen zugeführt werden.

---

[64] BGD = Bestandsgeregelte Durchflusssteuerung BOA = Belastungsorientierte Auftragsfreigabe vgl. oben Pkt. 5.4.1.3.(7) OPT = Optimized Production Technology
[65] *Roschmann, K.* und andere, Betriebsdatenerfassung in Industrieunternehmen, Ein Leitfaden zur Einführung und Anwendung der Betriebsdatenerfassung, Hrsg. *AWW*, Eschborn, München

Außerdem soll mit Hilfe der BDE die Produktivität der Fertigung durch Erreichen folgender Teilziele erhöht werden:
- **Verminderung der Stillstands- und Störzeiten** (z.B. durch lückenlose Störanalysen)
- **Kostensenkung und Fehlervermeidung** durch Automatisierung der Produktionsdatenerfassung und -verarbeitung
- **Reduktion des Verwaltungsaufwandes** (Eindämmung der Papierflut)
- **Erhöhung der Flexibilität** im Hinblick auf die möglichst kurzfristig änderbare Vorgabe von Soll-Daten für Auftragssteuerung
- **Eilaufträge** müssen reibungslos eingesteuert werden können
- **Transparenz** im Produktionsbetrieb muss erhöht werden
- **Aktualität** der Produktionsdaten; Beschleunigung des Informationsflusses
- **Vereinfachung** der prämienbezogenen Abrechnung durch Hinzuziehung von personellen Betriebsdaten
- Verbesserte **Fertigungsfortschrittskontrolle** durch schnellere Rückkopplung
- **Verkürzung der Durchlaufzeiten**
- **Verbesserung des Betriebsklimas** und **Leistungssteigerung** der Mitarbeiter durch Erhöhung der Motivation und gerechtere Bezahlung
- **Kostenerfassung** zur Kostenstellen- und Kostenträgerrechnung.

Zusammenfassend bleibt festzustellen, dass die Betriebsdatenerfassung so erfolgen muss, dass leistungsfähige Regelkreise zur Steuerung und Produktivitätssteigerung der Fertigung geschaffen werden können. Die Bedeutung des Soll/Ist-Vergleichs als Voraussetzung für effiziente Steuerung unterstreicht folgendes Bild.

(3) **Relevante Datengruppen**

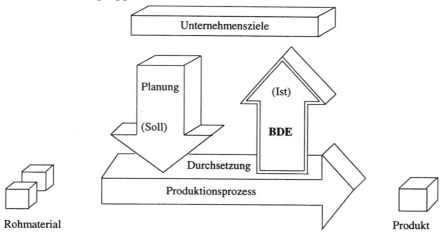

Sämtliche Betriebsdaten müssen entsprechend den Anforderungen der verschiedenen Führungsebenen aufbereitet und zusammengefasst werden.
Den Entscheidungskräften sollten demnach nur die für ihre Aufgaben notwendigen Daten zur Verfügung gestellt werden, denn unter einem zu großen Datenangebot würde die Transparenz und somit die Effektivität der Entscheidungsfindung leiden.

Die zu erfassenden Betriebsdaten lassen sich entsprechend der folgenden Abbildung unterteilen.[66]

Betriebsdatenerfassung	
Produktionsdatenerfassung	
• Auftragsdaten • Maschinendaten • Personaldaten • Qualitätsdaten • Prozessdaten • Material- und • Kostendaten Bestandsdaten	
Anwesenheitszeiterfassung • kommt/geht • Fehlzeiten	spezielle BDE, z. B. • Kantinendaten • Tankdaten, Fahrtenschreiber • Zugangssicherung

Zur Vermeidung nutzloser Datenflut müssen für zielgerechte effiziente Datenerfassung folgende Fragen beantwortet werden:
1. Zu welchem Zweck sollen welche Daten wie umfassend erfasst werden?
2. Wem sollen die Daten zur Verfügung gestellt werden?
3. Wie aktuell sollen die Daten verfügbar sein?
4. Wer und durch wen werden die Daten erfasst?
5. Wie erfolgt die Erfassung und Weiterverarbeitung?

(4) **BDE - ein zeitgemäßes Werkzeug?**

Die Produktivitätsmessung und Zeiterfassung für Akkordlohnabrechnung in Fertigungsbetrieben durch BDE ist seit vielen Jahren Gegenstand von Rationalisierungsanstrengungen, weil sie teuer ist und tayloristischem Abteilungsdenken entspricht. D.h. sie ist i.d.R. nicht teambildend und nicht prozessbeschleunigend, bedarf also meistens der Überwindung im Rahmen von Business Process Reingeneering (BPR) vgl. Pkt. 2.4.3.

In vielen Unternehmen, in denen die Mitarbeiter verantwortlich in den Produktionsprozess eingebunden werden (z.B. Gruppenfertigung), ist das klassische Prinzip der BDE abgeschafft und durch andere Mechanismen ersetzt worden. Detaillierte Rückmeldungen und klassische Abrechnungsverfahren wie der Akkordlohn passen nicht mehr zu den Prinzipien der Übernahme von Eigenverantwortung in Fertigungsteams. Beides wird als altes Führungsinstrument und Misstrauen gegenüber der Fertigung empfunden. Dazu kommt der erhebliche Aufwand für Rückmeldungen und Akkordabrechnung.

(5) **Partizipatives Produktivitätsmanagement (PPM) - ein neues Verfahren mit Zukunft?**

Der Trend geht zu Selbststeuerung unter Zuhilfenahme von Kennzahlen, um die Leistungsfähigkeit zu überwachen. Derartige PPM-Verfahren (Partizipatives Produktivitätsmanagement) führen nachweislich zu Effizienzsteigerungen, da die Teams ihre Leistung selbst überwachen, Probleme direkt auf ihre Arbeit projizieren und sofort reagieren können. Der Steuerungsgedanke über die BDE und der Motivationsfaktor über den Akkord sind damit nicht mehr notwendig und können durch Methoden des PPM abgelöst werden.

---

[66] Vgl. *Virnich, M.*, Betriebsdatenerfassung, in: VDI-Z Bd. 129 Nr. 1 und *Roschmann*, a.a.O.

Außerdem dient die BDE der Datenbereitstellung für die Nachkalkulation. Bei Serienfertigern kann größtenteils darauf verzichtet werden, denn Fertigungsteams überwachen mit der AV gemeinsam die Vorgabezeiten. So weichen die Ist-Zahlen nicht nennenswert von den Vorgaben ab. Sind außerdem durch PPM geeignete Kennzahlen vorhanden, so kann auf die Rückmeldung durch Übernahme Ist = Soll verzichtet werden (näheres vgl. Pkt. 10.5.2). Bestehen kurze Fertigungszeiten, so können Fertigmeldungen vereinfachend für Baugruppen oder Endprodukte über alle Fertigungsstufen automatisch erfolgen.

Bei Anlagenfertigern ist in Abhängigkeit von den möglichen Abweichungen zur Vorkalkulation eine genaue Rückmeldung von Ist-Zeiten und Verbrauchsmaterial notwendig.

5.4.2.8 Fertigungskontrolle und Schwachstellenanalyse

(1) **Fertigungsfortschrittskontrolle**

Die Fertigungsfortschrittskontrolle ist **Voraussetzung** für effiziente Fertigung und **termingerechte Kundenbelieferung**. **Leitstandsteuerung** ist eine zur Wahrnehmung dieser Funktion gebräuchliche Organisationsform. Die fernmündliche (und anschließend papiermäßige) Fertigmeldung von Fertigungsaufträgen an den Leitstand löst Anschlussaufträge aus. **Dezentrale Betriebsdatenerfassung** (BDE) bietet Möglichkeiten zur Weiterentwicklung der Leitstandsteuerung.

(2) **Schwachstellenanalyse**

Abweichungskontrolle und **Änderungsveranlassung** schließen eine **Schwachstellenanalyse** mit Ermittlung und Verrechnung von Zusatzkosten ein. Es müssen also folgende Ziele verfolgt werden:
- **Erreichen** des kurz- und mittelfristigen **Fertigungsziels** durch Sofortmaßnahmen
- **Beseitigung** der Abweichungsursachen nach Schwachstellenanalyse
- Ursachengerechte **Verrechnung** entstandener **Zusatzkosten** (gegebenenfalls mit Erstattung durch externe Verursacher).

Die **Schwachstellenforschung** hat wirtschaftlich und wirksam zu erfolgen. Über eine knappe **Ursachensystematik** ist schnell zu den Verantwortlichen vorzustoßen. Mehrkosten im Materialverbrauch und/oder durch Mehr- und Nacharbeit können insbesondere sein
- bedingt durch **Planungsfehler** (Verursacher z.B. Vertrieb oder Disposition)
- **konstruktionsbedingt** (Verursacher Konstruktion)
- **materialbedingt** (Verursacher Einkauf, Lieferant oder Kontrolle)
- **betriebsmittelbedingt** (Verursacher Betriebsmittelbau)
- **personalbedingt** (Verursacher Fertigung).

Es gibt betriebsindividuell auch andere Ursachenarten, aber die obigen entsprechen einer logischen Mindestsystematik auf **Basis der Einsatzfaktoren**. Zu jeder Ursachenart kann es mehrere Verantwortliche geben. Streitigkeiten über die Kostenübernahme müssen vermieden werden. Sie schaden dem Erfolg. Konsequentes Vorgehen und Entscheiden in diesen Fragen ist deshalb **Geschäftsleitungssache**!

(3) Aufgaben des **Qualitätsmanagements** werden unter Pkt. 5.5 behandelt.

5.4.3 Flexibilität durch schlanke Prozesse (fit mit JIT)
von *John Bicheno*[67]

5.4.3.1 Ziele von Just-In-Time

Ein moderner Ansatz, die Kosten zu senken, ist die Realisierung niedriger Durchlaufzeiten und Bestände bei hoher Flexibilität sowie gleichzeitiger Verringerung des Umlaufvermögens zugunsten des Anlagevermögens.[68]

"Das Ziel von JIT ist, fortdauernd Verschwendungen und Verzögerungen in jeder Stufe vom Rohmaterial zum Endkunden und vom Konzept zum Markt zu eliminieren."[69]

Eine Idealvorstellung dieser Zieldefinition zeigt folgende Abbildung die fünf "Zeroes"[70].

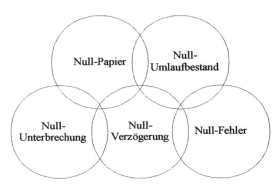

Die 5 "Zeroes"

Dabei wird vom JIT-Konzept nicht nur die betriebliche Fertigung einer genaueren Betrachtung unterzogen, sondern auch die Zulieferer und Endkunden werden in die logistische Kette einbezogen. JIT muss aus diesem Grund unternehmensübergreifend verstanden werden.

Machbare Teilziele oder operative Ziele von JIT sind
- Vermeidung von Problemen in der Materialwirtschaft
- Produktionssynchrone Materialanlieferung
- Abbau von Hierarchien in der Organisation
- Erhöhung der Verantwortung für den einzelnen Mitarbeiter
- Bestandsoptimierung (weniger Kapitalbindung, geringeres Lagerrisiko usw.)
- Qualitätsverbesserung
- Produktivitätsverbesserung
- Wettbewerber auf Weltniveau sein.

Wie diese Ziele in der betrieblichen Praxis in operative Zielsetzungen und Maßnahmen umgesetzt werden können und wie die DV dabei unterstützend zur Verfügung stehen kann, soll im weiteren Verlauf näher untersucht und erläutert werden.

---
[67] *Bicheno, J.*, Buckingham University England
[68] Vgl. *Wildemann*, Just-in-Time, S. 21
[69] Vgl. *Bicheno*, Cause and Effect JIT, S. 5
[70] Vgl. *Bicheno*, Cause and Effect JIT, S. 4 nach *Archer* und *Serieyx*

5.4.3.2 Regelkreis der Verbesserungen

Zum JIT-Konzept wird hier das Phasenkonzept nach dem "Cause and Effect" von *John Bicheno*[71] vorgestellt.

Dabei impliziert eine ständige Verbesserung auch eine Rückkopplungsmöglichkeit auf andere, bereits abgeschlossene Sachverhalte, d.h. dass nicht nur Veränderungen in der Phase 1 zu neuen Verbesserungspotentialen in Phase 2 führen können, sondern dass auch positive Rückwirkungen von Verbesserungen in Phase 2 auf Maßnahmen der Phase 1 möglich und erwünscht sind.

So kann z.B. durch eine Reduzierung der Rüstzeiten (Phase 1) eine Verringerung der Losgrößen und der Pufferläger (Phase 2) zur Folge haben. Dies wiederum kann zu einer Verbesserung im Fertigungslayout (Phase 1) genutzt werden.

5.4.3.3 JIT - Phase 1 (Vorbereitung der Fabrik)[72]

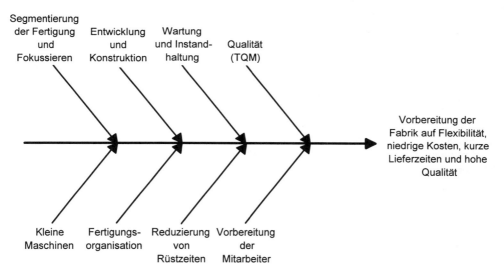

Jit-Phase 1

(1) Segmentierung der Fertigung und "Fokussieren"

In der Vergangenheit ist in den Unternehmen darauf vertraut worden, dass die Produktionskosten durch einen steigenden Automatisierungsgrad verringert werden können. Dem kann unbestreitbar gefolgt werden, allerdings führt eine Steigerung der Automation in der Fertigung zu einem Beschäftigungsrisiko, einer hohen Komplexität der Systeme und einem überproportionalen Anstieg des Kapitalbedarfs und der Kapitalkosten.

---

[71] Direktor des HSO-Programms "Lean Operations" des Lean Enterprise Research Centers der Universität Cardiff
[72] Vgl. *Bicheno*, Cause and Effect JIT, S. 6

Ein Weg, diese Risiken zu vermeiden oder zu eliminieren, ist das Konzept der "Fabrik in der Fabrik". Es werden Fertigungseinheiten (z.B. Fertigungskostenstellen) definiert, die ihre Arbeitsweise selbst organisieren und für die Arbeitsleistung verantwortlich sind. Dieses Konzept bedient sich einer Lieferant/Kunde-Beziehung zwischen den Fertigungskostenstellen.

Einige wichtige Aspekte, die immer wieder in der betrieblichen Praxis zu guten Erfolgen führen, sollen kurz genannt werden.
- Reibungsloser Fertigungsablauf ohne Eilaufträge
- Mitarbeiterintegration zu den Themen Überstunden, Prämien, Qualität und Beteiligung
- Beseitigung von Teilevielfalt durch Normung und Typung sowie Zusammenfassung von Produktgruppen
- Erzielung von Flexibilität bei Maschinen, Technologien, Kapazitäten und Know-how
- Bereinigung des Produktionsprogramms, z.B. durch ABC-Analyse über relative Deckungsbeiträge
- Engpassorientierung nach der durchgeführten ABC-Analyse
- Überlegung zu Eigenfertigung oder Fremdbezug (Make-or-Buy).

(2) **Entwicklung und Konstruktion**

Insbesondere der zielgerichtete Informationsaustausch der entwickelnden Abteilungen mit der Fertigung stellt eine Erfolgsvoraussetzung dar.

Es stellt sich nun die Frage, wie man erreichen kann, dass die Ingenieure der Entwicklung mit den Mitarbeitern in der Produktion und in der Arbeitsvorbereitung kommunizieren.

Zur Pflege wesentlicher informeller Kommunikation haben sich folgende Maßnahmen in der täglichen Praxis als hilfreich erwiesen:
- Ansiedlung von Entwicklung und Konstruktion in räumlicher Nähe zur Fertigung
- Steigerung dieses Effekts durch gemeinsame Pausenräume
- Ermunterung an die Mitarbeiter zur tatsächlichen Aufnahme des Dialogs
- Förderung von Teamgeist und Fairness anstelle von Druck und Betonung von Hierarchien
- Job Enrichment verbunden mit einer höheren Motivation der angestellten Mitarbeiter.

Schließlich sollte in der Entwicklung und Konstruktion alles getan werden, um Kosten bei der Entwicklung neuer Produkte oder Baugruppen zu sparen, durch
- Reduzierung der Anzahl von Einzelteilen
- Mehrfache Verwendung von Baugruppen in verschiedenen Produkten
- Vermeidung der Bindung weiterer Entwicklungskapazität durch weitgehenden Rückgriff auf vorhandene Baugruppen.

Als Folge kann in anderen Losgrößen produziert werden, und höhere Stückzahlen führen zu geringeren Stückkosten.

(3) **Wartung und Instandhaltung**

Das JIT-Konzept geht praktikabel an das Thema Wartung und Instandhaltung heran. Die Verantwortung für die Instandhaltung der Werkzeuge und Maschinen wird den Werkern in den Fertigungskostenstellen übertragen. Sie sind immer vor Ort und erkennen Unregelmäßigkeiten an Maschinen und Werkzeugen schneller, weil sie täglich damit arbeiten. Deshalb ist es konsequent, es dem Maschinenbediener zur Aufgabe zu machen, die Maschine und den Arbeitsplatz sauber und aufgeräumt zu halten. In einem weiteren Schritt wird der Werker soweit geschult, dass er nicht nur Störungen erkennt, sondern auch ein Großteil der anfallenden Wartungsarbeiten, die häufig Routineüberprüfungen sind, selbständig durchführen kann.

(4) Qualität Total Quality Management (TQM)

TQM, JIT und EI (Employee Involvement) bilden zusammen die 3 tragenden Säulen (auch Management Trilogie genannt) für schlanke Fertigung (Lean Production). Dabei erfordert Just-In-Time nicht nur Qualität als Voraussetzung, sondern fördert auch selbst die Qualität. Die Überwachung der Qualität ist nicht in erster Linie als Kontrolle zu verstehen, sie soll vielmehr vorbeugend gegen Qualitätsmängel wirken.

Mit dieser Philosophie verändert sich auch der Qualitätsgedanke. Die Kontrolle der Qualität der Produkte wird nicht wie traditionell bei Wareneingang bzw. Warenausgang, sondern permanent während der Fertigungsprozesse bei den Lieferanten, im eigenen Unternehmen und bei Weiterverarbeitung auch bei den Kunden vorgenommen.

Die Qualitätsphilosophie zielt darauf ab, Ausschuss und Nacharbeiten zu vermeiden, da es kostengünstiger ist, Fehler in der Entstehung zu unterbinden als Fehler aufzuspüren und durch Nach- und Mehrarbeit zu beseitigen. Deshalb bedarf es einer ständigen Kontrolle des Prozesses in jeder Stufe und nicht der Produkte selbst, da an ihnen lediglich die Auswirkungen der Fehler im Prozess erkannt werden können. Hier setzt die Statistische Prozesskontrolle (SPC) an. Sie überprüft anhand von Stichproben die Ordnungsmäßigkeit des Prozesses und ermittelt die Einhaltung der zugelassenen Toleranzen. Das "Prinzip an der Quelle"[73] (at source principle) bedeutet dabei, dass die Abweichungen dort identifiziert und abgestellt werden, wo sie entstehen.

(5) Konzept "Kleine Maschinen"

Flexibilität in der Fertigung zu geringen Kosten ist eine der wichtigsten Voraussetzungen, die die Produktion für den Erfolg des Unternehmens im Markt beitragen kann.

Just-In-Time bietet hier das Konzept der "kleinen Maschinen" an. Das Ziel dieses Konzeptes ist, für eine vorgegebene Fertigungsaufgabe die kleinste zur Verfügung stehende Maschine einzusetzen, die die Qualitätskriterien erfüllt. Kleinere Maschinen gewährleisten ein flexibleres Fertigungslayout und benötigen weniger Materialhandling, belasten weniger die Liquidität und erlauben die schnellere Einführung neuer Einrichtungen.

Das Prinzip der "kleinen Maschinen" entspringt dem Streben von JIT nach Einfachheit. Das bedeutet einerseits die Realisierung von kleinen Fertigungseinheiten, die fast beliebig kombiniert werden können, und andererseits die Eliminierung von kostenintensiven automatischen Lösungen, wenn nach ein wenig Überlegung mit Einfallsreichtum eine kleine und elegante Lösung gefunden werden kann.

(6) Fertigungsorganisation

Es soll eine kostengünstige Reihenfolge der Maschinen in der Produktion ermittelt werden. Mit dem Konzept der "kleinen Maschinen" können die Betriebsmittel und die Menschen auch verschoben werden, um unnötiges Materialhandling zu vermeiden und Materialfluss zu erreichen.

Wichtig ist gleichermaßen die Organisation des Arbeitsplatzes. Darunter versteht man die Festlegung der Aufbewahrungsorte der Werkzeuge und den Umgang mit den Werkzeugen nach Ende der Benutzung. Langwierige Suchprozeduren sollen durch Organisation und Ordnung vermieden werden.

---

[73] Vgl. *Bicheno*, Cause and Effect JIT, S. 17

Durch folgende Maßnahmen lassen sich positive Effekte für Mitarbeiterzufriedenheit, Materialzufluss und Leistungssteigerungen erzielen:
- Verbessertes Arbeitsumfeld durch gutes Licht, Ergonomie und Reduzierung von Beeinträchtigungen, wie z.B. Lärm
- Einbeziehung der Mitarbeitervorstellungen für eine gute Arbeitsplatzqualität
- Einführung von Gruppenarbeit
- Anordnung der Gruppen in U-Form für gute Kommunikation und minimales Materialhandling.

(7) **Reduzierung von Rüstzeiten**

Die Reduzierung von Rüstzeiten ist in der verarbeitenden Industrie seit langem ein Ansatzpunkt, die Fertigungskosten zu reduzieren. Eine Verringerung der Rüstzeiten gewährleistet nicht nur eine Senkung der Kosten, sondern erhöht die Kapazität und die Flexibilität der Fertigung und ermöglicht kleinere Lose.

Unter Rüstzeit muss die Zeit verstanden werden, die zwischen dem letzten Teil eines Loses und dem ersten guten Teil des nächsten Loses vergeht.

Ansatzpunkte für die Verringerung der Rüstzeiten liegen in folgenden Aktivitäten begründet:
- Verlagerung einiger Rüstaktivitäten auf die Zeit, in der der alte Auftrag noch läuft
- Verschiebung eines Höchstmaßes der Vorbereitungen in diese Zeit, damit nur die unbedingt notwendigen Umrüstungen zu einem Stillstand der Maschine führen
- Gute Planung und Vorbereitung der Umrüstung und des Rüstvorganges der Maschinen
- Überprüfung, ob der Einsatz anderer Werkzeuge oder anderer Hilfsmittel den Rüstvorgang vereinfachen bzw. verkürzen kann.

(8) **Vorbereitung der Mitarbeiter**

Bei der Realisierung von Just-In-Time-Prinzipien ist der Mitarbeiter ein wichtiger Faktor für den Erfolg des Projektes.

Deshalb ist es wichtig, dass die Mitarbeiter einerseits motiviert werden, nach JIT-Prinzipien zu handeln, aber auf der anderen Seite selbst einen Nutzen erzielen z.B. aus mehr Verantwortung, höherer Arbeitsqualität und größerer Aufgabenvielfalt.

Das Ziel der Vorbereitung der Mitarbeiter ist, dass der Einzelne als Mitglied der Gesellschaft anerkannt wird. Es werden nicht mehr detaillierte Arbeitsanweisungen gegeben. Vielmehr werden weit umrissene Ziele definiert, die der Entwicklung des Individuums im Betrieb Platz einräumen. Dabei bedarf es auch einer umfassenden Schulung zur Schaffung des entsprechenden Bewusstseins bei den Werkern und erhöhter Motivation durch Anerkennung und Honorierung von Leistung.

5.4.3.4 JIT - Phase 2 (Produktion ohne Lieferzeiten und ohne Verschwendung/Ausschuss)[74]

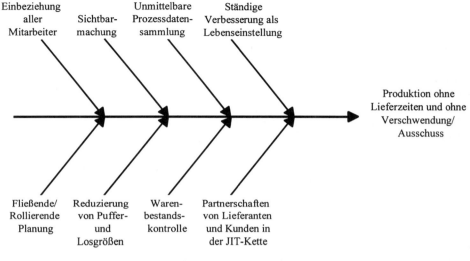

Jit-Phase 2

(1) **Einbeziehung aller Mitarbeiter**
Die Einbeziehung der Mitarbeiter baut auf die Vorbereitung auf. Ziel ist es, dass die Werker mehr Verantwortung erhalten, weil sie vor Ort sind, die Probleme kennen und häufig durch die Kenntnis der Probleme auch Lösungsansätze selbst entwickeln können.

(2) **Sichtbarmachung**
Die Sichtbarmachung ist Voraussetzung dafür, dass bei den Mitarbeitern tatsächlich eine Wettbewerbssituation entsteht und dass die Transparenz in der Fertigung erreicht werden kann. Gute Leistungen werden sichtbar, und die Kollegen werden herausgefordert, sich an den angezeigten Ergebnissen zu orientieren und ähnliche oder bessere Leistungen zu erbringen. In welcher Form die Fertigungsparameter sichtbar gemacht werden, z.B. durch elektronische Displays oder durch spezielle Diagramme, spielt dabei keine Rolle.

(3) **Unmittelbare Prozessdatensammlung**
Die unmittelbare Prozessdatensammlung beschäftigt sich mit der Aufnahme aller prozessrelevanten Daten. Dazu gehören
❑ Materialverbräuche
❑ Ist-Zeiten
❑ Arbeitsplatzdaten
❑ Maschinendaten (Temperatur, Druck, Schwingungen, Abmessungen, Toleranzen usw.)
❑ Rückmeldung der Arbeitsgänge.

---
[74] Vgl. *Bicheno*, Cause and Effect JIT, S. 7

Daraus ist zu erkennen, dass die Prozessdatensammlung Elemente der Betriebsdatenerfassung (BDE) enthält, aber auch weit über diese hinausgeht.

Die Erfassung von Prozessdaten kann durch den Einsatz von Barcode-Streifen und entsprechende Lesegeräte in den Kostenstellen automatisiert und somit wesentlich vereinfacht werden.

(4) **Ständige Verbesserung als Lebenseinstellung**

Die Einführung von Just-In-Time in der Fertigung ist keine einmalige Angelegenheit. Vielmehr handelt es sich um einen kontinuierlichen Prozess, zu dem jeder Beschäftigte für einen nachhaltigen Erfolg beitragen sollte. Insbesondere auf das Management kommen hierbei vielfältige Aufgaben zu. Sie werden stichwortartig aufgezählt.
- Schaffung eines entsprechenden Bewusstseins bei den Werkern
- Gewährung von Anerkennung bei der Entdeckung von Störungen und bei Verbesserungsvorschlägen (Mündliche Anerkennung, Gruppenbelohnung, selten Beförderung)
- Übertragen von Verantwortung auf die Mitarbeiter (Stichwort Bandstop)
- Schaffung eines guten Kommunikations- und Betriebsklimas zwischen Werker und Manager.

(5) **Fließende/Rollierende Planung** des Materialflusses

Die Steuerung des Materialflusses ist im Rahmen eines Just-In-Time-Konzepts wichtig. Wenn man berücksichtigt, dass in einem herkömmlichen Fertigungsdurchlauf die Liegezeiten in der Größenordnung von 80 bis 90 Prozent der Durchlaufzeit ausmachen, dann können hier erhebliche Einsparungspotentiale allein durch geringere Kapitalbindung realisiert werden.

Die folgenden Maßnahmen sind geeignete Werkzeuge zur weiteren Verbesserung des Materialflusses.
- Gemischte Fertigung (mit Zusammenfassung von Varianten-Teilefamilien zu gleichen Arbeitsgängen)
- Konstante Fertigungsfolge
- Vorwärtssichtbarkeit zur Stabilisierung des Fertigungsplanes
- Regelmäßigkeit (Produktion derselben Teile zur selben Tageszeit jeden Tag oder jede Woche).

(6) **Reduzierung von Puffer- und Losgrößen**

Ein weiterer Teilaspekt des Just-In-Time-Konzeptes ist die Reduzierung des Umlaufbestandes durch Verringerung der Losgrößen und der Bestände in den Pufferlägern. Es ist jedoch zu beachten, dass hier nicht eine völlige Auflösung der Pufferläger gefordert wird, denn durch diese Läger erkauft man sich ein Stück Sicherheit im Fertigungsablauf gegen Produktionsstillstände wegen fehlender Teile.

(7) **Warenbestandskontrolle**

Die Bestandsreduzierung ist eines der Kernziele von Just-In-Time. Deshalb kommt der Lagerbestandsführung eine besondere Bedeutung zu. Dabei steht mehr der Wertefluss durch das Unternehmen als der wertmäßige Bestand im Vordergrund der Betrachtung.

Im Mittelpunkt der Vorbereitung der Fließfertigung stehen die Stücklisten. Wie vorher bereits erwähnt, kann eine Unterbrechung des Fertigungsflusses durch fehlende Teile nicht zugelas-

sen werden. Eine Reihe von Maßnahmen kann die Lagerbestandsführung auf der Basis von Stücklisten vereinfachen. Diese sind u.a.
- Überwachung der Teile nach ABC-Analyse
- Verringerung der Gliederungstiefe von Stücklisten
- Durchführung von Permanenter Inventur zur genaueren Kontrolle der Teilebestände
- Erleichterung der Aufnahme durch standardisierte Behälter
- Anordnung der Lagerorte nach dem Sichtbarkeitsprinzip
- Anwendung der Statistischen Prozesskontrolle zur Erhöhung der Transparenz.

(8) **Partnerschaft von Lieferanten und Kunden in der JIT-Kette**
Bei JIT ist das geschäftliche Verhältnis zu Lieferanten als Partnerschaft für gemeinsames zukünftiges Wohlergehen zu verstehen.
Die folgenden Aspekte machen eine solche langfristige Erfolgspartnerschaft aus:
- Volle Verantwortlichkeit des Lieferanten bezüglich der Qualität der gelieferten Produkte
- Gemeinsame Erarbeitung von Problemlösungen
- Langfristige Zusammenarbeit in den Bereichen Konstruktion und Fertigung
- Vereinbarung von längerfristigen Verträgen
- Installation einer JIT-Kette vom Rohmateriallieferanten bis hin zum Endkunden
- Sichtbarmachung des Produktionsplanes durch elektronischen Datenaustausch (EDI)
- Gegenseitige Kenntnis des Betriebes durch regelmäßige Werksbesuche
- Verständigung, Kommunikation und Verbesserung auf betriebsübergreifender persönlicher Basis.

5.5 Qualitäts-Management

Die Qualität eines Produkts und das Qualitätsmanagement im Unternehmen gewinnen als Wettbewerbsinstrument im Rahmen zunehmender Perfektionierungsmöglichkeiten durch den technischen Fortschritt immer mehr an Bedeutung. Deshalb werden im Folgenden die wichtigsten Philosophien und Instrumente des Qualitätsmanagements vorgestellt.

5.5.1 Der Begriff „Qualität"

Nach DIN (Deutsches Institut für Normung) 55350 wird der Begriff der Qualität definiert als „die Gesamtheit von Eigenschaften und Merkmalen einer Einheit bezüglich ihrer Eignung, festgesetzte und vorausgesetzte Erfordernisse zu erfüllen", oder auch als „das Ausmaß der Anpassung eines durch Tätigkeit bewirkten Ereignisses an gegebene Erfordernisse".
Unter den Begriff „Einheit" fallen dabei sowohl materielle Gegenstände (z.B. ein Produkt, Bauteil usw.) als auch immaterielle Dinge (z.B. eine Tätigkeit und Dienstleistungen).
Die Grundlage dieser Definition wird gebildet durch bestimmte Eigenschaften der Qualität.
1. Qualität ist **relativ**, sie muss immer in Beziehung gesetzt werden zu den vorgegebenen Erfordernissen.
2. Qualität ist **kontinuierlich**, sie kann vielerlei Ausprägungen von „sehr gut" bis „sehr schlecht" annehmen.
3. Qualität ist **kundenbezogen**, sie ist die Fähigkeit einer Leistung, die Anforderungen des Kunden nachhaltig zu erfüllen oder zu übertreffen.

4. Qualität stellt einen angestrebten Wert dar, der als Gegenstand von Lieferungen und Verträgen messbar definiert werden muss.

Man unterscheidet „statische" von „dynamischer" Qualität. Während die erste sich auf eine Momentaufnahme bezieht, beschreibt die zweite das Niveau der Qualität während einer festgelegten Zeitdauer. Die dynamische Qualität wird durch den Begriff der „Zuverlässigkeit" beschrieben, der definiert ist als „die Fähigkeit einer Ware, den durch den Verwendungszweck bedingten Forderungen zu genügen, die an das Verhalten ihrer Eigenschaften während einer gegebenen Zeitdauer unter festgelegten Bedingungen gestellt werden".[75] Den Zusammenhang zeigt das folgende Bild.[76]

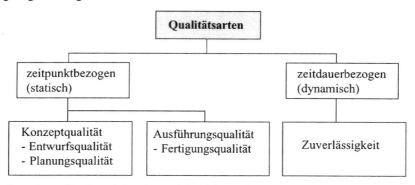

Die Qualität eines (End)produkts lässt sich nicht nach seiner Fertigstellung im Nachhinein „erprüfen". Vielmehr müssen für den gesamten Produktentwicklungs- und -entstehungsprozess Qualitätsanforderungen festgelegt und Prüfungen sowie regelnde Maßnahmen eingesetzt werden. Daher werden bereits in der Planungsphase des Erzeugnisses seine Qualitätseigenschaften im Entwurf festgehalten. Hierbei spielen sowohl externe Qualitätsanforderungen, die sich aus Kundenansprüchen, gesetzlichen Bestimmungen, Normen usw. ergeben können, sowie interne Vorgaben, die aus fertigungstechnischen Möglichkeiten resultieren, eine Rolle. Es ist darauf zu achten, dass die sich aus der Produktplanungsphase ergebenden Qualitätsvorstellungen realistisch sind, d.h. sich in der späteren Fertigung tatsächlich erfüllen lassen. Außerdem müssen die von der Fertigung verwendeten Arbeitsunterlagen (Arbeitsanweisungen, Konstruktionszeichnungen etc.) im Hinblick auf ihre Praktikabilität gut durchdacht und vorbereitet werden. Das Ausmaß der Anpassung dieser planungsmäßigen Inhalte und Unterlagen an die fertigungsspezifischen Möglichkeiten und den Produktionsablauf wird mit dem Begriff der **Konzeptqualität** beschrieben.

Die **Ausführungs-/Fertigungsqualität** ergibt sich dann aus der praktischen Fertigung und stellt somit das Ausmaß der Übereinstimmung der tatsächlich realisierten Merkmale mit den Vorgaben der Planung dar.

Der Qualitätskreis nach DIN 55350 (vgl. 5.5.2.5 (3)) verdeutlicht, welche Qualitätsarten wann im Produktentwicklungszyklus relevant sind.

---

[75] Vgl. *Steinbuch, P.A., Olfert, K.,* Fertigungswirtschaft, Ludwigshafen
[76] Nach *REFA,* Methodenlehre Teil 3: Steuerung, München und *Hahn, D., Laßmann, G.,* Produktionswirtschaft, Controlling industrieller Produktion, Bd. 1, Heidelberg, Wien

5.5.2 Total Quality Management, eine Unternehmens- und Führungsphilosophie

Während immer mehr Produkte nicht mehr auf Verkäufermärkten, sondern auf Käufermärkten in immer härterem Wettbewerb an immer anspruchsvollere Kunden abgesetzt werden mussten, nahm die Bedeutung der Qualität als Wettbewerbsfaktor kontinuierlich zu.

In diesem Prozess haben international berühmt gewordene Experten des Qualitäts-Managements, die *Bicheno* liebevoll als „Gurus" bezeichnet[77] dazu beigetragen, dass „Total Quality Management" zu einer Unternehmens- und Führungsphilosophie entwickelt wurde. Wichtige Gedanken einiger „Gurus" werden im Folgenden vorgestellt.

5.5.2.1 Total Quality Control von *A.V. Feigenbaum*[78]

Feigenbaum prägte bereits 1956 das erste Mal den Begriff des Total Quality Control. Für ihn beginnt die Herstellung von Qualität bei der Produktentwicklung. Das anschließende Qualitätsmanagement umfasst verschiedene Aktivitäten der nachfolgenden betrieblichen Funktionen wie Konstruktion, Fertigung und Vertrieb und endet erst beim zufriedenen Kunden. Im Wesentlichen brachte *Feigenbaum* drei wichtige Aspekte in die Qualitätsdiskussion ein.

❑ Qualität wird bestimmt durch die Erwartungen des Verbrauchers.
❑ Für Qualität ist jeder verantwortlich, vom Top Management bis zur Basis.
❑ Qualität wird in mehreren betrieblichen Funktionen erzeugt, sowohl in der Fertigung als auch im Marketing, in der Entwicklung, Konstruktion und Beschaffung.

Neben der interfunktionalen Zusammenarbeit legt *Feigenbaum* großen Wert auf Prozessregelung und Anwendung statistischer Methoden sowie die Erfassung von Qualitätskosten. Soweit erforderlich, soll auch die traditionelle Qualitätsprüfung beibehalten werden.

5.5.2.2 Wirkungskette, 14-Punkte und PDCA-Cycle von *W. E. Deming*

Demingsche Wirkungskette Sicherung von Arbeitsplätzen durch Qualität

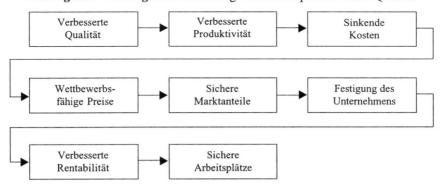

Quelle: *Kirstein, H.,* Deming in Deutschland?, in: QZ, München

---

[77] *Bicheno, J.,* The Quality A Guide to Gurus, Tools, Wastes and Techniques, Picsie Books, Buckingham
[78] Vgl. *Feigenbaum, A.V.,* Total Quality Control, in: Harvard Business Review und *Feigenbaum, A.V.,* Total Quality Control, 3rd ed., Mc Graw Hill; Zusammenfassung in enger Anlehnung an *Oess, A.,* Total Quality Management, 2. Aufl. Wiesbaden.

Den Grundstein für diese Wirkungskette bilden die sogenannten **14 Punkte**, in denen *Deming* sein Qualitätsmanagementkonzept darlegt und mit denen er insbesondere das japanische Qualitätsmanagement wesentlich beeinflusst hat. Diese 14 Punkte lauten wie folgt:[79]

(1) Konstanz der Zielsetzung
- Schaffung eines feststehenden Unternehmensziels in Richtung auf ständige Verbesserung von Produkten und Dienstleistungen

(2) Der neue Denkansatz
- Qualität ist Voraussetzung für Produktivität
- Verpflichtung zu kontinuierlicher Verbesserung
- Abschaffung von Fehlerquoten

(3) Beende die Notwendigkeit und Abhängigkeit von Massen-Inspektion
- Qualität muss von Anfang an in das Produkt eingebaut werden
- Statistischer Nachweis über eingebaute Qualität sowohl in der Fertigung als auch im Einkauf

(4) Beende die Praxis, den Einkauf vom günstigsten Preis abhängig zu machen
- Preis ist in Abhängigkeit von Qualität zu beurteilen
- Anzustreben sind langfristige Verträge mit wenigen, aber dafür zuverlässigen Lieferanten

(5) Verbessere jeden Prozess kontinuierlich und dauerhaft
- Ständige Suche nach Fehlern und Fehlerursachen
- Verbesserung aller Aktivitäten des Unternehmens

(6) Schaffe moderne Trainingsmethoden für alle
- Einführung von „Training on the job"
- Ausbildung aller Mitarbeiter, einschließlich des Managements

(7) Sorge für richtiges Führungsverhalten
- Führung durch Hilfestellung und Unterstützung

(8) Beseitige die Atmosphäre der Angst
- Förderung gegenseitiger Kommunikation

(9) Beseitige die Barrieren zwischen den Abteilungen
- Gemeinsame Problemlösung in Teams

(10) Vermeide Ermahnungen
- Keine Slogans, Aufrufe und Ermahnungen zur Erreichung von Null-Fehlern oder zur Steigerung der Produktivität
- Schlechte Qualität und niedrige Produktivität haben ihre Ursache im System

(11) Beseitige willkürliche Vorgaben
- Hilfe und unterstützende Führung statt Vorgaben in Zahlen

(12) Erlaube, auf die eigene Arbeit stolz zu sein
- Abschaffung von jährlichen Verdienstranglisten

(13) Fördere die Ausbildung
- Schaffung eines durchgreifenden Ausbildungsprogramms
- Ermutigung zur Selbstverbesserung

(14) Verpflichtung des Top-Managements
- Ständige Verbesserung von Qualität und Produktivität durch eigene Aktivität ist Aufgabe der Unternehmensleitung.

---

[79] Zitiert nach: *Kirstein, H.*, Deming in Deutschland?, a.a.O., *Bicheno, J.*, 34 for Quality, a.a.O. und *Neave, H.R.*, The Deming Dimension, Knoxvill/Tennessee

Qualitäts-Management 305

Abgesehen von diesen 14 Punkten für ein effizientes Qualitätsmanagement, weist *Deming* ausdrücklich auf die Bedeutung von exakten Daten hin und fordert die Anwendung statistischer Methoden, warnt jedoch gleichzeitig vor allzu großer Datenhörigkeit. Alle Daten müssen sowohl ständig hinterfragt als auch sinnvoll verwendet werden.

Deming betont auch die Bedeutung der ständigen Zusammenarbeit von Forschung, Konstruktion, Fertigung und Vertrieb für eine kontinuierliche Verbesserung. Als Methode zur ständigen Verbesserung entwickelte er nachfolgend dargestellten Kreislauf, der heute unter Deming Cycle oder PDCA (Plan-Do-Check-Act) bekannt ist. Wichtig ist, dass der Kreislauf für eine ständige Verbesserung permanent durchlaufen werden muss. Um eine Verbesserung auf Dauer zu etablieren, ist im Fall einer positiven Auswirkung des ausgeführten Plans eine Standardisierung der Lösung erforderlich.

Deming Cycle (PDCA)

Handle: Bestätigen die Daten das Vorhaben? Wirken andere Ursachen ein? Sind die Risiken für weitere Veränderungsschritte notwenig und nützlich?	Plane: Was könnte zukünftig sein? Welche Veränderungen werden benötigt? Welche Hindernisse müssen überwunden werden? Welches sind die wichtigsten Ereignisse, die benötigt werden? Sind bereits Daten vorhanden? Welche neuen Informationen werden benötigt?
Überprüfe: Messe und beobachte die Auswirkungen der durchgeführten Veränderungsmaßnahme.	Tue: Führe eine Veränderungsmaßnahme oder einen Test durch, um erste Informationen über die Auswirkungen zu erhalten.

Quelle: *Deming, W.E.*, Out of the Crisis, Cambridge/Massachussets entnommen aus *Oess, A.*, Total Quality Managment, a.a.O.

5.5.2.3 Fitness For Use von *J.M. Juran*[80]

Wie *Deming*, so hat auch *Juran* mit seiner Lehre seit den fünfziger Jahren wesentlich zur Entwicklung des japanischen Qualitätsmangements beigetragen. *Juran* definiert Qualität als "fitness for use", also als Gebrauchstauglichkeit für den Kunden. Üblicherweise wird unter "Kunde" der Endverbraucher beziehungsweise der Käufer verstanden. *Juran* dehnt den Begriff des Kunden auf alle Personen aus, die bei sog. Verarbeitungsprozessen zur Erzeugung eines Produkts beteiligt sind. Dies sind also auch Mitarbeiter der verschiedenen betrieblichen Abteilungen wie Marketing, Entwicklung, Einkauf und Fertigung, die er als interne Kunden bezeichnet. Da die meisten Mitarbeiter eines Unternehmens keinen Zugang zu Informationen über "fitness for use" von externen Kunden haben, ist es Aufgabe des Managements, entsprechende Vorgaben zu liefern, anhand derer die Mitarbeiter überprüfen können, ob ihre Arbeit mit den Forderungen der nachfolgenden Abteilung übereinstimmt.

---

[80] Vgl. *Juran, J. M.*, Quality Control Handbook, 4. Aufl., New York. Zusammenfassung in enger Anlehnung an *Oess, A.*, Total Quality Management, a.a.O.

Ähnlich wie *Feigenbaum* lehnt auch *Juran* eine rein fertigungsbezogene Betrachtungsweise ab und fordert einen abteilungsübergreifenden und kontinuierlichen Prozess zur Verbesserung der Qualität. Unabdingbarer Bestandteil eines solchen Prozesses ist auch nach *Juran* die Anwendung statistischer Methoden.

5.5.2.4 Japanisches Qualitäts-Management nach *K. Ishikawa*[81]

Das umfassendste und erfolgreichste Qualitätsmanagementkonzept haben in den letzten dreißig Jahren die Japaner entwickelt. Als ihr bedeutendster Protagonist kann *Kaoru Ishikawa* angesehen werden, der dieses Konzept mit seinem Buch „What is Total Quality Control?" 1985 erstmals westlichen Leserkreisen vorstellte. Es enthält neben der Beibehaltung traditioneller Elemente der Mess- und Prüftechnik und der weitgehenden Einführung statistischer Prozessregelung (SPC)[82] im Wesentlichen folgende sechs Management-Elemente:[83]

(1) **„Quality first"**
Mit diesem Grundsatz steigern die Japaner das Vertrauen der Kunden und sichern über eine verbesserte Wettbewerbsfähigkeit den Fortbestand des Unternehmens.

(2) **Qualität heißt „conformance to consumer's requirements"**
Qualität wird vom Verbraucher definiert, daher hat effiziente Marktforschung eine sehr hohe Bedeutung. Dies hat auch zur Entwicklung neuer Techniken, wie z.B. Quality Function Deployment (QFD), geführt. QFD ist eine systematische Methode, Kundenforderungen bereits im Entwicklungsstadium eines Produkts in Konstruktionsmerkmale umzusetzen (vgl. 5.5.3.2 (2.1)).

(3) **Einbeziehung aller wichtigen betrieblichen Funktionen**
Dies haben die Japaner von *Feigenbaum* übernommen. Die Kernaussage ist, dass interfunktionales Management und interfunktionale Teams unabdingbar sind, wenn die Qualitätsforderungen des Kunden sowohl in Entwicklung, Konstruktion, Einkauf und Fertigung realisiert werden sollen.

(4) **Kontinuierliche Verbesserung (Kaizen)**
Kaizen ist einer der wichtigsten Bestandteile der japanischen Unternehmenskultur und bedeutet kontinuierliche Verbesserung von Prozessen in kleinen Schritten durch Beteiligung aller Mitarbeiter. Nach japanischem Verständnis ist eine hohe Produktqualität die notwendige Folge praktizierten Kaizens.

(5) **Einbeziehung aller Ebenen (partizipatives Management)**
Eine konkrete Umsetzung erfolgt einerseits durch die Einführung von interdisziplinären Qualitätsgruppen, andererseits durch umfassende Aus- und Weiterbildungsmaßnahmen auf allen Ebenen.

(6) **Berücksichtigung des sozialen Systems**
Laut *Ishikawa* bestehen Unternehmen in erster Linie zu dem Zweck, die Bedürfnisse der Menschen zu erfüllen. Deshalb sollte das Ziel sein, dass sich jeder wohl fühlt, der mit dem Unternehmen zusammenarbeitet. Dies gilt gleichermaßen für Kunden, Mitarbeiter, Zulieferer und Anteilseigner.

---

[81] *Ishikawa, K.*, What is Total Quality Control?, Englewood, N. J.
[82] Statistische Prozessregelung ist die deutsche Übersetzung von Statistical Process Control, es hat sich jedoch auch im deutschen Sprachgebrauch die Abkürzung SPC durchgesetzt.
[83] In Anlehnung an *Oess, A.*, Total Quality Management, a.a.O.

Qualitäts-Management 307

5.5.2.5 Synthese im Total Quality Management (TQM)

(1) **Philosophie von TQM**

TQM ist eine **Unternehmens- und Führungsphilosophie** mit folgenden wesentlichen Leitgedanken:
- Kundenbedürfnisse und -erwartungen sind vollständig verstanden und werden in alle Aktivitäten einbezogen.
- Maßstab für die Qualität ist die Kundenzufriedenheit.
- Qualität wird von der obersten Führungsebene gemanagt und nicht an einzelne Personen oder Gruppen delegiert.
- Qualität ist integraler Bestandteil der Aktivitäten und Verantwortung jeder Person im Unternehmen.
- Regelmäßig erfasste Qualitätsdaten und -informationen sind die Basis des Handelns.
- Werkzeuge und Methoden zur Qualitätsverbesserung durch Beseitigung der Fehlerursachen werden durchgängig eingesetzt.
- Qualität ist in das Produkt, die Prozesse/Abläufe und die Dienstleistung „hineinkonstruiert" und wird nicht nachträglich durch Kontrolle erzielt.
- Eine Versorgungskette mit umfassendem Qualitätsanspruch ist vorhanden und wird ständig verbessert.

(2) **Fünf Hauptelemente von TQM**

Zur Verwirklichung von TQM ist zunächst eine klare Zieldefinition von Seiten des Top Managements Voraussetzung. Des Weiteren müssen hinsichtlich Organisation, Personal und Technologie des Unternehmens bestimmte Rahmenbedingungen gegeben sein. Schließlich gehört zu TQM die Anwendung geeigneter Managementinstrumente.

In der folgenden Abbildung nach *Zink* symbolisiert ein Haus gedanklich das Konzept von TQM, wobei die Qualitätspolitik das Dach und die begleitenden Instrumente das Fundament bilden.

Fünf Hauptelemente von TQM

Formulierung einer klaren Qualitätspolitik

Organisatorische Rahmenbedingungen:	Personelle Rahmenbedingungen:	Technische Rahmenbedingungen:
Prozessorientierte Organisation	Einbeziehung aller Mitarbeiter, Motivation, Schulung	Moderne und angemessene Technologie

Methoden und Instrumente

Quelle: (in Anlehnung an) *Zink, K. J.,* Zur Relevanz sozio-technologischer Systemgestaltung - am Beispiel Qualitätsmanagement, in: t & m, Bad Homburg

Wegen der herausragenden Bedeutung der **Mitarbeitermotivation und -schulung** für den Erfolg von TQM sei kurz erwähnt, welche Teilaufgaben in diesem Zusammenhang gelöst werden müssen.

Die Motivation der Mitarbeiter wird erreicht durch
- Vermittlung von Gesamtzusammenhängen mit Einordnung des eigenen Arbeitsplatzes
- Übertragen von Verantwortung über Qualität und Qualitätssicherungsmaßnahmen mit entsprechender materieller Entlohnung und betrieblicher Anerkennung
- Einrichten der Möglichkeit, eigene Vorschläge zur Qualitätssicherung und Verbesserung einbringen zu können (betriebliches Vorschlagswesen effizient gestalten)
- Wettbewerb zwischen mehreren Arbeitsteams.

Im Rahmen der Qualifikation von Mitarbeitern sind folgende Maßnahmen durchzuführen:
- Vermittlung von Fähigkeiten zur Durchführung von Selbstprüfungen über die Qualität der geleisteten Arbeit bzw. des hergestellten Erzeugnisses
- Vermittlung von Fähigkeiten zur Fehlererkennung sowie zu fehlerkorrigierenden Maßnahmen
- Ausbildung im Bereich Qualitätsplanung und Prüftechnik bei leitenden Mitarbeitern der Qualitätssicherung und -steuerung.

Durch Qualifikation in Verbindung mit Motivation wird erreicht, dass durch Eigenleistung jedes Mitarbeiters die Rate der Fehlerverhütung sowie frühzeitiger Fehlererkennung und -beseitigung entscheidend verbessert und eine kontinuierliche Qualitätsverbesserung im Sinne von TQM verwirklicht werden kann.

Die **prozessorientierte Organisation**, d.h. die Sequenz der Teilaufgaben des kundenorientierten sog. supply chain management (SCM) veranschaulicht im Überblick die folgende Abbildung.[84]

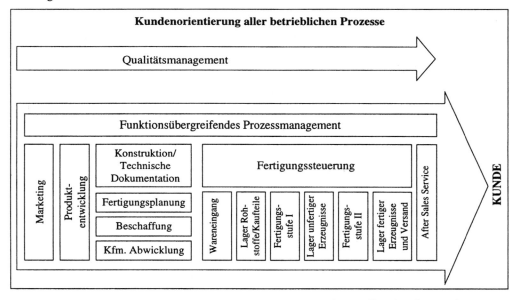

Als wesentliches und geeignetes **Instrument der Analyse** der qualitätsbestimmenden Ursache/Wirkungs/Zusammenhänge sei auf das Ishikawa-Diagramm hingewiesen.[85]

---

[84] *Specht, G.* TQM, Anspruch und Wirklichkeit, in: Vakuum in der Praxis, Weinheim
[85] Entnommen aus: derselbe

Qualitäts-Management

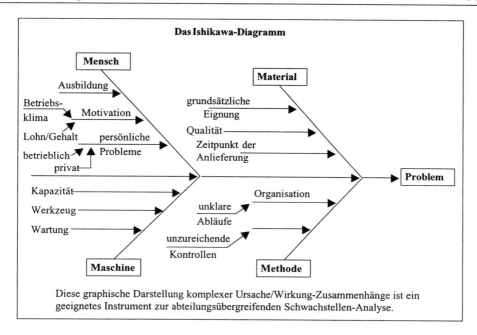

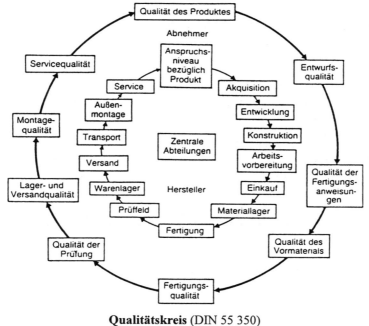

Qualitätskreis (DIN 55 350)

(3) **Qualitätskreis, deutsche Grundlage zu TQM**

Der oben abgebildete **Qualitätskreis** (DIN 55350) **verdeutlicht** - wie unter 5.5.1 angesprochen - **welche Qualitätsarten wann im Produktentwicklungszyklus relevant** sind. Er veranschaulicht zugleich die Notwendigkeit, Qualität als eine umfassende, funktionsübergreifende Aufgabe zu verstehen, in der alle Funktionsbereiche des Unternehmens zusammenwirken, um die bestmögliche Zufriedenstellung des Kunden zu erreichen und so den Erfolg des Unternehmens im Markt - zu jedem Zeitpunkt und auf lange Sicht - zu sichern. Dies ist das Hauptziel von Total Quality Management.

Die **Qualität des Entwurfs** / der Konstruktion und der **Fertigungsanweisungen** beeinflusst die Rate der durch unsachgemäße Fertigung auftretenden Fabrikationsfehler.

Sehr wesentlich ist die **Qualität des Vormaterials**. Fließen fehlerhafte Rohstoffe oder Halbfabrikate in den Produktionsprozess ein, kann dies am Fertigprodukt zu einer Qualitätsminderung führen. Aus diesem Grund unterliegen sowohl die Lieferanten als auch deren Produkte in Industrien mit einem hohen Anteil fremdbezogener Teile (Beispiel: Computer- oder Automobilindustrie) besonders ausgeprägten Prüfungen der Qualitäts-Management-Systeme und der Qualität der Erzeugnisse.

Die **Qualität der Prüfungen** und Kontrollmaßnahmen bestimmt den Anteil der als fehlerhaft erkannnten Produkte aus der gesamten Ausschussware. Werden Qualitätsmängel schon frühzeitig und umfassend erkannt, können damit Folgekosten (Erlöseinbußen, Nacharbeitungskosten, Kosten aus Garantieleistungen usw.) reduziert werden.

Lager-, Versand- und Montagequalität beeinflussen die Frage, ob die Qualität des Erzeugnisses vom Verlassen der Fertigung an bis zum Einsatz beim Kunden bzw. Abnehmer irgendwelche Einbußen erleidet.

Eine hohe **Servicequalität** kann die Produktlebensdauer verlängern und bestimmt somit die Zuverlässigkeit.

(4) **Mögliche Ursachen für ein Scheitern von TQM**

Folgende Umstände können bei der TQM-Einführung ein Scheitern verursachen:
1. Unzureichendes Engagement/Vorbild des Managements
2. Unklare Zielsetzung von TQM
3. Unklarheit über die Notwendigkeit eines umfassenden, unternehmensweiten, funktionsübergreifenden Qualitätsmanagements und Qualitäts-Management-Systems
4. Mangelnde Integration und Abstimmung der Einzelmaßnahmen
5. Unrealistische Zeitvorstellungen
6. Unzulängliche Motivation und Schulung der Mitarbeiter
7. Schlechte Erfahrungen mit anderen Modernisierungsprojekten wie Just-in-Time, Lean Production, Business Process Reengineering etc.

5.5.3 Umsetzung im Qualitäts-Management-System (QMS)

Das Qualitäts-Management-System umfasst die Organisationsstrukturen, Verantwortlichkeiten, Verfahren und Prozesse für die Verwirklichung des Qualitäts-Managements.

5.5.3.1 Organisation des Qualitäts-Managements

(1) **Organisatorische Zuordnung einer Stabsfunktion „Qualitätswesen"**

Je nach der Unternehmensgröße und der Bedeutung qualitätssichernder Maßnahmen für die Erzeugnisherstellung ist das Qualitäts-Management unterschiedlich strukturiert und organisiert, d.h. es existieren unterschiedliche Qualitäts-Management-Systeme. In großen Unternehmen ist das Qualitätswesen sehr umfangreich ausgebaut, i.d.R. als eigenständige Abteilung mit Unterabteilungen, in kleineren Unternehmen kann das Qualitätswesen in verschiedene Gruppen aufgeteilt sein. Als mögliche Form bietet sich eine Stabsorganisation an (unternehmenszentral), das Qualitätswesen kann aber auch erzeugnis- oder erzeugnisstättenorientiert gegliedert sein (Linienorganisation).

Allgemein lässt sich jedoch festhalten, dass im Rahmen zunehmender Bedeutung der Produktqualität als Wettbewerbsfaktor das Qualitätswesen eine immer wichtigere Stellung im Unternehmen einnimmt und heute i.d.R. als Stabsstelle nach ISO 9000 der Unternehmensführung direkt unterstellt sein muss. Dadurch, dass sich die Leitung des Qualitätswesens nur gegenüber der Unternehmensführung und nicht gegenüber ausführenden Abteilungen verantworten muss, werden unternehmerische Zielsetzungen und qualitätstechnische Möglichkeiten und Maßnahmen von vornherein aufeinander abgestimmt und spätere Interessenskonflikte weitgehend vermieden. In hochtechnisierten Branchen ist die Direktunterstellung des Qualitätswesens unter die Unternehmensführung „selbstverständliche Norm" und wird - wie oben bereits erwähnt - von Großkunden, wie der Automobilindustrie, gefordert.

(2) **Aufgaben einer Stabsstelle „Qualitätswesen"**

(2.1) **Maßnahmenprogramm zur Einführung von TQM**

Einer Stabsstelle „Qualitätswesen" wird im Rahmen der Planung und Einführung von TQM eine maßgebliche Rolle bei der Systementwicklung, -organisation und -koordination zufallen. Die vorzubereitenden Hauptschritte eines Maßnahmenprogramms zur TQM-Einführung sind i.d.R. folgende:[86]

1. Verpflichtung des Managements auf Prinzipien von TQM, wie Qualitätsbewusstsein, Atmosphäre des Vertrauens, prozessorientiertes Management
2. Bildung einer Lenkungsgruppe zur TQM-Einführung in Abstimmung mit dem Management unter Mitwirkung der Stabsstelle Qualitätswesen
3. Formulierung der Qualitätspolitik mit Verpflichtung zu Kundenorientierung, prozessorientiertem Denken und Verantwortung aller Mitarbeiter für Qualität mit einer „Null-Fehler"-Strategie, kontinuierlicher Verbesserung und Qualitäts-Controlling
4. Information und Einbeziehung aller Mitarbeiter
5. Ist-Aufnahme und Schwachstellen-Analyse einschließlich Ermittlung der Qualitätskosten
6. Erarbeitung und Umsetzung geeigneter Maßnahmen zur Prozessoptimierung
7. Einführung eines Kennzahlen-Systems im Rahmen des Qualitäts-Controlling
8. Schulung der Mitarbeiter
9. Aufbau verlässlicher Lieferantenbeziehungen
10. Einführung abteilungsübergreifender regelmäßiger Qualitätsgespräche als Grundlage für einen kontinuierlichen (Qualitäts-)Verbesserungsprozess (Kaizen).

(2.2) **Systemplanung und -lenkung**

Der koordinierte, zugleich kostenoptimale Einsatz der Instrumente des Qualitäts-Managements (vgl. dazu 5.5.3.2) bedarf der systematischen Planung, Realisierung und Lenkung in einem System von Regelkreisen. Der Leiter des Qualitätswesens ist lenkend für den täglichen Einsatz der Instrumente des Qualitäts-Managements verantwortlich. In dieser Funktion entscheidet er über die Konsequenzen von Qualitäts-Kontroll-Ergebnissen und hat das

---

[86] In Anlehnung an: *Specht, G.;* TQM - Anspruch und Wirklichkeit, a.a.O.

Recht, in den Leistungserstellungsprozess zur Qualitätsoptimierung „regelnd" einzugreifen und ist hierfür der Unternehmensleitung verantwortlich.

(2.3) Qualitäts-Kosten-Controlling

a) Qualitäts-Kosten-Rahmenplanung

Die Qualitäts-Kosten-Rahmenplanung dient der groben Abschätzung der entstandenen und noch entstehenden Qualitätskosten bei der Entwicklung, Fertigung und dem Vertrieb eines neuen Produkts. Neben den geplanten Qualitätssicherungsmaßnahmen werden noch Beträge für ungeplante und unvorhersehbare Ereignisse (Umstellungen im Markt, neue Gesetze etc.) berücksichtigt.

Die Qualitätskosten werden unterschieden in
- **Fehlerverhütungskosten**
  Kosten für vorbeugende Qualitätssicherung wie z.B. Planung, Leitung und Steuerung der Qualitätssicherung, Schulung und Qualitätsförderung
- **Prüfkosten**
  Kosten für Qualitätsprüfungen in der laufenden Produktion, z.B. Wareneingangsprüfung, Prüfmittel, BDE-Geräte, Laboruntersuchungen
- **Fehlerfolgekosten**
  Kosten durch mangelhafte Qualität des Produkts, z.B. Ausschuss, Nacharbeit, Garantiezahlungen, Rückrufkosten, entgangener Gewinn.

b) Qualitäts-Kosten-Überwachung

Im Rahmen der Qualitäts-Kosten-Überwachung werden die geplanten Kosten mit den tatsächlich entstehenden verglichen, um so eine Kosten/Nutzen-Analyse der Qualitätssicherungsmaßnahmen und diverse andere Wirtschaftlichkeitsberechnungen zu ermöglichen. So zeigt z.B. eine Qualitätsanalyse nach Entstehungsorten und Kostenarten, wo Ansatzpunkte für Qualitätsverbesserungsmaßnahmen zu finden sind.

c) Bildung von Kennzahlen

Durch Bildung von Kennzahlen (z.B. Qualitätskosten/Umsatz, Ausschuss/gefertigte Menge, Garantieleistung/abgesetzte Stückzahl) können wichtige Informationen über die Leistungsfähigkeit der Qualitätssicherung gewonnen werden.

(2.4) Qualitätsaudit

Als Qualitätsaudit bezeichnet man „die unabhängige Begutachtung der Wirksamkeit des Qualitäts-Management-Systems oder seiner Teile".[87] Dabei sollen im Rahmen einer Überprüfung der Funktionen und Ergebnisse der Qualitätssicherung Verbesserungsvorschläge erarbeitet werden. Qualitätsaudits sind in regelmäßigen Abständen als Expertensitzungen einzuplanen sowie bei Änderungen der Aufbau- oder Ablauforganisation oder bei plötzlich auftretenden Qualitätseinbrüchen kurzfristig einzuberufen.

Man unterscheidet drei Formen des Qualitätsaudits.
- **Systemaudit**
  Die einzelnen Bestandteile des Qualitätssicherungssystems werden auf ihre Existenz, ihre Anwendung und Wirksamkeit hin überprüft und beurteilt. Dies geschieht im Wesentlichen

---

[87] Verband der Automobilindustrie e.V. (*VDA*), Produktaudit bei Automobilherstellern und Zulieferanten, Frankfurt/M.

durch Studium der Unterlagen (Qualitätssicherungshandbuch, Auftragsunterlagen etc.) und dient der Prüfung auf Systemfehler.

❑ **Verfahrensaudit**
Bestimmte Verfahren und Arbeitsabläufe werden auf ihre Einhaltung und Zweckmäßigkeit überprüft. Der Kenntnisstand des Personals wird mit den Anforderungen verglichen.

❑ **Produktaudit**
Untersuchung einer kleinen Anzahl von Teilen und/oder Endprodukten. Dadurch ist eine Beurteilung der Wirksamkeit der Qualitätssicherungsmaßnahmen möglich.

5.5.3.2 Instrumente des Qualitäts-Managements im Produktentwicklungszyklus von Serienprodukten

(1) **Produktdefinition**

(1.1) **Qualitätsforderungen und Qualitätsziele**

Am Anfang der Entwicklung eines neuen Serienprodukts steht meist eine Marktanalyse, seltener ein Kundenauftrag. Danach werden die Funktionen des Produkts festgelegt, und zu diesem Zeitpunkt fließen eine Menge unterschiedlicher Qualitätsforderungen und -ziele in die Produktdefinition ein.

Dies sind einerseits Erwartungen der Kunden bezüglich der Gebrauchstauglichkeit, der Lebensdauer, des Geltungswertes (Image), der Wirtschaftlichkeit und des Services. Andererseits wird das technisch Machbare begrenzt durch betriebsexterne Forderungen, wie Gesetze, Verordnungen, Sicherheitsvorschriften, Normen und Umweltschutz.

Aus der Sicht des Unternehmens dominieren das Image, die Marktakzeptanz, die Wirtschaftlichkeit und die Risikobegrenzung bei der Definition der Qualitätsziele.

(1.2) **Pflichtenheft**

Das Pflichtenheft ist als Ergebnis der Entwurfsphase gegliedert in die vier Bestandteile Marktziele, Kostenziele, Termine und technische Anforderungen. Die Qualitätsspezifikation ist Teil der technischen Anforderungen und enthält alle Qualitätsmerkmale des Produkts mit ihren Merkmalsgrenzwerten.

(2) **Produktentwicklung**

(2.1) **Quality Function Deployment (QFD)**

QFD kann sinngemäß übersetzt werden als „Entwicklung der vom Kunden geforderten Qualitätsmerkmale und -funktionen". QFD ist ein Instrument zur Umsetzung der Philosophie des Total Quality Management. QFD ist eine ins Detail gehende Methode zur Übertragung der Kundenwünsche und -anforderungen in Auslegungsanforderungen (Features) für Produkte und Dienstleistungen. Die Methode QFD wurde 1966 von *Prof. Yoji Akao* an der Tamagawa Universität in Japan entwickelt und wird in Japan und anderen Ländern seit Ende der siebziger Jahre verbreitet eingesetzt, um Aufgaben der Produktentwicklung systematisch zu lösen und Entwicklungszeiten drastisch zu verkürzen.

QFD setzt zum Zeitpunkt der Konzeptfindung ein. Die Durchführung erfolgt i.d.R. in mehreren Teamsitzung mit Softwareunterstützung. Ein QFD-Projekt erarbeitet üblicher Weise in vier Phasen Qualitätstafeln in der Form eines Hauses, die deshalb „House of Quality" genannt werden. Die vier Phasen sind:

Phase 1 Produktplanung,
         entwickelt aus Kundenanforderungen Designmerkmale, Features
Phase 2 Entwicklung + Konstruktion
         setzt Ergebnisse der Phase 1 um in Teile- und Positionsmerkmale
Phase 3 Prozessplanung
         definiert die Fertigungsverfahren und -abläufe
Phase 4 Produktionsplanung
         legt Fertigungs- und Kontrollanforderungen fest.

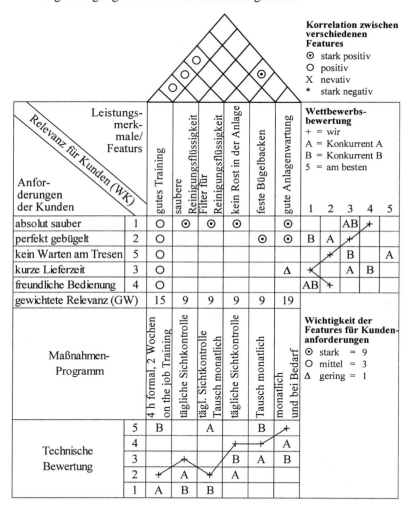

House of Quality für eine Trocken-Reinigung[88]

Dieser logische Ablauf unterstreicht die hohe Dringlichkeit, bei der Produktentwicklung von Anfang an in enger Abstimmung mit der Fertigung kostengünstige Fertigungsmöglichkeiten

---

[88] Nach *Schonberger, R.J., Knod, E.M.*, Operatives Management, New York, S. 98 f.

zu suchen und zu berücksichtigen. Diese Methode schließt die wichtige Kundenanforderung kostengünstiger Kundendienst- und Wartungskonzeptionen ein.

Schonberger und *Knod* haben das System eines House of Quality (Phase 1), die Umsetzung von Kundenanforderungen in Anforderungen an einen Servicebetrieb am Beispiel eines Trockenreinigungsdienstes sehr gut nachvollziehbar im vorstehenden Bild dargestellt.

(a) Vorgehensweise
Schonberger und *Knod* schreiben zu dem obigen Bild:
Das abgebildete House of Quality wurde mit den Betreibern einer Kette von Trockenreinigungsfilialen erarbeitet. Die Betreiber können die Ergebnisse zur Verbesserung bestehender oder zur Planung neuer Filialen nutzen. Die Abbildung wird wie folgt erläutert:
- Die zentrale Tabelle zeigt als Zeilen WAS die Kunden wünschen und als Spalten WIE, durch welche Leistungsmerkmale (Features) diese erfüllt werden sollen.
- Die Symbole in dieser Tabelle kennzeichnen die Wichtigkeit der einzelnen Leistungsmerkmale für die verschiedenen Kundenanforderungen von stark über mittel und schwach bis null. Der Doppelkreis erhält 9 Punkte, er erscheint sechs mal. „Perfekt gebügelt" hängt beispielsweise stark von „festen Bügelbacken" und „guter Anlagenwartung" ab, an die je ein Doppelkreis vergeben wird.
- Die fünf Anforderungen von Kunden werden nach ihrer Wichtigkeit in eine Prioritätsrangfolge von 1 bis 5 gebracht. Dabei steht 1 für die höchste Priorität. Absolute Sauberkeit ist dem Kunden am wichtigsten. Keine Wartezeit am Tresen ist am wenigsten wichtig.
- Die Bewertung der Leistungsmerkmale erfolgt durch die Addition jeder WIE-Spalte. Gutes Training erreicht für die Erfüllung aller 5 Kundenwünsche eine Wichtigkeit von insgesamt 15 Punkten. Es ist damit am zweitwichtigsten nach guter Anlagenwartung mit 19 Punkten.
- Das Dach des Hauses stellt die Korrelation zwischen den verschiedenen Leistungsmerkmalen dar. Nur in vier Fällen besteht ein Zusammenhang. Der Doppelkreis signalisiert eine starke positive Korrelation zwischen „kein Rost in der Anlage" und „guter Anlagenwartung", was bedeutet, dass Dampfbügelelemente rostempfindlich sind und deshalb regelmäßig gereinigt oder ausgetauscht werden müssen.
- Maßnahmen-Programmpunkte im „Fundament" des Hauses legen quantitative Vorgaben für jedes Leistungsmerkmal fest, z.B. tausche die Bügelbacken monatlich, um sie fest zu erhalten.
- Der „untere Teil des Fundamentes" und „der rechte Flügel" des Hauses dienen dem Wettbewerbsvergleich mit den Hauptwettbewerbern. 5 Punkte stehen für die beste Bewertung. Unten sehen wir, dass unser Unternehmen geringfügig besser ist als die Konkurrenten A und B bezüglich Sauberkeit der Reinigungsflüssigkeit, bei der Vermeidung von Rost und bei der Wartung. Die Bewertungen im rechten Flügel zeigen, dass die Konkurrenten A und B uns durch kürzere Lieferzeiten und kürzere Wartezeiten am Tresen übertreffen.

Das Beispiel vermittelt die notwendige Einsicht in die Prinzipien der Methode, die im konkreten Fall eine selbständige Weiterentwicklung für die nachfolgenden Phasen und andere Erzeugnisse (Produkte oder Dienstleistungen) ermöglicht.

(b) Die Stärke von QFD liegt zweifellos in der Möglichkeit, die aufgezeigten Phasen des Entwicklungsprozesses in ihren wesentlichen Aspekten systematisch zu prüfen und daraus frühzeitig erforderliche Konsequenzen zu ziehen.

QFD fördert die **horizontale und vertikale Kommunikation** innerhalb des Unternehmens durch interdisziplinäre Teams. Visualisierung, Austausch von Informationen, Erfahrungen,

Meinungen und der Umgang miteinander sind zentrale Faktoren in der schnittstellenübergreifenden Auseinandersetzung im QFD-Prozess.

Vorteile der Systematik QFD sind gezieltes Durchdenken des Entstehungsprozesses bezüglich der Erfüllung der Kundenanforderungen und das Schaffen einer einheitlichen Datenbasis für weitere Produktentwicklungen und -verbesserungen. QFD unterstützt kundenorientierte, qualitätsorientierte und kostenorientierte Produktentwicklung.

QFD ist ein **universelles Werkzeug**. QFD ist in allen Industriebereichen, für Dienstleistungen und für Verwaltungsprozesse einsetzbar.

(c) Schwierigkeit

Als Schwierigkeit wird erkennbar, dass manche wichtige Informationen nicht einfach oder manchmal gar nicht beschafft werden können.

In Fällen hoher Unsicherheit wegen des Fehlens wichtiger Informationen wird man alternative Scenarien entwickeln müssen und möglicherweise mit dem in Kapitel Marketing dargestellten Marketing-Index gute Ergebnisse erzielen, denn die Methode des Marketing-Index analysiert ebenfalls systematisch die wichtigen Aspekte der Produktentwicklung (Marktfähigkeit, Lebensdauer, Produktionsmöglichkeit und Wachstumspotential) und erlaubt einem Expertenteam die Vergabe von geschätzten Wahrscheinlichkeiten für detaillierte Alternativprognosen oder -annahmen jeweils vom besten bis zum ungünstigsten Fall.

(2.2) Simultaneous Engineering (SE)

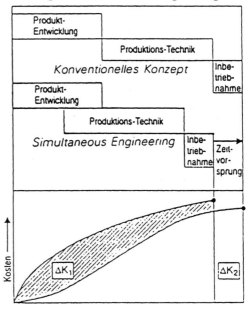

Unter Simultaneous Engineering versteht man ein ablauforganisatorisches Konzept der Produkt- und Prozessentwicklung. Es beinhaltet die Koordination von parallel ablaufenden Prozessen der Bereiche Konstruktion/Entwicklung, Prozessplanung, Materialwirtschaft und Qualitätssicherung, z.B. erfolgen Planung und Entwicklung überlappend, mit dem Effekt einer Zeitverkürzung des gesamten Entwicklungsprozesses.

Wie man auch aus der Abbildung erkennen kann, wird zwar mit einer Verlängerung der Bearbeitungszeit in einzelnen Abteilungen gerechnet. Die strenge Abstimmung führt jedoch zu einer Gesamtzeitverkürzung gegenüber der herkömmlichen, sequentiellen Vorgehensweise von Entwicklung, Konstruktion und Prozessplanung, denn nach der sequentiellen Vorgehensweise gibt eine Abteilung die Unterlagen an die nachfolgende Abteilung erst nach Abschluss ihrer eigenen Tätigkeit weiter.

Quelle: *Klein, B.,* Schwachstellen in Konstruktion und Planung systematisch analysieren, in: QZ

Durch eine längere Bearbeitungszeit einzelner Abteilungen und zusätzlichen Abstimmungsaufwand ist Simultaneous Engineering zwar oft mit höheren Kosten verbunden als die sequentielle Vorgehensweise. Die frühere Marktpräsenz kann jedoch letztlich einen größeren Gewinn für das Unternehmen bedeuten.

Anstelle eines umfangreichen Pflichtenheftes tritt das in Abschnitt 5.5.3.2 (2.1) beschriebene „House of Quality". Es wird entsprechend der dort gemachten Angaben weiterentwickelt für die verschiedenen Aufgaben wie Entwicklung des Endprodukts, der Baugruppen/Einzelteile, der Prozessplanung sowie der Arbeitsplan- und Prüfplanerstellung. Ziel der gemeinsamen Arbeit an einem Projekt ist auch, unnötige Doppelarbeiten zu vermeiden. Durch die regelmäßigen notwendigen Treffen und Absprachen ist automatisch eine permanente Schwachstellenanalyse mit eingebunden. Hiermit ist die kritische Betrachtung der jeweiligen Entwicklungs- und Konstruktionsschritte gemeint, die durch die an dem Projekt beteiligten Mitarbeiter ausgeführt wird. Voraussetzungen für SE sind neben einer offenen Kommunikations-Kultur im Unternehmen die Einführung von Qualitätsregelkreisen und der Arbeitstechnik des Projektmanagements.

(2.3) **Qualitätsbewertung mit Checklisten**
Die einfachste Art, Qualitätsmerkmale eines Produkts methodisch zu optimieren und zu dokumentieren, ist das Führen einer Checkliste. Für jedes Einzelteil bzw. jede Baugruppe werden Daten über Funktion, zu beachtende Gesetzes- und Sicherheitsvorschriften, Erfahrungen beim Einsatz und Angaben über den Fertigungsprozess erfasst.

Das Verfahren der Qualitätsbewertung (QB) basiert auf dieser Idee der Checklisten. In einem standardisierten Formular werden die qualitätsrelevanten Punkte aufgeführt und nach einem festgelegten Schema bewertet. Diese Bewertung erfolgt an drei Stufen der Produktentwicklung, und zwar während der Definitions- und Entwurfsphase, der Entwicklungs- und Produktionsplanungsphase und abschließend in der Beschaffungs- und Vorserienphase.

Es sind daran alle betroffenen Funktionsbereiche (z.B. auch Kundendienst und Fertigungsvorbereitung) beteiligt, um ein möglichst umfassendes Bild von der Qualität des Enderzeugnisses zu bekommen.

Die Entwicklung des Produkts wird dokumentiert und damit u.a. auch eine Verfolgbarkeit von Fehlerbeseitigungsmaßnahmen gewährleistet. Außerdem baut man ein Herleitungssystem auf, mit dem später auftretende Ausfälle auf die sie begründenden Fehler zurückgeführt werden können.

(2.4) **Konstruktions-FMEA**
Die Fehler-Möglichkeits- und Einfluss-Analyse (FMEA) ist eine Methode zur systematischen Dokumentation von möglichen Fehlern/Schwachstellen eines Produkts bzw. eines Fertigungsverfahrens.

Es werden für jedes Einzelteil/jede Arbeitsfolge alle möglichen Fehler bzw. Schwachstellen aufgeführt und in ihrer Auftrittswahrscheinlichkeit und Auswirkung auf den Kunden bewertet. Außerdem werden Maßnahmen zur Fehlererkennung und -beseitigung angegeben und deren Erfolge ebenfalls notiert und bewertet. Die gravierenden **Nachteile** der FMEA sind ihr hoher Erstellungsaufwand und die Notwendigkeit der permanenten Pflege bei Produkt-/Verfahrensänderungen.

Um die **Vorteile** (Zwang zur Erfassung aller Fehler, Verfolgung kritischer Fehler, Reduzierung nachträglicher Änderungen, Vermeidung von Wiederholfehlern) optimal nutzen zu können, werden FMEA's normalerweise nur bei neuen Entwicklungen, neuen Technologien und bei Problemteilen angewandt.

Qualitätsbewertungsbogen (Rückseite)[89]

	Qualitätsbewertung (QB)		
Einzelbewertung (Bewertungskriterien siehe unten) **1 Funktion** 1.1 Gesetzliche Vorschriften, öffentliche Normen 1.2 Kundenforderungen 1.3 Eigene Spezifikation	**QB 1** (Entwurf) + 1/3/8 ⊕ 1/3 ⊕ 1/3 ⊕ 1	**QB 2** (Entwicklungsmuster) + 1 + 6 + 6 + 1	**QB 3** (Serienanlauf) + 1 + 6 + 6
2 Zuverlässigkeit 2.1 Statische und dynamische Festigkeit 2.2 Klimabeständigkeit 2.3 Dauer(lauf)verhalten 2.4 Transportempfindlichkeit 2.5 Sonstige Eigenschaften	⊖ 1 ⊕ 1 ⊖ 1/8 + 8	⊖ 6 1) ⊕ 6 ⊕ 6 + 10	⊕ 6 + 6 2) ⊕ 6 3) + 10
3 Besondere Eigenschaften 3.1 Fertigungssicherheit (z.B. kritische Prozesse) 3.2 Fehlerdiagnose, Prüfbarkeit (im Werk) 3.3 Fehlerdiagnose (beim Kunden) 3.4 Montagemöglichkeit (Einbauort) 3.5 Wartung 3.6 Reparaturfreundlichkeit eingebaut ausgebaut	+ 8 + 8 + 1 ⊕ 1/3 entfällt " " "	+ 4/10 + 4/10 + 1 ⊕ 4 entfällt " " "	+ 4/10 + 4/10 + 1 ⊕ 4 3) entfällt " " "
4 Qualitätsvorschau Prognose der Ausfallrate im Feld in % der Liefermenge. (Prozentzahl oder Prozentbereich angeben; wenn dies nicht möglich, im Abschnitt „Begründung" beschreiben). – während des Lieferanlaufs (6 Monate) – während der Garantiezeit (........ km/ ..... Mon.) – nach der Garantiezeit	 0,05 % 0,02 % 0,02 %		0,05 % 0,02 % 0,02 %
5 Gesamtbewertung Das Erzeugnis entspricht den gestellten Forderungen – in vollem Umfang – mit Einschränkung, Verbesserung leicht möglich – mit Einschränkung, Verbesserung schwierig – ungenügend –			☐ ☒ 3) ☐ ☐ ☐

6 Begründung (Wenn bei QB 1, QB 2, oder QB 3 das Bewertungssymbol ⊖ oder – auftritt, außerdem wenn bei Qualitätsvorschau keine Prozentangabe möglich. Jeweils nur Stichworte. Bei Bedarf zusätzliches Blatt anfügen.)

1) Zwei Erprobungsschritte fehlen

2) Wasserschutzprüfung entfällt

3) Neues Werkzeug in Arbeit (wegen Maßüberschreitung 30 + 0,5) und Wischfestigkeit der Aufschrift (Aufschritt wird eingespritzt).

Symbole:
+   unproblematisch, wird mit Sicherheit erfüllt
⊕   noch keine positive Aussage möglich, aber wahrscheinlich unproblematisch
⊖   noch keine positive Aussage möglich, aber möglicherweise problematisch
–   sehr problematisch, noch keine Aussicht auf Erfolg

Kennziffern als Ergänzung der Symbole: z..B. ⊕ 4/7
1 Theoretische Betrachtung   6 Eigene Erprobung
2 Funktionsmuster   7 Kunden-Erprobung
3 Versuchsmuster   8 Bezug auf vergleichbare Ez
4 Freigabemuster   9 Bezug auf Wettbewerber
5 Erstmuster   10 ....

---

[89] Entnommen aus: Verband der Automobilindustrie e.V. *(VDA), Sicherung der Qualität vor Serieneinsatz,* Frankfurt/M.

Qualitäts-Management

Musterblatt Konstruktions-FMEA[90]

[Blank FMEA form template with fields for Firma (Stempel, Warenzeichen), Teil-Name, Teil-Nummer, Modell/System/Fertigung, Techn. Änderungsstand, etc. The form is titled "FEHLER-MÖGLICHKEITS- UND EINFLUSS-ANALYSE" with sections for Konstruktions-FMEA and Prozeß-FMEA.]

Columns include: Systeme/Merkmale, Bestätigung durch betroffene Abteilungen und/oder Lieferant, Potentielle Fehler, Potentielle Folgen des Fehlers, B, Potentielle Fehlerursachen, D, DERZEITIGER ZUSTAND (Vorgesehene Prüfmaßnahmen, Auftreten, Bedeutung, Entdeckung, Risiko-Prioritätszahl (RPZ)), Empfohlene Abstellmaßnahmen, Verantwortlichkeit, VERBESSERTER ZUSTAND (Datum, Überarbeitet Datum, Getroffene Maßnahmen, Auftreten, Bedeutung, Entdeckung, Risiko-Prioritätszahl (RPZ))

Wahrscheinlichkeit des Auftretens (Fehler kann vorkommen)
- unwahrscheinlich = 1
- sehr gering = 2 – 3
- gering = 4 – 6
- mäßig = 7 – 8
- hoch = 9 – 10

Bedeutung (Auswirkungen auf den Kunden)
- kaum wahrnehmbare Auswirkungen = 1
- unbedeutender Fehler, geringe Belästigung des Kunden = 2 – 3
- mäßig schwerer Fehler = 4 – 6
- schwerer Fehler, Verärgerung des Kunden = 7 – 8
- äußerst schwerwiegender Fehler = 9 – 10

Wahrscheinlichkeit der Entdeckung (vor Auslieferung an Kunden)
- hoch = 1
- mäßig = 2 – 5
- gering = 6 – 8
- sehr gering = 9
- unwahrscheinlich = 10

Priorität (RPZ)
- hoch = 1000
- mittel = 125
- keine = 1

---

[90] Entnommen aus: *VDA*, Sicherung der Qualität vor Serieneinsatz, a.a.O

Der hohe Aufwand einer ordnungsgemäß durchgeführten FMEA kann durch Wiederverwendung bereits vorhandener Informationen aus früher erstellten FMEA's[91] deutlich verringert werden, da nur eventuelle Änderungen und Erweiterungen berücksichtigt werden müssen. Die Anwendung der FMEA fördert zudem interdisziplinäres, teamorientiertes Arbeiten, die Kommunikation zwischen den beteiligten Abteilungen und das Verständnis für eine unternehmensweite Qualitätsverantwortung, auch im Sinne einer geforderten Prozessorientierung (Muster vgl. voriger Seite).

(2.5) **Mean Time Between Failure (MTBF)**

Die Mean Time Between Failure (MTBF) ist die durchschnittliche Zeit zwischen zwei Ausfällen eines Produkts. Sie stellt somit ein Maß für die Ausfallwahrscheinlichkeit eines Erzeugnisses dar. Wenn für jedes Bauteil des Produkts ein Wert über seine Ausfallhäufigkeit vorliegt (z.B. in einer Fehlerraten-Datenbank, siehe Kapitel über CAQ), kann der MTBF-Wert wie folgt berechnet werden:

Beispiel: MTBF-Berechnung einer elektronischen Baugruppe

fit-Rate (failure-in-time) = Ausfallrate in 1 Million Stunden

Bauteile	Anzahl	fit-Rate	Σ Ausfallraten	Anteil ca.
Zehnerdiode	2	0,15	0,3	23,9 %
Drahtwiderstand	3	0,05	0,15	12,0 %
Relais	1	0,8	0,8	63,9 %
Lötpunkte	21	0,0001	0,0021	0,2 %
			= 1,2521	100,0 %

Das heißt, die Baugruppe fällt in 1 Million Stunden 1,2521 mal aus. Daraus ergibt sich der MTBF-Wert zu 1.000.000 geteilt durch 1,2521 gleich 798.658 Stunden.

Auf der Grundlage dieser Berechnung kann eine Stressanalyse vorgenommen werden, bei der die ermittelten Schwachpunkte mit einer hohen Ausfallrate gesondert untersucht und ggf. durch qualitativ höherwertige ersetzt werden.

(3) **Erprobung und Beschaffung**

(3.1) **Überprüfung der Qualitätsfähigkeit von Lieferanten**

Die Qualitätsfähigkeit der Lieferanten ist von entscheidender Bedeutung für die Qualität der eigenen Fertigung. Dies gilt insbesondere für Unternehmen, die in großem Maße Zukaufteile verwenden, wie z.B. die Automobilindustrie. Dort wird diesem Teil der Qualitätssicherung auch noch aufgrund der verstärkten Anwendung des JIT-Konzeptes (Just-in-Time, d.h. Anlieferung der Teile erst, wenn sie benötigt werden, dadurch minimale Lagerkosten und maximale Flexibilität; Qualitätsprüfung beim Lieferanten) besondere Bedeutung zugemessen. So inspizieren z.B. Mitarbeiter des Automobilkonzerns den Betrieb des Zulieferers und bewerten ihn in Bezug auf die Güte der Materialprüfung, Fertigungskontrollen, Ausgangsprüfung, Prüfmittelüberwachung, Dokumentation usw. Außerdem begleiten sie die Mitarbeiter des Lieferanten bei deren Überprüfung der Qualitätsfähigkeit von Unterlieferanten. Diese Lieferantenbewertungen sind eine wichtige Entscheidungshilfe für die Mitarbeiter im Einkauf bei der Auswahl

---

[91] Mögliche Softwareunterstützungen bei der Arbeit mit FMEA's sind dargestellt worden von: *Goutier, U.*, FMEA - ein Baustein innerhalb CAQ, in: *Bläsing, H.* (Hrsg.), 8. Qualitätsleiterforum, München

geeigneter Lieferanten und der Festlegung von Lieferbedingungen. Auch bei gegebener Qualitätsfähigkeit kann es natürlich vorkommen, dass ein Lieferant aufgrund externer Ereignisse (z.B. Streik) nicht mehr in der Lage ist, zu liefern. Daher ist es sinnvoll, für jedes Zulieferprodukt mindestens einen Alternativlieferanten zu verpflichten, um eine möglichst störungsfreie Produktion zu sichern (Second-Source-Regel).

(3.2) **Prüfplanung und Prüfmittelplanung**
Prüfplanung und Prüfmittelplanung schaffen die Grundlagen für Qualitätslenkung und -dokumentation. Sie sollen sicherstellen, dass die Prüfmerkmale an den richtigen Stellen im Fertigungsablauf im notwendigen Umfang mit den geeigneten Prüfmitteln und -methoden kontrolliert werden.
Anhand von Angaben in Qualitätsspezifikationen, Qualitätsbewertungs-Checklisten, Zeichnungen, FMEA's und anderen Produktbeschreibungen werden die Prüfmerkmale festgelegt. Prüfmerkmale sind nicht immer auch Qualitätsmerkmale, z.B. wenn man das Qualitätsmerkmal nur indirekt messen kann. Ebenso sind Qualitätsmerkmale nicht zwangsläufig Prüfmerkmale, wenn beispielsweise durch das Produktionsverfahren die Einhaltung der Qualitätsforderung sichergestellt werden kann.
Nach der Festlegung des Prüfmerkmals werden der erforderliche Prüfumfang (Stichprobe oder 100%-Prüfung), die optimale Prüfmethode (messen, wiegen, belasten, per Hand, automatisch, etc.) sowie der Prüfort (in der Fertigung, im Labor) bestimmt. Im daraus resultierenden Prüfvorgang bedient man sich verschiedener Prüfmittel, deren Fertigung oder Beschaffung, Verwaltung und Einsatz im Rahmen der Prüfmittelplanung koordiniert werden muss.
Sämtliche obengenannten Parameter werden für jede Prüfung in einem Prüfplan festgehalten. Zu diesem gehören eventuell auch Kontrollkarten oder Fehlerlisten, auf denen die Prüfergebnisse festzuhalten sind. Alle Prüfpläne werden als Prüfarbeitsgänge in den Arbeitsplan der Fertigung eingearbeitet und sind aus der Sicht der Fertigungssteuerung ein Arbeitsgang wie jeder andere.

(3.3) **Prozess-FMEA**
In der Prozess-FMEA wird der geplante Fertigungsprozess auf Schwachstellen und Fehlermöglichkeiten hin untersucht, um die Erfüllung aller Qualitätsforderungen durch die Produktion sicherzustellen.
Es wird die in der Konstruktions-FMEA als Ursache eines Fehlers angenommene Fehlfunktion des Fertigungsprozesses analysiert, um die Gründe für das Versagen der Produktion festzustellen. Dabei kann der oben gezeigte Musterbogen einer Konstruktions-FMEA benutzt werden.

(3.4) **Accepted Quality Level (AQL)**
Die im Rahmen der Qualitätsplanung festgelegten Qualitätsmerkmale werden bei der Qualitätsprüfung am Prüferzeugnis untersucht. Abweichungen vom vorgegebenen Soll werden dabei als Fehler bezeichnet. Bei der Festlegung der erlaubten Abweichungstoleranzen ist es von Bedeutung, welche Auswirkungen solche Soll/Ist-Diskrepanzen auf die Funktionsfähigkeit und Brauchbarkeit des Erzeugnisses haben. Grundlage für die Bestimmung zulässiger Toleranzen ist eine Einteilung von Qualitätsfehlern gemäß folgender Übersicht:[92]

---
[92] Entnommen aus: *Steinbuch, P.A., Olfert, K.,* Fertigungswirtschaft, a.a.O.

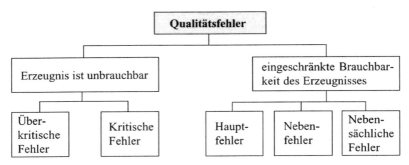

(Anlehnung an *REFA*)

Qualitätsfehler werden also zunächst in solche unterschieden, die das Erzeugnis unbrauchbar machen und solche, die die Brauchbarkeit einschränken beziehungsweise vermindern. Zu ersteren gehören überkritische Fehler, die die Verwendung des Erzeugnisses zu einer Lebensgefahr machen und kritische Fehler, durch die das Produkt hinsichtlich seiner vorgesehenen Verwendung völlig ungeeignet wird. Zu letzteren gehören Hauptfehler, die die Verwendung des Erzeugnisses wesentlich einschränken, Nebenfehler, durch die die Brauchbarkeit geringfügig beeinflusst wird und nebensächliche Fehler, die die Verwendbarkeit des Produkts nicht einschränken (Schönheitsfehler).

Ein wichtiger Faktor bei der vertraglichen Festlegung von Qualitätsmaßstäben zugekaufter Produkte ist der AQL-Wert (Acceptable Quality Level). Er dient für die Sicherung eines geplanten Qualitätsniveaus und zur Abwehr extern verursachter Qualitätskosten. Er beschreibt die höchste, vom Abnehmer akzeptierbare Fehlerquote. Grundlage für die Berechnung dieses Wertes ist die Annahme einer statistischen Verteilung der Grundgesamtheit. Die Überprüfung erfolgt normalerweise bei der Wareneingangskontrolle mit Hilfe einer Stichprobe. In den AQL-Wert gehen die unterschiedlichen Fehlerarten mit unterschiedlichen Gewichten ein.

(4) **Nullserie und Vorserienbau**

(4.1) **(Statistical Process Control (SPC) mit Regelkarten**

Ziel der Prozessfähigkeitsuntersuchung ist es, durch Analyse der verschiedenen, während des gesamten Produktionsprozesses auftretenden Einflussfaktoren und durch Beurteilung der Qualität des Produkts in allen Fertigungsstufen unter Anwendung mathematisch-statistischer Methoden, den Grad der Fähigkeit des Prozesses festzustellen.

Jeder Fertigungsprozess wird durch systematische Streuungseinflüsse, die durch besondere Einwirkungen, wie z.B. Änderung des Werkzeugs, erfolgen und zufällige Streuungseinflüsse, die auf die zufällige Veränderung von Prozessparametern zurückzuführen sind, beeinflusst. Wenn alle systematischen Streuungseinflüsse beseitigt sind und der Prozess nur noch den zufälligen Streuungseinflüssen unterliegt, nennt man ihn einen „beherrschten Prozess".

Um diesen Zustand vor und während der Fertigung zu überprüfen, verwendet man Regelkarten (vgl. folgende Abbildung), die auf der Basis mathematisch-statistischer Verfahren Aussagen über die erfolgte Einhaltung von Prüfmerkmalen im Zeitverlauf erlauben und damit Rückschlüsse auf den Grad der Beherrschung des Prozesses zulassen.

Qualitäts-Management

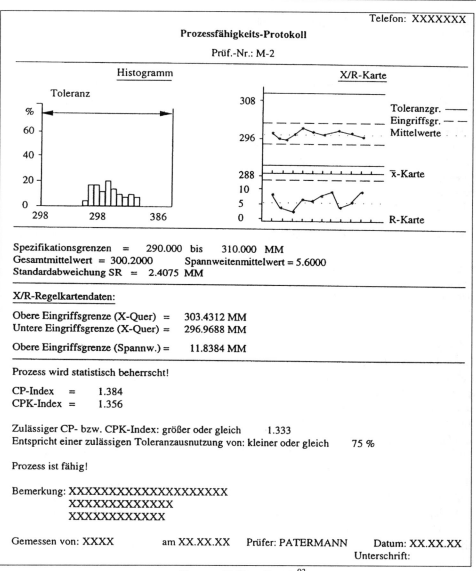

X-quer-R-Regelkarte[93]

(4.2) Prüfmittelbau, -beschaffung und -abnahme

Nachdem im Rahmen der Prüfmittelplanung die Art und Anzahl der Prüfmittel festgelegt wurden, können in Abstimmung mit der Arbeitsvorbereitung, der Fertigung und der Qualitätssicherung die Prüfmittel konstruiert und hergestellt bzw. von Dritten beschafft werden. Vor ihrem Einsatz sind sie auf Funktionstüchtigkeit und Messgenauigkeit zu überprüfen. Bei einem positiven Ergebnis der Abnahme, die entweder bei Lieferanten oder beim Käufer

---

[93] Entnommen aus: *VDA*, Sicherung der Qualität vor Serieneinsatz, a.a.O.

erfolgen kann, sind die Prüfungsdaten zusammen mit den Stammdaten des Prüfmittels in der Prüfmitteldatei zu speichern.

(4.3) Erstmusterprüfung

„Erstmuster sind Teile, Aggregate oder sonstige Fertigungsmaterialien, die vollständig mit serienmäßigen Betriebsmitteln und unter serienmäßigen Bedingungen hergestellt worden sind."[94]

Ihre Herstellung ist erforderlich bei neuen Teilen, Änderungen von Spezifikation, Produktionsverfahren, Produktionsmethoden oder Werkstoffen, bei einem Wechsel der Fertigungsstätte oder nach einem längeren Aussetzen der Fertigung.

Die Prüfung der Erstmuster wird zunächst vom Lieferanten vorgenommen, der die einzelnen Merkmale mit Soll- und Ist-Werten zu dokumentieren hat. Für diese Prüfungen gibt es z.B. in der deutschen Automobilindustrie speziell entwickelte Erstmusterprüfberichte, auf denen anschließend vom Abnehmer die Übereinstimmung in Maß, Werkstoff und Funktion mit den Noten „freigegeben", „freigegeben mit Auflagen" oder „nicht freigegeben" bewertet werden muss.

Durch diese doppelte Erstmusterprüfung durch Lieferanten und Abnehmer kann der Abnehmer erkennen, ob der Lieferant auch bei der späteren Serienfertigung in der Lage ist, die vereinbarten Spezifikationen einzuhalten. Dies ist unbedingt erforderlich, um Lieferschwierigkeiten oder -verzögerungen so weit wie möglich auszuschließen.

(5) Serienfertigung
(5.1) Qualitätsprüfungen

Ein wichtiges Instrument zur Minimierung der Qualitätsprüfungskosten ist die Abnahmeprüfung beim Lieferanten. Die Prüfungsmodalitäten wie z.B. Prüfung durch Mitarbeiter des Lieferanten oder des Abnehmers, zu erstellende Prüfungsunterlagen als Lieferbegleitpapiere etc., werden in den Lieferbedingungen festgelegt.

Eine Wareneingangsprüfung muss, schon aufgrund des § 377 HGB, bei allen zugekauften Erzeugnissen durchgeführt werden. Sie kann bei erfolgter Abnahmeprüfung nur aus einem Feststellen der Vollzähligkeit und Unversehrtheit bestehen, es können aber auch statistische Methoden zur Anwendung kommen. Bei diesen wird ausgehend von der Losgröße und dem vereinbarten AQL-Wert (siehe Pkt. 5.5.3.2 (3.4) Accepted Quality Level) die Stichprobengröße festgelegt. Aus einem Stichprobenplan kann dann die maximale Anzahl fehlerhafter Teile abgelesen werden, die unter diesen Voraussetzungen noch akzeptabel wäre.

Qualitätsprüfungen im Fertigungsbereich müssen sowohl am Produkt, als auch an den Werkzeugen, Betriebs- und Prüfmitteln vorgenommen werden. Da besonders die Werkzeuge und Prüfmittel die Fertigungsqualität grundlegend bestimmen, ist ihre regelmäßige Überprüfung und Wartung unbedingt erforderlich.

Prüfungen an Zwischenprodukten können nach verschiedenen Kriterien unterschieden werden. So ist es grundsätzlich möglich, eine Prüfung entweder am Arbeitsplatz oder in einer speziellen Prüfstelle des Fertigungsbereiches durchzuführen. Die manuelle oder automatisierte Prüfung kann der Arbeitnehmer selbst oder ein Mitarbeiter des Qualitätswesens vornehmen. Prüfautomaten bieten die Möglichkeit der sofortigen Nachsteuerung bei Über- oder Unterschreiten der Eingriffsgrenzen, außerdem können die erfassten Prüfdaten sehr einfach

---

[94] *VDA*, Sicherung der Qualität von Lieferungen in der Automobilindustrie, Lieferantenbewertung, Erstmusterpüfung, Frankfurt/M.

Qualitäts-Management

Erstmusterprüfbericht[95]

Absender

Adresse

Blatt 1 von 3

Erstmusterprüfbericht VDA
- Erstbemusterung
- Nachbemusterung
- Neuteil
- Produktänderung
- Produktionsverlagerung
- Änderung von Produktionsverfahren
- längeres Aussetzen der Fertigung
- neuer Unterlieferant
- Produkt mit DmbA
- Fertigungs-/Prüfplan erstellt
- FMEA durchgeführt

Prüfbericht sonstige Muster

Anlagen

01 Funktionsprüfung	07 Prüfmittelfähigkeitsnachweis	13 Erscheinungsbild
02 Maßprüfung	08 Prüfmittelliste	14 Zertifikate
03 Werkstoffprüfung	09 EG-Datensicherheitsblatt	15 Konstruktionsfreigabe
04 Zuverlässigkeitsprüfung	10 Haptik	16 Inhaltsstoffe in Zukaufteilen
05 Prozeßfähigkeitsnachweis	11 Akustik	17 Sontiges
06 Prozeßablaufdiagramm	12 Geruch	

Kennummer, Lieferant:		Kennummer, Kunde:	
Prüfberichts-Nr.:	Version:	Prüfberichts-Nr.:	Version:
Sachnummer:		Sachnummer:	
Zeichnungsnummer:		Zeichnungsnummer:	
Stand/Datum:		Stand/Datum:	
Änderungsnummer:		Änderungsnummer:	
Benennung:		Benennung:	
Bestellabruf-Nr./-datum:			
Lieferschein-Nr./-datum:		Wareneingangsnr./-datum:	
Liefermenge:		Abladestelle:	
Chargennummer:			
Mustergewicht:			

Bestätigung Lieferant:
Hiermit wird bestätigt, daß die Bemusterungen entsprechend VDA Schrift Band 2, Ziffer 4 durchgeführt worden sind.

Name: Abteilung: Telefon/Fax/E-Mail:	Bemerkung:
Datum Unterschrift	

Entscheidung Kunde	gesamt	gemäß Anlage:
		01 02 03 04 05 06 07 08 09 10 11 12 13 14 15 16 17
frei	☐	☐ ☐ ☐ ☐ ☐ ☐ ☐ ☐ ☐ ☐ ☐ ☐ ☐ ☐ ☐ ☐ ☐
mit Auflagen frei	☐	☐ ☐ ☐ ☐ ☐ ☐ ☐ ☐ ☐ ☐ ☐ ☐ ☐ ☐ ☐ ☐ ☐
abgelehnt, Nachbemusterung erforderlich	☐	☐ ☐ ☐ ☐ ☐ ☐ ☐ ☐ ☐ ☐ ☐ ☐ ☐ ☐ ☐ ☐ ☐

Abweich-Genehmiung-Nr.:
bei Rücksendung Lieferschein-Nr./-datum:

Name: Abteilung: Telefon/Fax/E-Mail:	Bemerkung:
Datum Unterschrift	

Verteiler:	1	2	3	4	5	6	7	8	9	10	11	12	13	14

---

[95] Quelle: *VDA*, Sicherung der Qualität von Lieferungen in der Automobilindustrie, a.a.O

statistisch ausgewertet werden. 100%-Prüfungen lassen sich bei Verwendung von Prüfautomaten mit vergleichsweise geringem Aufwand realisieren, während bei manuellen oder teilautomatisierten Prüfungen aus Kostengründen oft nur Stichprobenprüfungen in Frage kommen. Die Erfassung und Verarbeitung der Prüfdaten erfolgt entweder manuell z.B. mittels einfacher Strichlisten oder über Kontroll- bzw. Qualitätsregelkarten (vgl. Abbildung X-quer-R-Regelkarte) oder oft mittels DV (BDE). Eine Kontrollkarte dokumentiert die Entwicklung eines Qualitätsmerkmals im Zeitverlauf. Dadurch können Tendenzen erkannt und regelnde Maßnahmen frühzeitig getroffen werden.

Nachdem das Produkt alle Fertigungsstufen durchlaufen hat, wird es noch einer Endprüfung unterzogen, die im Falle einer Weiterverarbeitung mit der Abnahmeprüfung identisch sein kann.

5.5.4 Zertifizierung von Qualitäts-Management-Systemen nach den neuen ISO 9000 Normen
von *Jörg O.R. Schwinning*[96]

(1) Rückblick

Die ersten Standards für Qualitätskontrolle und -sicherung gab es in der amerikanischen Waffenproduktion während des Zweiten Weltkriegs. Auch die Briten hatten solche Standards übernommen und haben mit dem britischen Standard BS 5750 erstmals eine zivile Norm für Qualitätsmanagementsysteme geschaffen.

Seit 1987 gibt es internationale Normen für Qualitätsmanagementsysteme (QMS). Seitdem haben sich die Anforderungen an QMS (z.B. in der Automobilindustrie) wesentlich weiterentwickelt und wurden die Normen zwei mal in 1990 und 1994 modifiziert. Inzwischen wurde eine grundlegende Reform und Modernisierung der internationalen Normen für QMS notwendig. Qualitätsmanagement ist keine Aufgabe, die isoliert neben den übrigen Managementaufgaben zu lösen ist. Die neuen Normen führen deshalb zu einer Gesamtschau und integrierenden Verzahnung des Qualitäts-Management-Systems (QMS) mit dem Controlling-Instrument Management-Informations-System (MIS) (vgl. Pkt. 9.4.4) und dem Vertriebs-Instrument Marketing-Informations-System (MAIS vgl. Pkt 3.4).

Nach mehrjähriger Überarbeitung liegen die Normen der Serie ISO 9000 seit dem Dezember 2000 in ihrer endgültigen Fassung vor. Wir behandeln hier hauptsächlich die Unterschiede zu der bisherigen ISO 9000-Serie vom August 1994.

Viele Unternehmen setzen in ihrem QMS bereits wesentliche neue Forderungen um, so dass für diese oft außer der Notwendigkeit, die Systemdokumentation anzupassen, nur begrenzter Handlungsbedarf entsteht, um das weiterentwickelte Normensystem als effizientes Instrument kontinuierlicher Verbesserung aktiv zu nutzen. Alle hier dargestellten Forderungen beziehen sich auf die neue genannte Norm und können dort nachgelesen werden.

---

[96] *Schwinning, Jörg O.R*, Unternehmensberatung Qualität und Sicherheit, Jesteburg. Weitere Informationen zum Thema bietet: *Schwinning*, Jesteburg
Hier werden mit großer Sorgfalt recherchierte Regeln und Erfahrungen aus einem Seminar mit freundlicher Zustimmung des Autors zusammengefasst. Insbesondere wegen der notwendigen Kürzungen bleiben die Originaltexte von Gesetzen, Verordnungen, Normen und internationalen Regelwerken maßgeblich und liegt die alleinige Verantwortung für die Anwendung in der Praxis beim Anwender. Es wird keine Haftung für Folgen möglicherweise unrichtiger Angaben übernommen.

Qualitäts-Management 327

(2) Mängel der bisherigen und Anforderungen an die neuen Normen

An den bisherigen ISO 9000 Normen von 1994 werden häufig die folgenden **Mängel** kritisiert:
- Zu starke industrielle Prägung
- Tayloristisch (elementhafte Betrachtung)
- Zu wenig ablauforientiert
- Zu statisch
- Zu umfangreich
- Sprachlich schwer verständlich
- Zu wenig kundenorientiert.

Insbesondere Dienstleistungsunternehmen haben es schwer, die Normen zu verstehen und in die eigene Praxis zu übertragen.

Aus einer internationalen Befragung von 850 europäischen und insgesamt 1120 Unternehmen haben sich folgende **Anforderungen an die neuen Normen** ergeben, die bei der Überarbeitung berücksichtigt wurden:
- Einfachheit, Klarheit, leichte Verständlichkeit
- Einfache Sprache und Begriffe
- Weniger Papier
- Integrationsfähigkeit
- (ganzheitliches Management)
- Förderung der ständigen Verbesserung
- Prozessorientierung, Prozessmodell statt elementhafter Betrachtung
- Kompatibilität mit anderen Normen zu Management-Systemen
- Förderung der Kundenzufriedenheit
- Praxisorientiertheit.

Weitere, deutlich erkennbare Zielsetzungen der Normen sind
- Integrationsfähigkeit mit Umweltmanagement-Systemen nach ISO 14.001
- Annäherung an TQM.

(3) Prinzipien der neuen Normen

Eine ganz wesentliche Veränderung der neuen Normen ist die intensive Ausrichtung auf den Kunden. Im ersten Entwurf der ISO 9000 hieß es im Kapitel „Was ist Qualität?":

Qualität ist ...

> „... das **Erreichen einer nicht nachlassenden Kundenzufriedenheit** durch das Erfüllen von **Kundenbedürfnissen** und **Erwartungen** innerhalb eines **organisatorischen Umfelds**, das zu **kontinuierlicher Verbesserung** der **Effizienz** (Output pro Input) und **Effektivität** (Wirksamkeit) verpflichtet ist."

> „... in diesem Zusammenhang **entscheidend für den geschäftlichen Erfolg**."

Im Mittelpunkt des Systems steht folglich die Kundenzufriedenheit. Sie soll nicht nachlassen, d.h. kontinuierlich erreicht oder sogar gesteigert werden. Dies kann erreicht werden durch das Erfüllen von Kundenbedürfnissen und auch von den Erwartungen des Kunden. Dazu stellt das Unternehmen ein organisatorisches Umfeld zur Verfügung. Dieses Umfeld, bzw. das Unternehmen verpflichtet sich zu kontinuierlicher Verbesserung des Systems, insbesondere der Effizienz und Effektivität des Systems. Diese beiden Begriffe Effizienz und Effektivität werden uns an verschiedenen Stellen der neuen Normen wiederbegegnen.

Bevor man sich näher mit der Norm auseinandersetzt, sollte man auch verstehen, für wen sie geschrieben ist. Wer sind die „Kunden", von denen die Norm spricht? Wer profitiert von der

Norm? Hierzu gibt die neue ISO 9000 Auskunft. In einem Management-System-Modell beschreibt sie die Inputs und die Outputs eines solchen Systems.

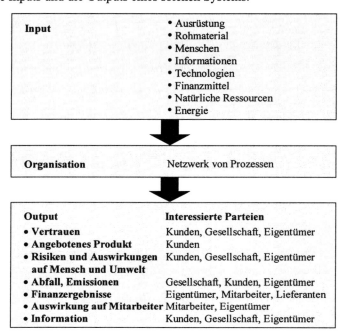

Um die Grundgedanken der neuen Normen besser verstehen zu können, hat die ISO die folgenden acht Prinzipien aufgestellt. Sie sind in der ISO 9000 und der ISO 9004 aufgeführt. die in der rechten Spalte gezeigten Erläuterungen stammen aus einem Arbeitspapier der ISO (TC176/SC2/WG15).

1. Kundenorientierung Organisationen hängen von ihren Kunden ab und sollten daher die jetzigen und künftigen Erfordernisse der Kunden verstehen, Kundenforderungen erfüllen und danach streben, die Erwartungen ihrer Kunden zu übertreffen.	• Die ganze Bandbreite der Kundenwünsche verstehen • Ausgewogenheit mit Interessen anderer • Anforderungen in die gesamte Organisation tragen • Kundenzufriedenheit messen • Auf die Ergebnisse reagieren • Kundenbeziehungen managen
2. Führung Führungskräfte legen die Einheit der Zielsetzung, der Ausrichtung und das interne Umfeld der Organisation fest. Sie schaffen das Umfeld, in dem Menschen sich voll und ganz für die Erreichung der Ziele der Organisation einsetzen.	• Führen durch Vorbild • Umfeldänderungen erkennen und darauf reagieren • Interessen aller Beteiligter berücksichtigen • Eine klare Zukunftsvision schaffen • Vertrauen schaffen und Furcht verjagen • Freiräume schaffen mit Verantwortung • Das Bewusstsein inspirieren und fördern • Offene und ehrliche Kommunikation fördern • Menschen anleiten, trainieren und coachen • Ziele und Herausforderungen setzen

3. Einbeziehung der Menschen Menschen auf allen Ebenen sind das Wesentliche einer Organisation, und ihre vollständige Einbeziehung gestattet die Nutzung ihrer Fähigkeiten zum Nutzen der Organisation.	• Ownership und Verantwortung bei der Problemlösung zulassen • Aktiv nach Verbesserungsmöglichkeiten suchen • Chancen zur Kompetenzerweiterung suchen • Erfahrungen und Kenntnisse in Teams einbringen • Auf das Schaffen von Kundenvorteilen achten • Innovativ und kreativ die Unternehmensziele fortschreiben • Das Unternehmen nach außen besser darstellen • Arbeitszufriedenheit ernten • Stolz sein, Teil des Unternehmens zu sein
4. Prozessorientierter Ansatz Ein gewünschtes Ergebnis lässt sich auf effizientere Weise erreichen, wenn zusammengehörige Mittel und Tätigkeiten als ein Prozess geleitet und gelenkt werden.	• Den Prozess für ein gewünschtes Ergebnis definieren • Inputs und Outputs für den Prozess bestimmen und messen • Die Schnittstellen zu den Funktionen des Unternehmens feststellen • Mögliche Risiken bewerten und ihre Auswirkung auf Kunden, Lieferanten, u.a. • Klare Zuständigkeiten und Befugnisse für die Prozesslenkung schaffen • Interne und externe Kunden feststellen • Bei der Prozessentwicklung an Arbeitsschritte, Material- und Informationsflüsse, Ausrüstung, Schulungsbedarf, Informationen, Materialien etc. denken
5. Systemorientierter Managementansatz Das Erkennen, Verstehen, Leiten und Lenken eines Systems miteinander in Wechselbeziehung stehender Prozesse für ein gegebenes Ziel trägt zur Wirksamkeit und Effizienz der Organisation bei.	• Das System festlegen durch das Entwickeln von zielwirksamen Prozessen • Das System strukturieren zur wirksamsten Zielerreichung • Die Wechselwirkungen zwischen Prozessen verstehen • Das System ständig verbessern durch Messung und Bewertung • Erforderliche Ressourcen vor Arbeitsbeginn feststellen
6. Ständige Verbesserung Ein permanentes Ziel der Organisation ist ständige Verbesserung.	• Ständige Verbesserung von Produkten, Prozessen und Systemen ist Ziel jedes Mitarbeiters • Konzepte für schrittweise und bahnbrechende Verbesserung anwenden • Verbesserungsbedarf durch periodische Untersuchungen aufspüren • Wirksamkeit und Wirtschaftlichkeit von Prozessen ständig verbessern • Vorbeugung fördern • Alle Mitarbeiter in Verbesserungstechniken schulen • Maßstäbe und Ziele als Richtschnur zur Verbesserung einrichten • Verbesserungen anerkennen
7. Sachlicher Ansatz zur Entscheidungsfindung Wirksame Entscheidungen beruhen auf der logischen oder intuitiven Analyse von Daten und Informationen.	• Zielorientierte Messungen durchführen und Daten und Informationen sammeln • Richtigkeit und Zuverlässigkeit der Daten sicherstellen • Daten mit anerkannten Methoden analysieren • Den Wert geeigneter statistischer Methoden erkennen • In Abgewogenheit zwischen logischer Analyse und Erfahrung und Intuition entscheiden und handeln

8. Lieferantenbeziehungen zum gegenseitigen Nutzen Die Fähigkeit der Organisation und die ihrer Lieferanten, Werte zu schaffen, werden durch Beziehungen zum gegenseitigen Nutzen gesteigert.	• Wichtige Lieferanten feststellen und auswählen • Eine Beziehung aufbauen mit Balance zwischen kurzfristigem Vorteil und langfristigen Überlegungen für das Unternehmen und die Gesellschaft • Klare und offene Kommunikation schaffen • Gemeinsame Verbesserungen einleiten • Gemeinsames Verständnis für Kundenanforderungen entwickeln • Informationen und Zukunftspläne austauschen • Gute Leistungen und Verbesserungen anerkennen

(4) **Struktur und Systemintegration der neuen Normen**

(4.1) **Normenfamilie ISO 9000**

Die Normen der neuen ISO 9000 Serie setzt sich wie folgt zusammen:

9000	Grundlagen und Begriffe
	entspricht den bisherigen Normen 8402 und 9000

9001	Qualitätsmanagementsysteme
	Forderungen
	entspricht den bisherigen Normen 9001, 9002, 9003

9004	Leitfaden zur Leistungsverbesserung
	entspricht den bisherigen Normen 9004

19.011	Leitfaden für Qualitäts-/Umwelt-Audits
	Zusammenführung aus ISO 10.011 und 14.011

TR	Technical Reports
	Auswahl und Anwendung
	QM Grundsätze und Leitfaden zur Anwendung

Es wird zukünftig nur noch **eine Norm als Grundlage für die Zertifizierung** geben, nämlich die ISO 9001. Die Normen 9002 und 9003 werden ersatzlos gestrichen.

(4.2) **Ergänzende Branchen-Standards**

Eine wesentliche weitere Neuerung ist, dass zukünftig Technical Reports spezifische Ergänzungen zum internationalen Standard liefern, die ebenfalls durch die Zertifizierung bestätigt werden, d.h., dass zukünftig auf dem Zertifikat ergänzende internationale Standards genannt werden.[97]

---

[97] Hier gibt es erste Entwürfe von Technical Reports für die Automobilbranche, den Bereich Luft- und Raumfahrt und die chemische Industrie. Im Automobilbau werden neben den Normen der ISO 9000-Reihe spezifische und nationale Standards angewendet, z.B. QS 9000 als Forderung der amerikanischen Automobilindustrie und *VDA* 6.1 als Aufforderung der Deutschen Industrie. Eine Doppel- oder Dreifach-Zertifizierung stellt für die Zuliefererindustrie im Automobilbau eine große Belastung dar. Hier wird angestrebt, dass zukünftig ein Technical Report mit weiteren Spezifikationen in Verbindung mit der neuen ISO 9001 zur Anwendung kommt: TS 16.949. Zur Zeit ist die Anerkennung eines solchen Standards noch recht unterschiedlich, es muss die Zeit zeigen, welche Automobilhersteller diese neue Zertifizierung anerkennen.

Qualitäts-Management

(4.3) **Rolle der ISO 9004**

Unverändert bleibt, dass die ISO 9001 die verbindlichen Forderungen aufstellt, die zu erfüllen sind, während die ISO 9004 als freiwillig anzuwendender Leitfaden die Pflichtforderungen ergänzt. Neu ist hier, dass beide Normen identische Gliederungen besitzen, so dass eine Zuordnung einfacher wird. Diese beiden Normen werden auch als konsistentes Normenpaar bezeichnet.

(4.4) **Kombination mit anderen Management-Disziplinen**

Ein Bestreben der neuen Normen ist das Erreichen eines ganzheitlichen Management. Das Managen der Qualität sowie der damit zusammenhängenden Faktoren soll zukünftig nicht als eine isolierte Einheit innerhalb des Unternehmens betrachtet werden, sondern soll in die allgemeinen Management-Prozesse des Unternehmens integriert werden. Alle Unternehmen steuern die Wirtschaftlichkeit und richten ihr Unternehmens-Management entsprechend aus. Insbesondere in der Industrie sind zahlreiche Umweltschutzauflagen zu erfüllen. Umwelt-Management erlangt daher eine immer größere Bedeutung. Sicherheit im Sinne einer Produktsicherheit oder auch der Arbeitssicherheit sind ebenfalls vorgeschriebene Größen, die es umzusetzen gilt. Alle diese Aspekte können in einem ganzheitlichen sogenannten generischen Management vereint werden. Die neue ISO 9001 soll als Integrator wirken und ermöglicht neben der Markt- und Ergebnisorientierung insbesondere eine Kombination mit dem Umwelt-Management nach ISO 14.001.[98]

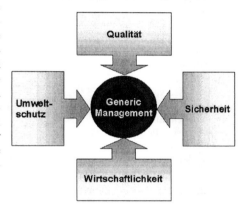

(5) **Inhalte der neuen ISO 9001/9004**

Die neue ISO 9001 ist wie folgt gegliedert:

Vorwort		4	Qualitäts-Management-System
0	Einleitung	5	**Verantwortung der Leitung**
1	Anwendungsbereich	6	**Management von Ressourcen**
2	Verweisungen auf andere Normen	7	**Produktrealisierung**
3	Begriffe	8	Messung, Analyse und Verbesserung

Das Vorwort und die **Kapitel 0 bis 3** enthalten den für eine Norm üblichen Vorspann. Im 4. Kapitel „Qualitätsmanagementsystem" werden allgemeine Forderungen an ein QM-System und seine Dokumentation gestellt. Die eigentlichen, inhaltlichen Forderungen an das System werden in den Kapiteln 5 bis 8 aufgestellt. Zu den Kapiteln 4 - 8 geben wir folgende Zusammenfassung:

---

[98] Die ISO 14.001 stammt aus dem Jahr 1996 und ist somit die modernere Managementnorm gewesen. Deshalb hat sich die ISO bei der Revision der Qualitätsnormen an der Umweltnorm orientiert. Damit soll auch eine Kombination beider Disziplinen erleichtert werden. Allerdings hat man bei der intensiven Revision der Qualitätsnormen neue Erkenntnisse gewonnen. Deshalb wird beabsichtigt, in Zukunft auch die ISO 14.001 entsprechend anzupassen.

Kapitel 4: Dokumentation

Die Norm schreibt vor, dass das Qualitätsmanagementsystem in einer Dokumentation beschrieben ist. Sie muss mindestens folgendes enthalten.

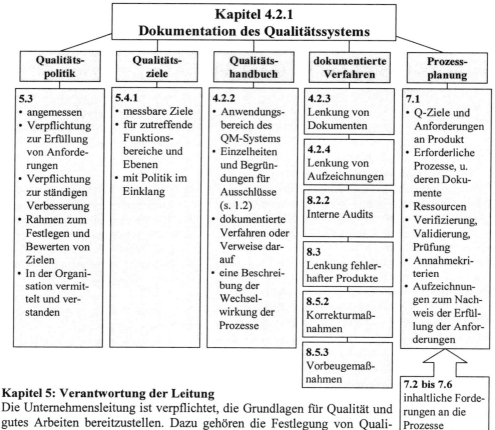

Kapitel 5: Verantwortung der Leitung

Die Unternehmensleitung ist verpflichtet, die Grundlagen für Qualität und gutes Arbeiten bereitzustellen. Dazu gehören die Festlegung von Qualitätspolitik und messbaren **detaillierten Qualitäts-Zielen für einzelne Funktionen und Ebenen** sowie die Schaffung einer entsprechenden Unternehmensorganisation. Fasst man die wesentlichen Eckpunkte zusammen, ergibt sich folgende logische Kette:

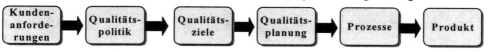

Die Qualitätsziele und -planung sollen dem Qualitätssystem des Unternehmens die erforderliche Dynamik verleihen, um sich schnell und effizient äußeren Änderungen anzupassen (z.B. Gesetzesänderungen, neue Marktanforderungen, neue Technologien etc.). Stärkere Dynamik und kontinuierliche Verbesserung sind wichtige Wesenszüge der neuen ISO 9000-Serie.

Eingehend wird die Verpflichtung der Unternehmensleitung zur laufenden Analyse und Bewertung des Qualitäts-Management-Systems definiert und die Pflicht zur entsprechenden kontinuierlichen Verwirklichung von Verbesserungsmaßnahmen festgelegt.

Sehr viele Unternehmen erfüllen bereits diese neuen Normforderungen und entwickeln im Rahmen des Controlling (vgl. Kap 9-11) zum Ende eines Geschäftsjahres auch konkrete Qualitätsziele und die zu deren Erreichung erforderliche Maßnahmen.

Kapitel 6: Management von Ressourcen

Nachdem diese Rahmenbedingungen erfüllt sind, benötigt man Ressourcen, um den Leistungsprozess zu ermöglichen. Die wichtigste Ressource ist hierbei der Mitarbeiter. An dieser Stelle enthält die Norm personalbezogene Anforderungen insbesondere bezüglich erforderlicher Qualifikation Fortbildung und entsprechender Dokumentation. Ferner muss das Unternehmen weitere Ressourcen zur Verfügung stellen, nämlich eine entsprechende Infrastruktur und Arbeitsumgebung.

Kapitel 7: Produktrealisierung

Im Kapitel 7 werden die Prozesse beschrieben, die zur Produktion bzw. zur Erbringung einer Dienstleistung erforderlich sind, nämlich das eigentliche Kerngeschäft eines Unternehmens. Innerhalb des Kapitels 7 bauen sich die Forderungen nach dem normalerweise üblichen Ablauf eines Geschäftes auf. Es beginnt mit dem Aufnehmen und Dokumentieren von Kundenforderungen und der Kommunikation, geht über Design und Entwicklung zur Beschaffung und der eigentlichen Produktion und Dienstleistungserbringung und endet mit der Prüfmittelüberwachung.

Kapitel 8: Messung, Analyse und Verbesserung

Das Kapitel 8 behandelt das Thema Prüfen und Messen. Hier wird beschriebenen, dass das System überprüft und gemessen werden soll, die Prozesse überwacht werden sollen und schließlich die Produkte gemessen und geprüft werden sollen. Die Behandlung von fehlerhaften Produkten und der Umgang mit Fehlern ist hier enthalten, ferner das Analysieren von Daten und das Einleiten von Verbesserungs-, Korrektur- und Vorbeugungsmaßnahmen. Detailliert werden geeignete Kennzahlen zur Qualitätsmessung und die notwendigen Instrumente zur Messung der Kundenzufriedenheit behandelt.

Die ISO 9001 verdeutlicht das Zusammenwirken der Teile eines Qualitätssystems in einem Qualitätsmanagement-Prozessmodell. Die vier hier dargestellten Blöcke innerhalb des Systems entsprechen exakt den Kapiteln 5 bis 8 der neuen Norm. Hierbei ist es wichtig, zu verstehen, dass das System dynamisch funktioniert. Dargestellt durch die 4 Pfeile besteht eine Kreislauf-Beziehung zwischen den Systemteilen, die letztlich die **kontinuierliche Verbesserung** darstellt.

Ein Prinzip der neuen Norm ist ferner das INPUT/OUTPUT-Prinzip. Auch zwischen den Pfeilen innerhalb des Systems gibt es Outputs, die zum Input des nachfolgenden Teils werden.

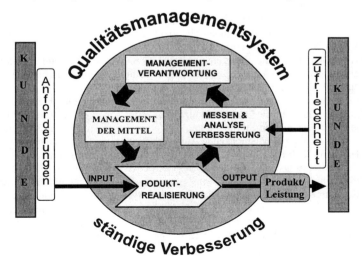

(6) Sonstige das Qualitäts-System sichernde Mittel und Partner

Interne Kommunikation

Aus der Norm ergibt sich ein interner Kommunikationsbedarf, der systematisch organisiert und zufriedengestellt werden muss. Dies gilt zum Beispiel für
- die Weitergabe von Kundenanforderungen
- das Vermitteln der Qualitätspolitik und der Ziele
- das Informieren über die in der Qualitätsplanung festgelegten Maßnahmen
- das Informieren über gesetzliche Forderungen und deren aktuelle Änderungen
- die Weitergabe von Meldungen über Fehler, Risiken und Abweichungen und Korrekturmaßnahmen
- die Informationen über Auditergebnisse und Kundenreklamationen
- der Austausch über die Wirksamkeit des Systems (Review und Bewertung).

Managementbewertung

Hier schließt sich der Kreislauf, der mit der Qualitätspolitik begann, über das Festlegen messbarer Ziele und der Planung ihrer Erreichung fortfährt und in die tägliche Umsetzung in den Prozessen mündet. Durch systematische Überwachung und Messung der Produkte, Prozesse, der Kundenzufriedenheit sowie anderer Systemparameter ist eine Analyse und ein Abgleich mit den Zielen möglich. Dies bewertet die Geschäftsführung und passt ggf. die Qualitätspolitik, d.h. die generelle Ausrichtung des Unternehmens sowie die konkrete Zielsetzung an. Der Kreislauf beginnt von neuem.

Um die Stationen dieses Kreislaufs sauber und schlüssig zu organisieren, ist es sinnvoll, ein Kennzahlensystem einzurichten. Hierin werden die Größen, Meßmethoden und die Verarbeitung der Daten ("Statistik") definiert, um eine einheitliche und kontinuierliche Analyse und Vergleichbarkeit der Daten zu ermöglichen.

Weitere Mittel und Partner

Neben den oben beschriebenen Ressourcen nennt die ISO 9004 weitere, die für die Qualität wichtig sind. Diese Faktoren sollten im Qualitätssystem berücksichtigt werden, jedoch handelt es sich hier um eine weiterführende Empfehlung und keine Mindestforderung, die erfüllt werden muss.

Informationen	Wir leben in einer Informations- und Kommunikationsgesellschaft, in der es immer wichtiger geworden ist, auf dem neuesten Stand zu sein und die richtigen und wichtigen Informationen von der Flut von unwichtigen zu unterscheiden. Deshalb soll das Unternehmen seinen Informationsbedarf ermitteln, die Informationsquellen festlegen, den Zugang zu Informationen sicherstellen, die Informationen zielorientiert anwenden und letztlich deren Sicherheit und Vertraulichkeit organisieren.
Lieferanten und Partnerschaften	Hier unterstreicht die Norm die wechselseitigen Vorteile, die gute und partnerschaftliche Beziehungen mit Lieferanten bringen können. Durch Zusammenarbeit soll die Wertschöpfung zum Wohle beider gesteigert werden.
Natürliche Rohstoffe	Sie können durch das Unternehmen nur selten oder nur bedingt beeinflusst werden, haben jedoch Einfluss auf die Qualität. Deshalb sollte das Unternehmen ihre Verfügbarkeit sicherstellen. Die Risiken von Störungen und Ausfällen dieser natürlichen Ressourcen sollten bedacht werden und durch entsprechende Ausweich-Maßnahmen abgesichert werden.
Finanzen	Hier empfiehlt die ISO 9004, die für das wirksame Funktionieren des Systems erforderliche Finanzen festzustellen, zu planen, bereitzustellen und zu lenken. Hier gibt es eine ambivalente Wechselwirkung zwischen den Finanzmitteln und einem Qualitätssystem: Die finanziellen Ressourcen ermöglichen ein wirkungsvolles System und sind somit eine wichtige Grundlage für das Funktionieren des QM. Andererseits wirken sich Fehler und Minder-Qualität negativ bzw. Kundenzufriedenheit und ein effizientes System positiv auf das Finanzergebnis des Unternehmens aus. Die Norm empfiehlt eine Finanzplanung, ein Berichtswesen und das Aufspüren unwirtschaftlicher Vorgänge einzuführen, mit anderen Worten ein Controlling.

Qualitäts-Management 335

(7) **Anpassung eines bestehenden QM-Systems**

Der Umfang des Anpassungsaufwands hängt insbesondere davon ab, welche neuen Forderungen der Norm im bestehenden Qualitätssystem bereits dokumentiert und/oder in der Praxis realisiert sind.

Wir empfehlen folgende Vorgehensweise:

Bestandsaufnahme	• Überprüfung der Dokumentation • Betrachtung der Praxis (internes Audit) • Handlungsbedarf feststellen • Projektplan erstellen • Präsentation und Entscheidung
Systemausbau	• Dokumentationsstruktur planen • Mitarbeiter einbeziehen • Verfahrensanweisungen ändern • Neue Verfahren beschreiben
Umsetzung	• evtl. zusätzliche Ressourcen bereitstellen • Mitarbeiter informieren • Änderungen umsetzen
Überprüfung	• Feedback aus dem Betrieb einholen • Anpassungen vornehmen • interne Audits durchführen • Systemreview abhalten
Zertifizierung	• Zertifizierer informieren • neue Dokumentation einreichen • Zertifizierungsaudits • altes bzw. neues Zertifikat

(8) **Qualitätsmanagementsystem als Teil eines Integrierten Managementsystems**[99]

Nach ISO 9001 bzw. 9002 zertifizierte Unternehmen mussten ihre Systeme an die reformierte Norm anpassen. Einige Unternehmen haben die Chance erkannt, ihr Managementsystem nun grundlegend zu erneuern und in die allgemeine Führung und Steuerung des Unternehmens zu integrieren.

Auf diesem Wege können QM, UM, Safety, Security, KVP, soziale und andere Aspekte mit den ohnehin existierenden Managementaufgaben (insbes. Betriebswirtschaft) zu einem ganzheitlichen System vereint werden. Dies erscheint insbesondere sinnvoll, wenn man bedenkt, dass eine unternehmerische Entscheidung oder Maßnahme auf alle angesprochenen Bereiche einwirkt. Durch Integration von Anfang an können nachhaltige Synergien erzeugt werden.

Gemeinsamkeiten von Managementsystemen

Dokumentation	Allen Managementsystemen ist gemein, dass sie dokumentiert sind. Aufbau, Struktur und Wirkungsweise des Systems sind in einem Handbuch festgelegt.
Aufzeichnungen	In jedem Fall werden Aufzeichnungen geführt und aufbewahrt, um den Nachweis der Erfüllung gesetzlicher Forderungen und der Systemanforderungen zu führen.
Aufbau- organisation	Sehr oft müssen die Zuständigkeiten/Verantwortlichkeiten sowie die Befugnisse festgelegt werden.
Ablauf- organisation	Meist wird gefordert, alle oder bestimmte Abläufe zu planen und schriftlich festzulegen. Dies kann durch Detailregelungen und Instruktionen detailliert sein.

---

[99] *Schwinning, J.O.R.*, Unternehmensberatung Qualität und Sicherheit, Jesteburg

Kontrolle	Die Einhaltung von Vorgaben soll regelmäßig im Tagesgeschäft gemessen und verfolgt werden. Dadurch soll die permanente Konformität mit den Vorgaben sichergestellt sein und Fehler rechtzeitig erkannt werden.
Personal	Das jeweils betroffene Personal muss ausreichend qualifiziert sowie quantitativ verfügbar sein. Seine Weiterbildung muss gewährleistet sein.
Beauftragter	Damit das Managementsystem funktionieren kann, muss es eine Person geben, die sich darum bemüht und alle Aktivitäten überwacht und koordiniert. Oftmals wird gefordert, dass der Beauftragte möglichst hoch in der Unternehmenshierarchie steht.
Betriebsmittel	Erforderliche Betriebsmittel (auch Messgeräte) müssen geeignet sein und in funktionstüchtigem Zustand verfügbar sein. Instandhaltungsmaßnahmen unterstützen dabei.
Kommunikation	Einige Managementsysteme fordern eine funktionierende interne und/oder externe Kommunikation sowie die Verfügbarkeit erforderlicher Informationen (Informationsmanagement).
Fehlerbehandlung	Je nach Ausrichtung der Managementdisziplin müssen die Unternehmen vorbereitet sein auf Unfälle (Notfallmanagement) bzw. Abläufe für die Bearbeitung von Fehlern haben.
Korrekturmaßnahmen	Damit sich ein tatsächlich entstandener Fehler nicht wiederholt, sollen die Vorfälle analysiert und die Ursachen bzw. die Wirkung gemindert werden.
Risiko-Vorbeugung	Viele Managementdisziplinen sind auch präventiv ausgerichtet und verlangen eine Risikobetrachtung und entsprechende vorbeugende Maßnahmen.
Rechtskonformität	Alle anzuwendenden Gesetze und Verordnungen müssen bekannt sein, es muss Zugriff auf aktuelle Fassungen existieren und sichergestellt sein, dass alle Forderungen stets erfüllt werden.
Bericht und Bewertung	Typisch für ein Managementsystem ist die periodische Berichtlegung und Analyse der Ergebnisse. Die Unternehmensleitung soll sich damit auseinandersetzen, Managemententscheidungen treffen und die erforderlichen Ressourcen zur Verfügung stellen.
Zielorientierung	Neuere Standards für Managementsysteme fordern das Festlegen von Zielen, das Planen der erforderlichen Maßnahmen bis hin zur Messung der Zielerreichung.

5.5.5 Probleme der Produkthaftung

5.5.5.1 Produkthaftung und TQM

In der betrieblichen Praxis fällt bei Diskussionen über TQM oft der Begriff „Produkthaftung", weshalb auch im Rahmen dieser Arbeit hierauf kurz eingegangen werden soll. Weit verbreitet ist die Auffassung, dass sich deutsche Unternehmen seit Inkrafttreten des Produkthaftungsgesetzes in besonderem Maße um Qualität bzw. Zuverlässigkeit ihrer Produkte bemühen müssen.

Bei diesem Gesetz über die Haftung für fehlerhafte Produkte (ProdHaftG) handelt es sich um ein Transformationsgesetz zur Umsetzung einer entsprechenden EG-Richtlinie vom 25.7.1985. Tatsächlich wurde durch das ProdHaftG neben dem Bürgerlichen Gesetzbuch (BGB) eine zusätzliche Haftungsgrundlage **ohne Verschuldensmaßstab** geschaffen, die für die deutsche Industrie von großer Bedeutung ist.

Bekanntlich haftet nach §§ 459 ff. BGB ein Verkäufer immer für Mängel an der Ware. Nach den genannten Paragraphen hat der Käufer das Recht auf Wandlung des Kaufvertrages, Umtausch der Ware oder Minderung des Kaufpreises.[100] Außerdem haftet nach 823 BGB in Verbindung mit 276 BGB jedermann für den Schaden, den er einem anderen durch schuldhafte Handlung zufügt. Eine Rechtsverletzung nach § 823 BGB kann zum Beispiel die Beschädigung von Eigentum oder Körperverletzung sein.

Neu ist demgegenüber beim ProdHaftG, dass der Hersteller einer Ware nicht nur für Fehler, sondern auch für Fehlerfolgeschäden haftet, wenn ihn kein Verschulden trifft. Es ist offensichtlich, dass dieser Tatbestand bei der Herstellung und dem Verkauf von technischen Produkten sehr viel häufiger auftritt, als der einer unerlaubten Handlung nach § 823 BGB. Das ProdHaftG zielt insbesondere auf die Produktsicherheit ab. Nach § 3 ProdHaftG hat ein Produkt dann einen Fehler, wenn es nicht die Sicherheit bietet, die bei gewöhnlichem Gebrauch erwartet werden darf.[101] Die entscheidende Frage lautet: Welches ist der gewöhnliche Gebrauch, mit dem laut Gesetz „billigerweise gerechnet werden kann"?

Für den Hersteller bedeutet dies, dass er in stärkerem Maße als früher einen sicheren Gebrauch zu gewährleisten hat. So hat der Hersteller durch die Konstruktion des Produkts sowie entsprechende Hinweise in der Betriebsanleitung auch möglichen Fehlbedienungen vorzubeugen. Von der Haftung befreit ist der Hersteller im Falle eines Schadens durch Fehlbedienung des Verbrauchers nur dann, wenn er dafür gesorgt hat, dass mit dieser Fehlbedienung nicht gerechnet werden konnte.

Damit hat das Produkthaftungsgesetz sowohl für die Qualitätssicherung als auch für die technische Dokumentation industrieller Produkte weitreichende Konsequenzen. Die meisten deutschen Unternehmen mussten seit Inkrafttreten des Produkthaftungsgesetzes die technischen Dokumentationen ihrer Produkte grundlegend überarbeiten und um Hinweise über sämtliche Fehlbedienungsmöglichkeiten erweitern.

Die Einführung von Total Quality Management hat mit dem ProdHaftG jedoch direkt nichts zu tun. Die Notwendigkeit zu TQM ist durch den Markt gegeben und nicht durch eine verbreiterte Haftungsgrundlage bei Produktfehlern. Richtig ist allerdings, dass sowohl im Rahmen von TQM als auch im Zusammenhang mit Fragen der Produkthaftung eine Steigerung der Qualität angestrebt wird. Ferner ist bei der Einführung von TQM oft auch eine Überarbeitung der technischen Dokumentationen erforderlich. Dies geschieht jedoch mit dem Ziel größerer Kundenzufriedenheit. Auf jeden Fall besteht durch das Inkrafttreten des Produkthaftungsgesetzes die Dringlichkeit, sich mit Qualitätsfragen stärker zu beschäftigen.

5.5.5.2 Regelungen bezüglich EU-Maschinenrichtlinie und CE-Zeichen

Konkretisiert werden die für die Produkthaftung relevanten technischen Anforderungen in EU-Richtlinien, die wiederum durch entsprechende nationale Gesetze[102] in geltendes Recht umgesetzt werden. Wichtige EU-Richtlinien sind in diesem Zusammenhang
- Richtlinie über die Sicherheit von Maschinen 89/392/EU (kurz: „Maschinenrichtlinie"), endgültig in Kraft ab 1.1.1995
- Richtlinie über elektromagnetische Verträglichkeit 89/336/EU (kurz: „EMV-Richtlinie"), endgültig in Kraft ab 1.1.1996

---

[100] Bei Fehlern einer ausdrücklich zugesicherten Eigenschaft kommt nach § 463 BGB das Recht auf Schadenersatz wegen Nichterfüllung hinzu.
[101] § 3, Absatz 1a) ProdHaftG
[102] Zum Beispiel Gerätesicherheitsgesetz oder EMV-Gesetz

❑ Richtlinie über elektrische Betriebsmittel zur Verwendung innerhalb bestimmter Spannungsgrenzen 73/23/EWG (kurz: „Niederspannungsrichtlinie"), endgültig in Kraft ab 1.1.1997.

Von besonderem Interesse ist (zunächst) die Maschinenrichtlinie, da sie als erste der o.g. Richtlinien in Kraft getreten ist. Hauptforderung der Richtlinie ist es, dass von einer Maschine[103] keine Gefahren (für Personen, Tiere und Sachgüter) ausgehen dürfen. Anhang I der Richtlinie legt hinsichtlich der Sicherheit bestimmte Mindestanforderungen fest. Diese Mindestanforderungen werden durch sog. harmonisierte EU-Normen näher spezifiziert. Zu den wichtigsten Normen gehören in diesem Zusammenhang DIN EN 292 Teil 1 und 2, EN 1050 und speziell für Steuerungen zusätzlich EN 954. Diese drei Normen schreiben Verfahren vor, mit deren Hilfe sämtliche Gefährdungen, die von einer Maschine ausgehen, identifiziert, deren Risiko bewertet und entsprechende Gegenmaßnahmen festgelegt werden sollen. Zusätzlich sind wie bisher alle für das Produkt geltenden nationalen und internationalen Normen sowie sonstige Vorschriften und Spezifikationen einzuhalten.

Entscheidend hinsichtlich der Produkthaftung ist, dass seit dem 1.1.1995 jeder Hersteller für die von ihm in Verkehr gebrachten Maschinen die Konformität mit den jeweils geltenden Richtlinien durch die sogenannte EU-Konformitätserklärung[104] schriftlich nachweisen und die Maschine mit dem sog. „CE-Zeichen" kennzeichnen muss. Diese Erklärung in Verbindung mit dem CE-Zeichen ist somit eine Selbst-Zertifizierung des Herstellers. Sollte hiernach festgestellt werden, dass das Produkt dennoch nicht den Anforderungen der entsprechenden Richtlinien entspricht, so besteht nach EU-Recht die Verpflichtung, sämtliche baugleichen Produkte vom Markt zu nehmen. Zuständig für entsprechende Überprüfungen sind in Deutschland die Gewerbeaufsichtsämter. Einschränkungen hierzu gibt es für solche Maschinen, die nicht eigenständig funktionieren können, da sie zum Zusammenbau mit anderen Maschinen oder zum Einbau in eine größere Maschine bestimmt sind.[105] In diesen Fällen muss der Hersteller nur bezogen auf seinen Lieferanteil die Gefährdungen beseitigen. Bescheinigt wird dies durch die sog. Herstellererklärung[106] das CE-Zeichen darf vom Hersteller nicht angebracht werden. Die Konformität mit der Richtlinie wird (i.d.R. vom Kunden) erst dann geprüft, wenn die Maschine vollständig zusammengebaut und eigenständig funktionsfähig ist. Dann erfolgt auch erst die Anbringung des CE-Zeichens.

Wie im Zusammenhang mit der Produkthaftung oben bereits erwähnt, ist auch die Erfüllung der Anforderungen der neuen EU-Richtlinien mit zusätzlichem Aufwand und zusätzlichen Kosten verbunden. So muss z.B. die Gefährdungsanalyse einschließlich der Risikobewertung (nach EN 292 und EN 1050) ausführlich protokolliert werden. Dieses Protokoll ist im Schadensfall ein wichtiger Nachweis für die vorschriftsmäßige Einhaltung der Maschinenrichtlinie. Sehr aufwendig ist außerdem die in diesem Rahmen ebenfalls notwendige Überarbeitung der Technischen Dokumentation. Zunächst ist die Technische Dokumentation in der Sprache des Verwenderlandes zu verfassen. Außerdem müssen die genauen Grenzen (räumlich und zeitlich[107]) und die bestimmungsgemäße Verwendung in die Technische Dokumentation eingearbeitet werden. Von der bestimmungsgemäßen Verwendung abweichender zu erwartender Missbrauch wiederum muss bei der Gefährdungsanalyse berücksichtigt werden. Wichtige Fragen sind hierbei

---

[103] Die genaue Definition einer Maschine ist sehr umfangreich, ferner sind bestimmte Maschinen von der Richtlinie ausgeschlossen. Siehe hierzu Maschinenrichtlinie 89/392/EU.
[104] Vorgeschriebener Inhalt der Herstellererklärung siehe Maschinenrichtlinie, Anhang II/B.
[105] Siehe hierzu Definition der Maschine in der Maschinenrichtlinie.
[106] Vorgeschriebener Inhalt der Herstellererklärung siehe Maschinenrichtlinie, Anhang II/B.
[107] Mit zeitlichen Grenzen sind vor allem ein Hinweis auf die zu erwartende Lebensdauer und genaue Wartungsvorschriften gemeint.

- Wer hat wann welchen Zugang zu der Maschine? (Unterscheidung in Bedienpersonal/Anwender, ggf. Aufsichts- und Wartungspersonal)
- Welches Werkzeug haben diese Personen bei sich?
- Welche Sprache sprechen sie? (Die Sprache des Bedienpersonals kann von der Landessprache des Empfängerlandes abweichen. Wichtig ist dies vor allem für die Bedienungsanleitung an der Maschine sowie mögliche Warnschilder).

Um diese Dinge beurteilen zu können, ist eine kontinuierliche Marktbeobachtung erforderlich, d.h. es ist zu überwachen, wie die Maschine beim Kunden eingesetzt wird.

Zusammenfassend lässt sich sagen, dass die Einhaltung der neuen EU-Richtlinien insbesondere den für die Konstruktion verantwortlichen Ingenieuren eine deutliche Mehrarbeit abverlangt und somit auch zusätzliche Kosten verursacht. Innerhalb des Europäischen Wirtschaftsraumes soll der vereinheitlichte Sicherheitsstandard jedoch zu einem erleichterten Warenaustausch beitragen. Das CE-Zeichen ist in diesem Sinne eine Art „Reisepass" - es repräsentiert gesetzliche Konformität, sagt allerdings nichts über die Qualität des jeweiligen Produkts aus. Entgegen einer weit verbreiteten Meinung richtet sich das CE-Zeichen ausschließlich an staatliche Behörden, es darf weder damit geworben werden, noch darf das CE-Zeichen vom Kunden eingefordert werden (etwa für unvollständige, nicht voll funktionsfähige Maschinen).

5.6 DV-Einsatz in der Produktion

5.6.1 Hauptaufgaben und Ziele

Durch die klassische Arbeitsteilung fallen bei jedem Arbeitsgang Einarbeitungszeiten an und die Notwendigkeit Informationen zu übergeben, verursacht Umständlichkeit und Fehleranfälligkeit. Der Grund für diese Handhabung ist in der an den Abteilungsanforderungen ausgerichteten Datenorganisation zu suchen.

Diese Schnittstellen verursachen in der Produktion einen erheblichen Anteil an Arbeits- und Zeitaufwand. Empirische Untersuchungen haben ergeben, dass in der Fertigung und Verwaltung die durch arbeitsteilig getrennte Vorgänge erzielten Durchlaufzeiten infolge der mehrfachen Informationsübertragung und Einarbeitung außerordentlich hoch sind. Es wurden dabei Anteile von 70 bis 90 % an Übertragungs- und Einarbeitungszeiten ermittelt.[108] Daraus ergeben sich lange Durchlaufzeiten, welche im Zeitalter der „just-in-time-production" und in Anbetracht des industriellen Strukturwandels erhebliche Risiken in sich bergen. Um die Durchlaufzeiten und damit auch die Kapitalbindung zu minimieren, sind weitgehende Rationalisierungsmaßnahmen erforderlich. Aufgrund des zunehmenden Wettbewerbs sind auch andere Probleme zu lösen. Zu diesen gehören z.B. die bessere Einhaltung der Liefertermine, die oftmals zu hohen Lagerbestände, die Erhöhung der Produktqualität und der Flexibilität und die bessere Ausnutzung der Betriebsmittel.[109] Alle diese Probleme können mit der schrittweisen Einführung des Konzepts eines „Computer Integrated Manufacturing" (CIM) zumindest ansatzweise gelöst werden. Dabei wird als übergeordnetes Ziel die Integrierung der Informationen und die Reintegrierung der Arbeitsvorgänge angestrebt.

Informationsintegration befasst sich mit der Schaffung einer für alle Bereiche nutzbaren gemeinsamen Datenbasis. Reintegrierung der Arbeitsvorgänge beinhaltet die Zusammenführung

---

[108] Vgl. *Scheer, A.-W.*, CIM: Organisation und Implementierung, in: Harvard Manager
[109] Vgl. *Scheer*, a.a.O.

von bisher getrennt ausgeführten Vorgängen. Dieses führt zur Verringerung von Informationsübertragungs- und Einarbeitungszeiten und somit zu einer Verkürzung der Durchlaufzeiten.

Im kaufmännischen Bereich ist eine hohe Informationsintegration erreicht (PPS). Ähnliches gilt für die Vernetzung der technischen Bereiche (CAD, CAP, CAM). Die Integration des technischen mit dem kaufmännischen Bereich ist weit weniger verbreitet. Diese Engineering Daten Management (EDM) genannte technisch/kaufmännische Integrationsaufgabe erschließt große Rationalisierungspotentiale für die Konstruktion und Produktentwicklung.

An den Auswirkungen der Informationsintegration wird unmittelbar deutlich, dass zu den bisher bekannten klassischen Produktionsfaktoren wie Kapital, Arbeit und Maschinen ein neuer Produktionsfaktor hinzugetreten ist: die Information.

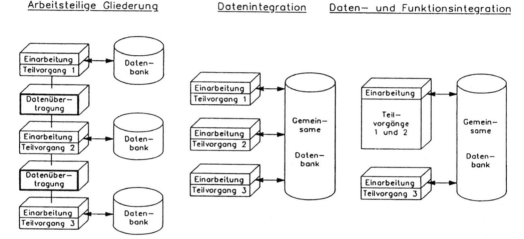

Entnommen: *Scheer, A.-W.,* CIM: Organisation und Implementierung, in: Harvard Manager

5.6.2 Integration betriebswirtschaftlicher und technischer Datenverarbeitung (CIM)

Rechnergestützte Konzeptionen, die den gesamten Produktionsprozess betreffen und eine hohe Informationsintegration verwirklichen, werden als Computer Integrated Manufacturing (CIM) bezeichnet. Zu einer CIM-Konzeption gehören i.d.R. folgende Teilsysteme: Produktplanung (CAP = Computer Aided Planning) und -konstruktion (CAD = Computer Aided Design), Produktions-, Planungs- und Steuerungs (PPS)-System, inzwischen erweitert zu Enterprice-Recource-Planning (ERP)-Systemen, computerunterstützte Fertigung (CAM = Computer Aided Manufacturing) und rechnerunterstütztes Qualitätsmanagement (CAQ = Computer Aided Qualitymanagement).

5.6.2.1 Enterprise-Resource-Planning (ERP)-Systeme

(1) Aufgaben

Das ERP-System (früher: PPS-System) dient zur organisatorischen Planung, Steuerung und Überwachung der Produktionsabläufe von der Angebotsbearbeitung bis hin zum Versand. Es wird dabei in ein Planungs- und ein Durchsetzungssystem unterschieden.

Das Planungssystem umfasst die Mengen- und Terminplanung. In der Mengenplanung werden die deterministische und stochastische Bedarfsrechnung, der Bedarfsabgleich, die Ermittlung der optimalen Bestellmengen und -zeitpunkte, die Bestellüberwachung und die Bestandsfortschreibung durchgeführt. Die Terminplanung befasst sich mit der Erstellung auftragsbezogener Terminpläne, der Kapazitätsbelastungsrechnung, dem Kapazitätsabgleich und der Reihenfolgeplanung der Fertigungsaufträge.

Das Durchsetzungssystem setzt sich aus der Auftragssteuerung und der Rückmeldung zusammen. Die Auftragssteuerung übernimmt die Aufgaben der Materialverfügbarkeitskontrolle, der Materialbereitstellung, der Erstellung der Fertigungsunterlagen sowie der Arbeitsverteilung. Mit den von der Betriebsdatenerfassung (BDE) bereitgestellten Daten analysiert die Rückmeldung Auftragsfortschritt, Terminüberschreitungen, Störungsursachen und Kapazitätsauslastung.

Die Planungs-, Steuerungs- und Überwachungsaufgaben werden also unter Mengen-, Termin- und Kapazitätsaspekten betrachtet. Dazu findet eine Integrierung der bisher getrennten Bestandteile der Produktionswirtschaft statt. Es werden alle produktionsrelevanten Daten zu einem gemeinsamen Datenbestand zusammengeführt. Durch diesen zentralen Datenbestand können die sonst manuell durchgeführten Vorgänge der Datenübertragung (Papierschnittstellen) zwischen den verschiedenen Aufgabenbereichen entfallen. Daneben verfügen die Sachbearbeiter immer über aktuelle und zuverlässige Daten, wodurch Planungsfehler aufgrund von alten oder falschen Daten minimiert werden. Die bisher übertriebene Arbeitsteilung (Taylorisierung) kann aufgrund des erweiterten Informationshorizontes der Sachbearbeiter auf ein vernünftiges Maß abgebaut werden.

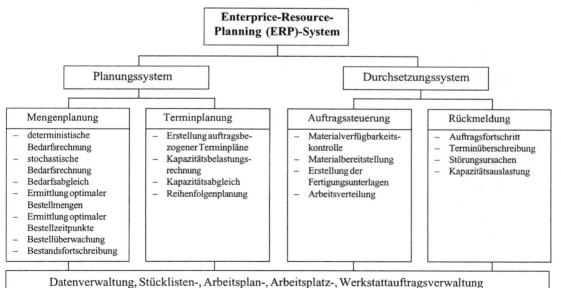

Quelle: Digital Equipment, CIM-Seminar

Die Entwicklung des Marktes sowie der ständig steigende Druck der Konkurrenz machen es notwendig, über die Einführung eines ERP-Systems nachzudenken. Durch ein ERP-System können folgende Leistungen erbracht werden:
- Anfragen nach Lieferterminen und Preisen bei bestimmten Produkten können jederzeit unmittelbar beantwortet werden.
- Die Durchlaufzeit eines Produktionsauftrags wird optimiert.
- Die Lagerbestände werden aufgrund genauerer Planung reduziert.
- Die genaue Terminierung ermöglicht just-in-time-production.
- Aufgrund der verringerten Durchlaufzeiten und Lagerbestände wird die Kapitalbindung in der Produktionsstätte beziehungsweise im Betrieb wesentlich vermindert.
- Liefertermine können besser eingehalten werden.
- Die Kapazitätsauslastung der Maschinen wird gleichmäßig und hoch gehalten.
- Es entfallen Stillstandszeiten, die aufgrund von Fehldispositionen entstehen.
- Die personalintensiven Verwaltungsaufgaben werden minimiert.
- Auf Störungen im Produktionsprozess kann schnell und präzise reagiert werden.
- Der Sekundärbedarf kann anhand von Stücklisten und Primärbedarf schnell ermittelt werden.

(2) **Bestandteile**

ERP-Systeme setzen sich i.d.R. aus folgenden Bestandteilen zusammen:
- Kundenauftragsverwaltung (Angebote, Auftragsbestätigung, Fakturierung)
- Materialwirtschaft (Lagerverwaltung, Stücklisten, Disposition)
- Bestellwesen (Anfragen, Bestellungen, Bestellüberwachung)
- Lohn- und Gehaltsabrechnung (Brutto- / Nettolohnabrechnung, Kurzarbeitergeldabrechnung)
- Finanzbuchhaltung (Debitoren, Kreditoren, Sachkonten, Anlagen)
- Kostenrechnung (Betriebsabrechnung (BAB), Plankostenrechnung, Kostenträger)
- Kalkulation (Teilkosten- / Vollkostenkalkulation, Vor- / Nachkalkulation)
- Zeitwirtschaft (Arbeitspläne, Durchlaufterminierung, Fertigungspapiere, Rückmeldung)
- Durchsetzung und Kontrolle (ggf. mit elektronischem Leitstand).

Die Abläufe der DV-gestützten Disposition und Bedarfsrechnung (im Angelsächsischen bekannt als **Material Requirement Planning (MRP oder MRPI)** sind unter Pkt. 4.7.3.1 bereits dargestellt. Unter Pkt. 4.7.3.6 wurde auch die Einbindung der gesamten Materialwirtschaft (mit Bestands- und Beschaffungsplanung) in die folgenden betrieblichen Planungs- und Arbeitsabläufe dargestellt.

(3) **Datenstrukturen**

Die vom ERP-System verwalteten und benötigten Daten lassen sich in Stammdaten und Bewegungsdaten unterscheiden.

Zu den Bewegungsdaten gehören
- Kundenaufträge
- Fertigungsaufträge
- Bestellbestände
- terminierte Nettobedarfe
- Lagerbestände
- Kapazitätsauslastung.

Zu den Stammdaten zählen:
- Artikelstamm
- Kundenstamm
- Lieferantenstamm
- Arbeitsplatzdaten
- Betriebsmitteldaten
- Stücklisten
- Arbeitspläne,

wobei die letzten drei CIM-relevante Daten sind, d.h. sie gelten nicht nur für das ERP-System, sondern finden im gesamten Produktionsbetrieb Anwendung beziehungsweise stammen von anderen Bereichen.

(4) Fertigungssteuerung: Terminierung und Freigabe

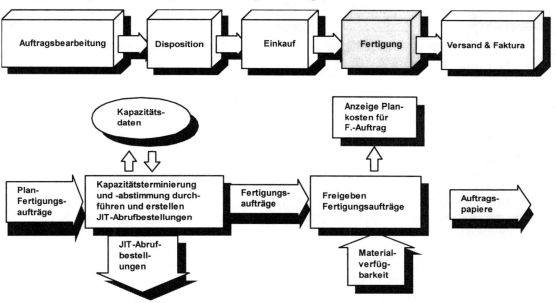

Fertigungsdurchlauf I (Terminierung und Freigabe)[110]

In diesem ersten Teil des Fertigungsdurchlaufes wird für die Planfertigungsaufträge mit Eckterminen die Kapazitätsterminierung durchgeführt. Der Belegspeicher Kapazitätsdaten stellt hierbei die Arbeitspläne mit Kapazitätsbedarf, Arbeitsplätze mit Kapazitätsangebot und die schon vorhandene Kapazitätsauslastung für die betrachtete Periode in Form von eingeplanten Fertigungsaufträgen dar.

Zu den dadurch festgelegten Fertigungsterminen werden die JIT-Materialien fertigungssynchron bestellt. Nach der Materialverfügbarkeitsmeldung für die JIT-Materialien werden die Fertigungsaufträge freigegeben. Die Auftragspapiere wie Laufkarte, Materialentnahmescheine für die Nicht-JIT-Materialien und die Lohnscheine können gedruckt werden.

---

[110] *Specht., O., Wolter, B.*, Produktionslogistik mit PPS-Systemen, Ludwigshafen

(5) Fertigungssteuerung: Realisierung und Abrechnung

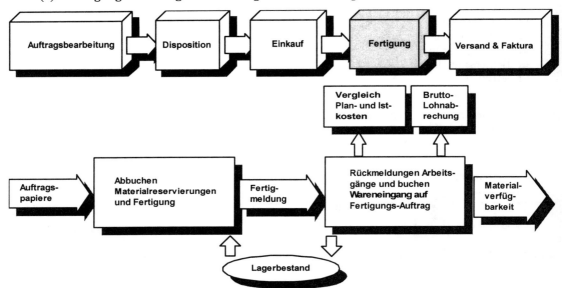

Fertigungsdurchlauf II (Realisierung und Abrechnung)[111]

Über die Materialentnahmescheine werden die Materialreservierungen abgebucht.

Auf Basis der Laufkarte entsteht in einzelnen Arbeitsgängen die Baugruppe oder das Endprodukt. Diese Arbeitsgänge werden rückgemeldet, d.h. es werden die Ist-Kosten, Ist-Zeiten, der Ist-Materialverbrauch, der Arbeitsfortschritt und die Qualität über die Betriebsdatenerfassung (BDE) ermittelt. Diese Daten können für einen Vergleich der Soll- und Ist-Kosten zu Controllingzwecken benutzt werden. Auf jeden Fall sind diese Daten Grundlage der Brutto-Lohnabrechnung bei Akkord-Lohn.

Ergebnis der Rückmeldung ist zum einen die Buchung des Wareneingangs auf einen Fertigungsauftrag und zum anderen die Materialverfügbarkeitsmeldung entweder an die nächste Fertigungsstufe oder an den Versand.

Optimierungsmöglichkeiten liegen an dieser Stelle in der Möglichkeit, das ERP-System als Datenbasis für das Controlling zu verwenden[112] und Schnittstellen zur Betriebs- und Finanzbuchhaltung für Logistik-Controlling und Vertriebs-Controlling mit Kostenträgererfolgsrechnung zu schaffen.

(6) ERP-Systeme als Elemente integrierter Datenverarbeitung (IDV)

Die oben unter Ziffer (3) bis (5) dargestellten Operationen des ERP-Systems dienen der notwendigen simultanen Planung, Terminierung und Steuerung der Material- und Kapazitätsbereitstellung (bezogen auf Fertigungsanlagen und -personal). Diese moderne notwendige Verknüpfung aller Produktions-Ressourcen (Material, Anlagen und Personal) wird im Angelsächsischen als **Manufacturing Ressource Planning (MRP II)** bezeichnet.

---

[111] *Specht., O., Wolter, B.,* Produktionslogistik mit PPS-Systemen, Ludwigshafen
[112] Vgl. Kap. 11

Im Zuge weiterer Perfektionierung von PPS-Planungs- und Durchsetzungs-Systemen z.B. mit der Möglichkeit, alternative Fertigungsprogramme zu simulieren und auf ihre Kostenwirkungen zu prüfen sowie die PPS-Daten zeitnah zu bewerten und im Controlling für Unternehmensentscheidungen heranzuziehen, wurde der Begriff MRPII ergänzt um den Begriff **Enterprise Ressource Planning (ERP),** der heute synonym für leistungsfähige in die integrierte Datenverarbeitung eingebundene PPS-Systeme allgemein gebräuchlich ist.

Die nachfolgende Abbildung[113] zeigt - unter Verwendung engl. Originalbezeichnungen - den Ablauf eines geschlossenen MRPII-Systems (vgl. auch das schon erwähnte Kontextdiagramm Pkt. 4.7.5).

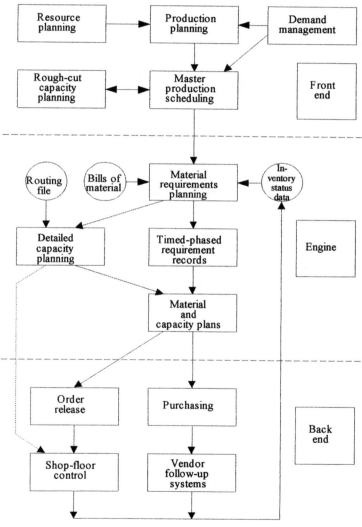

Struktur eines geschlossenen MRPII-Systems

---

[113] Entnommen aus *Kernler*, 3. Generation, S. 22

(7) **Probleme von ERP-Systemen**

Den Hauptmangel des MRP-Konzepts bildet das schrittweise Vorgehen der Verfeinerung, wodurch die wechselseitigen Abhängigkeiten zwischen den einzelnen Planungsaufgaben vernachlässigt werden. Die Schwächen lassen sich insgesamt folgendermaßen zusammenfassen:

- Nichtbeachtung der wechselseitigen **Abhängigkeiten** zwischen den Planungsphasen
- Ansatz fester (d.h. losgrößenunabhängiger) **Vorlaufzeiten** bei der Vorlaufverschiebung im Rahmen der Mengenplanung
- Die Termin- und Kapazitätsplanung fixiert die einzeln Arbeitsgänge eines Betriebsauftrags weitgehend lückenlos; **Puffer** werden - wenn überhaupt - nur in der Größenordnung von Stunden berücksichtigt. Selbst kleinere Störungen können dadurch zu exponentiellen Auswirkungen führen.
- In den meisten ERP-Systemen ist eine **Prioritätenvergabe** zur Beschleunigung von bestimmten Aufträgen implementiert. In der Praxis lässt sich zwischen Durchlaufzeit und vergebenen Prioritäten kein statistischer Zusammenhang erkennen.
- Traditionelle **Losgrößenberechnung** mit alleiniger Betrachtung von Kosten und Zeitaufwand für Umrüstung und Lagerhaltung. Dabei sollte besser unterschieden werden, ob Rüstzeit an einem Nicht-Engpass oder an einem Engpass eingespart wird. Nur am Engpass bewirkt eine Rüstzeiteinsparung eine höhere Durchsatzrate und damit kürzere Zwischenlagerzeiten (auf diesen Punkt baut die nachfolgend beschriebene Steuerungsstrategie OPT auf).
- Übermäßiger Aufwand in der **Feinterminierung**: Die mit hohem Aufwand erarbeitete Arbeitsgangreihenfolge wird schon durch geringe Störungen schnell ungültig.
- Eine aktuelle fertigungsnahe **Simulation** fehlt. Während einer neuen Feinterminierung treten meist weitere Änderungen auf, so dass der neu erstellte Plan schon bei seiner Fertigstellung fehlerhaft ist und damit kaum Nutzen als Entscheidungshilfe bietet.
- Unbefriedigende Anpassungsfähigkeit an kurzfristige **Änderungen** durch relativ lange Planungszyklen und erhebliche Rechenzeiten für die Erfüllung der Planungsaufgaben.

Gerade dem letzten Punkt kommt eine große Bedeutung zu, da kurzfristige Änderungen bei Einzel- und Kleinserienfertigung eher die Regel als die Ausnahme darstellen und dieser Fertigungstyp in Deutschland weit verbreitet ist.

(8) **Elektronischer Leitstand**

Elektronische Leitstände sind geeignet, eine Vielzahl der aufgezeigten Probleme von ERP-Systemen, die nach der MRP-Konzeption arbeiten, zu überwinden. Zusammenfassend kann mit *Schröder* festgestellt werden: Ein elektronischer Leitstand ist eine elektronische Abbildung der Plantafel, die trotz der Grenzen graphischer Darstellung folgende Vorzüge gegenüber der Plantafel bietet[114]

- Simulation alternativer Belegungsstrategien
- Schnelle interaktive Ermittlung der Effekte alternativer Dispositionsmaßnahmen des Fertigungssteuerers
- Maschinenspezifische Abbildung der Kapazitätsauslastung
- Zentrale Erkennung von Rückmeldungen und Störeinflüssen
- Kurzfristige Einsteuerung von neuen Auftragsprioritäten und/oder Maßnahmen zur Behebung von Störeinflüssen.

---

[114] *Schröder, H.-H.*, Entwicklungsstand und -tendenzen bei Produktionsplanungs- und -steuerungssystemen, in: IM Information Management, 4/90, München, Wien 1990, S. 71 f.

Als Ergebnis der beiden letztgenannten Möglichkeiten von elektronischen Leitständen verleihen diese einem ERP-System den Aufbau von dispositiven und operativen Regelkreisen. Dieses ist für die praktische Prozessoptimierung vielfach unverzichtbar.

Aufgrund dieser Merkmale elektronischer Leitstände leisten sie einen wesentlichen Beitrag zur praxisgerechten Problemlösungstüchtigkeit von ERP-Systemen. Der elektronische Leitstand ist eine hochflexible Weiterentwicklung des MRP-PUSH-Prinzips durch Ergänzung von Simulation vor und Regelungsmöglichkeiten nach der Auftragsfreigabe. Allerdings zeichnen sich insbesondere in Europa Zukunftsaufgaben agiler Fertigung ab, die durch einen Leitstandeinsatz nicht lösbar erscheinen. Dies sind die Aufgaben der Auftragssteuerung in mehreren zum Teil weit voneinander entfernten Fertigungsbetrieben mit verschiedenen internationalen Beistellungen mehrerer Partner.

5.6.2.2 Computer Aided Design (CAD)

Unter CAD versteht man das computerunterstützte Entwerfen von Bauteilen und Baugruppen bis hin zu ganzen Produktionseinheiten. Dabei werden neben Entwicklungs- und Konstruktionstätigkeiten auch technische Berechnungen durchgeführt und Unterlagen erstellt und verwaltet.

Die dabei anfallenden Informationen müssen in einer Form erstellt werden, die für den gesamten Betrieb sinnvoll verarbeitet werden können.

Eine Anbindung an das PPS-System und an die anderen CA-Systeme (CAP, CAM, CAE) ist dabei eine wesentliche Voraussetzung für die Vermeidung der mehrfachen Datenaufbereitung, -generierung und -übergabe zwischen den einzelnen Unternehmensbereichen. Somit kann erreicht werden, dass aus Konstruktionsdaten, ergänzt um Arbeits- und Steuerungsanweisungen der Arbeitsvorbereitung, automatisch Fertigungs- und Montageprozesse veranlasst und überwacht werden. Da moderne 3D-Konstruktions-Software vielfach nicht kompatibel mit NC-Software zur Werkzeugmaschinen-Steuerung ist, bleiben manche Integrationsziele unerfüllt.

Das CAD-System hat ferner die Aufgabe, aus den Konstruktionsdaten Stücklisten zu erstellen, die den Stücklistenstammdaten zugeführt werden.

5.6.2.3 Computer Aided Engineering (CAE und EDM)

Das **CAE-System** ist sehr eng an CAD gekoppelt und dient der Simulation konstruktiver Merkmale und Auswirkungen von deren Änderungen. So kann z.B. die einwandfreie Funktionstüchtigkeit einer Baugruppe oder eines Produkts noch vor der Erstellung eines Prototyps im Computer simuliert werden. Hierdurch entsteht eine hohe Flexibilität, da konstruktive Änderungen sofort auf deren Auswirkungen hin überprüft werden können. Die Produktivität der Konstruktion erfährt dadurch eine erhebliche Steigerung. Der Begriff CAE wird manchmal auch als Synonym für CAD/CAM benutzt oder als Oberbegriff für CAD und CAP verwendet.

Engineering Data Management Systeme, kurz **EDM-Systeme**, stellen eine Struktur und Methoden für die Organisation und Verwaltung aller Engineering Daten zur Verfügung. Dazu gehören
a) **technische Daten**, wie Produktbeschreibungen z.B. im Pflichtenheft, CAD- oder gescannte Zeichnungen, mathematische oder geometrische Modelle, NC-Programme, Normen und

b) **kaufmännische Daten**, wie Materialklassifizierungen, Kosten, Lieferanten und Qualitätsstandards.

EDM-Systeme haben in der Paxis Zeiteinsparungen bei der Konstruktion bis zu 40%, der Zeichnungserstellung 50-90% und bei der Stücklistenerstellung von 20% ergeben. Den Kontext von technischen und kaufmännischen Modulen im EDM zeigt das folgende Bild.

CAD - EDM - PPS - Systemintegration

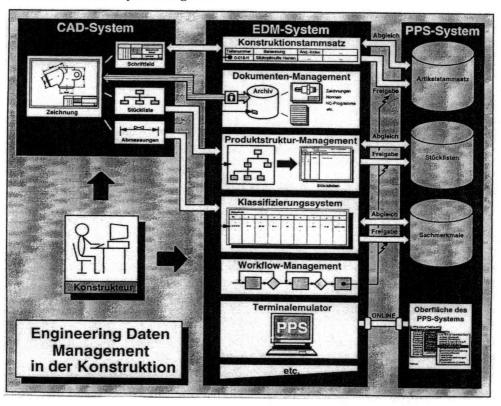

DV-Einsatz in der Produktion 349

5.6.2.4 Computer Aided Planning (CAP)

Zur Steuerung der automatischen Fertigungseinheiten (NC- / CNC-Maschinen) ist es notwendig, entsprechende NC-Programme zu erstellen. Diese Programmierarbeit wird vom CAP-System unterstützt. Dazu werden die Geometriedaten aus der Konstruktion (CAD), die noch um verschiedene andere Technologiedaten (z.B. Schnittgeschwindigkeit) manuell ergänzt werden müssen, herangezogen.

Außerdem werden vom CAP-System aus den Konstruktionsdaten des CAD und den Betriebsmitteldaten Arbeitspläne und Montageanweisungen erstellt und in die Arbeitsplandatei eingetragen.

Weitere Aufgaben des CAP bestehen in der Auswahl der geeigneten Betriebsmittel, der Kalkulation und der Einführungsplanung.

Das CAP-System hat also Arbeitspläne, Montagepläne und NC-Programme zu erzeugen, die es für die anderen CIM-Komponenten zur Benutzung bereitstellt.

5.6.2.5 Computer Aided Manufacturing (CAM)

CAM dient der Steuerung und Überwachung der Betriebsmittel bei der Herstellung der Objekte im Fertigungsprozess. Dies bezieht sich auf die Steuerung von Arbeitsmaschinen, verfahrenstechnischen Anlagen sowie Transport- und Lagerhaltungssystemen. Dabei wird insbesondere die physische Ausführung der Funktionen
- Fertigen
- Montieren
- Handhaben
- Transportieren
- Lagern
- Steuern von NC-, CNC-, DNC-Maschinen und Robotern und
- Instandhaltung

unterstützt.

5.6.2.6 Computer Aided Quality Assurance (CAQ)

CAQ bezieht sich auf die DV-unterstützte Planung und Durchführung von Maßnahmen der Qualitätssicherung. Hierunter wird einerseits die Erstellung von Prüfplänen, Prüfprogrammen, Prüfvorschriften und die Festlegung von Prüfmerkmalen verstanden. Andererseits versteht man hierunter die Realisierung computerunterstützter Mess- und Prüfverfahren, einer Schwachstellenanalyse und des Berichtswesens (BDE). CAQ bedient sich dabei der Daten des CAD, CAP und CAM, womit eine CIM-Voraussetzung erfüllt wäre.

(1) **Gliederung der CAQ**

CAQ nimmt als DV-gestütztes Qualitätssicherungskonzept alle Aufgaben der Qualitätssicherung wahr, reicht also von der Produktplanungsphase bis zu Service- und Garantieleistungen. Daher entsprechen seine Bestandteile auch den Teilbereichen eines Qualitätssicherungssystems.

CAQ - P (CAQ - Planning)
- entspricht der Qualitätsplanung
- Auswahl, Klassifizierung und Gewichtung von Qualitätsmerkmalen
- Entwicklung von Qualitätshandbüchern (Anforderungen, Prüfpläne)

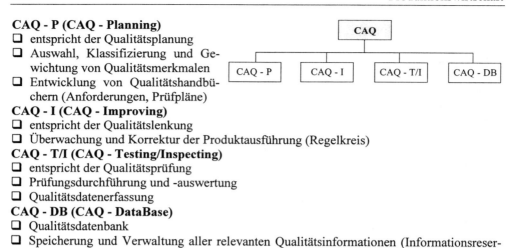

CAQ - I (CAQ - Improving)
- entspricht der Qualitätslenkung
- Überwachung und Korrektur der Produktausführung (Regelkreis)

CAQ - T/I (CAQ - Testing/Inspecting)
- entspricht der Qualitätsprüfung
- Prüfungsdurchführung und -auswertung
- Qualitätsdatenerfassung

CAQ - DB (CAQ - DataBase)
- Qualitätsdatenbank
- Speicherung und Verwaltung aller relevanten Qualitätsinformationen (Informationsreservoir).

Eine Besonderheit des CAQ-Konzeptes ist die zentrale Datenbank, in der alle qualitätsrelevanten Informationen zusammenlaufen. Hier sind beispielsweise die Fehlerraten (Ausfallwahrscheinlichkeiten) für einzelne Bauteile/-gruppen gespeichert. Dadurch kann bei einer Produktplanung unter Verwendung von Stücklisten - die gemäß des CIM-Systems ebenfalls DV-technisch gespeichert vorliegen - eine schnelle und zuverlässige MTBF-Berechnung durchgeführt werden.

Dieses Beispiel macht deutlich, was den eigentlichen Vorteil von rechnerintegrierten Konzepten ausmacht: Die Vernetzung und Kombination verschiedenster Daten liefert Informationen, auf deren Basis frühzeitige, zielgerichtete Aussagen gemacht und Entscheidungen getroffen werden können.

Es wird aber auch ersichtlich, dass CAQ nur in einer integrierten Gesamtstruktur sinnvoll ist, so dass auch abteilungsexterne Informationen durch eine einheitliche Kommunikationsstruktur abrufbar sind.

Die folgende Graphik veranschaulicht die **Informationsvernetzung** im rechnerintegrierten Gesamtkonzept bezogen auf die Qualitätssicherung und deren Maßnahmen **im Produktentwicklungsprozess**.

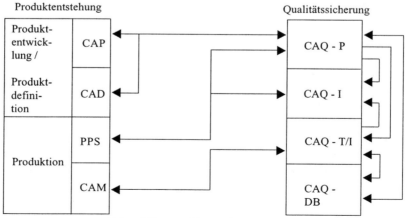

(frei nach Datenrevision, Referat über CAQ)

Die dargestellten Pfeile zeigen den Datenfluss auf. Es wird deutlich, dass neben den qualitätssicherungsinternen Datenflüssen auch Informationskontakte zwischen den Bestandteilen der Qualitätssicherung und den Regelsystemen der Produktentwicklung, -fertigung und -steuerung bestehen die qualitätsregelnde Maßnahmen ermöglichen.

(2) **Auswirkungen einer CAQ-Einführung**
Die Einführung von CAQ innerhalb eines rechnerintegrierten Gesamtkonzeptes garantiert eine hoch wirksame produktplanungs- und -fertigungsbegleitende Qualitätssicherung. Die rasche Gewinnung qualitätsrelevanter Steuerungsinformationen macht eine unmittelbare Reaktion möglich. Das präventive oder frühzeitige Einleiten regelnder Maßnahmen reduziert die durch Qualitätsminderung und Fehlproduktionen entstehenden Fehler- und Fehlerfolgekosten erheblich. Außerdem kann ein gleichbleibendes Qualitätsniveau erzielt werden. Das Erkennen von Schwachstellen ermöglicht ein Optimieren von Prüfvorgängen, Prüfkosten und Prüfzeiten. Prüfdaten sind transparent, einheitlich und stehen Planungs- und Fertigungsbereichen für dispositive Entscheidungen zur Verfügung.
Als nachteilige Auswirkung ergibt sich ein nicht geringer Investitionsbedarf.

5.6.2.7 Das Zusammenwirken der CIM-Komponenten

Das Zusammenwirken der oben beschriebenen CIM-Komponenten ist heute auch in Unternehmen mittlerer Größe weit fortgeschritten. Dabei geht es nicht mehr primär - wie vielfach in der Frühphase von CIM - um Integration mit dem Hauptziel weitgehender Automation von Prozessen, sondern - vielfach beginnend mit ERP-Anwendungen ergänzt um CAD- und CAQ-Systeme - um Marktorientierung, d.h. Erreichung hoher Flexibilität (konkret: große Variantenvielfalt verbunden mit kurzen Lieferzeiten, zügiger Produktinnovation und minimalen Bestandsrisiken). Das abschließende Kapital 12 vertieft diese Aussage an einem Praxisbeispiel: abas ERP-Software mit Business Case. Die folgenden 2 Abbildungen geben einen Überblick über die Zusammenhänge.

5.6.3 Wirtschaftlichkeit von CIM

Wesentliche Kostensenkungen durch Reduzierung von Lagerbeständen, verbesserte Auslastung von Maschinen und geringeren Personaleinsatz für Datenerfassung lassen sich relativ einfach quantifizieren. Deckungsbeiträge, die man der Erhöhung der Flexibilität, kürzeren Lieferfristen und besserer Produktqualität verdankt, sind nicht immer leicht zu ermitteln. Konkrete Vorschläge dazu machen wir in Kap.11: Bereichs-Controlling auf Basis von ERP-Daten. In der Praxis sind bei Einführung von Integrierter Datenverarbeitung (z.B. ERP und CAD) im Vergleich zur Ausgangssituation Verbesserungen in folgenden Größenordnungen erreicht worden: Verkürzung von Entwicklungsprozessen auf bis zu einem Drittel der bisherigen Zeit, Halbierung der Durchlaufzeiten in der Teilefertigung, Verkürzung von Lieferzeiten für Kundenaufträge von Wochen auf wenige Tage, Reduzierung von Lagerbeständen auf weniger als ein Drittel. Verbesserungen in den hier genannten Größenordnungen beruhen i.d.R. auf umfassenden Neukonzipierungen von Prozessen (BPR) in Verbindung mit der Anwendung Lean-Management- und (JIT)-Prinzipien, die wir an anderer Stelle eingehend dargestellt haben. (Zu BPR vgl. Pkt. 2.4.3 und zu Lean-Management und JIT vgl. 5.1.4 und 5.4.3)

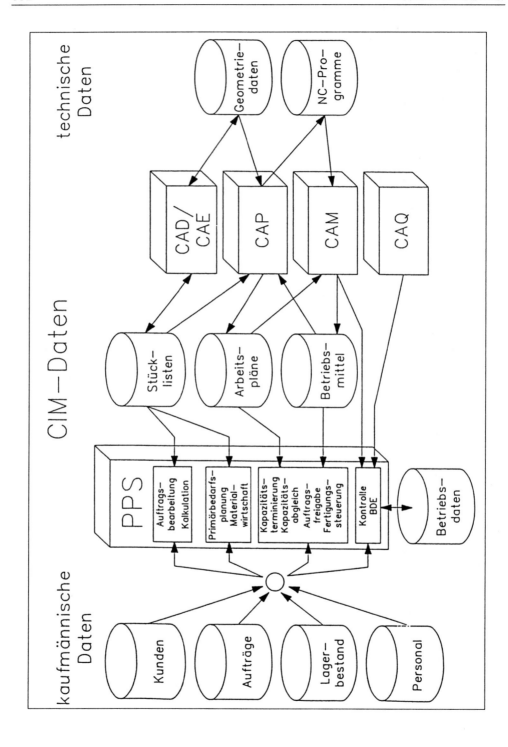

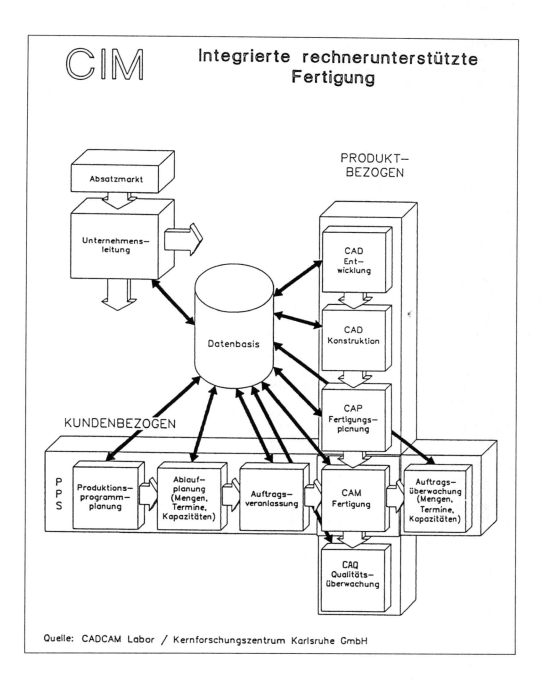

Fragenkatalog zu Kapitel 5

1. Erläutern Sie gegenwärtige Ziele, Aufgaben und Prozessmerkmale der Produktion. — 5.1
2. Nennen Sie Prinzipien des Produktionsmanagements als Strategie nach *Schonberger/Knod*. — 5.1.4
3. Wie ordnen Sie die Strukturorganisation der Produktion und die Aufgaben ihres Leiters? — 5.1.5
4. Spezifizieren und erläutern Sie vertriebsabhängige Planungsaufgaben der Produktion. — 5.2
5. Erläutern Sie die sechs Dimensionen von Öko-Effizienz. — 5.2.1.2
6. Welche Methoden zur Herstellkostensenkung kennen Sie? — 5.2.1.3
7. Erläutern Sie Begriff u. Bedeutung von Normung und Typung und Modularisierung. — 5.2.1.3
8. Geben Sie eine systematisch gegliederte Einführung in die Prinzipien, Verfahren und Bedeutung der folgenden Verfahren der Produktoptimierung:
   a) Wertanalyse   b) Design for Manufacture and Assembly (DFMA). — 5.2.1.3
9. Wie definieren Sie die Aufgaben der Fertigungsplanung? — 5.3
10. Erläutern Sie Inhalt, Entstehung und Verwendung von Arbeitsplänen. — 5.3.1.2
11. Erläutern Sie die Aufgabeninhalte von Materialplanung und Betriebsmittelplanung. — 5.3.1.2
12. Stellen Sie betriebliche Nummernsysteme und deren Eignungsmerkmale mit Skizzen vor. — 5.3.1.3
13. Geben Sie einen Überblick über die betrieblichen Funktionen u. Typen von Stücklisten. — 5.3.1.3
14. Begründen Sie relevante Hauptmerkmale und deren Eignung für den DV-Einsatz. — 5.3.1.3
15. Was ist und wozu dient ein Teileverwendungsnachweis? — 5.3.1.3
16. Grenzen Sie Fertigungsplanung gegen Fertigungssteuerung ab. — 5.3/5.4
17. Skizzieren Sie den Arbeitsablauf der Produktionsprogrammerstellung. — 5.4.1.1
18. Definieren Sie Begriffe, Zusammenhänge u. Abläufe der Kapazitätsabstimmung. — 5.4.1.2
19. Welche Möglichkeiten zur Kapazitätsanpassung kennen Sie? — 5.4.1.2
20. Definieren Sie die Auftragszeit nach REFA mit Skizze und einzelnen Zeitelementen. — 5.4.1.3
21. Was verstehen Sie unter Vorwärts- und Rückwärtsterminierung? — 5.4.1.3
22. Erläutern Sie das Verfahren zur Auftragsterminierung nach dem *Johnson* Algorithmus. — 5.4.1.3
23. Stellen Sie das Verfahren zur Taktoptimierung bei Fließfertigung nach *Hahn* dar. — 5.4.1.3
24. Erläutern Sie Methoden der Netzplantechnik zur Terminplanung bei Baustellenfertigung. — 5.4.1.3
25. Erläutern Sie die Methode der belastungsorientierten Auftragsfreigabe BOA. — 5.4.1.3
26. Erläutern Sie Aufgabe und Methode der Vorlaufverschiebung. — 5.4.1.4
27. Erläutern Sie das Dispositionsstufenverfahren. — 5.4.1.4
28. Ermitteln Sie mit Daten aus Pkt. 5.4.1.4 (3)) die wirtschaftliche Losgröße. — 5.4.1.4
29. Welches sind die Aufgaben eines Leitstandes? — 5.4.2.2
30. Welches sind die üblicherweise zweckmäßigen Arbeitspapiere und Informationsinhalte? — 5.4.2.3
31. Was leistet und wie funktioniert ein Fortschrittzahlen-System? — 5.4.2.4
32. Erläutern Sie Ziele und funktionsweise eines KANBAN-Systems. — 5.4.2.5
33. Erläutern Sie Aufgaben und Probleme der Betriebsdatenerfassung. — 5.4.2.7
34. Wie definieren Sie die Aufgabe der Fertigungskontrolle und Schwachstellenanalyse? — 5.4.2.8
35. Entwickeln Sie Ihre Empfehlungen für schlanke Prozesse mit 2-Phasen-Konzept für JIT. — 5.4.3
36. Definieren Sie den prozessorientierten Begriff Qualität und Total Quality Management. — 5.5.1/2
37. Erläutern Sie die Hauptaussagen von *Feigenbaum*, *Deming*, *Juran* und *Ishikawa* zum Thema Quality-Management. — 5.5.2
38. Erläutern Sie strukturiert mit Ihrem Urteil über deren praktische Bedeutung die Begriffe:
    a) Qualitätskreis (nach DIN 55350),   b) Fehlerarten und AQL-Wert,   c) MTBF-Zeit
    d) Konstruktions-FMEA,   e) Erstmusterprüfung. — 5.5.2
39. Erläutern Sie mit Skizze Produktentwicklung mit Qualität Function Deployment (QFD). — 5.5.3.2
40. Welche Vorteile und Nachteile haben Simultaneous Engineering und Konstr.-FMEA? — 5.5.3.2
41. Erläutern Sie Struktur einer ISO 9000 Zertifizierung und ihren Zusammenhang mit TQM. — 5.5.4
42. Welche wichtigen Forderungen enthalten die Kapitel von ISO 9000 bes. Kap. 4, 5 und 8? — 5.5.4
43. Was besagen die EU-Vorschriften zum Thema Produkthaftung und CE-Zeichen? — 5.5.5
44. Wie spezifizieren Sie die Anforderungen an ein leistungsfähiges ERP/ PPS-System? — 5.6.2.1
45. Skizzieren Sie den Informationsfluss eines MRPII-Systems u. eines Fertigungsdurchlaufs. — 5.6.2.1
46. Skizzieren und erläutern Sie das Zusammenwirken von CIM-Komponenten. — 5.6.2.2

6 Personalwirtschaft

6.1 Aufgaben und Organisation der Personalwirtschaft

6.1.1 Aufgaben der Personalwirtschaft

Allgemein formuliert kann man sagen, die Aufgabe der Personalwirtschaft besteht darin, für alle Bereiche des Unternehmens zu jeder Zeit das richtig qualifizierte Personal in richtiger Anzahl zu bestmöglichen Konditionen bereitzustellen und die zu dieser Aufgabe erforderlichen Verwaltungs- und Betreuungsaufgaben gegenüber den Mitarbeitern des Unternehmens wahrzunehmen.

Der Umfang und die Qualität der mit dieser Gesamtaufgabe verbundenen Teilaufgaben wird maßgeblich von folgenden Faktoren beeinflusst:[1]
- Größe und Organisation des Unternehmens
- Ertragskraft des Unternehmens
- Personalpolitische Ziele der Unternehmensleitung
- Konkurrenzsituation auf dem Arbeitsmarkt
- Erwartungen der Mitarbeiter.

Friedrichs unterscheidet im Verlauf der zurückliegenden etwa vier Jahrzehnte folgende Entwicklungsphasen der Personalwirtschaft:[2]
- **Verwaltungsphase**, in der die Personalabteilung lediglich die Aufgabe wahrnahm, die Verwaltungsangelegenheiten des Personalbereiches, wie Abwicklung von Einstellungen, Entlassungen und Lohn- und Gehaltsabrechnung mit Abführung von Sozialversicherungsbeiträgen und Steuern, auszuführen.
- **Anerkennungsphase**, in der erkannt wurde, dass Qualität und Engagement der Mitarbeiter wesentlich den Unternehmenserfolg beeinflussen und die Personalabteilung dabei eine wichtige mitgestaltende Rolle inne hatte.
- **Integrationsphase**, in der mit wachsender Bedeutung der Personalpolitik als Grundlage für den Unternehmenserfolg, die Leitung des Personalbereiches immer höher in der Unternehmenshierarchie angesiedelt wurde und in Großunternehmen in die erste Ebene der Unternehmensführung (als gesetzlich vorgeschriebener Arbeitsdirektor) integriert wurde.

Mit der Einschränkung, dass Umfang und Qualität der Aufgaben der Personalwirtschaft in Abhängigkeit von den oben genannten Faktoren von Unternehmen zu Unternehmen sehr verschieden ausgestaltet sein können, kann man die **Teilaufgaben der Personalwirtschaft** wie folgt gliedern:
- Beschaffung von Personal mit
  - Auslese und
  - Einstellung
- Verwaltung der Personalangelegenheiten mit
  - Lohn- und Gehaltsabrechnung und -zahlung
  - Abführung von Steuern und Sozialversicherungsbeiträgen

---
[1] Vgl. *Friedrichs, H.*, Personalpraxis, Oberursel/Ts.
[2] Vgl. *Friedrichs, H.*, Moderne Personalführung, München

- Betreuung des Personals mit
  - Gestaltung und Abwicklung der Sozialleistungen und
- Förderung des Personals z.B. durch
  - Fortbildungsmaßnahmen und
  - Planung und Abwicklung von „job-rotation"
- Entlassung mit
  - Zeugniserteilung, darüber hinaus
- Koordination der Zusammenarbeit aller Unternehmensbereiche mit dem Betriebsrat und
- Beratung der Unternehmensleitung in Fragen der Personalpolitik und -förderung.

6.1.2 Organisation der Personalwirtschaft

Funktionen, die einer Stabsabteilung zugewiesen werden, bedürfen einer relativ hohen hierarchischen Einordnung in der Strukturorganisation, wenn ihre Richtlinienkompetenz für sehr viele Teilbereiche des Unternehmens maßgeblich ist und die Stabsabteilung gleichzeitig die Fähigkeit zum Ausgleich von konkurrierenden Interessen und Konflikten entwickeln soll. Genau dieser Sachverhalt trifft auf die Personalabteilung im Großunternehmen zu. Entsprechend hat sich die hierarchische Zuordnung der Personalabteilung eindeutig stark aufsteigend entwickelt.

Die Tatsache, dass der Erfolg der Führungskräfte der einzelnen Funktionsbereiche des Unternehmens wesentlich von der Qualifikation und dem Leistungswillen der jeweiligen Mitarbeiter abhängt, führt dazu, dass stark leistungsorientierte Führungskräfte des mittleren und oberen Managements bei der Auswahl und Bezahlung ihrer Mitarbeiter maßgeblich mitwirken wollen. Das bedeutet, dass jeder Personalleiter bei der Wahrnehmung seiner Aufgaben eng mit den Führungskräften der Unternehmensbereiche, für die er tätig wird, zusammenarbeiten muss. Je mehr diese Notwendigkeit erkannt wurde, umso höher wurde die Leitung der Personalabteilung in der Führungshierarchie angesiedelt. Zunächst der kaufmännischen Geschäftsführung zugeordnet, folgte später eine Unterstellung unter den Vorsitzenden der Gesamtgeschäftsführung (z.B. in der AG den Vorstandsvorsitzenden) und später die Schaffung eines Arbeitsdirektors (in AGs im Range eines Vorstandsmitglieds).

Die Strukturorganisation des Funktionsbereiches Personalwirtschaft oder was das gleiche besagt des Personalwesens kann zu einer Gliederung nach Funktionen oder nach Objekten oder zu einer Mischform aus beiden Gliederungsprinzipien führen.

Freund, Knoblauch und Racké[3] fassen die Vielfalt der Praxis in folgenden Hauptmodellen zusammen.

(1) **Objektorganisation**

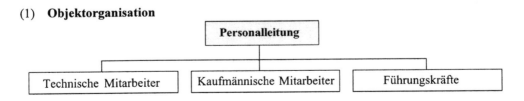

---

[3] *Freund, F., Knoblauch, R., Racké, G.*, Praxisorientierte Personalwirtschaftslehre, Stuttgart, Berlin, Köln, Mainz und *Olfert, K., Steinbuch, P. A.*, Personalwirtschaft, Ludwigshafen

(2) **Funktionalorganisation**

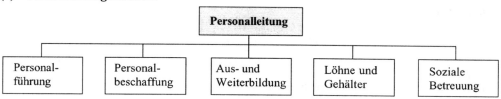

(3) **Gemischte Organisation für Großunternehmen** (nach *Olfert, Steinbuch*[3])

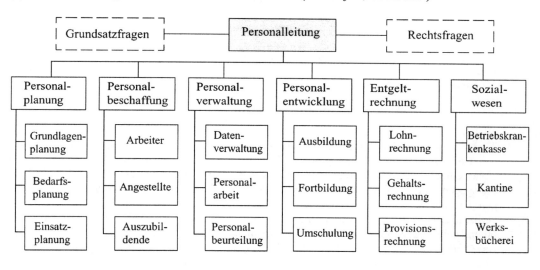

6.2 Rechtsgrundlagen der Personalwirtschaft

6.2.1 Rechtsgrundlagen eines Arbeitsverhältnisses

Die Rechtslage eines bestimmten Arbeitsverhältnisses wird bestimmt durch die Rechtsnormen aus Gesetzen und Verordnungen, durch kollektive Tarifverträge zwischen der zuständigen Gewerkschaft und dem zuständigen Unternehmensverband sowie einen individuellen Arbeitsvertrag zwischen dem Arbeitgeber und dem Arbeitnehmer. Außerdem können Betriebsvereinbarungen zwischen dem Betriebsrat und dem Unternehmen bestehen, die dem kollektiven Arbeitsrecht zuzurechnen sind. Diesen Zusammenhang veranschaulicht das folgende Bild von *Doering, Schlepper*.[4]

---

[4] Entnommen aus: *Doering, W., Schlepper, H.*, Rechts- und Sozialwesen - Eine Einführung, Würzburg

Grundlagen des Arbeitsrechts (Rechtsquellen)

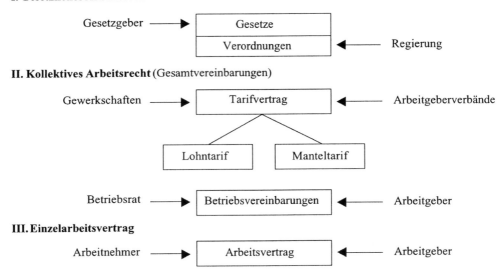

Tarifverträge werden geschlossen zwischen der für eine Branche in einer Region zuständigen Gewerkschaft und dem regionalen Unternehmensverband, in dem die entsprechenden Unternehmen zusammengeschlossen sind. Tarifverträge regeln insbesondere folgende Vertragsgegenstände: Lohn und Gehalt für bestimmte Tarifgruppen, die Merkmale der Tarifgruppen, Urlaub, Wochenarbeitszeit, Bedingungen für Aufnahme und Beendigung eines Arbeitsverhältnisses. Arbeitsverhältnisse, die nicht in den Rahmen der Tarifvertragsvereinbarungen fallen, heißen außertariflich. Sie werden dann eingegangen, wenn die Anforderungen der wahrzunehmenden Aufgabe über die tarifvertraglich geregelten Anforderungsmerkmale hinausgehen, z.B. von Fach- und Führungskräften. Da von diesem Mitarbeiterkreis erwartet wird, dass seine Leistungen wesentlich zum Erfolg des Unternehmens beitragen, wird dieser Personenkreis i.d.R. mindestens auch in den Genuss tarifvertraglich vereinbarter Leistungen des Arbeitgebers kommen.

Betriebsvereinbarungen werden zwischen Arbeitgeber und Betriebsrat (der Personalvertretung) des Unternehmens geschlossen. Sie regeln z.B. Arbeitszeitgestaltung, freiwillige Sozialleistungen und die Zahlung von Abfindungen in betrieblich bedingten Härtefällen (z.B. Sozialplan bei Reorganisation).

Arbeits- oder Anstellungsverträge werden zwischen Arbeitnehmer und Arbeitgeber geschlossen. Sie enthalten i.d.R. Vereinbarungen zu folgenden Punkten: Definition der Tätigkeit oder Aufgabe des Arbeitnehmers, Maßgeblichkeit der betrieblichen Arbeitsordnung, die Arbeitszeit und Sicherheitsvorschriften enthält, Einkommen, Reisekostenerstattung, Urlaubsanspruch, Beginn und Beendigung (Kündigungsfrist oder Ablaufdatum) des Vertrages, ferner, wenn vom Unternehmen gewährt, freiwillige Sozialleistungen, wie z.B. Zusagen bezüglich einer betrieblichen Altersversorgung. Außerdem werden Vereinbarungen getroffen über Geheimhaltungspflichten, Wettbewerbsverbot, d.h. während und nach Beendigung des Arbeitsverhältnisses für eine bestimmte Dauer nicht für die Konkurrenz arbeiten zu dürfen. Im letztgenannten Fall bedeutet das eine Einschränkung der Erwerbsmöglichkeiten für den Arbeitnehmer und wird deshalb üblicherweise mit einer Vereinbarung über eine Abfindungszahlung durch den Arbeitgeber verbunden. Arbeitnehmer, die in der Entwicklung und Konstruktion tätig werden, pflegen Vereinbarungen über die Honorierung von Erfindungen zu treffen. Eine umfassende Darstellung der Gestaltungsmöglichkeiten von Anstellungsverträgen gibt *Gaul*.[5]

6.2.2 Aufgaben und Rechte des Betriebsrates (Betriebsverfassungsgesetz (BetrVG))

6.2.2.1 Allgemeine Aufgaben des Betriebsrates

Der Betriebsrat ist die gewählte Vertretung der Arbeitnehmer eines Betriebes. Seine Aufgabe ist die Wahrnehmung der Interessen der Arbeitnehmer gegenüber dem Arbeitgeber. In Betrieben mit i.d.R. mindestens fünf ständigen wahlberechtigten Arbeitnehmern, von denen mindestens drei wählbar sind, kann ein Betriebsrat gewählt werden. Der Betriebsrat hat gemäß § 80 BetrVG unter anderem folgende allgemeine Aufgaben:

1. Darüber zu wachen, dass die zugunsten der Arbeitnehmer geltenden Gesetze, Verordnungen, Unfallverhütungsvorschriften, Tarifverträge und Betriebsvereinbarungen eingehalten werden
2. Maßnahmen, die dem Betrieb und der Belegschaft dienen, beim Arbeitgeber zu beantragen
3. Anregungen von Arbeitnehmern und der Jugendvertretung entgegenzunehmen und, falls berechtigt erscheinend, durch Verhandlungen mit dem Arbeitgeber auf eine Erledigung hinzuwirken. Der Betriebsrat hat die betreffenden Arbeitnehmer über den Stand und das Ergebnis der Verhandlungen zu unterrichten.
4. Die Eingliederung Schwerbehinderter und sonstiger schutzbedürftiger Personengruppen zu fördern
5. Die Wahl einer Jugendvertretung vorzubereiten und durchzuführen und mit dieser zur Förderung der Belange eng zusammenzuarbeiten usw.
6. Die Beschäftigung älterer Arbeitnehmer im Betrieb zu fördern
7. Die Eingliederung ausländischer Arbeitnehmer im Betrieb und das Verständnis zwischen ihnen und ihren deutschen Arbeitskollegen zu fördern.

Der Arbeitgeber ist verpflichtet, den Betriebsrat zur Erfüllung dieser Aufgaben rechtzeitig und umfassend zu unterrichten. Er hat ihm jederzeit auf Verlangen die zur Durchführung seiner Aufgaben erforderlichen Unterlagen zur Verfügung zu stellen.

6.2.2.2 Angelegenheiten, die zwingend der Mitbestimmung unterliegen

Soweit eine gesetzliche oder tarifvertragliche Regelung nicht besteht, hat der Betriebsrat nach § 87 BetrVG in folgenden sozialen Angelegenheiten mitzubestimmen:

1. Fragen der Ordnung des Betriebes und des Verhaltens der Arbeitnehmer im Betrieb
2. Beginn und Ende der täglichen Arbeitszeit einschließlich Pausenregelung
3. Vorübergehende Verkürzung oder Verlängerung der betrieblichen Arbeitszeit
4. Zeit, Ort und Art der Auszahlung der Arbeitsentgelte
5. Aufstellung allgemeiner Urlaubsgrundsätze und des Urlaubsplans

---

[5] *Gaul, D.,* Der Arbeitsvertrag mit Führungskräften. Ein Leitfaden für die Personalpraxis, München

6. Einführung und Anwendung von technischen Einrichtungen, die dazu bestimmt sind, das Verhalten der Arbeitnehmer zu überwachen
7. Regelungen über die Verhütung von Arbeitsunfällen und Berufskrankheiten
8. Form, Ausgestaltung und Verwaltung von Sozialeinrichtungen
9. Zuweisung, Nutzungsbedingungen und Kündigung von Werkswohnungen
10. Betriebliche Lohngestaltung, insbesondere Aufstellung von Entlohnungsgrundsätzen
11. Festsetzung der Akkord- und Prämiensätze und anderer leistungsbezogener Entgelte
12. Grundsätze für das betriebliche Vorschlagswesen.

6.2.2.3 Bereiche freiwilliger Mitbestimmung

Der Betriebsrat hat gemäß § 87 BetrVG die Möglichkeit, jedoch keinen zwingend durchsetzbaren Anspruch, mit dem Arbeitgeber Betriebsvereinbarungen abzuschließen. Das BetrVG nennt hierzu einige Beispiele:

1. Maßnahmen zur Verhütung von Arbeitsunfällen und Gesundheitsschädigungen, wie besondere Schutzvorrichtungen an Maschinen oder Lüftungsanlagen, die über § 87 Abs. 1, Ziff. 7 hinausgehen
2. Errichtung von freiwilligen Sozialeinrichtungen, sind diese einmal geschaffen, so unterliegt deren Verwaltung zwingend der Mitbestimmung
3. Maßnahmen zur Förderung der Vermögensbildung.

6.2.2.4 Angelegenheiten, die der Mitwirkung oder Mitbestimmung des Betriebsrates bedürfen

(1) **Betriebliche Bauten sowie Gestaltung von Arbeitsplatz, -ablauf und -umgebung**

Der Arbeitgeber hat den Betriebsrat über die Planung von
- Neu-, Um- und Erweiterungsbauten von Fabrikations-, Verwaltungs- und sonstigen betrieblichen Räumen,
- technischen Anlagen,
- Arbeitsverfahren und Arbeitsabläufen sowie
- Arbeitsplätzen

rechtzeitig, d.h. vor Beginn der Planungsphase, zu unterrichten. Ferner hat er alle mit den Planungen zusammenhängenden Maßnahmen mit dem Betriebsrat zu beraten. Der Betriebsrat kann, wenn die Arbeitnehmer durch die genannten, geplanten Änderungen in besonderer Weise belastet werden, angemessene Maßnahmen zur Abwendung, Milderung oder zum Ausgleich der Belastung (z.B. durch Sozialplan) verlangen. Im Streitfall entscheidet die Einigungsstelle gemäß § 76 BetrVG bindend.

(2) **Allgemeine personelle Angelegenheiten**

Die Mitwirkung des Betriebsrates in personellen Angelegenheiten erlaubt diesem eine Einflussnahme auf die Entwicklung der Belegschaft, mit Ausnahme des Bereiches der leitenden Angestellten, in Bezug auf die er nur ein Informationsrecht hat (§ 5 und § 105 BetrVG). Im Einzelnen unterliegen im Rahmen der allgemeinen personellen Angelegenheiten die folgenden Fragen der Mitwirkung des Betriebsrates:

1. Personalplanung (§ 92 BetrVG)
   Der Arbeitgeber hat den Betriebsrat über die Personalplanung, insbesondere über den gegenwärtigen und künftigen Personalbedarf sowie über die sich daraus ergebenden personellen Maßnahmen und Maßnahmen der Berufsbildung rechtzeitig und umfassend zu unterrichten.
2. Ausschreibung von Arbeitsplätzen (§ 93 BetrVG)
   Der Betriebsrat kann innerbetriebliche Stellenausschreibungen verlangen.
3. Personalfragebogen, Beurteilungsgrundsätze (§ 94 BetrVG)
   Personalfragebögen bedürfen der Zustimmung des Betriebsrates. Das Gleiche gilt für die Aufstellung allgemeiner Beurteilungsgrundsätze.
4. Personelle Auswahlrichtlinien (§ 95 BetrVG)
   Richtlinien über die bei Einstellungen, Versetzungen, Umgruppierungen und Kündigungen zu beachtenden fachlichen und persönlichen Voraussetzungen sowie sozialen Gesichtspunkte bedürfen der Zustimmung des Betriebsrates. In Betrieben mit mehr als 1.000 Arbeitnehmern kann der Betriebsrat die Aufstellung solcher Richtlinien verlangen.
5. Berufsbildung (§ 96 f. BetrVG)
   Arbeitgeber und Betriebsrat haben die Berufsbildung ihrer Mitarbeiter zu fördern; sie haben dabei auch die Interessen der älteren Mitarbeiter zu berücksichtigen.

(3) **Personelle Einzelmaßnahmen, wie Einstellung, Kündigung und Eingruppierung**

1. Mitbestimmung bei Einstellung, Eingruppierung und Umgruppierung (§ 99 BetrVG)
   Diese sind in Betrieben mit mehr als zwanzig wahlberechtigten Arbeitnehmern im Voraus vom Arbeitgeber mit Vorlage der erforderlichen Bewerbungsunterlagen dem Betriebsrat mitzuteilen. Der Betriebsrat hat über Informationen, die vertraulicher Behandlung bedürfen, Stillschweigen zu bewahren. Der Betriebsrat kann in vom BetrVG definierten Fällen mit einer Frist von einer Woche unter Angabe von Gründen seine Zustimmung verweigern. In diesem Fall kann der Arbeitgeber beim Arbeitsgericht beantragen, die Zustimmung zu ersetzen.
2. Mitbestimmung bei Kündigung (§§ 102 und 103 BetrVG)
   ❏ Der Betriebsrat ist - in allen Betrieben, auch solchen mit weniger als zwanzig wahlberechtigten Mitarbeitern - vor jeder Kündigung zu hören. Der Arbeitgeber hat ihm die Gründe für die Kündigung mitzuteilen. Eine ohne Anhörung des Betriebsrates ausgesprochene Kündigung ist unwirksam.
   ❏ Bedenken gegen eine Kündigung muss der Betriebsrat unter Angabe der Gründe
     • bei ordentlicher Kündigung innerhalb einer Woche,
     • bei außerordentlicher Kündigung unverzüglich, spätestens innerhalb von drei Tagen,
   schriftlich geltend machen. Er kann einer ordentlichen Kündigung widersprechen, wenn die in § 102 Abs. 3 BetrVG genannten Voraussetzungen gegeben sind (z.B. soziale Gesichtspunkte wurden nicht hinreichend berücksichtigt, oder eine Weiterbeschäftigung unter geänderten Vertragsbedingungen ist möglich).

(4) **Wirtschaftliche Angelegenheiten, Wirtschaftsausschuss und Betriebsänderung**

Im Bereich der wirtschaftlichen Angelegenheiten ist die Beteiligung des Betriebsrats weniger weit ausgebaut als im sozialen und personellen Bereich. Sie erstreckt sich im Wesentlichen auf ein Mitbestimmungsrecht bei Betriebsänderung und in Großunternehmen auf eine Mitwirkung im Wirtschaftsausschuss, einem Informations- und Beratungsgremium, das sich mit der Entwicklung des Unternehmens befasst.

(4.1) **Wirtschaftsausschuss (§ 106 BetrVG)**

In größeren Unternehmen ist ein Wirtschaftsausschuss zu bilden. Er hat die Aufgabe, wirtschaftliche Angelegenheiten mit dem Unternehmer zu beraten und die Betriebsräte zu unterrichten. Der Wirtschaftsausschuss muss demzufolge rechtzeitig und umfassend über die wirtschaftlichen Angelegenheiten unterrichtet werden. Zu diesen Angelegenheiten gehören unter anderem

- Wirtschaftliche und finanzielle Lage des Unternehmens
- Produktions- und Absatzlage
- Produktions- und Investitionsprogramm
- Fabrikations- und Arbeitsmethoden, insbesondere die Einführung neuer Arbeitsmethoden
- Einschränkung oder Stilllegung von Betrieben oder Betriebsteilen
- Verlegung von Betrieben oder Betriebsteilen
- Zusammenschluss von Betrieben
- Änderung der Betriebsorganisation oder des Betriebszwecks
- Sonstige Vorgänge und Vorhaben, welche die Interessen der Arbeitnehmer des Unternehmens wesentlich berühren können.

(4.2) **Betriebsänderungen (§§ 111 ff. BetrVG)**

Der Unternehmer hat über geplante Betriebsänderungen, die wesentliche Nachteile für die Belegschaft oder erhebliche Teile der Belegschaft zur Folge haben können, den Betriebsrat rechtzeitig und umfassend zu unterrichten und die geplante Betriebsänderung mit dem Betriebsrat zu beraten. Als Betriebsänderungen gelten

1. Einschränkung und Stilllegung des ganzen Betriebes oder von wesentlichen Betriebsteilen
2. Verlegung des ganzen Betriebes oder von wesentlichen Betriebsteilen
3. Zusammenschluss mit anderen Betrieben
4. Grundlegende Änderungen der Betriebsorganisation, des Betriebszwecks oder der Betriebsanlagen
5. Einführung grundlegend neuer Arbeitsmethoden und Fertigungsverfahren.

Über die geplanten Betriebsänderungen ist mit dem Betriebsrat ein Interessenausgleich herbeizuführen. Zum Ausgleich oder zur Milderung der hierdurch entstehenden wirtschaftlichen Nachteile wird ein Sozialplan zwischen Unternehmer und Betriebsrat abgeschlossen.

6.2.3 Mitbestimmung der Arbeitnehmer nach dem Mitbestimmungsgesetz

Außer im Betriebsrat wirken die Arbeitnehmer in Kapitalgesellschaften im Aufsichtsrat mit. In der AG, KGaA, GmbH, bergrechtlichen Gewerkschaft, Erwerbs- und Wirtschaftsgenossenschaft und in begrenztem Umfang auch KG besteht der Aufsichtsrat aus je 6 (bis 10.000 Arbeitnehmer), 8 (bis 20.000 Arbeitnehmer) oder 10 (über 20.000 Arbeitnehmer) Vertretern der Anteilseigner und der Arbeitnehmer (einschließlich leitender Angestellter und Vertreter der Gewerkschaften). Der Aufsichtsrat muss in Unternehmen, die dem Mitbestimmungsgesetz unterliegen, einen Arbeitsdirektor in den Vorstand wählen, der wie die anderen Vorstandsmitglieder gleichberechtigt zur Vertretung des Unternehmens befugt für Personal- und Sozialangelegenheiten zuständig ist. Der Arbeitsdirektor kann nicht gegen die Stimmen der Arbeitnehmervertreter im Aufsichtsrat gewählt werden.

Den Wahlvorgang und die Zusammensetzung des Aufsichtsrats bei zwanzig Mitgliedern zeigt das folgende Bild von *Doering, Schlepper*.[6]

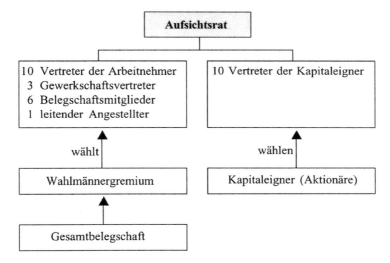

6.3 Personalbedarfsplanung und Personalbeschaffung

Die Planung des Personalbedarfs wird hauptsächlich durch den Absatz- und den Produktionsplan bestimmt. Die Einbindung der Personalplanung in die Gesamtheit der Teilpläne der Unternehmensplanung zeigt ein 3-Jahresplan in Pkt. 10.1.4. Die Teilaufgaben und den Ablauf der Personalplanung mit Personalbeschaffung, Personalentwicklung und Personalkosten zeigt folgende Darstellung von *Kador, Pornschlegel*.

---

[6] Entnommen aus: *Doering, W., Schlepper*, H., Rechts- und Sozialwesen, a.a.O.

Ablauf der Personalplanung nach *Kador, Pornschlegel*[7]

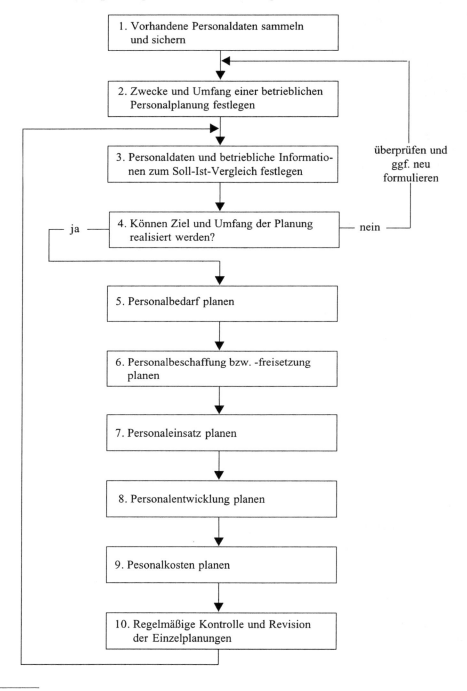

---

[7] *Kador, F. J., Pornschlegel, F.*, Handlungsanleitung zur betrieblichen Personalplanung, a.a.O.

6.3.1 Planung des produktionsabhängigen Personalbedarfes

Die Verfahren zur Lösung dieser Aufgabenstellung wurden im Rahmen der Kapazitätsplanung des Produktionsbereiches unter Punkt 5.4.1.2 (5.1) und (6.1) behandelt.

6.3.2 Budgetierung des nicht produktionsmengenabhängigen Personalbedarfes

Für diesen Bereich wird der Personalbedarf i.d.R. in Zusammenarbeit zwischen dem Controller und den jeweils verantwortlichen Funktionsbereichs- oder Kostenstellenleitern geplant. Die für diese Aufgabe wichtigen Arbeitsschritte zeigt die folgende Darstellung von *Kador, Pornschlegel*.[8]

Ablauf der Personalkostenbudgetierung nach *Kador, Pornschlegel*[8]

---

1. Erfassung der Ist-Monatslöhne bzw. -gehälter aller besetzten Planstellen auf der Basis der Normalarbeitszeit.

---

2. Erfassung der voraussichtlichen Monatslöhne bzw. -gehälter aller im Planungszeitraum zu besetzenden Planstellen, ebenfalls auf der Basis der Normalarbeitszeit. Bei voraussichtlicher Stellenbesetzung im Laufe des Planungszeitraums zeitanteilige Durchschnitts-Monatsbeträge ansetzen.

---

3. Erfassung der tarifbedingten zwangsläufigen Steigerungsbeträge (z. B. Erhöhung infolge Dienst- oder Lebensalter) als Monatsdurchschnitt für den Planungszeitraum.

---

4. Angabe der voraussichtlichen Durchschnitts-Überstundenvergütungen pro Monat für die gesamte Kostenstelle.

---

5. Erfassung der voraussichtlich anfallenden monatlichen Durchschnittsbeträge für verschiedene Zulagen (Umweltzulagen, Schichtzulagen usw.)

---

6. Schätzung der voraussichtlich anfallenden Kosten für Stellenanzeigen, Bewerbervorstellungen usw. (soweit nicht den Gemeinkosten zugeschlagen).

---

7. Die Nebenkosten sowohl aufgrund von Gesetz und Tarif als auch aufgrund freiwilliger Leistungen werden zweckmäßigerweise unternehmensindividuell ermittelt und als prozentualer Zuschlagssatz den Lohn- und Gehaltskosten hinzugerechnet.

---

8. Erhöhungsbeträge aufgrund erwarteter Tarifvereinbarungen und vorgesehener freiwilliger Zulagen sollten ebenfalls zweckmäßigerweise unternehmenseinheitlich geplant und den Budgets der einzelnen Kostenstellen zugeschlagen werden.

---

[8] *Kador, D.J., Pornschlegel, F.*, Handlungsanleitungen zur betrieblichen Personalplanung, a.a.O.

Wie in anderen Bereichen so ist auch im Bereich der Personalplanung eine Orientierung an Kennzahlen wesentlich für die Erkennung des Notwendigen (im Hinblick auf die Sicherung der Wettbewerbsfähigkeit) und des realistisch Erreichbaren (im Hinblick auf zukünftige Verbesserungen unter Beachtung der bestehenden Strukturen).

Dabei wird man bemüht sein, Vergleichszahlen von anderen Unternehmen der Branche zu erhalten (Strukturvergleich) und die Entwicklung wichtiger Relationen im Zeitablauf zu analysieren (Zeitvergleich). I.d.R. wird der Controller der Geschäftsführung auf der Grundlage entsprechender Analysen eine Vorgabe von Zielwerten empfehlen. Solche Zielwerte können beispielsweise

- ❑ Personalkosten in Prozent vom Umsatz
- ❑ Fertigungslohnkosten in Prozent der Herstell- oder Selbstkosten
- ❑ Personalnebenkosten in Prozent der Personalgesamtkosten[9] betreffen.

6.3.3 Personalbeschaffung

Personalbeschaffung kann und muss sehr verschiedene Ressourcen innerhalb und außerhalb des Unternehmens erschließen. Dabei gilt in vielen Großunternehmen, dass Personal soweit wie möglich, und insbesondere für Führungsaufgaben, aus dem Mitarbeiterkreis des Unternehmens rekrutiert werden soll. Dabei stehen die Ziele im Vordergrund, für Fach- und Führungsaufgaben bevorzugt Personen zu gewinnen, die sich bereits bewährt haben und die Produkte, Kunden und Abläufe des Unternehmens gut kennen, und zweitens die Motivation der Mitarbeiter durch die Kenntnis zu fördern, dass Führungspositionen bevorzugt aus eigenen Reihen besetzt werden und dadurch grundsätzlich für jeden Mitarbeiter Aufstiegschancen bestehen.[10] *Olfert und Steinbuch* geben folgende Systematik und Beurteilung der Personalbeschaffungsarten.

Systematik der Personalbeschaffungsarten nach *Olfert, Steinbuch*[11]

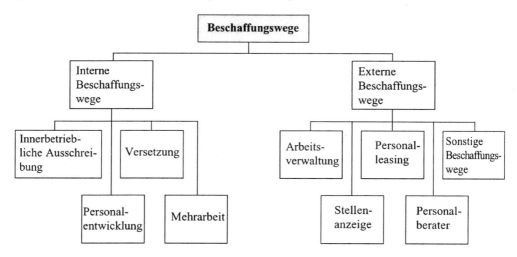

---

[9] Vgl. *Freund, F., Knoblauch, R., Racké, G.*, Praxisorientierte Personalwirtschaftslehre, a.a.O.
[10] Vgl. ebenda
[11] Vgl. *Olfert, K., Steinbuch, P.A.*, Personalwirtschaft, Ludwigshafen

Beurteilung der Personalbeschaffungsarten (nach *Bertelsmann*)[12]

	Innerbetriebliche Personalbeschaffung	**Außerbetriebliche Personalbeschaffung**
Vorteile	• Aufstiegschancen werden als Anreiz empfunden, daraus kann höhere Arbeitszufriedenheit und besseres Betriebsklima resultieren • Geringeres Auswahlrisiko für ein Unternehmen, da der Bewerber und seine Leistungen bekannt sind • Mitarbeiter kennt die innerbetrieblichen Verhältnisse • Beschaffungskosten sind für das Unternehmen geringer • Personelle Kapazitäten können vom Unternehmen besser ausgelastet werden • Keine Störung des Lohn- und Gehaltsgefüges durch Spitzengehälter, die von Konkurrenzunternehmen abgeworbenen Mitarbeitern bezahlt werden müssen	• I.d.R. größere Auswahlmöglichkeit • Durch Einstellung von externen Bewerbern werden neue Impulse in das Unternehmen getragen • Möglichkeit der Ablehnung von Bewerbern, ohne dass innerbetriebliche Folgeerscheinungen auftreten
Nachteile	• „Betriebsblindheit" kann zunehmen • Unzufriedenheit bzw. Enttäuschung wegen Nichtberücksichtigung • Rivalität • Beschränkung auf innerbetriebliches Potential hat zur Folge, dass nur ein Teil des insgesamt relevanten Beschaffungspotentials berücksichtigt wird, dadurch entsteht Gefahr der unterqualifizierten Besetzung • Innerbetriebliche Versetzung kann Kettenreaktionen auslösen und letztlich Vakanzen hinterlassen • Eventuell hohe Fortbildungskosten	• Allgemein höhere Beschaffungskosten • Notwendigkeit der Einführung des neuen Mitarbeiters, da keine Kenntnisse über das Unternehmen vorhanden sind • Erhöhtes Risiko, da Leistungsvermögen des neuen Mitarbeiters nicht bekannt ist • Erzeugung von Unzufriedenheit bei Mitarbeitern des eigenen Unternehmens, wenn sie sich nicht genügend berücksichtigt fühlen

6.4 Grundlagen anforderungs- und leistungsgerechter Entlohnung

In der jüngeren Vergangenheit wurde zunehmend erkannt, dass der Erfolg für viele Unternehmen nur gesichert werden kann, wenn bestehende Kostenstrukturen an veränderte Rahmenbedingungen angepasst werden. Angesichts hoher Lohnkosten gehört unter anderem ein Instrumentarium dazu, das gewährleistet, dass den hohen Lohnkosten entsprechend hohe Leistungen gegenüberstehen. Um das zu erreichen, ist es erforderlich, eine hohe Motivation der Mitarbeiter durch anforderungsgerechte und leistungsorientierte Entlohnung zu erzielen.

Dazu ist eine Lohngestaltung notwendig, die auf der Grundlage eines bestehenden Tarifvertrages die besonderen Rahmenbedingungen und Anforderungen des jeweiligen Betriebes be-

---

[12] Vgl. *Bertelsmann*, G., Personalplanung und Führungsnachwuchs, Bielefeld und *Secker*, H., Die Planung der Besetzung von Führungspositionen in der Unternehmung, Winterthur

rücksichtigt. Eine den Anforderungen entsprechende und deshalb als gerecht empfundene Entlohnung, die darüber hinaus persönliche Leistung berücksichtigt und honoriert, motiviert den Menschen dazu, seine Leistung beispielsweise durch Verbesserung seiner Geschicklichkeit und Vermeidung unnötiger Unterbrechungen zu steigern.

Voraussetzungen für leistungsorientierte Entlohnung sind
- Leistungsdifferenzierung
- Leistungsbewertung
- Leistungsmessung und
- die Möglichkeit für die Mitarbeiter, ihre Leistung durch ihr Können und ihren Einsatz individuell zu beeinflussen.

Um die motivierende Wirkung eines Leistungslohns zu realisieren und die Gleichbehandlung aller Mitarbeiter zu gewährleisten, sollte eine Leistungserfassung kontinuierlich und die Leistungsbewertung und -honorierung in möglichst kurzen Abständen erfolgen.

Die Lösung dieser Aufgaben erfordert zunächst Zeitstudien und den Einsatz im Betrieb anerkannter systematischer Methoden der Arbeits- und Leistungsbewertung. Darüber hinaus bietet die Leistungserfassung ein weites Aufgabenfeld für die DV-gestützte Betriebsdatenerfassung (BDE). Dabei ist darauf zu achten, dass eine Beschränkung der Datenerfassung auf das Wesentliche erfolgt. Dazu gehört eine sinnvolle Kombination der Datenerfassung für Fertigungsfortschrittskontrolle, Qualitätskontrolle und Leistungserfassung mit strikter Vermeidung von wiederholter Erfassung der gleichen Daten.

Eine wachsende Aktualität erhält die leistungsorientierte Betriebsdatenerfassung in solchen Unternehmen, die im Zusammenhang mit einer Arbeitszeitverkürzung eine Flexibilisierung der Arbeitszeit einführen. Hier liegen neue Aufgaben für eine DV-gestützte Personaleinsatzplanung. Die Höhe des individuellen Lohneinkommens eines Arbeitnehmers sollte eine Funktion der personenunabhängigen Anforderungen des Arbeitsplatzes sowie seiner individuellen Leistung an diesem Arbeitsplatz sein. Die Lohndeterminanten Anforderungshöhe und individuelle Leistung sind jedoch ergänzungsbedürftig um die Einflüsse des externen Arbeitsmarktes (Berücksichtigung dessen, was andere Unternehmen in vergleichbarer Lage für vergleichbare Positionen bezahlen) und sozialer Komponenten (z.B. erschwerende Arbeitsbedingungen).[13]

Determinanten der betrieblichen Lohnfindung[14]

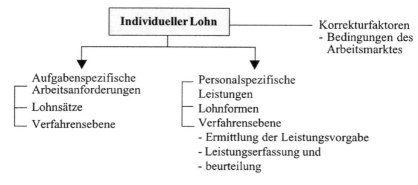

---

[13] *Eckardstein, D.,* Entlohnung im Wandel. Zur veränderten Rolle industrieller Entlohnung in personalpolitischen Strategien, in: Zeitschrift für betriebswirtschaftliche Forschung

[14] Entnommen aus: Derselbe, Entlohnung im Wandel, a.a.O.

Zusätzlich sollte ein Entgeltsystem, um eine optimale Leistung des Arbeitnehmers zu erreichen, folgende Aspekte berücksichtigen:[15]

❑ Hinreichende Transparenz des Leistungslohnsystems, die jedem Betroffenen die Möglichkeit gibt, zu jeder Zeit sich selbst zu überprüfen, um den Leistungsanreiz zu erhalten
❑ Der Leistungsanteil sollte eine Größenordnung haben, die den Leistungswillen erhält, d.h. motivierend wirkt.

Um den anforderungsgerechten Lohnsatz zu finden, muss der Schwierigkeitsgrad einer Tätigkeit festgelegt werden. Bei der Bestimmung der Entlohnungsform geht es darum, die Beziehung zwischen individueller Leistung und Einkommen festzulegen.

6.4.1 Anforderungsgerechte Entlohnung

Voraussetzung einer anforderungsgerechten Entlohnung ist eine Arbeitsbewertung. Ihre Aufgabe ist es, eine Staffelung der Arbeitsentgelte nach dem Schwierigkeitsgrad der einzelnen Tätigkeiten, d.h. nach der Höhe der geistigen und körperlichen Anforderungen an die Fähigkeiten der Arbeitskraft, durchzuführen. Der Schwierigkeitsgrad wird ebenso von erschwerenden Umwelteinflüssen wie Lärm, Rauch, Temperatur etc. mitbeeinflusst.

Die Arbeitsbewertung kann entweder auf Erfahrungs- und Beobachtungswerten basieren, die die Anforderungen der unterschiedlichen Tätigkeiten im Verhältnis zueinander sehen, oder aber es wird ein Arbeitsbewertungsverfahren eingesetzt. Dieses erfasst und misst die objektiv feststellbaren Schwierigkeitsgrade, die bei den einzelnen Arbeitsplätzen oder Arbeitsvorgängen auftreten. Grundlage für eine Arbeitsbewertung ist eine qualitative Arbeitsanalyse. Der Arbeitsablauf wird nach Art, Inhalt und Umfang der Teilverrichtungen untersucht und die Ergebnisse in einer Arbeitsbeschreibung zusammengefasst.

Methoden der Arbeitsbewertung[16]

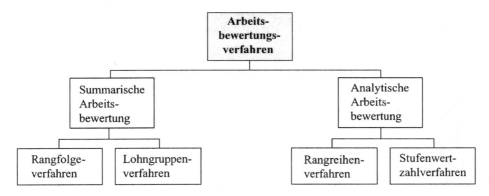

6.4.1.1 Summarische Arbeitsbewertung

„Die summarische Arbeitsbewertung ist dadurch gekennzeichnet, dass die Arbeitsverrichtungen als Ganzes bewertet werden, d.h., es wird eine Gesamtbeurteilung der Arbeitsschwierig-

---
[15] Vgl. *Zander, E.*, Lohn- und Gehaltsfestsetzung in Klein- und Mittelbetrieben
[16] Vgl. *Olfert, K., Steinbuch, P.A.*, Personalwirtschaft, Ludwigshafen

keit vorgenommen. Dabei werden die einzelnen Anforderungen global (summarisch) berücksichtigt."[17]

(1) **Rangfolgeverfahren**

Anhand der Arbeitsbeschreibungen werden sämtliche in einem Betrieb vorkommende Tätigkeiten aufgelistet und nach ihrem Schwierigkeitsgrad in eine Rangordnung gebracht (z.B. durch paarweise Gegenüberstellung).

Vorteile
- Einfach in der Durchführung
- Kostengünstig
- Leicht verständlich.

Nachteile
- Die Größe der Rangabstände ist unbekannt und damit der Lohnabstand
- Subjektive Bewertung
- Keine Gewichtung der Anforderungsmerkmale möglich.

(2) **Lohngruppenverfahren**

Es werden mehrere Stufen (Lohngruppen) mit unterschiedlichem Schwierigkeitsgrad gebildet. Sämtliche Arbeiten werden dann in die ihren Schwierigkeitsgraden entsprechenden Lohngruppen eingeordnet. Dieses Verfahren ist häufig Grundlage von Tarifverträgen, meistens mit 6 bis 10 Lohngruppen (und Gehaltsgruppen). Beispiel: Auszug aus dem Lohnrahmenabkommen der Eisen-, Metall- und Elektroindustrie Nordrhein-Westfalen.[18]

Gruppe	Lohngruppen-Definition	Lohnschlüssel
1	Arbeiten einfacher Art, die ohne vorherige Arbeitskenntnisse nach kurzer Anweisung ausgeführt werden können und mit geringen körperlichen Belastungen verbunden sind	75 %
2	Arbeiten, die ein Anlernen von 4 Wochen erfordern und mit geringen körperlichen Belastungen verbunden sind	80 %
3	Arbeiten einfacher Art, die ohne vorherige Arbeitskenntnisse nach kurzer Anweisung ausgeführt werden können	85 %
4	Arbeiten, die ein Anlernen von 4 Wochen erfordern	90 %
5	Arbeiten, die ein Anlernen von 3 Monaten erfordern	95 %
6	Arbeiten, die eine abgeschlossene Anlernausbildung in einem anerkannten Anlernberuf oder eine gleichzubewertende Ausbildung erfordern	100 %
7	Arbeiten, deren Ausführung ein Können voraussetzt, das erreicht wird durch eine entsprechende ordnungsgemäße Berufslehre (Facharbeiten). Arbeiten, deren Ausführung Fertigkeiten und Kenntnisse erfordert, die Facharbeiten gleichzusetzen sind	108 %
8	Arbeiten schwieriger Art, deren Ausführung Fertigkeiten und Kenntnisse erfordert, die über jene der Gruppe 7 wegen der notwendigen mehrjährigen Erfahrungen hinausgehen	118 %
9	Arbeiten hochwertiger Art, die hervorragendes Können, die Selbständigkeit und die Verantwortung im Rahmen des gegebenen Arbeitsauftrages hohe Anforderungen über die der Gruppe 8 hinausgehen	125 %
10	Arbeiten höchstwertiger Art, die hervorragendes Können mit zusätzlichen theoretischen Kenntnissen, selbständige Arbeitsausführung und Dispositionsbefugnis im Rahmen des gegebenen Arbeitsauftrages bei hoher Verantwortung erfordern	größer 125%

---

[17] *Wöhe, G.*, Einführung in die Allgemeine Betriebswirtschaftslehre, München
[18] Entnommen aus: *Olfert, K., Steinbuch, P.A.*, Personalwirtschaft, a.a.O.

Die betrieblichen Arbeitsplätze werden - entsprechend ihrem Schwierigkeitsgrad - bestimmten Lohngruppen zugeordnet.

Vorteile
- Einfach in der Durchführung
- Kostengünstig
- Leicht verständlich.

Nachteile
- Gefahr der Schematisierung
- Mangelnde Berücksichtigung individueller Verhältnisse eines Betriebes
- Mangelnde Berücksichtigung technischer Entwicklungen.

6.4.1.2 Analytische Arbeitsbewertung

„Bei der analytischen Arbeitsbewertung werden die Arbeitsverrichtungen in die einzelnen Anforderungsarten aufgegliedert. Für jede Anforderungsart wird eine Wertzahl ermittelt, und aus der Summe der Einzelwerte ergibt sich dann der Arbeitswert der einzelnen Verrichtungen."[19]

(1) **Rangreihenverfahren**

Es wird für jede Anforderungsart getrennt eine Einordnung von der einfachsten bis zur schwierigsten Verrichtung vorgenommen. Die Stellung einer bestimmten Tätigkeit in der Rangreihe wird in Prozenten ausgedrückt, wobei die am niedrigsten bewertete Verrichtung mit 0 %, die am höchsten bewertete mit 100 % angesetzt wird.

Die Gewichtung der einzelnen Anforderungsarten wird entweder nach der Einreihung oder bereits in der Wertzahl berücksichtigt.

Vorteile
- Verbesserung der Genauigkeit
- Verbesserung der Objektivität.

Nachteile
- Schwierigkeit der Gewichtung, da wissenschaftlich-objektive Grundlagen fehlen (z.B. geistige oder körperliche Anstrengungen höher zu bewerten)
- Großer Ermessensspielraum des Bewerters.

(2) **Stufenwertzahl-Verfahren (Genfer Schema und *REFA*)**

Für jede Anforderungsart wird eine Punktwertreihe festgelegt. Die Wertzahlen spiegeln die unterschiedliche Beanspruchung der Arbeitskraft durch die betreffende Anforderungsart wider. Die Summe der Wertzahlen einer Arbeit ermöglicht die Einordnung in eine Lohngruppe. Die einzelnen Anforderungsarten können unterschiedlich gewichtet werden, oder die Unterteilung der Wertzahlen kann unterschiedlich erfolgen.

Vorteile
- Leichte Umrechenbarkeit der Gesamtzahl in Geldeinheiten
- Objektivität der Bewertung ist am ehesten gewahrt.

Nachteile
- Schwierigkeit der Gewichtung, da keine objektiven Merkmale vorliegen.

---

[19] *Wöhe, G.*, Einführung in die Allgemeine Betriebswirtschaftslehre, a.a.O.

Nach diesem Verfahren arbeitet das von der „International Labour Organization" (*ILO*), einer Teilorganisation der *UNO*, entwickelte sogenannte „Genfer Schema", das unter anderem von *REFA* weiterentwickelt wurde.

Genfer Schema									
Gewichtung der Anforderungsarten, individuell wählbar (Summe 100 %)		z.B. 30 %		z.B. 30 %		z.B. 25 %		z.B. 15 %	
Anforderungsarten Arbeitsplätze		Körperliche Anforderungen		Geistige Anforderungen		Verantwortung für Sachen oder Personen		Arbeitsbedingungen/Umwelteinflüsse	Arbeitswert (gewichtet)
		u	g	u	g	u	g	u	g
1 (u.U. Maschinenführer)		10	3,0	30	9,0	90	22,5	40	6,0	40,5
2 (u.U. Lagerarbeiter)		70	21,0	20	6,0	30	7,5	15	2,3	36,8
3 (u.U. Schreibkraft)		5	1,5	40	12,0	35	8,8	5	0,8	23,1
u = ungewichtet, g = gewichtet									

In die Beurteilung nach dem Genfer Schema gehen gefordertes Können (als Ergebnis von Ausbildung oder Berufserfahrung) sowie die Belastung ein. Zur klaren analytischen Differenzierung nach diesen Anforderungselementen wurde von *REFA* folgende Weiterentwicklung des Genfer Schemas vorgenommen.[20]

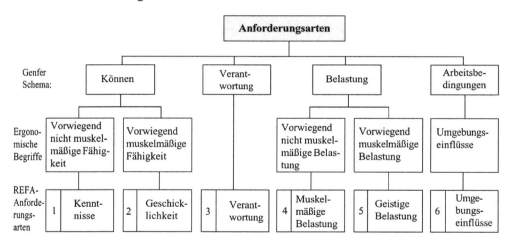

❏ Die Kenntnisse werden durch das geistige Können bestimmt, das auf Ausbildung und Erfahrung sowie auf Denkfähigkeit beruht, soweit diese zur Erfüllung der Arbeitsaufgabe benötigt werden.
❏ Die Geschicklichkeit wird durch Handfertigkeit und Körpergewandtheit bestimmt, soweit diese zur Erfüllung der Arbeitsaufgabe benötigt werden. Sie beruht auf Anlagen, Übung, Erfahrung und Anpassung und äußert sich in der Sicherheit und Genauigkeit der Bewegungen des Körpers oder einzelner Gliedmaßen.

---

[20] Mit Erläuterung entnommen aus: *Olfert, K., Steinbuch, P.A.*, Personalwirtschaft, a.a.O.

- Die Verantwortung wird durch die erforderliche Gewissenhaftigkeit und Zuverlässigkeit, die notwendig ist, um die verschiedenen Arbeitsaufgaben ordnungsgemäß erfüllen zu können, die notwendige Sorgfalt, um Personen- und Sachschaden vermeiden zu können, und die aufzuwendende Umsicht bestimmt, um Behinderungen und Störungen des Arbeitsablaufes und der Ablauforganisation nicht eintreten zu lassen.
- Die geistige Belastung entsteht, wenn Abläufe von Menschen beobachtet, überwacht oder gesteuert werden müssen und/oder eine geistige Tätigkeit im engeren Sinne ausgeführt werden muss.
- Die muskelmäßige Belastung entsteht durch dynamische Muskelarbeit, statische Muskelarbeit und einseitige Muskelarbeit.
- Die Umgebungseinflüsse führen unter bestimmten Bedingungen zu Erschwernissen, welche den Arbeitenden bei der Erfüllung seiner Arbeitsaufgabe behindern, belästigen oder gefährden können.

(3) Das Arbeitswissenschaftliche Erhebungsverfahren zur Tätigkeitsanalyse (AET)

Im Interesse einer anforderungsgerechten Eingruppierung von Tätigkeiten bei der Anwendung analytischer Anforderungsermittlungsverfahren muss sichergestellt sein, dass in umfassender Weise sowohl die Anforderungen im energetisch-effektorischen als auch im informatorisch-mentalen Bereich systematisch erfasst werden. Diese Forderung kann das „Arbeitswissenschaftliche Erhebungsverfahren zur Tätigkeitsanalyse (AET)" von *Rohmert und Landau* mit hoher Allgemeingültigkeit erfüllen.[21]

Untersuchungsgegenstand des AET ist die Tätigkeit, die menschliche Arbeit einer Person, die an einem oder mehreren Arbeitsplätzen ausgeführt wird und sich aus einer oder mehreren Aufgaben mit unterschiedlichen Zwecken zusammensetzen kann.

Das AET besteht aus den Hauptteilen

A: Arbeitssystemanalyse
B: Aufgabenanalyse
C: Anforderungsanalyse.

In A werden mit insgesamt 143 Merkmalen die Arbeitsgegenstände, die Arbeits- und Betriebsmittel, die physikalischen, organisatorischen, sozialen und ökonomischen Bedingungen der Arbeit untersucht. Damit wird der Arbeitsgestaltungszustand systematisch erhoben.

Die Aufgabenanalyse in Teil B charakterisiert mit insgesamt 31 Merkmalen die Arten der Arbeitsobjekte.

In der Anforderungsanalyse des Teiles C werden die Anforderungen mit 42 Merkmalen gekennzeichnet, dabei wird in Anforderungen bei der Informationsaufnahme und der Informationsverarbeitung unterschieden. Insgesamt unterscheidet das Verfahren 216 Merkmale zur Beurteilung jeder Tätigkeit.

Die mit dem AET untersuchten Tätigkeitsmerkmale werden zwecks Erreichung einer hohen Verfahrensökonomie mit weitgehend standardisierten Einstufungsschlüsseln bewertet. Dabei werden mehrstufige Schlüssel eingesetzt zur Beurteilung von Belastungshöhe/Wichtigkeit (W), Belastungsdauer/Zeitdauer (Z) und Häufigkeit (H) sowie möglicherweise Sonderschlüssel (S). Und zwar werden diese und weitere Schlüssel sowohl ein- als auch mehrstufig auf Nominalskalenniveau zur Klassifizierung eines Gestaltungszustandes eingesetzt.

---

[21] Vgl. *Rohmert, W., Landau, K.*, Das Arbeitswissenschaftliche Erhebungsverfahren zur Tätigkeitsanalyse (AET), Merkmalheft, Bern, Stuttgart, Wien

Die Erhebungsergebnisse können mit einer Vielzahl vergleichbarer Anforderungsprofile, die auf einer Datenbank zur Verfügung stehen, verglichen und nach der Methode der Clusteranalyse bewertet werden. Damit liegt an der Universität Hohenheim ein DV-gestütztes, universell einsetzbares und erprobtes Verfahren zur arbeitswissenschaftlich gesicherten Arbeitsanalyse und -bewertung vor.

6.4.2 Leistungsgerechte Entlohnung - Leistungslohnsysteme

Bei diesen Entlohnungsformen besteht eine direkte Beziehung zwischen der Lohnhöhe und der Leistungshöhe, d.h. das Entgelt steigt mit zunehmender Leistung bzw. fällt mit abnehmender Leistung. Hierdurch wird das Leistungsbewusstsein des Arbeitnehmers stark gefördert.

6.4.2.1 Akkordlohn

Beim Akkordlohn wird - im Gegensatz zum Zeitlohn - nicht die Dauer der Arbeitszeit, sondern das mengenmäßige Ergebnis der während der Arbeitszeit erbrachten Leistung entlohnt. Er verhält sich proportional zu der Zeiteinsparung bzw. Leistungssteigerung.

Für die Anwendung einer Akkordentlohnung müssen die folgenden Voraussetzungen erfüllt sein:[22]

- ❏ Die Tätigkeit muss akkordfähig sein, d.h. der Ablauf der Arbeit ist im Voraus bekannt und wiederholbar und damit zeitlich messbar und die Ergebnisse mengenmäßig erfassbar.
- ❏ Die Akkordreife ist gegeben, wenn der Arbeitsablauf keine Mängel aufweist, so dass eine Wiederholbarkeit leicht zu erreichen ist und von der Arbeitskraft nach entsprechender Übung und Einarbeitung ausreichend beherrscht wird.
- ❏ Der Arbeiter muss das mengenmäßige Ergebnis pro Zeiteinheit durch die Intensität seiner Leistung beeinflussen können.

Der Akkordlohn setzt sich aus dem tariflich garantierten Mindestlohn (= Zeitlohn in der betreffenden Lohngruppe) und einem Akkordzuschlag von 15 % - 25 % des Mindestlohns zusammen, da man davon ausgeht, dass die Arbeitsintensität eines Akkordarbeiters gegenüber dem im Zeitlohn Arbeitenden höher liegt. Akkordrichtsatz = Mindestlohn + Akkordzuschlag

---

[22] Vgl. *Olfert, K., Steinbuch, P.A.*, Personalwirtschaft, a.a.O., S. 226

Grundlagen anforderungs- und leistungsgerechter Entlohnung

Akkordlohn[23]

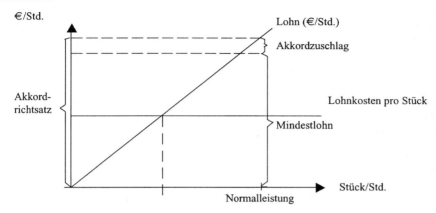

(1) Geldakkord (= Stückakkord)[24]

Für die Erbringung einer Leistungseinheit (z.B. Stück) wird ein bestimmter Geldbetrag (z.B. Stücklohn) festgelegt (= Akkordsatz).

$$\text{Akkordsatz} = \frac{\text{Akkordrichtsatz}}{\text{Leistungseinheiten/Std. laut Vorgabe}}$$

Akkordlohn = Leistungsmenge x Akkordsatz

Vorteile
- Leichte Verdiensterrechnung für den Arbeiter.

Nachteile
- Umrechnung der Akkordvorgaben bei Tarifänderungen
- Die Zeitvorgabe ist nicht unmittelbar erkennbar.

(2) Zeitakkord[25]

Beim Zeitakkord wird für jede Leistungseinheit eine feste Zeit vorgegeben (Vorgabezeit), die vergütet wird. Wird die Vorgabezeit unterschritten, so erhöht sich der Stundenverdienst des Arbeiters. Am Ende der Abrechnungsperiode erfolgt die Umrechnung in Geldeinheiten.

$$\text{Minutenfaktor} = \frac{\text{Akkordrichtsatz}}{60}$$

Akkordlohn = Leistungsmenge x Vorgabezeit x Minutenfaktor

Vorteile
- Unabhängig von dem jeweiligen Geldwert, d.h. bei Tarifänderungen ist keine Neuberechnung der Akkordvorgaben notwendig.
- Zeitvorgabe ist unmittelbar erkennbar.

---

[23] Entnommen aus: *Schmalen, H.*, Grundlagen und Probleme der Betriebswirtschaft, Didaktische Reihe Ökonomie, Köln
[24] Vgl. *Olfert, K., Steinbuch, P.A.*, Personalwirtschaft, a.a.O.
[25] Vgl. *Olfert, K., Steinbuch, P.A.*, Personalwirtschaft, a.a.O.

Zur Ermittlung der Vorgabezeiten bei der Akkordarbeit sind grundsätzlich folgende Verfahren denkbar:
- Aushandeln der Akkorde zwischen Arbeitgeber und Arbeitnehmer
- Festsetzung der Akkorde aufgrund bisheriger Leistungen der Arbeiter
- Festsetzen der Akkorde durch Schätzung der erforderlichen Arbeitszeit
- Festsetzen der Akkorde mit Hilfe von Zeitstudien (REFA oder MTM).

Dabei ist die Durchführung von Zeitstudien als zuverlässigste Objektivierungsmethode erstrebenswert und in Großunternehmen selbstverständliche Regel. Kleinunternehmen müssen sich nicht selten mit einer Analyse bisheriger Bearbeitungszeiten behelfen und erzielen dabei manchmal recht gute Ergebnisse.

Vorteile der Akkordentlohnung[26]
- Unmittelbarer geldlicher Anreiz zur Leistungssteigerung
- Leistungsgerechtigkeit
- Einfache Kostenrechnung, da die Lohnkosten pro Stück konstant sind
- Ausschluss des unternehmerischen Risikos für Minderleistungen.

Nachteile der Akkordentlohnung
- Gefahr der Minderung der Qualität und damit die Notwendigkeit zusätzlicher Qualitätskontrollen
- Problem der Ermittlung genauer Vorgabezeiten
- Aufwand für die Anpassung der Vorgabezeiten an den technischen Fortschritt
- Unzufriedenheit weniger leistungsfähiger Arbeitskräfte
- Gefahr eines übersteigerten Arbeitstempos und damit gesundheitliche Gefährdung der Arbeitskräfte.

6.4.2.2 Prämienlohn- und Prämienlohnsysteme

Der Prämienlohn ist eine Kombination aus einem leistungsunabhängigen Anteil, dem Grundlohn, und einem leistungs- oder erfolgsbezogenen Anteil, der Prämie. Er findet Anwendung, wenn die quantitative Leistung nicht genau bestimmbar, zurechenbar oder vom Arbeitnehmer nur teilweise beeinflussbar ist. Prämiert werden objektiv feststellbare, quantitative und qualitative Mehrleistungen des Arbeiters. Im Vergleich zum Akkordlohn erhält er den überwiegenden Teil seines Lohns als Fixum, unabhängig von der erbrachten Leistung. Die prämierte Mehrleistung gegenüber der Norm stellt lediglich einen kleineren Teil des Lohns dar, so dass das Risiko des Arbeiters sehr viel geringer ist als bei der Akkordentlohnung.

Für die folgenden Mehrleistungen können Prämien gewährt werden (Bezugsgrößen der Prämien).[27]
- Mengenleistungsprämie: Es werden quantitative Mehrleistungen prämiert. Sie tritt an die Stelle des Akkordlohns, wenn genaue Vorgabezeiten fehlen.
- Qualitätsprämie: Prämierung qualitativer Mehrleistungen, z.B. Verringerung des Ausschusses oder der Nacharbeit.
- Ersparnisprämie: Gewährung für die Einsparung an Produktionsfaktoren, z.B. Material, Energie.

---

[26] Vgl. *Schmalen, H.*, Grundlagen und Probleme der Betriebswirtschaft, a.a.O.
[27] Vgl. *Wöhe, G.*, Einführung in die Allgemeine Betriebswirtschaftslehre, a.a.O.

❑ Nutzungsprämie: Sicherstellung der optimalen Ausnutzung der Betriebsmittel, z.B. Reduzierung der Stillstandszeiten.

Aufbau des Stundenverdienstes bei der Prämienentlohnung[28]

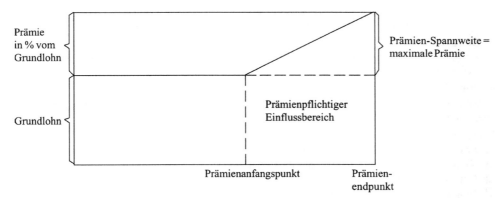

Sind die Bezugsgrößen der Prämie festgelegt, so ist ein Prämienanfangs- und -endpunkt zu wählen, damit wird der prämienpflichtige Einflussbereich der Bezugsgröße abgegrenzt. Die Prämienspannweite gibt an, in welchem prozentualen Verhältnis die höchstmögliche Prämie zum Grundlohn stehen soll. Sie ist abhängig vom betriebswirtschaftlichen Vorteil der Leistungssteigerung aufgrund der Anreizwirkung der Prämie. Weiterhin ist die Steigerung der Prämie festzulegen, wodurch die Arbeitskraft in ihrem Leistungsverhalten beeinflusst werden kann (degressiver, progressiver, proportionaler Prämienverlauf).

Prämienlohnsysteme[29]

a) **Halsey-Prämienlohn**
Wird die Vorgabezeit unterschritten, so erhält der Arbeiter neben dem Grundlohn eine Prämie von 33 1/3 bis 50 % des ersparten Zeitlohns.

Beispiel:	Stundenlohn	:	10,– €		
	Vorgabezeit	:	10 STD		
	benötigte Zeit	:	9 STD	–	90,– €
	ersparte Zeit	:	1 STD	–	10,– €
	bei 50 % Prämie:				5,– €
	Verdienst	:	95,– €	=	10,55 €/STD

b) **Rowan-Prämienlohn**
Die Prämie macht soviel Prozent vom Grundlohn aus, wie die Vorgabezeit unterschritten wird.

---

[28] Vgl. *Böhrs, H.*, Leistungslohngestaltung mit Arbeitsbewertung, persönliche Bewertung, Akkordlohn, Prämienlohn
[29] Vgl. *Meyer, W.*, Arbeitsanalyse und Lohngestaltung

Beispiel: Stundenlohn   : 10,– €
Vorgabezeit   : 10 STD
benötigte Zeit : 9 STD   – 90,– €
ersparte Zeit : 1 STD   – 10 %
Prämie   : 10 % von 90,– € = 9,– €
Verdienst   : 99,– €   = 11,– €/STD

c) Bonuslohn
Es erfolgt ein einmaliger prozentualer Zuschlag zum Grundlohn bei Erreichen einer bestimmten Arbeitsmenge.

d) Staffellohn
In beliebig festzusetzenden Abständen werden Leistungsmengen vorgegeben, bei deren Erreichen ein mehrstufiger prozentualer Zuschlag zum Grundlohn erfolgt (gestaffelter Bonuslohn).

Vorteile einer Prämienentlohnung
- Sowohl quantitative als auch qualitative Mehrleistungen können entlohnt werden
- Keine genaue Ermittlung der Vorgabezeiten notwendig
- Geringeres Risiko des Arbeiters
- Möglichkeit, die Mehrleistungen aufgrund des Prämienverlaufs zu beeinflussen (proportional, progressiv, degressiv).

Nachteile der Prämienentlohnung
- Geringerer Leistungsanreiz für eine Mengensteigerung als bei der Akkordentlohnung
- Gegenüber dem Akkordlohn meist größerer Aufwand für die Bestimmung der Kennzahlen sowie für die Lohnabrechnung.

6.4.3 Ergänzende Kriterien gerechter Entlohnung

6.4.3.1 Marktgerechtigkeit

Die Tariflöhne sind Mindestlöhne, die überschritten werden dürfen. Wenn das Arbeitsangebot im Verhältnis zu der Arbeitsnachfrage knapp ist, konkurrieren die Unternehmen mit steigenden Lohnangeboten um die Arbeitnehmer, was langfristig zu einem Gleichgewicht auf dem Arbeitsmarkt führt. Ein Unterschreiten der Tariflöhne ist in der Bundesrepublik Deutschland grundsätzlich nicht zulässig.

6.4.3.2 Soziale Faktoren

Es werden nicht leistungsbezogene soziale Faktoren in der Entlohnung berücksichtigt. Dazu gehören folgende Entgeltformen:

- Garantie eines gleichbleibenden Lohns im Falle von Versetzungen auf einen Arbeitsplatz, der niedriger als der bisherige eingestuft ist
- Zulagen aufgrund eines objektiv notwendigen Bedarfs eines Mitarbeiters, z.B. aufgrund seines Familienstandes oder der Kinderzahl (im öffentlichen Dienst)
- Volle Lohnfortzahlung trotz krankheitsbedingter Leistungsminderung[30]
- Zahlung von Urlaubsgeld
- Zahlung von Beitragsanteilen zur Sozialversicherung (Arbeitgeberanteil).

---

[30] Vgl. *Böhrs, H.*, Leistungslohngestaltung mit Arbeitsbewertung, a.a.O.

6.4.3.3 Mitarbeiterbeteiligung

Die Beteiligung von Mitarbeitern am Eigenkapital eines Unternehmens wird im Rahmen der Einkommensbesteuerung gefördert. Dabei kommen verschiedene Modelle zur Anwendung, z.B. die Ausgabe von Mitarbeiteraktien, der Erwerb von Aktien des eigenen und anderer Unternehmen durch Mitarbeiter oder die Eröffnung eines Darlehenskontos für Mitarbeiter, dem Gewinnanteile des Unternehmens zugewiesen werden, die vom Mitarbeiter dem Unternehmen als Darlehen zurückgewährt werden. Für weitere Einzelheiten wird auf die Literatur verwiesen.[31]

6.4.4 Überwindung von Akzeptanzproblemen bei der Belegschaft

Vor der Einführung einer leistungsorientierten Entlohnung - besonders bei der Akkordentlohnung - ist es wichtig, dass der Arbeiterschaft die Grundzüge der betrieblichen Lohngestaltung verständlich gemacht werden. Die Mitarbeiter müssen erkennen, dass es Möglichkeiten zu Lohnsteigerungen gibt, die der Zeitlohn nicht bietet. Der Befürchtung eines starken Leistungsdrucks sind exakte Leistungsvorgaben, die an einer Normalleistung orientiert sind, tarifliche Absicherung eines Mindestlohns und soziale Absicherung bei Krankheit und Arbeitslosigkeit entgegenzuhalten. Hohe Motivation erschließt das Partizipative Produktivitätsmanagement (PPM) (vgl. Pkt. 10.5.2).

6.5 Personalentwicklung

6.5.1 Aufgabe und Bedeutung

Zur Aufgabe der Personalentwicklung (oder synonym Personalförderung) gehören alle Maßnahmen, die durch Aus- und Fortbildung und/oder „job rotation" sicherstellen, dass dem Unternehmen zu jeder Zeit das geeignet qualifizierte Personal in der erforderlichen Anzahl zur Verfügung steht. In Kapitel 6 der neuen ISO 9000 Normen zur Zertifizierung von Qualitätsmanagementsystemen wird die Unternehmensführung seit 2002 verpflichtet, jederzeit die Verfügbarkeit des für die Erfüllung der betrieblichen Aufgaben geeignet qualifizierten Personals unter anderem durch Fortbildung sicherzustellen (vgl. Pkt. 5.5.4 (3)). Damit ist die Zertifizierung des Qualitätsmanagementsystems mit der laufenden Anpassung der Qualifikation der Mitarbeiter an sich ändernde Anforderungen des Leistungserstellungsprozesses zwingend verbunden. Über ihre Wichtigkeit als Werkzeug des Qualitätsmanagements hinaus dient betriebliche Aus- und Weiterbildung auch

- der Flexibilität und Effizenz der betrieblichen Leistungserstellung
- der Motivation der Mitarbeiter durch Aufstieg und „job enrichment"
- der Gesellschaft durch Vorbeugung gegen Arbeitslosigkeit
- der Volkswirtschaft durch praxisgerechte Entlastung anderer Bildungseinrichtungen sowie Erschließung zusätzlicher Leistungspotentiale.

---

[31] Vgl. *Schmalen, H.*, Grundlagen und Probleme der Betriebswirtschaft, a.a.O.

6.5.2 Bedarfsermittlung

Scherm/Süß[32] nennen folgende drei Einflussfaktoren als bestimmend für den gegenwärtigen und zukünftigen Entwicklungsbedarf:
1. die <u>Deckungslücke</u>, das ist die mögliche Differenz zwischen den gegenwärtig und zukünftig erforderlichen und den verfügbaren produktionsrelevanten menschlichen Fähigkeiten
2. die konkreten <u>Unternehmensziele und -aufgaben</u>, die sich mit dem Wandel von Märkten und Technologien verändern, und
3. die <u>individuellen Ziele der Mitarbeiter</u>, die zur Erreichung hoher Effizienz und Vermeidung von Fluktuation beachtet werden müssen.

Dabei sind i.d.R. folgende **Schwierigkeiten** zu überwinden:
- Die <u>Vorhersage</u> des zukünftigen Bedarfes ist mit den Unsicherheiten der Technologie- und Marktentwicklung behaftet.
- Fortbildungsmaßnahmen von längerer Dauer können nicht kurzfristig wirken und
- Zusatzbedarf nur decken, wenn entsprechend früher „auf Vorrat" fortgebildet wurde.
- Gute Mitarbeiter sind wegen der Wichtigkeit ihrer gegenwärtigen Aufgaben oft für Fortbildungsmaßnahmen nur <u>schwer freizustellen</u>.
- Die <u>Kosten</u> für langfristig vorsorgende Fortbildungsmaßnahmen sind hoch und schwierig zu rechtfertigen. Die Erfolgsaussichten langfristiger Qualifizierungsmaßnahmen können durch geeignete vertragliche Vereinbarungen unterstützt werden. Die Finanzierung einer externen akademischen Ausbildung kann z.B. mit der Bedingung einer anschließenden Tätigkeit im Unternehmen mit Mindestdauer und der Pflicht zur Kostenerstattung bei vorzeitiger Kündigung verbunden werden.
- Eine hochwertige Fortbildung erhöht den <u>Arbeitsmarktwert</u> der Teilnehmer/innen und bedarf deshalb anschließend eines motivierenden Einsatzes im Unternehmen, um einer Kündigung vorzubeugen.

6.5.3 Planung von Maßnahmen und Teilnehmerkreis

Es liegt im Interesse kostengünstiger und zugleich effizienter Gestaltung der Personalentwicklung, einen kurzen Überblick über alternative Gestaltungsmöglichkeiten vorzustellen. *Scherm, Süß*[33] unterscheiden folgende

Maßnahmengruppen der Personalentwicklung

into the job	near the job	out of the job
- Berufsausbildung	- Qualitätszirkel	- Outplacement
- Traineeprogramm	- Entsendung zu Partnerfirmen	- (Vor-)Ruhestandsvorbereitung
- Einführungstraining		

on the job	Off the job
- Erfahrungsvermittlung	- Fachseminar
- Stellvertretung	- Studium berufsbegleitend
- Team-, Projektarbeit	- Vortrag
- job rotation, job enrichment, job enlargement	- Kurse
	- Fallstudie
- Coaching	- Rollen-/Planspiel.

---
[32] *Scherm, E., Süß, S.*, Personalmanagement, München, S. 105
[33] *Scherm, E., Süß, S.*, a.a.O., S. 108

Olfert/Steinbuch[34] gliedern die Planung der Personalentwicklung in folgende zwei Aufgabenbereiche:

1. **Personalplanung,** die
   a) als Teil der Organisations- und Stellenbesetzungsplanung ermittelt, welche Qualifikation, für welche Aufgabe, zu welcher Zeit, an welchem Ort, in welcher Anzahl, benötigt wird, und die
   b) als Personalentwicklungsplanung auf einzelne Personen bezogen (aus Sicht der Mitarbeiter und des Unternehmens) wünschenswerte Lebensläufe/Einsatzmöglichkeiten im Unternehmen plant, aus denen sich sinnvolle job rotations und erstrebenswerte Weiterbildungsinhalte ergeben sowie

2. **Maßnahmenplanung,** die mit unterschiedlichen Zielsetzungen, Inhalten, Niveaus und Zeitbedarfen Entwicklungsmaßnahmen plant und in Entwicklungsprogrammen zusammenfasst z.B. für
   a) Ausbildung
   b) Fortbildung
   c) Aufstiegsschulung
   d) Umschulung.

Dabei sind nach *Olfert/Steinbuch*[35] folgende **Rahmenbedingungen** zu berücksichtigen und in Einklang zu bringen:
- Quantitativer Bedarf an Mitarbeitern bestimmter Qualifikation
- Inhalt von Ausbildungsordnungen und Ausbildungsplänen
- Veränderungen der betrieblichen Bedarfsanforderungen
- Wachstum und Innovationsstärke des Unternehmens
- Vorliegende Entwicklungs- und Stellenbesetzungspläne
- Budgetvorgabe für die Personalentwicklung
- Verfügbarkeit entwicklungsfähiger und -williger Mitarbeiter
- Einsatzmöglichkeiten eigener oder unternehmensfremder Ausbilder- und Trainerkapazitäten.

Es sind besonders folgende **Planungsinhalte** mit Sorgfalt festzulegen und zu verwirklichen:
- Ziele jeder Entwicklungsmaßnahme
- Inhalte jeder Entwicklungsmaßnahme
- Verantwortung für die Durchführung, intern oder extern
- Instruktoren, die geeignet sind, den Trainingserfolg zu sichern
- Methoden, die eingesetzt werden
- Ort , Dauer und Termin der Maßnahme
- Teilnehmerauswahl nach Kriterien, die aktive Mitwirkung und gegenseitige Förderung der Teilnehmer ermöglichen.

6.5.4 Kandidatenauswahl[36]

Die Auswahl von Teilnehmern für Personalentwicklungsmaßnahmen wird nach *Scherm, Süß*[37] maßgeblich von drei Faktoren bestimmt.

---
[34] *Olfert, K., Steinbuch, P.A.*, Personalwirtschaft, Ludwigshafen, S. 316 f.
[35] *Olfert, K., Steinbuch, P.A.*, Personalwirtschaft, a.a.O., S. 316
[36] Kandidat steht vereinfachend zugleich für Kandidatin
[37] *Scherm, E., Süß. E.*, a.a.O., S. 106

1. Vom Engpassbedarf, d.h. den als Deckungslücke erkannten Qualifikationen, die das Unternehmen zu entwickeln plant
2. Dem Potential, d.h. den persönlichen Entwicklungszielen und den lebenslaufbedingten Eignungsmerkmalen der Kandidaten, die für eine Teilnahme in Frage kommen sowie
3. Dem Budget, das für Personalentwicklung zur Verfügung steht.

Es ist zweckmäßig, die Engpässe nach Dringlichkeit und die Potentiale nach Eignungshöhe zu ordnen und dann möglichst eine Erfolg versprechende Zuordnung von Potentialen zu Engpässen vorzunehmen, beginnend mit der Zuordnung der höchsten Potentiale zu den dringlichsten Engpässen. Neben periodischen Personalbeurteilungen wird eine persönliche Empfehlung des direkten Vorgesetzten, trotz subjektiver Einflüsse, i.d.R. für den Erfolg einer Entwicklungsmaßnahme günstig sein, weil der direkte Vorgesetzte den Kandidaten am besten beurteilen kann, freistellen muss und - wenn anschließend keine Versetzung erfolgt - für die Nutzung der Zusatzqualifikation zuständig ist. Die Aufstellung systematischer Zugangsregeln (z.B. nach Hierarchiestufen oder Dauer der Unternehmenszugehörigkeit) würde höchstens zufällig mit den wichtigen sachlichen Kriterien Engpassdringlichkeit und Potentialhöhe übereinstimmen. Solche Zugangsregeln wären also meistens wenig hilfreich. Im konkreten Fall werden das Budget des Unternehmens und die persönlichen Ziele der potentiellen Teilnehmer als Nebenbedingungen des Auswahlprozesses zu beachten sein.

6.5.5 Erfolgskontrolle

Olfert/Steinbuch[38] halten für die Kontrolle des Erfolges von Maßnahmen der Personalentwicklung eine Unterscheidung der folgenden zwei Maßnahmengruppen für notwendig:

- Ausbildung und Umschulung (mit Zwischen und/oder Abschlussprüfungen) und
- Fortbildung und Aufstiegsschulung (ohne Prüfungen).

Sie geben dazu folgende Gründe und Empfehlungen: In der ersten Gruppe können sehr verschiedene innerbetriebliche und außerbetriebliche Berichtshefte, Prüfungen oder Arbeitsproben Rechenschaft über den Erfolg einer Maßnahme ablegen. In der zweiten Gruppe kann durch Befragung der Teilnehmer nur die Qualität der Maßnahme beurteilt werden bezüglich

- Eignung des behandelten Stoffes
- Qualität der Stoffvermittlung
- Niveau der Maßnahme
- Güte der verteilten Unterlagen
- Nutzen für die Arbeit der Teilnehmer
- Leistung des Instruktors
- Dauer und Organisation der Veranstaltung.

Darüber hinaus kann der Erfolg in der zweiten Gruppe nur im Rahmen einer späteren Leistungsbeurteilung der Teilnehmer beurteilt werden, bei der eine zuverlässige Zuordnung eines Erfolges zu einer bestimmten Maßnahme der Personalentwicklung nur selten möglich sein wird. Die Erfolgskontrolle von Maßnahmen zur Personalentwicklung sollte auch eine Nachkalkulation mit Erfassung der entstandenen Kosten enthalten.

---

[38] *Olfert, K., Steinbuch, P.A.*, Personalwirtschaft, a.a.O., S. 318 f.

6.6 DV-Einsatz in der Personalwirtschaft

6.6.1 Lohn- und Gehaltsabrechnung

Die Lohn- und Gehaltsabrechnung sind informations- und rechenintensive Verwaltungsaufgaben, die heute überwiegend mit DV abgewickelt werden. Dabei ist zwischen Bruttolohnabrechnung und Nettolohn- und Gehaltsabrechnung zu unterscheiden.

6.6.1.1 Bruttolohnabrechnung

Die Bruttolohnabrechnung ist eng mit der betrieblichen Ablauforganisation und der Gestaltung der Fertigung verzahnt. Sie muss Lohnscheine verarbeiten, die über die gearbeitete Zeit (Zeitlohn) und/oder die Menge (Akkordlohn) je Mitarbeiter der Fertigung Auskunft geben. Dabei sind eine Vielzahl von wichtigen Einzelheiten ergänzend zu beachten. Die wichtigsten sind
- Personalnummer, Name, Vorname usw.
- Datum und Uhrzeit für die Berechnung von Feiertags- und Überstundenzuschlägen
- Gearbeitete Zeit bei Zeitlohn
- Bei Akkord gefertigte Stückzahl (nach der Qualitätskontrolle)
- Lohngruppe
- Durchschnittslohn einer bestimmten gesetzlichen Referenzperiode bei der Ermittlung von Lohnfortzahlungen im Krankheitsfall
- Nummer und Art des Arbeitsauftrags mit Produkt und Kostenstelle für die Verbuchung und Analyse der Lohnkosten
- Sonstige betriebsspezifische Angaben.

6.6.1.2 Nettolohn- und Gehaltsabrechnung

Nach der Ermittlung des Bruttolohns (oder des Gehaltsanspruchs) je Arbeitnehmer erfolgt die Nettolohnabrechnung für jeden Arbeitnehmer. Diese ermittelt seine Nettolohn- oder Nettogehaltsansprüche und veranlasst die Auszahlung i.d.R. als bargeldlose Überweisung. Dazu sind ergänzend folgende Hauptaufgaben zu lösen und Daten zu berücksichtigen:
- Stammdaten zur Person
  - Familienstand
  - Kinderzahl
  - Religion
  - Steuerklasse

  zur Ermittlung und Abführung der Steuerabzüge.
- Errechnung der Sozialversicherungsbeiträge und entsprechende Abführungen an den Versicherungsträger oder Auszahlung des Arbeitgeberanteils an den Arbeitnehmer.
- Ermittlung von Urlaubsgeld-, Prämien- und sonstigen Ansprüchen sowie Zuschüsse von vermögenswirksamen Leistungen.

In der Brutto- sowie Nettolohn- und Gehaltsabrechnung sind gesetzliche und tarifvertragliche Änderungen jeweils kurzfristig zu berücksichtigen.

6.6.2 Personalplanungs- und -informationssysteme

Die Personalplanung, und zwar insbesondere für den produktionsmengenabhängigen Bereich der sog. „produktiven" Mitarbeiter, ist ein Einsatzgebiet der DV, das seit wenigen Jahren und in Zukunft weiterhin an Bedeutung zunimmt. Dafür gibt es zwei Gründe, erstens sind die Grundlagen für eine DV-gestützte Personalbedarfsermittlung (aus Absatz- und Produktionsprogrammen) durch Einführung von ERP-Systemen erst in den letzten Jahren geschaffen oder verbessert worden und werden zunehmende Verbreitung finden und zweitens ist im Verlauf der Arbeitszeitverkürzung mit dem Ziel guter Auslastung der Fertigungskapazitäten auch das Interesse an einer Flexibilisierung der Arbeitszeiten gestiegen.

Für den DV-Einsatz in der Lohn- und Gehaltsabrechnung sowie der Personalbedarfsermittlung und der Personaleinsatzplanung im Fertigungsbereich ergeben sich die Anforderungen an die erforderlichen Daten aus der Logik der Einsatzgebiete. Ausgehend von einem Planungssystem und seinen Anforderungen kann ein entsprechendes Personalinformationssystem entwickelt werden, in das dann auch statistische Auswertungen mit dem Ziel der Problemerkennung, Optimierung und Personalförderung integriert werden können. Zu Geheimhaltungs- und Datensicherungspflichten vgl. Bundesdatenschutzgesetz und Datenschutzgesetze der Bundesländer.[39] Zur Vertiefung der Fragen des DV-Einsatzes im Personalbereich vgl. die Spezialliteratur.[40]

Fragenkatalog zu Kapitel 6

1. Erläutern Sie Entwicklungs-Phasen und Teilaufgaben der Personalwirtschaft. — 6.1.1
2. Nennen Sie übliche Modelle zur Organisation der Personalwirtschaft. — 6.1.2
3. Erläutern Sie die Rechtsgrundlagen eines Anstellungsverhältnisses. — 6.2.1
4. Erläutern Sie die Aufgaben u. Rechte des Betriebsrates gemäß BetrVG. — 6.2.2
5. Skizzieren Sie den Ablauf systematischer Personalplanung. — 6.3
6. Skizzieren Sie den Ablauf systematischer Personalkostenbudgetierung. — 6.3.2
7. Skizzieren und beurteilen Sie eine Systematik der Personalbeschaffungsarten. — 6.3.3
8. Nennen Sie die Determinanten betrieblicher Lohnfindung. — 6.4
9. Systematisieren, erläutern und bewerten Sie Arbeitsbewertungsverfahren. — 6.4.1
10. Nennen Sie die Voraussetzungen für die Anwendung von Akkordlohn. — 6.4.2.1
11. Definieren Sie alternative Formen des Akkordlohns. — 6.4.2.1
12. Erläutern Sie Vor- und Nachteile von Akkordlohn. — 6.4.2.1
13. Erläutern und bewerten Sie Prämienlohnsysteme. — 6.4.2.2
14. Entwickeln Sie ergänzende Kriterien zu gerechter Entlohnung. — 6.4.3
15. Erläutern Sie Aufgabe und Bedeutung der Personalentwicklung. — 6.5.1
16. Nennen Sie Kriterien und Schwierigkeiten der Bedarfsanalyse zur Personalentwicklung. — 6.5.2
17. Wie planen Sie Maßnahmen und Teilnehmerkreis zur Personalentwicklung? — 6.5.3
18. Welche Möglichkeiten zur Erfolgskontrolle von Personalentwicklung sehen Sie? — 6.5.5
19. Erläutern Sie die Haupteinsatzfelder der DV in der Personalwirtschaft. — 6.6
20. Erläutern und beurteilen Sie das DV-gestützte AET-Verfahren zur Tätigkeitsanalyse. — 6.4.1.2

---

[39] Bundesdatenschutzgesetz (BDSG) vom 27.1.1977, Bundesgesetzblatt I
[40] Vgl. z.B. Anwendung der DV im Personalwesen, Schriftenreihe der Deutschen Gesellschaft für Personalführung, Düsseldorf, Nr. 36, Bd. 1 und 2 (Lohn- und Gehaltsabrechnung) und Nr. 37 (Personalplanung und Personalentwicklung).

7 Finanzwirtschaft und Investition

7.1 Begriff, Aufgaben und Organisation der Finanzierung

7.1.1 Investition und Liquidität als Optimierungsaufgabe

Aus den Teilaufgaben des Betriebsprozesses und dem Wertefluss der Betriebe (vgl. Pkt.1.3) ergibt sich die Notwendigkeit zur Investition, d.h. der längerfristigen Bindung von Finanzmitteln im Unternehmen zum Zweck der Gewinnerzielung.

Während sich die **Finanzierung im engeren Sinne** auf die Gesamtheit der Kapitalbeschaffung und -rückzahlung beschränkt, trägt die **Finanzierung im weiteren, modernen Sinne** der Tatsache Rechnung, dass weniger Geld gebraucht wird, wenn weniger Vermögen eingesetzt wird. Sie bedeutet deshalb Optimierung der Aktiv- und der Passivseite der Bilanz mit dem Ziel der Sicherung von langfristiger Rentabilität und ständiger Liquidität.

Während das Kapitel 4 (Materialwirtschaft) den Hauptaufgaben der Optimierung des Umlaufvermögens gewidmet ist, beschäftigt sich der Pkt. 7.5 (Investition) mit den Optimierungsaufgaben des Anlagevermögens.

7.1.2 Merkmale und Funktionen von Eigen- und Fremdkapital

Die wesentlichen Eigenschaften von Eigen- und Fremdkapital fassen *Dornieden/May* wie folgt zusammen.[1]

Kapital / Aspekt	Fremdkapital	Eigenkapital
Haftung	auf Sicherheit hin orientiert	Risikoträger
Rechtsstellung	Gläubigerstellung	Eignerposition
Wert	Nominalwert, der auf eine bestimmte Geldsumme lautet	als Anteil an einem Sachwert realwertorientiert, abhängig vom Vermögenswert und Geschäftserfolg
Entlohnung	erfolgsunabhängig, Zinsanspruch	Beteiligung am Erfolg (Gewinn oder Verlust)
zeitliche Verfügbarkeit	Überlassung für befristete Zeit	Überlassung auf unbefristete Dauer
Kündigung	kündbar	unkündbar oder schwer kündbar
Rückzahlung	nominal bestimmbarer Rückzahlungsanspruch	Rückzahlungshöhe bleibt unbestimmt (evtl. Anteil am Liquidationserlös)
Einfluss auf Entscheidungen	in der Regel ohne Einfluss auf die Unternehmensführung	mindestens Kontrollrecht, im Übrigen mit oder ohne Einfluss gestaltbar

---

[1] *Dornieden, U., May, F.-W.*, Finanzierung, Finanzierungsvorgänge und Finanzierungsinstrumente, Wiesbaden

7.2 Finanzierungsinstrumente

Für die Beurteilung der einzelnen Finanzierungsinstrumente ist es wesentlich, zwischen der **Innenfinanzierung**, welche das Unternehmen aus eigener Kraft durchführen kann und der **Außenfinanzierung**, bei der dem Unternehmen externes Kapital zugeführt wird, zu unterscheiden.

Die folgende Tabelle gibt einen Überblick über die wichtigsten Finanzierungsarten.

Außenfinanzierung		Innenfinanzierung	
			Selbstfinanzierung
Fremdfinanzierung	Kreditfinanzierung		Rückstellungen (soweit angemessen)
	Subventionsfinanzierung		
Eigenfinanzierung	Beteiligungsfinanzierung	Kapitalfreisetzung durch - Abschreibungsgegenwerte - Rückstellungsaufwand (soweit überhöht) - Verringerung des Umlaufvermögens	Gewinnthesaurierung
			Rücklagenbildung
		Vermögensumschichtung	
Sonderformen	Leasing, Factoring, Franchising		

7.2.1 Eigenkapitalbeschaffung

Es ist zu unterscheiden zwischen Eigenkapital, das von außen in das Unternehmen einfließt und solchem, das von dem Unternehmen selbst aufgebracht wird.

Die Form der Eigenkapitalbeschaffung **von außen**, auch **Beteiligungsfinanzierung** genannt, wird weitgehend von der Rechtsform der Unternehmung bestimmt (vgl. Pkt.1.2 Rechtsformen des Unternehmens; zur Kapitalerhöhung von Aktiengesellschaften vgl. *Krabbe*[2])

Die Hauptmöglichkeiten der Eigenkapitalbeschaffung **von innen** liegen in den Instrumenten der **Selbstfinanzierung**, der Finanzierung aus **Abschreibungen** und der **Vermögensumschichtung**. Eine Vermögensumschichtung entsteht, wenn freigesetzte Zahlungsmittel aus der Reduzierung einzelner Vermögenspositionen (z.B. Bestände an Material und Forderungen) zur Finanzierung der Investition in andere Vermögensteile (z.B. Anlagen) genutzt werden. Bei dieser für die Praxis wichtigen Finanzierungsmaßnahme ist eine eventuell auftretende Veränderung der Bindungsfristen zu beachten.

---

[2] *Krabbe, E.*, Leitfaden zum Grundstudium der Betriebswirtschaftslehre, 3. erw. und verb. Aufl., Gernsbach

7.2.2 Fremdkapitalbeschaffung

Merkmale der wichtigsten Fremdkapitalarten

(1) **Kurzfristige Kreditarten (Laufzeit < 1 Jahr)**

Kriterium / Kreditart	Abwicklung	Merkmale	Kosten	Sicherung
Lieferantenkredit	Lieferant gewährt Zahlungsaufschub	hohe Kosten, einfache Kreditgewährung ohne Kreditwürdigkeitsprüfung	% p.a. = 360 x Skontosatz / (Zahlungsziel – Skontofrist)	meist Eigentumsvorbehalt
Kundenkredit	Kunde leistet Vorauszahlung auf eine zu liefernde Ware	zur Vorfinanzierung der Fertigungskosten und als gewisse Sicherung der Endabnahme	kalkulatorische Zinsen	häufig Bankbürgschaft
Kontokorrentkredit	Kreditnehmer darf sein bei einem Kreditinstitut bestehendes Konto bis zu einem Maximalbetrag überziehen	Kredithöhe von Kreditnehmer flexibel wählbar	Sollzins, Kredit-, Überziehungsprovision, eventuell Barauslagen	Bürgschaft, Pfandrecht, Grundpfandrecht, Zession, Sicherungsübereignung
Avalkredit	Kreditinstitut übernimmt Haftung für eine Verbindlichkeit des Kreditnehmers gegenüber einem Dritten	Kreditinstitut haftet für eine Eventualverbindlichkeit, Kreditnehmer bleibt Hauptschuldner	Avalprovision (1 bis 3,5 % p.a.)	Bürgschaft, Garantie
Lombardkredit	Kreditgewährung gegen Verpfändung von Wertpapieren, Waren oder Forderungen	einsetzbar bei ausgeschöpften Kreditlinien	Lombardsatz (ca. 1 % über Diskontsatz), Kreditprovision	Pfandrecht
Factoring	Unternehmen verkauft Forderungen an Finanzierungsinstitut	Unternehmen wird von Verwaltungsaufwand entlastet	Zinsen für Bevorschussung, Gebühr für die Dienstleistungen	abgetretene Forderungen dienen als Sicherung

(2) **Kurzfristige Exportfinanzierung**

Der **Rembourskredit**, eine Form des Wechselkredites, ist eine im Außenhandel wichtige Form der kurzfristigen Fremdfinanzierung. Er wird häufig mittels eines **Dokumentenakkreditives** abgewickelt. Der Importeur weist hierbei seine Bank an, bei der Bank des Exporteurs den notwendigen Geldbetrag zur Verfügung zu stellen. Dieser wird dann gegen Vorlage entsprechender Dokumente an den Exporteur ausgezahlt. Dadurch wird dem Exporteur die Bezahlung der Ware gesichert, ohne dass er die Zahlungsfähigkeit seines Kunden prüfen muss.

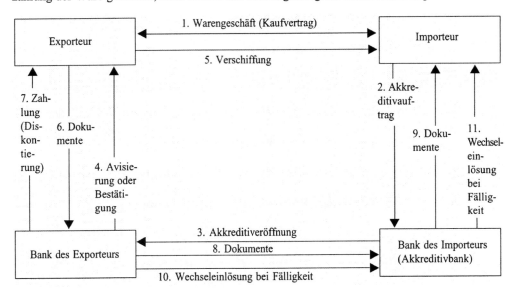

(3) **Langfristige Kreditarten (Laufzeit > 4 Jahre)**

Kriterium / Kreditart	Abwicklung	Merkmale	Kosten (neben Zinsen)	Sicherung
Darlehen	wird gewährt von Kreditinstituten und Bausparkassen	sorgfältige Kreditwürdigkeitsprüfung	Schätzkosten, Beurkundungs-, Grundbucheintragungs- und -löschungsgebühren	Grundpfandrecht
Anleihe	Ausgabe von Teilschuldverschreibungen	Laufzeit 10 - 20 Jahre, publizitätspflichtig	Emissionskosten	Negativklausel, Grundpfandrecht
Schuldscheindarlehen	wird gewährt von Kapitalsammelstellen (z.B. Lebensversicherungsanstalten)	flexible Anpassung an Kapitalbedarf, keine Publizitätspflicht	Vermittlungsprovision, Treuhand-, Beurkundungs-, Grundbucheintragungs- und -löschungsgebühren	Deckungsstockfähigkeit

Daneben gewinnen folgende Sonderformen langfristiger Fremdfinanzierung zunehmend an Bedeutung:

Finanzierungsinstrumente 389

(4) Leasing
Unter Leasing versteht man das befristete Vermieten von Wirtschaftsgütern zwischen einem Leasinggeber und einem Leasingnehmer, dessen Ablauf sich wie folgt darstellen lässt.[3]

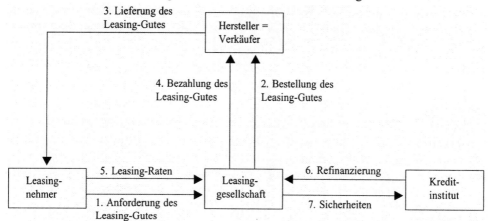

Eine besondere Form des Leasing ist das „Sale-and-lease-back", bei dem Vermögensteile an eine Leasinggesellschaft verkauft und gleichzeitig von ihr zurückgemietet werden. Dieses Verfahren bietet nur eine vorübergehende Finanzierungshilfe, da es zwar liquiditätsfördernd, aber aufgrund höherer Gesamtkosten längerfristig ertragsschädlich ist.
Folgender Vergleich von Kreditkauf, Barkauf und Leasing - mit praxisnahen Zahlen - zeigt, dass Leasing eine Investition ermöglichen kann, aber üblicherweise nicht die rentabelste Form der Finanzierung darstellt:
Es soll eine Maschine finanziert werden, deren Anschaffungswert 800 T€ beträgt und die eine voraussichtliche Nutzungsdauer von 8 Jahren hat. Aus der Nutzung der Maschine entstehen pro Jahr Einnahmen von 190 T€.

Kreditkauf
Kreditsumme 800 T€
Laufzeit   8 Jahre
Zinsen   8 %
Tilgung   8 gleiche Jahresraten

Leasing
Grundmietzeit   5 Jahre
Abschlussgebühr   9 %
monatliche Leasingraten 2,6 %
Verlängerungsmiete   25 T€ pro Jahr

	Angaben in T€						
	Ausgaben				Kumulierte Überschüsse		
Jahr	Bar	Kredit	Leasing	Einnahmen	Bar	Kredit	Leasing
0	800	0	0,0	0	- 800	0	0,0
1	0	164	321,6	190	- 610	26	- 131,6
2	0	156	249,6	190	- 420	60	- 191,2
3	0	148	249,6	190	- 230	102	- 250,8
4	0	140	249,6	190	- 40	152	- 310,4
5	0	132	249,6	190	150	210	- 370,0
6	0	124	25,0	190	340	276	- 205,0
7	0	116	25,0	190	530	350	- 40,0
8	0	108	25,0	190	720	432	125,0
Summe	800	1.088	1.395,0	1.520			

---
[3] Entnommen aus: *Olfert, K.*, Finanzierung, Ludwigshafen

(5) **Franchising**

Der Franchisenehmer erhält gegen Zahlung einer einmaligen Gebühr sowie eines Anteils seines Umsatzes (1-3 %) das Recht, bestimmte Waren unter Verwendung des Namens, der „corporate identity" und sonstiger Schutzrechte des Franchisegebers anzubieten. Er profitiert dabei vom technischen und gewerblichen Know-how, von der Vertriebsorganisation und vom Image des Franchisegebers. Das Franchising bietet dem Franchisegeber bei **geringem Einsatz von finanziellen Mitteln** und Personal die Möglichkeit rascher Expansion bei gleichzeitiger Abwälzung des Geschäftsrisikos auf den Franchisenehmer.

7.2.3 Rating

Fremdfinanzierungen sind für Kreditgeber mit Risiken verbunden. Vor einer Kreditbereitstellung prüfen sie deshalb die Kreditwürdigkeit der Kreditnehmer. Banken bemühen sich um eine besonders aussagefähige Kreditwürdigkeitsprüfung vor Kreditvergabe, um die Risiken einer nur teilweisen oder vollständigen Nichtrückzahlung (**Verlustrisiko, Adressausfallrisiko**) oder einer verspäteten Rückzahlung (**Liquiditätsrisiko**) des Kredites durch den Kreditnehmer zu minimieren.

Banken sind Kreditwürdigkeitsprüfungen (Bonitätsprüfungen) durch das Kreditwesengesetz (KWG) seit jeher vorgeschrieben. Nach der 1988 erlassenen Regel des Baseler Ausschuss für Bankenaufsicht (**BASEL I**) sind Banken derzeit verpflichtet, Kredite an Firmenkunden mit einem einheitlichen Bonitätsgewicht von 100 % zu gewichten und für solche Kredite einheitlich 8 % als Eigenkapitalhinterlegung nachzuweisen. **Basel II** verpflichtet die Banken (ab 2006 lt. Planung), Adressausfallrisiken in Abhängigkeit der Bonität festzulegen. Je schlechter die Bonitätseinstufung (Rating), desto mehr Eigenkapital der Bank wird gebunden und desto teurer wird bei gleichem Gewinnanspruch der Bank der Kredit. Die Bankensysteme streben bankinterne eigene Ratings an (Internal Rating Based Approach, sog. IRB-Ansatz).

(1) **Ziele und Vorgehensweisen bei Ratings**

Ratings sind Krediturteile über Bonität und wirtschaftliche Lage von Unternehmen insbesondere im Hinblick auf deren künftige Zahlungsfähigkeit. Sie sollen standardisiert, objektiviert, aktuell und nachvollziehbar sein.[4] Mit dem Unternehmens-Rating soll die Wahrscheinlichkeit prognostiziert werden, mit der ein Unternehmen seinen künftigen Zahlungsverpflichtungen pünktlich und vollständig nachkommen kann.

Aus quantitativen und qualitativen Unternehmensdaten wird ein Überblick über Unternehmensstärken und -schwächen und die Chancen und Risiken im Unternehmensumfeld gewonnen und zu einer einzigen Kennzahl verdichtet. Auf Basis dieser Kennzahl werden anschließend die Kreditkonditionen festgelegt. Anzahl und Bezeichnung der Rating-Klassen sind nicht einheitlich geregelt. Je nach Bankensystem gibt es zwischen 8 bis 25 Rating-Klassen. Die Klassenbezeichnung sind entweder Buchstaben (AAA, AA, ...), Ziffern (1, 2, ...) oder Kombinationen (AA1, AA+, ...). Ein direkter Vergleich der Rating-Ergebnisse verschiedener Banken oder Rating-Agenturen ist deshalb nicht möglich.

---

[4] Vgl. *Füser, K., Heidusch, M.,* Rating - Einfach und schnell zur erstklassigen Positionierung Ihres Unternehmens, Planeggg/München, S. 28

(2) Bestimmungsfaktoren des Rating-Urteils

Bestimmungsfaktoren sind die Art der Bewertungskriterien, deren Gewichtung (Einfluss des Kriteriums auf das Rating-Urteil) sowie die Bewertungsfaktoren. Bewertungskriterien lassen sich in qualitative und quantitative Kriterien unterscheiden. Das relative Gewicht dieser beiden Gruppen und innerhalb der Gruppen für das jeweilige Bewertungskriterium bestimmt das Rating-Urteil in entscheidendem Maße. Während die Bewertungskriterien der verschiedenen Bankensysteme sich weitgehend ähneln, unterscheiden sich die Kriteriengewichtungen, die den Unternehmen nicht offen gelegt werden. Bei gleichen Unternehmensdaten kann es deshalb zu unterschiedlichen Rating-Einstufungen kommen. Die Anforderungen verschiedener Bankensysteme werden bei *Füser/Heidusch* detailliert aufgeführt.[5] Zusammenfassend lassen sich danach folgende Bewertungskriterien unterscheiden:

Qualitative Kriterien	Quantitative Kriterien
• Branche und Wettbewerbssituation • Produkte und Marktstellung • Management und Strategie • Prognosen und Prognosestabilität • Kommunikation und Transparenz • Unternehmensorganisation • Rechnungswesen und Controlling	Aus Bilanzen, GuV und BWA der letzten 3 - 5 Jahre werden Kennzahlen gewonnen über • Vermögenslage • Ertragslage • Finanzlage

(3) Ablauf des Rating-Prozesses

Qualitative Kriterien werden durch Fragenkataloge erfasst und nach subjektiver Einschätzung des Firmenkundenberaters der Bank bewertet. Zu den Fragebögen haben die Firmenkundenberater Leitfäden, in denen in Abhängigkeit von Firmengrößen vorgegeben wird, welche qualitativen Fragen einzubeziehen sind. Zur Beurteilung der Management-Qualifikation werden so beispielsweise Fragen nach der fachlichen und persönlichen Qualifikation der Unternehmensführung gestellt: Branchenerfahrung/kaufmännische Qualifikation, Führungsstruktur, Entscheidungskompetenz, Qualifikation der 2. Ebene, Zuverlässigkeit, etc. Den qualitativen Kriterien wird eine größere Bedeutung für das Rating-Urteil beigemessen.

Quantitative Daten basieren auf Auswertungen eingereichter Bilanzen, Gewinn- und Verlustrechnungen (GuV) und den betriebswirtschaftlichen Auswertungen (BWA) der Steuerberater aus Buchführungsdaten. Gefordert werden Daten aus den letzten 3 bis 5 Jahren sowie für 1 bis 2 Planjahre.

Mit Hilfe externer und interner Quellen reichert die Bank die durch eingereichte Unterlagen, Kreditgespräch und Betriebsbesichtigung erhobenen Daten an, um eine möglichst objektive und marktgerechte Bewertung zu erhalten. Externe Quellen sind z.B. *SCHUFA*, Verein Creditreform, Bürgel-Wirtschaftsinformationen, Feri Research (Branchenprognosen). Wichtigste interne Informationsquelle sind Analysen der Kontodaten und des Zahlungsverhaltens. Oft deuten sich Zahlungsschwierigkeiten in den Kontobewegungen bereits an, auch wenn im Jahresabschluss noch keine Auffälligkeiten zu bemerken sind. Wichtig sind auch das frühere Verhalten und die Glaubwürdigkeit des Unternehmens.

Nach der Datenerfassung wird das Unternehmen zunächst im Hinblick auf K.o.-Kriterien und Warnhinweise überprüft. Die Unterteilung ist nicht bei allen Banken gleich. K.o.-Kriterien führen zur Einordnung in die schlechteste Risikoklasse und damit zur Ablehnung des Kreditantrages. Dies gilt insbesondere für Kreditkündigungen, Kontopfändungen und negative *SCHUFA*-Auskünfte. Kontoüberziehungen und negative Erfahrungen gelten dagegen bei der

---
[5] *Füser, K., Heidusch, M.*, a.a.O.

einen Bank als Warnhinweis, bei der anderen als K.o.-Kriterium. Die Folgen von Warnhinweisen sind je nach Bankensystem unterschiedlich: von Punktabzügen (BVR II-Rating) über Abstufungen um eine bestimmte Anzahl von Rating-Klassen (DSGV-Rating) bis zur Zuordnung einer maximal zulässigen Rating-Klasse. Sie führen zu deutlichen Beeinträchtigungen des Rating-Urteils und damit zu erheblichen Erhöhungen der Kreditzinsen. Warnhinweise sind z.B. lange und/oder nicht vereinbarte Kontoüberziehungen, Rücklastschriften, Scheckrückgaben, unzureichende Liquidität, unzureichende Zuverlässigkeit, fehlende Vertrags- und/oder Termintreue, fehlende und/oder nicht aussagefähige Unternehmensdaten und -pläne.

Aus den Jahresabschlüssen erstellen Banken i.d.R. Strukturbilanzen und Struktur-GuVs, in denen wichtige Größen in standardisierter Form dargestellt werden, um eine vergleichende Bewertung des Unternehmens mit Branchendaten vornehmen zu können. Aus den Daten der Strukturbilanz und der Struktur-GuV werden eine Reihe von Kennzahlen gebildet, die die Beurteilung der Vermögens-, Ertrags- und Finanzlage des Unternehmens im Zeitablauf sowie im Vergleich mit „branchenüblichen" Durchschnitten erlauben. Die Auswertung erfolgt nach Eingabe der Daten i.d.R. DV-gestützt und ist der „objektivste" Teil des Rating.

Die Einzelkriterien werden zunächst zu Gruppen (Teilscores) und weiter zum Gesamturteil verdichtet. Da Auswahl, Anzahl und Gewichtung der Einzelkriterien und Teilscores von Bank zu Bank je nach deren Schwerpunkten differieren, führen gleiche Daten zu unterschiedlichen Rating-Urteilen.

Aus der Bewertung der Sicherheiten gewinnt die Bank ein weiteres Urteil über die Sicherheitslage. Das Basler Konsultationspapier wird festlegen, welche Sicherheiten bei welchem Ansatz in welcher Höhe für die Bewertung der Sicherheitslage herangezogen werden dürfen. Art und Höhe werden derzeit noch diskutiert.

Im Kreditvertrag werden die Einzelheiten der Kreditvergabe geregelt. Hierin ist z.B. vermerkt, ob der Bank ein außerordentliches Kündigungsrecht zusteht, wenn sich die Rating-Einstufung verschlechtert. Nach dem Basler Konsultationspapier sind Ratings mindestens einmal jährlich zu erneuern. Bei Unternehmen mit schlechten Ratings müssen diese in kürzeren Zeitabständen aktualisiert werden. Wenn die Bank sich im Vertrag ein außerordentliches Kündigungsrecht ausbedungen hat, führt dies zur sofortigen Verschlechterung der Kreditkonditionen oder dazu, dass die Bank keine Kreditlinie mehr zur Verfügung stellt. In diesem Fall ist die Unternehmensexistenz gefährdet.

Die Unternehmen werden ihr Rating-Urteil künftig von Banken erhalten, ohne dass sie die Möglichkeit haben, hierauf maßgeblich Einfluss zu nehmen. Ein einmal erstelltes Rating kann nur schwer und vor allem nicht zeitnah durch ein neues Rating verbessert werden. Das Rating hat Einfluss auf die Kreditkonditionen über einen längeren Zeitraum (so lange, bis ein neues Rating vorliegt). Die Rating-Einstufung kann zu einer erheblichen Verschlechterung der Kreditkonditionen führen.

(4) Folgerungen für die Unternehmenspraxis

Aus den vorstehenden Ausführungen wird deutlich, dass sich Unternehmen qualifiziert auf ein Rating vorbereiten müssen und dass es empfehlenswert ist, wichtige Rating-Kriterien und Kennzahlen vorausschauend steuernd zu beeinflussen und im Tagesgeschäft zu "controllen". Dieses führt nicht nur zu einer besseren Rating-Einstufung mit günstigeren Kreditkonditionen sondern auch zu einer Verbesserung der Zukunftsfähigkeit der Unternehmen.

Sinnvoller als nachträgliche Maßnahmen sind vorbeugende Aktivitäten die zur Verbesserung der Rating-Einstufung führen können. Die Vorbereitung auf ein Rating erfordert, sich intensiv mit den Stärken und Schwächen des Unternehmens und den Chancen und Risiken in der Unternehmensumwelt auseinander zu setzen und bietet die Chance, die Erfolgspotenziale zu erkennen und im Markt zu nutzen.

KMU werden in besonderem Maße umdenken müssen, weil hier Maßnahmen und Methoden zur langfristigen Unternehmenssteuerung oft nur unzureichend ausgebildet und erprobt sind. Banken und Öffentlichkeit werden die Leistungsfähigkeit der Unternehmen künftig nicht mehr nur anhand der Daten des Jahresabschlusses beurteilen sondern auch anhand der Management-Qualität, die mit in das Rating-Urteil einfließt.

7.2.4 Instrumente der Kreditsicherung

Fremdfinanzierungen sind für Kreditgeber mit Risiken verbunden. Vor einer Kreditbereitstellung prüfen sie deshalb, welche Sicherheiten Kreditnehmer bereitstellen können und wie wertbeständig diese Sicherheiten sind. *Krabbe* fasst die Möglichkeiten der Gewährung von Sicherheiten wie folgt zusammen.[6]

Form	Kennzeichnung	typ. Anwendung
Eigentumsvorbehalt	Verkäufer behält sich Eigentum an der verkauften Sache bis zur vollständigen Bezahlung vor. Eigentumsübertragung unter aufschiebender Bedingung.	Lieferantenkredit
Verlängerter Eigentumsvorbehalt	Käufer tritt an den Vorbehaltsverkäufer die Forderung aus der Weiterveräußerung der Ware ab.	
Sicherungsübereignung	Übertragung des Eigentums von genau bestimmten Sicherungsgütern an Kreditgeber. Tatsächliche Übergabe wird nicht vorausgesetzt.	Kontokorrentkredit
Sicherungsabtretung	Abtretung von Forderungen des Zedenten (Kreditnehmer) zur Sicherung einer Forderung des Zessionars (Kreditgeber). Schuldner muss nicht benachrichtigt werden (stille Zession). Bei Globalzession werden gegenwärtige und zukünftige Forderungen gegenüber bestimmten Schuldnern abgetreten.	Kontokorrentkredit
Verpfändung	Ausstellung eines Pfandrechts auf bewegliche Vermögenswerte. Da Übergabe der Sache an Gläubiger erfolgt, eignen sich nur wenige Vermögenswerte. Häufig Verpfändung von Wertpapieren.	alle Formen des Lombardkredites; Kontokorrentkredit
Grundpfandrechte	Dingliches Recht an Grundstücken (i.d.R. gewerblich genutzten oder verpachteten). Schuldner muss nicht Eigentümer des belasteten Grundstücks sein. Eintragung im Grundbuch, wobei Reihenfolge der Eintragung den Rang bestimmt. Pfandrecht in der Form der Hypothek, Grundschuld oder Rentenschuld. Hypothek: an bestimmte Forderung gebunden Grundschuld: unabhängig von bestimmter Forderung, kann unabhängig von Kreditinanspruchnahme bestehen bleiben.	Anleihen; Schuldscheindarlehen
Bürgschaft	Bürge verpflichtet sich per Vertrag gegenüber dem Gläubiger eines Dritten (Hauptschuldner), für die Verbindlichkeiten des Dritten einzustehen.	Avalkredit; Anleihen

---

[6] *Krabbe, E.*, a.a.O.

7.3 Hauptkriterien finanzpolitischer Optimierung

Eine wichtige Maßnahme zur Liquiditätssicherung ist das Prinzip der **Fristenkongruenz**, das die Übereinstimmung der Kapitalbeschaffungs- und -verwendungsfristen fordert, d.h., dass mit dem zur Verfügung stehenden Kapital nur solche Objekte finanziert werden dürfen, bei denen die Bindungsdauer des Kapitals kleiner oder gleich der Überlassungsdauer ist. Dabei ist zu bedenken, dass einerseits einige Investitionen nach ihrem Ablauf Anschlussinvestitionen erforderlich machen, andererseits sich die Dauer einer Kreditgewährung durch wiederholte Verlängerung erheblich vergrößern kann, wenn der Kapitalgeber zustimmt.

Bei konstantem Gesamtkapitalbedarf kann die Eigenkapitalrentabilität durch Substitution von Eigenkapital durch Fremdkapital erhöht werden, solange die Fremdkapitalzinsen (genauer: Fremdkapitalkosten) niedriger sind als die Gesamtkapitalrentabilität. Diese Wirkung wird als **Leverage-Effekt** bezeichnet. Das Optimum ist erreicht, wenn der Kostensatz des Fremdkapitals gleich der Rentabilität des Eigenkapitals ist.

Im folgenden Beispiel seien als Werte angenommen.
Gesamtkapital 300.000 €
Gesamtkapitalrentabilität 15 %

Eine Gesamtkapitalrentabilität von 15 % entspricht einem Brutto-Gewinn von 45.000 €, aus dem sich der Netto-Gewinn durch Abzug der Fremdkapitalzinsen ergibt. Es wird angenommen, dass die Fremdkapitalzinsen mit wachsender Fremdkapitalaufnahme steigen und vereinfachend mit einer schrittweisen Zunahme des Fremdkapitalanteils von jeweils 40.000 € gerechnet.

Eigenkapital (€)	Fremdkapital (€)	Fremdkapitalzinsen (%)	Fremdkapitalzinsen (T€)	Nettogewinn (T€)	Eigenkapitalrentabilität (%)
300.000	0	–	–	45.000	15,00
260.000	40.000	8	3.200	41.800	16,08
220.000	80.000	10	8.000	37.000	16,82
180.000	120.000	12	14.400	30.600	17,00
140.000	160.000	14	22.400	22.600	16,14

Der optimale Fremdkapitalanteil beträgt also ungefähr 120.000 €, da bei diesem die höchste Eigenkapitalrentabilität erzielt wird.

Wird zusätzlich die Möglichkeit der externen Anlage des durch Fremdkapital ersetzten Eigenkapitals berücksichtigt, so ist die Substitution sinnvoll, solange die Fremdkapitalzinsen kleiner als die gesamte Eigenkapitalrentabilität aus Gewinn plus externer Verzinsung sind.

Bei Ausnutzung des Leverage-Effektes ist zu beachten, dass aufgrund der hohen akquisitorischen Wirkung des Eigenkapitals insbesondere in Krisenzeiten der Eigenkapitalanteil nicht zu weit gesenkt werden sollte. Das Kriterium der Fristenkongruenz ist stets als zwingende Bedingung zu beachten.

7.4 Finanzplanung

7.4.1 Aufgaben, Elemente und Grundsätze

Die Finanzplanung gehört zu den wichtigsten Teilaufgaben der Unternehmenssicherung. Sie hat die Aufgabe, ausgehend von einer sparsamen, auf den Betriebszweck ausgerichteten Planung und Gestaltung der Mittelverwendung (der Aktivseite der Bilanz), eine entsprechende Herkunft und Beschaffung der Finanzmittel (der Passivseite der Bilanz) systematisch so vorzubereiten, dass die Hauptziele der finanzwirtschaftlichen Optimierung, Rentabilität und Liquidität zusammen mit den jeweils gültigen Nebenbedingungen erreicht und dadurch der Bestand des Unternehmens lang-, mittel- und kurzfristig nicht durch Zahlungsunfähigkeit bedroht wird.

Um eine zuverlässige Wahrnehmung dieser Aufgaben sicherzustellen, müssen Finanzpläne unterschiedlicher Fristigkeit erstellt und systematisch verknüpft werden. Dabei geht es darum, die relativ hohe Unsicherheit der Erwartungen, die in der langfristigen Finanzplanung in Bezug auf bestimmte Einnahmen wie umsatzabhängige Eingänge von Kundenzahlungen sowie einige Ausgaben, beispielsweise erfolgsabhängige Investitionen oder Tantiemen, bestehen, schrittweise zu reduzieren. Das geschieht durch eine laufende Anpassung der mittel- und kurzfristigen Planung auf der Grundlage inzwischen realisierter und bekannter Ist-Werte. Dieses Verfahren heißt „rollende Planung". In Bezug auf die Fristigkeit der zu verknüpfenden Finanzpläne haben sich folgende zeitliche Abgrenzungen bewährt:

Langfristig: Auf Grundlage der Planung der betriebsnotwendigen Investitionen erfolgt im Rahmen der strategischen Unternehmensplanung eine langfristige Festlegung der Finanzmittelverwendung im Anlage- und Umlaufvermögen. Ausgehend von dieser Kapitalbindungsplanung muss eine ebenfalls langfristige Planung der bezüglich Haftung und Fristigkeit entsprechenden Kapitalbeschaffung und -herkunft erfolgen. Dabei besteht die Hauptaufgabe der Planung darin, einerseits die Relation zwischen Eigen- und Fremdkapital zu optimieren und andererseits durch angemessene Gestaltung der Fristigkeiten des Fremdkapitals dafür zu sorgen, dass die Finanzierung insgesamt nicht nur rentabel erfolgt, sondern auch stets den Anforderungen der kreditgebenden Banken gerecht wird.

Die vorgenannten Planungsschritte vollziehen sich im Rahmen von Planbilanzen für mehrere Jahre. Bevor diese aufgestellt werden können, müssen praktisch für jedes Planjahr Erfolgsplanungen (Plan-Gewinn- und Verlustrechnungen) erstellt werden, aus denen der Saldo aus den jährlichen Ausgaben und Einnahmen aus dem Betriebsprozess abgeleitet werden muss. Die so ermittelten Nettoeinnahmen eines Jahres heißen Cash Flow und stehen für die Selbstfinanzierung zur Verfügung. Nur der darüber hinausgehende Finanzbedarf eines Jahres muss extern finanziert werden.

Mittelfristig: Im Rahmen der operativen Unternehmensplanung, vielfach auch als „Budgetierung" bezeichnet, muss nach der gleichen Logik wie in der langfristigen Finanzplanung eine Planung der Investitionen (in Anlage- und Umlaufvermögen) und des entsprechenden Kapitalbedarfs erfolgen. Ausgehend von der Plan-Gewinn- und Verlustrechnung werden die erfolgsabhängigen Zahlungsströme für ein Jahr und Quartale geplant und der Kapitalbedarf ermittelt, der extern finanziert werden muss.

Die mittelfristige Finanzplanung für ein Jahr ist am weitesten verbreitet und sollte auch für jedes mittlere und kleine Unternehmen vorgenommen werden.

Kurzfristig: Für die kurzfristige Sicherung der Zahlungsbereitschaft sind Liquiditätsvorschauen für jede Woche sowie unter Umständen für einzelne Tage zu erstellen. Diese sind i.d.R. keine vollständigen Finanzpläne, sondern Zahlungseingangs- und -ausgangsvorschauen als Grundlage für die kurzfristige Finanzdisposition und -optimierung durch Ausgleich von Unterdeckungen und externe Anlage von Überdeckungen.

Die erläuterten Zusammenhänge seien an folgendem elementaren Beispiel und Schema von *Chmielewicz*[7] einprägsam verdeutlicht. Folgende Eröffnungsbuchungen, Geschäftsvorfälle

---

[7] *Chmielewicz, K.*, Betriebliches Rechnungswesen 1, Finanzrechnung und Bilanz, RoRoRo-Studium, Reinbek bei Hamburg

und Abschlussbuchungen sind vorzunehmen.

I. **Eröffnungsbuchungen**
1. Aktive Bestandskonten
   (Vermögen) Anfangsbestand   1.900,-
2. Passive Bestandskonten
   (Schulden) Anfangsbestand   2.000,-
3. Zahlungsmittel Anfangsbestand   100,-

III. **Periodenliquidität**
1. Anfangsbestand an
   Zahlungsmitteln   100,-
2. Aufwandsgleiche Ausgaben ./.   800,-
3. Ausgaben für
   Vermögenszugang./.   500,-
4. Ertragsgleiche Einnahmen +   1.000,-
5. Einnahme aus Kreditaufnahme   300,-
6. Endbestand an Zahlungsmitteln   100,-

II. **Geschäftsvorfälle**
1. Aufwandsgleiche Ausgabe   800,-
2. Ausgabe für Vermögenszugang   500,-
3. Ertragsgleiche Einnahme   1.000,-
4. Einnahme aus Kreditaufnahme   300,-

IV. **Abschlussbuchungen**
1. Erträge auf Erfolgskonto
   (GuV)   1.000,-
2. Aufwand auf Erfolgskonto
   (GuV)   800,-
3. Vermögen auf Bilanz   2.400,-
4. Schulden auf Bilanz   2.300,-
5. Saldo des Erfolgskontos
   (GuV) auf Bilanz   200,-
6. Endbestand an Zahlungsmitteln,
   Saldo der Liqudiätsrechnung
   auf Bilanz   100,-

Die buchhalterischen Zusammenhänge und Abläufe sind nach dem Studium der Rechnungswesengrundlagen (vgl. Kapitel 8.1) einfach nachvollziehbar und können in Kontoform und schematisch wie folgt dargestellt werden.

Soll	Einnahmenkonto	Haben
AB	100,-	EB 1.400,-
(A-3)	1.000,-	
(A-4)	300,-	

Soll	Ausgabenkonto	Haben
EB	1.300,-	(A-2) 800,-
		(A-5) 500,-

Soll	Aktivkonto = Vermögenskonto	Haben
AB	1.900,-	EB 2.400,-
(A-5)	500,-	

Soll	Passivkonto = Schuldenkonto	Haben
EB	2.300,-	AB 2.000,-
		(A-4) 300,-

Soll	Aufwandskonto	Haben
(A-2)	800,-	EB 800,-

Soll	Ertragskonto	Haben
EB	1.000,-	(A-3) 1.000,-

Zusammenhang von Finanzrechnung, Bilanz und Erfolgsrechnung

Finanzrechnung		Bilanz		Erfolgsrechnung	
Perioden-Einnahmen (1300)	Perioden-Ausgaben (1300)	Vermögen = Aktiva (ohne Geld) (2400)	Schulden = Passiva (2300)	Perioden-Aufwand (800)	Perioden-ertrag (1000)
Anfangs-bestand (100)	Finanzsaldo = Liquiditätssaldo oder -reserve = Geldvermögen (100)			Erfolgssaldo = Gewinn (200)	

Einer vertieften Einarbeitung in die aufgezeigten Planungsaufgaben unter Praxisbedingungen dient die Fallstudie, Drei-Jahresplanung, unter Pkt. 10.1.4 im Teil III.

Finanzplanung

7.4.2 Ermittlung des Kapitalbedarfs

Bei der Ermittlung des Kapitalbedarfs ist grundsätzlich zwischen der Planung eines neuen Unternehmens und der Planung im bestehenden Unternehmen zu unterscheiden. Im bestehenden Unternehmen liefert die gegebene Vermögensstruktur vergleichsweise zuverlässige Ausgangsdaten für die ergänzende Planung der zukünftigen Verringerung oder Erhöhung in Verbindung mit den jeweils geplanten Unternehmensaktivitäten. Hierfür bietet die Drei-Jahresplanung unter Pkt. 10.1.4 praxisnahe und nachvollziehbare Daten und Planungsinhalte.

Schwieriger ist die Kapitalbedarfsplanung im Fall einer Neugründung. Die erforderliche Kapitalbindung im Anlagevermögen kann noch relativ einfach auf der Grundlage seriöser Investitionsplanungen erfolgen, für die i.d.R. recht verlässliche Angebote eingeholt werden können. Die Hauptschwierigkeit liegt in der vielfach vernachlässigten Prognose und Planung des Kapitalbedarfs zur Finanzierung des betrieblichen Umlaufvermögens. Hier müssen erhebliche Unsicherheiten in Bezug auf die Dauer der betrieblichen Prozessabläufe (Durchlaufzeiten) sowie die Zahlungsgewohnheiten der Kunden mit den daraus resultierenden Unwägbarkeiten für den Finanzbedarf überbrückt werden.

7.4.2.1 Kapitalbedarf zur Finanzierung des Anlagevermögens

Die Planung des Kapitalbedarfs zur Finanzierung des Anlagevermögens geht aus von den technischen Unterlagen für geplante Investitionsvorhaben, ergänzt um die in dem Zusammenhang geplanten Ausgaben für die Beschaffung, den Aufbau und Anlauf der Anlagen. Im bestehenden Unternehmen sind zusätzlich die gemäß Bilanz bereits bestehenden Posten des Anlagevermögens zu finanzieren. Außerdem sind Anlagenabgänge innerhalb der Planungsperioden mit ihren Veräußerungserlösen bedarfsmindernd zu berücksichtigen.

7.4.2.2 Kapitalbedarf zur Finanzierung des Umlaufvermögens

(1) **Haupteinflussfaktoren**

Die Lieferfristen auf den Beschaffungsmärkten, die produkt- und technologiebedingten Durchlaufzeiten der Fertigung und die branchenüblichen Zahlungsgewohnheiten der Kunden bestimmen wesentlich die Möglichkeit eines Unternehmens zur Minimierung seiner Bestände im Umlaufvermögen. Dabei ist es für bestehende Unternehmen notwendig, ausgehend vom Umlaufvermögen des laufenden Jahres, Rationalisierungsmöglichkeiten in den Beständen - in Verbindung mit konkreten Optimierungsaufgaben (Asset Optimization) mit realisierbaren Terminvorgaben - zu planen und in einem weiteren Schritt die zusätzlichen Investitionen in das Umlaufvermögen festzulegen. Diese pflegen sich insbesondere mit Kapazitätserweiterungen der Produktion, dem Fertigungsanlauf neuer Produkte sowie als Folge expansiver Verkaufspolitik mit großzügiger Gewährung von Zahlungszielen zu ergeben.

Die wichtigste Voraussetzung einer Optimierung des Kapitalbedarfes für diesen Bereich ist es, bei allen Beteiligten einen gemeinsamen Willen zur Erreichung gemeinsam akzeptierter Optima zu schaffen und durch laufendes Controlling wach zu halten. Formale Rechnungen allein helfen wenig. Vielmehr geht es darum, akzeptierte Ziele im Team gegen stets heftig wirksame Störeinflüsse von außen laufend zu verteidigen. Zur Definition dieser Ziele und Objektivierung des Machbaren können folgende Methoden als Grundlage von Nutzen sein.

(2) Kumulative Methode

Das einfachste Verfahren zur Ermittlung des erforderlichen Umlaufvermögens errechnet für die einzelnen Positionen des Umlaufvermögens die Periodengesamtwerte und dividiert diese durch die Zahl der Tage der Periode. Die so ermittelten Werte werden mit der Laufzeit in Tagen multipliziert, die die jeweiligen Vermögenspositionen im Betrieb durchschnittlich gebunden sind. Die Berechnung erfolgt nach der Formel

Umlaufkapitalbedarf = Kapitalgebundenheit (in Tagen) x durchschnittliche tägliche Ausgaben

Die Kapitalgebundenheit ergibt sich dabei aus der Addition der durchschnittlichen Kapitalbindung in den einzelnen Teilbereichen abzüglich der durchschnittlichen Kreditorenzieldauer. *Koch*[8] weist darauf hin, dass bei diesem sehr groben Verfahren der Kapitalbedarf nur ungenau und systematisch zu hoch errechnet wird, weil ihm die Annahme zu Grunde liegt, dass die Ausgaben in jedem Teilbereich jeweils vollständig zu Beginn der Kapitalbindungsdauer getätigt werden. Richtiger sei es aber, eine dem Betriebsablauf folgende schrittweise Zunahme der Kapitalbindung anzunehmen. Einer Annäherung an diesen Sachverhalt dient die folgende Methode.

(3) Elektive Methode

Bei diesem Verfahren ermittelt man die durchschnittlichen täglichen Ausgaben der betrieblichen Teilprozesse in der Reihenfolge ihrer Anordnung im betrieblichen Prozessablauf und berücksichtigt entsprechende Voreilfristen. Dabei wird realistisch davon ausgegangen, dass im Bereich der Ausgabenentstehung die Ausgaben nicht am Anfang der Bearbeitungszeit bzw. Verweildauer des Bereichs entstehen, sondern schrittweise. Deshalb wird die Kapitalbindung in den Teilprozessen Rohstofflagerung, Fertigung, Fertigwarenlagerung und Vertrieb und in den sonstigen Ausgaben des Unternehmens jeweils halbiert, wobei vorausgesetzt wird, dass die Ausgaben in diesen Teilbereichen gleichmäßig verteilt anfallen. In den daran anschließenden Bereichen besteht die Kapitalbindung aus den im Prozess vorgelagerten Teilbereichen dann ungeschmälert fort. Eine Gegenüberstellung der Berechnung des Umlaufkapitalbedarfs anhand der kumulativen und der elektiven Methode sei an dem folgenden Beispiel demonstriert. Es ergeben sich in einem Betrieb folgende **durchschnittliche Prozessdauern** für die dargestellten Teilbereiche.

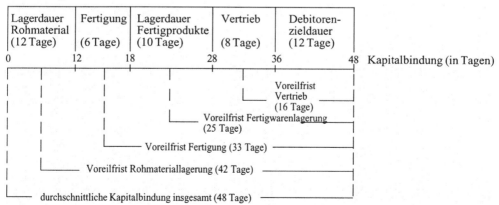

---

[8] Vgl. *Koch, H.,* Betriebliche Planung, Grundlagen und Grundfragen der Unternehmenspolitik, in: Die Wirtschaftswissenschaften, Wiesbaden

Finanzplanung

Nach der **kumulativen Methode** ergibt sich bei einer durchschnittlichen Kreditorenzieldauer von 13 Tagen eine Kapitalgebundenheit von 48 - 13 = 35 Tagen und damit ein Umlaufkapitalbedarf von 35 x 89.000 = 3.115.000 €. Unter Berücksichtigung der dargestellten Voreilfristen lässt sich der Umlaufkapitalbedarf nach der **elektiven Methode** wie folgt ermitteln.

Bereich	durchschnittliche tägliche Ausgaben	Voreilfristen	Kapitalbedarf pro Bereich
Rohstoffbeschaffung	24.000 €	29 Tage *	696.000 €
Rohstofflagerung	2.000 €	42 Tage	84.000 €
Fertigung	47.000 €	33 Tage	1.551.000 €
Fertigwarenlagerung	5.000 €	25 Tage	125.000 €
Vertrieb	7.000 €	16 Tage	112.000 €
sonstige Ausgaben	4.000 €	24 Tage **	96.000 €
Summe	89.000 €		2.664.000 €

* 35 Tage (= Kapitalgebundenheit) – 6 Tage (Rohmateriallagerdauer/2) = 29 Tage (= Hauptausgaben für Material bei Wareneingang; Vorlauf für Gehälter im Einkauf werden hierbei vernachlässigt)
** 48 Tage (= Durchschnittliche Kapitalbindungsdauer insgesamt)/2 = 24 Tage

Bei Verwendung der elektiven Methode mit Berücksichtigung der erwähnten Voreilfristen würde sich danach ein Kapitalbedarf für das Umlaufvermögen von 2.664.000 € ergeben.

7.4.2.3 Zusammenfassung

Die Ergebnisse der Vermögens- und Kapitalbedarfsplanung werden in einer Planbilanz zusammengefasst. Dazu ist Folgendes hervorzuheben:

(1) In erster Näherung gilt, dass die Aktivseite die Mittelverwendung zeigt, während die Passivseite die Mittelherkunft nachweist. Diese bei statischer Betrachtung absolut richtige Aussage muss bei Vergleich von Eröffnungs- und Schlussbilanz einer Periode (als Bewegungsbilanz) modifiziert werden.

Bei dynamischer Betrachtung gilt nämlich:
- Mittelverwendung kann erfolgen für Aktivzugang und Passivabgang und
- Mittelherkunft kann erzielt werden durch Aktivabgang und Passivzugang.
- Ergänzend ist zu beachten, dass Finanzierung nicht nur im Rahmen von Bilanzverlängerung und Bilanzverkürzung stattfindet, sondern auch als Aktivtausch oder Passivtausch erfolgen kann.

Diese dargestellten Vorgänge lassen sich in der Gleichung

$$A^+ + P^- = A^- + P^+$$

mit A^+ = Aktivzugang, A^- = Aktivabgang, P^+ = Passivzugang und P^- = Passivabgang zusammenfassend darstellen.

(2) Der **Kapitalbindungsplan in Form einer Planbilanz** soll die Deckung des Kapitalbedarfs für Investitionen zum Zeitpunkt der Investition sicherstellen und klären, wie dieses

über mehrere Perioden erreicht werden kann. Ergibt sich aus der Investitionsplanung, unter Berücksichtigung der vom Periodenerfolg abhängigen Finanzierungseffekte, ein zusätzlicher Kapitalbedarf, dann wird eine entsprechende ergänzende Kapitalbereitstellung oder Kürzung der Investitionsvorhaben notwendig.

(3) Während die Kapitalbindungsplanung für **bestehende Unternehmen**, ausgehend von den bestehenden Vermögens- und Kapitalbindungen, durch Konzentration auf die Veränderungen, relativ zuverlässig erfolgen kann, besteht **bei Neugründungen** eine erhebliche Unsicherheit in Bezug auf die vorauszuschätzenden täglichen Einnahmen und Ausgaben sowie die prozessabhängigen Bindungsfristen. Erfahrungsgemäß sind die vom Vertriebserfolg abhängigen Ausgaben und Einnahmen mit besonderer Unsicherheit behaftet.

(4) Der Kapitalbindungsplan in Form von Planbilanzen für mehrere Jahre übernimmt aus den **Planerfolgsrechnungen** der entsprechenden Perioden die jeweiligen Veränderungen des Eigenkapitals. Diese Tatsache und der Sachverhalt, dass die Erstellung von Planbilanzen noch keine Aussage darüber erlaubt, ob innerhalb der einzelnen Planperioden von jeweils einem Jahr die Zahlungsfähigkeit kontinuierlich gesichert ist, macht es notwendig, ergänzend die ertragsabhängigen **Einnahmen** und die aufwandsabhängigen **Ausgaben für wesentlich kleinere Intervalle** als für Jahre zu planen.

7.4.3 Ermittlung der Einnahmen und Ausgaben des Leistungsbereiches

Jede systematische Unternehmensplanung wird zu einer Erfolgsrechnung für jede Planperiode verdichtet, kurz Plan-GuV. Sie enthält die Grundlagen für eine Ermittlung der leistungsabhängigen Ausgaben und Einnahmen aus den leistungsabhängigen Aufwendungen und Erträgen.

7.4.3.1 Ermittlung der leistungsabhängigen Periodeneinnahmen

Die wichtigsten leistungsabhängigen Periodeneinnahmen sind die Umsatzerlöse. Die Qualität dieser Plangröße hängt wesentlich von der Zuverlässigkeit der zu Grunde liegenden Markt-, Wettbewerbs-, Marktanteils-, Absatz-, Preis- und Umsatzprognosen ab. In diesem Bereich muss neben dem sorgfältigen Einsatz geeigneter Prognosemethoden auf eine realistische Einschätzung der Konkurrenzaktivitäten sowie der Präferenzen und Zahlungsgewohnheiten der Kunden geachtet werden. Da die effektiven Ergebnisse in diesem Punkte vor allem von einer großen Zahl externer Entscheidungen (der Mitbewerber und der Kunden) abhängen, die nur indirekt beeinflusst werden können, bleibt die Planung der Umsatzerlöse stets der Teil des Finanzplanes mit den größten Unsicherheiten.

Deshalb ist es notwendig, eine mittel- und kurzfristige Erlösplanung durch realistische Trendberechnungen aus den jeweils neuesten Ist-Werten abzuleiten. In vielen Fällen bietet die Überwachung und Analyse der Auftragseingänge im Vergleich zu Vorperioden die Möglichkeit zu einer recht treffsicheren Beurteilung der Realisierbarkeit kurzfristiger Umsatz- und Erlösplanungen. Die Planung der Zahlungseingänge soll an einem Beispiel verdeutlicht werden.

Es wird angenommen, ein Unternehmen habe anhand folgender Umsatzplanzahlen für das erste Quartal des Jahres 2 zu ermitteln, wann die Umsätze dem Betrieb als Zahlungseingänge für weitere finanzielle Dispositionen zur Verfügung stehen.

Finanzplanung

Monat	Okt. Jahr 1	Nov. Jahr 1	Dez. Jahr 1	Jan. Jahr 2	Feb. Jahr 2	März Jahr 2
Umsatz (in T€)	20	35	23	30	27	29

Die Debitorenzieldauer (das Zahlungsverhalten der Kunden) verhalte sich so, dass 20 % sofort, 55 % nach einem Monat und 25 % der Kunden nach zwei Monaten zahlen. Die zu erwartenden Zahlungseingänge im ersten Quartal des Jahres 2 lassen sich durch folgende Matrizenoperation ermitteln.

$$\begin{matrix} \text{Jan. 2000} \\ \text{Feb. 2000} \\ \text{März 2000} \end{matrix} \begin{vmatrix} 30 & 23 & 35 \\ 27 & 30 & 23 \\ 29 & 27 & 30 \end{vmatrix} \times \begin{vmatrix} 0{,}20 \\ 0{,}55 \\ 0{,}25 \end{vmatrix} = \begin{vmatrix} 27{,}40 \\ 27{,}65 \\ 28{,}15 \end{vmatrix}$$

Bei verlässlichen Umsatzplanzahlen kann das Unternehmen - bei Nichtbeachtung von gewährten Skonti und Debitorenausfällen - also mit folgenden Einzahlungen rechnen.

Monat	Jan. Jahr 2	Feb. Jahr 2	März Jahr 2
Zahlungeingänge (in T€)	27,40	27,65	28,15

7.4.3.2 Ermittlung der leistungsabhängigen Periodenausgaben

Aus der Erfolgsplanung für die einzelnen Planperioden, der Plan-GuV, sind die ausgabewirksamen Aufwandsarten bzw. Kostenarten zu isolieren.

Dazu zählen
- Ausgaben für Material
- Ausgaben für Personal
- Ausgaben für Leistungen Dritter
- Ausgaben für Mieten und Pachten
- Ausgaben für Steuern
- Sonstige Ausgaben.

Die Qualität dieses Teilplanes wird wesentlich bestimmt durch die Zuverlässigkeit, mit der das Mengengerüst und die Preisentwicklung der betrieblichen Kosten geplant wurden. Für die umsatzabhängigen variablen Kosten besteht eine ähnliche Unsicherheit wie für die Umsatzplanung. Die übrigen, vorwiegend fixen Kosten sind üblicherweise mit relativ hoher Zuverlässigkeit planbar.

7.4.4 Synthese im Finanzplan

7.4.4.1 Zusammenhang der Finanzplanung mit anderen Teilplänen des Unternehmens

Den Gesamtzusammenhang der Finanzplanung mit den anderen Teilplänen des Unternehmens zeigt das folgende Schema von *Vormbaum*. Zusätzlich zu den oben erläuterten betrieblichen Bestimmungsgrößen des betrieblichen Finanzplanes (nämlich dem Absatz- und Erlösplan für die Einnahmen sowie dem Beschaffungs- und Kostenplan für die Ausgaben) sind außerordentliche und betriebsfremde Einnahmen und Ausgaben in einem neutralen Finanzplan ergänzend zu berücksichtigen. In diesem werden auch Einnahmen und Ausgaben aufgrund von Kreditaufnahmen oder -tilgungen berücksichtigt. Betrieblicher und neutraler Finanzplan werden zu einem Gesamtfinanzplan zusammengefasst (siehe nächste Seite).

7.4.4.2 Grundsätze der Finanzplanung

Um sicherzustellen, dass auf dem Wege von der langfristigen Kapitalbindungsplanung über die mittelfristige Finanzplanung bis hin zur täglichen Liquiditätssicherung keine Fehler auftreten, die unerwartet die Zahlungsfähigkeit und damit die Existenz des Unternehmens gefährden können, ist es notwendig, dass die folgenden Grundsätze bei der Konzipierung und Wahrnehmung der Finanzplanung sorgfältig beachtet werden.[9]

Prinzip der Systematik	Prinzip der Vollständigkeit	Prinzip der Regelmäßigkeit	Prinzip der Kontinuität	Prinzip der Bruttorechnung	Prinzip der Elastizität	Prinzip der Kontrollierbarkeit	Prinzip der Stromgrößenkongruenz
Die Interdependenz und Wechselwirkung aller Pläne ist bei der Finanzplanung sachlich und zeitlich (Terminierungen!) zu berücksichtigen.	Zu erfassen sind alle Einnahmen und Ausgben sowie die Finanzmittelbestände. Auch partielle Finanzpläne sollen vollständig sein.	Finanzplanung darf nicht nur fallweise, sondern muss regelmäßig und dauernd betrieben werden.	Begriffe und Größen, Gliederungen und Gruppierungen müssen in formaler und inhaltlicher Kontinuität durchgehalten werden, um eine Vergleichbarkeit zu gewährleisten.	Wegen der größeren Vergleichbarkeit sind Saldierungen und Aufrechnungen zu unterlassen.	Elastische Um- oder Neuplanung der Finanzpläne bzw. Finanzplangrößen durch eine anpassungsfähige Finanzplanung soll möglich sein.	Aus dem Vergleich von Soll- und Ist-Zahlen muss die Kontrolle von Abweichungen möglich sein, die zu Zwecken der Analyse und der Verantwortlichkeit nachprüfbar sein müssen.	Das Kongruenzprinzip verbietet die Nichterfassung und/ oder die Mehrfacherfassung; d.h. die Summe aller einzelperiodischen Einnahmen/ Ausgaben muss gleich den Totaleinnahmen/ -ausgaben sein.

---

[9] Entnommen aus: *Dornieden, May*, Unternehmensfinanzierung 2, a.a.O., S. 67; Zusammengestellt nach *Chmielewicz, K.*, Betriebliche Finanzwirtschaft I, Berlin, New York und *Lücke, W.*, Finanzplanung und Finanzkontrolle in der Industrie, Wiesbaden

Finanzplanung 403

Finanzplanung eines Industrieunternehmens[10]

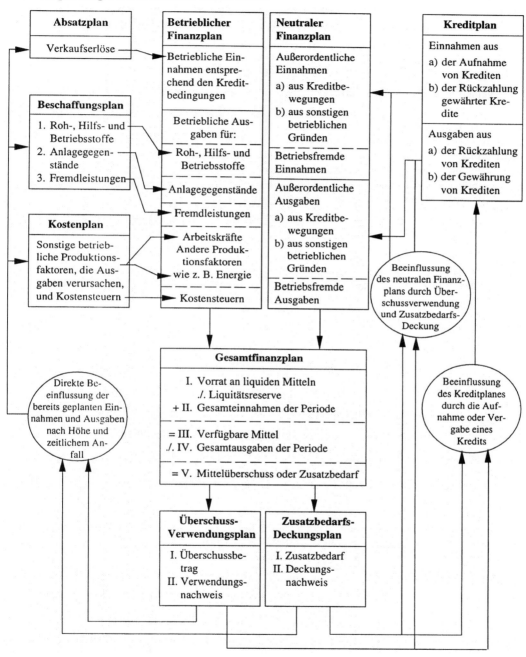

[10] Quelle: *Vormbaum, H.*, Finanzierung der Betriebe, 5. Aufl., Wiesbaden
Entnommen aus; *Dornieden, U., May, F.-W.*, Unternehmensfinanzierung 2, Finanzierungspolitik, Finanzplanung und Finanzkontrolle, Wiesbaden

7.4.4.3 Planung der Zahlungsbewegungen

Die Zahlungsbewegungen müssen aufbauend auf den oben erläuterten Grundlagen,

- der lang- und mittelfristigen Kapitalbindungsplanung,
- der mittel- und kurzfristigen Planung der leistungsabhängigen Einnahmen und Ausgaben
- unter Einhaltung der Grundsätze der Finanzplanung

so geplant werden, dass folgende Aufgaben erfüllt werden können:

- Möglichst frühzeitige Erkennung von Liquiditätsengpässen, d.h. Fehlbeträgen an Zahlungsmitteln, kurz bezeichnet als Unterdeckung
- Rechtzeitige Behebung der Unterdeckung zu möglichst günstigen Konditionen
- Anlage von kurz- und mittelfristiger Finanzmittelüberdeckung, kurz bezeichnet als Überdeckung, unter Einhaltung der Grundsätze finanzwirtschaftlicher Optimierung, d.h. insbesondere Erzielung angemessener Verzinsung bei gleichzeitiger Sicherung erneuter Verfügbarkeit zum Zeitpunkt entsprechenden betrieblichen Bedarfs.

Eine praxisnahe Verwirklichung dieser Anforderungen erfordert praxisnahe Tabellen, die vorrangig folgende zwei Bedingungen erfüllen:

(1) Eine mittelfristige Periode (z.B. ein Jahr oder ein Quartal) muss so in Teilperioden (z.B. Monate, Dekaden oder Wochen) aufgelöst werden, dass der Endbestand an Zahlungsmitteln (i.d.R. eine Über- oder Unterdeckung) Ausgangsbetrag der Planung der Folgeperiode wird.

Planung der Zahlungsbewegungen einer Periode (Periodenliquidität)

	Januar	Februar	März	1. Quartal
Anfangsbestand an Zahlungsmitteln	100	- 100	0	+ 100
+ Einnahmen	+ 400	+ 700	+ 750	+ 1.850
./. Ausgaben	- 600	- 600	- 620	- 1.820
= Endbestand an Zahlungsmitteln	- 100	0	+ 130	+ 130
(./. = Unterdeckung, + = Überdeckung)				

Der Quartalswert ergibt sich als Kumulierung der Monatswerte. Ergeben sich nur in einzelnen wenigen Teilbereichen Unterdeckungen, so spricht man von vorübergehender Unterdeckung. Bei wiederholtem, häufigen Auftreten von Unterdeckungen liegt eine strukturelle Unterdeckung vor. Im Interesse der für die Existenz jedes Unternehmens wichtigen Sicherung der Zahlungsfähigkeit darf auf eine kurzfristige Planung der Zahlungsbewegungen grundsätzlich nicht verzichtet werden. *Schierenbeck*[11] zieht in die Planung der Zahlungsbewegungen auch die Kreditlinien bei Banken mit ein und spricht dann von Zahlungskraft anstelle von Zahlungsmittelbestand.

(2) Die Zahlungsbewegungen der einzelnen Perioden müssen vollständig erfasst werden. Dazu sollte eine Gliederung eingesetzt werden, die den betriebsindividuellen Anforderungen so angepasst ist, dass die laufenden Ist-Daten schnell und einfach zu Soll/Ist-Vergleichen sowie Neuplanung auf der Grundlage neuester Ist-Werte herangezogen werden können. *Korndörfer*[12] schlägt folgende Gliederung mit Zwischenergebnissen vor:

---

[11] *Schierenbeck, H.*, Grundzüge der Betriebswirtschaftslehre, München, Wien
[12] *Korndörfer, W.*, Allgemeine Betriebswirtschaftslehre, Wiesbaden

Position	Zeitraum			
	1. Monat oder 1. Jahr	2. Monat oder 2. Jahr	3. Monat oder 3. Jahr	4. Monat oder 4. Jahr
A. Ordentliche Einnahmen und Ausgaben aus Produktion und Absatz: 1. Umsatzerlöse 2. Laufende Ausgaben (Personal, Material, Energie usw.)				
= Betriebliches Finanzergebnis				
B. Sonstige ordentliche (regelmäßige) Einnahmen und Ausgaben: 1. Mieteinnahmen, Zinseinnahmen, Dividenden, Einnahmen aus sonstigen Beteiligungen usw. 2. Zinszahlungen, Steuern, Abgaben usw.				
A - B = Geldbedarf, Geldüberschuss aus ordentlichen Zahlungsvorgängen				
C. Außerordentliche Einnahmen und Ausgaben: 1. Einnahmen aus dem geplanten Verkauf von Beteiligungen oder Anlagen usw. 2. Ausgaben für bereits begonnene Investitionen, Ausgaben für geplante Beteiligungen oder auch Investitionen usw.				
= Geldbedarf bzw. Geldüberschuss aus außerordentlichen Einnahmen bzw. Ausgaben				
D. Finanzeinnahmen und Finanzausgaben: 1. Übernahme von Barmitteln aus der Vorperiode (Anfangsbestand der flüssigen Mittel). Zufluss aus vereinbarten Krediten, Auflösung von Finanzreserven usw. 2. Übertrag von Barmitteln an die Folgeperiode (Endbestand der flüssigen Mittel), Tilgung von in Anspruch genommenen Krediten, Bildung von Finanzreserven usw.				
A - D = Gesamtgeldbedarf bzw. gesamter Geldüberschuss				
E. Mögliche Einnahmen und Ausgaben durch Übernahme zusätzlicher Kredite: 1. Einnahmen aus zusätzlichen Krediten 2. Zins- und Tilgungszahlungen für zusätzliche Kredite				
F. Möglicher Geldeingang aus Kapitalerhöhungen oder Einlagen				
A-F = Fehlbetrag bzw. Überschussbetrag (Über- oder Unterdeckung)				

7.4.5 Methoden zur Überwindung der Unsicherheit der Erwartungen in der Finanzplanung

Die Unsicherheit der Prognosen (Betriebswirte sagen Unsicherheit der Erwartungen) im Rahmen der Finanzplanung hängen, wie bereits erwähnt, weitgehend von der Vorhersagezuverlässigkeit der Umsätze eines Unternehmens ab. Sie sind einerseits abhängig von den branchenspezifischen Bestimmungsfaktoren der Unternehmensentwicklung, und sie werden ande-

rerseits maßgeblich von dem Grad an Realismus und Seriosität bestimmt, mit dem die maßgeblichen Teile der Unternehmensplanung erstellt werden. Zur Überwindung oder bestmöglichen Eingrenzung der verbleibenden Unsicherheiten gibt es zwei Hauptverfahren, die kombiniert eingesetzt werden sollten.
- ❏ Laufende Überwachung und sicherheitsorientierte Gestaltung der **finanziellen Mobilität**
- ❏ **Rollende Finanzplanung**.

7.4.5.1 Überwachung und Gestaltung der finanziellen Mobilität

Für ein erfolgreiches, praktisches Finanzmanagement ist es neben einer systematisch einwandfreien Finanzplanung von grundlegender Bedeutung, jederzeit Klarheit darüber zu besitzen, welche und in welchem Ausmaß Möglichkeiten gegeben sind, Unterdeckungen auszugleichen. Diese Fähigkeit zum Ausgleich von Unterdeckungen bezeichnet *Schierenbeck* als finanzielle Mobilität. Die wichtigsten Maßnahmenbündel zur Sicherung der finanziellen Mobilität fasst folgende Tabelle[13] zusammen.

	Finanzielle Mobilität	
	zu Beginn der Budgetperiode	am Ende der Budgetperiode

I. **Freie Liquiditätsreserven**
 1. Zahlungskraftreserven
    - Kasse und Bankguthaben
    - Nicht ausgenutzte Kreditlinien
    Summe(1)..
 2. Kurzfristige Vermögensreserven
    - Terminausleihungen
    - Wertpapiere
    Summe (2)..
 3. Finanzierungsreserven
    - Nicht ausgenutztes Verschuldungspotential
      - kurzfristig
      - langfristig
    - Kapitalerhöhungsreserven
    Summe (3)..
 Summe: Freie Liquiditätsreserven................
	0
	 350.000
	           350.000
	
	 100.000
	 50.000
	           150.000
	
	 150.000
	 300.000
	 300.000
	           750.000
	 1.250.000
		0
		 0
		           0
		
		 0
		 50.000
		           50.000
		
		 150.000
		 300.000
		 300.000
		           950.000
		 1.000.000

II. **Abbau des „working capital"** 1. Abbau Vorräte 2. Abbau Debitoren 3. Zunahme Kreditoren Summe: Einsparung von „working capital".....	84.000 30.000 20.000 134.000	84.000 30.000 20.000 134.000
III. **Gemeinkostenreduzierung** 1. Marketing 2. Administration 3. Forschung und Entwicklung Summe: Gemeinkostenreduzierung..................	50.000 76.000 30.000 156.000	50.000 76.000 30.000 156.000
IV. **Kürzung von Anlageinvestitionen und Dividenden** 1. Anlageinvestitionen 2. Dividenden Summe: Kürzung von Anlageinvestitionen und Dividenden...	100.000 50.000 150.000	150.000 50.000 200.000
V. **Liquidation von Anlagevermögen** 1. Sachanlagen 2. Finanzanlagen Summe: Liquidation von Anlagevermögen....... Gesamte finanzielle Mobilität zur Abdeckung potentieller Liquiditätsengpässe.....................	85.000 100.000 185.000 1.875.000	85.000 100.000 185.000 1.675.000

---

[13] *Schierenbeck, H.*, Grundzüge der Betriebswirtschaftslehre, München, Wien

Bei allgemeiner Betrachtung ist selbstverständlich zu bedenken, dass auch eine sinnvolle, d.h. rentabilitätsverbessernde **Behebung von Überdeckungen** zur finanziellen Mobilität eines Unternehmens gehört. Die folgende Systematik[14] gibt einen Überblick darüber, ob alle entsprechenden dispositiven Maßnahmen berücksichtigt worden sind.

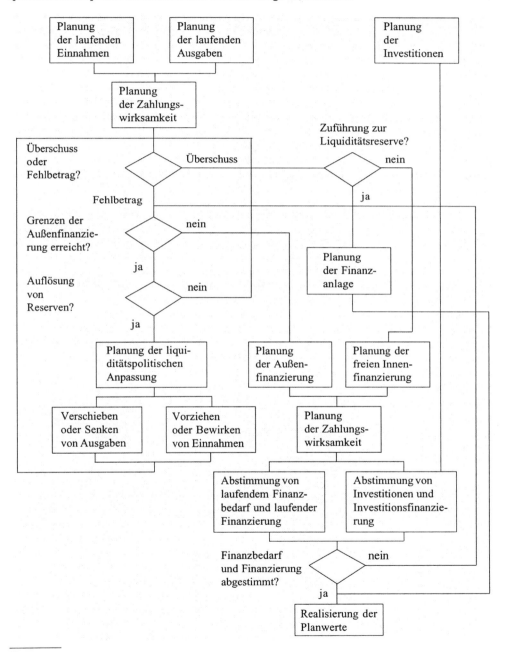

[14] *Hausschildt, Sachs, Witte,* Finanzplanung und Finanzkontrolle, Hagener Universitätstexte, München

7.4.5.2 Rollende Finanzplanung

Schon immer hat der sorgfältige Finanzplaner lang-, mittel- und kurzfristig die Zahlungsbewegungen geplant und die Teilperioden als Element der übergeordneten Perioden zusammengefügt (wie in Pkt. 7.4.4.3 dargestellt).

Dabei besteht der entscheidende Schritt darin, in relativ kurzen Intervallen die Ist-Daten nicht nur zur kurzfristigen Finanzdisposition und zur Modifizierung der Kurzfristplanung zu nutzen, sondern auch die mittel- und langfristigen Pläne als Orientierungsrahmen für optimale Entscheidungen neu zu überarbeiten. Diese Aufgabe führt schnell zu relativ hohem Planungsaufwand. Durch den Einsatz der DV (auch von Personal Computern) kann heute eine leistungsfähige rollende Finanzplanung realisiert werden. Angesichts relativ hoher Zinskosten in vielen Wirtschaftszweigen ist hier ein wichtiges Feld für zukunftsorientierte DV-Anwendung.[15]

7.5 Planung und Steuerung des Investitionsprozesses

7.5.1 Begriff und Zielsetzung der Investition

Pack definiert Investition als „Verausgabung finanzieller Mittel für die Beschaffung aller konkreten Werte, deren ein Betrieb im Rahmen seiner wirtschaftlichen Tätigkeit bedarf".[16] Dieser Begriff schließt die Investition in Finanzanlagen, wie Beteiligungen sowie in das Umlaufvermögen, wie Forderungen und Bestände, ein. Diese umfassende Definition ist erforderlich bei der Analyse und Entscheidungsvorbereitung von Großinvestitionen, die die Bilanzstruktur eines Unternehmens wesentlich verändern, wie beispielsweise der Aufbau eines neuen Betriebes an einem zusätzlichen Standort. *Brandt* fasst den Investitionsbegriff enger. Er definiert Investition als „Umwandlung von Zahlungsmitteln in Anlagegüter".[17] Auch diese Definition hat ihre Berechtigung. Sie ist allerdings nur zweckmäßig im Zusammenhang mit kleineren Investitionsvorhaben, die keine Veränderungen im Finanzanlagevermögen und/oder im Umlaufvermögen verursachen.

Investitionen legen ein Unternehmen in seinen Aktivitäten längerfristig fest, weil die in ihnen gebundenen Mittel nur über eine erfolgreiche Leistungserstellung und -vermarktung wiedergewonnen werden können. Deshalb bedarf jede Investitionsentscheidung einer systematischen Vorbereitung und Ausrichtung auf die langfristigen Unternehmensziele. Jede echte Entscheidung ist eine Wahl zwischen verschiedenen Alternativen. Die Entscheidung ist nur rational begründet, wenn die dabei zu treffende Wahl nach vorher fixierten, nachvollziehbaren Kriterien (Messvorschriften) erfolgt, die folgerichtig aus den angestrebten Zielen abgeleitet sind, und wenn die Auswahl aus der Gesamtheit der relevanten Alternativen erfolgt, da sonst die Gefahr besteht, dass die beste Alternative übersehen wurde. Den üblichen Interessen privater Kreditgeber entsprechend kann die Gewinnmaximierung auf lange Sicht in marktwirtschaftlichen Systemen als oberste privatwirtschaftliche Zielsetzung des Unternehmens bezeichnet werden. Nach *Blohm* bedeutet das Ziel langfristiger Gewinnmaximierung gegenüber dem der kurzfristigen Gewinnmaximierung folgende Präzisierung:[18]

---

[15] Vgl. hierzu: *Liebig, P.J.,* Revolvierende Finanzplanung mit dem Computer, in: Entscheidungen für die Zukunft, Instrumente und Methoden der Unternehmensplanung, Blick durch die Wirtschaft, Frankfurt
[16] *Pack, L.,* Betriebliche Investition, Wiesbaden
[17] *Brandt, H.,* Investitionspolitik des Industriebetriebes, Wiesbaden
[18] *Blohm, H.,* Gewinnplanung, in *Agthe, K.* und *Schnaufer, E.* (Herausgeber), Unternehmensplanung, Baden-Baden

„ 1. Man darf keineswegs eines kurzfristigen Erfolges wegen die langfristigen Gewinnchancen ungünstig beeinflussen ...
2. Außer der Zielkomponente Gewinn gibt es noch die Komponente Sicherheit, der in erster Linie durch Festigung der Stellung des Unternehmens in der Wirtschaft und im sozialen Leben entsprochen wird. Das Unternehmen muss gewisse Erwartungen, z.B. auf sozialem Gebiet erfüllen, um sich behaupten zu können.
3. Gewinn ist nicht Selbstzweck, sondern er hat gewisse Funktionen zu erfüllen, z.B. dient er dem Wachstum, dem Ausbau des Unternehmens, damit es mit der wirtschaftlichen und technischen Entwicklung der Umwelt Schritt halten kann."

7.5.2 Investitionsarten

Im Rahmen der strategischen Unternehmensplanung unterscheidet man zwischen Sachinvestitionen, Finanzinvestitionen und immateriellen Investitionen, die nach *Wöhe* wie folgt weiter detailliert werden.[19]

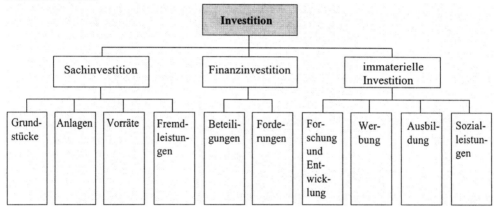

Unter Berücksichtigung der betrieblichen, technischen **Investitionsmotive** unterscheidet man im Bereich der Anlageninvestitionen (modifiziert nach *Olfert*):[20]
- ❏ **Erstinvestitionen** (auch Neuinvestitionen genannt), die
  - **Gründungsinvestitionen**, die bei der Gründung oder durch Kauf eines Unternehmens einmalig anfallen oder
  - **Erweiterungsinvestitionen**, die der Vergrößerung vorhandener oder der Schaffung neuer Kapazitäten dienen, sein können.
- ❏ **Reinvestitionen**, die der Erhaltung oder Verbesserung bestehender Kapazitäten dienen und
  - **Rationalisierungsinvestitionen**, zur Steigerung der Leistungsfähigkeit eines Betriebes durch Ersatz vorhandener Anlagen durch leistungsfähigere oder
  - **Ersatzinvestitionen**, die die Leistungsfähigkeit eines Betriebes dadurch erhalten, dass alte Anlagen am Ende ihrer Nutzungsdauer durch neue Anlagen gleicher Leistungsfähigkeit ersetzt werden, sein können.

---
[19] *Wöhe, G.*, Einführung in die Allgemeine Betriebswirtschaftslehre, a.a.O.
[20] *Olfert, K.*, Investition, Ludwigshafen

❑ **Sonstige Investitionen**, die
  • **Umstellungsinvestitionen**, im Zusammenhang mit Modifikationen des Produktprogrammes und
  • **Diversifikationsinvestitionen**, mit dem **Ziel** der Erschließung grundlegend neuer Märkte, sein können.

Die genannten Investitionsbegriffe dienen in der Praxis der Erläuterung von Investitionsvorhaben und ihren Zielen.Dabei besteht Einigkeit darüber, dass Abgrenzungen zwischen Erweiterungs-, Ersatz- und Rationalisierungsinvestitionen in praxi oft unzweckmäßig oder unmöglich sind, weil ein Investitionsprogramm für einen bestimmten Betrieb in einer Periode i.d.R. die Erreichung aller drei Ziele, nämlich Ersatz, Rationalisierung und Erweiterung von Kapazitäten anstrebt. Theoretische Diskussionen, die Beurteilungs- und Planungsmethoden in Bezug auf jede einzelne der genannten Investitionsarten bewerten, gehen deshalb an den Anforderungen der Praxis vorbei. Die Praxis benötigt Verfahrensempfehlungen, die zwischen Einzelinvestitionen und Investitionsprogrammen (und ferner zwischen Klein- und Großvorhaben) unterscheiden, denn die Optimierung von Programmen stellt zusätzliche Anforderungen gegenüber der Beurteilung von Einzelvorhaben, und bei der Entscheidung über kleinere Investitionsprojekte wäre der analytische Aufwand unwirtschaftlich, der vor Entscheidungen über Großvorhaben notwendig ist. Diesen Anforderungen wird im folgenden Rechnung getragen.

7.5.3 Übliche Schwächen im Investitionsprozess

Die Optimierung des Investitionsprozesses bedarf einer systematischen Folge von Analyse, Entscheidung und Kontrolle in einem Regelkreis. Dieser wird von *Meier* wie folgt definiert.[21]

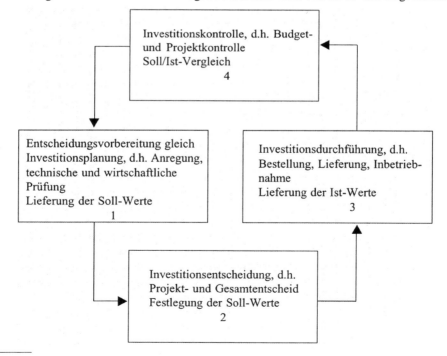

---

[21] *Meier, R.E.*, Planung, Kontrolle und Organisation des Investitionsentscheides, Bern, Stuttgart

Blohm, Lüder stellen eine umfassende Analyse, Diagnose und Therapie der Schwachstellen im Investitionsbereich vor.[22] Dazu gehören

- Organisationsmängel im Planungsablauf
- „Verwässerung" des Bewilligungsverfahrens
- Überlastung der Leitungsorgane mit der Folge zu später Entscheidungen und mangelhafter Projektausführung
- Fehlende oder unvollständige Rückmeldungen
- Mangelnde Koordinierung der Investitionsplanung mit anderen betrieblichen Bereichen
- Fehlende Alternativen
- Über- oder Unterbewertung steuerlicher Gesichtspunkte
- Fehlende oder ungeeignete Investitionsrechnung
- Fehlen geschlossener Wirkungs-/Regelkreise.

7.5.4 Verfahren der Investitionsrechnung

In Kapitel 1 wurden die Produktionsfaktoren und der Wertefluss durch das Unternehmen erläutert. Ferner wurde oben der Investitionsprozess als Regelkreis dargestellt. Unter Berücksichtigung dieser Zusammenhänge muss jede Investitionsplanung eine Vielzahl technischer Planungs- und Optimierungsaufgaben lösen, deren Behandlung diesen Rahmen sprengen würde. Im Anschluss daran ist im Rahmen der Investitionsrechnung (weniger exakt auch Wirtschaftlichkeitsrechnung genannt) eine Prüfung der Zweckmäßigkeit vorzunehmen.

Zur Prüfung der Zweckmäßigkeit einer Investition gehört neben der quantitativen Analyse und Beurteilung auch eine Prüfung der nicht quantifizierbaren Wirkungen. Dafür bedient man sich gewichteter Punktbewertungsverfahren, wie sie in Kapitel 3 als Marketingindex für neue Produkte und in Kapitel 6 als Genfer Schema zur Beurteilung von Arbeitsplatzanforderungen vorgestellt wurden. Qualitativ zu beurteilende Effekte von Investitionen können beispielsweise sein:

Geringe Abhängigkeit von Lieferanten, Verbesserung der Produktqualität, Steigerung des Ansehens im Markt etc. Im Folgenden beschränken wir uns auf die quantitativen Beurteilungsverfahren.[23]

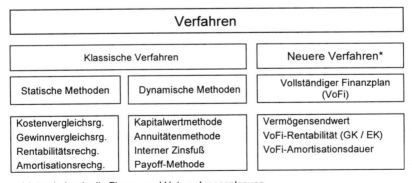

---

[22] *Blohm, H., Lüder, K.,* Investition, Berlin, Frankfurt/M.
[23] Näheres dazu vgl. *dieselben.*

7.5.4.1 Überblick über die klassischen Verfahren der Investitionsrechnung

Die klassischen Verfahren der Investitionsrechnung. Entnommen aus: *Beschorner, D.*, ABWL kurzgefasst.[24]

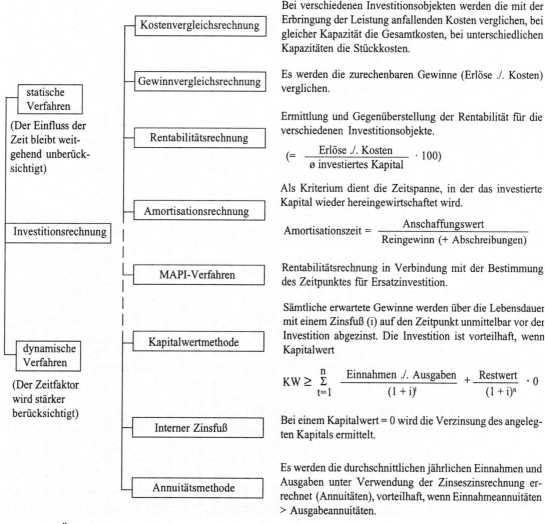

Diese Übersicht enthält nicht neuere OR- und Simulationsverfahren, dazu vgl. Pkt. 7.5.4.6 (3)

Für eine vollständige Darstellung aller Verfahren der Investitionrechnung wird auf die Spezialliteratur verwiesen.[25] Im Folgenden erfolgt eine anwendungsorientierte Konzentration auf

---

[24] *Beschorner, D.*, ABWL kurzgefaßt, Allgemeine Betriebswirtschaftslehre in komprimierter Form, München
[25] *Blohm, H., Lüder, K.*, Investition, a.a.O., *Olfert, K.*, Investition, a.a.O., *Hofmann D.*, Grundlagen der Investitionsrechnung, *Bea, F.X., Bohnet, A., Klimesch, H.*, Investition, Erklärung und Planung durch Simulation, München, Wien

Planung und Steuerung des Investitionsprozesses

solche Methoden, deren Kenntnis für den Ingenieur wesentlich ist, weil diese in der Praxis breite Anwendung finden. Gleichzeitig wird der Bezug zu Praxisbeispielen hergestellt.

7.5.4.2 Statische Methoden der Investitionsrechnung

Die statischen Verfahren haben das gemeinsame Merkmal, dass sie den quantitativen Verlauf des Investitionsprozesses für alle Perioden gleichsetzen und nur eine Periode analysieren. Dabei wird die Existenz von Zinsessins außer Acht gelassen. Für kleinere Projekte, mit begrenzter Nutzungsdauer ist dieses Vorgehen i.d.R. vertretbar.

(1) **Kostenvergleichsrechnung**

Das verbreiteste Verfahren der statischen Investitionsrechnung ist die Kostenvergleichsrechnung. Beim Vergleich von Investitionsvorhaben mit gleicher Kapazität werden Gesamtkosten verglichen. Bei unterschiedlicher Kapazität werden Stückkosten ermittelt und zum Vergleich herangezogen. Die Kostenvergleichsrechnung ist ein einfaches Näherungsverfahren der Praxis, das für relativ kleine Projekte begrenzter Nutzungsdauer mit etwa gleichbleibender Kostenentstehung in allen Nutzungsperioden eingesetzt werden kann, wenn die Investition nicht mit einer Veränderung der Leistungen, Erträge oder Erlöse verbunden ist. Bei einer Veränderung auf der Leistungsseite muss die Kostenvergleichsrechnung zur Gewinnvergleichsrechnung erweitert werden. Details zur Kostenvergleichsrechnung können dem Beispiel unter Punkt (4) entnommen werden.

(2) **Gewinnvergleichs- und Rentabilitätsrechnung**

Werden die Kosten einer Kostenvergleichsrechnung um die Leistungen, Erträge oder Erlöse aus dem Investitionsvorhaben ergänzt und von diesen abgezogen, so entsteht eine Gewinnvergleichsrechnung, wiederum nur für eine Periode. Sie liefert in der Praxis für relativ kleine Investitionen mit Veränderungen von Leistungen oder Erträgen bei relativ kurzer Nutzungsdauer und über diesen Zeitraum etwa gleichbleibenden Gewinnen vertretbare Näherungsergebnisse. Setzt man den so ermittelten Periodengewinn, wie unter Punkt 7.5.4.1 ausgeführt, zum investierten Kapital in Beziehung, so erhält man die Durchschnittsrentabilität je Periode als Zusatzinformation. Für den Einsatz der Rentabilitätsrechnung gelten selbstverständlich die gleichen Bedingungen wie sie für die Gewinnvergleichsrechnung genannt wurden. Einzelheiten zur Gewinnvergleichsrechnung können dem Beispiel unter Punkt (4) entnommen werden.

(3) **Amortisationsrechnung**

Die vorgenannten statischen Verfahren geben keinerlei Hinweis auf die Wiedergewinnungszeit des eingesetzten Kapitals und auf das mit einer Investition verbundene Risiko. Die Amortisationsrechnung ermittelt durch die Division des investierten Kapitals (Anschaffungswerts) durch den Reingewinn plus Abschreibungen die Wiedergewinnungszeit, in der das investierte Kapital zurückgewonnen wird. Diese Zahl gibt keine direkte Aussage über die Rentabilität einer Investition. Sie wird jedoch in der betrieblichen Praxis vielfach als Risikoindikator verwandt. So werden beispielsweise in vielen Unternehmen Kleininvestitionen mit einer Wiedergewinnungszeit von bis zu zwei Jahren beschleunigt entschieden und realisiert, denn eine vergleichsweise kurze Wiedergewinnungszeit bedeutet in jedem Fall eine relativ hohe Rentabilität und ein relativ geringes Risiko. Als alleiniger Maßstab für Investitionen ist die Amortisationsrechnung nicht realisierbar und nicht sinnvoll, denn sie basiert auf den Daten der Rentabilitätsrechnung. Als Risikoindikator und Zusatzinformation zur Gewinnvergleichs- oder Rentabilitätsrechnung ist sie in der Praxis weit verbreitet.

Eine Zusammenfassung der Mängel der statischen Verfahren steht als Einleitung zu den dynamischen Verfahren unter Pkt. 7.5.4.3.

(4) **Wirtschaftlichkeitsrechnung für ein DV-System**

Jede Investitionsrechnung ist das abschließende Ergebnis einer Investitionsprüfung, bestehend aus einer Kollektions-Phase und einer Selektions-Phase. Dazu ist üblicherweise die Erledigung der folgenden Arbeitsschritte erforderlich.

I. Kollektions-Phase
1. Analyse
    1.1 Analyse der zur Zeit genutzten Hard- und Software (falls vorhanden)
        1.1.1 Systemstruktur
        1.1.2 Leistungsumfang der Hardware inklusive Peripheriegeräte
        1.1.3 Leistungsumfang der Software
        1.1.4 Grobdarstellung der Stammdateien
    1.2 Analyse und Darstellung der Arbeitsabläufe der bisher und der in Zukunft mit DV-Einsatz zu bearbeitenden Aufgaben
    1.3 Analyse, Quantifizierung und Darstellung des Arbeitsumfangs und Kapazitätsbedarfs für jeden betroffenen Arbeitsplatz
    1.4 Feststellung der wesentlichen Schwachstellen als Grundlage für Verbesserungsvorschläge (jeweils soweit vorhanden)
        1.4.1 Schwachstellen der vorhandenen Hardware inklusive Peripheriegeräte
        1.4.2 Schwachstellen der Systemsoftware
        1.4.3 Schwachstellen der Anwendersoftware
        1.4.4 Schwachstellen im Organisationsablauf und Arbeitsergebnis
2. Entwicklung und Darstellung einer Soll-Konzeption
    2.1 Ableitung von Folgerungen und Zielsetzungen aus der Ist-Analyse unter Einbeziehung quantifizierter Vorgaben für die Zukunftsentwicklung des Unternehmens und der entsprechenden Anforderungen an das DV-System bezüglich Leistungsumfang und Zahl der DV-gestützten Arbeitsplätze
        2.1.1 Anforderungen an die Anwendersoftware
            2.1.1.1 Allgemeine Anforderungen
            2.1.1.2 Leistungsumfang charakterisiert durch Darstellung von Soll-Arbeitsabläufen
            2.1.1.3 Abschätzung des Kapazitätsbedarfes (kurz-, mittel- und langfristig insbesondere für zukünftige Stamm- und Bewegungsdateien)
            2.1.1.4 Anforderungen an und Konzeption für das organisatorische Umfeld (Änderungen von Organisationsabläufen, -strukturen, Schulungen etc.)
        2.1.2 Anforderungen an die Systemsoftware
        2.1.3 Anforderungen an die Hardware inklusive Peripheriegeräte
3. Angebotseinholung für Soft- und Hardware
    Es sind alle relevanten Alternativen zu erschließen, dazu gehören i.d.R. insbesondere
    3.1 Einsatz von Standardsoftware
    3.2 Eigenentwicklung von individueller Software
    3.3 Fremdentwicklung individueller Software
    3.4 Kombinationen aus 3.1 bis 3.3

II. Selektions-Phase
4. Angebotsprüfung
    4.1 Aussonderung von Angeboten, die den Ausschreibungsbedingungen nicht entsprechen
    4.2 Prüfung der übrigen Angebote nach den Kriterien
        4.2.1 Preis-Leistungs-Verhältnis
        4.2.2 Anpassungsfähigkeit von Hard- und Software an veränderte, insbesondere wachsende Anforderungen. Das betrifft u.a. den Zugang zu Quellprogrammen und die Möglichkeit der Hard- und Softwareerweiterung ohne Wechsel des Betriebssystems
        4.2.3 Umfang und Qualität von Dokumentation und Benutzerhandbüchern
        4.2.4 Ausbildung
        4.2.5 Garantie und Wartungsbedingungen
        4.2.6 Realisierte Referenzprojekte mit gleichen Anforderungen
5. Wirtschaftlichkeitsprüfung
    5.1 Wirtschaftlichkeitsrechnung mit einem der behandelten Verfahren
    5.2 Beurteilung der Eignungsmerkmale und Effekte durch ein Punktbewertungsverfahren.[26]

Aufbauend auf die oben unter Punkt (1) und (2) bereits gegebene Darstellung der Kostenvergleichs- und Gewinnvergleichsrechnung bleibt Folgendes zu ergänzen.

Zur Ermittlung der monatlichen Kosten aus den Einmalkosten einer Investition sind diese durch die Nutzungsdauer (in Monaten) zu dividieren. Bestehen die Einmalkosten lediglich aus den Anschaffungskosten einer Anlage, dann erhält man auf diese Weise die monatlichen Abschreibungen. Ferner müssen aus den Einmalkosten die monatlichen (kalkulatorischen) Zinskosten abgeleitet werden. Der Praktiker unterstellt dabei eine kontinuierliche Rückzahlung von Krediten innerhalb der Nutzungsdauer. Deshalb ist die halbe Investitionssumme (oder Summe der Einmalkosten) mit einem marktüblichen oder unternehmensspezifischen Zinssatz zu verzinsen. Zur Errechnung der monatlichen Zinskosten ist mit einem Monatszinssatz zu rechnen. Nach diesen Erläuterungen kann das folgende Formular zur Kostenvergleichsrechnung nach *Compaq* bearbeitet werden.[27] Weitere Einzelheiten zur Systembewertung und -auswahl erläutert *Gerken*.[28]

(4.1) **Kostenvergleichsrechnung**
Abschreibungen auf einmalige Kosten (Ausgaben)
für Kauf oder Herstellung einer Anlage

	in €	Erklärung
1. Hardware		
2. Software		
Summe		
Summe dividiert durch Nutzungsdauer in Monaten entspricht Abschreibungen		pro Monat (1)

---

[26] Vgl. *Krallman, B., Scholz, B.*, Rechnergestützte Auswahl von Großrechnern der IBM-Welt, München, Wien und *Scholz, B.*, Entscheidungshilfe für PCM-Investitionen, in: Computerwoche, und *Compaq*, Leitfaden zur Computer-Auswahl, München
[27] *Compaq*, Leitfaden zur Computerauswahl, a.a.O.
[28] *Gerken, W.*, Systemanalyse, Bonn

Abschreibungen auf sonstige einmalige Kosten (Ausgaben)
3. Problemanalyse
4. Systemplanung
5. Hard- und Softwareauswahl
6. Test
7. Personalschulung
8. Stammdatenerfassung
9. Einführung und Umstellung
10. Dokumentation
11. Installation
12. Zubehör
13. Umbauten
14. Mobiliar
15. Sonstiges

Summe

Summe dividiert durch Nutzungsdauer
in Monaten entspricht Abschreibungen | pro Monat (2)

Gesamtkosten (pro Monat)
16. Personalkosten
17. Materialkosten
18. Energiekosten
19. Miete
20. Wartung und Pflege
21. Versicherungen
22. Abschreibungen auf
    Einmalkosten ((1) + (2))
23. Kalkulatorische Zinsen
    (gesamte Einmalkosten/2) x (Jahreszinssatz/12)
24. Sonstige laufende Kosten

Gesamtkosten | pro Monat (3)

(4.2) Gewinnvergleichsrechnung

Errechenbare Einsparungen (pro Monat)   in €   Erklärung
25. gegenüber derzeitiger Organisation
26. durch Personalfreisetzung
27. durch Maschinenfreisetzung
28. Sonstiges

Summe | pro Monat (4)

Abschätzbare Einsparungen (pro Monat)
29. Rechnungswesen
30. Lager
31. Fertigung
32. Verwaltung
33. Sonstiges

Summe | pro Monat (5)

                    (4) [   ] + (5) [   ] = (6) [   ]
                                                            Gesamteinsparung
                                                            pro Monat[1]

Endergebnis   (6) [   ] − (3) [   ] = (7) [   ]
                                                            Einsparung/
[1] Einsparungen sind gegebenenfalls projekt-   Mehraufwand
bedingte Mehreinnahmen hinzuzufügen.   pro Monat

7.5.4.3 Dynamische Methoden der Investitionsrechnung

Die statischen Verfahren der Investitionsrechnung berücksichtigen nicht nur den Zeit- und Zinseszinsaspekt unzureichend, sondern sie tragen durch das Rechnen mit Durchschnittswerten auch folgenden Sachverhalten nicht hinreichend Rechnung, die bei großen Investitionsvorhaben mit langer Nutzungsdauer sowie wesentlichen Auswirkungen auf die Leistungen und Einnahmen stark ins Gewicht fallen:

1. Periodenüberschüsse aus einer Investition können über die gesamte Nutzungsdauer stark schwanken.
2. Periodenweise Kapitalbindung einer Investition ist nicht über die gesamte Nutzungsdauer gleich.
3. Lebens- und Nutzungsdauer einer Anlage bestimmt die Rentabilität einer Investition wesentlich mit.
4. Möglichkeit alternativer zinstragender Kapitalverwendung führt dazu, dass ein Investor einen erst in der Zukunft in der Höhe B verfügbaren Geldbetrag (z.B. Kapitalrückfluss) mit demjenigen, kleineren in der Gegenwart verfügbaren Geldbetrag A gleich bewertet, der in der Zwischenzeit bei zinsbringender Verwendung auf B anwachsen würde.

Die Berücksichtigung dieser Tatbestände erfolgt bei Einsatz der Verfahren der dynamischen Investitionsrechnung dadurch, dass für die gesamte Nutzungsdauer einer Investition die von ihr verursachten Ausgaben und Einnahmen je Periode ermittelt und durch Abzinsung (Diskontierung) auf ihre Gegenwartswerte (Barwerte) vergleichbar gemacht werden. Das Verfahren der Abzinsung kann einleuchtend durch Umkehrung der Betrachtungsweise so erklärt werden: Für jeden Zeitwert der Ausgaben- und Einnahmenreihe wird als Barwert der Betrag ermittelt, der bei Berechnung von Zinseszinsen in der Zwischenzeit auf den Zeitwert anwachsen würde. Zweckmäßigerweise ermittelt man vor der Abzinsung Nettoeinnahmen (Einnahmen minus Ausgaben) je Periode.

(1) **Kapitalwertmethode**

Bei dieser Methode werden die Zeitwerte aller Ausgaben und Einnahmen des Projektes mit dem so genannten Kalkulationszinsfuß auf ihre Gegenwartswerte abgezinst. Dabei repräsentiert der Kalkulationszinsfuß diejenige Verzinsung, die der Unternehmer für das investierte Kapital über dessen Wiedergewinnung hinaus zu erzielen beabsichtigt. Eine Investition ist dann vorteilhaft für den Investor, wenn ihr **Kapitalwert**, die Summe der Einnahmen-Barwerte minus der Summe der Ausgaben-Barwerte bzw. die Summe der Nettoeinnahmen-Barwerte, bei gegebenem Kalkulationszinsfuß gleich oder größer als null ist. Von mehreren vorteilhaften Investitionen ist diejenige am vorteilhaftesten, die den größten positiven Kapitalwert hat.

Wenn zu einem Investitionsprojekt folgende Angaben vorliegen:
Nutzungsdauer in Jahren .... = n;
anfänglicher Kapitaleinsatz im Zeitpunkt null = A(0);
laufende Ausgaben der Jahre 1 bis n .... = A(1), A(2),..., A(n);
laufende Einnahmen der Jahre 1 bis n .... = E(1), E(2),..., E(n);

und man vereinfachend annimmt, dass die Zahlungen in jedem Jahr zu einem bestimmten, gleichen Zeitpunkt (z.B. am Ende jeden Jahres), vorgenommen werden, dann ergeben sich der Barwert der Ausgaben (A(b)) und der Barwert der Einnahmen (E(b)) bei einem Kalkulationszinsfuß von i aus den Gleichungen

(1) $A(b) = A(0) + \dfrac{A(1)}{q} + \dfrac{A(2)}{q^2} + ... + \dfrac{A(n)}{q^n}$

(2) $E(b) = \dfrac{E(1)}{q} + \dfrac{E(2)}{q^2} + ... + \dfrac{E(n)}{q^n}$

worin q = 1 + i.

Der Kapitalwert K ist definiert als
(3) K = E(b) - A(b)

und ergibt sich, wenn man vereinfachend mit Nettoeinnahmen rechnet, als

(4) $K = \dfrac{NE(1)}{q} + \dfrac{NE(2)}{q^2} + ... + \dfrac{NE(n)}{q^n} - A(0)$

Die Investition ist vorteilhaft, wenn
(5) $K \geq 0$.

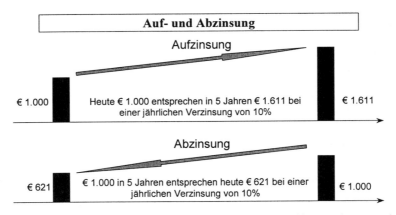

Demnach kann der Kapitalwert, wie in folgender Tabelle dargestellt, errechnet werden.
Um die Prämissen zu klären, unter denen die Kapitalwertmethode zu zutreffenden Investitionsentscheidungen führt, muss festgehalten werden, was ein positiver Kapitalwert exakt aus-

sagt. Hat eine Investition bei gegebenem Kalkulationszinsfuß einen positiven Kapitalwert, dann bedeutet das, dass der Kapitaleinsatz wiedergewonnen wird und dass die effektive Verzinsung der jeweils noch in dem Investitionsprojekt gebundenen Kapitalbeträge höher ist als der Kalkulationszinsfuß. Die Höhe des Kapitalwertes kennzeichnet dabei den Barwert des Betrages, der bei der Effektivverzinsung mehr erwirtschaftet wird als bei einer Verzinsung in Höhe des verwandten Kalkulationszinsfußes. Über die Verzinsung der zurückgeflossenen Beträge nach ihrem Rückfluss, d.h. des gesamten anfänglichen Kapitaleinsatzes für die Gesamtdauer des Projektes ist absolut nichts ausgesagt.

Ende des Jahres	Rechnung mit								Abzinsungs-faktor für $i = 10\%$
	(a) Ein-/Ausgabereihen				(b) Nettoeinnahmen				
	Ausgaben		Einnahmen		Ausgaben		Nettoeinn.		
	ZW	BW	ZW	BW	ZW	BW	ZW	BW	
0	1.000	1.000,00	--	--	1.000	1.000	--	--	1,000
1	200	181,82	500	454,55	--	--	300	272,73	0,9091
2	300	247,92	600	495,84	--	--	300	247,92	0,8264
3	300	225,39	600	450,78	--	--	300	225,39	0,7513
4	400	273,20	600	409,80	--	--	200	136,60	0,6830
5	--	--	200	124,18	--	--	200	124,18	0,6209
Summe		1.928,33		1.935,15 ./. 1.928,33		1.000		1.006,62 ./. 1.000,00	
Kapitalwert				+ 6,82				+ 6,82	

ZW = Zeitwert, BW = Barwert

(1.1) Differenzinvestition bei Alternativen unterschiedlicher Kapitalbindung

Vergleicht man beispielsweise unter der Annahme beliebig verfügbarer Finanzierungsmittel zwei Projekte I 1 und I 2, die sich in ihrem Kapitaleinsatz, -rückfluss und ihrer Nutzungsdauer unterscheiden, dann wird deutlich, dass die Wahl tatsächlich nicht nur diese beiden Investitionen sondern noch eine dritte zu berücksichtigen hat, nämlich die Verwendung der im einen Fall verfügbar bleibenden Differenzbeträge.[29]

Wenn z.B. das Projekt I 1 im Zeitpunkt null einen anfänglichen Kapitaleinsatz von 10.000 € erfordert und nach vier Jahren zu einer Nettoeinnahme von 18.000 € führt, während das Projekt I 2 mit einem anfänglichen Kapitaleinsatz von 8.000 € nach zwei Jahren eine Nettoeinnahme von 11.000 € bewirkt, dann haben die beiden Investitionen bei einem Kalkulationszinsfuß von i = 10 % folgende Kapitalwerte K1 bzw. K2.

K1 = 18.000 x $(1 + i)^{-4}$ - 10.000 = 2.294

K2 = 11.000 x $(1 + i)^{-2}$ - 8.000 = 1.090

---

[29] *Schneider, E.*, Wirtschaftlichkeitsrechnung, Tübingen, Zürich und *Brandt, H.*, Investitionspolitik, a.a.O.

Nach dem Kapitalwertkriterium erscheint also das Projekt I 1 vorteilhafter. Dieser Schluss ist aber nur dann zulässig, wenn die Summe der Kapitalwerte des Projektes I 2 und der zusätzlichen Investitionen, die bei der Wahl diese Projekts möglich werden, kleiner als der Kapitalwert K1 des Projektes I 1 ist. Und das ist mit Sicherheit der Fall, wenn man annehmen kann, dass die bei der Wahl des Projekts I 2 möglichen zusätzlichen Investitionen von 2.000 € im Zeitpunkt null und 11.000 € am Ende des zweiten Jahres bei dem verwandten Kalkulationszinsfuß einen Kapitalwert von null haben.

Daraus folgt, dass die Verwendung der Kapitalwertmethode zum Vergleich alternativer Investitionsmöglichkeiten mit zeitlich und dem Betrage nach unterschiedlicher Kapitalbindung auf der schon von *Lutz*[30] und *Schneider*[31] genannten Prämisse beruht, dass der Investor jederzeit beliebige Beträge zum Kalkulationszinsfuß aufnehmen oder ausleihen kann.

(1.2) Wahl des Kalkulationszinsfußes

Um die Eignung der Kapitalwertrechnung für die Entscheidung über eine Investition klarstellen zu können, muss zunächst noch auf ein weiteres Problem eingegangen werden, das darin besteht, dass die Vorteilsentscheidung nach dem Kapitalwertkriterium wesentlich von der Höhe des gewählten Kapitalzinsfußes abhängt.

Dazu wird folgendes Beispiel betrachtet. Zu Beginn der ersten Periode, also im Zeitpunkt null, entstehe bei zwei zu vergleichenden Projekten I 1 und I 2 in gleicher Weise eine Ausgabe zur Beschaffung des Anlagevermögens von 100 €. Am Ende der ersten Periode von einem Jahr werde jeweils ein gleich hoher Ausgabenbetrag von jeweils 100 € zur Beschaffung des Umlaufvermögens investiert. Am Ende des zweiten und dritten Jahres ergäben sich unterschiedlich hohe Nettoeinnahmen. Die Nutzungsdauer beider Projekte betrage drei Jahre, von denen jeweils das erste Jahr nur dem Aufbau diene (also die Aufbau-Phase darstelle).

Periode		0	1	2	3
I 1	Ausgaben	100	100	–	–
	Nettoeinnahmen	–	–	50	250
I 2	Ausgaben	100	100	–	–
	Nettoeinnahmen	–	–	218	50

Für diese beiden Investitionen erhält man je nach der Wahl des Kalkulationszinsfußes folgende verschiedenen Kapitalwerte.

	Kapitalwert bei i = 10 %	Kapitalwert bei i = 19 %	Kapitalwert bei i = 20 %	Kapitalwert bei i = 35 %
I 1	+ 38,2	0	– 3,9	– 45,6
I 2	+ 36,7	0	– 3,0	– 34,4

Bei einem Kalkulationszinsfuß von 10 % erweisen sich beide Projekte als vorteilhaft, und I 1 ist vorteilhafter als I 2. Bei einem Kalkulationszinsfuß von 19 % sind beide Projekte gleich vorteilhaft, während ein Kalkulationszins von 20 % bereits beide Projekte als nicht mehr vorteilhaft erscheinen lässt. Darüber hinaus erweist sich das Projekt I 1, das bei einem Kalkulati-

---
[30] *Lutz, F., Lutz V.,* The Theory of Investment of the Firm, Princeton
[31] *Schneider, E.,* Wirtschaftlichkeitsrechnung, a.a.O.

onszins von 10 % das vorteilhaftere war, bei einer Abzinsung mit 20 % bzw. 35 % sogar als noch unzweckmäßiger als das Projekt I 2. Daraus ist zu folgern, dass die Wahl des Kalkulationszinsfußes die Entscheidung über die Vorteilhaftigkeit einer Investition wesentlich beeinflussen kann. Deshalb steht und fällt die zutreffende Investitionsentscheidung mit der zutreffenden Wahl des Kalkulationszinsfußes.

(1.3) Prämissen der Kapitalwertmethode und Folgerungen für die praktische Anwendung

Die obigen Überlegungen haben gezeigt, dass die Kapitalwertmethode von folgenden **Prämissen** ausgeht:
(a) Es liegen sichere Erwartungen über die Ausgaben- und Einnahmenreihen der untersuchten Projekte vor.
(b) Der angesetzte Kalkulationszinsfuß ist sachlich eindeutig begründet.
(c) Der Investor kann jederzeit beliebige Beträge zum Kalkulationszins leihen oder ausleihen.

Ob die Kapitalwertmethode zur Beurteilung einer Investition geeignet ist, entscheidet sich erstens an der Frage, ob diese Prämissen bei der Investition als zutreffend angenommen werden können, und zweitens, wenn das bei der einen oder anderen Voraussetzung nicht der Fall ist, an der Frage, wie sich die Preisgabe der betreffenden Prämisse auswirkt.

Unter Verkürzung der diesbezüglichen wissenschaftlichen Diskussion führen folgende Überlegungen zu Empfehlungen für die praktische Anwendung:

Zu Prämisse (a): Sicherheit der Erwartungen
Der Tatsache, dass Prognosewerte stets einem Risiko unterliegen, kann dadurch Rechnung getragen werden, dass gleichzeitig die möglichen Abweichungen prognostiziert und diese in systematischen Alternativrechnungen, durch Sensitivitätsanalyse, berücksichtigt werden. Näheres dazu vgl. Pkt. 7.5.4.6 (2). Die von einigen Autoren vorgeschlagene Berücksichtigung der Unsicherheit durch einen Aufschlag auf den Kalkulationszinsfuß mag subjektiv einleuchtend sein, aber ist weder notwendig noch objektiv begründbar, also ungeeignet. Die Prämisse (a) ist also nie streng erfüllt, aber dieser Tatsache kann durch Ergänzungsrechnungen angemessen Rechnung getragen werden.

Zu Prämisse (b): Der Kalkulationszinsfuß ist sachlich eindeutig begründet
Ausgehend von der Zielsetzung, dass eine Investition die Rentabilität des im Betrieb eingesetzten Kapitals erhöhen soll, ist es sinnvoll und möglich, die Rentabilität des betriebsnotwendigen Kapitals - unabhängig von der zu prüfenden Investition - über mehrere Jahre zu analysieren und zu prognostizieren. Wählt man den Durchschnitt (das arithmetische Mittel) über mehrere Jahre, streng genommen für die Nutzungsdauer der Investition, dann erhält man einen Wert, dessen Verwendung als Kalkulationszinsfuß einen aussagefähigen Kapitalwert ergibt. Ein positiver Kapitalwert besagt, dass die Investition in Höhe des Kapitalwertes einen Beitrag zur Verbesserung der Rentabilität des betriebsnotwendigen Kapitals leistet.

Zu Prämisse (c): Es sind beliebige Beträge zum Kalkulationszins leih- und ausleihbar
Die Vorschläge zu Prämisse (b) erfüllen i.d.R. gleichzeitig die Prämisse (c), weil angenommen werden darf, dass zusätzlicher Kapitalbedarf von anderen Vorhaben abgezogen wird, bei denen er näherungsweise die durchschnittliche Rentabilität des betriebsnotwendigen Kapitals erzielt hätte. Entsprechend darf für Kapitalrückflüsse angenommen werden, dass diese in alternativen Verwendungen im Unternehmen ebenfalls diese Rendite erzielen würden. Falls

sich diese Aussage gemessen an den Bedingungen eines praktischen Falles nicht bestätigen lässt, müssten ergänzende Rechnungen zur Berücksichtigung der Abweichungen angestellt werden. Dazu gilt Folgendes:

1. Kreditaufnahmen können zu beliebigen Konditionen, einschließlich Zins- und Tilgungszahlung, als Einnahmen bzw. Ausgaben periodengerecht in die Kapitalwertberechnung einbezogen werden.
2. Differenzinvestitionen, die sich mit einem vom Kalkulationszinssatz abweichenden Zinssatz verzinsen, können und müssen in einer Zusatzrechnung so berücksichtigt werden, dass die freigesetzten Beträge mit ihrem Effektivzinssatz bis zum Ende der Nutzungsdauer aufgezinst werden und dass der so ermittelte Zukunftswert der Differenzinvestition mit dem Kalkulationszinssatz auf ihren Barwert abgezinst wird. Dieser Barwert der Differenzinvestition ist dem Kapitalwert der zugehörigen Investition hinzuzufügen. Für das unter (1.1) genannte Beispiel ergeben sich unter Berücksichtigung der Differenzinvestition folgende Kapitalwerte.

Kapitalwertermittlung unter besonderer Berücksichtigung von Differenzinvestitionen						
Jahr	Projekt I 1		Projekt I 2		Differenzinvestition		
	(1)	(2)	(3)	(4)	(5) = (1) - (3)	(6)	(7)
	Zeitwert	Barwert bei $i = 10\%$	Zeitwert	Barwert bei $i = 10\%$	Zeitwert	Zukunftswert im Jahr 4 bei $p = 8\%$	Barwert von (5) + (6) bei $i = 10\%$
0	- 10.000	- 10.000	- 8.000	- 8.000	- 2.000	+ 2.721	- 2.000
1	-	-	-	-	-	-	-
2	-	-	+ 11.000	+ 9.090	- 11.000	+ 12.830	- 9.090
3	-	-	-	-	-	-	-
4	+ 18.000	+ 12.294	-	-	-	= 15.551	+ 10.621
	KW1 =	+ 2.294	KW2 =	+ 1.090		KWd =	- 469
	i = Kalkulationszins			KW = Kapitalwert			
	p = Verzinsung des Rückflusses			Abzinsfaktoren s. 3 Seiten früher			

Auf der Grundlage der vorstehenden Überlegungen halten wir die Kapitalwertmethode für einfach zu handhaben und in der Praxis universell zur Beurteilung von Großinvestitionen einsetzbar.

(2) **Interne Zinsfußmethode**

In der internen Zinsfußrechnung wird derjenige Zinssatz gesucht, für den der Barwert der Einnahmen gleich dem Barwert der Ausgaben, also der Kapitalwert null wird. Eine Investition gilt als vorteilhaft, wenn der interne Zinsfuß größer als der Kalkulationszinsfuß, d.h. größer als die geforderte Verzinsung ist. Für die Anwendung dieses Verfahrens müssen die gleichen Bedingungen erfüllt werden, wie sie für den Einsatz der Kapitalwertmethode formuliert wurden.

Mit Bezug auf das Problem der Differenzinvestition gilt entsprechend die Bedingung, dass der Investor zu jeder Zeit zum internen Zinsfuß Kapital aufnehmen und anlegen kann. Da bei der Prüfung unterschiedlicher Investitionen deren interne Zinsfüße sehr verschieden zu sein pflegen, ist diese Annahme recht unrealistisch und wenig sinnvoll. Deshalb können wir *Albach* nicht zustimmen, der die interne Zinsfußmethode für die universellere hält.[32] Für den Fall, dass man die Finanzierung der Investition durch Innenfinanzierung und eine Wiederanlage der Rückflüsse im Unternehmen annimmt, müsste das Problem der Differenzinvestition in jedem Fall, in dem der interne Zinsfuß nicht gleich der Durchschnittsrentabilität des betriebsnotwendigen Kapitals ist, durch Aufzinsung der Beträge der Differenzinvestition auf einen Zukunftswert am Ende der Nutzungsdauer der zugehörigen Investition und anschließende Ermittlung eines internen Zinsfußes für Investition plus Differenzinvestition gelöst werden. Dieses Vorgehen wurde oben im Zusammenhang mit der Kapitalwertmethode bereits an einem Beispiel erläutert.

Zur Ermittlung des internen Zinsfußes dienen in der Praxis bewährte einfache Näherungsverfahren. Dazu dient nach Ermittlung zweier näherungsweise benachbarter Kapitalwerte, von denen einer einen Kalkulationszinsfuß über und einer einen Kalkulationszinsfuß unter dem internen Zinsfuß hat, ein graphisches und folgendes arithmetische Verfahren der linearen Interpolation.[33]

p = Interner Zinsfuß
p(1), p(2) = Versuchszinssätze der Diskontierungsalternativen
BS(1), BS(2) = Barwert-Salden der Diskontierungsalternativen (Kapitalwerte)

Dann gilt

$$p = p(1) - BS(1) \times \frac{p(2) - p(1)}{BS(2) - BS(1)}$$

(3) **Annuitätenmethode**

Als drittes dynamisches Investitionsrechnungsverfahren ist noch die Annuitätenmethode zu erwähnen. Bei diesem Verfahren werden die Barwerte der Ausgaben und der Einnahmen einer Investition in gleiche Jahresbeiträge (Annuitäten) umgerechnet. Zu diesem Zweck wird der Barwert der Ausgaben und der Barwert der Einnahmen jeweils mit dem Wiedergewinnungsfaktor multipliziert. Ist bei gegebenem Kalkulationszinsfuß die Annuität (der jährliche Kapitalrückfluss) positiv, dann ist eine Investition vorteilhaft. Von mehreren Investitionen ist diejenige mit der höchsten Annuität am vorteilhaftesten. Weitere Einzelheiten zu diesem Verfahren können der Speziallitatur entnommen werden.[34]

K(0) = Kapitalwert zum Zeitpunkt t(0)

$$\text{Annuität } a = K(0) \times \frac{i \times (1 + i)^n}{(1 + i)^n - 1}$$

7.5.4.4 Das Ersatzproblem

(1) **Die MAPI-Methode**

Die MAPI-Methode wurde von *George Therborgh* am Machinery and Allied Products Institute in Washington entwickelt. Wir beschränken uns auf eine Kurzdarstellung des Grundmo-

---
[32] *ZVEI*-Schriftenreihe, Leitfaden für die Beurteilung von Investitionen, Frankfurt/M.
[33] Dieses und ein graphisches Näherungsverfahren vgl. *Blohm, H., Lüder, K.*, Investition, Berlin, Frankfurt/M.
[34] Vgl. *dieselben*

dells nach *Blohm, Lüder*.[35] Das MAPI-Grundmodell dient der Klärung der Frage, ob es für einen Betrieb vorteilhafter ist, eine Anlage im laufenden Jahr oder erst ein Jahr später zu ersetzen. Zur Beurteilung dieser Frage wird eine Rentabilitätszahl r ermittelt, die nach folgender Formel errechnet wird.

$$r = \frac{(2) + (3) - (4) - (5)}{(1)} \cdot 100 \ (\%/\text{Jahr})$$

Für die Klammerwerte gelten die folgenden Definitionen:

(1) = **Nettoinvestitionssumme** = Anschaffungskosten der neuen Anlage abzüglich freigesetzter Kapitalbeträge (z.B. Liquidationserlös aus ersetzter Anlage) sowie vermiedener Aufwendungen beispielsweise für vermiedene Großreparaturen der alten Anlage

(2) = Bei diesjähriger Vornahme der Investition im nächsten Jahr entstehender **zusätzlicher Kapitalrückfluss** vor Abzug von Ertragssteuern, bestehend aus Umsatzsteigerung plus Verminderung laufender Kosten

(3) = **Vermiedener Kapitalverzehr** des nächsten Jahres bei Vornahme der Investition, der bei Weiternutzung der alten Anlage durch Minderung des Liquidationserlöses und Anteil des Jahres an den Ausgaben für die Großreparatur entstehen würde

(4) = **Kapitalverzehr** der neuen Anlage im nächsten Jahr

(5) = **Ertragssteuern**, die bei diesjähriger Realisierung der Investition im nächsten Jahr zusätzlich anfallen (Die Positionen (2) und (3) sind grundsätzlich ertragssteuerrelevant).

Für den praktischen Einsatz dieses Verfahrens stehen Formulare und Diagramme zur Ermittlung der Rentabilitätskennzahl für die Beurteilung alternativer Nutzungsdauern zur Verfügung.

(2) **Bestimmung der wirtschaftlichen Nutzungsdauer und des optimalen Ersatzzeitpunktes bei Einsatz der Kapitalwertmethode**

Für die Ermittlung der wirtschaftlichen Nutzungsdauer und des optimalen Ersatzzeitpunktes nennt *Wöhe* folgende Arbeitsschritte:[36]

1. Aus vorgegebenen Zahlungsreihen werden für alternative Nutzungsdauern einer Anlage die entsprechenden Kapitalwerte ermittelt.
2. Aus diesen Kapitalwerten werden durch Multiplikation mit dem Wiedergewinnungsfaktor die dazugehörigen Annuitäten errechnet.
3. Die Nutzungsdauer mit der höchsten Annuität ist die wirtschaftlich beste Nutzungsdauer und definiert den optimalen Ersatzzeitpunkt.

7.5.4.5 Vollständiger Finanzplan (VoFi)
von *Oliver Ahnfeld*[37]

Zu den neueren Verfahren der Investitionsrechnung zählt die Methode der Vollständigen Finanzpläne (VoFi). Ziel dieser Methode ist die Ermittlung der Vorteilhaftigkeit einer Investition im Rahmen von Finanzplänen auf der Basis von Tabellen und nicht aufgrund finanzmathematischer Verfahren, wie z.B. bei der Kapitalwert- oder der internen Zinsfußmethode.

---

[35] Vgl. *dieselben*
[36] Vgl. *Wöhe, G.*, Einführung in die Allgemeine Betriebswirtschaftslehre, a.a.O.
[37] *Ahnfeld, O.*, PLANCO CONSULTING GMBH, Hamburg

Ausgehend von dem aus Eigenkapital finanzierten Investitionsanteil werden die Zahlungsüber- oder Unterschüsse im Zeitablauf dargestellt. Der Tabellensatz bildet eine Art Projektkonto, auf dem die Überschüsse und Unterschüsse sowie das Zinsergebnis jedes Jahres summiert werden. Überschüsse des jeweiligen Jahres und die bereits vorhandenen Zinseinnahmen der Vorjahre werden mit einem Haben-Zinssatz verzinst (siehe folgende Grafik und Tabelle) Die Unterschüsse werden dagegen mit einem Soll-Zinssatz, der im Allgemeinen höher als der Haben-Zinssatz ist, verzinst werden. Dies markiert einen wesentlichen Unterschied zu den anderen dynamischen Verfahren, bei denen sowohl die Überschüsse, als auch die Unterschüsse mit einem einheitlichen Kalkulationszinssatz diskontiert werden. Die generierten Überschüssen und der sich ergebende Zinseszins werden jährlich zu einem Endwert summiert. Diese Jahresendsumme entspricht dem neuen Eigenkapital, das zur Ausschüttung oder Reinvestition zur Verfügung steht. Dieser neue Eigenkapitalbetrag wird mit der aus Eigenkapital finanzierten anfänglichen Investitions-Ausgabe verglichen und bestimmt die durchschnittliche Verzinsung/ Rentabilität des eingesetzten Eigenkapitals.

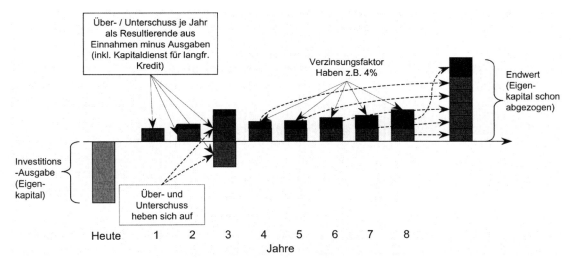

Ein weiterer Vorteil der Methode der Vollständigen Finanzpläne ist die Eignung des Tabellensatzes für die Integration in die laufende Finanzplanung. Die Interaktion des vollständigen Finanzplanes des Investitionsobjektes mit der laufenden Finanzplanung lässt sich am stärksten darstellen, wenn im Zeitablauf der Investition notwendige Entnahmen des Unternehmens vom Projektkonto erfolgen.

Beim Vergleich verschiedener Investitionen kann neben der durchschnittlichen Verzinsung des eingesetzten Eigenkapitals auch die Wirkung auf die Unternehmensplanung durch Integration des VoFi in die Finanzplanung aufgezeigt werden und somit als Entscheidungshilfe dienen.

Das Beispiel in der folgenden Tabelle geht von einer Investition im Jahr 0 in Höhe von 10.000 GE aus, wobei 75% Fremdkapital zum Einsatz kommt. Der Überschuss im Jahr 1 in Höhe von 2.500 GE wird um den Kapitaldienst (bei einer Verzinsung mir dem Hypothekarzins) verringert und es verbleiben 768 GE im Projektkonto. Dieser Überschuss wird mit dem Habenzins verzinst und addiert sich mit diesem Überschuss zu 791 GE. Die 791 GE werden um den in diesem Jahr realisierten Überschuss (783 GE) vermehrt, usw.

Der Stand des Projektkontos ergibt am Ende des Investitionszyklusses 3.331 GE. Daraus folgt eine durchschnittliche Verzinsung von 5,9% p.a. des eingelegten Eigenkapitals in Höhe von 2.500 GE.

VoFi-Eigenkapital-Rentabilität

Jahr	Investition [1]	Überschuss [2]	Resterlös [3]	EK [4]	Kreditaufnahme [5]	Annuität [8] Zinsen [6]	Annuität [8] Tilgung [7]	Reinvestition Jahr -1 [9 = 14 Vorjahr]	Sollzinsen [10 = 9 x Sollzins]	Habenzinsen [11 = 9 x Habenzins]	Σ Zinsen [12 = 10 + 11]	Reinvestition Jahr -1 verzinst [13 = 9 + 12]	Summe [14 = 2 + 6 + 7 + 13]
0	-10.000			2.500	7.500								0
1		2.500				-375	-1.357						768
2		2.500				-307	-1.425	768	0,0	23,0	23,0	790,7	1.558
3		-1.000				-236	-1.496	1.558	0,0	46,8	46,8	1.605,2	-1.127
4		3.000				-161	-1.571	-1.127	-78,9	0,0	-78,9	-1.206,1	62
5		3.000	2.000			-82	-1.650	62	0,0	1,8	1,8	63,5	3.331
Hypothekarzins:	5%		Sollzins:	7%		Habenzins:	3%			VoFi-EK-Rentabilität:			5,9%

7.5.4.6 Risikoanalyse

Eine in der Literatur zu findende Empfehlung und übliche Praxis, bei erhöhter Unsicherheit der Erwartungen mit einem erhöhten Kalkulationszinsfuß zu rechnen, ist aufgrund der unter Pkt. 7.5.4.3 (1.2) gegebenen Empfehlungen für eine sachlich einwandfreie Bestimmung des Kalkulationszinsfußes als unbegründet und ungeeignet zu verwerfen. Eine Erhöhung des Kalkulationszinsfußes würde nicht in Beziehung zu bestimmten Risiken gesetzt werden können und keinen Anhaltspunkt für die Höhe des Risikos bieten. Demgegenüber bieten die folgenden Verfahren deutlich bessere Möglichkeiten zur Berücksichtigung des Risikos in der Investitionsplanung und -prüfung. Sie werden in Anlehnung an den Leitfaden des *ZVEI* zusammengefasst. Rechenbeispiele und weitere Erläuterungen befinden sich dort.[38]

(1) **Verfahren der kritischen Werte**

Das Verfahren ermittelt für als besonders unsicher erkannte Daten denjenigen Betrag, der gerade noch die Erzielung der geforderten Mindestrendite erlaubt und kann dann subjektiv die Wahrscheinlichkeit schätzen, die dafür besteht, dass diese „kritischen Werte" nicht unterschritten werden. Gegen diese Methode ist wissenschaftlich kaum etwas einzuwenden. Für den praktischen Einsatz erscheint sie uns nicht universell praktikabel.

(2) **Sensitivitätsanalyse**

Bei diesem Verfahren wird ermittelt, wie sich die Variation bestimmter Plandaten um bestimmte Abweichungs-/Fehlerprozentsätze auf die Projektrentabilität (gemessen als interner Zinsfuß) oder auf den Kapitalwert auswirkt. Dieses Verfahren hat sich in der Praxis als sehr flexibel und universell einsetzbar bewährt. Das beruht insbesondere darauf, dass die Sensitivitätsanalyse auf vielfältige Weise an die Anforderungen des praktischen Falles angepasst werden kann. Dazu nennen wir folgende Beispiele:

- Zu jeder wichtigen Position der Investitionsrechnung kann neben der Vorhersage/Planung des realistischen Betrages ein günstigster und ein ungünstigster Fall angegeben werden.
- Diese Angaben können auf der Grundlage vorgegebener geschätzter, subjektiver Wahrscheinlichkeiten prognostiziert werden.
- Die Abweichungen können bei der praktischen Datenkollektion bereits systematisch mitermittelt werden.
- Diese Konkretisierung einzelner Abweichungen ist gleichzeitig zu begründen und im Planungsteam durch mehrere Experten überprüfbar, also objektivierbar.
- Auf der Basis solcher Vorarbeiten kann systematisch und im Einklang mit relevanten Rahmenbedingungen ein günstigster Fall (bei Realisierung aller Verbesserungsmöglichkeiten und positiven Entwicklungen) und ein ungünstigster Fall (bei Kumulierung aller Risiken und ungünstigen Entwicklungen) für den Kapitalwert oder internen Zinsfuß ermittelt werden.
- Der Abstand zwischen günstigstem und ungünstigstem Fall stellt ein überzeugendes Indiz für das Ausmaß der Risiken dar.
- Ergänzend kann die Wirkung möglicher Abweichungen bestimmter einzelner Ausgaben- oder Einnahmenpositionen auf den Kapitalwert oder internen Zinsfuß einer Investition angegeben werden. Dies ist immer dann von großer Bedeutung, wenn einzelne Beträge gleichzeitig relativ groß und zugleich relativ unsicher sind (z.B. bei einem hohen Exportanteil vom Umsatz, der mit erheblichen Wechselkursrisiken behaftet ist).

---

[38] *ZVEI*-Schriftenreihe, Leitfaden für die Beurteilung von Investitionen, Frankfurt/M.

❑ Das Gesagte gilt entsprechend auch bei Anwendung der Methode Vollständiger Finanzplanung.

(3) Projektsimulation

Wenn für mögliche Datenabweichungen Wahrscheinlichkeiten angegeben werden können, besteht die Möglichkeit, mit dem Verfahren der Monte-Carlo-Simulation eine Wahrscheinlichkeitsverteilung des Kapitalwertes oder Internen Zinsfußes in Form einer Risikokurve zu ermitteln, d.h. aufzuzeigen, in welcher Bandbreite der Kapitalwert oder Interne Zinsfuß liegt.

Lesourne schreibt: „Die Monte Carlo Methode ... kann angewandt werden, wenn man das Verhalten eines Systems mit Zufallsvariablen untersucht und wenn die von dem mathematischen Ausdruck der Wahrscheinlichkeitsverteilung ausgehenden althergebrachten Rechenmethoden auf zu große Schwierigkeiten stoßen. Sie besteht in der Wiederholung einer großen Reihe von fiktiven Versuchen, ausgehend von Zufallszahlen, deren Häufigkeiten den Wahrscheinlichkeitsverteilungen des Phänomens entsprechen."[39]

Der Kapitalwert einer Investition hängt i.d.R. von vielen verschiedenen Faktoren (z.B. Investitionssumme, Zins für das aufzunehmende Fremdkapital, Höhe der Einnahmen, etc.) ab. Der unterschiedlich starke Einfluss dieser Faktoren auf den Kapitalwert kann in einer Sensitivitätsanalyse herausgefunden werden, um nur die wichtigsten für die Monte-Carlo-Simulation anzuwenden. Bei einem Betrachtungszeitraum der Investition von zehn Jahren und einer Beschränkung auf die oben genannten drei Faktoren, hängt der Kapitalwert von zwölf Größen ab (jeweils einer Investitionssumme, einem FK-Kreditzins und zehn verschiedene Einnahmen über den Investitionszeitraum von zehn Jahren). Daraus kann ein Kapitalwert errechnet werden. Wenn nun diese zwölf Größen in ihrer Höhe variiert werden, ergeben sich weitere Kapitalwerte. Für die Variation dieser zwölf Größen benötigt man jeweils einen unteren und oberen Wert und einen wahrscheinlich eintreffenden Wert, der nicht zwangsläufig in der Mitte zwischen oberem und unterem liegen muss. Diese Werte können unter Zuhilfenahme einer Expertenrunde (Delphi-Methode) ermittelt werden. Mit Hilfe des pessimistischen, optimistischen, realistischen Wertes und einer Vielzahl von Zufallszahlen können verschieden Kapitalwerte errechnet werden[40].

Viele Simulationen ergeben einen immer stetigeren Verlauf des Wahrscheinlichkeitsraumes für den Kapitalwert (siehe Grafik). Für unser Beispiel, dessen Einzelheiten hier nicht wesentlich sind, kann in der Grafik folgendes Ergebnis abgelesen werden:
❑ Kapitalwert liegt nicht unter € 700.000 und nicht über € 1.600.000
❑ Mit jeweils 10% Wahrscheinlichkeit liegt er unter € 1.000.000 und über € 1.550.000
❑ Mit 80% Wahrscheinlichkeit liegt er zwischen € 1.000.000 und € 1.550.000
❑ usw.

Diese Ergebnisse basieren auf den vorher gemachten Annahmen, insbesondere den Expertenmeinungen über realistische, pessimistische und optimistische Werte des Projektes und deren Wahrscheinlichkeitsschätzungen.

Die Monte-Carlo-Simulation eignet sich also unter den genannten Bedingungen zur Bestimmung der Chancen und Risiken von entscheidungsrelevanten Größen, hier dargestellt anhand des Kapitalwertes einer Investition.[41]

---

[39] *Lesourne,J.*, Unternehmensführung und Unternehmensforschung, München, Wien, S 32
[40] $P + 2 \cdot (R - P) \cdot ZZ$ für $0 \leq ZZ \leq 0{,}5$
    $R + 2 \cdot (O - R) \cdot (ZZ - 0{,}5)$ für $0{,}5 < ZZ \leq 1$
    P: pessimistischer Wert   R: realistischer Wert   O: optimistischer Wert   ZZ: Zufallszahl
[41] Zur Vertiefung vgl. *Sattler, R.R.*, Unternehmerisch denken lernen, dtv, S. 117 ff.

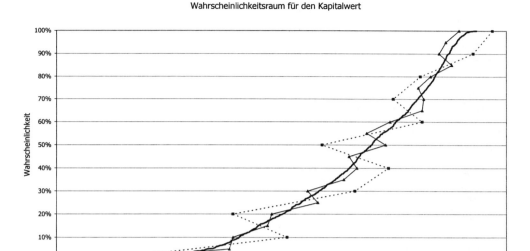

Gegen dieses Verfahren - mit den in der Praxis sehr erwünschten Informationen - ist einzuwenden, das die Hauptschwierigkeit in der Beschaffung aller erforderlichen Daten mit den zugehörigen Streubereichen und Wahrscheinlichkeitsangaben liegt. In der Praxis hat dieses Verfahren gegenüber der Sensitivitätsanalyse ferner den entscheidenden Nachteil, dass das Ergebnis nicht wie jenes Verfahren voll transparent ist und dem Management nicht Aktionsparameter(-möglichkeiten) und Handlungsziele für eine aktive Risikobegrenzung durch zielgerichtete Gegenmaßnahmen aufzeigt (z.B. Kostenbegrenzung und/oder Exportförderung und Kurssicherung).

7.5.5 Planung von Großinvestitionen im Rahmen der strategischen Unternehmensplanung

Die Zusammenstellung der erforderlichen Daten für die Wirtschaftlichkeitsrechnung zu einem Großprojekt unter Einsatz eines Verfahrens der dynamischen Investitionsrechnung erfolgt in der Praxis zweckmäßig nach der Systematik, wie sie in den Tabellen auf den folgenden Seiten gemäß **„Leitfaden zur Beurteilung von Investitionen"** vom *ZVEI* vorgeschlagen wird.[42] Dabei ist darauf zu achten, dass das erste Formular (A) für Investitionen ohne Berücksichtigung von Steuern und Fördermaßnahmen entwickelt wurde, während das Formular (C) eine Berücksichtigung von Steuern und Fördermaßnahmen vorsieht. Das Formular (B) ist für die Beurteilung von Rationalisierungsinvestitionen vorgesehen.

---

[42] *ZVEI*-Schriftenreihe, Leitfaden für die Beurteilung von Investitionen, a.a.O., Anhang Nr. 1

Pos.	Formular A	Errechnung des Internen Zinsfußes										
1	Vorhaben											
	Erweiterung der Fertigung von xx Geräten Verlängerung der Werkhalle, Einrichtung zusätzlicher Arbeitsplätze für zusätzlich 1.000 Stück/Jahr, Preis je Stück GE 2.000,-- Jahresstückzahl vor Erweiterung 4.000 Stück, nach Erweiterung 5.000 Stück											
		Gesamt	Planungszeitraum in Jahren									
			0.	1.	2.	3.	4.	5.	6.	7.	8.	9.	10.
2	Grunddaten												
2.1	Umsatzvolumen, mengenmäßig Stück	8.000		400	700	1.000	1.000	1.000	1.000	1.000	900	700	300
2.2	Fertigungsvolumen, mengenmäßig Stück	8.000		700	1.000	1.000	1.000	1.000	1.000	1.000	700	500	100
2.3 2.4	Kapazitätsauslastung	80 %		70 %	100 %	100 %	100 %	100 %	100 %	100 %	70 %	50 %	10 %
3	Investitionsausgaben												
3.1	Gebäude	300	300										
32.	Maschinen, maschinelle Anlagen und sonstige Einrichtungen	500	400					100					
3.3	Änderung der Vorräte	—		300	300						−200	−200	−200
3.4	Änderung der Forderungen	—		200	150	150						−200	−300
3.5	Sonstige Investitonsausgaben	200	200										
3.6	Liquidationserläse												
	Summe 3	1.000	900	500	450	150		100			−200	−400	−500
4	Laufende Einnahmen (= Erlöse aus Umsatz)	16.000		800	1.400	2.000	2.000	2.000	2.000	2.000	1.800	1.400	600
5	Laufende Ausgaben (= Kosten für Umsatz)												
5.1	Fertigungslöhne und -gehälter	1.600		100	200	200	200	200	200	200	150	150	50
5.2	Fertigungsmaterial	4.000		200	500	500	500	500	500	450	350	350	150
5.3	Gehälter und Löhne für zus. Personal in Fertigung, Vertrieb und Verwaltung	1.700		100	150	200	200	200	200	200	200	150	100
5.4	Sozialkosten	1.650		150	150	200	200	200	200	200	150	150	50
5.5	Post, Reise, Büromaterial, sonstige personalabhängige Sachkosten	1.150		75	150	125	125	125	125	125	150	100	50
5.6	Wagnisse	400		—	—	50	50	50	50	50	50	50	50
5.7	Sonstige Ausgaben	1.200		75	150	125	125	125	125	125	150	150	50
5.8 5.9													
	Summe 5	11.700	—	700	1.100	1.400	1.400	1.400	1.400	1.400	1.300	1.100	500
6	Einnahme-Überschüsse (Pos. 4 ./. Pos. 5)	4.300		100	300	600	600	600	600	600	500	300	100
7	Zahlungsreihe (Pos. 6 ./. Pos. 3)	3.300	−900	−400	−150	+450	+600	+500	+600	+600	+700	+700	+600
8	Errechnung des Internen Zinsfußes												
8.1	Abzinsung mit 22 %, Faktoren aus Tabelle 1		1.000	0,820	0,672	0,551	0,451	0,370	0,303	0,249	0,204	0,167	0,137
8.2	Barwerte (= Produkt aus Pos. 7 und 8.1)	+ 48	−900	−328	−101	+248	+271	+185	+182	+149	+143	+117	+ 82
8.3	Abzinsung mit 24 %, Faktoren aus Tabelle 1		1.000	0,806	0,650	0,524	0,423	0,341	0,275	0,222	0,179	0,144	0,116
8.4	Barwerte (= Produkt aus Pos. 7 und 8.3)	− 65	−900	−322	− 97	+238	+254	+170	+165	+133	+125	+101	+ 70
8.5	Interner Zinsfuß	≈ 23 %	Bemerkungen										
9 9.1 9.2	Zusätzliche Angaben Amortisationszeit	≈ 5 Jahre											

Entnommen aus: *ZVEI*, Beurteilung von Investitionen

Planung und Steuerung des Investitionsprozesses

Pos.	Formular B	Errechnung des Internen Zinsfußes für Rationalisierungsinvestitionen (bei gleich hohen Einsparungen pro Jahr)	
1	**Vorhaben**		
1.1	Geplantes Verfahren = 1		
	Anschaffung einer Gasaufkohlungsanlage (Härten von Stahlteilen; Unterbringung im Hauptwerk) Vorteile: geringere Lohnkosten; weniger Ausschuss; höhere Qualität, Schichtbetrieb; geringere Transportkosten		
1.2	Bestehendes Verfahren = II bzw. Alternativverfahren		
	Härten von Stahlteilen im Salzbad (im Zweigwerk)		
		Gesamt	
		I	II
1	**Grunddaten**		
2.1	Schichteinsatz	3	1
2.2	Anzahl zu härtender Teile Leistung im Jahr/max.	Mio. St. 4/5	Mio. St. 4/4
2.3	Planungszeitraum (Jahre)	5	5
3	**Investitionsausgaben**	TGE	TGE
3.1	Maschinelle Anlage und Zubehör	173,0	
3.2	Installation (incl. bauliche Maßnahmen)	45,0	
3.3	Anlauf- und Umschulungskosten	40,0	
3.4	Abbruchkosen der alten Anlage	20,0	
3.5	Verkaufserlös der alten Anlage	– 10,0	
	Zwischensumme	268,0	
3.6	Investitionsmehrausgaben Für Verfahren (Se. 31 ./. Se 3 II)	268,0	
4	**Laufende Einnahmen (entfällt, vgl. Erläuterungen)**		
5	**Laufende Ausgaben pro Jahr**		
5.1	Fertigungslöhne und -gehälter	106,7	163,3
5.2	Fertigungsmaterial	6,5	12,5
5.3			
5.4	Sozialkosten	53,3	81,7
5.5	Energiekosten	60,0	60,5
5.6	Instandhaltung	10,0	12,0
5.7	Transportkosen		4,0
5.8	Ausschuss und Nacharbeiten in Folgeoperationen	12,5	25,0
5.9			
	Summe 5	249,0	359,0
6.1	Einsparungen pro Jahr (Se. 5/II ./. Se. 5 I)	110,0	
6.2	Einsparungen gesamt (alle Jahre)	550,0	
7	Zahlungsreihe (Pos. 6.2 ./. Pos. 3.6)	282,0	
8	Errechnung des internen Zinsfußes lt. Tabelle 2	30 %	
9	**Zusätzliche Angaben**		
9.1	Amortisationszeit Pos. 3.6 : Pos. 6.1	≈ 2,4 Jahre	
9.2			

Entnommen aus: *ZVEI*, Beurteilung von Investitionen

Pos.	Formular C	Gesamt	Errechung des Internen Zinsfußes vor (nach) Steuern und nach Förderungsmaßnahmen										
			Planungszeitraum in Jahren										
			0.	1.	2.	3.	4.	5.	6.	7.	8.	9.	10.
1	Zahlungsreihe vor Steuern und Förderungsmaßnahmen (= Pos. 7 des Formulars A)	3.300	− 900	− 400	− 150	+ 450	+ 600	+ 500	+ 600	+ 600	+ 700	+ 700	+ 600
2	Auswirkungen staatlicher Förderungsmaßnahmen												
2.3	Staatliche Investitionsprämie	200		200									
2.4	Sonstige Vergünstigungen												
	Summe 2	200		200									
3	Zahlungsreihe vor Steuern und nach Förderungsmaßnahmen (Pos. 1 + Pos. 2)	3.500	− 900	− 200	− 150	+ 450	+ 600	+ 500	+ 600	+ 600	+ 700	+ 700	+ 600
4	Errechnung des Internen Zinsfußes vor Steuern und nach Förderungsmaßnahmen												
4.1	Abzinsung mit 24 %, Faktoren aus Tabelle 1		1,000	0,806	0,650	0,524	0,423	0,341	0,275	0,222	0,179	0,144	0,118
4.2	Barwerte (= Produkt aus Pos. 3 und 4.1)	+ 96	− 900	− 161	− 97	+ 236	+ 254	+ 170	+ 165	+ 133	+ 125	+ 101	+ 70
4.3	Abzinsung mit 25 %, Faktoren aus Tabelle 1		1,000	0,794	0,630	0,500	0,397	0,315	0,250	0,198	0,157	0,125	0,099
4.4	Barwerte (= Produkt aus Pos. 3 und 4.3)	− 8	− 8	− 8	− 8	− 8	− 8	− 8	− 8	− 8	− 8	− 8	− 8
4.5	Interner Zinsfuß vor Steuern und nach Förderungsmaßnahmen	≈ 26 %											
5	Auswirkungen von Steuern												
5.1	Aus Einnahmeüberschüssen (50 % von Pos. 6 des Formulars A)	− 2.150		− 50,0	− 150	− 300	− 300	− 300	− 300	− 300	− 250	− 150	− 50,0
5.2	Aus Abschreibungen (50 % von. Pos. 8.3 des Formulars C)	+ 400		+ 55,0	+ 55	+ 55	+ 55	+ 55	+ 25	+ 25	+ 25	+ 25	+ 25,0
5.3	Aus Fremdkapitalzinsen (50 % von Pos. 9.3 des Formulars C)	+ 417		+ 12,5	+ 38	+ 51	+ 55	+ 55	+ 55	+ 55	+ 50	+ 35	+ 12,5
5.4	Aus sonstigen nichtaktivierungspflichtigen Investitionsausgaben (50 % von Pos. 3.5 des Formulars A)	+ 100		+ 100,0									
	Summe 5	− 1.233		+ 117,5	− 59	− 194	− 190	− 190	− 220	− 220	− 175	− 90	− 12,5
6	Zahlungsreihe nach Steuern und Förderungsmaßnahmen (Pos. 3 + Pos. 5)	+ 2.267	− 900	− 82,5	− 209	+ 256	+ 410	+ 310	+ 380	+ 380	+ 525	+ 610	+ 587,5
7	Errechnung des Internen Zinsfußes nach Steuern und Förderungsmaßnahmen												
7.1	Abzinsung mit 20 %, Faktoren aus Tabelle 1		1,000	0,833	0,894	0,579	0,482	0,402	0,335	0,279	0,233	0,194	0,182
7.2	Barwerte (= Produkt aus Pos.6 und 7.1)	− 75	− 900	− 69	− 145	+ 148	+ 198	+ 125	+ 127	+ 106	+ 122	+ 118	+ 95
7.3	Abzinsung mit 18 %, Faktoren aus Tabelle 1		1.000	0,847	0,718	0,609	0,518	0,437	0,370	0,314	0,266	0,225	0,191
7.4	Barwerte (= Produkt aus Pos. 6 und 7.3)	+ 32	− 900	− 70	− 150	+ 156	+ 212	+ 135	+ 141	+ 119	+ 140	+ 137	+ 1122
7.5	Interner Zinsfuß nach Steuern und Förderungsmaßnahmen	≈ 19											
Pos.	Ausgangswerte zur Errechnung der Pos. 5.2 und 5.3												
8	Abschreibungen												
8.1	Abschreibungen auf Gebäude (10 % von Pos. 3.1 des Form. A)	300		30	30	30	30	30	30	30	30	30	30
8.2	Abschreibungen auf Maschinen und sonstige Einrichtungen (20 % von Pos. 3.2 des Formulars A)	500		80	80	80	80	80	20	20	200	20	20
8.3	Abschreibungen gesamt	800		110	110	110	110	110	50	50	50	50	50
9	Fremdkapitalzinsen												
9.1	Änderung des Umlaufvermögens (siehe Form. A, Pos. 3.3 u. 3.4)	−		500	450	150					− 200	− 400	− 500
9.2	Entwicklung des durchschnittlich pro Jahr gebundenen Fremdkapitals			250	725	1.025	1.100	1.100	1.100	1.100	1.000	700	250
9.3	Fremdkapitalzinsen (Zinssatz 10 % von Pos. 9.2 des Formulars C	834		25	72	102	110	110	110	1104	110	70	25

7.6 DV-Unterstützung in der Finanzwirtschaft

7.6.1 Ziele und Aufgaben

Der Einsatz von DV soll die Unternehmensführung bei der Planung, Entscheidung und Durchsetzung von finanzpolitischen Maßnahmen unterstützen. Das Ziel ist die Sicherstellung der Liquidität und der finanzwirtschaftlichen Unabhängigkeit des Unternehmens. Verschiedene Programme ermöglichen es dem Unternehmen z.B.
- Zahlungsverkehr fristgerecht abzuwickeln
- Kapitalbedarf zeitpunktgenau zu planen
- Liquiditätsreserven zu minimieren
- Auf Abweichungen schnell und flexibel zu reagieren.

Hauptaufgaben von DV-Systemen in der Finanzwirtschaft sind demnach
a) Informationen über Finanzbewegungen bereitstellen
b) Transaktionen termingerecht veranlassen
c) Planungs- und Entscheidungshilfen liefern.

Im Folgenden soll beispielhaft das Service-Angebot von Banken beschrieben werden, weil es für kleine und mittlere Unternehmen eine Alternative zu eigenen Programmen darstellt.

7.6.2 Einsatzbereiche für DV

Üblicherweise werden heute ein Großteil der Finanzierungen und fast der gesamte Zahlungsverkehr über Kreditinstitute bzw. Banken abgewickelt. So stellt das Kreditinstitut eine Schnittstelle des Unternehmens zur „Außenwelt" dar, wo täglich viele Informationen empfangen, verarbeitet und weitergegeben werden. Es bietet sich an, hier DV einzusetzen, um Informationen zu gewinnen und den Zahlungsverkehr zu beschleunigen.

Unter dem Schlagwort „Electronic Banking" bieten viele Kreditinstitute Dienstleistungen an, durch die mit Hilfe der DV-Informationen zur Verfügung gestellt und Transaktionen durchgeführt werden. Die bankinterne Automatisierung und der DV-gestützte Interbankenverkehr kommen dem Kunden nur indirekt zugute. Darüber hinaus werden spezielle Programme und Serviceleistungen für Firmenkunden zur Verfügung gestellt, die die Unternehmen bei ihren finanzwirtschaftlichen Aufgaben unterstützen sollen.

Für Firmenkunden unterscheidet man drei Hauptbereiche.
- Zahlungsverkehr
  - Cash-Management-Systeme
  - Automatische Kontozusammenführung
  - Datenträgeraustausch
- Informationsdienste
  - Datenbankrecherchen
  - Öffentliche Förderprogramme, Subventionen
  - Allgemeine Finanzinformationen
  - Brancheninformationen
- Unterstützung bei der Unternehmensplanung
  - Bilanzanalyse
  - Finanzplanung
  - Liquiditätsplanung und -disposition.

Ferner werden allgemeine Serviceleistungen wie das Erstellen von Zins- und Tilgungsplänen, Beratung bei der Exportfinanzierung, Stammdatenverwaltung, Personalbuchhaltung, Investitionsrechnung u.a. angeboten.

7.6.2.1 Zahlungsverkehr

(1) Cash-Management-Systeme

Das Cash-Management als Aufgabe des Finanzdisponenten lässt sich umschreiben als das Steuern
- des richtigen Betrages
- in der richtigen Währung
- zum richtigen Zeitpunkt
- auf das richtige Konto
- zur Erzielung optimaler Erträge.

Cash-Management-Systeme (CMS) sind DV-Systeme, die diese Aufgabe unterstützen.
Vergleichbar einem Baukastensystem umfassen die zur Zeit angebotenen CMS unterschiedliche Module, so dass eine eindeutige Begriffsbestimmung nicht möglich ist. Je nach Ausbaustufe beinhalten sie verschiedene Funktionen.

Einfache CMS beschränken sich ausschließlich auf das Bereitstellen von Informationen (Balance Reporting). Die Bank sammelt zunächst die Daten von laufenden Konten, die der Kunde weltweit bei ihr unterhält. Auch die Daten von Konten bei anderen Banken können in das System eingegeben werden, so weit diese Banken hierzu bereit sind (Data Exchange). Die Daten werden im CMS zusammengeführt und aufbereitet.

Ein solches Balance Reporting System bietet folgende Informationen an:
- Umsatz- und Saldenübersichten
- Bankenübergreifende Berichte („Multi-Bank")
- Kontenauszüge
- Detaillierte Informationen über Kontobewegungen
- Valutarische Informationen
- Historische Übersichten (90 Tage)

und zusätzlich im internationalen Cash-Management
- Übersichten in allen gängigen Währungen („Multi-Currency")
- Kursinformationen.

In anderen CMS kann der Kunde nicht nur Informationen empfangen, sondern auch selbst über seinen PC bzw. sein Terminal weitgehend standardisierte Transaktionen veranlassen (Money Transfer). Dieses Modul ist in vielen Angeboten enthalten und umfasst
- Inlands- und Auslandszahlungen
- Lokale (off-line) Erstellung und Speicherung von Zahlungsaufträgen
- Prüfung der Aufträge auf Plausibilität
- Übertragung der Datensätze mit entsprechender Auftragserteilung
- Vorformatierte Zahlungsauftragstypen
- (Vor-)datierbare Zahlungsaufträge und Daueraufträge.

Einige Systeme führen automatisch die vorgeschriebene Bundesbankmeldung bei Auslandszahlungen durch (nach § 59 Außenwirtschaftsverordnung).

Verschiedene Banken bieten die beiden angesprochenen Grundfunktionen nicht nur für Kontokorrentkonten, sondern auch für andere Kontenarten an, so dass Tages- und Termingeldgeschäfte, Avale, Devisenkontrakte, Anlagen und Darlehen überwacht werden können.

Soll das CMS auch **Planungs- und Entscheidungshilfen** liefern, müssen „intelligente" Terminals (PC-Arbeitsplätze) eingesetzt werden. Diese sog. Treasury-Workstations bieten die Möglichkeit, verschiedene Informationen aus separat abgefragten CMS zu verdichten und für anschließende Auswertungen aufzubereiten. Sie können folgende Module beinhalten:
- Prognoseberechnungen verfügbarer Mittel (Liquiditätsprognose)
- Analyse der Fälligkeiten von Terminkontrakten
- Portfoliomanagement
- Risikoanalysen
- Währungsmanagement
- Kurzfristige Finanzplanung.

Bestimmte Systeme enthalten Prozeduren, die Bankinformationen automatisch abfragen („Auto Dial"). Die erhaltenen Ist-Daten werden mit den zuvor eingegebenen Soll-Daten der Planung verglichen. Das System erstellt einen Bericht über die Abweichungen und korrigiert entsprechend die Liquiditätsplanung des betreffenden Tages und der folgenden Perioden.

(2) **Automatische Kontozusammenführung**

Dieses Verfahren ist ein Instrument, um eingehende Zahlungen über bestimmte Konten zu lenken oder zu bündeln. Alle Umsätze auf verschiedenen Konten werden valutagerecht auf einem Zielkonto gebucht. Die Ursprungskonten weisen nach der Übertragung stets einen Null-Saldo aus. Der Kunde erhält eine übersichtliche Darstellung sämtlicher Tagesumsätze (Liquiditätsstatus) und kann zentral über die konzentrierten Geldmittel verfügen.

7.6.2.2 Informationsdienste

(1) **Datenbankrecherchen**

Datenbanken sind aufgrund der sofortigen Verfügbarkeit von Informationen aus verschiedensten Quellen und wegen der variierbaren, systematischen Informationsselektion der konventionellen Informationsversorgung überlegen. Als Basis für strategische Finanzplanungs- und Investitionsentscheidungen bieten Banken an, über Länder, Märkte, Branchen, Unternehmen, Technologische Entwicklungen, Geschäftskontakte etc. zu recherchieren.

(2) **Öffentliche Förderinformationen**

Für Investitionen sind Informationen über öffentliche Förderprogramme wichtig. Hier setzen die Banken teilweise wissensbasierte Systeme ein, um für ihre Firmenkunden die richtigen Programme auszuwählen. Bestehende Variations- und Kombinationsmöglichkeiten werden ebenso berücksichtigt wie die individuellen Wünsche bei der Erstellung eines Zins- und Tilgungsplans.

(3) **Brancheninformationen**

Die im Rahmen der Bilanzanalyse und Finanzplanung bei den Banken gewonnenen betriebs- und finanzwirtschaftlichen Kennzahlen werden nach Branchen geordnet und dem Firmenkunden in Form von Durchschnittswerten zur Verfügung gestellt. Darüber hinaus geben Branchenanalysen Auskunft über Marktlage, Struktursituation und -aussichten als Anhaltspunkte für strategische Unternehmensentscheidungen. Einige Institute bieten den Branchenvergleich nur zusammen mit Finanzplanungssystemen an.

Fragenkatalog zu Kapitel 7

1. Erläutern Sie Begriff und Aufgaben der Finanzierung im engeren und im weiteren Sinne. — 7.1.1
2. Geben Sie einen Überblick über Unterschiede von Eigen- und Fremdkapital. — 7.1.2
3. Strukturieren Sie die Zusammenhänge von Außen- und Innenfinanzierung graphisch. — 7.2
4. Geben Sie einen Überblick über Merkmale, Kosten und Sicherung typischer Kreditarten. — 7.2.2
5. Erläutern Sie kurzfristige Exportfinanzierung durch Rembourskredit mit einer Skizze. — 7.2.2.1
6. Wie beurteilen Sie die Methode des sale and lease back? — 7.2.2.1
7. Stellen Sie den Ablauf eines Leasinggeschäftes mit Kostenvergleich zum Kreditkauf dar. — 7.2.2.1
8. Erklären Sie die Kreditwürdigkeitsprüfung durch Rating nach Basel II. — 7.2.3
9. Erläutern Sie die wesentlichen Kreditsicherungsformen mit den zugehörigen Kreditformen. — 7.2.4
10. Erläutern Sie Fristenkongruenz, Attraktivität und Gefahr des Leverage Effektes. — 7.3
11. Welches sind die Aufgaben und Elemente der Finanzplanung? — 7.4.1
12. Erläutern Sie Verfahren zur Kapitalbedarfsermittlung und zwar
    13.1 zur Ermittlung der Kapitalbindung im Anlagevermögen sowie — 7.4.2.1
    13.2 zu Ermittlung des Umlaufvermögens mit den Haupteinflussfaktoren, — 7.4.2.2
    13.3 mit Unterscheidung von kumulativer und elektiver Methode. — 7.4.2.2
13. Definieren Sie Mittelverwendung und Mittelherkunft in Form der Bilanzgleichung. — 7.4.2.3
14. Welche Grundsätze müssen bei der Finanzplanung beachtet werden? — 7.4.4.2
15. Erläutern Sie die Ermittlung der Einnahmen und Ausgaben des Leistungsbereiches. — 7.4.3
16. Stellen Sie die Planung der Zahlungsbewegungen und Periodenliquidität tabellarisch dar. — 7.4.4.3
17. Wie definiert *Schierenbeck* finanzielle Mobilität? — 7.4.5.1
18. Welche Investitionsarten unterscheidet die Theorie und was gilt in der Praxis? — 7.5.2
19. Nennen Sie die Hauptschwächen des Investitionsprozesses, die in der Praxis vorherrschen. — 7.5.3
20. Geben Sie einen Überblick mit Beurteilung über die Verfahren der Investitionsrechnung. — 7.5.4
21. Erläutern Sie die Verfahren der statischen Investitionsrechnung mit Angabe ihrer Prämissen, Mängel und Voraussetzungen, die bei ihrem praktischen Einsatz erfüllt sein müssen. — 7.5.4.2
22. Entwerfen Sie einen Tabellensatz für die Wirtschaftlichkeitsprüfung einer DV-Investition. — 7.5.4.2
23. Erläutern Sie die dynamischen Verfahren der Investitionsrechnung mit Angabe der Probleme, Prämissen und Eignungsmerkmale. — 7.5.4.3
24. Begründen Sie die geeignete Wahl des Kalkulationszinsfußes in der Kapitalwertmethode. — 7.5.4.3
25. Erläutern Sie Probleme und Eignungsmerkmale der Internen Zinsfußmethode. — 7.5.4.3
26. Welche Vorzüge machen Sie geltend für die Methode Vollständiger Finanzplan? — 7.5.4.4
27. Entwerfen Sie eine Tabelle zur Ermittlung der Rentabilität des Eigenkapitals einer Investition mit der Methode Vollständiger Finanzplan. — 7.5.4.4
28. Machen Sie Vorschläge zur Lösung des Ersatzproblems? — 7.5.4.5
29. Wie bestimmt man den optimalen Ersatzzeitpunkt bei Einsatz der Kapitalwertmethode? — 7,5.4.5
30. Geben Sie einen Überblick über Methoden zur Berücksichtigung des Risikos. — 7.5.4.6
31. Geben Sie einen Überblick über den DV-Einsatz in der Finanzwirtschaft des Unternehmens. — 7.6

8 Industrielles Rechnungswesen

Die folgende Einführung kann wegen umfangreicher rechtlicher Vorschriften für den verantwortlichen Geschäftsführer nicht eine systematische vertiefende Ausbildung oder die Zusammenarbeit mit einem Steuerberater oder Wirtschaftsprüfer ersetzen. Das betriebliche Rechnungswesen hat die Aufgabe der systematischen Erfassung und Auswertung aller quantitativen und quantifizierbaren Vorgänge im Unternehmen mit dem Ziel, den Unternehmensprozess und dessen Zusammenhänge zutreffend wiederzugeben und den Prozess der Leistungserstellung transparent und steuerbar zu machen.

Die Teilaufgaben des Rechnungswesens lassen sich wie folgt charakterisieren:

a) Zahlenmäßige **Erfassung aller** wirtschaftlichen und rechtlichen Vorgänge, soweit sie **Veränderungen des Vermögens und des Kapitals** hervorrufen.
b) **Feststellung der Aufwendungen, Erträge und Ergebnisse** während und am Ende jeder Wirtschaftsperiode (als Periodenergebnisrechnung und -abschluss).
c) Die vorgenannten Aufgaben unterliegen gesetzlichen Vorschriften. Sie dienen auch der Schaffung von Unterlagen zur **Beurteilung der Lage des Unternehmens im Markt**.
d) **Ermittlung von Kosten und Leistungen,** d.h. Schaffung von Unterlagen zur Überwachung der Wirtschaftlichkeit und **erfolgsorientierte betriebliche Disposition und Steuerung**.
e) Bereitstellung der Grundlagen und aktuellen Daten für die **Angebotskalkulation und Preisfindung**.
f) Schaffung von Unterlagen für die Beurteilung der Entwicklung der betrieblichen Effizienz durch **Betriebs- und Zeitvergleiche**.

Um den genannten Aufgaben zu entsprechen, wird das industrielle Rechnungswesen üblicherweise sachlich und organisatorisch in folgende vier Bereiche gegliedert:

(1) **Buchführung** (auch Finanzbuchhaltung genannt)
(2) **Kosten- und Leistungsrechnung**
(3) **Statistik**
(4) **Planungsrechnung**.

8.1 Buchführung und Jahresabschluss[1]

8.1.1 Buchführungspflicht und -vorschriften

Die folgende Tabelle gibt einen knappen Überblick über die wichtigsten Buchführungspflichten und -vorschriften. Eine Nichteinhaltung der Grundsätze ordnungsgemäßer Buchführung GoB führt zwangsläufig zu einer Schätzung der Besteuerungsgrundlagen. Geschäftsführer von GmbHs und Vorstände von AGs haften nach § 276 BGB bei außer Acht lassen der in Geschäften erforderlichen Sorgfalt mit ihrem Privatvermögen. Im Falle eines Insolvenzverfahrens können Verstöße gegen die GoB Strafverfolgung und Freiheitsstrafen zur Folge haben. Die Rechtsvorschriften des Bilanzrichtliniengesetzes sind im HGB integriert.

---

[1] Die zitierten Gesetze und Vorschriften unterliegen ständiger Weiterentwicklung. Die Berücksichtigung des jeweils neuesten Standes bleibt deshalb Aufgabe des Lesers.

8.1.2 Inventur

Jeder Kaufmann ist gemäß § 238 HGB buchführungspflichtig und hat gemäß §§ 240 und 242 HGB sowie §§ 140 und 141 AO sein Vermögen und seine Schulden zu folgenden Zeitpunkten festzustellen und darzustellen:
- zu Beginn seines Handelsgewerbes und
- am Schluss eines jeden Geschäftsjahres.

Die Bestandsaufnahme umfasst:
- eine **Mengenerfassung** sowie
- eine **Bewertung für alle Vermögens- und Schuldpositionen**.

Grundregeln (§ 238 i.V. mit § 257 HGB)	Formvorschriften für die Bücherführung (§ 239 Abs. 1 bis 3 HGB)	Bücherersatz (§ 239 Abs. 4 HGB)

I. Buchführungspflicht
 1. Jeder Kaufmann ist buchführungspflichtig.
 2. Die Bücher beinhalten
 - die Handelsgeschäfte,
 - die Lage des Vermögens.
 3. Maßgebend für die Führung sind die GoB.
 	
 II. Beschaffenheit der Buchführung
 1. Die Buchführung muss so beschaffen sein, dass sie einem sachverständigen Dritten innerhalb angemessener Zeit einen Überblick
 - über die Geschäftsvorfälle und
 - über die Lage des Unternehmens
 vermitteln kann.
 2. Die Geschäftsvorfälle müssen sich in ihrer
 - Entstehung und
 - Abwicklung
 verfolgen lassen.
 	
 III. Belegführung
 1. Jeder Kaufmann ist zur Aufbewahrung von Schriftgut verpflichtet, soweit es Belegcharakter hat.
 2. Die Wiedergabe kann sein
 - Kopie (auch Mikrokopie),
 - Abdruck oder Abschrift,
 - sonstige Wiedergabe des Wortlauts auf
   - Schrift-,
   - Bild- oder
   - anderem Datenträger.
	I. Darstellungsweisen (§ 239 Abs. 1 HGB)
	 1. Verwendung einer lebenden Sprache ist zwingend.
	 2. Für
	 - Abkürzungen,
	 - Ziffern,
	 - Buchstaben oder
	 - Symbole
	 muss im Einzelfall deren Bedeutung festliegen.
	
	 II. Ordnungsregeln (§ 239 Abs. 2 HGB)
	 1. Vollständigkeit
	 2. Richtigkeit
	 3. Zeitgerechtheit (zeitnahe Buchung, tägliche Eintragungen sind nur noch für die Kassenführung gefordert)
	 4. sachliches und zeitliches Geordnetsein.
	
	 III. Korrekturverbot (§ 239 Abs. 3 HGB)
	 Eine Eintragung oder eine Aufzeichnung darf nicht so verändert werden,
	 - dass der ursprüngliche Inhalt nicht mehr feststellbar ist,
	 - dass nicht mehr erkennbar ist, ob die Veränderung
	 - ursprünglich oder
	 - erst später
	 gemacht ist.
	
	 Fehlerhafte Eintragungen in konventioneller Buchhaltung können gestrichen und müssen mit Namenszeichen des Korrigierenden versehen werden. In DV-Buchführung ist die fehlerhafte Buchung in jedem Fall zu stornieren.
		I. Anstelle der Handelsbücher können treten
		 1. gesonderte Ablage von Belegen, deren Vollständigkeit - z.B. durch fortlaufende Nummerierung - nachgewiesen werden muss (z.B. Offene-Posten-Buchhaltung, Sammelbuchungen, die den Zusammenhang mit nach bestimmtem System geordneten Belegen erkennen lassen),
		 2. auf Datenträgern aufgenommene Angaben, soweit diese Formen der Buchführung einschließlich des dabei angewandten Verfahrens den GoB entsprechen.
		
		 II. Es muss sichergestellt sein, dass die Akten
		 1. während der Dauer der Aufbewahrungspflicht verfügbar sind und
		 2. jederzeit innerhalb angemessener Frist lesbar gemacht werden können.

Entnommen aus: *Kresse, W., Kotsch-Faßhauer, L., Leuz, N.,* Buchen, Bilanzieren, Prüfen, Stuttgart

8.1.3 Inventar

Die systematische Aufzeichnung der Ergebnisse der körperlichen und buchmäßigen Inventur mit Angabe von

- Art, Menge und Wert der körperlichen Vermögensgegenstände,
- genauer Bezeichnung und Wert für immaterielle Vermögensgegenstände, Forderungen und Schulden sowie
- daraus zu ermittelndem Reinvermögen (Eigenkapital)

bezeichnet man als Inventar. Es muss vollständig, richtig, klar, genau und nachprüfbar mit folgenden Inhalten erstellt werden:

a) **Vermögen**
Die Vermögensteile werden nach Liquidität gegliedert in 2 Gruppen aufgeführt:
1. **Anlagevermögen**
Unter dem Anlagevermögen versteht man die Teile des Vermögens eines Unternehmens, die nicht zur Veräußerung vorgesehen sind und durch die Struktur des Produktions- und Leistungsprozesses bestimmt werden. Dazu gehören **immaterielle Vermögensgegenstände** (z.B. Konzessionen, Lizenzen), **Sachanlagen** (z.B. Grundstücke, Bauten, technische Anlagen und Maschinen, Betriebs- und Geschäftsausstattung) sowie **Finanzanlagen** (z.B. Beteiligungen, Wertpapieranlagen).
2. **Umlaufvermögen**
Unter Umlaufvermögen versteht man die Vermögenswerte, die einem Unternehmen i.d.R. nur auf kurze Zeit gehören und zum Umsatz bestimmt sind.
Es ist zu unterteilen in **Roh-, Hilfs- und Betriebsstoffe, unfertige Erzeugnisse, unfertige Leistungen und Waren, fertige Erzeugnisse** und finanzielles Vorratsvermögen, (wie geleistete Anzahlungen und Forderungen aus Lieferungen und Leistungen), Wertpapiere (z.B. Wechsel), **flüssige Mittel** (z.B. Kassenbestand und Bankguthaben).

b) **Schulden**
Die Schuldenposten werden nach der Dringlichkeit der Rückzahlung in langfristige (z.B. Hypotheken) und in kurzfristige (z.B. Lieferantenschulden) unterteilt. Die Schulden stellen das im Unternehmen arbeitende Fremdkapital dar.

c) **Reinvermögen**
Es ist definiert als
    Summe der Vermögenswerte
− Summe der Schulden
= Reinvermögen (Eigenkapital)

8.1.4 Bilanz und Gewinn- und Verlustrechnung

Bilanz und Gewinn- und Verlustrechnung bilden den Jahresabschluss (§ 242 Abs. 3 HGB). Eine Bilanz ist zu Beginn der Geschäftstätigkeit und zum Ende jedes Geschäftsjahres aufzustellen (§ 242 Abs. 1 HGB); eine Gegenüberstellung der Aufwendungen und Erträge erfolgt für den Schluss jedes Geschäftsjahrs (§ 242 Abs. 2 HGB).

Das HGB unterscheidet, nach Umsetzung der 4., 7. und 8. EU-Richtlinie in Form des Bilanzrichtlinien-Gesetzes vom 19.12.1985 (3. Buch HGB §§ 238 - 339),

- im **1. Abschnitt** §§ 238 - 263 HGB **Vorschriften, die alle** Kaufleute betreffen und einleitend bereits angesprochen wurden, und
- im **2. Abschnitt** §§ 264 - 339 HGB ergänzende Bestimmungen für alle Kapitalgesellschaften.

Dabei werden hinsichtlich des Detaillierungsgrades, der Publizierung und Prüfungspflicht des Jahresabschlusses (bestehend aus Bilanz, GuV und Anhang) und des Lageberichtes Differenzierungen in Abhängigkeit von der Größe einer Kapitalgesellschaft vorgenommen. Ein Ziel ist dabei, kleine und mittelständische Unternehmen vor Konkurrenzeinblick zu schützen.

8.1.4.1 Größenklassen für Kapitalgesellschaften

Für die **Zuordnung** der Unternehmen („kleine Kapitalgesellschaften") zu einer Größenklasse müssen **zwei der drei folgenden Merkmale** zutreffen (§ 267 HGB):

Merkmale	kleines Unternehmen	mittleres Unternehmen	großes Unternehmen
1 Bilanzsumme (€)	< 3 900 000	< 15 500 000	> 15 5 00 000
2 Umsatz (€)	< 8 000 000	< 32 000 000	> 32 000 000
3 Beschäftigte	< 50	< 250	> 250

Offenlegung und Prüfung des Jahresabschlusses und des Lageberichtes ergeben sich aus der nachfolgenden Tabelle. Sie zeigt, was und an welcher Stelle (HR: Einreichung beim Handelsregister; BA: Veröffentlichung im Bundesanzeiger) offenzulegen ist und ob eine Prüfungspflicht besteht.

Kapital-gesellschaften	Offenlegung					Prüfung
	Jahresabschluss			Lagebericht	Publizität	
	Bilanz	GuV	Anhang			
kleine	x	–	x	–	HR	–
mittelgroße	x	x	x	x	HR	x
große	x	x	x	x	HR + BA	x

8.1.4.2 Bilanzgliederung der Kapitalgesellschaften

Für die Gliederung der Bilanz von Einzelkaufleuten und Personengesellschaften bestehen keine Rechtsvorschriften. Es wird damit gerechnet, dass die Vorschriften für Kapitalgesellschaften auf die Bilanzierungspraxis der vorgenannten ausstrahlen. Die im Bilanzrichtlinien-Gesetz für kleine, mittlere und große Kapitalgesellschaften vorgeschriebene Bilanzgliederung zeigen die nächsten zwei Abbildungen. Für Erläuterungen zum Inhalt der einzelnen Positionen wird auf die umfangreiche Spezialliteratur verwiesen.²

Verkürzte Gliederung der Bilanz kleiner Kapitalgesellschaften*⁾

Aktiva / Passiva

A. *Anlagevermögen*
   I. Immaterielle Vermögensgegenstände
   II. Sachanlagen
   III. Finanzanlagen

B. *Umlaufvermögen*
   I. Vorräte
   II. Forderungen und sonstige Vermögensgegenstände
     - davon Forderungen mit einer Restlaufzeit von mehr als einem Jahr
   III. Wertpapiere
   IV. Schecks, Kassenbestand, Bundesbank- und Postgiroguthaben, Guthaben bei Kreditinstituten

C. *Rechnungsabgrenzungsposten*

A. *Eigenkapital*
   I. Gezeichnetes Kapital
   II. Kapitalrücklage
   III. Gewinnrücklagen
   IV. Gewinn-/Verlustvortrag
   V. Jahresüberschuss/Jahresfehlbetrag

B. *Rückstellungen*

C. *Verbindlichkeiten*
   - davon mit einer Restlaufzeit bis zu einem Jahr

D. *Rechnungsabgrenzungsposten*

*⁾ nach § 266 HGB

8.1.4.3 Bewertungsgrundsätze

Eine Bilanz hat die Aufgabe, Zusammensetzung und Wert des Vermögens und der Schulden eines Unternehmens zum Zeitpunkt der Bilanzierung zutreffend darzustellen. Da in der Bilanz zahlreiche Positionen zu erfassen und zu bewerten sind, für die kein eindeutiger Tageswert am Markt besteht, muss es Bewertungsregeln geben, die eine rechtlich einwandfreie und „einigermaßen zutreffende" Bewertung am Bilanzstichtag ermöglichen.

Entsprechend ist es notwendig, sich darüber im Klaren zu sein, dass für die Nutzung rechtlich zulässiger Bewertungsspielräume üblicherweise folgende Pflichten und Interessenlagen bestehen:

❑ **Die handelsrechtlichen Bewertungsvorschriften (§§ 252 - 256 HGB)** gelten unabhängig von der Rechtsform für alle Unternehmen. Sie dienen in erster Linie der Kapitalerhaltung und dem Schutz der Gläubiger. Daraus wird das Prinzip der Vorsicht für die Bewertung von Vermögen und Schulden abgeleitet.

❑ **Die steuerrechtliche Bewertung (§§ 5 - 7 EStG)** soll die zutreffende **Ermittlung des steuerpflichtigen Jahresergebnisses** nach allgemeingültigen Richtlinien und eine gerechte Besteuerung sicherstellen.

---

² Z.B. *Peat Marwick*, Bilanzrichtlinien-Gesetz, Der Leitfaden für die Praxis, München, *Kresse, W., Kotsch-Faßhauer, L. Leuz, N.*, Buchen, Bilanzieren, Prüfen, a.a.O. sowie Literatur der Großbanken und Sparkassen

Gliederung der Bilanz großer und mittelgroßer Kapitalgesellschaften[*]

Aktiva | Passiva

A. *Anlagevermögen*
   I. Immaterielle Vermögensgegenstände
      1. Konzessionen, gewerbliche Schutzrechte und ähnliche Rechte und Werte sowie Lizenzen aus solchen Rechten und Werten
      2. Geschäfts- oder Firmenwert
      3. geleistete Anzahlungen
   II. Sachanlagen
      1. Grundstücke, grundstücksgleiche Rechte und Bauten einschließlich der Bauten auf fremden Grundstücken
      2. technische Anlagen und Maschinen
      3. andere Anlagen, Betriebs- und Geschäftsausstattung
      4. geleistete Anzahlungen und Anlagen im Bau
   III. Finanzanlagen
      1. Anteile an verbundenen Unternehmen
      2. Ausleihungen an verbundene Unternehmen
      3. Beteiligungen
      4. Ausleihungen an Unternehmen, mit denen ein Beteiligungsverhältnis besteht
      5. Wertpapiere des Anlagevermögens
      6. sonstige Ausleihungen

B. *Umlaufvermögen*
   I. Vorräte
      1. Roh-, Hilfs- und Betriebsstoffe
      2. unfertige Erzeugnisse, unfertige Leistungen
      3. fertige Erzeugnisse und Waren
      4. geleistete Anzahlungen
   II. Forderungen und sonstige Vermögensgegenstände
      1. Forderungen aus Lieferungen und Leistungen
        - davon mit einer Restlaufzeit von mehr als einem Jahr
      2. Forderungen gegen verbundene Unternehmen
        - davon mit einer Restlaufzeit von mehr als einem Jahr
      3. Forderungen gegen Unternehmen, mit denen ein Beteiligungsverhältnis besteht
        - davon mit einer Restlaufzeit von mehr als einem Jahr
      4. sonstige Vermögensgegenstände
   III. Wertpapiere
      1. Anteile an verbundenen Unternehmen
      2. eigene Anteile
      3. sonstige Wertpapiere
   IV. Schecks, Kassenbestand, Bundesbank- und Guthaben bei Kreditinstituten

C. *Rechnungsabgrenzungsposten*

A. *Eigenkapital*
   I. Gezeichnetes Kapital
   II. Kapitalrücklage
   III. Gewinnrücklagen
      1. gesetzliche Rücklage
      2. Rücklage für eigene Anteile
      3. satzungsmäßige Rücklagen
      4. andere Gewinnrücklagen
   IV. Gewinn-/Verlustvortrag
   V. Jahresüberschuss/Jahresfehlbetrag

B. *Rückstellungen*
   1. Rückstellungen für Pensionen und ähnliche Verpflichtungen
   2. Steuerrückstellungen
   3. sonstige Rückstellungen

C. *Verbindlichkeiten*
   1. Anleihen
      - davon konvertibel
      - davon mit einer Restlaufzeit bis zu einem Jahr
   2. Verbindlichkeiten gegenüber Kreditinstituten
      - davon mit einer Restlaufzeit bis zu einem Jahr
   3. erhaltene Anzahlungen auf Bestellungen (soweit nicht bei den Vorräten abgesetzt)
   4. Verbindlichkeiten aus Lieferungen und Leistungen
      - davon mit einer Restlaufzeit bis zu einem Jahr
   5. Verbindlichkeiten aus der Annahme gezogener Wechsel
      - davon mit einer Restlaufzeit bis zu einem Jahr
   6. Verbindlichkeiten gegenüber verbundenen Unternehmen
      - davon mit einer Restlaufzeit bis zu einem Jahr
   7. Verbindlichkeiten gegenüber Unternehmen, mit denen ein Beteiligungsverhältnis besteht
      - davon mit einer Restlaufzeit bis zu einem Jahr
   8. sonstige Verbindlichkeiten
      - davon aus Steuern
      - davon im Rahmen der sozialen Sicherheit
      - davon mit einer Restlaufzeit bis zu einem Jahr

D. *Rechnungsabgrenzungsposten*

[*] nach § 266 HGB

Die wichtigsten Bewertungsgrundsätze und -regeln zeigt die folgende Tabelle von *Kresse, Kotsch-Faßhauer, Lenz*.[3]

---

[3] Entnommen aus: *Kresse, W.*, und andere, a.a.O.

Buchführung und Jahresabschluss

Allgemeine Bewertungsvorschriften für den Jahresabschluss gültig für alle Kaufleute nach §§ 252 bis 256 HGB

Allgemeine Bewertungsgrundsätze (§ 252 HGB)	Wertansätze für die einzelnen Vermögenskategorien (§§ 253, 254 HGB)					Verfahren der Bewertungsvereinfachung (§ 256 HGB)
	Allgemeine Regel für Vermögensgegenstände	Bewertung des Anlagevermögens	Bewertung des Umlaufvermögens	Berücksichtigung steuerlicher Vorschriften	Bewertung der Verbindlichkeiten	
1. *Grundsatz der formellen (allgemeinen) Bilanzkontinuität*: Die Wertansätze der Eröffnungsbilanz müssen sich mit denen der vorangegangenen Schlussbilanz decken.	1. Vermögensgegenstände sind höchstens mit den Anschaffungs- oder Herstellungskosten, vermindert um Abschreibungen, anzusetzen. 2. Anschaffungs- oder Herstellungskosten bestimmen sich nach § 255 HGB.	1. Abnutzbare Anlagegüter sind mit Anschaffungs- oder Herstellungskosten, vermindert um planmäßige Abschreibungen, anzusetzen. 2. Der Plan muss die Anschaffungs- oder Herstellungskosten auf die Geschäftsjahre verteilen, in denen der Vermögensgegenstand voraussichtlich genutzt werden kann. 3. Außerplanmäßige Abschreibungen sind bei abnutzbaren und nicht abnutzbaren Anlagegütern möglich, um die Vermögensgegenstände mit dem niedrigeren Wert anzusetzen, der ihnen am Abschlussstichtag beizumessen ist; sie sind notwendig bei einer voraussichtlich dauernden Wertminderung.	1. Gegenstände des Umlaufvermögens sind mit Anschaffungs- bzw. Herstellungskosten zu bewerten. 2. Abschreibungen sind vorzunehmen bei einem niedrigeren Wert am Abschlussstichtag, der sich - aus dem Börsen- oder Marktpreis oder, falls Börsen- oder Marktpreis nicht feststellbar sind, - aus dem beizulegenden Wert ergibt. 3. Außerdem Abschreibungen möglich zur Verhinderung von Wertansatzänderungen infolge Wertschwankungen in nächster Zukunft.	Abschreibungen können auch vorgenommen werden, um die Gegenstände des Anlage- oder Umlaufvermögens mit einem niedrigeren Wert anzusetzen, der nur auf einer steuerrechtlich zulässigen Abschreibung beruht.	1. Verbindlichkeiten sind zu ihren Rückzahlungsbetrag, Rentenverpflichtungen zu ihrem Barwert anzusetzen. 2. Rückstellungen sind nur in Höhe des Betrages zu bilden, der nach vernünftiger kaufmännischer Beurteilung notwendig ist.	1. Für den Wertansatz gleichartiger Objekte des Vorratsvermögens kann unterstellt werden, dass - die zuerst oder - die zuletzt angeschafften oder hergestellten Vermögensgegenstände - zuerst oder - in einer sonstigen bestimmten Folge verbraucht oder veräußert worden sind. 2. Auf den Jahresabschluss ist auch - die Festbewertung (§ 240 Abs. 3 HGB) und - die Gruppenbewertung (§ 240 Abs. 4 HGB) anwendbar.
2. *Grundsatz angenommener Unternehmensfortführung*: Die Fortführung des Unternehmens ist zu unterstellen, wenn dem rechtlich und tatsächlich nichts entgegensteht.						
3. *Grundsatz der Einzelbewertung und der Stichtagsbezogenheit*: Die Vermögensgegenstände und Schulden sind einzeln zu bewerten. Die Wertansätze müssen dem Wert des Zeitpunktes entsprechen, für den die Aufstellung stattfindet.						
4. *Grundsatz der Vorsicht*: Er zwingt dazu, alle vorhersehbaren Risiken und Verluste, die bis zum Abschlussstichtag entstanden sind, zu berücksichtigen, auch wenn sie erst zwischen Abschlussstichtag und Tag der Bilanzaufstellung bekannt geworden sind (Grundsatz der Wertaufhellung). Für Erträge gilt das Realisationsprinzip.						
5. *Grundsatz der Zahlungsunabhängigkeit anzusetzender Aufwendungen und Erträge (Periodenabgrenzung)*: Sie sind unabhängig von den Zeitpunkten der entsprechenden Zahlungen im Jahresabschluss zu berücksichtigen.						
6. *Grundsatz der materiellen (speziellen) Bilanzkontinuität*: Die auf den vorhergehenden Jahresabschluss angewendeten Bewertungsmethoden sollen beibehalten werden.		Abschreibungen sind außerdem im Rahmen vernünftiger kaufmännischer Beurteilung zulässig. Ein niedriger Wertansatz darf beibehalten werden, auch wenn die Gründe dafür nicht mehr bestehen.				
Von diesen Grundsätzen darf nur in begründeten Ausnahmefällen abgewichen werden.						

8.1.4.4 Den Ingenieur interessierende Einzelvorschriften der Bilanzierung

(1) **Ermittlung der Herstellungskosten nach Handels- und Steuerrecht**
Entwicklungs- und Fertigungsingenieure sind im Rahmen der Produktplanung bzw. der Betriebsabrechnung (Betriebsdatenerfassung) für die Ermittlung von Herstellungskosten zuständig. Deshalb sind die Rechtsvorschriften zu dieser Aufgabenstellung nachstehend aufgeführt.

Systematik für Ermittlung der Herstellungskosten im Vergleich Handelsrecht und Steuerrecht		
Aufwendungsarten	**§ 255 HGB**	**R. 33 EStR**
Materialeinzelkosten	Aktivierungspflicht	Aktivierungspflicht
Fertigungseinzelkosten	Aktivierungspflicht	Aktivierungspflicht
Sondereinzelkosten der Fertigung	Aktivierungspflicht	Aktivierungspflicht
	= **Wertuntergrenze**	
notwendige Materialgemeinkosten	Aktivierungswahlrecht	Aktivierungspflicht
notwendige Fertigungsgemeinkosten	Aktivierungswahlrecht	Aktivierungspflicht
Werteverzehr des Anlagevermögens	Aktivierungswahlrecht	Aktivierungspflicht
		= **Wertuntergrenze**
Kosten der allgemeinen Verwaltung	Aktivierungswahlrecht	Aktivierungswahlrecht
Aufwendungen für soziale Einrichtungen des Betriebes, für freiwillige Leistungen und für betriebliche Altersversorgung	Aktivierungswahlrecht	Aktivierungswahlrecht
Fremdkapitalzinsen	Wahlrecht unter bestimmten Voraussetzungen	Wahlrecht unter bestimmten Voraussetzungen
	= **Wertobergrenze**	= **Wertobergrenze**
Vertriebskosten	Aktivierungsverbot	Aktivierungsverbot

(2) **Fortschreibung des Anlagevermögens im Anlagenspiegel**
Der Fertigungsingenieur und der Investitionsplaner befassen sich mit der technischen und wertmäßigen Fortschreibung der Produktionsanlagen. Deshalb kann es für sie von Nutzen sein zu wissen, dass der § 268 Abs. 2 HGB Formvorschriften für die Darstellung und Fortschreibung des Anlagevermögens festlegt. Über die auszuweisenden Daten informiert das folgende Schaubild.

Bilanzposten	Gesamte Anschaffungs-/ Herstellungskosten	Zugänge +	Abgänge −	Umbuchungen +/−	Abschreibungen kumuliert −	Zuschreibungen +	Buchwert 31.12. Abschlussjahr	Buchwert 31.12. Vorjahr	Abschreibungen Abschlussjahr
	1	2	3	4	5	6	7	8	9

(3) **Bilanzierungsgebote und -verbote**
Die §§ 246 - 251 HGB enthalten so genannte Ansatzvorschriften, die hier stichwortartig erwähnt werden, da sie für Ingenieure relevant werden können.
§ 246 Abs. 1: Gebot der Vollständigkeit
Der Jahresabschluss hat sämtliche Vermögensgegenstände, Schulden, Rechnungsabgrenzungsposten, Aufwendungen und Erträge zu enthalten.
§ 246 Abs. 2: Verrechnungsverbot
Posten der Aktivseite dürfen nicht mit Posten der Passivseite, Aufwendungen nicht mit Erträgen verrechnet werden.
§ 247 Abs. 1: Hauptgruppierungsverbot in der Bilanz
§ 247 Abs. 2: Abgrenzungsgebot für das Anlagevermögen
Anzusetzen sind hier die Gegenstände, die dazu bestimmt sind, dauernd dem Geschäftsbetrieb zu dienen.
§ 247 Abs. 3: Passivposten für Zwecke der Steuern auf Einkommen und Ertrag
sind zulässig, mit Rücklagenanteil auszuweisen und gemäß Steuergesetz aufzulösen.
§ 248: Bilanzierungsverbote bestehen für
- Aufwendungen für Gründung des Unternehmens und Beschaffung des Eigenkapitals,
- nicht entgeltlich erworbene immaterielle Anlagengegenstände.
§ 249 Abs. 1: Rückstellungspflicht besteht für
- ungewisse Verbindlichkeiten,
- drohende Verluste und
- im Geschäftsjahr unterlassene Aufwendungen für Instandhaltung etc.
Weitere Bestimmungen zu Rückstellungen, Transitorischen Posten und Haftungsverhältnissen vgl. *Kresse,W.*, Buchen, Bilanzieren, Prüfen, a.a.O.

8.1.4.5 Gewinn- und Verlustrechnung der Kapitalgesellschaften

Für die Darstellung der Gewinn- und Verlustrechnung unterscheidet man die Konten- und die Staffelform. Für Nicht-Kapitalgesellschaften sind beide Formen zugelassen. Für Kapitalgesellschaften ist die Staffelform verbindlich vorgeschrieben. Dabei kann zwischen zwei Verfahren der Ergebnisermittlung gewählt werden:
❑ Gesamtkostenverfahren (§ 275 Abs. 2 HGB) und
❑ Umsatzkostenverfahren (§ 275 Abs. 3 HGB).
Das **Gesamtkostenverfahren** entspricht dem früheren deutschen GuV-Schema (§ 157 AktG 1965). Das Umsatzkostenverfahren ist in angelsächsischen Ländern verbreitet und heute üblich in international engagierten Unternehmen. Das Gesamtkostenverfahren ist, wie der Name sagt, ein Verfahren, das die Gesamtkosten der Produktion berücksichtigt, unabhängig davon, ob die Produktion in der Periode Umsatz wurde. Dabei werden Bestandserhöhungen als Erträge und Bestandsminderungen als Aufwendungen berücksichtigt. Beim **Umsatzkostenverfahren** werden dem Umsatz der Periode nur diejenigen Aufwendungen gegenübergestellt, die für die verkauften Produkte angefallen sind. Bestandsveränderungen gehen in eine entsprechende Korrektur der in der Periode insgesamt angefallenen Aufwendungen ein. Während beim Gesamtkostenverfahren der Aufwand nach Kostenarten (Material, Personal, Abschreibungen) gegliedert wird, wird er beim Umsatzkostenverfahren nach Funktionsbereichen gegliedert (Produktion, Verwaltung, Vertrieb). Zu Einzelheiten vgl. *Olfert,* Kostenrechnung.[4]

---

[4] *Olfert, K.*, Kostenrechnung, a.a.O.

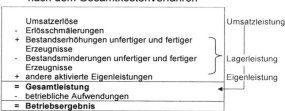

8.1.5 Der Industriekontenrahmen (IKR)

Der vom Bundesverband der Deutschen Industrie (BDI) erarbeitete Industriekontenrahmen wird als Grundlage für die individuellen Kontenpläne der Industrieunternehmen empfohlen. Im Gegensatz zum älteren Gemeinschaftskontenrahmen industrieller Verbände (GKR), der nach dem Prozessgliederungsprinzip strukturiert ist, wendet der **IKR** das **Abschlussgliederungsprinzip** an, das sich auch international durchgesetzt hat. Die wichtigsten mit dem Abschlussgliederungsprinzip verfolgten **Ziele** sind

❑ Vereinfachung und Vereinheitlichung der Buchhaltungsorganisation, der Buchungen und des Abschlusses, einschließlich klarer Strukturen als Grundlage eines vereinheitlichten DV-Einsatzes
❑ Rationelle Durchführung von Revisions- und Prüfungsarbeiten
❑ Schaffung systematisch einwandfreier Grundlagen für Planung, Steuerung (Controlling) und zwischenbetriebliche Vergleiche zur Steigerung von Produktivität und Wirtschaftlichkeit der Betriebe
❑ Einhaltung der gesetzlichen Auflagen in der Rechnungslegung der Unternehmen bei gleichzeitiger möglichst unabhängiger Optimierung der betrieblichen Abrechnung als Grundlage eines Systems von Regelkreisen zur kurzfristigen Steuerung und Ergebnisoptimierung der Betriebe mit Information über die Quellen des Betriebserfolges (Absatz, Werteverzehr sowie Struktur und Ablauf des Betriebsgeschehens).

Diesen Zielen dient der folgende klar strukturierte **Aufbau des IKR**:

❑ Die aktiven (Klasse 0 bis 2) und die passiven (Klasse 3 und 4) Bestandskonten werden auf das Schlussbilanzkonto (Klasse 8) abgeschlossen.
❑ Die Ertragskonten (Klasse 5) sowie die Aufwandskonten (Klasse 6 und 7) bilden die Erfolgskonten und werden auf Gewinn- und Verlustkonto (Klasse 8) abgeschlossen.
❑ In der Klasse 8 vollziehen sich die Buchungen des Jahresabschlusses.
❑ Somit umfasst die Unternehmensrechnung die neun Kontenklassen (0 bis 8).
❑ Die Klasse 9 ist der Betriebsabrechnung vorbehalten. Der IKR verwirklicht damit ein konsequentes Zweikreis-System.
❑ Dabei wurde Wert darauf gelegt, genügend Spielräume für die branchen- und betriebsindividuelle Ausgestaltung des Kontenplanes der einzelnen Unternehmen zu belassen.

Die abschlussorientierte **Struktur des IKR** zeigt folgende Tabelle.[5]

---

[5] Vgl. *Hahn, H., Werner, C.*, Buchführung und Kostenrechnung der Industriebetriebslehre (IKR), Bad Homburg v.d. Höhe

Aufbau des Industriekontenrahmens (IKR)										
Rechnungskreis I Finanzbuchhaltung										Rechnungskreis II Betriebsbuchhaltung
Kontenbereich	Bestandskonten					Erfolgskonten				
	aktive			passive		Ertragskonten	Aufwandskonten			
Klasse	0	1	2	3	4	5	6	7	8	9
Inhalt	Immaterielle Vermögensgegenstände u. Sachanlagen	Finanzanlagen	Umlaufvermögen u. aktive Rechnungsabgrenzung	Eigenkapital u. Rückstellungen	Verbindlichkeiten u. passive Rechnungsabgrenzung	Erträge	Betriebliche Aufwendungen	weitere Aufwendungen	Ergebnisrechnung	Kosten- u. Leistungsrechnung
									Datenaustausch	

S	801 Schlussbilanzkonto	H
aktive Bestandskonten	passive Bestandskonten	

S	802/803 Gewinn- und Verlustkonto	H
Aufwandskonten	Ertragskonten	

Ebenso, wie für die Industrie GKR und IKR, bestehen spezielle Kontenrahmen auch für andere Wirtschaftszweige, wie z.B. für Großhandel, Banken etc. Der Einsatz der Kontenrahmen ist nicht verbindlich vorgeschrieben.

In enger Anlehnung an den jeweils gewählten Kontenrahmen baut jedes Industrieunternehmen unter Berücksichtigung seiner firmenspezifischen Anforderungen einen eigenen **Kontenplan** auf. Im Rahmen dieses Kontenplanes können je nach Informationsbedarf des Unternehmens die einzelnen Konten in Unterkonten unterteilt werden. Diese Unterkonten sind dann anlässlich des Abschlusses als vorbereitende Abschlussbuchungen auf das jeweilige Ober- oder Hauptkonto abzuschließen.

Für alle Konten werden Nummern nach der Systematik des Kontenrahmens vergeben. Auf diese Weise ermöglicht der Kontenplan nicht nur die Berücksichtigung spezifischer Firmenbelange, sondern auch eine Rationalisierung der Buchungsarbeit. Buchungssätze und Kontenverweise auf den einzelnen Konten werden nicht mehr „verbal" sondern durch Angabe der Kontennummern gegeben.

8.1.6 Von der Eröffnungsbilanz zur Schlussbilanz Buchungsregeln und Buchungen ausgewählter Geschäftsvorfälle

Bilanzen stellen die Vermögens- und Schuldensituation eines Unternehmens zu einem bestimmten Zeitpunkt dar. Sie sind also eine Zeitpunktrechnung, die nur im Vergleich mit Werten von früheren Zeitpunkten Auskunft über einen Zeitraum geben kann. Erträge und Aufwendungen im Zeitraum zwischen zwei Bilanzierungszeitpunkten werden in der Gewinn- und Verlustrechnung zusammengefasst. Sie ist also eine Perioden- oder Zeitraumrechnung.

Jeder Geschäftsvorfall verändert die Gewinn- und Verlustrechnung und/oder die Bilanz. Da es unmöglich ist, nach jedem Geschäftsvorfall eine neue GuV und Bilanz aufzustellen, und weil beide Rechnungen für die Darstellung und Rekonstruktion des laufenden Geschäftes zu grob gegliedert sind, ist es erforderlich, am Anfang jeder Geschäftsperiode die Eröffnungsbilanz dieser Periode (die der Abschlussbilanz der Vorperiode zu entsprechen hat) in einzelne Konten aufzulösen, die anschließend der Verbuchung der einzelnen Geschäftsvorfälle dienen und am Periodenende zu einer Schlussbilanz zusammengefasst werden.

8.1.6.1 Buchungsregeln und Buchungssätze

Für das Verständnis der Bilanzauflösung und der Verbuchung der wichtigsten Typen von Geschäftsvorfällen sind folgende Vorbemerkungen und **Buchungsregeln wichtig**:

- ❑ Jedes Konto (i.d.R. in Form eines T's deshalb auch T-Konto genannt) hat zwei Seiten, eine Aktiv-/Sollseite (links) und eine Passiv-/Habenseite (rechts).
- ❑ Jeder Vorgang wird zweimal gebucht, einmal im Soll und einmal im Haben.
- ❑ Die Notwendigkeit dazu zeigt das Beispiel einer Geldentnahme vom Bankkonto in die Kasse. Dieser Vorgang wird als Zugang auf dem Konto „Kasse" im Soll und als Abgang auf dem Konto „Bank" im Haben gebucht.
- ❑ Außerdem muss dieser Vorgang eindeutig beschrieben und angewiesen werden können. Dazu dient der sog. Buchungssatz. Er lautet in diesem Fall (in der Praxis mit Angabe des Datums)

  Kasse an Bank Betrag X.

  Wir prägen uns also ein: Zuerst wird das Konto angesprochen, auf dem im Soll gebucht wird, dann folgt verbunden mit dem Wort „an" das Konto, auf dem im Haben zu buchen ist. Auf dem Konto, auf dem im Haben gebucht wird, wird dem Hinweis auf das Gegenkonto mit der entsprechenden Sollbuchung das Wort „per" vorangestellt.
- ❑ Zu jeder Buchung auf jedem Konto erfolgt die Angabe der folgenden Daten:
  - Datum
  - Gegenkonto (auf dem die Gegenbuchung erfolgt)
  - Kurztext zur Charakterisierung des gebuchten Geschäftsvorganges
  - Belegnummer und
  - Betrag.
- ❑ Es wird unterschieden zwischen Bestandskonten (und zwar: aktiven und passiven) und Erfolgskonten (und zwar: Aufwands- und Ertragskonten).
- ❑ Zugänge auf aktiven Bestandskonten (z.B. Forderungen) werden im Soll gebucht.
- ❑ Zugänge auf passiven Bestandskonten (z.B. Verbindlichkeiten) werden im Haben gebucht.
- ❑ Bestandskonten erhalten ihre Eröffnungsbestände aus der Eröffnungsbilanz
  - Aktivseite der Bilanz auf der Sollseite der aktiven Bestandskonten.
  - Passivseite der Bilanz auf der Habenseite der passiven Bestandskonten.
- ❑ Geschäftsvorfälle mit Erfolgscharakter werden auf Erfolgskonten gebucht
  - Aufwendungen auf Aufwandskonten im Soll
  - Erträge auf Ertragskonten im Haben.
- ❑ Erfolgskonten werden am Ende einer Geschäftsperiode auf das Gewinn- und Verlustkonto (GuV) abgeschlossen, und zwar Aufwendungen im Soll, Erträge im Haben.
- ❑ Das GuV-Konto weist als Saldo die Veränderung des Eigenkapitals aus und wird (bei Einzelfirmen und Personengesellschaften) auf das passive Bestandskonto „Eigenkapitalkonto" abgeschlossen. Überwiegen die Erträge (auf der Passivseite der GuV) dann ist Gewinn

entstanden. Dieser vermehrt das Eigenkapital, eine Verbindlichkeit des Unternehmens gegenüber dem Inhaber oder den Gesellschaftern.
- Als letzter Schritt werden die Bestandskonten auf das Schlussbilanzkonto abgeschlossen. Die Schlussbilanz wird - bei Gewinn - das entsprechend vergrößerte Eigenkapital ausweisen. Der Gewinn kann also auf der GuV oder durch Vergleich von Eröffnungs- und Schlussbilanz ermittelt werden.
- Der Vollständigkeit halber ist darauf hinzuweisen, dass bei der Eröffnung und beim Abschluss der Bestandskonten die jeweilige Gegenbuchung auf einem „Eröffnungsbilanzkonto" bzw. „Abschlussbilanzkonto" erfolgt.

8.1.6.2 Auflösung der Eröffnungsbilanz

Für jede Bilanzposition wird ein T-Konto eröffnet. Die Bestände, die in der Bilanz auf der linken Seite ausgewiesen sind, werden auf einem „aktiven Bestandskonto" auf die Sollseite übertragen.

Die Bestände der rechten Seite der Bilanz werden auf die Habenseite von „passiven Bestandskonten" übertragen. (Die formale Gegenbuchung auf Eröffnungsbilanzkonto wird hier nicht dargestellt).

Aktiv	Eröffnungsbilanz		Passiv
Maschinen	20.000,-	Eigenkapital	60.000,-
Rohstoffe	40.000,-	Verbindlichkeiten	30.000,-
Forderungen	15.000,-		
Kasse	5.000,-		
Bank	10.000,-		
	90.000,-		90.000,-

Fasst man die Antworten auf die Fragen zusammen, dann gilt

Auflösung der Aktivseite (auf aktive Bestandskonten)

S	Maschinen	H		S	Bank	H
AB	20.000,-			AB	10.000,-	

S	Rohstoffe	H		S	Kasse	H
AB	40.000,-			AB	5.000,-	

S	Forderungen	H
AB	15.000,-	

Auflösung der Passivseite (auf passive Bestandskonten)

S	Eigenkapital	H		S	Verbindlichkeiten	H
	AB	60.000,-			AB	30.000,-

8.1.6.3 Buchungen auf Bestandskonten

Die richtige Verbuchung jedes Geschäftsvorganges folgt aus den oben gegebenen Buchungsregeln durch Beantwortung der folgenden Fragen für jeden Vorgang:
(1) Welche Arten von Konten sind betroffen?
(2) Handelt es sich um Zugänge oder Abgänge?
(3) Auf welchen Seiten der betroffenen Konten ist also zu buchen?

Beispiel   Einkauf von Rohstoffen gegen Banküberweisung   1.000,-
und auf Ziel   3.000,-

Fasst man die Antworten auf die Fragen zusammen, dann gilt
a) Es finden zwei Zugänge auf dem aktiven Bestandskonto Rohstoffe statt. Dort ist im Soll zu buchen.
b) Dem steht gegenüber ein Abgang auf dem aktiven Bestandskonto Bank über 1.000,- sowie ein Zugang auf dem passiven Bestandskonto Verbindlichkeiten über 3.000,- auf den beiden Konten ist folglich im Haben zu buchen.
c) Der erste Buchungssatz lautet
Rohstoffe an Bank   1.000,-
d) Der zweite Buchungssatz lautet
Rohstoffe an Verbindlichkeiten   3.000,-

S	Rohstoffe		H	S	Bank		H
an EBK	20.000,-			an EBK	5.000,-	per Rohst.	1.000,-
an Bank	1.000,-						
an Verb.	3.000,-						

S	Eröffnungsbilanzkonto (EBK)		H	S	Verbindlichkeiten		H
an Verb.	25.000,-	per Rohst.	20.000,-			per EBK	25.000,-
		per Bank	5.000,-			per Rohst.	3.000,-
	25.000,-		25.000,-				

Damit die Anfangsbestände übereinstimmend zur Eröffnungsbilanz auf den aktiven Bestandskonten im Soll und auf den passiven Bestandskonten im Haben erscheinen, erfolgen die Gegenbuchungen auf dem Eröffnungsbilanzkonto seitenverkehrt zur Bilanz.

8.1.6.4 Abschluss der Bestandskonten

Während einer Geschäftsperiode werden als Folge zahlreicher Veränderungen aktiver und passiver Bestände Buchungen auf den entsprechenden Bestandskonten vorgenommen. Am Ende jeden Geschäftsjahres sind die Bestände im Rahmen einer Inventur zu überprüfen. Bei Feststellung von Abweichungen (z.B. aufgrund von Mengenänderungen als Folge von Diebstahl oder Schwund oder wegen Wertänderung beispielsweise als Folge technischer Veralterung oder von Marktpreisrückgang) sind unter Beachtung der geltenden Bewertungsvorschriften entsprechende Korrekturbuchungen vorzunehmen. Anschließend sind die Bestandskonten über das Schlussbilanzkonto auf die Schlussbilanz abzuschließen.

Unter der Annahme, dass bei der Inventur keine Differenzen festgestellt wurden, ergeben sich in Fortsetzung des Beispiels aus 8.1.6.3 folgende Abschlussbuchungen.

Beispiel

S	Rohstoffe		H		S	Bank		H
an EBK	20.000,-	per SBK	24.000,-		an EBK	5.000,-	per Rohst.	1.000,-
an Bank	1.000,-						per SBK	4.000,-
an Verb.	3.000,-							
	24.000,-		24.000,-			5.000,-		5.000,-

S	Schlussbilanzkonto(SBK)		H		S	Verbindlichkeiten		H
an Rohst.	24.000,-	per Verb.	28.000,-		an SBK	28.000,-	per EBK	25.000,-
an Bank	4.000,-						per Rohst.	3.000,-
	28.000,-		28.000,-			28.000,-		28.000,-

Anlässlich des Abschlusses ist der ungenutzte Raum der Kontenseite mit weniger Eintragungen, wie oben gezeigt, durch eine sog. Buchhalternase (⌒) gegen nachträgliche Eintragungen zu schützen.

8.1.6.5 Buchungen auf Erfolgskonten und deren Abschluss

Die bisher erläuterten Buchungen betrafen Veränderungen der Bilanz durch Buchungen auf Bestandskonten. Dabei wurde auf zwei Sachverhalte nicht eingegangen:

- Erstens fehlte das passive Bestandskonto Eigenkapital.
- Zweitens fanden keine Bestandsveränderungen mit Erfolgscharakter statt.

Geschäftsvorfälle mit Erfolgscharakter werden auf Erfolgskonten gebucht. Wie bereits erwähnt, wird

- Aufwand stets auf Aufwandskonten im Soll und
- Ertrag stets auf Ertragskonten im Haben

gebucht.

Aufwand und Ertrag verändern das Eigenkapital.

- Ertrag > Aufwand = Gewinn
  = Eigenkapitalmehrung
- Ertrag < Aufwand = Verlust
  = Eigenkapitalminderung

Die Erfolgskonten werden auf dem GuV-Konto abgeschlossen, d.h. das GuV-Konto ist dem Eigenkapitalkonto vorgeschaltet zur

- Sammlung von Aufwendungen und Erträgen und zur
- Erfolgsermittlung.

Der Erfolg, Saldo des GuV-Kontos, wird als Eigenkapitalmehrung (bei Gewinn) oder -minderung (bei Verlust) abgeschlossen. Das Eigenkapitalkonto ist ein passives Bestandskonto. Es wird entsprechend auf das Schlussbilanzkonto abgeschlossen.

Beispiel

In einer Periode sind folgende Geschäftsvorgänge mit Erfolgswirkung zu verbuchen:
- Rohstoffverbrauch   30.000,-
- Lohn- und Gehaltszahlung per Bank   20.000,-
- Werbeaufwand, gezahlt per Bank   2.000,-
- Umsatzerlöse aus Lieferungen und Leistungen (a.L.L.) 65.000,-
- Zinserträge gehen auf der Bank ein   500,-

Zu diesem Beispiel sind folgende Buchungen auf Erfolgskonten vorzunehmen. Die Gegenbuchungen auf Bestandskonten werden genannt. Auf die Einrichtung der Bestandskonten kann hier verzichtet werden.

Erfolgskonten

Aufwandskonten				Ertragskonten			
S	Rohstoffaufwand		H	S	Umsatzerlöse		H
an Rohst.	30.000,-	per GuV	30.000,-	an GuV	65.000,-	per Forder. a. L. L.	65.000,-
S	Löhne und Gehälter		H	S	Zinserträge		H
an Bank	20.000,-	per GuV	20.000,-	an GuV	500,-	per Bank	500,-
S	Werbung		H				
an Bank	2.000,-	per GuV	2.000,-				

S	GuV		H
an Rohstoffaufw.	30.000,-	per Umsatzerlöse	65.000,-
an Löhne u. Gehälter	20.000,-	per Zinserträge	500,-
an Werbung	2.000,-		
an Eigenkapital Gewinn	13.500,-		
	65.500,-		65.500,-

S	Eigenkapital		H
		per GuV	13.500,-

8.1.6.6 Schematische Darstellung des geschlossenen Systems der Doppelten Buchführung (Geschäftsbuchführung)[6]

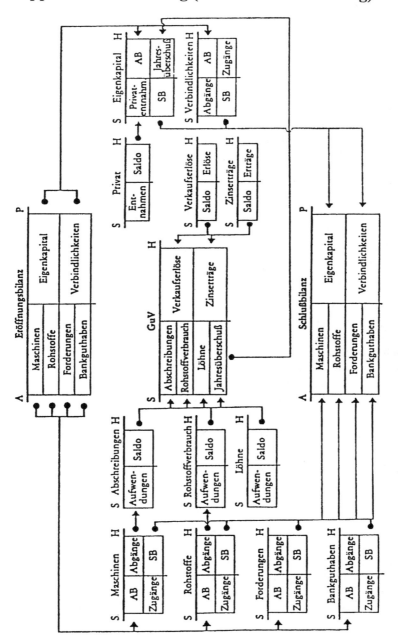

[6] Entnommen aus: *Andres, K., Droll, B., Köhl, H., Zoller, W.*, Grundlagen des Rechnungswesens, Wuppertal

8.1.6.7 Ausgewählte buchhalterisch wesentliche Geschäftsvorfälle

(1) **Eine Übersicht**
Eine wesentliche Vertiefung und Abrundung des Verständnisses der Grundzüge der Buchhaltung kann durch ein Studium der folgenden wesentlichen Geschäftsvorfälle erreicht werden:
  (1) Einkäufe, Verkäufe und Umsatzsteuer (Mehrwertsteuer)
  (2) Bezugs- und Transportkosten
  (3) Rücksendungen und Gutschriften
  (4) Rabatte, Boni und Skonti
  (5) Materialverbrauch
  (6) Lohn- und Gehaltszahlung
  (7) Abschreibungen auf Anlagen
  (8) Abschreibungen auf Forderungen
  (9) Anlagenbuchhaltung.

Wir beschränken uns auf Erläuterungen zu Ziffer (7) und (8), weil sie im Zusammenhang mit Führungsaufgaben im Investitionsbereich und im Vertrieb sowie im Rahmen der Bilanzpolitik wichtig sind. Bezüglich der anderen wesentlichen Geschäftsvorfälle verweise ich auf die entsprechende Spezialliteratur zum industriellen Rechnungswesen.[7]

(2) **Abschreibungen auf Gegenstände des Anlagevermögens**
Produktionsanlagen verlieren aus einem oder mehreren der folgenden Gründe in jeder Abrechnungsperiode an Wert:[8]
  ❑ Technischen Verschleiß
  ❑ Ruhender Verschleiß
  ❑ Wirtschaftliche Veralterung
  ❑ Substanzabbau
  ❑ Ablauf von Rechten.

Dieser Werteverzehr stellt einerseits Aufwand dar, der in der Gewinn- und Verlustrechnung berücksichtigt werden muss, und bewirkt andererseits eine Veränderung der zu bilanzierenden Werte, die in die Bilanz eingehen muss.

Vor der Anwendung eines bestimmten Abschreibungsverfahrens ist zu beachten, dass der Gesetzgeber

  ❑ **nicht abnutzbare Anlagegüter**: Grundstücke, Beteiligungen, Wertpapiere des Anlagevermögens und
  ❑ **abnutzbare Anlagegüter**: Gebäude, Maschinen, maschinelle Anlagen, Fahrzeuge, Werkzeuge sowie Betriebs- und Geschäftsausstattung unterscheidet.

Da Anlagegüter erworben oder im eigenen Betrieb hergestellt werden können, ist für beide Fälle der **Wertansatz zum Zeitpunkt des Anlagenzugangs** zu definieren. Der Gesetzgeber sieht nach § 255 HGB folgende Wertansätze vor:
  ❑ bei **Anschaffung** die Anschaffungskosten bestehend aus Anschaffungspreis abzüglich Rabatte, Boni und Skonti zuzüglich Anschaffungsnebenkosten
  ❑ bei **Eigenherstellung** die Herstellungskosten gemäß Pkt. 8.1.4.4 (1)

---

[7] Vgl. *Deitermann, M., Schmolke, S.*, Industrielles Rechnungswesen - IKR, Darmstadt und *Hahn, H., Werner, C.* Buchführung und Kostenrechnung der Industrie IKR, a.a.O.
[8] Detaillierte Systematik der Abschreibungsursachen vgl. *Gabler*, Wirtschaftslexikon, Stichwort: Abschreibung

Die **abnutzbaren Wirtschaftsgüter des Anlagevermögens sind grundsätzlich** entsprechend ihrer betriebsüblichen Nutzungsdauer **planmäßig abzuschreiben**. Für jede Branche gibt es amtliche Abschreibungstabellen, in denen die betriebsübliche Nutzungsdauer für die verschiedenen Anlagegüter festgelegt ist.

Außerplanmäßige Abschreibungen sind zulässig und werden notwendig in folgenden Fällen:

- Bei abnutzbaren Wirtschaftsgütern des Anlagevermögens als Folge steuerrechtlich zulässiger Sonderabschreibungen (z.B. im Rahmen der Wirtschaftsförderung) oder aufgrund außergewöhnlicher, dauernder Wertminderung, z.B. als Folge von Feuer oder Hochwasser.
- Das Steuerrecht sieht für den vorgenannten Fall eine Abschreibung auf den sog. niedrigeren Teilwert vor. Der Teilwert ist definiert als derjenige Wert, den ein Käufer des Unternehmens für das Anlagegut zahlen würde, wobei davon auszugehen ist, dass der Käufer das Unternehmen fortführt.
- Nach außerplanmäßiger Abschreibung ist der verbleibende Restwert planmäßig weiter abzuschreiben.
- Ein Anlagegut, das aufgrund von Rationalisierungsmaßnahmen nicht mehr genutzt wird, kann außerplanmäßig bis auf null abgeschrieben werden.
- Nicht abnutzbare Wirtschaftsgüter, wie Grundstücke und Beteiligungen, können nur außerplanmäßig abgeschrieben werden. Für Grundstücke kann ein solcher Fall beispielsweise durch Verschlechterung der Verkehrsanbindung erfolgen.
- Geringwertige Wirtschaftsgüter mit einem Anschaffungswert von bis zu € 400,- vor Mehrwertsteuer können außerplanmäßig im Jahr der Anschaffung voll abgeschrieben werden.

Die laufende planmäßige Abschreibung ist zwingend vorgeschrieben, sie kann, wenn sie unterlassen wurde, nicht nachgeholt werden. Zur Ermittlung der planmäßigen Abschreibung stehen folgende Verfahren zur Verfügung:

Lineare Abschreibung
Die lineare Abschreibung erfolgt mit konstanten Abschreibungsbeträgen in Prozent vom Anschaffungs- bzw. Herstellungswert.

Berechnung

$$\text{jährlicher Abschreibungsbetrag} = \frac{\text{Anschaffungskosten bzw. Herstellungskosten}}{\text{Nutzungsdauer}}$$

$$\text{jährlicher Abschreibungssatz in \%} = \frac{100}{\text{Nutzungsdauer}}$$

Geometrisch-degressive Abschreibung
Bei dieser Methode wird mit fallenden Abschreibungsbeträgen ein gleichbleibender Prozentsatz vom Restwert abgeschrieben. Auf diese Weise sind zu Beginn der Nutzungsdauer höhere Abschreibungsbeträge als bei linearer Abschreibung erreichbar, allerdings wird i.d.R. vor Abschluss der Nutzungsdauer auf lineare Abschreibung übergegangen, da andernfalls keine Abschreibung auf null erreichbar ist. Steuerrechtlich darf der degressive Abschreibungssatz für bewegliche Güter des Anlagevermögens nach § 7 Abs. 2 EStG das Dreifache des linearen Abschreibungssatzes nicht übersteigen und nicht höher als 30 % sein. Es darf nicht von linearer auf geometrisch-degressive Abschreibung übergegangen werden.

Berechnung

$$\text{jährlicher Abschreibungsbetrag} = \frac{\text{Buchwert} \cdot \text{Abschreibungssatz}}{100}$$

Arithmetisch-degressive Abschreibung

Bei diesem Verfahren wird der Abschreibungsbetrag von Jahr zu Jahr um einen gleichbleibenden Betrag gesenkt. Anders als bei der geometrisch-degressiven Methode ist hier eine Abschreibung bis auf null möglich. Die arithmetisch-degressive Abschreibung ist steuerlich nicht zulässig.

Berechnung

- Zunächst werden die Jahre der geschätzten Nutzungsdauer aufsteigend durchnummeriert und deren Nummernfolge addiert, beispielsweise für eine Nutzungsdauer von 5 Jahren: 1 + 2 + 3 + 4 + 5 = 15.
- Dann ermittelt man den jährlichen Degressionsbetrag, indem man den Anschaffungs- oder Herstellungswert durch die ermittelte Summe aus Jahresziffern dividiert. Beispielsweise sei der Anschaffungswert 90.000,- dann erhält man einen jährlichen Degressionsbetrag von 90.000,- dividiert durch 15 = 6.000,-.
- Dann erfolgt die Berechnung der jährlichen Abschreibungsbeträge durch Multiplikation des jährlichen Degressionsbetrages mit Jahresziffern. Da fallende Abschreibungsraten gesucht werden, werden die Jahresziffern zunächst in umgekehrter Reihenfolge geordnet. Für unser Beispiel ergibt sich folgende Rechnung:

1. Jahr 5 x 6.000 = 30.000 Abschreibung
2. Jahr 4 x 6.000 = 24.000 Abschreibung
3. Jahr 3 x 6.000 = 18.000 Abschreibung
4. Jahr 2 x 6.000 = 12.000 Abschreibung
5. Jahr 1 x 6.000 = 6.000 Abschreibung
Summe   = 90.000 Gesamtabschreibung

Leistungsabschreibung

Schließlich kann ausgehend von einer erwarteten Plankapazität (z.B. KM-Leistung bei Fahrzeugen) nach in Anspruch genommener Leistung abgeschrieben werden.

Berechnung

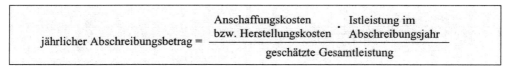

Nach der Klärung der Abschreibungsverfahren wenden wir uns jetzt der Verbuchung der Abschreibungsbeträge zu. Dafür bestehen drei Möglichkeiten:

Direkte Abschreibung

Hier werden die Konten „Abschreibungen auf Sachanlagen" und das Konto des abzuschreibenden Gegenstands aufgerufen, d.h. es erfolgt eine Reduzierung auf dem Anlagenkonto.

Buchungssatz:

Abschreibungen auf Sachanlagen
                an Maschinen

Indirekte Abschreibung

Hier wird ein Konto „Wertberichtigung zu Sachanlagen" gebildet. Auf diesem Konto werden die Abschreibungen gesammelt, das Konto wird auf das Schlussbilanzkonto abgeschlossen. Es erfolgt also keine Reduzierung auf dem Anlagenkonto.

Buchungssatz:

Abschreibungen auf Sachanlagen
                        an Wertberichtigung zu Sachanlagen

Buchwert = Anschaffungswert - Wertberichtigung

Die indirekte Abschreibung erhöht die Bilanzklarheit, wenn jedes Anlagenkonto sein eigenes Wertberichtigungskonto hat (Korrekturkonto). Bei Verkauf oder Verschrottung von Anlagen ist die gebildete Wertberichtigung aufzulösen. I.d.R. entsteht dabei ein „außerordentlicher Verlust oder Ertrag" aus Anlageabgängen, da der Buchwert des ausscheidenden Anlagegutes nur selten mit dem erzielten Nettopreis übereinstimmt.

Abschreibung auf geringwertige Anlagegüter

Es ist steuerlich zulässig, Wirtschaftsgüter bis zu einem Anschaffungswert von € 400,- vor Mehrwertsteuer im Anschaffungsjahr voll abzuschreiben, auch wenn sie dem Unternehmen mehrere Jahre zur Verfügung stehen. In diesem Fall kann eine Anschaffung beispielsweise einer Büromaschine ohne Aktivierung direkt als Aufwand gebucht werden.

(3) **Abschreibungen auf Forderungen**

Forderungen als Teil des Umlaufvermögens sind mit ihrem wahrscheinlichen Wert zu bilanzieren. Mit diesem Ziel muss unterschieden werden in

- **Einwandfreie Forderungen**, diese sind mit ihrem Nennbetrag zu bewerten
- **Zweifelhafte Forderungen**, sie sind mit ihrem wahrscheinlichen Wert anzusetzen also entsprechend zu berichtigen
- **Uneinbringliche Forderungen**, sie sind voll abzuschreiben.

Aus dieser Aufgabenstellung ergeben sich folgende Teilaufgaben:

- Durch Einzelbewertung sind spezielle Ausfallrisiken zu ermitteln und entsprechende Einzelwertberichtigungen vorzunehmen, oder
- durch Pauschalbewertung ist ein allgemeines Ausfallrisiko zu ermitteln und eine entsprechende Pauschalwertberichtigung vorzunehmen, oder
- Pauschal- und Einzelbewertung und entsprechende Wertberichtigungen sind kombinierbar. In diesem Fall wird für bestimmte Risiken eine Einzelbewertung und Einzelwertberichtigung dieser Forderungen vorgenommen und für die übrigen, noch nicht bewerteten Forderungen, wird eine Pauschalbewertung und Pauschalwertberichtigung vorgenommen. Die beiden Verfahren werden also im Einzelfall nicht additiv, sondern wahlweise eingesetzt.
- Die Abschreibungen auf Forderungen können
  - direkt oder
  - indirekt

  vorgenommen werden.
- Die Bewertung von Forderungen bezieht sich auf deren Nettowert ohne Mehrwertsteuer. Im Fall von Abschreibungen auf Forderungen sind entsprechende **Korrekturen der Mehrwertsteuerverbindlichkeit** vorzunehmen.

8.1.6.8 Zeitliche Abgrenzung

Wie aus der dargestellten Rechtslage hervorgeht, hat jedes Unternehmen am Anfang und Ende eines Geschäftsjahres sein Vermögen, seine Schulden und seinen Erfolg wahrheitsgemäß zu ermitteln und darzustellen. Das setzt voraus, dass

- alle das abzuschließende Geschäftsjahr betreffenden Aufwendungen und Erträge vollständig und zutreffend gebucht werden, und dass
- keine das folgende Geschäftsjahr betreffenden Aufwendungen und Erträge gebucht werden.

Da jedoch Aufwendungen und Erträge üblicherweise nur im Zusammenhang mit den mit ihnen zusammenhängenden Zahlungen gebucht werden, muss anlässlich des Jahresabschlusses die Schwierigkeit gelöst werden, dass

- für sog. **transitorische Posten der Jahresabgrenzung Ausgaben** bzw. **Einnahmen bereits in der laufenden Periode** angefallen sind, während der entsprechende **Aufwand** bzw. **Ertrag der folgenden Periode** zuzurechnen ist, während
- bei sog. **antizipativen Posten der Rechnungsabgrenzung für Aufwand** bzw. **Ertrag der laufenden Periode** die entsprechenden **Ausgaben** bzw. **Einnahmen erst in der Folgeperiode** anfallen.

Die Buchungsregeln und konkrete Beispiele dieses im Zusammenhang mit dem Jahresabschluss zu ordnenden Sachverhalts zeigt die folgende tabellarische Übersicht.

Im folgenden Jahr werden die aktiven und passiven Rechnungsabgrenzungen mit umgekehrten Buchungssätzen wieder aufgelöst. Die sonstigen Forderungen und sonstigen Verbindlichkeiten werden erst bei entsprechenden Zahlungen aufgelöst.

Betroffenes Konto	Geschäftsvorgang		Buchungssatz	Art der Abgrenzung	Beispiel
	im alten Jahr	im neuen Jahr			
aktive Rechnungsabgrenzung	Ausgabe	Aufwand	akt. Rechnungsabgr. an Aufwandskonto	transitorische Posten	Miete für Geschäftsräume wurde im Voraus bezahlt
passive Rechnungsabgrenzung	Einnahme	Ertrag	Ertragskonto an pass. Rechnungsabgr.	transitorische Posten	im Voraus erhaltene Miete
sonstige Forderungen	Ertrag	Einnahme	sonstige Forderungen an Ertragskonto	antizipative Posten	Miete für unternehmenseigene Wohnung wird erst im neuen Jahr bezahlt
sonstige Verbindlichkeiten	Aufwand	Ausgabe	Aufwandskonto an sonst. Verbindl.	antizipative Posten	Darlehenszinsen wurden für das alte Jahr noch nicht bezahlt

8.1.6.9 Jahresabschlussarbeiten

(1) **Bearbeitungs-Phasen von der Eröffnungsbilanz bis zur Schlussbilanz**
Auf der Grundlage der Lektüre der vorangegangenen Einführung in die Buchhaltung kann der Leser die folgenden in Phasen zusammengefassten Arbeitsschritte von Bilanz zu Bilanz nachvollziehen.

PHASE I

Eröffnungsbilanz

Eröffnung der Bestandskonten über Eröffnungsbilanzkonto
- Aktivkonten : Anfangsbestand + Mehrung im Soll
- Passivkonten : Anfangsbestand + Mehrung im Haben

Buchung einer Mehrung bei Konteneröffnung ist auch Operation der Phase II

Eröffnung der Erfolgskonten nach Bedarf
- Aufwendungen : Mehrung im Soll
- Erträge : Mehrung im Haben

PHASE II

Buchen der Geschäftsvorfälle
- Im „Grundbuch": alle Geschäftsvorfälle werden mit Datum, Beleginhalt und Betrag in zeitlicher Reihenfolge erfasst (z.B. Kassenbuch, Wareneinkaufsbuch)
- Im „Hauptbuch": alle Geschäftsvorfälle werden auf den entsprechenden Konten erfasst

Merke
- Stornobuchungen sind eine Umkehrung des Buchungssatzes des Geschäftsvorfalles
- Zahllast der Mehrwertsteuer muss monatlich ermittelt und an das Finanzamt überwiesen werden.

PHASE III

Abschlussvorbereitungen
- Durchführung der Inventur
- Erstellung der Hauptabschlussübersicht (Näheres vgl. folgende Seite) beachte hier
- Aktivierung bzw. Passivierung der Umsatzsteuer
- Rückstellungen
- Abschreibungen
- Zeitliche Jahresabgrenzung.

PHASE IV

Abschluss der Konten
- Ausführung der Umbuchungen aus der Hauptabschlussübersicht
- Reine Bestandskonten über Schlussbilanzkonto abschließen
- Erfolgskonten über GuV abschließen
- GuV und bei Personengesellschaften sowie Einzelunternehmen Privat auf Eigenkapitalkonto abschließen
- Eigenkapital über Schlussbilanzkonto abschließen.

PHASE V **Erstellung der Schlussbilanz**

(2) **Hauptabschlussübersicht**

Die Hauptabschlussübersicht, auch Betriebsübersicht oder Abschlusstabelle genannt, bietet als tabellarische Übersicht einen Einblick in den Gesamtumfang der Buchungen auf allen Bestands- und Erfolgskonten sowie die erfolgsbestimmenden Veränderungen einer Periode. Gleichzeitig stellt die Hauptabschlussübersicht die Gesamtheit der

- vorbereitenden Abschlussbuchungen und
- der Abschlussbuchungen

systematisch und zusammenhängend in einer Weise dar, die gleichzeitig durch geeignete Abstimmungsmöglichkeiten die formale Richtigkeit des Jahresabschlusses zuverlässig kontrollierbar macht.

Die Hauptabschlussübersicht (hier kurz: HA) besteht i.d.R. aus 6 Hauptspalten.

1. **Summenbilanz**
Jedes Konto der Buchhaltung erhält eine Zeile in der HA. Die Summenbilanz ist die erste Hauptspalte der HA. Sie besteht aus einer Soll- und einer Habenseite und nimmt je Zeile die in der Periode je Konto im Soll bzw. im Haben insgesamt gebuchten Summen auf. Die Addition von Sollseite und Habenseite über alle Konten muss gleiche Beträge ergeben.

2. **Saldenbilanz I**
Als nächster Schritt werden je Zeile (also je Konto) die Salden aus Aktivbuchung und Passivbuchung der Summenbilanz gebildet und in die Saldenbilanz übertragen. Dabei wird der jeweilige Saldobetrag - anders als beim üblichen Kontenabschluss - auf der Seite des höheren Betrages in die Saldenbilanz eingetragen, d.h. es hat keine Umbuchung stattgefunden, sondern lediglich eine Verkürzung der Kontenzeilen um den Betrag der jeweils kleineren Seite. Die Addition der Sollseite und der Habenseite über alle Konten der Saldenbilanz I muss gleiche Beträge ergeben.

3. **Umbuchungsbilanz**
In diesem Schritt werden in der Umbuchungsbilanz die vorbereitenden Abschlussbuchungen vollzogen. Diese betreffen folgende Operationen:
- Abschreibungen auf Anlagen und Forderungen
- Verbuchung von Bestandsdifferenzen zwischen Inventur- und Buchbestand
- Bestandsänderungen an unfertigen und Fertigerzeugnissen
- Zeitliche Abgrenzung
- Bildung von Rückstellungen
- Bewertungskorrekturen
- Abschluss von Unterkonten auf entsprechende Hauptkonten, z.B. Bezugskosten, Erlösschmälerungen, Privatkonto
- Ermittlung der Steuerlast durch Abschluss Vorsteuerkonto auf Umsatzsteuer.

Die zu diesen Teilaufgaben anfallenden Buchungen werden nach den bekannten Regeln der doppelten Buchhaltung ausgeführt. Ergänzend sollte eine Liste über die Buchungssätze mit Beleghinweisen geführt werden.

4. **Saldenbilanz II**
Durch Horizontaladdition der Saldenbilanz I und der Umbuchungsbilanz je Zeile entsteht die Saldenbilanz II mit den endgültigen Salden nach Durchführung der vorbereitenden Abschlussbuchungen. Aus ihr werden GuV und Schlussbilanz abgeleitet.

5. **Gewinn und Verlust = Gesamtergebnis**
Die Sollseite dieser Hauptspalte übernimmt die Aktivsalden der Erfolgskonten, also Aufwendungen. Die Habenseite dieser Hauptspalte übernimmt die Passivseite der Erfolgskonten aus der Saldenbilanz II, also Erträge. Damit ergibt sich das Periodener-

gebnis nach den Regeln der doppelten Buchführung als Gewinn (Erträge größer Aufwendungen) oder Verlust (Aufwendungen größer Erträge).
6. **Schlussbilanz**
Sie übernimmt die Endbestände der Bestandskonten aus der Saldenbilanz II und weist die Bilanzansätze aus, die den in der Inventur ermittelten Beständen und Bewertungen unter Berücksichtigung der ergänzten Wertberichtigungen entsprechen. In den Spalten 5 und 6 muss sich das gleiche Periodengesamtergebnis ergeben.

8.2 Kosten- und Leistungsrechnung

8.2.1 Aufgaben, Grundbegriffe und Zusammenhänge

8.2.1.1 Aufgaben und Grundbegriffe der Kosten- und Leistungsrechnung

Die Finanzbuchhaltung ist eine Periodenrechnung des Unternehmens mit der Hauptzielsetzung, nach außen, gegenüber Eigenkapitaleignern und Fremdkapitalgebern sowie anderen interessierten Dritten Rechenschaft abzulegen über die Vermögenslage des Unternehmens zu bestimmten Zeitpunkten und über ihren Gesamterfolg in einer Periode. Diese Periodenrechnung hat jedoch folgende entscheidende Nachteile:

❑ Sie enthält neutrale, nicht betriebliche Bestandteile,
❑ Sie besagt nichts über das Betriebsergebnis und ist deshalb für die betriebliche Steuerung ungeeignet,
❑ Sie liefert keine Informationen über den Erfolg je Auftrag und Produkt.

Daraus ergeben sich die Aufgaben der Kosten- und Leistungsrechnung. Diese sind in der Literatur unterschiedlich strukturiert worden.

Schierenbeck bezeichnet die Kosten- und Leistungsrechnung als kurzfristige Erfolgsrechnung und weist dieser folgende Hauptaufgaben zu:[9]

a) Die **Ermittlung des kurzfristigen Betriebserfolges** mit dem „Kernstück" der Kostenrechnung, die bei entsprechender Ausgestaltung den Prozess der Kostenentstehung schrittweise verfolgt und eine rechnerische Aufgliederung des Kostengefüges
  ❑ nach **Kostenarten (Welche Kosten fallen wann an?)**
  ❑ nach **Kostenstellen (Wo fallen welche Kosten an?)** und
  ❑ nach **Kostenträgern (Wofür, für welche Leistungen fallen Kosten an?)**
  ermöglicht.
b) **Kontrolle der Wirtschaftlichkeit und Budgetierung**, d.h. Überwachung der betrieblichen Prozesse in Bezug auf Kostenverursachung und Leistungsentstehung und zwar im kontinuierlichen, kurzfristigen Vergleich zu strukturierten Sollvorgaben (Budgets) für eine Gesamtperiode und zweckmäßige Teilperioden.

---
[9] *Schierenbeck, H.,* Grundzüge der Betriebswirtschaftslehre, a.a.O.

c) **Rechnerische Fundierung unternehmenspolitischer Entscheidungen**, und zwar insbesondere
- Kalkulation von Preisen und Preisuntergrenzen
- Planung des Mitteleinsatzes im Marketing
- Produktprogramm-, Absatz- und Produktionsplanung
- Materialbeschaffungs- und -bereitstellungsplanung mit Entscheidungen über die Alternative Eigenfertigung oder Zukauf
- Investitions- und Finanzplanung.

Schmolke und *Deitermann* definieren die Gesamtaufgabe der **Kosten- und Leistungsrechnung** insgesamt übereinstimmend mit *Schierenbeck*, aber strukturieren die **Teilaufgaben** abweichend wie folgt:[10]

a) Ermittlung der Selbstkosten und Leistungen je Abrechnungsperiode
b) Ermittlung der Selbstkosten je Erzeugniseinheit
c) Kontrolle der Wirtschaftlichkeit
d) Bewertung der fertigen und unfertigen Erzeugnisse in der Jahresbilanz
e) Grundlagen für Planungen und Entscheidungen.

Für die Analyse und Steuerung der Kostenentwicklung sind folgende **begrifflichen Unterscheidungen** wichtig:

a) Nach der **Abhängigkeit von der Kapazitätsnutzung** unterscheidet man
- **fixe Kosten**, die bei veränderter Nutzung einer gegebenen Kapazität konstant bleiben, und
- **variable Kosten**, die sich mit einer Änderung der Kapazitätsnutzung verändern.

b) In **Abhängigkeit von der Zurechenbarkeit** zur erstellten Leistung (zum Produkt) unterscheidet man
- **Einzelkosten**, die einer bestimmten Leistung direkt zugerechnet werden können und
- **Gemeinkosten**, die keiner Leistung direkt zugerechnet werden können.

c) **Sondereinzelkosten** der Fertigung (z.B. Rüstkosten) oder des Vertriebes (z.B. seemäßige Verpackung) sind Kosten, die einem bestimmten Auftrag direkt zurechenbar sind.

8.2.1.2 Erforderliche Begriffe zur Abgrenzung von Geschäftsbuchführung (GB) und Kosten- und Leistungsrechnung (KLR)

Der folgende Text zu diesem Thema ist stark gekürzt zitiert nach *Schmolke-Deitermann*.[11]

- **Aufwand und Ertrag** sind Begriffe der Geschäftsbuchführung, GB, **Kosten und Leistung** sind Begriffe der Kosten- und Leistungsrechnung, KLR
- **Aufwendungen = Aufwand** = gesamter Werteverzehr in einem Unternehmen an Gütern, Diensten und Abgaben in einer Abrechnungsperiode
- Aufwendungen sind zu unterscheiden in
  - **Betriebliche** (betriebsbezogene) Aufwendungen = Grundkosten
  - **Neutrale** (unternehmensbezogene) Aufwendungen = Nichtkosten
- Betriebliche Aufwendungen entstehen bei der betrieblichen Leistungserstellung und -verwertung. Sie sind Kosten in der KLR.

---

[10] *Deitermann, M., Schmolke, S.*, Industrielles Rechnungswesen, a.a.O.
[11] Vgl. ebenda

❑ **Kosten** sind wertmäßiger Verbrauch an Gütern, Diensten und Abgaben zur Herstellung und Verwertung von Gütern und Leistungen.

Für Kosten aus Güter- und Diensteverzehr beachte, dass deren Verursachung sich aus Menge mal Preis ergibt. Unterscheide Mengengerüst der Kosten und Preis der Kostengüter. Beide zusammen ergeben die Kosten.

❑ **Neutrale Aufwendungen** gliedern sich in
- Betriebsfremde Aufwendungen
- Außerordentliche Aufwendungen
- Periodenfremde Aufwendungen.

❑ **Betriebsfremde Aufwendungen** entstehen bei Verfolgung betriebsfremder Ziele, z.B. Verluste aus Wertpapiergeschäften, Aufwendungen für nicht betrieblich genutztes Gebäude.

❑ **Außerordentliche Aufwendungen** werden zwar durch den Betriebszweck verursacht, entsprechen aber wegen ihrer besonderen Art, Höhe und Unregelmäßigkeit des Anfalles nicht dem geplanten und/oder normalen Betriebsgeschehen. Sie dürfen deshalb nicht oder nicht in voller Höhe in die KLR eingehen.

❑ **Periodenfremde Aufwendungen** sind zwar betriebsbedingt, betreffen aber eine andere Abrechnungsperiode und dürfen deshalb nicht in die KLR eingehen, z.B. Nachzahlungen von Betriebssteuern, für die nicht ausreichend Rückstellungen gebildet wurden.

❑ **Kalkulatorische Kosten** sind (nach *Olfert*) „Kostenarten, die angesetzt werden, um die Kostenrechnung von Zufälligkeiten und Unregelmäßigkeiten zu befreien, die ihre Stetigkeit stören würden."[12]

Bei den kalkulatorischen Kosten wird unterschieden zwischen
- kalkulatorischen Kosten, denen kein Aufwand gegenübersteht, sie heißen **Zusatzkosten**. (z.B. kalkulatorischer Unternehmerlohn und kalkulatorische Miete) und
- kalkulatorischen Kosten, denen Aufwendungen in anderer Höhe gegenüberstehen, sie heißen **Anderskosten**. (Gilt i.d.R. für die kalkulatorischen Abschreibungen).

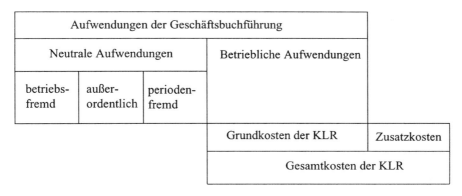

❑ **Erträge = Ertrag** = gesamter erfolgswirksamer Wertezufluss in ein Unternehmen innerhalb einer Abrechnungsperiode

---

[12] *Olfert, K.*, Kostenrechnung, a.a.O.

- ❑ nach der Entstehung sind bei Erträgen zu unterscheiden
  - **Betriebliche Erträge = Leistungen**
  - **Neutrale Erträge**
- ❑ Betriebliche Erträge sind das Ergebnis der betrieblichen Leistungserstellung und -verwertung. Sie sind Leistungen in der KLR.
- ❑ Bei den **Leistungen** sind zu unterscheiden
  - **Absatzleistungen** = Umsatzerlöse aus dem Verkauf von hergestellten Fertigerzeugnissen und Handelswaren
  - **Lagerleistungen** = Positive Bestandsveränderungen der Abrechnungsperiode an Erzeugnissen (fertigen und unfertigen), die also nicht abgesetzt wurden
  - **Aktivierte Eigenleistungen** = Selbsterstellte Anlagen, die im eigenen Betrieb eingesetzt werden.
- ❑ **Neutrale Erträge** gliedern sich in
  - Betriebsfremde Erträge
  - Außerordentliche Erträge
  - Periodenfremde Erträge
- ❑ **Betriebsfremde Erträge** entstehen bei der Verfolgung betriebsfremder Ziele, z.B. Erträge aus Wertpapiergeschäften, Mieterträge, Erträge aus Wechselkursänderungen, Erträge aus Verlustübernahme durch eine Muttergesellschaft.
- ❑ **Außerordentliche (A.O.) Erträge** sind zwar betriebsbedingt, dürfen aber wegen ihrer besonderen Art oder ungewöhnlichen Höhe nicht in die KLR eingehen, dazu zählen z.B. Erträge aus Verkauf von Anlagegegenständen oder Auflösung von Rückstellungen.
- ❑ **Periodenfremde Erträge** sind zwar betriebsbedingt, betreffen aber eine andere Abrechnungsperiode und dürfen deshalb nicht in die KLR eingehen, z.B. Rückerstattung zu viel bezahlter Betriebssteuern.

Erträge der Geschäftsbuchführung			
Neutrale Erträge			Betriebliche Erträge
betriebsfremd	außerordentlich	periodenfremd	
			Leistungen der KLR

8.2.1.3 Informationsfluss der Betriebsabrechnung

Den Informationsablauf in der Betriebsabrechnung zeigt das folgende Ablaufschema von *Schierenbeck*.[13] Dabei wird deutlich, dass die den Kostenträgern nicht direkt zurechenbaren Kosten, die Kostenträgergemeinkosten, zunächst den Kostenstellen zugerechnet werden, in denen sie entstanden sind. Von dort erfolgt dann eine Zurechnung zu den Leistungen, entsprechend der Inanspruchnahme der Kostenstellen durch die jeweiligen Leistungen (Kostenträger). Eine detaillierte Darstellung der Informationserfassung und -verarbeitung in der Betriebsabrechnung erfolgt unter Pkt. 8.2.4.4.

---

[13] *Schierenbeck, H.,* Grundzüge der Betriebswirtschaftslehre, a.a.O.

Kosten- und Leistungsrechnung

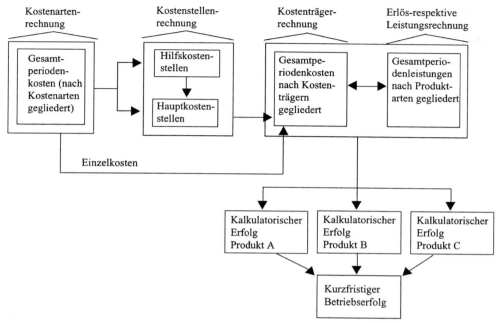

Informationsfluss der Betriebsabrechnung, entnommen aus: *Schierenbeck*[14]

8.2.2 Abgrenzungsrechnung

Zwischen Geschäftsbuchhaltung und KLR muss die Abgrenzung erfolgen, in der sichergestellt wird,
- dass im **Betriebsergebnis nur Kosten und Leistungen** und nicht neutrale Aufwendungen und Erträge berücksichtigt werden, die zwar das Unternehmen betreffen, aber mit dem Prozess der betrieblichen Leistungserstellung nicht im Zusammenhang stehen, und
- dass im **Unternehmensergebnis die Gesamtheit der Aufwands- und Ertragsbeträge**, einschließlich betrieblicher und neutraler, Berücksichtigung finden, sowie
- dass im Zweikreis-System **Daten nur einmal** in dem Rechnungskreis erfasst werden, in dem die Belege anfielen, und dass anschließend diejenigen Daten, die auch im anderen Rechnungskreis erforderlich sind, an diesen weitergeleitet werden.

8.2.2.1 Abgrenzung zwischen Betriebs- und Unternehmensergebnis

Die Abgrenzungsrechnung besteht aus
- unternehmensbezogenen Abgrenzungen plus
- kostenrechnerischen Korrekturen.

Die Abgrenzungsrechnung sucht den Betrag, der zum Betriebsergebnis **hinzugezogen** werden muss, um das Unternehmensergebnis zu erhalten.

---

[14] *Schierenbeck, H.*, Grundzüge der Betriebswirtschaftslehre, a.a.O.

Wenn dieser Betrag dem Inhalt, der Sache nach definiert ist, dann ermittelt man die Höhe des Betrages und kann durch Abzug dieses Betrages aus dem Gesamtergebnis des Unternehmens gemäß Geschäftsbuchhaltung (GB) das Betriebsergebnis errechnen. So erfolgt die Abstimmung. Aus dieser Überlegung leiten wir die Vorzeichen der Abgrenzungsrechnung ab.

Abgrenzungsrechnung			
Leistungen (gesamt) ./. Kosten (gesamt)	gemäß KLR gemäß KLR		
= Betriebsergebnis	gemäß KLR	Betriebsergebnis	
+ Verrechnete Kalkulatorische Kosten[15] ./. Entsprechende Betriebliche Aufwendungen	gemäß KLR gemäß GB	+ Kostenrechnerische Korrekturen[16]	
= Unternehmensspezifische Erträge ./. Unternehmensspezifische Aufwendungen	gemäß GB gemäß GB	+ Unternehmensspezifische Abgrenzungen[17] =	
= Gesamtergebnis	gemäß GB, KLR	Gesamtergebnis	
= Erträge ./. Aufwendungen	gemäß GB		

GB = Geschäftsbuchführung
KLR = Kosten-Leistungsrechnung

8.2.2.2 Welche Belege werden in welchem Rechnungskreis erfasst?

Im Zweikreis-System werden die Belege - wie oben schon erwähnt - in dem Rechnungskreis erfasst, in dem sie anfallen. Der erfassende Rechnungskreis gibt anschließend diejenigen Daten an den anderen Rechnungskreis ab, die auch dort als erfolgswirksam benötigt werden.

In der Geschäftsbuchführung, dem Rechnungskreis I, werden insbesondere erfasst
- Umsatzerlöse
- Erträge aus Vermietung und Verpachtung
- Zinserträge
- Erträge aus dem Abgang von Gegenständen des Anlagevermögens
- Gehälter
- Miet- und Pachtaufwendungen
- Bilanzielle Abschreibungen
- Betriebliche Steuern und Versicherungen.

In der Kosten- und Leistungsrechnung, dem Rechnungskreis II, werden insbesondere erfasst
- Materialaufwendungen (für Roh-, Hilfs- und Betriebsstoffe)
- Fertigungslöhne
- Gemeinkostenlöhne

---
[15] Definition der kalkulatorischen Kosten vgl. Pkt. 8.2.3.3
[16] Für verrechnete kalkulatorische Kosten kleiner als entsprechende betriebliche Aufwendungen nimmt das Gesamtergebnis gegenüber dem Betriebsergebnis entsprechend ab.
[17] Für unternehmerische Aufwendungen größer als unternehmensspezifische Erträge nimmt das Gesamtergebnis gegenüber dem Betriebsergebnis entsprechend ab.

- ❏ Mehr- oder Minderbestand an unfertigen und fertigen Erzeugnissen
- ❏ Andere aktivierte Eigenleistungen (z.B. selbsterstellte Anlagen)
- ❏ Sonstige innerbetriebliche Leistungen (z.B. Instandhaltung und Reparaturen)
- ❏ etc.

Einzelheiten der betrieblichen Kostenerfassung behandelt Pkt. 8.2.4.5: Praxisbeispiel einer Betriebsabrechnung.

8.2.3 Kostenartenrechnung

8.2.3.1 Aufgaben der Kostenartenrechnung

Die Hauptaufgabe der Kostenartenrechnung ist die Beantwortung der Frage: Welche Kosten sind wann angefallen? Die Beantwortung dieser Frage muss sorgfältig strukturiert und organisiert werden. Die Gliederung der Kostenarten, die Inhalte (d.h. ergänzende Informationen) der Belege und deren Erfassung müssen so gestaltet werden, dass die späteren Auswertungsmethoden (z.B. der Zurechenbarkeit zu Kostenstellen und Kostenträger) erfüllt werden können.

Die Gestaltung dieser Aufgabe ist wesentlich von der Art und Größe des jeweiligen Betriebes abhängig. Sie kann im Rahmen der Buchhaltung (im Zweikreis-System IKR in der frei gestaltbaren Klasse 9) oder in Tabellenform (wie im Beispiel unter Pkt. 8.2.4) abgewickelt werden.

In der Kostenartenrechnung müssen alle Kosten vollständig, zeitgerecht und überschneidungsfrei erfasst werden. Ferner sind die betrieblichen Leistungen (unmittelbar für den Absatz, auf Lager oder innerbetriebliche) zeitgerecht zu erfassen. Dafür sind folgende Einzelaufgaben zu lösen:

Vorbereitende Aufgaben
- ❏ Erstellung einer auf die Belange des individuellen Betriebes abgestimmten Steuerungs-, Kontroll- und Auswertungskonzeption als Voraussetzung für eine zielgerichtete auswertungsfähige Erfassung und zur Vermeidung nutzloser Detaillierung und übertriebenen Erfassungsaufwandes
- ❏ Aufstellung aussagefähiger und übersichtlicher Gliederungsverzeichnisse für
  - Kostenarten
  - Kostenstellen und
  - Kostenträger
- ❏ Gestaltung zweckmäßiger Belege (z.B. Materialentnahmescheine und Lohnscheine) zur Erfassung der Verbrauchsmengen und anschließenden Bewertung
- ❏ Formulierung von Arbeitsanweisungen für das zeitgerechte Erstellen, Bewerten, Kontieren, Sortieren (gegebenenfalls Verdichten für Sammelbuchungen) und Buchen der Belege
- ❏ Bereitstellung von Unterlagen für die Ermittlung der kalkulatorischen Abschreibungen, Zinsen und Wagnisse.

Ausführende Aufgaben
- ❏ Auswerten der Zahlen der Geschäftsbuchführung zur Ermittlung der Grundkosten aus dem Rechnungskreis I (z.B. Gehälter, Miete)
- ❏ Erfassen der betrieblichen Kosten im Rechnungskreis II.

8.2.3.2 Kriterien für die Gliederung der Kostenarten

Die Gliederung der Kostenarten sollte streng zielgerichtet erfolgen und zwar insbesondere den folgenden drei Hauptzielen entsprechend:
1. Der Werteverzehr durch Kostenentstehung muss denjenigen Verantwortlichen regelmäßig, verursachungsgerecht mitgeteilt werden, die zur Kosteneinsparung in der Lage sind und veranlasst werden müssen, d.h. die Kostenstellenleiter brauchen ihr Budget und die von ihnen effektiv verbrauchten Kosten je Monat in der Gliederung, in der sie auf die Kostenentstehung einwirken können. Dazu folgendes Beispiel:
    - Fallen Überstunden für Mehr- und Nacharbeit sowie innerbetriebliche Leistungen (z.B. für Reparaturen) in erheblichem Maße an, dann müssen diese im Interesse der Bestgestaltung überwacht und gesondert erfasst werden.
    - Fallen die genannten Kostenarten in einem Betrieb nicht oder nahezu nicht an, dann wäre es unzweckmäßig, sie als spezielle Kostenart in die Kostenartengliederung aufzunehmen.
2. Die entstandenen Kosten müssen den Kostenträgern (Leistungen), für deren Erstellung sie verursacht wurden, direkt (als Einzelkosten) oder indirekt über den Ort der Entstehung, die Kostenstelle (als Gemeinkosten), zugerechnet werden können.
3. Bestehende Rechtsvorschriften über die Bestandsbewertung des Anlage- und Umlaufvermögens zur Ergebnisermittlung müssen eingehalten werden.

Außerdem sollte eine Gliederung der Kostenarten folgende Bedingungen erfüllen:
- Eindeutige Kostenbezeichnung und Buchungsanweisung
- Keine Überschneidungen verschiedener Kostenarten
- Vollständigkeit der Kostenerfassung
- Kontinuität der Kosteninhalte für Zeitvergleiche
- Nummerierung nach zweckmäßiger Systematik
- Strenge Anpassung an die Anforderungen der betrieblichen Steuerung und Kontrolle.

8.2.3.3 Gliederung eines Kostenartenplans

Als Mindestgliederung der Kostenarten für den Industriebetrieb, für den eine Differenzierung der Kosten im Fertigungsbereich besonders wichtig ist, nennt *Torspecken* folgende Kostenarten:[18]

- Fertigungslohn
- Fertigungsmaterial

} Einzelkosten

- Hilfslohn
- Urlaubs- und Feiertagslohn
- Gehälter
- Soziale Abgaben
- Energie
- Brennstoffe
- Werkzeuge (nicht auftragsbezogene)
- Instandhaltung und Reparatur
- Kalkulatorische Abschreibungen
- Kalkulatorische Zinsen

} Gemeinkosten

---

[18] *Torspecken, H.-D.*, Technik des betrieblichen Rechnungswesens 2, Wiesbaden

Kosten- und Leistungsrechnung

- ❏ Sondereinzelkosten der Fertigung
- ❏ Sondereinzelkosten des Vertriebes

} Sondereinzelkosten

Die folgende detaillierte Kostenartengliederung stammt von *Hummel/Männel*.[19]

Beispiel eines Kostenartenplanes zur Kostenerfassung		
Zeitlöhne	Handelswaren	
Akkordlöhne	Fertigungsmaterial	
Grundlöhne	Fertigungsstoffe	
Zusatzentgelte	Instandhaltungsmaterial	
Löhne	Büromaterial	
Arbeitgeberanteile Sozialversicherung	sonstige Materialien	
Beiträge zur Berufsgenossenschaft	**Materialkosten**	Σ
sonstige Lohnnebenkosten	Treibstoffe	
Lohnkosten	Kohle	
Gehälter	sonstige Energieträger	
Gehaltsnebenkosten	Energieträger	
Gehaltskosten	Strom	
Ausbildungsvergütung	**Energiekosten**	Σ
sonstige Sonderentgelte	Fremdfertigung	
Sonderentgelte	Fremdtransporte	
Personalleasing	Bewirtung	
Personalkosten Σ	Reise- und Übernachtungskosten	
planmäßige Abschreibungen	Vertreterkosten	
Grundstückspachten	Fremdakquisition	
Raummieten	sonstige Dienstleistungen	
Anlagenvorhaltungskosten	**Dienstleistungskosten**	Σ
Instandhaltungskosten	Produkthaftpflicht	
Feuerversicherungen	Warenkreditversicherung	
sonstige Versicherungen	sonstige Versicherungen	
Grundstücks- und Gebäudeversicherung	**Versicherungskosten**	Σ
Gebühren und Steuern	Lizenzgebühren	
Grundstücke und Gebäude	Patentgebühren	
planmäßige Abschreibungen	Kosten sonstiger fremder Rechte	
geringwertige Wirtschaftsgüter	**Kosten fremder Rechte**	Σ
Maschinenmieten und -leasing	**Beiträge, Gebühren, Zölle und Steuern**	Σ
Anlagenvorhaltungskosten	Fremdkapitalzinsen	
Instandhaltungsmaterial	Kosten des Kapitalverkehrs	
Fremdinstandhaltung	sonstige Kapitalkosten	
Instandhaltungskosten	**Kapitalkosten**	Σ
Maschinenversicherung	Werbematerial	
Gebühren und Steuern	Rundfunk- und Fernsehwerbung	
Maschinenkosten	**Werbekosten**	Σ
Kosten sonstiger Anlagen	**Sonstige Kosten**	Σ
Anlagenkosten Σ		

---

[19] Entnommen aus: *Hummel, S., Männel, W.*, Kostenrechnung 1, Grundlagen, Aufbau und Anwendung, Wiesbaden

8.2.3.4 Erfassung bzw. Errechnung des Kostenanfalls der wichtigsten Kostenarten

(1) **Fertigungslöhne** werden je Kostenstelle mit Kostenträgernummer erfasst, denn sie sind dem Kostenträger direkt zurechenbar.

(2) **Fertigungsmaterial** ist ebenfalls dem Kostenträger direkt zurechenbar. Der Verbrauch an Fertigungsmaterial sollte deshalb mit Hilfe von Materialentnahmescheinen entsprechend erfasst werden. Die beiden anderen Verfahren der Verbrauchserfassung, die Ermittlung des Materialverbrauchs durch Inventur oder durch Rückrechnung (über Stücklisten oder Rezepturen) aus der erzeugten Menge an Fertigprodukten, sind nicht hinreichend zuverlässig und zeitnah für eine Kostenrechnung, die einen Beitrag zur Produktions- und Kostenoptimierung leisten soll.

(3) **Hilfslöhne** fallen an für Arbeiten in der Fertigung (z.B. Transport oder Reinigungsarbeiten), die dem Fertigungsauftrag nicht direkt zugerechnet werden können. Sie werden deshalb auf Hilfslohnscheinen erfasst und können durch Zuordnung zu Kostenstellen indirekt in der Kostenträgerrechnung berücksichtigt werden.

(4) **Urlaubs- und Feiertagslöhne** sollten im Interesse einer gleichmäßigen Kostenverteilung über die Gesamtperiode und alle Kostenträger nicht zum Zeitpunkt ihrer Entstehung, sondern besser stetig in 12 Monatsraten abgerechnet werden. Eine Einzelerfassung kann durch Ermittlung eines Prozentsatzes von der Jahreslohnsumme umgangen werden.

(5) **Gehälter** werden zentral abgerechnet und zur Zahlung angewiesen. Die Stelle, die diese Funktion wahrnimmt, muss die Betriebsabrechnung über die je Kostenstelle relevanten Beträge informieren, damit diese eine dem Einsatz der Gehaltsempfänger entsprechende Zuordnung der Gehälter oder Gehaltsanteile zu den einzelnen Kostenstellen vornehmen kann.

(6) **Sozialabgaben** fallen bei der Nettolohn- und Gehaltsabrechnung diskontinuierlich über ein Jahr verteilt an. Eine Berücksichtigung in der Kostenrechnung sollte in gleichbleibenden Monatsbeträgen erfolgen.

(7) **Energiekosten** können am einfachsten durch zentrale Verbrauchsmessung und Zuordnung zu den Kostenstellen entsprechend der installierten Leistung abgerechnet werden. Dieses Verfahren ist ungeeignet, wenn der Energieverbrauch von Kostenstelle zu Kostenstelle sehr verschieden ist. Das ist in der Industrie sehr häufig der Fall (Beispiele dafür sind: der Einsatz von Dampf und hohen Temperaturen in der Papiererzeugung oder die galvanischen Oberflächenwerkstätten im Maschinenbau). In diesem Fall gibt es zwei Lösungswege, die dezentrale Energieverbrauchsmessung mit Zählern oder die Berücksichtigung der Laufzeit der energieintensiven Aggregate zur Isolierung effektiver Verbrauchswerte der „Großverbraucher". Das Gesagte gilt nicht nur für Stromverbrauch, sondern analog auch für Brennstoffe.

(8) **Werkzeugkosten** sollten für hochwertige Werkzeuge mit Entnahmeschein und Angabe der Kostenstelle und Verwendungsart erfasst werden.

(9) **Instandhaltungs- und Reparaturkosten** sollten, sofern es sich um eine relevante Größenordnung handelt, über Betriebsaufträge als innerbetriebliche Leistung (IL) abgerech-

net werden. Für die dabei anfallenden Material- und Lohnkosten erfolgt dann eine Erfassung auf IL-Lohnschein und IL-Materialschein mit Angabe einer IL-Auftragsnummer und der Nummer der empfangenden Kostenstelle.

(10) Kalkulatorische Kosten

(10.1) Kalkulatorische Abschreibungen
Unter Pkt. 8.1.6.7 (2) wurde bereits auf Abschreibungsursachen und -verfahren eingegangen. Deshalb müssen lediglich einige spezielle Gesichtspunkte der Kostenrechnung nachgetragen werden.

Für die Ermittlung der Abschreibungen in der Kostenrechnung, der kalkulatorischen Abschreibungen sind zwei Kriterien maßgeblich: die **effektive Nutzungsdauer** und der **Wiederbeschaffungswert**. Beide Beiträge sind nur mit Unsicherheit im Voraus zu ermitteln. Man hilft sich deshalb vielfach damit, dass man auf Tageswerte linear abschreibt, oder dass mit dem in der Geschäftsbuchhaltung ermittelten Abschreibungsbetrag weiter abgeschrieben wird, selbst wenn eine Anlage bereits nur noch mit einem € bilanziert wird.

(10.2) Kalkulatorische Zinsen
Die kalkulatorischen Zinsen werden ermittelt als Zinsen auf das betriebsnotwendige Kapital. Dieses errechnet sich wie folgt aus dem betriebsnotwendigen Vermögen.

	Betriebsnotwendiges Anlagevermögen
+	Betriebsnotwendiges Umlaufvermögen
=	Betriebsnotwendiges Vermögen
-	zinsfrei zur Verfügung stehendes Kapital (Abzugskapital)
=	Betriebsnotwendiges Kapital

Zum Abzugskapital gehören zinslose Kundenzahlungen, zinslose Darlehen und Verbindlichkeiten aufgrund von Warenlieferungen und Leistungen. Beim Abgleich mit Zahlen aus der Finanzplanung ist darauf zu achten, dass für die Ermittlung von kalkulatorischen Zinsen Rechtsvorschriften für die Kalkulation öffentlicher Aufträge zum Tragen kommen können, während in der Finanzplanung praktische Gesichtspunkte der Liquiditätssteuerung und -überwachung wirksam werden. Daraus können Abgrenzungsunterschiede bei der Definition des betriebsnotwendigen Vermögens in den beiden Rechnungskreisen resultieren.

(10.3) Kalkulatorische Wagnisse
Die Bestimmung von Wagnissen in der Kalkulation basiert weitgehend auf Erfahrungswerten der Vergangenheit. Ergänzend sind Veränderungen in der zukünftigen Risikolage des Unternehmens zu berücksichtigen. Kalkulatorische Wagnisse sind für Risiken zu bilden, die nicht durch Versicherung bei Dritten abgesichert sind. Dabei ist insbesondere an Beständewagnisse, Gewährleistungswagnisse sowie diverse Wagnisse (d.h. Gefahr von Fehlschlägen in Entwicklung, Fertigung und Vertrieb) zu denken.

(10.4) Kalkulatorischer Unternehmerlohn
Die Erstellung von wettbewerbsfähigen Angebotspreisen auf Basis der Selbstkosten, insbesondere wichtig bei der Kalkulation von öffentlichen Aufträgen, rechtfertigt für Einzelfirmen und Personengesellschaften die Ermittlung und Berücksichtigung eines kalkulatorischen Unternehmerlohns. Gemäß **LSP (Leitsätze für die Preisbildung aufgrund der Selbstkosten)** ist kalkulatorischer Unternehmerlohn in Höhe des durchschnittlichen Gehalts eines Angestell-

ten mit gleichwertiger Tätigkeit in einem Unternehmen gleichen Standorts, gleichen Geschäftszweigs und gleicher Bedeutung angemessen.

8.2.3.5 Bewertung der Kostengüter

Auf bilanzielle Bewertungsgrundsätze und -vorschriften wurde unter Pkt. 8.1.4.3 eingegangen. Daran anschließend kann für den Bereich der Kostenrechnung mit *Torspecken* festgestellt werden:

„**Der Wertansatz für die Kostengüter hängt vom Zweck der Kostenrechnung ab**".

Dazu gibt *Torspecken* folgende zusammenfassende Übersicht.[20]

---

1. Mögliche Wertansätze

1. Anschaffungspreis
   a) der Vergangenheit   (= Einstandspreis)
   b) der Gegenwart   (= Tagespreis)
   c) der Zukunft   (= Wiederbeschaffungspreis)
2. Durchschnittspreis
3. Fester Verrechnungspreis
4. Herstellungskosten
5. Wertansatz unter Zugrundelegung von "Nutzenerwägungen"

2. Zielsetzung der Kostenrechnung

1. Bereitstellung von Unterlagen für die Betriebskontrolle
2. Bereitstellung von Unterlagen für die Angebotskalkulation und Preisbildung
3. Bereitstellung von Unterlagen für die nachträgliche Erfolgsrechnung
4. Bereitstellung von Unterlagen für unternehmerische Entscheidungen (investitionspolitischer, produktionspolitischer und absatzpolitischer Art)

3. Kombination von Zielsetzung und Wertansätzen

Wertansatz \ Zielsetzung	Betriebskontrolle	Angebotskalkulation	Erfolgsrechnung	Unternehmerische Entscheidung
Einstandspreis			xx	
Tagespreis		x	xx	
Wiederbeschaffungspreis		x		
Durchschnittspreis			x	
Verrechnungspreis	x			
Herstellungskosten			xx	
Betriebswirt				x

x = inoffiziell
xx = offiziell

---

[20] Entnommen aus: *Torspecken, H.-D.,* Technik des betrieblichen Rechnungswesens 2, a.a.O., S. 25 f.

8.2.3.6 Kostenverläufe in Abhängigkeit vom Beschäftigungsgrad

Die Relation effektiv genutzte Kapazität / verfügbare Kapazität (in %) bezeichnet man als Kapazitätsnutzungsgrad, oder **Beschäftigungsgrad**.

Je nach ihrem Verhalten bei Änderung der Kapazitätsausnutzung kann man zwei Gruppen von Kosten unterscheiden:

- Leistungsabhängige, so genannte **variable Kosten**, deren Höhe sich abhängig mit dem Leistungsvolumen ändert (z.B. Fertigungsmaterial und Fertigungslöhne) und
- Leistungsunabhängige, so genannte **fixe Kosten**, deren Höhe zeitabhängig ist (z.B. Gehälter, Mieten, Zinsen).

Für variable Kosten ist zu bedenken, dass diese proportional, unter- oder überproportional mit einem Leistungsanstieg wachsen können. Im Zusammenhang mit zunehmenden Losgrößen und wachsender Erfahrung und durch Rationalisierungsmaßnahmen kann ein unterproportionales Wachstum der variablen Kosten erreichbar sein. Von einem bestimmten Grad der Auslastung der Kapazität pflegen bei weiterer Leistungssteigerung Mehrkosten anzufallen (z.B. für Überstundenzuschläge), dann steigen die variablen Kosten überproportional.

Für die fixen Kosten ist zu bedenken, dass diese langfristig nicht absolut fix sind. Sie unterliegen ebenfalls der Möglichkeit aktiver Gestaltung, sind also vielfach nur relativ, d.h. bezogen auf einen bestimmten Zeitraum, fix. Beispielsweise steigen die fixen Kosten regelmäßig im Zusammenhang mit Kapazitätserweiterungen durch Investitionen. Man spricht dann von **sprungfixen Kosten**. Im Zusammenhang mit rückläufigen Kapazitätsausnutzungen bleiben Kapazitäten zunächst noch längere Zeit unbenutzt erhalten, bevor sie abgebaut werden. Erst wenn es als sicher erscheint, dass ein meist mit Verlusten verbundener Kapazitätsabbau vorteilhafter ist, als eine weitere ungenutzte Kapazitätserhaltung mit einer gewissen Chance für eine erneute Nutzung wird der Abbau vollzogen. Den daraus resultierenden Verlauf der fixen Kosten bei abnehmender Kapazitätsauslastung über längere Zeit bezeichnet man als **Kostenremanenz**.

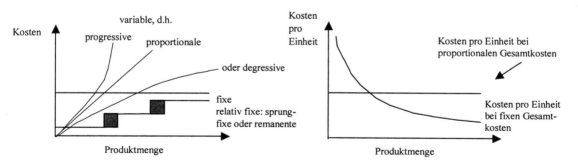

8.2.4 Kostenstellenrechnung

8.2.4.1 Aufgaben der Kostenstellenrechnung

Eine Kostenstelle ist ein betrieblicher Teilbereich der sachlich und räumlich so abgegrenzt ist, dass ihm bestimmte Kosten und Leistungen ursächlich zugeordnet werden können. Dabei stehen zwei Hauptaufgaben im Vordergrund:
1. **Die Unterstützung von optimaler Produktivität und Wirtschaftlichkeit durch Schaffung zweckmäßiger Führungs- und Verantwortungsbereiche.** Im Interesse der Bestgestaltung der Leistungserstellung müssen bestimmte Funktionen so abgegrenzt werden, dass ein Verantwortlicher benannt werden kann, der für die Erstellung einer bestimmten Leistung mit minimalen Kosten oder für eine maximale Leistung mit bestimmten Kosten zuständig ist. Dazu dienen Budgets je Kostenstelle mit monatlichem **Soll/Istvergleich**.
2. **Schaffung von organisatorischen Voraussetzungen, die eine verursachungsgerechte Zurechnung von Gemeinkosten auf Kostenträger ermöglichen.**

8.2.4.2 Kriterien der Kostenstellenbildung

Die genannten Aufgaben der Kostenstellenrechnung legen eine Kostenstellenbildung nach folgenden Kriterien nahe:
1. **Nach Verantwortungsbereichen**
   das schließt ein:
   1.1 **Funktionsbereiche**
       (z.B. Materialwirtschaft, Fertigung, Vertrieb, Verwaltung) und
   1.2 **Räume und Plätze gleichartiger Technologien und Leistungserstellung**
       (z.B. Einkauf, Lager, Wareneingangskontrolle, Stanzerei, Dreherei - bis hin zu einzelnen Betriebsmitteln - Baugruppenmontage, Endmontage etc.)
2. **Nach Verrechnungsgesichtspunkten**
   das schließt ein:
   2.1 die Unterscheidung von unterschiedlichen Gemeinkosten, nämlich
       ❏ **Kostenstelleneinzelkosten**, die bestimmte Kostenstellen aufgrund von Belegen direkt zugerechnet werden können, und
       ❏ **Kostenstellengemeinkosten**, die einzelnen Kostenstellen nicht direkt, sondern nur über Schlüssel zugerechnet werden können,
   2.2 darauf zu achten, dass keine Arbeitsplätze zu einer Kostenstelle zusammengelegt werden, bei denen die **Relation von Gemeinkosten zur Verrechnungsgrundlage** nicht näherungsweise übereinstimmt; im Interesse einer aussagefähigen Analyse und Überwachung von Gemeinkosten dürfen beispielsweise keine Bereiche mit hohen Abschreibungen und geringem Fertigungslohn (wie Rohteilfertigung und Oberflächenwerkstätten) mit Bereichen niedriger Abschreibung und hohen Fertigungslohnkosten (i.d.R. Montageplätze mit geringer maschineller Ausstattung) zu einer Kostenstelle zusammengefasst werden;
   2.3 die Prüfung, ob Maschinen mit sehr hoher **Leistung** die Abgrenzung als selbständige Kostenstelle rechtfertigen, damit ihnen Gemeinkosten aus Stillstandszeiten, Qualitätsmängel mit Mehr- und Nacharbeit etc. direkt zugerechnet werden können.

Die Kostenstellenbildung ist abhängig vom Rechnungszweck. Je nach Rechnungszweck werden unterschiedliche Kriterien für die Kostenstelleneinteilung zugrunde gelegt (vgl. *Däumler/Grabe*).

Kriterien der Kostenstellenbildung in Abhängigkeit vom Rechnungszweck		
Rechnungszweck	Kriterium der Kostenstellenbildung	Beispiel
Bildung übergeordneter Kostenbereiche	betriebliche Funktionen	Zusammenfassung aller Materialstellen zum Matrialbereich
Wirtschaftlichkeitskontrolle der Kostenstellen	Selbständigkeit des Verantwortungsbereiches	Meisterbereich in der Fertigung: Cost-Center, Profit-Center
Verbesserung der Abrechnungsgenauigkeit für Ktr = Festlegung von Bezugsgrößen	Vergleichbarkeit der Leistung und der Kostenstruktur	Zusammenfassung gleicher Arbeitsverrichtungen (Drehen, Fräsen) oder gleicher Maschinentypen
Verbesserung der Steuerung von KSt	räumliche Zusammenfassungen von Funktionen oder Standorten	Zusammenfassung einer Funktion über mehrere Standorte oder aller Funktionen an einem Standort

8.2.4.3 Gliederung eines Kostenstellenplanes[21]

0 **Hilfskostenstellen des allgemeinen Bereiches**
  01 **Grundstücke und Gebäude**
      Hausverwaltung
  02 **Kraftanlagen**
    021 Heizung/Dampf
    022 Stromversorgung
    023 Wasserversorgung
    024 Pressluftversorgung
    025 Bewachung
    026 Reinigung
  03 **Hilfsdienste**
    031 Werkstransporte
    032 Bauabteilung, allgemeine Instandhaltung
  04 **Soziale Einrichtungen**
    041 Betriebsrat
    042 Kantine
    043 Werksarzt und Sanitätsstelle

1 **Hilfskostenstellen der Fertigung**
  110 **Maschineninstandhaltung**
  120 **Werkzeugbau**
  130 **Arbeitsvorbereitung**

2 **Hauptkostenstellen der Fertigung** (inkl. Leitung)
  21 **Teilefertigung**
    210 Dreherei
    211 Stanzerei und Trovalierei
    212 Druckgießerei
    213 Kunststofffertigung
  22 **Oberflächenbearbeitung**
    221 Galvanik
    222 Bonderei
    223 Elektrostat. Lackiererei
    224 Sonst. Oberflächenwerkst. (Härterei, Schleiferei)
  23 **Lager unfertige Erzeugnisse**
  24 **Montage**
    241 Baugruppenmontage
    242 Endmontage

3 **Materialwirtschaft** (inkl. Leitung)
  31 **Einkauf**
    311 Einkaufsgruppen
    312 Disposition
  32 **Eingangslager**
    321 Lager Roh-, Hilfs- und Betriebsstoffe
    322 Wareneingang/-annahme
    323 Lagerbuchhaltung

4 **Verwaltung**
  41 **Technische Geschäftsführung und Verwaltung**
    410 Technische Geschäftsführung
    411 Leitung Qualitätssicherung
    412 Wareneingangskontrolle
    413 Fertigungskontrolle
    414 Betriebsmittelkontrolle
  42 **Kaufmännische Geschäftsführung und Verwaltung**
    420 Kaufmännische Geschäftsführung
    421 Controlling
    422 Rechnungswesen
    423 Finanzwirtschaft
    424 DV
    425 Personalwirtschaft
    426 Rechtsabteilung
    427 Interne Revision
    428 Registratur

5 **Entwicklung und Konstruktion** (inkl. Leitung)
  51 **Produktentwicklung** (zu unterteilen nach Produktbereichen, -technologien)
  52 **Versuchslabor**
  53 **Arbeitsvorbereitung und -koordination der Produktentwicklung**

6 **Vertrieb** (inkl. Leitung)
  61 **Marketing**
  62 **Werbung**
  63 **Verkauf**
    631 Inland
    632 Ausland
  64 **Vertriebsachbearbeitung/ Auftragsentwicklung**
  65 **Fertigfabrikatelager**
  66 **Expedition**
  67 **Technischer Kundendienst**

---

[21] Weitere Einzelheiten vgl. *Hummel, S., Männel, W.*, Kostenrechnung 1, a.a.O.

8.2.4.4 Betriebsabrechnungsbogen als Instrument zur Überwachung der betrieblichen Effizienz und Grundlage der Preiskalkulation[22]

Betriebsabrechnungsbogen (BAB) eines Industrieunternehmens mit Serienproduktion technischer Erzeugnisse

Daten aus der Finanzbuchhaltung
Beträge in €

Kostenstellen	Summen	Allgemeine Hilfskostenstellen		Fertigungshilfsstellen		Fertigungsstellen			Materialstelle 1)	Verwaltung 2)	Produktentwicklung 3)	Vertrieb 4)
							Fertigungshauptstellen					
		I. Grundstücke & Gebäude	II. Kraftanlagen	III. Reparatur	IV. Arbeitsvorb.	Teilefertigung	Galvanik	Montage				
Kostenarten												
1. Hilfslöhne	13.800	800	2.200	1.150	800	2.750	2.000	2.550	600	400	550	---
2. Gehälter	78.000	4.500	5.200	3.300	5.000	3.500	4.500	3.600	1.350	15.500	13.450	18.100
3. Sozialkosten	27.400	2.050	2.200	1.850	1.390	2.470	2.720	2.020	1.950	3.500	3.350	3.900
4. Fremddienste	13.200	---	1.550	3.150	---	850	1.700	1.300	1.000	1.450	1.200	1.000
5. Betriebsstoffe	17.950	1.000	1.800	560	740	3.210	4.800	2.640	650	370	1.230	950
6. Abschreibungen	28.680	1.500	3.000	---	150	4.500	9.420	3.500	1.850	2.500	1.760	500
7. Zinsen	9.400	1.000	950	500	470	600	800	950	300	700	730	2.400
8. Summe Gemeinkosten	188.430	10.850	16.900	10.510	8.550	17.880	25.940	16.560	7.700	24.420	22.270	26.850
9. Umlage von I.			1.020	620	400	1.430	1.150	1.540	1.290	1.200	800	1.400
10. Umlage von II.	17.920			1.570	530	2.600	6.800	2.100	1.400	1.000	1.200	720
11. Umlage von III.	12.700					4.800	3.150	4.750				
12. Umlage von IV.	9.480					3.980	2.100	3.400				
13. Summe Gemeinkosten	188.430					30.690	39.140	28.350	10.390	26.620	24.270	28.970
Einzelkosten												
14. Fertigungslöhne						27.900	24.460	47.210				
15. Fertigungsmaterial									115.440			
16. Herstellkosten 5)												
17. Zuschlagssätze 6)						110,00%	160,02%	60,05%	9,00%	8,23%	7,50%	8,95%
18. Planzuschlagssätze												
19. verrechnete Gemeinkosten (Plankosten)												
20. Über-/Unterdeckung (19. - 13.)												
21. Über-/Unterdeckung (20. in Prozent von 19.)												

1) Einkauf, Lager, Warenannahme
2) Geschäftsleitung, Qualitätswesen, Personalverwaltung, Rechnungswesen, DV
3) Produktentwicklung, Versuchslabor, Arbeitsvorbereitung
4) Verkauf, Vertriebssachbearbeitung (mit Inland/Ausland) Fertigfabrikatelager, Versand, Kundendienst, Marketing
5) Herstellkosten enthalten: Gemeinkosten der Fertigungsstelle, Kosten des Fertigungsmaterials, Gemeinkosten der Materialstelle sowie eventuelle Sondereinzelkosten der Fertigung (hier gleich Null!)
6) Zuschlagssatz Fertigungsgemeinkosten = (Summe F-Gemeinkosten : Summe F-Löhne x 100) = (98.180 : 99.570 x 100) = 98,6 %

---

[22] Zu Zeilen 18 bis 21 vgl. Pkt. 10.3.5

Kosten- und Leistungsrechnung

Der **Betriebsabrechnungsbogen (BAB)** hat die folgenden **Hauptfunktionen**:
1. **Umlage (Verteilung) von Kosten**stellengemeinkosten der **Hilfskostenstellen** (mit Hilfe von Schlüsseln, wie genutzte Fläche, installierte Leistung etc.) auf Hauptkostenstellen.
2. **Ermittlung der Ist-Kosten der Hauptkostenstellen** und Kostenstellenbereiche **zur Überwachung der Wirtschaftlichkeit** durch Soll-Ist-Vergleich.
3. **Ermittlung von Zuschlagssätzen** der Gemeinkosten der Hauptkostenstellen in % der Kostenträgereinzelkosten, **zwecks Zurechnung der Gemeinkosten auf Kostenträger** im Rahmen der Produkt-Vor- und -Nachkalkulation als **Zuschlagskalkulation**.

Zuschlagskalkulation
- für eine Serie von 1000 Haushaltsgeräten
- auf Basis der Daten des vorstehenden BABs.

		€	€
1.	Fertigungsmaterial		44.550,—
2.	Materialgemeinkosten 9 % (aus BAB)		4.009,50
3.	= 1. + 2. Materialkosten		48.559,50
4.	Fertigungslöhne	27.500,—	
5.	Fertigungsgemeinkosten 98,6 % (BAB)	27.115,—	
6.	Sondereinzelkosten der Fertigung	11.325,—	
7.	= 4. - 6. Fertigungskosten		65.940,50
8.	= 3. + 7. Herstellkosten		114.500,—
9.	Verwaltungsgemeinkosten 8,23 % (aus BAB)		9.423,35
10.	Entwicklungsgemeinkosten 7,50 % (aus BAB)		8.587,50
11.	Vertriebsgemeinkosten 8,95 % (aus BAB)		10.247,75
12.	Sondereinzelkosten des Vertriebs		4.491,40
13.	= 8. - 12. Selbstkosten		147.250,—
14.	Gewinn 5 % (vom Nettoverkaufspreis) (man rechnet: 5: 95x100=5,2632%von 13.)		7.750,—
15.	= 13. + 14. Nettoverkaufspreis		155.000,—
16.	Skonto 2 % (von Zeile 17) (man rechnet: 2:98x100= 2,04082% von 15.)		3.163,27
17.			158.163,27
18.	Rabatt 15 % (von Zeile 19) (man rechnet: 15:85x100= 17,64706% von 17.)		27.911,17
19.	Bruttoverkaufspreis vor USt		186.074,44
20.	Umsatzsteuer 16 %		29.771,91
21.	Bruttoverkaufspreis incl. USt		215.846,35

Nettoverkaufspreis pro Stück: 155,— €
Bruttoverkaufspreis pro Stück: 215,85 €

8.2.4.5 Praxisbeispiel:
Informationsfluss für ein modernes Betriebscontrolling dargestellt am Beispiel einer klassischen Betriebsabrechnung eines Maschinenbauunternehmens

Die Haupt- und Teilschritte sind dem zusammenfassenden Schema zu entnehmen. Das Verfahren wurde in manuellem Einsatz entwickelt und später auf DV umgestellt. Die Kostenstellenergebnisse werden den verantwortlichen Leitern in der dargestellten Systematik monatlich zugeleitet. Wesentliche Abweichungen vom Budget (Soll) sind vom verantwortlichen Kostenstellenleiter in sinnvollen Abständen gegenüber dem Controller zu erläutern und zu begründen. Selbstverständlich hat jeder Kostenstellenleiter bei der Planung seiner Sollvorgaben mitgewirkt und die Verantwortung für deren Erreichung übernommen.

Zum Informationsfluss:

Zu Schritt (1) bis (6)
Die Einzelbelege fallen an (durch Farbunterschiede kenntlich) als
- ❑ Lohnbelege getrennt nach
  - Fertigungslohn
  - M+N-Lohn[23]
  - IL-Lohn und[24]
  - GMK-Lohn
- ❑ Materialentnahme- und -verbrauchsbelege getrennt nach
  - Fertigungsmaterial
  - M+N-Material
  - IL-Material
  - GMK-Material

Für die **Sortierung und Verdichtung** ist zu beachten: Es gibt mehrere Sortier- und Verdichtungsvorgänge.

- ❑ Alle Lohnbelege werden sortiert und verdichtet zu je einem Kostenerfassungsblatt
  - GMK-Lohn
  - IL-Lohn
  - M+N-Lohn
  - F-Lohn
- ❑ Die ebenso gegliederten Materialentnahme- und -verbrauchsbelege werden nach den gleichen Kriterien im Materialverteilungsblatt gegliedert und verdichtet.

Bei der vorgenannten Verdichtung erfolgt gleichzeitig eine Zuordnung nach Kostenstellen. Im Bereich der Gemeinkosten ist zu unterscheiden zwischen solchen, die durch den Ort ihrer Entstehung bereits eindeutig zugeordnet sind, z.B. das Meistergehalt eines Werkstattmeisters, Gehalt einer Werkstattschreiberin, Abschreibungen auf die bestimmten Maschinen einer bestimmten Kostenstelle, und solche, die durch Umlageschlüssel zugeordnet werden müssen, z.B. Miete, Heizungskosten, Gehalt des Fertigungsleiters.

Für letzteren müssen bei der Betriebsabrechnung die anzuwendenden Verteilungsschlüssel und die anzuwendenden Prozentsätze bekannt sein. Sie werden festgelegt im Rahmen der

---
[23] M + N = Mehr- und Nacharbeit
[24] IL = Innerbetriebliche Leistung

Budgetierung und unterliegen dem Soll-Ist-Vergleich in den Gemeinkostenüberwachungsblättern und der Ermittlung der Bereichsergebnisse (BAB).
- Alle übrigen GMK-Belege werden ebenfalls je GMK-Kostenart auf einem Kostenerfassungsblatt je Kostenstelle gegliedert und verdichtet.
- IL-Lohn und IL-Material werden in der IL-Abrechnung zu einem Kostenerfassungsblatt IL verdichtet. Hauptzweck der IL-Abrechnung ist die geordnete Erfassung der aktivierungspflichtigen IL.
- M+N-Lohn und M+N-Material werden in der M+N-Abrechnung zu einem Kostenerfassungsblatt M+N verdichtet. Hauptzweck der M+N-Abrechnung ist neben der richtigen Zusammenfassung zu einer Kostenart die Ursachenforschung und -beseitigung. Auf den M+N-Belegen sind Ursachenarten-Schlüssel anzugeben. (vgl. Pkt. 5.4.2.8 (2).)

Zu Schritt (7) und (8)
Wie im Schema dargestellt, für die abgestimmten Summen der Kostenerfassungsblätter Buchungsanweisungen/Belege erstellen und an die Buchhaltung leiten. Einzelbelege ablegen.

Zu Schritt (9)
Bearbeitung gemäß Schema. Das Gemeinkostenüberwachungsblatt stellt die monatliche Kostenüberwachung (je Monat und kumuliert) je Kostenstelle dar. Bedenke:
- Für Fertigungskostenstellen sind als Schlüssel wahlweise F-Lohn oder F-Material verfügbar und ausgewiesen,
- Für andere Kostenstellen erfolgt Vergleich des „Ist" mit dem „Soll" gemäß Etat/Budget/Plan-Vorgabe.

Zu Schritt (9) und (10)
Für jede Kostenstelle des Unternehmens (nicht nur in der Fertigung) wird monatlich ein Gemeinkostenüberwachungsblatt erstellt. Der hier gezeigte Aufbau ist allgemein verwendbar - bei entsprechender Unternehmensgröße. Der Begriff „Gemeinkostenüberwachungsblatt" ist firmenspezifisch.

Neben dem hier gezeigten Vergleich von „Soll" und „Ist" kann auch ein Vergleich mit dem Vorjahr zweckmäßig sein (Zeitvergleich ist als Instrument der objektiven Beurteilung des Möglichen oft von Nutzen).

Der BAB ist eine Ergebnisrechnung nach Kostenstellenbereichen, er ergibt sich in diesem System als Summe der Gemeinkostenüberwachungsblätter nach Bereichen gegliedert.

Er ist Beurteilungsinstrument in Bezug auf die Bereichsergebnisse. Er ist außerdem Planungsgrundlage für zukünftige
- Umlageschlüssel und
- Etatvorgaben
- Quelle für die Vorkalkulation mit Plan- und/oder Ist-Zuschlagssätzen.

Bei grundlegenden Umsatzstrukturierungen der Produktion und ihrer Kosten sollen neue Plangemeinkostenzuschlagssätze ermittelt und für die Preiskalulation vorgegeben werden.

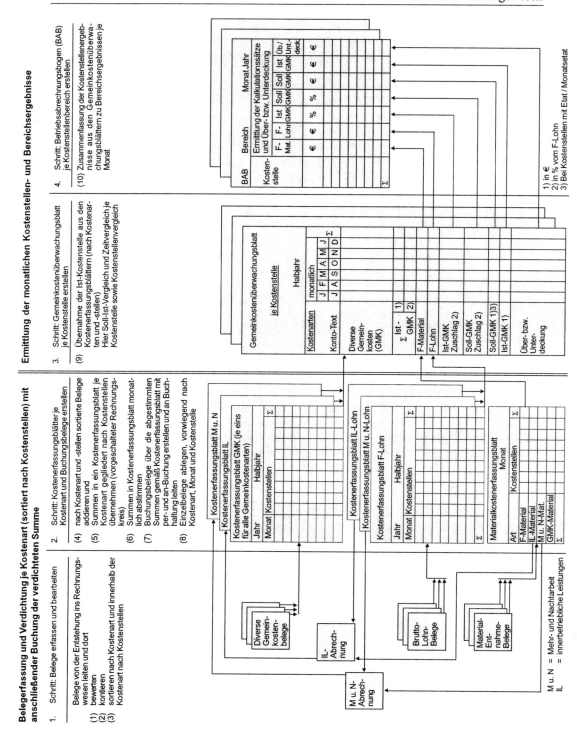

8.2.5 Kostenträgerrechnung

8.2.5.1 Aufgaben der Kostenträgerrechnung

Kostenträger sind absatzfähige Leistungen. Sie können aus Einzelfertigung oder Serienfertigung hervorgehen und zunächst für das Fertigfabrikatelager oder bereits für einen vorliegenden Kundenauftrag bestimmt sein. Kostenträger können aber auch als Ergebnis innerbetrieblicher Leistung anfallen aufgrund von Reparaturaufträgen oder als selbsterstellte Anlage.

Die Aufgaben der Kostenträgerrechnung als dritte Stufe der Kosten- und Leistungsrechnung zeigt die nebenstehende Abbildung von *Schmolke-Deitermann* im Zusammenhang.[25]

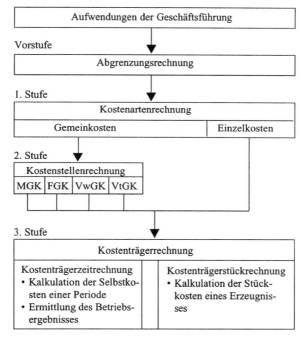

8.2.5.2 Kostenträgerstückrechnung (Kalkulation)

Die Kostenträgerstückrechnung, in der Praxis auch Kalkulation genannt, dient der Ermittlung der **Selbstkosten eines Erzeugnisses.** Diese werden benötigt
- im Rahmen der Produkt- und Produktprogrammplanung,
- als Grundlage für die Ermittlung von Angebotspreisen und
- als Grundlage für die Entscheidung über die Auftragsannahme bei festen Marktpreisen.

Die Kostenträgerrechnung kann eine **Vor- oder eine Nachkalkulation** sein. Als Nachkalkulation dient sie einer auftragsbezogenen Erfolgskontrolle. Die Kostenträgerstückrechnung im Rahmen der Produktprogrammplanung beschränkt sich vielfach auf die Ermittlung der Herstellkosten. Sie unterliegt erheblichen Unsicherheiten und erfordert deshalb erheblichen tech-

---

[25] *Deitermann, M., Schmolke, S.*, Industrielles Rechnungswesen - IKR, a.a.O.

nisch-kaufmännischen Sachverstand und Weitblick, als Voraussetzung zur Vermeidung von Fehlinvestitionen.

Für die Kostenträgerstückrechnung stehen **verschiedene Verfahren** zur Verfügung. Ihre Eignung wird, wie bereits unter Pkt. 5.1.3.2 erwähnt, **durch die Merkmale des Produktionsprozesses bestimmt**. *Wilkens* gibt folgenden Überblick über die Verfahren der Kostenträgerstückrechnung.[26]

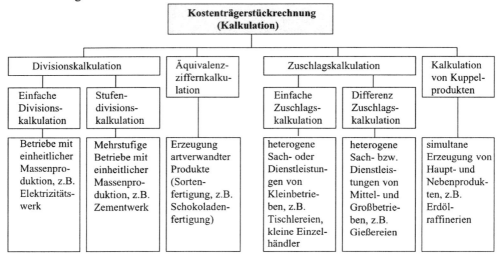

(1) Divisionskalkulation

(1.1) Einstufige Divisionskalkulation

In der einstufigen (auch genannt: einfachen) Divisionskalkulation werden die Selbstkosten pro Erzeugniseinheit nach folgender Formel errechnet:

$$\text{Selbstkosten je Erzeugniseinheit} = \frac{\text{Gesamtkosten der Periode}}{\text{in der Periode insgesamt hergestellte Erzeugniseinheiten}}$$

Dieses einfache Verfahren führt nur bei einheitlicher Massenfertigung unter der Bedingung, dass keine Bestandsveränderungen stattfinden, zu brauchbaren Ergebnissen. Deshalb sind auf diesem Prinzip aufbauend Verfahrensverfeinerungen entwickelt worden.

(1.2) Zwei- und mehrstufige Divisionskalkulation

Bei diesem Verfahren werden Bestandsveränderungen dadurch berücksichtigt, dass zwischen hergestellten und verkauften Erzeugniseinheiten wie folgt unterschieden wird:

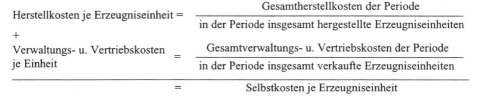

---

[26] Entnommen aus: *Wilkens, K.*, Kosten- und Leistungsrechnung, München, Wien

Dieser Rechengang kann auch für mehrere Herstellungsstufen getrennt ausgeführt werden, dann entsteht eine mehrstufige Divisionskalkulation.

(1.3) Divisionskalkulation mit Äquivalenzziffern
Die Äquivalenzziffernrechnung erlaubt den Einsatz der Divisionskalkulation bei der Herstellung mehrerer Sorten eines gleichartigen Erzeugnisses. Die Sorten müssen dabei so geartet sein, dass ihre unterschiedlichen Kosten in einer durch Äquivalenzziffern ausdrückbaren Relation zueinander stehen. Das kann in der Praxis dann der Fall sein, wenn die Sorten aus gleichartigem Rohstoff (mit gleichen Materialkosten) hergestellt werden, sich aber dadurch unterscheiden, dass jede Sorte durch eine unterschiedliche Fertigungsdauer die Betriebsmittel unterschiedlich beansprucht. Den Rechengang zeigt das folgende Beispiel von *Wöhe*.[27]

Sorte	1 Äquiv. Ziffer	2 prod. Menge (t)	3 Rechnungs- einheiten (1 x 2)	4 Stückkosten je Sorte	5 Gesamtkosten je Sorte (2 x 4)
			Gesamtkosten 600.000		
I	0,8	5.000	4.000	30 x 0,8 = 24,-	120.000
II	1,0	10.000	10.000	30 x 1,0 = 30,-	300.000
III	1,5	4.000	6.000	30 x 1,5 = 45,-	180.000
			20.000		600.000

$$\frac{\text{Gesamtkosten 600.000}}{\text{Gesamtrechnungsmenge 20.000}} = 30,\text{- je Rechnungseinheit}$$

Die Hauptschwierigkeit liegt bei diesem Verfahren in der Bestimmung der Äquivalenzziffern. Falls Abweichungen zwischen Herstellungs- und Verkaufsmengen und/oder den Kostenrelationen auf verschiedenen Produktionsstufen bestehen, kann eine mehrstufige Äquivalenzziffernrechnung angewandt werden.[28]

(2) Zuschlagskalkulation
Die Zuschlagskalkulation ist bei komplexen mehrstufigen Fertigungsprozessen ein geeignetes Verfahren zur Ermittlung von Selbstkosten je Erzeugniseinheit. Voraussetzung für ihre Anwendung ist die Aufteilung der Gesamtkosten in den Erzeugnissen direkt zurechenbare Einzelkosten (Fertigungsmaterial und Fertigungslohn) und den Erzeugnissen nicht direkt zurechenbare Gemeinkosten, für die im Betriebsabrechnungsbogen (BAB) Zuschlagssätze ermittelt werden.

Unter Pkt. 8.2.4.4 wurde bereits das Beispiel der Zuschlagskalkulation im Zusammenhang mit dem BAB und der Ermittlung der Zuschlagssätze dargestellt (Einzelheiten vgl. dort). Die Zuschlagskalkulation ist eine in der Industrie weit verbreitete (z.B. im Maschinenbau übliche) Kalkulationsmethode. Bei gleichbleibender Kapazitätsauslastung und relativ konstanten Unternehmensstrukturen ist die Methode zuverlässig.

Bei stark schwankender Kapazitätsauslastung und bei wesentlichen Veränderungen im Gemeinkostenbereich entstehen erhebliche Veränderungen der Zuschlagssätze. Zuschlagssätze aus einer zurückliegenden längeren Periode stellen dann keine verlässliche Kalkulationsgrundlage dar. Für diese Schwierigkeit gibt es zwei Lösungsansätze:

---

[27] *Wöhe, G.*, Einführung in die Allgemeine Betriebswirtschaftslehre, a.a.O.
[28] Zur Vertiefung vgl. *Wöhe, G., Kaiser, H., Döring, U.*, Übungsbuch zur Einführung in die Allgemeine Betriebswirtschaftslehre, München

1. Gewinnung von Plan-Zuschlagssätzen aus der Unternehmensplanung mit Hilfe eines Planbetriebsabrechnungsbogens. Ein grundsätzlich empfehlenswertes Vorgehen
2. Ergänzung der Vollkostenkalkulation durch Verfahren der Deckungsbeitragsrechnung. (vgl. Pkt. 10.2).

(3) Maschinenstundensatzkalkulation
Bei zunehmender Mechanisierung und Automation wird der Fertigungslohn im Rahmen der Zuschlagskalkulation zunehmend ungeeignet als Bezugsgröße für die Fertigungsgemeinkosten. Dann erweist es sich als zweckmäßig, einen Maschinenstundensatz zu ermitteln und die Gemeinkosten der Fertigung über die in Anspruch genommenen Maschinenzeiten zuzurechnen. Dafür ist es erforderlich, die Gemeinkosten in maschinenabhängige und nicht maschinenabhängige aufzuteilen. Ihre Gesamtheit ergibt den Maschinenstundensatz. Einzelheiten dazu erläutert *Olfert*.[29]

(4) Vollkostenrechnung
Die Vollkostenrechnung erfährt eine weitgehende Rechtfertigung aus der Notwendigkeit zur Erfüllung gesetzlicher Vorschriften. Da die Überwälzung der Gemeinkosten über die Kostenstellenrechnung auf die Kostenträger aber drei schwerwiegende Mängel hat, nämlich (1) z.T. mangelhafte Beachtung des Verursacherprinzips, (2) Unmaßgeblichkeit der Zuschlagssätze aus der Vergangenheit bei veränderter Kapazitätsauslastung in der Gegenwart und (3) Unrichtigkeit vergangenheitsbezogener Zuschlagssätze nach Umstrukturierungen im Gemeinkostenbereich, ist die Vollkostenrechnung ohne Beachtung dieser Probleme in Zeiten wesentlicher Veränderungen in hohem Maße unzulänglich als Informationsgrundlage für Leistungs- und Steuerungsaufgaben.

Zur Lösung dieser Probleme wurden Kostenrechnungssysteme entwickelt, die wir als Instrumente des operativen Controlling unter folgenden Punkten eingehend behandeln:
- ❑ 10.2 Deckungsbeitragsrechnung
- ❑ 10.3 Plankostenrechnung und
- ❑ 10.4 Prozesskostenrechnung.

8.2.5.3 Kostenträgerzeitrechnung

Die Kostenträgerzeitrechnung ist ein modernes, für mittlere und große Unternehmen nahezu **unverzichtbares Instrument der Vertriebsplanung, -überwachung und -steuerung**. Sie sollte als Planungsrechnung und als Periodenerfolgskontrolle (in Großunternehmen monatlich) Anwendung finden. Diese Aussagen beruhen auf der Tatsache, dass die Kostenträgerzeitrechnung, wenn sie wie im folgenden praxisüblichen Beispiel von *Olfert*[30] als **mehrstufige Deckungsbeitragsrechnung** aufgebaut ist, die vertriebspolitisch entscheidenden Informationen darüber liefert, mit welchem Kostenträger, welcher Kostenträgergruppe und welchem Kostenträgerbereich welche Beiträge zur Deckung der Fixkosten erwirtschaftet werden.

Diese Informationsstruktur der Kostenträgerzeitrechnung (in der Praxis oft kurz: Kostenträgerrechnung) erlaubt als monatliche Erfolgskontrolle nicht nur die Überwachung von Vertriebsaktionen mit Sonderkonditionen für bestimmte Produkte, sie ermöglicht auch die laufende Überwachung der Gesamtdeckungsbeiträge. Diese Art der Erfolgsrechnung erlaubt der

---
[29] Vgl. *Olfert, K.*, Kostenrechnung, a.a.O.
[30] Entnommen aus: *Olfert, K.*, Kostenrechnung, a.a.O.

Kosten- und Leistungsrechnung

Geschäftsführung monatlich die Beurteilung der eigenen Position im Markt und des Grades der Planerfüllung auf dem Weg zum break-even-Punkt und in die Gewinnzone. Bei überregional/international tätigen Unternehmen sollte zusätzlich eine Analyse nach Regionen und Vertriebswegen erfolgen (in Form zusätzlicher Spalten oder Blätter). (Siehe untenstehende Abb.)

Werden bei der kurzfristigen Erfolgsrechnung in der Kostenträgerzeitrechnung wie in der nachstehenden Tabelle die Bestandsänderungen berücksichtigt, dann müssen entsprechend die gesamten Bereichs- und Unternehmensfixkosten zugerechnet werden und es entsteht ein Betriebsergebnis nach dem Gesamtkostenverfahren. Werden indes keine Bestandsveränderungen einbezogen, dann dürfen auch nur Bereichs- und Unternehmensfixkosten zugerechnet werden, soweit sie den erzielten Umsätzen entsprechen. Dann entsteht ein Betriebsergebnis auf Teilkostenbasis nach dem Umsatzkostenverfahren. (vgl. Umsatz- und Gesamtkostenverfahren in Pkt. 8.1.4.5 GuV der Kapitalgesellschaften.)

	Kostenträgerbereich I			Kostenträgerbereich II	
	Kostenträgergruppe			Kostenträgergruppe	
	Kostenträger A	Kostenträger B	Kostenträger C	Kostenträger D	Kostenträger E
1. Bruttoerlös					
2. Erlösschmälerungen oder Zusatzerlöse					
3. Nettoerlös					
4. ./. variable Fertigungs- und Vertriebskosten					
5. Deckungsbeitrag I a					
6. Bestandsveränderungen (zu variablen Kosten)					
7. Deckungsbeitrag I b					
8. ./. Erzeugnisfixkosten					
9. Deckungsbeitrag II	x	x	x	x	x
10. ./. Erzeugnisgruppenfixkosten					
11. Deckungsbeitrag III	x	x		x	
12. ./. Bereichsfixkosten					
13. Deckungsbeitrag IV	x			x	
14. ./. Unternehmensfixkosten					
15. Umsatzergebnis (Erfolg)	x				

Die **Deckungsbeitragsrechnung** ist ein Instrument, das dazu dient, den Vertrieb und die Produktion während einer Periode **so zu steuern, dass mindestens die gesamten fixen Kosten der Periode gedeckt werden**. Dieses Prinzip veranschaulicht das nachstehende Schema von *Zimmermann*.[31]

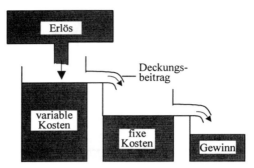

Schematische Darstellung der Gewinnentstehung
(genauer: Betriebsergebnis plus neutrales Ergebnis = Gewinn)

8.3 DV-Einsatz im Rechnungswesen

8.3.1 Stand der Technik im Großunternehmen

Unter den Punkten 8.3.2.3 bis 8.3.2.5 haben wir die integrierte Datenverarbeitung als Grundlage für ein Management Informationssystem (MIS) sowie ein Datenbankkonzept für einen Industriebetrieb dargestellt und sind auf die Bedeutung der DV im betrieblichen Informationsprozess eingegangen. Dem ist hier wenig hinzuzufügen. Zusammenfassend kann man sagen, dass für Großunternehmen der Einsatz der DV im Controlling schon lange eine erfolgsbestimmende Selbstverständlichkeit ist. Das bedeutet, der DV-Einsatz im Rechnungswesen ist nicht nur eine der ältesten Anwendungen von Administrations-Systemen, er ist in Großunternehmen auch zu leistungsfähigen Dispositions- und Informations-Systemen ausgebaut worden. Für die Steuerung von Großunternehmen sind Plankostenrechnung und mehrstufige Deckungsbeitragsrechnung inzwischen unverzichtbare Instrumente zur Existenzsicherung im wachsenden Wettbewerb. Die Beziehungen zwischen DV-Programmen im Rechnungswesen werden unter Pkt. 8.3.3 dargestellt. Für weitere Einzelheiten verweise ich auf die Dokumentation großer DV-Anbieter.

8.3.2 Probleme mittlerer und kleiner Unternehmen

8.3.2.1 Denkbare Schritte zu autonomer Leistungsfähigkeit

Für Unternehmen, die noch am Anfang der DV-Einführung stehen, ist vielfach der Übergang von einer Finanzbuchhaltung bei der DATEV auf eine eigene DV-gestützte Finanzbuchhaltung der erste Schritt. Dieser kann aus Kostengründen sinnvoll sein. Dabei sollte darauf ge-

---

[31] *Zimmermann, W.,* Betriebliches Rechnungswesen, a.a.O.

achtet werden, dass die im nächsten Absatz genannten Bedingungen erfüllt sind. Als nächster oder vorgeschalteter Schritt erweist sich vielfach der DV-Einsatz in der Vertriebssachbearbeitung als sinnvoll, da im Bereich der Kundenbetreuung, von der Angebotsschreibung über Auftragseingang bis zur Fakturierung mit anschließendem Inkasso und Nachkalkulation (Deckungsbeitragsanalyse), enge Beziehungen zwischen der Auftragsbearbeitung und der Finanzbuchhaltung bestehen, in denen sich ein automatischer Datenaustausch als sehr zweckmäßig erweist. Im weiteren Verlauf der DV-Einführung bietet sich dann eine Umstellung des Bereichs Materialwirtschaft an. Schritte in dieser Richtung müssen sorgfältig vorbereitet und auf DV-Planungen für den Fertigungsbereich abgestimmt werden. Für alle genannten Bereiche werden Standardprogramme angeboten. Vor einer Entscheidung über ihren Einsatz sollte jedoch eine sorgfältige Prüfung mit Wirtschaftlichkeitsrechnung erfolgen, wie sie unter Pkt. 7.5.4.2 (4) dargestellt wurde.

8.3.2.2 Kriterien zur Beurteilung von Standardprogrammen

Auch zu diesem Punkt müssen wir auf Pkt. 7.5.4.2 (4) zurückverweisen. Ergänzend ist jedoch bei Standardprogrammen zur Finanzbuchhaltung für kleine und mittlere Unternehmen darauf zu achten, dass diese folgende drei Bedingungen erfüllen, die zur Zeit noch nicht von allen Anbietern geboten werden:

1. Ein **Standardprogramm zur Finanzbuchhaltung** sollte vom Finanzamt und von einer zuverlässigen Wirtschaftsprüfungsinstitution anerkannt sein, bezüglich Einhaltung steuerrechtlicher Vorschriften und der Vorschriften des Bilanzrichtlinien-Gesetzes und GoB.
2. Es sollte eindeutige **Schnittstellen für Auswertungen** im Rahmen der Kosten- und Leistungsrechnung haben oder auch die Funktionen der Kosten- und Leistungsrechnung erfüllen. Oft bestehen Unzulänglichkeiten oder Mängel in Bezug auf eine aussagefähige Kostenträgererfolgsrechnung (als mehrstufige Deckungsbeitragsrechnung). Für diese Zielsetzung ist ein einwandfreier Datentransfer zwischen Fakturierung und der Finanzbuchhaltung wichtig.

    Die Aufbereitung von Daten der Finanzbuchhaltung zum Zweck systematischer Finanzplanung und effizienten Cash Management steckt vielfach noch in den Anfängen. Hier sollten die Zielvorstellungen des Unternehmens definiert werden und Entscheidungskriterium sein.

3. Im Interesse einer flexibel gestaltbaren **Weiterentwicklung der DV-Konzeption** und des DV-Einsatzes erweist sich für kleinere Unternehmen vielfach der Einsatz von PC-Netzwerken als zweckmäßig. In diesem Fall muss die Standard-Software netzwerkfähig sein. Dazu gehört die Einhaltung bestimmter Organisationsprinzipien (z.B. record locking).

8.3.3 Übersicht über Beziehungen zwischen wichtigen Programmen[32]

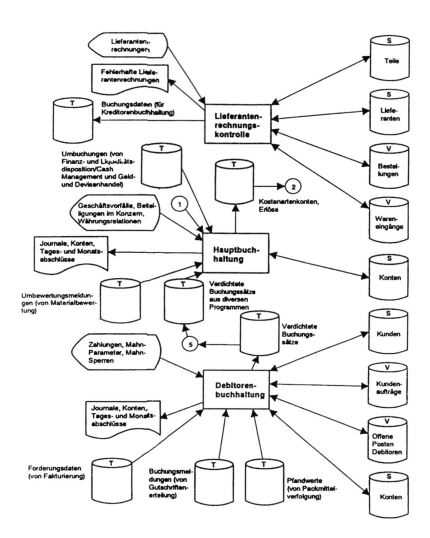

---

[32] Entnommen aus: *Mertens, P.*, Industrielle Datenverarbeitung Bd. 1, Wiesbaden, Anhang, Bild 4.0/6

DV-Einsatz im Rechnungswesen

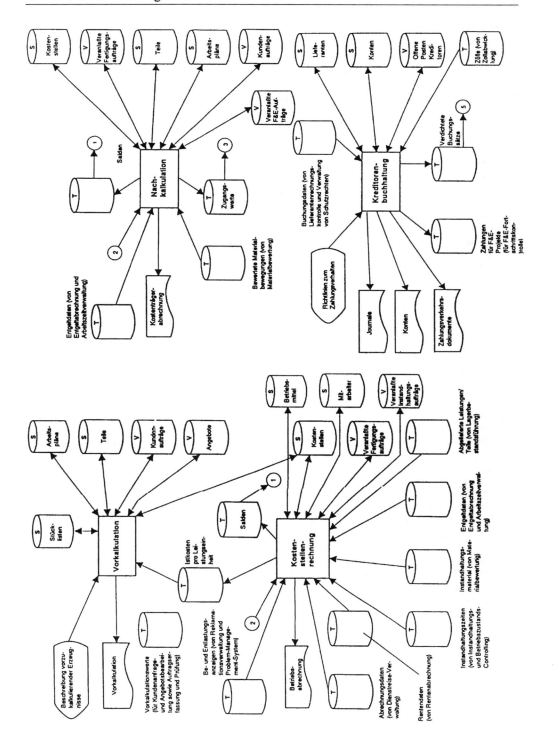

Fragenkatalog zu Kapitel 8

1. Erläutern Sie die Aufgabenstellung des industriellen Rechnungswesens.	8
2. Erläutern Sie die wichtigsten Vorschriften des Bilanzrichtlinien-Gesetzes.	8.1.1
3. Umreißen Sie die unterschiedlichen Abschlussvorschriften für kleine, mittlere und große Kapitalgesellschaften, nennen Sie die Bilanzgliederung für eine kleine Kapitalgesellschaft.	8.1.4
4. Geben Sie einen Überblick über die wichtigsten Bewertungsgrundsätze für das Anlage- und das Umlaufvermögen.	8.1.4.3
5. Wie sollte ein Anlagenspiegel zweckmäßigerweise aufgebaut sein?	8.1.4.4
6. Was besagen die maßgeblichen Rechtsvorschriften (des HGB und des EStG) über die Ermittlung der Herstellkosten?	8.1.4.4
7. Nennen Sie wichtige Bilanzierungsgebote und -verbote.	8.1.4.4
8. Wie unterscheiden sich Umsatzkosten- und Gesamtkostenverfahren?	8.1.4.5
9. Stellen Sie Aufbau und Inhalt des IKR tabellarisch dar.	8.1.5
10. Erläutern Sie die Buchungsregeln für Bestands- und Erfolgskonten.	8.1.6.3
11. Stellen Sie den Kontendurchlauf von der Eröffnungs- bis zur Schlussbilanz dar.	8.1.6.6
12. Erläutern Sie die Ihnen bekannten Abschreibungsarten, -ursachen und -verfahren.	8.1.6.7
13. Erstellen Sie ein Arbeitsprogramm für die Jahresabschlussarbeiten.	8.1.6.9
14. Erläutern Sie den Aufbau einer Hauptabschlussübersicht.	8.1.6.9
15. Erläutern Sie die Aufgaben der Kosten- und Leistungsrechnung zunächst insgesamt und außerdem für ihre drei Stufen, Kostenarten-, Kostenstellen- und Kostenträgerrechnung.	8.2
16. Erläutern Sie anhand der üblichen Abgrenzungsskizzen die erforderlichen Begriffe zur Abgrenzung von Geschäftsbuchführung und Kosten- und Leistungsrechnung.	8.2.1.2
17. Skizzieren Sie den Informationsfluss der Betriebsabrechnung (z.B. nach *Schierenbeck*).	8.2.1.3
18. Erläutern Sie die Notwendigkeit und den Rechengang der Abgrenzungsrechnung.	8.2.2.1
19. Nennen Sie wichtige Belege gruppiert nach ihrer Erfassung im Rechnungskreis I bzw. II.	8.2.2.2
20. Erläutern Sie Kriterien zur Erstellung von Kostenarten- und Kostenstellenplänen.	8.2.3+4
21. Entwerfen Sie einen Kostenarten- und einen Kostenstellenplan.	8.2.3+4
22. Erläutern Sie die Erfassung bzw. Ermittlung der wichtigsten Kostenarten.	8.2.3.4
23. Definieren Sie die Ihnen bekannten kalkulatorischen Kosten, begründen Sie deren Notwendigkeit und erläutern Sie deren Berechnung.	8.2.3.4
24. Systematisieren Sie die in der KLR möglichen Wertansätze und deren Zweckmäßigkeit.	8.2.3.5
25. Erläutern Sie Ihre Vorstellungen über die Verläufe beschäftigungsabhängiger und -unabhängiger Kosten. Unterscheiden Sie dabei kurz- und langfristige Veränderungen der Kapazitätsausnutzung.	8.2.3.6
26. Skizzieren und erläutern Sie einen Betriebsabrechnungsbogen und dessen Zusammenhang mit der Zuschlagskalkulation; nennen Sie die Zeilenfolge der Zuschlagskalkulation.	8.2.4.4
27. Erläutern Sie detailliert den Arbeitsablauf der Betriebsabrechnung eines Maschinenbauunternehmens.	8.2.4.5
28. Erläutern Sie die Aufgaben und Verfahren der Kostenträgerstück- und -zeitrechnung.	8.2.5.2
29. Entwerfen Sie eine mehrstufige Deckungsbeitragsrechnung als Kostenträgerzeitrechnung und stellen Sie die Vorteile dieses Verfahrens im Vergleich zur Vollkostenrechnung dar.	8.2.5.3
30. Erläutern Sie die unterschiedlichen Verfahren der Divisionskalkulation.	8.2.5.2
31. Entwickeln Sie Ihre Vorstellungen zum Einsatz der DV im industriellen Rechnungswesen mit Kriterien zur Systemauswahl in kleinen Unternehmen.	8.3

Teil III: Controlling

9 Controlling-Grundlagen

9.1 Begriff und Hauptaufgaben

Der Begriff Controlling stammt aus dem Amerikanischen und wird in seiner umfassenden Bedeutung verständlich, wenn man bedenkt, dass „to have an airplane under control" so viel bedeutet, wie „ein Flugzeug unter Kontrolle („im Griff") haben". Das umfasst mehr als der deutsche Begriff Kontrolle. Dazu gehört, über alles informiert zu sein, was zur Zielerreichung wesentlich ist und insbesondere auf der Grundlage von „Standortbestimmungen" über den zukünftig bis zum Ziel zu steuernden Kurs Auskunft geben kann.

Die Funktion des Controlling, die einem Controller übertragen wird, umfasst die Gesamtheit von führungsanalytischen, planenden und informierenden Tätigkeiten, die dazu dienen, der Unternehmensführung ein System von Plänen und sich selbst steuernden Regelkreisen zur Verfügung zu stellen, die es ermöglichen, das Unternehmen schrittweise und systematisch zu den geplanten Zielen zu führen. Dabei werden unterschieden

❑ **Strategisches Controlling**
koordiniert den Ablauf der strategischen Planung und Kontrolle sowie den Einsatz der Instrumente zur Darstellung, Beurteilung und Steuerung der aktuellen strategischen Position sowie der langfristigen Wettbewerbsfähigkeit des Unternehmens. Ausgehend von einer Analyse der Stärken und Schwächen des Unternehmens und der Risiken und Chancen in der Unternehmensumwelt sind, bestehende Erfolgspotenziale weiterzuentwickeln und neue aufzubauen. Die daraus gewonnene Positionierung der Geschäftseinheiten im Markt soll die langfristige Überlebensfähigkeit des Unternehmens absichern. Strategisches Controlling erweitert den langfristigen Gegensteuerungs-Zeitraum.[1]

❑ **Operatives Controlling**
koordiniert den Ablauf der operativen Planung und Kontrolle sowie den Einsatz der Instrumente zur erfolgs- und liquiditätsorientierten Darstellung, Beurteilung und Steuerung des Unternehmens auf Basis vorgegebener Kapazitäten und kurzfristiger Marktentwicklungen. Wesentlichstes Instrument des operativen Controlling ist die Budgetierung. Budgets dienen in erster Linie zur Darstellung, Beurteilung und Steuerung der für das Folgejahr (Budgetjahr) geplanten Ergebnisse, daneben aber auch zur Sicherstellung der Liquidität. Die laufende Analyse von Abweichungen dient neben der „Standortbestimmung" dem primären Ziel der Definition von Steuerungsmaßnahmen, die trotz Abweichungen vom Monatsziel dennoch eine Erreichung des Jahresgesamtziels ermöglichen.

❑ **Bereichs-Controlling**
setzt spezielle Schwerpunkte für das Controlling in den Unternehmensbereichen Beschaffung, Produktion, Marketing, Vertrieb, Logistik, Finanzen, etc.

---

[1] Vgl. *Schröder, E.F.*, Modernes Unternehmens-Controlling: Handbuch für die Unternehmenspraxis; 5. Aufl., Ludwigshafen, S. 219 ff.

9.2 Notwendigkeit des Controlling

Das herkömmliche Rechnungswesen kann die Unternehmensleitung nicht sachgerecht unterstützen, da es nicht führungs- sondern buchhaltungsorientiert ist.[2]
- Formale Genauigkeit wird über Zweckeignung der Daten gestellt
- Es dient mehr der nachträglichen Rechtfertigung als der Entscheidungsunterstützung
- Die Leistungsrechnung wird weitgehend vernachlässigt
- Die bereitgestellten Informationen sind häufig nicht bedarfsgerecht

Erforderlich ist ein führungsorientiertes Rechnungswesen (= Management Accounting), das
- zukunftsorientiert ist (zusätzlich Planungs- und Kontrollrechnungen umfasst)
- die Entscheidungsunterstützung in der Vordergrund rückt
- der Leistungsrechnung eine verstärkte Beachtung widmet
- über Instrumente einer führungsorientierten KLR verfügt.

Tiefgreifende Veränderungen des Unternehmensumfeldes führen zu Veränderungen der strategischen Ausgangsposition der Unternehmen und daraus resultierend zu Veränderungen der Informationsbedürfnisse des Managements. **Die Veränderungen der Rahmenbedingungen werden** verursacht durch
- Mobilität des Kapitals
- Globalisierung der Wirtschaft
- Rasante Entwicklung der Informations- und Kommunikationstechnologie
- Zunahme staatlicher Einflüsse.

Veränderungen führen zu Anpassungsproblemen der Unternehmen an die Umweltänderungen und zu Koordinationsproblemen innerhalb der Unternehmen.

Unternehmensumwelt		Unternehmen
Anpassungsprobleme bezogen auf		**Koordinationsprobleme** bezogen auf
• Marktentwicklung • technologische Entwicklung • Sicherheitsgrad der Erfassbarkeit und Prognostizierbarkeit von Machteinflüssen		• das Zielsystem des Unternehmens • die arbeitsteilige Organisation (Ablauforganisation) und deren Bezug zur Unternehmensumwelt • Machtstrukturen, die das Unternehmensgeschehen bestimmen
Problemursachen		**Problemursachen**
Dynamik = Veränderungen der Unternehmensumwelt	**Komplexität** = Vielfalt möglicher Tatbestände	**Differenziertheit** = Anzahl der Organisationseinheiten
• Häufigkeit • Geschwindigkeit • Ausmaß/Stärke • Regelmäßigkeit, Vorhersagbarkeit	• Anzahl • Verschiedenheit Beziehungsanzahl	• Unternehmensgröße /Anzahl Führungshierarchien • Heterogenität Produkte/Märkte • Spezialisierung der Führungskräfte
Die Unternehmensleitung muss Lösungen finden für die		
erforderliche Anpassung an die Dynamik und Komplexität der Unternehmensumwelt		Lösung der wachsenden Koordinationsprobleme des Unternehmens

Entwicklungsgründe des Controlling

---
[2] Vgl. *Horváth & Partner*, Das Controlling-Konzept - Der Weg zu einem wirkungsvollen Controlling-System, 2. Aufl., München, S. 61

Controlling ist ein Bereich, der als Integrationseinheit die Unternehmensleitung bei der Steuerung des Unternehmens unterstützt. Wichtige Serviceaufgaben des Controlling sind
- Informationsversorgung und Kommunikation fördern
- Entscheidungskapazität der Führung vergrößern
- Flexibilität schaffen
- Innovationen erleichtern.

9.3 Controlling-Funktionen

9.3.1 Ableitung der Controlling-Funktionen

Aufgaben der Unternehmensführung sind nachhaltige Existenzsicherung und erfolgsorientierte Steuerung des Unternehmens. Dies umfasst alle Maßnahmen, die zur plangerechten Erreichung der Unternehmensziele erforderlich sind.

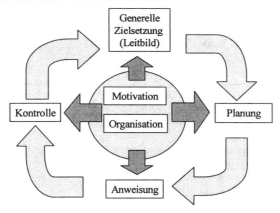

Aufgaben der Unternehmensführung im Management-Regelkreis

Die **Vernachlässigung** einer oder mehrerer **Teilfunktionen führt** unmittelbar **zu negativen Auswirkungen** für das Unternehmen
- Nicht zufriedenstellende Ergebnisse
- Falsche strategische Ausrichtung
- Gefährdung der Unternehmensexistenz.

Da die Unternehmensleitung nicht alle Führungsaufgaben selbst wahrnehmen kann, ist eine Delegation von Führungskompetenz und Führungsverantwortung und damit ein hierarchischer Unternehmensaufbau notwendig.

Problem
Mitarbeiter haben im Vergleich zur Unternehmensleitung
- weniger Informationen für die Entscheidungsfindung (jeder kennt nur seinen Bereich)
- andere Risikopräferenzen
- eigene Zielvorstellungen neben den Unternehmenszielen.

Erforderlich ist die **Koordination** durch ein funktionsübergreifendes führungsunterstützendes Steuerungssystem, dass ein zielentsprechendes Verhalten aller Hierarchiestufen sicherstellt. Aufbau und Inganghalten dieses Steuerungssystems sind Aufgabe des Controlling.

Controlling - verstanden als „zielentsprechendes Handeln" - ist Aufgabe eines jeden Managers.

Die zentrale Bedeutung des Controlling innerhalb des Führungssystems des Unternehmens zeigt nachstehende Abbildung.

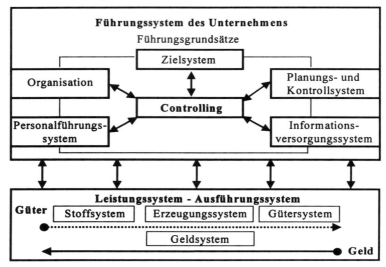

Controlling im Führungssystem eines Unternehmens[3]

Koordinationsaufgabe des Controlling
- Inhaltlich und formal abgestimmter Aufbau des Informationsversorgungssystems mit dem Planungs- und Kontrollsystem
- Laufende Abstimmung zwischen den beiden Systemen durch Soll/Ist-Vergleich.

9.3.2 Grundfunktionen des Controlling

Controlling ist eine Servicestelle und unterstützt das Management bei der erfolgsorientierten Steuerung des Unternehmens. Steuerung ist nur möglich, wenn
- Vorstellungen über die Unternehmensentwicklung existieren (Pläne)
- die Planrealisierung durch laufenden Soll-Ist-Vergleich kontrolliert wird
- die Leitungsstellen permanent mit Führungsinformationen versorgt werden
- Impulse für die Nachsteuerung bei Zielgefährdungen geliefert werden.

Aufgabe des Controlling	stellvertretend für die Unternehmensleitung sicherstellen, • dass alle Produkt-, Bereichs- und Funktionsziele auf das Unternehmensziel ausgerichtet sind und • dass bei Ziel-Abweichungen Nachsteuerungsmaßnahmen erarbeitet, eingeleitet und umgesetzt werden.

---

[3] Aus: *Weber, J.*, Einführung in das Controlling - Teil 1: Konzeptionelle Grundlagen; 3. wes. veränd. u. erw. Aufl., Stuttgart, S. 18

Eine genauere Aufgabenbeschreibung gibt das von der *IGC* (International Group of Controlling, einer Interessengemeinschaft von 17 namhaften Instituten auf dem Gebiet der Fort- und Weiterbildung im Controlling-Bereich) formulierte **Controlling Leitbild**.[4]

> „Controller gestalten und begleiten den Management-Prozess der Zielfindung, Planung und Steuerung und tragen damit Mitverantwortung für die Zielerreichung."

Detailaufgaben: Controlling
- sorgt für Ergebnis-, Finanz-, Prozess-, Risiko- und Strategietransparenz als Basis für die Existenzsicherung und Wirtschaftlichkeitsverbesserungen
- koordiniert Teilziele und Teilpläne ganzheitlich und organisiert unternehmensübergreifend ein zukunftsorientiertes Berichtswesen
- moderiert den Controlling Prozess so, dass jeder Entscheidungsträger zielorientiert handeln kann
- sichert die dazu erforderliche Daten- und Informationsversorgung
- gestaltet und pflegt die Controllingsysteme.

Controlling soll die Handlungseffizienz in dem Unternehmen durch Ausrichtung der arbeitsteilig erfolgenden Einzelhandlungen auf gemeinsame betriebliche Zielsetzungen (= Koordinationsfunktion) steigern; dies beinhaltet[5]

• Zielausrichtungsfunktion • Anpassungs- und Innovationsfunktion	• Handlungen der Organisationseinheiten zielgerichtet aufeinander abstimmen • Frühwarnsysteme sollen Veränderungen in des Unternehmens und der Unternehmensumwelt antizipieren und den Gegensteuerungszeitraum verlängern
• Servicefunktion	• Unterstützung des Managements durch Bereitstellung geeigneter Methoden und Instrumente • Versorgung aller Stellen mit Informationen • Informationsnachfrage und Informationsangebot zusammenführen • Informationskomplexität reduzieren

Controlling hat als Subsystem der Unternehmensführung sowohl **Serviceaufgaben** (in Bezug auf die Unterstützung des Managements) als auch **Querschnittsaufgaben** (wegen seiner alle Funktionsbereiche und Hierarchieebenen umfassenden Koordinationsfunktion im Hinblick auf Planung und Kontrolle). Es muss für **Transparenz** aller Größen sorgen, die für die Führung des Unternehmens wichtig sind und bei Abweichungen von den Zielen dafür sorgen, dass Gegensteuerungsmaßnahmen entwickelt und realisiert werden. Die prozessbegleitende **Mitwirkung** im Hintergrund ist öfter charakteristisches Merkmal als eine unmittelbare Verantwortung.

Koordination beinhaltet „...die absichtsvolle und zielgerichtete Abstimmung aller Funktionen und intern bzw. extern durchgeführten Prozesse."[6]. Erforderlich sind sachliche, personelle und zeitliche Koordination sowie eine Koordination hinsichtlich der Mittelverwendung.

---

[4] Vgl. *IGC* überarb. Version, Parma 14.9.2002
[5] Vgl. *Berens, W., Dörges, C.E., Hoffjan, A.*, Fundierung eines Verständnisses des Controlling in Multinationalen Unternehmen, in: *Berens, W., Born, A., Hoffjan, A.* (Hrsg): Controlling international tätiger Unternehmen, Stuttgart, S. 29 f.
[6] Vgl. *Ziegenbein, K.*, Controlling, 7. überarb. Aufl, Ludwigshafen, S. 168

Management und Controlling bilden ein Team

Management
verantwortlich für Ergebnissituation und die Sicherung der Unternehmensexistenz
= **Inhalte**
(Aussagen)

Controlling
verantwortlich für Ergebnis-, Finanz-, Prozess-, Risiko- und Strategietransparenz
= **Aussageform**
(Darstellungsform)

führt Profit-/ Cost-/ und Service-Center

erstellt Führungsinformationen - erteilt Anwendungsberatung

Manager und Controller im Team[7]

Controller/innen organisieren das Controlling durch
- Bereitstellung von Instrumenten-/Methodenwissen (Tool-Box)
- Thematisierung der Probleme (Problem-Marking)
- Terminierung und Kontrolle von Maßnahmen und Projekten
- Beratung.

Je controlling-kompetenter das Management wird, desto anspruchsvoller werden Informations- und Beratungsbedarf.

9.3.3 Entwicklung der Controlling-Funktion

Im Laufe der Entwicklung der Controlling-Funktion lassen sich drei Controlling-Generationen mit spezifischen Aufgabenorientierungen und Grundausrichtungen des Controllers unterscheiden, die sich in Abhängigkeit der Umweltveränderungen entwickelt haben.

Controller-Typ	Registrator - 1. Generation	Navigator - 2. Generation	Innovator - 3. Generation
Aufgabenorientierung	historisch-buchhaltungsorientiert	zukunfts- und aktionsorientiert	management- und systemorientiert
Zeitraum	50er – 60er Jahre	ab Anfang der 60er Jahre	ab Anfang der 70er Jahre
Marktsituation	Verkäufermarkt	zunehmender Wettbewerb: Wandel vom Verkäufer- zum Käufermarkt	zunehmende Marktdynamik mit Marktsättigung in vielen Märkten - Kundenorientierung
Problemschwerpunkt	Engpass: Produktion - produktionsorientierte Steuerungsinstrumentarien	Engpass: Kunden, d.h. Etablierung einer Marktpolitik mit Markenführung, -durchsetzung und Image-Profilierung	Engpass: Kunden, d.h. Anforderungen der Kunden an Produkte/Leistungen und deren marktgerechte Erfüllung

---

[7] Vgl. *Deyhle, A.*, Controller-Praxis II: Soll-Ist-Vergleich und Führungsstil, 11. Aufl. Wörthsee-Etterschlag, S. 4

Controlling-Funktionen

Controller-Typ	Registrator - 1. Generation	Navigator - 2. Generation	Innovator - 3. Generation
Problem-lösungs-Instrumente	Kostenplanung auf Vollkostenbasis Schwerpunkt: Nachkalkulationen Leistungsseite wird zunächst noch vernachlässigt	bezogen auf Profit-Center: Artikelerfolgsrechnung, Vertriebssteuerung, Management-Ergebnisrechnung jeweils mit Abweichungsanalysen	Produkt- und Kundensegmentierung zielgruppenorientierte Steuerungsinstrumente wie Deckungsbeitragsrechnungen (Kunden/Kundengruppen) Entwicklung einer strategischen Planung unter Federführung des Controlling

Controller-Generationen

Aktuell zeichnen sich Weiterentwicklungen des Controlling ab im Hinblick auf
- Wertorientiertes Controlling
  zur Unterstützung der wertorientierten Unternehmensführung im Rahmen von Shareholder-Value-Konzepten
- Risiko-Controlling
  zur Unterstützung des Risikomanagements als Folge neuer gesetzlicher Vorgaben sowie sich abzeichnender einschneidender Veränderungen in der Kreditkultur (Basel II).

9.3.4 Controlling-Abgrenzung zu verwandten Bereichen

Schwierigkeiten bereitete in der Vergangenheit die Abgrenzung des Controlling von den Funktionen „Rechnungswesen" und „Interne Revision".

Das Rechnungswesen war Ausgangspunkt der Entwicklung der Controlling-Funktionen. Beide Funktionsbereiche haben jedoch unterschiedliche Zielsetzungen, Hauptzwecke und Arbeitsweisen.

	Controlling	Externes Rechnungswesen
Hauptzweck	Informationsbeschaffung und –weitergabe	Rechenschaftslegung
dominierende Tätigkeit	Zielsetzung, Planung und Kontrolle	Buchführung
Zeitbezug	zukunftsbezogene Arbeit	überwiegend vergangenheitsorientierte Arbeit
Ziel der Zahlenarbeit	Zahlen werden selektiert bzw. verdichtet und müssen zielgerichtet erklären	Zahlen müssen richtig erfasst und abgestimmt sein
Arbeitsweise	empfängerorientiertes, personenbezogenes Arbeiten	zahlenbezogenes Arbeiten
	Übersetzen in eine dem Empfänger zugängliche Sprache	fachspezifische Sprache
	Berichte mit Zusammenfassungen, Vorschauen auf künftige Zeiträume und Vorschläge zum weiteren Vorgehen	Zahlen werden abgeliefert
	laufende Kommunikation über Fragen der Erfolgssteuerung	„geheime" Arbeit
	ständiges Anpassen an die Bedürfnisse der Entscheidungsträger	starre (gesetzliche) Richtlinien

Abgrenzung Controlling - betriebliches Rechnungswesen

Da Controlling und interne Revision beide die Unternehmensführung unterstützen, gibt es Überschneidungen hinsichtlich Aufgabenzuweisung, Instrumentarien, Kompetenz und Verantwortung. Die Unternehmensleitung muss die beiden Funktionsbereiche deshalb klar voneinander abgrenzen. Hierzu folgender Vorschlag:

	Controlling	Interne Revision
Prozess-Abhängigkeit	laufende Steuerung durch prozessabhängige Personen	unregelmäßige (fallweise) oder periodische (turnusmäßige) Prüfung durch prozessunabhängige Personen
Zeitbezug	zukunftsorientierte Arbeit	i.d.R. vergangenheitsorientierte oder gegenwartsorientierte Arbeit – nur im Ausnahmefall Zukunftsorientierung (= Geschäftsführungs-Prüfungen)
Arbeitsweise	Beschaffung, Selektion, Aufbereitung und Interpretation von Informationen	Feststellung des Einhaltungsgrades von Vorschriften und Regelungen
	Berichterstattung über Sachverhalte	Dokumentation der Ergebnisse, Kritik von Sachverhalten
	Datenrichtigkeit wird unterstellt	Datenrichtigkeit wird festgestellt
Arbeitsschwerpunkte	Beratung des Managements in Methoden- und Verfahrensfragen	Prüfung der Ordnungsmäßigkeit und Vermögenssicherung (= **Financial Auditing**), der Funktionsabläufe und Systeme (= **Operational Auditing**) sowie der Geschäftsführungs-Effizienz (= **Management Auditing**)
Arbeitsziele	Vorbereitung von Entscheidungen	Anregung von Verbesserungen und Beurteilung der Managementleistung von Führungskräften

Abgrenzung Controlling - Interne Revision

9.3.5 Bestandteile eines Controlling-Systems

Controlling-Prozesse	regeln Abläufe und das Zusammenwirken von Planungs-, Kontroll- und Informationssystem
Controlling-Organisation	beschreibt die Aufbau-Organisation des Controlling und die hierarchische Eingliederung des Controlling
Controlling-Instrumente	• des **operativen Controlling** bauen auf flexiblen Datenbanksystemen auf und liefern Basisinformationen aus Kostenrechnung, Produktkalkulation und Ergebnisrechnung • des **strategischen Controlling** erlauben die Bestimmung der strategischen Ausgangsposition und die strategische Positionierung einzelner Unternehmensbereiche und des Gesamtunternehmens

9.4 Controlling-Prozess

Controlling ist verantwortlich für die Koordination eines Regelkreises, der sich im Idealfall selbständig regelt und der mit der **generellen Zielplanung** mit der Festsetzung von Leistungsmaßstäben im Rahmen der **Planung** beginnt. Im Rahmen der Berichtspflicht **informiert** Controlling über die Zielerfüllung. Bei der **Kontrolle** werden durch Vergleich der Leistungsmaßstäbe mit Ist- oder Wird-Werten Abweichungen sichtbar gemacht. Die anschließende Ab-

Controlling-Regelkreis[8]

weichungsanalyse macht die Ursachen sichtbar. Die Abweichungen werden hinsichtlich ihres Zielgefährdungspotenzials beurteilt. Abweichungen dienen nicht zur Schuldzuweisung sondern sind Ausgangspunkte für die Entwicklung von **Nachsteuerungsmaßnahmen**, die bei Zielgefährdung entwickelt, verabschiedet und durchgeführt werden müssen. Die Maßnahmendurchführung wird einer **Realisierungskontrolle** unterzogen. Nicht korrigierbare Tatbestände werden in der nächsten Planung berücksichtigt, und zwar je nach Bedeutung nur in der operativen Planung oder in der generellen Zielplanung - damit beginnt der Regelkreis von vorn. Weiter wichtig ist die **Motivation aller Mitarbeiter** für die Planzielerreichung, insbesondere durch aktive Mitwirkung aller Verantwortungsträger sowie wichtiger Know-how- und Leistungsträger bei der Planerstellung und ferner durch faire Analyse und Beratung von Planabweichungen und zumindest Anerkennung, besser Erfolgsbeteiligung bei Erreichen der Planziele.

9.4.1 Controlling als kybernetischer Prozess

In prozessorientierter Betrachtung ist Controlling ein kybernetischer Prozess aus Planung, Realisierung und Kontrolle, der die Realisierung der Unternehmensziele bei idealer Ausgestaltung durch einen sich selbst steuernden Regelkreis sicherstellt. Vgl. folgende zwei Abbildungen.

Controlling als kybernetischer Prozess[9]

---

[8] Vgl. *Horváth & Partner*, a.a.O., S. 10
[9] Vgl. *Baum/Coenenberg/Günther*, S. 4

Informationsablaufdiagramm strategischer und operativer Planung mit Kontrolle

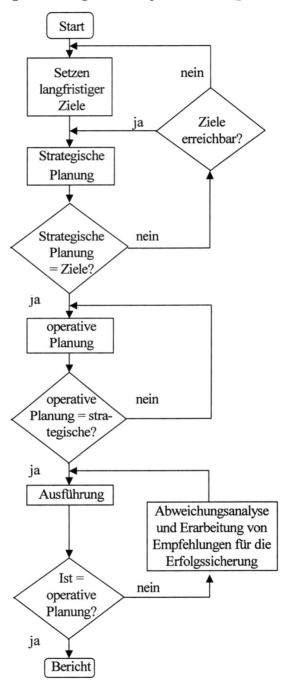

9.4.2 Generelle Zielplanung

Aus der Unternehmenspolitik (gemeinsamen, abgestimmten Wertvorstellungen der obersten Führungskräfte) und der unternehmerischen Vision (beschreibt das Bild einer fernen Zukunft, in der sich das Unternehmen bestmöglich gemäß den Wünschen und Träumen der Unternehmensleitung entwickelt) entwickelt die oberste Führungsspitze ein Unternehmensleitbild als Zukunftsbild über die angestrebte Unternehmensentwicklung.[10] Aus dem Leitbild werden durch detaillierende Angaben über Art und Richtung der Ziele abgeleitet. Diese generelle Zielplanung bildet den Ausgangspunkt der Planung.

Zielsetzung ist Voraussetzung jeder Planung. Steuerung ist nur möglich, wenn vorab ein Kurs fixiert worden ist (die Zielrichtung feststeht).

Zielsetzung (= Zielvorschrift)	= beinhaltet die Festlegung von Zielgrößen, Zielausmaß und Zeitbezug (z.B. 1 Mio. € Gewinn bis Ende nächsten Jahres)
Zielgrößen	= wirtschaftlicher Begriff für Tatbestände, die der Entscheidungsträger anstrebt (z.B. Marktanteil, Gewinn)

Zielsystem des Unternehmens im Überblick	
strategische Oberziele	Nachhaltige Erhaltung und erfolgreiche Weiterentwicklung des Unternehmens
operative Hauptziele	• Erzielung möglichst hoher kalkulatorischer *Periodengewinne* • jederzeitige Sicherstellung der *Liquidität* • Beachtung der *Sozial-* und *Umweltziele*

Wichtige inhaltliche operative Zielkategorien:	
technologische Ziele Sachziele (Leistungsziele)	angestrebtes Produkt- und Dienstleistungsprogramm für spezifische Märkte • Produktivität • Wirtschaftlichkeit

ökonomische Ziele:
 	
Wertziele
(monetäre Ziele)
	• angestrebtes künftiges **Ergebnis**
	  (z.B. Kapitalwert, kalk. oder bilanzieller Gewinn) und **Ergebniskomponenten** (Einzahlungen - Auszahlungen, Kosten - Erlöse, Ertrag - Aufwand)
	• **Liquidität** und **Liquiditätskomponenten**
	  (Bestand flüssiger Mittel, Ein- u. Auszahlungen)

Sozio-kulturelle Ziele	angestrebte Verhaltensweisen gegenüber Mitarbeitern, Personen und Personengruppen im Umfeld des Unternehmens - z.B.: • Kundenzufriedenheit • Mitarbeiterzufriedenheit
ökologische Ziele	• angestrebte Verhaltensweisen zur Berücksichtigung von Umweltinteressen z.B. Umweltverträglichkeit

Zielsystem des Unternehmens[11]

Die operative Kursfestlegung erfolgt durch Vereinbarung von Zielen (Management-by-Objectives) oder durch Vereinbarung von Zielen mit Vorgabe von Abweichungsgrenzen, innerhalb derer die Verantwortlichen allein handeln können (Management-by-Exception).

---
[10] Vgl. *Hahn, D., Hungenberg, H.*, PuK, Planung und Kontrolle, Planungs- und Kontrollsysteme, Planungs- und Kontrollrechnung, 6. Aufl., Wiesbaden, S. 104 ff.
[11] Vgl. *Hahn, D., Hungenberg, H.*, a.a.O., S. 17 f.

Die alleinige Festlegung der Ziele reicht nicht aus. Damit Ziele für die Planung und Führung im Unternehmen brauchbar sind, müssen sie bestimmte Anforderungen erfüllen.

Grundsätze für die Zielsetzung:	Aufgaben des Controlling im Hinblick auf die Zielsetzung
(1) Unternehmensziele müssen in einer Zielhierarchie geordnet werden	auf Widerspruchsfreiheit der Ziele achten
(2) aus den Unternehmenszielen sind schrittweise Teilziele abzuleiten	• Zielfindungsprozess unterstützen • auf Festlegung von Zielen achten • bei der Zielableitung auf Übereinstimmung von Kompetenz, Zuständigkeit und Ziel achten
(3) Ziele müssen operational sein	Überprüfbarkeit sicherstellen (= Zielerreichungsgrad muss feststellbar sein)
(4) Ziele müssen realistisch und erreichbar sein	Ausgleich zwischen zentralen Notwendigkeiten und dezentraler Machbarkeit herstellen
(5) Ziele müssen vereinbart werden	als Motivator bei der partizipativen Zielformulierung wirken (Identifikation sicherstellen)

Nur durch die Übereinstimmung der Komponenten Verantwortung, Kompetenz und Ziel ist garantiert, dass die übergeordneten Unternehmensziele erreicht werden. Praxisbeispiele vgl. Pkt. 2.2.1.

9.4.3 Planung

Unter Unternehmensplanung verstehen wir das Entwerfen einer systematisch vorgedachten zielorientierten Ordnung, nach der sich das Unternehmensgeschehen in seiner Gesamtheit und in seinen Teilbereichen in einem bestimmten Zukunftszeitraum vollziehen soll. In ihr wird die zukünftige Unternehmenspolitik festgelegt und weitgehend mit Zahlenvorgaben und Handlungsrichtlinien (Maßnahmenprogrammen) konkretisiert.

(1) **Planungsaufgaben des Controlling im Detail**[12]
- Planungssystem gestalten und weiterentwickeln
- Anforderungen an die informationstechnische Infrastruktur formulieren
- Transparenz schaffen in Bezug auf Probleme, Alternativen und deren Konsequenzen im Hinblick auf Termine, Inhalte, Qualität und Kosten
- Methoden bereitstellen und bei deren Anwendung beraten und unterstützen
- Informations- und Zeitbedarf der Planungsschritte festlegen
- Informationsaustausch koordinieren
- Pläne prüfen auf Plausibilität und Vollständigkeit
- Planungsergebnisse dokumentieren und präsentieren

(2) **Ergebnisse der Planung** sind Pläne, aus denen Vorgaben und Sollgrößen für die Steuerung des Unternehmens und der Unternehmensbereiche abgeleitet werden.

(3) **Grundsätze der Unternehmensplanung**[13]
- Realismus (Plan muss machbar sein)
- Kooperative Erarbeitung durch Stab und Linie (muss Führungskräfte überzeugen und auf gemeinsam festgelegte Ziele verpflichten)
- Vollständigkeit (Lücken verursachen Unsicherheiten)
- Genauigkeit (muss angemessen sein, Vorsicht vor unsinniger Detaillierung)

---

[12] Vgl. *Ziegenbein, K.*, a.a.O., S. 25
[13] Nach *Korndörfer*, Allgemeine Betriebswirtschaftslehre, Wiesbaden

❏ Flexibilität (Reaktionsfähigkeit bei Abweichungen)
❏ Einfachheit und Klarheit (Eignung als Monatsvorgabe)
❏ optimale Wirtschaftlichkeit (muss mehr einbringen als die Erstellung kostet).

(4) Hauptschritte eines Arbeitsprogramms (Planung der Unternehmensplanung)
❏ Setzen konkreter Ziele
❏ Erarbeitung der erforderlichen Prognosen (insbesondere über Markt-, Wettbewerbs-, Absatz-, Umsatz- und Kostenentwicklung)
❏ Erarbeitung verschiedener Planungsalternativen mit Optimierungsrechnung
❏ Entscheidung über Teilpläne und Verabschiedung des Gesamtplans (zum Teil verzahnt mit 3.)
❏ Ermittlung detaillierter Sollvorgaben (zeitlich gestaffelt und nach Funktionsbereichen gegliedert) für Soll/Ist-Vergleich
❏ Netzplan für den Aufbau der Unternehmensplanung (vgl. Pkt. 10.1.3(5).

Im Zusammenhang mit der Planung sind zu beachten
❏ Planungsobjekte: generelle Zielplanung; strategische und operative Zielinhalte; strategische und operative Maßnahmen; personelle, sachliche und finanzielle Ressourcen
❏ Planungsebenen: strategische, taktische und operative Planung
❏ Planungsrichtungen: top-down, bottom-up, down-up (Gegenstromverfahren)
❏ Planungsinstrumente: Ermittlungs-, Prognose-, Projektions-, Entscheidungs- und Simulationsmodelle.

9.4.4 Management-Information mit Data Warehouse

Das Informationssystem ist ein Kernstück des Controlling-Systems.

Beim **Informationsmanagement** werden unterschieden

Informations-**technologie**-Management	Gestaltung, Implementierung, Betrieb und Wartung informations- und kommunikationstechnischer Infrastrukturen, die für die Produktion, Speicherung und Übermittlung von Informationen erforderlich sind • Datennetze: (LAN, WAN, ISDN, VANS) • Datenbanksystem: Datenbank, Methodenbank, Datenbankverwaltungssystem
Informations-**ressourcen**-Management	legt Herkunft, Inhalte, Aufbereitungs-, Darstellungsformen, und Nutzungsmöglichkeiten der Informationen fest regelt die Entwicklung der Informationsfähigkeit

Komponenten des Informationsmanagement[14]

Controlling –Aufgaben in Bezug auf das Informationsmanagement		
Informations**technologie**-Management	Anforderungen an die informationstechnische Infrastruktur formulieren	
Informations**ressourcen**-Management	für Transparenz sorgen und den Entscheidungsträgern die für die Eigensteuerung erforderlichen Informationen zur Verfügung stellen (schriftlich oder als Datenbank), und zwar	
	• rechtzeitig • in der notwendigen Verdichtung • problemadäquat	Zeitproblem: Aktualität Mengenproblem Qualitätsproblem

Controlling Aufgaben in Bezug auf das Informationsmanagement

---
[14] Vgl. *Ziegenbein, K.*, a.a.O., S. 63 f.

Funktionszusammenhänge und Informationsinhalte eines Management-Informations-Systems (MIS) als Grundlage des Controlling werden nachstehend kurz beschrieben.

9.4.4.1 Ziel- und Organisationssystem des Unternehmens

Controlling dient dem Aufbau und Einsatz eines Systems von Regelkreisen zur Steuerung des Unternehmens in Richtung auf ein bestimmtes Ergebnisziel, dessen Erreichung vom planmäßigen Erreichen bestimmter Teilziele abhängig ist. Deshalb erfordert Controlling die rechtzeitige und zutreffende Information über die Erreichung oder Nicht-Erreichung bestimmter Teilziele eines wohldefinierten Ziel-Systems. *Wacke* und *Englisch* haben dieses Zielsystem im Rahmen eines alle Funktionsbereiche und Teilaufgaben des Unternehmens systematisierenden integrierten Organisationssystems in folgendem Schema dargestellt. Nach der dort gegebenen Systematik sind die unternehmensindividuellen Ziele und Teilaufgaben im praktischen Fall zu konkretisieren (Praxisbeispiel vgl. Pkt. 2.2.1).

Hauptziele des Unternehmens				
Substanzerhaltung	Rentabilität	Produktivität	Liquidität	Wachstum

Spezielle Aufgaben des Unternehmens					
Entwickeln Produkte	Verkaufen	Beschaffen	Fertigen	Abrechnen/ Finanzieren	Verwalten

Allgemeine Aufgaben des Unternehmens			
Organisieren	Rationalisieren/ Automatisieren	Integrieren	Optimieren

Voraussetzungen				
Organisationsstruktur	Personal-Auswahl/ -Schulung	Planungs-/Steuerungs-/ Ablauf-Methoden/Systeme	Arbeitstechniken/ Arbeitsmittel/Arbeitsplatz	Führungssysteme

		Operative Stufen der Aktivitäten				
1	Planung Zielvorgabe	1. Grades			2. Grades	
		Produkte	Absatz	Kosten/Ergebnisse	Sachmittel	Personal	Kapital
2	Motivation	Führungsverhalten und Leistungswirksamkeit				
3	Durchführung	Aktivitäten der operativen Stufen 1, 3, 4	1 Vorbereiten	Programmierunterstützung		
			2 Automatisierbare Tätigkeiten	programmierbar		
			3 Nicht automatisierbare Resttätigkeiten	nicht programmierbar		
			4 Informieren	programmierbar		
			5 Optimieren/Erstellen von Entscheidungshilfen	programmierbar		
			6 Entscheiden	Programmierunterstützung		
4	Kontrolle	Soll-/Ist-Vergleich: Teil- und Gesamtziele				

Integriertes Ziel- und Organisationssystem des Unternehmens von *Wacke* und *Englisch*[15]

---

[15] *Wacke, G., Englisch, D.,* Mit On-Line-Datenverarbeitung ist die Fachabteilung wieder König, in: IBM-Nachrichten

9.4.4.2 Planungs- und Kontrollsysteme

Die klassische Gliederung betrieblicher DV-Systeme in
- Administrationssysteme zur Rationalisierung von Massendatenverarbeitung
- Dispositionssysteme zur Unterstützung dispositiver Entscheidungen
- Informationssysteme zur Datenverdichtung zwecks Entscheidungsunterstützung und
- Planungssysteme mit Datenbanken und Algorithmen zur Lösung oft komplexer Planungsaufgaben

ist mit der Weiterentwicklung zur Integrierten Informationsverarbeitung ersetzt worden durch die Unterscheidung in die zwei Gruppen der
- Operativen Systeme und der
- Planungs- und Kontrollsysteme.

Deren Zusammenwirken in der Integrierten Datenverarbeitung (IDV) zeigen *Mertens/Griese* in folgendem Bild.[16]

Die Aufgabe, betriebliche Detail-Informationen der operativen Systeme für Analyse-, Planungs- und Kontrollaufgaben der Unternehmensführung zu verdichten und zu verknüpfen, wurde mit der Entwicklung der Data Warehousetechnologie effizient gelöst und wird im folgenden Punkt dargestellt.

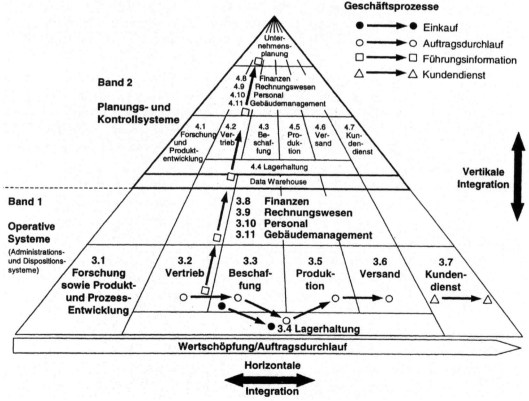

Gesamtkonzeption der „Integrierten Informationsverarbeitung"

---
[16] *Mertens, P., Griese, J*, Integrierte Informationsverarbeitung 2, Nürnberg, Bonn

9.4.4.3 Data Warehouse
von *Wolfgang Gerken*[17]

(1) Was ist ein Data Warehouse?

Als Data Warehouse wird eine Datenbank bezeichnet, die in einem Unternehmen entscheidungsrelevante Daten, die aus unterschiedlichen Quellen stammen können, für Management-Aufgaben bereitstellt. Man erwartet dadurch eine Zeitersparnis bei den täglichen Managementaufgaben, eine erhöhte Flexibilität und eine Qualitätsverbesserung der Entscheidungen. Wichtig dabei ist, dass

❏ alle notwendigen Daten aus den vorgelagerten operationalen DV-Systemen wie z.B. Finanzbuchhaltung oder Auftragsbearbeitung extrahiert werden und

❏ Analyseprozesse zur Verfügung stehen, die diese Daten in entscheidungsrelevante Informationen umwandeln und diese geeignet bereitstellen.

„A Data Warehouse is a subject-oriented, integrated, time-variant and nonvolatile collection of data in support of management's decision making process". [Inmo93].

Es lässt sich demnach durch folgende Eigenschaften kennzeichnen:

Anwenderorientiert

Die (logische) Organisation und die Darstellung der Daten erfolgt aus der Sicht des Anwenders, d.h. seine Anforderungen bezüglich der Informationsinhalte bestimmen die Strukturen. Problematisch dabei ist, bei Ad-hoc-Auswertungen den Datenbedarf vorherzusehen. Ein Data Warehouse sollte ein in den Inhalten auf den vorhersehbaren, wesentlichen Kern reduziertes Abbild der Originaldaten sein.

Verwaltung großer Datenmengen

Historische Daten werden zur Optimierung der Performance und zur Reduzierung des Speicherbedarfs bei operationalen Systemen entweder nicht vorgehalten oder ausgelagert, um z.B. gesetzlichen Regelungen über die Aufbewahrungsfristen zu genügen. Ein erfolgreiches Data Warehouse muss solche Daten aber (evtl. anonymisiert) online verfügbar machen.

Summation und Aggregation

Um die operationalen Daten entscheidungsrelevant vorzuhalten, müssen diese bei ihrer Übernahme in ein Data Warehouse i.d.R. verdichtet werden. So interessieren einen Manager nicht die einzelnen Positionen einer Rechnung, wohl aber die Quartals- und Jahressummen. Dadurch werden auch die Zugriffszeiten auf die gespeicherten Daten reduziert. Dabei ist zu beachten, dass Statistiken nur sinnvoll und aussagefähig für bestimmte Stichtage sind (z.B. der erste oder letzte Tag eines Monats) bzw. standardisierte Zeiträume (z.B. Monat, Quartal, Jahr). Ferner muss erkenntlich sein, über welche Originaldaten die Aggregation erfolgte, damit z.B. bei einer Abweichungsanalyse der aggregierten Daten eine Rückverfolgung auf die Individualdaten möglich ist.

Unterschiedliche Informationsquellen

Die Datenbasis für ein Data Warehouse kann aus verschiedenen Bereichen erstellt werden, so gehen i.d.R. operationale Produktionsdaten aber auch Daten aus der Finanzbuchhaltung und der Auftragsverwaltung und evtl. externe Daten (z.B. der DAX oder Daten aus Wirtschaftsdatenbanken) in die Datenbasis ein.

Die Idee, Daten, die während der Produktions- und Verwaltungsvorgänge im eigenen Unternehmen entstehen, angereichert um externe Daten, für eine gezielte Suche nach neuen Informationen über Kunden, Produkte, Märkte usw. zu verwenden, ist nahe liegend und nicht neu. Ein

---

[17] *Gerken, W.*, Hochschule für Angewandte Wissenschaft, Hamburg

entscheidender Durchbruch in der Konzeption solcher Informationssysteme war aber lange Zeit nicht in Sicht. Bestehende Realisierungen waren vielfach entweder zu aufwändig oder nur einfache, begrenzte Erweiterungen operationaler Systeme. Erst in jüngerer Zeit entstand der Begriff des Data Warehouse, als zentrale Datenbank für Management-Informationssysteme.

Die Datenübernahme aus den vorgelagerten operationalen DV-Systemen, die als Extract/Transform/Load-Prozess (Näheres z.B. in [BaGü04]) - kurz ETL - bezeichnet wird, ist dabei ein wesentlicher Erfolgsfaktor eines Data Warehouse, denn auch hier gilt „garbage in, garbage out".

Neben dem Begriff des Data Warehouse gibt es noch die sog. Data Marts. Hier ist zwar kein struktureller Unterschied aber ein inhaltlicher. Ein Data Warehouse ist abteilungsübergreifend und enthält Daten für das gesamte Unternehmen. Ein Data Mart ist daraus abgeleitet und abteilungsspezifisch, enthält z.B. nur die für das Controlling relevanten Daten.

(2) **Mehrdimensionaler Datenwürfel**

Die in einem Data Warehouse gespeicherten Daten kann man sich als mehrdimensionalen Würfel strukturiert denken, denn letztlich geht es um statistische Auswertungen, bei denen für jedes Merkmal sowohl der zeitliche als auch der sachliche und räumliche Kontext klar sein muss. Dimensionen sind z.B. Zeit, Produkt, Kunden, Region. Eine Dimension kann in mehrere Hierarchie- bzw. Aggregationsebenen aufgeteilt sein, bei Produkt sind das z.B. Produkt - Produktgruppe - Sparte und bei Zeit Tag - Woche - Monat - Jahr.

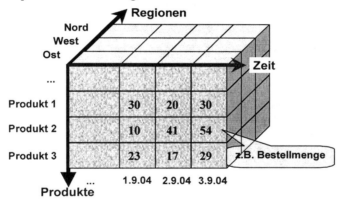

In der obigen Abbildung ist z.B. die Bestellmenge für drei Produkte jeweils in den Regionen Nord, Ost und West für den 1. bis 3.9.2004 zu sehen. Eine Aggregation würden z.B. die Bestellmengen für diese Produkte in den 3 Regionen für den September 2004 sein.

Die Daten in einem Data Warehouse lassen sich somit in zwei Kategorien einzuteilen: **Fakten** und **Dimensionen.** Fakten sind das Zahlenmaterial, die Dimensionen definieren den zeitlichen, sachlichen und räumlichen Kontext der Fakten. Bezogen auf den n-dimensionalen Datenwürfel entsprechen die Fakten dem Inneren des Würfels und die Dimensionen den Kanten, die den Würfel aufspannen. Jede Dimension kann beliebig viele Ausprägungen enthalten und selbst wieder durch spezielle Attribute beschrieben werden.

Je nach Aufgabengebiet sind ganz verschiedene Sichten auf den Datenbestand möglich. Ein Gebietsleiter wird sich vor allem für die Umsätze aller Produkte und Jahre in seinem Gebiet interessieren. Ein Produktmanager benötigt die Umsätze seines Produkts in allen Regionen. Der Leiter der Finanzabteilung ist eher an den Umsätzen aller Produkte in allen Regionen im laufenden Jahr interessiert. Die Daten können also im Rahmen von zweidimensionalen Aus-

wertungen (Tabellen, Balkendiagramme, ...) wie folgt analysiert werden:
- In einer bestimmten Region (räumlicher Kontext)
- Für ein bestimmtes Produkt bzw. eine Produktgruppe (sachlicher Kontext)
- Für einen bestimmten Tag, Monat oder Jahr (zeitlicher Kontext).

(3) **Anwendung eines Data Warehouse**

Die Nutzung eines Data Warehouse erfolgt durch dialogorientierte Abfragen und Analysen der vorhandenen Datenbestände. In diesem Abschnitt werden die verschiedenen Arten von Abfragen erläutert, die sich vor allem hinsichtlich der Komplexität voneinander abgrenzen.

Es lassen sich grundsätzlich drei Typen von Auswertungsmöglichkeiten unterscheiden.

- **Fragen mit informationellem Charakter (reporting)**

Hierbei handelt es sich um einfache, häufig vordefinierte Abfragen, die üblicherweise nicht über drei Dimensionen hinausgehen.

Beispiel: Der Umsatz je Produkt und Vertriebsgebiet in einem Zeitraum.

- **Fragen mit analytischem Charakter (analytical processing)**

Das Ergebnis einer Abfrage kann weiter analysiert werden, z.B. durch eine andere Darstellung oder Verfeinerung.

Beispiel: Der Gesamtumsatz im Jahr 2004 in Deutschland lag 10% unter dem Soll-Wert. Woran lag das?

- **Fragen nach (bisher unbekannten) Zusammenhängen (data mining)**

Beispiel: Welchen Kunden sollte im Rahmen einer Mailing-Aktion ein neues Produkt angeboten werden?

In den folgenden Abschnitten werden das Analytical Processing und das Data Mining näher diskutiert.

(4) **Analytical Processing**

Analytical Processing ist ein Oberbegriff für Technologien, Methoden und Tools zur interaktiven Analyse mehrdimensionaler Daten. Die Abfrageergebnisse sind dabei auf verschiedene Arten z.B. grafisch oder tabellarisch darstellbar. Da diese Analysen nur mit einem Dialogsystem Sinn machen, spricht man auch von Online Analytical Processing, kurz OLAP (vgl. hierzu z.B. [KeMU04]. Es lässt sich nach [PeCr00] mit dem Akronym FASMI (Fast Analysis of Shared Multidimensional Information) beschreiben.

Fast	Ein OLAP-Tool sollte einen möglichst schnellen Zugriff auf die Informationen erlauben, Schnelligkeit geht dabei vor Redundanzfreiheit.
Analysis	OLAP sollte typische Analysen als Bausteine in einer Methodenbank zur Verfügung stellen, ohne Programmieraufwand.
Shared	Eine OLAP-Datenbank muss mehrbenutzerfähig sein.
Multidimensional	Es müssen multidimensionale Daten gespeichert werden können und entsprechende Kennzahlen berechenbar sein.
Information	Es müssen alle vom Benutzer geforderten Informationen zeitnah bereit gestellt und abrufbar sein.

Eine multidimensionale Analyse läuft im Allgemeinen wie folgt ab:
1. Eine informatorische Datenabfrage, die eine bestimmte Datenmenge zum Ergebnis hat.
2. Darauf aufbauend analytische Datenabfragen, die durch Navigation innerhalb der Dimensions-Hierarchien oder durch Operationen mit den Dimensionen entstehen.

Typische OLAP-Operationen sind (vgl. dazu [KeMU04], [BaGü04])

Drill-Down	Der Wechsel von einer niedrigeren zu einer höheren Detaillierungsstufe einer Dimension (z.B. von Sparte zu Produktgruppe), der umgekehrte Weg heißt Roll-up.
Slice	Die Verdichtung durch Weglassen einer Dimension (Unterraumbildung), statt des Umsatzes je Produkt und Region nur noch der Umsatz je Produkt (und damit für alle Regionen zusammen).
Dice	Die Auswahl von Werten einer Dimension, z.B. der Umsatz je Produkt nur in der Region „Norddeutschland" und nicht für jede Region.

OLAP mit einem Data Warehouse grenzt sich gegen den OLTP-Betrieb (Online Transaction Processing) der operativen, transaktionsorientierten DV-Anwendungen eines Unternehmens aus Anwendersicht folgendermaßen ab.

	OLTP	OLAP
Zweck	für das tägliche Routinegeschäft	Information Retrieval und Analyse
Benutzer	eher Sachbearbeiter-Ebene	eher Management-Ebene
Logisches Datenmodell	Tabellen einer relationalen Datenbank	Datenwürfel
Datentyp	operationale Daten	Daten zur Planung, Steuerung und Kontrolle
Zustand der Daten	aktuelle Einzeldaten, änderbar, evtl. unvollständig	aktuell und historisch, aggregiert, beschreibend

OLTP-Systeme sind für die tägliche Datenverarbeitung zuständig, wogegen die Aufgaben der OLAP-Systeme in der Datenextraktion und -analyse liegen. Ein OLTP-System ist für die Abarbeitung der standardisierten, täglich wiederkehrenden Geschäftsprozesse konzipiert, dabei werden operationale Daten auch geändert. Ein OLAP-System hingegen wächst nur, Daten werden nicht mehr verändert, stattdessen erfordern die Anfragen größere Datenmengen, die nach verschiedenen Kriterien betrachtet werden. Durch diese unterschiedlichen Anforderungen ist eine andere Organisation der Daten notwendig. Die Daten können innerhalb eines OLAP-Systems nicht mehr normalisiert in den Tabellen einer relationalen Datenbank gespeichert werden. Durch die Normalisierung wird zwar der Speicherbedarf verringert und die Integrität der Daten sichergestellt, dies wird aber durch Performanceverlust bei der Zusammenführung gemeinsam benötigter Daten erkauft. Das für ein OLAP-System angemessene Datenmodell ist der Datenwürfel.

(5) Data Mining

Beim Informational und Analytical Processing muss der Anwender zur Formulierung der Anfrage die Zusammenhänge und die Art des Ergebnisses der Fragestellung kennen. Es können keine verborgenen Beziehungen und Muster aufgedeckt werden. Dieses ist Aufgabe des Data Mining, das die Fragen nach Ursachen und das Aufdecken von Beziehungen zum Gegenstand der Betrachtung hat. Data Mining kann mit dem Begriff Information Discovery beschrieben und als ein Prozess zur effizienten Gewinnung von vorher unbekannten, aber verständlichen und verwertbaren Informationen aus großen Datenbeständen zur Unterstützung kritischer Unternehmensentscheidungen verstanden werden [IBM_96]. Wichtige Aufgaben- und Einsatzgebiete des Data Mining sind

- Segmentierung
- Klassifikation
- Abweichungsentdeckung

❑ Abhängigkeitsentdeckung
❑ Visualisierung
❑ Prognose.

Die dabei angewandten Verfahren sind z.B. Clusteranalyse, Entscheidungsbaumverfahren oder die Assoziationsanalyse [HaKa00]. Im Rahmen der Clusteranalyse gilt es, durch Gruppierung neue Klassen von Objekten mit gemeinsamen, möglicherweise interessanten Eigenschaften zu entdecken. Ziel dabei ist, bei den Objekten innerhalb einer Klasse einen höchstmöglichen Grad an übereinstimmenden Eigenschaften bei größtmöglicher Differenzierung zu anderen Klassen zu erreichen. Anschließend können neue Objekte aufgrund ihrer Eigenschaften diesen definierten Klassen mithilfe von Entscheidungsbaumverfahren zugeordnet werden. Als Anwendungsbeispiel wären hier Analysen des Kaufverhaltens von Kunden zur Steuerung des Direkt-Marketings zu nennen.

Korrelationen zwischen gemeinsam auftretenden Dingen können durch Assoziationsregeln beschrieben werden. Typisches Szenario sind die Artikel, die in einem Supermarkt gemeinsam gekauft werden. Beispiel: In 45% aller Fälle, in denen Produkt X gekauft wird, wird auch Produkt Y gekauft, diese beiden Produkte kommen in 5 % aller Verkaufstransaktionen vor. Die Assoziationsregel enthält neben der Angabe der betroffenen Produkte Informationen über die Stärke der Beziehung (hier: 45% der Fälle), was man Konfidenz der Assoziationsregel nennt, und die Häufigkeit der darin vorkommenden Produkte (hier: 5 % aller Verkäufe), was mit Support bezeichnet wird.

In [HaKa00] ist ein Algorithmus beschrieben, der alle Assoziationsregeln eines Datenbestandes mit vorgegebener Mindestkonfidenz und vorgegebenem Mindestsupport entdeckt. Der Benutzer muss dabei keinerlei Annahmen treffen, welche Dinge korreliert sein könnten. So können auch auf ersten Blick unwahrscheinliche Korrelationen ermittelt werden. In [Boll96] wird von einem Beispiel berichtet, das bei der Analyse der Daten eines Supermarktes in den USA entdeckt wurde. Wer Bier kauft, kauft auch Windeln (allerdings gilt dieser Zusammenhang nur am Samstag).

(6) **Folgerungen**

Die nebenstehende Abbildung stellt die einzelnen Komponenten noch einmal im Gesamtzusammenhang dar.

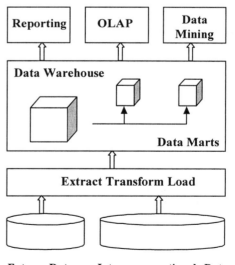

Ein Data Warehouse kann ein effizienter Informationspool für ein Unternehmen sein. Damit es nutzbringend eingesetzt wird, ist aber Folgendes zu beachten (vgl. [Volc00]):
1. Ein Projekt zur Einführung eines Data Warehouse muss die volle Unterstützung der Geschäftsleitung haben.
2. Es müssen ein ETL-Tool, eine geeignete Datenbank und geeignete Auswertungstools ausgewählt werden.
3. Für die Auswertungstools gilt, dass sie eine intuitive, leicht erlern- und bedienbare Benutzeroberfläche aufweisen müssen. Dieses ist darin begründet, dass es sich bei dem gedachten, überwiegenden Anwenderkreis weder um DV-Spezialisten noch um Personen handelt, die ständig mit dem System arbeiten.

4. Für das Data Warehouse muss es eine Meta-Datenbank geben, die die im System vorhandenen Daten und Module strukturiert beschreibt. Dieses dient zur Vorbereitung und Unterstützung der Data-Mining- und OLAP-Analysen.
5. Eine sofortige (prototypische) 80%-ige Lösung ist besser als eine (zu) späte 90%-ige. Eine 100%-Lösung wird es nie geben, ein Data Warehouse ist im ständigen Wandel begriffen.
6. Ein Data Warehouse muss gepflegt werden, dazu ist ein Systemadministrator zu benennen, der sich auch verantwortlich fühlt.
7. Die potenziellen Benutzer müssen von den Vorteilen eines Data Warehouse überzeugt und im Umgang mit dem System evtl. auch wiederholt geschult werden. In jeder Abteilung sollte es Ansprechpartner für auftretende Probleme geben.

Im Kontext des Business Intelligence-Konzepts, d.h. des integrierten, unternehmensspezifischen und IT-basierten Gesamtansatzes zur betrieblichen Entscheidungsunterstützung [KeMU04], kommt dem Data Warehouse ein entscheidender Stellenwert zu.

(7) **Weiterführende Literatur**[18]

9.4.5 Kontrolle und Steuerung

Kontrolle als Teilprozess der Führung stellt Informationen darüber zur Verfügung, inwieweit die Ziele erreicht worden sind, welche Abweichungen sich ergeben haben und wie darauf reagiert werden soll (mit Nachsteuerungsmaßnahmen oder mit Zielanpassungen).[19]

	Prozessablauf der Kontrolle
Schritt 1:	**Abweichungsermittlung** durch Gegenüberstellung von Plan- und Realisationsgrößen (Soll/Ist-Vergleich)
Schritt 2:	**Abweichungsanalysen** müssen die Ursachen der Abweichungen transparent machen und Ansatzpunkte für eine aktive Nachsteuerung im Rahmen des Controlling aufzeigen.
Schritt 3:	**Abweichungsbeurteilung** Bewertung der Abweichung im Hinblick auf ihr Zielgefährdungspotenzial (feed-foreward-Kontrolle = Prognose der Abweichung zum Periodenende im Hinblick auf deren Auswirkungen auf die Zielsetzung) - bei Zielgefährdung:

---

[18] [BaGü04] *Bauer, A., Günzel, H.* (Hrsg.), Data-Warehouse-Systeme, Heidelberg
[Boll96] *Bollinger, T.*, Assoziationsregeln, Analyse eines Data Mining Verfahrens, in: Informatik Spektrum 5/96, S. 257 ff., Berlin - Heidelberg
[HaKa00] *Han, J., Kamber, M.*, Data Mining - Concepts and Techniques, Morgan Kaufmann Publishers
[IBM_96] IBM, Data Mining, Informationen entdecken - für Entscheidungen nutzen, IBM PO DSS, Stuttgart
[KeMU04] *Kemper, H.G., Mehanna, W., Unger, C.*, Business Intelligence, Wiesbaden
[Inmo93] *Inmon, W.*, Building the Data Warehouse, Wiley-QED 1993
[PeCr00] *Pendse, N., Creeth, R.F.*, The OLAP Report, Business Intelligence, London
http://www.olapreport.com
[Volc00] *Volck, R.*, Kriterien für erfolgreiche Data Warehouse-Projekte, in: *Jung, R., Winter, R.* (Hrsg.), Data Warehousing, Heidelberg
[19] Vgl. *Schlegel, H.B.*, Computergestützte Unternehmensplanung und -kontrolle, München, S. 20

Prozessablauf der Kontrolle	
Schritt 4:	**Entwicklung von Nachsteuerungsmaßnahmen sicherstellen** Controlling hat dafür zu sorgen, dass Maßnahmen eingeleitet werden, um die Auswirkung der Abweichung zu kompensieren oder abzumildern, damit diese Abweichungen künftig nicht mehr auftreten. Der Prozess zur Einleitung von Maßnahmen erfolgt ohne Einschaltung der Unternehmensführung, solange die Abweichungen innerhalb bestimmter Toleranzgrenzen (Management-by-Exceptions) liegen, d.h. solange sie die Unternehmensziele nicht gefährden.
Schritt 5:	**Realisierungskontrolle der Nachsteuerungsmaßnahmen** Controlling muss sicherzustellen, dass die Maßnahmen inhaltlich und termingerecht umgesetzt werden und nachprüfen, ob sie den gewünschten Erfolg bringen. Auch hier sind wieder Kontroll- und Analysevorgänge erforderlich.

Kontrolle als Teilprozess des Controlling-Prozesses

Aufgaben der Kontrolle: Kontrollen haben eine Verbesserungsfunktion

Kontrollziel	Mittel
• Verbesserung der laufenden Aufgabenerfüllung	Aufzeigen aufgetretener oder zu erwartender Zielabweichungen
• Verbesserung der künftigen Aufgabenerfüllung	Verbesserung des Planungsprozesses und der Planungsinhalte
• Verbesserung des Leistungsverhaltens der Mitarbeiter/innen	Aufzeigen falschen und richtigen Verhaltens der Mitarbeiter/innen

Während alle vorgelagerten Funktionen die Aufgabe haben, die Kursfixierung festzulegen, ihre Einhaltung zu signalisieren und Abweichungen aufzuzeigen, ist die Steuerung die zukunftsgerichtete regulierende Funktion, mit der das Unternehmen wieder auf Kurs gebracht werden soll. Für die Steuerung ist nicht entscheidend, dass Abweichungen entstanden sind, sondern welche Ursachen diese Abweichungen hervorgerufen haben. Kontrolle verstanden als Teilprozess der Führung stellt Informationen darüber zur Verfügung, inwieweit die Ziele erreicht worden sind, welche Abweichungen sich ergeben haben und wie darauf reagiert werden soll (mit Nachsteuerungsmaßnahmen oder mit Zielanpassungen).[20]

Kontrollobjekte	Kontrollinhalte
Verfahrenskontrollen	überwachen die Funktionsbereiche hinsichtlich ihrer Vorgehensweise bei der Planerstellung, Informationsermittlung, Gegensteuerung nach Planabweichungen
Vollständigkeitskontrollen	prüfen, ob alle bedeutsamen internen und externen Rahmenbedingungen berücksichtigt wurden
Konsistenzkontrollen	sollen sicherstellen, dass die Teilpläne untereinander logisch und widerspruchsfrei sind
Prämissenkontrollen	sollen klären, ob die Planungsannahmen noch gültig sind
Ergebniskontrollen	aus Soll/Ist-Vergleichen und Wird-Vergleichen werden festgestellte Abweichungen analysiert und Nachsteuerungsmaßnahmen eingeleitet
Durchführungskontrollen	sollen feststellen, ob die Projekte/Maßnahmen planmäßig realisiert werden

Kontrollobjekte und Kontrollinhalte im Überblick[21]

---

[20] Vgl. *Schlegel, H.B.*, a.a.O., S. 20
[21] Vgl. *Ziegenbein, K.*, a.a.O., S. 61 ff.

9.5 Controlling-Organisation

Zunehmende Anpassungs- und Koordinationsprobleme machen die Bildung von Integrationseinheiten erforderlich. Zu klären ist die Frage, welche Form unter welchen Bedingungen am sinnvollsten ist.

9.5.1 Hierarchische Einordnung des Controlling-Bereiches

Bezüglich der hierarchischen Einordnung des Controlling-Bereiches gibt es keine einheitliche Meinung.[22] Die organisatorische Einordnung ist abhängig von unternehmens-individuellen Gegebenheiten.

Anforderungen der Unternehmensführung	Controlling wird als Teil des Führungssystems entscheidend durch individuelle Anforderungen der Geschäftsleitung bestimmt
Unternehmensgröße (Differenziertheit)	Mit der Unternehmensgröße steigt die Anzahl der Organisationseinheiten und damit auch Koordinationsbedarf und Integrationsnotwendigkeit
Dynamik und Komplexität der Unternehmensumwelt	Mit zunehmender Veränderungshäufigkeit/ -geschwindigkeit/ -stärke und zunehmender Anzahl und Verschiedenheit von Umwelttatbeständen nehmen Anpassungsprobleme zu
organisatorischer Umstellungsbedarf bei Einführung des Controlling	Je größer der Umstellungsbedarf bei der Controlling-Einführung, desto höher muss die organisatorische Einstufung des Controlling erfolgen[23]

Bestimmungsfaktoren für die hierarchische Einordnung des Controlling

Mit der Zunahme des Differenzierungsgrades des Unternehmens und der Stärke der Dynamik der Unternehmensumwelt steigen Bedeutung und hierarchische Stellung des Controlling.[24] Diese Feststellung lässt sich durch Beobachtungen der betriebliche Praxis stützen.

Unternehmensgröße	Controlling erfolgt durch
Kleinunternehmen	Geschäftsleitung allein
Mittelunternehmen	• Geschäftsleitung und/oder • kaufmännischen Leiter oder • Leiter des Rechnungswesens
Großunternehmen	• Controlling-Abteilung oder • Vorstandsbereich Controlling

Abhängigkeit der Controlling-Funktion und -organisation von der Unternehmensgröße

Unternehmensumwelt	Controlling-Funktion	Controller-Typ
stabil	• historisch- buchhaltungsorientiert • Routineaufgaben	Registrator
begrenzt dynamisch	• zukunfts- und aktionsorientiert • Planungs- und Kontrollhilfen	Navigator
extrem dynamisch	• management- und systemorientiert • Mitwirkung an Problemlösungsprozessen	Innovator

Abhängigkeit der Controlling-Funktion und -organisation von der Dynamik der Unternehmensumwelt:[25]

---

[22] Vgl. *Horváth, P.*, Controlling, 4. überarb. Aufl., München, S. 766 ff.
[23] Vgl. *Horváth, P.*, a.a.O., S. 768
[24] Vgl. *Horváth, P.*, a.a.O., S. 770 ff.
[25] Vgl. *Horváth, P.*, a.a.O., S. 769

Alternativen für die hierarchische Einordnung des Controlling-Bereiches	
• Zuordnung zu bestehenden Instanzen	• Aufbau eigenständiger Controlling-Stellen
	als Linienstelle • auf 1. Ebene • auf 2. Ebene / als Stabsstelle

Die Zuordnung zu bestehenden Instanzen wurde früher bei Einführung des Controlling gewählt. Ziel war der Wunsch, den Aufwand für das Controlling möglichst gering zu halten, bzw. die Auffassung, Controlling sei ohnehin ureigenste Aufgabe jedes Managers (was stimmt) und bedürfe deshalb keiner separaten Stelle. Folglich wurden Controlling-Funktionen allen Stellen mit Führungsaufgaben zugeordnet. Diese Organisationsalternative wird heute nur noch von Kleinunternehmen genutzt, weil sie viele Nachteile aufweist.

Unbestritten ist heute, dass zur erfolgreichen Wahrnehmung der Controlling-Funktion der Aufbau eigenständiger Controlling-Stellen mit entsprechend hoher Einordnung in die Unternehmensorganisation erforderlich ist.

(1) Controlling als Stabsstelle

Zur Implementierung des Controlling in die Unternehmensorganisation ist die Einrichtung als Stabsstelle eine geeignete Lösung. Controlling wird hier direkt der Unternehmensführung unterstellt und führt die ihm übertragenen Aufgaben als unabhängige und neutrale Servicefunktion quer zu allen Funktionsbereichen aus.

(2) Controlling als Linienstelle

Als Linienstelle verfügt Controlling über fachliche und disziplinarische Weisungsrechte. Die hierarchische Einordnung ist abhängig von der Bedeutung, die Controlling für das Unternehmen hat bzw. haben soll. In Betracht kommen die 1. und die 2. Führungsebene.

Wertung: Controlling in der 1. Ebene
+ Controller ist unabhängig
+ Controller ist gleichberechtigter Gesprächspartner
- Controller erbringt nicht nur Serviceleistungen für die Entscheidungsträger, sondern ist als Mitglied der Geschäftsleitung selbst auch für den Vollzug mitverantwortlich

Wertung: Controlling in der 2. Ebene
o Der Vorgesetzte des Controllers verfügt über einen Informationsvorsprung
- Gefahr der Überbetonung der Aspekte des Rechnungswesens- und Finanzbereiches und der Vernachlässigung des Wettbewerbsumfeldes
- Gefahr der Überbetonung kurzfristiger Aspekte zu Lasten der strategischen Ausrichtung
- Controller ist nicht gleichberechtigter Gesprächspartner auf der Geschäftsführer-/ Vorstandsebene
- Controller ist nicht vollständig unabhängig.

9.5.2 Aufbauorganisation des Controlling-Bereiches

Mit zunehmender Differenzierung und Größe des Unternehmens steigen die Anforderungen an den Controlling-Bereich. Parallel hierzu nimmt auch die Mitarbeiterzahl im Controlling zu. Damit wird eine innere Strukturierung der Funktionen im Controlling (Aufbauorganisation) immer wichtiger. Die Aufbauorganisation des Controlling-Bereiches ist wesentlich abhängig von der Unternehmensgröße.

- ❑ Für kleine Unternehmen ist eine zentrale Gliederung vorteilhaft.
- ❑ Bei Großunternehmen sind dagegen oft dezentrale Controlling-Stellen sinnvoll.

Bei dezentraler Gliederung werden die Controlling-Aufgaben von Sub-Controllern wahrgenommen, die räumlich in den jeweiligen Funktionsbereichen, den Werken oder bei den Sparten (Divisions) des Unternehmens untergebracht sind. Damit entsteht eine Controlling-Hierarchie. Sinnvoll ist, das Einsatzgebiet in die Benennung einzubeziehen: Projekt-Controller, Investitions-Controller, Marketing-Controller, Produktions-Controller, etc.

Probleme ergeben sich aus der fachlichen und disziplinarischen Unterstellung der Sub-Controller zum Bereichsleiter/Funktionsleiter auf der einen Seite und zum Zentral-/Chef-/Konzern-Controller auf der anderen Seite. Diese können durch Fairness und klare Organisationsanweisungen weitgehend vermieden werden.

9.5.3 Stellenbeschreibung Controlling

Einführung und spätere Tätigkeit des Controlling werden erheblich erleichtert, wenn von Anfang an eine allgemein akzeptierte, detaillierte, widerspruchsfreie und aussagefähige Stellenbeschreibung für das Controlling vorliegt.[26] Eine sehr ausführliche Stellenbeschreibung mit sieben Hauptabschnitten ist bei *Schröder*[27] abgedruckt. Auszugsweise hieraus der Abschnitt 2 „Grundsätzliche Aufgaben":

1. Wahrnehmung aller mit der Controlling-Funktion verbundenen Aufgaben im Unternehmen
2. Verantwortung für den Aufbau eines Controlling-Systems, das die Funktionen Planung, Information, Analyse/Kontrolle und Gegensteuerung integriert anwendet
3. Institutionalisierung eines Systems von Objectives, das allen verantwortlichen Einheiten im Unternehmen die Selbststeuerung ermöglicht
4. Verantwortung dafür, dass bei Abweichungen die erforderlichen Gegensteuerungsmaßnahmen eingeleitet werden
5. Rechtzeitiges Erkennen von langfristigen Trends, die die zukünftige Entwicklung des Unternehmens gefährden können, ohne dass sie sich heute schon in Ergebnissen niederschlagen
6. Gewährleisten, dass ein System der operativen und strategischen Planung existiert und dass danach koordiniert vorgegangen wird
7. Aufbau eines Informationssystems, das zeitnah die Entwicklung aufzeigt und Ansatzpunkte für Gegensteuerungsmaßnahmen liefert
8. Beurteilung von Entscheidungsvorlagen nach einheitlichen betriebswirtschaftlichen Kriterien
9. Initiierung von organisatorischen Strukturveränderungsmaßnahmen, wenn dies für die zukünftige Entwicklung des Unternehmens erforderlich ist
10. Aufzeigen der Auswirkungen langfristiger Trends und Entscheidungen für die Existenzsicherung des Unternehmens
11. Koordination und Steuerung funktionaler Eigeninteressen auf das Unternehmensziel.

---

[26] Vgl. *Schröder, E.F.*, a.a.O., S. 35
[27] *Schröder, E.F.*, a.a.O., S. 35 ff.

9.5.4 Anforderungsprofil Controlling-Personal

Der Erfolg des Controlling ist in außergewöhnlicher Weise abhängig von den fachlich-methodischen und persönlichkeitsbedingten Qualifikationen der Stelleninhaber.

Methodisch-fachliche Anforderungen (Kenntnisse und Erfahrungen)	Fachwissen	• Betriebswirtschaftliches Studium • Vertiefte Controlling-Kenntnisse • Kenntnis von DV-Anwendungsprogrammen
	Fremdsprachen	• Englisch ist Standard
	Mehrjährige Berufspraxis	• KLR, Revision
Persönlichkeitsbedingte Anforderungen (Eigenschaften)	Fachkompetenz	• Analytisches Denken, Flexibilität, etc.
	Führungs- und Sozialkompetenz	• Kommunikationsfähigkeit, Teamfähigkeit, Durchsetzungsvermögen, Überzeugungskraft
	Ausgeprägte Arbeitshaltung	• Eigeninitiative, Zuverlässigkeit, etc.

Anforderungsprofil Controlling-Personal

9.6 Abgrenzung strategisches - operatives Controlling

(a) Aufgabe des strategischen Controlling
ist die wettbewerbsfähige Positionierung der Arbeitsgebiete (strategische Erfolgseinheiten) im Markt zur Sicherung der langfristigen Überlebensfähigkeit des Unternehmens.
Wesentliche Steuerungsgrößen sind der Aufbau neuer und die Entwicklung bestehender Erfolgspotenziale, als Voraussetzung für späteren Erfolg und Liquidität.

(b) Aufgabe des operativen Controlling
ist erfolgsorientierte und liquiditätsorientierte Steuerung des Unternehmens auf Basis vorgegebener Kapazitäten und kurzfristiger Marktentwicklungen.[28]

Abgrenzung operatives Controlling - strategisches Controlling		
Merkmale	**Operatives Controlling**	**Strategisches Controlling**
Aufgabe	Erfolgssteuerung und Liquiditätssicherung	Sicherung der langfristigen Unternehmensexistenz
zentrale Messgrößen	Erfolg, Liquidität	Erfolgspotenziale
Orientierungsgrößen und Grundlagen	• Aufwand/Ertrag • Kosten/Leistungen • Ein- /Auszahlungen (quantifizierbare Größen)	• Stärken/Schwächen des Unternehmens • Chancen/Risiken der Unternehmensumwelt (vorwiegend qualitative Größen)
übergeordnetes Ziel	Gewinnerzielung	richtiges strategisches Handeln
einbezogene Hierarchiestufe	Schwerpunkt: mittlere Führungsebene	Schwerpunkt: oberste Führungsebene
Planungs- und Führungsstil	netzplanartige funktionsorientierte Planung mit Zusammenfassungen nach Hierarchiestufen	workshops: interdisziplinäre Teams erarbeiten Stärken/Schwächen des Unternehmens sowie Risiken und Chancen in der Unternehmensumwelt

---

[28] Vgl. *Schlegel, H.B.*, a.a.O., S. 36 f.

Abgrenzung operatives Controlling - strategisches Controlling		
Merkmale	Operatives Controlling	Strategisches Controlling
Art der Probleme	relativ gut strukturiert	meist unstrukturiert
Umfang	alle Funktionsbereiche mit Integration der Teilpläne	Herausarbeitung strategischer Hauptaufgaben
Orientierung	primär nach innen: Wirtschaftlichkeit betrieblicher Prozesse	Existenzsicherung in verschiedenen Szenarien
Alternativenspektrum, Freiheitsgrade	relativ eng - Basis: gegebene Potentiale	grundsätzlich weit - umfasst auch Potenzialänderungen
Detaillierungsgrad	relativ hoch	strukturierte Gesamtsicht
Zeithorizont	primär kurzfristig, bis 3 Jahre	längerfristig ab 3 Jahre
Unsicherheit	relativ geringer	sehr groß
Termindruck	ja - durch das Geschäftsjahr gesetzte Zeitpunkte müssen eingehalten werden	nein - Gefahr: durch operative Entscheidungen wird strategisch notwendigen Umdenkprozessen ausgewichen

Abgrenzung operatives Controlling - strategisches Controlling[29]

9.7 Vorgehensmodell zur Implementierung eines Controlling-Systems

In der Praxis wird Controlling üblicherweise aufbauend auf dem vorhandenen jahresabschluss- und abrechnungsorientierten Finanz- und Rechnungswesen schrittweise eingeführt.

Schritt 1	Basis-Informationssystem aufbauen (Kostenarten-, Kostenstellen- und Kostenträgerrechnung)
Schritt 2	Controlling-Organisation aufbauen • Das vorhandene Finanz- und Rechnungswesen sowie die derzeitigen Unternehmensplanung analysieren • Anforderungen an das Controlling-System definieren • Controlling-System entwerfen und implementieren
Schritt 3	Jahresplanung und Budgetierung zur Steuerung des operativen Geschäftes einführen **(Operatives Controlling)**
Schritt 4	Instrumente operativen Kostenmanagements einführen (Management Accounting)
Schritt 5	Jahresplanung zu einer Mehrjahresplanung und Kontrolle ausbauen (Mittelfristplanung)
Schritt 6	Strategische Planung und Kontrolle einführen **(Strategisches Controlling)**
Schritt 7	Instrumente strategischen Kostenmanagements einführen
parallel	Umfassendes Informationsversorgungssystem aufbauen

Vorgehensmodell zum schrittweisen Aufbau eines Controlling-Systems

---

[29] Vgl. *Schierenbeck*, S. 105 und *Schröder, E.F.*, a.a.O., S. 220 f.; *Horváth, P.*, S. 149 und *Weber, J.*, a.a.O., S. 82

Fragenkatalog zu Kapitel 9

1.	Was sind die wesentlichen Gründe für die Entwicklung des Controlling?	9.2
2.	Welche Aufgaben haben Integrationseinheiten?	9.2
3.	Aus welchen Bestandteilen besteht das Führungssystem eines Unternehmens?	9.3.1
4.	Erläutern Sie, inwieweit Management und Controlling ein Team bilden.	9.3.2
5.	Beschreiben Sie in Stichworten das Controlling-Leitbild.	9.3.2
6.	Grenzen Sie die Controller-Generationen voneinander ab.	9.3.3
7.	Schildern Sie den Controlling-Prozess in Stichworten.	9.4
8.	Beschreiben Sie die Aufgaben des Controlling im Hinblick auf die Zielsetzung, Planung und Information.	9.4
9.	Erläutern Sie Struktur, Funktion, Auswertungsmöglichkeiten eines Data-Warehouse.	9.4.4
10.	Schildern Sie Zweck, Objekte und Ablauf von Kontrollen.	9.4.5
11.	Welches sind die Bestimmungsfaktoren für die hierarchische Einordnung des Controlling?	9.5.1
12.	Grenzen Sie die operatives und strategisches Controlling voneinander ab.	9.6

10 Operatives Controlling

Operatives Controlling koordiniert den Ablauf der operativen Planung und Kontrolle sowie den Einsatz der Instrumente zur erfolgs- und liquiditätsorientierten Darstellung, Beurteilung und Steuerung des Unternehmens auf Basis vorgegebener Kapazitäten und kurzfristiger Marktentwicklungen. Wesentliche Instrumente des operativen Controlling sind Budgetierung, Deckungsbeitragsrechnung, Plankostenrechnung, Prozesskostenrechnung und Kennzahlen.

Die Ziele des operativen Controlling müssen aus den strategischen Oberzielen des Unternehmens abgeleitet werden. Im Vordergrund stehen Wirtschaftlichkeit, Produktivität und Rentabilität. Die operativen Ziele beziehen sich auf reale Objekte und Aktivitäten des Unternehmensprozesses (Sachziele wie Planungsunterstützung, Abstimmung der Teilbereiche, Integration von Planung und Kontrolle) sowie auf Erfolgs- und Liquiditätsaspekte von Handlungszielen (Formalziele wie Kostensenkung, Effizienzsteigerung, Reduzierung der Kapitalbindung).

10.1 Budgetierung

Wesentliche Aufgaben des operativen Controlling sind die Unterstützung der Budgetplanung und der Budgetkontrolle sowie die Informationsversorgung für Planungs-, Entscheidungs- und Steuerungsprozesse.

10.1.1 Notwendigkeit der Budgetierung

Aufgabe der Unternehmensführung ist die liquiditätsorientierte und die erfolgsorientierte Steuerung des Unternehmens.

Strategische Oberziele	• Erhaltung und erfolgreiche nachhaltige Weiterentwicklung des Unternehmens
Operative Hauptziele	• Erzielung möglichst hoher kalkulatorischer Periodengewinne • bei jederzeitiger Sicherstellung der Liquidität • unter Beachtung der Sozial- und Umweltziele

Weiterentwicklung erfordert
- ❏ die vorausschauende Berücksichtigung sich abzeichnender Entwicklungen innerhalb und außerhalb des Unternehmens
- ❏ eine anschließende Steuerung des Unternehmens im Hinblick auf die gewünschte Weiterentwicklung

Steuerungserfordernisse
- Existenz von Vorgaben für alle Zielkomponenten
- ständiger Vergleich der Vorgaben mit der Ist-Situation
- Einleitung von Nachsteuerungsmaßnahmen, wenn die Ist-Situation von der gewünschten Entwicklung abweicht

Das bedeutsamste Informationsinstrument zur ergebnisorientierten Unternehmenssteuerung ist die Kosten- und Leistungsrechnung.

Aufgaben der Kostenrechnung
- ❏ Ermittlung des kurzfristigen Unternehmenserfolges
- ❏ Wirtschaftlichkeitskontrolle

❑ rechnerische Fundierung unternehmenspolitischer Entscheidungen wie z.B. Preisfindung, Produktprogrammentscheidungen, Outsourcing

Notwendigkeit von Planungen
❑ Wirtschaftlichkeitskontrollen erfordern Vergleichsmaßstäbe
❑ Marktorientierte Preisfestsetzung erfordert Vorkalkulationen
❑ Betriebliche Dispositionen erfordern Planinformationen

Entscheidungen zur Unternehmenssteuerung sind nicht aus Vergangenheitsdaten ableitbar – sie müssen künftige Entwicklungen einbeziehen. Deshalb muss das Unternehmen seine Zukunft planen.

10.1.2 Begriffe, Aufgaben und Arten der Budgetierung

Budgetierung
❑ bedeutet inhaltlich die Ausrichtung aller Unternehmensaktivitäten auf die wertmäßigen Unternehmensziele
❑ ist aus prozessualer Sicht der Vorgang zur Erstellung, Verabschiedung und Kontrolle der Budgets für alle Organisationseinheiten des Unternehmens für das Folgejahr (= Budgetierungsprozess)
❑ stellt als Instrument der operativen Steuerung die Ergebnisse dar aus der kurzfristigen
  - Zielplanung
  - Maßnahmenplanung
  - Ressourcenplanung.

Budgets
❑ sind wert- und mengenmäßige Abbildungen der kurzfristigen Pläne der Organisationseinheiten (Kostenstelle, Unternehmensbereiche), die mit einem bestimmten **Verbindlichkeitsgrad** vereinbart/vorgegeben werden.[1]
❑ werden kostenstellenindividuell nach einheitlichen Regeln erarbeitet; aus den Teilbudgets der Kostenstellen ergibt sich das Gesamtbudget
❑ lassen sich aufteilen in Erfolgs- und Finanzbudgets

Erfolgsorientierte und liquiditätsorientierte operative Steuerung ist nur möglich, wenn ein Budgetsystem existiert, das eine nach vorne gerichtete stellen- und verantwortungsbezogene Steuerung der Aufbauorganisation des Unternehmens ermöglicht.

Die operativen Planung (Budgetierung) muss auf den Daten des strategischen Kostenmanagements aus der strategischen Planung aufbauen.

Methodik der Budgetierung
❑ Die unmittelbare **Unternehmenszukunft** wird für ein Jahr **vorausgeplant**
❑ unter Berücksichtigung unternehmensinterner Entwicklungen
❑ sowie externer Markt- und Umweltentwicklungen
❑ dies ermöglicht eine planvolle **marktorientierte Unternehmensausrichtung**
❑ Abweichungen zwischen Plan- und Ist-Werten ergänzt um Prognosen der Gesamtabweichung für die Gesamtperiode dienen als **Steuerungssignale** für Korrektur- und Anpassungsmaßnahmen.

---

[1] Vgl. *Horvath & Partner*, Das Controllingkonzept - Der Weg zu einem wirkungsvollen Controllingsystem, 2. völlig überarbeitete Auflage, S. 125 f.

Aufgaben der Budgetierung[2]

Koordinationsfunktion	• Abstimmung und Koordination der Einzelziele der Kostenstellen sichern die Umsetzung der Unternehmensziele
Planungsfunktion	• Bestimmung der Plankosten bzw. des Planergebnisses
Bewilligungsfunktion	• Budgets legen den Handlungsrahmen für die Budget-Verantwortlichen fest • Vorgabe von Soll-Größen für die Organisationseinheiten
Motivationsfunktion	• Vorgabe konkreter Ziele und deren Messung motiviert die Kostenstellenleitungen, die Ziele zu erreichen
Prognosefunktion	• Budgets geben Auskunft über geplante Aktivitäten der Organisationseinheiten
Kontrollfunktion	• Leistungsprüfung der Organisationseinheiten (zur Verbesserung der lfd. Aufgabenerfüllung und des Leistungsverhaltens der MA) • Einleiten von Nachsteuerungsmaßnahmen bei ergebnisrelevanten Abweichungen • Verbesserung künftiger Budgetierungen

Bei der Budgetierung sind die **Grundsätze für die Zielsetzung** zu beachten:[3]
- Ordnung in einer Zielhierarchie
- Schrittweise Ableitung von Teilzielen aus den Unternehmenszielen
- Ziele müssen operational, realistisch und erreichbar sein
- Ziele müssen vereinbart werden.

10.1.3 Budgetierungs-Prozess

Der Budgetierungsprozess wird üblicherweise so gestaltet, dass die Einzelbudgets ausgehend vom Engpass-Sektor in sachlich dienlicher Reihenfolge nacheinander nach dem Baukastenprinzip erstellt und dann zum Unternehmensplan zusammengefasst werden.

(1) **Grundsätze für die Budgeterstellung**

Aufgabe der Budgeterstellung ist in erster Linie die Vorgabe von Plankosten für das Folgejahr.

Grundsätze für die Budgeterstellung[4]
- Zuständig für die Budgeterstellung ist die jeweilige Kostenstellenleitung
- Kosten sollen analytisch geplant werden - Basis ist die Situation, in der das Unternehmen "optimal" arbeitet
- Kosten sollen je Kostenstelle nach Kostenarten geplant werden
- Geplante Kosten müssen genau dem Kostenartenplan und den Kontierungsvorschriften entsprechen.
- Kostenarten werden zunächst jahresweise geplant und dann monatlich heruntergebrochen
- Kostenvorgaben müssen herausfordernd aber erreichbar sein
- Für jede Kostenstelle darf es nur einen Kostenplan geben
- Budgets werden grundsätzlich nicht unterjährig geändert
- Ziel ist die Budgeterreichung.

---
[2] Vgl. *Schlegel, H.B.*, Computergestützte Unternehmensplanung und -kontrolle, München, S. 79 und *Däumler, K.D., Grabe, J.*, Kostenrechnung 3: Plankostenrechnung, 6. vollst. neubearb. Aufl., Herne-Berlin, S. 204
[3] Vgl. Controlling Grundlagen Pkt. 9.4.2
[4] Vgl. u.a. *Kilger, W.*, Flexible Plankostenrechnung und Deckungsbeitragsrechnung, 10. durch K. Vikas völlig überarb. u. erw. Aufl., Wiesbaden, S. 297 und *Däumler, K.D., Grabe, J.*, S. 204 f.

(2) Vorbedingungen für die Budgetierung

Bevor mit der Budgetierung begonnen werden kann, müssen einige Vorbedingungen erfüllt sein. Diese sind
- Sachgerechte Kostenartengliederung
- Sachgerechte Kostenstelleneinteilung
- Sinnvolle Bezugsgrößen für die Verrechnung der Kosten
- Beschäftigungsplanung
- Planungs- und Kontrollzeitraum festlegen.

(2.1) Kostenartengliederung (vgl. Pkt. 8.2.3.2.)

Die Grundsätze für die Kostenerfassung gelten auch hier
- Reinheit, Einheitlichkeit
- Vollständigkeit
- Periodengerechtigkeit.

Der Reinheit und Einheitlichkeit kommt in Hinblick auf die spätere Kostenkontrolle jedoch eine besondere Bedeutung zu. Für die Gliederung der Kostenarten bei der Budgetierung gelten grundsätzlich die gleichen Überlegungen wie in der Ist-Kostenrechnung.

Folgende Änderungen/Ergänzungen sind empfehlenswert[5]
- Zusätzliche Aufnahme sekundärer Kostenarten in den Kostenartenplan, da diese bei der Budgetierung separat geplant und kontrolliert werden
- Unterteilung der Kosten nach Beeinflussbarkeit durch die Kostenstellenleitung mit tieferer Gliederung der beeinflussbaren Kosten
  - beeinflussbare Kostenarten z.B. Material-, Lohn- und Betriebsstoffkosten
  - nicht beeinflussbare Kostenarten z.B. kalk. Kosten, gesetzl. Sozialkosten.

Optimierungsproblem Gliederungstiefe der Kostenarten
Mit der Gliederungstiefe steigt
- zwar die Planungs- und Kontrollgenauigkeit
- aber auch der Aufwand für Kostenplanung und für die spätere Kontierung der Ist-Kosten.

(2.2) Kostenstelleneinteilung (Pkt. 8.2.4.2)

Kostenstellen sind abgrenzbare Verantwortungsbereiche des Unternehmens, an denen die zur Leistungserstellung und Leistungsverwertung benötigten Güter und Dienstleistungen verbraucht werden. Art der Kostenstelleneinteilung und Gliederungstiefe sind betriebsindividuell zu bestimmen und abhängig vom Rechnungszweck.

Grundsätze der Kostenstelleneinteilung[6]
- Kostenstellen müssen selbständige Verantwortungsbereiche sein, um eine wirksame Kostenkontrolle zu gewährleisten und Kompetenzüberschneidungen zu vermeiden. Sie sollten möglichst auch räumliche Einheiten sein.
- Für jede Kostenstelle müssen sich möglichst genaue Maßstäbe der Kostenverursachung (Bezugsgrößen) finden lassen; um eine wirksame Kostenkontrolle und realitätsnahe Kalkulation zu gewährleisten.
- Kostenbelege müssen sich genau und gleichzeitig einfach auf die Kostenstellen verbuchen (kontieren) lassen.

---
[5] Vgl. *Haberstock, L.*, Kostenrechnung II - (Grenz-)Plankostenrechnung, 7. durchgeseh. Aufl., Wiesbaden, S. 86
[6] Vgl. *Haberstock, L.*, a.a.O., S. 45 f.

Budgetierung

Optimierungsproblem Gliederungstiefe der Kostenarten
- Eine hohe Gliederungstiefe führt zu einer genaueren Kostenermittlung, erlaubt eine verursachungsgerechtere Kostenverrechnung und damit zu einer besseren Kostenkontrolle und genaueren Kalkulation.
- Hoher Datenerfassungsaufwand und kompliziertere/aufwändigere Ist-Kosten sind die Nachteile, außerdem sind die Kostenstellen u.U. keine selbständigen Verantwortungsbereiche mehr.

(2.3) Bezugsgrößen-Ermittlung

Zur Verrechnung der Gemeinkosten der Kostenstellen müssen geeignete Schlüssel gefunden werden. Die Schlüssel sollten von den Leistungen (Outputs) der Kostenstellen abgeleitet sein. Bezugsgrößen sollen die Ursachen der Kostenentstehung (= Kostenbestimmungsfaktoren, Kostentreiber) einer Kostenstelle widerspiegeln. Bezugsgrößen sind die für eine Kostenstelle gewählte Messgröße der Kostenverursachung. Sie werden je nach Kostenrechnungssystem anders bezeichnet. Bezugsgrößenart und -anzahl sind abhängig vom verwendeten Kostenrechnungssystem.

Kostenrechnungssystem	Bezugsgröße
• Vollkostenrechnung Deckungsbeitragsrechnung	• Materialeinzelkosten, Lohneinzelkosten, Herstellkosten
• Grenzplankostenrechnung	• Beschäftigung (Ausbringung)
	• Kostenstelle - individuell abhängig von den jeweiligen Kostenbestimmungsfaktoren
• Prozesskostenrechnung	• Kostentreiber der Hauptprozesse

Hinsichtlich des Ziels der Verbesserung der Abrechnungsgenauigkeit besteht ein enger Zusammenhang zwischen Kostenstelleneinteilung und Bezugsgrößenwahl.

(2.4) Beschäftigungsplanung

Verfahren der Beschäftigungsplanung	
Kapazitätsplanung	Engpassplanung
Plan-Beschäftigung = kostenstellenindividuelle Kapazität	Plan-Beschäftigung wird abgeleitet vom Minimumsektor
anderen Teilbereiche des Unternehmens werden nicht berücksichtigt	berücksichtigt betriebliche Engpässe und erwartete Absatzmöglichkeiten
wegen fehlender Abstimmung mit anderen Bereichen **abzulehnen**	Regelfall der Beschäftigungsplanung

(2.5) Festlegung von Planungs- und Kontrollzeitraum

Planungszeitraum	Kontrollzeitraum
Regel: Kalenderjahr	Regel: Kalendermonat
Planung erfolgt zeitlich vor Beginn des Planjahres	Kontrolle erfolgt nach Ablauf des Kalendermonats
mit der Planung für das Folgejahr wird i.d.R. eine Prognose der Istdaten des laufenden Jahres verbunden (Forecast-to-End-of current Year)	die erfolgsorientierte Steuerung erfordert Kontrollen in möglichst kurzen Zeiträumen (dies verlängert bei eventuellen Abweichungen den Gegensteuerungszeitraum!)

Vorgehensschritte bei der Budgetierung
  (a) Ablauf der Jahresplanung festlegen
  (b) Spezifische Abläufe der Planung und Budgetierung festlegen
  (c) Abstimmprozesse zwischen Aktionsplanung und Budgetierung festlegen
  (d) Jahresplanung und -budgetierung dokumentieren

Zu (a): Ablauf der Jahresplanung festlegen
Zusammenhang zwischen den Teilplänen (Einzelbudgets) d.h. die **Reihenfolge der Erstellung der Einzelpläne** bestimmen. Wegen der Abhängigkeiten der Planungen ist vorab festzulegen, mit welchem Einzelplan begonnen werden soll. Nach *Gutenberg* sollte mit dem Minimumsektor begonnen werden. Da in der Praxis der Absatzmarkt i.d.R. wesentlicher Engpass einer Weiterentwicklung des Unternehmens ist, beginnt die Praxis auch mit der Planung des Absatz-/Umsatzbudgets. Die Budgetplanung umfasst in der Regel mindestens nachstehende Teilpläne.

Einzelschritte der Teilpläne in einem Planungskalender festlegen:

Nr.	Aktivität	Woche 30–46	Zuständige Bereiche
1	**Hochrechnung**	30	Controlling
2	**Planvorgaben**	31	Geschäftsleitung
3	**Marketing-/Vertriebsplan**	32–34	Marketing
31	Marketingplan	32	Marketing
32	Diskussion	33	Geschäftsleitung
33	Absatz-/Umsatzplan	33–34	Vertrieb (V)
34	Diskussion	35	Geschäftsleitung
4	**Produktionsplan**	36–38	Produktion (P)
41	Produktionsprogrammplan	36	Produktion/Vertrieb
42	Personalkapazitätsplan	37	Personal mit P, V
43	Maschinenkapazitätsplan	37	Produktion
44	Raumkapazitätsplan	37	Produktion
45	**Beschaffungsplan**	38	Beschaffung
46	**Investititionsplan**	38	Produktion/Controlling
5	**Kostenplanung**	39–41	Controlling
51	Plankalkulation Produkte	39	Controlling
52	Kostenstellenplanung	39–40	Bereiche/Controlling
53	Diskussion	41	Geschäftsleitung
6	**Ergebnisplanung**	42–43	Controlling/Finanzen
61	neutrales Planergebnis	42	Controlling/Finanzen
62	Betriebsergebnisplan	42	Controlling
63	Plan G+V	43	Finanzen
7	**Finanzplan**	44	Finanzen
8	**Plan-Bilanz**	44	Finanzen
9	**Budget-Verabschiedung**	45	Geschäftsleitung

Grobbeispiel eines Planungskalenders

- Aggregationsformen der Teilpläne festlegen
- Rückkopplungsprozesse zwischen Top-down-Vorgaben (Eckwerten) und Bottom-up-Planungen festlegen.

Zu (b): Spezifische Abläufe der Budgetierung festlegen
- Verantwortungsbereiche festlegen
- Vorgabegrößen (Eckwerte) für alle Verantwortungseinheiten festlegen
- Budgetkontrollprozesse erarbeiten
- Budgetierungsorgane bestimmen.

Budgetierung

Zu (c): Abstimmprozesse zwischen Aktionsplanung und Budgetierung festlegen
Eng verbunden mit der Budgetierung ist die Aktionsplanung.

Unterschied zwischen Budgetierung und Aktionsplanung

• Budgetierung ist formalzielorientiert	beinhaltet monetäre Zielsetzungen wie Leistung, Kosten, Vermögen, etc.
• Aktionsplanung ist sachzielorientiert	beinhaltet die konkreten Einzelmaßnahmen der jeweiligen Organisationseinheiten (z.B. Entwicklungs-, Beschaffungs-, Produktions-, Vertriebs- und Verwaltungsmaßnahmen)

Alternative Reihenfolgen von Budgetierung und Aktionsplanung

Top-down	Erst Budgetierung (Zweck) – daraus abgeleitet eine Aktionsplanung (Mittel)
Bottom-up	Erst Aktionsplanung (Mittel) – daraus abgeleitet die Budgetierung (Zweck)
Gegenstromverfahren	Ständige Abstimmung zwischen Aktionsplanung und Budgetierung

Für operative Budgetierungsprozesse wird bezüglich der Reihenfolge von Budgetierung und Aktionsplanung häufig das Top-down-Verfahren verwendet, weil es einerseits eine gute Koordination erlaubt (alle Wertvorgaben werden auf das Gewinnziel ausgerichtet), andererseits auch motivierend wirkt, weil die Organisationseinheiten selbst bestimmen können, durch welche Aktionen sie die Wertvorgaben erreichen wollen.

In der Praxis sind die Übergänge zwischen Aktionsplanung und Budgetierung fließend. Oft ist mit der **formalzielorientierten Budgetierung** eine **sachzielorientierte Aktionsplanung** verbunden, da eine inhaltlich fundierte Budgetierung nur bei gleichzeitiger Planung der hierzu erforderlichen Maßnahmen erstellt werden kann.

DV-Unterstützung der Budgetierung
Die operative Planung und Budgetierung wird – im Gegensatz zur strategischen Planung – DV-gestützt mit mehr oder weniger komplexen Rechenmodellen sog. **ERP**-Systeme (**E**nterprise **R**esource **P**lanning) von abas, Baan, Oracle, Peoplesoft, SAP etc. durchgeführt. Bei der Auswahl dieser Systeme stehen aus Sicht der Kostenstellenleitung Ergonomie und Handling der Programme an erster Stelle, aus Sicht des Controlling die Integration.

Zu (d): Jahresplanung und -budgetierung dokumentieren
Vorbereitend zur Freigabe der Budgets durch die Unternehmensleitung muss das Controlling die Einzelbudgets erfassen und zum Gesamtbudget zusammenfassen.

Nach Freigabe des Budgets sind diese in die DV-Systeme einzugeben, damit monatliche Vergleiche mit den Ist-Werten möglich sind.

(3) **Budgetsystem und Budgetierungsprozess in einem Mittelstandsunternehmen**

Die vereinfachte Darstellung eines Budgetsystems zeigt nebenstehende Grafik.
Die Erläuterung des Zusammenhangs zwischen den Teilplänen erfolgt auf S. 528.

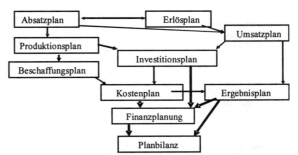

Budgetsystem eines Mittelstandsunternehmens

(4) **Netzplan für den Aufbau der Unternehmensplanung in einem Großunternehmen mit „Product Divisions"**

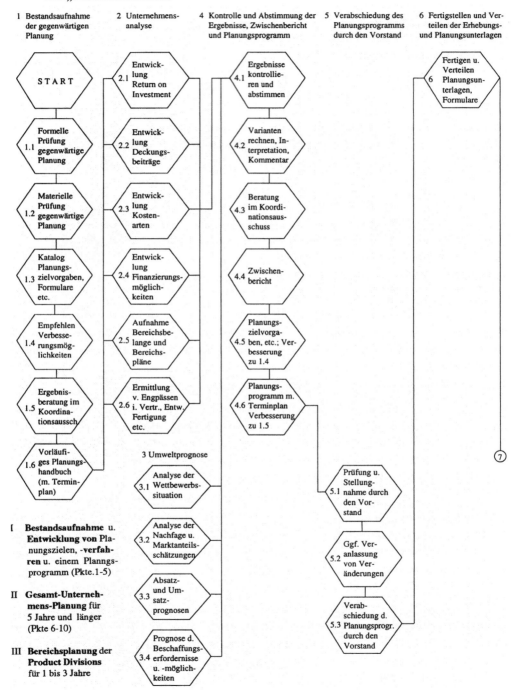

Budgetierung

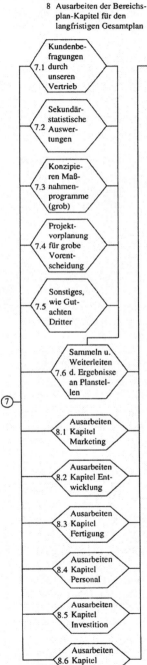

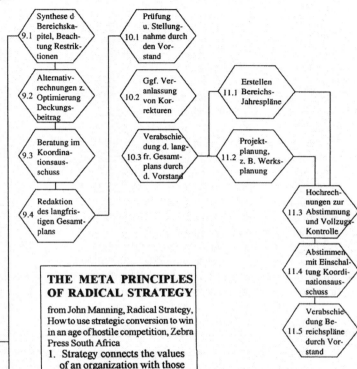

7 Veranlassung aller dezentraler Planungsarbeiten
8 Ausarbeiten der Bereichsplan-Kapitel für den langfristigen Gesamtplan
9 Synthese zum Gesamtplan unter Einschaltung des Koordnationsausschusses
10 Prüfung, Kommentierung und Verabschiedung des Gesamtplans durch den Vorstand
11 Einleitung der kurz- und mittelfristigen Bereichsplanung auf der Grundlage der Rahmendaten des Gesamtplans

7.1 Kundenbefragungen durch unseren Vertrieb
7.2 Sekundärstatistische Auswertungen
7.3 Konzipieren Maßnahmenprogramme (grob)
7.4 Projektvorplanung für grobe Vorentscheidung
7.5 Sonstiges, wie Gutachten Dritter
7.6 Sammeln u. Weiterleiten d. Ergebnisse an Planstellen

8.1 Ausarbeiten Kapitel Marketing
8.2 Ausarbeiten Kapitel Entwicklung
8.3 Ausarbeiten Kapitel Fertigung
8.4 Ausarbeiten Kapitel Personal
8.5 Ausarbeiten Kapitel Investition
8.6 Ausarbeiten Kapitel Finanzen

9.1 Synthese d Bereichskapitel, Beachtung Restriktionen
9.2 Alternativrechnungen z. Optimierung Deckungsbeitrag
9.3 Beratung im Koordinationsausschuss
9.4 Redaktion des langfristigen Gesamtplans

10.1 Prüfung u. Stellungnahme durch den Vorstand
10.2 Ggf. Veranlassung von Korrekturen
10.3 Verabschiedung d. langfr. Gesamtplans durch d. Vorstand

11.1 Erstellen Bereichs-Jahrespläne
11.2 Projektplanung, z. B. Werksplanung
11.3 Hochrechnungen zur Abstimmung und Vollzugs-Kontrolle
11.4 Abstimmen mit Einschaltung Koordinationsausschuss
11.5 Verabschiedung reichspläne durch Vorstand

THE META PRINCIPLES OF RADICAL STRATEGY

from John Manning, Radical Strategy, How to use strategic conversion to win in an age of hostile competition, Zebra Press South Africa

1. Strategy connects the values of an organization with those of its customers.
2. Strategy must enable the organization to make a difference that matters to a critical mass of "right" customers.
3. Focus, value, and costs are the keys to competitive advantage.
4. Imagination and human spirit inspire maximum performance. These are products ot both individual contribution and symbiotic relationships.
5. It may be easy to clone a product, but it's impossible to clone a community. So, a vital goal of strategy is to create and sustain a unique community.
6. Purpose is the glue that holds a community together, drives teams to seek their potential, and provides the context in which individuals can apply their imagination and spirit.
7. Shared ideas lead to shared meaning. The more openly and honestly ideas are shared, the greater the level of trust will be, and the more ideas will be shared.
8. People value work that makes them valued. When they make strategy, they matter. And they own the outcomes.
9. Strategic management is conversation. It informs, focuses attention, triggers fresh insights, lights up the imagination, energizes people, and inspires performance.
10. Corporate conversation provides a context for personal and group learning. Your message must be complex and challenging, or no one will buy it. It must also be simple, clear, and believable, or your won't sell it.

Vereinfachte Beschreibung des Zusammenhanges zwischen den Teilplänen
(zu Abbildung S. 525)
- Ausgangspunkt der Planungen sind der **Absatz- und Erlösplan** des Vertriebsbereiches, hieraus ergibt sich der **Umsatzplan**
- Auf Basis der geplanten Absatzmengen erstellt die Produktionsplanung nach Einbezug von Erzeugnisbeständen den **Produktionsplan** (Beschäftigungsplan)
- Der Vergleich der Plan-Beschäftigung gemäß Produktionsplan mit den Produktionsressourcen (Personalkapazitäten, Maschinenkapazitäten, Raumkapazitäten, Vorräten und Forderungen) zeigt Zusatzbedarfe, die in den **Investitionsplan** eingestellt werden
- Aus dem Produktionsplan/Beschäftigungsplan ergeben sich die Mengenbedarfe an Roh-, Hilfs- und Betriebsstoffen und der **Beschaffungsplan**
- Die ermittelten Planwerte sind Basis für die **Kostenplanung**
  - Die KSt-Leitungen planen in der **Kostenstellenplanung** zunächst ihre Primärkosten, dann ihre Sekundärkosten (IL-Verrechnungen)
  - Die **Erzeugniskalkulation** ermittelt die Herstellkosten der Produkte unter Verwendung der Mengengerüste aus Stücklisten und Arbeitsplänen und den zugehörigen Plan-Preisen der Produktionsfaktoren. Durch Einbeziehung der Erlöse lassen sich Deckungsbeiträge und der produktanteilige Gewinn ermitteln
- Umsatzerlöse aus dem Erlösplan und Herstellkosten aus der Erzeugniskalkulation werden in den **Ergebnisplan** übernommen
- Zahlungsrelevante Positionen der Kosten- und Ergebnisplanung und die Daten des Investitionsplans werden in den **Finanzplan** aufgenommen
- Aus Finanzplan und Ergebnisplan ergibt sich nach Zusammenfassung mit den Jahresanfangsbeständen und Berücksichtigung von Zinsen, Tilgung und Steuern die **Planbilanz**.

10.1.4 Fallstudie: 3-Jahres-Planung eines mittelständischen DV-Unternehmens von *Oliver Ahnfeld*[7]

Die vorliegende Arbeit stellt einen Drei-Jahres-Plan für ein imaginäres, mittelständisches Unternehmen dar, das im Bereich der graphischen Datenverarbeitung arbeitet und Problemlösungen für eine ebenfalls imaginäre Branche anbietet.

(1) Das Unternehmen („Blick nach innen")

Das zugrunde gelegte Unternehmen sei durch folgende Angaben charakterisiert:

Name:	UDUG (Unternehmen für Datenverarbeitung und Grafik)
Rechtsform:	GmbH
Mitarbeiter und deren jährl. Bruttogehälter in €:	3 Angestellte je € 80.000 mit jährl. Erhöhung von je 5%
	1 halbtägig beschäftigte Bürokraft € 15.000 mit jährl. Erhöhung von 3% ab 2. Planjahr
	2 Lohnempfänger je € 30.000 mit jährl. Erhöhung von je 3%
	Personalneben- und Sozialkosten werden mit 25% auf Löhne und Gehälter angenommen
Produkte:	Das Unternehmen vertreibt folgende Produkte, welche zu den angegebenen Einstandspreisen eingekauft werden:

---

[7] *Ahnfeld, O.*, Planco Consulting GmbH, Hamburg,
Excelversion für Trainingszwecke verfügbar bei oliver.ahnfeld@planco.org

1. Produkt FIFA

ist eine branchenneutrale Problemlösung für die Bereiche
- Finanzbuchhaltung,
- Fakturierung und
- Textverarbeitung.

Dieses Produkt wird als Komplett-Lösung mit der notwendigen Hardware vertrieben. Die Hardware besteht aus
- 1 PC, Einstandspreis € 1.950 und
- 1 Drucker, Einstandspreis € 800.

FIFA wird über den Fachhandel, in dem es bereits erfolgreich eingeführt ist, zum Netto-Verkaufspreis von € 8.000 vertrieben.

2. Produkt ZUP

ist eine Problemlösung für die Optimierung von Zuschnitten und enthält folgende weitere Komponenten:
- Finanzbuchhaltung
- Fakturierung
- Textverarbeitung
- Materialdisposition
- Produktionsplanung und -steuerung (PPS)
- Betriebsdatenerfassung (BDE)
- Computer Aided Design (CAD).

Die Entwicklungskosten dieses Systems sind in den Gehältern der Angestellten enthalten, da diese ZUP gemeinsam entwickelt haben.

ZUP wird als System ebenfalls mit der notwendigen Hardware und Software vertrieben. Die Hardware ist im 1. Planjahr ausschließlich Handelsware zu den angegebenen Einstandspreisen.

2 Digitizer	€/Stück	15.000
1 Hochleistungsserver	€/Stück	125.000
5 Terminals Typ A	€/Stück	14.000
5 Terminals Typ B	€/Stück	5.000
1 Spezial-Plotter	€/Stück	60.000

Das System kann modular aufgebaut werden. Die übliche Konfiguration besteht aus den o.a. Modulen und wird für € 465.000 verkauft.

Ab dem 2. Planjahr wird der Spezial-Plotter aus gelieferten Teilen in eigener Montage hergestellt, diese Teile werden in den folgenden Kategorien, zu den angegebenen Preisen eingekauft.

Mechanik	€/Stück	20.000
Elektronik	€/Stück	18.000
Sonstiges	€/Stück	2.000

Für Anschaffung der dazu notwendigen Maschinen und Rohstoffe werden in der ersten Planperiode € 50.000 und in der zweiten € 250.000 als langfristiges Fremdkapital aufgenommen sowie eine Kapitalerhöhung durch die Gesellschafter in Höhe von € 170.000 durchgeführt.

Alle folgenden angenommen Kostenprämissen sind in der Realität das Ergebnis entsprechender Erhebungen, die von Fachleuten durchgeführt und von der Geschäftsführung bestätigt werden müssen.

- Miete inkl. Betriebskosten 100 qm á € 10 pro m² und Monat
- Versicherung, Lizenzgebühr
   1. Planjahr € 4.000, 2. Planjahr € 6.000, 3. Planjahr € 6.500
- Instandhaltungskosten
   1. Planjahr € 11.000, 2. Planjahr € 31.000, 3. Planjahr € 32.000
- Anlaufkosten 2. Planjahr € 15.000
- Fixe Vertriebskosten
   1. Planjahr € 2.000, 2. Planjahr € 2.200, 3. Planjahr € 2.400
- Fixe Verwaltungskosten
   1. Planjahr € 2.000, 2. Planjahr € 3.000, 3. Planjahr 3.500

- Entwicklungskosten (für Weiterentwicklung, Customizing)
  1. Planjahr € 15.000, 2. Planjahr € 5.000, 3. Planjahr 5.500
- Variable Vertriebskosten/System
  FIFA € 800, ZUP € 4.000
- Variable Betriebsstoffe
  1. Planjahr € 0, 2. Planjahr € 1.300, 3. Planjahr € 1.600
- Variable Energie- und Transportkosten
  1. Planjahr € 1.900, 2. Planjahr € 3.400, 3. Planjahr € 3.500
- Variable Reparaturkosten
  1. Planjahr € 1.000, 2. Planjahr € 1.200, 3. Planjahr € 1.400
- Variable Verpackungskosten
  1. Planjahr € 1.000, 2. Planjahr € 1.100, 3. Planjahr € 1.300

Diese Kosten sind optimistisch angesetzt und enthalten außer Rückstellungen für Garantieleistungen keine Reserven für Unvorhergesehenes.

(2) Marktanalyse („Blick nach außen")

Bei den potentiellen Kunden handelt es sich um Unternehmen, die graphische Zuschnittsprobleme zu lösen haben, wie es beispielsweise in den textil- oder einigen metallverarbeitenden Branchen der Fall ist. Eine realistische Produktprogramm-, Absatz- und Umsatzplanung für Investitionsgüter hat eine klare Kenntnis (Segmentierung) des Zielmarktes und einzelner Kundengruppen zur Voraussetzung. Aus der

Marktanalyse (Betriebsgröße der Kunden)					
Umsatz von ... bis ... Mio. EUR	Anzahl der Betriebe		Gruppenumsatz der Gruppe in Tsd. EUR		durchschnittlicher Umsatz je Betrieb in Tsd. EUR
	absolut	%	absolut	%	
bis 1	1.800	49,4%	630.000	3,3%	350
von 1 bis 5	1.100	30,2%	2.500.000	13,1%	2.273
von 5 bis 10	330	9,1%	2.300.000	12,0%	6.970
von 10 bis 25	260	7,1%	4.100.000	21,4%	15.769
von 25 bis 50	90	2,5%	3.000.000	15,7%	33.333
von 50 bis 100	50	1,4%	3.500.000	18,3%	70.000
über 100	15	0,4%	3.100.000	16,2%	206.667
Total	**3.645**	**100,0%**	**19.130.000**	**100,0%**	**5.248**

Betriebsstättenstatistik der Bundesrepublik und Jahresberichten der relevanten Unternehmensverbände ist beispielsweise obige mittelständische Struktur des Kundenkreises ermittelt worden. Sie zeigt:

Das Marktvolumen kann mithilfe der o.g. Zahlen sowie der Umsatz-Gewinn-Rate (Annahme: 4%) und der davon abhängigen Investitionsrate (Annahme: 50% der Umsatz-Gewinn-Rate) ermittelt werden.

Aufgrund der Systempreise von ca. € 500.000 und dem errechneten Investitionsvolumen von 2% des Umsatzes kommen nur Unternehmen mit einem Umsatz von mindestens € 25 Mio. als Käufer in Betracht.

Das maximale Marktpotential kann somit durch Addition der entsprechenden Gruppenumsätze der obigen Tabelle ermittelt werden. Das minimale Marktpotential liege bei Abnahme jeweils eines Systems je Betrieb.

Durch Kundenbefragungen und Branchenuntersuchungen sei bekannt, dass sich mögliche Systemkäufe auf die folgenden vier Jahren verteilen würden. Dies hätte einen maximalen Bedarf von 384[8] und einen minimalen Bedarf von 155[9] Systemen in vier Jahren zur Folge, so dass minimal mit ca. 39 verkauften Systemen pro Jahr zu rechnen ist. Die jährlichen Verkäufe verteilen sich nach den in der nachfolgenden Wettbewerbsanalyse angegebenen Marktanteilen. Im Folgenden wird vorsichtig mit

---

[8] $384 = \dfrac{€\,3\,\text{Mrd.} + €\,3.5\,\text{Mrd.} + €\,3.1\,\text{Mrd.}}{€\,500\,\text{Tsd.}} \times 2\%$

[9] Anzahl der Betriebe mit mehr als € 25 Mio. Umsatz: 155 = 90 + 50 + 15

Budgetierung   531

dem minimalen Absatzvolumen von 39 Systemen gerechnet.
Der Absatz der branchenneutralen Problemlösung FIFA wird hier pauschal mit 12 Systemen pro Jahr geplant.

(3) **Wettbewerbsanalyse („Blick nach außen")**
Die UDUG steht in Konkurrenz zu drei weiteren Unternehmen, welche vergleichbare Produkte anbieten. Im Folgenden werden diese Produkte mit ihren Vor- und Nachteilen gegenüber ZUP dargestellt:
1. Das Produkt BUS wird für € 300.000 vertrieben, es bietet
   - kein PPS
   - Abspeicherung von 50 Mustern
   - geringeren Komfort.
2. Das Produkt GUB verfügt über die folgenden Leistungsmerkmale:
   - Gleicher Umfang wie ZUP
   - Abspeicherung von 5000 Mustern
   - Gleicher Komfort wie ZUP
   - € 450.000 Verkaufspreis
   - Höhere Verarbeitungsgeschwindigkeit als ZUP.
3. Das Produkt TUB bietet für € 500.000 die gleichen Leistungen wie GUB, ist diesem aber in der Wiederholgenauigkeit überlegen.

Marktanteile	
Produkt	Marktanteil in %
ZUP	13
BUS	33
GUB	23
TUB	31

Marktanteile im Jahr 0

(4) **Status-quo-Prognose („Blick nach vorn")**
Die momentane Situation mit einem Marktanteil von 13% ist auf die mangelnde Konkurrenzfähigkeit von ZUP zurückzuführen. Dieser Mangel resultiert aus dem, trotz einer Senkung um 5%, immer noch vergleichsweise hohen Preis von € 465.000 und dem im Vergleich zur Konkurrenz schlechteren Preis-/Leistungsverhältnis. Sollten diese Mängel nicht umgehend beseitigt werden, so ist mit weiteren Marktanteilsverlusten zu rechnen. Die weiteren Verluste müssen mit einem bis zu 2 Systemen p.a. veranschlagt werden, so dass UDUG in drei Jahren in beträchtliche Schwierigkeiten geraten wird, da dann der Deckungsbeitrag nicht mehr die Personalkosten decken kann.
Die Umsatz- und Deckungsbeitragsentwicklung für die folgenden Jahre wird in der nebenstehenden Tabelle veranschaulicht.

Umsatzentwicklung und Deckungsbeitrag			
	Jahr		
	01	02	03
Marktanteil ZUP in %	10%	8%	3%
Absatz in ZUP Systeme / Jahr	4	3	1
Umsatz ZUP à 465.000 EUR	1.860.000	1.395.000	465.000
Absatz in FIFA Systeme / Jahr	12	12	12
Umsatz FIFA à 8.000 EUR	96.000	96.000	96.000
Total Umsatz	1.956.000	1.491.000	561.000
variable Kosten	-1.312.100	-941.200	-354.000
Deckungsbeitrag	643.900	549.800	207.000
Personalkosten	318.750	334.313	350.642
+ Über- / - Unterdeckung	325.150	215.488	-143.642

Umsatzentwicklung und Deckungsbeitrag für die nächsten drei Jahre[10]

Der Einfachheit halber wird angenommen, dass nur gleiche Konfigurationen verkauft werden. In der Realität werden die Systemkonfigurationen je nach Größe und Anforderung des Kundenbetriebs variieren. Aus diesem Grund ist es wichtig, den Markt nach Betriebsgrößen und deren Häufigkeit zu strukturieren.

---

[10] Variable Kosten untergliedern sich in Materialeinzelkosten und direkt zurechenbarem sonstigen betrieblichen Aufwand.

(5) Verbesserungsmaßnahmen („Bestimme die Richtung")

Da die Probleme auf das mangelnde Preis-/Leistungsverhältnis zurückzuführen sind, ist das UDUG-Management gefordert, in diesem Bereich tätig zu werden, um ein Absinken des Umsatzes je Mitarbeiter unter die € 200.000 - Grenze zu verhindern.

Dieses oberste Ziel ist auf zwei Wegen erreichbar: Erstens, die Anzahl der Mitarbeiter wird verringert oder zweitens, der Umsatz wird bei gleicher Mitarbeiterzahl erhöht oder zumindest auf dem jetzigen Stand gehalten. Da der erste Weg bei einem stetig sinkenden Marktanteil den Konkurs nur verzögert, ihn aber nicht verhindert, kommt hier nur die Möglichkeit der Umsatzstabilisierung bzw. -erhöhung in Betracht.

Für die Verbesserung des Preis-/Leistungsverhältnisses bestehen drei Alternativen.
1. Der Preis sinkt bei gleicher Leistung
2. Der Preis bleibt bei steigender Leistung konstant
3. Der Preis sinkt bei steigender Leistung.

Um eine der Alternativen auswählen zu können, muss zunächst geklärt werden, ob ein zu hoher Preis oder mangelnde Leistung den Umsatzrückgang verursachen. Da der Preis für ZUP im Rahmen der Konkurrenzpreise liegt und aus Kundengesprächen bekannt ist, dass das Preisniveau bei entsprechend guter Leistung akzeptiert wird, ist die Schwachstelle im Bereich der Leistung zu suchen. Hierzu ist anzumerken, dass ZUP im Vergleich mit den gleich teuren Konkurrenten zu langsam ist und eine nicht ausreichende Wiederholgenauigkeit bei mehrfach gleichen Abläufen gewährleistet.

Diese Probleme gilt es zu lösen, indem die Software überarbeitet und der Spezial-Plotter durch ein anderes Modell mit eindeutig besserer Wiederholgenauigkeit ersetzt wird.

Da auf dem Markt kein besserer Plotter zu einem vergleichbaren Preis zu bekommen ist, soll nach Plänen der UDUG-Gesellschafter ab dem 2. Planjahr ein in Eigenmontage gefertigter Spezial-Plotter vertrieben werden. Zu diesem Zweck werden zwei Fertigungslöhner eingestellt und das Büro um einen 100 qm großen Werkstattraum erweitert.

(6) Unternehmensplanung („Definiere Ziele und organisiere den Erfolg")

Für die Realisierung der Verbesserungsmaßnahmen wird eine 3-Jahres-Planung mit den folgenden Punkten erstellt (Planung erfolgt in €):
- Absatz-, Umsatz- und Produktionsplanung P(1)
- Personalplanung P(2)
- Materialplanung P(3)
- Investitionen und Abschreibungen P(4)
- Planung des sonstigen betrieblichen Aufwandes (sbA) P(5)
- Deckungsbeitragsrechnung P(6)
- Risiko- und Sensitivitätsanalyse P(7)
- Plan-Gewinn- und Verlustrechnung P(8)
- Zins- und Tilgungsplan P(9)
- Steuern P(10)
- Planbilanz P(11)
- Cashflow-Plan P(12)
- Kennzahlen und Bewegungsbilanz P(13).

Budgetierung

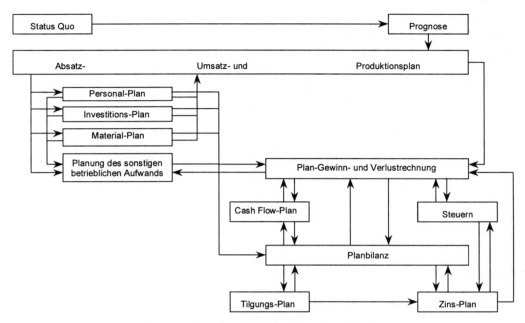

Zusammenhänge und Verknüpfungen der Teilpläne

Eine Schwierigkeit ist, dass die Planung nicht geradlinig verläuft. Das nachfolgende Beispiel macht dies deutlich.

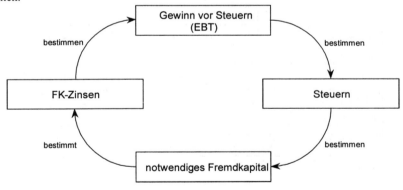

Der Gewinn vor Steuern (EBT = Earnings Before Taxes) bestimmt die Höhe der Steuern. Steuerzahlungen sind liquider Abgang von Finanzmitteln, so dass möglicherweise Fremdkapital zur Verfügung stehen muss (siehe P(12): Cashflow). Für dieses Fremdkapital kommen Fremdkapitalzinsen zur Auszahlung, die wiederum Einfluss auf den Gewinn vor Steuern (siehe P(8): Plan-Gewinn- und Verlustrechnung) haben (EBT = Gewinn vor Zinsen und Steuern ./. FK-Zinsen).
Dieses Zirkularitätsproblem lässt sich nur iterativ lösen.

P(1): Absatz-, Umsatz- und Produktionsplanung

Durch die geplanten Verbesserungsmaßnahmen ist mit einer Steigerung des Marktanteils und damit einer Erhöhung des Absatzes für die nächsten drei Jahre zu rechnen.

Vereinfachend wird angenommen, dass nur verkaufte Systeme produziert werden, ein Fertigwarenlager entsteht nicht.

		Absatz-, Umsatz- und Produktionsplanung		
		Planjahr		
		01	02	03
ZUP	Preis je System	465.000	465.000	465.000
	Anzahl	4 Systeme	5 Systeme	6 Systeme
	Umsatz	1.860.000	2.325.000	2.790.000
FIFA	Preis je System	8.000	8.000	8.000
	Anzahl	12 Systeme	12 Systeme	12 Systeme
	Umsatz	96.000	96.000	96.000
Total Umsatz		1.956.000	2.421.000	2.886.000

P(2): Personalplanung

Die Gesellschaft hat zwei geschäftsführende Gesellschafter, davon je ein Spezialist für Software- und Hardwareentwicklung. Weitere Mitarbeiter werden im Vertrieb und Sekretariat/Buchhaltung eingesetzt.

		Personalplanung		
		Planjahr		
		01	02	03
Kaufmännische Abteilung	Anzahl	1	1	1
	Gehalt	80.000	84.000	88.200
Technische Abteilung	Anzahl	1	1	1
	Gehalt	80.000	84.000	88.200
Vertriebsabteilung	Anzahl	1	1	1
	Gehalt	80.000	84.000	88.200
Sekretariat / Buchhaltung	Anzahl	0,5	0,5	0,5
	Gehalt	30.000	30.900	31.827
Lohnempfänger	Anzahl	0	2	2
	Gehalt	0	30.000	30.900
Personal		255.000	327.450	342.314
Nebenkosten	25%	63.750	81.863	85.578
Total Personalaufwand		318.750	409.313	427.892
durchschnittlicher Personalaufwand		91.071	74.420	77.799

Die Lohnempfänger werden zur Produktion des Spezial-Plotters im zweiten Planjahr eingestellt.

Budgetierung

P(3): Materialplanung

Für die Planung des Zuschnittsoptimierungssystems ZUP und dem Buchhaltungsprogramm FIFA ist folgender Materialeinsatz (siehe P(3): Materialplanung) avisiert. Die Hardwaresysteme sind Einzelkomponenten, die dem Kunden zu Einstandswerten durchgereicht werden.

					Materialplanung		
						Planjahr	
	Benennung		Anzahl	Einzelpreis	01	02	03
ZUP	Hardware-systeme	Digitizer	2	15.000	30.000	30.000	30.000
		Hochleistungsserver	1	125.000	125.000	125.000	125.000
		Terminal Typ A	5	14.000	70.000	70.000	70.000
		Terminal Typ B	5	5.000	25.000	25.000	25.000
		Spezialplotter	1	60.000	60.000	0	0
		Total Hardware			310.000	250.000	250.000
	Spezial-plotter	Mechanik	1	20.000	0	20.000	20.000
		Elektronik	1	18.000	0	18.000	18.000
		Sonstiges	1	2.000	0	2.000	2.000
		Total Spezialplotter			0	40.000	40.000
	Total ZUP je System				310.000	290.000	290.000
	Anzahl produzierter ZUP-Systeme				4	5	6
	Materialaufwand				1.240.000	1.450.000	1.740.000
FIFA	Hardware-systeme	PC	1	1.950	1.950	1.950	1.950
		Drucker	1	800	800	800	800
		Total Hardware			2.750	2.750	2.750
	Anzahl produzierter FIFA-Systeme				12	12	12
	Materialaufwand				33.000	33.000	33.000
Total Materialaufwand					1.273.000	1.483.000	1.773.000

Ab dem Planjahr 2 wird der Spezial-Plotter in einer höheren Qualität zu niedrigeren Kosten in Eigenproduktion hergestellt. Zu diesem Zweck werden die Betriebsräume um 100 qm erweitert (siehe P(5): Planung des sonstigen betrieblichen Aufwand [Miete]) und zwei Fertigungslöhner eingestellt (siehe P(2): Personalplanung [Lohnempfänger]).
Der Materialeinsatz wird sich durch diese Maßnahme um € 20.000 je System verringern.

P(4): Investitionen und Abschreibungen

Die Abschreibungen für die Planjahre setzten sich aus Abschreibung von Investitionen der Vorperioden in Höhe von € 42.000 und Abschreibungen aufgrund der Investition für die Produktion des Spezial-Plotters im Planjahr 2 zusammen.

Investitionen und Abschreibungen			
	Planjahr		
	01	02	03
Investitionen	0	400.000	0
Abschreibungen (linear 20%)	42.600	122.600	122.600

P(5): Planung des sonstigen betrieblichen Aufwandes

Der sonstige betriebliche Aufwand (sbA) wird unterteilt in eine fixe (unabhängig vom Produktabsatz) und eine variable Komponente (siehe P(5)).

	Planung des sonstigen betrieblichen Aufwands			
		Planjahr		
		01	02	03
FIX	Miete	12.000	24.000	24.000
	Versicherungen	4.000	6.000	6.500
	Instandhaltung	11.000	31.000	32.000
	Anlaufkosten	0	15.000	0
	Verwaltungskosten	2.000	3.000	3.500
	Vertriebskosten	2.000	2.200	2.400
	Entwicklungskosten	15.000	5.000	5.500
	Total fix	46.000	86.200	73.900
VARIABEL	Betriebsstoffe	0	1.300	1.600
	Energie	1.900	3.400	3.500
	Reparatur	1.000	1.200	1.400
	Verpackung	1.000	1.100	1.300
	Vertrieb FIFA (EUR 800/System)	9.600	9.600	9.600
	Vertrieb ZUP (EUR 4000/System)	16.000	20.000	24.000
	Total variabel	29.500	36.600	41.400
	zahlungswirksamer sbA	75.500	122.800	115.300
	nichtzahlungswirksamer sbA (Rückstellungen)	20.000	4.000	5.000
	Total sbA	95.500	126.800	120.300

Die Summe aus der fixen und variablen Komponente ergibt den zahlungswirksamen sonstigen betrieblichen Aufwand. Die zusätzliche Addition von nichtzahlungswirksamem Aufwand (z.B. Zuführung zu den Rückstellungen, siehe P(11): Planbilanz) ergibt den gesamten sonstigen betrieblichen Aufwand (sieheP(8): Plan-Gewinn- und Verlustrechnung [Zeile 5]).

P(6): Deckungsbeitragsrechnung

Die Deckungsbeitragsrechnung zeigt die Abhängigkeit des Erfolgs der neuen Strategie von der Anzahl der verkauften ZUP-Systeme und der Senkung der variablen Kosten.

	Deckungsbeitragsrechnung			
		Planjahr		
		01	02	03
1	Nettoerlös ZUP	1.860.000	2.325.000	2.790.000
2	variable Kosten ZUP	-1.259.900	-1.552.000	-1.849.050
3	**Deckungsbeitrag ZUP absolut** [1, 2]	**600.100**	**773.000**	**940.950**
4	Nettoerlös FIFA	96.000	96.000	96.000
5	variable Kosten FIFA	-42.600	-42.600	-42.600
6	**Deckungsbeitrag FIFA absolut** [4, 5]	**53.400**	**53.400**	**53.400**
7	Total Deckungsbeitrag [3, 6]	653.500	826.400	994.350
8	Personalaufwand	318.750	409.313	427.892
9	**+ Über / - Unterdeckung** [7, 8]	**334.750**	**417.088**	**566.458**

Variable Kosten bestehen aus Personalkosten (Lohnempfänger), sbA (variabel) und Materialaufwand. Zu erkennen ist die Steigerung des Deckungsbeitrages durch jedes verkaufte ZUP-System. Der Hauptgrund dafür liegt in der Eigenproduktion des Spezial-Plotters.

P(7): Risiko- und Sensitivitätsanalyse

Im Interesse einer richtigen Einschätzung der Risiken sollen noch folgende Denkanstöße gegeben werden, die die Notwendigkeit einer soliden Finanzierung unterstreichen.
Die Hauptrisiken liegen in den folgenden Punkten.
- Ein Zusatzbedarf an einer hochwertigen Fachkraft würde den Gewinn drastisch schmälern.
- Eine Umsatzabweichung von zwei Systemen unter Plan würde im 3. Planjahr einen Deckungsbeitragsausfall von über € 300.000 ergeben.

Die neue Strategie ist also dann und nur dann „verlässlich" erfolgversprechend, wenn der geplante Umsatz als realistisch und eher übertreffbar eingeschätzt werden darf.

P(8): Plan-Gewinn- und Verlustrechnung

Aus den Annahmen ergeben sich im Wesentlichen die Plan-Gewinn- und Verlustrechnung (siehe P(8), die aus einer analytischen Phase für die ersten 3 Jahre und aus einer pauschalen Phase ab dem Jahr 4 besteht.
Diese Erweiterung über 3 Jahre hinaus ist notwendig, um in einem weiteren Schritt eine Unternehmensbewertung (siehe Pkt. 2.6) durchführen zu können.

	Plan-Gewinn- und Verlustrechnung			
	Planjahr			
	01	02	03	ab 04
1 Umsatzerlöse	1.956.000	2.421.000	2.886.000	2.886.000
2 Materialaufwand	-1.273.000	-1.483.000	-1.773.000	-1.773.000
3 Personalaufwand	-318.750	-409.313	-427.892	-427.892
4 Abschreibungen	-42.600	-122.600	-122.600	-122.600
5 sonstiger betrieblicher Aufwand	-95.500	-126.800	-120.300	-120.300
6 davon nicht zahlungswirksam	-20.000	-4.000	-5.000	-5.000
7 Betriebsaufwendungen [2, 3, 4, 5]	-1.729.850	-2.141.713	-2.443.792	-2.443.792
8 Betriebsergebnis EBIT [1, 7]	226.150	279.288	442.208	442.208
9 Zinsergebnis	-2.976	-15.211	-11.134	-563
10 Ergebnis vor Steuern EBT [8, 9]	223.174	264.076	431.074	441.645
11 Steuern	-86.437	-103.024	-167.324	-170.744
12 Jahresüberschuss [10, 11]	136.736	161.053	263.750	270.901

Wie die Gewinn- und Verlustrechnung zeigt, ist das Betriebsergebnis der Saldo aus der Gesamtleistung und den Betriebsaufwendungen.
Der Jahresüberschuss ergibt sich aus dem Betriebsergebnis weniger Zinsenergebnis und Steuern (siehe P(9): Zinsplan und P(10): Steuern).

P(9): Zins- und Tilgungsplan

Der Tilgungsplan 1 stellt das Ergebnis der Fremdkapitalaufnahme in Höhe von € 50.000 im Planjahr 01 dar. Die Konditionen der Fremdkapitalaufnahme sind

Fremdkapitalzins: 7%
Laufzeit: 3 Jahre
Annuität: € 18.526[11]
Tilgungs- und Zinsanteil: siehe nachfolgende Tabelle

Tilgungsplan 1 (in EUR)

Zinssatz: 7%   Kreditbetrag: 50.000   Laufzeit: 3 Jahre

Nr.	Zahlungs-datum	Anfangs-stand	Total Zahlungen (Annuität)	Tilgung	Zinsen	Endstand
1	Jan 01	50.000	1.544	1.252	292	48.748
2	Feb 01	48.748	1.544	1.259	284	47.488
3	Mrz 01	47.488	1.544	1.267	277	46.221
4	Apr 01	46.221	1.544	1.274	270	44.947
5	Mai 01	44.947	1.544	1.282	262	43.666
6	Jun 01	43.666	1.544	1.289	255	42.376
7	Jul 01	42.376	1.544	1.297	247	41.080
8	Aug 01	41.080	1.544	1.304	240	39.776
9	Sep 01	39.776	1.544	1.312	232	38.464
10	Okt 01	38.464	1.544	1.319	224	37.144
11	Nov 01	37.144	1.544	1.327	217	35.817
12	Dez 01	35.817	1.544	1.335	209	34.482
Total Planjahr 01			18.526	15.518	3.008	
13	Jan 02	34.482	1.544	1.343	201	33.139
.	.	.	.	.	.	.
.	.	.	.	.	.	.
.	.	.	.	.	.	.
24	Dez 02	19.274	1.544	1.431	112	17.843
Total Planjahr 02			18.526	16.640	1.887	
25	Jan 03	17.843	1.544	1.440	104	16.403
.	.	.	.	.	.	.
.	.	.	.	.	.	.
.	.	.	.	.	.	.
36	Dez 03	1.535	1.544	1.535	9	0
Total Planjahr 03			18.526	17.843	684	

---

[11]
$$A = FK \times \frac{i}{1 - \frac{1}{(1+i)^N}}$$

A = Annuität; FK = Höhe des Fremdkapitals; i = Zins; N = Laufzeit in Jahren

Budgetierung

Der Tilgungsplan 2 stellt das Ergebnis der Fremdkapitalaufnahme in Höhe von € 250.000 im Planjahr 2 dar. Die Konditionen der Fremdkapitalaufnahme sind
Fremdkapitalzins: 6%
Laufzeit: 5 Jahre
Annuität: € 57.998

Tilgungsplan 2 (in EUR)						
Zinssatz: 6%		Kreditbetrag: 250.000		Laufzeit: 5 Jahre		
Nr.	Zahlungs-datum	Anfangs-stand	Total Zahlungen (Annuität)	Tilgung	Zinsen	Endstand
1	Jan 02	250.000	4.833	3.583	1.250	246.417
2	Feb 02	246.417	4.833	3.601	1.232	242.816
3	Mrz 02	242.816	4.833	3.619	1.214	239.197
4	Apr 02	239.197	4.833	3.637	1.196	235.559
5	Mai 02	235.559	4.833	3.655	1.178	231.904
6	Jun 02	231.904	4.833	3.674	1.160	228.230
7	Jul 02	228.230	4.833	3.692	1.141	224.538
8	Aug 02	224.538	4.833	3.711	1.123	220.828
9	Sep 02	220.828	4.833	3.729	1.104	217.099
10	Okt 02	217.099	4.833	3.748	1.085	213.351
11	Nov 02	213.351	4.833	3.766	1.067	209.584
12	Dez 02	209.584	4.833	3.785	1.048	205.799
Total Planjahr 02			57.998	44.201	13.798	
13	Jan 03	205.799	4.833	3.804	1.029	201.995
.	.	.	.	.	.	.
.	.	.	.	.	.	.
.	.	.	.	.	.	.
24	Dez 03	162.891	4.833	4.019	814	158.872
Total Planjahr 03			57.998	46.927	11.071	

Der Zinsplan[12] (siehe P(9)) resultiert aus dem Fremdkapitalkonto, das sich aus der P(11): Planbilanz ergibt.
Die Zinsrechnung erfolgt auf dem Durchschnittsbestand des Fremdkapitals, da unterstellt wird, dass sich der Bestand des Fremdkapitalkontos stetig über das Jahr auf- bzw. abbaut.

	Zinsplan					
1	Fremdkapitalzins (kurzfristig) (negativer Finanzsaldo)	10,0%	Planjahr			
2	Fremdkapitalzins (kurzfristig) (positiver Finanzsaldo)	0,5%	01	02	03	ab 04
3	Fremdkapital zum 01. Jan. [siehe Bilanz]		0	12.854	176.412	71.921
4	Fremdkapital zum 31. Dez. [siehe Bilanz]		12.854	176.412	71.921	65.921
5	Durchschnittbestand [3, 4]		6.427	94.633	124.166	68.921
6	Zinsaufwand auf Durchschnittsbestand [1, 5]		0	0	0	0
7	Zinsertrag auf Durchschnittsbestand [2, 5]		32	473	621	345
8	geplante Zinszahlungen [siehe Tilgungsplan]		-3.008	-15.684	-11.755	-907
9	Total Zinsergebnis [6, 7, 8]		-2.976	-15.211	-11.134	-563

---

[12] Die Zinszahlungen in der Pauschalperiode (ab Planjahr 4) entsprechen einer Verrentung der noch zu zahlenden Zinsen mit ihrem jeweiligem Zinssatz (Ewige Rente) [Zinszahlung = Zinsen der nachfolgenden Perioden x Zinssatz]

P(10): Steuern

Steuern wurden auf der Basis des ab 2001 geltenden Steuerrechts der Bundesrepublik Deutschland ermittelt.

Von dem Ergebnis vor Steuern wird die Gewerbeertragsteuer auf das operative Ergebnis und auf sog. Dauerschuldzinsen[13] in Abzug gebracht. Um Benachteiligungen rein eigenfinanzierter Unternehmen zu kompensieren, fordert der Gesetzgeber ferner die Hälfte der Gewerbeertragsteuer auf Dauerschuldzinsen.

	Steuern				
		Planjahr			
		01	02	03	ab 04
1	Ergebnis vor Steuern	223.174	264.076	431.074	441.645
2	Dauerschuldzinsen lt. Zinsplan	-3.008	-15.684	-11.755	-907
3	./. Gewerbeertragsteuer auf das operative Ergebnis [1, 13]	-37.203	-44.022	-71.860	-73.622
4	./. Gewerbeertragsteuer auf Dauerschuldzinsen [2, 14]	-251	-1.307	-980	-76
5	= Bemessungsgrundlage für Körperschaftsteuer [1, 3, 4]	185.720	218.748	358.234	367.947
6	./. Körperschaftsteuer [5, 15]	-46.430	-54.687	-89.559	-91.987
7	= Zugang [5, 6]	139.290	164.061	268.676	275.961
8	./. Ausschüttung [siehe Bilanz]	-109.389	-150.720	-241.144	-270.901
9	= Bemessungsgrundlage für Solidaritätszuschlag [7, 8]	46.430	54.687	89.559	91.987
10	Solidaritätszuschlag [9, 16]	-2.554	-3.008	-4.926	-5.059
11	Ertragssteuern [3, 4, 6, 10]	-86.437	-103.024	-167.324	-170.744
12	Ertragssteuerbelastung [1, 11]	38,7%	39,0%	38,8%	38,7%
	Ansätze Steuer				
13	Gewerbeertragsteuer auf das operative Ergebnis				16,7%
14	Gewerbeertragsteuer auf Dauerschuldzinsen [50%*16,7%]				8,3%
15	Körperschaftsteuer				25,0%
16	Solidaritätszuschlag				5,5%

Die Gewerbeertragsteuer wurde mit 16,7%, die Körperschaftssteuer mit 25% und der Solidaritätszuschlag mit 5,5% angesetzt. Insgesamt ergibt dies eine Steuerbelastung des Unternehmens von ca. 39%.

---

[13] Siehe unter § 8 Nr. 1-12 GewStG

Budgetierung

P(11): Planbilanz

Die Bilanz zeigt die Zusammensetzung des Kapitals und des Vermögens. Die Entwicklung des Anlagevermögens ergibt sich aus der Investitions- und Abschreibungsplanung. Die Investition und Abschreibung der Pauschalperiode entspricht der Abschreibung der Vorperiode, da dies die Werterhaltung des Anlagevermögens dokumentiert.

Planbilanz					
	Planjahr				
	31.12.00	31.12.01	31.12.02	31.12.03	ab 31.12.04
Aktiva					
Anlagevermögen					
01. Jan.		88.000	45.400	322.800	200.200
Investitionen		0	400.000	0	122.600
Abschreibungen		-42.600	-122.600	-122.600	-122.600
31. Dez.	88.000	45.400	322.800	200.200	200.200
Umlaufvermögen					
Roh-, Hilfs- und Betriebsstoffe	100.000	185.000	250.000	275.000	275.000
Debitorenlaufzeit (in Tagen)		30	30	30	
Forderungen aus Lieferungen und Leistungen		121.371	141.393	169.042	169.042
sonst. Vermögensgegenstände	25.000	50.000	60.000	80.000	80.000
Bank		0	0	0	0
Total Umlaufvermögen	125.000	356.371	451.393	524.042	524.042
Summe Aktiva	213.000	401.771	774.193	724.242	724.242
Passiva					
Eigenkapital					
01. Jan.					
Haftendes Kapital	213.000	213.000	383.000	383.000	443.286
Kapitalerhöhung	0	170.000			
Vorträge		0	27.347	37.680	0
Jahresüberschuss		136.736	161.053	263.750	270.901
Bilanzgewinnn		136.736	188.400	301.430	270.901
Ausschüttungsquote		80%	80%	80%	100%
Ausschüttungen		-109.389	-150.720	-241.144	-270.901
31. Dez.	213.000	240.347	420.680	443.286	443.286
Rückstellungen	0	20.000	24.000	29.000	35.000
Zinstragendes Fremdkapital					
01. Jan.		0	12.854	176.412	71.921
+/- Finanzierungssaldo		-21.628	-25.602	-39.721	2.040
+ Aufnahme		50.000	250.000	0	0
- Tilgungen		-15.518	-60.840	-64.770	-8.040
31. Dez.	0	12.854	176.412	71.921	65.921
Kreditorenlaufzeit (in Tagen)		30	30	30	
Verbindlichkeiten Lieferungen und Leistungen	0	128.569	153.101	180.035	180.035
Summe Passiva	213.000	401.771	774.193	724.242	724.242

Forderungen sowie Verbindlichkeiten aus Lieferungen und Leistungen ergeben sich anhand geschätzter Debitoren- und Kreditorenlaufzeiten.

Hierbei ist zu beachten, dass höhere Debitorenlaufzeiten (als die angegebenen 30 Tage) einen erheblich höheren liquiden Bedarf erforderlich machen.[14]

Das Eigenkapital ergibt sich aus dem haftenden Kapital der Gesellschaft sowie etwaigen Gewinn- und Verlustvorträgen und den laufenden Jahresfehlbeträgen bzw. -überschüssen. Die Ausschüttungen wurden als Quote des bestehenden Bilanzgewinns geplant. Eine Ausschüttung erfolgt danach erstmals im Jahr 1 der Planung. Die Ausschüttungsquote wurde in den ersten drei Jahren auf 80% festgelegt, um noch über ausreichend liquide Mittel in diesem Zeitraum verfügen zu können (siehe P(11): Cashflow). In der ewigen Rente (ab Planjahr 4) wird der gesamte Bilanzgewinn ausgeschüttet, da keine liquiden Reserven mehr gebildet werden.

Das in der Bilanz ausgewiesene verzinsliche Fremdkapital ergibt sich aus den Finanzmittelbeständen am Ende der Periode aus der Cashflow-Planung (siehe P(11): Cashflow). Etwaige vorhandene liquide Mittel wurden für Zwecke der Liquiditätsplanung mit vorhandenen Verbindlichkeiten saldiert.

P(12): Cash Flow-Plan

Da die Gewinn- und Verlustrechnung zur Ermittlung des Periodenergebnisses auch Erträge und Aufwendungen berücksichtigt, denen keine Zahlungsbewegung entsprechen, muss zur Ermittlung des Cashflow nach der indirekten Methode das Jahresergebnis der GuV um die nichtzahlungswirksamen Ergebnisbestandteile korrigiert werden und Zahlungsströme, die die GuV nicht betreffen, ergänzt werden.

Die Einzelheiten dieser Methode zeigt die folgende Tabelle P(11): Cashflow-Plan.

Die direkte Methode des Cash Flow basiert auf einer gesonderten vollständigen Erfassung der Zahlungsbewegungen, deren Erfassung kompliziert und in der Praxis selten anzutreffen ist, auf die hier verzichtet wird.

	Cashflow-Plan			
		Planjahr		
	01	02	03	ab 04
1 Jahresüberschuss	136.736	161.053	263.750	270.901
2 + Abschreibungen	42.600	122.600	122.600	122.600
3 + Zuführung Rückstellungen	20.000	4.000	5.000	6.000
4 - Zunahme Umlaufvermögen	-231.371	-95.022	-72.649	0
5 + Zunahme Verbindlichkeiten	128.569	24.532	26.934	0
6 = Mittelzufluss aus laufender Geschäftstätigkeit [2, 3, 4, 5]	-40.202	56.110	81.885	128.600
7 - Investitionen	0	-400.000	0	-122.600
8 = Mittelzufluss aus Investitionstätigkeit [7]	0	-400.000	0	-122.600
9 + Einzahlungen Kapitalerhöhung	0	170.000	0	0
10 - Ausschüttung Dividenden	-109.389	-150.720	-241.144	-270.901
11 + Neuaufnahme Fremdkapital	50.000	250.000	0	0
12 - Tilgung von Finanzkrediten	-15.518	-60.840	-64.770	-8.040
13 = Mittelzufluss aus Finanzierungstätigkeit [9, 10, 11, 12]	-74.907	208.439	-305.913	-278.941
14 Finanzierungssaldo [1, 6, 8, 13]	21.628	25.602	39.721	-2.040

---

[14] Forderungen a.L.L. = Umsatzerlöse x $\dfrac{\text{Debitorenlaufzeit}}{365}$ x (1 + Ust.)

Verbindlichkeiten a.L.L. = (Materialaufwand + zahlungswirksamer sbA) x $\dfrac{\text{Kreditlaufzeit}}{365}$ x (1 + Ust.)

P(13): Kennzahlen und Bewegungsbilanz

Kennzahlen

Kennzahlen sind konzentrierte numerische Informationsgrößen mit Erkenntnismehrwert, die häufig als Verhältniszahlen oder als absolute Zahlen bestimmte Sachverhalte, Prozesse und Entwicklungen eines Unternehmens beschreiben. Diese können mit Einschränkungen Unternehmen vergleichbar machen.

Kennzahlen und Kennzahlensysteme sollen es ermöglichen, die großen Informationsmengen eines Unternehmens übersichtlich und aussagekräftig darzustellen. Als Instrument der Unternehmensführung und -analyse werden sie zur Planung, Steuerung und Kontrolle eingesetzt.

Anlageintensität

Die Kennzahl Anlageintensität stellt das Verhältnis des Anlagevermögens (bzw. des Umlaufvermögens auch „Umlaufintensität") zum Gesamtvermögen eines Unternehmens dar. Durch die Bestimmung des Anteils von langfristig gebundenem Vermögen ist diese Kennzahl im Zusammenhang mit der Liquiditätsbeschreibung des Unternehmens von Bedeutung. Nach derzeit herrschender Meinung nehmen die Wahrscheinlichkeiten der drohenden Zahlungsunfähigkeit eines Unternehmens mit steigender Anlageintensität ab. Bei der Betrachtung dieser Kennzahl muss beachtet werden, dass die Anlageintensität branchenspezifisch sehr unterschiedlich ist, so dass die Aussagekraft von der Vergleichsanalyse mit ähnlichen Unternehmen lebt. Weiterhin kann bei prospektiver Mehrjahresbetrachtung ein Anhaltspunkt für die zukünftigen Investitionsbedarfe gewonnen werden.

Eigenkapitalquote

Die Eigenkapitalquote stellt den Anteil des Eigenkapitals am Gesamtkapital des Unternehmens als Verhältniskennzahl dar. Mit der Steigerung des Eigenkapitalanteils nimmt die Haftungssubstanz des Unternehmens (gilt nur für Stamm-/Grundkapital) zu. Hierdurch wird es für das Unternehmen zum einen einfacher, Fremdkapital zu akquirieren, zum anderen nimmt das Risiko einer Überschuldung und damit drohender Insolvenz ab. Eine hohe Eigenkapitalquote kann sich aber auch nachteilig in der Verzinsung, die ein Unternehmen bietet, auswirken (siehe Pkt. 7.3: Leverage-Effekt). Des Weiteren können steuerliche Gesichtspunkte gegen eine hohe Eigenkapitalquote sprechen.

Deckungsgrade

Deckungsgrade geben das Verhältnis zwischen der im Unternehmen gebundenen Finanzmittel (investiertes Kapital) und den daraus finanzierten Vermögensgegenständen an. Anzustreben ist eine Kapitalstruktur, in welcher Vermögensgegenstände mit Mitteln finanziert werden, die mindestens für den gleichen Zeitraum zur Verfügung stehen, in welchem das Kapital in diesen Vermögensgegenständen gebunden ist („goldene Bilanzregel").

Rentabilität

Rentabilitätskennziffern setzen eine vorher definierte Erfolgsgröße (z.B. JÜ) ins Verhältnis zu einer Ausgangsgröße (z.B. Umsatz, Eigenkapital), um die Wirtschaftlichkeit eines Unternehmens zu ermitteln. So gibt die Umsatzrentabilität an, wie viel Gewinn vom Umsatz (in % oder absolut) nach Abzug der Kosten übrigbleiben. Rentabilitätskennzahlen sind in der Literatur anerkannt wichtige, wenn auch nicht unumstrittene Indikatoren für die Ertragskraft eines Unternehmens.

Da sie von großer Praxisrelevanz sind, werden diese Kennzahlen häufig zur Investitions- oder Beteiligungsentscheidung von Außenstehenden herangezogen.

In der nachfolgenden Tabelle sind die oben genannten Kennzahlen auf die Planzahlen der UDUG angewendet worden.

Kennzahlen			
	Planjahr		
	01	02	03
Anlageintensität Anlagevermögen / Bilanzsumme	11,3%	41,7%	27,6%
Umlaufvermögenintensität Umlaufvermögen / Bilanzsumme	88,7%	58,3%	72,4%
Bilanzielle Eigenkapitalquote EK / Bilanzsumme	59,8%	54,3%	61,2%
Deckungsgrad A EK / Anlagevermögen	529,4%	130,3%	221,4%
Deckungsgrad B (EK + langfr. FK) / Anlagevermögen	557,7%	185,0%	257,3%
Eigenkapitalrentabilität EBT / EK	92,9%	62,8%	97,2%
Gesamtkapitalrentabilität EBIT / Gesamtkapital	56,3%	36,1%	61,1%
Umsatzrentabilität EBT / Umsatzerlöse	11,4%	10,9%	14,9%

Bewegungsbilanz

Die Bewegungsbilanz ist eine zeitraumbetrachtende Darstellung der Veränderung von Bilanzpositionen mit dem Ziel, Mittelherkunft und Mittelverwendung anhand der Veränderungen von Aktiv- bzw. Passivposten zu analysieren.

Durch die Betrachtung eines Zeitraums unterscheidet sie sich von der Beständebilanz, welche den Stand der Bilanzposten stichtagsbezogen wiedergibt (Zeitpunktbetrachtung).

Der Betrachtungszeitraum umfasst in der Regel die Gegenüberstellung zwei aufeinanderfolgender Beständebilanzen, somit ein Jahr. Es ist allerdings ebenfalls möglich, einen größeren Zeitraum zu erfassen.

Mit der Bewegungsbilanz lassen sich Finanzierungs- und Investitionsvorgänge aufdecken. Sie ist geeignet, die Liquiditätspolitik eines Unternehmens zu erkennen. Das Grundschema einer solchen Bewegungsbilanz sieht folgendermaßen aus.

Grundschema einer Bewegungsbilanz	
Mittelverwendung	Mittelherkunft
Erhöhung von Aktivposten	Verminderung von Aktivposten
Verminderung von Passivposten	Erhöhung von Passivposten

Für eine weitergehende Untersuchung stellt die nachfolgende Tabelle die Plan-Bewegungsbilanz der UDUG für einen Zeitraum von 3 Jahren inklusive der Ausgangsbilanz und der Plan-Bilanz der Pauschalperiode dar.

Budgetierung

	Bewegungsbilanz									
	Planjahr					Planjahr				
	31.12.00	31.12.01	31.12.02	31.12.03	ab 31.12.04	31.12.00	31.12.01	31.12.02	31.12.03	ab 31.12.04
		Mittelverwendung					Mittelherkunft			
		Erhöhung Aktiva					Verminderung Aktiva			
Aktiva										
Anlagevermögen	0	277.400	0	0	0	-42.600	0	-122.600	0	-200.200
Roh-, Hilfs- und Betriebsstoffe	85.000	65.000	25.000	0	0	0	0	0	0	-275.000
Forderungen aus Lieferg. + Leistg.	121.371	20.022	27.649	0	0	0	0	0	0	-169.042
sonst. Vermögensgegenstände	25.000	10.000	20.000	0	0	0	0	0	0	-80.000
Bank	0	0	0	0	0	0	0	0	0	0
Umlaufvermögen	231.371	95.022	72.649	0	0	0	0	0	0	-524.042
Summe Aktiva	231.371	372.422	72.649	0	0	-42.600	0	-122.600	0	-724.242
		Verminderung Passiva					Erhöhung Passiva			
Passiva										
Haftendes Kapital	0	0	0	0	443.286	0	-170.000	0	-60.286	0
Vorträge	0	0	0	37.680	0	0	-27.347	-10.333	0	0
Jahresüberschuss	0	0	0	0	270.901	-136.736	-24.317	-102.697	-7.152	0
Ausschüttungen	109.389	41.331	90.424	29.757	0	0	0	0	0	-270.901
Eigenkapital	109.389	41.331	90.424	67.437	714.187	-136.736	-221.664	-113.030	-67.437	-270.901
Rückstellungen	0	0	0	0	35.000	-20.000	-4.000	-5.000	-6.000	0
Zinstragendes Fremdkapital	0	0	104.491	6.000	65.921	-12.854	-163.558	0	0	0
Verbindlichkeiten aus Lieferg. + Leistg.	0	0	0	0	180.035	-128.569	-24.532	-26.934	0	0
Summe Passiva	109.389	41.331	194.915	73.437	995.143	-298.160	-413.753	-144.964	-73.437	-270.901
Total	340.760	413.753	267.564	73.437	995.143	-340.760	-413.753	-267.564	-73.437	-995.143

10.1.5 Budgetkontrolle

Die Budgetkontrolle soll Abweichungen von den geplanten Leistungszielen und Kostenvorgaben feststellen und Anpassungsprozesse auslösen, die die Verschlechterung der Kosten-Leistungsverhältnisse kompensieren oder zumindest reduzieren.

(1) **Prozess der Budgetkontrolle**
- Abweichungsermittlung durch Gegenüberstellung von zwei oder mehr Größen
- Analyse der Abweichungsursachen
- Bewertung der Abweichungen im Hinblick auf deren Zielgefährdungspotenzial
- Sicherstellen, dass Nachsteuerungsmaßnahmen erarbeitet werden, um die angestrebten Ziele trotz Abweichung doch noch zu erreichen
- Kostenberichte und terminierte Maßnahmenpläne erstellen
- Maßnahmenpläne auf termin- und inhaltsgerechte Realisierung kontrollieren.

(2) **Abweichungs-Darstellung**
Ein Vergleich der Budgetwerte mit den Ist-Werten (Plan-Ist-Vergleich) bzw. mit aus Budgetwerten abgeleiteten Soll-Werten (Soll-Ist-Vergleich) zeigt Abweichungen auf.

	Abweichungs-Darstellung	
	absolute Abweichungen	relative Abweichungen
selektive Abweichungen	€ im Monat	% im Monat
kumulative Abweichungen	€ per Monat	% per Monat

Absolute Abweichungen	zeigen die Größenordnung auf und erlauben (bei guter Betriebskenntnis) die Beurteilung der Bedeutsamkeit der Abweichung
relative Abweichungen	erleichtern die Vergleichbarkeit und lassen Veränderungen und Zusammenhänge leichter erkennen
selektive Abweichungen	zeigen Abweichungen des abgelaufenen Monats in Wert oder Menge und erlauben eine bessere Abweichungsanalyse und – bei Projekten wichtig – eine genauere Anpassung der Soll-Werte für die Folgeperioden
kumulative Abweichungen	stellen aufgelaufene Abweichungen vom Jahresanfang bis zum Ende des abgelaufenen Monats in Wert oder Menge dar. Sie erlauben eine bessere Prognose der am Jahresende zu erwartenden Zielabweichung.

Geschäftsleitungen wünschen eine **einheitliche Beurteilung der Zielwirkungen von Abweichungen** (= positive Vorzeichen zeigen Verbesserungen gegenüber dem Budget, negative zeigen Verschlechterungen ggü. Budget). Deshalb muss bei der Abweichungsberechnung zwischen Leistungsgrößen (Output) und Ressourceneinsatz (Input) wie folgt unterschieden werden.

Leistungen (Output)	Ist-Größe - Budget- bzw. Soll-Größe	Ist-Umsatz - Plan-Umsatz = Abweichung	6.000 -5.000 +1.000	4.500 -5.000 -500
Ressourcen (Input)	Budget- bzw. Soll-Größe - Ist-Größe	Plan-Kosten - Ist-Kosten = Abweichung	4.000 -3.700 +300	4.000 -4.400 -400

Dialogorientierte DV-Systeme geben Zusatzinformationen zur Abweichungserläuterung
- Ist-Ist-Vergleiche (i.d.R. bezogen auf das Vorjahr)
- Ist-Entwicklung nach Monaten (der letzten 12 Monate)
- Plan je Monat (Monats- und per-Monatsende aufgelaufenen Werte)
- Drill-Down-Möglichkeiten von Kosten- und Leistungspositionen
- Prognose zum Periodenende (feed foreward)

(3) **Abweichungsanalysen**

Abweichungsanalysen haben das Ziel, Störgrößen zu identifizieren und deren Wirkungsweise zu verstehen, um künftig ihr Auftreten besser prognostizieren und ihre Wirkung durch vorbeugende Maßnahmen zu verringern oder zu beseitigen. Die Kenntnis der Abweichungsursachen ist Basis für die Einleitung zielsichernder Verbesserungsmaßnahmen.

(3.1) **Allgemeine Abweichungsursachen**

Für die Steuerung ist nicht entscheidend, dass Abweichungen entstanden sind, sondern auf welche Ursachen Abweichungen zurückzuführen sind. Infolgedessen ist die Frage „Warum" solange zu stellen, bis die eigentliche Ursache der Abweichung gefunden ist.

	nicht kontrollierbare Abweichungen	wegen mangelhafter Datenbasis (Vergleichsdaten fehlen oder liegen nicht in erforderlichem Detaillierungsgrad vor)
	kontrollierbare Abweichungen	• **Planungsfehler** aufgrund • fehlender Information • fehlerhafter Situationsbeschreibung • Anwendung ungeeigneter Planungsmethoden • **Ausführungsfehler** • fehlerhafte Soll-Wertvorgabe • fehlerhafte Ausführungshandlungen • fehlerhafte Arbeitsmittel
	vermeintliche Abweichungen	• **Kontrollfehler** aufgrund • fehlerhafter Ist-Wertermittlung • fehlerhafter Soll-Werte • fehlerhafter Vergleichshandlungen

Allgemeine Abweichungsursachen[15]

(3.2) **Kostenbestimmungsfaktoren als Abweichungsursachen**

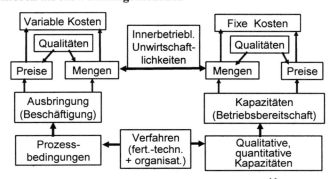

System der Kostenbestimmungsfaktoren[16]

---
[15] Vgl. *Peemöller, V.H.*, Controlling, Grundlagen und Einsatzgebiete, Herne, Berlin, S. 264
[16] Vgl. *Haberstock, L.*, Kostenrechnung II – (Grenz)Plankostenrechnung, Wiesbaden, S. 48

(3.3) Abweichungsarten nach Zeitbezug

Techniken zur Zuordnung von Abweichungen liefert die Plankostenrechnung. Im Soll/Ist-Vergleich werden zunächst vergangenheitsorientiert die Ist-Werte bis zum Kontrollzeitpunkt mit den Soll-Werten aus der Planung verglichen. Auf dieser Basis wird dann eine Prognose für die bis zum Jahresende zu erwartende Abweichung abgeleitet.

Abweichungsarten nach Zeitbezug	
ex-post-Abweichungen	ex-ante-Abweichungen
= nachhinein festgestellte Abweichungen	= Abweichungen in der Zukunft; ergeben sich aus ex-post-Abweichungen und der prognostizierten weiteren Entwicklung
Zu ihrer Eingrenzung werden **Nachsteuerungsmaßnahmen** entwickelt	Zu ihrer Eingrenzung werden **Vorsteuerungsmaßnahmen** entwickelt

(3.4) Controlling mit Hilfe von Toleranzgrenzen

Abweichungen haben häufig mehrere Ursachen (z.B. Trend-, Saison- und Konjunktureinflüsse). Nicht immer lassen sich die Auswirkungen der einzelnen Einflussfaktoren isolieren. Wegen des Aufwandes für die Erstellung einer Abweichungsanalyse ist es nicht sinnvoll, jede Abweichung zu analysieren. Aus Wirtschaftlichkeitsgründen werden in der Praxis nur Abweichungen analysiert, die außerhalb eines vorgegebenen Bereiches liegen (Management-by-Exception).

Unterschieden werden lineare und nicht-lineare Toleranzgrenzen.

linearen Toleranzgrenzen (selektive Abweichungen)	**Nicht-lineare Toleranzgrenzen** führen zu trichterförmigen Toleranzbereichen
für Einzelgrößen (z.B. Umsatz, Personalkosten) werden feste Werte vorgegeben	werden für kumulative Größen verwendet z.B. kumulierter Umsatz

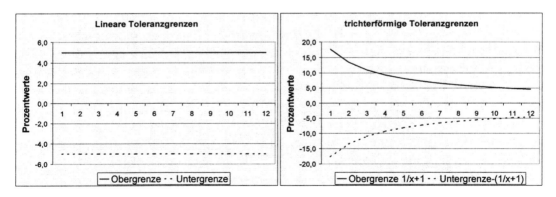

Die Spannweite der Abweichungsgrenzen wird in Abhängigkeit von der Bedeutung der Kontrollgröße für das Ergebnis festgelegt.

Sinnvoll ist, gestufte Zuständigkeiten für die Einleitung von Vor- und Nachsteuerungsmaßnahmen zu schaffen. Dazu sind innere plus äußere Toleranzgrenzen erforderlich.[17]

---

[17] Vgl. *Ziegenbein, K.*, Controlling, 6. überarb. u. erw. Aufl., Ludwigshafen, S. 454

Zielabweichungen	Zuständigkeiten
... **ohne** Über-/Unterschreitung der inneren Linien (= Vorkontrollspanne)	Kostenstellenleitungen
... **mit** Über-/Unterschreitung der inneren Linien aber **ohne** Über-/Unterschreitung der äußeren Linien (= Warnkorridor Controlling)	Kostenstellenleitungen und Controlling
... **mit** Über-/Unterschreitung der äußeren Linien (= Warnkorridor Unternehmensleitung)	Controlling und Unternehmensleitung

Enge innere Toleranzgrenzen führen zu frühzeitiger Einschaltung des Controlling und frühzeitigem Start kostenstellenbezogener Nachsteuerungsmaßnahmen.

Enge äußere Toleranzgrenzen führen zu frühzeitiger Einschaltung der Unternehmensleitung und frühzeitigem Start unternehmensübergreifender Nachsteuerungsmaßnahmen.

10.2 Deckungsbeitragsrechnung

10.2.1 Notwendigkeit der Deckungsbeitragsrechnung

Kostenrechnung hat die Aufgabe, die Kosten vollständig und periodengerecht zu erfassen und sie den Kostenträgern verursachungsgerecht zuzuordnen, um die Grundlage für die Kontrolle der Wirtschaftlichkeit des Unternehmens und für betriebliche Dispositionen zu schaffen.

Die traditionelle Vollkostenrechnung strebt die vollständige Zuordnung aller angefallenen Kosten auf die Kostenträger an. Sie errechnet die Stückkosten aus den direkt auf Kostenträger zurechenbaren Einzelkosten und den Gemeinkosten, die mit Hilfe von Zuschlagssätzen indirekt zugeschlagen werden. Die so ermittelten Vollkosten sind als Grundlage für Entscheidungen über Verkaufspreise in der Regel fehlerhaft, denn ein bestimmter Fixkosten-Zuschlagssatz ist nur bei einer bestimmten Kapazitätsauslastung zutreffend.

Die Unzulänglichkeiten der Vollkostenrechnung ergeben sich durch
- mehrfache Schlüsselung der Kosten und die daraus resultierenden Ungenauigkeiten in der Kostenzuordnung
- vergangenheitsbezogene starre Fixkostenzuschläge
- starre Gewinnzuschläge
- vergangenheits- bzw. periodenbezogene Preisbildung.

10.2.2 Grundlagen der Deckungsbeitragsrechnung

Gemeinsames Merkmal der Kostenrechnungssysteme auf Teilkostenbasis ist
- Verzicht auf die Zurechnung der gesamten Kosten (Vollkosten)
- Nur die variablen Kosten, die sich proportional zur Beschäftigung verändern, werden den Kostenträgern zugerechnet.

Alle Kostenrechnungssysteme auf Teilkostenbasis können als Ist-, Normal- oder Plankostenrechnung durchgeführt werden.

Grundform der Deckungsbeitragsrechnung
  Erlös
- Teilkosten
= Deckungsbeitrag   dient
  ❑ zur **Deckung** der **Fixkosten** und
  ❑ als Beitrag zum Gewinn.

Die verschiedenen Formen der Teilkostenrechnung unterscheiden sich durch unterschiedliche Definition der Teilkosten.

Formen der Deckungsbeitragsrechnung		
Grenzkostenrechnung		**Einzelkostenrechnung**
einstufige DBR	mehrstufige DBR (= Fixkostendeckungsrechnung)	
Erlös	Erlös	Erlös
- **variable Kosten**	- **variable Kosten**	- **relative Einzelkosten**
= Deckungsbeitrag	= Deckungsbeitrag 1	= Deckungsbeitrag
	- **Erzeugnisfixkosten**	
	= Deckungsbeitrag 2	
	- **Erzeugnisgruppenfixkosten**	
	= Deckungsbeitrag 3	
	- **Bereichsfixkosten**	
	= Deckungsbeitrag 4	
	- **Unternehmensfixkosten**	
	= **Betriebsergebnis**	

Vergleichende Darstellung der Deckungsbeitragsrechnung

10.2.3 Kostenspaltung

Voraussetzung für den Einsatz von Deckungsbeitragsrechnung (DBR) ist die Spaltung der Kosten in fixe und variable/proportionale Kosten. Zur Kostenspaltung werden unterschiedliche Verfahren eingesetzt.

Statistische Verfahren	**Analytische Verfahren**
• Buchtechnische Auflösung der Ist-Kosten	• Mehrstufige analytische Kostenauflösung
• Streupunktdiagramme	
• Differenzen-Quotienten-Verfahren	• einstufige analytische Kostenauflösung
• Reihenhälften-Verfahren	
• Methode der kleinsten Quadrate	

Verfahren der Kostenspaltung

Statistische Verfahren basieren auf Ist-Kosten aus einem Zeitraum von mindestens 12 Monaten. Sie müssen von störenden und verzerrenden Einflüssen (z.B. Veränderungen der Kostenstrukturen aufgrund organisatorischer Änderungen, Verfahrensänderungen, Rationalisierungen, Kapazitätsänderungen, Preisänderungen etc.) bereinigt werden, um aussagefähigere Daten zu liefern und beinhalten auch dann u.U. immer noch Ineffizienzen unbekannten Ausmaßes. Deshalb sind statistische Verfahren zur Kostenspaltung nicht zu empfehlen.

Deckungsbeitragsrechnung

Empfehlenswert ist wegen des geringeren Arbeitsaufwandes die einstufige analytische Kostenspaltung. Grundlagen dafür sind Analysen betrieblicher Vorgänge, technischen Studien, Auswertungen von Fertigungsplänen, arbeitswissenschaftlichen Untersuchungen, betriebswirtschaftlichen Optimierungsrechnungen, etc.

Vorgehensweise bei einstufiger analytischer Kostenspaltung

Schritt 1	Ermittlung der Bezugsgrößen
Schritt 2	Ermittlung der Plan-Beschäftigung (= Leistungsplanung)
Schritt 3	kostenstellenweise analytische Planung der Kosten durch die KSt-Leitungen
Schritt 4	Spaltung der Plankosten in fixe und proportionale Kosten
Schritt 5	Berechnung der Soll-Kosten

10.2.4 Einstufige Deckungsbeitragsrechnung

(1) **Wesentliche Merkmale der einstufigen Deckungsbeitragsrechnung**

Fixkosten	• sind Kosten der Betriebsbereitschaft • werden durch die gewählte Kapazität festgelegt und lassen sich kurzfristig nicht verändern
variable Kosten	• sind Leistungskosten • verändern sich proportional zur Ausbringung

❑ Nur variable Kosten werden auf die Produkte verrechnet
❑ Fixkosten werden nicht genauer untersucht sondern in einem Block von den Deckungsbeiträgen abgezogen.

Voraussetzung für den Einsatz von Deckungsbeitragsrechnungen (DBR) ist die Spaltung der Kosten in fixe und variable/proportionale Kosten.

(2) **Kostenstellenrechnung bei einstufiger Deckungsbeitragsrechnung**

Die Veränderungen der Kostenstellenrechnung ergeben sich daraus, dass nur die variablen Kosten der betrieblichen Leistungen weiter verrechnet werden.

Veränderungen gegenüber der Vollkostenrechnung

in der Darstellung des BAB	Kostenspaltung in der Kostenartenrechnung (KAR): expliziter Ausweis variabler und fixer Kostenarten je Kostenstelle Kostenspaltung in der Kostenstellenrechnung (KSR): Aufriss der Kosten jeder Kostenstelle in die Kategorien „Gesamt - fix - variabel"

(3) **Kurzfristige Erfolgsrechnung bei erweiterter einstufiger Deckungsbeitragsrechnung**

Die Kostenträgerrechnung der DBR unterscheidet sich erheblich von der KTR in der Vollkostenrechnung. Im Gegensatz zur Vollkostenrechnung erfolgt die Zurechnung von Gemeinkosten bei der DBR streng nach dem Verursachungsprinzip, d.h. zugerechnet werden nur die Kosten, die nachweislich vom Produkt verursacht worden sind. Der Deckungsbeitrag kann durch Berücksichtigung variabler Herstellkosten (HK) und variabler Vertriebskosten (VK) in einen betrieblichen Deckungsbeitrag (DB 1) und ein Vertriebsergebnis (DB 2) unterschieden werden.

Kurzfristige Erfolgsrechnung (Plan) in Geldeinheiten (GE)		Monat:	Mai 98	
		Stadtrad	Reiserad	Summe
Absatz in Stück		400	100	500
Verkaufspreis je Stück		610	1.450	
Umsatzerlöse brutto		244.000	145.000	389.000
Erlösschmälerungen		-4.000	-5.000	-9.000
Umsatzerlöse netto		**240.000**	**140.000**	**380.000**
variable Einzelkosten der Fertigung		-140.000	-60.000	-200.000
variable Einzelkosten des Vertriebes und der Verwaltung		-9.000	-5.000	-14.000
variable MGK, FGK, VtGK, VwGK		-31.000	-19.700	-50.700
variable Kosten der umgesetzten Leistungen		-180.000	-84.700	-264.700
Deckungsbeitrag		**60.000**	**55.300**	**115.300**
- in % v. Umsatz netto		25,00%	39,50%	30,34%
Fixkosten der Periode:				
Fertigung	-43.000			
Vertrieb	-30.000			
Verwaltung	-27.100		Summe	-100.100
Betriebsergebnis				**15.200**
- in % v. Umsatz netto				4,00%

Periodenerfolgsrechnung bei einstufiger DBR

(4) Kalkulation bei einstufiger Deckungsbeitragsrechnung

(4.1) Kalkulation mit absoluten Deckungsbeitragszuschlägen in Geldeinheiten (GE)

Schritt 1: Ermittlung der absoluten Deckungsbeitragszuschläge aus den Plandaten
- Aufteilung der Plan-Fixkosten auf die Produkte nach dem %-Verhältnis der Produkt-Deckungsbeiträge

	Stück	Deckungsbeitrag GE u. %		Fixkosten GE
Stadtrad	400	60.000	52,04 %	52.092,04
Reiserad	100	55.300	47,96 %	48.007,96
Gesamt	500	115.300	100,00 %	100.100,00

- zuzüglich geplanter Gewinn je Stück z.B. 120 GE
  oder in Abhängigkeit geplanter Produktions-/Absatzmengen
- Festlegen des absoluten Mindest-DB-Zuschlages je Stück und Produktgruppe in GE

	Fixkosten	Plangewinn	Mindest-DB-Zuschlag
Stadtrad	130,23	120	250,23
Reiserad	480,08	130	610,10

Schritt 2: Kalkulation mit absoluten DB-Zuschlägen
Die in Schritt 1 ermittelten Mindest-DB-Zuschläge werden in der Vorkalkulation auf die durch Schätzkalkulation ermittelten variablen Kosten je Produkteinheit (Stück) aufgeschlagen.

Deckungsbeitragsrechnung

(4.2) Kalkulation mit Soll-Deckungsbeiträgen (Soll-DBU)
Schritt 1: Ermittlung der Soll-Deckungsbeiträge aus den Plandaten

Ermittlung der Plan-Fixkosten	100.100 GE
Ermittlung der Plan-Umsatzerlöse netto	380.000 GE
Berechnung der Fixkosten in % vom Umsatz netto	26,34 %
Aufschlag der Plan-Umsatzrendite für die Produktgruppe	4,00 %
ergibt den **Soll-Deckungsbeitrag (Soll-DBU)**	**30,34 %**

Je nach Produktgruppe wird in Abhängigkeit von der Marktsituation i.d.R. eine unterschiedliche Umsatzrendite geplant.

Schritt 2: Kalkulation mit Soll-DBU
Mit Hilfe der durch Schätzkalkulation ermittelten variablen Kosten je Produkteinheit und dem Soll-DBU lässt sich der Barverkaufspreis relativ einfach bestimmen.

(4.3) Kalkulation mit prozentualen Deckungsbeitragszuschlägen
Schritt 1: Ermittlung des Deckungsbeitrags-Zuschlagssatzes (DBZS) aus den Plandaten

Summe Plan-Deckungsbeitrag • 100 =	115.300 • 100	= DBZS = 43,56 %
Summe variable Plan-Kosten	264.700	

Schritt 2: Kalkulation mit DB-Zuschlagssätzen : Der Barverkaufspreis ergibt sich aus den variablen Kosten zuzüglich des DBZS auf die variablen Kosten

$$BVP = k_v + k_v \bullet DBZS$$

10.2.5 Mehrstufige Deckungsbeitragsrechnung

Einstufige Deckungsbeitragsrechnungen geben keine ausreichenden Steuerungsimpulse für Kostenreduzierungen im Fixkostenbereich. Diesen Mangel sollen mehrstufige Deckungsbeitragsrechnungen beheben.

(1) Wesentliche Merkmale
- Aufsplittung des Fixkostenblocks nach dem „erweiterten Verursachungsprinzip"
- bei gleichzeitigem Verzicht auf jegliche Art der Fixkosten-Schlüsselung
- Aufbau einer Kostenverursachungs-Hierarchie z.B.
  - Erzeugnis-Fixkosten
  - Erzeugnisgruppen-Fixkosten
  - Bereichs-Fixkosten
  - Unternehmens-Fixkosten
- mit entsprechend gestuften Deckungsbeiträgen

Ziel mehrstufiger DBR: in der Erfolgsanalyse erkennen, bis zu welcher „Tiefe" Deckungsbeiträge zur Abdeckung der Fixkosten ausreichen. Auf Basis dieser Daten sollen Entscheidungen über die Streichung/Förderung von Produkten fundiert werden.

(2) Kostenartenrechnung bei mehrstufiger DBR

Zentrales Problem ist – ebenso wie bei einstufigen DBR – die Kostenspaltung (d.h. Gliederung der Kosten nach ihrem Verhalten bei Beschäftigungsänderungen). Unabdingbare weitere Voraussetzung für mehrstufige DBR ist die Gliederung der Fixkosten nach Zurechenbarkeit auf die Fixkostenstufen.

Die Zuordnung der Fixkosten zu Verursachungsstufen erfolgt in zwei Schritten

Schritt 1	qualitative Zuordnung = Kostentreiber feststellen
Schritt 2	quantitative Zuordnung = Kostenhöhe bestimmen

Zurechnungsgrundsatz ist das erweiterte Verursachungsprinzip. Danach werden Fixkosten der Stufe zugerechnet, bei der dieses erstmalig ohne Schlüsselung möglich ist. Folgende Fixkostenstufen lassen sich unterscheiden:[18]

Produkt-Fixkosten	= Bereitschaftskosten von Teilkapazitäten, die nur für eine bestimmte Produktart eingesetzt werden
Produktgruppen-Fixkosten	= Bereitschaftskosten von Teilkapazitäten, die jeweils nur für Produkte einer Produktgruppe eingesetzt werden
Bereichs-Fixkosten	= Bereitschaftskosten spezieller Produktionsbereiche oder selbständiger Teilwerke, die nur zur Produktion bestimmter Produktgruppen eingesetzt werden
Unternehmens-Fixkosten	= Bereitschaftskosten, die sich keiner Fixkostenstufe zurechnen lassen (= Fixkostenrest)

Produktionsorientierte Fixkostenstufen

Die jeweiligen Fixkosten entstehen durch Entwicklung, Produktion und Vertrieb und entfallen bei Produktionseinstellung eines bestimmten Produktes, einer Produktgruppe, eines Unternehmensbereiches bzw. bei Auflösung des Unternehmens.

(3) Kostenstellenrechnung bei mehrstufiger DBR

Bei der Kostenstellenbildung rücken produktions- und abrechnungstechnische Gesichtspunkte noch stärker in den Vordergrund, als bei einstufigen Deckungsbeitragsrechnungen. Darüber hinaus werden die Kostenstellen jeweils sachlich zusammenhängend dargestellt.

BAB bei mehrstufiger DBR mit Kostenauflösung in der KSR

	Kostenstellenbereich Fahrradproduktion				Kostenstellenbereich Nähmaschinen			Unternehmenskosten
	KSt 1 bis 19	KSt 20 bis 29	KSt 30 bis 39	KSt 40 bis 49				KSt 100 bis 120
Kostenarten	Erzeugniskosten Stadtrad	Erzeugniskosten Reiserad	Erzeugnisgruppenkosten Stadt- + Reiseräder	Bereichskosten Fahrräder	Erzeugnis	Erzeugnisgruppen	...	
	Ges. var. fix	Ges. var. fix	Ges. var. fix	Ges. var. fix				

---

[18] Vgl. *Kilger, W.*, Flexible Plankostenrechnung und Deckungsbeitragsrechnung, Wiesbaden, S. 87 ff.

(4) Kurzfristige Erfolgsrechnung bei mehrstufiger DBR

Die kurzfristige Erfolgsrechnung ist der aussagekräftigste und wichtigste Teil mehrstufiger Deckungsbeitragsrechnungen. Sie ermittelt das Betriebsergebnis in der Regel durch retrograde Rechnung (= Rückrechnung von der Summe der Bruttoerlöse durch Abzug der variablen Kosten und der Fixkosten in Stufen)

	Stadträder			Reiserad			Summe	Nähmaschinen			Gesamt
	H	D	Sum	H	D	Sum	Räder	heim	profi	Sum	Summe
Umsatzerlöse brutto	40	30	70	60	50	110	180	20	80	100	280
Erlösschmälerungen	-2	-1	-3	-4	-3	-7	-10	-1	-5	-6	-16
Umsatzerlöse netto	38	29	67	56	47	103	170	19	75	94	264
variable Kosten	-19	-20	-39	-20	-18	-38	-77	-12	-50	-62	-139
Produkt-Deckungsbeitrag 1	19	9	28	36	29	65	93	7	25	32	125
DBU 1	50%	31%	42%	64%	62%	63%	55%	37%	33%	34%	47%
Produkt-Fixkosten	-6	-4	-10	-20	-12	-32	-42	-4	-10	-14	-56
Produkt-Deckungsbeitrag 2	13	5	18	16	17	33	51	3	15	18	69
DBU 2	34%	17%	27%	29%	36%	32%	30%	16%	20%	19%	26%
Produktgruppen-Fixkosten			-10			-15	-25			-8	-33
Deckungsbeitrag-Produktgruppe			8			18	26			10	36
DBU PG			12%			17%	15%			11%	14%
Bereichs-Fixkosten							-20			0	-20
Deckungsbeitrag-Bereiche							6			10	16
DBU Bereich							4%			11%	6%
Unternehmens-Fixkosten											-6
Betriebsergebnis											10
Umsatzrendite											4%

Vereinfachtes Schema einer mehrstufigen kurzfristigen Erfolgsrechnung

(5) Kalkulation bei mehrstufiger DBR

Die Kalkulation bei mehrstufiger DBR unterscheidet sich durch ihren Differenzierungsgrad erheblich von der einstufigen DBR. Unterschieden werden

Rückwärtskalkulation (retrograde Kalkulation)	**Vorwärtskalkulation** (progressive Kalkulation)
• ausgehend von bekannten Marktpreisen je Stück wird bis zum Ergebnisbeitrag je Stück zurückgerechnet • dabei werden die Fixkosten unter Ansatz von Planwerten stufenweise von den jeweils verbleibenden Deckungsbeiträgen abgezogen	• ausgehend von den variablen Stückkosten wird bis zum erforderlichen Stückerlös (Marktpreis) hochgerechnet • durch stufenweise Addition der Plan-Fixkosten werden die Selbstkosten je Stück und durch Gewinnaufschlag schließlich der Stückerlös netto (BVP) ermittelt.

Gegenüberstellung retrograde und progressive Kalkulation

Rechenbeispiele zur retrograden und progressiven Teilkostenkalkulation sind nachstehend aufgeführt. Analog hierzu lässt sich auch die Bezugsgrößenkalkulation aufbauen.

Produkt:	Neuentwicklung Cityrad			
	GE	%	Plan	Berechnungshinweise:
Zielverkaufspreis ZVP o. MWSt	1.200,00			Markterhebung
- Skonto	-24,00		2%	vom ZVP
= Barverkaufspreis BVP	1.176,00	100%		
Einzelkostenmaterial	-400,00	-34%		lt. Schätzkalkulation
variable MGK	-40,00	-3%	10,0%	auf Einzelkostenmaterial
Einzelkostenlöhne	-100,00	-9%		lt. Schätzkalkulation
variable FGK	-60,00	-5%	60,0%	auf Einzelkostenlöhne
Sondereinzelkosten Fertigung	-10,00	-1%	10	GE/Stück
variable Herstellkosten	-610,00	-52%		
variable VwGK	-12,20	-1%	2,0%	auf variable Herstellkosten
variable VtGK	-18,30	-2%	3,0%	auf variable Herstellkosten
Sondereinzelkosten Vertrieb	-40,00	-3%	40	GE/Stück
Summe variable Kosten	-680,50	-58%		
= Deckungsbeitrag 1	495,50	42%		
- Produktfixkosten	-297,30	-25%	60%	vom DB1
= Deckungsbeitrag 2	198,20	17%		
- Produktgruppenfixkosten	-79,28	-7%	40%	vom DB2
= Deckungsbeitrag 3	118,92	10%		
- Bereichsfixkosten	-17,84	-2%	15%	vom DB3
= Deckungsbeitrag 4	101,08	9%		
- Unternehmensfixkosten	-40,43	-3%	40%	vom DB4
= Ergebnisbeitrag	60,65	5%		

Rechenbeispiel retrograde Teilkostenkalkulation

Kunde:	Kaufhaus X			
Produkt:	Cityrad gemäß Anfrage			
	GE	%	Plan	Berechnungshinweise:
Einzelkostenmaterial	400,00			lt. Schätzkalkulation
variable MGK	40,00		10,0%	auf Einzelkostenmaterial
Einzelkostenlöhne	100,00			lt. Schätzkalkulation
variable FGK	60,00		60,0%	auf Einzelkostenlöhne
Sondereinzelkosten Fertigung	10,00		10	GE/Stück
variable Herstellkosten	610,00			
variable VwGK	12,20		2,0%	auf variable Herstellkosten
variable VtGK	18,30		3,0%	auf variable Herstellkosten
Sondereinzelkosten Vertrieb	40,00		40	GE/Stück
Summe variable Stückkosten	680,50	100%		
+ Produktfixkosten	297,38	44%	43,7%	auf Summe variablen Kosten
= Zwischensumme 1	977,88	144%		
+ Produktgruppenfixkosten	79,62	12%	11,7%	auf Summe variablen Kosten
= Zwischensumme 1	1.057,50	155%		
+ Bereichsfixkosten	17,69	3%	2,6%	auf Summe variablen Kosten
= Zwischensumme 1	1.075,19	158%		
+ Unternehmensfixkosten	40,15	6%	5,9%	auf Summe variablen Kosten
= Selbstkosten/Stück	1.115,34	164%		
+ Gewinn	60,23	9%	5,4%	auf die Selbstkosten
= Barverkaufspreis	1.175,57	173%		
+ Skonto	23,99	4%	2,0%	vom ZVP
= Zielverkaufspreis o. MWSt	1.199,56	176%		

Rechenbeispiel progressive Teilkostenkalkulation

10.2.6 Erfolgsorientierte Unternehmenssteuerung mithilfe der Deckungsbeitragsrechnung

Nachfragerückgänge werfen Fragen nach der Risikoanfälligkeit und nach der Gewinnschwelle des Unternehmens auf und veranlassen Unternehmensleitungen zur Erfolgssicherung mit Preissenkungen gegen zu steuern oder das Absatzprogramm an die Nachfrage anzupassen.
Nachfragesteigerungen lassen bei knappen Kapazitäten Fragen nach der erfolgsoptimalen Bearbeitungsreihenfolge von Aufträgen und Preisuntergrenzen von Zusatzaufträgen aufkommen.
Der **globale** sich ständig verschärfende **Wettbewerb** macht eine fortlaufende Prüfung der Wirtschaftlichkeit selbst erstellter Leistungen und Komponenten mit möglichen externen Spezialanbietern und erfolgsoptimierende Unternehmensentscheidungen erforderlich.
Die Deckungsbeitragsrechnung ist in dieser Situation ein hervorragendes Instrument jeder erfolgsorientierten Unternehmenssteuerung.

(1) **Break-Even-Analysen**
Break-Even-Analysen zeigen Zusammenhänge zwischen Umsatzerlösen, Kosten, Gewinn sowie Beschäftigung und ermöglichen eine gewinnorientierte Betrachtung des Unternehmens.
Aufgaben der Break-Even-Analyse
- ❏ Gewinnschwelle ermitteln (Break-Even-Absatzmenge und Break-Even-Umsatz)
- ❏ Sicherheitsspanne (Safety Margin) ermitteln
- ❏ Gewinnplanung für Produkte, Produktgruppen, Unternehmensbereiche und Unternehmen.

Break-Even-Point (BEP)	• = Gewinnschwelle, Nutzenschwelle, Kostendeckungspunkt • ist erreicht, wenn Summe der Erlöse = Summe der Kosten oder Summe der Stück-Deckungsbeiträge = Fixkosten

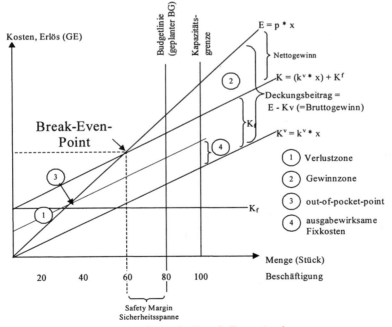

Darstellung der Break-Even-Analyse

Annahmen und Variable des Grundmodells der Break-Even-Analyse
- Es wird nur ein Erzeugnis hergestellt
- Kosten, Preise und Kapazitäten sind vorgegeben und bekannt
- Preise, variable Stückkosten und Fixkosten sind mengenunabhängig
- Keine Veränderungen sonstiger Parameter während des betrachteten Zeitraumes
- Absatzmenge = Produktionsmenge.

(1.1) Ermittlung der Gewinnschwelle im Ein-Produkt-Unternehmen
Für ein Ein-Produkt-Unternehmen gilt

• Gewinnfunktion: Gewinn (G) = Erlös (E) ./. Kosten (K)	$G = E ./. K$
• Definition 1: der Break-Even-Point ist erreicht, wenn Erlöse = Kosten (d.h. der Gewinn = 0)	$E = K$ $p \cdot x = (k_v \cdot x) + K_f$
• ergibt bei Auflösung nach K_f	$K_f = x \cdot (p ./. k_v)$
• die Differenz zwischen Stückerlös und variablen Kosten ergibt den Deckungsbeitrag je Stück (db)	$db = p ./. k_v$
• Definition 2: der **Break-Even-Point** (BEP) ist bei der Menge (x) erreicht, bei der die Summe der Stückdeckungsbeiträge gerade ausreicht, um die Fixkosten (K_f) zu decken	BEP: $db \cdot x = K_f$ oder $DB = K_f$
• die Auflösung nach ‚x' ergibt die **kritische Menge**: (= **Break-Even-Menge**). Die kritische Menge ist die Menge, die erforderlich ist, um ein ausgeglichenes Ergebnis zu erzielen (d.h. Gewinn = 0)	$BEP_{Menge} = \dfrac{K_f}{db}$
P = Preis je Einheit K_v = variable Kosten K_f = Fixkosten x = Absatzmenge	

(1.2) Ermittlung der Gewinnschwelle im Mehr-Produkt-Unternehmen

In Mehr-Produkt-Unternehmen ist der Break-Even-Point erreicht, wenn die Summe der Erlöse der verschiedenen Produkte insgesamt gerade die Gesamtkosten deckt oder die Summe der Deckungsbeiträge aus den verschiedenen Produkten gerade ausreicht, um die Fixkosten zu decken. Problematisch ist einerseits, dass viele Absatzkombinationen diese Bedingung erfüllen; andererseits, dass Restriktionen im Beschaffungs-, Produktions-, Absatz- und Finanzbereich die Realisierung denkbarer Mengenkombinationen verhindern.

Obwohl die Lösung dieser Problematik relativ schwierig ist, wird das Break-Even-Grundmodell iterativ auch in Mehrprodukt-Unternehmen verwendet, indem jeweils die isolierte Betrachtung eines Produktes, einer Produktgruppe, eines Produktbereiches, eines Unternehmensbereiches oder des Gesamtunternehmens erfolgt. <u>Voraussetzungen:</u>
- konstante Sortimentsstruktur (annähernd konstante Absatzmengenverhältnisse der Produktarten) <u>und</u>
- nicht zu große Anzahl an Produktarten
- Aufteilung des Fixkostenblocks und Zurechnung auf die jeweils betrachtete Einheit. Dies ist nur möglich, wenn das Prinzip der verursachungsgerechten Kostenzuordnung aufgegeben wird.

(a) Durchschnittsrechnung
In Mehrproduktunternehmen ist die BEP-Analyse als Entscheidungshilfe unter vorstehend genannten Voraussetzungen nutzbar.

Vorgehensweise:
Schritt 1: Ermittlung des DBU der betrachteten Einheit
Schritt 2: Berechnung Break-Even-Umsatz
$BEP_{Umsatz} = K_f$ der betrachteten Einheit / DBU
Schritt 3: Berechnung Break-Even-Absatz je Produktart i
$BEP^i_{Absatz} = (BEP_{Umsatz} / \text{Umsatz netto}) \bullet \text{Absatz der Produktart}^i$

(b) Globale Fixkostenverrechnung bei 1-stufiger DBR
Voraussetzungen:
- Fixkosten werden nur global in einem Block „Unternehmensfixkosten" erfasst
- Reihenfolgekriterium für die Verrechnung der Deckungsbeiträge sind die produktspezifischen DBU
- Diese Reihenfolge muss nicht wegen Restriktionen verworfen werden.

Methodik: Von den Unternehmensfixkosten werden nacheinander die Produktdeckungsbeiträge in der Rangfolge der DBU abgezogen.
- Optimistische Reihenfolge (ergibt den günstigsten BEP)
  Produktart mit höchstem DBU an erster Stelle und absteigend
- Pessimistische Reihenfolge (ergibt den ungünstigsten BEP)
  Produktart mit niedrigstem DBU an erster Stelle und aufsteigend.

(c) Differenzierte Fixkostenverrechnung bei mehrstufiger DBR
Voraussetzungen:
- Fixkosten werden in Hierarchien erfasst: Produktfixkosten, Unternehmensfixkosten
- Reihenfolgekriterium für die Verrechnung der Deckungsbeiträge sind die produktspezifischen DBU der letzten Hierarchiestufe
- die Reihenfolge muss nicht wegen Restriktionen verworfen werden.

Methodik: Von den Unternehmensfixkosten werden nacheinander die Produktdeckungsbeiträge in der Rangfolge der DBU abgezogen.
- Optimistische Reihenfolge: Produktart mit höchstem DBU an erster Stelle und absteigend
- Pessimistische Reihenfolge: Produktart mit niedrigstem DBU an erster Stelle und aufsteigend.

(1.3) Einsatz der Break-Even-Analyse zur Gewinnplanung

Mit Hilfe der Break-Even-Analyse kann
- die Krisenanfälligkeit des Unternehmens bestimmt werden, d.h. es kann festgestellt werden, um wie viel GE der Umsatz sinken darf, bis der BEP erreicht ist
- der erforderliche Absatz bzw. Umsatz für die Erreichung eines bestimmten Gewinns ermittelt werden
- berechnet werden, zu welchem Zeitpunkt einer Periode das Unternehmen die Gewinnschwelle erreicht. Oft ist dieses erst in den letzten Monaten des Jahres der Fall.

Rechnerisches Vorgehen zur Ermittlung des erforderlichen Mindestumsatzes zur Realisierung eines geplanten Gewinns
- Zu den Fixkosten der Periode wird das gewünschte Betriebsergebnis (Gewinn) addiert
- Die BEP-Absatzmenge ergibt sich aus der Division dieser Summe durch den Stückdeckungsbeitrag

$$BEP_{Absatz} = \frac{K_f + G}{db}$$

(2) Entscheidungen zur Optimierung des Produktions- und Absatzprogramms

Wesentliche Bestimmungsfaktoren der Produktions- und Absatzprogrammplanung sind Absatzpreise und Absatzmengen. Aufgabe der Produktions- und Absatzprogrammplanung ist die Bestimmung des gewinnmaximalen Produktions- und Absatzprogramms (wie viele Produkte welcher Art?) unter Beachtung von Restriktionen des Beschaffungs-, Produktions- und Absatzbereiches.

Folgende Beschäftigungssituationen sind vorstellbar

- Unterbeschäftigung in allen Unternehmensbereichen (keine Produktionsengpässe)
- Engpass in einem Unternehmensbereich
- Engpässe in mehreren Unternehmensbereichen, die jedoch unabhängig voneinander sind
- Engpässe in mehreren Unternehmensbereichen, die sich gegenseitig beeinflussen.

Entstehungsursachen für Engpässe

auftragsbedingt	• Umrüsten, Einrichten
maschinenbedingt	• Schäden, Reparaturen, Wartung
personenbedingt	• Krankheit, Aus- und Weiterbildung, Urlaub, Feiertage, Betriebsversammlungen
raumbedingt	• Lagerraum für benötigte Einsatzstoffe/hergestellter Erzeugnisse
materialbedingt	• Lieferverzögerungen, Lieferausfälle, Qualitätsprobleme
Nachfragesteigerungen	

(2.1) Entscheidungskriterien der Produktions- und Absatzprogramm-Optimierung

> Die Wahl des Entscheidungskriteriums für die Bestimmung des Produktions- und Absatzprogramms ist abhängig von der Entscheidungssituation. Diese ist abhängig von der Beschäftigung (Kapazitätsauslastung) und von der Fristigkeit der Optimierung (kurz- oder langfristig).

Langfristige Optimierungen beinhalten Investitionsentscheidungen (hier nicht Thema).

Vorgehensweise bei kurzfristiger Produktions- u. Absatz-Optimierung

1. Fristigkeitsprüfung der Optimierungssituation	
2. Kapazitätsprüfung	Vergleich Kapazitätsbedarf - Kapazitätsbestand (bei Engpässen ergeben sich Produktions-Interdependenzen = Verdrängung von Produkten)
3. Entscheidungskriterium ableiten: DB je Engpasskapazitätseinheit ermitteln (Verdrängungsgrad)	
4. Rangfolge der Produkte festlegen	
5. Produktionspläne für jede Kostenstelle aufstellen	
6. Absatzplan aufstellen	

(2.2) Optimales Produktions- und Absatzprogramm

a) **bei Unterbeschäftigung**
   Es sind beginnend mit dem Produkt mit höchstem Deckungsbeitrag in fallender Reihenfolge alle Produkte ins Programm aufzunehmen, deren Produktdeckungsbeitrag > 0 ist.
   Ergänzend muss für die Periode gelten: Gesamtdeckungsbeitrag > Gesamtfixkosten.

b) **bei Vollbeschäftigung**
   Im Engpassbereich muss je Zeiteinheit der maximale Deckungsbeitrag erzielt werden. Hierzu ist die Berechnung der Verdrängungsgrade erforderlich.

(3) Bestimmung von Preisuntergrenzen

Preisuntergrenzen	sind kritische Preise je Produkteinheit, bei deren Unterschreiten ein Auftrag nicht angenommen wird

Risiken von Preissenkungen
ergeben sich aus der Tatsache, dass Preissenkungen
1. den Mitbewerber insbesondere in oligopolistischen Märkten zu Reaktionen bewegen können und/oder
2. Ausstrahlungseffekte auf das eigene übrige Produktprogramm und den bisherigen eigenen Kundenkreis haben können.

Preissenkungen dürfen deshalb nicht isoliert auf Basis Kostenbetrachtungen erfolgen. Hinzukommen muss eine Beurteilung der Eintrittswahrscheinlichkeit von Risiken. Sonderpreise müssen von der Geschäftsleitung freigegeben werden.

Bei Mehr-Produkt-Unternehmen ist die isolierte Betrachtung nur einer Produktart bzw. des Zusatzauftrages allein nicht mehr ausreichend. In die Bestimmung der Preisuntergrenze muss auch einfließen, welche Auswirkungen sich aus der Festlegung des Produktpreises für die übrigen Produkte ergeben und wie sich dies auf das Ergebnis des Unternehmens auswirkt. Erfolgsorientierte Preisuntergrenzen haben bei Unternehmen mit standardisierten Produkten besondere Bedeutung bei der Entscheidung über Zusatzaufträge. Für die jährliche Absatzplanung sind sie dagegen nur von untergeordneter Bedeutung.[19]

Vorgehensweise bei der Ermittlung von Preisuntergrenzen

1. Fristigkeitsprüfung	Prüfung des Zeitraumes, für den der Preis Gültigkeit haben soll
2. Kapazitätsprüfung	Vergleich von Kapazitätsbedarf und Kapazitätsbestand. Bei Engpässen sind Produktionsinterdependenzen (Verdrängung von Produkten) zu berücksichtigen
3. Interdependenzprüfung	Prüfung auf wechselseitige Abhängigkeiten zwischen Produkten und Kundenkreisen
4. Ableitung des Entscheidungskriteriums (in Abhängigkeit von 1 - 3)	
5. Ermittlung der Preisuntergrenze	

(3.1) Preisuntergrenze bei Unterbeschäftigung

Die Preisuntergrenze ($P_{min,i}$) für ein zusätzliches Produkt i sind die variablen Kosten (V_i) einer zusätzlichen Mengeneinheit des Produktes i, denn diese fallen als Ausgaben an: $P_{min,i} = V_i$

(3.2) Preisuntergrenze bei Vollbeschäftigung

Bei Vollbeschäftigung sind neben den variable Kosten je Einheit des Zusatzauftrages (ohne Mehrkosten kapazitätserhöhender/kapazitätsumgehender Anpassungen) zusätzlich zu berücksichtigen
- Mehrkosten je Einheit des Zusatzauftrages aus kapazitätserhöhenden/kapazitätsumgehenden Anpassungsprozessen
- zusätzliche sprungfixe Kosten aus dem Zusatzauftrag je Einheit des Zusatzauftrages
- Opportunitätskosten der verdrängten Produkte je Einheit des Zusatzauftrages
- Erlösminderungen infolge von Preis-/Mengen-Interdependenzen

---

[19] Vgl. *Kilger, W.*, a.a.O., S. 845

❑ bei mittelfristigen Preisuntergrenzen sind zusätzlich die mittelfristig abbaubaren Fixkosten zu berücksichtigen.

(4) Outsourcing-Entscheidungen

Die Globalisierung der Wirtschaft mit zunehmendem Verdrängungswettbewerb führt zur Konzentration der Unternehmen auf Kernkompetenzen und zum Bezug bisher selbst erstellter Komponenten und Leistungen von hierauf spezialisierten Unternehmen (Outsourcing). Outsourcing-Entscheidungen können in allen Unternehmensbereichen auftreten (nicht nur im Fertigungsbereich). Outsourcing-Potentiale werden neben der Fertigung besonders in den Bereichen Beschaffungslogistik, Distribution und Entsorgungslogistik gesehen.

(4.1) Qualitative und quantitative Aspekte von Outsourcing-Entscheidungen

Outsourcing-Entscheidungen haben qualitative und quantitative Aspekte.

Qualitative Aspekte bestehen im Wesentlichen in einer Beurteilung der Risiken
❑ Zuverlässigkeit der Zulieferer
❑ Verfügbarkeit
❑ Abhängigkeit vom Lieferanten (Preisgabe von Know-how an Lieferanten, der dieses auch für Konkurrenten nutzen kann, Einschränkung einer Produktinnovation)
❑ Flexibilitätsverbesserung.

Quantitative Aspekte
❑ Bestehen in einem Kostenvergleich zwischen Eigenerstellung und Fremdbezug
❑ Die Wahl des Entscheidungskriteriums ist abhängig von der Beschäftigungssituation und von der Fristigkeit der Optimierung.

(4.2) Outsourcing-Entscheidung bei kurzfristiger Optimierung

Bei kurzfristiger Optimierung ist davon auszugehen, dass vorhandene (Produktions-) Kapazitäten nicht verändert werden können oder sollen.

<u>Vorgehensweise bei kurzfristiger Optimierung</u>

1. Fristigkeitsprüfung der Optimierungssituation	
2. Kapazitätsprüfung	Vergleich Kapazitätsbedarf - Kapazitätsbestand, bei Engpässen sind Produktions-Interdependenzen zu berücksichtigen
3. Entscheidungskriterium ableiten: DB je Engpasskapazitätseinheit (Verdrängungsgrad)	
4. Kosten der Alternativen ermitteln	
5. Kostenvergleich und Auswahl	

<u>Vorgehensweise bei Entscheidung Eigenfertigung/Fremdbezug</u>
a) **bei Unterbeschäftigung**
   Die Preisobergrenze für Fremdbezug ist gleich den variablen Kosten der Eigenfertigung, da bei höheren Lieferantenpreisen eine Deckungsbeitragsverschlechterung eintreten würde.
b) **bei Vollbeschäftigung**
   Die Preisobergrenze für Fremdbezug liegt bei den variablen Kosten der Eigenfertigung zuzüglich der Opportunitätskosten, die durch Nichtfertigung des verdrängten Produktes entstehen. Weiter sind die Prozesskosten der Eigenfertigung und die Tansaktions- und Materialprozesskosten bei Zukauf zu berücksichtigen.

10.3 Plankostenrechnung

Die Steuerung des Unternehmens in einem unsicheren Umfeld erfordert die Existenz von Vorgaben für alle Zielkomponenten. Diese werden im Rahmen der Budgetplanung erarbeitet. Der Ablauf des Budgetierungsprozesses, dabei zu beachtende Grundsätze, Verfahrensweisen und die Strukturierung wurden im Kapitel Budgetierung bereits besprochen. Besprochen wurden Kontroll-Anforderungen und Ziele, der Prozess der Budgetkontrolle, Kontrollobjekte, Kontrollinhalte, die Eignung der Vergleichsobjekte für Kontrollzwecke, allgemeine Abweichungsursachen sowie das System der Kostenbestimmungsfaktoren.

Ziel der Plankostenrechnung (PKR) ist es, genauere Steuerungsinformationen für Nachsteuerungsprozesse zu gewinnen, um innerbetriebliche Unwirtschaftlichkeiten aufzuspüren, auf Dauer zu vermeiden und so ein niedrigeres Kostenniveau zu erreichen. Dazu wird die Gesamtabweichung nach einzelnen Ursachen (Kostenbestimmungsfaktoren) aufgerissen. Hauptansatzpunkt der PKR ist der Produktionsbereich. Für jede Kostenstelle werden die kostenstellen-individuellen Kostenbestimmungsfaktoren ermittelt.

10.3.1 Grundlagen der Plankostenrechnung

Die Plankostenrechnung ist eine Vorschaurechnung für das Budgetjahr mit Vorgabecharakter. Datenbasen sind einerseits erwartete Daten, gewonnen aus Prognosen und Schätzungen, andererseits aber auch Daten aus gewollten (beabsichtigten) Strukturänderungen in den Kostenstellen. Ziel ist die Ermittlung und Vorgabe von Kosten für das Budgetjahr, um einen Vergleichsmaßstab für die Beurteilung der Ist-Kosten und eine erfolgsorientierte Steuerung zu schaffen. **Wesentliche Begriffe der Plankostenrechnung**

Plan-Kosten	erwartete (im Voraus bestimmte) bzw. gewünschte Kosten unter der Voraussetzung rationalen Handelns
Plan-Mengen	analytisch ermittelt aus technisch-mengenmäßigen Untersuchungen z.B. Stücklisten, Fertigungspläne (= Mengenstandards)
Plan-Preise	Verrechnungspreise, analytisch abgeleitet aus zu erwartenden Entwicklungen auf Beschaffungs- und Absatzmärkten (= Preisstandards)
Plan-Beschäftigung	Beschäftigung in der Planperiode (Periodenleistung)
Budget-(kosten)	Plan-Kosten der Kostenstellen für das Budgetjahr (periodenbezogen)
Standard-Kosten	Plan-Kosten pro Kostenträgereinheit (stückbezogen)
Soll-Kosten	aus Plan-Kosten abgeleitete Kostenvorgaben für die jeweilige Ist-Beschäftigung

Entwicklungsformen der Plan-Kostenrechnung unterscheiden sich hinsichtlich der Flexibilität.

Starre Plan-Kostenrechnung	Flexible Plan-Kostenrechnung mit Umrechnung der Plan-Kosten in Soll-Kosten der Ist-Beschäftigung	
Keine Anpassung der Planwerte an eine abweichende Ist-Beschäftigung	Flexible Plan-Kostenrechnung auf **Vollkostenbasis**	Flexible Plan-Kostenrechnung auf **Teilkostenbasis**
	Anpassung nur in der Kostenstellenrechnung	Anpassung in der Kostenstellen- und Kostenträgerrechnung

Entwicklungsformen der Plan-Kostenrechnung

Unabhängig von der Entwicklungsform muss die <u>Plan-Kostenrechnung nach folgendem System</u> aufgebaut werden.

Leistungs- und Kostenplanung	• Leistungsplanung • Plan-Beschäftigung der Kostenstellen bestimmen • Einzelkostenplanung (Ktr-Einzelkosten für Erzeugniskalkulation) • Kostenstellenplanung (Kst-Einzelkosten, Kst-Gemeinkosten)
Kostenkontrolle	• Ist-Kosten ermitteln • Plan-Ist-Vergleich auf Kostenstellen- und Kostenträgerebene • Abweichungsanalyse (Zuordnung Abweichungen auf Kostenbestimmungsfaktoren) • Kostenberichte erstellen und Nachsteuerungen induzieren

Prozess der Plan-Kostenrechnung

Da die Einführung einer Plan-Kostenrechnung ein zeit- und arbeitsaufwändiges Projekt ist, ist eine schrittweise Einführung in Produktionskostenstellen sinnvoll. Wenn Mitarbeiter des Unternehmens nicht über fundierte Kenntnisse der PKR verfügen, sollten externe Berater hinzugezogen werden.

10.3.2 Leistungsplan als Planungsgrundlage

Das Budget eines Unternehmens ergibt sich aus einer Vielzahl von Teilplänen der Kostenstellen aller Funktionsbereiche. Die Einzelbudgets werden ausgehend vom Engpasssektor (meist Absatzbereich) in sachlich dienlicher Reihenfolge nach dem Baukastenprinzip erstellt und zum Unternehmensplan zusammengefasst.

Ausgangspunkt für die Kostenplanung ist der Leistungsplan. Die Leistung eines Industrieunternehmens setzt sich zusammen aus der Absatzleistung (Umsatz an Produkten, Dienstleistungen, Handelswaren), der Lagerleistung (Bestandserhöhungen an fertigen und unfertigen Erzeugnissen), Eigenleistungen (IL) und sonstigen Erlösen (Abfallerlöse, Lizenzerlöse, etc.). Aus Absatzplan, den Bestandsplanungen für fertige und unfertige Erzeugnisse und den jeweiligen Ist-Beständen ergibt sich das Produktionsprogramm für das Budgetjahr im Aufriss nach Produkten, Baugruppen und Teilen.

Im Kapazitätslauf wird das Produktprogramm über Stücklisten und Arbeitspläne aufgelöst in einen Beschäftigungsplan. Ergebnis sind Rohstoff- und Zukaufsteilbedarfe (Einzelkostenmaterialien) sowie Fertigungsminuten und Maschinenminuten nach Kostenstellen. Die ermittelten Werte sind Basis für die Kostenplanung.

10.3.3 Preisplanung

Plan-Kosten ergeben sich aus Multiplikation der geplanten Faktormengen mit den jeweiligen geplanten Faktorpreisen. Plan-Preise erfüllen in der Plan-Kostenrechnung als Verrechnungspreise drei Aufgaben[20]

❑ Neutralisierung von Marktpreisschwankungen,
  da die Kostenstellenleitungen dafür nicht verantwortlich sind
❑ Erleichterung der Abrechnung
❑ Bereitstellung von Daten für unternehmenspolitische Entscheidungen.

---

[20] Vgl. *Kilger, W.*, a.a.O., S. 203

Plankostenrechnung

Planung der Preise für Produktionsfaktoren	
festzulegen sind	Planungsregel
Höhe und Gültigkeitszeitraum der Plan-Preise	Plan-Preise sollten dem Durchschnitt der in der Planperiode erwarteten Ist-Preise entsprechen

Komponenten der Plan-Preisbildung	• bei Sachgütern: Verrechnungspreise aus Plan-Einstandspreisen (Zieleinkaufspreis + Beschaffungsnebenkosten)
	• bei Arbeitsleistungen:
	  • Verrechnungspreis für Arbeitslöhne in Höhe der Plan-Tariflöhne
	  • Planverrechnungssatz für kalkulatorische Sozialkosten bezogen auf die Plan-Lohn-/Gehaltssumme

Umfang des Plan-Preissystems	• nur Produktionsfaktoren mit Mengengerüst • und nur, soweit wirtschaftlich vertretbar

10.3.4 Einzelkostenplanung und -kontrolle

(1) **Einzelkosten in der PKR**

Einzelkosten sind Kosten, die sich für einen Leistungsträger genau erfassen und ohne Schlüsselung verursachungsgerecht zurechnen lassen. Wird im Unternehmen vereinfachend von „Einzelkosten" gesprochen, sind damit die Kostenträgereinzelkosten gemeint.

Einzelkosten in Industrieunternehmen[21]	Kosten, die sich Kostenträgern direkt zurechnen lassen: • Einzelkostenmaterial • Einzelkostenlöhne • Sondereinzelkosten der Fertigung • Sondereinzelkosten des Vertriebs
	Einzelkosten werden zwar je Kostenträger geplant, aber in den verbrauchenden Kostenstellen hinsichtlich des plangemäßen Verbrauchs kontrolliert

Die für eine Kostenträgereinheit geplanten Verbrauchsmengen werden als „Mengenstandard" bezeichnet. Aus der Multiplikation der Mengenstandards mit den Preisstandards ergeben sich die Standard-Kosten.

Aufgabe der Einzelkostenplanung[22]

Ermittlung der Einsatzmengen für Einzelkostenmaterial (Basis: Stücklisten) und des Zeitbedarfes für Einzelkostenlöhne (Basis: Fertigungsplan) im Aufriss nach Einzelteilen und Arbeitsgängen, die für die Herstellung einer Produkteinheit verbraucht werden dürfen bei

❑ planmäßiger Produktgestaltung
❑ planmäßigen Materialeigenschaften
❑ planmäßiger Wirtschaftlichkeit des Materialeinsatzes
❑ planmäßigem Fertigungsablauf.

Mögliche Basen für die Planung der Einzelkosten sind Fertigungsunterlagen und technische Studien sowie in Ausnahmefällen Probeläufe und Musterfertigungen.

---

[21] Für Handelsunternehmen gilt: Einzelkosten = Einstandspreise der Waren
[22] Vgl. *Kilger, W.*, a.a.O., S. 233

(1.1) Materialeinzelkosten-Planung und -Kontrolle

(a) Planung der Materialeinzelkosten

Materialeinzelkosten	= Rohstoffe und fremdbezogene Fertigteile
Planungsablauf	1. Netto-Planverbrauchsmengen ermitteln aus 2. Plan-Abfallmengen nach Ursachenarten ermitteln (Basis: technische Abfallanalysen) 3. Brutto-Planverbrauchsmengen berechnen (Mengenstandard) 4. Plan-Preise ermitteln (Preisstandard) 5. Plan-Kosten berechnen (Kostenstandard)

(b) Kontrolle der Materialeinzelkosten

Die Kontrolle der Materialeinzelkosten (MEK) erfolgt in den Kostenstellen, die das Material für die Herstellung von Teilen oder Produktkomponenten „verbrauchen". Aufgaben sind:

- Ermittlung der Abweichungen zwischen Ist-MEK und Plan-MEK
- Berechnung der Wirkung einzelner Abweichungsursachen damit
- Ansatzpunkte für Nachsteuerungsmaßnahmen gewonnen werden.

Plan-Mengen wurden in der Budgetplanung auf der Grundlage der Plan-Beschäftigung errechnet und festgelegt. **Ist-Mengen** ergeben sich aus den Materialentnahmescheinen der Abrechnungsperiode und Inventuren in den verbrauchenden Kostenstellen. Da Inventuren zeit- und arbeitsaufwändig sind, ist es ratsam, den Materialfluss so zu organisieren, dass Materialentnahmescheine nur für Plan-Mengen ausgegeben und Lagerentnahmen in der gleichen Periode verarbeitet werden. Für zusätzlich erforderliches Material sollten Zusatzmaterialentnahmescheine ausgestellt werden.

Materialeinzelkosten-Abweichungen können zerlegt werden in zuordnungsfähige Abweichungen (Preisabweichung, Beschäftigungsabweichung und/oder (globale-) Verbrauchsabweichung) und die nicht zuordnungsfähige Abweichung 2. Grades.[23]

Preisabweichung	= (Plan-Preis - Istpreis) • Plan-Menge = Preisdifferenz • Plan-Menge
Abweichung 2. Grades	= (Plan-Preis - Istpreis) • (Ist-Menge - Plan-Menge) = Preisdifferenz • Mengendifferenz
Beschäftigungsabweichung	= (Plan-Menge - Soll-Menge) • Plan-Preis = P-S-Mengendifferenz • Plan-Preis
(globale) Verbrauchsabweichung	= (Soll-Menge - Ist-Menge) • Plan-Preis = S-I-Mengendifferenz • Plan-Preis

(1.2) Lohneinzelkosten-Planung und -Kontrolle

(a) Planung der Lohneinzelkosten

Lohneinzelkosten	im betrieblichen Sprachgebrauch: Fertigungslöhne
Planungsablauf	1. Plan-Arbeitszeiten (Standardzeiten) ermitteln (Basis: Fertigungspläne) 2. Plan-Lohnsätze (Plantarife) ermitteln (Standardpreise) 3. Plan-Einzelkostenlöhne berechnen (Standard-Kosten)

---

[23] Abweichungen 2. Grades werden durch zwei Kostenbestimmungsfaktoren (KBF) bestimmt; hier: aus Mengenabweichungen ggü. Plan und aus Preisabweichungen. Die Zuordnung der Wirkungen auf den jeweiligen KBF ist nicht möglich.

Die Ermittlung der Plan-Arbeitszeiten ist abhängig vom verwendeten Lohnsystem (Zeitlohn-, Akkordlohnsystem). Für die Ermittlung von Vorgabezeiten im Akkordlohnsystem stehen analytische Verfahren mit betriebsindividuellen Zeitmessungen einzelner Arbeitsabläufe und Leistungsgradschätzungen (REFA-, Multimoment-Verfahren) und synthetische Verfahren zur Auswahl. Letztere setzen die Vorgabezeit eines Arbeitsganges aus einem Tabellenwerk mit überbetrieblich ermittelten Normalzeiten relativ weniger Bewegungsgrundelemente nach dem Baukastenprinzip (synthetisch) zusammen (MTM-Verfahren - Methods-Time-Measurement, WF-Verfahren - Work Factor).

(b) **Kontrolle der Lohneinzelkosten**
Lohneinzelkosten werden Kostenträgern zwar direkt zugerechnet, jedoch in den Kostenstellen geplant und kontrolliert. Die Kontrolle ist vom Lohnsystem abhängig.
Bei **Akkordlohn-Systemen** können Kontrollen nur durch Vergleich des Ist-Leistungsgrades mit dem Plan-Leistungsgrad durchgeführt werden.

$$\text{durchschnittlicher Ist-Leistungsgrad} = \frac{\text{gesamte Vorgabezeit}}{\text{gesamte Istzeit}} * 100$$

Bei **Zeitlohn-Systemen** treten Lohneinzelkosten-Abweichungen in Form von Tarif- und Verbrauchsabweichungen auf.

```
Tarifabweichung        = (Plantarif - Isttarif ) • Plan-Arbeitszeit
Abweichung 2. Grades   = (Plantarif-Isttarif) • (Ist-Arbeitszeit – Plan-Arbeitszeit)
Verbrauchsabweichung   = (Soll-Arbeitszeit – Ist-Arbeitszeit ) • Plantarif
```

(1.3) **Planung und Kontrolle der Sondereinzelkosten**

Sondereinzelkosten (SEK)	Kosten, die sich dem einzelnen Erzeugnis zurechnen lassen, jedoch nicht als Materialeinzelkosten oder Lohneinzelkosten einzustufen sind. Diese Kosten sind nicht stückvariabel sondern auftrags-, serien- oder produktartenvariabel und können deshalb auch nur einem Auftrag, einer Serie oder einer Produktgruppe zugeordnet werden
SEK der Fertigung	z.B. Modelle, Spezialwerkzeuge, Lizenzen, etc. Forschungs-, Entwicklungs- und Versuchskosten
SEK des Vertriebs	z.B. Verpackung, Vertreterprovisionen, Frachten, Zölle, Versicherungen, auftragsbezogene Werbekosten

Für die Planung und Kontrolle der Sondereinzelkosten gibt es keine allgemeingültigen Regeln. Anzuwenden ist die grundsätzliche Methodik der Kostenkontrolle.

10.3.5 Kostenstellenplanung und -kontrolle im Fertigungsbereich

(1) **Kostenstellenplanung**
(1.1) **Planung der Kostenstellenkosten**
Kostenstellenkosten sind (aus Sicht der Kostenträger) Gemeinkosten. Sie lassen sich im Gegensatz zu den Einzelkosten Kostenträgern nicht direkt zurechnen sondern werden am Ort ihrer Entstehung erfasst und dann über Bezugsgrößen auf die Kostenträger verrechnet.

Bezugsgrößen sollen die Ursachen der Kostenentstehung (Kostentreiber) einer Kostenstelle widerspiegeln. Hinsichtlich des Ziels „Verbesserung der Abrechnungsgenauigkeit" besteht ein enger Zusammenhang zwischen Kostenstelleneinteilung des Unternehmens und Bezugsgrößenwahl. Bezugsgrößen in der PKR beziehen sich auf
- Leistungseinheiten (Stück, kg, Meter, Quadratmeter, Kubikmeter, Liter)
- Zeiteinheiten (Maschinenstunden, Fertigungsminuten)
- Hilfsgrößen (Ausnahmefall, z.B. Fertigungslohn, Materialeinsatz).

Kostenstellenkosten
- ergeben sich aus der Zusammenstellung der geplanten Kosten jeder Kostenstelle nach Kostenarten und aufgeteilt nach Bezugsgrößen
- sind das Ergebnis der Budgetierung (Kostenstellenplanung)
- dienen zur Ermittlung der
  - Soll-Gemeinkosten für die Kostenstellenkontrolle
  - Plankalkulationssätze für die Stückkostenermittlung
  - relevanten Plan-Gmk für unternehmenspolitische Entscheidungen.

(1.2) Bezugsgrößenwahl für Fertigungskostenstellen
Bezugsgrößen sind Maßstab für die Kostenverursachung.

Bestimmungsfaktoren für die Anzahl der Bezugsgrößen		
Kostenverursachung	Die beschäftigungsabhängigen Kosten der Kostenstelle verhalten sich	**erforderliche Bezugsgrößenanzahl**
Homogen (gleichartig, einheitlich)	**alle proportional** zu einer Bezugsgröße	eine Bezugsgröße
Heterogen (ungleichartig)	**nicht alle proportional** zu einer Bezugsgröße	mehrere Bezugsgrößen

Bezugsgrößenwahl für Fertigungskostenstellen[24]

Ursachen und Beispiele heterogener Kostenverursachung in Fertigungskostenstellen		
Ursache	**bedingt durch** unterschiedliche	**Beispiel**
produktbedingte Heterogenität	Materialarten oder Materialmischungen	abwechselnde Bearbeitung von Kupfer und Aluminiumdrähten in einer KSt
	Gewichts-Fertigungszeit-Relationen je Einheit	schwere Erzeugnisse erfordern mehr (weniger) Fertigungszeit als leichte
	sonstige Produkteigenschaften zum Fertigungszeitbedarf	Volumen und Gewichte der Produkte bei Brennöfen
verfahrensbedingte Heterogenität	Fertigungszeit/Rüstzeit - Relationen der Produkte	Fertigungskostenstellen mit Serienproduktion
	Bedienungsrelationen	beim Weben feiner Stoffe kann ein MA weniger Webstühle bedienen
	Prozessbedingungen	chemische Industrie, Raffinerien

Heterogene Kostenverursachung in Fertigungskostenstellen[25]

---

[24] *Däumler, K.D., Grabe, J.*, Kostenrechnung 3 - Plankostenrechnung, Herne-Berlin, S. 131
[25] *Kilger, W.*, a.a.O., S. 316 ff.

Plankostenrechnung 569

(1.3) Formen der Kostenstellenplanung

Starre Plan-Kostenrechnung	Flexible Plan-Kostenrechnung
für Kostenstellen mit fixen Gemeinkosten (z.B. Verwaltungs- und Vertriebsbereich)	für Kostenstellen mit fixen und variablen Gemeinkosten (vorwiegend im Produktionsbereich)

Starre Plan-Kostenrechnung	
Merkmale	• ermittelt Plan-Kosten nur für eine Beschäftigung • proportionalisiert die Plan-Kosten der Plan-Beschäftigung
Plan-Kostensatz k_p	$= \dfrac{\text{Plan-Kosten}}{\text{Plan-Beschäftigung}} = \dfrac{K_p}{BG_p}$
	Der je KSt ermittelte Vollkostenverrechnungssatz wird für die Kalkulation und IL-Verrechnung verwendet.
verrechnete Plan-Kosten K_{verr}	= Plan-Kostensatz • Ist-Beschäftigung $K_{verr} = k_p \cdot BG_i$
Beurteilung	+ relativ einfache und schnelle lfd. Abrechnung + keine Kostenauflösung erforderlich + ermöglicht den Ausweis von Mengenabweichungen - Kostenkontrolle der KSt nicht möglich, da die Beschäftigungsabweichung nicht von der Mengenabweichung getrennt werden kann - Vollkostenorientierung verstößt gegen das Kostenverursachungsprinzip
Anwendungshinweise	nur einsetzbar, wenn keine oder nur geringe Beschäftigungsschwankungen vorhanden sind

Flexible Plan-Kostenrechnung	
Charakterisierungsmerkmale	• ermittelt Plan-Kosten für die Plan-Beschäftigung und rechnet diese um in Soll-Kosten für die jeweilige Ist-Beschäftigung • erfordert die Spaltung der Kosten in fixe und variable Bestandteile • erlaubt eine flexible Anpassung des Kostenmaßstabes an die jeweilige Ist-Beschäftigung
flexible PKR auf Vollkostenbasis	+ KSR: der Kostenmaßstab wird an die Ist-Beschäftigung angepasst - KTR: verwendet weiterhin verrechnete Plan-Kosten
Grenzplankostenrechnung = flexible PKR auf Teilkostenbasis	+ Anpassung der Kostenmaßstabes in KSR und + KTR an die jeweilige Ist-Beschäftigung (durch Verwendung der variablen Planstückkosten)
Ziel	laufende Kostenkontrolle
Soll-Kosten (K_{si}) der Ist-Beschäftigung	= fixe Plan-Kosten (K_{fp}) + variable Planstückkosten • Ist-Beschäftigung $= K_{fp} + k_{vp} \cdot BG_i$
variable Planstückkosten (k_{vp}) (= **Grenzplankosten**)	$= \dfrac{\text{variable Plan-Kosten}}{\text{Plan-Beschäftigung}} = \dfrac{K_{vp}}{BG_p}$

Starre und flexible Plan-Kostenrechnung

(1.4) Darstellung der Kostenpläne

Kostenpläne können graphisch, formelmäßig, tabellarisch dargestellt werden. In der betrieblichen Praxis werden ausschließlich tabellarische Darstellungen verwendet. Zur zahlenmäßigen Hinterlegung der Tabellen ist die Kenntnis der formelmäßigen Darstellung unerlässlich.

(a) **Formelmäßige Darstellung**
Flexible Plan-Kostenrechnung auf Vollkostenbasis
- weist nur die Vollkosten aus
- erfordert eine Kostenauflösung
- Soll-Kosten werden mit Variatoren ermittelt. Variatoren dienen zur Umrechnung der Plan-Kosten der Plan-Beschäftigung in Soll-Kosten für die Ist-Beschäftigung
- **Variator** (V) = (variable Plan-Kosten/Plankosten) • 10 gibt an, um wie viel % sich die Gemeinkosten ändern, wenn sich die Beschäftigung um 10% verändert Variator[26]

> **Berechnung der Soll-Kosten mit Hilfe von Variatoren**
> $$K_{si} = K_p (1 - V/10) + K_p (V/10 \cdot BG_i / BG_p)$$

Beispielaufgabe
Wie hoch sind die Soll-Kosten bei einer Ist-Beschäftigung von 8.000 Std., wenn bei einer Plan-Beschäftigung von 10.000 Std. 12.000 € Plan-Kosten entstehen? (Variator = 8,5)
$K_{si} = 12.000 (1 - 8,5/10) + 12.000 (8,5/10 \cdot 8.000/10.000) = 1.800 + 8.160 = 9.960$

Flexible Plan-Kostenrechnung auf Teilkostenbasis
- erfordert eine Kostenspaltung
- weist fixe und variable Gemeinkosten je Kostenart aus
- berücksichtigt nur die Grenzplan-Kosten (variable Plan-Stückkosten)
- Soll-Kosten und verrechnete Kosten fallen damit zusammen.

> **Berechnung der Soll-Kosten bei der flexiblen PKR auf Teilkostenbasis**
> $$K_{si} = K_{verr} = k_{vp} \cdot BG_i = K_{vp} / BG_p \cdot BG_i$$

Beispielaufgabe
Wie hoch sind die Soll-Kosten bei einer Ist-Beschäftigung von 8.000 Std., wenn bei einer Plan-Beschäftigung von 10.000 Std. 12.000 € Plan-Kosten entstehen? Von den Plan-Kosten sind 1.800 € fix.
$K_{si} = 10.200/10.000 \cdot 8.000 = 8.160$

(b) **Tabellarische Darstellung**
Flexible Plan-Kostenrechnung auf Teilkostenbasis[27]

BIKE GmbH	Kostenplan	2005			
Kostenstelle	31 Rahmenbau				
Planbezugsgröße:	10.000 F-Std.				
Kostenart	Plan-Menge	Plan-Preis	volle Plan-Kosten	variable Plan-Kosten	fixe Plan-Kosten
i	r_p^i	p_p^i	K_p^i	K_{vp}^i	K_{fp}^i
Plan-Kostensummen			K_p	K_{vp}	K_{fp}
Plan-Kostenverrechnungssatz				k_{vp}	

---

[26] Vgl. *Haberstock, L.*, a.a.O., S. 223
[27] Vgl. *Haberstock, L.*, a.a.O., S. 224 f.

Plankostenrechnung

Flexible Plan-Kostenrechnung auf Vollkostenbasis[28]

BIKE GmbH	Kostenplan	2005		
Kostenstelle	31 Rahmenbau			
Planbezugsgröße:	10.000 F-Std.			
Kostenart	Plan-Menge	Plan-Preis	volle Plan-Kosten	Variator
i	r_p^i	p_p^i	K_p^i	V_i
Plan-Kostensummen			K_p	
Plan-Kostenverrechnungssatz			k_p	

Beispiele in verkürzter Form

Kostenplanung bei flexibler PKR auf Vollkostenbasis

Bike - GmbH		Kostenstellenbogen					Monat: Mai
Kostenstelle: 470 - P11 Rahmenbau				Beschäftigung		Plan	
				Einheit: Stück		1080	
	Kostenarten -	Mengen-	Plan-	Plan-	Plankosten		
Nr.	Bezeichnung	einheit	Menge	Preis	Gesamt	prop.	Variator
4101	Fertigungslohn Akkord	Std.	1.000	25,76	25.760	25.760	10,00
4131	Zulagen	Std.	1.000	1,90	1.900	1.900	10,00
4121	Hilfslöhne	Std.	420	28,00	11.760	2.352	2,00
4299	Gehälter	€			3.850		0,00
...	...						
4810	kalk. AfA	€			4.600		0,00
4815	kalk. Zinsen auf AV	€	360.000	7,00%	2.100		0,00
4831	kalk. Soz-kost - Lohn -	€	39.420	80,00%	31.536	24.010	7,61
4832	kalk. Soz-kost - Gehalt -	€	3.850	80,00%	3.080		0,00
Plankosten - Gesamt -					84.586	54.022	

Kostenplanung bei Grenzplankostenrechnung
(= flexible PKR auf Teilkostenbasis)

Bike - GmbH		Kostenstellenbogen					Monat: Mai
Kostenstelle: 470 - P11 Rahmenbau				Beschäftigung		Plan	
				Einheit: Stück		1080	
	Kostenarten -	Mengen-	Plan-	Plan-	Plankosten		
Nr.	Bezeichnung	einheit	Menge	Preis	Gesamt	prop.	fix
4101	Fertigungslohn Akkord	Std.	1.000	25,76	25.760	25.760	0
4131	Zulagen	Std.	1.000	1,90	1.900	1.900	0
4121	Hilfslöhne	Std.	420	28,00	11.760	2.352	9.408
4299	Gehälter	€			3.850		3.850
...	...						
4810	kalk. AfA	€			4.600		4.600
4815	kalk. Zinsen auf AV	€	360.000	7,00%	2.100		2.100
4831	kalk. Soz-kost - Lohn -	€	39.420	80,00%	31.536	24.010	7.526
4832	kalk. Soz-kost - Gehalt -	€	3.850	80,00%	3.080		3.080
Plankosten - Gesamt -					84.586	54.022	30.564
					K_p	K_{vp}	K_{fp}

---

[28] Vgl. *Haberstock, L.*, a.a.O., S. 224 f.

(2) Kostenstellenkontrolle

(2.1) Grundformen der Kostenkontrolle

Variante	geschlossener Soll/Ist-Vergleich	partieller Soll/Ist-Vergleich (Standard-Kennziffernvergleich)
Charakter	erfasst alle Kostenstellen des Unternehmens und analysiert jede Kostenart	erfasst nur bedeutsame Kostenarten und vergleicht diese mit den entsprechenden Standard-Kosten
Vorteil	differenzierte Abweichungsanalyse aller Kostenarten in jeder Kostenstelle	schnell, geringer Aufwand
Nachteil	aufwändig	keine vollständige systematische Kostenkontrolle, nur relative Abweichungen

Varianten des Soll/Ist-Vergleiches

(2.2) Systematik der Kostenkontrolle bei der flexiblen Plan-Kostenrechnung

Ziel ist die Beseitigung von Unwirtschaftlichkeiten. Zur Erreichung dieses Ziels müssen die Ist-Kosten mit den Kosten verglichen, die bei wirtschaftlichem Verhalten aller Beteiligten hätten entstehen dürfen. Die zwischen Plan-Kosten und Ist-Kosten entstandenen Abweichungen müssen nach Kostenbestimmungsfaktoren zerlegt werden.

Ist-Kosten	Plan-Kosten
beinhalten effektive Auswirkungen der KBF: • Ist-Preise • Ist-Mengen • Ist-Beschäftigung • Istprozessbedingungen • Istkapazitäten	beinhalten geplante Auswirkungen der KBF: • Plan-Preise • Plan-Mengen • Plan-Beschäftigung • Planprozessbedingungen • Plankapazitäten

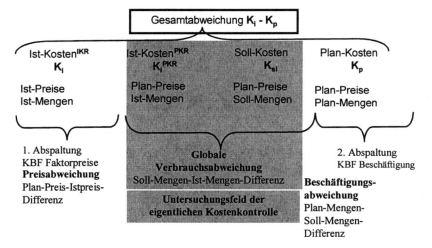

Systematik der Kostenkontrolle

Alternative I

Preisabweichung (incl. Abweich. 2. Grades)	= (Plan-Preis - Ist-Preis) • Ist-Menge = Preisdifferenz • Ist-Menge = Ist-Kosten^{PKR} - Ist-Kosten^{IKR} = K_i^{PKR} - K_i^{IKR}

Alternative II

Preisabweichung	= (Plan-Preis - Ist-Preis) • Plan-Menge = Preisdifferenz • Plan-Menge
Abweichung 2. Grades	= (Plan-Preis - Istpreis) • (Ist-Menge - Plan-Menge) = Preisdifferenz • Mengendifferenz

Beschäftigungsabweichung	= (Plan-Menge - Soll-Menge) • Plan-Preis = P-S-Mengendifferenz • Plan-Preis = Plan-Kosten - Soll-Kosten = K_{ver} - K_{si}
(globale) Verbrauchsabweichung	= (Soll-Menge - Ist-Menge) • Plan-Preis = S-I-Mengendifferenz • Plan-Preis = Soll-Kosten - Ist-Kosten^{PKR} = K_{si} - K_i^{PKR}

Globale Verbrauchsabweichungen sind das eigentliche Untersuchungsfeld der Kostenkontrolle. Da diese Verbrauchsabweichung einer weiteren Analyse bedarf, wird sie im amerikanischen Sprachgebrauch als „controllable variance" bezeichnet. Erst nach Abspaltung weiterer Kostenbestimmungsfaktoren (den Spezialabweichungen) ergibt sich die Abweichung, die die innerbetrieblichen Unwirtschaftlichkeiten zutreffend ausweist. Spezialabweichungen resultieren i.d.R. aus Änderungen der Prozessbedingungen (Seriengrößen, Bedienungsverhältnisse, Intensitäten, Ausbeutegrade, Maschinenbelegung, etc.).

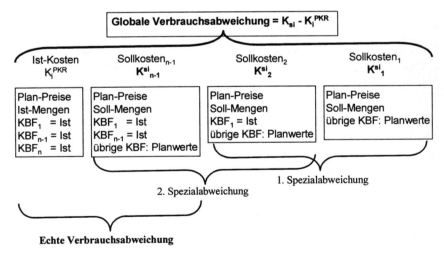

Analyse der globalen Verbrauchsabweichung

(2.3) Controlling der Kostenstellenkosten

Der Prozessablauf der Kontrolle wurde im Rahmen der Controlling-Grundlagen und der Budgetierung bereits dargestellt. Nachstehend einige (verkürzte) Praxisbeispiele

Kostenkontrolle bei flexibler PKR auf Vollkostenbasis

Bike - GmbH		Kostenstellenbogen				Monat: Mai
Kostenstelle: 470 - P11 Rahmenbau			Beschäftigung		Plan	Ist
			Einheit: Stück		1.080	972
Kostenarten -		Variator	Plankosten	Soll-	Ist-	Verbr.
Nr.	Bezeichnung	V	Gesamt	kosten	Kosten	Abweich.
4101	Fertigungslohn Akkord	10,00	25.760	23.184	23.184	0
4131	Zulagen	10,00	1.900	1.710	2.400	-690
4121	Hilfslöhne	2,00	11.760	11.525	12.201	-676
4299	Gehälter	0,00	3.850	3.850	3.850	0
...	...					
4810	kalk. AfA	0,00	4.600	4.600	4.600	0
4815	kalk. Zinsen auf AV	0,00	2.100	2.100	2.100	0
4831	kalk. Soz-kost - Lohn -	7,61	31.536	29.136	30.228	-1.092
4832	kalk. Soz-kost - Gehalt -	0,00	3.080	3.080	3.080	0
- Gesamt -			84.586	79.185	81643	-2.458

Kostenkontrolle bei Grenzplankostenrechnung
(= flexible PKR auf Teilkostenbasis)

Bike - GmbH		Kostenstellenbogen					Monat: Mai
Kostenstelle: 470 - P11 Rahmenbau				Beschäftigung		Plan	Ist
				Einheit: Stück		1.080	972
Kostenarten -		Plankosten			proportionale		Verbr.
Nr.	Bezeichnung	Gesamt	prop.	fix	Soll-kosten	Ist-Kosten	Abweich.
4101	Fertigungslohn Akkord	25.760	25.760	0	23.184	23.184	0
4131	Zulagen	1.900	1.900	0	1.710	2.400	-690
4121	Hilfslöhne	11.760	2.352	9.408	2.117	2.793	-676
4299	Gehälter	3.850	0	3.850	0	0	0
...	...						
4810	kalk. AfA	4.600	0	4.600	0	0	0
4815	kalk. Zinsen auf AV	2.100	0	2.100	0	0	0
4831	kalk. Soz-kost - Lohn -	31.536	24.010	7.526	21.609	22.701	-1.092
4832	kalk. Soz-kost - Gehalt -	3.080	0	3.080	0	0	0
- Gesamt -		84.586	54.022	30.564	48.620	51.078	-2.458

(2.4) Fixkostenkontrolle in der Plan-Kostenrechnung

Eine umfassende Kostenkontrolle darf sich nicht allein auf die Analyse der Abweichungen der variablen Kosten beschränken, sondern muss auch die Fixkosten in die Analyse einbeziehen. In der PKR passiert dies allerdings nur in eingeschränktem Umfang.

	Flexible PKR auf Vollkostenbasis	Grenzplan-Kostenrechnung
1. Abweichungsanalyse	Plan-Ist-Abweichungen der Fixkosten	
2. Auslastungsanalyse	auf Basis der Beschäftigungsabweichung	auf Basis der Nutzkosten-Leerkosten-Analyse

Fixkostenanalyse in der PKR

10.3.6 Beurteilung der Grenzplan-Kostenrechnung

Vorteile
- ermöglicht im Produktionsbereich eine leistungsabhängige Ermittlung der Soll-Kosten als Basis für die Kostenstellensteuerung
- verbessert die Wirtschaftlichkeitskontrolle der KSt im Produktionsbereich durch detaillierte Abweichungsanalysen
- verbessert die Produktkalkulation durch verursachungsgerechtere Verrechnung der Fertigungskosten
- erlaubt eine bessere Fundierung der unternehmenspolitischen Entscheidungen.

Nachteile
- erfordert detaillierte Planungen
- kostenstellenbezogene Bezugsgrößenwahl kann den Produktbezug nicht ausreichend sicherstellen (Kalkulationsfunktion nicht erfüllt)
- einseitige Ausrichtung auf den Produktionsbereich (vernachlässigt die übrigen Funktionsbereiche).

10.4 Prozesskostenrechnung

Die Prozesskostenrechnung ist kein eigenständiges Kostenrechnungssystem, sondern setzt auf der traditionellen Gliederung nach Kostenarten, Kostenstellen und Kostenträgern auf, verfeinert sie und entwickelt sie durch Aufriss der Fixkosten nach anderen Kriterien weiter.[29] Für Fertigungsprozesse sind Mengengerüste weitgehend aus Stücklisten und Arbeitsplänen ablesbar. Für indirekte Bereiche wie Forschung & Entwicklung, Beschaffung, Logistik, Arbeitsvorbereitung, Produktionsplanung/-steuerung, Qualitätssicherung, Auftragsabwicklung, Vertrieb, Versand, Rechnungswesen und Verwaltung sind die Kostenbestimmungsfaktoren dagegen weitgehend unbekannt. Die stetig steigenden indirekten Kosten bereiten vielen Unternehmen gravierende Probleme, da sie mit den traditionellen Methoden der Kostenrechnung kaum noch „controled" werden können. Die Prozesskostenrechnung ist ein Instrument, das ein besseres Kostenmanagement der indirekten Bereiche zulässt und über eine verursachungsgerechtere Berücksichtigung gemeinkostenverursachender Prozesse in der Kalkulation erkennen lässt, welche Produktvarianten und Aufträge positiv zum Unternehmensergebnis beitragen.[30]

10.4.1 Grundlagen der Prozesskostenrechnung

Die Prozesskostenrechnung sieht den gesamten betrieblichen Ablauf als Verkettung einzelner Tätigkeiten. Sie versucht die Bestimmungsfaktoren für Entstehung der Gemeinkosten aktivitäten-/prozessorientiert zu erfassen und überträgt das für die Produktion typische arbeitsplatzanalytische Vorgehen und Denken in Bezugsgrößen auf die indirekten administrativen Bereiche.

---

[29] Vgl. *Müller, A.*, Gemeinkostenmanagement, Vorteile der Prozesskostenrechnung, Wiesbaden, S. 54
[30] Vgl. *Mayer, R.*, Prozesskostenrechnung und Prozesskostenmanagement, in: Prozesskostenmanagement, 1991, S. 75

(3) Entstehungsgründe der Prozesskostenrechnung

Die wichtigsten Gründe für die Entstehung der Prozesskostenrechnung sind[31]
- Veränderung der strategischen Ausgangsposition in den Unternehmen
- Veränderung der Informationsbedürfnisse des Managements
- verstärktes Hervortreten der Mängel traditioneller Kostenrechnungsverfahren.

Deckungsbeitragsrechnungen (DBR) und Plan-Kostenrechnungen (PKR) werden heutigen Anforderungen an ein entscheidungsorientiertes Kostenmanagement nicht mehr gerecht, weil
- DBR nur die proportionalen Kosten vorwiegend auf Erzeugnisebene detailliert betrachten und die Fixkosten vernachlässigen
- PKR nur die proportionalen Kosten vorwiegend in Produktionskostenstellen betrachten und die zunehmenden Gemeinkosten in den indirekten Leistungsbereichen des Unternehmens vernachlässigen.

(4) Begriffsdefinitionen

„Ein Prozess ist eine auf die Erbringung eines Leistungsoutputs gerichtete Kette von Aktivitäten...".[32] **Prozessmerkmale**[33]
- messbare Leistungsausbringung
- in einer bestimmten Qualität (meist nicht explizit definiert)
- mit analysierbaren Durchlauf- bzw. Bearbeitungszeiten
- deren Erbringung messbar Ressourcen beansprucht (Kosten)
- und sich auf bestimmte Kosteneinflussfaktoren (Cost Driver) zurückführen lässt.

Horváth/Mayer[34] geben eine gute Charakteristik der Prozesskostenrechnung
„Die Prozesskostenrechnung kann als neuer Ansatz verstanden werden, die Kostentransparenz in den indirekten Leistungsbereichen zu erhöhen, einen effizienten Ressourcenverbrauch sicherzustellen, die Kapazitätsauslastung aufzuzeigen, die Produktkalkulation zu verbessern und damit strategische Fehlentscheidungen zu vermeiden. [...] Die Prozesskostenrechnung ist kein völlig neues Kostenrechnungssystem, sondern bedient sich der traditionellen Kostenarten- und Kostenstellenrechnung. [...] Als grundsätzliches Merkmal muss noch herausgestellt werden, dass die Prozesskostenrechnung ihrem Wesen nach eine Vollkostenrechnung ist".

(5) Kostenmanagement durch Steuerung der Hauptprozesse und Kostentreiber

Die Prozesskostenrechnung ist eine Vollkostenrechnung, die aus der Zusammenfassung einer Vielzahl kostenstellenbezogener Teilprozesse zu wenigen unternehmensübergreifenden Hauptprozessen das Gemeinkostenvolumen über Kostentreiber auf die Hauptprozesse und Leistungen zuordnet.[35] Basis hierfür ist die sachgerechte Ermittlung der Haupteinflussfaktoren für die Kostenentstehung in den Gemeinkostenbereichen des Unternehmens. Diese Kostenbestimmungsfaktoren (KBF) werden in der Terminologie der Prozesskostenrechnung als Kostentreiber (Cost Driver) bezeichnet. Kostentreiber lösen Aktivitäten (Teilprozesse) in unterschiedlichen Unternehmensbereichen aus. Praxiserfahrungen zeigen, dass relativ wenige Fak-

---

[31] Vgl. *Reckenfelderbäumer, M.*, Entwicklungsstand + Perspektiven d. Prozesskostenrechnung, Wiesbaden, S. 153
[32] *Horváth/Mayer*, Prozesskostenrechnung, ... in: Krp. Sonderheft 2 1993, S. 16
[33] Vgl. ebenda, S. 16
[34] *Horváth/Mayer*, Prozesskostenrechnung, ... in: Controlling 1989 Heft 4, S. 214
[35] Vgl. *Cervellini, U.*, Marktorientiertes Gemeinkostenmanagement mit Hilfe der Prozesskostenrechnung, in: Controlling 1994, Heft 2, S. 67

toren die Entstehung der Gemeinkosten bestimmen: 80% des Gemeinkostenvolumens lassen sich in der Regel durch 7 bis 10 Kostenbestimmungsfaktoren erklären.[36]

(6) Ziele der Prozesskostenrechnung

Im Vordergrund steht die Beseitigung der Defizite der traditionellen Kostenrechnungsverfahren in Bezug auf die Behandlung der Gemeinkosten indirekter Bereiche:
1. Verbesserung des Kostenmanagements indirekter Bereiche durch
   - ❑ Schaffung bzw. Verbesserung der Kostentransparenz
   - ❑ Steigerung der Effizienz
2. Verbesserung der Kalkulation.

10.4.2 Methodik der Prozesskostenrechnung

(1) Phasenkonzept der Prozesskostenrechnung

Bei Einführung der Prozesskostenrechnung sind drei Hauptphasen mit zum Teil mehreren Arbeitsschritten zu unterscheiden:[37]

1 Vorphase	1. Festlegung der Ziele, die mit Einführung Prozesskostenrechnung erreicht werden sollen
	2. Auswahl der Untersuchungsbereiche
2 Erstanalyse	1. Ableitung von **Arbeitshypothesen** über Hauptprozesse und Kostentreiber
	2. **Tätigkeitsanalyse** in den Kostenstellen und Zusammenfassung von Tätigkeiten zu Teilprozessen
	3. Ermittlung der Teilprozessmengen, Teilprozesskosten und **Teilprozesskostensätze**
	4. **Hauptprozessverdichtung** und Ermittlung der Prozesskostensätze für Hauptprozesse
3 Einbindung der Prozesskostenrechnung in die Budgetplanung	**Prozessaktualisierung**
	1. Prüfung der Aktualität der Prozessstrukturen in allen Kostenstellen
	2. Festlegung eines Preisänderungsprozentsatzes für die Prozesskostenplanung
	3. Aktualisierung der Hauptprozessverdichtung
	Zielvorgaben für Hauptprozesse
	4. Definition der Rationalisierungsziele auf Basis der Hauptprozesse
	Ableitung von Prozessvorgaben für Teilprozesse und Kostenstellen
	5. Ermittlung der Prozessmengen, Prozesskosten und Prozesskostensätze für Hauptprozesse
	6. Herunterbrechen der Hauptprozesskosten auf Kostenstellen und Teilprozesse mit Hilfe von Simulationsprogrammen
	7. Budgetgespräche mit Kostenstellenleitungen
	8. „Knetphase" mit u.U. erneuten Verdichtungen zu Hauptprozessen
	Planungsfreigabe
	9. Verabschiedung der Planung

Phasenkonzept der Prozesskostenrechnung

---

[36] Vgl. *Mayer, R.*, a.a.O., S. 75 f.
[37] Vgl. *Däumler, K.D., Grabe, J.*, Kostenrechnung 3, Herne-Berlin, S. 228 ff. und *Mayer, R.*, a.a.O., S. 85 ff.

(2) Vorgehensweise in der Erstanalysephase

Schritt 1: Vorbereitend zur Tätigkeitsanalyse müssen **Arbeitshypothesen** über Hauptprozesse (kostenstellenübergreifende Aktivitäten, die demselben Kostentreiber unterliegen) und Kostentreiber (Kostenbestimmungsfaktoren der Hauptprozesse) festgelegt werden.

Schritt 2: Die **Tätigkeitsanalysen** müssen Tätigkeitsarten und deren Zeitanteile erfassen. Dann werden Tätigkeiten, die sich auf denselben Kostenbestimmungsfaktor zurückführen lassen, zu Teilprozessen zusammengefasst. Nach Feststellung der Abhängigkeit dieser Teilprozesse vom Leistungsvolumen der jeweiligen Kostenstelle (leistungsmengeninduziert= lmi; leistungsmengenneutral = lmn) und müssen Messgrößen für jeden Teilprozess gefunden werden.

Schritt 3: Dann werden die **Teilprozesskostensätze** ermittelt. Dazu müssen zunächst die Teilprozessmengen und die Teilprozesskosten erhoben werden. Basis für die Berechnung der Teilprozesskosten sind die eingesetzten Personalkapazitäten. Die Division der leistungsabhängigen Teilprozesskosten durch die Teilprozessmengen ergibt den lmi-Prozesskostensatz. Die lmn-Kosten werden proportional zum Verhältnis der lmi-Prozessse umgelegt.

Schritt 4: Abschließend müssen die kostenstellenbezogene Teilprozesse nach Identifikation der Kostentreiber zu untenehmensübergreifenden **Hauptprozessen** zusammengefasst und die zugehörigen Prozesskosten im Aufriss nach lmi und lmn ermittelt werden. Diese Prozesskostensätze sind Basis für die Produktkalkulationen.

Die Performance eines Prozesses lässt sich jedoch nicht allein über Kostentreiber spezifizieren. Die durch Kostentreiber beschriebene Prozessleistung muss in Relation zu prozessexternen Größen gesetzt werden, so dass eine prozessübergreifende Messgröße entsteht, welche die Prozessleistung in einem Gesamtzusammenhang darstellt. Diese Messgröße, auch KPI (Key Performance Indicator) genannt, ist ein Instrument, welches die Prozessperformance anzeigt und dabei hilft, die Kostentreiber der Prozesse so zu beeinflussen, dass die gewünschte Prozessperformance erreicht wird.

Die KPIs für den Akquisitionsprozess sind z.B. der Marktanteil und der durchschnittliche Deckungsbeitrag je Auftrag. Die Auftragsakquisition arbeitet nur erfolgreich, wenn sowohl Marktanteil, als auch Deckungsbeitrag je Auftrag den unternehmensspezifischen Anforderungen genügen. Liegt der realisierte Marktanteil unter der Vorgabe, müssen mehr Aufträge akquiriert werden, d.h. der Auftragswert (Kostentreiber) gesteigert werden.

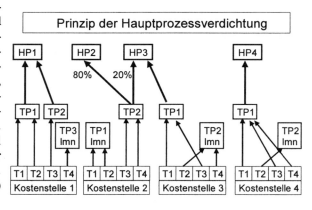

Prozessstruktur und Prozesshierarchie[38]

---

[38] Nach *Remer, D.*, Einführen der Prozesskostenrechnung, Grundlagen, Methodik...Anwendung, Stuttgart, S. 41

10.4.3 Prozessorientierte Kalkulation

Die traditionelle Zuschlagskalkulation verrechnet Gemeinkosten pauschal auf die Produkte mit Hilfe von Zuschlagssätzen bezogen auf das Einzelkostenmaterial, die Einzelkostenlöhne und die Herstellkosten des Umsatzes. Als Folge dieses Vorgehens werden Produkte mit hohen Wertbasen (Maschinenstunden, Fertigungslöhnen, etc.) in der **Zuschlagskalkulation** stärker mit Gemeinkosten belastet. Diese nicht realitätsgerechte pauschale Proportionalisierung (individuelle Leistungsinanspruchnahmen werden nicht berücksichtigt) führt zu Verzerrungen der Selbstkosten der Produkte.

Die prozessorientierte Kalkulation erfasst dagegen die produktspezifische Leistungsinanspruchnahme der indirekten Bereiche und führt zu einer verursachungsgerechteren Zurechnung der Gemeinkosten. Diesen Tatbestand bezeichnet man als **Allokationseffekt**. Dabei berücksichtigt die Prozesskostenrechnung, dass Produkte mit hoher Teileanzahl komplexer sind (weil sie mehr Tätigkeiten nach sich ziehen) und infolgedessen mehr Kosten verursachen. Dieser Tatbestand wird als **Komplexitätseffekt** bezeichnet. Da bei der Prozesskostenrechnung die Gemeinkosten nicht proportional zu Einzelkosten sondern prozessabhängig berechnet werden, ergibt sich bei Losgrößensteigerungen ein **Degressionseffekt**, der sachgerecht ausgewiesen werden kann. Die Berücksichtigung dieser drei Effekte führt zu einer verursachungsgerechteren Kalkulation. Nach dem Genauigkeitsgrad werden bei der prozessorientierten Kalkulation zwei Verfahren unterschieden.[39]

undifferenzierte Kalkulation	differenzierte Kalkulation
verrechnet alle Gemeinkosten über **einen** Prozesskostensatz je Prozess auf die Produkte (ungenau)	verwendet **mehrere** Prozesskostensätze, unterscheidet bei der Kalkulation • variantenzahl-abhängige Prozessanteile • volumen-abhängige Prozessanteile

Den Einbau der **prozessorientierten Kalkulation in eine Zuschlagskalkulation** zeigt nachstehende Darstellung

	Einzelkostenmaterial	
+	Material-Prozesskosten	(lmi)
+	Materialgemeinkosten	(lmn = nicht prozessbezogen verrechenbare Gmk)
=	**Materialkosten**	
	Einzelkostenlöhne	
+	Fertigungsunterstützungs-Prozesskosten	(lmi)
+	Fertigungsgemeinkosten	(lmn = nicht prozessbezogen verrechenbare Gmk)
+	Sondereinzelkosten der Fertigung	
=	**Fertigungskosten**	
=	**Herstellkosten**	
	Verwaltungs-Prozesskosten	(lmi)
	Verwaltungs-Gemeinkosten	(lmn = nicht prozessbezogen verrechenbare Gmk)
	Vertriebs-Prozesskosten	(lmi)
	Vertriebs-Gemeinkosten	(lmn = nicht prozessbezogen verrechenbare Gmk)
=	**Selbstkosten**	

Prozessorientierte Kalkulation im Schema der Zuschlagskalkulation[40]

---

[39] Vgl. *Reckenfelderbäumer, M.*, a.a.O., S. 82 ff.
[40] *Remer, D.*, a.a.O., S. 194

In analoger Weise ließe sich die prozessorientierte Kalkulation auch in eine Maschinen-Stundensatz-Rechnung und mit etwas mehr Aufwand auch in eine Deckungsbeitragsrechnung einbauen.

10.4.4 Controlling auf Basis des Prozesskosten-Ansatzes

Controlling unterstützt die Unternehmensführung bei der zielorientierten Planung und Steuerung des Unternehmens. Aufgabe des Controlling ist dabei u.a. die Versorgung des Managements mit entscheidungs- und zukunftsorientierten Informationen im Hinblick auf eine erfolgsorientierte Steuerung der Kostenstellen und der Leistungen des Unternehmens.

(3) **Grundzüge des Prozess-Controlling**

(3.1) **Prozessgestaltung**

Ausgangspunkt ist der Wechsel von der funktionsorientierten zur prozessorientierten Betrachtung aller betrieblichen Abläufe über die Funktionsgrenzen hinweg. Die erweiterte Sicht auf Wertschöpfungsketten - auch über die Unternehmensgrenzen hinweg - eröffnet die Möglichkeit, alle nicht wertschöpfenden Tätigkeiten zu beseitigen und Geschäftsprozesse zu optimieren. Zusätzlich zu Funktionsverantwortlichen werden Prozessverantwortliche (Process Owner) ernannt. Deren Aufgabe ist die Optimierung der ihnen zugeordneten Geschäftsprozesse.

(3.2) **Merkmale des Prozess-Controlling**
- Zusätzlich zu monetären Kriterien (Kosten, Preise) rücken Mengen-, Ressourcen-, Zeit- und Qualitätskriterien in den Betrachtungsmittelpunkt
- Zusätzliche Ansprechpartner sind (neben Funktionsbereichsverantwortlichen) die Prozessverantwortlichen.

(4) **Kostenstellenbezogenes Controlling**

Wichtiges Ziel der Prozesskostenrechnung ist die Verbesserung der Planung und Kontrolle der Gemeinkosten indirekter Bereiche. Da ein Großteil der Gemeinkosten nun direkt mit einer konkreten Leistung in Verbindung steht, sich also bezüglich einer Haupteinflussgröße (Kostentreiber) proportional verhält, kann für jeden Teil- und Hauptprozess eine Soll-Kostenfunktion definiert werden. Damit sind alle im Zusammenhang mit der einfach-flexiblen Plan-Kostenrechnung auf Vollkostenbasis definierten Abweichungsanalysen bezüglich Verbrauch und Beschäftigung auch im Gemeinkostenbereich möglich und erlauben eine sinnvolle Planung, Steuerung und Kontrolle dieser Bereiche. Kostenstellenbezogenes Controlling analysiert die Abläufe innerhalb der Kostenstellen im Hinblick auf Möglichkeiten zur Optimierung der Prozesse.

Die Prozesskostenrechnung bietet folgende **Vorteile bei der Wirtschaftlichkeitskontrolle der Kostenstellen.**[41]

---

[41] Vgl. *Mayer, R.*, a.a.O., S. 94

(a) In der Einführungsphase
- Unwirtschaftliche Abläufe und organisatorische Schwächen durch die Tätigkeitsanalyse und Prozessstrukturierung (Transparenz über die Ressourcenbelastung) werden sichtbar
- Wertsteigernde und nicht-wertsteigernde Tätigkeiten werden sichtbar
- Leistungsersteller erkennen dadurch den Nutzen und Leistungsnutzer die Kosten
- Dies führt zur Verbesserung des Kosten-Leistungs-Bewusstseins im Unternehmen und zur Versachlichung der Gespräche
- Die Kenntnis der Kostentreiber kann zu langfristig wirksamen Kostenreduzierungen genutzt werden (z.B. Anzahl der Teile-Nrn. in Zusammenarbeit mit der Entwicklung reduzieren).

(b) Als periodisches Planungs- und Steuerungssystem
- Eine prozessmengen-orientierte Gemeinkosten-Planung und -Steuerung
- Unterauslastungen indirekter Bereiche durch Plan/Ist-Vergleich der Prozessmengen und Prozesskosten werden sichtbar
- KSt-übergreifende Transparenz in indirekten Bereichen durch Hauptprozessverdichtung
  - gibt Hinweise für unternehmenspolitische Entscheidungen zur Kapazitätssteuerung
  - lässt ablaufbedingte Kostenschwerpunkte und unplanmäßige Kostenentwicklungen über Kostenstellengrenzen hinweg erkennen.[42]

Abweichungsermittlung
- Im Rahmen der Abweichungsanalyse muss der **Verbrauchsabweichung** (VA) (Prozessistkosten minus Prozesssollkosten) besondere Bedeutung geschenkt werden, da sie die Planabweichung enthält, die - soweit sie nicht durch Preis- oder Leistungsschwankungen verursacht wurde - vom Prozesskostenstellenleiter zu verantworten ist.
- Die **Leistungsabweichung** (LA) (Prozesssollkosten minus verrechnete Prozessplankosten) beschreibt, wie sich die lmn-Kosten in Abhängigkeit von der Prozessleistung auf die einzelnen Prozesse niederschlagen. Eine eindeutige und objektive Bewertung dieser Abweichung ist jedoch nicht möglich, da sie von der Wahl der Bezugsgröße abhängig ist. Lediglich bei der Betrachtung über einen längeren Zeitraum sind relative Aussagen über die Leerkostenbelastung der einzelnen Kostenstellen möglich.
- Die **Gesamtabweichung** (GA) kumuliert die o.g. Abweichungen und ist auch direkt durch Gegenüberstellung der Prozessistkosten mit den verrechneten Prozessplankosten zu ermitteln.

(5) Kostenträgerbezogenes Controlling
Kostenträgerbezogenes Controlling untersucht einzelne Produkte und Dienstleistungen. Die erheblichen Vorteile der Prozesskosten sind im Bereich der Kalkulation darin zu sehen, dass Gemeinkosten nicht mehr über willkürliche Schlüssel den Kostenträgern zugeordnet werden, sondern über die zur Produkterstellung benötigten Prozesse. Im Rahmen der prozessorientierten Kalkulation werden den Kostenträgern ihre direkten Kosten und die Prozesskostensätze der an ihrer Entstehung beteiligten Hauptprozesse zugeordnet. Hiermit können i.d.R. bis zu 80% aller Gemeinkosten über Prozesskostensätze direkt den Kalkulationsobjekten zugerechnet werden.

---

[42] Vgl. *Zimmermann, W.*, Betriebliches Rechnungswesen, Aufwands- und Ertragsrechnung, Kosten- und Leistungsrechnung, Wirtschaftlichkeits- und Investitionsrechnung, Braunschweig, S. 289

Die Prozesskostenrechnung bietet **Vorteile bei der Produktkalkulation vor allem durch eine verursachungsgerechtere Gemeinkostenverrechnung**
- ❑ Verursachungsgerechtere Gemeinkostenverrechnung bedingt durch
  - Berücksichtigung des Komplexitätseffektes (Kostenbelastung des Kostenträgers ist z.B. abhängig von der Anzahl der Materialarten und der Fertigungstiefe)
  - Berücksichtigung des Degressionseffektes (Großserienproduktion versus exotische Varianten, Großauftrag versus Kleinauftrag)
  - Beachtung des Allokationseffektes (Aufwändiger Vertriebsweg)
- ❑ Vermeidung von Fehlentscheidungen durch prozessorientierte Kalkulation
  - „Exotische" Varianten mit scheinbar hohem Deckungsbeitrag entpuppen sich als Verlustbringer
  - Eine klare Entscheidung zur Eigenfertigung fällt unter Berücksichtigung der Steuerungskosten anders aus und
  - anscheinend zu teure Gleichteile verringern die Teilezahl, sind aber unter Einbezug indirekter Kosten die billigere Lösung.[43]

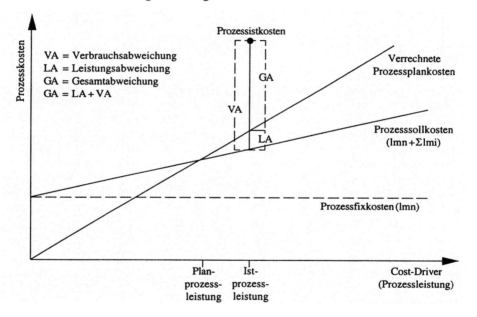

- ❑ Möglichkeit einer strategisch wirkenden Produktkalkulation
  - hilft mit Ausweis der Kostentreiber langfristig wirksame Kostensenkungsmaßnahmen zu formulieren
  - unterstützt Target Costing

Ein weiterer Vorteil liegt in der Tatsache, dass schon während der Produktentwicklung kostenrechnerisch verwertbare Aussagen über konstruktive und produktionstechnische Alternativen getätigt werden können, da die Kosten der in Abhängigkeit von der Alternative zur Disposition stehenden Prozessketten bekannt sind.

---

[43] Vgl. *Mayer, R.*, a.a.O., S. 94

10.4.5 Beurteilung der Prozesskostenrechnung

Da die Prozesskostenrechnung eine Vollkostenrechnung ist, werden wie bei den traditionellen Vollkostensystemen Fixkosten proportionalisiert und in die Prozesskostensätze eingerechnet. Der Grad dieser Verrechnung hängt jedoch wesentlich von der Qualität der Wertschöpfungsprozessanalyse und dem Detaillierungsgrad der Prozesse ab. Je detaillierter die Prozesse definiert sind, desto verursachungsgerechter wird die Zuordnung der Fixkosten zu den Prozessen.

Anwendungsgrenzen[44]
- ❏ Proportionalisierung bzw. Schlüsselung von Fix-/Gemeinkosten
  - Die Kosten der lmn-Prozesse werden proportional zu denen der lmi-Prozesse verteilt
  - Die jeweiligen Prozesskosten werden unter Bildung von Prozesskostensätzen auf die Prozesseinheiten verrechnet.
- ❏ Subjektive Schätzungen und Entscheidungen
  - Bei Verdichtung der Tätigkeiten zu Teilprozessen
  - Bei Verdichtung der Teil- zu Hauptprozessen muss abgeschätzt werden, welche Teilprozesse in welche Hauptprozesse mit welchem Anteil eingehen
  - Bei der indirekt-differenzierten Kalkulation muss für Teilprozesse geschätzt werden, zu welchem Teil die Prozesskosten volumen-abhängig bzw. variantenzahl-abhängig sind.
- ❏ Die Prozesskostenrechnung ist als Vollkostenrechnungssystem als Entscheidungsgrundlage für kurzfristige Dispositionen ungeeignet. Es fehlen Informationen über die Bindungsdauer bzw. Abbaufähigkeit der lmn-Kosten. Dies wäre aber für kurzfristige Produktions- und Absatzentscheidungen zwingend erforderlich.

10.4.6 Beispiel einer Auftragsvorkalkulation

(1) **Geschäftsprozess Akquisition**

Key Performance Indicator (KPI):	Marktanteilswachstum in Prozent
	Deckungsbeitrag pro Auftrag in GE
Haupteinflussgrößen (Cost-Driver):	Auftragswert in TGE
Prozesskostensatz:	Akquisitionskosten je 1.000 GE Auftragswert

Leistungsabgabe		
Leistungsart	Planwert	Kapazität
Auftragswert	25 Mio GE	30 Mio GE
Kostenabgabe		
Kostenart	Planwert	Subprozess
Angebotswert	30 Mio GE	Angebotserstellung
Kundenbesuche	1.000 Stück	Kommunikation und Marketing

---

[44] Vgl. *Reckenfelderbäumer, M.*, a.a.O., S. 123

Unserer Planung des Geschäftsprozesses Akquisition liegt die Annahme zu Grunde, dass man, um für 1 Mio. GE Aufträge abzuschließen, für 1,2 Mio. GE Angebote versenden und 40 Besuche bei potentiellen Kunden durchführen muss.

(2) **Subprozess Kommunikation und Marketing**

Merkmal	Ausprägung
Key Performance Indicator (PKI)	Anfragequote = Anfragewert/Anzahl Kundenbesuche
Haupteinflussgröße (Cost-Driver)	Anzahl Kundenbesuche (Besuch, Telefonat etc.)
Prozesskostensatz	Kosten pro Kundenbesuch

Leistungsabgabe		
Leistungsart	Planwert	Kapazität
Gespräche	1.000 Stück	1.200 Stück
Kostenverzehr		
Kostenart	Planwert	leistungsabhängig/ leistungsunabhängig
Gehälter	89.575,20 GE	leistungsunabhängig
Sozialaufwand	67.181,40 GE	leistungsunabhängig
Telefongrundgebühren	2.880,00 GE	leistungsunabhängig
Telefoneinheiten	20.000,00 GE	leistungsabhängig
Reisekosten (Kilometergeld)	52.000,00 GE	leistungsabhängig
Reisekosten (Verpflegung)	40.000,00 GE	leistungsabhängig
Werbekosten	50.000,00 GE	leistungsabhängig

Unserer Planung des Geschäftsprozesses Kommunikation und Marketing liegen folgende Annahmen zu Grunde

❏ Die Aufgaben des Geschäftsprozesses werden von 2 Angestellten (Gehalt: 3.574,- GE/Monat bzw. 4.720,- GE/Monat) wahrgenommen. Da die beiden Mitarbeiter des Außendienstes 10% ihrer Zeit mit der Erstellung von Angeboten verbringen, werden 10% der Personalkosten dieses Prozesses dem Prozess Angebotserstellung belastet

❏ Die Kosten für Sozialaufwand betragen 75% der Kosten für Gehälter

❏ Jeder Mitarbeiter des Außendienstes ist mit einem Funktelefon ausgestattet (Fixkosten für die Grundgebühr: GE 120,-/Monat)

❏ Die in Zusammenhang mit einem Gespräch entstehenden Telefonkosten belaufen sich auf durchschnittlich GE 20,-. Es erfolgen 1.000 Telefonate insgesamt, z.B. zur Besuchsanbahnung und der Angebotsverfolgung

❏ Der Mitarbeiter des Außendienstes erhält für Fahrten mit dem eigenen PKW zum Kunden pro Kundenkontakt durchschnittlich GE 52,- (100 km · 0,52 GE/km) an Kilometergeld und GE 40,- an Spesen

❏ Auf jedes Kundengespräch entfällt an Materialaufwand für Werbematerial etc. ein Betrag von GE 50,-.

Der Subprozesskostensatz errechnet sich wie folgt

leistungsunabhängige Prozesskosten (lmn)	159.636,60 GE
leistungsabhängige Prozesskosten (lmi)	162.000,00 GE
Gesamtprozesskosten	321.636,60 GE
Leistungsabgabe (Kundenbesuche)	1.000 Stück
leistungsunabhängiger Prozesskostensatz (lmn)	159,64 GE
leistungsabhängiger Prozesskostensatz (lmi)	162,00 GE
Gesamtprozesskostensatz pro Kundenbesuch	321,64 GE

(3) **Subprozess Angebotserstellung**

Merkmal	Ausprägung
Key Performance Indicator (PKI)	Angebotserstellungsdauer je 1.000 GE Angebotswert
Haupteinflussgröße (Cost-Driver)	Angebotswert in TGE
Prozesskostensatz	Angebotserstellungskosten pro 1.000 GE Angebotswert

Leistungsabgabe		
Leistungsart	Planwert	Kapazität
Angebotswert	30 Mio. GE	1.200 Stück
Kostenverzehr		
Kostenart	Planwert	leistungsabhängig/ leistungsunabhängig
Gehälter	77.800,80 GE	leistungsunabhängig
Sozialaufwand	58.350,60 GE	leistungsunabhängig
Telefongrundgebühren	600,00 GE	leistungsunabhängig
Telefongebühren nach Einheiten	20.000,00 GE	leistungsabhängig
Portokosten	5.000,00 GE	leistungsabhängig
Büromaterial	2.000,00 GE	leistungsabhängig

Unserer Planung des Geschäftsprozesses Angebotserstellung liegen folgende Annahmen zu Grunde:
- Die Aufgaben des Geschäftsprozesses werden von 2 Angestellten (Gehalt: 2.619,- GE/Monat bzw. 3.035,- GE/Monat) wahrgenommen. Weiterhin werden die oben erwähnten 10% Personalkosten der Mitarbeiter des Außendienstes mit geplant
- Die Kosten für Sozialaufwand betragen 75% der Kosten für Gehälter
- Jeder Vertriebssachbearbeiter hat einen eigenen Telefonanschluss (Fixkosten für die Grundgebühr: GE 25,-/Monat)
- Die in Zusammenhang mit einer Mio. GE Angebotswert zusätzlich entstehenden Telefongebühren nach Einheiten belaufen sich auf durchschnittlich GE 666,67.

- Die in Zusammenhang mit einer Mio. GE Angebotswert entstehenden Portokosten belaufen sich auf durchschnittlich GE 166,67
- An Büromaterial fallen je Mio. GE Angebotswert durchschnittlich GE 66,67 an.

Der Subprozesskostensatz errechnet sich wie folgt

leistungsunabhängige Prozesskosten (lmn)	136.751,40 GE
leistungsabhängige Prozesskosten (lmi)	27.000,00 GE
Gesamtprozesskosten	163.751,40 GE
Leistungsabgabe (Angebotswert von 1 TGE)	30.000 mal
leistungsunabhängiger Prozesskostensatz (lmn)	4,56 GE
leistungsabhängiger Prozesskostensatz (lmi)	0,90 GE
Gesamtprozesskostensatz pro 1 TGE Angebotswert	5,46 GE

Der Hauptprozesskostensatz lässt sich nun aus den Subprozesskosten errechnen

leistungsunabhängige Prozesskosten (lmn)	296.388,00 GE
leistungsabhängige Prozesskosten (lmi)	189.000,00 GE
Gesamtprozesskosten	485.388,00 GE
Leistungsabgabe (Angebotswert von 1 TGE)	25.000 mal
leistungsunabhängiger Prozesskostensatz (lmn)	11,85 GE
leistungsabhängiger Prozesskostensatz (lmi)	7,56 GE
Gesamtprozesskostensatz pro 1 TGE Angebotswert	19,41 GE

Die oben dargestellte Prozesskostenstellenplanung bildet die Grundlage für das Gemeinkostenmanagement mit der Prozesskostenrechnung. Nach Periodenabschluss können mit Hilfe der Ist-Daten die vorstehend beschriebenen Abweichungsanalysen durchgeführt werden.

10.5 Kennzahlen zur Unternehmenssteuerung

Die Bedeutung von Kennzahlen zur Beurteilung und Steuerung von Unternehmen nimmt in Zusammenhang mit der grundlegenden Neuordnung der Kreditkultur in Europa (Basel II) stark zu. Kreditvergabe und Kreditkonditionen werden durch die Rating-Einstufung des Unternehmens bestimmt. Eine wesentliche Basis der Rating-Einstufung sind Kennzahlen, die die Ertrags-, Vermögens- und Finanzlage des Unternehmens im Vergleich der letzten 3 bis 5 Jahre sowie für 1 bis 3 Planjahre darstellen. Sinnvoll ist eine vorausschauende, vorbeugende Gestaltung kritischer Kennzahlen und eine darauf ausgerichtete Steuerung des Unternehmens.

10.5.1 Return-on-Investment-orientiertes Kennzahlensystem

Abkürzungen:
BE = Betriebsergebnis vor Steuern
FKZ = Fremdkapitalzins
BK = betriebsnotwendiges Kapital
EK = Eigenkapital
FK = Fremdkapital

GK = Gesamtkapital
AV = Anlagevermögen
UV = Umlaufvermögen
U = Umsatzerlös
RoI = Return on Investment

GuV = Gewinn- und Verlustrechnung
MwSt = Mehrwertsteuer
RHB = Roh-, Hilfs- und Betriebsstoffe
HF = Halbfabrikate
FF = Fertigfabrikate
HK = Herstellkosten

Kennzahlen zur Unternehmenssteuerung

	I. Kennziffern der Rentabilität und Wirtschaftlichkeit		
	Kennzifferdefinition	Dateninhalt/Datenquelle	Zielsetzung und Erläuterung
1. 1.1	**Umsatzrentabilität** $\dfrac{BE}{U}$ - dient der Umsatzoptimierung und - der Ermittlung des RoI des EK	BE = Betriebliches Ergebnis vor Steuern aus GuV: Jahresüberschuss = { − neutr. Erträge (inkl. Erträge aus Verlustübern.) + neutr. Aufwendg. + Auflösg. stiller Reserven + Steuern (weil schon vorher abgezogen) }	gesucht wird Ertragskraft, diese wird gekennzeichnet durch betriebl. Ergebnis, nach Isolierung betriebsfremder, außerordentlicher Erträge und der dazugehörigen Aufwendungen (ggf. bereinigen um betriebliche Teile)
		U = Umsatzerlöse aus GuV	Ausweis der Vertriebsleistung und -kraft sowie der Marktakzeptanz der Produkte
1.2	$\dfrac{BE + FKZ}{U}$ - dient als Indikator für „Gesamtergebnis" und - für RoI des GK = EK + FK	BE wie oben FKZ aus GuV U wie oben	Aussagekraft der Relation BE : U - Optimierungsansatz durch Vergleich von Teilunternehmen - dito für Geschäfts- und Produktbereich - dito für Kunden und Vertriebswege - in jedem Fall als Struktur- und/oder Zeitvergleich - einiges davon nur intern verfügbar
1.3	Fremdkapitalkostensatz = $\dfrac{FKZ}{\text{zu verzinsendes FK}}$	zu verzinsendes FK = Finanzschulden + Verbindlichkeiten an verbundene Unternehmen	
2. 2.1	**Kapitalumschlag** $\dfrac{U}{BK}$ (intern)	U = Umsatzerlöse aus GuV BK = betriebsnotwendiges Kapital (Vermögen) nur intern zu berechnen = { buchmäßig ausgewiesenes Gesamtvermögen − nicht betriebsnotwenige Vermögensteile + Auflösung stiller Bewertungsreserven (je nach Fragestellung) − Wertberichtigungen auf Forderungen (− Rückstellungen) }	Bedenke: U und BE sind Zeitraumgrößen, GK und BK sind Zeitpunktgrößen Ermittle deshalb mögl. als Durchschnitt BK u. GK Für den Betriebsprozess nicht erforderliche Vermögensteile sind zu isolieren, um das betriebsnotwendig gebundene Kapital zu bestimmen. Dessen Rentabilität ist Indikator der Ertragskraft des Betriebes. Nachteil: nur intern, nicht aus Bilanz ableitbar ansehen auf vermögensrelevante Teile, z. B. für unterlassene Instandhaltung
2.2	$\dfrac{U}{GK}$ (extern aus Bilanz)	GK = EK + FK oder = Bilanzsumme minus Wertberichtigungen	EK = Grundkapital + Rücklagen + Jahreserfolg FK = Verbindlichkeiten + Rückstellungen
3. 3.1	**Return on Investment** $RoI_{EK} = \dfrac{BE}{U} \times \dfrac{U}{EK}$	Datenquelle wie oben	- Zielvariable der Dividendenpolitik
3.2	$RoI_{BK} = \dfrac{BE + FKZ}{U} \times \dfrac{U}{BK}$	Datenquelle wie oben	Überwachung durch - Betriebs- und Zeitvergleich Optimierung durch - Verbesserung der Umsatzrentabilität -- Absatzsteigerung -- Erlösverbesserung -- Senkung der variablen Kosten -- Senkung der fixen Kosten -- Zinsoptimierung ↳ Erkennung und Bewertung gegenläufiger Ergebniseffekte der Einzelmaßnahmen - Erhöhung des Kapitalumschlags -- Umsatzsteigerung (wie oben) -- Inkassooptimierung -- Bestandsoptimierung (RHB, HF, FF) -- Optimierung des AV
3.3	$RoI_{GK} = \dfrac{BE + FKZ}{U} \times \dfrac{U}{GK}$ auf Basis Bilanzanalyse	Datenquelle wie oben	- Analyse wie 3.2 aber begrenzt auf Zeit- und Betriebsvergleich mit vergleichbaren bilanzierenden Einheiten

	II. Finananzierungskennziffern		
	Kennzifferdefinition	Dateninhalt/Datenquelle	Zielsetzung und Erläuterung
1.	**Zielvariable zur Sicherung der Zahlungsbereitschaft**		Die Hausbanken fordern je nach Unternehmungsaktivität und Rechtsform die Einhaltung bestimmter Relationen
1.1	Kapitalintensität $= \dfrac{AV}{GK}$ (extern erstellbar)	- Daten aus Jahresabschluss	- ist Indikator für langfristig im Anlagevermögen gebundenen Finanzmittelanteil
1.2	Kapitalintensität $= \dfrac{AV + UV_L}{GK}$ (intern erstellbar)	UV_L = langfristig gebundenes UV (Daten nur intern zufriedenstellend ermittelbar)	- Indikator für langfristig für den Betriebsprozess erforderliches Kapital
1.3	Eigenkapitalanteil $= \dfrac{EK}{GK}$	- Daten aus Jahresabschluss	- Die unternehmensspezifischen Werte zu 1.1 und 1.2 ergeben i.d.R. Bankenzielwerte zu 1.3, die zur Erhaltung der Zahlungsbereitschaft nicht unterschritten werden sollten.
1.4	Anlagendeckung $= \dfrac{EK}{AV}$ (extern erstellbar)	- Daten aus Jahresabschluss	- kennzeichnet die Deckung des schwer liquidierbaren AV durch haftendes langfristiges Kapital (Risikoindikator)
1.5	Fristenkongruenz $= \dfrac{EK + FK_L}{AV + UV_L}$ (intern erstellbar)	FK_L = langfristig gebundenes FK UV_L = langfristig gebundenes UV (Daten sind nur intern zufriedenstellend ermittelbar)	- kennzeichnet die Relation zwischen langfristig gebundenem Vermögen und langfristig verfügbarem Kapital (Fristenkongruenz- und Risikoindikator)
2.	**Kennziffern zur Optimierung von Finanzbedarf und Finanzmitteleinsatz**		
2.1	$\dfrac{\text{Working Capital}}{U}$	U = Datenquelle wie oben Working Capital = Umlaufvermögen ./. kurzfristig fällige Verbindlichkeiten* * = Verbindlichkeiten aus Lieferungen und Leistungen + erhaltene Anzahlungen	- Working Capital zeigt den Teil es UV, der zur Deckung laufender Auszahlungen im Liquidationsfall maximal zur Tilgung von Verbindlichkeiten verwandt werden kann - die Liquidität ist auf der Verwendungsseite zu optimieren durch Optimierung des Working Capitals, z.B. -- Inkassoverbesserung -- Bestandsoptimierung - die Relation des Working Capital zum Umsatz deutet beispielsweise bei einer Erhöhung (= Verschlechterung) hin auf -- unzulängliche Umsatzentwicklung -- unwirtschaftliche Bestandsführung -- und/oder mangelhaftes Inkasso, etc. -- Unzulänglichkeiten in der Liquiditätsdisposition
3.	**Cash Flow**		*)
3.1	Cash Flow (absolut) = BE + Afa	- BE wie oben - Afa auf Sachanlagen aus GuV	- Feststellung des absoluten Geldrückflusses
3.2	$\dfrac{\text{Cash Flow}}{\text{Eigenkapital}} = \dfrac{BE + Afa}{EK}$	Datenquelle wie oben	Grobanalyse von Firmenakquisition oder Beteiligungdsinvestition; <u>statischer</u> Indikator für den Geldrückfluss aus der Beteiligung; Risikoindikator; Beachte: mehrere Jahre prüfen!
3.3	$\dfrac{\text{Cash Flow}}{\text{Umsatz}} = \dfrac{BE + Afa}{U}$	Datenquelle wie oben	Darstellung des Geldrückflusses aus dem Umsatz. Für Ermittlung der Ertragskraft ungeeignet, da um Afa zu günstig dargestellt.
			*) zeigt im Zeit- und/oder Betriebsvergleich die Ertragskraft und den Umfang der selbst erwirtschafteten Finanzierungsmittel einer Periode

Kennzahlen zur Unternehmenssteuerung

	Kennzifferdefinition	Dateninhalt/Datenquelle	Zielsetzung und Erläuterung
3.4	Liquidität		Zuverlässige Aussagen über die Liquidität sind nur intern im Rahmen eines Liquiditätsplanes für mehrere Perioden, in der Gegenüberstellung von Mittelzufluss und Mittelabfluss pro Periode kontrollierbar. (Gegenüberstellung durch Subtraktion Abfluss ./. Zufluss ergibt pro Periode die Unter-/ Überdeckung)
3.4.1	Liquide Mittel 1. Ordnung	= Kasse + Postbankscheck + lfd. Bankkonten + bankfähige Wechsel + kurzfristig fällige Forderungen * + Wertpapiere des Umlaufvermögens	
3.4.2	Liquide Mittel 2. Ordnung	= leicht realisierbare Warenbestände (FF) + später fällige Forderungen ** + unfertige Erzeugnisse (HF) + RHB-Bestände, soweit nicht für die lfd. Produktion nötig + sonst. Verm.-Gegenst. d. UV	für externe Analyse näherungsweise rechnen: $\dfrac{\text{liquide Mittel 1. Ordnung}}{\text{kurzfristige Verbindlichkeiten}}$
3.4.3	Liquide Mittel 3. Ordnung	= alle anderen Vermögenswerte, die in die Liquidationsrechnung nur im Falle der Liquidation aufgenommen werden	$\dfrac{\text{liquide Mittel 1. + 2. Ordnung}}{\text{Gesamtverbindlichkeiten}}$
3.4.4	Liquiditätsstatus (exakt monatlich nur intern erstellbar)	= Vermögenswerte liquide Mittel 1. Ordnung ./. Verbindlichkeiten wie - Bankschulden - Akzepte - Lieferanten - Löhne + Gehälter - Sonstige	

   * = Forderungen aus Lieferungen und Leistungen   ** = Forderungen mit mehr als 1 Jahr Restlaufzeit
      + geleistete Anzahlungen   + Forderungen an verbundene Unternehmen
      - Forderungen mit mehr als 1 Jahr Restlaufzeit   (intern überprüfungspflichtig, welche Teile unter kurzfristig fällige Forderungen fallen)

	Kennzifferdefinition	Dateninhalt/Datenquelle	Zielsetzung und Erläuterung
3.5	$\dfrac{\text{Gesamtschulden}}{\text{Cash Flow}}$	Gesamtschulden = Verbindlichkeiten lt. Bilanz ./. flüssige Mittel lt. Bilanz Cash Flow-Ermittlung siehe oben	zeigt, wie viel Jahre nötig sind, um bei gleichbleibendem Cash-Flow die Gesamtverschuldung zu tilgen. Da Leasing-Verpflichtungen das Anlagevermögen senken und dadurch den Kapitalbedarf zu niedrig ausweisen, ist die Relation 2.3 wichtige Ergänzungsgröße, da die lfd. Leasingverpflichtungen in die Verbindlichkeiten der Periode eingehen. Interne Risikoanalyse wesentlich!
3.6	ø Forderungslaufzeit $=\dfrac{\text{ø Ford.}}{U+\text{MwSt}} \times 360$	= ø Forderungen aus Warenlieferungen und Leistungen gemäß Bilanz U gemäß Bilanz erhöht um die MwSt	- Kontrollgröße für Inkassooptimierung etc.
3.6.1	Lagerdauer Bestände $=\dfrac{\text{RHB-Bestände}}{\text{Jahresverbr. RHB}} \times 360$ (bei externer Analyse) bei interner Analyse:	- Daten aus Bilanz + GuV	- Kontrolle mit Ziel Bestandsoptimierung
3.6.2	Lagerdauer Bestände = $\dfrac{\text{RHB+HF-Bestände}}{\text{Jahresv. RHB+HF}} \times 360$	- Daten für HF nur intern verfügbar	
3.7	Lagerdauer FF $=\dfrac{\text{FF-Bestand}}{U \text{ zu HK}} \times 360$	- FF-Bestand aus Bilanz - Umsatz zu Herstellkosten nur intern ermittelbar	- Kontrolle mit Ziel Bestandsoptimierung bei einer Vertriebstochter sind die Herstellkosten = den Einstandswerten
3.8	Exportquote $=\dfrac{\text{Auslands-U}}{\text{Gesamt-U}}$	- Daten nur intern ermittelbar Basisgröße ist der Kostenträger-Umsatz	- wesentlich für Rückschlüsse auf Ertragskraft (z.B. Währungsabhängigkeit), Konjunkturabhängigkeit und kurzfristigen Währungsrisiken

III. Kennzahlen der technischen Leistungsfähigkeit

	Kennzifferdefinition	Dateninhalt/Datenquelle	Zielsetzung und Erläuterung
1.	Investitionsquote $=\dfrac{\text{Investitionen}}{U}$	- Investitionen = Zugänge Sachanlagen + Zugänge Finanzanlagen (intern auf Betriebsnotwendigkeit überprüfen) - U aus GuV - (interne Zusatzanalyse erforderlich)	- begrenzt aussagefähiger Indikator für Marktrelevanz der Investitionen bei Fehlen interner Daten - bei Zugang zu internen Daten Ermittlung des Kapitalwertes erforderlich
2.	$\dfrac{\text{Entwicklungsaufwand}}{U}$	- Entwicklungsaufwand nur intern ermittelbar - U aus GuV	- Indikator für Innovationskraft
3.	$\dfrac{\text{Wertschöpfung}}{\text{Gesamtleistung}}$	- Wertschöpfung = Gesamtleistung ./. Bezüge (RHB) - Daten aus GuV - Gesamtleistung aus GuV	- Indikator für den aus der Gesamtleistung zur internen Verfügbarkeit des Unternehmens verbleibenden Betrag; Hauptanteil in der Regel: Löhne + Gehälter
4.	$\dfrac{\text{Wertschöpfung}}{\text{Beschäftigtenzahl}}$	- Daten wie oben - Beschäftigtenzahl aus Geschäftsbericht	- Disponible Wertschöpfung für Gesamtkosten je Beschäftigten verfügbar nach Abzug
5.	$\dfrac{\text{Anlagevermögen}}{\text{Beschäftigtenzahl}}$	- Daten aus Bilanz + Geschäftsbericht	- für Zinsen auf betriebsnotwendiges Kapital (nur intern ermittelbar)
6.	$\dfrac{BE+FKZ}{\text{Anlagevermögen}}$	- Daten aus Bilanz + GuV	- Indikator für die Effizienz des Anlagevermögens

IV. Kennziffern der Vertriebseffizienz und Planerfüllung

	Kennzifferdefinition	Dateninhalt/Datenquelle	Zielsetzung und Erläuterung
		- Planerfüllungskennziffern nur intern ermittelbar	zu dieser Kategorie zählen auch folgende o.a. Kennzahlen: - Umsatzrentabilität - Kapitalumschlag - Return on Investment - Cash-Flow : Umsatz
1.	Umsatz pro Gesamt-Beschäftigten $=\dfrac{U}{\text{Gesamt-Beschäftigte}}$	- U aus GuV - Gesamtbeschäftigte aus Geschäftsbericht	- Beachte: Beschäftigtenanzahl variiert im Zeitablauf, deshalb intern ø-Ziffer bilden
2.	Umsatz pro aktivem Verkäufer $=\dfrac{U}{\text{aktive Verkäufer}}$	nur intern ermittelbar	bei externen Analysen ø-Bildung nach der Formel: $\dfrac{\text{Anfangsbestand}+\text{Endbestand}}{2}$
3.	Umsatz pro Verwaltungspersonal-Vertrieb $=\dfrac{U}{\text{Verwaltungsp.Vertrieb}}$	nur intern ermittelbar	- wichtig für Planung + Verkäufersteuerung + Ermittlung der Vertriebseffizienz
4.	Lagerreichweite Fertigfabrikate (je HKTR) $=\dfrac{\text{Lagerbestand}}{\text{ø Monatsabsatz}}$	nur intern ermittelbar	
5.	Planerfüllungsgrade	nur intern ermittelbar	- Absatz, Umsatz und Ergebnissteuerung
5.1	Absatzerfüllung je HKTR	Formel $\dfrac{\text{Ist-Wert}}{\text{Plan-Wert}}$	
5.2	Umsatzerfüllung je HKTR		
5.3	Bruttonutzenerfüllung je HKTR		
5.4	Kostenerfüllung nach Kostengruppen		
6.	Akquisitionsüberwachung nach Geschäftsbereichen + Vertriebswegen	nur intern machbar	Beachte: Umsatzkurve (Saisonschwankungen) und Vergleiche mit Vorjahr(en) und Plan - Frühindikator für Umsatzentwicklung

Kennzahlen zur Unternehmenssteuerung

	V. Kennziffern für besondere Zwecke		
	Kennzifferdefinition	Dateninhalt/Datenquelle	Zielsetzung und Erläuterung
F+E	Kennzahlen zur Forschung und Entwicklung	Daten oft nur intern beschaffbar	- müssen in Abhängigkeit vom Analysezweck im konkreten Fall definiert werden, z.B.
1	Struktur der Forschungs- und Entwicklungsstunden		zeigt die Schwerpunktbildung im F+E-Bereich
2	Allgemeine Forschung / produktspezifische Forschung		- Indiz für den Umgang der Grundlagenforschung
3	erfolgreich abgeschlossene Projekte / abgebrochene Projekte		- Indiz für Effizienz und Innovationskraft der F+E
4	geplante F + E-Stunden / effektive F + E-Stunden		- Zur Kontrolle der Planerfüllung und Indiz für Beurteilung der Planungsgenauigkeit der Verantwortlichen
5	Entwicklungsaufwand / Produkt-Umsatz		- Indizien für die Wirtschaftlichkeit
6	Entwicklungsaufwand / Produkt-DU Gesamt		
7	Lizenzkosten / Produkt-Umsatz		- Indiz für die Innovationskraft
8	betreuende Entwicklung / Neuentwicklung		- Indiz für die Zukunftsausrichtung der F+E
9	konstruktive Stunden / sonstige Stunden		
10	Personalqualifikation des Ist-Personals nach Fachgebieten und Ausbildung im Vergleich zur erforderlichen Qualifikation künftiger Projekte		- zeigt Know-how und Personallücken, die die Entwicklung von Zukunftsprojekten verzögern und beeinträchtigen

10.5.2 Partizipatives Produktivitätsmanagement (PPM)-System

(1) **PPM - ein motivationspsychologisches Steuerungssystem zur Effektivitätssteigerung**

Das Partizipative Produktivitätsmanagement (PPM) ist eine Methode zur Leistungssteuerung von Arbeitseinheiten, Teams oder auch für einzelne Mitarbeiter, die auf der Grundlage motivationspsychologischer Erkenntnisse entwickelt wurde. Mitarbeiter einer Abteilung oder eines Teams können mithilfe dieser Methode ein für sie selbst maßgeschneidertes System von Kennzahlen entwickeln, das ihnen den aktuellen Leistungsstand in transparenter Form aufzeigt. Durch motivierende Formen von Rückmeldungen über den erreichten Leistungsstand und die Kombination mit Zielsetzungen ermöglicht PPM arbeitsbezogene Lernprozesse und stabile Leistungssteigerungen.

Die PPM-Methode wurde ursprünglich in den USA von *Pritchard* (1990) entwickelt und heißt im amerikanischen Original „ProMES - The Productivity Measurement and Enhancement System". Nähere Hinweise zu theoretischen Grundlagen der Methode findet der interessierte Leser z.B. bei *Pritchard, Kleinbeck & Schmidt* (1993) oder *Kleinbeck* (1996). Mittlerweile gibt es zahlreiche weltweite Veröffentlichungen zu ProMES/PPM-Projekten und -Grundlagen, in denen sowohl für Praktiker als auch für Forscher Neu- und Weiterentwicklungen dokumentiert werden (z.B. *Pritchard, Holling, Lammers & Clark*, 2002; *Kleinbeck, Schmidt & Werner*, 2001). Die Forschungsgruppe um *Pritchard* unterhält auch eine Website unter www.tamu.edu/promes.

Immer wenn es im Zusammenhang mit PPM um die Verbesserung von Produktivität geht, dann liegt diesem Begriff eine eigene Definition zugrunde: Produktivität ist das Ausmaß, in dem ein System seine Ressourcen einsetzt, um seine Ziele zu erreichen („how well a system uses its resources to achieve its goals", *Pritchard* 1992). Dieses Begriffsverständnis zeigt, dass mit PPM ein effektiver, auf die jeweils eigenen Ziele ausgerichteter Einsatz der Kräfte für eine Arbeitseinheit ermöglicht werden soll. Ein erklärtes Ziel der Methode ist von daher die Effektivitätssteigerung.

(2) Charakteristika von PPM und Nutzen des Systems

Die Arbeit mit dem PPM-System besteht in der Entwicklung eines maßgeschneiderten Kennzahlen-Systems (siehe folgender Abschnitt) und der anschließenden Nutzung dieses Systems in Form regelmäßiger Rückmeldesitzungen, in die auch Zielvereinbarungen in Bezug auf die Kennzahlen integriert werden. In dieser Arbeitsweise und bereits bei der Entwicklung nutzt man motivationspsychologische Erkenntnisse, um ein funktionierendes und später erfolgreiches System zu erstellen.

Es gibt eine Reihe von Charakteristika, die der PPM-Methode eigen sind und die sie von anderen Ansätzen der Leistungsbewertung unterscheiden. In der nachfolgenden Tabelle werden diese Merkmale aufgeführt und verbunden mit einer Einschätzung des Nutzens, den diese Eigenschaften für die Mitarbeiter bzw. das Unternehmen haben.

PPM- Merkmal	Konsequenz
Das System wird mit dem Management abgestimmt und auf die Passung zur strategischen Ausrichtung des Unternehmens überprüft. Es wird dazu eine Steuergruppe gebildet, die das Projekt begleitet.	Die strategische Ausrichtung des Unternehmens kann durch PPM operativ in den Abteilungen/Teams umgesetzt werden. Mitarbeiter erhalten Aufschluss über strategische Ziele und Prioritäten des Unternehmens und können ihren Arbeitsanteil an deren Umsetzung erkennen.
Neben der Führung wird auch der Betriebsrat (wenn gewünscht) in die Steuergruppe eingebunden.	Eine breite Basis für die Akzeptanz des Systems im Unternehmen wird geschaffen. Es wird kein Gegensatz zwischen Arbeitnehmer- und Arbeitgeberinteressen konstruiert, die Arbeit mit PPM nützt allen Beteiligten.
Die Mitarbeiter werden in Form von moderierten Treffen konsequent an der Entwicklung des Systems beteiligt. Alle wichtigen Entscheidungen im PPM-Projekt werden im Konsens verabschiedet.	Das System erfährt hohe Akzeptanz durch die Mitarbeiter. Die Bereitschaft zur Anwendung und zur Übernahme von Verantwortung für die dokumentierten Leistungen ist hoch.
Alle wichtigen Aufgaben- bzw. Zielbereiche für die Arbeitseinheit werden vollständig abgebildet, d.h. kein wichtiger Aspekt wird vernachlässigt.	Das System besitzt eine hohe Übersichtlichkeit. Leistungen in einem Bereich können nicht auf Kosten anderer wichtiger Leistungen optimiert werden, sondern die Gesamtheit aller wichtigen Leistungen bleibt immer im Blickfeld.
Alle Zielbereiche und Kennzahlen sind verständlich und nachvollziehbar formuliert.	Hohe Transparenz des Systems für alle Beteiligten ist gegeben, dadurch entsteht eine hohe Akzeptanz und eine gute Grundlage für die Verbesserung von Leistungen. Für die Mitarbeiter wird sichtbar, welche Ergebnisse sie mit welchen Strategien erzielen können.
Alle enthaltenen Kennzahlen sind von den Mitgliedern der Arbeitseinheit unmittelbar beeinflussbar.	Dies ist eine wesentliche Grundlage für erfolgreiches Arbeiten im Sinne gezielter und planbarer Leistungssteigerungen. Zudem wird eine Verantwortungsübernahme auch für schlechtere Leistungen ermöglicht, was den Weg für ein Lernen aus Fehlern bahnt.
Alle Kennzahlen werden über Bewertungsfunktionen auf ihren Nutzen für das Unternehmen hin bewertet.	Der Nutzen unterschiedlicher Leistungen und die Prioritäten, in welchen Zielbereichen sich ein Ressourceneinsatz am meisten lohnt, sind klar erkennbar. Dadurch können die Mitarbeiter die Gesamtleistung ihrer Arbeitseinheit optimieren (statt partieller/lokaler Verbesserungen von Leistungen zu Lasten anderer, weniger beachteter Bereiche).
Über die Bewertungsfunktionen ist die Bildung eines zusammenfassenden Effektivitätsindizes möglich, der die Gesamtleistung der Arbeitseinheit abbildet.	Die quantitative Gesamtbewertung der Leistung ist eine ideale Grundlage für Leistungsbewertungssysteme oder variable Entgeltanteile. [45]

---

[45] Ein Projektbeispiel dafür findet sich bei *Fuhrmann, Kleinbeck & Boeck*.

PPM- Merkmal	Konsequenz
Es erfolgt eine regelmäßige, datenbasierte und objektive Rückmeldung anhand quantitativer Kennzahlen.	Diese Form von Rückmeldungen regen die konstruktive, sachliche Auseinandersetzung mit Ergebnissen an und ermöglichen Leistungsverbesserungen. Rückmeldesitzungen können mit Methoden des Qualitätsmanagements und KVP-Ansätzen kombiniert werden.

(3) Einführung von PPM-Systemen

Die Methodik zur Implementierung von PPM-Systemen ist standardisiert. Es können grundsätzlich zwei Phasen unterschieden werden

1) Die **Entwicklungsphase**, in der das Messsystem für eine Arbeitseinheit erstellt wird
2) Die **Rückmeldephase**, in der kontinuierlich die erforderlichen Daten erhoben und zurückgemeldet werden.

Zu Beginn eines Projektes wird üblicherweise eine Steuergruppe im Unternehmen gebildet, die den Fortschritt der Entwicklung betrachtet und begleitet und die auch an den Abstimmungsprozessen beteiligt ist. Diese Gruppe besteht üblicherweise aus Vertretern der Unternehmensführung, unmittelbaren Vorgesetzten der Arbeitseinheit und (einigen) Mitarbeitern der Arbeitseinheit. Idealerweise ist auch der Betriebs- oder Personalrat in der Steuergruppe vertreten, um unmittelbar informiert zu sein und seine Interessen einbringen zu können. Dies schafft Vertrauen und Akzeptanz für das Projekt und ist insbesondere in einer Pilotphase zu empfehlen, wenn noch keine Erfahrungen mit PPM im Unternehmen vorliegen.

Ist man sich nicht sicher, ob gute Voraussetzungen für die Durchführung eines PPM-Projektes im eigenen Hause vorliegen, so kann auch eine einleitende „Machbarkeitsprüfung" vorgenommen werden. Ein Beispiel für eine solche Vorgehensweise findet sich bei *Algera & Van den Hurk* (1995).

(3.1) Entwicklungsphase

Das PPM-System wird üblicherweise in drei Schritten ausgearbeitet.

a) Identifikation von Aufgabenbereichen

Aufgabenbereiche beschreiben alle wesentlichen Aufgaben bzw. Funktionen, die eine Arbeitseinheit wahrnimmt, um zum Erfolg bzw. zur Zielerreichung des Unternehmens beizutragen. Sie werden gemeinsam von den Mitarbeitern der Arbeitseinheit und den Vorgesetzten formuliert, die Passung zu strategischen Zielen des Unternehmens wird mit berücksichtigt. Dieser erste Schritt erscheint oft trivial, fördert aber erfahrungsgemäß erstaunliche anfängliche Unterschiede in der Einschätzung der Kollegen zutage. Wichtig ist in dieser Phase deshalb das Erreichen einer einheitlichen Sichtweise aller Beteiligten. Beachtet werden muss außerdem auch die Vollständigkeit der benannten Aufgabenbereiche. Wird an dieser Stelle ein wichtiger Bereich vergessen, dann kann auch das darauf aufbauende Messsystem nicht vollständig sein.

Ein Beispiel aus der PPM-Arbeit für ein Team der Weinmann GmbH, Hamburg, soll zur Illustration dienen. Das Team besteht aus 10 Mitarbeitern und ist für die Montage von medizinischen Geräten zur Versorgung von Patienten mit Sauerstoff zuständig. Folgende Aufgabenbereiche wurden hier formuliert:

- Aufgabenbereich 1: Hohe Qualität der Produkte
- Aufgabenbereich 2: Geringe Produktionszeiten der Geräte
- Aufgabenbereich 3: Hohe Liefertreue
- Aufgabenbereich 4: Gute Abstimmung im Team
- Aufgabenbereich 5: Zur ständigen Verbesserung beitragen

b) Festlegung von Indikatoren

Für jeden Aufgabenbereich müssen nun geeignete Kennzahlen gefunden werden, die die Leistungen der Arbeitseinheit in dem jeweiligen Bereich beschreiben. Die Anzahl der Indikatoren hängt dabei vom Zuschnitt des Aufgabenbereiches ab. Da das System insgesamt übersichtlich und steuerbar bleiben soll, sollte eine Zahl von etwa 10 Indikatoren insgesamt nicht überschritten werden. Zu achten ist dabei insbesondere auf die Beeinflussbarkeit der gewählten Größen durch die Arbeitseinheit selber, denn nur solche Messgrößen können für die Steuerung und systematische Verbesserung der eigenen Leistungen tatsächlich genutzt werden.

Ein PPM-System enthält dabei häufig eine Mischung aus objektiven, quantitativen Leistungsmaßen und subjektiven, eher qualitativen Messgrößen (die allerdings auch mit quantitativen Größen erhoben werden müssen, um im Folgenden Bewertungsfunktionen entwickeln zu können). Das Projektbeispiel weist eine solche Mischung auf; hier wurden folgende Indikatoren festgelegt.

PPM – Indikator	Spezifikation der Datenerhebung
Aufgabenbereich 1: Hohe Qualität der Produkte	
Indikator 1: Prozentanteil Montagefehler an produzierten Geräten	Anteil Montagefehler relativ zur Menge insgesamt hergestellter Geräte wird gemessen (monatlich). Team benutzt die Liste „Qualitätsabweichungen im Produktionsprozess Montage" und ergänzt hier eine neue eigene Spalte mit montagebezogenen Mängeln.
Indikator 2: Prozentanteil Montagefehler an gefertigten Geräten laut Reklamationsstatistik	Anteil Montagefehler relativ zur Menge insgesamt reklamierter Geräte wird gemessen. Montagefehler werden aus der Reklamationsstatistik von QM entnommen. Relevante Kategorie: Montagefehler
Aufgabenbereich 2: Geringe Produktionszeiten der Geräte	
Indikator 3: Summe der Soll-Zeiten geteilt durch die Ist-Zeiten	Soll-Zeiten sind Anzahl produzierte Geräte mal Soll-Zeiten. Ist-Zeiten sind Anwesenheitsstunden im Team, reduziert um Sonderzeiten, Nacharbeits- und Reinigungszeiten
Aufgabenbereich 3: Hohe Liefertreue	
Indikator 4: Termintreue in Prozent	Tatsächliche Abgabetermine im Vergleich zu Soll-Termine werden monatlich ausgewertet. Termin ist Tag der Übergabe zum Versand. Soll-Termine werden aus Versand-Obligo entnommen.
Aufgabenbereich 4: Gute Abstimmung im Team	
Indikator 5: Gemittelter Punktwert auf Teamfragebogen	Teamfragebogen wird entwickelt und alle 2 Monate ausgefüllt (anonym). Auswertung erfolgt über alle Fragen und alle Teammitglieder. Kriterium: durchschnittlicher Zufriedenheitswert über alles.
Indikator 6: Prozentwert der Ist-Qualifikationen vom Idealzustand	Qualifikationsmatrix wird entwickelt, in die derzeitige Beherrschung aller Tätigkeiten (auf Akkordniveau) eingetragen wird. Soll-Stand ist die ideale Besetzung mit x Personen im Team, die diese Tätigkeiten ausführen können sollten.
Aufgabenbereich 5: Zur ständigen Verbesserung beitragen	
Indikator 7: Anzahl positiv bewerteter oder umgesetzter Vorschläge des Teams	Team macht regelmäßig (monatlich) Vorschläge zur Verbesserung von erkannten Mängeln. Vorschläge gelten als positiv, wenn durch das Team umgesetzt (bei eigener Entscheidungsbefugnis) oder positiv bewertet von anderer Abteilung, die genehmigen muss.

Nach Festlegung der Indikatoren erfolgt eine Abstimmungssitzung mit der Steuergruppe, in der „offiziell" seitens des Unternehmens Stellung zum erreichten Stand genommen wird. Ergänzungen können bei Bedarf eingearbeitet werden. Diese Zwischenabstimmung stellt sicher, dass die Messkriterien passend formuliert werden und verdeutlichen der Arbeitseinheit, wie ihre Leistungen aus Sicht des Unternehmens gesehen werden. Um das „unternehmerische Denken" der Mitarbeiter zu befördern, ist eine solche Abstimmung sehr sinnvoll und wirksam.

c) **Erarbeitung von Bewertungsfunktionen**
In diesem letzten Entwicklungsschritt werden die Kennzahlen hinsichtlich ihres Nutzens bewertet, die mögliche Leistungen der Arbeitseinheit für das Unternehmen haben. Diese Abschätzung erfolgt in quantitativer Form durch die Bildung einer Funktion: jede mögliche Leistungsausprägung eines Indikators (x-Achse) wird mit einer Nutzenabschätzung (y-Achse) verbunden. Dies erfolgt in standardisierter Form durch Vergabe von maximal 100 Nutzenpunkten für eine maximale Leistung, 0 Punkten für eine als „neutral" einzustufende Leistung und negativen Nutzenpunkten (Minuspunkten) für den Fall schlechter Leistungen. Die folgende Abbildung zeigt ein Beispiel einer Bewertungsfunktion für das Montageteam bei *Weinmann*.

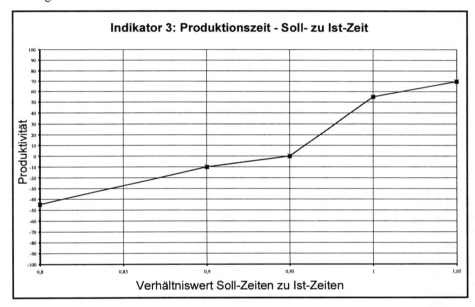

Das Beispiel zeigt, dass die Bewertung der Leistungen durchaus differenziert ausfällt. So sind ein geschätzter Nutzen bei Maximalleistung und „Schaden" bei Minimalleistung nicht symmetrisch zueinander. Auch steigt der Nutzen der Leistung nicht linear an, sondern es sind unterschiedliche Leistungsbereiche mit jeweils unterschiedlichen Steigungen erkennbar, die differenzierte Einschätzungen über Verbesserungsmöglichkeiten zulassen. Dies ist ein wichtiges Qualitätsmerkmal für ein Leistungsmesssystem, das den Mitarbeitern der Arbeitseinheit in der späteren Rückmeldung ein genaues Bild über die Leistungspotenziale liefert und darauf hinweist, in welchen Bereichen durch Einsatz von Ressourcen (Zeit, Energie, Änderung von Arbeitsprozessen) hohe Leistungszuwächse erzielt werden können.

Die Entwicklung solcher Funktionen kann über eine bei *Pritchard, Kleinbeck & Schmidt* (1993) näher beschriebene Form der Gruppendiskussion erfolgen oder alternativ auch methodisch gestützt werden, z.B. durch die Verwendung von Conjoint-Analysen (*Holling, Jütting & Nienaber* 1999).

Sind alle Bewertungsfunktionen ermittelt, dann erfolgt eine abschließende Abstimmungssitzung mit der Steuergruppe. Hier wird das PPM-System in seiner Gesamtheit noch einmal betrachtet und auch formal verabschiedet. Dies hat positive Folgen für die Sicherheit der Arbeitseinheit, dass die enthaltenen Einschätzungen und Priorisierungen sich mit der Unternehmenssicht decken, sowie auch für das individuelle Commitment der Mitarbeiter als subjektive Verpflichtung, die Arbeit an den festgelegten Kriterien auszurichten.

(3.2) Rückmeldephase

Mit dem verabschiedeten PPM-Messsystem beginnt anschließend die Arbeit der Gruppen in der Rückmeldephase. Hier werden regelmäßig die PPM-Daten erhoben und in einem Bericht zurückgemeldet. In dem Bericht sollten alle aktuellen Kennzahlen enthalten sein sowie die damit erreichten Effektivitätswerte. Zudem kann aus der Summe aller Effektivitätswerte ein Gesamtwert gebildet werden, der den Leistungsstand der Arbeitseinheit zusammenfassend darstellt. Das in der Tabelle abgebildete Beispiel zeigt einen vereinfachten tabellarischen Bericht für das Montage-Team bei *Weinmann*.

Indikator	Aktueller Wert	Effektivität
Indikator 1: Prozentanteil Montagefehler - Qualitätsmängelliste	2,1%	15
Indikator 2: Prozentanteil Montagefehler - Reklamationsstatistik	0,5%	53
Indikator 3: Summe Soll-Zeiten durch Summe Ist-Zeiten	1,02	55
Indikator 4: Termintreue in Prozent	87%	-6
Indikator 5: Durchschnittlicher Wert Teamfragebogen	2,4	21
Indikator 6: Prozentwert Ist-Qualifikationen vom Idealzustand	86%	-15
Indikator 7: Anzahl positiv bewerteter oder umgesetzter Vorschläge	1	0
Summe		**123**

Die Daten können natürlich in grafischer Form aufbereitet werden, so dass Verläufe über die Zeit deutlich werden oder das Potenzial der einzelnen Indikatoren verdeutlicht wird. Hier gibt es keine standardisierte PPM-Rückmeldung, sondern die Daten sollten so wie von der Arbeitseinheit gewünscht und für ihre Zwecke am besten geeignet aufbereitet werden. Auf Basis einfacher MS-Excel-Anwendungen können die PPM-Daten anschaulich aufbereitet werden. Wenn PPM firmenweit eingesetzt wird und der Vergleich von Daten unterschiedlicher Arbeitseinheiten interessant ist, kann auch spezielle Software mit komfortablen Möglichkeiten der Einbindung von ERP-Daten und der grafischen Aufbereitung von Ergebnissen eingesetzt werden.[46]

Die Rückmeldungen sollten möglichst zeitnahe erfolgen, damit sich die Mitarbeiter an die den Leistungen zugrunde liegenden Arbeitsaktivitäten noch möglichst gut erinnern können. Ist dies nicht möglich, so wird ein gezieltes Lernen aus den Ergebnissen der Rückmeldungen unwahrscheinlich. Als praktikabler Rhythmus hat sich eine Zweitspanne von 2 Wochen (produzierende Teams oder Gruppen mit eher repetitiven Aufgaben) bis monatlich (für die meisten Arbeitseinheiten, die auch in anderer Form betrieblich ausgewertete Daten auf Monatsbasis erhalten) bewährt.

Rückmeldesitzungen sollten unter Moderation durch eine Führungskraft oder einen Moderator aus der Arbeitseinheit selbst, der entsprechend qualifiziert ist, stattfinden. Ein Treffen beginnt üblicherweise mit der Vorstellung der aktuellen Daten. Danach werden Fragen zu den Daten gestellt, die zu einer sachlichen und analytischen Auseinandersetzung mit dem erreichten Stand anregen („Welche Ergebnisse sind noch unklar?" „An welchen Stellen gibt es besonders auffällige Ergebnisse?"). In Form von Brainstormings oder Kartenabfragen können hier zunächst auffällige oder interessante Punkte gesammelt werden. Anschließend gilt es, diese Punkte sorgfältig zu analysieren. Hier können Methoden des Qualitätsmanagements herangezogen werden (z.B. Ursache-Wirkungs-Beziehungen mithilfe von Ishikawa-Diagrammen verdeutlichen). Wenn Erklärungen oder Anhaltspunkte für die aktuellen Leis-

---

[46] Ein Beispiel ist der „ProMES-Navigator", der vom schwedischen ProMES-Experten *Malm* in Zusammenarbeit mit *Pritchard* entwickelt wurde (http://demo.promes.se/).

tungen gefunden wurden, sollten aus diesen Erkenntnissen abschließend konkrete Maßnahmen formuliert und terminiert werden, die zur kontinuierlichen Verbesserung durchgeführt werden sollen. In den nachfolgenden Rückmeldesitzungen können die Effekte dieser Maßnahmen dann kontrolliert und auf ihre Wirksamkeit hin besprochen werden. Auf diese Weise entsteht ein beständiger zielorientierter Prozess, der immer am bereits erreichten Leistungsstand ausgerichtet ist und der es erlaubt, dauerhaft die eigene Effektivität zu verbessern sowie Fehler zu erkennen und zu korrigieren. Dieser Prozess kann optimal mit Zielsetzungen in Hinblick auf konkrete Kennzahlwerte, die man erreichen möchte, kombiniert werden. Diese Zielsetzungen sind in PPM-Projekten i.d.R. Zielvereinbarungen zwischen Führungskräften und den Mitarbeitern der Arbeitseinheit, die während der Rückmeldesitzungen vorgenommen werden und an denen die Arbeit der nächsten Monate dann konsequent ausgerichtet werden kann.

Insgesamt hat sich die PPM-Methode in unterschiedlichen Anwendungsfeldern wie Industrie, Handel, Banken sowie öffentlichen Verwaltungen, Schulen und Forschungseinrichtungen bewährt. Sie ist damit für eine Vielzahl von Organisationsformen geeignet. Vom Einsatz der PPM-Methode kann eine langfristige Wirksamkeit in Bezug auf Effektivitätssteigerung und Motivation sowie die Beförderung des unternehmerischen Denkens der beteiligten Mitarbeiter erwartet werden. Die Voraussetzungen für ihre Anwendung sind kaum eingeschränkt. Von einem Einsatz ist allerdings abzuraten, wenn a) die Aufgaben und Funktionen einer Arbeitseinheit so schnell variieren, dass eine permanente Neuentwicklung des Messsystems notwendig wäre oder b) die Mitarbeiter einer Arbeitseinheit nicht das notwendige arbeitsbezogene Know-how besitzen, um ihre Aufgaben zu beschreiben und Ideen für Kennzahlen zu entwickeln.

Literatur

Algera, J. & Van den Hurk, A. (1995). Testing the feasibility of ProMES before implementation: a case study in the dutch steel industry. In R. D. Pritchard (Hg.), Productivity measurement and improvement: Organizational case studies. New York: Praeger.
Fuhrmann, H., Kleinbeck, U. & Boeck, L. (1999). Die Vereinbarkeit des Partizipativen Produktivitätsmanagements (PPM) mit leistungsbezogenen Komponenten von Entgeltsystemen. In *H. Holling, F. Lammers & R. D. Pritchard* (Hrsg.), Effektivität durch Partizipatives Produktivitätsmanagement. Göttingen: Verlag für Angewandte Psychologie.
Holling, H, Jütting, A. & Nienaber, C. (1999). Konstruktion von Bewertungsfunktionen mittels Conjoint Measurement. In *H. Holling, F. Lammers & R. D. Pritchard* (Hrsg.), Effektivität durch Partizipatives Produktivitätsmanagement. Göttingen: Verlag für Angewandte Psychologie.
Kleinbeck, U. (1996). Arbeitsmotivation. Entstehung, Wirkung und Förderung. Weinheim: Juventa.
Kleinbeck, U., Schmidt, K.-H. & Werner, W. (2001). Produktivitätsverbesserung durch zielorientierte Gruppenarbeit. Göttingen: Verlag für Angewandte Psychologie.
Pritchard, R. D:. (1992). Organizational Productivity. In *M. D. Dunnette* (Hg.), Handbook of Industrial/Organizational Psychology (2nd ed., Bd. 3, S. 443-471). Palo Alto, CA: Consulting Psychologists Press.
Pritchard, R. D. (1990). Measuring and improving organizational productivity: A practical guide. New York: Praeger.
Pritchard, R. D., Holling, H., Lammers, F., & Clark, B. D., Eds. (2002). Improving organizational performance with the Productivity Measurement and Enhancement System: An international collaboration. Huntington, New York: Nova Science.
Pritchard, R. D., Kleinbeck, U. & Schmidt, K.-H. (1993). Das Managementsystem PPM: Durch Mitarbeiterbeteiligung zu höherer Produktivität. München: Beck.

Fragenkatalog zu Kapitel 10

1. Welche Aufgaben hat die Budgetierung? 10.1.2
2. Skizzieren Sie in Stichworten die Grundsätze der Budgeterstellung. 10.1.3
3. Beschreiben Sie das Budgetsystem für ein Mittelstandsunternehmen. 10.1.3
4. Welche Abweichungsursachen und Abweichungsarten werden unterschieden? 10.1.4
5. Schildern Sie den Prozess der Budgetkontrolle. 10.1.5
6. Beschreiben Sie die einstufige Deckungsbeitragsrechnung, schildern Sie deren wesentliche Merkmale und beurteilen Sie die Einsatzmöglichkeiten. 10.2.4
7. Legen Sie die wesentlichen Merkmale mehrstufiger Deckungsbeitragsrechnungen dar und erklären Sie das „erweiterte Verursachungsprinzip". 10.2.5
8. Beschreiben Sie in Stichworten die Vorgehensweise bei Vorwärts- und Rückwärtskalkulation und geben Sie Hinweise für deren Anwendung. 10.2.5
9. Beschreiben Sie das Grundmodell der Break-Even-Analyse. 10.2.6
10. Wie lassen sich mithilfe der Break-Even-Analyse Aussagen zur Risikoanfälligkeit sowie zur Gewinnplanung begründen? 10.2.6
11. Wie sind bei kurzfristiger Optimierung des Produktions-/Absatzprogramms unterschiedliche Beschäftigungssituationen im Entscheidungskriterium zu berücksichtigen? 10.2.6
12. Welche Risiken sind im Zusammenhang mit Preissenkungen zu prüfen? 10.2.6
13. Welche Komponenten sind bei kurzfristiger erfolgsorientierter Preisuntergrenze und Existenz von Kapazitätsengpässen und Preis-/Mengeninterdependenzen zu berücksichtigen? 10.2.6
14. Schildern Sie die Vorgehensweise bei der Entscheidung über Eigenfertigung oder Fremdbezug bei kurzfristiger Optimierung und zählen Sie auf, welche qualitativen Aspekte bei der Entscheidung zu berücksichtigen sind. 10.2.6
15. Beschreiben Sie den Prozess der Planung in der Plankostenrechnung und zählen Sie auf, welche Grundsätze sind bei der Kostenplanung zu beachten sind. 10.3.1
16. Aus welchen Komponenten besteht der Leistungsplan? 10.3.2
17. Welche Aufgaben haben Planpreise und wie sind sie festzulegen? 10.3.3
18. Welche Aufgaben hat die Einzelkostenplanung? 10.3.4
19. Wie sollte die Kontrolle der Materialeinzelkosten organisiert werden? 10.3.4
20. Welche Bedeutung haben Bezugsgrößen und was ist bei der Bezugsgrößenwahl zu berücksichtigen? 10.3.4
21. Wie berechnen Sie verrechnete Plankosten, Grenzkosten und Sollkosten? 10.3.5
22. Stellen Sie die Berechnung der Preisabweichung, der Beschäftigungsabweichung sowie der globalen Verbrauchsabweichung dar und diskutieren Sie deren Erkenntniswert. 10.3.5
23. Wie unterscheiden sich starre und flexible Plankostenrechnung? 10.3.5
24. Wie werden Fixkosten im Rahmen der Plankostenrechnung analysiert? 10.3.5
25. Beurteilen Sie die Grenzplankostenrechnung. 10.3.6
26. Was sind die wesentlichen Merkmale eines Prozesses? 10.4.1
27. Beschreiben Sie die Charakteristika der Prozesskostenrechnung? 10.4.1
28. Welche Ziele werden mit der Prozesskostenrechnung verfolgt? 10.4.1
29. In welchen Schritten wird die Erstanalysephase der Prozesskostenrechnung abgewickelt? 10.4.2
30. Beschreiben Sie die Einbindung der Prozesskostenrechnung in die Budgetplanung. 10.4.2
31. Weshalb führt die Prozesskostenrechnung zur Verbesserung der Kalkulation? 10.4.3
32. Beschreiben Sie Kalkulationsarten, die im Rahmen der Prozesskostenrechnung eingesetzt werden können. 10.4.3
33. Welche Vorteile bietet die Prozesskostenrechnung bei der Wirtschaftlichkeitskontrolle der Kostenstellen a) in der Einführungsphase und b) als periodisches Planungs- und Steuerungssystem? 10.4.4
34. Welche Vorteile hat die Prozesskostenrechnung beim kostenträgerbezogenen Controlling? 10.4.4
35. Nehmen Sie Stellung zu den Anwendungsgrenzen der Prozesskostenrechnung. 10.4.5
36. Erläutern Sie die Berechnung des Return-on-Investment. 10.5

11 Bereichs-Controlling

Moderne Daten- und Informationsverarbeitung eröffnet der Unternehmensanalyse nahezu unbegrenzte Möglichkeiten. Die Technologien des Data Warehouse (vgl. Pkt. 9.4.4) und sog. Business Intelligence BI-Software erlauben komfortable schnelle Auswertungen zur Entscheidungs- und Führungsunterstützung. Angesichts dieser Vielfalt der Informationsmöglichkeiten ist es notwendig, zielgerechte Verdichtungen zu konzipieren. Als Beitrag zu dieser Aufgabe stellen wir als Ergebnis einer Unternehmensbefragung unsere Konzeption vor, wie ein mittelständisches Unternehmen Daten des ERP-Systems mithilfe von BI-Software im Bereichs-Controlling nutzen kann.

Rund um die Uhr sammelt Ihr Enterprise Resource Planning System (ERP) Daten. Doch ERP liefert Ihnen nur Informationen - keine Antworten. Wo werden welche Produkte in welchen Stückzahlen abgesetzt? Warum läuft Ihre Produktionslinie A besser als B? Was würde sich ändern, wenn Sie noch eine dritte Schicht fahren oder die zweite nach Hause schicken?

ERP-Systeme wurden entwickelt, um die Fertigung zu steuern, nicht um Entscheidungskriterien zur Unternehmensführung zu liefern. Das leistet Business-Intelligence-Software.

Damit analysieren Sie Ihre ERP-Daten in Sekundenschnelle. Z.B. verknüpfen die Cognos Business-Intelligence-Lösungen alle in Ihrem Unternehmen relevanten Daten mit den Zahlen Ihres ERP-Systems per Mausklick (www.cognos.com).

Ob SAP, J.D. Edwards, Oracle, PeopleSoft, Excel-Datenblätter - gleichgültig, welche Software Ihr Unternehmen einsetzt: Die Cognos Business-Intelligence-Lösungen integrieren alle Datenformate zu echtzeitnahen Trendanalysen, Berichten und Entscheidungshilfen. Und das in beide Richtungen: Von den Datenerfassungsquellen zu Ihnen und umgekehrt.

So können Sie beispielsweise durch das Verändern einer Kenngröße exakt die Auswirkungen auf alle Faktoren sehen, die diese Kennzahl beeinflussen, wenn Sie möchten, hin bis zur letzten Schraube, die zusätzlich beschafft werden muss oder die sich einsparen lässt.

Antworten statt Informationen: Cognos Business-Intelligence-Software liefert sie. Welche Programmierkenntnisse werden benötigt?

Keine. Die Cognos-Lösungen arbeiten mit einer Oberfläche, wie Sie sie aus dem Internet kennen. Die tatsächlichen Programmierungen sind in der Anwendung hinterlegt. Als Anwender können Sie alle gewünschten Zahlen, Analysen und Reports per Mausklick abrufen.

11.1 ERP-Systeme als Datenbasis für Unternehmens-Controlling

Dieses Thema gliedern wir in die Hauptabschnitte

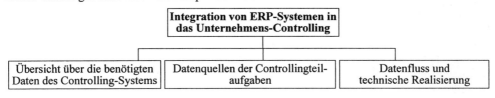

Die im Folgenden dargestellten **Zielsetzungen** wurden an der Fachhochschule Wedel im Rahmen der Projektstudien erarbeitet mit einem Kreis von ERP-Anwendern als vorrangig definiert. Eine Umsetzung erfolgte auf Basis des abas ERP-Systems.[1]

(1) **Übersicht über die benötigten Daten des Controlling-Systems**
Die erforderlichen Daten und ihre Quellen sind

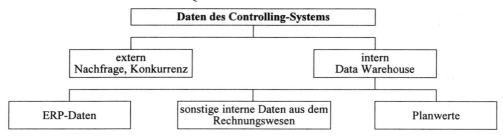

Für ein Controlling-System werden neben den internen Daten auch externe Daten benötigt, hauptsächlich für die kurz- und mittelfristige Vertriebsplanung (Absatzerwartungen), aber auch für eine langfristige strategische Planung. Außerdem sollten Vergleiche mit Konkurrenzunternehmen vorgenommen werden.

Aufgrund der Eigenschaften der ERP-Datenbank ist die Möglichkeit gegeben, aktuelle Abweichungsanalysen in beliebiger Verdichtungsstufe zu erstellen. Aufgrund der Aktualität der Daten können besonders wirksame Maßnahmen zur Gegensteuerung eingeleitet werden.

Zusätzlich zur Schnittstelle zum ERP-System benötigt ein Controlling-System eine Schnittstelle zum Rechnungswesen, denn nicht alle erforderlichen Daten können aus dem ERP-System gewonnen werden. Dies gilt beispielsweise für
- Daten aus der Finanzbuchhaltung, z.B. Zahlungsein- und -ausgänge (für das Liquiditäts-Controlling)
- Daten aus der Betriebsabrechnung, z.B. Gemeinkostendaten (für die Ermittlung des Betriebsergebnisses)

(2) **Datenquellen der Controlling-Teilaufgaben**
Die folgende Tabelle gibt Aufschluss darüber, welche Daten für die einzelnen Controlling-Teilaufgaben benötigt werden. Es wird unterschieden zwischen ERP-Daten und Daten aus Rechnungswesen und Planung.

Controlling-Aufgaben =>	Deckungs-beitragsrechnung	Auftrags-eingangsstatistik	Liquiditätscontrolling	Bestandscontrolling	Produktionscontrolling	Kostencontrolling
aus ERP						
produzierte Menge					X	X
abgesetzte Menge	X					
Lagerbestand				X	X	X
Umsatz			X			X
Preise	X			X		X
Herstellkosten				X		X
var. Materialkosten	X					X
var. Fertigungskosten	X					X

---

[1] Vgl. *abas*, Kap. 12

Controlling-Aufgaben =>	Deckungs- beitrags- rechnung	Auftrags- eingangs- statistik	Liquidi- tätscon- trolling	Bestands- controlling	Produk- tionscon- trolling	Kosten- controlling
Kapazitätsauslastung					X	
Durchlaufzeiten					X	
Auftragsbestand		X	X			
Bestellobligo			X			
aus Rechnungswesen und Planung						
Personalkosten	fixer Anteil		X			X
kalkulat. Kosten	X					X
sonstige Kosten	fixer Anteil		X			X
sonstige Einnahmen			X			
sonstige Ausgaben			X			
Ein- u. Auszahlungen			X			

11.2 Vertriebs-Controlling

Die Hauptaufgaben im Bereich des Vertriebs-Controlling zeigt die folgende Übersicht.

11.2.1 Deckungsbeitragsrechnung

Aufgabe der **Vollkostenrechnung** ist es, alle Kostenarten vollständig und periodengerecht zu erfassen und sie dem einzelnen Produkt (Kostenträger) zuzuordnen. Dieses ist die Grundlage zur Erstellung einer Zuschlagskalkulation, zur Ermittlung des Verkaufspreises eines Produktes.

Entscheidend für die Ermittlung des tatsächlichen Verkaufspreises ist aber nicht der kalkulierte Verkaufspreis, sondern der im Markt erzielbare. Die Vollkostenrechnung beachtet diesen Aspekt nicht und ist somit für eine gezielte Vertriebssteuerung wenig geeignet.

Eine Lösung für eine effiziente Vertriebssteuerung ist die Deckungsbeitragsrechnung (DB-Rechnung) als **Teilkostenrechnung**. Die Kosten werden aufgeteilt in beschäftigungsabhängige (variable) und beschäftigungsunabhängige (fixe) Kosten.

Die variablen Kosten (z.B. Fertigungsmaterial, Fertigungslohn) können den Kostenträgern problemlos zugeordnet werden, während die fixen Kosten verursachungsgerecht (im Gegensatz zur Vollkostenrechnung) in mehreren Stufen den
❏ Produkten
❏ Produktgruppen
❏ Produktbereichen
❏ etc.
zugeordnet werden.

Dargestellt werden soll im Folgenden die **Zielsetzung und Vorgehensweise** der Deckungsbeitragsrechnung.

(1) Vorgehensweise

Damit Abweichungen sofort ins Auge fallen, können Tabelleninhalte grafisch dargestellt werden. Hier ein Beispiel:

Die folgenden Tabellen zeigen eine mehrstufige Deckungsbeitragsrechnung, gegliedert nach Produktgruppen und Verkaufsgebieten.

	DB-Rechnung nach Produktgruppen									
Stand: April lfd. Jahr	PG 1					PG 2		Σ		
	Σ Jahr ges.	Σ Laufendes Jahr kumuliert				Σ Jahr ges.		Σ Laufendes Jahr kumuliert		
	SOLL	SOLL	IST	Abweichung SOLL/IST abs	%	...	SOLL	SOLL	IST	Abweichung SOLL/IST abs	%
Umsatzerlöse netto										
- Herstellkosten oder Einstandswert										
= Deckungsbeitrag I										
- vertriebsfixeKosten										
= Deckungsbeitrag II										

	DB-Rechnung nach Verkaufsgebieten									
Stand: April lfd. Jahr	Verkaufsgebiet 1					VKG 2		Σ		
	Σ Jahr ges.	Σ Laufendes Jahr kumuliert				Σ Jahr ges.		Σ Laufendes Jahr kumuliert		
	SOLL	SOLL	IST	Abweichung SOLL/IST abs	%	...	SOLL	SOLL	IST	Abweichung SOLL/IST abs	%
Umsatzerlöse netto										
- Herstellkosten oder Einstandswert										
= Deckungsbeitrag I										
- vertriebsfixe Kosten										
= Deckungsbeitrag II										

Abweichungen, die in den beiden vorangegangenen Tabellen festgestellt werden, können in der nun folgenden Tabelle näher analysiert werden, bezüglich
- Produkt und Monat,
- gesamt oder
- für jedes VK-Gebiet.

Bei der Planung kann auf
- Verkaufspreise,
- Einstandspreise und
- kalkulierte Herstellkosten

zugegriffen werden, die aus dem Artikelstamm übernommen werden.
Das Deckungsbeitrags-Controlling kann zweckmäßig um eine ABC-Analyse, gegliedert nach Umsätzen und Deckungsbeiträgen je Produkt- oder Kundengruppe, erweitert werden.[2]

---

[2] Zum Vorgehen einer ABC-Analyse vgl. Pkt.4.2.2

Vertriebs-Controlling

Tabellen für die einzelnen VK-Gebiete

Stand: April lfd. Jahr	Gesamt													
	Januar									...	Kumuliert bis zum aktuellen Monat			
Pro-dukt	Absatz-menge		Umsatz		Herstell-kosten oder		DB				DB			
	Soll	Ist	Soll	Ist	Soll	Ist	Soll	Ist	Abweichung Soll/Ist	...	Soll	Ist	Abweichung Soll/Ist	
	[St]	[St]	[GE]	[GE]	[GE]	[GE]	[GE]	[GE]	[GE]	[%]	...	[GE]	[GE]	[GE]	[%]
P01														
P02														
P03										...				
P04														
P05														
Sonst.														
PG01										...				
P06														
P07										...				
P08														
Sonst.														
PG02										...				
P09														
P10										...				
Sonst.														
PG03										...				
Sonst.										...				
Σ														

GE = Geldeinheiten

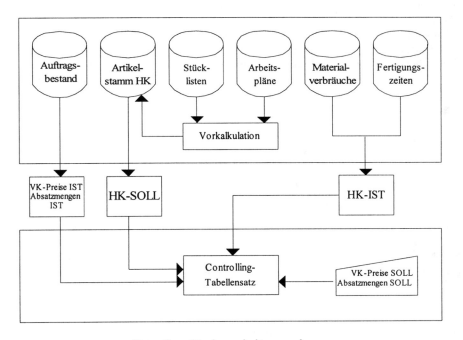

Datenfluss Deckungsbeitragsrechnung

11.2.2 Umsatzprognose mit Saisonkurve

(1) Zielsetzung

Die Vorhersage der Umsatzentwicklung ist für jedes Unternehmen Grundlage der Liquiditäts- und der Deckungsbeitragsprognose und sollte deshalb so früh und so weit wie möglich erfolgen.

Für Serienfertiger mit Saisonschwankungen, die sich über einen längeren Zeitraum als relativ gleichbleibend erwiesen haben, besteht die Möglichkeit, aus den kumulierten monatlichen Umsätzen im IST recht verlässliche Vorhersagen über die künftige Entwicklung in den Folgemonaten abzuleiten, da der Verlauf der kumulierten Umsätze als "Saisonkurve" unter den gegebenen Bedingungen, in jedem Monat einen bestimmten "monatstypischen" Prozentsatz vom Jahresgesamtumsatz darstellt. Dieses wichtige Instrument zur Prognose der Geschäftsentwicklung über das Gesamtjahr kann gesamt und je Produktgruppe oder Vertriebsweg wie folgt dargestellt werden.

(2) Vorgehensweise

Die Jahresumsatzkurve zeigt saisonale Schwankungen wie z.B. ein "Sommerloch" an. Mithilfe dieser Kurve, die sich aus den Umsatzdaten mehrerer Jahre ergibt, kann eine Prognose bis zum Jahresende durchgeführt werden. Die Jahresumsatzkurve stellt die prozentuale Verteilung des Umsatzes auf die Monate dar. Die Prozentwerte werden dabei kumuliert, so dass Aussagen wie "Ende April haben wir normalerweise 40 % des Jahresumsatzes realisiert" zu treffen sind.

Im Fall eines Jahresumsatz-Solls von 120 und eines üblichen Umsatzanteiles bis Ende April von 40% des Jahresumsatzes müsste Ende April ein kumulierter Umsatz von 48 erreicht sein. Angenommen der realisierte kumulierte Ist-Umsatz per Ende April betrage nur 35,3; dann war der Planerfüllungsgrad nur 35,3 / 48 = 0,735.

Aus den Erfahrungswerten der üblichen Umsatzkurve können wir - wenn die umsatzbestimmenden Faktoren sich nicht ändern - für das Ende des Planjahres einen Umsatz von 35,4 / 0,4 = 88,5 vorhersagen. Das Verfahren kann mit wachsender Vorhersagewahrscheinlichkeit entlang der Umsatzkurve nach jedem folgenden Monat erneut angewandt werden. Die Methode wird im Controlling als Feed-Foreward bezeichnet und ist ein wichtiges Instrument der Risiko-Früherkennung.

In unserem Beispiel werden die SOLL-Vorgaben bei weitem nicht erreicht. In diesem Fall sind entsprechende Gegensteuerungsmaßnahmen zu treffen und gegebenenfalls die SOLL- Vorgaben zu korrigieren. Die nebenstehende Grafik verdeutlicht den Sachverhalt.

Solche Umsatzkurven können nicht nur für den Gesamtumsatz des Unternehmens, sondern auch differenziert nach Produktgruppen und Verkaufsregionen sinnvoll erstellt werden.

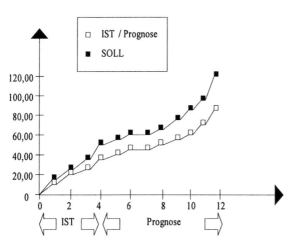

Umsatzprognose mit SOLL/IST-Vergleich

11.2.3 Umsatzprognose nach Auftragseingang

(1) Zielsetzung
Auch für Unternehmen ohne saisontypischen Umsatzverlauf (z.B. Einzelfertiger von Investitionsgütern) ergeben sich üblicherweise folgende Controlling-Ziele:
- ❏ Frühzeitiges Erkennen und Prognostizieren der Umsatzentwicklung,
- ❏ differenzierte Analyse dieser Entwicklung
  - nach Produktgruppen und
  - nach Verkaufsgebieten sowie
- ❏ der Vergleich mit Vorjahreswerten,

um Veränderungen zum Vorjahr und ihre Ursachen zu lokalisieren.

(2) Vorgehensweise
Durch Erfassung der Auftragseingänge (für laufendes Jahr und Vorjahr) nach Produktgruppen und Verkaufsgebieten kann die Überwachung der Umsatzentwicklung wie folgt gestaltet werden:

Werte in GE = Geldeinheiten

Stand April lfd. Jahr	Januar			Februar	Gesamt		
Verkaufs-gebiet	Auftr. Wert [GE]	Abweichung Vorjahr [GE]	[%]	...	Σ laufendes Jahr kumuliert [GE]	Abweichung gleicher Zeitraum Vorjahr [GE]	[%]
VK-Gebiet 1							
VK-Gebiet 2				...			
VK-Gebiet 3							
Σ				...			

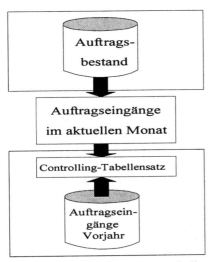

Datenfluss Auftragseingangsstatistik

Aufbauend sind zwei Analysewege je nach Firmensituation möglich:

- ❏ Entweder es erscheint zulässig, aus einer x-prozentigen Veränderung der Auftragseingänge auf eine x-prozentige Veränderung der Umsätze für zukünftige Teilperioden zu schließen, weil die für die Veränderung maßgeblichen Bestimmungsfaktoren (z.B. Wechselkursänderung im Export) für weiterhin wirksam gehalten werden,
- ❏ oder anhand der Lieferfristen, die für die eingegangenen Aufträge zugesagt wurden, werden Auftragswerte (Umsätze) den entsprechenden Perioden zugeordnet. Bei Auftragseingang im Februar mit Lieferzeit von zwei Monaten wird der Umsatz dem April zugerechnet. Mit dieser Methode ist eine sehr präzise, aber nur kurzfristige Umsatzvorhersage möglich.

11.3 Liquiditäts-Controlling

(1) Zielsetzung

Vom Auftragsbestand zum Zahlungseingang

Liquiditätsüber- oder -unterdeckungen müssen frühzeitig erkannt werden. Das wird ERP-systemgestützt dadurch möglich, dass der Zahlungseingang aus dem Bestand an Kundenaufträgen und der Zahlungsausgang aus dem Bestellobligo abgeleitet wird. Zur Ermittlung der Unter- oder Überdeckung müssen diese liquiditätsbestimmenden Daten in der Liquiditätsplanung vervollständigt werden. Das Ziel dieser Liquiditätsplanung ist, die erwarteten Zahlungsein- und -ausgänge den zukünftigen Perioden zuzuordnen, um so den eventuell zusätzlichen Kapitalbedarf oder die Kapitalanlagemöglichkeiten einer Periode zu ermitteln.

(2) Vorgehensweise (Ablauf, Inhalt und Datenfluss)

Planung der Zahlungseingänge (Beispiel: Monat April)						
Stand April lfd. Jahr	Forderungsprognose aufgrund Auftragsbestand	Prognose Zahlungseingänge				
		Mai	Juni	Juli	August	...
Op lt. FIBU	5	5				
früher	87	85	2			
Mai	90		78	12		
Juni	73			58	15	
Juli	45				35	
August	0					
...						
Σ	300	90	80	70	50	

Die erwarteten Zahlungsein- sowie -ausgänge, die analog dazu ermittelt werden, werden dann in die Liquiditätsplanung übernommen.

Liquiditätsvorausschau (Beispiel: Monat April)						
Stand: April lfd. Jahr	liquide Mittel: 2	Mai	Juni	Juli	August	...
+ erwartete Einnahmen (aus Auftragsbestand)		90	80	70	50	
- erwartete Ausgaben (aus Bestellobligo)		65	60	55	30	
- Löhne		10	10	10	11	
- Gehälter		6	6	6	6	
- FK-Zinsen		1	1	1	1	
- sonstige ausgabewirksame Kosten		1	1	1	1	
= lfd. betriebliche Über- oder Unterdeckung		7	2	-3	1	
+ betriebsfremde Einzahlungen		0	0	1	0	
- betriebsfremde Auszahlungen		0	0	0	0	
= laufende Über- o. Unterdeckung		7	2	-2	1	
- Investitionen		0	5	0	0	
= Über- oder Unterdeckung nach Investitionen		7	-3	-2	1	
+ FK-Aufnahme		0	1	1	0	
- Tilgung von FK		3	0	0	0	

Liquiditätsvorausschau (Beispiel: Monat April)				
+ EK-Einzahlung	0	0	0	0
- EK-Auszahlung	0	0	0	0
= Über- o. Unterdeckung nach Investitionen u. Finanzierung	4	-2	-1	1
- Ertragssteuern	1	0	0	0
+ Subventionen	0	0	0	0
= Über- o. Unterdeckung gesamt	3	-2	-1	1
Über- o. Unterdeckung kumuliert	5	3	2	3

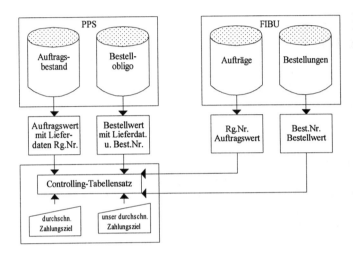

Eine Schnittstelle zur Finanzbuchhaltung (FIBU) ist notwendig, da bei Umsatzbuchung der Auftrag aus dem Auftragsbestand gelöscht wird, unabhängig davon, ob ein Zahlungseingang erfolgt ist oder nicht.

Die Abstimmung mit der FIBU verfolgt gleichzeitig das Ziel, den noch nicht bezahlten Umsatz in die Liquiditätsrechnung aufzunehmen. Dieses ist durch Übernahme der Summe der offenen Posten aus der FIBU zu erreichen.

Datenfluss des Liquiditäts-Controllings

11.4 Produktions-Controlling

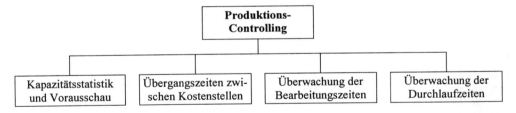

11.4.1 Kapazitätsstatistik

(1) **Zielsetzung**
- ❑ Planung der Kapazitätsauslastung anhand der verfügbaren Kapazität
- ❑ Bestimmung der tatsächlichen Kapazitätsauslastung
- ❑ Gegenüberstellung der geplanten und der genutzten Kapazität.

(2) **Vorgehensweise**

Monatliche Gegenüberstellung nach Kostenstellen von
- ❑ verfügbarer Kapazität (maximale Kapazität lt. Periodensatz)
- ❑ verplanter Kapazität (lt. Einlastung)
- ❑ genutzter Kapazität (lt. Rückmeldungen)

	Kapazitätsstatistik					
	Januar					Februar ...
KST	verfügbare Kapazität [h]	verplante Kapazität [h]	[%]	genutzte Kapazität [h]	[%]	...
4000						
4100						
4200						
4300						
Σ						

11.4.2 Übergangszeiten

Die Durchlaufzeit setzt sich zusammen aus Bearbeitungszeiten an den einzelnen Kostenstellen und den Übergangszeiten zwischen den Kostenstellen. Während die Bearbeitungszeiten i.d.R. nur geringen Schwankungen unterliegen, können bei den Übergangszeiten erhebliche Unterschiede auftreten.

(1) **Zielsetzung**
- ❑ Ermittlung der durchschnittlichen IST-Übergangszeiten
- ❑ Vergleich der IST-Zeiten mit den SOLL-Zeiten mit dem Ziel, bei größeren Abweichungen Maßnahmen zu ergreifen, um die IST-Zeiten zu verbessern. Ist dieses nicht möglich, müssen die SOLL-Zeiten korrigiert werden.
- ❑ Ermittlung der Streuung um den Durchschnittswert, um Probleme im Fertigungsablauf zu lokalisieren.

(2) **Vorgehensweise**

Hier muss eine Übergangszeitenmatrix erstellt werden, die die durchschnittlichen Übergangszeiten zwischen den Kostenstellen (oder Maschinen) erfasst und den SOLL-Werten gegenüberstellt. Zusätzlich wird die Standardabweichung der Übergangszeiten angegeben.
Um einzelne Fertigungsaufträge in dieser Weise zu analysieren, soll neben der Gesamtbetrachtung auch eine Betrachtung nach Fertigungsaufträgen möglich sein.

	Übergangszeiten Kostenstellen in Stunden gesamt							
	4000		4100		4200		4300	
von \ zu	SOLL	IST	SOLL	IST	SOLL	IST	SOLL	IST
4000			10	12 ó=2,16				
4100								
4200								
4300								

11.4.3 Überwachung der Bearbeitungszeiten

(1) **Zielsetzung**
- ❑ Ermittlung der Bearbeitungszeiten je Auftrag und je Kostenstelle
- ❑ Differenzierte Betrachtung der Rüst- und Einsatzzeiten

(2) Vorgehensweise

Es werden folgende Tabellen erstellt

Bearbeitungszeit für Auftrag 0833								Bearbeitungszeit für Kostenstelle 4000						
Kosten- stellen	Rüstzeit		Einsatzzeit		Bearbeitungszeit			Auf- träge	Rüstzeit		Einsatzzeit		Bearbeitungszeit		
	SOLL [h]	IST [h]	SOLL [h]	IST [h]	SOLL [h]	IST [h]	Δ [%]		SOLL [h]	IST [h]	SOLL [h]	IST [h]	SOLL [h]	IST [h]	Δ [%]
4000 4100 4200 4300								0815 0833 0876 ...							
Σ								Σ							

Vereinfachend kann die Durchlaufzeit einzelner Aufträge mit dem zugehörigen Bearbeitungszeit-Soll je Fertigungsstufe verglichen werden.

11.4.4 Überwachung der Durchlaufzeiten

(1) Zielsetzung

Die Zielsetzung ist die Selektion von Aufträgen, die erheblich von den Durchschnittsdurchlaufzeiten abweichen ("erheblich" ist dabei firmenspezifisch zu definieren).

(2) Vorgehensweise

Monatlich werden zwei "Hitlisten" erstellt, eine für positive Abweichungen, eine für negative. Berücksichtigt werden die Aufträge, die im aktuellen Monat zurückgemeldet wurden.

Anhand der Monatslisten wird dann ersichtlich, welche Artikel oft von den Durchschnittsdurchlaufzeiten abweichen. In diesem Fall sind entsprechende Maßnahmen zu treffen.

Beispiel

Hitliste der Durchlaufzeiten Überschreitung Durchlaufzeiten April 92						
Platz	Auftrag	Artikel	Menge [Stck]	Durchlaufzeit SOLL [h]	Durchlaufzeit IST [h]	Abweichung SOLL/IST [%]
1	0815	E57	100	20	35	+75
2	0813	G08	200	30	43	+43
3	0833	T11	150	44	60	+36
4	...	...	...	...	...	...
5						

11.5 Logistik-Controlling

Nach der Einführung in strategisches und operatives Logistik-Controlling behandeln wir

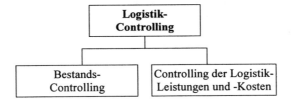

Eine umfassende Systematisierung der Aufgaben und Instrumente des Logistik-Controlling bietet *Weber*. Von ihm stammt die folgende Systematik.[3]

Aktuelle Aufgaben des strategischen Logistik-Controlling
- Unterstützung bei der Bestimmung der strategischen Bedeutung der Logistik für das Unternehmen
- Koordinierte Einbindung der Logistik in die strategische Planung des Unternehmens
- Unterstützung bei der Festlegung logistischer Strategien als Funktionsstrategien
- Sicherstellung der Umsetzung der strategischen in die operative Logistikplanung
- Aufbau und Prozessmanagement der strategischen Kontrolle

Aktuelle Aufgaben des operativen Logistik-Controlling
- Präzisierung und Messung der Ziele der Logistik
- Aufstellung von Logistik-Budgets in Abstimmung mit anderen Unternehmensbereichen
- Unterstützung der operativen Logistikplanung
- Durchführung von Abweichungsanalysen (bezogen auf Kosten und Leistungen)
- Mitarbeit bei der Verbesserung der Effizienz der Logistik; betriebswirtschaftliche Beratung der Logistik-Führungskräfte
- Laufende Erfassung und Auswertung von Logistikleistungen und -kosten

Aus den genannten Aufgaben wird deutlich, dass der Logistikprozess der Leistungserstellung nur bestmöglich gestaltet werden kann, wenn er mit einem System von Regelkreisen vernetzt und um eine zielorientierte Informationsverarbeitung ergänzt wird.

Stellt man die Frage nach dem Beitrag von ERP-Systemen zum Logistik-Controlling,
- dann liegt es nahe, im operativen Logistik-Controlling einen Schwerpunkt zu setzen und
- es wird erkennbar, dass man durch die Konzentration der Aufmerksamkeit auf die Hauptziele Zins- und Lagerkostensenkung durch **Bestands-Controlling** und Prozessoptimierung durch **Controlling der Logistik-Leistungen und -kosten** wesentliche Effekte erzielen wird.

Diese zwei Hauptziele und konkrete Schritte dazu sollen im Folgenden näher behandelt werden.

11.5.1 Bestands-Controlling

(1) Zielsetzung

Das Ziel des Bestands-Controlling ist, bei gegebener Lieferbereitschaft die Lagerbestände gering zu halten, um die Zinsen für das im Lager gebundene Kapital zu senken.

Um den Anforderungen gerecht zu werden, wird ein Instrument benötigt, das Folgendes leistet
- Unterjährige (monatliche) Kontrolle der Lagerbestandswerte
- Ermittlung von Lagerumschlagshäufigkeiten
- Um die aktuelle Situation zu bewerten, soll ein Vergleich mit dem Vorjahr möglich sein.
- Verschiedene Wertansätze sollen berücksichtigt werden
- Die verschiedenen Lagerteile sollen klassifiziert werden, um eine differenzierte Analyse beispielsweise nach Warenarten oder Produktgruppen durchzuführen.

---

[3] *Weber*, Logistik-Controlling, S. 27

Logistik-Controlling

(2) Vorgehensweise

Die Lagerbestandswerte werden monatlich erfasst. Der Bezugswert für die monatlichen Abweichungen ist immer der Bestand am Jahresanfang. Pro Monat erhält man die Kennzahlen Umschlagshäufigkeit und durchschnittliche Lagerdauer. Zusätzlich wird noch die Lagerumschlagshäufigkeit des Vorjahres ausgewiesen. So kann die aktuelle Situation bewertet werden und gegebenenfalls entsprechende Maßnahmen ergriffen werden.

Die Bewertungsgrundlage für die Lagerteile ist vom Anwender individuell zu wählen, z.B. eine Bewertung nach dem neuesten EK-Preis.

Um die oben erwähnten Abweichungen zu analysieren, reicht eine Betrachtung des Lagerbestandes gesamt selten aus. Es stellt sich die Frage: Welche Lagerteile sind für die Abweichung verantwortlich?

Die Lagerteile sind also nach verschiedenen Kriterien zu klassifizieren
- **Warenarten** (Klassifizierung des Einkaufs; 1..n)
  - Klärung der Abweichungen mit den entsprechenden Einkäufern.
- **Produktgruppen** (Klassifizierung des Verkaufs; 1..n)
  - Bei Bestandsabweichungen bei bestimmten Produktgruppen sind die Absatzzahlen aus dem Vertrieb zu analysieren.
- **ABC-Güter** (A/B/C)
  - Abweichungen bei den A-Gütern sind besonders problematisch. Hier ist zu prüfen, ob die Bestellintervalle für die einzelnen Güter zu lang sind.

Je Kriterium ergibt sich eine Tabelle. Die folgende zeigt beispielsweise eine Differenzierung nach Warenarten.

		Differenzierung nach Warenarten						
				Januar				...
Warenarten	Lagerwert am 1.1. [GE]	Lagerwert [GE]	Δ zum 1.1. [GE]	[%]	durchsch. Lagerdauer [Tage]	Lagerumschlag	Lagerumschlag Vorjahr	
WA 01	5.000	5.500	+500	10	78,8	0,38	0,45	
WA 02								
WA 03								
...								
Σ								

Kennzahlen

Durchschnittl. Lagerbestand = (Anfangsbestand + Endbestände der Monate) / (1 + Anzahl erfasster Endbestände)

Lagerumschlagshäufigkeit = Materialabgänge / durchschnitt. Lagerbestand

Durchschnittl. Lagerdauer = Zeitraum / Lagerumschlagshäufigkeit

Beispiel zur Berechnung der Kennzahlen

	Januar	Februar
Anfangsbestand [GE]	5.000	5.500
Zugänge [GE]	2.500	2.700
Abgänge [GE]	2.000	3.000
Schlussbestand [GE]	5.500	5.200
durchschnittl. Lagerbestand [GE]	5.250	5.233
Lagerumschlagshäufigkeit bis zum aktuellen Monat	2.000 GE/5.250 GE=0.38	5.000 GE/5.233 GE=0,96
durchschnittl. Lagerdauer	30 Tage/0,38=78,8 Tage	60 Tage/0,96=62,8 Tage

11.5.2 Controlling der Logistik-Leistungen und Logistik-Kosten

(1) **ERP-Systeme als Datenbasis der Kosten- und Leistungs-Rechnung (KLR)**
Die Controllingfunktionen der Kosten- und Leistungsrechnung mit den Teilfunktionen Betriebsabrechnung sowie Kostenträger-Kalkulation sind selbstverständlich auf Daten der Betriebsdatenerfassung (BDE) angewiesen. Dies gilt insbesondere für die Teilaufgaben
- Vor- und Nachkalkulation von Produkten,
- Erfassung von Bruttolöhnen,
- Erfassung von Materialverbräuchen und
- Bestandsveränderungen, aber auch für die
- Ermittlung von Gemeinkosten (z.B. kalkulatorische Abschreibungen).

Eine Behandlung dieser klassischen Datenerfassungsaufgaben im Betrieb und deren Verarbeitung in der Betriebsbuchhaltung muss hier als Thema des Industriellen Rechnungswesens ausgeklammert und als bekannt vorausgesetzt werden. Andernfalls würde eine "Großbaustelle Industrielles Rechnungswesen" den Rahmen dieses Buches "sprengen" (Fallbeispiel: vgl. Pkt. 8.2.4.5).

Es ist selbstverständlich, dass wohlgeordnete Schnittstellen zwischen ERP-System und Kosten- und Leistungsrechnung nach Controllinggesichtspunkten organisiert und Mehrfacherfassungen von Daten vermieden werden müssen.

Das hier angeschnittene Thema der Logistik-Leistungen und -Kosten kann exemplarisch einige vielfach bestehende Schwachstellen in der Industriellen Kostenrechnung verdeutlichen. Insoweit gehen die folgenden Ausführungen durch Allgemeingültigkeit über den Logistikbereich hinaus. Kurz gefasst, geht es dabei um folgenden wichtigen Aspekt: Die klassische Kosten- und Leistungsrechnung gliedert die Kostenverursachung meist für Prozessverfolgung unzureichend in
- Kostenarten (direkt und indirekt, fix und variabel),
- Kostenstellen (Entstehungsbereiche und Verantwortliche) und
- Produkte (Kostenträger).

In Zeiten einer systematischen Wertanalyse in der Produktplanung und Minimierung von Gemeinkosten durch Umgestaltung von Unternehmensstrukturen (Kostenstellen) muss der Controller fortwährend die Plankosten den neuen Herstellkosten und den neuen Unternehmensstrukturen anpassen, damit sein Unternehmen kostendeckend wettbewerbsfähig anbieten kann. Zwei Instrumente gelangen dabei zu überragender Bedeutung.
- Deckungsbeitragsrechnung bei gleichzeitiger Sicherung der Deckung der Gesamtkosten des Unternehmens (vgl. Pkt. 10.2.6) und
- Systematische Planung und Überwachung der Leistungserstellung und Kostenverursachung für die wesentlichen Schritte des gesamten Leistungsprozesses für jedes Produkt oder jede Produktgruppe (Hauptkostenträger).

Nicht wenige Kosten- und Leistungsrechnungs-Systeme in der betrieblichen Praxis leisten dies nicht oder nur sehr unvollkommen. Worauf es dabei ankommt, soll im Folgenden am Beispiel des Controlling der Logistik-Leistungen und Logistik-Kosten exemplarisch deutlich gemacht werden.

(2) **Schwachstellen der herkömmlichen KLR beim Einsatz in der Logistik**
- Mangelnde Abgrenzung logistischer Kosten
- Es werden nur Ausschnitte der anfallenden Logistik-Kosten erbracht

Logistik-Controlling

- Fehlende Verknüpfung von an unterschiedlichen Stellen anfallenden Logistik-Kosten (kein "Total-Cost-Approach")
- Geringe Differenzierung der logistischen Kostenarten
- Pauschale Weiterverrechnung der Logistik-Kosten in den Kostenstellen
- Unzureichende Zuordnung der Logistik-Kosten auf Produkte, Absatzgebiete und Kunden.

(3) Die logistische Kette, Objekt des Logistik-Controlling

Um den Logistikprozess einem zielstrebigen Controlling zu unterwerfen, muss der Controller betriebsindividuelle Lösungen definieren. Für die praktische Planung ist es zweckmäßig, sich das folgende Modell des Logistikprozesses zu vergegenwärtigen.[4]

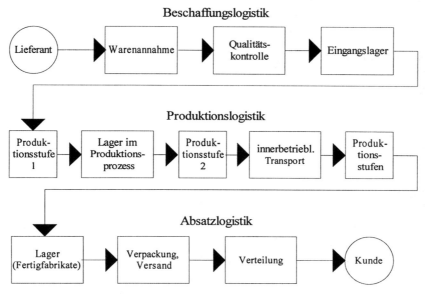

Die logistische Kette

(4) Zielsetzung des Controlling der Logistik-Leistungen und -Kosten

- Zeit- und verursachungsgerechte Zuordnung der Kosten und Leistungen über den gesamten Produktionsprozess

(4.1) Ziele der Erfassung logistischer Leistungen

- Anregungsinformationen zur Feststellung von Auffälligkeiten und Veränderungen liefern
- Einsatz- und Kapazitätsplanung logistischer Ressourcen
  - Personal
  - Sachmittel
- Budgetierungsplanung in der Logistik
  - Planung der periodischen Ausgaben
  - Investitionsplanungen

---

[4] ADV/ORGA *Meyer*

❑ Produkt- und Variantenentscheidungen.

(4.2) **Ziele der Erfassung logistischer Kosten**
❑ Kostenstellenbezogene Zuordnung der logistischen Kosten zur
  • Planung der Logistik-Kosten
  • Logistik-Kostenkontrolle
❑ Leistungsentsprechende und verursachungsgerechte Verrechnung der Logistik-Kosten auf anfordernde Kostenstellen und Produkte
❑ Lieferungen von Kosteninformationen für Entscheidungen wie z.B.
  • Make-or-Buy Entscheidungen
  • Alternative Distributions- und Leistungsstrukturen
  • Benötigte Lagerkapazitäten
  • Alternative Transportverfahren.

(5) **Vorgehensweise, Gestaltung einer logistikorientierten Kosten- und Leistungsrechnung**
❑ Integration logistischer Kostenstellen
  • Warenannahme
  • Eingangslager
  • Lager im Produktionsprozess
  • Innerbetrieblicher Transport
  • Fertigfabrikateslager
  • Verpackung, Versand
  • Verteilung
  in den Betriebsabrechnungsbogen
❑ Permanente Erfassung der logistischen Kosten und Leistungen über den gesamten Produktionsprozess (z.B. durch ein ERP-System).

Artikelkalkulation mit logistischen Kosten										
						Kostenträger				
		Kostenarten				Produkt A			Produkt B		
Nr.	Konten-klasse		v (var.)	f (fix)	g (ges.)	v (var.)	f (fix)	g (ges.)	v (var.)	f (fix)	g (ges.)
1	40	Materialeinzelkosten	26,40		26,40	16,00		16,00	10,40		10,40
2	52	Einkaufsgemeinkosten	0,10	14,60	14,70	0,05	7,30	7,35	0,05	7,30	7,35
3	531/533	Beschaffungslogistik GK	3,20	51,40	54,60	1,60	25,70	27,30	1,60	25,70	27,30
I		Materialkosten	29,70	66,00	95,70	17,65	33,00	50,65	12,05	33,00	45,05
1	430	Fert.lohneinzelkosten	9,20		9,20	4,20		4,20	5,00		5,00
2	541/545	Fertigungsgemeinkosten	21,40	178,20	199,60	5,35	44,55	49,90	16,05	133,65	149,70
3	534/535	Fertigungslogistik GK	9,60	41,30	50,90	2,40	10,30	12,70	7,20	31,00	38,20
4	494	Sondereinzelkosten d.F.									
II		Fertigungskosten	40,20	219,50	259,70	11,95	54,85	66,80	28,25	164,65	192,90
III		Herstellkosten (I+II)	69,90	285,50	355,40	29,60	87,85	117,45	40,30	197,65	237,95
1	55	Verwalt.gemeinkosten	1,80	53,00	54,80	0,90	26,50	27,40	0,90	26,50	27,40
2	561/565	Vertriebsgemeinkosten	0,60	71,90	72,50	0,20	24,00	24,20	0,40	47,90	48,30
3	536/538	Absatzlogistik GK	0,90	57,50	58,40	0,30	19,20	19,50	0,60	38,30	38,90
4	495	Sondereinzelkosten d.V.									
IV		Selbstkosten	73,20	467,90	541,10	31,00	157,55	188,55	42,20	310,35	352,55

11.6 ERP-gestützte Unternehmenssimulation

11.6.1 Zielsetzung

Durch die Unternehmensplanung soll eine Vorausschau und zielgerechte Gestaltung des Betriebsgeschehens ermöglicht werden. Dabei werden die für das Betriebs- und Unternehmensergebnis relevanten Bestimmungsfaktoren analysiert und in ihrer Ergebniswirkung prognostiziert. In der Realisierungs-Phase soll das Betriebsgeschehen durch Soll/Ist-Vergleich monatlich überwacht und in Richtung auf das Planziel steuerbar werden. Abweichungen vom Plan sollen erkannt und durch zielgerichtete Gegenmaßnahmen überwunden werden.

Dem Unternehmensplaner ist bekannt, dass zur Unternehmensplanung eine Vielzahl ERP-abhängiger Daten benötigt werden. Zur Veranschaulichung seien einige wichtige Probleme genannt, die mit Hilfe von Daten aus dem ERP-System in der Unternehmensplanung bearbeitet werden müssen.

- Die Auswirkungen von Lohnerhöhungen müssen monatsgenau in die Herstellkostenplanung je Produkt eingearbeitet werden.
- Veränderungen von Materialkosten erfordern die Planung der Herstellkosten je Produkt in Abhängigkeit von artikelspezifischen Preisveränderungen der Material-Inputs. So entwickeln sich die Stahlpreise beispielsweise anders als Textil- oder Kunststoffpreise. Es kann geplant werden, die Herstellkosten zu senken durch die Beschaffung einer Baugruppe in einem Niedriglohnland.
- Eine Veränderung der eigengefertigten Produktanteile kann eine Neuplanung von Gemeinkosten durch Verlagerung von Funktionen aus der Entwicklung in den Einkauf oder umgekehrt erforderlich machen.
- Durch Preissenkung oder Anhebung kann das Mengengerüst des Absatzes und die Struktur der Deckungsbeiträge wesentlich verändert werden.

Mit Hilfe einer Unternehmenssimulation sollen die Auswirkungen der Einflussfaktoren verdeutlicht werden. Die Unternehmenssimulation soll eine Variantenrechnung zur Findung der optimalen Alternative und zur Unterstützung des strategischen Entscheidungsprozesses ermöglichen. Das gilt gleichermaßen für langfristige (strategische) und kurzfristige (operative) Planung, wenn man von Unterschieden im Grad der Aggregierung absieht. Im Folgenden kann deshalb auf eine Unterscheidung zwischen strategischer und operativer Planung verzichtet werden.

11.6.2 Vorgehensweise

Der Abstimmungsprozess von strategischer und operativer Planung wird mithilfe eines Planungskalenders systematisch geordnet.[5] Den Ablauf des Planungsprozesses zeigen das folgende Schema einer operativen Planung vom *ZVEI*[6] und unsere Pkte. 9.4.1, 10.1.3 und 10.1.4.

---

[5] Vgl. Pkt. 10.1.3 (3)
[6] Entnommen aus *ZVEI*, Leitfaden für die Unternehmensplanung, Frankfurt/Main, S. 80

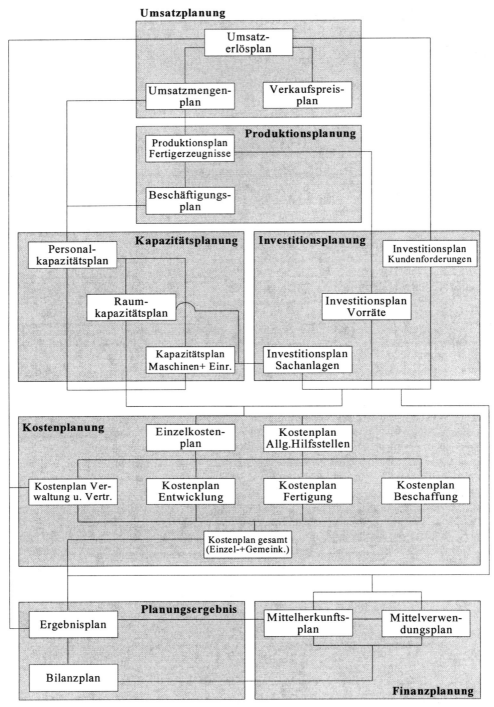

Operative Planung (ZVEI)

ERP-gestützte Unternehmenssimulation 617

In diesem Planungsprozess werden Daten aus dem ERP-System/DataWarehouse für folgende Teilpläne benötigt:
- Umsatzerlös- und Umsatzmengenplan
- Produktionsplan Fertigerzeugnisse
- Beschäftigungsplan (Fertigungslöhner)
- Investitionsplan Vorräte
- Kapazitätsplan Maschinen und Einrichtungen
- Einzelkostenplan.

Die Unternehmenssimulation benötigt neben ERP-Daten außerdem Daten aus dem Rechnungswesen, sowie Planwerte (für Soll/Ist-Vergleich) und Vorjahreswerte (für Vorjahres/Ist-Vergleich).

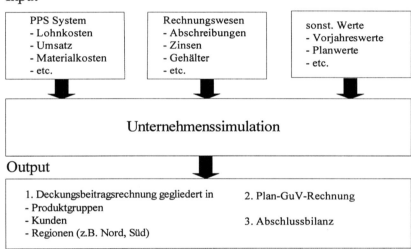

Input und Output der Unternehmenssimulation

11.6.3 Inhalte der Unternehmenssimulation

Es bietet sich an, die Unternehmenssimulation mit Hilfe einer Tabellenkalkulation zu realisieren. Darin werden durch Änderung eines Wertes automatisch auch jene Werte verändert, die sich aus dem veränderten Wert errechnen.

Der Planer kann sich zunächst darauf beschränken, gemäß obigem ZVEI-Schema Betriebsergebnisse zu simulieren, indem er alternative Umsatzpläne mit den entsprechenden Kostenplänen durchrechnet. Auf diese Weise wird die Prüfung alternativer und die Auffindung zufriedenstellender Betriebsergebnisse ermöglicht.

Die Fallstudie einer vollständigen 3-Jahresplanung präsentieren wir unter Pkt. 10.1.4.
Eine Excelversion dieser Fallstudie ist für Simulationstraining verfügbar unter oliver.ahnfeld@planco.org.

12 Funktionen einer integrierten Datenverarbeitung

Praxisbeispiel mit abas Business Software (ERP, PPS, WWS, eBusiness)

12.1 Merkmale der abas Business Software

Abas Business Software bietet einen hohen Funktionsumfang, ist in mehr als 20 Sprachen weltweit durch mehr als 40 Partner vertreten, abas verknüpft folgende unternehmensweite IT-Systeme:
- Anbindung an Microsoft-Produkte (z.B. MS Office und MS Access)
- Anbindung an OpenOffice-Produkte (z.B. OpenOffice.org calc)
- CAD- und CAQ-Integration
- Customer-Relationship-Management (CRM)
- Data-Warehouse, Data-Mining, Olap-Datenbanken
- Electronic Data Interchange (EDI)
- Engineering Data Management (EDM)
- Firewall-Lösungen
- Formular- und Reportgeneratoren
- Integration von Fax-, E-Mail- und Internet-Lösungen
- Knowledge Management
- Management-Informations-Systeme (MIS)
- Mobile abas-Funkterminals (Barcode-Scanner-Technik)
- Mobile Auftragserfassung
- Personalzeit-, Maschinendaten- und Betriebsdatenerfassung (PZE, MDE, BDE)
- Projektmanagement-Systeme
- Vertriebs-Informations-Systeme
- und vieles mehr ...

Die Liste der mittelständischen Kunden der abas Aktiengesellschaft ist lang. In der ERP Studie des Konradin-Verlages belegt die abas Business Software als einzige der 15 untersuchten Systeme in allen abgefragten Kriterien einen Spitzenplatz und liegt 2004 zum zweiten Mal in der Gesamtwertung auf Platz 1. Deshalb stellen wir hier ihren Funktionsumfang vor.

abas-Business-Software in Fertigungsunternehmen

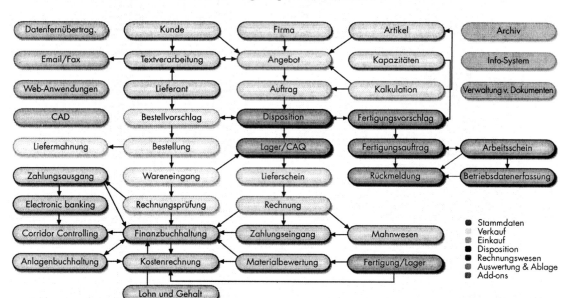

u.a. Anfragen, Bestellvorschläge, Bestellungen, Rahmenaufträge, Wareneingang, Rechnungsprüfung, Preisfindung ...

Einkauf
Der Einkauf in abas-ERP bietet eine durchgängige Vorgangsbearbeitung von der Anfrage über Bestellvorschläge und Bestellungen sowie die Erfassung von Wareneingängen bis hin zur Rechnungsprüfung. Das Bestellwesen ist zentrale Komponente des Einkaufs. In der Disposition werden beim Unterschreiten von Mindestbeständen Bestellvorschläge generiert, die dann in Anfragen und Bestellungen einfließen. Auch Rahmenverträge können bearbeitet werden. Das Bestellwesen ist über die Zuordnung von Kostenstellen, Kostenträgern und Kontierung für jede Bestellposition mit der Finanzbuchhaltung und der Kostenrechnung verbunden.

u.a. Angebotswesen, Auftragsverwaltung, Warenausgang, Lieferungen, Fakturierung, ...

Verkauf
In abas-ERP wird der Verkaufsvorgang von der Angebotserstellung über Auftragsverwaltung und Warenausgang bis zur Fakturierung abgebildet. Des Weiteren stehen Ihnen Zusatzfunktionen wie z.B. Angebots- und Umsatzstatistiken, Provisionsabrechnung, Archiv und mehr zur Verfügung. Mit der Verkaufsfunktion in der abas-Business-Software erhalten Sie jederzeit einen aktuellen Überblick über die Geschäftsbeziehungen mit Ihren Kunden sowie über die Umsatzentwicklung Ihrer Artikel. Durch den Einsatz von abas-ERP kann eine optimale Lieferbereitschaft bei geringem Lagerbestand erzielt werden, die Rentabilität wird verbessert. Mit dem Kundeninfosystem stehen Ihnen auch CRM-Funktionen zur Verfügung.

u.a. Lagerverwaltung, Losgrößenbildung, Gebinde- und Seriennummernverwaltung, Inventur, Materialzuordnung, Materialbewertung, Chargenverwaltung, ...

Materialwirtschaft / WWS
Zielsetzung der Materialwirtschaft ist die Sicherung der wirtschaftlichen Versorgung des Unternehmens. Um dieses Gesamtziel zu erreichen, unterstützt Sie abas-ERP bei der Optimierung von Lieferbereitschaft und Flexibilität bei gleichzeitig optimaler Kapitalbindung im Lager.

u.a. Bedarfs- und Bestandsplanung, Terminierung, ...

Disposition
Aufgabe der Disposition ist es, dafür zu sorgen, dass stets genügend Ressourcen vorhanden sind, um die Aufträge fristgerecht abwickeln zu können. Die Disposition in

Merkmale der abas Business Software

abas-ERP erzeugt Beschaffungsvorschläge für den Einkauf, prüft die Einhaltung der vorgegebenen Liefertermine und ermittelt bei Abweichung die frühestmöglichen Lieferendtermine. Daher ist die Disposition ein wichtiger Dreh- und Angelpunkt im Unternehmen.

u.a. Fertigungsvorschläge, Betriebsaufträge, Kapazitätsplanung, Rückmeldungen, editierbare Auftragsfertigungsliste, manuelle Fertigungsbuchungen, ...

Fertigung / PPS

Die Fertigungsfunktionen in abas-ERP unterstützen Sie organisatorisch bei der Herstellung Ihrer Produkte – egal, ob Massen-, Serien- und Kleinserienfertigung oder auftragsbezogene Fertigung.

u.a. Vorkalkulation, Mitlaufende Kalkulation, Nachkalkulation, ...

Kalkulation

Für die exakte Bewertung des Betriebsergebnisses bietet die abas-Business- Software eine produkt- und auftragsbezogene Kalkulation. Sowohl für Produkte als auch für Vertriebsaufträge kann die Kalkulation vorgenommen werden. Die Kalkulationsfunktionen in abas-ERP unterstützen Sie bei der genauen Terminplanung, beispielsweise bei der Festlegung von Lieferzeiten.

u.a. Kostenartenrechnung, Kostenstellenrechnung, Kostenträgerrechnung, Bewertung der Fertigungsleistung, Flexible Plankostenrechnung, Innerbetriebliche Leistungsverrechnung, ...

Materialbewertung / Kostenrechnung

Für die Materialbewegungen zwischen Einkauf, Verkauf, Lager und Fertigung wird in der abas-Business-Software neben der Mengenbuchung auch eine automatische Wertbuchung vorgenommen. Dadurch ist die Kostenrechnung mit der Materialwirtschaft verbunden und die Daten sind immer auf dem aktuellen Stand. Die Kostenrechnung bietet ferner die monatsgerechte Verbuchung der Materialkosten nach Leistungsdatum.

u.a. Konsolidierungskreise, zeitpunktbezogene Konzernstruktur, Konzerndatenhistorie, Firmenpaarkontierung, Mandantenkennung, ...

Konzernrechnungslegung

Die Konzernrechnungslegung der abas-Business-Software ermöglicht die Erstellung des Jahresabschlusses einschließlich Berichtswesen für Konzerne. Dazu werden konzerninterne und –externe Vorgänge über Konten abgegrenzt.

u.a. Kontenplan, Steuern, Buchungen, Umsatzsteuervoranmeldung, Kontenbereichsformular, Offene Posten, Zahlungsverkehr, Mahnwesen, Auswertungen, ...

Finanzbuchhaltung

Die integrierte abas-Finanzbuchhaltung deckt die komplette finanzbuchhalterische Verwaltung aller Finanzbewegungen ab. Die Finanzbuchhaltung bietet einen guten Überblick über alle Finanzbewegungen. So kann beispielsweise auf mehrere Geschäftsjahre zugegriffen werden. Durch das Führen von Verkehrszahlen aus der Vergangenheit können auf einfache Weise Monatsvergleiche durchgeführt werden, das Arbeiten mit Plan- und Sollzahlen ermöglichen Soll-/Ist-Vergleiche über einen beliebigen Zeitraum hinweg.

u.a. Anlagen, Anlagekategorien, Kalkulatorische Anlagen, Abschreibungen, Abschreibungsvorschläge, Indexreihe, Anlagenvorgang, Anlagespiegel, ...

Anlagenbuchhaltung

Mit der integrierten Anlangenbuchhaltung in abas-ERP können Sie das unternehmenseigene Anlagevermögen flexibel und branchenunabhängig auf Inventarbasis verwalten. Zur Verfügung stehen alle für einen Jahresabschluss notwendigen Auswertungen, wie z.B. der Anlagenspiegel. Die abas-Anlagenbuchhaltung ermöglicht Ihnen jederzeit einen aussagekräftigen quantitativen und qualitativen Überblick über das vorhandene Anlagevermögen.

u.a. Posten der GuV und Bilanz, Liquiditätsplanung, Risikomanagement ...

Corridor Controlling

Sie möchten auf einen Blick den Verlauf Ihres Geschäftsjahres erkennen? Das Corridor Controlling unterstützt Sie wirkungsvoll bei der betriebswirtschaftlichen Planung und Steuerung des Geschäftsjahres. Sie erkennen frühzeitig die Entwicklung der Führungszahlen und können diese steuern. Ihre Entscheidungsfindung wird einfacher und sicherer.

u.a. CRM / Kundeninfosystem, Umsatzstatistik, Verkehrszahlen, Plankarte, Zu- und Abgänge, Beschaffungsstatus, Maschinenbelegung,

Info-Systeme

Mit abas-ERP erhalten sie einen Pool vorkonfigurierter Info-Systeme für verschiedenste Auswertungen. Diese Info-Systeme können Sie, wenn nötig, anpassen und mit der Info-Systemtechnik auf einfache Art und Weise eigene unternehmensspezifische

| Kapazitätsübersicht, Kostenrechnungs-Stammdaten, Betriebsabrechnungsbogen (BAB), ... | Auswertungen schreiben, Sie bestimmen welche Daten für Ihre Unternehmensauswertungen relevant sind. |

EDI (u.a. VDA / ODETTE / EDIFACT)

u.a. Lieferabrufe, Feinabrufe, Lieferscheine, Gutschriften, Rechnungen, eingehende Bestellungen, Auftragsbestätigungen, Artikelpreisliste, Bestelländerung, ...

Mit der EDI-Funktionalität in abas-ERP (EDI = Electronic Data Interchange) werden strukturierte Geschäftsdokumente zwischen den betriebswirtschaftlichen Anwendungsprogrammen mehrerer Geschäftspartner automatisch ausgetauscht. Der Einsatz von EDI bietet Ihnen die volle Kontrolle des gesamten Waren-, Daten- und Geldflusses.

Web-Anwendungen (optional)

u.a. Browserbedienung von abas-ERP, Online- Anzeige von ERP-Daten, Produktkatalog, Web-Shop, Auftragsverfolgung, Service, Informationssystem, ...

Mit abas-ERP können Sie via Internet auf die ERP-Daten zugreifen. ERP-Daten wie beispielsweise Lagerbestand, Verfügbarkeit, Auftragsstand, Artikeldaten oder Umsatzzahlen stehen permanent online zur Verfügung. Zugriffsrechte bzw. Benutzerrechte können definiert werden. Niederlassungen, Außendienst oder Lieferanten sind so immer bestens informiert, die Transparenz im Unternehmen steigt.

Sonstige Funktionen

u.a. Stammdatenverwaltung, Betriebsdatenerfassung, Instrastat-Handelsstatistik, Sachmerkmals-/Reserve- und Selektionsleisten, benutzerdefinierbare Variablen und Schlüssel, Textverarbeitung / Freitextverwaltung, Bürokommunikation / internes Kommunikationssystem, Systemmanagement, Kommando-Logbuch, frei definierbare Datenbankbereiche für individuelle Anforderungen, ...

Verschiedene Funktionen ergänzen den Leistungsumfang von abas-ERP.

Darstellung der ERP-Daten im Web:

Der Echtmandant, in dem die Daten vorgehalten werden, liegt im Local Area Network (LAN) und synchronisiert den in der DMZ (Demilitarisierte Zone = ein Rechnernetzwerk außerhalb des Firmennetzwerkes) liegenden Schattenmandanten. Der ERP-Echtmandant ist so gegen Belastung durch Internetzugriffe geschützt. Über die Firewall können dann vielfältige Web-Anwendungen benutzerorientiert durchgeführt werden. Jeder Benutzergruppe werden genau die Funktionalitäten zur Verfügung gestellt, die diese benötigen.

Weitere Web-Anwendungen sind schnell eingerichtet:

Ob SCM, Datenaustausch mit anderen Systemen (Webservices), Artikeldownload für Händler und Lieferanten, Preisanfrage per Webservice, Portale oder CRM - Sie entscheiden über die Anwendung!

Ihre Web-Anwendungen sind sicher:

Zugriffsrechte bzw. Benutzerrechte können exakt definiert werden. Das Design der Web-Anwendungen lässt sich an bestehende Firmen-CI (CI = Corporate Identity) anpassen. Niederlassungen, Außendienst oder Lieferanten sind so immer bestens informiert, die Transparenz im Unternehmen steigt.

3-Schichten Architektur von abas-ERP

Aufgrund der schichtenförmigen Architektur integriert sich abas-ERP optimal in bestehende IT-Landschaften und die Updatefähigkeit ist gewährleistet.

12.2 Praxisbeispiel: Business Case Auftragsabwicklung Weinmann GmbH Hamburg
von *Wolfgang Reher*[1]

Im Folgenden wird die **Auftragsabwicklung eines Kundenauftrages** von der Angebotserstellung bis zum OP-Ausgleich bei Zahlungseingang vereinfacht beschrieben, wie sie bei Weinmann täglich stattfindet und nach sorgfältigem **Process Redesign und Ausschreibung** mit der **abas Business Software** realisiert wurde. Dabei wurden die Lieferzeiten durch Automatisierung der mehrstufigen Verfügbarkeitsprüfungen und eine Verknüpfung von Fertigungs- und Kommissionierungsaufträgen drastisch verkürzt und zugleich die Bestände wesentlich reduziert. Bei der Ausführung eines Auftrages ist jederzeit (z.B. über eine Monitor-Funktion) nachvollziehbar, welchen Status der Auftrag im Prozess hat und welche Kontenbewegungen in der Finanzbuchhaltung an entsprechender Stelle vollzogen werden. Der Prozess wird nach dem Pull-Prinzip, also nach in diesem Buch vorgestellten Regeln von Lean Management und Just-in-Time gesteuert. Dazu gehört z.B. auch die Umsetzung des Prinzips „Sichtbarmachung" in der Form, dass Werker in der Endmontage/Kommissionierung nur solche Aufträge in Arbeit nehmen, für die das System die vollständige Bereitstellung aller Teile meldet. Halbfabrikatebestände werden so minimiert. Der vorgestellte Fall hat auch dadurch eine gewisse allgemeine Gültigkeit, dass **die Firma Weinmann als Hersteller von Erzeugnissen der Schlafmedizin, Sauerstoffmedizin und Notfallmedizin** mit Produktion an mehreren Standorten ihren Kunden aus einem hochkomplexen, variantenreichen Produktprogramm weltweit kundenindividuelle Lösungen (Customizing) bietet und dabei einen breiten Fächer verschiedener nationaler Vorschriften zu berücksichtigen hat und dennoch diese Leistungen mit sehr kurzen Lieferzeiten erbringt.

D.h. dieses Unternehmen realisiert weitgehend optimierte Prozesse und sichert sich so - unterstützt von flexiblen DV-Lösungen - ein hohes Maß an zukunftsorientierter Wettbewerbsfähigkeit. Und wenn Sie das Unternehmen besuchen würden, hätten Sie wahrscheinlich den gleichen Eindruck wie wir, dass das erreicht wurde von einem hoch motivierten sehr professionellen Team (zu dem auch die Lieferanten und sicher viele Kunden gehören) das vieles umgesetzt hat, was wir Ihnen in diesem Buch empfehlen.

1. Angebotserstellung

Der Schwerpunktfachhändler Meier, Kd.-Nr. 42290, fragt 2 Artikel an, einen davon in zwei verschiedenen Varianten. Entsprechend der Anfrage wird im Vertrieb das Angebot Nr. 801099 erstellt über

- ❏ Pos. 1: 20x Art.-Nr. 25120 Maske Somnomask (verkaufsfähiges Fertigteil)
- ❏ Pos. 2: 8x Art.-Nr. 8240 Trageplatte Life Base III (Variante), bestehend aus
  - 1 Trageplatte   Art.-Nr.   8173
  - 1 Schutztasche   Art.-Nr. 15394
  - 1 O2-Flasche, Stahl   Art.-Nr.   1822
  - 1 Druckminderer   Art.-Nr. 30301
  - 1 Schlauchsystem   Art.-Nr. 22367
  - 1 Modul Oxygen mit <u>gerader</u> Tülle Art.-Nr. 22200
  - 1 Medumat Beatmungsgerät Art.-Nr. 22510
- ❏ Alternativ-Pos. 3: Die Alternativposition ist ebenfalls 8x eine Life Base III, allerdings mit einem Modul Oxygen mit <u>winkliger</u> Tülle (Art.-Nr. 22360). Außerdem wünscht der Kunde anstelle der O2-Flasche aus Stahl eine O2-Flasche aus Aluminium (Art.-Nr. 1821), welche nicht über die Maximalstückliste der Life Base III auswählbar ist.

Die Konfiguration des Gerätes in Position 2 und 3 soll über eine geeignete Funktionalität im System vorgenommen und der Preis automatisch unter Berücksichtigung der Alternativposition und der konfigurierten Variante ermittelt werden. Im Angebot sind nur der errechnete Endpreis je Position sowie die Bestandteile der konfigurierten Life Base III (ohne Einzelpreise) vermerkt. Das System stellt aufgrund des Beziehungswissens zwischen Kd.-Nr. und Art.-Nr. für Pos. 2 bzw. 3 einen Rabatt fest und

---

[1] *Reher, W.*, Weinmann Geräte für Medizin GmbH + Co. KG Hamburg

weist diesen im Angebot aus.

Für Position 1 gibt es mit dem Schwerpunktfachhändler einen Rahmenabrufvertrag über 250 Stück per anno sowie eine Standard-Lieferzeit von 48 Stunden. Beides wird vom System erkannt bzw. vorgeschlagen. Die Anfrage trifft auf ausreichend Lagerbestand.

Für Pos. 2 bzw. 3 gibt es ebenfalls eine Standard-Lieferzeit von 72 Stunden, diese ist jedoch ungültig, da das System eine Fehlmenge bei dem Beatmungsgerät Medumat (Art.-Nr. 22510) sowie eine Fehlmenge bei den zu dessen Herstellung nötigen Rohmaterialien feststellt (Detaillierung: siehe unten). Über eine geeignete CTP-Funktionalität werden auf Basis der hinterlegten Wiederbeschaffungs- und Durchlaufzeiten ein Liefertermin sowie eine maximal mögliche Teillieferungsmenge auf Basis der aktuell verfügbaren Bestände ermittelt. Letztere wird dem Kunden separat im Angebot mitgeteilt.

2. Anpassung und Umwandlung des Angebots in Auftrag

Der Kunde entscheidet sich nach Erhalt des Angebotes für die Alternativposition 3 und erhöht in Position 1 die Bestellmenge auf 25 Stück.

Entsprechend wird im System das Angebot 801099 in den Auftrag 42290 umgewandelt und eingelastet. Eine Auftragsbestätigung wird erstellt und per E-Mail an den Kunden Meier versendet. Intern erfolgt die Terminierung des Auftrages über Tag und Stunde.

Position 1 trifft auf ausreichend Lagerbestand, so dass ein Versandauftrag generiert und der benötigte Bestand reserviert wird. Pos. 3 trifft bei dem Beatmungsgerät Medumat (Art.-Nr. 22510) nicht auf ausreichend Lagerbestand und löst einen Fertigungsauftrag aus. Für diesen werden ebenfalls die benötigten Ressourcen (Material u. Kapazitäten) reserviert. Ein Medumat besteht aus

- 1 Gehäuse   Art.-Nr. 22623
- 1 Manometer   Art.-Nr. 22539
- 2 Potentiometer Art.-Nr. 22522
- 1 Ventil   Art.-Nr.   7519
- 1 Staubfilter   Art.-Nr.   7571
- 1 Pneumatikblock Art.-Nr. 22515

Der Fertigungsauftrag trifft auf eine Fehlmenge im Rohmaterial (Einkaufsteil Pneumatikblock Art.-Nr. 22515) und löst einen Bestellvorschlag im Einkauf aus.

Bei Einlastung des Kundenauftrags wird festgelegt, dass beide Positionen gemeinsam ausgeliefert werden, d.h., der Versandauftrag wird erst freigegeben, wenn der Fertigungsauftrag für Art.-Nr. 22510 fertig gemeldet ist. Die Standardlieferzeit für Position 1 wird mit dem neuen Liefertermin überschrieben.

3. Bestellvorschlag 100x Pneumatikblock Art.-Nr. 22515

Das System erkennt, dass für den Pneumatikblock mit Art.-Nr. 22515 ein Abrufauftrag mit dem Lieferanten besteht. Außerdem wird erkannt, dass für den Artikel bereits eine Bestellung eingeplant ist, diese aber vorgezogen werden muss, damit der Kundenwunschtermin gehalten werden kann. Hier muss automatisch ein Hinweis an den Einkäufer erfolgen. Weiterhin schlägt das System die Auslösung eines weiteren Abrufes vor, der den durch den eingelasteten Kundenauftrag gestörten Lagerausgleich zu einem späteren Zeitpunkt sicherstellt. Im Bestellvorschlag erfolgt eine automatische Bestellmengenoptimierung (100x Art.-Nr. 22515), die Versendung des Abrufes erfolgt per E-Mail. Zu einem geeigneten Zeitpunkt wird die Rahmenabrufmenge automatisch aktualisiert.

4. Wareneingang 100x Pneumatikblock Art.-Nr. 22515

Nach Erhalt der bestellten Ware (100x Art.-Nr. 22515) wird die Ware im Wareneingang vereinnahmt und die Lieferdaten nach Eingabe der Bestell-Nr. automatisch mit der Bestellung abgeglichen. Die Ware ist qualitativ und quantitativ in Ordnung und wird nach erfolgter Wareneingangskontrolle durch das Qualitätsmanagement freigegeben.

Das System erkennt an dieser Stelle, dass eine Teilmenge der Ware dem Fertigungsauftrag zugeordnet ist und schlägt die Produktion als Lagerort vor. Für die restliche Liefermenge wird ein Lagerplatz im Lager RHB vorgeschlagen.

Außerdem stellt das System fest, dass das Material zum Fertigungsauftrag nun vollständig ist und löst im Lager einen Materialbereitstellungsauftrag für die übrigen Teile aus. Entsprechend werden die restlichen Teile kommissioniert und in der Produktion physisch und buchungstechnisch bereitgestellt.

5. Fertigungsauftrag 20x Medumat Art.-Nr. 22510
Die Freigabe des Fertigungsauftrags erfolgt automatisch, nachdem das System festgestellt hat, dass das benötigte Material vollständig zur Verfügung steht. Gefertigt wird in der vom System vorgeschlagenen optimalen Losgröße von 20 Stück. (Die Detaillierung sowie der Durchlauf des Fertigungsauftrags müssen an dieser Stelle nicht abgebildet werden.)
Das System erkennt, dass 8 der 20 zu fertigenden Medumaten für den speziellen Auftrag benötigt werden und schlägt die zeitnahe Fertigmeldung einer Teilmenge von 8 Stück vor. Die Teilmenge wird nach Fertigstellung an das Qualitätsmanagement zur Endkontrolle übergeben und durch Buchung mit dem entsprechenden Status versehen.

6. QM-Endprüfung
Die Stichprobenprüfung ist ohne Beanstandung und die Ware wird zur Endmontage bzw. Einlagerung freigegeben. Auch hier stellt das System fest, dass 8 der 20 gefertigten Medumaten dem obigen Kundenauftrag zugeordnet sind und schlägt die Endmontage als Lagerplatz vor. Für die restlichen 12 Medumaten wird ein Lagerplatz im Lager für Fertigwaren und Baugruppen vorgeschlagen.

7. Kommissionierauftrag
Nach Freigabe der benötigten Teile wird im Versand automatisch der Kommissionierauftrag für beide Positionen des Kundenauftrages 034079 ausgelöst. Kommissioniert wird auftragsbezogen. Die Baugruppen der Life Base III werden nach erfolgter Kommissionierung zum Artikel 8240 Life Base III endmontiert. Diese hat dann die Seriennummer 3620, welche im integrierten Gerätebuch vermerkt und dem Kundenauftrag zugeordnet wird.

8. Versandauftrag
Nach Fertigmeldung des Kommissionierauftrages bzw. der Endmontage erfolgt die Erstellung der Versandpapiere:
- Lieferschein mit Serien-Nr. des Gerätes
- Paketaufkleber mit Leitcode
- Ladeliste für den Spediteur.

Das System erkennt, dass die O2-Flasche mit der Art.-Nr. 1821 Gefahrgut ist und macht automatisch einen positionsbezogenen Vermerk auf der Ladeliste über
- GFG-Klassifizierung „Sauerstoff verdichtet"
- GFG-Klasse 2, Ziff. 10, UN-1072
- GFG-Menge (autom. errechnet anhand Lieferscheinangaben).

Anschließend erfolgt die Fertigmeldung des Auftrages und damit die Freigabe des Rechnungsdruckes.

9. Rechnungsstellung und -verbuchung
Die Rechnung enthält die Endpreise der beiden gelieferten Positionen, aber keine Einzelpreise der Baugruppen. Die Life Base III ist nach dem Medizinprodukte-Gesetz einweisungspflichtig, d.h. der Kunde erhält bei Rechnungsstellung einen Teil des Rabattes, der Rest wird ihm nach Rücksendung eines vom Endkunden unterschriebenen Einweisungsformulares gutgeschrieben. Der Text für die Nachvergütung wird auf der Rechnung vermerkt.
Die Zahlung soll per Überweisung erfolgen. Dementsprechend wird aus dem System ein Überweisungsträger mit rabattiertem Betrag und Rechnungs- und Kundennummer generiert. Parallel erfolgen automatisch die Integration in die Finanzbuchhaltung und die Erzeugung eines OP's.
Der Kunde überweist fristgerecht unter Abzug von Skonto. Nach Zahlungseingang erfolgen über DTEIN (Diskette von Bank) anhand der Kunden- und Rechnungsnummer ein automatischer Ausgleich des OP's sowie die Verbuchung des Skontobetrages. Nach Erhalt der Einweisungsbestätigung erfolgt die automatische Freigabe einer Gutschrift über den noch ausstehenden Rabatt auf den ursprünglichen Rechnungsbetrag sowie die entsprechende Integration in die FiBu.

Funktionen einer integrierten Datenverarbeitung

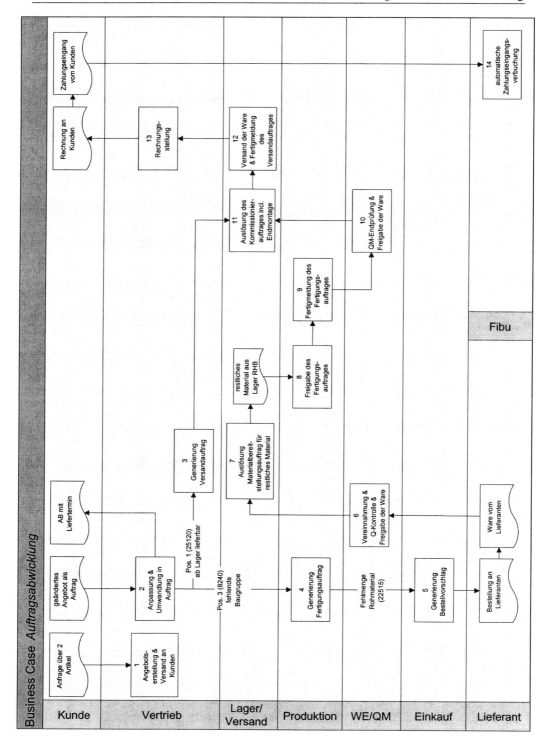

Literaturverzeichnis

Literatur zu Kapitel 1 Gegenstand und Aufgaben der Unternehmensführung

Baur, W., Sanierungen, Wege aus Unternehmenskrisen, Wiesbaden 1978
Doering, W., Schlepper, H., Rechts- und Sozialwesen, Würzburg 1976
Gutenberg, E., Grundlagen der Betriebswirtschaftslehre Bd. 1, Berlin, Göttingen, Heidelberg 1960
Manning, T., Radical Strategy, Zebra Press, South Africa 1998
Marx, S., van Rooyen, D.C., Bosch, J.K., Reynders, H.J.J., Business Management, Arcadia, Pretoria 1998
Pascale, R.T., Athos, A.G., Geheimnis und Kunst des japanischen Managements, München 1982
Schierenbeck, H., Grundzüge der Betriebswirtschaftslehre, München, Wien 1985
Torrington, D., Weightman, J., Johns, K., Management Methods, London 1985
Welsch, G.A., Budgeting, Profit-Planning and Control, Englewood Cliffs, N.J. 1957
Wiendahl, H.P., Betriebsorganisation für Ingenieure, München, Wien 1986
Wild, J., Unterentwickeltes Management by..., in: Manager Magazin 1972 Nr. 10, S. 60
Wöhe, G., Einführung in die Allgemeine Betriebswirtschaftslehre, München 1981
Ziegenbein, K., Controlling, Ludwigshafen 2002

Literatur zu Kapitel 2 Methoden zur Strategieentwicklung und –umsetzung

Abell, D., Strategic Market Planning – Problems and Analytical Approaches, ohne Ort 1979
Ansoff, H.I., Management Strategie, München 1966
Ansoff, I., Implanting Strategic Management, 1984
Barzen, D., Ahlen, P., Das PIMS-Programm - Was es wirklich wert ist, in: Harvard Manager, 1990 S. 100f.
Baum/Coenenberg/Günther, Strategisches Controlling, Stuttgart 1999
Bicheno, J., Die Excellence-Box, Praktischer Ratgeber zu TQM, LEAN und Six Sigma in Fertigung und Dienstleistung, Picsie Books, Buckingham 2002
Bicheno, J., The Quality 50, Buckingham 1994
Bleicher, K., Organisationsmodelle, in: Gabler, Wirtschaftslexikon, Wiesbaden 1979
Bruhn, M., Marketing, Wiesbaden 2001
Camp, R.C., Benchmarking, München, Wien 1994
Chrubasik, H.J., Evaluierung der Modelle zur Bestimmung strategischer Schlüsselfaktoren, in: die Betriebswirtschaft, 47. Jg. 1987 S 426 - 450
Däumler, K.D., Betriebliche Finanzwirtschaft, Herne, Berlin 1997
Däumler, K.D., Grundlagen der Investitions- und Wirtschaftlichkeitsrechnung, Herne, Berlin 2000
Dunst, K.H., Portfolio-Management, Berlin, New York 1979
Ehrmann, H., Marketing-Controlling, Ludwigshafen 1995
Ehrmann, H., Unternehmensplanung, Ludwigshafen 2002
Faßhauer, R., Die Bedeutung von Benchmarking für die Gestaltung von Geschäftsprozessen, in: Mertins/Siebert/ Kempf (Hrg.) Benchmarking, Praxis im deutschen Unternehmen, Berlin etc. 1995
Freter, H., Marktsegmentierungsmerkmale, in: Diller, H., Vahlens Gr. Marketinglexikon, München 1992
Gälweiler, A., Unternehmensplanung - Grundlagen und Praxis, New York 1974
Gilbert, X., Strebel, P., Strategies to Outpace the Competition, in: The Journal of Business Strategy, No. 1, S. 28 - 37
Hahn, D., Hungenberg, H., PuK, ...Planungs- u. Kontrollsysteme u. -rechnung, Wiesbaden 2001
Hahn, D., PuK, Wiesbaden 1994
Hammer, M., Champy, J., Business Reengineering, so erneuern Sie ihre Firma, Frankfurt, New York 1994
Hammer, M., Champy, J., Reengineering the Corporation, New York 1993
Hendersson, D.I., Die Erfahrungskurve in der Unternehmensstrategie, Frankfurt 1984
Hildebrandt, L., Strasser, H., PIMS in der Praxis in: Harvard Manager1990 Heft 4 S. 254 ff., Heft 11 S. 166 ff.
Hinterhuber, H.H., Strategische Unternehmensplanung I, Berlin, New York 1992
Höft, Lebenszykluskonzepte, Berlin 1992
Homburg, C., Modellgestützte Unternehmensplanung, Wiesbaden 1991
Horváth, P., Controlling, München 1991
Horváth, P., Das Controllingkonzept, Nördlingen 1995
Irwin, D., Make your Business grow, Take a strategic Approach (Smart Strategies), International Thomson Business Press, London, Bonn, Boston, etc., 1998
Jakobsson, G., Hillkirk, H., Xerox American Samurai, MacMillan 1986.

Kramer, F., Produktinnovation, in: Orientierung Nr. 66, Schweizerische Volksbank
Kreikebaum, H., Strategische Unternehmensplanung, Stuttgart
Lawlwer, E., The Ultimate Advantage, Jossey Bass
Mann, Praxis strategisches Controlling mit Checklisten u. Arbeitsformularen, Landsberg/Lech 1987
Meffert, H., Marketing, 8. Auflage, Wiesbaden 1998
Mertins, K., Siebert, K., Kempf, G., Benchmarking, Praxis in deutschen Unternehmen, Berlin etc. 1995
MIT-Studie „Benchmarking" zitiert bei Mertins/Siebert/Kempf, Benchmarking, Berlin etc. 1995
Oetinger (Hg.) Das Boston Consulting Group Strategic-Buch, ohne Ort 1993
Peter, L.j., Hull, R., Das Peter-Prinzip, Die Hierarchie der Unfähigen, Hamburg 1970
Porter, M., Wettbewerbsstrategie (Competitive Strategy), New York 1992 u.1997
Preisler, R., Controlling, München 1991
Pümpin, C., Management strategischer Erfolgspositionen, Bern, Stuttgart 1983
Reichmann, T., Controlling mit Kennzahlen und Mangementberichten München 1995
Robbins, H. & Finley, M., Why Change doesn't work. Why Initiatives go wrong and how to try again - and succeed, Orion Business Books, London 1997
Robbins, H. & Finley, M., Why Teams don't work. What went wrong and how to make it right., Orion Business Books, London 1997
Robey, D. & Sales C.A., Designing Organizations, Irwin, Boston, Sydney etc., 4th Edition 1994
Rogers, B., Seize the Future for your Business, Using Imagination to Power Growth, Smart Strategies, International, Thomson Business Press, London, Bonn, Boston, New York, Paris 1998
Rottenbacher, S., Lernkurventheorie Voraussetzung für erfolgreiche Preisverhandlungen Nürnberg 1980
Rummler, G., Brache, A., Improving Performance, JosseyBass 1990
Salacuse, J.W., Making Global Deals, What every Executive should know about Negotiating abroad, Times Books, New York, Toronto 1991
Schaffer, R., Earle, B., Agusti, F., International Business Law and it's Environment, West Publishing Company, New York, Los Angeles, San Francisco 1990
Scheer, A.W., Wirtschaftsinformatik, Referenzmodelle für industr. Geschäftsprozesse, Heidelberg 1994
Schlegel, H.B., Computergestützte Unternehmensplanung und -kontrolle, München 1996
Schmitt, H.-U., Effective Model Building for Strategic Planning, A Knowledge-based System for Enhanced Model and Knowledge Management, Wiesbaden 1997
Schnutenhaus, O., Allgemeine Organisationslehre, 1951
Schoppe, S.G., (Hrsg.) Kompendium d. Internationalen Betriebswirtschaftslehre, München, Wien 1997
Schröder, E.F., Modernes Unternehmens-Controlling, Ludwigshafen 1992
Servatius, H.-G., (Roland Berger & Partner) Reengineering-Programme umsetzen. Von erstarrten Strukturen zu fließenden Prozessen, Stuttgart 1994
Stalk, G., Hout, T., Competing Against Time, The Free Press 1990
Terpstra, V. & David., K., The Cultural Environment of International Business, South Western Publishing, Cincinnati, 2nd Edition 1991
Tropenars, F. & Hampden-Turner, C., Riding the Waves of Culture, Understanding Cultural Diversity in Business, Nicholas Brealey Publishing, London, 2nd Edition 1997
Vollmuth, H.J., Controlling-Instrumente von A-Z, München 1992
Walsh, C., Key Management Ratios, how to analyze, compare and controle figures that drive the company value, Management Masterclass, FT Pitman Publishing, London 1996
Weber, J., Einführung in das Controlling – Teil 1 Konz. Grundlagen, Teil 2 Instrumente, Stuttgart 1991
Wiendahl, H.-P., Betriebsorganisation für Ingenieure, München Wien 1986
Womack, J.P. & Jones, D.T. Lean Thinking, Banish Waste and create Wealth in your Corporation, Simon & Schuster, New York 1996
Ziegenbein, K., Controlling, Ludwigshafen 2002

Literatur zu Kapitel 3 Marketing

Aaker, D.A., Kumar, V., Day, G.S., Marketing Research, New York, Toronto, Singapore 1995
Avé-Lallemant, W., Packungsgestaltung, in: Marketing, Hrsg. Geisbüsch, H.-G., Weeser-Krell, L.M., Geml, R., Landsberg 1987, S. 447 - 456
Backhaus, K., et al. Multivariate Analysemethoden, anwendungsorientierte Einführung Berlin 2003
Backhaus, K., Investitionsgütermarketing, 5. Auflage, München 1997
Bänsch, A., Einführung in die Marketing-Lehre, München 1982
Bieberstein, I., Dienstleistungsmarketing, Ludwigshafen 1995
Bleymüller, Gehlert, Gülicher, Statistik für Wirtschaftswissenschaftler, 13.Auflage, München 2000
Böcker, F., Die Bestimmung der Kaufverbundenheit von Produkten, Berlin 1978

Bortz, J., Statistik für Sozialwissenschaftler, 3. Auflage, Berlin, Heidelberg, New York, Tokyo 1989
Ceyp, M., Gall, H., Database-Marketing und Data-Processing für Kundenzeitschriften – ein entscheidungsorientierter Ansatz, Hamburg 1998
Ceyp, M., Erfolgsfaktoren und Trends im Database Marketing, in: Handbuch Direktmarketing (Hrsg. Heinz Dallmer), 8. Auflage, Wiesbaden 2002, S. 867 – 880
Ceyp, M., Potenziale des Web Mining im E-CRM für das Dialog Marketing, in: eCRM- mit Informationstechnologien Kundenpotenziale nutzen (Hrsg. Schögel/Schmidt), Düsseldorf 2002, Ceyp, M., Vertriebsweg E-Mail-Newsletter - Benchmarks und Beispiele verkaufsorientierter E-Mail Newsletter deutscher Unternehmen, Waghäusel 2003
Clarke, H., Secrets of successful Selling, Struik business Library, Johannesburg 1995
Deutscher Direktmarketing Verband (DDV), eMail-Marketing Best Practice Guide Nr.4, Wiesbaden 2002
Ebert, H.J., Die neue Generation der Key-Account-Manager, Bamberg 1993
Godefroid, P., Investitionsgüter-Marketing, Ludwigshafen 1995
Hamel, G., Prhalad, C.K., Competing for the Future, Boston, Massachusetts 1994
Heinzelbecker, K., Marketing-Informationssysteme, Stuttgart 1985
Hill, W., Rieser, I., Marketing-Management, UTB, Bern und Stuttgart 1990
Irrgang, W., Strategien im vertikalen Marketing, München 1989
Jahrmann, F.-U., Außenhandel, 8. Aufl., Ludwigshafen 1995
Kaplan, R., The Balanced Scorecard, in: Harvard Business Review 1-2/1990
Kotler, P., Armstrong, G., Marketing An Introduction, New Jersey 1997
Kotler, P., Principles of Marketing – European Edition, Prentice Hall 1996
Kramer, F., Produktinnovation, in: Die Orientierung, Nr. 66, Schweizerische Volksbank 1987
Kruse, J.P., Produktivität um 400 Prozent steigern, in: Call Center Profi 5/98, S. 10 – 13
Kühn, R., Fankhauser, K., Marktforschung - Arbeitsbuch Marketing-Management; Haupt, 1996
Laakmann, K., Value-Added Marketing als Profilierungsinstrument im Wettbewerb, Frankfurt/Main 1995
Lamont, D., Marketing International, Zehn Erfolgsstrategien, Frankfurt, New York 1991
Lusti, M., Data Warehousing und Data Mining, Berlin 1999
Lux, H., Softwarelösungen für das E-Mail-Center, in: E-Mail-Management, Wiesbaden 2000, S. 187 - 197
Magyar, K.M., Das Marketing-Puzzle, Landsberg/Lech 1991
Meffert, H., Bruhn, M., Dienstleistungsmarketing, Wiesbaden 1998
Meffert, H., Marketing, 8. Auflage, Wiesbaden 1998
Mülder, W., Weis, H.C., Computerintegriertes Marketing, Ludwigshafen 1995
Nieschlag, H., Dichtl, E., Hörschgen, H., Marketing, 15. Aufl., Berlin 1988
Rowley, J., Strategic Management Information Systems and Techniques, Manchester 1992
Stern, M.E., Marketing Planung, Eine System-Analyse, Berlin 1969
Terveen, L. / Hill, W., Beyond Recommender Systems: Helping People Help Each Other, in: Carroll J., usw. : HCI In The New Millennium, Addison-Wesley, 2001
Weis, H.C., Marketing, 9. Aufl., Ludwigshafen 1995
Weis, H.C., Marktforschung, 2. Aufl. Ludwigshafen 1995

Literatur zu Kapitel 4 Materialwirtschaft

Becker, J., Rosemann, M., Design for Logistics - Gestaltungsempfehlungen für eine logistikgerechte Konstruktion, in: CIM MANAGEMENT, München, Heft 2/1994, S. 10 - 15
Blohm, H., Beer, T., Seidenberg, U., Silber, H., Produktionswirtschaft, Herne, Berlin 1987
Bornemann, H., Bestände-Controlling, Wiesbaden 1986
Hansmann, K.-W., Kurzlehrbuch Prognoseverfahren, Wiesbaden o.J.
Hartmann, H., Materialwirtschaft, Organisation, Planung, Durchführung, Kontrolle, Gernsbach 1983
Kruse-Heun, Allgemeine Betriebswirtschaftslehre, kurzgefasst, Wiesbaden 1980
Kuglin, F.A., Customer Centered Supply Chain Management, A Link-by-Link Guide, American Management Association, New York, Boston, Brussels, etc. 1998
Lunn, T., Neff, S.A., MRP, Integration Material Requirements Planning and Modern Business, R.D. Irwin, New York 1992
Oeldorf, G., Olfert, K., Materialwirtschaft, 7. Aufl., Ludwigshafen 1995
REFA IE-Offensive „Logistik und Produktivität", Deutsches IE-Jahrbuch 1991, Darmstadt 1991
REFA Methodenlehre der Planung und Steuerung, Bd. 2, München 1985, 4. Aufl.
Saunders, M., Strategic Purchasing & Supply Chain Management, The Chartered Institute of Purchasing & Supply, Pitman Publishing, London, Hong Kong, Johannesburg, Washington 1997
Specht, O., Wolter, B., Produktionslogistik mit PPS-Systemen, Informationsmanagement in der Fabrik der Zukunft, Ludwigshafen 1997

Weber, J., Logistik-Controlling, Stuttgart 1992
Weber, J., Logistikkostenrechnung, Berlin, Heidelberg, New York etc. 1987
Wildemann, H., Entwicklungstendenzen von Logistikkonzepten in modularen Fabrikstrukturen, in: CIM Management, München, Heft 3/1995

Literatur zu Kapitel 5 Produktionswirtschaft

Asher, M., Managing Quality in the Service Sector, Kogan Page, London 1996
Bechte, W., Produktionsplanung unter veränderten Fertigungs- und Marktbedingungen, IBM-Seminar
Bicheno, J. & Brian, B.R.E., Operations Management, Blackwell Business, Oxford 1997
Bicheno, J., Cause and Effect JIT, A Pocket Guide, PICSIE Books, Buckingham 1991
Bicheno, J., The Lean Toolbox, PICSIE Books Buckingham 1998
Bicheno, J., The Quality 50, A Guide to Gurus, Tools, Wastes, Techniques and Systems, Production and Inventory Control, Systems, and Industrial Engineering, PICSIE Books, Buckingham 1991
Bicheno, J., The Quality 60, A Guide for Service and Manufacturing, PICSIE Books, Buckingham 1998
Blohm, H., Beer, T., Seidenberg, U., Silber, H., Produktionswirtschaft, Herne, Berlin 1987
Erdlenburg, B., Belastungsorientierte Auftragsfreigabe, Seminar: Fertigungssteuerung, Hannover
Falkenhausen, H.V., Prinzipien und Rechenverfahren der Netzplantechnik, Kiel o.J.
Feigenbaum, A.V., Total Quality Control, Mc Graw Hill
Feldmann, C., Ein unternehmensübergreifendes Datenschema - Voraussetzung für das Simultaneous Engineering, in: CIM Management, München, Heft 1/1994, S. 52 – 56
Fussler, C., The 6 Dimensions of Eco-Efficiency, in: Tomorrow, Global Environment Busines Stockholm
Gerken, W., Grundlagen systematischer Programmentwicklung, Mannheim 1989
Goutier, U., FMEA – ein Baustein innerhalb CAQ, in: Bläsing, H., 8. Qualitätsleiterforum, München
Gutenberg, E., Grundlagen der Betriebswirtschaftslehre, Bd. 1, Die Produktion, Berlin, Göttingen, Heidelberg 1960
Hahn, R., Produktionsplanung bei Linienfertigung, Berlin, New York 1972
Hahn/Laßmann, Produktionswirtschaft, Controlling industrieller Prozesse, Bd. 1, Heidelberg, Wien 1986
Hammer, M. & Champy, J., Reengineering the Corporation, A Manifesto for Business Revolution, New York 1993
Ishikawa, K., What is Total Quality Control? Englewood, N.J.
Jäger, F., Klein, A., Kuntze, W., Betriebliche Fertigungswirtschaft, Stuttgart 1982
Juran, J., M., Der Neue Juran, Qualität von Anfang an, Landsberg/Lech 1993
Kirstein, H., Deming in Deutschland? Ohne Ort und Jahr
Kißler, L. (Hrsg.), Toyotismus in Europa, Schlanke Produktion und Gruppenarbeit in der deutschen und französischen Automobilindustrie, Campus, Frankfurt, New York 1996
Klein, B., Schwachstellen in Konstruktion und Planung systematisch analysieren, in: QZ 12/1992 München
Krycha, K.-T., Methoden der Ablaufplanung, Zürich o.J.
Melnyk, St.A., & Denzler, D.R., Operations Management, A Value-Driven Approach, Irwin, etc. 1996
Müller-Merbach, H., Operations Research, Berlin, Heidelberg, New York, o.J.
Neave, H.R., The Deming Dimension, Knoxville/Tennessee
Oess, A., Total Quality Management, 2. Aufl. Wiesbaden 1991
Pitra, L., Entwicklung und Erprobung eines Instrumentariums zur Auswahl von rechnergestützten Systemen zur Grobplanung der Produktion, Dissertation an der RWTH Aachen o.J.
Randolf, W.A. & Posner, B.Z., Effective Project Planning & Management, Getting the Job done, Prentice Hall London, Sidney, Toronto etc. 1988
REFA Methodenlehre der Planung und Steuerung, Bände 1 bis 5, München 1985
REFA Methodenlehre des Arbeitsstudiums (MLA), München 1976
Roschmann, K., u.a. Betriebsdatenerfassung in Industrieunternehmen, AWW, Eschborn, München
Scheer, A.-W., CIM Organisation und Implementierung, in: Harvard Manager, I Quartal 1987, S. 84 ff.
Schonberger R.J. & Knod, E., Operations Management, customer-focussed Principles, Boston etc 1997
Schwinning, J.O.R., die Neuen ISO 9000 Normen zur Zertifizierung von Qualitätsmanagementsystemen, Unternehmensberatung Qualität und Sicherheit, Jesteburg 2002
Sommer, E., Industrie-Automation, in: atp
Specht, G., TQM: Anspruch und Wirklichkeit, in: Vakuum in der Praxis, 1994, Nr. 3, Weinheim
Specht, O., Wolter, B., Produktionslogistik mit PPS-Systemen, Informationsmanagement in der Fabrik der Zukunft, Ludwigshafen, 2. Aufl. 1997
Steinbuch, P., A., Olfert, K., Fertigungswirtschaft, 6. Aufl., Ludwigshafen 1995
VDA Produktaudit bei Automobilherstellern und Zulieferern, Frankfurt/M

VDA, Verband der Automobilindustrie e.V., Sicherung der Qualität vor Serieneinsatz, Frankfurt
VDI-Gemeinschaftsausschuss: Wertanalyse, Idee, Methode, System, VDI-Taschenbuch, Düsseldorf 1975
Virnich, M. Betriebsdatenerfassung, in: VDI-Z., Bd. 129, Nr. 1
Warnecke, H.-J., Der Produktionsbetrieb, Berlin 1984
Wiendahl, H.-P., Belastungsorientierte Fertigungssteuerung; Hanser Verlag; 1987
Wiendahl, H.-P., Betriebsorganisation für Ingenieure, München, Wien 1986
Womack J.P., Jones, D.T., Lean Thinking, Banish Waste and Create Wealth in your Corporation, New York 1993
Womack, J.P., Jones, D.T., Roos, D., Die Zweite Revolution in der Autoindustrie, Konsequenzen der weltweiten Studie des Massachusetts Institute of Technology, Heyne, Campus München 1997

Literatur zu Kapitel 6 Personalwirtschaft
Ackermann, K.-F., Balanced Scorecard für Personalmanagement u. Personalführung, Wiesbaden 2000
Bertelsmann, G., Personalplanung und Führungsnachwuchs, Bielefeld o.J.
Blanchard, K., Carlos, J.P., Randolph, A., Management durch Empowerment, Reinbek 1998
Böhrs, H., Leistungslohngestaltung mit Arbeitsbewertung, persönliche Bewertung, Akkordlohn, Prämienlohn, ohne Ort 1980
Bullinger, H.-J., Personalentwicklung und –qualifikation, Heidelberg, New York, London 1992
Doering, W., Schlepper, H., Rechts- und Sozialwesen, Eine Einführung für Schule, Selbststudium und Beruf, Würzburg 1976
Freund, F., Knoblauch, R., Racké, G., Praxisorientierte Personalwirtschaftslehre, Stuttgart etc. 1981
Friedrichs, H., Moderne Personalführung, München 1997
Friedrichs, H., Personalpraxis, Oberursel, /Ts. 1973
Gaul, D., Der Arbeitsvertrag mit Führungskräften, Ein Leitfaden für die Personalpraxis, München 1973
Kador, F.J., Pornschlegel, F., Handlungsanleitung zur betrieblichen Personalplanung, Frankfurt/M. 1977
Meyer, W., Arbeitsanalyse und Lohngestaltung, ohne Ort 1983
Olfert, K,. Philipps, K., Personalentwicklung, Ludwigshafen 1996
Olfert, K., Personalbeschaffung, Ludwigshafen 1996
Olfert, K., Rahn, J., Personalführung, Ludwigshafen 1996
Olfert, K., Steinbuch, P.A., Personalwirtschaft, 6. Aufl., Ludwigshafen 1995
Rohmert, W., Landau, K., Das Arbeitswissenschaftliche Erhebungsverfahren zur Tätigkeitsanalyse (AET), Bern, Stuttgart, Wien 1979
Scherm, E., Süß, S., Personalmanagement, München 2003
Schmalen, H., Grundlagen und Probleme der Betriebswirtschaft, 8. Aufl., Köln 1992
Secker, H., Die Planung der Besetzung von Führungspositionen in der Unternehmung, Winterthur 1972
Wöhe, G., Einführung in die Allgemeine Betriebswirtschaftslehre, München 1981
Zander, E., Lohn- und Gehaltsfestsetzung in Klein- und Mittelbetrieben, Heidelberg ohne Jahr

Literatur zu Kapitel 7 Finanzwirtschaft und Investition
Beschorner, D., ABWL kurzgefasst, München 1978
Blohm, H., Gewinnplanung, in: Agthe u. Schnaufer, Unternehmensplanung, Baden-Baden 1963
Blohm, H., Lüder, K., Investition, Schwachstellen im Investitionsbereich des Industriebetriebes und Wege zu ihrer Beseitigung, München 1978
Brandt, H., Investitionspolitik des Industriebetriebes, Wiesbaden 1959
Chmielewicz, K., Betriebliche Finanzwirtschaft I Berlin, New York 1967
Chmielewicz, K., Betriebliches Rechnungswesen 1, Finanzrechnung und Bilanz, Reinbek 1973
Dornieden, U., May, F.-W., Unternehmensfinanzierung 1, Finanzierungsvorgänge und Finanzierungsinstrumente, Wiesbaden o.J.
Dornieden, U., May, F.-W., Unternehmensfinanzierung 2, Finanzierungspolitik, Finanzplanung und Finanzkontrolle, Wiesbaden o.J.
Füser, K., Heidusch, M., Rating - einfach und schnell zur erstklassigen Positionierung..., München 2002
Gehrke, Nitsche, Specht, Informationssysteme im Rechnungswesen und der Finanzwirtschaft, Informationsprozesse des Finanzmanagements, Ludwigshafen 1997
Hauschildt, Sachs, Witte, Finanzplanung und Finanzkontrolle, Hagener Uni-texte, München 1981
Koch, H., Betriebliche Planung, Grundlagen und Grundfragen der Unternehmenspolitik, in: Die Wirtschaftswissenschaften, Wiesbaden 1961
Korndörfer, W., Allgemeine Betriebswirtschaftslehre, Wiesbaden 1985
Krabbe, E., Hersg. Leitfaden zum Grundstudium der Betriebswirtschaftslehre, Gernsbach 1985

Krallmann, B., Scholz, B., Rechnergestützte Auswahl von Großrechnern der IBM-Welt, München 1985
Lesourne, J., Unternehmensführung und Unternehmensforschung, München, Wien 1964
Liebig, P.J., Revolvierende Finanzplanung mit dem Computer, Blick durch die Wirtschaft 1983
Lücke, W., Finanzplanung und Finanzkontrolle i.d. Industrie, Wiesbaden 1972
Lutz, F., Lutz, V., The Theory of Investment of the Firm, Princeton 1951
Meier, R.E., Planung, Kontrolle und Organisation des Investitionsentscheides, Bern, Stuttgart 1970
Olfert, K., Finanzierung, 8. Aufl., Ludwigshafen 1994
Olfert, K., Investition, 6. Aufl., Ludwigshafen 1995
Pack, L., Betriebliche Investition, Wiesbaden 1959
Schierenbeck, H., Grundzüge der Betriebswirtschaftslehre, München, Wien 1985
Schneider, E., Wirtschaftlichkeitsrechnung, Tübingen 1957
Vormbaum, H., Finanzierung der Betrieb, Wiesbaden 1977
ZVEI-Schriftenreihe, Leitfaden für die Beurteilung von Investitionen, Frankfurt/M. 1971

Literatur zu Kapitel 8 Industrielles Rechnungswesen

Andres, K., Droll, B., Köhl, H., Zoller, W., Grundlagen des Rechnungswesens, Wuppertal 1987, S. 39
Balzer, K., Technik des betrieblichen Rechnungswesens 1, Buchhaltung, Wiesbaden o.J.
Berkau, C., und Sheer, A.-W., Wissensbasierte Prozesskostenrechnung - Baustein für das Lean Controlling, in: Kostenrechnungspraxis, Heft 2/1993, S. 111 - 119
Beschorner, D., ABWL kurzgefasst, Allgemeine Betriebswirtschaftslehre in komprimierter Form, München 1978
Coenenburg, A.G., Kostenrechnung und Kostenanalyse, Landsberg/Lech, 1992
Cooper, R., Activity-Based-Costing - Was ist ein Activity-Based Cost-System?, in: Kostenrechnungspraxis, Heft 4/1990, S. 210 - 220
Franz, K.-P., Die Prozesskostenrechnung - Darstellung und Vergleich mit der Plankostenrechnung und Deckungsbeitragsrechnung, in: Ahlert, D., Franz, K.-P., Cöppel, H., Finanz- und Rechnungswesen als Führungsinstrument, Wiesbaden 1990, S. 109 - 136
Gehrke, N., Nitsche, M., Specht, O., Informationssysteme im Rechnungswesen und der Finanzwirtschaft, Informationsprozesse des Finanzmanagements, Ludwigshafen 1997
Hahn, H., Werner, C., (Hahn-Lenz-Tunnissen-Werner), Buchführung und Kostenrechnung der Industriebetriebe IKR, Bad Homburg vor der Höhe 1984
Holmes, G. & Sudgen, A., Interpreting Company Reports and Accounts, Prentice Hall, Woodhead-Faulkner, London, New York etc. 5th Edition 1996
Horngreen, C.T., Sunden, G.L., Stratton W.O., Introduction to Management Accounting, Prentice Hall, London, Toronto etc., 10th Edition 1996
Horvath, P., Revolution im Rechnungswesen: Strategisches Kosten-Management, in: P. Horvath, Hrsg. Strategieunterstützung durch das Controlling, Wiesbaden 1990
Hummel, S., Männel, W., Kostenrechnung 1, Grundlagen, Aufbau und Anwendung, Wiesbaden 1986
Hummel, S., Männel, W., Kostenrechnung 2, Moderne Verfahren und Systeme, Wiesbaden 1983
Kruse-Heun, Betriebswirtschaftslehre, Kurzausgabe, Darmstadt 1980
Olfert, K., Kostenrechnung, Ludwigshafen 1991
Reid, W., & Myddelton, D.R., The Meaning of Company Accounts, Gower, Hants, England, Aldershot USA, 6th Edition 1996
Schierenbeck, H., Grundzüge der Betriebswirtschaftslehre, München, Wien 1985
Seidenschwarz, W., Target Costing und Prozesskostenrechnung, in: IFUA Horvath & Partner, Hrsg., Prozesskostenmanagement, München 1991, S. 47 - 70
Torspecken, H.-D., Technik des betrieblichen Rechnungswesens 2, Kostenrechnung, Wiesbaden o.J.
Wilkens, K., Kosten- und Leistungsrechnung, Lern- und Arbeitsbuch, München, Wien 1985
Wöhe, G., Einführung in die Allgemeine Betriebswirtschaftslehre, München 1981
Zimmermann, W., Betriebliches Rechnungswesen, Aufwands- und Ertragsrechnung, Kosten- und Leistungsrechnung, Wirtschaftlichkeits- und Investitionsrechnung, Braunschweig 1978

Literatur zu Kapitel 9 Controlling Grundlagen

Berens, W., Born., A., Hoffjan, A. (Hrsg.), Controlling international tätiger unternehmen, Stuttgart 2000
Deyhle, A., Controller-Praxis I, Unternehmensplanung u. Controllerfunktion, Wörthsee-Etterschlag 1996
Deyhle, A., Controller-Praxis II, Soll-Ist-Vergleich u. Führungsstil, Wörthsee-Etterschlag 1996
Hahn, D., Hungenberg, H. PuK, ...Planungs- u. Kontrollsysteme... und.... -rechnung, Wiesbaden 2001
Horvath, P. & Ptn., Das Controlling-Konzept, Weg zu e. wirkungsvollen Controlling-System, München 1995
Horvath, P., Controlling, München 1991 und 2002

Peemöller, V.H., Controlling: Grundlagen und Einsatzgebiete, Herne, Berlin 2002
Remmel, M., Leitbild, Anforderung....Einordnung des Controllers, in: 22. Congress der Controller 1997
Schlegel, H.B., Computergestützte Unternehmensplanung und -kontrolle, München 1996
Schröder, E.F., Modernes Unternehmens-Controlling, Handbuch für die Praxis, Ludwigshafen 1992
Weber, J., Einführung in das Controlling – Teil 1 Konzeptionelle Grundlagen, Stuttgart 1991
Ziegenbein, K., Controlling, Ludwigshafen 2002

Literatur zu Kapitel 10 Operatives Controlling

Arnold/Botta/Hoefner/Pech, Rechnungswesen und Controlling, Herne, Berlin 1998
Cervellini, U., Marktorientiertes Gemeinkostenmanagement mit Hilfe der Prozesskostenrechnung, in: Horvath, P. (Hrsg.) Controlling 1994 Heft 2
Däumler, K.D., Grabe, J., Kostenrechnung 2 - Deckungsbeitragsrechnung, Herne, Berlin 2002
Däumler, K.D., Grabe, J., Kostenrechnung 3 - Plankostenrechnung, Herne-Berlin 1998
Deyhle, A., Controller-Praxis I, Unternehmensplanung u. Controllerfunktion, Wörthsee-Etterschlag 1996
Deyhle, A., Controller-Praxis II, Soll-Ist-Vergleich u. Führungsstil, Wörthsee-Etterschlag 1996
Haberstock, L., Kostenrechnung II – (Grenz)Plankostenrechnung, Wiesbaden 1986
Hahn, D., Hungenberg, H., PuK, ...Planungs- u. Kontrollsysteme...und... -rechnung, Wiesbaden 2001
Horvath, P. & Ptn., Das Controlling-Konzept, Weg zu e. wirkungsvollen Controlling-System, München 1995
Horvath, P. Mayer, R., Prozesskostenrechnung - Konzeption und Entwicklungen, in: Krp, Sonderheft 2 1993, S. 15-28
Horvath, P., Controlling, München 1991 und 2002
Horvath, P., Mayer, R., Prozesskostenrechnung, der neue Weg zu mehr Kostentransparenz und wirkungsvollen Unternehmensstrategien, in: Controlling 1989 Heft 4 S. 214 - 219.
IFUA Horvath & Partner, Prozesskostenmanagement, München 1991
Kieninger, M., Sommerfeld, H., Prozesskostenmanagement mit dem PC in: Controlling 1992, Heft 1
Kilger, W., Flexible Plankostenrechnung und Deckungsbeitragsrechnung, Wiesbaden 1993
Mayer, R., Prozesskostenrechnung und Prozesskostenmanagement, Konzept, Vorgehensweise und Einsatzmöglichkeiten in: IFUA Horvath & Partner, Prozesskostenmanagement, München 1991
Müller, A., Gemeinkostenmanagement, Vorteile der Prozesskostenrechnung, Wiesbaden 1992
Ohlshagen, C., Prozesskostenrechnung, Aufbau und Einsatz, Wiesbaden 1991
Olfert, K., Kostenrechnung, Ludwigshafen 2001
Peemöller, V.H., Controlling, Grundlagen und Einsatzgebiete, Herne, Berlin 2002
Reckenfelderbäumer, M., Entwicklungsstand + Perspektiven d. Prozesskostenrechnung, Wiesbaden 1998
Remer, D., Einführen der Prozesskostenrechnung, Grundlagen, Methodik...Anwendung, Stuttgart 1997
Renner, A., Kostenorientierte Prozesssteuerung, Anwendung der Prozesskostenrechnung in eine Datenbankgestützten Modell für flexibel automatisierte Produktionssysteme, München 1991
Schlegel, H.B., Computergestützte Unternehmensplanung und -kontrolle, München 1996
Schröder, E.F., Modernes Unternehmens-Controlling, Handbuch für die Praxis, Ludwigshafen 1992
Ziegenbein, K., Controlling, Ludwigshafen 2002

Literatur zu Kapitel 11 + 12 Bereichs-Controlling + Praxisbeispiel IDV

Mertens, P., Griese, J., Integrierte Informationsverarbeitung 2, Planungs- und Kontrollsysteme in der Industrie, Wiesbaden 2002
Mertens, P., Integrierte Informationsverarbeitung 1, Administrations- und Dispositionssysteme in der Industrie. Wiesbaden 2000
Stahlknecht, P., Hasenkamp, U., Einführung in die Wirtschaftsinformatik, Berlin, Heidelberg etc. 1997
Zanger, C., Schöne, K., IV-Controlling - Status quo und Entwicklungstendenzen in der Praxis, Ergebnisse einer empirischen Untersuchung, in IM, München, Heft 1/1994, S. 62 - 69
Weiterführende Literatur zu diesen Themen finden Sie an folgenden Stellen:
am Ende von Pkt. 9.4.4 Managementsystem mit Data Warehouse und
am Ende von Pkt.10.5.2 Partizipatives-Produktivitäts-Managementsystem (PPM)

Übungsteil zu diesem Buch
Specht/Schweer/Ceyp
Übungen zur Unternehmensführung mit Lösungen
veröffentlicht bei BoD unter ISBN 3-8334-2806-6

Sachregister

A
ABC-Analyse 193f.
Abgrenzungsrechnung 466
Ablauforganisation 71, 76ff.
Absatz 181
- ermittlung 110
- menge 62, 168
- mittler 129
- plan 111
- Preis-Absatz-Funktion 164
- prognose 106, 108

Abschreibung 416f., 454ff., 471
Abweichungs-analyse 546ff.
- Beschäftigungs- 573
- darstellung 546
- Gesamt- 572
- Preis- 573
- toleranzgrenzen 548
- ursachen 547
- Verbrauchs- 573

Abzinsung 417ff.
Abzugskapital 19, 471
Aktiengesellschaft 13f.
Aktionsplanung 525
Allokationseffekt 579
Amortisationsrechnung 412f.
Andler'sche Formel 202
Angebot 164, 172ff.
Anlagevermögen 19, 439ff.
Annuitätenmethode 412
Ansoff-Matrix 43
AQL-Wert 321ff.
Arbeitablaufananalyse
- Business Process Redesign 76 ff.
- MTM 264f.
- nach REFA 261 ff.

Arbeits- bewertung (AET) 373
- folge 236
- Genfer Schema 372
- leistung 16f
- plan, -planung 235f.
- recht 358
- vertrag 358
- vorbereitung 234ff.

Assetoptimization 189
Aufbau-/Strukturorganisation 71ff.
Aufsichtsrat 14, 363
Auftrags-abwicklung 623f.
- fertigung 251
- papiere 285ff.
- steuerung 283ff.

Aufwand 462f.
Auswertungsverfahren 136
- multivariate Datenanalyse 136
- univariate Methode 136

B
Balanced Scorecard 69f.
Basel I/II 390
Baugruppe 280ff.
Baukastenstückliste 245
Baukastensystembildung 228f.
Bedarfs- arten/-begriffe 197ff.
- ermittlung 129ff.
- - je Erzeugniseinheit 235
- - stochastische 198
- forschung 129f.
- rhythmus 129
- träger 129
- verteilung 129

Bedürfnispyramide 124f.
Befragungsmethoden 131ff.
Belastungs-matrix, -profil, -vektor 257f.
- orientierte Auftragsfreigabe (BOA) 278ff.

Benchmarking 84f.
- Aktionspläne 90
- Datenerhebung 87
- Leistungslücke 88
- Objekte, Ziele, Bezugsgrößen 85
- Prozessschritte 86
- Teamorganisation 89
- vergleichbare Unternehmen 85
- zukünftige Leistungsfähigkeit 89

Beobachtungsmethoden 137
Beschaffung, ABC-/XYZ-Analyse 193f.
- Arbeitsablauf 191f.
- auftragsunabh. Grundlagen 192ff.
- Durchführung/Einkauf 173f.

Beschaffungs-kosten 190f.
- marktforschung 194f.
- optimierung 194f.

Beschäftigungsgrad 473
Beschäftigungsplanung 523, 530
Bestandskonten 450f.
Bestell-menge, optimale 202
- bestellpunktverfahren 200
- bestellrythmusverfahren 201
- rechnung 200ff.

Betrieb 13
Betriebs-abrechnungsbogen 476ff.
- datenerfassung 290ff.
- ergebnis 464ff., 104
- mittel 16ff.
- mittelplanung 237
- rat 359ff.
- stoffe 189
- vereinbarungen 358
- verfassungsgesetz 359ff.

BGB-Gesellschaft 13
Bilanz
- analyse (siehe Rating und Kennzahlen)
- Bewertungsvorschriften 443

Sachregister

- Bilanzgleichung 399
- Einzelvorschriften 444f.
- Eröffnungs- 547f.
- Gliederung 440ff., 442
- Schluss- 447f., 459f.

Boston-Portfolio 65f.
Branchen-wettbewerb 39
- triebkräfte 39

Break-Even-Analyse 167f., 177, 557, 560ff.
Brutto-DCF-Verfahren 113f.
Buchhaltung 437ff.
- Abgrenzungsrechnung 465f.
- auf Bestandskonten 449f.
- auf Erfolgskonten 551f.
- Regeln 447f.
- Standardprogramme 488f.

Budget 520
Budgetierung 491, 519ff.
- Aufgaben 520f.
- Begriff 520
- Grundsätze 521f.
- Kontrolle 546
- Mehrjahresplanung 500, 526ff.
- Notwendigkeit 519
- Prozess 521f.
- System Mittelstand 500, 525, 528
- Teilpläne 525, 528

Business Process Redesign (BPR) 76ff.
- Benchmarking 470f.
- Change Management 79f.
- Darstellung von Teilprozessen 479f.
- Elemente u. Wirkungen 78
- Gründe für ein Scheitern 484f.
- Idee 462
- mit Hilfe von Tools 477
- Prozesskostenrechnung 579ff.
- Schritte 80
- - Changes and Measures 84
- - Critical Business Issues 80
- - Critical Processes 80
- - Disconnects 82f.
- - Should be Map 83
- - Team 81
- - What is Map 81
- Workflow Management Tools 91f.

C

CAD, CAE, CAM, CAP, CAQ, EDM 347ff.
Cashflow 542, 589
CE-Zeichen 337
CIM 340ff.
Controlling- Aufgaben 494, 502, 503
- Anforderungsprofil 516
- Begriff 491
- Bereichs- 491
- DV-Einsatz /Data-Warehouse 503ff.
- Entwicklungsgründe 492
- Führungssystem 494
- Funktionen 493
- Generationen 496f.
- Implementierung 517
- Leitbild 495
- Notwendigkeit 492
- operatives 491, 519f.
- organisation 513f.
- personal 515
- prozess 499, 500
- regelkreis 499
- Stellenbeschreibung 515
- strategisches 491, 500
- Systembestandteile 499

Corporate Identity 155
Cournot'scher Punkt 164
CPM (Critical Path Method) 275
Customer Relationship Management Systeme (CRM) 183f.

D

Database Marketing 158f.
Data Mining 185, 511
Data Warehouse 183, 503ff.
Daten 128
- CIM 340f.
- externe 129
- interne 129

DCF-Verfahren 113f.
Deckungsbeitrag 175, 485, 551ff.
- Soll- 553
- zuschlagssatz 553

Deckungsbeitragsrechnung 549ff.
- einstufige 551ff.
- Grundlagen 549f.
- Kalkulation 552, 555
- mehrstufige 485, 553ff.
- Notwendigkeit 549

Degressionseffekt 579
Design for Disassembly 226
DFMA - Design for Manufacture and Assembly 148, 231f.
Direct Costing 150
Direktwerbung 158f.
Disposition
- Ablauf Material- 212
- Material- 197
- stufenverfahren 279ff.
- Vorlaufverschiebung 278

Distributionspolitik 169ff.
Diversifikation 43, 131
Divisionalisierung 121
Durchlauf-terminierung 266
- Johnson-Algorithmus 271ff.
- Taktoptimierung Fließfertigung 273
- Vorwärts-/Rückwärts- 266ff.

DV-Einsatz
- CRM-Systeme 183ff.
- Data-Base-Marketing 158

- Data-Warehouse 183
- E-Commerce-Systeme 185
- E-Mail-Werbung 160
- Fertigung 339
- Finanzwirtschaft 433ff.
- im Marketing (MAIS) 180ff
- integrierte Datenverarbeitung (IDV) Praxisfall Kap. 12
- Materialwirtschaft 210
- Personalwirtschaft 383.
- Rechnungswesen 487

E
E-Commerce-Systeme 185f.
Eigenkapital 385
    - beschaffung 386
    - Funktion 385
Einkauf 203f.
    - DV-unterstützt 210ff.
    - Organisation 204
Engpass-beseitigung 46ff., 220, 297
    - suche 46ff
    - ursachen 46ff., 560
Entlohnung, leistungsgerechte 369 - 379
Erfahrungskurve 58f.
Erfolgs-konto 451f.
    - rechnung 484ff., 551f., 555
    - rechnung, kurzfristige 551f.
    - ursachen 27
Erstmusterprüfung 324
Ertrag 462ff.
Erzeugnis -planung 224f., 234f.
    - struktur 242ff.
EU-Maschinenrichtlinien 337
Experience Curve 58f.
Exponentielle Glättung 199
Exportfinanzierung 387f.

F
Fehler-Möglichkeits- und -Einfluss-Analyse (FMEA) 148, 317ff.
Fehlmengenkosten 190f.
Fertigung, agile 101
    - BDE 290ff.
    - Just-in-Time /KANBAN 287
Fertigungs-ablauf 235
    - anlauf, -hochlauf 151
    - auftrag 253, 285f.
    - fortschrittskontrolle 286f.
    - leitstand 284
    - Methoden 289f.
    - plan, planung 234, 250
    - prinzipien als Strategie 220
    - programm 252f.
    - steuerung 251ff.
    - stückliste 247
Field Research 131ff.

- Briefing 139
- Fallzahl, Kosten, Sicherheit 134f.
- Planung von Studien 138, 133
- Skalierung 133f.

FIFO-Methode first-in-first-out 208f.
Finanzielle Mobilität 406f.
Finanzierung
    - Anlagevermögen 19, 385, 441f.
    - Außen-/ Innen- 386
    - Begriff 385f.
    - optimale 394, 385
    - Umlaufvermögen 19, 385, 441f.
Finanzplanung 394ff., 403
    - Aufgabe 394f.
    - Gesamtfinanzplan 403
    - Grundsätze 402
    - Periodenliquidität 404
    - rollende 408
    - Zahlungsbewegungen 404
Fixkosten 177ff., 473, 485, 551f.
    - Hierarchie 553
    - remanente 473
    - sprungfixe 473
    - stufen 554
Flexibilität 294 f.
Fließfertigung, Taktoptimierung 273
Fragebogen- /Untersuchungsgestaltung 131f.
Franchising 390
Fremdbezug 233, 562
Fremdkapital 385
    - beschaffung 387
    - Funktionen 385
Führungspraxis 22f.
    - Aufgaben 21ff.
    - Funktion 16,
    - Management-by-Konzeptionen 24ff.
    - Problemlösungsprozess 23
    - Verhandlungsführung 24
Funktionsprinzip 73ff.

G
Gap-Analyse 41ff.
Gemba 101
Genfer Schema 372ff.
Genossenschaft 13f.
Gesamtkostenverfahren 445f.
Geschäftsbuchführung 453ff.
Geschäftsfeldsegmentierung 51
Geschäftsprozess 583ff.
Gesellschaft mit beschränkter
Gewinn- u. Verlustrechnung 445f., 447f., 451f.
Gewinnplanung /Erfolgssicherung 19, 22ff.
Gewinnschwelle 557
Gewinnsteuerung 35
Gewinnvergleichsrechnung 413, 412
Gleitendes arithm. Mittelwertverfahren 198f.
GoB 437f.
Gozinthograph 246

Sachregister 637

Grenzkostenrechnung 550
Grenzplankosten 569

H
Haftung (GmbH) 13f.
Handels-formen 127
- funktionen 127
- vertreter 131ff.
- - vertrag 132
Herstellkosten 111, 477, 481f.
Herstellkostensenkung 226ff.
Hilfsstoffe 189,
Hochregallager 208f.

I
Industriekostenkurve 61
Industrieller Kontenrahmen (IKR) 446f.
Information 499, 503, 505
- analytical processing 508
- Data-Mining 509
- Data-Warehouse 183, 506, 508
- Datenwürfel 507
- Management- 503
- Planungs- und Kontrollsysteme 505
Informations-management 503ff.
- verarbeitung, integrierte 505
Instandhaltungsplanung 238
Instanz 71
Interner Zinsfuß 422f.
Inventar 439
Inventur 438
Investition 408ff.
- Arten 409ff.
- Begriff 408f.
- Differenz- 419f.
- Einzel- 411
- Ersatzproblem 423
- Groß- 429f.
- Regelkreis 410
- Risikoanalyse 427f.
- Schwachstellen 410
- Simulation 428f.
Investitionsgütermarketing 131
Investitionsprozess, Schwächen 410
Investitions-rechnung 411ff.
- Verfahren 411
- - dynamische 417
- - klassische 411ff
- - neuere 411, 424
- - vollst. Finanzplan (VoFi) 424ff.
- für ein DV-System 414f.
- Prämissen 421
- statische 413
- - Gewinnvergleich 413
- - Kostenvergleich 413
- - Mängel 417
ISO 9000 ff. 326ff.

- bisherige Mängel 326f.
- Dokumentation 332
- Inhalte 331f.
- Managementsystem 333, 335
- neue Prinzipien 327ff.
- Normenfamilie 330
- Partner 334
- Struktur 330
- Verantwortung 331f.

J
Jahresabschluss 439f., 459f.
Johnson-Algorithmus 271f.
Just-in-Time 294 – 301
- Partner 301
- Phase 1: 295
- Phase 2: 299
- Ziele 294

K
Kaizen 306
Kalkulation
- Divisions- 482
- Maschinenstundensatz- 484
- Rückwärts- 555f.
- Vorwärts- 555f.
- Zuschlags- 477, 482
Kalkulationszinsfuß 420
- Wahl des 420f.
KANBAN-System 287ff.
Kapazitäts-abgleich, -abstimmung 255f.
- anpassung 256
- arten 253
- bedarf, -bestand 253, 254
- optimierung 99, 100, 220, 289, 297f.
- qualitative, quantitative 253
- terminierung 261f.
- wirtschaftsaufgaben 254
Kapitalbedarf 397ff.
- für Anlagevermögen 397, 408ff.
- für Umlaufvermögen 397ff.
Kapitalbindung 33, 190,
Kapitalgesellschaft 13
Kapitalumschlag 19
Kapitalwertmethode 417ff.
Käufer-markt 117,
Kaufverhalten von Konsumenten 123
- Arten von 125
- Hintergrundfaktoren 125
- Maslowpyramide 124
Kaufverhalten von Organisationen 126
Kennzahlen 586ff.
- besondere Zwecke 591
- Finanzierung 588f.
- Materialwirtschaft 210
- Produktivität 591ff.

- Rentabilität /Wirtschaftlichkeit 587f.
- System (RoI) 586ff.
- technische Leistungsfähigkeit 590
- Vertriebseffizienz 590

Kleinserie Preisfindung 167f.
Kommanditgesellschaften (KG/KGaA) 14
Kommunikationspolitik 153
Kompetenz 71
Komplexitätseffekt 579
Konkurrenz-angebot 164
- forschung 39ff.

Konstruktions-FMEA 317, 319
Konsumgütermarktforschung 131ff.
Kontenklassen/-plan 447f.
Kontrahierungspolitik 163
Kontrolle 511ff.
- Fertigungs- 293
- Fixkosten 574
- Objekte 512
- Prozessablauf 511
- Qualitäts- 205, 312, 321, 324
- Schwachstellenanalyse 293
- Wareneingang 205
- Ziele 511

Kosten 461ff.
- artenrechnung 467ff.
- bestimmungsfaktoren 547
- fixe 167, 177f., 473, 485, 551f.
- Ist- 572
- kalkulatorische 471
- - Abschreibungen, Zinsen 471
- - Wagnisse Unternehmerlohn 471.
- kontrolle, Soll/Ist 572 ff.
- Plan- 572
- planung 238
- remanenz 473
- senkungspotential 59
- Soll- 569
- spaltung 550f.
- stellenkontrolle 478ff., 572ff.
- stellenrechnung 474ff.
- trägerrechnung 481ff.
- - Kostenträgerstückrechnung 481ff.
- - Kostenträgerzeitrechnung 484f.
- treiber 578
- und Leistungsrechnung 461ff.
- - Abgrenzung zur Geschäftsbuchhaltung 462ff.
- - Aufgaben 461f.
- - Informationsfluss 464f.
- - Wertansatz 472
- - wichtige Begriffe der 462ff.
- variable 167, 177, 473, 485, 550ff.
- variatoren 570
- vergleichsrechnung 412ff.
- verläufe 473, 174, 177, 178, 202, 316

Kreditarten 388
Kredit-sicherung 393
- würdigkeitsprüfung/Rating 390

Krisenmanagement 28ff.
Kritische Menge 168
Kunden- spiegel 183f.
- wertanalyse 62

L
Lager-arten 206f
- ablauf 207
- anzahl 178
- aufgaben, begriff 206
- Bereitstellung 207
- bestand 169ff., 189f.
- - Methoden der Bewertung 209
- chaotisches 208f.
- eigen oder fremd 178
- freiplatzverwaltung 208
- funktionen 206
- kapazität 136, 177
- kosten 190, 207
- planung 206f.

Lean Management 98ff.
Leasing 389
Leistung 461, 464
Leistungsfaktoren 17
Leistungskosten 551
Leistungslohn/-systeme 374ff.
Leitstand-aufgaben 284f.
- elektronischer 346

Leverage-Effekt 394f.
Linienabteilung 72
Liquidität/Periodenliquidität 404
Logistikunterstützung 181
Losgröße 282
Lückenanalyse 41ff.

M
Management
- Acccounting 492
- Aufgaben 22
- by-Konzeptionen 24ff.
- Funktionen 22f.,
- Informations-System 503ff.
- Lean- 98ff.
- regelkreis 31, 493

MAPI-Methode 412ff.
Marketing 117-188
- Aufgabe 117ff.
- Begriff, Instrumente 117f.
- Entwicklungsstufen 118
- forschung 126
- index 145
- instrumente 140f.
- Kommunikationssystem 180ff.
- logistik 177ff.
- management(-prozess) 122
- Mix 140ff.
- - Direkter Vertrieb 171

Sachregister

- - Distributionspolitik 169f.
- - Handelsvertreter 177
- - Indirekter Vertrieb 170
- - Kostenplanung Niederlassung 173
- - Marketinglogistik 177
- - Packungsgestaltung 179
- - Perfektes Systemangebot 172
- - Persönlicher Verkauf 171
- - Unpersönlicher Verkauf 172
- - Verkäufereinsatz Optimierg.175
- - Vertriebsplanung 174
- Kommunikationspolitik 141, 153
- - Corporate Identity 155
- - Database Marketing 159
- - Direktwerbung 158
- - E-Mail Werbung 160
- - Klassische Werbung 155
- - Markenpolitik 154
- - Messen u. Ausstellungen 161
- - Verkaufsförderg/Promotions 162
- - Werbebudget,-erfolgskontrolle 156
- Kontrahierungspolitik 141, 163
- - Break-Even-Aalyse 167
- - Break-Even-analyse 167 f.
- - Erfordernis der Kostendeckung 166
- - Kalkulation einer Kleinserie 167f.
- - Kalkulationsverfahren 167
- - Marktformen 165
- - Nachfrage und Konkurrenz 164
- - Preisbildung 164
- - Preiselastizität d.Nachfrage 164
- - Preisstrategien 169
- - Rechtsvorschriften 167
- - Teilkostendeckung 167
- Produktpolitik 140ff.
- - Aufgaben der U-führung 142
- - Generierung von Produktideen 143f.
- - Methoden des Entwicklungs- und Fertigungsbereichs 143
- - Marketingindex 145ff.
- - Beurteilung neuer Produkte 147
- - Phasen-Modell d.Innovation.148
- - Direct Costing 150
- - Optimale Fertigungsanläufe 151
- - differenzierung,-variation 151
- Produktdifferenzierung 151
- - Produktelimination 152
- - Produktvariation 152
- - programmplanung,Praxisfall 142ff
- - Quality Function Deployment 148
- - Value Added Services 154
- Organisation 119f.
- situation 122
- Marketing-Informations/Kommunikations-System (MAIS) 180ff.
- Abweichungsinformationen 182
- Anforderungen an MAIS 180f
- Benutzeroberfläche 182
- CRM-Bausteine 184

- Customer Relationship Management Systeme (CRM) 183f.
- Data Warehouse, Grundlage183
- E-Commerce-Systeme 185
- Empfehlungsmodelle 186
- Intenetauftritte 186
- Kundenpotenzial 184
- Kundenspiegel 181
- Verdichtungsstufen 180f.
- Markt-anteil 65,107,110
- ausschöpfung 176
- formen 165f.
- forschung 126ff.
- - Arbeitsvorschlag 99, 139
- - Aufgaben 127
- - Auswertungsverfahren 134, 136
- - Befragungsformen 132
- - Befragungsmethoden 131
- - Bewertung v. Arbeitsvorschlägen 138
- - Briefing 139
- - Desk Research 130
- - Expertise 129
- - Externe Daten 129
- - Field Research 131
- - Fragebogengestaltung 131
- - Informationsqualität 128
- - Informationssuche,. -verarbeitg 127
- - Informationsverarbeitungsstufen 128
- - Interne Daten 129
- - Interviewmethoden 137
- - Käuferverhalten 123ff.
- - Konkurrenzforschung 130
- - methoden 130ff.
- - Mindestfallzahl 134
- - Nominalskala 134
- - Ordinalskala 134
- - Planung von Studien 148
- - Polaritätsprofil 135f.
- - Prämissen 130
- - Primärforschung 131
- - Prognose 108
- - Rating-Skala 135
- - Sekundärforschung 130
- - Skalenniveau u.-Aussage 133
- - Statistische Sicherheit 134
- - Untersuchungsplan 133
- segmentierung 50 ff.
- transparenz 165
- verhalten 145
- vollkommener 164
- Maslow-Pyramide 124
- Material-disposition 197ff., 155ff., 161, 166f., 183f., 222f.
- bedarfsermittlung 197f.
- - determinstische 198
- - stochastische 198
- bereitstellung 207
- kosten 190
- plan, -planung 189 , 237

- versorgung 191
Materialwirtschaft 189ff.
- ABC-Analyse 193f.
- Arbeitsablauf 192 203
- Arbeitsteilung 191
- Aufgaben 189
- Begriffe 189
- Beschaffungskosten 190
- Beschaffungsplanung 195f.
- Bestellmenge, optimale 202
- Bestellpunktverfahren 200
- Bestellrechnung 200
- Bestellrhythmusverfahren 201
- DV-unterstützt 210ff.
- Grundlagen
- Kennzahlen 210f.
- Rechnungsprüfung 205
- Ziele, konkurrierende 190
McKinsey-Portfolio 66f.
meantime-between-failure (MTBF) 320
Mindest-auftragsgröße 180f.
- menge, preis 169f.f.
Mitbestimmung 362f.
modulare Systeme 228
Monopol 165
Motivation 21, 79
MTM, Methods Time Measurement 264ff.
Muda/Verschwendung 101

N
Nachfrage 164f.
Nachsteuerung 499
Nettobedarf 198
Nettoerlös (kritischer) 168f.
Netzplan 275
Normalleistung (REFA) 17
Normstrategien 66
Normung 226ff.
Nullserie 322f.
Nummernsysteme 238 - 242

O
Objektprinzip 73ff.
Offene Handelsgesellschaft 13f.
ÖKO-Effizienz 225
Oligopol 165
Organisation 70ff
- Ablauf- vgl. Prozess- 76
- Abteilung 71
- Divisions,Sparten 72 f. 123
- Ein-/Mehrliniensystem 72f.
- formale, informale 71
- Funktionsmeistersystem 73
- Funktionsprinzip 72
- Gestaltungsregeln 75
- Grundformen der 72ff.
- Instanz 71

- Komptenz 71
- Kontrollspanne 76
- Matrix- 72f.
- Objektprinzip 73
- Peterprinzip 71
- Prozess- 76
- Sparten, Divisions 72f.
- Stabliniensystem
- Struktur- 72ff.
- Verrichtungsprinzip
Organisations-
- modelle 74f.
Outpacing-Ansatz 54
Outsourcing-Entscheidung 562f.

P
Packungsgestaltung 181f.
Perioden-ausgaben 401
- bedarf 202
- einnahmen 400
- liquidität 404
Persönlicher Verkauf 172
Personal-bedarf 235f.
- beschaffung 366f.
- informationssystem 384f.
- kostenbudgetierung 365f.
- planung 363f.
Personal-wirtschaft 355
- Aufgaben 355
- DV-Einsatz 383f.
- Entlohnung, leistungsgerechte 369 -379
- entwicklung 379ff.
- Entwicklungsphasen 355
- Organisation 356
- Rechtsgrundlagen 357
Personengesellschaft 16
Pflichtenheft 313, 148
PIMS-Program 63
Plan-Ist-Vergleich 181
Plankostenrechnung 563ff
- Bezugsgrößenwahl 568
- Einzelkostenplanung 565ff.
- flexible 563f.
- Grundlagen 563f.
- Kostenstellenplanung 567ff.
- Leistungsplan 564
- Preisplanung 564f.
- Sondereinzelkosten 567
- starre 563
Planung 18, 500ff., 525ff.
Planungskalender 524
Polaritätsprofil 135
Polypol 165
Porter's Five Forces 39
Porter's Wertkette 60
Portfolio-Analyse 64 ff.
Potentialanalyse 45
PPS-/ERP-System 341ff.

Sachregister

Preis-Absatz-Funktion 164
- bildung 164
- elastizität 164
- findung bei öffentlichen Aufträgen 167
- findung Kleinserie 167
- kalkulation 477
- leistungsverhältnis 165
- politik 163f.
- strategien, dynamische 168f.
- untergrenze 167f., 561f.
Primärbedarf 197
Primär- /Feldforschung (Field Research) 131ff.
Problemlösungsprozess 23
Product Life Cycle 54ff.
Produkt-differenzierung/-variation 151
- elimination 153
- findung 142ff.
- haftung 336
- manager 123
- marktstrategien 68
- programmplanung 103-112, 224
Produktion
- Arbeitsvorbereitung 221
- Aufgaben 216
- DV-unterstützt 339
- Planungsaufgaben 224ff.
- Strukturorganisation 221ff.
- Ziele 215f.
Produktions- aufgaben 215f.
- faktoren 16, 217
- informationsprozesse 220
- leiter, Stellenbeschr. 223
- plan, planung 252
- programm(planung) 251ff.
- prozessmerkmale 217
- strategie 220f.
- verfahren 218f.
Produktions-faktoren 16 ff. 200f., 321f.
- management 220f.
- prinzipien 220f.
- programmoptimierung 560ff.
- programmplanung 250ff.
- verfahren 218f.
- wirtschaft 215ff
Produktivität 216, 297
Produktivitätsmanagement (PPM) 20, 297
Produkt-lebenszyklus 54ff.
- einführung 151
- elimination 143
- entwicklungsablauf 149
- innovationsprozess 148
- manager 121f.
- optimierung durch DFMA 231
- planung 148
- planungs-Prozess 149
- politik 141ff.
- programm 192, 218f.
- - analyse 105
- - breite/tiefe 233

- - planung 224f., 103ff.
- - Praxisbeispiel 106
- - variation 152.
Prognose,qualitative 48f
- Umfeld- 38
- Unternehmens- 41
Programmfertigung 251
Promotions/Verkaufsförderung 162ff.
Prozesskostenrechnung 575ff.
- Auftragskalkulation 583
- Beurteilung 580ff.
- Hauptprozesse/Kostentreiber 576ff.
- Kalkulation 579
- Phasenkonzept 577
- Prozesscontrolling 580ff.
- Prozesskostensätze 577f.
- Prozessmerkmale 576
- Tätigkeitsanalyse 577
- Teilprozess/Subprozess 576,583ff.
- Ziele 581
Prozessmanagement 308
Prozessorganisation (vgl. BPR) 76, 121
Public Relations 154

Q
Qualitäts-arten 302
- audit 312f.
- begriff 301f.
- bewertung 317f.
- fehlerarten 322
- kontrolle 310, 312, 324
- kosten 312
- kreis 309
- Management-System 310ff., 333
- - Aufgaben 311
- - Organisation des 310f.
- - TQM 303ff.
- - Zertifizierung ISO 9000 ff. 326-336
- planung 222.
- prüfung 312f., 205
- wesen 311
- ziele 313
Quality Function Deployment (QFD) 313f.

R
Rating 390
Rationalisierung 29ff., 76ff., 220, 409
Rechnungsabgrenzung 458
Rechnungswesen 437ff.
- DV-Einsatz 487ff.
- externes 497
- Geschäftsbuchführung 437ff.
- KLR 467ff.
Rechtsformen 13ff.
REFA 253ff., 261ff.
Regelkarte 323
Regelkreis- Controlling- 499

- Deming Cycle (PDCA) 305
- Investitionsprozess/Schwächen 410
- KANBAN- 288
- Management- 493
- Maßnahmen-Kontrolle 31

Reinvermögen 439
Rembourskredit 387f.
Rentabilitätsrechnung 412
Ressourcen-Strategien 68
Return on Investment 18 ff.
Return-on-Investment (ROI)-Planung 19f.
Revision, interne 498
Risikoanalysen 427f. (vgl. Rating)
Rohstoff 189
Rüst-kosten 266f., 282
- zeit 221, 261f., 298

S
Sanierungsmaßnahmen 30ff.
Schwachstellenanalyse 293
Segmentierung, des Marktes 50f.
- des Unternehmens 51 f.

Sekundär-forschung 51
- bedarf 198

Selbstkosten 481
Sensitivitätsanalyse 427
Sicherheitsbestand 200ff.
Sicherheitsspanne 557
Sieben-S 21
Simulation 428
Simutaneous Engeneering (SE) 316
Skalen 133f.
Soll-Ist-Vergleich 181, 478f., 511f.
Splittung 270
Stabs-/Zentralabteilung 71, 75
Standardisierung 226
Statistical Process Control (SPC) 306, 322
Status-Quo-Prognose 41, 107
Steuerung 511ff.
Stille Gesellschaft 13f.
Strategische Bilanz 46ff.
Strategische Erfolgsfaktoren (PIMS) 63
Strategische Geschäftseinheiten 52
Strategische Unternehmensführung 35 ff.
- Analyse u.Prognose 36ff.
- Controlling 69
- Erfolgspotentiale 27ff.
- Führungsebenen 22
- Methoden 35
- Notwendigkeit
- Phasen der
- Strategieentwicklung u. -bewertung 49ff.,68
- Strategie-Umsetzung 69

Strategische Ziele 32, 37
Strategisches Geschäftsfeld 51
Strukturorganisation 72ff.
Strukturvergleich 20

Stücklisten 242 – 249
Subprozess/Teilprozess 583f.
SWOFT-Analyse 43f.
Systemangebot, perfektes 172ff.

T
Taktoptimierung 273ff.
Target-Costing 150
Tarifvertrag 358
Teileverwendungsnachweis 249
Teilkosten 550
Terminierung, rückwärts/vorwärts, Splittung, Überlappung 266ff. 270
Tertiärbedarf 198
Total Quality - Control, Feigenbaum 303
- Deming 14-Punkte 303f.
- Fitness for use, Juran 315
- Jap. QM, Ishikawa 306
- Management TQM 303f.
- - Hauptelemente 307
- - u. Zertifizierung 316f.
- Wirkungskette, Deming 303
- - Deming Cycle PDCA 303, 305

Typung 227

U
Umlaufvermögen 19, 385, 439, 441f.
Umsatz-erlöse 400f.
- gewinnrate 19
- planung 401
- kostenverfahren 445f.

Umschlagshäufigkeit 210
Unternehmen 13
Unternehmensbewertung 113-116
Unternehmensergebnis 465
Unternehmensformen 13 ff.
Unternehmensführung
- Aufgaben 18ff.
- DV-Einsatz 183, 505ff.
- Funktion 16, 22
- Krisenmanagement 28ff
- Maßnahmen 28ff
- Problemlösungsprozess 23
- schlanke u. agile- 98ff.
- - 5 Prinzipien 99f.
- - 15 Merkmale100ff
- Verhandlungsführung 24

Unternehmensorganisation 69-98
Unternehmensplanung - Grundsätze 502f.
- Informationsablauf 500, 525ff.
- Leitbild 37
- Maßnahmenprogramm 28ff.
- Netzplan 526f.
- operative 500
- strategische 500
- Teilpläne 525, 528

Unternehmenssicherung 35ff.

Unternehmensumfeld, -umwelt 20, 125
Unternehmenswert 113-119
Unternehmensziele 137

V
Value Chain Analysis 60
Verdichtungsstufen (MAIS) 181
Verfügbarkeitsprüfung 623ff.
Verhandlungsführung 24
Verkäufer- einsatzoptimierung 175f.
  - markt 117
Verkauf, un-/persönlicher 172
Verkaufs-abwicklung 120, 623ff.
  - förderung 162
  - leitung 120
  - und Lieferbedingungen 173
Vermögen 441f.
Vertriebsweg, in-/direkt 170f.
  - Planung Niederlassungen 173f.
Vision 37
Vollkostenrechnung 484, 549
Vorgabezeit 236
Vorlaufverschiebung 278f.
Vormerkbestand 200

W
Wachstumsstrategien 43, 66
Waren-einkauf 203ff.
  - eingang(-skontrolle) 205

Werbeerfolgskontrolle 156
Werbung 155, 158, 160
Werkstatt-fertigung 219.
Werkstoffe 17
Wertanalyse 228ff.
Wertefluss 18
Wertkette 60
Wettbewerbsstrategien 52f.
wirtschaftliche Losgröße (WILO) 282
Wirtschaftlichkeitsanalyse / Inv.rechnung 411ff.
Workflow Management Tools 91ff.

X
XYZ-Analyse 193

Z
Zahlungsbedingungen 172
Zeit-planung (REFA) 261f., (MTM) 265
  - vergleich 20
Zentralabteilung
Ziel- und Organisationsystem 37, 494, 500ff., 504
Ziele 37, 501
Zielplanung 37, 501
Zielsetzung, -grundsätze 37, 502
Zielsystem 494, 501f., 504
Zukauf 562
Zulieferer 101
Zuschlagskalkulation 477, 482